제3판

KB015607

현대 국가의
행정학

정용덕 강 욱 권향원 김근세 김윤권 김종성 라휘문 박영호
성시영 손희준 엄석진 오성수 유영철 유현종 윤영근 이수봉
이윤호 이진수 임동완 최천근 최태현 하태수

法文社

Third Edition

Public Administration in the Modern State

Yong-duck Jung, Cheon Geun Choi, Taehyon Choi, Seokjin Eom,
Tae-Soo Ha, Wook Kang, Jongseong Kim, Keunsei Kim, Yun-kwon Kim,
Hyangwon Kwon, Yoon-Ho Lee, Xuefeng Li, Dongwan Lim, Seong Soo Oh,
Yonghao Piao, Hui-mun Ra, Jeansoo Rhee, Hee-june Sohn,
Sea Young Sung, Hyun-Jong Yoo, Young-geun Yoon, Young Chul You

2021
BOBMUNSA
Paju Bookcity, Korea

제3판 머리말

인류문명의 태동과 더불어 행정의 발전도 이루어지기 시작했다. "행정은 '천지창조'에 참여했다"는 왈도 교수(Waldo, 1980: 24)의 수사적 표현이 있듯이, 행정을 빼놓은 채 인류문명사를 논할 수 없다. 나라에 따라 혹은 시대에 따라 그 범위와 방식에서 크고 작은 차이가 있을 뿐이다.

20년 전인 2001년 초에 이 책의 초판이 나왔다. 서구에서 1980년대 초부터 시작된 '작은 국가(Small State)'를 지향하는 신공공관리(NPM) 개혁이 20년가량 늦게 한국에서도 진행 중이던 때였다. 1997년 가을에 들이닥친 외환위기를 극복하느라 국제통화기금(IMF)이 처방한 개혁안을 적용했다. 그러나 그 후로도 행정은 한국인의 삶에서 여전히 중심에 자리 잡고 있다. 오늘날도 대북한 관계에서, 나노(NANO)와 인공지능(AI)을 포함한 과학기술 발전에서, 부동산과 '최저임금'과 '시간강사 처우', 그리고 '코로나19(COVID-19)'의 방역에 이르기까지 행정은 국민의 관심과 '삶의 질'로부터 먼 거리에 있지 않다.

제2판이 나온 2014년, 그리고 그로부터 7년의 세월이 지나는 사이에 국내외 행정에는 많은 변화가 있었다. 애초에 국가형성 단계에서부터 그럴 수밖에 없었던 한국은 말할 나위도 없거니와, 정치이데올로기의 광폭이 좁기로 유명한 미국에서도 국정운영 상의 분열과 양극화가 심해지고 있는 요즈음이다. 현대 국가에 대한 다양한 이론적 시각을 바탕으로 행정을 이해하는 이 책의 의의가 그만큼 늘어나고 있는 것이다. 이런 현실을 반영하듯이 국가이론과 행정이론 모두에서의 변화도 적지 않다. 이처럼 행정 현실과 이론 모두에서의 변화를 반영하기 위해 제3판을 내게 되었다.

초판과 제2판에서 여덟 편으로 구성되었던 것을 여기서는 다섯 편으로 재구성했다. 이

책은 자유민주주의 국가의 행정을 이해하기 위한 것이지만, 제1편 제3장 현대 국가론 개관, 제3편 제2장 행정기구론, 그리고 제4편 제1장 관료제에서는 사회주의 국가에 대해서도 간략하게 소개했다. 북한과 중국의 행정을 이해하는 데 도움이 될 것이다. 초판의 문제의식과 기본 구성은 거의 그대로 유지되었지만, 이 책에서는 가급적 분량을 줄이면서도 이해하기 쉽게 풀어쓰려고 노력했다. 좀 더 자세한 내용에 관심이 있는 학생들은 이 책의 초판(정용덕, 2001)과 제2판(정용덕 외, 2014)도 참고하면 도움이 될 것이다.

제2판에 이어 이번 개정 작업에도 다수의 저자들이 참여했다. 모두 세부 전공 분야가 다른, 그러나 현대국가에 대한 이해를 바탕으로 행정학을 접근하고 연구하는 학자들이다.

이 책의 초판이 나왔을 때, 행정학의 지평을 크게 넓혔다는 국내외 동학들의 격려가 있었다. 원론적 저서임에도 학부 학생들보다는 대학원생들이 더 많은 관심을 보였다. 이 책의 독창성을 인정하여 2001년도 '대한민국학술원 우수도서'로 선정해주신 세 분 은사님께 뒤늦은 감사의 말씀을 올린다. 출판 시장의 어려운 여건에서도 기꺼이 개정판을 출간해 주신 법문사 관계자들께도 감사한다.

2021년 여름

계룡산 국사봉 자락에서
저자들을 대표하여,

정용덕 씀

개정판 머리말

　현대인들은 국가로부터 많은 영향을 받으며 살아가고 있다. 그리고 국가 운영에서 행정은 가장 핵심적인 제도적 장치가 되었다. 이와 같은 맥락에서 현대 국가에 대한 이해를 바탕으로 행정학 이론들을 재해석하고 새롭게 구성하려는 것이 이 책의 목적이다.

　21세기가 막 시작되던 2001년 초에 출간된 초판에서도 지적했듯이, 국가와 행정의 역할은 나라별로 그리고 시대별로 차이가 있다. 서구 나라들의 경우, '최소국가'와 '신공공관리' 패러다임이 1970년대 말 이후 한 세대를 풍미했다. 그러나 2008년 미국 발(發) 경제위기를 계기로 세계 여러 나라들이 국가와 행정의 역할과 운영 방식에 대한 새로운 패러다임을 모색하고 있는 중이다 (Jung, et al., 2010). 국가 역할에 대한 재고가 과거 20세기에 있었던 '큰 정부'로의 회귀를 의미하는 것인지는 불분명하다. 분명한 것이 있다면, 그것은 현재 지구인들이 불확실성의 시대에 살고 있으며, 앞으로 국가와 행정의 새로운 패러다임을 암중모색하고 있다는 사실뿐이다. 한국의 경우, 국가 형성과 산업화 단계에서 국가와 행정이 매우 적극적인 역할을 수행했다. 그러나 후기민주주의 그리고 전지구화의 시대에 새로운 국가의 역할과 그것에 걸맞은 새로운 행정 패러다임을 제도화해야 할 시점이다.

　현실 세계의 국가와 행정은 학문 세계의 관련 이론과 서로 영향을 주고받으며 변화한다. 초판이 나온 이후 현실 세계의 변화와 더불어 국가이론과 행정이론 모두에서 많은 변화가 있었다. 이와 같은 변화에 부응하여 이 책의 개정판을 내야 한다는 지적(知的) 압박이 있었다. 지난 10여 년 동안에 전개된 현실과 이론의 변화에 대한 지적 관찰과 정리는 매우 벅찬 작업이다. 다양한 분야를 전공하는 열다섯 명의 행정학자들이 참여하여 개정판을 집필하게 된 이유이다. 집필자들은 모두 현대 국가에 대한 이해를 바탕으로 행정학을 연구하고 강의해 온 학자들이다.

초판에서와 마찬가지로 이 개정판에 대해서도 동학들의 많은 관심과 비판 그리고 격려를 기대한다.

2014년 여름
저자들을 대표하여,

정용덕 씀

이 책은 현대 국가(the state)의 행정이론을 정리한 것이다. 행정은 국가의 핵심 구성 요소이며, 국가의 정책 수행에 없어서는 안 될 중요한 역할을 담당한다. 따라서 행정을 이해하기 위해서는 국가의 성격에 대한 이해가 필요하다.

국가 그리고 국가와 시민사회간의 관계에 대한 이해를 바탕으로 행정을 연구하면, 행정현상을 이해하는 데 보다 넓고 균형 잡힌 시각을 개발할 수 있다. 특히 요즈음과 같은 세기적(世紀的) 전환기에는 더욱 그러하다. 요즈음 우리가 겪고 있는 행정의 변화는 그것이 행정 내부적 요인뿐만 아니라, 산업화와 민주화를 포함한 국내 정치경제적 변화는 물론이고, 전지구화(globalization)라는 국제관계적 환경과 정보화라는 과학기술구조, 그리고 탈근대주의라는 사상의 변화 등이 동시에 어우러지면서 작용하고 있다. 국가와 행정의 역할과 그 운영 방법은 나라(country)에 따라 의미 있는 차이가 있으며, 같은 나라에서도 시대에 따라 변화한다. 요즈음 여러 나라에서 볼 수 있는 것처럼, 국가의 역할 범위를 축소하고, 그것의 운영도 마치 시장조직에서와 같은 원리에 따르는 경우가 있다. 이와 같은 경우에는 국가 행정과 기업 경영은 그 차이점보다는 유사성이 더 강조된다. 그러나 많이 거슬러 올라갈 것도 없이, 단지 지난 20세기만 보더라도, 우리는 국가와 행정의 역할에 대한 강조가 얼마나 변화무쌍했는가를 쉽게 알 수 있다 (Waldo, 1980). 앞으로도 시대의 흐름에 따라 공공성이 더 강조되는 때가 있는가 하면, 그 반대인 경우도 있을 것이다. 만일 공공성이 다시금 강조되는 경우에는 국가 행정과 기업 경영간의 차이점이 다시 크게 강조될 것이다. 이처럼 공공성에 대한 강조의 변화는 앞으로도 계속해서 변화될 성질의 것으로 남아 있다.

또한, 같은 시대에 있어서도 나라에 따라 국가성(stateness) 면에서 큰 차이가 있다. 오랜 동안의 세월을 지나면서 나라마다 특유의 정치경제적 요인에 의해 '국가'의 제도화가 다르게 이루어졌기 때문이다. 한 나라의 '국가' 행정은 그 나라의 특유한 국가성에 의해 영향 받으며, 또한 영향을 미친다. 약한 국가성을 바탕으로 하는 영미권 나라들의 행정은 상대적으로 강한 국가성을 배경으로 하는 유럽 대륙 나라들의 행정과는 차이가 있다. 한국은 이웃나라 일본과 더불어 현대 유럽 국가들에 뒤지지 않는 강한 국가성을 지닌 전통을 배경으로 하고 있다.

국가 개념을 중심으로 행정을 분석하는 경우, 우리는 자연스럽게 국가와 국가 아닌 것(즉 사회)간의 상호관계를 의식하게 된다. 이것은 국가와 행정을 단지 그 내부의 시각에서, 그리고 그 내부 요인들을 중심으로 접근하는 것이 아니라, 그것의 외부에 있는 사회와의 상호관계 속에서 접근하여 분석하게 되는 것을 의미한다. 이것은 곧 행정을 정치−행정 일원론의 시각에서 접근하는 것, 개방체계적인 관점 접근하는 것, 그리고 정치경제적 관점에서 접근하는 것을 의미한다. 이 점에서 이 책은 기존의 행정학 교과서들과는 큰 차이가 있다. 그렇기는 하지만, 대부분의 전통적인 행정학 주제들을 가능한 논의에 포함하려고 하였다. 다만, 이 주제들을 해석하는 방법에 차이가 있을 것이다.

필자가 현대 국가에 대한 이해를 바탕으로 행정학을 연구하고 강의하기 시작한 지는 적지 않은 기간이 지났다. 1981년에 대학에서 행정학 강의를 시작한 직후부터 필자는 한국의 국가와 행정의 빠른 변화를 목격하게 되었다. 그러나 다른 한편 행정의 변화하지 않는 특성 또한 적지 않게 목격할 수 있었다. 이처럼 변화하는 가운데 변화하지 않는 한국 행정의 모습을 이해하기 위해서는 미시적인 접근법과 거시적인 접근법이 모두 필요하다고 보았다. 이러한 문제의식에서 행정학을 연구하고 강의한 지난 20년의 세월을 생각하면, 이 책은 너무도 보잘것없는 수준에서 단지 그 동안의 강의 노우트를 묶어 놓은 것에 불과하다. 앞으로 많은 노력을 통해 보완해 나갈 것을 필자를 아끼는 모든 이들에게 약속드린다.

이 책을 집필하는 데 직접 도움이 된 것은 아니더라도, 필자는 지금껏 많은 이들의 도움을 받으면서 학문 생활을 해 왔다. 특히 서울대 행정대학원의 여러 은사님과 동료 교수님, 성균관대 행정학과의 동료 교수님, 캘리포니아주립대의 전종섭 교수님과 차만재 교수님, 남가주대(USC)의 케이든(Gerald E. Caiden) 교수님, 런던정치경제대학의 존스(George Jones) 교수님, 베르린 홈볼트대(전 베를린 자유대)의 볼만(Helmut Wollmann) 교수님, 교토대학의 무라마츠(村松岐夫) 교수님 등에게 감사한다. 또한 강의와 세미나에서 필자에게 많은 지적 자극과 교감을 주어 온 성균관대 사회과학대학 및 서울대 행정대학원의 명석하고 진지한 제자들에게 이 지면을 빌어 고마움을 표한다. 학문의 길에 들어선 이후 늘 집안일에 무관심하고 이기적이기만 한 아들을 한결같은 인내와 따뜻한 마음으로 대해주신 친가와 처가의 부모님께

이 작은 책자를 바친다.

2001년 3월

춘설이 난 분분한
관악산 자락에서, 개나리와 진달래와 벚꽃
그리고 철쭉의 상춘(賞春)을 준비하며

정용덕 씀

주요 목차

제 5 편   공공정책론

세부 목차

제 2 편　행정환경론

제 1 장　서　　론　　　　　　　　　　　　　　　　　　　　　　(87~90)

제 2 장　국가 개입수준에 따른 국가형태의 유형　　　　　　　　　(91~99)

제 2 장 행정기구론   (224~356)

제 4 편 공공관리론

제 5 편　공공정책론

제 1 장　공공정책의 의의와 유형

제 2 장　공공정책의 과정 및 수단

제 3 장　재정정책과 예산

Contents

제 1 편

행정학의 기초이론

제1장 행정 및 행정학의 의의

제1절 서 론

이 책의 목적은 행정(public administration)을 이해하고 개선하기 위한 다양한 이론들을 발굴하여 정리하려는 데 있다. 이를 위해 현대 국가(the modern state)와 시민사회 간의 관계에 대한 이해를 바탕으로 접근하려고 한다.

전통적으로 행정학은 행정의 내부 문제에 초점을 두어 그것도 주로 미시적 접근방법에 의거하여 연구하는 경향이 많았다. 이 책에서는 이처럼 내부 문제 중심적이고 미시적인 접근방법 위주로 개발된 기존의 행정학 이론들을 국가와 시민사회(civil society)간 관계의 거시적 맥락 위에서 재해석하고 재정리하려고 한다. 그렇게 함으로써, 전통적인 행정학 이론들을 좀 더 넓은 시각에서 이해하고 개선방안을 제시하기 위해서다. 더 나아가, 기존의 행정학 이론에서 논의되어 온 주제들 외에, 현대 행정에 관한 의미 있는 다수의 새로운 주제들을 행정학 논의에 포함시킬 있다.

이처럼 국가와 국가-시민사회 관계의 맥락에 대한 이해를 바탕으로 현대 행정학의 이론들을 이해하고 정리해 나가기에 앞서 여기서는 먼저, 행정과 행정학(Public Administration 혹은 administrative science)의 의의에 관해 살펴보기로 한다.[1]

---

1 왈도(Dwight Waldo)는 학문으로서의 행정은 'Public Administration'으로, 실제 행정은 'public administration'으로 각각 표기할 것을 제안했다 (Marini, 1998: 1782-8). 유럽에서는 행정학을 대개 'administrative science'로 표기하는 전통이 있다 (Kickert & Stillman, Ⅱ, 1999).

<table>
<tr><td>제 2 절</td><td>**관련 용어들**</td></tr>
</table>

대부분의 인문사회과학 용어들이 그렇듯이, 막상 행정이나 그것을 연구하는 행정학의 개념을 정의하기란 쉽지 않다. 다른 사회과학 용어들에 비해 행정(학)을 정의하기가 좀 더 어려운 측면도 있다. 행정이라는 것 자체가 나라에 따라 혹은 같은 나라에서도 시대에 따라 가변적(可變的)인 속성이 강하기 때문이다. 이 점을 감안하면서 일단, 행정 그리고 그와 관련된 다양한 용어들에 대해 검토해보기로 한다.

1. 관리 혹은 행정

본래, 행정과 관련하여 가장 유래가 깊은 용어는 '관리 혹은 행정(administration)'이다. 이 말은 정부 부서를 의미하는 라틴어에서 그 어원을 찾을 수 있다.[2] 고대 라틴어의 'administrare'라는 동사는 구별되기도 하지만 대개는 혼합되어 사용되는 두 가지 의미가 있다 (Waldo, 1980). 첫째, "돕는다," "보조하다," "봉사하다"의 의미이다. 둘째, "관리하다," "지휘하다," "통치하다"의 의미이다. 그러나 이 두 의미는 "운영하다," "수행하다," "집행하다," "실행하다"의 의미와 결과적으로는 혼합되어 있다. 따라서 '행정가(administer)'들은 봉사하는 동시에 이행 혹은 집행하는 사람들이다. 이처럼 행정이란 용어는 처음부터 "명령에의 복종과 집행에의 창조성이란 이중적인 의미"를 지니고 있는 셈이다 (Waldo, 1980). 결국, 관리는 (가) 비(非)사법적 기관에 의한 법의 집행, (나) 법이나 정책의 집행을 위한 원칙을 설정하거나 지휘 및 감독하는 일, (다) 결정을 위한 복잡한 정책적 고려 사항을 분석하고 균형을 맞추며 의미를 제시하는 일 등을 의미하는 셈이다 (Dunsire, 1973: 228-9).

이런 맥락에서 볼 때, 행정학자들이 자신들의 관심 영역인 행정을 '관리 혹은 행정(administration)'으로 표현하는 것은 자연스럽고 정통성도 있다 (Waldo, 1980: 74-5).[3] 다만, 특정한 시대에 혹은 특정한 나라에서 두드러지는 어떤 특성을 강조하기 위해 행정이외의 다른 용어를 사용하는 경우는 있다.

---

[2] 이 말은 적어도 15가지 서로 다른 의미를 지니는데(Dunsire, 1973), 대부분이 영국의 국가 통치 역사를 잘 반영하고 있으며, 그 중 절반 정도는 미국 행정 역사 또한 반영하고 있다. 따라서 적어도 영미의 경우 행정(administration)이란 용어가 가장 적절하다는 것이 왈도(Waldo, 1980)의 견해다.

[3] 미국에서 현대 행정학 연구의 시작으로 삼고 있는 윌슨(Wilson, 1987)의 논문인 "행정의 연구(The Study of Administration)"에서도 행정을 단지 "administration"으로 표기하고 있는 것이 좋은 예다.

2. 공공관리, 공공행정, 행정

그런 예 가운데 하나가 정부를 비롯한 공공문제의 관리 혹은 행정을 특히 '공공관리 혹은 공공행정(public administration)'으로 지칭하는 경향이다. 이런 경향은 공공부문 외에 산업화와 더불어 규모가 커진 기업에서도 관리 현상이 크게 활성화되면서 '기업관리 혹은 경영(business administration)'이라는 용어가 쓰이기 시작하면서부터다. 공사부문의 관리를 구분할 필요성이 커진 것이다.

그러나 한국어의 '행정'은 영어의 "administration"과 "public administration"을 모두 지칭해 왔으며 특히, 후자(즉, '공공행정')를 의미하는 것으로 이미 일반화되어 있다.[4]

3. 관리, 경영, 공공관리

많이 사용되는 또 다른 관련 용어 가운데 하나가 "management"이다. 한국에서는 이 용어를 공공부문에 관련되는 경우는 "관리"로, 기업경영에 관련되는 경우는 "경영"으로 번역하는 것이 일반적이다. 본래, "management"는 "무엇을 운영한다"는 의미로서, 라틴어의 'manus'로 영어의 손(hand)을 의미하며, 따라서 "손으로 통제하다 혹은 다루다"라는 의미에서 유래한 것이다. 이태리어의 "maneggiare," 영어의 "maneuver," 혹은 불어의 "manege"는 모두 이 용어에서 파생되었다 (Waldo, 1980: 76).

이 용어는 본래 19세기 후반부터 미국에서 발전되기 시작한 '과학적 관리운동(scientific management)'에서 유행하였으며, 주로 기업경영 분야에서 사용되어 왔다. 그러다가 최근 공공부문에 기업경영의 원리들을 도입하려는 경향이 증대되면서 공공행정 분야에서도 "(public) administration"을 "(public) management"로 점차 대체해 가는 경향이 늘고 있다 (Lynn, 1996).

왈도가 지적하듯이, 공공행정의 실무자나 학자들이 "(공공)관리(public management)"라는 용어를 피해야 할 이유는 없다. 그러나 어원상으로나 역사적인 사실로 보나 정부부문에서는 "행정"이란 용어를 사용하는 것이 보다 적절하다. 관리라는 용어의 사용은 제한적일 수밖에 없으며, 그 용어가 내포하는 의미의 범위도 협소하기 때문이다 (Waldo, 1980: 114). 즉, 관리(management)라는 용어를 선호하는 이들은 신자유주의 시각에서 행정에 기업경영 원리를 도입할 것을 강조하는 행정(학)의 패러다임에 해당하는 것이다.

---

4 이 대목은 강신택 교수로부터 시사 받았다.

4. 정책, 공공정책, 정책학

20세기 후반에 이르러 행정학에서 공공정책에 대한 관심이 크게 늘어났다. 자연히 행정학에서 '(공공)정책((public) policy)'이라는 용어의 사용이 빈번해지고, 공공문제(public affairs)를 교육하는 혹은 연구하는 조직의 이름에도 많이 쓰이게 되었다. 이와 같은 현상은 20세기에 거의 모든 나라에서 사회에 대한 국가의 개입이 확대된 데에도 원인이 있다.[5]

이처럼 20세기 후반에 유행한 공공정책연구란 "과거의 행정학에 단지 새 옷을 입혀놓은 것"에 불과하다는 시각도 있다 (Eulau, 1977: 419-23). 서양 언어 가운데 영어만이 유일하게 '정치(politics)'와 더불어 '정책'이라는 용어가 있기 때문에, 전자와 구별되는 후자가 따로 있는 것으로 잘못 생각하는 사람들이 있다는 정치학자들의 견해도 있다. 정책은 정치행동의 필수적인 요소로서 사실상 정치를 의미하며, 양자를 분리할 수 있는 것이 아니라는 주장이다. 정책은 경제적 합리성뿐만 아니라, 정치적 및 사회적 합리성도 연관되는 점을 감안하면 이들의 주장에 타당성이 있다.

그럼에도 불구하고, (공공)정책을 중심으로 연구하고 교육하는 학문적 경향은 그 이전의 전통적인 행정학이나 정치학에 비해 차이가 있음을 인정할 필요가 있다. 전통적인 행정학이 행정의 내부관리 및 정책의 집행단계에 초점을 두고, 주로 정치행정이원론의 시각에서 접근하던 것에 비해, 정책학(policy science) 혹은 공공정책연구(public policy studies)는 정치행정일원론의 입장을 선호하며, 정책의 집행뿐만 아니라 의제형성 및 정책수립에서부터 평가 및 종결에 이르기까지 전 과정을 연구의 대상으로 삼는다. 또한, 공공정책연구는 그것이 학제적(interdisciplinary)이고 '후기행태주의(post-behavioralism)'적인 접근법을 적용하는 점에서도 주류 정치학과는 차이가 있다.

5. 공공문제 해결과 행정

이처럼 행정이나 행정학은 시대에 따라 혹은 학자들의 이론적 취향, 그리고 더러는 시류(時流)에 따라 여러 가지 용어로 표현돼 왔다. 특히 미국의 경우 행정(학) 관련 용어의 변화가 심하다. 이는 본래 미국이라는 나라가 국가 행정에 대한 제도적 및 이론적 바탕이 역사적으로 취약하기 때문이기도 하다. 근대에 세워진 나라임에도 불구하고, 미국은 헌법에서조차 '행정'에 대한 아무런 정의나 제도형성 없이 시작한 나라다. 시대적 환경변화에 따라 행정의

---

5 이에 대한 좀 더 자세한 내용은 이 책의 제2편(행정환경론)을 참고할 것.

개념과 위상에 대한 이데올로기적 논란이 지속되고 있는 이유다.[6] 미국에서 행정(학) 명칭이 변화무쌍한 또 다른 이유는 그 나라에 배태된 강력한 자본주의 시장경제 성향 때문이다. 마치, 경제 시장에서 특정 상품에 대한 마케팅(marketing) 전략처럼, 학문 시장에서도 분과학문(discipline)에 대한 명칭을 시대적 변화에 따라 혹은 수사적 신선함을 주기 위해 수시로 변경시키는 경향이 있다.

시대적으로 지향하는 이념이나 방법론 혹은 이론적 접근법의 차이에도 불구하고, 넓은 의미에서 행정이란 공공문제(public affairs)의 해결을 위한 사회공동체 구성원들의 집합적 노력을 의미한다. 다만, 공공문제에 대한 정의와 그것의 해결방법에 대한 접근법에 있어서 시대에 따른 강조와 아이디어에 차이가 있을 뿐이다. 이와 같은 이해를 바탕으로 이 책에서는 '행정'을 ─ 특히 구분하여 사용할 필요가 있는 경우를 제외하고는 ─ 영어의 (공공)행정((public) administration), (공공)관리((public) management), (공공)정책((public) policy)을 포함하는 넓은 의미로 사용하기로 한다.

제 3 절 행정의 의의

행정의 개념 및 그 의의에 대해 좀 더 구체적으로 논의해 보기로 한다. 행정이 관료제, 정부, 국가, 치리 등의 개념들과 갖는 관계에 관해서도 논의해 본다.

1. 행정의 개념

우선, 행정에 대한 기존의 개념정의 예를 몇 가지 들어보면 다음과 같다. 먼저, 할몬과 메이어(Harmon & Meyer, 1986: 6)는 행정을 "사람들의 삶에 영향을 미치거나, 공공(the public)의 이름으로 이루어지거나, 공공자원을 사용하는 의사결정을 다루는 것"으로 정의한다. 따라서 행정을 다루는 사람은 전통적인 공무원 집단 이상을 의미한다. 즉, '행정관리자(public administrator)'란 ㈎ 정부의 업무를 수행하는 책임을 지닌 공무원(civil servant)으로 알려진 사람들, ㈏ 일상적인 업무과제에서 국법을 수행하는 사람, ㈐ 사회의 공적 영역에 관련된 과제를 수행하는 사람을 모두 포함하는 것이다. 따라서 공공책임을 수행하거나, 법을 집

---

[6] 미국 행정학의 소위 '정체성 위기(identity crisis)' 문제를 야기하는 주된 이유 가운데 하나다 (Stillman, 2010). 이에 대해서는 다음 제4절 (행정학의 의의)에서 자세히 다룬다.

행하거나, 공공임무를 띤 모든 개인이 포함된다.

또한, 김규정(1997: 7-12)은 현대 행정의 역사적 제도화 과정에 초점을 두어 정의한다. 첫째, 삼권분립을 전제로 하여, 행정이란 입법 및 사법과 함께 구분되는 영역(즉, 행정부)을 의미하는 것으로 정의하는 방법이다.[7] 여기서 행정이란 법령의 구체화를 위한 수단으로서, 정확하게는 '행법(行法)'이 더 적절한 표현이라고 한다. 둘째, 행정법학적 개념으로서, 입법 및 사법과 구분되는 행정의 개념을 전제로 하여, ㉮ 국가작용의 성질을 기준으로 정의하는 '실질적 개념'과 ㉯ 현실적인 국가기관을 기준으로 정의하는 '형식적 개념'의 두 가지 정의 방법이 있다.[8] 셋째, 행정학적 개념정의로서, 행정을 ㉮ 행정에 내재하는 기능적 성격에 초점을 두어 공사(公私)를 막론하고 또 그 목적에 상관없이 모든 조직에 공통적으로 존재하는 협동적 행동을 의미하는 것으로 정의하는 '기능적 개념,' ㉯ 공공사무의 '관리'라는 사회기술적 과정 혹은 기술체계로 파악하고, 법령이나 이미 결정된 정책의 구체화 내지 합리적 집행을 의미하는 것으로 간주하는 '행정관리설,' ㉰ 행정의 본질을 정치와의 밀접한 상관관계에서 파악하여 정책의 구체화뿐만 아니라, 좀 더 적극적으로 정책의 결정이나 입법기능까지도 관련되는 것으로 보는 '통치(정치)기능설,' ㉱ 그 구성원들의 의사결정 행태를 중요시하여, 협동적 집단행동으로 정의하는 '행정행태설,' ㉲ 정치사회의 발전목표를 적극적으로 달성하기 위한 발전정책의 기획 및 집행을 의미하는 '발전기능설,' 그리고 ㉳ 행정의 공공(public) 개념을 확대하여 해석하고, 공공문제를 정부 외에 모든 공사조직들의 연결망을 통해 해결하려는 '치리(governance)'로서의 개념을 들고 있다.

옥스퍼드정치학사전(Bradbury, 1996: 411)에서는 행정을 "국가 내부의 공공관료제도들(institutions of public bureaucracy within a state)"로서, "공공정책결정 및 집행이 이루어지는 조직구조 [그리고] 공공서비스가 전달되는 장치들"을 의미하는 것으로 정의한다. 여기에는 공무원(civil service)이 핵심을 이룬다. 그러나 최근에 이르러 공무원 조직 외에도 '준(비)정부조직들(qua(n)gos)'과 민영화나 외부계약제도 등의 도입에 따라 사적부문의 조직들도 공공문제 해결에 참여하게 되면서 공공(public) 개념의 정의문제가 발생하고 있다고 지적한다.

프레데릭슨(Frederickson, 1997)은 행정의 개념 가운데 하나로서 "치리(governance)로서의

---

[7] 서구 근대 국가의 등장 이후 로크(Locke)나 몽테스키외(Montesquieu)가 주장한 삼권분립 이론을 토대로 하여 행정의 독자적인 구분이 이루어지기 시작하였다. 그 이전에는 입법·행정·사법 간의 뚜렷한 분화가 없었다 (김규정, 1997: 8).

[8] 행정법학에서 행정의 실질적 개념이란 국가작용의 성질을 기준으로 행정을 파악하여, "행정작용, 즉 행정업무를 처리하기 위한 국가행정활동"을 의미한다. 여기에는 소극적인 "삼권분립적 공제설(控除說)," 적극적인 "목적설," "기관 양태설(樣態說)," "결과 실현설" 등의 세부적인 학설들이 있으며, 공제설이 통설이다 (김규정, 1997). 반면에, 형식적 개념이란 현실적인 국가기관을 기준으로 "행정관청이 행하는 모든 작용"을 뜻한다. 또한, 조직적 개념으로는 "국가나 지방자치단체 등의 행정조직"을 의미하기도 한다 (홍준형, 1997: 41-2).

행정" 개념을 제시한다. 이 개념은 이미 1970년대 초부터 발전하기 시작했다.[9] 거버넌스 개념에서는 정부의 일과 민간의 일이 엄격하게 구분되는 것으로 보지 않고, '공공(public)'이라는 개념을 통해 양자 모두를 포함하려고 한다.[10]

샤프릿츠와 러셀(Schafritz & Russell, 2000: 1장)은 이상에서 살펴 본 여러 개념 정의 방법들에 비해 훨씬 더 종합적인 시각에서 행정을 정의한다. 즉, 로젠블룸(Rosenbloom, 1989)이 제안한 행정학의 세 가지 접근법(정치적, 관리적, 법률적 접근법)에 더해, '직업적(occupational)' 접근법을 추가하여, 각각에 구체적인 관점들을 설정하여 모두 18가지나 되는 행정의 개념을 제시하고 있다. 첫 번째 접근법은 행정의 정치적 성격에 초점을 두어 정의하는 정치적 개념 정의방식으로서, 행정은 정치적 맥락을 벗어나 존재하기 어려우며, 따라서 행정은 공적인 것이고, 사행정(또는 기업경영)과는 차이가 있는 것으로 본다. 구체적으로 행정이란 ㈎ 정부가 하는 일, ㈏ 직접적이거나 간접적인 일[11], ㈐ 공공정책과정의 한 단계, ㈑ 공익의 집행, ㈒ 개인적으로 할 수 없는 일을 집합적으로 하는 것[12] 등으로 정의한다. 두 번째 접근법은 '국가'가 하는 일을 의미하는 행정은 법률이라는 도구에 의해서 생성되고 제한되어지는 것으로 간주하는 법률적(legal) 개념 정의방식이다. 구체적으로 행정이란 ㈎ 법의 실행(law in action)[13], ㈏ 시민들과 기업에 대한 규제, ㈐ 통치자가 제공하려고 하는 모든 재화, 서비스, 그리고 서훈 등을 의미하는 이른바 "왕의 선물(king's largesse)," ㈑ 부정적인 결과를 초래할 수 있다는 의미에서 "도둑(theft)"을 의미하기도 한다. 세 번째 접근법은 행정이 법적 기초에 의해 존재하기는 하지만, 그것은 경영 혹은 관리(management)의 일부이기 때문에 관리적 측면 없이는 제대로 이루어지지 않는다고 보는 관리적(managerial) 개념 정의방식이다. 구체적으로, 행정이란 ㈎ 민주주의 국가에서 국민의 의지를 대표하여 입법적인 활동을 실행에 옮

---

9 사람들이 원하고 필요로 하는 것은 "더 많은 정부(more government)"가 아니라, 공공 업무 수행에 참여하는 정부 조직, 준정부(Quasi-governmental)/의사정부(para-state)/비영리(Non-profit)/계약 조직, 자발적 단체, 그리고 기타 모든 조직들을 포함하는 의미의 "더 많은 치리(more governance)"라고 지적한 것이 한 예다 (Cleveland, 1972).

10 거버넌스로서의 행정에 대한 이러한 정의는 공적인 것과 정부적인 것 사이의 차이를 완화하는 것을 가정한다. 행위들의 연결망이 정부조직, 비정부조직, 영리조직, 비영리조직, 국가 조직 그리고 의사국가 조직이라는 공공조직의 전체 범위를 포괄하기 때문이다. 이로 인하여 행정의 영역이 크게 확대된다. 이처럼 더 넓어진 행정의 영역에서 정치적인 것과 행정적인 것간의 차이 또한 희미해진다. 그래서 치리로서의 행정은 과거의 정치-행정 이원론 또한 완화되는 것을 가정하며, 따라서 공공 조직을 좀 더 효과적으로 만들기 위해 권력 분립의 연결을 가정하는 것이 된다 (Frederickson, 1997).

11 직접적으로 시민들에게 서비스를 전달하던 행정에서 점차 간접적으로 공급하는 행정으로 변화가 일어나고 있다고 한다.

12 이는 링컨(Abraham Lincoln)이 이해한 정부의 합법적 목표와 일치하는 것으로서, 공동체를 위해서 정부가 해야만 하는 일 혹은 개별적인 개인의 능력으로는 잘 할 수 없는 일을 의미한다. 이 경우, 행정은 공동체 정신의 성숙된 표현이라고 본다.

13 행정은 내재적으로 공법(public law)의 실행 및 모든 일반법의 적용을 의미하며, 이러한 법적인 기초 없이는 행정이 존재하기 어렵다.

기는 '집행기능(executive function),' ㈏ 목표달성을 위해 조직 운영 및 조직과정 자체의 운영에 책임을 지는 것, 즉 관리전문성(management specialty), ㈐ 극단적인 형식과 정해진 관례를 지나치게 따르는 '번문욕례(red tape),' ㈑ 과학이거나 기술가운데 하나(art, not science-or vice versa)를 의미한다. 네 번째 접근법은 그 자체도 하나의 직업인 이상 직업적 행정 개념 정의 방식도 필요하다. 즉, 행정이란 ㈎ 하나의 직업범주(an occupational category), ㈏ 문서작성 경연대회(an essay contest), ㈐ 행동하는 이상주의자(idealism in action), ㈑ 하나의 학문 분야(an academic field), ㈒ 하나의 전문직업(a profession)을 의미한다.

2. 행정 개념 정의의 세 접근방법

이상에서의 소개한 다양한 개념 정의를 바탕으로 행정의 개념을 다음과 같은 세 가지 방식으로 정리할 수 있다.

1) '국가'의 일부로서의 행정

먼저, 행정을 국가의 일부로 정의하는 접근법이다. 즉, 국가를 구성하는 제도적 장치의 일부로서, 그 기능의 일부를 수행하는 것으로 정의하는 것이다. 일찍이 베버(Max Weber)는 "행정체계 없는 근대 국가란 존재할 수 없다"고 하였다. 유사한 맥락에서, 프리드리히(Karl Friedrich)도 "행정은 근대 국가의 핵심(the core)"이라고 주장하였다. 이와 같은 주장들은 모두 행정과 국가 간의 긴밀한 관계를 강조하는 것이다 (Ventris, 1983).

더 자세한 논의에 앞서 한자를 사용하는 동아시아 나라들의 경우, 국가(國家)라는 용어를 이원적으로 이해하는 전통을 유의할 필요가 있다 (정용덕, 2006). 첫째, 국가를 나라(country) 혹은 국민(nation)의 의미와 유사하게 사용하는 경우이다. 여기서 국가는 국민, 영토, 주권을 포함하는 넓은 의미의 개념이다. 둘째, 국가를 주어진 영토 내에서 공권력을 행사하는 공적 제도들의 집합이라는 좁은 의미에서의 국가(the state)로 이해하는 경우다. 여기서 국가란 개인이나 시민사회 등 비(非)국가(non-state)와 대비되는 개념이다. 이 책에서 주로 논의되는 국가는 두 번째 개념, 즉 좁은 의미의 국가이다.[14]

그런데 이처럼 좁은 의미의 국가는 정부나 행정과 상당부분 중복되는 경향이 있다. 삼자 간의 관계를 키커트와 스틸만(Kickert & Stillman, 1999: 15)은 다음과 같이 구분하고 있다.[15]

---

[14] 이와 같은 국가의 이원적 의미를 구분하기 위해 이 책에서는 국가(the state)와 나라(country) 혹은 국민(nation)이라는 넓은 의미의 국가를 가급적 구분하여 논의하려고 한다.

[15] '국가'와 정부의 차이에 대해서는 이 책의 제1편 제3장을 참고할 것.

"국가(the state)란 상대적으로 분화가 이루어진 국민조직(national organization)으로서, 영토 내 주민에게 주권을 행사하며, 외부적으로 이들을 보호하고, 내부적으로는 사법, 경찰, 조세권을 통제한다."

"정부(government)는 국가의 기능을 수행하는 행정부, 입법부, 사법부 등 국가의 핵심 제도들을 의미한다. 그런데 사실상 오늘날 국가 기능은 점점 더 사적 및/혹은 비영리 기구들을 통해 ― 어디까지나 국가의 편의를 위해 ― 수행되는 경향이 있다."

"행정은 정부의 일과 법을 수행하는 행위 혹은 의도이며, 국가 본연의 활동(the state in action)인 것으로 요약된다."

가장 좁은 의미의 행정은 국가 제도 가운데에서 행정부(executive), 그리고 국가 기능 가운데에서는 정책집행을 의미한다. 이와 같이 의미의 행정은 대개 관료제(bureaucratic) 방식에 의해 운영되어 왔다.[16]

2) 조직 관리로서의 행정

행정이란 조직의 목적 달성을 위한 협동적 노력을 의미하는 것이라고 정의하는 방법이다. 따라서 행정의 범위에는 국가의 제도적 장치 가운데 집행부뿐만 아니라 입법부와 사법부를 포함한 모든 조직의 관리적 문제가 포함된다. 더 나아가서, 국가뿐만 아니라 여타의 공공부문과 사적부문의 모든 조직들의 관리문제가 또한 행정에 포함된다. 이 경우, 조직의 관리방식에는 (위에서 지적한 관료제적인 것 외에도) 다양한 방법들이 포함될 수 있다. 이와 같은 개념정의는 공―사 행정 간의 유사성과 차이성에 대한 논란으로 이어지는 것이 보통이다.[17]

3) 공공문제의 해결방식으로서의 행정

행정을 공공문제를 해결하기 위한 집합적 노력 가운데 하나로 정의하는 방식이다. 공공문제의 범위는 시대에 따라 혹은 나라별로 다양하게 정의되며, 정의된 공공문제를 해결하기 위한 국가와 시민사회간의 분업과 협동도 역시 다양하게 조직화된다. 이처럼 다양한 방식으로 정의되고 접근되는 공공문제 해결과정에 행정은 역시 다양한 방식으로 참여하게 된다.

---

[16] 이 때문에 관료제적 특성을 지닌 여타 국가 제도들과 관료제적 특성에 의해 이루어지는 여타 국가 기능들도 행정의 범위에 포함시키는 경우도 있다. 예로써, 입법부와 사법부의 행정 부서들(즉 국회사무처와 법원행정처)을 들 수 있다. 그렇다면, 국가내부에서 행정이 차지하는 외연(外延)은 확대된다. 현대 국가의 관료제적 특성에 대해서는 이 책의 제1편 제5장을 참고할 것.

[17] 이에 대한 논의는 다음 제5절(공공성과 행정학 연구)을 참고할 것.

　　과거 행정국가 시대에는 공공문제의 해결을 국가가 주도적으로 다루었으며, 행정은 국가
제도의 일부로서 관료제 방식에 의해 이 과정에 깊이 관여하였다. 그러나 최근에 새롭게 대
두되고 있는 신행정국가(neo-administrative state) 시대에는 공공문제의 해결에 있어서 국가
역할의 비중이 줄어드는 대신에 시장과 시민사회의 역할이 늘어나는 경향이 있다. 행정을
국가뿐만 아니라 시민사회와도 연계하여 정의하려는 시도가 많아지고 있는 이유다. 대표적
인 예가 "치리(governance)로서의 행정"을 강조하는 경우이다 (Frederickson, 1997). 이 경우
에 행정은 전통적인 삼권분립 개념이나 국가와 시민사회 간의 구분을 넘어서게 된다. 행정
이 국가, 시민사회공동체, 시장과 더불어 공공문제를 해결하는 노력을 의미하기 때문이다.[18]

　　현재 행정은 이와 같은 새로운 분업 및 협동 체계의 연결망(network) 속에서 나름대로의
위상을 정립해 나아가는 과정에 있다. 이와 같은 개념정의는 '국가'와 시민사회간의 구분에
대한 논란으로 이어지는 것이 보통이다.[19]

제 4 절　행정학의 의의

1. 행정학의 개념

　　행정학(Public Administration)은 위에서 정의한 행정을 대상으로 연구하는 하나의 분과학
문(discipline)을 의미한다. 인류가 사회공동체의 공동 목적을 위해 협력한 이래로 사실상 행
정학은 존재해 왔다.[20] 근대 행정에 대한 체계적인 연구와 기술적인 측면의 성문화(成文化)
도 그 연대를 다양하게 파악할 수 있다.

---

18 행정에 대한 이와 같은 개념 정의는 공공성 개념을 강조하는 신행정학(NPA) 문헌에서도 발견할 수 있다. 행정을
"단순히 공무원조직이 하는 일을 넘어 공공성을 해결하기 위한 모든 방식과 제도와 사람들을 포함"하는 개념으로
보거나(Harmon & Mayer, 1986), "과거처럼 로맨틱(Romantic) 혹은 기술관료적 접근법에 기초해서는 안 되고, 공
적인 상호의존성, 학습, 언어, 그리고 '국가와 행정 역할간의 관계에 대한 비판적 평가'를 강조하는 재활성화된 공공
성 개념에 의거하는 '공공의 행정철학(a public philosophy of public administration)'이 형성될 필요가 있다고 보는
경우(Ventris, 1989: 173-79), 행정은 "시민들의 공익을 대신하는 정규적이고 조직적인 기반 하에서 공공정책들의
집행에 관한 실제"인 것으로 정의하는 경우(Marini, 1998) 등이 좋은 예다.

19 치리에 대해서는 이 책의 제4편 제3장을 참고할 것.

20 다양한 문명들의 가장 오래된 문서에서도 의사결정을 작성하는 직무와 그러한 결정의 세부사항을 집행해 나가는
것 모두에 대한 명백하고 분명한 토론을 발견할 수 있다. 그리고 이와 관련된 다양한 업무를 위한 적정 교육과 개
인들에 대한 훈련에 대해 주목한 많은 문서들이 있다 (Marini, 1998).

2. 행정학의 유래

공·사 행정을 모두 포함하는 의미의 관료제에 대한 근대 사회과학적 인식은 대개 독일의 사회학자 베버(Max Weber: 1864~1920)의 저술에서 찾는 경향이 있다. 그러나 드 그림(Baron de Grimm: 1723~1807)에 의하면, 독일의 철학자 헤겔(George W. F. Hegel: 1770~1831)과 그 밖의 다른 철학자와 사회평론가들도 관료제에 대해 논의하였다. 영국의 경제학자이자 사회철학자인 밀(John Stuart Mill: 1806~1873)도 그의 "대의제정부에 대한 고찰"에서 공공부문의 관료제와 그것의 대의제정부와의 관계에 대한 깊은 통찰력을 제공하였다. 마찬가지로 많은 유럽 국가들, 특히 공법의 하위 관심사로 행정의 본질을 파악하려고 했던 나라들은 고대 로마법과 그 유산, 18세기 독일 및 오스트리아의 관방학자(Cameralist) 및 프러시아 정부, 19세기 나폴레옹 법전과 그 영향들, 그리고 실정법의 일반적 유산에서 근대 행정에 대한 체계적 지식들이 발전하고 있었다.

미국에서의 행정학 연구는 대중영합주의(Populist), 진보주의(Progressive) 혹은 개혁주의(Reformist)로 지칭되는 시기(대략 1880~1920)에 발전하기 시작했다. 특히 윌슨(Wilson, 1887)은 그의 유명한 논문("행정의 연구")에서 행정학 연구의 필요성에 대한 체계적이고 자의식적인(self-conscious) 논의에 불을 지폈다. 테일러(Frederick Winslow Taylor: 1856~1915)의 '과학적 관리' 학파와 그 직후의 '인간관계(Human Relations)' 학파 등도 초기 미국 행정학 발달에 크게 기여했다 (Marini, 1998).

미국에서 대공황과 제2차 세계대전 사이의 시기(대략 1929~1945)는 미국 행정학에 자신감이 넘치는 시기였으며, 흔히 '전통적' 혹은 '정통파(orthodox)' 행정학의 시기로 불린다. 제2차 세계대전 이후부터 1960년대까지의 기간은 행정학을 포함한 사회과학 전반에서 행태주의 혹은 경험주의 접근법이 성행하던 시기였다. '냉전'의 시기도 행정학에 강한 영향을 미쳤다. 1960년대와 1970년대에는 과학기술이 비판의 대상이 되었다.[21] 신식민주의(neo-colonialism), 반제도주의(anti-institutionalism), 환경보호주의(environmentalism), 반기술주의(anti-echnologism), 그리고 과학·기술의 시각을 포함한 '근대성(modernity)' 전체에 대한 비판이 제기되었다. 미국에서 일어난 이러한 현상은 행정에 의미 있는 성찰을 불러 일으켰다. 행정에 있어 근본적인 '재사고(rethinking)'의 필요성의 대한 담론이 그 가운데 하나다. '신행정학

---

[21] 미국에서 이러한 시기와 그것들의 도전들은 인권운동(그리고 예를 들면 페미니즘 등의 관련된 운동들), 베트남 반전 운동, 신좌파(New Left), 반제도주의(anti-institutionalism), 그리고 청소년 반항에서 비롯된 특정 시위운동 등의 배경에 반대되어 해석되었다 (Marini, 1998).

(New Public Administration)'의 필요성 제기가 대표적인 예다.

20세기 말부터 행정학은 한편으로는 정보화를 비롯한 과학기술의 발전에 의해, 다른 한편으로는 근대적 지식과 과학기술 접근법에 의문을 제기하는 '탈근대주의(Post-modernism)라는 좀 더 정교한 사조에 의해 변화가 촉진되고 있는 중이다. 오늘도 행정학은 전지구적으로 재개념화(reconceptualization)의 대상이 되고 있는 것이다.

1) 행정학 연구의 범위

행정학의 연구 범위는 행정의 개념을 어떻게 정의하느냐에 따라 좌우된다. 그런데 앞에서 살펴 본 것처럼, 행정의 개념정의가 쉽지 않은 데 문제가 있다. 행정의 정의는 나라에 따라, 그리고 시대에 따라 차이가 있다. 이 때문에 그것을 연구하는 행정학의 범위도 매우 가변적이다.

(1) 행정의 역할에 따른 행정학의 범위

행정의 역할에 대한 견해를 중심으로 행정 및 행정학의 범위를 정의해 볼 수 있다 (Caiden, 1983: 3-14). (1) '최소주의자(minimalist)'의 견지로서, 윌슨이 개념화한 행정과학의 범위, 즉 좋은 관리의 원리를 발견하고 응용하는 것에 국한시키는 것이다. 이 경우 행정학의 범위는 관리과학 혹은 조직이론의 일부인 공공관리를 의미하는 것으로 축소된다. (2) '최대주의자(maximalist)'의 견지로서, 사회가 공공 목적을 달성하기 위해 조직화하는 모든 방법을 포괄하는 것으로서, 관료제는 물론이고 공공부문이나 심지어 행정국가의 범위를 넘어서는 범위를 의미한다. 이 경우에 행정학은 모든 공적 의사결정에 관련되는 모든 지식을 포함하는 것으로 확대된다. (3) '중도주의자'의 견지로서, 행정을 공공관료제를 통해 이루어지는 공공정책의 형성 및 집행에 관한 것으로 보는 미국의 주류 행정학자들의 견해다. 이 경우에 행정학은 단순히 정책의 집행(execution)이나 관료제의 관리 문제로 제한하지 않고, 비정치직 공직자들에 의해 이루어지는 모든 활동을 대상으로 한다. 단, 모든 사회조직 구성원들의 활동까지도 포함하려고 하지는 않는다. (4) 최소주의자와 중도주의자의 중간적인 견지로서, 행정국가의 논리를 거부하고, 행정을 중립적 심판자 혹은 객관적 규제자의 역할로 되돌리려는 견해다. (5) 최대주의자와 중도주의자 간의 중간적 견지로서, 행정국가 논리에 고무되어 전통적 혹은 정통파 행정학의 범위를 넘어 행정국가를 '사회공학(social engineering)'의 효과적인 수단으로 만들려고 하는 이들의 견해다.[22]

---

[22] 1960년대 후반에 등장한 신행정학(New Public Administration)의 주창자들이 여기에 속한다 (Caiden, 1983).

행정(학)의 범위에 관한 이처럼 다양한 견지는 현실 정치이데올로기 면에서도 차이가 있다 (Caiden, 1983: 3-14). 좌파(left) 이데올로기를 지지하는 이들은 행정의 범위에 대한 최대주의적 견지를 선호하는 경향이 있다. 반대로, 우파(right) 이데올로기를 지지하는 이들은 최소주의적 견지를 선호한다. 반국가주의적 마르크스주의자(anti-statist Marxist)들은 이론적으로는 최소주의를 선호하고, 친국가주의적 파시스트(Pro-statist Fascist)들은 최대주의를 선호한다.

(2) 공공성 혹은 관리성의 강조에 따른 행정학 연구의 범위

행정학의 범위는 그 연구 대상인 행정의 두 가지 측면 가운데 어느 것을 강조하는가에 따라 다르게 설정될 수 있다. 즉, 관리(administration or management)로서의 행정과 국가의 일(國事)로서의 행정(즉, 공공행정)이 그것이다. 전자는 인간들의 합리적인 협동행위에 중점을 두는 관리적 및 기술적 측면을 강조하는 반면, 후자는 사회적 가치의 권위적 배분과정에 중점을 두는 공공적 혹은 정치적 측면이 강조된다. (1) 관리로서의 행정은 공사부문을 막론하고 하나의 집단이 주어진 목적을 합리적이고 효과적으로 달성하기 위한 활동을 의미한다. 따라서 행정학은 최소의 비용으로 최대의 효과를 가져 오기 위한 합리성과 기술성을 강조하여, 조직이 협동적 활동을 할 수 있게 하는 기술과 기법의 개발에 중점을 둔다. (2) 공공행정(혹은 국가행정)으로서의 행정은 정치 환경 속에서 공공정책의 결정 및 집행 과정에서 행정관료제가 수행하는 기능을 의미한다. 이 경우 행정학은 행정의 공공성, 민주성, 공익, 정치성 등의 문제를 연구 주제로 삼는다.

(3) 행정학의 거점과 초점에 따른 범위

골렘뷔스키(Golembiewski, 1977)는 미국 행정학의 발달단계를 구분하기 위해 두 가지 개념을 제시한다. (1) "거점(locus)" 혹은 "위치(the where)"로서, 중요한 현상을 산출하는 것으로 생각되는 맥락을 뜻하며, 이는 행정학 분야의 "제도적 장소(institutional where of the field)"을 나타낸다. 행정학은 항상 행정관료제를 거점으로 삼아왔지만, 경우에 따라서는 이 전통적인 거점에서 벗어나기도 하였다. (2) "초점(focus)"은 행정학의 분석 목표, 즉 전문가들이 관심을 갖고 있는 "대상(the what)"을 말한다. 즉, 행정학 연구영역의 "특화된 대상(specialized 'what' of the field)"을 나타낸다. 초기 행정학에서는 이른바 "행정원리들(administrative principles)"의 개발을 초점으로 삼았지만, 행정학 연구 경향의 변화에 따라 함께 변화가 이루어지고 있다. 초점과 거점은 각각 '상대적으로 구체적(relatively specified)인 것'과 '상대적으로 덜 구체적(relatively unspecified)인 것'으로 구분할 수 있다.

미국의 행정학 발달사를 보면, 거점이나 초점 가운데 어느 한 쪽이 비교적 명확하게 정의되는 경우 다른 한 쪽이 무시되는 경향을 보여 왔다. 이에 따라 미국의 행정학 발달을 특징적인 네 단계로 구분해 볼 수 있다. (1) 행정과 정치 간의 "분석적" 구분이 이루어진 시기다. 이 시기에는 다양한 "제도적 거점(institutional loci)"에서 상이한 수준으로 기능이 수행되는 치리(governance)의 이상적 유형이나 기능들(ideal categories or functions)을 연구의 초점으로 삼았다. (2) 행정과 정치 간의 "구체적" 구분(concrete distinction)이 이루어진 시기다. 정치는 입법부와 행정부 고위직 간의 상호작용에서, 행정은 대부분의 공공관료제에서 각각 실제적인 거점을 찾았던 시기다. (3) "관리과학(a science of management)"의 시기다. 보편적이라고 생각되거나 최소한 많은 조직에서 응용될 수 있다고 생각되는 행정의 과정, 역동성, 활동, 또는 "원리들(principles)"을 분리해서 분석하던 시기다. (4) "공공정책(public policy)" 접근법에 대한 지향성이 강했던 시기다. 정치와 행정이 섞여 있고, 정책 적실성이 있는 모든 공·사 제도 및 과정을 포함하는 구체적이지 않은 거점을 대상으로 하던 시기다.

2) 행정학의 정체성 문제

행정학은 종종 '정체성 위기(identity crisis)'의 문제를 지니고 있다는 주장이 있다. 좀 더 구체적으로, 이 문제에는 (1) 행정학이 다른 분과학문들과 독립된 하나의 분과학문으로 확립될 수 있는가의 문제, (2) 행정이 과연 법학이나 의학처럼 하나의 '전문직업(profession)'일 수 있는가의 문제, (3) 통합적인 이론을 형성하기가 쉽지 않은 문제, (4) 행정학이 학문적일 뿐만 아니라 전문직업적인 관심사에도 연계되는 문제, (5) 행정의 관료제적 특성이나 수단적(instrumental) 특성에 대한 부정적인 정서의 문제, (6) 행정과 정치 간 관계의 정당성에 관한 문제 등이 복합적으로 얽혀 있다 (Marini, 1998).

그런데 이러한 문제들은 역사적으로 '예외적인 국가'로서의 특성(즉, '무국가성' 혹은 약한 국가성)이 배태되어 있는 미국이란 나라에서 유난히 나타나는 문제다. 따라서 행정학의 정체성 논제도 실은 미국에서 야기된 것이다 (Ostrom, 1974; Kickert & Stillmann Ⅱ, 1999: 2장; Stillman Ⅱ 2010: 16). 애초부터 반(反)국가주의 사상을 바탕으로 국가 형성이 이루어진 미국에서 국가와 행정의 제도화는 극도로 억제되었다.[23] 국가의 장점을 확대하는 것보다는 단점(개인에 대한 권리 침해 가능성 등)을 줄이는 것에 중점을 두었다. 미국 헌법에는 공무원(civil service), 행정부예산(executive budget), 공공기획(public planning), 규제기구(regulatory

---

[23] 윌슨(W. Wilson)도 1887년 논문에서 미국에서 행정학 연구가 지체된 이유로 반국가적인(anti-statist) 정치 전통을 제시하고 있다 (Wilson, 1887).

agencies), 행정(public administration)이라는 개념조차 없다. 이런 상황에서 행정은 상향식으로 이루어지게 되었고, 행정학도 귀납적인 방식에 의해 발전하게 되었다. 이는 유럽의 행정학이 '국가이성(reason of state)'에 근거한 연역적 원리를 바탕으로 하향적으로 발전해 온 것과는 근본적으로 차이가 있다. 이처럼 미국의 '무국가성'에 의해 비롯된 미국 행정의 무정형성과 그로인한 행정학의 정체성 문제는 근원적으로 쉽게 해결될 수 있는 문제가 아니다. 그때그때의 시대적 요청에 의해 '국가'와 행정이 상향적으로 변화하고 그에 대응하여 행정학도 귀납적으로 변화하는 이상 이른바 행정학의 정체성의 문제도 계속해서 제기될 상황변동적(contingent) 문제로 남는 것이다.

미국 행정학의 정체성 문제와 관련하여 적어도 다음의 세 가지 함의를 생각해볼 수 있다. (1) 미국의 경우 이러한 정체성 논의를 통해 시대적인 상황에 행정이 적절히 대응할 수 있도록 적응함으로써 공익 실현에 이바지 해왔다는 점이다. 그리고 그것을 위한 지적 발전도 가능했다는 것이다. (2) 비록 행정학이 정체성 문제를 내포하고 있고, 이로 인해 하나의 독자적인 학문분야로서의 안전성에 대한 의구심이 제기되는 경우도 있지만, 그럼에도 불구하고 미래와 정체성은 분명히 안정적이라는 것이다. 실제로 행정은 정치경제의 변화에도 불구하고 늘 존재해 왔고, 앞으로도 존재할 것이기 때문이다 (Marini, 1998). 항상 그래왔듯이, 환경변화로 인한 온갖 도전에도 불구하고, 또한 그로 인하여 행정의 내용이 변화하는 경우에도, 어떤 형태로든 행정은 존재해 왔으며, 또한 존재할 것이다. 따라서 그것을 연구하는 행정학도 존재할 것이다. (3) 한국 행정학의 경우에는 좀 더 심각한 논의가 필요하다는 점이다. 한국의 경우는 건국에서부터 국가와 행정이 미국과는 비교할 수 없을 정도로 강한 국가성을 지니고 시작했으며, 지난 70여 년 간의 제도화를 통해 정형화가 이루어져 있다. 문제는 한국의 행정학이 미국 행정학 이론에 배타적으로 의존하고 있다는 점에 있다. 강하고 정형화된 한국의 국가와 행정을 이해하고 설명하기 위해 위에서 지적한 것과 같은 특징의 미국 행정학을 적용하는 경우에 적지 않은 괴리가 발생할 것임은 불을 보듯 뻔하다. 미국 행정학의 정체성 문제가 한국 행정학에 다른 모습으로 전이(轉移)되고 있는 것이다.

제 5 절   공공성과 행정학 연구

1. 행정의 공공성과 행정학 연구

이상에서 살펴 본 것처럼, 행정학은 그 연구 대상인 행정에 대한 다양한 개념 정의 방식에 따라 그 연구의 대상, 범위 및 방법에 있어서 다양성을 보여 왔다. 행정에 대한 다양한 정의는 근본적으로 공공문제 해결을 위한 국가와 시민사회 간의 분업 및 협동 문제와 연계되어 있다. 이것은 또한 국가 내부에서 정치와 행정 간의 분업 및 협동 문제에 관련되어 있는 것이기도 하다. 따라서 행정은 앞에서 지적한 것처럼 특정 시기에 한 나라가 처한 정치경제적 요인에 의해 결정될 상황변동적인 사안으로 남아 있다.

이와 같은 문제는 (앞에서 지적한 것처럼) 특히 미국에서 좀 더 현저하게 나타나고 있다. 약한 국가성을 바탕으로 (헌법에서조차) 행정에 대한 명확한 개념정의 없이 국정운영이 이루어지고 있는 나라이기 때문이다. 그러나 미국에 비하면 강한 국가성을 바탕으로 행정에 대한 개념이 정립된 역사적 배경을 지닌 유럽 나라들조차도 유사한 고민을 하는 경향이 있다. 19세기말 이후 현대 행정학 발전을 주도해 온 미국의 행정학을 수입해 오면서 (미국의 정치경제 토양 위에서 제기되어 온) 행정 및 행정학에 대한 정의 문제도 아울러 전수 받고 있기 때문이다.

결국 한 나라의 행정을 정의하는 문제는 공공문제 해결에 있어서 그 나라가 지향하는 나름대로의 국가−시민사회 간 관계의 맥락에서 접근해야 할 문제로 남는다. 또한, 그에 따라 행정학의 연구 대상 및 범위도 정의될 수 있을 것이다.

2. 공공성과 관리성에 대한 학문적 강조

이와 같은 맥락에서 행정학 연구에서 공공성의 문제가 시대적으로 어떻게 강조되어 왔는가에 대해 살펴보기로 한다. 많은 행정학 문헌들이 공공행정과 사행정간의 유사성과 차이성에 대해 논의해 왔다 (예로써 Murray, 1975; Bozeman, 1984; Allison, 1984). 그러나 세이어 (Wallace Sayre: 1905~1972)만큼 이 문제를 간결하면서도 명료하게 표현한 학자도 드물다. "공·사(公私)행정은 모든 중요하지 않은 점에 있어서(in all unimportant respects) 근본적으로 같다"는 이른바 '세이어의 법칙(Sayre's Law)'이 그것이다 (Allison, 1984: 454). 이 일종의 역설적인 격언(an ironic aphorism)은 공·사 행정이 근본적으로 같은 점과 다른 점이 모두 있다는 사실을 인정하면서도, 중요한 점에 있어서 서로 다름을 역설적으로 표현하고 있는 것이다.[24] 공·사 행정의 구분 문제는 정치·행정 구분 문제와도 직접적인 관계가 있다. 공·사 행정 이원론에서는 행정을 기업경영 사무와 유사하게 간주함으로써 행정과 정치의 분리를 강조하는 정치행정이원론에 부합한다.

그럼에도 불구하고, 공·사 행정 간의 유사성과 차이성에 대한 논란은 현대 행정학의 연구가 시작된 이래 지속되어 온 중요한 논제 가운데 하나로 남아 있다. 시기에 따라 혹은 학자들의 연구 성향에 따라 공·사 행정 간의 차이를 강조하거나 동일시하는 경향이 거듭돼 온 것이다 (Harmon & Meyer, 1986: 2장). 이와 같은 변화는 아래에서 보는 것처럼 여러 가지 이유에서 설명될 수 있을 것이다.

1) 공·사 행정 일원론

미국에서 행정학이 공·사 행정의 구분 없이 (사실상 동일시하면서) 연구하는 경향이 지속되어 온 이유는 다음과 같은 몇 가지 요인이 작용하였기 때문이다. 첫째, 행정학을 연구하는 사람들의 분과학문(disciplinary)의 뿌리에 차이가 있었기 때문이다. 예를 들면, 이른바 '일반' 조직이론('generic' organization theory)의 개발에 힘써온 사회학자나 경영학자들은 대체로 공공조직의 특성에 초점을 두지 않는 경향이 있다 (Harmon & Meyer, 1986: 21).[25]

둘째, 가치중립적 혹은 과학적 연구의 발전도 공사행정의 차이를 강조하지 않도록 만든 이유 가운데 하나이다. 가치중립적이고 과학적인 연구에 몰두하는 행정학 연구자들은 '가치'의 문제는 과학적 연구의 대상이 되기 어렵다고 보아 연구대상에서 제외하였다.

셋째, 미국에서 1880년대 후반부터 1940년대 중반에 이르기까지 지속된 정치·행정 이원론의 영향이다. 이 윌슨주의 패러다임에서는 행정을 사실판단의 문제로 그리고 정치는 가치판단의 문제로 보고 양자를 엄격히 구분할 수 있고 또한 구분하는 것이 바람직하다고 보았다.[26]

넷째, 1940년대 이후 성행한 논리실증주의 혹은 행태주의 연구 경향도 공사행정을 구분

---

[24] 흥미롭게도 세이어는 이 명언을 그가 수년간 코넬(Cornell)대학에 근무하면서 경영행정대학원(School of Business and Public Administration) 설립을 자문해 주고 난 후에 남겼다는 점이다 (Allison, 1984).

[25] 사회학자들 가운데 국가와 관료제의 자율성에 주목하는 이들은 여기서 예외가 된다 (예로써, Skocpol, 1985; Evans &, 1999 등을 참고할 것)

[26] 그러나, 윌슨이 행정을 정치로부터 분리하여 효율성을 확보하고자 한 것은 맞지만 수단의 선택이라는 의미에서 행정의 결정권을 인정하고 있다. 이로 인하여 윌슨이 행정에 의한 정책결정이라는 측면에서 정치-행정 이원론을 취하고 있는지에 대해 미국 학계에서도 논란이 있다 (Kirwan, 1977; Van Riper, 1984; Rosenbloom, 2008).

하지 않는 데에 영향을 미쳤다. 미국에서 초기 행정학자들에 의해 제시된 이른바 '행정원리들'의 비과학성을 비판하면서 행정학 연구의 과학화를 주도한 사이몬(Simon, 1946; 1976)이지만, 자신도 행정행태에 대한 과학적 연구를 위한 가치와 사실의 구분을 강조하였다.

다섯째, 학문적인 시각의 차이보다는 현실 정치과정에서 제기된 경향으로서 1970년대 후반이후 나타난 이른바 신관리주의(New Managerialism)의 시각을 들 수 있다 (Hood, 1991). 이는 영국, 미국, 호주, 뉴질랜드, 캐나다 등 영어사용권 나라에서 신우파(New Right) 정부가 등장하면서 추진된 친시장주의 행정개혁을 반영하는 행정학의 이론적 계보를 의미한다. 신관리주의는 소위 "3 E," 즉 경제성(economy), 효율성(efficiency), 효과성(effectiveness)을 증진한다는 명분 위에서 공·사 행정은 근본적으로 동일하다는 입장을 견지한다 (Peters & Wright, 1996).

2) 공·사 행정 이원론

공·사 행정 간의 차이에 주목하여, 공공행정에 대한 독자적 연구의 필요성을 강조해온 행정학자들이 있다. 예로써, 애플비(Appleby, 1949)는 "행정은 정책결정이다"라는 명제 하에 행정에 내재된 정치성을 확립하여 사행정과의 본질적인 차이를 보여주려고 노력했다. 행정이란 정책결정을 의미하며, 이는 곧 공공성을 기본 속성으로 하기 때문에 사기업경영과는 차이가 있다는 것이다.

둘째, 더얼(Dahl, 1947)도 행정에 있어서 가치(혹은 목적)와 사실(혹은 수단)은 혼재되어 있기 때문에 인위적인 구분은 어렵다고 보았다. 다만, 행정의 과학화는 필요하며, 이는 비교연구를 통해 도움을 받을 수 있을 것으로 보았다.

셋째, 좀 더 본격적으로 행정의 공공성과 정치성을 강조한 대표적인 미국의 행정학자는 왈도(Waldo, 1948)라고 할 수 있다. 행정의 본질은 '일반이론가'들이 조직이론과 행정이론의 과학화를 위해 부적절한 것으로 여긴 '민주주의 정치'에 달려있다는 것이다. 그는 "행정은 다르다" 즉, "정치적이다"라는 점을 강조하여, 행정학과 정치학 간의 유대를 강조하였다. 그러나 그가 활동하던 20세기 중엽은 소위 '행태주의 혁명(behavioral revolution)'이 미국 사회과학계를 휩쓰는 가운데 가치의 문제 혹은 규범적인 정치의 문제를 배격하는 상황이었으며, 그의 목소리는 적절하게 수용될 기회가 없었다 (Frederickson, 2001). 그의 견해가 좀 더 본격적으로 반영될 수 있었던 것은 1960년대 후반 이후 전개된 다음과 같은 새로운 행정학 연구의 진전에 의해서였다.

넷째, 그 하나로서 '관료정치(bureaucratic politics)' 관념의 발전이 있었다 (Allison, 1971).

관료정치론은 경험적인 차원에서 행정의 정치적 속성을 인정하여 공공행정의 독자성을 확인시키는 데 공헌하였다.

다섯째, 또 다른 하나는 1960년대 후반에서 70년대 초반에 이르기까지의 이른바 '신행정학(NPA)' 이론가들의 노력에 의해 이루어진 발전이다 (Marini, 1971; Waldo, 1971; Frederickson, 1980; Harmon, 1981). 당시 소장학자들에 의해 구성된 이 학파는 그 당시 미국의 풍요롭지만 방향 감각을 잃은 시대적 상황 하에서 그들의 스승 격인 왈도가 제기했던 문제의식에 주목하였고, 그에 적극적으로 부응하려고 하였다. 그들은 일반조직이론에서 개발되고 있는 주제와 연구결과들을 민주성이나 형평성(equity) 등 정치적 가치의 문제들과 연계하여 논의하려고 시도했다. 그들은 사실과 가치간의 엄격한 구분을 요구하는 논리실증주의 혹은 행태주의의 한계를 극복하기 위해 행정학 연구에 현상학이나 비판이론 등을 적극 도입하려고 시도함으로써 이른바 '후기행태주의(post-behavioralism)' 경향에 동참하였다.

여섯째, 후기행태주의의 전개에 따라 다양한 행정학 연구가 전개되었다. 예를 들면, 후기 인간관계론(post-human relations theory)의 전통, 마슬로우(Abraham Maslow)에 의해 고무된 조직이론들, 해석학 및 비판이론, 창발론(Emergence theory)(Harmon & Meyer, 1986), 그리고 공공선택론(Ostrom, 1974), 국가이론(Dunleavy, 1985; O'Leary, 1985; Stillman, 1991; Hill, 1992; Durant, 1999), 신제도주의(new institutionalism)(March & Olsen, 1989) 등이 그것이다. 이들에 의해 공·사 행정의 특징적인 차이가 새롭게 부각되는 계기가 마련되었다.

3) 결 론

이처럼 공·사 행정 간의 차이성과 유사성을 강조하는 경향에 큰 기복이 있어온 사실에 대하여 다음과 같은 점을 유의할 필요가 있다.

첫째, 공·사 행정의 유사성이나 차이성을 강조하는 경우에 이들이 현대 행정의 서로 다른 면을 대상으로 서로 다른 접근법을 통해 연구했다는 점이다. 예를 들면, 공·사 행정의 유사성을 강조하고 그것을 연구해 온 학자들은 좀 더 정확히 표현하면 공·사 행정의 "동일한 현상만"을 대상으로 삼아 그 "동일한 현상에 한해 적합한 방법"으로 접근하여 연구하였다. 다른 한편, 공·사 행정의 차이를 강조하여 행정학을 연구해 온 사람들은 양자 간의 차이가 있는 부분에 초점을 두어 그에 적합한 연구방법을 적용해 온 것이다. 그렇다면, 결국 현대 행정학 연구는 이 두 가지 경향을 모두 포함하고, 그 결과를 모두 종합하여 행정을 이해하고 실천하도록 하는 것이 바람직할 것이다. 만일 그 가운데 동일한 측면만을 연구대상으로 한다면, 세이어가 표현한 대로 양자 간의 차이가 있는 부분(그러나 중요한 부분)을 배제하는 결과를 가져 올 것이다. 반대로 차이가 있는 부분만을 연구 대상으로 삼는 경우, 양자 간에 동일한 측면(비록 그것이 그다지 중요한 부분은 아닐지언정)을 상대적으로 간과하는 문제가 발생할 것이다.

둘째, 또 하나 유의해야할 사항은 공·사 행정의 구분 혹은 동일시는 현대 국가에 대한 이해의 차이에서 비롯된다는 사실이다. 공·사 행정을 명확히 구분하는 이들은 국가가 시민 사회와는 특징적인 차이가 있음을 전제로 하는 것이다. 따라서 국가의 독자적인 기능 영역 및 운영방법에 있어서의 특징을 강조하게 된다. 궁극적으로 이는 현대 국가의 관료주의적 측면과 민주주의적 측면을 강조하게 된다. 반대로, 공·사 행정 간의 유사성을 강조하는 이들은 국가와 시민사회 간의 차이를 인정하지 않는 것을 의미하며, 그만큼 국가 기능 및 그 운영방법에 있어서의 독자성을 인정하지 않음을 의미한다. 그리고 사회 조직화의 방법으로서 시민사회, 특히 시장의 중요성을 강조하는 경우 이는 현대 국가의 자본주의적 측면을 더 강조하는 경향에 부합된다. 이처럼 공·사 행정 간의 차이점이나 유사성 가운데 하나를 강조하는 경우, 그 자체가 국가와 행정에 대한 특정한 정치 이데올로기적 성향을 반영하고 있음을 의미하는 것이다. 이와 같은 사실은 현대 행정의 공공성(혹은 공·사 행정 간의 차이성 혹은 유사성)에 대한 논의가 현대 국가와 시민사회에 대한 보다 균형 있는 폭넓은 이해를 바탕으로 할 필요성이 있음을 보여주는 것이다.

제**2**장 행정학의 발달과 이론유형

행정학의 발달

국정운영를 위한 응용학문이라는 넓은 의미의 행정학 연구는 공동체 혹은 국가가 존재함과 동시에 존재해 왔다 (Gladden, 1972; Dunn, 1994: 2장). 그러나 현대 행정학은 17~18세기에 독일에서 발전한 관방학(Cameralism, Kamelalismus)과 경찰학(Polizeiwissenschaft)에서 그 유래를 찾는다.[1] 독일의 행정학이 미국과 일본의 행정학에 각각 직·간접적으로 영향[2]을 미치고, 그것이 한국의 행정학 발달에 영향을 미쳤다 (Hesse, 1982; Caiden, 1982: 1-2장). 한국에서는 1950년대 초부터 현대 행정학 강의가 이루어지기 시작하였다. 그다지 길지 않은 시간에 한국의 행정학은 크게 발전했다. 특히 양적으로는 다른 어느 나라에 비해서도 빠른 성장이 이루어졌다.[3]

---

[1] 여기서 행정이란 당대의 사람들이 '행정적(administrative)'인 속성을 지닌 것으로 인식하는 과정 및 활동을 의미한다. 실제 행정은 인류의 문명과 더불어 존재해 왔으나(Dunn, 1991; Waldo, 1980: 1), 행정에 대한 "자아 인식적(self-aware)이고 지속적인 관심"을 바탕으로 하는 연구는 최근에 발전하기 시작했다 (Waldo, 1980). 현대 행정학의 발전을 독일을 중심으로 하는 서구 사회에서 이루어진 것으로 보는 것은 이 때문이다.

[2] 특히 독일의 로렌츠 폰 슈타인(Lorenz von Stein)의 영향에 주목할 필요가 있다. 폰 슈타인은 독일의 관방학의 마지막 위대한 저자이자 행정학의 창시자로 평가받고 있다. 그는 각자 이익을 추구하는 '사회'로부터 약자를 보호하고 국민을 잘살게 하는 것을 국가의 목적으로 보고, 그러한 목적을 달성하기 위한 국가의 행동을 '행정'으로 보았다. 그는 행정을 국가의사의 실행행위로 파악하여 국가의 의사결정에 대한 권리를 의미하는 '헌정'과 구분함으로써, 우드로 윌슨의 정치행정이원론에 큰 영향을 준 것으로 평가받는다 (Rosser, 2010, 547). 한편, 폰 슈타인의 연구는 이와쿠라 사절단을 통하여 메이지 시대 일본에도 큰 영향을 미친 것으로 전해진다.

[3] 한국에 현대 행정학이 도입되어 연구되기 이전에도 국가행정에 대한 연구는 존재하였다. 유교 통치원리에 입각한

　　이 절에서는 그동안의 한국 행정학 발전의 내용적 특성과 그것을 가능하게 한 요인들을 규명하려고 한다. 이를 위해 몇 가지 이론 모형—'지적 및 지적 제도적 시각,' '기능적 및 진화적 시각,' '정치적 및 정치제도적 시각,' 그리고 '지식사회학의 시각'(Wagner, et al., 1991; Wollmann, et al., 1987; Cha, 1981)—을 원용한다 (정용덕, 1996b). 이를 통해 행정학 발전의 동인이 되는 개인적 행위, 제도, 기능, 그리고 이해관계들을 체계적으로 점검해 볼 수 있다. 또한, 한국에서 행정학 연구가 미국 행정학 이론에 지나치게 의존하는 문제점에 관해 논의해 보려고 한다. 이를 통해 한국의 행정학 연구가 미국 행정학을 도입함으로서 많은 도움을 받을 수 있었으나, 두 나라의 행정이 지닌 본질적인 차이로 인해 미국 행정학을 적용하는 한국 행정학의 발전이 일정한 한계 속에서 이루어질 수밖에 없음을 확인하게 될 것이다.

사 례

[사회과학 발전의 동인: 네 가지 시각]

　　"[독일과 프랑스의 사회학에서 볼 수 있듯이] 지적 제도화 및 그 결과로서의 연구 성과의 확대 및 지속은 거의 전적으로 교수 개개인들의 사적인 노력에 의해 이루어졌다" (Shils, 1970: 770).

　　"[시카고 또는 콜롬비아] 사회학파의 쇠퇴는 단순히 그것을 형성했던 강력한 지성인들의 쇠퇴가 아니라, [시카고 또는 콜롬비아] 학파가 초점을 두어 분석해 왔던 문제들의 쇠퇴를 의미한다" (Coleman, 1980: 334-8).

　　"[나라별로] 다양한 국가 구조와 정책 유산들이 … [정부가 공황을 극복하는] 방법에 관한 정치적 논쟁에서 적극적인 참여 집단의 정치적 정향과 능력에 영향을 미쳤으며 … 지적 혁신 과정과 [새로운 경제정책 아이디어들이 정부의 전략 형성에 진입되는] 정책결정 중심에로의 전문가들의 접근 가능성에 영향을 미쳤다" (Weir & Skocpol, 1985).

　　"사유방식들은 그들의 사회적 원천이 명료하게 파악되지 않는 한 적절히 이해될 수 없다는 것이 지식사회학의 중요한 주제이다" (Manheim, 1936: 2).

출처: Wagner, et al., 1991; 정용덕, 1996b.

연구가 지배적이었다. 조선 말기에 이르러 실학파인 농암(聾菴) 유수원(柳壽垣, 1694~1755)의 우서(迂書), 다산(茶山) 정약용(丁若鏞, 1762~1836)의 경세유표(經世遺表)나 목민심서(牧民心書)(정약용, 1981), 혜강(惠岡) 최한기(崔漢綺, 1803~1873)의 인정(人政)(최한기, 1982)과 같은 저술이 나왔다. 다만, 이들은 국가경영 전반에 관한 철학과 현실에 대한 비판적 통찰 및 대책을 제시한 경세론(經世論)이며, 현대 행정학의 전문화되고 분화된 학문체계와는 크게 다르다 (우홍준, 1996).

1. 지적 및 지적 제도적 요인들

행정학의 발전은 장기적인 지적 진보에 의해 이루어진다. 물론 이 지적 진보 과정이 그에 친화적이지 않은 외부 환경 조건들에 의해 지장을 받을 수는 있다. 그러나 어떤 분과 학문이던 그 발전에 있어서 지적 진보 자체의 중요성을 간과할 수는 없다.

근대 응용사회과학의 출현 및 진화는 지적 전통들의 터 닦기와 학문적 제도화에 의해 이루어져 왔다. 서양에서 사회과학의 학문적 형성은 19세기의 마지막 25년 동안에 천천히 불균등하게 이루어지기 시작한 여러 지적 전통들이 느슨하게 집약됨으로써 이루어질 수 있었다. 물론 국가학(Staatswissenschaft)이나, 법률학, 역사적-제도적 연구, 그리고 특히 철학 분야의 경우 선구자들이 있었던 것을 제외하고는, 19세기 전반까지만 해도 사회과학이 학문적 주제로서 존재한 경우는 어디에도 없었다. 이 지적 전통들은 고대까지 거슬러 올라가는 것이지만, 이들이 19세기에 비로소 주목을 받게 되었고, 어느 정도의 윤곽을 이루기 시작한 것이다 (Shils, 1970: 764).

그러나 이 지적 제도화 과정들은 학문 분과들 사이에서든 나라들 사이에서든 모두 점진적이거나 순조로운 것만은 아니었다. 독일과 프랑스의 경우에서 볼 수 있듯이, 지적 제도화 및 그 결과로서의 연구 성과의 확대와 지속은 거의 전적으로 교수들 개개인의 사적인 노력에 의해 이루어졌다 (Shils, 1970: 767). 즉 각각의 연구 분야 내에서 명성 및 사회적 정당성을 얻기 위한 학자들의 경쟁적인 지적 탐구 과정에 의해 이루어진 것이다. 프랑스에서의 뒤르껭(Durkheim)과 독일어권에서의 만하임(Manheim)과 심지어 베버(Weber)와 관련된 사회과학적 전통이 불연속적으로 이루어진 것이 좋은 예다. 반대로, 미국에서는 프랑스 및 독일에서와 같이 학계 내에 견고하게 확립되어 있는 기존의 이해관계자들로부터의 반대가 없었다. 즉, "모든 학문분과들이 새로웠기 때문에, 사회과학의 즉각적인 형성을 훼방 놓을 '오래된 감시자'(old guard)가 없었던 것이다" (Shils, 1970: 770). 이와 같은 시각에서, 미국 행정학의 시작을 윌슨(Wilson)의 논문, 즉 "행정의 연구(The Study of Administration, 1887)"와 연계시키는 것이 타당하다. 마찬가지로, "과학적 관리론"과 "행정관리론"에서 "인간관계론"과 "신고전이론"을 거쳐 "신행정론" 등에 이르기까지 여러 행정이론을 발전시킨 행정학자들과 그들의 지적 전통은 미국에서 행정학의 발전에 결정적인 공헌을 하였다 (Harmon & Mayer, 1985).

이와 같은 관점에서 한국의 행정학 발전을 설명하기란 어렵지 않다. 먼저 그동안 행정학을 연구해 온 지식인들의 지적 탐구와 전통, 그리고 그들의 지적 활동을 촉진 또는 제약해 온 지적 제도들 혹은 "지적 장"(an intellectual field)에 대해 검토해 보기로 한다.

한국 행정학의 지적 전통은 제국주의 일본의 식민 통치가 끝나면서부터 시작되었다. 일제시대의 일본 본국에서는 주류인 유럽 대륙계의 관방학, 행정법학 등의 연구 외에도 미국식의 행정학 연구도 부분적으로는 이루어지고 있었다. 그러나 한국의 경우는 행정법학과 독일 관방학에서 유래한 국가학의 일부로서만 논의되었을 뿐, 독자적인 학문으로 성립되어 있지는 않았다. 일제 식민통치로부터 해방된 이후에도 한국전쟁을 겪기까지의 초기에는 일본을 거쳐 수입된 유럽의 국가학의 전통과 학풍에 따라 행정학도 공법학의 테두리 안에서 연구되었으며, 따라서 법과대학의 학문적 제도 속에서 연구와 교육이 이루어졌다 (박동서, 1988; 이홍구, 1987: 241-61).

이와 같은 와중에서도 한편 현대 사회과학으로서의 행정학이 해방 후인 1940년대 말부터 강의되기 시작하였다 (윤재풍, 1986). 서울대 문리과대학의 신도성 교수과 법과대학의 정인흥 교수에 의해서 처음으로 강의된 것이 그것이다. '6·25 한국전쟁'이 끝나고 전후 국가 재건의 본격적인 시작과 더불어 행정학의 연구와 교육도 좀 더 적극적으로 이루어지게 되었다. 특히 1950년대 말에 들어서면서 행정학은 당시 정치철학에 편중되었던 정치학과 법률만능주의의 전통에 젖어 있던 행정법학의 현실성의 결여 및 경직성에 모두 대처하기 위한 "능률과 신축성의 학문"으로서 주목을 받게 되었다 (이종범, 1977). 한국에서 현대 행정학이 본격적으로 도입되게 된 것은 일군의 젊은 행정학 교수 요원들이 미국에 유학하면서부터다. 1957년부터 유학을 시작한 소위 "미네소타학파(Minnesota School)"를 포함하는 이른바 "제1세대 행정학자들"에 의해 미국 행정학의 소개와 교육이 이루어질 수 있었다. 그리고 이들에 의해 곧이어 다수의 제2 및 제3세대 행정학자들이 배출되었다.

행정학의 연구 내용 면에서 보면, 1950년대 말부터 1960년대 초까지는 소위 "POSDCORB식" 행정원리의 도입이 가장 지배적인 형태였다 (이한빈, 1967). 당시의 행정학 교과서들은 대부분 이와 같은 행정원리의 소개가 주를 이룬다. 그 후 좀 더 넓은 의미의 그리고 현대 행정국가의 적극적인 행정개념과 이론들이 소개되었다. 좀 더 독자적 방법론과 체계를 갖춘 교과서들이 속속 출간되었다. 종전에는 주로 행정조직 내의 기능적 관리 문제에 초점을 두던 것에서, 1960년대 말 이후부터는 공공정책의 결정이라는 차원으로 관심의 확대가 이루어졌다. 미국에서 행정학의 보편성 증대를 위하여 성행한 비교행정학(Comparative Administration)은 한국의 행정학 발전에 큰 영향을 미쳤다 (윤재풍, 1986; Riggs, 2001). 1950년대와 1960년대의 비교행정론에 이어, 1970년대에는 발전행정학이 한국의 행정학자들의 많은 관심을 끌었다. 접근방법 면에서는 초기의 제도론적 접근방법 위주이던 것에서, 점차 행동주의적 접근방법이 주를 이루게 되었다. 이와 같은 행정이론의 접근방법의 변화에 병행하여, 실제로 연구조사에 응용할 수 있는 실증주의적 방법론이 크게 연구·교육되었다. 실증주의적 연구방법론에 관한 한 행정학이 한국에서의 다른 사회과학 분과학문들에 선도적인 역할을 한 면이 없지 않다. 그 후 반실증주의적인 방법론의 필요성을 강조하는 논문이나, 그것을 실제로 적용하는 연구들이 이루어진 것도 사실이지만, 실증주의에 비하면 거의 발전이 없는 상태에 있다.

한국에서의 행정학 연구 경향은 주로 미국에서의 연구 경향을 모방해서 이루어진 측면이 있으나, 1960년대 중반 이후부터는 미국 행정에의 단순 모방에 대한 반성으로 "토착화" 논의가 대두되었다. 즉 한국의 행정은 미국 등 다른 나라의 행정과는 다르기 때문에 한국을 대상으로 하는 "한국적 행정이론"을 개발할 필요가 있다는 것이다. 이를 바탕으로 한국의 행정을 대상으로 하는, 그리고 한국의 시각에서 행정을 연구하려는 노력이 이루어졌다 (박동서, 1967; 이종범, 1977; 김광웅, 1979; 안병영, 1982; 백완기, 1987; 김현구, 2005).

행정학자들의 탐구 활동은 그들의 연구를 가능하게 해 주는 여건에 의해 촉진되고 장애도 된다. 그런 의미에서 대학에서의 행정학 프로그램의 눈부신 양적 성장과 그에 따른 교수직 및 전공 학생의 증가는 한국 행정학 발전에 있어서 중요한 요인이었던 것으로 평가된다.

전술한 것처럼 해방 이후부터 서울대 등에서 행정학 강의가 있었지만, 법과대학이나 정치학과 등에서 개설한 극소수의 강좌들이었다. 당시 법과대학들의 교수진은 "일본을 거쳐 수입된 유럽의 국가학적 전통과 학풍에 따라 행정학은 공법학의 테두리 안에서 연구되고 ……법률만능주의적 전통의 그늘 밑에서 행정은 법률의 시행 및 집행과정으로 생각하는 경향이 짙었다" (이홍구, 1987). 이런 지적 제도 가운데에서 한국의 행정학이 좀더 본격적으로 강의·연구될 수 있었던 것은 1956년부터 준비되어 1959년에 결실을 본 서울대 행정대학원의 설립에서부터라고 할 수 있다. 서울대 행정대학원의 설립을 계기로 하여, 비로소 사회과학으로서의 현대 행정학의 강의와 연구가 각론 별로 시작될 수 있었다.

한국의 행정학 발전을 위한 또 다른 지적 제도화의 요인에는 학회의 결성과 발전이 포함된다. 1956년에 창설된 한국행정학회는 지난 40년 동안 한국의 행정학자들의 지적 상호작용의 장으로서 역할을 수행했다. 한국행정학보는 1967년에 창간된 이후 연간(年刊)으로 이어지다가 1984년부터는 반(半)년간으로, 1990년부터는 년 3회, 그리고 1992년 제26권부터는 드디어 계간으로 발간하게 되었다 (한국행정학보, 1992: v-vi).

2. 기능적 및 진화적 요인들

행정학의 발전은 또한 사회로부터의 기능적 필요에 따라 사회적으로 대응해 나가는 과정을 통해 진화되는 것으로도 볼 수 있다. 특정 형태의 사회적 상호작용에 고유한 기능적 불가피성에 대응해서 학문이 발전하는 것으로 가정하는 것이다. 그래서, 사회과학의 발전을 설명하려면 사회과학 의제에 새롭고 실질적인 관심과 방법론적 흥미를 가져다주는 사회적 상호작용 형태의 근본적인 사회적 전환을 규명할 필요가 있다. 광범위한 사회체계의 진화는 그에 따른 기능적 필요에 맞는 사회적 지식의 유형을 수반하게 되며, 그 사회적 진화 단계에 기능적으로 적절한 독특한 사회연구의 성격이 결정되는 것이다 (Coleman, 1980; 1986). 예를 들면, 20세기 미국 사회과학의 발전이 시카고학파에서 콜럼비아학파로의 이행과 그 종말이라는 세 단계 진화과정을 거쳐 이루어졌다 (Coleman, 1980).

이와 같은 "사회적 필요"의 개념을 통해 미국 행정학의 원천을 설명하면, 19세기 후반에 윌슨(Wilson)이라는 한 대학교수가 수행한 연구 작업보다는, 윌슨의 논문이 19세기 미국 사회의 맥락에 어떻게 관련되느냐가 더 중요하다. 특히 19세기에 들어서서 급속하게 진전이 이루어진 미국 사회의 산업화를 주목할 필요가 있다. 산업화는 미국인들의 생활을 한층 더 복잡하게 만들었고, 산업사회에서의 정부 역할도 또한 복잡하게 되었다. 증대되는 정부 업무의 복잡성은 더 이상 행정에 관해 전문성이 없는 정당 정치인들을 공직에 채용하는 엽관제의 지속을 인내하기 힘들게 만들었다. 정부에게 부과되는 새로운 수요에 대처하기 위해서 엽관제는 새로운 행정과학에 그 길을 양보해야 될 것이었다. 이 시기 산업화의 진전은 과학기술의 발전과 상호 인과적 관계 속에서 진행되었다 (Waldo, 1948: 3-12). 이것이 '기술합리성'이 문제 해결에 지배적인 양식으로 자리잡는 기술주의 시대를 여는 촉발 요인이 되었다. 윌슨은 이 모든 요인들을 통해서 행정의 중요성이 증대됨을 명료하게 제기할 필요성을 찾을 수 있었다.

한국이 일제 강점으로부터 해방되어 새로이 국가건설(state building)을 추진하던 1940년대 말에서 1950년대에 이르기까지 한국 행정학자들의 주요 관심은 선진국의 행정제도를 익히고 그것을 소개하는 일이었다. 당시의 연구가 대부분 법적·제도적 접근방법에 의존하고 있었던 것은 이와 같은 맥락에서도 쉽게 이해할 수 있다. 물론 한국의 행정학이 준거로 삼고 있던 미국 행정학이 당시만 해도 — 그 직후부터 성행하던 — 행태주의적 접근방법이 초보적인 단계에 있었기 때문인 점도 있었을 것이다. 그러나 당시 한국의 행정학자들이 미국을 위시한 주요 선진국의 행정제도와 관리기법에 높은 관심을 보인 것은 당시 신생국으로서 한국이 새로운 국가의 행정제도를 구축해 나가야 할 필요성과 부합된다. 실제로 미군정기에는 미국의 행정제도를 번역하고 그것을 한국 행정에 도입하기 위한 실무적인 필요성에서 미국의 행정학을 연구하였다. 이른바 제1세대 행정학자들의 초기 저술은 행정제도와 관리기법에 관한 것이 주종을 이룬다.

이와 같은 행정제도에 관한 연구들은 또한 비교적인 관점에서 수행되는 경향이 많았다. 한국 행정학계에서 성행한 비교연구가 당시 미국에서 강조되던 비교연구의 필요성에 의해 영향을 받은 측면이 크다. 즉 당시의 미국 행정학계에서는 미국 행정이론의 지방주의적 성향을 극복하고, 좀 더 높은 수준의 이론의 보편성을 지향하려는 노력을 기울이고 있었다. 이와 같은 비교연구의 성행은, 보편적 행정이론의 지향이라는 학술적 목적 이외에, 당시의 냉전 하에서 미국과 소련을 중심으로 하는 동서 진영 간의 정치행정체제에 관한 이데올로기적 우수성에 대한 경쟁도 한 몫을 하였다. 특히 한국은 세계냉전체제의 최전방에 위치한 나라 가운데 하나였으므로, 한국의 행정은 하나의 후진국 또는 신생국의 행정으로서 국내외 행정학자들의 중요한 관심의 대상이 된 것이다 (박동서, 1962; 김운태, 1964; Riggs, 1966; Heady, 1968; 김규정, 1987; 박동서 외, 1996; 박천오 외, 1999).

일제 식민통치에서 해방된 신생국으로서 국가건설, 그리고 6.25 전쟁으로 인한 참화를 어느 정도 수습한 후, 우리 사회가 당면한 다음 과제는 빠른 시일에 경제발전을 도모하는 일이었다. 급속한 경제발전의 추진은 이미 1950년대 후반부터 우리 사회에 합의가 이루어진 국가 목표였다. 행정학은 이처럼 합의된 국가목표로서의 경제성장을 추진함에 있어 필요한 경제기획과 집행 방법을 제공하는 데 한몫을 하였다. 행정에 대한 비교연구가 좀 더 현실 진단에 초점이 주어진 것이었다면, 그것을 토대로 경제발전에 좀더 직접 적용할 규범적·처방적 준거 틀이 필요한 것을 의미했다. 1960년대 초에서부터 1970년대와 1980년대를 거치면서 한국의 행정학자들은 국가정책을 기획하고 집행하는 일에 직접 적용할 수 있는 도구적 이론과 관리기법들의 개발에 크게 종사하였다. 그리고 이와 같은 행정이론과 기법들을 이념적으로 뒷받침해 준 것이 발전행정학이었다. 발전행정학은 정부 주도의 사회변동, 경제발전 및 지역개발 등의 발전전략 동기와 일치하여 60년대 말부터 70년대 초까지 각광을 받았다 (박동서 외, 1986; 김신복, 1999; 한영환, 2000).

이처럼 국가주도의 경제발전 정책의 추진을 통해 한국은 급속한 경제성장을 이룰 수 있었다. 반면에 국가주도의 급속한 경제성장은 한국 사회에 적지 않은 부작용도 가져왔다. 1970년대 후반에 들어서면서 경제성장 일변도의 국가정책이 우리 사회에 배분적 정의의 문제를 불러일으킨 것은 당연한 이치이다. 배분적 정의에 대한 관심이 한국의 행정학자들에게 복지행정에 대한 많은 관심을 불러일으키는 계기가 된다 (정용덕, 1982; 안성호, 1989; 김태성·성경륭, 2000). 1960년대 이후의 급속한 경제성장 과정에서 우리는 공기업과 대기업에 크게 의존하는 정책을 적용하였다. 그 결과는 우리 사회에 공정한 거래 질서의 확립에 대한 필요성을 제기하였다. 또한, 1980년대에 들어서면서 정부 주도의 경제정책에 대한 재평가가 이루어지게 되었다. 이를 계기로 경제규제 완화와 민영화 등에 관한 관심이 크게 제기되었으며, 행정학계에 규제정책에 관한 많은 연구가 이루어지게 되었다 (정용덕, 1984; 최병선, 1992). 경제규제에 관한 관심이 이처럼 규제완화와 공정거래 질서의 확립을 통해 좀 더 성숙된 자본주의의 제도적 기반을 구축하기 위한 것이라면, 다른 한편으로는 정부규제의 강화가 전보다 더 강조되는 이른바 사회규제에 관한 연구의 필요성도 제기되었다. 급속한 성장위주의 국가정책이 가져온 문제들 가운데에서 특히 환경오염 문제와 산업노동자들의 근로 여건 등에 관한 문제는 1980년대에 들어서면서 그 한계점에 달했다. 이와 같은 사회적 필요성은 행정학자들로 하여금 환경행정, 산업안전 및 재난관리, 노동문제 등에 대한 관심을 불러일으키는 계기가 되었다 (안문석, 1993; 김번웅·오영석, 1997; 김시윤·김정렬·김성훈, 2000). 환경문제와 더불어 산업화와 도시화에 따른 문제들을 해결하기 위한 연구들이 주로 도시행정 분야에서 이루어졌다. 많은 대학에서 도시, 환경, 지역개발, 사회간접자본 등의 문제에 관한 강좌와 연구가 활발히 수행되었다 (김원, 1981; 한원택, 1985; 노정현·박우서·박경원, 1992).

1970년대 후반부터 그동안 한국의 급속한 경제성장 추진과정에서 국가가 수행한 역할에 관해 국내외 학자들의 관심이 높아지게 되었다. 이것은 당시 구미에서 성행하기 시작한 이른바 "국가 논의의 재등장(bringing the state back in)" 현상과도 관계가 있다 (Evans, et al, 1985; 강민 외, 1991; 김석준, 1992). 선진 자본주의에서 국가 성격에 관한 논의가 활발해지게 된 데에는 1970년대 초부터 시작된 서구 자본주의 경제의 침체와 이를 극복하기 위하여 국가가 수행할 적정 역할에 관해 논의할 필요성이 있었기 때문일 것이다. 이를 계기로 한국에서도 그동안의 개입주의적 경제정책에 대한 재평가의 필요성이 제기되기 시작하였다. 특히 산업정책 분야에서의 국가의 역할과 그 수행방법에 관한 경험적 연구들이 많이 이루어지게 되었다.

1987년 6월의 시민항쟁을 고비로 한국의 정치 민주화에 진전이 이루어지기 시작했다. 이어서 1993년에는 군 출신들이 아닌 민간인 출신 정당정치인들에 의한, 이른바 "문민정부"가 들어서게 되었다. 이 과정에서 행정학자들이 가장 주목해 온 연구 주제에는 지방화, 정보화, 세계화 등이 포함된다. 지방자치행정은 5·16 군사쿠데타에 의해 해산된 지 꼭 30년 만인 1991년 봄에 지방의회의 재구성을 계기로 한국 행정학자들의 많은 관심을 끌고 있는 연구 분야이다. 1980년대 후반 이후부터는 한국의 과도한 중앙집권화 현상을 지적하고, 분권화 및 지방자치의 필요성을 역설하는 논문과 서적들이 발간되기 시작하였다 (노융희, 1975; 최창호, 1980; 정세욱, 1984; 이승종, 1993; 임도빈, 1997; 이도형, 2000; Jung, 1988). 남북한 통일에 대한 행정학자들의 관심도 1990년대에 들어서면서 나타난 현상이다 (박완신, 1983; 이계만, 1992; Jung, 1993; 김공열, 1995; 민진, 1996). 최근 들어 한국 행정학자들의 중요한 연구 대상이 된 또 다른 주제 가운데 하나는 정보화에 관한 것이다 (권기헌, 1997; 최성모, 1998; 강근복 외, 1999; 정충식, 1999). 전지구화(globalization)에 관한 관심(문태현, 1999), 특히 1997년 말에 겪은 외환위기 이후 지속된 경제 침체에 대응하면서 영미권 국가들이 추진해 온 친시장적 정부개혁 모형인 '기업가적 정부' 혹은 '신공공관리'와 '신거버넌스'에 대한 연구가 증대되었다 (김번웅, 1994; 김영평, 1994; 김판석, 1994; 김병섭, 1996; 김만기, 1998; 김태룡, 1999; 2000; 배용수, 2000; 정용덕, 1999; 이명석, 2002).

3. 정치적 및 정치제도적 요인들

행정학의 발전은 정치적 요인들에 의해서도 좌우될 수 있다. 국가 제도가 사회문제나 지적 제도들에 집적 개입하거나 혹은 간접적으로 영향을 미칠 수 있기 때문이다. 이는 국가를 구성하는 제도들의 배열이 지적 제도를 비롯한 다른 사회제도들의 성격과 운영에 원인변수가 될 수 있음을 의미한다 (Weir & Skocpol, 1985).

실제로 구미 여러 나라에서 이루어진 사회과학의 제도화 노력들을 살펴보면, 대부분의 성패가 비록 국가에 의해 직접 지시된 것은 아니었을지라도 최소한 국가제도들의 자세와 행위에 의해 크게 좌우되었음을 알 수 있다. 각 나라별 국가의 행위와 특성에 따라 사회부문의 행위자들에 의해 새로운 노력들이 수용되는 방식이 결정된 것이다. 스웨덴에서 초기 단계의 사회과학 발전이나 유럽 최초의 근대적이고 야심적인 정치과학제도 가운데 하나로 꼽히는 프랑스 국립정치대학(the Ecole Libre des Sciences Politiques)이 1870년대에 국가제도로 편입된 이유 등이 예다. 1930년대 구미 국가들이 대공황에 대응하기 위해 취한 정책방식에 따라 각국의 사회과학 발전이 특이하게 발전될 수 있었던 경우도 예다. 국가정책결정자들이 경제위기 극복을 위한 정책 아이디어로서 "케인즈주의(Keynesian)"나 그와 유사한 경제정책 이론 체계를 활용할 의지를 지니고 있었는가의 여부가 관건이다 (Weir & Skocpol, 1985).

미국에서 19세기말 이후 행정학이 독립된 분과학문으로 발전하기 시작된 이유도 정부의 부패와 비효율을 근절시키려고 노력한 개혁가들의 노력과 관련하여 설명할 수 있다. 당시의 정부 개혁가들에게 있어서 부패와 비효율의 주범은 엽관제(spoils system)였다. 19세기 중엽에 엽관제는 많은 사람들에게 문제로 인식되기 시작했고, 그 결과 공직개혁(a civic reform) 운동이 남북전쟁(the Civil War) 전에 이미 형성되었다. 개혁가들은 "경제와 효율성(economy and efficiency)"을 도덕성의 기준으로 보았고, 부패와 비효율의 주범인 엽관제를 대체시킴으로서 경제와 효율성에 근거한 도덕성의 복구가 가능할 것으로 믿었다. 게다가 논공행상에 불만을 가졌던 한 '엽관추구자(spolis-seeker)'에 의한 가필드(Garfield) 대통령 시해사건을 계기로 개혁가들은 1883년에 '펜들톤법(The Pendleton Act)'의 입법에 성공하였다. 월슨의 학술 논문은 이와 같은 개혁정치에 대한 학계 차원에서의 이론적 대응에 지나지 않는다.

국가가 사회에 미치는 영향이 서구 나라들에 비해 상대적으로 더 큰 한국의 경우, 정치적·제도적 요인들이 사회과학의 발전에 미치는 영향은 그만큼 현저했다. 특히 국가의 정책 결정과 집행을 주된 연구대상으로 하는 행정학은 양자 간의 상호관계 면에서 다른 어떤 사회과학 분과 학문에 비해 더 밀접한 관계를 가질 수밖에 없다. 일제 식민통치 시대에 행정의 연구가 주로 국가학의 전통과 학풍에 따라 공법학의 테두리 안에서 이루어진 것도 사실은 군국주의 일본제국의 통치와 관련된 것이었다. 해방 이후에도 한국 행정학의 많은 지적 제도들이 정치제도와의 밀접한 연계 위에서 발전되어 온 것을 볼 수 있다. 전술한 것처럼, 한국의 행정학 발전에 있어서 가장 핵심적인 지적 제도화 가운데 하나로 꼽을 수 있는 서울대 행정대학원 설립 자체가 한국의 행정발전을 도모하기 위해 한미 두 국가가 공동으로 마련한 지원 계획에 의해 이루어진 것이었다 (강신택, 1989; 박동서, 1979). 이어서 한국의 행정학 발전에 초석을 놓은 제1세대 행정학자 가운데 상당수가 미국 미네소타대학에 유학할 수 있었던 것도 바로 이 지원 계획의 일환으로 이루어진 것이었다 (엄석진, 2020).

정부가 추진한 정책사업에 많은 행정학자들이 자문 활동을 수행했다. 1960년대 초 행정관리개선위원회(1961)나 국가재건최고회의 기획관리위원회 등에 행정학자들의 참여를 유도하였다 (황인정, 1970). 1970년대에는 새마을사업 등 지역개발사업과 관련된 정부 주도 사업이나, 서정쇄신 등 행정개혁의 추진 과정에 있어서 다수의 행정학자들에게 자문하였다. 그리고 지역개발 사업에 필요한 인적 자원 양성을 위해 대학에 지역개발학과 등 행정학 관련 프로그램들을 다수 신설하는 것에 정부가 매우 협조적이었다. 또한, 최근 세계화나 정보화 등의 주제에 많은 행정학자들이 관심을 보이고 있고, 학회의 학술 행사가 빈번하며, 대학의 관련 교육제도들이 성장하고 있는 이유도 정부의 정책 방향과 관련시켜 설명하는 것이 가능하다.

정치 제도적인 요인에 의해 행정학의 발전이 크게 영향을 받아 온 또 하나의 주요 사항은 1959년 이후 행정고시의 필수과목에 행정학이 선정된 것에서도 찾을 수 있다. 아직도 우수한 학생들이 공직을 희망하는 전통이 강한 한국에서 엘리트 공무원이 되는 중요한 과정인 행정고시에 행정학이 필수과목으로 선정된 것은 행정학의 발전과 관련해서 실로 중요한 계기가 되는 것이었다 (서울대 행정대학원, 1996). 행정학이 행정고시 과목에 포함됨으로써, 우수한 많은 공무원 지망생들로 하여금 행정학을 공부하도록 함으로써, 한국 행정학의 ― 최소한 양적인 면에서의 ― 발전에 적지 않게 기여한 반면, 행정학 교육의 질적 발전을 장애하고 있는 측면 또한 간과할 수 없다. 행정고시가 전통적인 필답고사 방식에 머물러 있어서 행정학의 중요한 교육 방식인 사례 연구나 토론식 강의, 그리고 실무 수습 등을 외면하고 단지 교과서 중심의 주입식 강의 방식을 벗어나지 못하게 만드는 이유가 되고 있는 것이다. 이는 교육 방법의 저 발전뿐만 아니라, 교수들의 저술 형태에도 영향을 미치고 있다. 즉 독자적인 이론 체계에 의한 저술보다는 여러 가지 이론들을 백화점 식으로 나열하여 소개하는 방식이 그것이다.

국가 제도는 행정학 관련 학회의 설립과 운영에도 영향을 미쳤다. 한국행정학회 창립이 한국 정부와 미국 정부의 공동 학술지원사업에 의해 결정적으로 도움을 받은 것이 전형적인 예다 (윤재풍, 1986). 1990년대에 들어서면서 행정학 관련 학회들이 다수 증설되는 현상이 나타났는데, 이는 행정학자들의 지적 탐구심 외에, "학회"에 한해서만 각종 보조금이나 연구비를 지급하는 국가 용역이나 학술 지원 제도와 관련되어 나타나는 측면도 있다.

4. 지배적인 이해관계의 요인들

행정학의 발전은 주어진 환경에 봉사하는 기능적 필요와 이해관계의 결과로서 이루어지는 것으로도 볼 수 있다. 지식사회학(Wissenssoziologie)에 따르면, 사회과학 지식이란 사회구조 및 과정으로부터 독립된 것이 아닐 뿐만 아니라, 보편적인 성격을 지닌 것도 아니다. 또한, 지식은 그 자체의 내부적 요인에 의해서 우연히 발전되는 것이 아니라, 그것을 촉진하는 실존적 필요 및 이해관계의 결과로서 이루어질 뿐이다. 따라서 지식의 원천을 설명하기 위해서는 반드시 환경적 맥락과 관련해서 분석할 필요가 있다 (Manheim, 1936: 2). 사회적 필요나 이해관계 가운데에서도 특히 누구의 필요성이나 이해관계와 관련되는가의 문제가 여기에서 주목하는 사항이다.

물론 앞에서의 기능적-진화적 요인들에 대한 검토를 통해 행정학의 발전이 사회적으로 필요한 기능에 따라 점진적으로 이루어지는 것으로 보았다. 그러나 "사회적으로 필요한 기능"이 과연 사회구성원 가운데 특히 누구의 필요나 이익에 기능적인지를 구체적으로 살펴볼 필요가 있다. 사회 전체의 이익을 증대시킨다는 면에서 기능적인지, 아니면 사회구성원 가운데 특히 일부의 이익이나 필요에 기능적인지를 구분해 볼 필요성이다. 기능적-진화적 관점에서는 사회 전체의 필요성이나 이익이라는 차원에서의 기능을 강조한다. 반면에 여기서는 사회과학의 발전이 사회구성원 가운데 일부 계층이나 계급, 특히 지배적인 집단의 이익에 기능적일 수 있음을 강조한다. 또한, 앞에서 정치-제도적 관점을 적용함으로써 정치제도들이 행정학 발전에 어떠한 촉진과 제약을 가져올 수 있는가를 살펴보았다. 반면에 여기서는 특히 정치제도와 행정학 발전 간의 상호작용도 그 제도들 자체의 이익이나 그 밖의 다른 특정 이해관계와 결부되어 나타날 수 있음에 주목한다.

미국의 경우, 행정학 발전이 그 나라의 지배적인 사회 세력과 그들의 이해관계에 의해 크게 좌우된 바 있다 (Cha, 1981). 19세기 말 미국 행정학의 출발 자체가 강력한 경제적 토대에 기초한 체계 유지의 도구로서 봉사할 필요성과 관련된 것이다. 본래 잭슨 민주주의(Jacksonian democracy)의 한 여파로 나타난 엽관제의 제도화는 미국 정치사에서 정치에 대한 경제 지배로부터의 일탈을 의미했었다 (Dye & Zeigler, 1976). 그 이후에도 정부가 경제적 이익의 영향에 대해 완전히 방어적일 수 있었던 것은 아니지만, 적어도 경제적 영향이 정치적 고려를 통해 이루어진 것이지 그 반대의 경우는 아니었다 (Cochran & Miller, 1961).

이와 같은 정치경제적 구조는 — 초기 공직개혁운동이 형성되기 시작해서 윌슨의 논문이 발간될 즈음 그 과정의 완료가 가속화될 시점에 이르기까지 — 산업화 과정이 급속하게 진전됨에 따라 경제적 이해관계자들에게 매우 불만족스러운 것이 되었다. 기득권 엘리트들이 그들의 영향력 행사를 정당정치에 의해서만 유지하기가 더이상 충분하지 않게 된 것이다. 정부 개혁가들의 진정한 목적은 엽관주의 정치 및 그와 관련된 요소들이 장악하고 있던 정부에 대한 통제를 쟁취하는 데 있었다. 공직 개혁 운동은 이 목적을 달성하기 위한 하나의 수단이었다. 도덕성을 경제 및 효율성과 동일시한 것도 1883년의 펜들톤법(Pendleton Act)이 가져온 효과와 마찬가지로 행정을 정치적으로 중립화시키는 데 도움이 되었다. 당시에 산업화에 수반된 무수한 문제들이 해결을 기다리고 있었으며, 무제한적인 경제적 경쟁은 형성된 경제 질서를 위협하고 있었다. 마찬가지로 노동자 문제도 조직화된 노동을 필요로 하였다. 산업화에 병행한 급속한 도시화도 공공서비스의 제공이라는 새로운 문제들을 제기하고 있었다. 이 문제들은 본질적으로 정치적 성향을 띤 것이다. 그러나 이미 형성된 경제적 이해관계자들에게는 이들 문제에 그대로 직면하는 것은 기존의 경제 질서의 최적 이익에 부합하는 것이 아니었다. 이미 형성된 경제적 이해관계에 대한 커다란 변화 없이 이 문제들을 해결하기 위해서는 구조적인 정치경제적 변화가 필요했다. "정치적인 문제들을 진정으로는 해결하지 않은 채로 대처하는 방법"이 필요했던 것이다 (Karl, 1976: 488).

이 기능을 수행하는 데 있어서 적절한 수단으로 출현한 것이 곧 "정치와 분리된 행정"이었다. 행정이 — 윌슨의 논문을 통해 — 정치와는 분리되어 합리화되었고, 따라서 순수하게 기술적인 도구가 되었다. 이로써 정치적인 문제들을 행정이 해결하도록 떠넘기는 것이 이론적으로 가능해졌고, 다른 한편 정치적인 문제들을 행정적이고 기술적인 문제로 전환할 수 있었다. 그 결과는 정치적인 문제들의 제한, 중립화 그리고 "탈정치화(apoliticization)"였다 (Caiden, 1984). 즉 "정치적 문제들에 대한 행정적 해결" 혹은 "정치의 순화(sublimation)"를 의미하는 것이다 (Wolin, 1960: 352-415).

한국 행정학의 발전도 우리 사회의 지배적인 이해관계에 의해 영향을 받은 측면이 있다. 권위주의 정권하에서 행정과 행정학의 이와 같은 기능은 더 강조될 수밖에 없는 것이었다. 바꾸어 말하면, 한국의 역대 정권들이 본질적으로는 정치적인 사안들임에도 그것을 행정적 개념으로 정의하고 대응함으로써, 그들의 권위주의 성향의 유지에 도움을 받을 수 있었던 것으로 해석이 가능하다. 경제발전의 추진 과정에서 제기되는 여러 가지 우선순위의 결정은 본질적으로 정치적인 사안이다. 그러나 한국 사회에서 발전정책들의 정치적 선택은 곧 "비합리"와 "비효율"을 의미하는 것으로 여겨져 왔다. 발전정책들은 행정적인 계획을 통해 "합리적"으로 작성되고, "효율적"으로 집행되어야 하는 것으로 인식되었다. 그래서, 거의 모든 발전정책들은 정치적 선택(즉, 국민적인 합의 도출) 과정으로부터 격리되어, 행정에 의해, 그리고 행정적 논리에 의해 이루어져 왔다.

이와 같은 정책결정 양식은 정치와 행정 간의 관계에 대한 우리 나름의 특이한 (미국의 경우와도 또 다른) 개념화이자 실제적인 현상이었다. 본래 미국 행정학의 태동을 가져 왔던 당시의 정치와 행정 간의 이원화 논리는 정치와 행정의 분업을 의미하는 것이었다 (정용덕, 1996). 정책의 결정은 정치가 담당하고, 정책의 집행은 행정이 하는 것이 정치가 모든 것을 하는 경우보다 더 합리적이라는 것이다. 그러나 한국에서는 정책의 집행뿐만 아니라 그것의 결정까지도 행정이 수행하는 이른바 "행정 우위적" 정치행정관계를 함축해 왔다. 정치와 행정간의 관계에 관한 이처럼 특이한 설정은 급속한 "발전의 관리"를 위해 필요한 것으로 합리화되었다.[4]

이와 같은 맥락에서 볼 때, 한국의 대학에서 행정학이 다른 분과 학문들에 비해 지적 제도화에 비교적 성공적이었던 이유 가운데에는 우리의 특수한 정치적 상황과 부합되었기 때문이라는 일부 주장이 의미를 지닌다 (이홍구, 1987). 행정학의 학풍이 타 학문 분과들의 그것에 비해 상대적으로 체제 비판적인 성향이 적었다는 것이다. 더 나아가서, 정치 문제들의 순화에 이론적 및 실제적으로 기여함으로써 권위주의 정권에게 순기능적인 면까지도 있어온 것이다. 이와 같은 순기능성은 정부의 학과 증설이나 정원 억제 정책으로부터 (체제 비판성이 강한 학문 분과들에 비해) 상대적으로 덜 구속되었다는 것이다.

한국이 처한 정치경제 맥락과의 유기적인 연계 없이 행정학 연구가 단지 행정관리적 효

---

4 행정 우위의 이론화가 미국의 비교·발전행정학 이론가들에 의해 이루어졌으며, 그 결과 개발도상국가의 권위주의 정권들을 이론적으로 지원하는 결과를 가져왔다는 미국 행정학자들의 자아 비판에 관하여는 Loveman(1976)을 참조할 것.

율성 증진에만 초점을 두는 성향은 아직도 지속되고 있다. 선진 자본주의 국가들이 그들의 맥락에서의 필요성에 따라 개발한 행정개혁 아이디어나 이론적 모형들을, 우리의 거시적 맥락과의 적실성에 대한 심각한 고려 없이, 그대로 우리 행정에 적용하는 것이다.

1960년대 중반 이후부터 한국 행정학계에서 제기되기 시작한 '토착화' 혹은 '한국화' 논의는 이와 같은 점에서 의미 있는 지적 시도인 것으로 평가할 수 있다. 한국 행정은 미국 등 다른 나라의 행정과는 다르며, 따라서 한국 행정을 대상으로 하는 "한국적 행정이론"을 개발할 필요가 있다는 문제의식이다 (강신택, 1971; 백완기, 1987; 이종범, 2005; 박종민, 2006; 한국행정학회, 2006; 정용덕, 2017: 1). 한국 행정학의 토착화 혹은 한국화를 위해서는 한국의 행정이 속해 있는 사회적 맥락을 고찰하고 기존 혹은 외국의 이론이 이에 적실한지를 검증하는 지적 작업이 필요하다.

제 2 절   미국 행정(학)이 한국 행정(학) 발전에 미친 영향

적어도 1945년 해방 이후 한국의 행정 및 행정학은 미국의 행정 및 행정학으로부터 많은 영향을 받았고, 이로 인하여 크게 발전할 수 있었다. 그러나 적실성(relevancy) 면에서 많은 한계가 있어 온 것 또한 사실이다.

미국으로부터 크게 도움을 받은 것 중에 무엇보다도 실증주의 사고방식을 행정 연구와 실무에 도입하게 되었다는 점을 들 수 있다. 한국의 사회과학계에서 실증주의적 방법론을 교육하고 그에 따라 연구하는 일은 행정학이 다른 사회과학 분과학문에 비해 앞서서 선도한 측면도 있다 (예로써, 김해동, 1962; 김광웅, 1976; 강신택, 1981 등). 이처럼 비교적 빠르게 도입된 실증주의적 사고와 방법론이 행정실무자들에게 전수되어 한국의 행정실무에도 적지 않은 영향을 미쳤을 것으로 본다.

한국의 행정학자들과 실무자들이 행정관리에 있어서 효율성과 민주성을 중요하게 인식하게 된 것도 미국 행정(학)의 영향이었다. 행정의 효율성 증진을 위한 구체적인 관리이론 및 기법들, 즉 기획, 조직, 인사, 재무행정 등 행정관리의 여러 국면과 정책사업의 분석과 평가를 위한 교재들이 속속 마련되었고, 공무원들에게 전수되었다. 그러나 미국의 행정관리기법이나 제도들은 그 특수성으로 인하여 한국의 행정에 적절하지 않은 경우도 많았다. 그동안 많은 미국식의 행정제도와 기법들이 한국 행정에 소개되었음에도 오늘날 한국의 행정이 과연 얼마나 미국의 행정과 유사하게 되었는가는 의문이다. 과연 행정관리의 효율성을 증진하기 위한 관리기법들이나 행정조직 내 민주성을 증진하기 위한 개념들이 한국 행정에 얼마나 수용되었는가는 논란의 대상일 뿐이다. 한국의 행정관리자들은 미국의 제도나 관리기법에 대해서 이질감을 느끼는 경우가 많았고, 오히려 일본의 행정으로부터 좀더 쉽게 아이디어를 얻는 경향이 있었다. 미국의 행정제도나 관리기법들을 의식적, 계획적으로 도입하는 경우에도 그 제도들이 지닌 본래 의의나 도입의 취지와는 다른 형태로 운영되는 경우가 적지 않았다. 미국 행정의 무리한 도입이 때로는 한국 행정에 형식주의를 증대시키는 원인이 된 경우도 적지 않다.

한편 미국의 행정을 바탕으로 발전한 미국 행정학은 한국 행정을 분석하고 개혁하기 위한 행정학을 발전시키는 데 있어서 적합하지 않은 면도 많았다. 물론 한국의 행정학자들이 미국 행정학의 이론체계에 의거함으로써 양국의 공통적인 행정현상에 대해서는 쉽게 접근할 수 있었다. 그러나 이것이 한국의 행정학자들로 하여금 두 나라간의 서로 다른 행정현상에 관해서는 등한시하게 한 요인이 된 것도 사실이다. 한국 행정의 특수성에 관한 한 한국 행정학자들이 미국의 이론체계에서 준거기준을 찾는 경우 이것이 오히려 장애요인이 되기도 하였다. 한국 행정의 본질에 접근하는 데 있어서 미국 행정학의 개념과 명제들이 하나의 편견으로 작용한 것이다.

미국 행정 및 행정학이 한국의 행정 및 행정학의 발전에 적실하지 않았던 점을 편의상 정치와 행정 간의 관계에 관한 이론과 행정의 내부관리에 관한 이론의 두 부문으로 나누어 볼 수 있다 (니시오(西尾 勝), 1982). 그중에 여기서는 전자, 즉 정치와 행정 간의 관계 혹은 정치체계에 있어서 관료제가 차지하는 위상에 관한 이론에 초점을 두어 논의하고자 한다. 그 이유는 이 문제가 한국의 행정 및 행정학의 발전에 있어서 더 중요한 논제가 된다고 보기 때문이다.

한국의 행정과 미국의 행정 간에 서로 차이가 있는 가장 근본적인 이유를 각각의 행정이 근거하는 국가(the state) 성격의 차이에서 찾아보기로 한다. 비교론적으로 볼 때, 미국의 행정이 '무(無)국가성(statelessness)' 또는 '약한 국가성'을 전제로 발달해 왔다. 반면에, 한국의 행정은 반대로 매우 '강한 국가성(strong stateness)'에 근거해 왔다. 미국 행정학은 무국가성을 전제로 하는 미국 행정의 토양 속에서 이론체계를 발전시켜 왔다. 이와 같은 미국의 행정이론을 통해 한국의 행정을 묘사·설명하려는 데에는 적지 않은 한계가 있었다. 더 나아가서 이는 한국 행정의 문제를 비판하고, 그것의 개혁방안을 모색하는 데에도 그만큼 한계가 있었다.

1. 미국 행정과 행정학의 특성

미국의 행정을 특징짓는 중요한 사항 가운데 하나는 그것이 무국가성이라는 특이한 원천을 배경으로 출발했다는 점이다. 일찍이 미국에서 가장 처음으로 '행정국가(The Administrative State)'라는 개념을 사용하기 시작한 왈도(Waldo, 1948)는 그의 정년퇴임 기념 강의에서 다음과 같은 명제를 제시하고 있다.

> "비교론적으로 볼 때, [미국에서] 국가는 이념으로서도, 제도로서도, 자세 면에서도 거의 존재하지 않은 것이 사실이다……우리들은 유럽형의 국가(a European-style state)를 원하지도, 필요로 하지도, 발전시키지도 않았다"(Waldo, 1980: 189).

그리고 유럽의 시각에서 보면, 미국의 정체는 "나라(country)" 또는 "여러 종류의 정부(a government of sorts)"는 있으되 국가는 찾아볼 수 없는 특이한 것이라고 한다 (Waldo, 1980: 189).

이와 같은 미국의 '무국가성'은 계획된 것이었다. 미국의 헌법 초안자들은 그들이 "그 시대의 새로운 질서"라고 지명한 것을 실현하고자 했다. 이는 미국의 특이한 역사적 상황의 결과이기도 했다. 역사적으로 다른 나라들과 격리되어왔고, 다른 나라들에 비해 상대적으로 부유했던 점 등이 미국인으로 하여금 '무국가성'을 유지할 수 있도록 만들었다 (Waldo, 1980: 189; Stillman Ⅱ, 1990).

여기서 '국가'란 "징세, 기업규제, 국방, 공립교육, 사회복지프로그램 등 모든 근대 국민들(nations)에게 공통적인 기본 활동을 수행하는 구체적인 국가제도(national institutions)와 그 제도들의 법률, 기능, 구조 및 인사들"을 뜻한다. 이것은 서양의 경우 15세기와 16세기 유럽의 고전적인 국가 체계에서 진화한 것이다. 반면에 '무국가' 혹은 '무국가성'은 이와 정반대의 조건을 의미한다. 공공목적을 위해 근대 정부를 운영하는 법률, 구조, 기능, 인사들의 전부 혹은 거의 대부분의 핵심적 요소들이 존재하지 않는다. 이런 개념에 비춰볼 때, 미국은 '무국가성'을 지향해 왔다 (Stillman Ⅱ, 1990; 1990). 무엇보다도 헌법에서조차 아예 '국가'를 구성하는 제도들에 관한 언급이 없다. 의회에 관해서는 상세한 기술을 담고 있는 반면에, '국가' 행정에 관해서는 아예 '행정(administration)'이라는 말 자체, 그리고 심지어는 조직, 예산, 관리, 기획, 공무원 등 행정과 관련된 어떤 용어 조차 찾아볼 수 없다. 헌법 제2조에 미국 대통령에게 "행정권(the executive power)"이 있음을 기술하고는 있지만, 그 행정(권)의

내용에 관해서는 단지 공백으로 남겨 놓고 있을 뿐이다.[5]

이처럼 헌법에조차 행정에 관한 뚜렷한 위치설정을 할 수 없었던 이유는 미국이 지닌 복잡하고도 특이한 아이디어, 제도, 사건, 그리고 신화에 그 뿌리를 두고 있다 (Stillman Ⅱ, 1990). (1) 공화주의에 대한 지배적인 신념의 유산이다 (Stillman Ⅱ, 1990: 158-9). 공화주의에 대한 열정이 헌법 초안자들로 하여금 국가기구(state apparatus)의 필요성에 대한 이해를 할 수 없게 만들었다. (2) 고대 튜더(Tudor) 제도의 경험이다. 영국 헨리 8세 치하(1509~1547)에서 크롬웰(Thomas Cromwell)에 의해 이루어진 행정개혁의 결과 제도화된 행정제도들이 식민지 통치과정을 통해 미국에 전해진 것이다 (Huntington, 1968: 96). 사람이 아니라 "기본법(fundamental law)"에 의한 정부, "균형 잡힌 정부," 통합된 행정권위나 행정수반의 경원, "견제와 균형"의 극대화, 삼권분립 및 상호 간의 인사 교류나 중복 인사 금지 등은 모두 행정 조정이나 합리화의 증진과는 거리가 먼 것이다 (Stillman Ⅱ, 1990: 159-61). (3) 1780년대 미국에서 형성된 "연방주의(Federalism)"라는 "창조적 '무국가적' 타협"의 전통이다 (Stillman Ⅱ, 1990: 161-2). "단방제 행정국가" 배제, 변화와 적응에 공개적일 수 있고, 너무 느슨하지도 너무 꽉 조이지도 않은, 실용적이고 중도적이며, 극단적 집권화나 분산화는 모두 배제된 통치조직으로서의 연방주의가 그것이다. (4) 미국 헌법의 바탕에 있는 "최초의 새로운 국민(nation)"을 창조한다는 "신화"를 정당화하려 한 것이다. 고전적인 유대-기독교적 "원죄의식"에 뿌리를 둔 비관적 인간관에 입각해 있었던 미국인들은 그들의 새로운 이상적 정치체계를 고안함에 있어서도 철저하게 소극적이었다. 권력분립과 분권화를 (마치 아담과 이브가 그랬던 것처럼) 본래적으로 자제하기 어려운 인간들의 욕망을 억제하기 위한 장치인 것으로 내세웠다.

이처럼 다양한 아이디어, 제도, 타협, 그리고 신화의 제 국면들이 함께 엮어지면서, 1789년에 "새로운 '무국가적' 미국 국민"이 창조된 것이다. 이로 인해, 미국에서 국가형성은 항상 힘든 과제로 남아있다. 그리고 오늘날의 미국 행정의 특성에도 많은 영향을 미치고 있다. 행정기구들이 당시의 필요에 따라 얼마든지 변할 수 있는 것이 한 예다 (Stillman Ⅱ, 1990: 165).

이처럼 '무국가적' 원천에서 비롯된 미국 행정의 특수한 전통은 오늘날까지도 지속되고 있고, 앞으로도 상당 기간 지속될 것이다 (Waldo, 1980). 2020년 전 세계를 강타하고 있는 역병(COVID-19)에 세계 최대 규모의 확진자를 발생시키고 있는 예를 통해서도 알 수 있듯이, 미국에서 국가 행정기구의 효과적이고, 일관성 있고, 응집력 있는 통제 기제는 존재하지 않는 것이다 (Skowronek, 1982; Bensel, 1990).

이와 같은 미국 행정의 '무국가적' 특성이 그것을 연구대상으로 하는 미국 행정학의 성격

---

5 헌법 초안자 가운데 유일하게 행정에 관심을 가진 사람은 해밀턴(Alexander Hamilton)이었다.

에 영향을 미쳤음은 물론이다. 행정학도 '무국가성'을 전제로 하는 행정이론 체계, 즉 다원주의 국가론에 바탕을 둔 이론체계가 발전돼 온 것이다 (Dunleavy, 1982).

미국 행정학이 다원주의 국가론를 바탕으로 하고 있음은 그것이 주로 미시적 접근방법에 의거하고 있는 점에서 극명하게 나타난다. 우선, 사회 현상을 개별단위에 관한 언명으로 환원시킬 수 있고, 또 그렇게 해야만 한다고 보는 방법론적 개체주의의 입장이 선호된다. 여기서는 국가든 '국가 아닌 것(non-state)'이든 모두 그것의 개별단위들의 집합인 것으로 인식하는 데, 이는 다원주의 국가관과 부합하는 것이다. 그래서 국가는 '정부'로, 시민사회는 '개인'으로, 관료제는 '공무원'으로, 국가-시민사회 관계는 '정부-개인 관계'로 각각 개념화된다. 그리고 모든 사회 현상을 개별단위들의 '객관적' 행동유형에 의해 검증하는 행태주의 접근법을 선호한다. 그러나 사회를 시민사회가 아니라 단지 개인들의 합인 것으로 보는 경우, 개개의 시민들이 위치한 사회적 속성, 그리고 개개인의 사회경제적 지위가 그들의 정치적 선택·이익·잠재력을 제약하는 방법에 관한 적절한 규명은 어려워진다. 마찬가지로 국가를 단순히 개인들의 합인 것으로 간주할 때, 국가를 구성하는 개별 행정기구와 공직자가 위치하는 중범위 및 거시 구조적 속성, 그리고 전체로서의 국가와 관료제가 위치하는 거시적 맥락에 대헤 분석하기란 어렵다.

물론 미국 행정학에서도 미시적 접근방법 외에 거시적 접근방법을 적용하는 경우도 많다. 구조기능론이나 체계이론이 예다. 그러나 이 경우에도 각 부분(하위체계)은 전체 체계의 유지와 진화를 위해 각각 기능하는 것으로 간주한다. 자연히 행정의 안정적이고 점증적이며 조화로운 측면이 부각된다. 여기서 행정체계는 단지 환경으로부터의 투입(input)에 따라 산출(output)을 만들어 내는 수동적인 존재일 뿐, 주체자로써 환경에 영향을 미침으로써 투입을 유도해 내는 '내부투입(withinput)'의 가능성은 인식하지 못한다 (Ham & Hill, 1993).

2. 한국 행정의 특성과 행정학 발달

제2차 세계대전의 종식과 더불어 미국 행정학이 직수입되면서 한국 행정학의 발전도 본격적으로 이루어지게 되었다. 당연한 결과로서, 다원주의 국가이론에 바탕을 둔 미국 행정학이 거의 여과 없이 그대로 한국에 소개되고 교육되고 연구에 적용되었다. 따라서 미국 행정학이 한국 행정(학) 발전에 얼마만큼의 적실한 도움이 되었는지 알아보기 위해서는 먼저 한국 행정의 특성에 관해 살펴볼 필요가 있다.

비교론적으로 볼 때, 한국의 행정은 강한 국가성을 토대로 하고 있다. 미국과는 달리 한국에서 국가는 엄연한 제도로서, 이념으로서, 그리고 자세로서 존재해 왔다. 사실 한국의 강력한 국가 제도는 오랜 역사의 산물이다. 조선왕조는 중앙집권적 행정체계를 유지해 왔다. 일제 강점기에는 조선총독부의 극단적인 군국주의 통치를 경험했다. 해방 후 수립된 대한민국 정부는 과대성장된 식민지 국가 제도의 유산을 거의 그대로 이어받았다. 더욱이 '6·25 한국전쟁'의 수행과 그 후 이어진 세계 냉전체제 하에서의 남북한간 대립으로 인해 시민사회에 비해 국가기구, 그것도 주로 억압기구(repressive apparatus) 위주의 불균형적 성장이 이루어지게 되었다 (정용덕, 1993). 그리고 국가기구의 성장에 반비례하여 시민사회의 성장은 그만큼 더 억제되었다.

한국인들에게 있어서 강력한 국가와 행정은 생소하지도 않고, 별로 거부감도 없는 개념이다. 강력한 국민국가 제도와 운영은 곧 국민의 번영과 안녕을 뜻하는 것으로 이해된다. 1960년대 초에 시작된 경제성장의 국가 주도는 대부분의 한국인이 원했고, 그들에게 필요했으며, 이미 제도적으로도 발전되어 있던 바의 것이다. 1990년대 말에 적용되기 시작한 '작은 정부' 관념이 행정개혁에서 주된 목표가 된 시기에도 한국인들은 '작지만, 강한 정부'를 지향했다 (정용덕, 1995). 미국인들에게 국가(행정)는 주어진 것이 아니라 단지 선택되는 기제일 뿐이라면(Ostrom, 1987), 한국인들에게 국가(행정)는 당연히 있어 왔고, 또 있어야 하는 존재다.

미국에서의 국가는 분산되어 있고, 여러 이익들에 의해 식민화되어 있으며, 본질적으로 그 자체의 이익 없이 여러 다른 이익들에 의해 흡수된 하위체계 지배적(subsystem-dominant)인 성격이 강하다 (Rockman, 1992). 반면에 한국에서 국가는 고도로 집권화되어 있고, 여러 사회이익으로부터 격리되어 있으며, 본질적으로 중앙의 핵심 의사결정자들의 의도가 지배적으로 작용하며, 그 자체가 이익을 지닌 하나의 자율적 세력이다. 미국 국가가 그 하위 부분의 합으로서의 성격을 지녔다면, 한국 국가는 하나의 조합적 실체(a corporate entity)로서의 성격이 강하다. 그런 의미에서 한국의 국가는 미국보다는 차라리 유럽대륙의 국가 전통에 더 가깝다.

미국에서 행정관료제는 상당한 정도의 자율성이 주어져 있는 하위 단위들의 집합으로 간주된다. 자연히 국가와 행정은 "본질적으로 크지만, 그 중심에 있어서 취약하다" (Lowi, 1979; Heclo, 1981: 1-17; Heclo, 1981: 161-84). 한국의 행정관료제는 적어도 그 자체가 강력하거나 자율적인 것은 아니다. 한국의 행정관료제는 그것을 구성하는 하부구조 — 예를 들면, 국(局), 기관, 혹은 프로그램들 — 로서가 아니라, 국가 권위의 응집되고 집권화된 행사를 제공하는 하나의 유기체적인 제도적 장치로서의 성격이 강하다.

한국에서 행정개혁이 시도될 때마다 미국처럼 다원주의 행정을 설계하고 운영하자는 규범적 주장이 자주 제기되었다. 반면에 한국 행정이 얼마나 비(非)다원적인 요소를 내포하고 있는가에 대한 경험적 분석과 원인 설명은 충분하지 않았다.

미국 행정학의 주된 관심은 앞에서 기술한 것처럼 개별 행정단위의 문제에 더 주어지는 경향이 있다. 따라서 행정의 다원화 혹은 민주화에 대한 관심도 개별 행정단위의 내부 문제인 것으로 환원된다. 하위체계로서의 개별 행정단위 내부의 민주주의가 전체 국가 또는 행정체계의 민주주의로 연계될 수 있는지는 좀 더 많은 논의가 필요한 명제이다 (Harmon & Mayer, 1985). 대체로 한국에서는 전체 체계의 특성으로 인해 그 하위체계의 특성이 제약받는 경향이 큰 것으로 보인다. 전체 체계를 위해 중앙 및 지방의 행정단위는 쉽게 무시되는 경향이 있다 (Jung, 1987).

이와 같은 한국 행정의 실체를 미국 행정이론의 도입을 통해 객관적으로 묘사·설명하는 데에는 적지 않은 한계가 있다. 물론 한국 행정학자들이 미국 행정이론의 적용을 통하여 한국 행정의 다원적 현상을 파악하는 데 크게 도움을 받았을 것이다. 반면에 한국 행정의 비다원적인 요소의 규명을 위해서는 미국 행정학 이론은 도움 되지 않았을 뿐만 아니라, 오히려 장애가 된 측면까지 있다. 한국 행정의 비다원주의적인 측면을 제대로 설명하지 못하는 수준을 넘어, 아예 필요성 자체를 인식하지 못하게 되는 문제점을 초래했기 때문이다. 한국 행정의 비다원주의적 특성을 적절히 묘사·설명할 수 없는 상태에서, 효과적인 개혁방안의 모색과 실천은 매우 힘든 일이다.

앞에서 살펴 본 것처럼, 한 나라의 행정학 발달은 그 나라의 국가성과 불가분의 관계에 있다. 오늘날 미국 행정학은 세계에서 가장 발전한 수준에 있지만, 그것의 한국적 적실성을 재검토하는 작업이 필요하다.

제3절   행정학 연구의 목적과 이론유형

1. 행정학 연구의 목적

행정학 연구의 목적은 (1) 행정 현상을 진단하기 위하여 서술, 즉 묘사, 설명 (혹은 이해), 예측하고, (2) 규범적 가치 기준에 의하여 평가하며, (3) 그것을 개선하기 위한 방안을 처방하고 실천에 옮기는데 필요한 방법에 대한 이론들을 개발하려는 것이다 (Allison, 1972: 278; Dunn, 1994: 1장).

이와 같은 행정학 연구의 목적을 달성하기 위하여 행정학자들은 가정적, 묘사−설명적,

규범적, 그리고 처방–도구적 이론이라는 네 유형의 상호 연관된 이론체계를 발전시켜 왔다 (Bailey, 1968; Morrow, 1981: 49-52).

2. 가정이론

　행정학을 연구하는 이들은 의식적이든 무의식적이든 또는 명시적이든 묵시적이든 (행정현상을 포함하는) 사회세계의 성격과 그것을 연구하는 (행정학을 포함하는) 사회과학의 성격에 관한 어떤 특정의 기본 전제에 의거하게 된다. 좀 더 구체적으로 말하며, 행정학 연구자들은 (행정을 포함하는) 국가 및 사회의 성격에 관해 여러 가지 서로 다른 전제에 입각하고 있다. 그리고 그것을 연구하기 위한 사회과학에 대한 철학적 가정으로서 존재론, 인식론, 인간관, 방법론의 특성에 관해 역시 다양한 가정들에 의거한다. 이와 같은 가정이론(假定理論; assumptive theories)들에 대한 올바른 이해가 없이는 행정학 연구자는 철학적 혼돈에 빠지기 쉽다 (정용덕, 2001: 1편 4장).

　행정학 연구가 이처럼 사회과학과 사회세계에 관한 여러 철학적 가정에 근거하고 있기는 하지만, 하나의 사회과학으로서, 더욱이 하나의 응용사회과학으로서 행정학 연구가 철학적 가정에 관한 논의 차원에만 머물러 있을 수는 없다. 따라서 다음과 같은 세 유형의 이론체계들을 추가해서 개발하고 응용하게 된다.

3. 묘사 – 설명이론

　위에서 살펴본 사회 및 사회과학 (구체적으로는 행정 및 행정학)의 가정이론에 입각하여, 행정학 연구자들은 사회현상(구체적으로는 행정현상)의 묘사(description), 설명(explanation), 예측(prediction)이라는 "과학적" 연구를 하게 된다 (Issak, 1981: 147-65). 사실(fact)에 관한 질문에 답하기 위한 분석활동이 그것이다. 행정학의 궁극적 목적이 행정을 개선하는 데 있을 것이지만, "우리가 묘사하고 설명할 수 없는 것을 개선할 수는 없는" 노릇이기 때문이다 (Bailey, 1968: 64).

　행정 현상을 묘사, 설명, 예측하기 위하여 우리는 판단의 기준으로서 사실적 판단에 의거하게 된다. 마치 물리적 세계에서 자연현상에 대한 체계적인 관찰을 하는 것과 같이, 행정이라고 하는 사회세계에서도 관찰을 통해 사실을 묘사, 설명, 예측하는 것이다 (Kemeny, 1960: 291-301; Hempel, 1965; Issak, 1981: 133-42; 강신택, 1981: 12-14).[6]

---

6 이 책을 포함하여 현대 행정학 교과서에서는 대개 묘사설명이론을 다룬다.

이와 같은 설명의 필요성 및 가능성에 관한 논의는 실증주의적 인식론에 그 기본을 두고 있다. 즉, 자연과학에서 채택되어 온 설명방법을 사회과학에도 적용해 보려는 것이다. 그러나 반(反)실증주의적 인식론에 의거하는 사회과학자들은 이러한 설명방법을 거부한다. 즉, 인간, 사회, 역사, 계급, 민족, 이데올로기 등과 같이 역사적이고 사회적인 대상들을 형식논리나 연역적 설명 논리에 의해 설명할 수는 없다는 것이다. 즉 설명대상의 종합적이고 규범적인 가치 체계의 성격은 물리적이고 형식적인 수리 논리에 의한 증명이나 설명을 용납하지 않을 뿐만 아니라, 엄격한 객관성과 법칙성으로 통제된 방법에 의해 완벽하게 설명될 수 없다는 것이다. 따라서 그것을 보완하고 수식하는 하나의 방법으로서 이해(理解, verstehen)의 방법이 필요하다는 견지다 (Nachmias & Nachmias, 1981: 13-15; 정용덕, 2001: 1편 5장).

4. 규범이론

행정학 연구의 궁극적 목적은 행정의 개선에 있다. 그러나 만일 "가치목표에 대한 접근의 수단이 마련되어 있지 않다면," 우리는 행정개선이 이루어졌는지 또는 행정의 개선이 필요한지에 대해 알아낼 수 없다 (Bailey, 1968: 66-67). 따라서 현실을 평가(evaluate)할 수 있는 규범이론(normative theory)이 필요해 진다. 묘사설명이론이 사실의 서술(敍述)(즉, 묘사, 설명, 예측)이라는 목적을 위한 것이라면, 규범이론은 "무엇이 존재해야 하는가"라는 가치의 질문에 답하기 위한 것이다. 따라서 "바람직한 것"을 정의하고, 가치 선호를 표시하는 가치 판단 또는 도덕적 판단을 요하는 분석 활동이 필요하다 (Kemeny, 1960; Issak, 1981; 정용덕, 2009).[7]

문제는 과연 사회 (구체적으로는 행정) 현상을 평가할 수 있는 가치 판단의 보편타당한 기준이 있으며, 그것을 어떻게 인식할 수 있는가 하는 점이다. 이 문제는 앞에서 논의된 상이한 철학적 가정에 따라 다른 답변이 나온다. 예를 들면, 가치 판단은 중요한 문제이되 영구불변의 진리란 있을 수 없고 단지 상대적 가치만이 있을 뿐이라고 하는 역사주의(historicism)의 주장이 있다. 또한 영구불변의 가치기준이 있을 수는 있으되, 그것을 과학적 방법에 의해 알아낼 수는 없다고 보는 실증주의(positivism)의 주장도 있다. 이와는 달리, 영구불변의 진리가 존재할 뿐더러, 그것을 또한 알아낼 수도 있다고 주장하는 전통적 규범 철학의 입장이 있다 (김광웅, 1997; Miller, 1972: 796-817; 정용덕, 2001: 1편 6장).

---

7 규범이론 가운데 행정윤리에 관한 내용은 이 책 제4편 제4장(리더십)을 참고 바람.

5. 처방 - 도구이론

이상에서 논의된 이론들이 각각 '전제'에 관한 것(가정이론), '존재와 이유'에 관한 것(묘사-설명이론), 그리고 "당위와 선"에 관한 것(규범이론)을 다룬다면, 도구 혹은 수단 이론(instrumental theory)은 '방법과 실행'에 관한 것을 다루는 이론 유형이다 (Bailey, 1968: 68-69). 즉, 행정을 개선하기 위해 '언제 그리고 어떻게' 행동할 것인가에 관한 것이다. 인간이나 사회제도 혹은 기타 존재에 관해 우리가 깊은 이해를 하고 있고, 사회 현실에 대해 지식을 갖추고 있으며, 무엇이 필요한지에 관한 가치 기준에 고무되어 있다고 하더라도, "만일 도구적 지식 ─ 즉 도구나 기술 등에 관한 운영이론 ─ 을 갖추고 있지 못하다고 하면, 아무 소용이 없을 것이다" (Bailey, 1968: 69). 의사가 수술하듯이, 엔지니어(engineer)가 기계를 다루듯이, 행정관리자 혹은 정책분석가는 행정개선 또는 정책문제 해결을 위해 처방(prescription)하고 실천(praxis)하는 능력을 또한 갖추고 있어야 한다.

그러나 처방-도구 이론의 개발에서 고려해야 할 변수와 교란 요인이 너무 많다는 데 어려움이 있다. 목적과 수단을 연결해 주는 처방 이론을 개발하는 과제와 그에 의거한 처방안을 실제 행동으로 옮기는 기예(craft)를 터득해야 하는 과제가 그것이다 (정용덕, 2001: 1편 7장). (1) 앞에서 구분해 본 사실규명(서술)과 가치판단(규범)에 더해 처방(處方)을 할 수 있어야 한다 (Van Dyke, 1960: 10-13). 즉, 추구될 목표 또는 가치가 설정된 다음에는 그 목표달성을 위해 적절한 방법 또는 행위과정을 제안(recommendation)해야 한다. (2) 처방안을 마련하는 작업과 그 처방안을 실천에 옮기는 작업은 별개일 수 있다. 따라서 응용학문 분야인 공학, 의학, 경영학, 법학, 행정학 등에서는 이 부분을 위한 도구 이론을 개발하고 특별한 교육 방법도 적용하고 있다. 사례연구 결과의 적극적 활용, 실제 상황과 유사한 집단토의나 세미나, 실무수습 등이 예다.

제 4 절 행정학의 접근방법

행정학에는 여러 갈래의 이론 계보가 있다. 이와 같은 이론 계보를 학자에 따라서는 여러 가지 다른 이름으로 지칭하기도 한다. 예를 들면, 학파(school)(Caiden, 1982; 오석홍, 1998), 계보(백완기, 1998), 패러다임(paradigm)(Henry, 1986), 접근방법(approach)(Jun, 1986; 김규정,

1998) 등이 그것이다.

　이와 같은 이론적 계보 간에는 나라별 혹은 시대별로 그 발전에 차이가 있다. 특정 국가에서 한때 유행처럼 번성하다가도 얼마 후에는 또 다른 이론적 계보에 의해 그 인기가 뒤바뀌는 경우가 허다하다. 이미 전부터 존재해 오던 이론적 계보가 후에 다른 맥락에서 다른 이름으로 부활하여 이른바 '새 부대에 담은 헌 술(old wine in new bottles)' 격인 경우도 있다. 반대로, 새로운 내용이지만 기존의 이름으로 발전이 이루어지는 이른바 '헌 부대에 담은 새 술(new wine in old bottles)'인 경우도 있다.

　기존의 행정학 교과서에는 행정학의 다양한 이론적 계보들을 소개하고 유형화하고 있다. 대부분 유사하지만, 더러는 매우 다른 기준에 의해 분류하는 경우도 있다. 때로는 서로 다른 준거기준에 의해 분류될 수 있는 유형들을 한데 묶어서 분류한 경우도 없지 않다. 이는 저자들이 행정학의 이론적 계보들을 동일한 준거기준에 의해 구분하지 않았기 때문에 비롯된 것이기도 하지만, 나라별 혹은 시대별로 유행한 이론적 계보들이 다른 기준에 의해 분류될 수 있는 특징을 담고 있기 때문이기도 하다. 미국의 몇 가지 대표적인 교과서에 소개된 미국 행정학 이론의 계보를 살펴보면 다음과 같다.

　골렘뷔스키(Golembiewski, 1977)는 미국 행정학 발달을 거점(locus)과 초점(focus) 개념을 통해 다음과 같은 특징적인 네 단계로 구분한다. ㈎ 행정과 정치간의 분석적 구분이 이루어진 시기, ㈏ 행정과 정치간의 구체적 구분이 이루어진 시기, ㈐ 관리과학의 시기, ㈑ 공공정책 접근법에 대한 지향성이 강했던 시기 등이 그것이다.

　케이든(Caiden, 1982: 9장)은 미국에서의 '행정이론'은 행정국가(the administrative state)를 주어진 기본 전제로 하여 발전해 왔다면서, 그보다 좁은 의미의 '관리이론'에 해당하는 주요 학파들을 소개한다. 즉, '행정과정,' '실증주의,' '인간행동,' '관료제분석,' '사회체계,' '의사결정,' '수학적,' '통합,' 그리고 '반조류(즉, 신행정학)' 학파 등이 그것이다.

　스틸만(Stillman Ⅱ, 1984; 1991)은 미국 행정학의 세 조류로서 제퍼슨주의, 해밀턴주의, 매디슨주의를 들고 있다. 이들은 각각 순서대로 '국가'의 특성에 대한 개인주의, 엘리트론, 다원주의적 관점을 반영하는 것으로 볼 수 있다.

　헨리(Henry, 1986: 19~47)는 골렘뷔스키의 거점 및 초점 개념을 원용하여, 미국 행정학의 발달사에서 대두된 다섯 가지 주요 패러다임을 구분한다. '정치-행정이원론(1900~1926),' '행정원리론(1927~1937) 및 비판론(1947~1950),' '정치학으로서의 행정학(1950~1970),' '관리과학으로서의 행정학(1956~1970),' '행정학으로서의 행정학(1970~?)'이 그것이다.

　전종섭(Jun, 1986: 4장)은 미국 행정학의 주요 접근방법으로 기능주의, 관리과학, 행태과학, 다원주의, 공공선택론, 인간주의를 들고 있다.

할몬과 메이어(Harmon & Meyer, 1986)는 공공조직이론에 초점을 맞추어 미국 행정이론의 계보를 분류한다. 즉, 고전파, 신고전파, 체계이론, 후기인간관계론, 시장이론, 해석적 및 비판이론, 생성이론이 그것이다. 조직이론에 초점을 두면서도, 행정의 넓은 의미를 함께 고려하고 있다.

로젠블룸 등(Rosenbloom et al., 2009)은 미국 행정학의 접근법으로서 관리적, 정치적, 법률적 접근법을 제시한다. 관리적 접근법의 경우, 정치행정이원론의 입장에서 공사행정의 구분을 극소화하려 하며 행정에서 효율성의 추구를 강조한다. 정치적 접근법은 정치행정일원론의 입장에서 행정에 있어서 시민에 대한 대표성 및 정치적 대응성의 추구를 강조한다. 그리고 법률적 접근법은 행정에 있어서 '절차적 적법 절차,' 실체적 기본권의 보장, 그리고 형평성을 강조한다.

새프리츠와 러셀(Shafritz & Russell, 2000: 5장)은 서양에서의 관리 및 조직이론의 발달을 소개한다. 즉, 고대 로마 및 군대의 유산, 행정원리론, 고전적 조직이론 및 과학적 관리론, 관료제론, 신고전 조직이론, 현대 구조주의 조직이론, 체계이론이 그것이다. 이는 조직이론 및 일반 관리이론에 초점을 두고 있다.

케틀(Kettl, 2000: 7-34)은 미국 행정학이 ㉮ 윌슨(Wilson) 이후 정치-행정 이원론의 시기(1887~1915), ㉯ 과학적 관리론의 시기(1915~1940), ㉰ 비판적 자아점검의 시기(1940~1969), ㉱ 형식/게임이론, 연결망이론, 신공공관리론 등으로 대표되는 원심분리의 시기(1969~현재)를 거치면서 발전해 왔다고 보았다. 이 과정에서 매디슨(Madison), 제퍼슨(Jefferson), 해밀턴(Hamilton), 윌슨(Wilson)으로 대표되는 미국의 전통적인 정치철학 간의 융합과 갈등에 의해 행정사상이 영향을 받은 것으로 본다 (<표 1-2-1>).

로크만(Rockman, 2000)은 20세기 후반부에 행정학 연구의 발전 과정에서 널리 알려진,

표 1-2-1 미국 정치철학의 전통과 행정 사상

	윌슨주의 (계층제적)	매디슨주의 (권력 균형)
해밀튼주의 (강한 행정부/하향식)	- 강한 행정부 - 하향식 책임성 - 계층제적 권위	- 비관료주의적 제도 중심 - 정치권력에 초점 - 하향식 책임성
제퍼슨주의 (약한 행정부/상향식)	- 약한 행정부 - 상향식 책임성 - 시민에 대한 대응성	- 비관료주의적 제도 중심 - 지방에 의한 통제에 초점 - 상향식 대응성

출처: Kettl, 2000: 17, 표 1.

그러나 상호 관련성이 없이 조화롭지 못한 균형 상태를 이루고 있는 네 가지 접근방법을 소개한다. ㈎ 제도에 대한 인류학적 및 심리학적 사고와 정치경제학적 접근이다. 미시 분석적 기초에 초점을 둔 것으로서, '제한된 합리성' 및 '합리적 선택' 이론 등이 포함된다. 이론적으로는 철저하지만 실증적으로는 그다지 명확하지 않은 채로 남아 있다. 이론은 많지만 자료는 많지 않은 것이다. ㈏ 행정 엘리트에 대한 정치사회학 연구다. 고위직 관료들의 구성, 특성, 자세 등에 대한 경험적 연구가 주류를 이룬다. 자료는 풍부하지만, 상대적으로 이론이 빈약한 계보다. ㈐ 조직성과에 대한 연구다. 인사와 조직 성과에 대한 연구로서, 실증적이지만 이론적 명확성은 그에 미치지 못하고 있다. 조직의 효과성에 대한 뚜렷한 이론이 없는 것이다. 과거에는 '인간관계론'과 같은 강력한 (또는 최소한 강력하게 주장되는) 이론이 있었지만, 요즈음 조직의 병폐를 치유할 수 있는 독특한 혹은 중요한 이론을 만들어내지 못하고 있다. ㈑ 공공부문 관리에 대한 처방적 이론이다. 1960년대의 기획계획예산체계(PPBS)에서 최근의 신공공관리(NPM)에 이르기까지 정부개혁에 관한 이론적 계보가 포함된다. 행정과 관료제, 그리고 성과에 대한 수 많은 연구결과에도 불구하고 처방의 과학성이 취약한 경우가 대부분이다. 모든 문제의 만병통치약인 것처럼 보이지만, 실제 효과성 여부는 입증하지 못한 채, 효과가 있는 것처럼 보이는 것에 더 관심이 있는 정치인들에 의해 도입되는 경향이 있다.

스틸만(Stillman Ⅱ, 2010)은 미국 행정학의 발달사를 'POSDCORB 정통성의 시기'(1926~46), '사회과학의 비정통성기'(1947~67), '민주적 이상주의 재강조기'(1968~88), '재창설 운동기'(1989~)로 나눈다. 재창설 운동기에는 일곱 학파가 새로이 경합하고 있다. ㈎ 정부 내에서의 경쟁 촉진, 목표 달성, 고객 만족 등을 중시하여 기업가적 유인책 형성을 강조하는 정부 '재창조가들,' ㈏ 권리 및 책임의 균형, 시민권·직장·이웃·가족 등의 도덕적 연대를 강조하며, 특히 시민으로서의 도덕적 가치와 개인 및 집합적 책임성의 강화를 강조하는 '공동체주의자들,' ㈐ 행정의 거버넌스 측면, 규범적 시각에서의 공익 및 시민권 정의, 헌법적 틀 내에서 합법화된 행정 등을 강조하는 '버지니아공대 재창조가들,' ㈑ 주관성–간주관성 관계가 사회 현실의 구성을 뒷받침한다고 주장하며, 현대 행정의 문제들은 행정학이 창조한 잘못된 이미지에서 기인하는 것으로 간주하는 '해석학주의자들,' ㈒ 정부 규모의 증가로 인해 공공부문이 그 목적 달성을 위해 새로운 대안적 정책도구의 증가를 가져왔다고 보고, 실증적 시각에서 미국 행정의 근원을 탐색하는 '정책도구개발자들,' ㈓ 시민에 대한 관료제의 무대응성 비판에 반박하여, 정치 제도들에 의한 대응성 및 책임성 확보로 관료제의 민주성을 보장하려는 '신관료제분석가들,' ㈔ 단순한 효율성이 아니라 복잡한 정치적 맥락에서 공공재 제공의 효과성을 강조하는 관리적 입장에서부터 전지구적 차원에서 열린 연결망과 유연한 조정도구·기술·전문성을 활용하여 다양한 공공·민간·비정부기관을 통해 외부조달을 수행하는 '거버넌스 이론' 등이 포함된다.

프레데릭슨과 스미스(Frederickson & Smith, 2003)은 행정이론의 지침이 되는 여덟 이론(혹은 이론군)을 소개한다. ㈎ 관료제의 적정 재량범위에 대해 초점을 두는 '관료제에 대한 정치적 통제 이론,' ㈏ 정치학과 연계되어 발전해 온 '관료정치론,' ㈐ 조직의 공식·비공식 구조에 초점을 두는 조직이론 및 제도이론을 포함하는 '공공제도론,' ㈑ 과학적 관리론에서 리더십 및 총품질관리 등에까지 이르는 '공공관리론,' ㈒ 사회학과 철학 등에 연계되어 발전해 온 후기실증주의 및 '탈근대행정이론,' ㈓ 기획이론, 경영학, 운영연구(OR) 등에 연계되어 발전해 온 '의사결정론,' ㈔ 경제학에 의해 주도되어 온 '합리적 선택이론,' ㈕ 가장 최근에 발전하고 있는 '거버넌스 이론' 등이 그것이다.

팔머(Farmer, 2010)는 행정을 바라보는 서로 다른 열한 가지의 시각 혹은 렌즈(lens)를 소개한다. 전통행정이론, 경영학, 경제학, 정치학, 비판이론, 후기구조주의, 신경과학, 여성주의, 윤리학, 자료의 시각이 그것이다. 이와 같은 인식론적 다원주의(epistemic pluralism)의 시각들이 행정의 다섯 요인(혹은 기능) — 즉, 기획, 관리, 기저, 범위, 상상적 창의력 — 에 대한 각각의 함의와 이들 간의 종합 가능성 여부를 논의한다.

랏쉘더스(Raadschelders, 2011: 6장)는 정부학으로서의 행정학 연구의 지적 전통을 소개한다. ㈎ '실제적 지혜(practical wisdom)'의 발전을 위한 지적 전통이다. 세계관, 정치도덕, 통치자(18세기 말 이후는 공직자와 공무원들도 포함)의 시민 관계에서의 성향, "거대이론" 개발 등에 초점을 두는 정치(18세기 말 이후는 행정도 포함) 이론이다. 아리스토텔레스의 저술을 비롯하여 윌슨(Wilson), 베버(Weber), 왈도(Waldo), 오스트롬(V. Ostrom), 프레데릭슨(Frederickson), 론즈(Rhodes), 훈(Hood) 등이며, 얼마간 주관주의 접근방법의 성향을 지닌다. ㈏ '실제적 경험'의 발전을 위한 지적 전통이다. 좀 더 기술적 지향을 지니고, 일상적 행정에 유용하거나 경험적 직무교육을 위한 도구나 기술에 초점을 둔다. 테일러(Taylor), 귤릭(Gulick), 페이욜(Fayol), 훈(Hood), 마인츠(Mayntz) 등이며, 얼마간 객관주의 접근방법의 성향을 보인다. ㈐ '과학적 지식'의 발전을 위한 연구 전통이다. 라스웰(laswell)을 위시해서, 사이몬(Simon), 오스트롬(E. Ostrom), 마이어(Meier), 론즈(Rhodes), 루만(Luhumann) 등의 "과학(science, Wissenschaftliche)"을 추구하는 연구자들이며, 가장 객관주의 접근방법의 시각이다. ㈑ '상대주의 시각(relativist perspective)'의 지적 전통이다. 대표적인 저술로 푸코(Foucault)를 들 수 있으며, 파머(Farmer), 폭스(Fox), 밀러(Miller), 스파이서(Spicer), 박스(Box), 맥스와이트(McSwite) 등의 다양한 후기근대주의자(post-modernism) 시각이며. 해석학과 주관주의 접근방법을 강조한다.

덴하르트 부부(Denhardt & Denhardt, 2011)는 행정학의 중요한 세 접근방법으로 '전통 혹은 구(舊)행정이론,' '신공공관리론,' '신공공서비스론(New Public Service)'을 선정한다. ㈎ 이론 및 인식론 면에서, 전통행정이론은 정치이론과 미숙한 사회과학에서 나온 사회 및 정치 논의, 신공공관리론은 경제이론과 실증 사회과학에 기초한 정교한 담론, 신공공서비스론은 민주주의이론과 실증·해석·비판·탈근대주의 지식을 모두 포함한 접근방법에 의거한다. ㈏ 합리성과 인간행태 면에서, 전통행정이론은 통상적 합리성을 지닌 행정인, 신공공관리론은 기술·경제 합리성과 경제적 인간 또는 자익추구적 의사결정자, 신공공서비스론은 전략적 혹은 공식적 합리성 및 합리성에 대한 다각적 검증을 하는 행정인을 각각 상정한다. ㈐ 공익 관념 면에서, 전통행정이론은 정치적으로 정의되고 법으로 표현된 것, 신공공관리론은 개인 이익의 총합, 신공공서비스론은 공유 가치에 대한 담론의 결과로서 공익을 이해한다. ㈑ 공직자가 대응하는 대상 면에서, 전통행정이론은 행정서비스의 유권자, 신공공관리론은 고객, 신공공서비스론은 시민을 각각 상정한다. ㈒ 정부 역할 면에서, 전통행정이론은 정치적으로 정의된 목표에 따라 정책을 설계하고 집행하는 '노 젓기,' 신공공관리론은 시장의 힘을 촉발시키기 위한 촉매로서의 '방향잡기,' 신공공서비스론은 시민과 공동체 집단 간 협상 및 이익조정, 공유 가치의 창출을 위한 봉사자로서의 역할을 각각 상정한다. ㈓ 정책목표를 달성하는 기제 면에서, 전통행정이론은 정부기관에 의한 프로그램 관리를 통한 정책목표 달성, 신공공관리론은 사적 혹은 비영리 기관을 통한 유인 체계 창출, 신공공서비스론은 상호 합의된 필요 사항들을 충족시키는 공공·비영리·사적 기관들의 협력체제 구축을 각각 강조한다. ㈔ 행정의 책임성에 대해, 전통행정이론은 계층적 책임성 및 민주적으로 선출된 정치지도자들에 대한 책임, 신공공관리론은 시장주도적 시각에서 사익의 총합은 광범위한 시민 혹은 고객집단이 필요로 하는 결과를 달성하는 것, 신공공서비스론은 공동체 가치, 정치적 규범, 전문직업가적 표준, 시민 이익 등을 각각 상정한다. ㈕ 행정의 재량권에 대해, 전통행정이론은 행정관료에게 제한적으로 허용된 재량권, 신공공관리론은 기업가적 목표를 충족시키는 폭넓은 자유재량, 신공공서비스론은 재량이 필요하지만 제한과 책임성 역시 보장되어야 한다는 시각이다. ㈖ 조직구조에 대해, 전통행정이론은 조직 내에서 하향적 권위와 고객을 통제하고 규제하는 관료제적 조직, 신공공관리론은 조직 내에 분권화된 통제권을 가진 조직, 신공공서비스론은 대내외적으로 공유된 리더십에 의한 협력적 구조를 각각 가정한다. ㈗ 행정관리자의 동기에 대해, 전통행정이론은 보수와 혜택, 공직보장 등에 의해 유발, 신공공관리론은 기업가적 정신과 정부규모 축소를 위한 이념적 욕망 등, 신공공서비스론은 공공서비스를 통해 사회에 기여하려는 욕구 자체를 각각 상정한다.

이상에서 살펴본 것처럼 학자들에 따라 다양한 행정학 이론의 계보가 제시되는 주요인은 서로 다른 준거기준에 의거하기 때문이다. 첫째, 인식론이나 방법론 면에서의 차이다. 예를 들면, 법률적 제도주의, 행태주의, 후기행태주의, 신제도주의 등의 접근방법들은 바로 이와 같은 기준에 의해 구분된 것이다. 이와 같은 차이는 가정이론이나 묘사·설명 메타이론의 논제들과 관련된 것이다. 둘째, 행정의 정치경제적 맥락에 대한 이해 혹은 공공성에 대한 상대적 강조와 관련된 이데올로기의 차이이다. 예를 들면, 정치–행정 이원론과 정치–행정 일원론, 공행정과 사행정간의 관계, 행정의 적정 역할 범위에 대한 차이 등이 그것이다. 궁극적으로 이는 '국가'와 시민사회 간의 맥락에서 차지하는 행정의 의의와 위상에 대한 이론적 및 경험적인 시각의 차이를 반영하는 것이다. 또한, 행정에서 강조될 가치나 처방 수단 등에 관련된 규범적 및 도구적 이론의 상대적인 강조를 반영하는 것이기도 하다. 셋째, 행정학의 연구대상 범위에 관한 차이이다. 행정학 연구가 행정조직의 내부관리 문제에 초점을 두는 경우, 행정과 그 정치경제적 환경 간의 관계에 초점을 두는 경우, 행정이 수행하는 공공정책을 중심으로 하는 경우 등이 그것이다.

제 5 절 이 책의 구성

이 책에서는 이와 같은 다양한 이론적 계보들을 국가의 특성이라는 준거기준에 따라 재해석하고 비교 정리하려고 한다. 현대 국가에 대한 이해를 바탕으로 행정의 제 문제들을 접근하려는 것이다. 그리고 국가–시민사회 관계의 거시적 맥락 위에서 행정 현상을 이해하고 분석하려는 것이다.

국가에 대한 이해를 바탕으로 행정을 접근한다고 해서 그것이 곧 행정학의 다른 접근방법들을 도외시하려는 것은 아니다. 여기서는 국가에 대한 다양한 이해방법을 바탕으로 하되, 동시에 행정학의 다른 접근법을 아울러 수용하여 적용하게 될 것이다. 예로서, 행정학의 가정 이론에서 제시되는 다양한 패러다임, 묘사설명 메타이론에서 제시되는 다양한 이론적 접근방법, 그리고 규범 이론이나 도구 이론에서 제시되는 행정의 제 논제들을 가능한 한 모두 논의 대상에 포함하게 될 것이다. 또한, 가능한 한 역사적이고 비교론적인 시각도 적용하고자 노력할 것이다 (김광웅, 1996). 그리고 행정의 제 사안에 관련된 이론들을 중심으로 논의를 전개하면서, 선별적이나마 관련된 사례들을 다수 소개하여 독자들의 이해에 도움을 주려고 한다.

국가(그리고 국가–시민사회 관계의 맥락)에 대한 이해를 바탕으로 서술·평가·처방하게 될 행정의 대상에는 기존의 행정학 문헌에 소개된 논제들 외에 그 밖에 새롭게 대두되는 논제들이 또한 포함될 것이다. 행정환경론(제2편), 핵심행정부론(제3편), 치리론(제4편) 등에서 다루게 될 대부분의 논제들이 그것이다. 한편, 기존의 행정학 문헌에서 소개되어 온 논제들 가운데에서 계속해서 논의가 필요한 논제들은 가능한 모두 논의에 포함시키려고 한다. 다만, 이들을 새로운 시각에서 재정리함으로써 이해의 폭을 넓히려고 한다.

먼저, 제1편(행정학의 기초이론)에서 논의한 행정의 의의(제1장), 행정학의 발달과 이론유형(제2장), 현대국가론(제3장) 등은 기존의 문헌에서도 흔히 소개된 주제들이다. 여기서는 이 주제들에 관하여 좀 더 새로운 시각에서 정리하고 보완하려고 하였다. 제2편(행정환경론)에서 다루게 될 행정국가와 신행정국가에 관한 논의는 기존의 문헌에서는 별로 다루어지지 않은 주제들이다. 다만, 정치와 행정간의 관계에 관한 논의는 기존의 문헌에서 비교적 많이 취급된 것이지만, 여기서는 좀 더 새로운 시각에서 정리하려고 한다. 제3편(행정구조론)은 기존 문헌에서는 대통령론, 정책결정론, 행정조직론, 조직구조론, 중앙-지방관계론 등에서 부분적으로 다루어지는 내용이다. 제4편(공공관리론)도 기존의 문헌에서는 관료제론, 인적자원관리론, 거버넌스, 리더십, 행정관리론 혹은 행정개혁론 등으로 다루던 주제들이다. 그리고 제5편(공공정책론)은 기존 문헌에서는 정책이론, 재무행정론, 정부규제론 등에서 논의되는 주제들이다. 특히, 여기서는 예산정책(제3장) 및 규제정책(제4장)을 국가의 중요한 두 가지 정책수단이라 보고 구체적으로 정리한다.

제3장 현대 국가론 개관

앞의 제1장에서 행정을 국가(the state)의 일부로 정의할 수 있음을 학습했다. 행정은 국가의 형식적 요소로서는 집행부에 해당하며, 국가의 기능에서는 정책집행을 담당하고, 운영 방식에서는 관료제 방식에 의존하는 경향이 있음을 알았다. 제2장에서는 국가가 행정학 발달을 위해 지대한 영향을 미칠 수 있음을 학습했다. 이처럼 행정과 행정학을 이해하려면 국가에 대한 이해가 필수적임을 알 수 있다. 이 장에서는 현대 국가에 대한 이론을 개관해 보려고 한다. 국가에 대한 이해를 바탕으로 행정학의 다양한 주제를 논의하기 위한 기초로 삼기 위한 것이다.

제1절 국가의 요소와 개념

1. 국가의 구성요소

'국가'는 역사적 발전의 산물이기 때문에 그 정의 방식도 다양하다. 예를 들면, 제도들의 집합, 영토의 단위, 철학적 사상, 강제 및 억압의 도구 등 여러 가지 다른 용어와 의미로 정의되어 왔다.[1] 이처럼 개념 정의가 다양하게 이루어지는 이유는 무엇보다도 학파들 간의 접

---

[1] 서구에서 국가(state)라는 말은 라틴어 *status*로부터 유래했다. 특권을 지닌 지위와 토지로 이루어진 공동체 또는 체제를 의미하거나, 계급이나 권력을 지닌 지위를 의미했다. 16세기 르네상스를 거치면서 상공업이 발달함에 따라,

근방법이 다르기 때문이다. 여기에 더하여 현실 정치에서도 다양한 이데올로기가 난립하고 있기 때문이기도 하다 (Dunleavy & O'Leary, 1987; Dyson, 1987). 그런 가운데에서도 국가에 관해 어느 정도 합의된 개념 정의들이 존재한다. 예로써, "주어진 영역을 관리하고 통제하는 능력을 지닌 비인격적이고 특권적인 법적 또는 헌법적 질서"로 정의하거나(Skinner, 1978; Held, 1989: 11), "자체적이고 응집력이 있는 제도들의 집합, 지리적으로 경계가 지어진 영역, 그 영역 내에서의 규칙 제정" 등을 제시한다 (Hall & Ikenberry, 1989).

좀 더 구체적으로 국가가 갖추어야할 필수적인 요소들을 정리해 보면 다음과 같다 (Dryzek & Dunleavy, 2009: 2-3). 첫째, 국가는 상호 연관되고 응집력이 있는 제도들의 집합이다. 이것을 통해 국가는 구성원들에게 공동의 이익 증진을 위해 어떤 일을 하도록 요구한다. 둘째, 국가는 그것이 유지되기에 충분한 인구를 갖춘 특정한 영토 위에서 운영된다. 셋째, 국가는 그 영토 내에서 집합적으로 구속력 있는 결정을 내리고 이를 집행하기 위해 관료제와 조세제도 등을 마련하고 유지한다. 넷째, 국가는 합법적인 강제력 사용을 독점할 수 있어야 한다. 정당화된 폭력과 강제(violence and coercion)의 수단이야말로 국가 제도 가운데 가장 중요한 요소이다. 다섯째, 국가는 국제관계에서 주권을 행사할 수 있으며, 이를 위해 다른 국가로부터 승인을 받아야 한다. 여섯째, 국가는 개인이나 집단의 사적 영역과는 구분된 공적 영역(public realm)에서 운영되어야 한다. 일곱째, 국가는 그 구성원 자격인 시민권을 확인하고, 그 영역에의 입출국을 통제할 수 있어야 한다.

2. 국가의 개념

국가의 개념은 이상주의(idealist), 기능주의(functional), 제도주의(institutional)의 시각에서 정의할 수 있다 (Burnham, 1994; Heywood, 1997: 5장). 역사적으로는 기능주의로 시작하여 이상주의로, 그리고 제도주의로 발전해 왔다. 최근에는 탈근대주의(post-modernism), 환경주의(environmentalism), 여성주의(feminism) 등 국가의 한계를 비판하고 새롭게 재구성하려는 시각도 나타나고 있다.

국가는 상비군, 세금 징수, 법 제정과 같은 중앙집권적이고 제도적인 권위를 지니게 되었다. 17세기 중반 이후부터는 프러시아를 중심으로 관방학(Cameralism)이 등장하여 절대주의 왕정 하에서 국가의 내부조직으로서 관료제에 대한 연구가 시작되었다. 18세기에 시민혁명을 거치면서 시민의 권리를 보장하기 위한 입헌주의에 따른 법치국가(Rechtstaat) 개념이 등장했다. 19세기 후반부터는 국민의 행복을 증진시키기 위한 '행복추구적 복지국가(eudaimonic welfare state)'의 기능이 강조되기 시작했다. 20세기에 더욱 복잡해진 사회문제들을 해결해주기 위한 좀 더 적극적인 국가 역할이 강조되면서 '행정국가(administrative state)'로 나아가게 되었다 (Raadschelders & Rutgers, 1999: 17-27).

1) 기능주의 시각

국가(제도들)의 목적 또는 의도에 초점을 두어 정의하는 접근법이다. 국가의 가장 중요한 기능으로 '사회질서의 유지'를 들 수 있다. 기능적 접근은 '만인에 대한 만인의 전쟁' 상태에서 개인의 권리를 양도하는 사회계약에 따라 리바이어던(Leviathan)으로서 국가(Hobbes), 자연 상태에서 개인의 동의에 따라 구성된 제한적 입헌정부(Locke) 등 사회질서를 유지하고 개인을 보호하기 위한 국가의 필요성을 주장하는 초기 국가론에서도 나타난다. 자유주의의 국가의 기능이 질서 유지와 개인의 권리 보호 등에 제한되었지만 자본주의 사회의 발달에 따라 산업정책과 규제, 복지서비스의 제공 등 국가의 기능이 확대되어 갔다.[2] 기능적 접근은 다원주의뿐만 아니라 마르크스주의 기능론에서도 많이 나타나고 있다 (Dunleavy & O'Leary, 1987). 기능주의 접근법에 의해 국가 개념을 정의하는 경우에도 국가의 제도들에 관해 논의하는 것이 보통이다. 그러나 이 제도들의 의의나 효능을 국가가 달성해야 할 특정의 목적이나 목표 혹은 의도와 관련시켜 논의하고 판단하는 점에 특징이 있다.

기능주의적 접근방법에서는 국가기능을 수행하는 모든 공사부문의 제도들 — 예로서, 가족, 대중 매체, 종교단체와 같이 질서 유지에 공헌하는 제도들 — 을 국가에 포함시키게 된다. 즉 공공영역에 해당하지 않는 제도들을 포함하여 목적 혹은 의도가 '국가기능'에 해당하는 경우는 그 조직을 자동적으로 국가의 일부로 간주하는 것이다. 이로 인해 국가의 구성요소 범위를 확대시키는 결과를 초래한다.[3]

2) 이상주의 시각

19세기 초의 프러시아를 배경으로 국가를 사회적 유기체로 생각한 헤겔(G. W. F. Hegel)의 정의 방식이 여기에 해당한다. 헤겔은 국가를 구성하는 입법, 사법, 행정은 각각 독립되

---

[2] 초기의 근대국가(modern state)는 국방, 내치, 조세 등 안전과 질서유지에 그 기능이 국한되었다. 이를 위해 경찰, 군대, 법원 등을 통한 재산권 및 시민들 사이의 관계에 대한 정의를 확립해 왔다. 베버(Max Weber)에 의하면, 권력의 정당한 사용에 대한 독점이야말로 국가를 비(非)국가기관과 구분하는 것이다 (Gerth & Mills, 1948). 그러나 산업이 발달함에 따라 국가의 기능은 재정확보와 장기적인 자본축적(accumulation of capital)의 문제를 해결하기 위해 경제성장을 촉진하는 자본주의 국가(capitalist state)로 변화하였다. 자본주의가 발달하면서, 그 부작용으로 발생한 빈부격차나 경기변동의 위험이 자본주의 국가의 불안정을 높일 우려가 있다. 이 때문에 국가가 실업급여, 의료보험, 교육과 같은 사회안전망을 제공함으로써 정당성을 확보하는 복지국가(welfare state)로 변화하게 되었다 (Dryzek & Dunleavy, 2009: 30–31).

[3] 예로써, 사회응집력의 창출을 국가의 핵심적 기능인 것으로 간주하고, 가정생활이 그와 동일한 결과를 가져오는 것으로 믿는 경우, 하나의 제도로서의 가정은 국가의 일부분인 것으로 간주한다. 그람시(Gramsci, 1971)의 이른바 "확장된 국가(the extended state)" 개념도 정부기구뿐만 아니라 기존의 권력관계를 안정시켜주는 (언론매체, 노조, 교회, 대중문화 등) 시민사회의 측면들을 모두 국가에 포함시킴으로써 결국 국가와 시민사회를 융합시키고 있다.

어 상호 견제한다는 몽테스키외(Montesquieu)의 권력 분립론을 비판하고, 국가라는 통일체 내에서 공동의 목적을 위한 기관일 뿐이며, 국가는 구성기관의 단순한 합 이상의 절대적 존재로 본다 (Hegel, 1821). 헤겔은 사회적 실존의 요소들(moments)을 가족, 시민사회, 국가로 구분한다. 첫째, 가족은 그 구성원 사이에 '특수한 이타심(a special altruism)'이 작용한다. 그래서 가족 가운데 어린이나 노인을 위해 자신들의 개인 이익을 초월하는 헌신적인 행동이 이루어진다. 둘째, 시민사회는 사람들이 남의 이익에 앞서 자신의 이익을 내세우는 '보편적 이기주의(universal egoism)'가 작동한다. 셋째, 국가는 상호적 공감(mutual sympathy), 즉 '보편적 이타주의(universal altruism)'가 작동하는 윤리 공동체(ethical community)이다. 이 윤리 공동체를 통해 개인들은 각자의 특수성을 초월하고 자유를 획득할 수 있게 된다. 헤겔의 이상적 국가론은 19세기 폰 슈타인(von Stein)과 블룬츨리(Bluntschli) 등의 독일 행정학에 영향을 미쳤으며, 이들을 통해 미국의 윌슨주의 행정학에도 영향을 미쳤다 (Sager et al, 2018: 28-38).

이상주의 접근방법은 국가를 윤리적인 용어로 정의하기 때문에 경험적 연구로 연계시키려면 어려움이 있다. 국가에 대한 무비판적인 숭배를 유도할 우려도 있다. 국가를 구성하는 제도들과 국가 외적 제도들 간의 명확한 구분이 어려운 결점도 있다.

3) 제도주의 시각

국가를 "정부의 제도 및 기구들의 집합(a set of government institutions and apparatus)"인 것으로 정의하는 접근방법이다.[4] 사회 구성원들에 대해 집합적 책임이 있고 공적 비용에 의해 자금이 부여된다는 의미에서 '공적(public)'인 제도들의 집합을 국가로 간주하는 것이다. 여기에는 관료제, 군대, 경찰, 법원, 사회보장체계 등 다양한 정부제도들이 포함된다.[5] 이와 같이 정의하는 경우, 국가의 범위는 사회에 비해 작으며, 국가의 목적도 일반 공동체 생활과는 다르게 된다. 독일은 전통적으로 국가에 대한 제도적 연구가 이루어졌고, 미국의 경우에도 1950~60년대 다원주의적인 연구가 중심을 이루어졌지만 1980년대 이후 "국가를 다시 가져오는(bringing the state back in)" 연구가 활성화되었다 (Skocpol, 1985: 7-8).

제도주의 혹은 조직론적으로 접근하는 경우, 현대 국가는 다음과 같은 속성을 지니는 독특한 유형의 정부라고 할 수 있다 (Dunleavy & O'Leary, 1987). 첫째, 국가는 ─ 그 외의 나머

---

4 제솝(Jessop, 1990: 341)에 의하면, 국가란 "제도와 조직들의 독특한 결합체(ensemble)"이며, 사회적으로 공인된 국가의 기능은 "공동의 이익 혹은 일반적 의지라는 이름하에 사회구성원들에 대해 집합적이고 구속적인 결정을 내리고 집행하는 일"이다.

5 일반적으로 국가 제도의 범위에는 입법부, 행정부, 사법부의 모든 제도들이 포함된다. 또한 중앙정부(national)뿐만 아니라, 광역정부(regional), 지방정부(local government)의 제 기관들이 포함된다. 따라서 정치집행부, 의회, 사법부, 관료제, 군대, 경찰, 지방 및 지역제도들 등을 모두 포괄하는 개념이다 (Ham & Hill, 1984: 23-26).

지 사회와는 구분됨으로써 뚜렷한 공·사 영역을 형성할 수 있는─독자적인 제도(혹은 제도들의 집합)이다. 둘째, 국가는 그 영토 내에서의 주권(sovereign) 또는 초권력(supreme power), 그리고 강제적 제재에 의해 뒷받침되는 모든 법률의 궁극적 권위(ultimate authority)이다. 국가 권위는 강제력에 의해 뒷받침된다. 국가는 법률이 준수되고, 위반자들을 처벌할 수 있는 능력(capacity)을 가져야만 한다. 따라서 베버(Max Weber)가 말하는 "정당한 폭력(legitimate violence)"이 국가주권의 실제적인 표현이다. 셋째, 국가의 주권(the state's sovereignty)은 그 영토 내에 있는 모든 개인들에게 확장되며, 모두에게─심지어는 정부나 입법의 공식적 지위에 있는 사람들에게까지도─동등하게 적용된다. 넷째, 현대 국가의 관리직 인사들(personnel)은 대개 관료주의적 방식에 의해 충원되고 훈련된다. 다섯째, 국가는 그 활동에 필요한 경비를 마련하기 위해 대상 인구로부터 금전적 세입(조세)을 추출할 능력을 소유한다.

4) 비판적 시각

1960년대 이후 환경, 여성, 인권, 정치적 불신 및 참여 감소 등 기존의 국가이론으로는 해결할 수 없는 새로운 과제들이 발생하게 되자 기존의 국가이론들을 비판하면서 문제해결 방안을 제시하려는 일련의 시도들이 나타났다. 진보진영에서는 환경주의(environmentalism), 여성주의(feminism), 민주적 비판 및 갱신(democratic critique and renewal) 등이 나타났다. 이에 대한 반작용으로서 보수진영에서는 공동체주의(communitarianism)와 신보수주의(neo-conservatism) 등이 나타났다 (Dryzek & Dunleavy, 2009). 이들은 기존의 기능주의 또는 제도주의 국가론에 대해 비판적이며, 현안 해결을 위한 국가 역할의 중요성을 강조하는 점에서 공통점이 있다.

한편, 단순히 국가를 비판하는 차원을 넘어 기존의 국가 개념을 해체하고 재구성하려는 보다 급진적인 시도도 있다. 탈근대주의(post-modernism)는 응집력 있는 제도들의 집합체로서 단일적인 국가를 강조하기보다는, 사회 도처에 산재해 있는 권력의 실체를 지닌 '통치성(govermentality)'에 주목하고, 이들의 연결망(network)에 의해 정부가 변형될 수 있다고 본다.[6] 탈근대주의는 기존의 국가에 대한 인식론을 초월한다는 점에서 특징이 있으나 그 근원은 기존 체제에 대한 비판과 성찰로부터 시작되었다는 점에서 포괄적으로 비판적 접근방법

---

[6] 예를 들어 원자력 발전의 신규 건설에 대하여 찬반논란이 있는 경우에 정부 내에서의 정책결정만으로 사회적 동의를 구할 수는 없고 사회 내에서 전문가들이 공론장에서 견해를 제시하고 이를 대중매체나 사회연결망서비스(SNS)를 통해 일반 국민들에게 전달되어 특정한 여론이 우세를 점하게 되거나 주민투표 등을 통하여 주민의 의사를 확인함으로써 정부가 아닌 다른 영역에서 정책결정이 이루어질 수 있다.

에 해당하는 것으로 볼 수 있다.

이처럼 국가의 개념을 네 유형의 접근방법으로 정의할 수 있으나, 그 어느 것도 완전한 것은 아니다. 기능주의 접근방법은 특정한 목적을 달성하기 위해 국가가 수행하는 기능의 변화를 설명할 수 있으나, 국가와 사회의 구분이 모호해지고, 기존의 국가의 순기능을 합리화하는 단점이 있다. 제도주의 접근방법은 국가의 핵심 구성요소인 제도를 분석함으로써 국가와 사회를 명확하게 구분할 수 있으나, 비판주의 접근방법에서 지적하는 것처럼, 이는 기존의 근대성의 논리에 입각한 인식체계(episteme)에 따른 국가의 지속성을 합리화하는 경향이 있다. 비판적 접근법은 환경, 여성, 인권, 소수자 보호 등 현대 사회의 새로운 문제들에 대해 국가의 역할을 새롭게 제시하는 점에서는 장점이 있으나, 비판을 넘어 설명 이론으로서의 체계성을 갖춘 것으로 보기에는 한계가 있다.

따라서 이상의 네 접근방법을 모두 고려하고 활용하는 것이 바람직하다. 어떤 개념 정의가 더 적실한가는 역사적으로 결정되는 측면도 있다. 예로서, 유럽 중세 초기에 라틴 기독교사회(Latin Christendom)에서는 많은 정부 기능들(예를 들면, 질서 부여, 전쟁과 평화의 규칙 제정 등)이 ― 교회의 절대적인 영향력하에서 전환기적 상태에 있던 소규모의 국가들에 의해서보다는 ― 교회에 의해 수행되었다.[7]

3. 국가와 정부

국가와 정부는 흔히 상호 교환적인 의미로 쓰인다. 그러나 양자를 구분하는 것이 더 바람직하다. 이 두 개념을 구분함으로써 이른바 "제한적이고 입헌적인 정부(limited and con-stitutional government)"라는 이념에 곧바로 접근하여 논의할 수 있게 된다.[8] 국가의 "절대적이고 무제한적인 권위"가 특정 시점의 어떤 정부에 의해 침식되는 경우, 그만큼 그 정부의 권력은 확장되는 것이다. 좀 더 구체적으로, 국가와 정부는 다음의 네 가지 면에서 차이가 있다 (Heywood, 1997: 5장).

첫째, 국가는 정부보다 그 외연이 넓다. 국가는 그 구성요소로서 물리적 기초인 영토, 인적 구성요소로서 국민, 그리고 정당성을 지닌 제도로서 정부를 포괄하는데 반하여 정부는 이러한 국가의 일부분일 뿐이다.

둘째, 국가는 지속적이고 심지어 영속적인 실체인 데 반해, 정부는 일시적이고 들어오고

---

7 역사에 나타난 모든 사회들이 국가에 의해 통제된 것은 아니다. 전혀 국가의 통제 하에 있지 않았던 로마 기독교사회가 좋은 예다 (Hall & Ikenberry, 1989).

8 입헌정부란 개인의 자유와 권리를 보장하기 위하여 통치 권력을 국민의 동의에 기반한 헌법과 법률에 따라 제한하는 정부체계를 뜻한다 (Heywood, 1997).

나가는 속성을 지닌, 그래서 개혁되고 모형 바꾸기가 상대적으로 수월한 체계이다. 국제법의 원칙상 정부의 형태가 변경되어도 국가는 변경되지 않는다 (*forma regiminis mutata, non mutatur civitas ipsa*). 한 국가 내에서 복수의 정권이 대립·항쟁하는 경우 각각 실효적 지배를 행사하는 한도에서 대항력 있는 권력을 가지지만 정부가 전면적으로 교체되는 경우 새로운 정부가 타국으로부터 정부 승인을 받음으로써 종래의 정부와 교체되어 그 국가를 대표하는 지위를 취득하게 된다 (이한기, 2000: 221-2).

셋째, 정부는 그것을 통해 국가의 권위가 작동되는 수단이다. 정부는 국가정책을 수립하고 집행하는 데 있어서 국가의 두뇌에 해당하며, 국가의 존재를 영속시키는 기능을 한다.

넷째, 적어도 이론상으로 국가란 사회의 영속적인 이익 — 즉 공동선 혹은 총의(the public good or general will) — 을 대표하는 반면, 정부는 특정한 시기에 집권하게 된 사람들의 파당적 정서(partisan sympathy)를 대표한다.

4. 국가와 사회

국가 못지않게 사회의 개념도 매우 복잡하다. 사회 조직들 또는 사회 단위들(social identities)은 국가 영역보다 넓고 국가와 다양한 형태로 권력을 공유한다. 이는, 정도에 차이는 있지만, 국가가 그 영토 내에 있는 사회 조직이나 단위들을 모두 통제할 수는 없음을 의미한다. 예로서, 자본주의에서 국가가 모든 경제력(예: 다국적기업 등)을 통제하기란 쉽지 않다 (Hall & Ikenberry, 1989). 국가와 사회 간의 차이를 다음과 같이 이분법 혹은 삼분법을 통해 이해해 보기로 한다.

1) 국가 – 개인 혹은 국가 – 시민사회 이분법

국가 개념은 '비국가(non-state)' 개념과 비교할 때 그 의미가 보다 분명해진다. 즉 국가의 통치 제도들(governing institutions)과 사회 제도들 간의 구분 및 상호관계에 초점을 맞추어 논의하는 것이다. 그런데 양자 간의 관계를 국가-개인 간의 관계로 보는 접근방법과 국가-시민사회 간의 관계로 보는 접근방법으로 구분할 수 있다. 전자는 국가 및 사회를 모두 개인의 합인 것으로 본다. 반면에 후자는 헤겔의 국가론과 같이 국가와 사회가 각각 개인들의 합 이상의 특성을 지닌 것으로서, 보다 응집력 있는 제도들의 집합으로서 유기체적 특성을 갖는 것으로 보는 성향이 있다.[9]

---

9 국가-시민사회 이분법은 아리스토텔레스(Aristotle)에까지 거슬러 올라가는 전근대적인 정치사상으로부터 현대 유

(1) 국가 대 개인

개인-국가 이분법에 의하면, 개인과 국가 간의 관계는 대의제도들과 이익집단들에 의해 중재된다. 자유주의(liberalism)는 국가는 개인의 생명과 신체, 자유를 보호하기 위하여 동의에 의하여 형성된 것이기 때문에, 국가는 개인의 자유를 존중해야 하고, 공공안녕과 질서유지 이외에 국가의 개인에 대한 개입은 제한된다. 특히 시장자유주의(market liberalism)에서는 사회를 비용과 편익에 따라 선택하는 합리적 개인으로 환원하여 분석하기 때문에, 국가와 개인의 이분법의 논리에 보다 적합하다. 그러나 이와 같은 자유지상주의 접근법은 시민들이 위치하고 있는 광범위한 사회와 그들의 사회적·경제적 지위 양자가 정치적 선택, 이익, 잠재력을 얼마나 결정하는가에 관한 상세한 분석을 제시하지 못하는 한계가 있다.

(2) 국가 대 시민사회

국가-개인 이분법에 비하면, 국가-시민사회 이분법이 더 포괄적이다.[10] 만일 시민들의 개인적 행동이 중요하다면, 그것은 국가-시민사회 대비에 초점을 두는 방법에 의해서도 다루어질 수 있기 때문이다. 국가-개인 대비는 사회적 혹은 경제적 권력이 정치적 행동과 선택을 제약하는 방법에 관한 분석을 적절하게 포함시키기 어렵다. 이 때문에 현대 자유주의 이론가들도 국가-개인 이분법에 의해서는 사회관계의 비판적이고 치명적인 측면에 대한 분석에 한계가 있을 수 있음을 인정하고 있다.[11]

2) 국가 - 시장 - 공동체 삼분법

시민사회를 그 조직화 방식에 따라 공동체와 시장으로 세분해 볼 수 있다. 전자가 문화적 유대에 의해 조직되는 영역이라면, 후자는 경제적 교환에 따라 조직되는 영역이다 (Streek & Schmitter, 1985; Schmitter, 1985; 임혁백, 1993; Offe, 2000). 따라서 국가, 공동체, 시장의 삼분법이 가능하다.[12] 이처럼 삼분법으로 보는 경우에도, 이분법에서 살펴 본 것처럼, 세 영역

럽 대륙에서의 정치사상에 이르기까지 쉽게 찾아볼 수 있는 접근법이다. 반면에 앵글로-아메리칸 계통의 자유주의 사상에서는 18세기 이후 관심이 줄어든 접근법이다. 국가-시장-공동체 삼분법은 엘리트이론, 마르크스주의, 신다원주의 등에서 강조되는 문제지향이며, 국가-시민사회 이분법은 다원주의나 시장자유주의에서 접근하는 방법이다 (Dunleavy & O'Leary, 1987).

10 따라서 오늘날 대부분의 국가이론가들은 대개 국가-시민사회간의 대비에 초점을 맞추고, 국가-개인 간의 대비는 단지 이차적으로만 강조하는 경향이 있다. 이는 여러 경쟁적 국가이론들의 이론적 수월성에 대해 객관성과 균형을 유지하려고 하는 경우에도 그러하다 (Dunleavy & O'Leary, 1987; Alford & Friedland, 1985).

11 이와 같은 평가는 특히 신다원주의에서 가장 강하고, 시장자유주의와 전통적 다원주의에서도 일부 제기되는 내용이다 (Dunleavy & O'Leary, 1987).

12 시민사회는 "국가의 직접적인 통제 밖에서 개인과 집단 간에 사적 또는 자발적 협정에 의해 조직되는 사회생활 영역(가정생활, 경제영역, 문화활동, 정치적 상호작용 등)"을 의미한다 (Held, 1989: 181; 임혁백, 1993: 79-80).

이 각각 개인들의 합인 것으로 보는 시각과 좀 더 응집력 있는 집합체적 특성을 지닌 것으로 보는 시각이 모두 성립될 수 있다.

(1) 국 가

국가의 기본적인 조직화 방식은 계층제적 통제이다. 국가주의적 질서 내에서 구성원들은 국가에 의한 계층제적 조정에 따르게 된다. 국가는 권위와 강제력에 의해 행위자들로 하여금 사적 재화가 아니라 집합재를 생산하도록 유도한다. 국가주의적 질서 내에서 제시되는 사회적 선택의 합리성은 위험 부담을 최소화하고 예측 가능성을 극대화하는 것에서 찾는다 (임혁백, 1993). 서구에서는 17세기부터 국가는 합리적 계약에 의해 생성되고, 관료제적 규칙을 통한 '공식적이고 합리적인(formal rational)' 운영을 통해 존재하는 '이성'의 산물인 것으로 인식되어 왔다. 이성은 개인이 모두를 위한 선을 인식하고 찾아내는 능력이다.

(2) 시 장

시장은 분산된 경쟁을 기본적 특징으로 한다. 구성원들 개개인은 경쟁적 관계에서 독자적으로 자신의 효용을 극대화하려 한다. 따라서 누구도 궁극적인 재화 배분을 독단적으로 결정할 수 없다. 시장적 질서 내에서의 사회적 선택의 합리성은 구성원들의 선호를 극대화하는 것에서 찾는다. 시장은 행위자들의 개인적 '이익'에 따라 작동한다. 시장에서 행위자는 사익을 추구하더라도 공감, 연민 등의 도덕적 감정(moral sentiments)을 지니고 있기 때문에 자신의 행위가 자신이 추구하는 바가 다른 사람 또는 미래의 우리 자신들과 어떤 관계가 있는지에 대하여 의도하지 않더라도 보이지 않는 손(invisible hands)이라는 자연적 질서에 의하여 사회적으로 가장 효율적인 자원배분이 이루어질 수 있게 된다.[13]

(3) 시민사회 공동체

고전적 자유주의에서 공동체는 개인의 자발적 의지에 따라 조직되는 결과일 뿐이다. 구성원들은 상호의존적인 관계에서 규범을 공유하고, 공동으로 만족할 수 있는 연대적 재화를 생산한다. 공동체 내에서의 사회적 선택의 합리성은 소속감의 만족, 즉 정체성의 확인에 있다 (임혁백, 1993: 80-81). 그러나 시민공화주의 또는 공동체주의에서는 공동체가 개인의 가치관을 형성하고 사회적 활동을 제약하는 독립변수가 될 수 있다고 한다. 공동체의 중요한 역할로서 신뢰와 협력과 같은 사회 자본(social capital)이 장기적인 경제발전에 영향을 미칠

---

13 시장에 대하여 긍정적인 입장은, 아담 스미스(Adam Smith)의 국부론에서처럼, '보이지 않는 손(invisible hand)'을 통해 촉진되는 것을 예로 들 수 있다. 부정적인 입장은 위기, 부정, 사회적 충돌 또는 어느 누구도 예상할 수 없고 어느 누구도 책임지지 않는 시장의 논리에 따른 집합적 결과로서의 환경 파괴 등을 들 수 있다 (Offe, 2000).

수 있다 (Putnam, 1993). 사회 질서는 구체적인 공동체의 구성원들에게 부과되는 권리와 의무, 그리고 그것으로부터의 이익을 가정한다.[14] 그러한 공동체의 구성원을 묶어주는 힘은 인간의 사랑, 존경, 자존심, 충성심, 신뢰감 등의 '열정'이다.

역사적으로 어느 나라든 이 세 가지 기본적 사회질서의 조직원리 가운데 어느 한 가지가 배타적으로 지배한 적은 없다. 서양의 경우, 19세기 자본주의에 기초한 근대 산업사회로 들어오면서 공동체적 조직원리가 쇠퇴하고, 시장과 국가가 다양한 형태로 혼합된 질서가 이어져 왔다 (임혁백, 1993: 81-82). 그러나 20세기말 이후 급격한 환경변화에 대응하기 위한 국가의 역할 및 운영방법의 새로운 대안을 모색하면서 다시금 공동체에 대한 관심이 일고 있다 (Offe, 2000).

5. 국가와 관련된 개념들

국가의 특성을 이해하는 데 필요한 중요한 개념들 가운데에는 국가성, 국가자율성, 국가능력, 국가강도, 국가경도 등이 있다.

1) 국가성

국가성(stateness)이란 제도적 중앙집권성(institutional centrality)의 정도 등을 포함한 한 나라의 국가가 지닌 특성을 의미한다 (Nettle, 1968; Lehman, 1988: 818; Evans, 1997: 62). 앞에서 언급한 국가의 개념 중에서 첫 번째, 세 번째, 네 번째 기능과 관련 것으로서 국가의 사회에 대한 기능과 역할, 개입 범위 등에 초점을 맞추고 있다 (Jessop, 1990). 국가성의 본질은 집행(enforcement)이며, 이는 정당한 강제력을 이용하여 사람들로 하여금 국법을 준수하게 만드는 궁극적 능력을 뜻한다 (Fukuyama, 2004: 6). 국가성의 구성요소에는 (1) 전문직업화된 인력 및 기구의 존재, (2) 기구 간의 집권화된 응집성, (3) 행정적 효과가 전 영토에 미치는 정도, (4) 정치 권력을 사용할 수 있는 정당성을 부여하는 국민적 일체감 형성, (5) 집합적 목표를 설정하고 집행할 수 있는 능력의 독점, 그리고 (6) 폭력 수단의 독점 등이 포함된다 (Lehman, 1988: 818).

---

14 그러나 최근 미국에서의 경험적 연구에 의하면 1950년 이후 사회적 자본이 점차 쇠퇴하고 있다고 한다 (Putnam 2000). 이를 위하여 시민공화주의자들은 시민적 덕성을 함양하기 위한 시민교육이나 공화주의 프로그램 등을 제시하고 있다.

2) 국가 자율성, 능력, 강도, 경도

국가가 시민사회와 갖는 관계를 포괄적으로 서술하기 위한 개념으로서 국가자율성, 국가능력, 국가강도, 국가경도 등이 있다. 국가 자율성(state autonomy)이란 국가가 "단순히 사회적 집단, 계급, 또는 사회의 요구 또는 이익을 반영하는 것이 아닌 목표를 형성하고 추진하는 것"이고, 국가능력(state capacity)이란 세력이 강한 사회집단들의 실제적 또는 잠재적 반대 또는 다루기 힘든 사회경제적 상황에도 불구하고 공식적인 목표를 실행할 수 있는 능력을 말한다 (Skocpol, 1985: 9).[15] 국가자율성의 예로 일본의 메이지 유신, 터키의 아타투르크(Ataturk) 혁명, 이집트의 나세르(Nasser) 혁명, 페루의 1968년 쿠데타처럼 군 장교를 포함한 관료가 국가권력을 차지하고 기존 체제를 변화시키는 위로부터의 개혁을 의미하기도 하고 (Timberger, 1978), 자유민주주의 국가에서 국가자율성은 정당이나 이익집단보다 행정 공무원들이 고용보험이나 연금 등 사회정책에서 사회문제를 분석하고 정책 수단을 개발하는 것과 관련된 지적 활동에 기여하는 것을 예로 들 수 있다 (Heclo, 1974). 한편, 국가능력에 의해 국가강도(state strength)가 결정된다. '강한 국가(strong state)'란 높은 국가능력을 소지한 국가를, '약한 국가(weak state)'란 낮은 국가능력을 소지한 국가를 각각 지칭한다. 국가경도(state hardness)란 국가가 시민사회에 대해 억압과 동의라고 하는 정책수단 가운데 어느 것에 더 많이 의존하는가에 관련된 개념이다. 동의 방식보다 억압 방식에 더 의존하는 경우를 경성국가(hard state), 그 반대의 경우를 연성국가(soft state)로 구분한다.[16]

주의할 것은 이상에서 살펴본 국가와 관련된 용어들은 경험적이고 서술적인 개념이지 규범적인 개념이 아니라는 점이다. 예를 들면, 어떤 한 국가의 자율성이 높다거나 혹은 능력이 많다고 하는 경우, 이는 사실 자체를 묘사하는 것일 뿐, 그것이 반드시 좋거나 나쁘다는 규범적 의미를 나타내는 것은 아니다. 물론 국가의 능력이나 자율성이 너무 취약하여 국가가 여러 이익집단 가운데 하나에 불과하게 되는 경우, 이로 인해 그 나라는 자칫 무정부 상태나 혼돈의 상태에 처하게 될 수도 있다. 예로서, 1980년대 후반 붕괴 직후 소련(USSR)의 국가능력의 급속한 저하와 사회적 무질서를 상상해 볼 수 있다. 반대로, 붕괴되기 이전의 소련은 막강한 국가 능력과 자율성을 지니고 있었으나, 그로 인해 국가가 사회로부터 격리되고 정책결정의 합리성이 저해되는 상황에 처해 있었다. 구소련과는 달리, 미국은 국가자율성이

---

15 한편, 마르크스주의에서 국가능력은 국가와 사회계급간의 관계에서 국가의 권력을 의미한다. 국가는 단순히 자본주의의 집행기구가 아니라 장기적인 자본의 이익을 위하여 단기적으로 자본의 이익에 반하는 정책을 추구할 수 있는 상대적 자율성을 인정한다 (Poulantzas, 1969; O'Connor, 1984).

16 국가경도는 국가능력 및 국가와 사회 간의 세력관계에 의해 결정된다. 따라서 국가자율성처럼 관계적인 개념이다. 다만 국가자율성이 국가 대 지배계급 간의 관계에 초점을 둔 것이라면, 국가경도는 국가 대 피지배계급 간의 관계에 더 초점을 둔 개념이다 (김일영, 1994).

비교적 낮지만 세계에서 가장 부유하고 민주적인 나라임에 틀림없다. 이처럼 국가의 자율성이나 능력의 바람직한 수준은 그 나라의 특수성에 따라 상대적으로 평가해야 한다. 국가경도 개념도 서술적인 개념이지만, 이 경우는 대체로 가치판단이 가능하다. 즉 경성국가보다는 연성국가가 더 바람직하다는 것에 대체로 동의할 것이다.[17]

제 2 절 다양한 국가이론

1. 국가이론의 역사적 계보

역사적으로 국가에 관해 다양한 이론들이 경쟁적으로 발전해 왔다.[18] 국가이론이 다양한 이유는 국가의 본질과 역할에 대한 기본 가정이 다르고, 그에 따라 국가−사회 관계, 국가 역할과 범위, 그리고 문제해결을 위한 처방이 각각 다를 수 있기 때문이다. 서구에서 국가에 대한 연구는 그리스의 소크라테스(Socrates), 플라톤(Plato), 아리스토텔레스(Aristotle)가 도시국가인 폴리스(polis)에 대하여 연구함으로써 시작되었고,[19] 로마의 키케로(Cicero)는 공화국에서 공적인 일을 다룰 수 있는 능력을 갖는 사람들이 시민적 의무(civic duty)로서 정치에 참여해야 하고, 육체적인 힘보다 정신적 명예를 강조하였다 (Shafritz & Hyde, 2017: 23-7). 동양에서는 공자, 맹자 등에 의해 군주의 통치윤리로서 국가에 대한 연구가 이루어졌다.[20]

그리스와 로마의 국가에 대한 정치철학적 논의는 이후 중세시대에서는 사장되어 있다가 르네상스를 통하여 부활하게 되었다. 16세기 이후 군주와 귀족 간의 권한 갈등, 농민들의 조세에 대한 저항, 통상의 확대, 왕권강화와 주권국가의 출현, 전통적 가톨릭 교회에 대한 저항 등의 과정에서 개인과 국가 간의 관계를 어떻게 설정할 것인지의 문제로부터 시작되었다 (Held, 1989: 12-3). 이는 결국 국가로부터 독립된 사적 영역을 정함으로써 국가 자체를 재정

---

17 조셉 나이(Nye, 2008)는 국가가 사용할 수 있는 권력을 '경성권력(hard power)'과 '연성권력(soft power)'으로 구분하면서 양자 간의 적절한 조화를 기하는 '영특한 권력(smart power)'이 바람직하다는 개념을 제시하고 있다. 이에 대한 좀 더 자세한 내용은 제4편 제4장(리더십)을 참조 바람.

18 국가이론의 역사적 변화에 관해서는 Held(1989) 참조 바람.

19 플라톤은 소크라테스와의 대화를 정리하여 철인정치에 의하여 시민적 덕성을 갖춘 시민들이 함께 모여 사는 건강한 공화국(republic)을 구축하는 방법에 대하여 논의하였다. 아리스토텔레스에 의하면 "폴리스(*polis*)는 일종의 파트너십, 조합, 공동체로서, 어떤 것들을 나누고 공유하는 사람들의 집단"을 의미한다 (Lord, 1987: 134).

20 공자는, 제자들이 자신의 말과 실천을 정리한 「논어」에서, 덕에 의한 정치는 북극성이 자기 위치에 자리 잡고 있고 뭇별들이 그것을 에워싸는 것과 같다 ("爲政以德, 譬如北辰, 居其所而衆星共之.")고 하고(논어, 위정편), 정치란 바로잡는 것이라며 위정자의 솔선수범을 강조하였다 ("政者, 正也. 子帥以正, 孰敢不正?") (논어, 안연편).

의하고, 국가의 정치적 개입으로부터 개인, 가족, 경제활동 등 시민사회의 영역을 자유롭게 하는 것으로 자유주의(liberalism)의 형성과 밀접한 관련이 있다. 이는 국가와 개인 간의 사회적 계약을 통하여 개인이 국가의 권위에 복종하고, 그 대가로 국가로부터 개인의 생명과 신체, 안전을 보호받고자 하는 것이다. 특히, 홉스(Hobbes)는 인간과 사회에 대하여 '만인에 대한 만인의 전쟁'으로 가정하기 때문에 개인을 보호하기 위하여 국가에 강력한 권한을 부여하고, 무질서를 바로잡기 위하여 국가가 불가분의 권력을 행사하며, 이러한 권력행사는 정당한 것으로 간주되어야 한다고 보았다 (Hobbes, 1651). 그러나 로크(Locke)는 자연 상태에서 인간의 자유와 권리를 강조하고, 인간의 불완전성 때문에 발생하는 불편을 처리하기 위하여 개인의 동의에 따라 자신의 권리를 정부에 양도하는 대신에 정부는 개인의 자유와 권리를 보호하기 위하여 제한적으로 권한을 행사하여야 한다고 보았다 (Locke, 1688~90).

로크의 제한 정부론은 영국에서 벤담(Bentham)이나 밀(Mill) 등에 의하여 대의 민주주의, 입헌적 제한정부, 언론과 사상의 자유 최대한 보장, 소수자의 보호 등 정치적 자유민주주의로 발전하게 되었다 (Bentham, 1789; Mill, 1859). 프랑스에서는 몽테스키외(Montesquieu)가 영국의 입헌 정부를 분석하면서 입법, 사법, 행정 간의 권력분립과 상호 견제와 균형을 제시하였다 (Montesquieu, 1748). 이러한 자유주의 사상이 미국으로 전파되어 중앙집권적인 국가행정 대신에 민주주의에 기반하여 분권화되고 자치적인 연방정부로 발전하게 되었다 (Tocqueville, 2000[1835]). 또한 스미스(Adam Smith)에 의해 국가가 개인의 경제활동에 개입하는 것을 억제하고, 사익을 추구하면서도 도덕적 감정을 갖춘 경제 주체들이 시장에서 자유롭게 경제활동을 통해 국가의 부를 창출할 수 있다는 시장 자유주의로 발전하게 되었다 (Smith, 1791[1776]).

그러나 자유주의 사상은 서구 자본주의 사회의 발전을 뒷받침하였지만 산업화와 도시화로 인하여 노동계급의 성장과 생활수준의 악화, 빈부 격차 등의 문제에 대하여 적극적인 대책을 제시하지 못하였고, 마르크스와 엥겔스로부터 부르주아 계급의 이익을 대변하는 이데올로기로 비판을 받게 된다. 자본주의 사회에서 국가는 지배계급의 이익을 수호하기 위한 위원회에 지나지 않으며(Marx & Engels, 1848), 군대와 관료제를 통해 사회를 억압하고 기생하는(parasitic) 존재이고, 사회주의 혁명을 통해 계급갈등이 없어지면 소멸될 것으로 보았다. 그러나 서구 자본주의 국가에서 사회주의 혁명은 일어나지 않았고, 오히려 폭력 혁명 대신에 자본주의를 수용하면서 점진적 개혁을 추구하는 사회민주주의로 수정되었고, 자본주의가 발전하지 않은 농업국가인 러시아나 중국에서 사회주의 혁명이 일어나 공산주의 체제가 성립되었다. 그러나 마르크스주의에 의한 자본주의 체제 비판은 자본주의가 자기 수정을 하게 된 계기를 마련하였으며, 자유민주주의에 대응하는 이론으로서 사회과학의 중요한 연구 방법이 되었다.

전통적 자유주의 사상은 국가와 개인의 관계에 초점을 두고 있지만, 19세기 후반부터 산업화와 도시화가 진행됨에 따라 국가와 개인의 관계를 넘어 개인이 소속한 집단과 공동체에 관심을 기울이게 되었고, 집단 간의 경쟁을 통한 정치적 해결을 추구하는 다원주의(pluralism)가 나타났다. 미국에서는 유럽이나 아시아로부터 새로운 이민자 집단들이 증가하게 되자 다양한 인종, 계급, 집단 등의 용광로(melting pot)라는 개념이 제시되었고(Dewey, 1917), 유럽에서는 국가와 개인을 매개하는 교회, 자선단체, 노조 등의 집단의 역할에 대하여 관심을 기울이게 되었다 (Dryzek & Dunleavy, 2009: 38).

한편, 자유주의와 사회주의가 대립하는 20세기 초에 이탈리아와 독일에서는 사회를 지배하는 것이 누구인지에 대한 연구가 이루어졌고, 자유주의나 사회주의 체제에서 모두 소수 엘리트가 지배하는 사실을 확인하고 비판하는 엘리트 이론이 등장하였다 (Pareto, 1935[1916]; Mosca, 1939). 엘리트 이론가로서 베버(Weber)는 국가가 지배계급의 도구라는 마르크스의 관료제에 대한 비판을 재비판하면서 유럽 대륙의 자유민주주의와 독일의 엘리트 국가 관료제의 조화를 모색하는 관료제 이론을 제안하였다. 근대국가는 전투적인 분파들로부터 어려움에 처해 있기 때문에 주어진 영역에서 합법적인 폭력의 행사를 독점하는 능력을 지니고 있으며, 이에 따라 중앙집권적인 관료제가 불가피하다는 것이다 (Weber, 1978[1921]). 자본주의 사회에서 계급 갈등이 존재하지만 경제적 관계로만 환원할 수 없으며, 정당과 국가라는 지위 집단도 중요하다고 보았다. 이러한 베버의 국가이론은 자유민주주의 하에서 선출된 권력과 국가 관료제라는 엘리트의 지배를 조화롭게 통합한 국가이론이며, 현대 미국의 다원주의의 발달에도 영향을 미치게 된다 (Held, 1989: 44-5).

1960년대 이후에는 환경, 여성, 인권, 소수자 보호 등 현대사회의 복잡한 문제에 대해 기존의 국가이론의 한계를 지적하는 이론적 시각들이 발달하고 있다. 국가의 기능과 역할에 대해 비판적인 시각에서 접근하는 환경주의, 여성주의, 민주적 비판 및 재생, 신보수주의, 그리고 기존 국가개념을 초월하는 탈근대주의 등이 그것이다. 이처럼 각각의 국가이론들은 정치사회 현상에 대하여 고유한 이론체계와 처방을 제시하고 다른 이론들과 상호 영향을 주고받으면서 발달되었다.

2. 국가이론의 내용

1) 고전적 국가이론

앞에서 논의한 국가이론들의 역사적 계보를 바탕으로 고전적 국가이론을 제시하면, 다원주의, 엘리트이론, 마르크스주의, 시장자유주의로 나누는 견해도 있고(Dunleavy & O'Leary, 1987; Dryzek & Dunleavy, 2009), 자유주의, 자유민주주의, 마르크스주의, 정치 사회학으로 나누는 견해도 있다 (Held, 1989: 12).[21] 본서에서는 고전적 국가이론의 역사적 발전 순서에 따라 자유주의, 마르크스주의, 다원주의, 엘리트 이론으로 구분하고, 자유주의의 분파로서 시장자유주의의 막대한 영향을 고려하여 별도로 고찰하고자 한다.

(1) 자유주의

자유주의(Liberalism)는 자연 상태에서 자유롭고 평등한 개인을 전제로 생명과 신체, 안전을 위하여 자신의 권리의 일부를 국가에 양도하는 사회적 계약을 체결하는 대신에, 국가는 개인의 자유와 권리, 평등을 보장하기 위하여 사회에 대한 최소한의 개입만을 허용하는 국가이론이다 (Held, 1989: 13; Pateman, 1979). 17세기 사회계약론의 기초하에 근대국가의 형성의 기초가 되는 이론으로서, 입헌적 제한정부, 대의민주주의, 법의 지배와 법 앞의 평등, 권력의 분립, 사상 및 표현의 자유 보장을 특징으로 한다. 자유주의는 근대 계몽주의 사상의 기초가 되는 국가이론으로 갑자기 등장했다기보다는 존 로크(John Locke)의 사회계약론으로부터 시작하여 영국의 벤담, 밀 부자의 정치적 자유주의, 아담 스미스(Adam Smith)의 경제적 자유주의, 프랑스 몽테스키외(Montesquieu)의 권력분립론, 토크빌(Tocqueville)의 미국의 민주주의 사상에 대한 연구, 매디슨(Madison)의 대의민주주의와 권력분립에 기초한 미국 헌법의 설계 등의 지적 기여를 통하여 발전된 것이며, 현대 자유민주주의 국가의 사상적 기초가 되었다. 자유주의는 다시 정치적 자유주의와 경제적 자유주의로 나눌 수 있다. 정치적 자유주의는 18~9세기 서구 사회의 중심적인 정치사상이자 국가이론이며, 자유민주주의 국가의

---

21 국가이론의 분류를 보면, 세 가지로 나누는 입장은 자유주의(Liberalism), 현실주의(Realism), 마르크스주의(Marxism) 국가론으로(Hall & Ikenberry, 1989); 다원주의(Pluralist), 관리주의(Managerial), 계급(Class)의 시각으로 (Alford & Friedland, 1985) 구분하는 경우가 여기에 해당한다 (Staniland, 1985). 네 가지 유형으로 구분하여, 개인주의(Individualist), 다원주의, 조합주의(Corporatist), 관료주의(Bureaucratic) (Self, 1985), 혹은 다원주의, 자본주의(Capitalist), 르바이어던(Leviathan), 가부장주의(Patriarchal) 국가론으로 구분하는 경우도 있다 (Heywood, 1997). 다섯 가지 유형으로 구분하여 다원주의, 신다원주의(Neo-pluralism), 신우파(New Right), 엘리트이론(Elite Theory), 마르크스주의(Marxism) 국가론으로 세분하는 경우도 있다 (Dunleavy & O'Leary, 1987).

정치질서의 기초가 되었고, 경제적 자유주의는 시장자유주의로서 서구 자본주의 발전의 기초가 되었다.

(2) 시장자유주의

시장자유주의(Market Liberalism)는 합리적으로 행동하는 개인들의 상호작용에 의해 시장질서가 형성되고 이를 통해 자원 배분이 이루어지는 것을 가장 효율적으로 본다. 아담 스미스는 인간의 본성은 사익을 추구하면서도 타인에 대한 공감(sympathy), 적절성에 대한 인식(sense of propriety) 등의 도덕적 감정이 있기 때문에 개인이 자유롭게 사익추구적인 경제활동을 하게 되면 행위 주체가 의도하지 않더라도 보이지 않는 손(invisible hand)에 의하여 가장 효율적인 자원배분이 일어나게 된다고 주장한다 (Smith, 2009[1759]; 1791[1776]). 그러나 자본주의적 산업화의 결과로 계급갈등과 빈부격차 등의 문제가 발생하게 되자 마르크스에 의하여 비판을 받고, 대안으로서 사회주의 탄생의 배경이 되었으며, 1920년대 경제 대공황을 거치면서 케인즈 경제학에 따라 정부개입에 의한 혼합경제와 사회민주주의적인 복지국가로 전환이 이루어지기도 하였다. 이러한 수정자본주의에 대하여 아담 스미스의 시장자유주의의 원칙에 위반되고, 시민의 국가 관료제에 대한 종속을 초래할 것이라는 비판이 제기되었고(Hayek, 1944), 비시장적인 정부는 무능력하고 비효율적이고, 시장은 지식을 가장 효과적으로 활용할 수 있는 정보체계를 지니고 있기 때문에 정부영역에서도 가급적 시장적 운영원리를 극대화할 것을 요구한다. 1970년대 미국의 공공선택(Public Choice) 학파와 하이예크(Hayek) 등의 오스트리아 학파(Austria School)에 더하여, 영국의 신우파(New right) 대처 정부, 미국의 레이건 정부 그리고 2000년대 워싱턴 컨센서스에 의한 신자유주의(Neo-liberalism) 등으로 발전하며 정부개혁안을 제시해 왔다. 그러나 2008년 미국 발 금융위기를 시작으로 규제되지 않는 시장의 만능은 탐욕을 낳고 이에 따라 세계적 금융위기가 발생하게 됨에 따라 다시 국가의 역할을 중시하게 되었다.

(3) 마르크스주의[22]

초기 마르크스주의(Marxism)에서는 모든 정치사회 현상('상부구조')은 경제적인 문제('하부구조')로 환원될 수 있다고 보고, 자본주의 체제 및 자본가 계급의 특성과 이익에 주목한다. 마르크스(Marx)는 개인이 자유로운 선택을 할 수 있는 존재라는 것을 부정하지는 않지만, 개인은 다른 사람과의 관계와 역사적으로 형성된 사회제도 및 계급구조에 의하여 영향을 받지 않을 수 없다고 본다. 개인의 자유와 권리를 강조하는 자유주의는 자본을 가진 부르주아

---

[22] 자세한 마르크스 사상의 전개 과정은 제3절 국가이론 간의 비교 4.사회주의 국가의 국가이론 부분을 참조할 것.

계급의 계급적 이익을 위한 이데올로기에 지나지 않으며(Marx and Engels, 1848), 자본가 계급의 이익을 대변하는 위원회로서 국가는 사회에 기생하는 존재이며, 제도적 장치를 통해 자율성을 지니고 있으나 현상 유지를 위협하는 사회운동을 억압하는 방향으로 권력을 사용한다고 본다 (Marx, 1963[1852]). 따라서 이러한 계급갈등을 극복하기 위해서는 노동자와 농민들이 혁명을 통하여 사유재산이 없는 공산사회를 실현하게 되면 억압적 도구인 국가도 사라질 것으로 본다.

마르크스가 주장한 계급과 국가의 관계, 자유민주주의 국가에서 국가와 사회의 관계의 다원주의 모델에 대하여 비판하면서 현대적인 마르크스 이론이 나타났다. 이러한 신마르크스주의(Neo-marxism)로서 밀리반드(R. Miliband)는 자본주의 하에서 국가는 지배계급인 자본가의 이익에 봉사하기 위한 도구에 지나지 않는다고 보는 '도구주의' 이론을 제시하였고, 풀란차스(N. Poulantzas)는 국가가 단순히 지배계급의 도구가 아니라 자본주의 체제의 장기적인 지속과 발전을 위해 자본가에 대하여 상대적인 자율성을 지니며 국가정책이 수행되는 것으로 보는 '상대적 자율성 이론'을 제시하였으며, 오페(C. Offe)는 자본주의 국가는 사유재산을 보호함으로써 지속적인 축적을 이루어야 하는 동시에 계급 간의 이해충돌을 조정함으로써 공평한 중재자로서 국가권력을 정당화해야 하는 모순 관계에 놓여 있으며 국가와 경제는 제도적으로 분리되므로 국가가 특정의 계급 이익에 연계되는 것이 아니라 국가의 제도적인 자기 이익이 있고 그에 따라 국가 자체의 목적을 감춘 채 경제에 개입한다고 본다 (Held, 1989: 67-71; Dunleavy & O'Leary, 1987: 5장). 마르크스주의는 변증법적 유물론이라는 역사관에 의거하여 관념적인 설명이 아니라 실제적인 인간 사회에 대한 광범위한 과학적 이론을 제공하고, 자본주의 사회의 모순을 비판하고 대안을 제시한다는 점에서 여전히 사회과학의 묘사 및 설명이론으로서의 의의를 지닌다고 볼 수 있다.

(4) 다원주의

다원주의(Pluralism)는 개인의 자유와 권리를 보장하기 위하여 권력이 분산되고 제한되는 입헌정부를 기본적 가정으로 한다. 따라서 자유주의와 기본적 가정을 공유하며, 개인이 아니라 집단에 초점을 둔다는 점에서 차이가 있다. 다원주의는 정책결정과정에서 나타나는 이익집단이나 선거과정에서 나타나는 유권자의 선호와 같이 다양한 개인이나 집단의 영향력을 강조한다. 이러한 다양한 집단들 간의 경쟁을 통하여 사회적 균형에 도달할 수 있으며, 여기서 정부는 조정자의 역할에 지나지 않는다. 한편, 철학적 다원주의는 국가가 사회의 모든 영역에 개입하고, 선전을 확대하며, 테러에 의하여 위협을 가하는 전체주의에 반대한다 (Arendt, 1951). 미국의 다원주의는 정치적 영향력을 행사할 수 있는 자원이 광범하게 분산되어 있고, 이익을 공유하는 사람들은 집단을 형성할 수 있기 때문에 정치인들이 이를 고려하게 되며, 이익집단이 영향력을 행사하는 다양한 경로가 존재하고, 선거에서 투표, 자금지원, 지원활동 등을 통하여 효과적인 정치적 목소리를 낼 수 있으며, 사회의 다양한 영역에서 엘리트들이 각자의 영역에서 활동하고 분리되어 있는 다두정의 특징을 지니고 있다 (Dahl, 1956). 다원주의는 규범 이론으로서 입헌정부의 당위성을 주장하기도 하고, 묘사설명 이론으로서 다양한 세력들 간의 경쟁에 의해 어떻게 정부 정책이 결정되는지를 설명할 수도 있다.

(5) 엘리트주의

엘리트주의(Elitism)는 다원주의 이론가들이 주장하는 다양성을 허구라고 비판한다. 국가 또는 사회를 지배하는 소수의 엘리트가 반드시 존재하는 것으로 간주하기 때문이다. 초기의 엘리트주의 이론가들 가운데에는 엘리트 지배의 불가피성을 강조한 나머지 카리즈마적 리더십에 의거하는 파시즘을 긍정하는 경향도 있었다 (Pareto, 1916; Mosca, 1939). 그러나 제2차 세계대전 이후에는 자유민주적 대의정부와 엘리트 지배간의 조화를 이루기 위하여, 선거와 정당정치에 의한 엘리트간의 경쟁을 강조하는 민주적 엘리트 이론이 발전했다 (Schumpeter, 1993). 또한 20세기 후반 이후에는 자본주의 발달에 따라 '군산복합체'와 같은 경제 엘리트의 권력 증대를 비판하는 비판적 엘리트 이론이 발전하기도 했다 (Mills, 1956). 엘리트 이론은 다원주의가 간과하는 엘리트 지배 현상에 대해 경험적이고 묘사설명적인 이론을 제공하는 의의가 있다.

2) 다원주의의 변형(신다원주의)

신다원주의는 다원주의의 한 변형으로서, 엘리트주의와 마르크스주의에 의해 제기된 다원주의 이론의 한계, 특히 소수의 지배와 부의 편중이라는 현실을 수용한 이론이다. 신다원주의 이론가들은 다원주의의 기본가정인 정책과정에서 다양한 행위자의 영향이라는 다두정(polyarchy) 내에서의 개인 및 집단들의 영향력 차이를 인정하고, 그 중에서도 기업집단의 영향력 증가에 따라 국가 정책이 불균형적일 수 있음을 지적하고 비판한다.[23] 이를 해결하기 위하여 기업의 영향력을 통제하기 위한 국가 역할 강화나, 다양한 행위자가 참여하는 연결

---

23 기업은 조직화된 이익인 반면, 다른 개인들은 파편화되어 있기 때문에 집합적 행동(collective action)으로 실행에 옮기기 어렵다. 예를 들어, 환경문제에 대하여 기업은 경제성장이라는 논리를 제시하여 정부, 의회, 언론 등에 영향력을 행사하여 입법을 차단하기 위하여 노력하는데 반해, 환경보호의 논리를 주장하는 입장은 상대적으로 단체를 결성하기 어렵고 기업에 비하여 영향력이 약하다. 심지어는 두 가지 옹호연합(advocacy coalitions)에서 환경보호 집단조차도 환경보호와 관련된 사업을 수행하는 기업이 영향력을 행사할 만큼 기업의 역할이 증대하고 있다 (Sabatier, 1993).

망(network)으로 된 다층적 거버넌스(muliti-level governance)를 통해 경제적 부를 소유한 집단이 다른 사회적 재화의 배분을 통제하지 못하도록 하는 방안 등을 제시한다.

3) 비판적 국가이론

비판적 국가이론은 현대사회에서 새롭게 제기된 어려운 문제들에 대하여 기존의 국가이론이 지닌 한계를 비판하며 등장했다. 환경주의(environmentalism), 여성주의(feminism), 국가에 대한 민주적 비판과 갱신을 주장하는 — 참여민주주의(participatory democracy), 시민공화주의(civic republicanism), 숙의민주주의(deliberative democracy) 등의 — 시각, 그리고 신보수주의(neo-conservatism)처럼 공동체의 재건을 위한 국가의 적극적 역할을 강조하는 시각 등이 있다 (Dryzek & Dunleavy, 2009: 9-13장).

(1) 환경주의

환경주의는 인간의 행동을 제약하는 환경의 존재를 인정하고, 인간 사회, 경제, 정치 영역을 지구적 또는 지역적 생태계의 하위체계로 간주한다.[24] 이 이론은 포괄적인 국가에 대한 묘사설명 이론이기보다는, 생태 문제와 관련하여 국가의 부적합한 부분에 대해서만 문제를 제기하고 있다. 환경주의에서도 국가의 기능과 역할에 대해 다음과 같은 다양한 시각의 이론들이 있다.[25]

첫째, 다소 극단적인 시각의 이론들이다. 국가 또는 세계정부에 환경문제 해결을 위해 강력한 권한을 부여해야 한다는 생태권위주의(eco-authoritarianism) 이론이 있다. 계층제로 집권화된 조직이 환경문제를 야기하기 때문에 국가를 포함하여 모든 계층제를 폐지하여야 한다는 생태무정부주의(eco-anarchist) 이론도 있다. 환경문제의 특성상 베버(Max Weber)의 계층제 조직으로는 문제가 더 복잡해지기 때문에 연결망에 의한 문제 해결을 주장하고, 환경 관련 제안에 대하여 공적 논평과 알권리의 보장, 시민배심원단 또는 무작위로 추출된 시민들에 의한 담론, 시민들의 투입이 보장된 정책 논쟁의 중개, 규제 협상, 정책영향 평가 등이 필요하다는 녹색민주주의(green democracy)가 있다. 기존의 국가나 지방정부 대신에 환경의 특성을 고려하여 지역 중심으로 환경문제를 관리하자는 생물지역주의(bio-regionalism)도 여

---

24 환경주의의 기원은 18세기 말 유럽의 자연과 야생보호를 위한 낭만주의 운동과 19세기 말 미국에서 발생한 '씨에라 클럽(Sierra Club)'의 보존운동 등에서 찾을 수 있다. 그러나 본격적으로 환경이 정치적 문제가 된 것은 산업화로 인해 환경오염이 심해진 1960년대부터이다.

25 조세나 보조금을 통한 외부성의 해결, 공유재에 대한 재산권의 설정 등 기존의 고전적 국가이론에 의한 환경문제의 해결 대안이 없는 것은 아니지만, 환경주의자들은 이러한 정책들이 개발을 옹호하기 위한 미봉책에 지나지 않는다고 본다.

기에 해당한다.

둘째, 기존의 국가제도를 개혁하여 환경 문제를 해결하려는 점진적 시각의 이론들이다. 환경보존과 경제개발이라는 두 가지 모순적인 가치를 절충하여 지속가능한 발전(sustainable development)이라는 개념을 제시하는 생태적 근대화(ecological modernization) 이론을 들 수 있다. 이 이론은 환경 문제를 심각하게 받아들이고 생태적인 한계가 있다는 점에서는 인식을 공유한다. 그리고 환경문제의 해결을 위하여 사회적 학습을 조장할 수 있는 국가의 환경적 능력(environmental capacity)을 강조한다. 이러한 능력은 모든 정부기관들이 환경적 가치를 공유할 뿐 만 아니라 과학적이고 기술적인 시설들을 갖추고 국가와 함께 일을 하는 환경관련 시민단체들을 육성하는 것을 포함한다.

(2) 여성주의

여성주의 이론가들은 남성우위의 정치현상을 비판하고 어떻게 그것이 교정되어야 하는지에 대하여 처방을 제시한다. 이들은 국가뿐만 아니라 가정과 사회의 모든 영역에서 가부장적인 권위가 지배하고 있다고 본다.[26] 자유민주주의가 국가와 사회를 구분하고 사적 영역에 대한 국가 개입을 제한하는 이면에는 가정과 사회에서 발생하는 남성의 억압이나 폭력을 묵인하는 문제가 있는 것으로 간주한다. 또한 로크(John Locke)의 사회계약설에 따른 국가와 개인의 사회적 계약 관계는 허구라고 본다. 남성의 술, 폭력, 음란으로부터 여성과 어린이를 보호하기 위해 국가의 모성적 개입이 필요하다고 주장한다.

여성주의는 생존경쟁과 권력의 극대화 등 남성중심의 가치를 반대하고, 배려와 감성 등을 정치의 원칙으로 도입할 것을 요구한다. 여성주의 내에서도 다양한 분파가 존재한다. 전통적 다원주의의 시각에 의거하여 정부의 틀 내에서 여성운동단체들의 활동에 의해 문제를 해결하려는 시각, 기존의 정부에 도전하는 시각, 남성에 의해 지배되는 국가로부터 거리를 두고 양성의 분리를 주장하는 입장 등이 있다. 여성주의는 술, 폭력, 매춘 등이 없는 가정과 사회를 만듦으로써 궁극적으로 사회적 안정을 통하여 경제발전도 이룩할 수 있다고 보며, 이는 기존의 국가이론이 제시하는 국가의 핵심 기능에도 부합하는 것이다. 여성주의 국가론은 기존의 국가체제에 대한 비판을 중심으로 하지만 국가가 어떻게 가부장제로 변질되었는지를 제시하는 경우 설명적 이론으로서의 의의도 있다.

---

[26] 여권 신장을 위해 19세기 말에는 여성권의 투표권 확대 운동을 시작하였고, 1960년대부터는 경제활동과 사회적 지위에서 양성평등을 요구하였으며, 최근에는 문화적 정체성 면에서 양성 차별을 시정하려는 노력을 기울이고 있다.

(3) 민주적 비판 및 갱신

민주적 비판 및 갱신을 시도하는 이론들은 자유민주주의 국가에서 나타나는 민주주의의 흠결에 초점을 두어 비판한다. 정치적 무관심, 재선을 목적으로 하는 입법자에 의한 무책임한 입법, 사적 이익을 추구하는 관료제, 대안을 제시하지 못하는 정당, 선거제도의 왜곡 등 민주주의의 왜곡을 치유하기 위해 시민교육 강화, 참여민주주의, 시민공화주의, 숙의민주주의 등을 대안으로 제시한다. 시민교육을 통해 시민 덕성을 회복할 수 있고, 덕성을 갖춘 시민들이 공적인 담론을 통해 스스로 성찰하고 선호를 조정할 수 있다고 본다.

참여민주주의는 대의민주주의의 병리적 현상을 시민들의 직접 참여를 통해 해결하려고 시도한다. 마을회의, 시민배심원단, 전국적 규모의 국민투표, 추첨에 의한 대표, 보편적 징병제, 자발적 공동체 봉사 프로그램, 통신수단에의 접근, 공적 공간의 변형을 통한 모임의 편리성 확대 등을 대안으로 제시한다 (Barber, 1984).[27] 시민공화주의(civic republicanism)는 제한된 정부와 법의 지배 하에서 무엇보다도 공익 정신을 갖춘 시민들이 참여하여 사적 이익이 아닌 공동체의 선을 위하여 정책을 결정하여야 한다는 주장이다. 공익 정신을 갖추기 위해서는 시민교육의 강화와 공적 의무를 수행하기 위한 기본 소득으로서 재정 지원이 필요하다고 본다. 숙의민주주의(deliberative democracy)는 담론을 통해 상대방의 시각에서 자신의 선호를 조정함으로써 합의에 의한 정책결정이 가능하다고 본다. 따라서 숙의의 진정성과 효과를 극대화하기 위한 담론의 조건을 설계하려고 한다. 이를 위해 정부 안팎의 공론장에서 두 가지 갈래의 민주화가 필요하다 (Habermas, 1996). 이 이론들은 민주주의를 재생하기 위해 필요한 조치들을 제시하는 처방 이론이며, 바람직한 민주주의의 당위적인 면을 주장하므로 규범 이론으로서의 성격이 강하다.

(4) 보수적 공동체주의 및 신보수주의

진보적 성향이 강한 환경주의, 여성주의, 민주적 비판 및 갱신 이론과는 달리, 자유민주주의의 병리현상에 대해 보수주의 진영에서도 대응 방안을 제시하고 있다. 원래 보수주의는 사회적 통합과 정치적 안정성을 보장하는 사회 전통을 중시하고 정치에 대한 도덕적 접근을 추구한다. 합리적이고 자익추구적인 개인을 가정하는 시장자유주의와 달리, 이들은 개인은 자신이 속한 사회로부터 영향을 받고 종교, 문화, 언어 등 구성원을 구속하는 사회적 의무가 있음을 강조한다. 보수주의 이론가 가운데 공동체주의자들(communitarians)은 공동체 내의 보편적 선의 존재를 인정하고, 부분적 이익을 추구하는 다원주의나 개인적 이익을 추구하는

---

27 예산과정에서 인구비례에 맞게 무작위로 추출된 일반 시민이 참여하여 예산배분을 정하는 '참여예산제(participatory budgeting)'가 대표적인 사례이다. 좀 더 자세한 내용은 제5편 제3장을 참조할 것.

시장자유주의 대신에 합의에 의한 정부를 강조한다. 국가는 사회의 도덕을 회복하고 사회적 자본과 공동체를 재건하는 역할을 해야 한다고 본다.[28]

한편, 신보수주의(neo-conservatism)는 각 사회가 특수한 사회 전통이라는 공동선이 존재한다는 것을 부정하고, 자유주의와 민주주의에 의한 선(善)이 보편적이라고 주장한다. 스미스(Adam Smith)에 의해 제시된 자유시장이 제대로 작동할 수 있는 조건으로서 도덕 감정(moral sentiments), 공동체적 가치에 대한 헌신, 다른 사람의 행복에 대한 관심을 받아들이고 이를 보편적인 가치로서 국제적으로 전파하려고 한다. 전통적인 보수주의가 사회의 유기체적 특성에 의한 점진적 변화를 강조하는 반면에, 신보수주의는 2001년 이후 테러(terror)와의 전쟁을 통해 미국적 가치를 전쟁이라는 수단을 통해 아랍권 국가들에게 이식하려 한다는 점에서 미국적 민족주의라는 비판을 받기도 한다 (Lieven, 2004). 신보수주의는 기존의 국가이론을 비판하는 점에서 환경주의나 여성주의와 맥을 같이하면서도, 후자의 제안이 실현될 가능성은 그다지 높지 않은 것으로 간주한다 (Dryzek & Dunleavy, 2009: 286).

4) 국가를 넘어: 탈근대주의

탈근대주의는 환경주의, 여성주의와 마찬가지로 '근대국가(the modern state)'라는 거대 담론을 비판하는 점에서 유사하다. 그러나 기존의 국가에 대한 인식체계를 해체하고 재구성하여 '통치성(governmentality)'이라는 대안적 개념을 제시하는 점에서 근본적인 차이가 있다.[29] 탈근대주의 이론에 따르면 근대성의 인식체계(episteme)는 합리성, 조화, 진보 등의 가치를 포함한 담론을 통해 구성원들을 교육시키고 성(性)에 대한 다른 접근, 쾌락의 추구, 권위에 대한 저항을 비정상적인 것으로 취급하게 함으로써 이들을 소수자로 전락하게 만든다. 이러한 허위인식을 극복하기 위해 개인 주관의 중요성, 삶의 해석의 다양성, 담론과 연결망을 중시한다.

국가를 대신하는 통치성이라는 개념은 기존의 정부, 합리성, 정신(mentality)을 결합한 합성어로 개인 행위를 지휘하는(conduct of conduct) 역할을 수행하는 것을 의미한다 (Foucault, 1982; 1991; Dryzek & Dunleavy, 2009: 294). 여기에는 기존의 정부 이외에 종교, 언론, 전문가 집단 등 개인의 인식체계에 권력을 행사하는 모든 기관이 포함되며, 국가는 더 이상 단일의 권력체가 아니라 통치성이라는 연결망 과정에 포함될 뿐이다. 탈근대주의는 정책결정에서 형식적인 제도적 구조나 계산적인 평가가 중요한 것이 아니라 문제가 구성, 해석, 해결되는

---

28 샌델(Sandel, 2009)의 정의론도 이 시각에 해당한다.
29 탈근대주의의 기원은 근대 문명의 진보를 비판한 실존주의자 니체(Nietzsche)의 사상으로 거슬러 올라가며, 푸코(Foucault)의 탈구조주의에 의해 이론적으로 발전되었다.

'틀' 혹은 '프레임(frame)'이 중요하다고 본다. 사회적 담론과정에서 프레임의 경쟁이 발생하게 되며, 문화적 투쟁으로 이어질 수 있다. 근대성의 인식체계에서 배제되었던 동성혼, 소수민족, 환경, 여성 등의 문제에 대한 담론과정에서 프레임 경쟁이 발생하게 되며, 갈등을 억압하기보다 오히려 상호 논쟁을 통해 합의점을 모색하는 논쟁민주주의(agonistic democracy)를 추구하게 된다.

탈근대주의는 고전적 국가이론이 제시한 근대성에 의한 진보에 대해 부정적이다. 그러나 그 실행 방안에 있어서는 탈근대주의 내부에서도 다양한 시각이 있다. 극단적으로 근대국가의 실증적 프로그램을 단절하자는 입장과 기술진보와 산업화라는 억압적 가치는 반(反)근대성에 지나지 않고 이러한 체제에 대해 비판하고 도전함으로써 국가를 변화시키는 성찰적 근대성(reflexive modernity)이 필요하다는 시각 등이 그것이다 (Beck, 1992). 탈근대주의는 인류의 진보에 대해 의문을 제기하고, 근대적인 정부와 국가의 합리성을 해체하며, 통치성이라는 개념을 제시함으로써 묘사설명 이론으로서의 성격도 지니고 있다. 그러나 이 이론에서 제시하는 변화 과제들을 실제적으로 입증하거나 실현하기란 현재로서는 힘들어 보인다.

제 3 절   국가이론 간의 비교

1. 국가이론 간의 유사점

같은 계열의 이론들 간에는 말할 나위가 없지만, 서로 다른 계열의 국가이론들 간에도 다소의 유사점을 찾아 볼 수 있다. 국가이론 중에서 자유주의, 시장자유주의(신우파론), 마르크스주의, 엘리트이론, 다원주의, 신다원주의 간에는 다음과 같은 유사성이 있다 (<그림 1-3-1>).

국가이론은 자유주의 이론으로부터 시작되었으며, 이를 비판하는 대안으로 마르크스주의가 나오고, 자유주의의 분파로서 경제적 자유를 강조하는 시장자유주의와 개인보다는 집단에 초점을 두는 다원주의가 대두된 것이다. 한편, 엘리트주의 국가론은 소수의 엘리트에 의한 권력과 지배를 인정한다는 점에서 자본계급에 의한 지배를 비판하는 마르크스주의와 중복되지만, 민주주의 정부에서 엘리트간의 경쟁을 강조하는 면에서는 다원주의와 맥을 같이 하며, 지배엘리트 가운데 경제엘리트의 영향력을 비판한다는 점에서 신다원주의의 이론적 기초를 제공하기도 하는 등 다른 국가이론과 모두 중복되는 부분이 있다. 이 때문에 그 자체의 독자적인 이론체계가 무엇인가에 관한 의문이 제기될 수도 있다 (Self, 1985).

　　다원주의 국가론도 시민의 자유를 보장하기 위해 제한된 입헌정부를 가정하는 점에서 시장자유주의(신우파론)와 비슷하고, 국가의 역할이 사회의 제 세력들의 이익을 반영하는 조정자로서 취약하다고 보는 점에서 마르크스주의의 자본 이익을 보호하기 위한 도구로서의 국가 역할 주장과 통한다. 그럼에도 불구하고, 다원주의는 제한정부를 전제로 유권자와 이익집단의 경쟁에 따라 국가의 정책이 결정된다는 그 자체의 광범위한 핵심 이론체계를 식별하는 것이 가능하다. 신다원주의 국가이론은 최근에 발전이 이루어지고 있으며, 엘리트주의나 마르크스주의의 비판에 대응하는 다원주의의 변형에 지나지 않으므로 자체의 핵심적인 이론 영역이 그다지 넓지는 않다. 시장자유주의(신우파론)는 경제를 중시하는 점에서 마르크스주의와 연관되지만, 양자 간의 이데올로기 스펙트럼은 가장 대립적이다. 이에 비하면, 마르

그림 1-3-1　경쟁적인 국가이론들 간의 관계

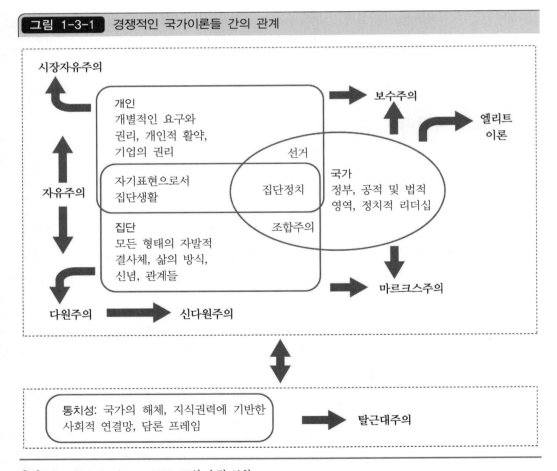

출처: Dryzek & Dunleavy, 2009: 37의 수정 보완.

크스주의와 엘리트주의 간에는 상당한 이론적 중복이 있다.

새롭게 등장한 비판적 국가이론으로서 환경주의, 여성주의, 민주적 비판 및 갱신과 관련된 이론들, 신보수주의 중의 일부는 기존의 고전 이론의 변형으로 볼 수 있으면서도 전반적으로는 고전적 국가이론들이 해결하지 못하는 분야에 대해 설득력 있는 비판을 제시하는 점에서 서로 통한다. 이들은 환경, 여성, 가족, 민주주의 흠결 등의 문제를 해결하기 위해 국가의 적극적인 개입과 역할을 강조하는 점에서도 공통점이 있다.

탈근대주의는 비판적 시각이라는 점에서는 다른 비판적 국가이론들과 공통점이 있다. 지식권력과 연결망으로 이루어진 통치성이라는 대안은 신다원주의나 환경주의의 '연결망 거버넌스(network governance)'와 유사성이 있다. 탈근대주의는 프레임 경쟁을 통한 담론을 강조하는데, 이 또한 민주적 비판 및 갱신 이론 중 숙의민주주의나 시민공화주의와 유사성이 있다.

2. 국가이론 간의 차이점

국가이론들 간에는 여러 가지 차이점이 있다. 각 이론별로 적용하는 연구방법과 초점을 두는 국가의 권력수준 및 구조 등의 측면에서 서로 다른 시각을 함축하고 있는 것이다. 여기서는 알포드와 프리드랜드(Alford & Friedland, 1985)의 유형화에 의거하여 국가이론을 광의의 다원주의(즉, 협의의 다원주의 외에도 신다원주의, 시장자유주의, 개인주의 등 자유주의 이론들 포함), 관리주의(즉, 엘리트주의), 계급이론(즉, 마르크스주의)의 시각으로 구분하고, 여기에 새로이 탈근대주의를 가미하여 각 시각의 특성과 고유영역(home domain)을 살펴보면 <표 1-3-1>과 같다.

1) 다원주의

다원주의 시각은 연구방법론 면에서 개인을 분석수준으로 하고, 개방체계에서의 상호과정에 초점을 두며, 상호의존적인 국가-사회관계를 가정한다. 사회의 주요 차원으로서 문화적 가치를, 그리고 국가의 주요 측면으로서 민주주의를 각각 강조한다. 권력의 수준에 있어서 유권자와 다양한 집단들이 영향력을 획득하기 위해 경쟁하는 상황적(situational) 권력을 중시한다. 그리고 국가구조에 있어서는 합의와 참여간의 긴장 유발을 문제시하며, 치리 혹은 거버넌스(governance)의 문제를 국가의 주요 쟁점으로 여긴다.

2) 관리주의

관리주의 시각은 연구방법론에 있어서 조직을 분석단위로 하며, 구조 내에서의 지배적 요인들에 초점을 두고, 상호 조직적(inter-organizational)인 국가-사회 관계를 가정한다. 사회의 주요 차원으로서 정치(권력)를, 그리고 현대 국가의 주요 측면으로서 관료주의적 특성을 각각 강조한다. 권력의 수준에 있어서는 구조적 권력을 중시하며, 국가를 (사적 조직들과 협상하면서) 법적 권위를 소유한 자율적이고 강제적이며 기술관료적인 행정인 것으로 여긴다. 그리고 국가구조에 있어서, 집권화와 분산화간의 갈등을 문제시하며, 엘리트들의 능력 문제를 국가의 주요 쟁점인 것으로 본다.

3) 계급이론

계급이론은 연구방법에 있어서 사회를 분석단위로 하며, 총체성 내의 모순관계에 초점을 두고, 상호 제도적인 국가-사회간 관계를 가정한다. 사회의 주요 차원으로서 경제(계급)를 강조하며, 현대 국가의 자본주의적 특성을 강조한다. 또한, 권력의 수준에 있어서 체계적 권력을 중시하며, 자본주의의 정치경제적 위기 경향이 국가와 자본을 제약하는 것으로 본다. 그리고 국가구조에 있어서 자본축적과 계급투쟁 위기간의 모순을 문제시하며, 위기의 문제를 국가의 주요 쟁점으로 여긴다.

4) 탈근대주의

탈근대주의는 고전적인 국가이론들에 대한 비판 및 대안으로서 가장 강력한 설명력을 발전시켰다. 이 시각은 연구방법론에서 보이지 않는 구조 또는 개인 간의 관계로서 연결망을 분석단위로 하고, 국가를 해체하고 사회 속에서 실질적인 국가기능을 수행하는 통치성에 주목한다. 이 때문에 국가와 사회의 관계는 상호 대체적이다. 또한, 권력의 수준에서는 연결망으로 상호 연결되고 틀 짓기(framing)에 의해 논쟁하면서 경쟁하는 언어적 권력을 강조한다. 근대성이라는 인식체계 하에서 억압되고 무시되었던 문제들이 논쟁 민주주의(agonistic democracy)에 의해 합의를 모색하는 과정을 주요 쟁점으로 본다.

표 1-3-1 국가이론별 고유영역

쟁점 사안 \ 국가론		다원주의	관리주의	계급이론	탈근대주의
연구방법	분석수준	개인	조직	사회	사회(연결망)
	방법	(개방체계에서의) 상호 연관된 과정들	(구조 내에서의) 지배적인 요인들	(총체성 내에서의) 모순 관계들	(지배 담론에 대한) 해체, 재구성
	주요한 사회 차원	문화적 (가치)	정치적 (권력)	경제적 (계급)	인식체계로서의 (구조)
	국가-사회 관계	상호 의존적	상호 조직적	상호 제도적	상호 대체적
	국가의 주요한 측면	민주주의	관료주의	자본주의	소통 민주주의
권력의 수준	강조하는 권력 수준	상황적 권력: 즉, 유권자 및 집단들이 정치적 제 상황에서 영향력 획득을 위해 경쟁	구조적 권력: 즉, 국가는 법적 권위를 소유한 자율적, 강제적, 기술적인 행정을 의미	체계적 권력: 즉, 자본주의의 정치경제적 위기경향이 국가와 자본의 헤게모니를 제한	언어적 권력: 즉, 국가이외의 지식권력들이 담론과 프레임을 통해 경쟁
국가기구	국가 내부의 (기능적 관계 대 정치적 관계 간의) 갈등	합의와 참여 간의 긴장	집중화와 분산화 간의 갈등	축적과 계급투쟁 위기간의 모순	사회적 소수자에 대한 억압
	국가에 관한 주요 쟁점	국정관리	엘리트 능력	위기	논쟁

출처: Alford & Friedland, 1985, p. 10; 16의 수정 보완.

3. 국가의 자본주의, 관료주의, 민주주의 측면

현대 국가는 다음의 세 가지 중요한 이념 혹은 제도들의 발전에 의해 이루어졌다 (Alford & Friedland, 1985: xiii).[30] 첫째, 사회적 생산의 한 형태인 자본주의의 발달이다. 이를 통해 노동생산성의 급격한 증대가 가능하게 되었다. 둘째, 권력구조로서의 관료주의 국가의 팽창이

---

[30] 제도적 시각에서 접근해 볼 때, 근대화에 따라 자본주의, 산업주의, 감시능력 증진, 그리고 폭력수단에 대한 독점이라는 네 가지 요소가 제도화되었다 (Giddens, 1990; 김일영, 2001). 이 네 요소 가운데 처음 두 가지는 자본주의, 다음 두 가지는 국가관료주의를 각각 의미한다. 자본주의란 보편적 상품생산 체계를 의미한다. 산업주의란 재화의 생산에서 동력원으로 무생물적 자원을 이용하고 기계가 중심적 역할을 하는 질서정연한 사회적 생산조직을 의미한다. 기든스가 제시하는 자본주의와 산업주의 개념은 넓은 의미의 자본주의에 해당한다. 한편, 탈근대주의는 이러한 산업화를 통한 근대화 또는 진보를 허구라고 비판하고, 근대성이라는 거대담론이 지닌 억압적 권력과 이로 인해 소외된 가치나 집단에 주목한다.

다. 장기적인 번영과 자본 축적의 논리에 의하여 국가주의와 자본주의의 결합을 가져왔으며, 국가에 의한 경찰 및 군사적 통제력을 통해 (국가에 대한) 반란에 참여할 잠재력을 지닌 시민들에 대한 통제와 자본축적의 제 요건들을 재생산하는 것이 가능해졌다. 셋째, 민주주의 제도들의 형성이다. 이를 통해 일반 시민들의 정치적 참여를 가능하게 하는 장치들이 확대되었다. 자본주의가 성장함에 따라 빈부 격차가 증가되었고 (마르크스주의가 제시하는 것처럼) 다수의 노동계급에 의해 자본주의 체제가 전복되지 않기 위해서는 실업급여나 사회연금 등 경제적 안정을 보장해 줌으로써 이들을 자본주의 내에서 회유할 수 있는 정당성의 조치가 필요하게 되었다. 또한 노동계급을 대표하는 정치세력이 성장하고 이들이 정권을 맡게 됨에 따라 국가의 기능은 더욱 변화하게 되었다.

자본주의, 관료주의, 민주주의는 각각 별개의 제도로서 역사적 발전이 이루어졌다. 결과적으로는 이처럼 삼자간의 제도적 분리가 서로의 발전을 더 촉진시키기도 하였다. 예로서, 자본주의의 발전은 사유재산권을 보장하는 국민국가에 의해 고양되었다. 마찬가지로, 관료주의 국가는 국가가 자본주의 경제로부터 제도적으로 분리되었기 때문에 팽창할 수 있었다. 자본주의 체제가 정치화되는 것에 대한 대안으로서 국가 팽창이 이루어졌기 때문이다. 그리고 민주주의 제도의 확립은 자본주의의 발달에 따른 자본가 및 노동자 계급간의 권력 투쟁에 의해 고무되었다. 여기에 더하여, 국가가 필요로 하는 자원에 대한 정당성을 대중으로부터 획득할 수 있을 때 대중으로부터 세금과 군대인력의 추출이 보다 용이함을 발견한 국가 관료제의 성장에 의해서도 촉진되었다 (Alford & Friedland, 1985: 427-8).

일단 자본주의, 국가관료제, 민주주의의 제도적 장치들이 각각 분리된 형태로 형성되고 나자, 이들은 각각 자체의 내적 발전 논리를 갖게 되었다.[31] 자본주의, 국가관료제, 민주주의가 역사 발전 과정에서 각자의 발전을 위해 다른 하나 혹은 둘에 의존했음에도 불구하고, 서로 간에 충돌되는 측면도 발생했다. 즉 자본주의적 축적의 논리와 관료주의적 합리성의 논리 그리고 민주주의적 참여의 논리간에는 늘 상호 모순적인 요소가 있다. 한 국가의 자본주의, 관료주의, 민주주의간의 상호관계는 그 국가의 역사적인 제도화에 따라 변화한다 (Alford & Friedland, 1985: 440).

앞에서 소개한 다양한 국가이론들은 특히 어느 한 가지에 초점을 두어 그와 관련된 주제를 부각시키고 그것을 고유영역으로 삼는 경향이 있다. 예를 들면, 자유주의와 다원주의는 민주주의를, 관리주의(또는 엘리트주의)는 관료주의를, 시장자유주의와 계급국가론(혹은 마르크스주의)은 자본주의를, 탈근대주의 국가이론은 (소통의) 민주주의를 각각 현대 국가의 주요

---

31 여기서 논리란 "사회적 기능을 수행하며 정치적으로 조직화된 세력에 의해 옹호되는 — 행위, 제도적 형태, 이데올로기 등 — 실천체계"를 의미한다. 개인적 행위자는 이와 같은 논리를 의식하지 않을 수도 있다 (Alford & Friedland, 1985: 27).

한 측면으로 간주한다 (<표 1-3-1>). 비판적 국가이론은 (환경, 인권, 참여, 숙의 등) 실질적인 민주주의를 각각 현대 국가의 주요한 측면으로 간주한다. 따라서 현대 국가의 자본주의적 속성을 강조하여 그것을 비판적으로 규명하는 계급이론과는 극히 대조적이다. 산업사회의 자유민주주의 정치의 파행을 시정하기 위해 국가관료제의 적극적 역할을 옹호하는 일부 신다원주의 이론가들은 관료주의의 논리를 지지하는 셈이다. 또한, 환경주의나 여성주의에서도 문제 해결을 위해 국가 능력의 확대와 적극적 역할을 강조하는 점에서 관리주의에 가까우나, 기존의 계층제와는 다른 연결망 거버넌스를 강조하는 점에서 차이가 있다.

자본주의와 민주주의는 국가를 중심으로 볼 때 외적변수이고, 관리주의(관료주의)는 내적변수이다. 초기 자본주의의 장기적 발전을 위한 축적 문제의 해결을 위해 관료주의가 자본주의와 결합하여 민주주의를 억압하는 도구로 사용되는 경향이 있었다. 그러나 경제성장이 어느 정도 이루어지고 장기적인 성장의 정당성을 부여하기 위해서는 관료제가 환경, 복지, 인권 등 실질적 민주주의를 실현하는 도구가 될 수도 있다.

4. 사회주의 국가의 국가이론

앞에서 살펴본 국가이론들은 모두 자본 민주주의(Capitalist Democracy) 국가에 관한 이론이다. 즉, 자본주의 경제와 자유민주주의 정치가 이루어지는 국가를 대상으로 분석하기 위한 것이다. 이와는 달리, 현대 국가 중에는 사회주의(socialist) 국가들이 존재하며, 따라서 이들을 분석하기 위한 이론도 학습할 필요가 있다.[32]

사회주의 국가를 연구 대상으로 분석하려면 마르크스주의의 발전을 먼저 이해해야 한다 (<그림 1-3-2>). 19세기 초 영국의 고전경제학(리카도의 노동가치설), 독일의 고전철학(변증법과 유물론), 프랑스 혁명이론(프랑스 사회주의)의 영향을 받은 마르크스와 엥겔스는 이들 관념을 종합하여 '과학적 사회주의(scientific socialism)'를 정립한 것이 시초다 (Dunleavy & O'Leary, 1987: 6장).

이후 마르크스 사상은 제2인터내셔널과 제3인터내셔널(코민테른) 과정을 거치면서 (1) 급진적 방식(프롤레타리아 혁명 및 일당독재)을 통한 공산사회 실현을 주장하는 마르크스-레닌

---

[32] 마르크스의 역사발전 5단계를 수용한 마르크스-레닌주의는 국가 존재 여부를 기준으로 사회주의와 공산주의(사회)로 구분하여 제시한다. 사회주의는 자본가(부르주아)와 노동자(프롤레타리아) 계급 간 갈등이 아직 존재하는 상황에서 국가 개념에서 일당독재가 필요한 과도기적 단계이며, 공산주의(사회)에서 국가란 특정 세력을 위한 도구가 아닌 마침내 전 사회의 대표자가 되어 억압할 대상이 사라짐으로써 누군가에 의한 폐지가 아닌, 국가 스스로 사멸할 것으로 전망한다 (Chirkin et al., 1987; 최인호 외 역, 1997). ① 역사적으로 국가 개념이 소멸한 공산사회는 이론에만 존재한다는 점, ② 현실의 사회주의 국가의 기구 및 관료제를 분석하기 위한 실증적 접근이 목적인 점을 고려하여 공산주의 대신 사회주의 국가로 표현하려고 한다.

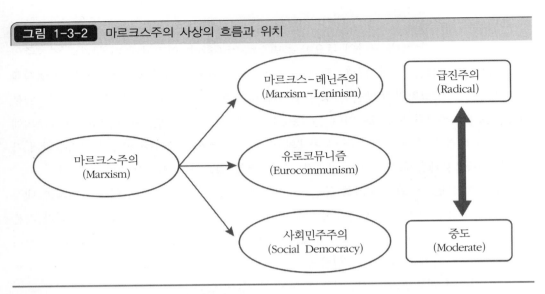

그림 1-3-2 마르크스주의 사상의 흐름과 위치

출처: 배한동, 1987: 25를 수정 보완한 것.

주의(Marxism-Leninism), (2) 초기 급진적 마르크스-레닌주의 신봉 입장에서 이후 노동자 계급의 헤게모니에 보다 초점을 맞추어 나간 유로코뮤니즘(Eurocommunism), (3) 마르크스의 휴머니즘적 측면을 수용하고 민주주의라는 제도와 선거라는 수단을 통해 노동자의 비극을 줄여나가는 사회주의 실현을 강조한 사회민주주의(Social Democracy)로 뚜렷하게 분리되어 나갔다 (배한동, 1987; 윤영근, 2010).**33**

마르크스-레닌주의는 마르크스 사상을 바탕으로 하되 러시아 혁명의 경험과 레닌의 사상이 추가되어 프롤레타리아 혁명과 일당독재의 이론과 전술로 발전했다 (서중건 역, 1990). 유로코뮤니즘은 프롤레타리아 독재 포기, 정치적 자유보장, 복수주의와 민주주의 실현을 주장함과 동시에 노동자 계급의 헤게모니 장악 전략을 동시에 취했다는 점에서 마르크스-레닌주의와 사회민주주의의 중간영역으로 분류할 수 있다 (배한동, 1987). 사회민주주의는 독일을 중심으로 발전한 흐름으로 마르크스와 엥겔스의 사상을 기반으로 하되 프롤레타리아 혁명과 전체주의 성격을 배제한 일종의 마르크스주의의 수정주의로 볼 수 있다. 사회민주주의는 기존 마르크스주의가 국가를 '자본가 계급의 이익을 위한 위원회'와 같이 부정적으로 바라본 것과는 달리, 정치적으로 선거를 통한 의회 장악, 경제적으로는 노동조합과 복지제도를 통한 사회주의를 실현을 목적으로 하는 과정에서 국가의 긍정적이고 적극적인 역할을 인정한다 (Heywood, 2004).

---

33 '사회민주주의'는 계급 간의 조화를 강조하다 보니 '유로코뮤니즘'으로부터도 부르주아에 충성하고 자본주의를 변혁할 의지가 없는 입장이라고 비판받았다 (배한동, 1987).

1960년대 이후 서구 자본주의 국가에서 신마르크스주의(Neo-marxism)가 발전하기 시작하였다.[34] 전통적 마르크스 이론이 서구 자본주의에서 국가의 의미와 역할을 충분히 설명하지 못한다는 문제의식을 바탕으로 국가를 연구의 중심문제로 삼아 독자적인 범주를 개발하였다. 신마르크스주의 학자들은 구체적으로 초기 마르크스주의로부터 생각이 유래함을 인정하면서도 마르크스의 경제환원론에 대해서는 논리적으로 반박(현대 자본주의 위기를 정치영역에서도 발견하고 진단)하고, 마르크스 자본론의 추상적 국가로부터 구체적 국가 도출을 시도하며, 중립적 사회계획자로 국가를 설정하는 다원주의적 국가론에 대해서 논리적으로 반박하고, 사회주의 국가운영의 교리(또는 이데올로기)가 되어버린 마르크스-레닌주의와 명확히 구분할 것을 주장하며 다양한 연구를 진행하였다 (박상섭, 1985).

이 장 앞부분(제1편 제3장 현대 국가론 개관 제2절 다양한 국가이론)에서 제시된 국가이론과 앞으로 각 편의 주제별 분석에서 '마르크스주의 시각'이라는 이름으로 소개되는 이론들은 대개 현대 자본 민주주의(Capitalist Democracy) 국가를 비판적으로 분석하는 신마르크스주의 이론에 해당된다.[35] 따라서 ① (초기)마르크스주의, ② 사회주의 국가 분석에 직접 활용될 마르크스-레닌주의, ③ 이 책 전반에 걸쳐 주제별 국가이론으로 활용하고 있는 신마르크스주의(마르크스주의 국가론 또는 자본주의 국가론으로 표시하며 활용)를 구분할 필요가 있다.

마르크스 사상은 크게 '자본주의 체제에 대한 비판'과 '프롤레타리아 혁명 이후의 사회주의 및 공산주의(사회)의 운영방식'과 같이 두 영역으로 분리해서 접근할 수 있다. 전술한 것처럼, 1960년대 이후 등장한 신마르크스주의는 서구 자본민주주의 사회를 연구 대상으로 한다는 점에서 전자(즉, '자본주의 체제에 대한 비판')에 초점을 맞춘다. 반면에 마르크스에 의해 '프롤레타리아 혁명 이후의 사회주의 및 공산주의(사회)'와 관련하여 추상적으로 제시되었던 부분은 레닌 등 후속 사상가(또는 학자)에 의해 체계화(이론과 전술)되어 마르크스-레닌주의를 형성하였다 (Chirkin et al., 1987).[36] 따라서 신마르크스주의는 사회주의 국가에서 마르크스-레닌주의가 기본 원리로 적용되고 있는 현실 사회주의 국가를 분석하기에는 문제가 있다. 과거 소련을 위시한 동유럽 국가들과 현존하는 중국이나 북한 등 현실 '사회주의 국가'

---

[34] 대표적인 신마르크스주의 학자로서 다원주의 국가론에 대해 논박을 시도한 밀리반드(Miliband), 구조적 마르크스주의 관점에서 접근을 시도한 풀란차스(Poulantzas), 현대 위기의 주요 근원을 정치 영역에서 발견하고 진단하는 비판이론 계열의 하버마스(Jürgen Habermas)와 오페(Claus Offe) 등을 들 수 있다 (박상섭, 1985).

[35] 예로써, Carnoy, 1984; DiTomaso, 1980; Dryzek, 2009; Gold, 1975; Jessop, 1982; Miliband, 1970; Poulantzas, 1976; Offe, 1975 등의 이론이 여기에 포함된다.

[36] 마르크스는 인류 역사를 생산수단의 소유 방식에 따라 ① 원시 공산제, ② 고대 노예제 사회, ③ 중세 봉건제 사회, ④ 근대 자본주의 사회, ⑤ 사회 및 공산주의(사회) 단계로 제시한다. 이 중에서 '공동생산 공동분배(보다 세부적 표현은 '능력에 따른 생산, 필요에 따른 분배')를 기본으로 하는 원시 공산제와 공산주의 사회를 이상적으로 보아 역사적 순환론을 제시하고 있다 (Chirkin et al., 1987; 안성헌 역, 2013). 사회주의 국가들은 냉전 초기 마르크스 사상의 이상 실현(공산사회)을 수용하여 헌법 등 최고 국가목표에 '공산주의(공산사회)' 용어를 활용하였다.

를 분석하기 위한 국가이론을 별도로 발굴하여 소개할 필요가 있는 이유다.

　사회주의 국가를 연구함에 있어 (공개된) 공식적 자료가 부족하고, 20세기 후반 이후 러시아와 중국 등 기존 사회주의 국가에 자본주의 요소가 크게 도입되고 있으며, 적실성 있는 분석이 가능한 이론의 부족 등이 연구의 현실적인 한계로 작용하고 있다. 이 책에서는 사회주의 국가의 국가기구(제3편 제2장 제7절)와 관료제(제4편 제1장)에 관한 이론과 적용 사례를 소개하는 것으로 우선 만족하려고 한다.

행정환경론

제1장 서 론

국가는 진공상태에서 운영되지 않는다. 국가와 그것의 하위체계인 행정은 시민사회와의 상호작용 과정 속에서 작동한다. 따라서 국가와 시민사회 간의 관계는 행정의 환경을 구성한다. 한 국가의 행정이 지닌 특질을 보다 잘 이해하기 위해서는 국가와 시민사회가 어떠한 구조적 관계를 바탕으로 어떻게 상호작용이 이루어지는지 살펴볼 필요가 있다.

그런데 국가와 시민사회 간의 관계에서 전자가 "어느 정도 수준의 주도성과 지배력을 가지는 것이 최적"인지 여부에 대한 합의는 존재하지 않는다. 국가가 시민사회에 대해 행사하는 영향력의 크기와 작용방식은 나라별로 또는 시대별로 같지 않다 (권향원, 2020: 8-9). 이론가들 사이에서도 한 나라에서 국가가 상대적으로 주도성을 가져야 한다는 시각과 사회가 상대적으로 큰 주도성을 가져야 한다는 시각이 서로 경쟁하며, 국가의 적정규모에 대한 이른바 '국가논쟁(the state debate)'을 야기해 왔다 (정용덕, 1998).

여기서 국가논쟁이란 적극적인 국가 개입을 옹호하는 '큰 정부론'과 소극적 국가 역할을 중시하는 '작은 정부론'의 두 가지 이론적-정치적 입장이 서로 경쟁하고 대립하는 과정에서 대두된 논쟁을 의미한다 (<표 2-1-1>).

가령, '큰 정부론'은 서구의 경우 세계 2차 대전 이후 전후 복구나 20세기 초의 경제 대공황 이후 복구 과정에서 정부가 확장적 재정정책을 통해 정부사업을 늘이고 정부기구를 확대한 것을 계기로 부각되었다. 전후 복구와 같은 사회적 위험에 직면하여 국가의 질서와 안전을 수호하는 정부의 개입과 간여가 정당화 되었던 것이다. 이러한 모습은 전세계가 코로나 위기를 겪고, 이를 극복하는 과정에서 정부의 확장적 재정과 방역과정에서의 개입과 간여가

표 2-1-1	'큰 정부론'과 '작은 정부론'의 비교	
논제	큰 정부론 (적극적 정부론)	작은 정부론 (소극적 정부론)
개념	정부조직의 적극적 역할이 필요하며, 상대적으로 높은 수준의 주도성과 지배력을 가져야 한다는 입장	정부조직은 소극적 역할을 담당해야하며, 시장과 시민이 상대적으로 높은 수준의 주도성과 지배력을 가져야 한다는 입장
배경	전후복구, 대공황, 복지국가화 등 정부의 역할 확대 필요성 뉴딜정책 확장적 재정정책과 정부기구 확대	정부기구의 비대화 및 비효율에 따른 우려 및 정부개혁논의 대두 감축관리론 및 작은정부론 정부규모 축소 또는 민영화
바탕이론	시장실패론 행정국가론	정부실패론 신자유주의 및 신공공관리론

정당화되었던 모습에서도 다시금 확인된다. 다른 한편, '큰 정부론'은 과거 한국이 산업과 경제발전을 위하여 정부의 독점적이고 지배적인 역할을 강조하는 '발전국가(developmental state)' 체제를 선택하였던 모습에서도 확인된다. 한국은 1960~1970년대 정부주도의 중장기 '경제개발계획'을 바탕으로 사회간접자본 확충 및 수출기업 육성 등 산업정책을 수행함으로써 정부의 독점적 주도성과 영향력을 강화하는 선택을 하였다.

반면, '작은 정부론'은 정부재정과 정부기구의 확대에 따른 부작용의 누적에 따른 소위 '정부실패론(government failure)'의 대두를 바탕으로 하고 있으며, 특히 1970년대 석유파동(oil shock)의 발생으로 세계적 경제위기를 계기로 부각되었다. 당시 어려워진 경제상황은 국민의 세금을 알뜰하게 효율적으로 써야 한다는 사회적 압력으로 이어졌기 때문이다. 뿐만아니라, 1970년대 미국은 장기화 된 베트남 전쟁의 여파로 재정적자가 악화되고 있는 상황에 있었다. 이에 1980년대에는 정부규모 감축 및 민영화 등을 골자로 하는 '작은 정부론'이 힘을 얻게 되었다. 미국의 레이건 행정부나 영국의 대처 정부 등 소위 신자유주의 우파정부가 대두되었으며, 민영화(privatization)나 감축(downsizing)과 같은 개념들이 의미를 갖게 되었다.

이렇게 정부조직의 사회부문에 대한 영향력과 역할은 국가별로 또는 시대별로 처해 있는 상황에 따라 상이한 모습을 보였다. 이에 국가 행정과 시민사회 간의 관계는 상황 변화에 적응해가는 과정에서 나타나는 '제도화의 산물'이라고 말할 수 있다. 요컨대 행정은 경제, 사회, 정치, 국제 등 그것을 둘러싸고 있는 다양한 환경들과의 끊임없는 상호작용 과정을 통해 이루어지며, 이를 통해 역할, 영향력, 그리고 형태를 지속적으로 구성 및 재구성해 가는 제도화의 과정 위에 있다.

한편, 미국의 경우 19세기 말 이후 이러한 제도화 과정을 가장 간결하게 포착하는 개념이 '행정국가'(administrative state)이다 (Caiden, 1981; 정인흥, 1971; 1975). 행정국가란 "정부가 확장된 역할을 수행하고 있으며, 행정이 입법과 사법 및 사회부문에 대비하여 상대적으로 우월한 지위에 있는 국가"를 의미한다.[1] 지난 약 백 년간의 행정학 이론은 사실상 미국의 행정국가화를 전제로 하여 발전해 왔다 (Caiden, 1982: 206). '큰 정부론'과 '작은 정부론' 간의 경쟁과 논쟁에도 불구하고, 1900년대 이후 정부의 권한과 기능은 확장추세에 있었기 때문이다 (<그림 2-1-1> 참고). 사실 행정학(public administration)의 발전 역시 이렇게 확장국면에 있었던 국가에 대한 관리학문으로서의 수요가 발현된 결과물이라고 할 수 있다.

그러나 20세기 말 이후, '행정국가'에 대한 강한 비판과 도전이 국내·외에서 전개되고 있으며, '큰 정부론'과 '작은 정부론' 간의 이분법적 대립과 흑백논리에 대한 비판 역시 등장하게 되었다. 이에 서구에서는 대안적인 관점으로 "기본적으로 작은 정부를 지향하면서도, 국가정책결정은 계속해서 행정부가 주도하지만, 정책집행에 있어서의 관료제 방식은 가급

그림 2-1-1 국가부문 비중의 변동추세

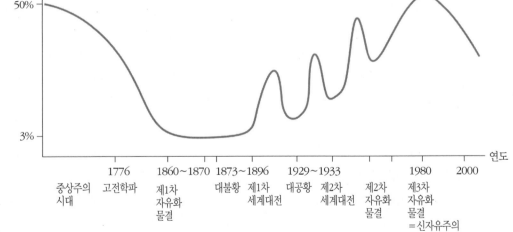

주: 세로 축은 GDP에서 차지하는 정부 지출의 비중.
출처: 김승욱 외(2009: 57).

---

[1] 행정국가는 다음과 같은 현대 정부의 몇 가지 현실을 나타내는 개념이다. 즉, (1) 다량의 사회자원이 공공기관으로 투입되고, (2) 행정관리자들이 현대 정부의 중추적 역할을 수행하며, (3) 국가가 행정을 통해 문제해결 과정을 결정하고 행정 행위에 실질적으로 의존함으로써 목적을 달성한다는 것이다 (Rosenbloom, Kravchuk & Clerkin, 2009: 44).

적 탈피하는 방식과 그에 따른 구조적 특성을 지닌 이른바 '신행정국가론'(the neo-adminis-trative state)"이 나타나게 되었다 (정용덕, 2001)[2].

　가령, 신행정국가론은 국정에서 정부가 갖는 기획과 조정의 역할의 중요성을 강조하기 때문에, '작은 정부의 논의'가 자칫 국가규모 감축 뿐 아니라 국가권위의 약화로 이어질 수 있음을 경계한다. 뿐만 아니라, 신행정국가론은 비대하고 비효율적인 정부관료제가 갖는 문제점을 자각하고 있기 때문에, '큰 정부의 논의'가 이러한 정부실패의 가능성을 간과할 수 있음을 아울러 경계한다. 이에, 신행정국가론은 양측의 문제를 극복하는 동시에 양측을 조화하기 위한 대안을 모색하고 있는 것이다.

　제2편은 이처럼 지속적으로 변화하는 국가논쟁의 양상, 내용, 의미를 이해하는 것에 목적이 있다. '큰 정부'와 '작은 정부'를 둘러싼 논쟁과 행정국가와 '신행정국가(neo-administrative state)'를 둘러싼 논쟁은 한국 행정의 맥락에서도 특히 중요한 의미를 갖는다. 한국은 1960~1970년대 '한국적인 행정국가' 즉 '발전국가'의 영향으로 고도성장기를 영위할 수 있었다. 그러나 1980년대 이후 민주주의에 대한 열망과 분권적 시스템 구축 필요성 등 '한국형 행정국가'가 지닌 부작용과 한계에 대한 개혁의 목소리가 높았다. 그러나 지금 우리에게 주어진 과제는 '발전국가'가 갖는 구조적인 문제를 개선하면서도, 한국적 국정운영의 구조적 특질이나 유산인 '한국적인 행정국가'의 장점을 활용할 수 있는 개혁의 방향성을 설정하는 데에 있다고 본다. 이에 한국의 행정국가에 대한 정치한 이해는 앞으로 한국의 행정학자들에게 남겨진 큰 연구 과제라고 할 수 있다. 따라서 20세기 말 이후 대두된 '신행정국가'에 대한 논의에 대한 구체적인 이해와 적용방안의 모색은 매우 큰 중요성을 갖는다고 본다.

　행정국가의 렌즈를 통해 정부와 사회의 역학관계를 살펴보는 것은 이와 같은 의의를 지니고 있다. 본 편에서는 행정국가에 대하여 좀 더 자세히 살펴보기로 한다. 첫째, 현대국가와 행정의 다양한 역할과 형태를 우선 고찰하여, 다양한 유형의 국가유형들에 대한 이해의 기초를 가진다. 이를 통해 한국의 발전국가가 갖는 특성을 살펴본다. 둘째, 국가의 적정 영향력에 관한 국가논쟁은 국가의 개입, 형태, 역할, 최적규모 등을 둘러싸고 이루어져 왔다. 이들 각각에 대한 이해를 도모하고, 의미를 규명한다. 셋째, 행정국가의 개념과 현상을 이해한다. 넷째, 행정국가의 변동성을 이해하기 위하여 '신행정국가'의 개념과 현상을 규명한다.

---

2 온라인 행정학 전자사전(https://www.kapa21.or.kr/epadic/print.php?num=477) (검색일: 2020년 11월 18일)

제2장 국가 개입수준에 따른 국가형태의 유형

국가형태의 유형

국가가 시민사회에 대해 어느 정도의 자율성과 주도력을 갖는지를 기준으로 할 때, 우리는 오늘날의 현대 국가들의 형태를 정부 개입수준에 따라 다양한 정치이데올로기 스펙트럼으로 유형화할 수 있다. 예컨대 정부의 사회에 대한 영향력과 개입을 최대치로 강조하는 전체주의(totalitarianism) 입장에서부터, 오히려 정부를 불필요한 존재 혹은 하나의 악(evil)으로까지 간주하는 '무정부주의'(anarchism)의 양극단을 예시할 수 있다. 그리고 이 양극단 사이에서 정부개입을 옹호하거나 거부 하는 입장에 따라 다양한 국가형태들을 <표 2-2-1>과 같이 예시할 수 있을 것이다 (Dunleavy & O'Leary, 1987; Heywood, 1997; Dryzek & Dunleavy, 2009).[1]

표 2-2-1 국가 개입의 수준에 따른 국가형태의 유형

개입주의 시각				자유주의 시각		무정부주의
전체주의 국가	집산주의 (공산주의) 국가	발전국가	사회민주주의 국가	신자유주의 최소국가	야경국가 (고전적 자유주의)	

---

[1] 국가의 적정 역할에 대한 규범적 논의에 대해서는 제5편 제1장을 참조할 것.

본 절에서는 국가형태의 각 유형에 대한 이해를 도모한다. 다만 무정부주의에 따른 국가
는 실제 존재한 적이 없는 관념적인 개념이므로 논외로 하였다. 또한 정부가 치안과 질서유
지만을 담당하고, 다른 권한과 기능을 가지지 않도록 하는 고전적 자유주의 관점의 야경국
가 역시 오늘날 존재하지 않으므로 함께 논외로 하였다.

1. 전체주의 국가

'전체주의 국가'(totalitarian state)는 정부가 인간 실존의 모든 국면에 침투하여 영향력을
행사하도록 할 것을 지향하는 정치 이데올로기적 관점이다. 정부가 "국가의 모든 면을 포괄
한다"(all-embracing)고 하여 '전체주의 국가'라는 명칭을 얻었다. 전체주의 국가에서는 가장
극단적이고 광범위한 형태의 정부개입 경향성을 보인다. 정부는 경제 외에도, 교육, 문화,
종교, 가족 등 모든 것을 통제 하에 놓고 영향력을 행사한다. 전체주의 국가에서 정부는 사
회를 총체적인 감시와 테러, 그리고 이데올로기 통제와 조작의 대상으로 두기 때문에, 시민
사회를 침묵하게 되고, 사적 생활은 폐지된다. 이 같은 목적을 공개적으로 시인한 실제 정치
집단의 사례로 극우정단인 파시스트(Fascist)를 들 수 있다. 전체주의 국가는 극단적인 엘리
트주의와 연결되는 데, 가령 플라톤의 '철인'과 지도자가 무분별하고 감성적인 대중을 통제
하고 다스리는 국가형태의 이미지를 상정한다. 전체주의 국가의 전형적 예로서 히틀러의 나
치독일이나 스탈린의 소련을 들 수 있다.

2. 집산주의 국가

'집산주의 국가'(collectivized state) 혹은 '공산주의 국가'(communist state)는 경제생활의
정부의 계획과 통제 하에 두는 것이 바람직하고 보는 관점에 기반한 국가형태이다. 이는 정
부의 적극적인 개입을 옹호한다는 점에서 사회민주주의 관점과 자주 혼동되나, 사회민주주
의 국가에서 정부의 시장 개입은 주로 시장경제의 불공정을 규제하고 복지를 증진하려는 데
에 목적이 있다. 반면, 집산주의 국가는 구(舊)소련(USSR) 및 동구권 국가들과 쿠바 및 북한
등은 공산주의 국가의 예에서 볼 수 있듯이, 모든 민간기업들이 국유화되거나, 국가의 경제
행정기구 및 기획위원회 등이 중앙에서 경제를 총체적으로 기획하고 관리하는 형태를 가진
다. 이에 집산주의 국가는 최고의 정책결정기관에 의해 경제활동 전반이 통제되는 '지시적'
(directive) 기획체계 및 '통제경제'(command economy)를 특징으로 한다.

이에 대한 이론적 정당성은 마르크스주의(Marxism)에 근거한다. 마르크스주의는 사유재

산의 공유화를 주장하였기 때문이다. 한편 유의할 점은 본래 마르크스(Karl Marx)와 엥겔스 (Frederic Engels)가 총체적인 국유화를 단정적으로 요구하지 않았다는 것이다. 가령 엥겔스는 프롤레타리아(Proletariat)에 의한 독재가 공장, 은행, 교통시설 등에 확대될 수 있음을 인정하였을 뿐이며, 심지어 그러한 독재 역시 일시적인 것으로 보았다. 그는 프롤레타리아 독재에 따라 계급이 소멸됨에 따라 곧 국가 자체도 소멸될 것으로 전망하였기 때문이다. 그러나 소련 등 공산주의 국가에서는 정부권력과 관료주의가 오히려 더욱 강력해지면서 결국 전체주의 국가로 변질되는 모습을 보였다. 특히 스탈린(Stalin) 통치하의 소련에서 집산주의와 공산주의는 이후 국가주의와 동일시되었고, 전체주의 국가가 나타나게 된 바탕이 되었다 (Heywood, 1997).

3. 발전국가

'발전국가'(developmental state)란 산업화와 경제성장이라는 특수한 목적의 달성을 명분으로 정부가 시장에 개입하는 것이 정당화 되는 국가형태를 지칭한다. 발전국가는 정부가 높은 자율성과 독점성을 갖는다는 점에서 집산주의 혹은 공산주의 국가와 혼동될 수 있다. 그러나 발전국가는 주요 사적 경제주체들에 대한 지배력을 발휘하려는 목적보다는 산업화와 경제성장을 위해 정부와 이들 간에 형성된 협력관계 및 협력체계를 자원으로 활용하고자 한다는 점에서 차이를 갖는다. 또한 발전국가는 '국가발전 이데올로기'를 창출하고 정당화하기 위하여, 민족주의적이고 보수주의적인 가치를 우선한다는 점에서 특질을 갖는다. 이에 발전국가에서 정부는 경제발전이라는 국가목표의 우월성을 내세우고, 이를 위해 산업부문에 대한 국가의 전략적 개입과 지원, 시장의 원칙을 크게 해치지 않는 범위 내에서의 간섭, 중립적이고 효율적인 관료제의 구축 및 운영, 정부기구와 기업 간의 협력관계 등을 역할로 갖는다 (Johnson, 1982; Amsden, 1989; Öniş, 1991; 김일영, 2001; 양재진, 2005). 즉, 발전국가에서는 정부의 사회에 대한 개입의 방식과 범위가 전략적이고 한정적이다. 그럼에도 정부가 상대적으로 높은 수준의 자율성을 지니며, 설정된 목표를 정책과 법안을 통해 실행할 수 있는 강한 국가능력(state capacity)을 보유한다.

발전국가의 고전적인 예는 일본이다. 일본은 종전 후 산업화와 경제발전을 위해 통상산업성(MITI, Ministry of International Trade and Industry)을 중심으로 산업부문에 개입하였으며, 이를 위해 명치시대(1868~1912) 부터 이어온 정부와 재벌 간의 긴밀한 관계를 활용하였다 (Johnson, 1982). 다른 예로, 프랑스 역시 발전주의 정부개입의 경향성을 보여왔으며, 좌·우파 정권을 막론하고 모두 경제계획의 필요성을 인정하는 전통을 유지하고 있다. 그 외에도

20세기 후반 동아시아에서 대두한 한국, 타이완, 싱가폴, 말레이시아 등 일본, 독일과 같은 '후발 산업국가' 보다 뒤에 대두한 소위 '후 후발 산업국가'(late-late-industrializer) 역시 발전국가의 형태를 보였다 (Thompson, 1996). 이들 동아시아 국가들에서도 정부가 산업화와 경제발전을 위해 지배적인 역할을 수행해 왔다. 그런데 특이하게도 이들은 정부의 양적 규모 면에서는 작은 정부를 유지해 온 특질을 보인다. 그러나 이들 국가들이 양적으로 작은 정부의 모습을 보이고 있는 이유는, 이들이 '적극국가'가 아닌 '규제국가'의 방식을 주로 적용해 왔기 때문이다.

4. 사회민주주의 국가

'사회민주주의 국가'(social-democratic state)는 "정부가 자유 및 정의 등 공적인 가치를 수호하고 증대하기 위하여 '적극적인' 역할을 해야 한다"는 관점에 바탕을 둔 국가형태의 유형이다.[2] 여기에서 정부는 시장경제의 불균형 및 사회의 부정의나 불의 등을 수정하기 위하여 발 벗고 나서는 존재로 받아들여진다. '사회민주주의 국가'는 '발전국가'와 마찬가지로 정부의 적극적인 역할을 강조한다. 그러나 '발전국가'가 사회적 부의 창출을 위한 목적에서 개입의 논리를 찾는 반면, '사회민주주의 국가'는 부의 공정한 재분배와 사회적 형평성의 제고와 같은 사회정의 실현을 위한 목적에서 개입의 논리를 찾는다.

20세기의 '사회민주주의 국가'가 발현된 이론적 바탕으로 '케인즈주의(Keynesianism)'와 '복지국가(welfare state)'의 두 가지를 들 수 있다. 첫째, '케인즈주의'는 정부의 역할을 성장촉진 뿐 아니라 완전고용을 위해 자본주의를 '관리'하고 '규제'하는 데 목적을 두었다. 이때 기획(planing)의 요소가 포함될 수 있지만, 케인즈주의의 고전적 전략은 공공지출과 조세의 수준을 조절하는 재정정책을 중심으로 하는 이른바 '수요관리(demand management)'에 초점을 두었다. 둘째, '복지국가'(welfare state)는 정부의 적극적인 소득 재분배 기능을 강조한다. 이 관점에 따르면, 시장은 소득 분배의 악화를 스스로 조정하거나 치유하는 기능을 갖고 있지 못하므로, 정부의 개입이 정당화된다. 실례로써 영국에서 1942년 발간된 '베버리지 보고서'(Beveridge Report)와 북유럽 국가들의 '복지국가주의 체제'를 들 수 있다.

5. 신자유주의 최소국가

'신자유주의 최소국가'(neoliberal minimal state)는 정부의 사회에 대한 영향력이 최소화

---

2 사회민주주의 국가가 현대 자유주의자 및 민주적 사회주의자들 모두에게 이상형이었던 것은 이 때문이다.

된 상태를 이상적으로 보는 정치 이데올로기적 관점에 바탕을 둔 국가형태이다. 본래 '최소국가(minimal state)'의 이상형은 '고전적 자유주의자'들의 소위 '야경국가'에서 찾을 수 있다. '야경국가'는 정부의 역할은 치안과 질서와 같은 정말 최소한의 것으로 축소된다. 반면 '신자유주의 최소국가'는 이러한 '고전적 자유주의 최소국가'와는 다른 의미를 가지고 있다. '신자유주의'는 정부의 권한과 기능을 완전히 부정하고자 하는 데에 목적을 둔 것이 아니라, 정부의 일부 기능을 민영화 등을 통해 민간에 이양하거나, 탈규제화를 통해 합리화하는 등 시장에 대한 정부개입을 줄이고, 정부권한을 민간과 나누어 가지며, 이를 통해 시장의 경쟁을 촉진하는 자유주의적인 방향성을 가지도록 하는 데에 목적을 두고 있기 때문이다. 요컨대 '고전적 자유주의 최소국가'가 "정부기능의 최소화"를 추구하는 반면, '신자유주의 최소국가'는 "시장개입의 최소화"를 추구한다. 즉, '신자유주의 최소국가'는 시장자유주의자들(market liberalists)에 의해 주창된 개념이라고 할 수 있다. 역사적으로 출현한 최소국가의 전형은 19세기 초 가장 빠른 산업화 과정을 경험했던 영국과 미국에서 찾을 수 있다 (Heilbroner, 1975). 이에 20세기 말에 이르러 바로 영국과 미국을 중심으로 영어를 사용하는 경제협력개발기구(OECD) 회원국들이 신자유주의 최소국가를 선도했음은 결코 우연이 아니다.

제2절 각국 국가형태의 유형화

지금까지 정부가 사회부문에 대하여 어느 정도의 자율성과 주도력을 갖는지를 기준으로 할 때, 현대국가들의 형태를 다양한 스펙트럼으로 유형화 할 수 있음을 논의하였다. 본 절에서는 이론적 논의를 바탕으로 각국 국가형태의 유형화 작업을 분석적으로 수행하였다.

1. 정부개입의 목적, 정도, 수단에 따른 유형화

우선 각국의 국가형태를 '정부 개입의 목적'과 '정부 개입의 정도'를 기준으로 하여 유형화할 수 있다. 이때 국가개입의 목적을 "법질서, 국방, 전통적 가치의 유지"를 위한 개입과 "생산, 재분배, 복지"를 위한 개입의 두 가지 축으로 구분할 수 있고, 각 축에서 국가의 개입 정도에 따라 "많은 개입"과 "적은 개입"으로 구분하였을 때, 다음과 같은 네 가지 유형의 국가형태가 도출된다 (<그림 2-2-1>).

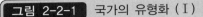

국가의 유형화 (I)

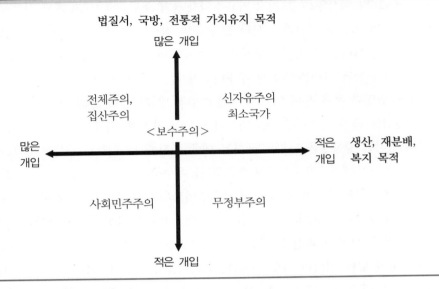

출처: Dunleavy and O'Leary, 1987: 8.

이와 같은 유형화의 결과 다음과 같은 점을 확인할 수 있다. 첫째, 전체주의 및 집산주의 (혹은 공산주의)는 가장 높은 수준의 국가개입을 강조한다. 둘째, 무정부주의는 가장 낮은 수준의 국가개입을 강조한다. 셋째, 신자유주의와 사회민주주의는 각각 서로 다른 목적에서 정부개입을 정당화한다 (Dunleavy & O'Leary, 1987).

한편 이러한 유형화 모델은 한국의 정부개입 방식을 이해하고 설명하는 데에는 한계를 갖는다고 할 수 있다. 한국의 경우, 법질서, 국방 등 전통적 가치의 유지를 위한 정부의 개입에 비교적 적극적이었을 뿐 아니라, 넓은 의미에서 경제영역에 대해서도 정부가 적극적으로 개입해왔다. 그렇기는 해도, 한국을 전체주의나 집산주의 국가로 구분하는 것은 무리가 있다. 한국의 정부개입이 (마치 구 소련이나 동구권 그리고 북한과 같은) 집산주의나 전체주의에 해당하지는 않기 때문이다. 따라서 국가개입의 목적 가운데 경제활동에 관한 것을 보다 세분하여 재유형화할 필요가 있다. 이에 다음과 같은 모델을 제시할 수 있다 (<그림 2-2-2>).

이러한 유형화 모델은 다음과 같은 특질을 갖는다. 첫째, 경제에 대한 개입을 "성장을 위한 개입"과 "재분배 및 복지를 위한 개입"으로 나누어 바라본다. 가령, '발전국가'에서의 정부의 경제에 대한 개입은 경제성장을 촉진시키는 데에 목적을 두었으나, 북유럽 복지국가들이나 영국의 노동당 정권은 부의 재분배 및 복지를 촉진시키는 데에 목적을 두었다. 다른 한편, 드물게 성장과 재분배(및 복지)의 두 가지 목적을 동시에 추구하기 위해 정부개입을 한

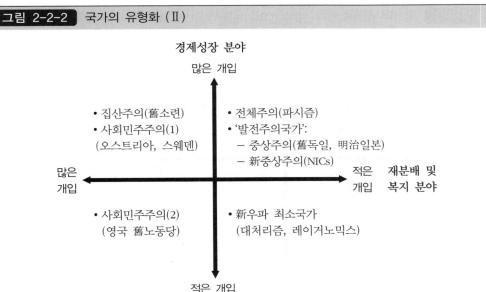

그림 2-2-2   국가의 유형화 (Ⅱ)

나라들도 있다. 예로써, 오스트리아와 스웨덴은 발전주의적이며 사회민주주의적인 목적을 모두 실현하고자 정부가 개입하였다. 둘째, 정부가 시장에 개입하는 경우, 개입의 수단과 방법 측면에서 나라별로 의미 있는 차이가 있다. 가령, 어떤 국가는 정부가 직접 공공재를 생산하여 전달하는 방식이 우선하며, 다른 국가는 그것을 시장에 의존하되 규제에 의해 간접적으로 개입하는 방식을 우선한다. 이를 각각 '적극국가(positive state)'와 '규제국가(regulatory state)'로 지칭할 수 있다 (Majone, 1997).[3]

2. 사회부문 이익의 반영 및 정부역할 기준

국가형태에 대한 다른 유형화 방법으로 (1) 사회의 다양한 이익들이 대표되는 과정에서 정부역할이 적극적인지 혹은 소극적인지의 여부, (2) 사회세력의 다양한 이익들이 공적 의사결정과정에 반영되는 경로가 포용적인지 혹은 배타적인지 여부 등의 기준을 통해 다음과 같은 모델을 제시할 수 있다 (<그림 2-2-3>)(Dryzek & Dunleavy, 2009: 135-40).

'Ⅰ 유형'은 사회세력의 다양한 이익들을 공적 의사결정과정에 반영하는 데에 있어서 정부가 소극적인 역할을 수행하고, 이러한 이익들이 반영되기 위한 경로에서도 특정한 이익들만이 반영되도록 배타적인 제도가 마련되어 있는 '소극적 배타국가'(passively exclusive state)

---

3 적극국가와 규제국가 개념에 관해서는 제2편 제4장(신행정국가)에서 좀더 자세히 논의될 것이다.

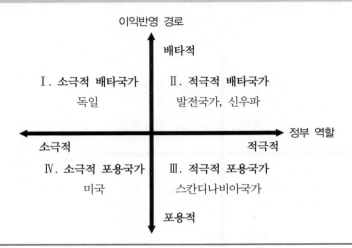

그림 2-2-3 국가의 유형화 (Ⅳ)

이다. 이 유형의 국가에서는 정부의 사회에 대한 간섭이 최소화되고, 사회의 다양한 이익들 중에서 노동, 기업 등 특정부문이 배타적으로 의사결정에 반영되도록 제도화 되어 있다는 점을 특질로 한다. 대표적으로 '독일'을 들 수 있다. 이러한 국가에서는 노동과 기업 이외의 이익들이 국가정책에 반영되는 통로가 제한되기 때문에, 때로 과격화고 정치화 된 운동정치 (movement politics)가 발생하는 경향이 나타난다.

'Ⅱ 유형'은 정부의 역할이 적극적이면서도, 제 사회 이익들이 반영되는 과정이 배타적인 '적극적 배타국가(actively exclusive state)'가 있다. 동아시아의 발전국가들은 사회의 제 이익의 대표양식을 관리하는 정부 역할이 적극적이고 기업과 자본이라는 특정 이익만을 배타적으로 국가정책 과정에서 반영한다는 점에서 이 유형에 해당한다고 볼 수 있다. 대처리즘 (Thatcherism)으로 예시되는 영국 신우파 정권의 경우에도, 정부가 자본의 이익에 충실하되 노동의 이익은 적극적으로 억압하였던 경우로 파악하여, 이 유형에 해당하는 것으로 보는 학자들이 있다 (Dryzek & Dunleavy, 2009).

'Ⅲ 유형'은 정책과정에서 여러 사회영역의 다양한 이익들을 반영하기 위하여 정부가 적극적인 역할을 수행하고, 이러한 반영이 가능하도록 포용적인 제도적 기반이 마련되어 있는 '적극적 포용국가'(actively inclusive state)이다. 이 경우, 정부는 사회영역의 모든 이익관계를 국가영역으로 끌어들이려고 할 뿐더러, 정부가 적극적인 중재를 통해 이익갈등의 문제를 해결하려고 한다. 대표적으로 조합주의(corporatism)가 발달한 스칸디나비아 국가들을 들 수 있다. 여기서는 환경, 복지, 노동, 여성 등 기존의 국가체제로 해결되지 않는 문제들까지도 국가의 영역으로 직접 포섭함으로써 갈등을 조정하고 사회통합을 이루어내고 있다.

'Ⅳ 유형'은 사회세력의 다양한 이익들을 공적 의사결정과정에 반영하는 데에 있어서 정부가 소극적인 역할을 수행하지만, 이러한 이익들이 반영되기 위한 경로로서 포용적 제도틀이 갖추어져 있는 국가형태인 소위 '소극적 포용국가'(passively inclusive state)에 해당한다. 이러한 유형의 국가에서는 사회의 개인 및 집단의 자유가 보장되어 있고, 이들이 다원주의적 경쟁을 통해 정부정책에 반영될 수 있도록 공정한 제도의 틀이 마련되어 있다. 이러한 제도적 규칙에 기반하여, 정부는 이들의 대표과정에 대한 인위적인 개입을 자제할 뿐 아니라, 사회영역에 간섭하는 것에 대하여 부정적이다. 대표적인 예로서 '미국'을 들 수 있다.

이러한 유형화 모델을 따를 때, 한국은 발전국가로서 전형적으로 Ⅱ유형(적극적 배타국가)에 해당한다고 볼 수 있다. 일반적으로 국가들은 민주화와 신자유주의 개혁을 거치면서 정부개입이 줄어들고, 사회의 이익들을 포용적으로 반영하는 경향을 보인다. 그러나 현재로서는 한국이 Ⅳ유형(수동적 포용국가)의 방향으로 변화하는 것인지, 아니면 Ⅰ유형(수동적 배타국가) 방향으로 변화할 것인지 판단하기 어렵다. 복지, 환경, 여성, 사회적 양극화 등 시장이 제대로 해결하지 못하는 새로운 과제에 대해 능동적으로 대처하기 위해서는 정부 역할이 보다 강화되고 포함적인 Ⅲ유형(적극적 포용국가)으로 전환할 필요가 있다는 주장도 제기되고 있다.

제3장 행정국가

20세기 이후 지배적인 국가형태의 변동을 가장 간결하게 포착하는 개념은 '행정국가' (administrative state)이다 (Caiden, 1981; 정은흥, 1971; 1975). 여기에서 '행정국가'란, "정부가 확장된 역할을 수행하고 있으며, 행정이 입법과 사법 및 다른 사회부문과 비교하여 상대적으로 우월하고 주도적인 지위에 있는 국가"를 의미한다. 앞서 제1장에서, 미국의 경우 약 백 년간의 행정학 이론은 사실상 미국의 행정국가화를 전제로 발전해 왔음을 언급한 바 있다 (Caiden, 1982: 206). 이는 '큰 정부론'과 '작은 정부론' 간의 경쟁과 논쟁에도 불구하고, 1900년대 이후 정부의 권한과 기능이 확장 추세에 있어 왔다는 것을 논거로 하였다.

한편 이러한 '행정국가화 현상'이 일방향적으로 이루어진 보편적인 현상인지 여부에 대해서는 신중한 태도가 필요하다. 각국의 국가형태는 나라별로 지향하는 혹은 제도화된 정치이데올로기나 역사적 맥락에 따라 차이를 가지기 때문이다. 가령, 영국 등 과거 복지정책 추진에 의해 과도하게 행정부문의 성장이 이루어진 나라들은 그 규모를 줄이기 위한 개혁을 강력하게 추진해 왔다. 그리고 1970년대 후반부터 소위 '친시장국가'(the pro-market state)로 불리는 경향이 나타나면서, 전세계적으로 국가의 역할과 규모를 감축하려는 노력이 진행되기도 하였다. 이러한 친시장적인 개혁 프로그램을 '신자유주의'라고 부르는 데, 이후 신자유주의의 과도화로 인한 시장 만능주의와 여기에서 비롯한 부의 집중 및 금융자본의 탐욕이 야기되었다. 결국 2008년 미국을 시작으로 세계적인 경제위기가 발생하였고, 그 위기를 극복하기 위한 대안으로 다시금 정부의 적극적인 역할이 강조되었다. 이후 2020년 전염병 코로나 사태로 인하여, 정부의 확장재정 및 개입주의 노선 등 정부의 적극적인 역할이 다시 강조되는 현상이 도래하였다.

이처럼 정부의 역할과 규모를 둘러싼 논쟁은 마치 시계추가 움직이듯 등락과 부침을 거듭하였다. 그리고 각국의 역사적으로 제도화한 전통과 정치 환경에 따라 다르게 나타나는 모습을 보였다. 한편 최근 대부분의 나라에서 전염병 위기, 환경파괴, 경제위기, 양극화, 젠더갈등, 사회적 약자에 대한 돌봄, 인권 등의 문제들을 해결하기 위하여 정부의 적극적인 역할을 다시금 강조하는 추세에 있다. 그러나 이러한 추세가 영속적인 것일지에 대해서는 성급하게 판단을 내릴 수 없다.

비록 '행정국가화'가 모든 국가들에게 보편적으로 발견되는 특질이라고 단언할 수는 없지만, 오늘날 '행정국가'를 둘러싸고 발생하는 문제들은 분명히 모든 국가들에게 영향을 미치고 있다고 할 수 있다. 가령, 상대적으로 작은 정부규모를 가지고 있는 국가의 경우에도, 관료제의 비효율의 문제는 야기되고 있으며, 정권의 포퓰리즘적 공약과 정책 남발로 인한 정부재정의 비대화 문제가 나타날 수 있다. 따라서 정부부문에 대한 관리학으로서 행정학(public administration)은 '행정국가'가 지닌 문제들을 실효적으로 관리하는 데에서 그 역할이 지속적으로 도출된다고 할 수 있다.

본 장은 이러한 문제의식에서 '행정국가화'의 개념과 더불어, 각국의 행정국가화 경향을 분석적으로 이해하는 데에 목적을 두었다.

제 2 절 행정국가의 개념

1. 개념 정의

'행정국가화'란, 국가의 정부기구가 확장된 역할을 수행하게 됨에 따라, ① 행정이 입법과 사법 및 다른 사회 부문과 비교하여 '우위'를 가지게 되거나, ② 국정운영이 '행정화된'(administered) 혹은 '조직화된'(organized) 방식으로 이루어지게 되는 것을 의미한다. 이를 간단히, 국정과정에서의 '행정 우위'와 '행정화된 운영방식'의 두 가지 측면에서 요약할 수 있는 데, 각각이 의미하는 바를 상술하겠다.

1) 국정과정에서 '행정의 우위'

행정의 우위(executive predominance)란, 행정부가 입법부와 사법부에 비해 상대적으로 우월한 지위를 차지하는 현상을 의미한다. 이때 행정국가란 행정부가 담당해 온 국가기능이 점차 증대되어, 행정권이 다른 국가권력에 비해 상대적으로 우월 관계를 점유하게 된 국가 형태를 의미한다.[1] 이러한 정의를 따를 때의 '행정국가'(administrative state)는 '입법국가' (legislative state)와 '사법국가'(judicial state)와 대비되는 개념이다.

오늘날 사회문제가 점차 다루기 어려워지고 복잡해짐에 따라, 이에 대응하기 위하여 정부는 계획화, 전문화, 기술화의 경향성을 강화하게 되었고, 정부기구의 확장이 나타나게 되었다. 이러한 경향이 강화됨에 따라, 행정부의 권력은 점차 강화되고 확대되었으며, 행정권은 과거와 달리 입법권에 비해 상대적으로 우월적인 지위를 얻게 되었다. 뿐만 아니라, 행정권은 순수하게 집행적인 기능을 초월하여, 소위 '행정입법'이라고 불리는 준입법적인 기능까지 담당하게 되었다.

또한 '행정국가'를 사법국가에 대비되는 개념으로 이해하는 관점에서, 프랑스나 독일 등의 대륙법계 국가들에서 행정국가란 행정부가 행정재판제도와 국가권력의 우월성을 보장하는 특수한 법체계인 행정법을 갖고 있음을 뜻한다. 즉 행정에 관한 소송을 별도로 다루는 행정법원을 지님으로써 행정에 대한 사법통제, 즉 사법부의 법령심사와 사법구제에 대해 상당한 제약이 가해지는 국가를 의미한다 (정인흥, 1971; 1975; Muto, 2000: 3). 이들 국가에서는 사법국가인 영미와는 달리 행정소송이 일반 사법체계와는 별도로 공법의 체계 속에서 다루어진다.

2) 국정과정의 '행정화된 운영방식'

국정과정의 '행정화된 운영방식'이란, 국정운영이 '행정화된(administered)' 혹은 '조직화된 (organizational)' 방식에 의해 체계적으로 이루어진다는 의미를 갖는다. 이는 국가의 실제 운영과정이나 메커니즘(mechanism)에 초점을 두어, 국정운영이 "극히 다양하고 복잡한 양상의 수 없이 분화된 조직들"에 의해 정교한 분업구조 속에서 이루어지는 것을 의미한다 (오석홍, 1995: 127; Redford, 1969).

이러한 개념화는 주로 미국의 행정학 문헌에서 발견된다 (Rohr, 1986). 미국에서 발간된 한 행정학 사전(Chandler & Plano, 1982)에 의하면, 행정국가란 "계층제적 조직, 합리적 의사

---

[1] 이와 같은 개념 정의는 우리나라에서는 처음으로 행정국가의 개념을 소개한 정인흥(1971; 1975)에 의해 잘 정리되어 있다.

결정, 법의 지배, 성문화된 절차와 기록, 공공서비스 기술을 지원하기 위해 필요한 공적 자금제도를 마련하기 위한 작업체계(working system)로서의 제도적 장치(기구)들의 집합"을 의미한다. 이는 베버(Max Weber)의 관료제 개념과 유사한 정의를 따르고 있는데, 행정관리자들에게 부여되는 광범위한 재량적 권한을 포함하고 있지 않다는 점에서 한계가 있다.

2. 행정 주도성의 변동 추세

실제로 19세기 말~20세기에 이르는 기간에는 거의 모든 나라의 국가 운영에서 '행정의 우위' 및 '행정화된 방식'에 의해 주도되는 현상이 확인된다. 가령, 이른바 제1세계의 서구 국가들은 복지국가의 구축에 있어서 거대한 행정 관료제로 구성된 행정부를 주된 수단으로 채택하였다 (Dogan, 1975; Aberbach, 1981; Jacoby, 1976). 다른 한편, 소위 제2세계의 공산주의 국가들은 사회주의 혁명의 완수를 위해 거대한 관료체계를 활용하고자 하였다 (Etzioni-Halevy, 1982). 이에 "계급 없는 평등한 사회건설을 지향"한다는 사회주의 혁명 운동은 역설적으로 새로운 형태의 지배계급으로서 행정계급을 형성하는 결과를 낳았다 (Djilas, 1957; Hirszowicz, 1980; Nelson, 1983). 더하여 제2차대전 이후 형성된 제3세계 국가들은 아예 처음부터 행정부가 주도하고 행정관료제가 선도하는 방식에 의해 뒤늦은 근대화를 급속히 추진하려고 시도하였다 (Cha, 1987).

한편 이처럼 19세기 말 이후 전 세계적으로 등장했던 행정국가는 20세기 말 이후 독특한 변화를 보이고 있다. 최근에 전개되고 있는 변화를 다음과 같이 두 가지 특징으로 나누어 요약해 볼 수 있다. 첫째, 국가정책이 행정부에 의해 주도되는 현상은 지속되거나 오히려 더 강화되는 조짐이 나타나고 있는 점이다. 둘째, 국가 운영이 계속해서 행정부에 의해 주도되기는 하지만, 행정관료제는 정책결정에 전념하고, 정책집행은 사적 부문 혹은 준정부 부문을 통해 수행되는 점이다.

이와 같은 특성을 지닌 이른바 '신행정국가(the neo-administrative state)'가 영미권 나라들을 중심으로 출현하여 세계적으로 확산되었다. 이는 이른바 '신공공관리(new public management)' 혹은 '신국정관리(new governance)' 모형의 개발과 그에 의거한 정부개혁에 바탕을 두고 있다.

참고

미국 행정국가의 형성

　미국에서는 국가와 행정의 특성이 정치국가(political state), 행정국가(admonistrative state), 그리고 신행정국가(new administrative state)의 순서로 변화해 왔다 (Schick, 1970; Durant, 2000). 다만, 이와 같은 국가와 행정의 특성들이 시기별로 지배적인 것이 있기는 하였으나, 한 시기에 지배적인 특성이 있다고 해서 다른 특성이 전무했던 것은 아니며, 전 역사에 걸쳐 각각의 특성들이 어느 정도 유지되는 경향도 있었다. 예를 들면, 건국 이후 백년간 지배적으로 나타났던 정치국가의 특성은 의회 등의 여러 대의제도들을 통해 아직도 지속하고 있다. 또한 20세기에 발전한 행정국가적 특성이 이미 건국 초 해밀턴(Alexander Hamilton)의 시기에도 — 재정운영에 관한 회계 통제방법 등을 통해 — 부분적으로 나타나기도 하였다 (Schick, 1970). 현재 신행정국가의 시대가 도래 한다고 해서 과거 정치국가나 행정국가의 특성이 완전히 소멸되는 것은 아니고, 다만 지배적이지는 않을 뿐이다.

(1) 정치국가의 시기

　1787년에 미국 헌법의 초안자들(the Framers)이 추구했던 목표는 정치국가의 건설이었다. 그래서 그들이 설계하려 한 것은 국가 권력의 행사와 그에 대한 통제가 대의 제도들에 의해 이루어지도록 하는 제도였다. 그들은 행정 또는 관료제에게 정책결정권을 부여하기 위한 구조는 바라지도 않았고 생각하지도 않았다. 또한 정부 운영에 필요한 구체적인 "행정조치들(administrative details)"을 일일이 포함시켜 넣을 만한 능력도 그들에게는 없었다 (Schick, 1970). 미국 헌법에는 공무원제도, 예산, 집행부, 계획, 그리고 공공행정에 대하여 아무런 언급이 없었다. 미국 헌법의 초안자들은 종교적 압제를 피하여 신대륙으로 자유를 찾아서 온 사람들이었기 때문에 유럽식의 국가주의에 대하여 혐오감을 지니고 있었고 반국가주의(antistatism)적인 전통을 형성하였다 (Stillman II, 2010: 17).

　정치국가를 설계하는 데 있어서, 헌법 제안자들이 관심을 기울인 것은 대의제 규칙들과 공직자의 자격, 입법부·행정부·사법부간의 권력 배분, 연방정부 및 주정부간의 업무영역 배분, 정치적 활동의 한계 설정 등이었다. 이것은 대부분 대의제도들(즉, 주로 의회)에 관한 것이었다. 법원의 재판절차 등 사법적 권리를 보장하기 위한 것도 포함되었다. 반면에, 행정 명령이나 조치에 관한 어떤 명확한 지침이나 규칙도 포함되지 않았다.

(2) 협의의 행정국가(19세기 말~1930년대)

　미국은 유럽과 달리 반국가주의적인 전통을 지니고 출발했다. 그러나 19세기 말에 이르러 더 이상 개척을 위한 변경이 사라지고, 광범위한 해외 이주민의 증가, 급속한 기술발전과 도시화, 해외 시장으로의 진출 증가 등이 이루어졌다. 이로 인해 제기되는 사회문제들에 적절히 대응하기 위한 행정의 필요성이 증대되기 시작했다 (Stillman II, 2010).

　대부분의 분석가들은 미국에서 국가행정은 1877년에서 1920년 사이에 형성된 것으로 본다 (Skowronek, 1982). 구체적으로는 전국 규모의 기업들이 성장함에 따라 새로운 규제 수단 및 규제기관 그리고 정부 개입을 관리하기 위한 전문 행정가들의 동원이 이루어지기 시작했다. 그러나 행정관리자들에게 어떤 권한을 부여하든, 그것은 의회의 자발적 권한이양(흔히 대통령에 대한 촉구)을 통해 이루어졌다. 최초의 전국수준 규제기구인 '주간통상위원회(Interstate Commerce Commission)'가 1887년에 설립되었고, 3년 후에는 '독점규제법(the Sherman Antitrust Controls)'이 제정되었다. 사법부의 견제와 지연이 있기는 했지만, 그로 인하여 강력한 행정규제수단들의 형성을 막을 수는 없었다.

미국에서 행정국가가 성장하게 된 동인은 현대 사회의 복잡성이 증가함에 따른 공공서비스 수요 증가와 국방 체제의 성장을 들 수 있다 (Rosenbloom, Kravchuk & Clerkin, 2009). 우편서비스 제공, 정부에 의한 경제발전 및 사회복지 추구, 국방력 확대 등이 여기에 포함된다 (Wilson, 1975).[2] 이처럼 복잡한 현대 사회의 변화와 행정 수요에 대응하기 위해서는 부패되고 혼란스러운 소위 '조직정치(machine politics)'가 난무한 당시의 정치영역으로부터 행정을 분리시키고 행정에 믿음직한 과학적 기법을 도입하는 것이 필요했다. 전문직업(professional)으로서 행정은 뉴욕시를 중심으로 하여 자생적으로 이루어진 정치부패에 대한 시민들의 개혁운동의 결과로 탄생한 것이다. 정치-행정 이원론은 행정국가의 지적 창시자들인 윌슨(Woodrow Wilson), 굳노우(Frank Goodnow), 윌로우비(William F. Willowghby) 등에 의해 기본 원칙으로 받아들여졌다. 정치와 행정 간의 분리를 통해 행정은 정치보다 더 우월해지게 되고, 공공정책의 운영규범으로서 효율성이 대의성(representativeness)을 대체하기에 이르렀다. 대의성 우선의 헌법 규정은 정치영역에서 계속 적용되었다. 그러나 규제기관이나 자문위원회 그리고 여타 임명직 제도들의 구성원들에게는 적용되지 않았다. 독립규제기관들은 권력분립 원칙에서 제외되어 실질적으로는 입법·사법·행정의 삼권을 부여받았다.

좀더 많은 그리고 복합적인 정책결정권이 효율성을 추구하는 전문가들에게 부여되었고, 기능적 전문성이 내각 구조와 행정부처, 특히 국이나 과 등 하부조직들 내부에 형성되었다. 이것은 정치제도로부터 행정에게 사실상 상당 수준의 정치적 독립을 부여하는 결과를 가져 왔다. 더 이상 그들의 활동에 대해 세세한 감독을 수행하기 힘들어진 의회로부터 독립이 이루어지게 되었다. 또한, 행정관리자들에 대해 일상적인 지시를 일일이 할 수 없는 대통령으로부터도 독립이 이루어졌다.

(3) 관료적 행정국가(1930년대 뉴딜정책 이후)

국가의 일차적 기능이 규제에서 사업을 직접 운영하는 것으로 전환하게 되었다. 이에 따라 행정국가가 관료국가로 이행하기 시작하였다. 이와 같은 관료제의 역할 확대는 뉴딜 시기에 크게 이루어졌다. 관료국가는 시장을 ― 좁은 의미의 행정국가에서처럼 단지 그것의 결함을 수정

---

2 미국에서 1816년에서 1861년 사이에 연방공무원이 4,837명에서 36,672명으로 8배가량 증가하였는데 이 중에 86%가 우편서비스 분야에서 이루어졌다. 농무부(Department of Agriculture)가 1862년에 설립되었고 상무노동부(Department of Commerce and Labor)가 1913년에 신설되었으며, 최근까지 보건, 교육, 복지, 주거 및 도시개발, 교통, 에너지 등의 다양한 부처들이 신설되었다. 전쟁부(Department of War)와 해군부(Department of Navy)가 18세기에 설립되었고, 제2차 세계대전을 거치면서 국방부(Department of Defence)는 연방공무원의 1/3이상을 고용하게 되었다.

하는 것에 더하여 ― 아예 직접 공적 사업을 수행하는 방향을 전개되었다. 이것은 시장에서의 자율적 결정이 더 이상 수용되지 않게 된 것을 의미한다. 대공황을 극복하기 위해 정부가 총수요를 개입하여 관리하는 '케인즈주의 경제학(Keynesian economics)'이 풍미했다. 제2차 세계대전을 거치면서 행정조직은 더욱 확대되었다.

현대 미국 행정국가의 관리측면에서의 원천으로 대통령의 정책결정을 지원하고 일반 부처들을 통합 및 조정하는 소위 '중앙관리기구(central agency)'들의 발달을 들 수 있다.[3] 또한, 각 지역 나름의 전통보다는 기능적 필요에 따라 관료조직이 구조화되어야 했기 때문에, 지방정부들의 경계를 넘나드는 연방정부 관료제가 신설되기 시작했다. 이것은 대규모 보조금과 오랜 동안 지방행정으로 간주되어 왔던 기능영역(예: 법 집행, 빈곤 구제, 교육 등)에 연방정부가 개입하게 됨에 따라 촉진된 현상이다.

관료국가에서는 행정과 정치가 사실상 통합되는 양상이 나타났다. 이와 같은 현상은 관료제와 시민들을 넘나들며 사익을 추구하기 위해 복잡한 고객―의회―행정부서간 관계를 형성했던 이익집단 중개인들(interest group brokers)에 의해 촉진되었다.

이로써 이익집단들이 정치―행정 과정을 형성하고 지배하기 시작하였다. 관료국가에서는 막중한 이해관계들이 정부 사업에 결부되어 있었고, 공적 영역에서의 성공 여하에 따른 보상이 사적 시장에서 얻을 수 있는 보상을 훨씬 능가하였기 때문이다.

이렇게 되면서 이익집단들의 활동을 정당화해주기 위한 이론적 토대가 필요해졌다. 이익집단 정치에 대한 정당화를 위해 시장경쟁의 대체수단으로서 정치영역에서의 경쟁 개념을 형성하게 된 것이다. 다원주의는 이익집단 활동을 통하여 사회적 견제와 균형이 달성되도록 하고, 선거를 통한 대표성을 보완하며, 행정에 대한 외부통제의 기회를 증대되는 것으로 개념화가 이루어졌다. 산업사회에서 의회는 더 이상 적극적인 기능을 수행하기 힘들지만, 이익집단들을 통해 이를 보완할 수 있는 것으로 합리화가 이루어진 것이다.

한편, 행정(규제)에 대한 법원으로부터의 견제도 축소되었다. 그 대신에 전국 수준의 민권문제 및 결사의 자유에 헌법적 지위를 부여하는 문제 등에 관심을 갖게 되었다. 그러나 관료국가의 전성기에 이르러, 사법부는 다른 형태의 적극적인 대응을 하기 시작했다. 과거에 법원이 행정부로 하여금 어떤 일은 할 수 없다고 소극적으로 말하던 것과는 달리, 이제는 행정부로 하여금 어떤 일을 해야 한다고 적극적으로 지시하기 시작한 것이다. 예를 들면, 법원은 복지 분야에서 관료들이 특정의 역할을 수행하도록 결정을 내리기도 하였다.

---

[3] 고전적인 중앙관리기구로서 대통령부(Executive Office of the President)에 속하는 예산국(Bureau of Budget) ― 1970년부터는 관리예산실(Office of Management and Budget)로 승격 ―, 독립적인 인사담당 부서인 공무원위원회 (Civil Service Commission) ― 1979년에 인사관리실(Office of Personnel Management)로 통폐합 ―, 실적제보호위원회(Merit Systems Protection Board), 평등고용기회위원회(Equal Employment Opportunity Commission), 정부조달 업무를 담당하는 일반용역행정처(General Service Administration) 등이 있다 (Rosenbloom, Kravchuk & Clerkin, 2009).

3. 행정국가화의 원인에 대한 국가이론별 설명

그렇다면 행정국가화의 원인 혹은 동력은 무엇인가? 여기에서는 이에 대한 대답을 경쟁적인 국가이론들의 렌즈를 통해 재해석해 보려고 한다. 이어서 국가의 속성에 따라 그것이 실제로 어떻게 제도화되었는가에 관해서도 논의해 본다.

1) 국가이론별 설명

(1) 다원주의

다원주의의 관점에 따르면, 행정기능의 강화 및 의회기능의 약화는 사회가 그러한 변화를 필요로 하기 때문에 발생했다고 설명한다. 즉, '기능적 필요성'(functional necessity)을 원인으로 제안한다.

다원주의의 관점에 따르면, 행정, 입법, 사법 등 국가기구는 다양한 개인과 집단의 선호와 이익의 경쟁 과정에 의해 형성된다. 따라서 국가기구의 구조와 구성은 개인과 집단의 선호와 이익의 결과를 반영한다. 만약, 그렇다면 행정기능의 강화 역시 개인과 집단의 선호와 이익의 결과를 반영하고 있다고 볼 수 있다. 이 관점에 따르면, 오늘날 사회의 문제들은 점차 복잡하고 기술적인 것으로 변화하였으며, 이에 발맞추어 정부와 기업 모두에서 전문직업성의 필요성이 확대되었다 (Mosher, 1984). 이에 기술적인 구조와 기술관료들(technocrats)이 대폭 증가하였다. 여기에 더하여 대공황과 세계대전 등의 위기를 극복하고 전후 복지국가를 추구하면서 막대한 재원이 행정부에 의하여 집행되기 시작했고 사업 추진을 위해 정책결정 과정에서의 관료제의 영향력이 점차 증대되기 시작했다.

이처럼 의회 기능의 약화와 행정 기능의 강화가 사회로부터의 기능적 필요성(functional necessity)에 의해 결과된 것이라면, 그것은 불가피한 현상으로 받아들일 수밖에 없다는 것이 다원주의 이론가들의 입장이다. 민주주의가 효과적으로 기능하기 위해서라도 효율적인 행정은 필요하다. 민주주의가 행정을 필요로 하고, 행정이 민주주의를 촉진하는 한 행정 또는 행정국가는 정당화될 수 있다 (Waldo, 1948; 12-21; 1981: 5-6장).[4]

---

4 그러나 국가정책 과정에서 행정 역할의 확대는 관료들 자신의 이해관계에 의해 촉진된 측면도 있다. 정치적 다원화로 인해 이익집단 정치가 활성화됨에 따라, 관료제 역시 다른 이익집단들과 경쟁하는 또 다른 하나의 이익집단이 되었다. 그리고 이것이 결과적으로 행정관료제의 기능 확대를 경쟁적으로 초래하게 된 것이다. 또한, 선거에서의 유권자의 표심에 영향을 받지 않을 수 없는 의회는 이해갈등이 대립되는 문제들을 관료제에게 점차 위임하여 처리함으로써 책임을 회피하려는 경향도 있었다. 연방대법원도 광범위한 공익의 증진을 위해 행정관료제의 재량권을 인정하는 의회의 법률을 합헌으로 판결하면서, 이익갈등 조정에서 행정부의 역할 강화를 인정하게 되었다 (Wilson,

그러나 다원주의의 관점에서는 행정우위 경향이 지나치게 과도화 되는 경우, 행정 관료제의 독점적 지위가 커지게 되어 결국 자유민주주의를 위태하게 할 수 있기 때문에 바람직하지 않게 해석된다. 사회적 가치의 배분이 관료제에 더 의존하게 되면 그에 따라 민주주의가 잠식될 가능성이 있기 때문이다 (Lindblom, 1977). 따라서 의회의 견제기능을 강화함으로써 행정부 주도 현상을 완화시키기 위한 노력이 지속적으로 기울여졌다.[5]

(2) 엘리트주의

엘리트주의의 관점에 따르면, 한 번 형성된 관료제는 점차 확대되는 경향이 있고, 규제적 행태를 강화하려는 관성을 보인다. 즉, 관료주의화(buraucratization)의 경로의존적 측면을 원인으로 제안한다.

이 관점에 따르면, 행정부는 국가권위가 가장 가시적으로 구현되는 표현형에 해당한다. 행정부 및 정부관료제는 권력의 상층에서 합법적인 권위를 행사하는 정상조직(peak organization)에 해당하기 때문이다. 특히 입법부와 사법부에 비하여 우위를 점한 행정부는 더 이상 국가 내부에서 더 높은 상층의 권위를 갖지 않지 않기 때문에, 이를 변혁하는 일은 쉽지 않다. 오직 혁신적이고 카리스마적인 정치적 리더십에 의해서만 변혁이 가능하다. 특히 코포라티즘(corporatism)의 정치체제에서 행정 관료제가 이익집단들의 정상조직과 결탁하는 경우, '유기체 국가론'이 함의하듯이 역사적으로 행정 관료제는 나치즘이나 파시즘과 같은 전체주의 국가형태의 동원수단으로 변모하기도 하였다.[6]

베버(Max Weber)를 비롯한 민주적 엘리트이론가들에게 있어서 관료제는 현대 산업사회의 복잡한 문제해결에 필수 불가결한 제도적 장치임에 틀림없다. 서구에서는 관료제의 발달이 민주주의의 발달에 긍정적으로 작용하기도 하였다 (Etzioni-Halevy, 1985). 문제는 관료제에 내재된 비민주적인 요소이다.[7] 특히 과도하게 성장한 관료제가 민주주의의 발전에 저해요인으로 작용한 예는 적지 않다. 이 비민주적인 요소를 보완하기 위한 유일한 방법은 대의

2008: 275).

5 미국에서 가장 오래된 의회의 '행정감독(administrative oversight)' 기능을 보강하기 위해 의회예산실(Congressional Budget Office)와 회계감사실(General Account Office) 등 예산심의 및 회계검사 보좌기구들을 설치한 이유다. 행정기구가 수행하는 역할에 시한부를 두어 통제하는 '일몰법(Sunset Law)' 제정이나 '행정절차법(Administrative Procedure Act)'의 도입도 의회의 권한을 강화하여 행정부를 견제하려는 조치들이다 (O'Toole, 1987).

6 유기체 국가론의 이론적 뿌리는 아리스토텔레스와 아퀴나스, 헤겔, 가톨릭 사회철학으로 거슬러 올라간다. 이들은 개인보다는 집단 혹은 집합체를 더 우선시한다. 국가는 그 속성상 당위적인 것, 즉 공동선, 도덕 및 정당한 질서의 제공자인 것으로 스스로의 정당성을 도출한다. 국가는 사회로부터의 선호에 의해서만이 아니라, 그 스스로의 윤리와 도덕적 명제에 따라 행동한다 (Cha, 1987; Stepan, 1978: 3-40).

7 독일의 경우, 비스마르크 시대에 육군 및 법원과 제휴한 관료제가 민주적 리더십의 출현을 불가능하게 하는 주된 요인으로 작용하였다. 프랑스에서도 나폴레옹 1세와 3세 치하에서 관료제는 억압적이고 반민주적인 요인으로 작용하였다 (Etzioni-Halevy, 1985).

제 정치의 활성화를 통한 것이다. 강력한 의회의 활동을 가능하게 함으로써 관료제의 비민주적 요소를 제어하고, 관료제가 국민의 뜻에 따라 합리적으로 정책을 집행하도록 하는 것이다.

(3) 마르크스주의

(급진적) 마르크스주의의 관점에 따르면, 현대국가에서 의회를 통한 입법과정은 하나의 무의미한 제스처에 불과하다. 즉 국가의 정책결정이 대중들에 의해 통제될 수 있다는 이데올로기적 환상을 유지시켜주기 위한 하나의 수단이라는 것이다. 국정운영에 있어서 실제 권력은 입법부가 아니라 행정부와 그 고위직 공직자들에게 집중되어 있다고 보았다. 그리고 대체로 이들은 자본가들의 이익을 대변한다 (Domhoff, 1978).

실제로 일반 행정관료들은 사실 단순 기능인들이지만, 일차적으로 자본주의 사회의 계급 편향성으로부터 자유롭지 못하다. 의회는 상류계급의 반대자들이 불만을 토로하는 장소로서의 기능이 있기는 하지만, 정책결정과정에서 그들은 단지 한계적인 역할을 수행 할 뿐이다. 현대 국가의 행정부 주도 현상은 지배세력이 정치적 사안에 대해 점점 더 행정을 이용하고 있다는 것, 그리고 지배계급의 경제적 이익이 행정부 내부로 침투하고 있다는 사실을 반영하는 것이다 (Carnoy, 1984; Offe, 1975).

자본주의 국가에서의 이와 같이 열악한 의회 기능은 특히 20세기 후반에 들어서면서 더욱 위축되었다. 권력분립 원칙이 소멸되기 시작하고, 의회 기능이 위축되는 반면, 국가의 정당성 확보 과정은 행정관료제와 행정부에 의해 지배되는 현상이 나타났다. 자본가와 노동계급 간의 갈등을 해결하기 위한 행정의 중재자(arbiter) 역할이 강화되었으며, 그 결과 의회에서 행정부 지배로의 권력 이동이 진행되어 왔다.[8]

이처럼 의회에서 행정부로 정책결정권이 이동하게 된 이유는 의회가 더 이상 자본가의 이익을 보호하기에 적합하지 않게 되었기 때문이라고 설명된다. 민주주의의 발전에 따라 다양한 계급들의 이익을 구성하는 분파들이 의회에 진입하게 되었고, 이 때문에 의회가 자본가의 이익을 위해 기능을 수행하기에는 너무나 혼란스러운 제도로 변해 버린 것이다. 의회에 대한 대안으로 자본가들은 행정부를 선택하게 되었다. 근본적으로 자신들의 이익에 동조적인 사람들로 행정부 관료제를 구성하여 자본주의 체제 혹은 자본가들의 이익을 유지하려는 시도가 이루어지고 있는 것이다 (Poulantzas, 1975).

한편, 행정관료제는 그 구성원들이 반드시 계급적 성향을 지니기 때문이 아니더라도, 국

---

8 오스트리아, 독일, 스칸디나비아와 같은 코포라티즘 국가에서는 주요 정책들이 집행부의 고위 관료, 기업가, 노조 대표간의 타협에 의하여 형성되며, 의회는 단순히 이를 확인하는 고무도장(rubber stamp)의 역할에 머무르게 하고 있다 (Poulantzas, 1978).

가관료제 자체의 생존을 위해서도 자본가들의 이익을 지지하게 마련이다. 국가의 재정이 자본가들의 자본축적 능력에 의존하기 때문이다. 이와 같은 자본과 행정부간의 은밀한 상호보완적 기능은 관료제적 조직화 방식에 의해 지탱된다. 계층제적 질서와 규칙 및 구조는 국가정책결정권의 중심으로 다양한 이익들이 접근하는 투입기제를 효과적으로 선택할 수 있는 장치로 작용하는 것이다. 이와 같은 이른바 "여과장치"는 하나의 (주로 지배적인) 계급이익을 편파적으로 선호하고 다른 (주로 피지배적인) 이익들은 배제하는 데 효과적으로 기능한다 (Offe, 1975: 125-29).

2) 나라별 국가기구의 제도화 양상

이상에서 행정부 주도 현상에 대한 경쟁적인 국가이론별 설명 방법을 살펴보았다. 검토 결과, 이들은 모두 공통적으로 의회 기능의 약화와 행정 기능의 강화 현상이 경향성을 나타나고 있음을 인정하였다. 그리고 행정-의회 간의 불균등한 관계발전이 민주국가에서 하나의 위기현상이라는 점에 우려를 나타내고 있다.

그러나 실제 나라별로 국가기구의 제도화가 이루어진 양상을 보면, 의회-관료제 간 관계는 획일적 현상이기보다는 나라별로 그리고 같은 나라에서도 시대별 또는 정권별로 의미 있는 차이를 보이고 있음이 확인된다 (정용덕, 1998).

서구 나라들의 경우, 그들이 근대 국가의 형성과정에서 민주주의, 관료주의, 자본주의라고 하는 세 가지 중심적인 이념을 토대로 국가기구의 제도화를 꾀해 왔다.[9] 이 세 이념 가운데 특히 어느 것이 제도화 과정에서 우선해 왔는가는 나라별로 현격한 차이가 있다. 예로서, 영국과 미국의 경우는 산업화에 힘입어 자본주의 시장경제가 제일 먼저 발전하였다. 그 후 자본축적에 성공한 상공인들이 그들이 낸 세금의 규모와 그 세금이 정부에 의해 효율적으로 쓰여지는가에 대해 심의할 목적에서 의회 민주주의를 발전시켰다. 그후 산업화와 도시화의 심화로 인한 복잡한 사회문제들의 대두에 따라 점차 전문성을 지닌 행정에 의존할 필요성이 생기게 되었고, 이것이 관료주의 행정의 발전을 촉진하게 되었다. 이와는 달리, 독일을 비롯한 북유럽의 국가들은 제일 먼저 강력한 국가관료제를 확립했다. 이 강력한 관료제를 바탕으로 이른바 중상주의 정책을 통한 자본주의의 육성을 이끌어 내게 되었으며, 그 다음에야 비로소 민주주의 발전이 뒤따르게 되었다 (정용덕, 1997). 이처럼 국가발전에 있어서 민주주의 · 관료주의 · 자본주의간의 강조된 우선순위에 따라 의회와 행정부를 포함하는 국가기구의 제도적 배열에 의미 있는 특징적 차이가 나타난다.

---

9 이에 대해서는 이 책의 제1편 제3장 제3절을 참고할 것.

(1) 민주주의와 행정부 우위

민주주의 이념을 가장 우선해 온 나라에서는 국가에 대한 민주적 통제가 가장 중요한 가치로 작용한다. 그래서 국정운영에서 이른바 '대중적 대의성(popular representation)'을 유지하려고 한다 (Kaufman, 1956). 자연히 시민들의 정치참여가 강조되며, 의회와 같은 대의제도의 발전과 역할이 강조된다. 분권적이고 다원적인 행정관료제를 장려하는 것도 같은 맥락에서이다. 국정운영 과정이 좀더 일반 대중의 선호 투입과 통제에 더 개방적이도록 하려는 것이다.

민주주의 이념이 우선하는 그만큼 국정에 있어서 의회의 기능이 강조된다. 의회로 하여금 행정부의 재정운영이나 기타 국정관리를 좀더 효과적으로 심의하고 감독하도록 하기 위한 여러 제도와 기구들이 발달된다. 예산운영의 효율성 확보를 위한 행정기구의 제도화에 병행하여, 입법부에도 입법안이나 예산·결산을 심의하는 데 필요한 정책정보를 자체적으로 마련하기 위한 기구들이 설치되기도 한다. 앞에서 지적한 것처럼, 미국 의회에서 의회예산처(CBO)이나 회계감사처(GAO) 같은 기구를 설치한 것이 좋은 예이다 (김종순, 1991; 신무섭, 1994; 함성득, 1996). 대개의 서구 자유민주주의 국가에서는 예산을 법률로서 매년 입법화하는 형식을 취한다. 여기에는 대의제도를 통한 국가재정 및 정책의 통제를 보다 확실히 하려는 의도가 자리 잡고 있다.

행정관료제 내부에서도, 정책결정이나 예산편성 그리고 집행과정을 분권화시켜 여러 관련 행위자들과 기구들간의 다원주의적인 의견 절충이 이루어지도록 한다. 의사결정과정이 각 단계별로 그에 관련되는 국가기구들을 다양하게 조직화하고 관할권을 중첩시킴으로써, 시민들이나 여러 국가 행위자들이 다양한 통로를 거쳐 결정과정에 접근이 가능하도록 하고, 그를 통해 서로 견제와 균형이 이루어지도록 하려는 것이다 (Ostrom, 1990).

(2) 관료주의와 행정부 우위

관료주의 이념이 우선하는 경우에 강조되는 가치는 국가의 정책능력과 자율성이다. 이를 확보하기 위한 방안으로서 행정부 우위의 국정운영이 강조되고, 계층제적 행정관리 방식이 강조된다. 시민사회에 대한 국가 개입의 범위와 국가기구의 집중화 정도 등의 설정은 모두 그때 그때의 국가 자율성 및 정책능력의 확보와 긴밀한 연계 위에서 이루어진다.

미국처럼 민주적 통제를 상대적으로 더 강조해 온 나라의 경우도, 시대에 따라서는 행정력을 강화시키려는 시도가 나타나고는 하였다 (김종완, 1999b; 함성득, 1999). 그와 같은 경향은 특히 복잡하고 힘든 공공문제가 대두할 때 더 나타나고는 하였다. 그때마다 이른바 행정의 '중립적 능력(neutral competence)'을 증진할 필요성이 강조되었다.[10]

행정관료들의 인사에서도 대표성보다는 전문성을 바탕으로 하는 실적제(merit system)가 제도화된다. 이와 같은 행정관료제의 중립적 능력을 강조하는 것에 더하여, 행정수반인 대통령의 관료제 통제력을 강화시키려는 시도가 따르기도 한다. 소위 대통령이 '행정 리더십(executive leadership)'을 발휘하기 위해 '제도적 대통령제(institutional presidency)'를 강화하려는 노력이 그것이다.[11] 미국의 경우, 제1차 세계대전과 1930년대의 대공황을 겪으면서 시작된 이른바 행정 리더십의 강화 시도는 그 후 제2차 세계대전, 한국전쟁, 월남전 등을 치르면서 더 적극적으로 추진되었다 (Kaufman, 1956).

(3) 자본주의와 행정부 우위

자본주의적 이념이 우선되는 국가이론의 시각(혹은 시장자유주의)에서는 자본가(혹은 체제)의 경제적 효율성이 지배적인 가치가 된다. 경제적 효율성을 극대화하기 위해 시장의 논리가 적용된다. 그래서 국가의 기능은 가급적 최소화하는 것이 바람직하며, 그 최소화된 국가기능의 운영도 가급적 시장에서와 같은 방식으로 처리되도록 권장된다. 국가의 역할은 이른바 '시장실패'의 보완이라는 논리에 의해 정당화되지만, 이 시장실패의 개념은 소극적 의미에서 해석된다. 여기서 부의 재분배나 적극적 의미에서의 사회정의의 실현은 효율적인 자본축적 또는 경제성장에 비해 항상 2차적인 정책목표일 뿐이다.

본래 미국에서 19세기말부터 행정관료제의 중립적 능력과 대통령의 행정적 지도력을 강조하게 된 데에는 그 나름의 정치경제적인 이유가 있었다. 그 이전의 시기와는 달리 자유방임적인 경제체제가 더 이상 효율적일 수 없는 상황에 처하게 된 것이다. 산업화의 진전으로 인해 여러 가지 시장실패들이 나타나기 시작한 것이다. 게다가, 두 번에 걸친 세계대전과 대공황은 자본주의 체제의 유지발전을 위해 정부의 보다 적극적인 역할을 필요로 하였다. 이와 같은 상황에 적극 대처하기 위해 국가가 많은 역할을 수행하였다. 그리고 그러한 정책의 결정은 핵심행정부(core executive)에 의해 주도되었으며, 그것의 집행은 '중립적' 능력을 구비한 행정관료들에 의해 수행되었다.

그러나 영미를 중심으로 서구 나라들은 1970년대 말부터 새로운 경제적 어려움에 처했

---

10 미국의 건국을 전후해서 해밀턴(Hamilton)과 매디슨(Madison) 사이에 있었던 핵심행정부의 정책능력과 의회의 민주적 통제간의 상대적 비중에 관한 논쟁이 행정기구의 조직화에 반영된 것이 좋은 예가 된다. 전체적으로는 견제와 균형을 강조하는 매디슨의 다원주의가 미국의 국가운영 방식에 근간을 이루게 되었다. 그러나 해밀턴도 그의 주장대로 1789년 재무부(DoT)의 창설을 통해 대통령의 정책능력을 얼마간 뒷받침하는 데 성공하고 있다 (Fisher, 1975). 그 후 '잭슨주의(Jacksonian)'의 발흥을 계기로 미국의 국정운영은 민주적 대표성이 가장 중시되는 시기가 한동안 이어졌다. 그러나, 19세기말에 이르러 급속한 산업화와 도시화 현상에 따라 행정의 전문성이 요구되면서, 소위 '진보주의(progressive)'에 의한 과학적 행정관리 운동이 일기 시작하였다 (Kaufman, 1956).

11 미국의 제도적 대통령부에 관해서는 제3편 제1장을 참고하기 바람.

으며, 그 문제를 해결하는 데 있어서 과거와는 아주 다른 접근방식을 모색했다. 이른바 신자유주의 또는 친시장주의의 국정관리가 그것이다. 정부의 역할을 최소한으로 줄이고, 따라서 정부의 조직, 인력, 예산, 규제법규도 최소한으로 감축하려고 하는 것은 과거 자유방임의 시대와 마찬가지로 이해된다. 다만 그와 같은 "작은 정부" 체제로 전환해 가는 과정에서는, 영국의 대처(Thatcher) 수상이나 미국의 레이건(Reagan) 대통령의 이미지에서 볼 수 있듯이, 그것을 추진할 강력한 정치지도력을 정당화하려고 했다.

또한, 그들이 추진하는 정부개혁도 과거 19세기 자유방임시대와는 매우 다른 국정운영 방식을 적용했다. 국가 기능을 근본적으로 축소하려는 점에서는 공통점이 있지만, 국가행정에 대한 통제 방식에 있어서는 현격한 차이가 있다. 이전 자유방임 시대에는 관료제 통제가 주로 의회 정치를 통해 이루어졌다. 그래서 대의제 정치 과정과 시장경쟁적 경제 질서는 상호 부합되는 것이었다. 그러나 1980~90년대 신공공관리 모형을 중심으로 영미권 나라에서 추진했던 정부개혁은 오히려 대의민주주의 정치를 얼마간 억제하려는 특성이 담겨 있다. 의회나 기타 시민들의 정치적 참여를 통한 정부 통제보다는, 고객으로서의 시민이 직접 상품에 대한 선택권을 행사하도록 함으로써 정부를 통제하게 되는 방식을 지향하는 것이다. 시민들이 정치적 참여를 통해 자신들의 선호를 반영하는 방식인 소위 '항변(voice)'보다는, 이른바 '퇴장(exit)'의 방식을 통해 자신들의 편익을 극대화하려고 한다 (Hirshman, 1970a). 그리고 퇴장 방법의 활성화를 위하여 모든 정부 기능의 독점화를 폐지하고, 공사부문간 또는 공공부문간에 경쟁이 이루어지도록 한다.

이와 같은 정부개혁 방안은 근본적으로 자유민주주의 정치과정에 대한 불신에서 나온 것이다. 시장자유주의 국가이론에 의하면, 의회도 정당도 행정관료제도 모두 국정운영의 효율적 장치는 되기 어렵다. 그렇다고 한다면, 차라리 개개인 시민들에게 선택권을 부여함으로써 시장경쟁의 논리에 의해 공공재의 질과 비용을 통제하는 방안이 더 효과적이라고 보는 것이다.

제 3 절 국가 규모의 변동추세: 수사와 실제

지금까지 행정국가화의 경향성과 이슈에 대한 이론적인 이해를 도모하였다. 본 절에서는 행정국가화 현상의 실제 변동추세가 어떻게 나타나고 있는지를 실제 데이터를 통해 경험적으로 분석하여 이해하는 것에 목적을 두었다. 특히 행정국가화 현상을 측정하는 대표적인 지표인 '정부규모'의 변동에 초점을 두어 분석함으로써, 행정국가화 현상이 수사적인 것인지 아니면 실제 발생하고 있는 실질적 현상인지를 검토해 보았다.

1. 국가 규모의 측정방법

한 나라의 국가가 수행하는 역할을 제대로 파악하기 위해서는 국가가 사회부문에 대해 궁극적으로 미치는 영향을 직접 측정해야 한다. 그러나 이는 방법론적으로 어렵기 때문에, 대개는 국가가 사회에 개입하여 영향을 미치려 할 때 사용하는 법령(규제), 조직과 인력, 재정(지출) 등 수단들의 양적 규모를 측정하여 간접적으로 파악하는 접근방법이 주로 사용된다. 대표적인 지표들을 살펴보면 다음과 같다.

1) 법 령

법령의 수를 통해 정부 규모를 측정하는 방법이다. 법령은 국가가 시민사회에 강제적으로 개입하는 수단이 되기 때문에 이를 통해 정부개입의 정도를 측정할 수 있다. 가령, 미국 [연방법령집](Federal Register)의 두께가 1936년에 2,355쪽이던 것이 1975년에는 60,221쪽으

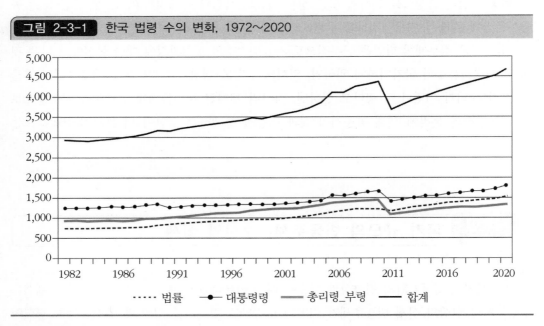

그림 2-3-1 한국 법령 수의 변화, 1972~2020

출처: 법제처 홈페이지 법령통계(2005~2020).

로 늘어난 것을 통해 그만큼 국가 규모가 확장된 것으로 파악하는 것이 한 예이다. 영국 [법령 색인집](Index to the Statutes)의 경우는 1235~1935년 사이에 788쪽이던 것이 1936~1982년 사이에는 978쪽으로 확대되었다 (Cox et al., 1985). 만약 이 지표에만 의존하는 경우, 미국의 공공부문은 약 40년 사이에 거의 25배 이상 증가한 반면, 영국의 경우는 약 750년 사이에 1.2배 정도밖에 증가하지 않은 것으로 이해된다.

법령 수의 지속적인 증가 현상은 한국에서도 다르지 않다. 대한민국 법령 수의 변화(<그림 2-3-1>)를 살펴보면, 1972년에 법령 수는 2,161개(법률 607개, 대통령령 1,067개, 총리령·부령 487개)였으나, 2020년에는 4,669개(법률 1,524개, 대통령령 1,790개, 총리령·부령 1,355개)로 약 50년 간 두 배 이상 증가하였다.

2) 인 력

공공부문에 종사하는 인력 규모를 측정하는 방법이다. 인력은 정부를 구성하는 자원의 규모를 파악하는 수단이 되기 때문에 이를 통해 정부개입의 정도를 측정할 수 있다. 가령, 미국의 공공부문 피고용자 수가 1791년 4,479명이었으나, 2006년에는 2,700,392명으로 약 600배 정도 증가한 것을 예시로 들 수 있다.

한국의 경우, 1953년 공무원의 수는 231,245명이었으나, 2015년 기준 1,012,782명을 기

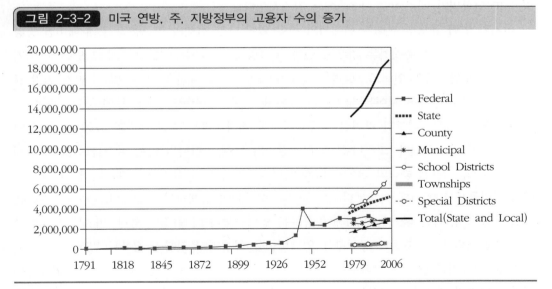

그림 2-3-2 미국 연방, 주, 지방정부의 고용자 수의 증가

출처: Rosenbloom et al., 2009: 45 and 46 (Table 2.1 and 2.2)

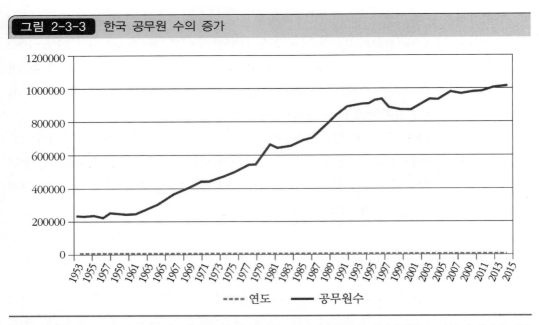

그림 2-3-3   한국 공무원 수의 증가

출처: 행정자치부 정부조직변천사(1998), 행정안전부 정부조직변천사(2012), 행정자치부 조직실 홈페이지 검색 (정부조직정보관리시스템: 검색일 2015. 9. 20.)

록함으로써 약 60년 간 약 4.4배가 증가하였다. 특히 산업화기(1961~1981)에 증가폭이 컸고, 민주화 초기(1987~1997)에도 큰 폭으로 증가하였다. 그러나 전두환 정부의 민간화 정책시기와 IMF 외환위기 시기(1997~1998)에는 감소하였다.

이처럼 인력 규모의 절대치 면에서의 변화 외에 나라 전체의 피고용인 수에 대비한 공공부문 인력의 비중을 측정하는 경우도 있다. <그림 2-3-4>는 이를 보여주고 있는데, 여기서 OECD 회원국들의 인력 규모 변화 형태가 다양하다는 사실을 알 수 있다. 먼저 인력 규모가 점차 감소 추세를 보이는 국가들이 있는데, 영국, 뉴질랜드, 미국, 독일 등이 해당한다. 특히 영국은 1980년대부터 강력한 신공공관리적 행정개혁을 추진한 결과 공공부문의 인력규모가 크게 감소하였다. 그러나 인력규모 감소가 크게 나타나지 않는 국가들도 있다. 스웨덴과 프랑스, 그리고 증감의 변화는 있지만 안정적인 규모를 유지하는 캐나다 등이 그렇다. 이들 국가들도 1990년대 이후부터 인력규모의 증가율이 둔해지기는 했지만, 큰 폭의 감소는 보이지 않으며, 다른 국가들에 비해 공공부문 인력규모가 큰 특징이 있다. 마지막으로 한국이나 일본처럼 낮은 수준의 공공부문 인력비중을 꾸준히 유지하는 경우도 있다.

공공부문 인력 규모를 살펴보는 또 다른 방법으로는 국내총생산(GDP)에 대한 공공부문 인력의 인건비 비중을 측정하는 것이다. <그림 2-3-5>는 이 비중을 나타낸 것인데, 스웨

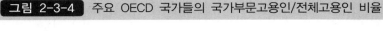

그림 2-3-4　주요 OECD 국가들의 국가부문고용인/전체고용인 비율

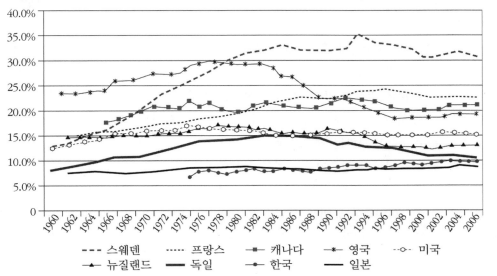

출처: 정용덕(2006), OECD Economic Outlook Database.

그림 2-3-5　주요 OECD 국가들의 GDP 대비 인건비 지출 비율

(단위: %)

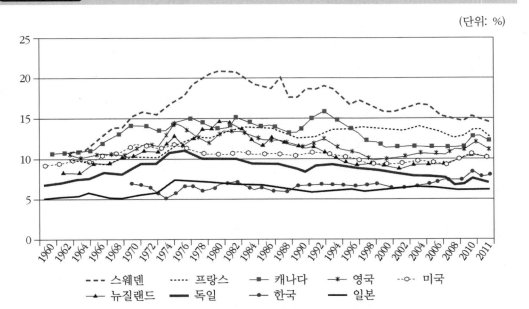

출처: 정용덕(2006), OECD Economic Outlook Database.

덴을 제외하고는 큰 폭의 증가나 감소가 나타나지 않는 특징을 보여주고 있다. 1960년대 초기와 비교할 때, 각국의 인건비 비중은 증감이 있다하더라도 5% 내외의 범위로 이루어진 것을 알 수 있다. 이는 앞의 <그림 2-3-4>의 공공부문 인력비중 변화와 비교할 때, 주목할 점이 있다. 즉, 1980~90년대에 정부규모 감축을 목표로 하는 신공공관리적 행정개혁의 유행에도 불구하고, 각 국의 정부규모는 일정 수준으로 유지되었으며, 인력감축이 재정적인 문제에 크게 효과적이었다고 말하기는 곤란하다는 것이다. 또 영국처럼 큰 폭의 인력감축이 목격됨에도 불구하고 인건비의 비중은 크게 감소하지 않았다는 사실은 영국의 행정개혁에 담긴 어떤 특수성을 반영하는 것으로 볼 수 있다.

이러한 상황은 한국의 경우에서도 마찬가지다. 1990년대 후반부터 적극적인 행정개혁을 추진하였으나, 공공부문 인력과 인건비 비중은 소폭이나마 증가세를 보였다. 이는 한국의 경우 다른 OECD 회원국들에 비해 매우 낮은 공공부문 인력 및 인건비 비중을 갖고 있었기 때문에 행정개혁에서 인력감축 등은 주된 목표가 아니었음을 의미한다. 따라서 한국에서의 행정개혁은 적어도 서구의 OECD 국가들과는 다른 맥락에서 추진되었음을 짐작할 수 있다.

3) 정책사업

정부가 수행하는 사업(program)의 규모와 특성을 분석하여 간접적으로 국가 역할을 측정하는 방법이다 (Rose, 1984). 개별 사업(예: 보건, 연금, 국방, 산업 등)과 그것을 위한 행정자원 (예: 법규, 재정, 인력 등)간의 관계는 유형에 따라 상이한 비율로 변화한다. 예를 들면, 교육, 보건, 경제 하부구조, 공기업 등의 사업은 모두 자금 및 인력 집약적이다. 사회보장 프로그램과 정부부채 이자 등은 자금 집약적이다. 국방 사업들은 중간수준의 자금 및 인력 집약적, 그리고 법질서 유지 사업들은 법규 집약적인 특성이 있다. 따라서 나라별로 어떤 사업에 더 치중하느냐에 따라 상이하게 행정자원이 확대된다.

4) 행정기구

국가 역할을 수행하는 행정기구의 양적 규모나 수의 변화를 분석하여 정부 역할의 변화를 측정하는 방법이다. 20세기에 세계 각국의 행정기구 수와 규모는 지속적으로 증가했다. 1945년에 69개국의 평균 중앙행정기구 수가 12개이던 것이 1990년에는 158개국의 평균 중앙행정기구 수가 23개로 2배 가까이 팽창하였다 (Kim, 1996)(<그림 2-3-6>).[12]

---

12 흥미롭게도 이 시기에 선진국에 해당하는 경제협력개발기구(OECD) 회원국들의 평균 행정기구 수와 그 외의 나라들의 평균 행정기구 수가 거의 차이 없이 변화했다는 사실이다. 이것은 정부개혁이 그 나라의 필요성 보다는 선진

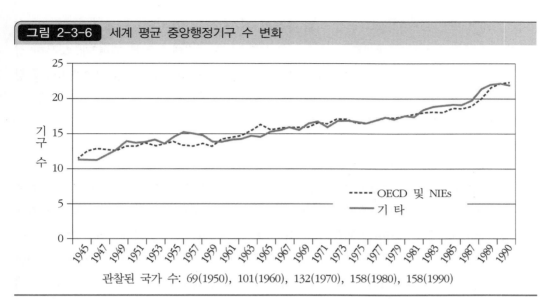

그림 2-3-6 세계 평균 중앙행정기구 수 변화

관찰된 국가 수: 69(1950), 101(1960), 132(1970), 158(1980), 158(1990)

출처: Kim, Y. 1996.

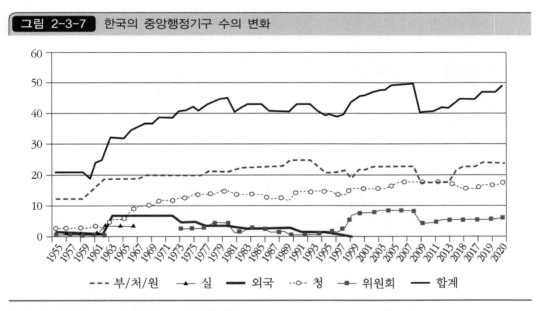

그림 2-3-7 한국의 중앙행정기구 수의 변화

출처: 행정자치부(2020); 법제처 국가법령정보센터, Jung, Y., Lee,Y. & Kim, D. (2011).

한국에서도 중앙행정기구의 수는 꾸준히 증가하였다. 1948년 정부 수립 당시 중앙행정기

국의 제도를 모방함으로써 정당성을 확보하려는 이유에서 이루어진다는 신제도주의의 명제 가운데 하나를 입증하는 것이기도 하다 (김영수, 1999).

구는 25개였으나, 박정희 정부 수립 이후 꾸준히 증가하여 1979년에는 42개로 늘어났다. 이후 김영삼 정부까지 40개 내외로 유지되던 중앙행정기구는 김대중 정부 때 47개, 노무현 정부 때 49개로 증가하였다. 2020년 현재 54개의 중앙행정기구(10부 5처 2원 4실 7위원회)를 정함으로써 중앙행정기구의 수가 늘어났다.

5) 재정 규모

국가재정의 규모를 분석하여 정부 규모를 측정하는 방법이다. 재정은 계량화가 상대적으로 쉽기 때문에 국가 규모를 측정하기 위해 가장 흔히 사용하는 변수이다. 정부지출이 전체 국내총생산(GDP)에서 차지하는 비중이 미국은 1900년에 6.9%이던 것에서 1983년에는 34.2%로 확대되었으며, 영국은 같은 기간에 15.0%에서 44.6%로 확장되었다 (Cox, 1985). 1980년대 이후 영국은 신자유주의적 개혁을 추진하여 2000년에 36.6%까지 감소했으나, 2006년에는 44.1%까지 다시 증가했다. 미국은 2000년 33.9%까지 감소했다가, 2006년 36.0%로 다시 확대되었다. 한국은 1996년까지 20% 이하의 국가지출 비중을 유지하여 국가 규모가 작았다. 그러나 1997년 이후 점차 증가하기 시작하여 2006년에는 27.7%까지 증가하였다.

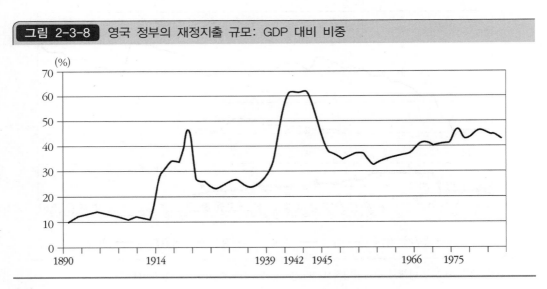

그림 2-3-8 영국 정부의 재정지출 규모: GDP 대비 비중

출처: Dunleavy, 1989a.

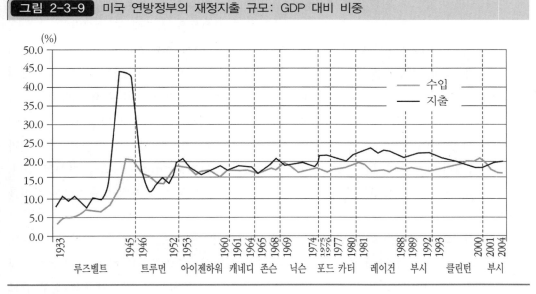

그림 2-3-9 미국 연방정부의 재정지출 규모: GDP 대비 비중

출처: 정용덕, 2003.

2. 정부규모 변동 추세의 특징

앞에서 지적한 것처럼, 20세기에 대부분의 나라에서 정부 역할이 점차 확대되었다. 또한, 정부가 개입하는 정책영역 면에서도 변화가 있었다 (Rose, 1976). 정부의 일차적 기능은 국방, 법질서 유지, 징세 등 국가 자체의 존립을 위한 소위 한정적 기능(defining functions)이었다. 여기에 더하여 점차 도로와 통신망 등 경제성장의 여건을 마련하기 위한 이른바 자원동원(resource mobilization) 기능을 부가적으로 수행하기 시작하였다. 그리고 경제발전이 이루어지면서 교육과 사회서비스 등 사회복지 기능에도 정부개입이 추가로 이루어지게 되었다.

그러나 서구의 경우, 1980년을 전후해서부터 이와 같은 정부성장 추세에 제동이 걸리기 시작했다. 거의 모든 나라들이 '날씬하고 효율적인 정부(slim and efficient government)'를 목표로 삼아 정부의 규모와 규제를 감축시키려고 노력했다. 한편 정부 규모의 변화에 대한 이와 같은 일반적인 인식에도 불구하고, 이에 대한 경험적 자료의 뒷받침은 아직 미흡한 채로 있다. 심지어 계량화가 상대적으로 쉬운 재정 규모를 기준으로 하는 경우에도 그러하였다.[13]

---

13 대체로 분석가들은 1960년대 이전까지의 시기가 '혼합경제'와 복지국가 정책에 연계되어 공공지출의 팽창이 이루어졌다는 점에 대해 합의가 이루어져 있다. 또한, 1980년을 전후해서부터 이와 같은 정부성장 추세에 제동이 걸리고 있다는 점에 대해서도 합의가 이루어져 있다. 그러나 이와 같은 노력의 결과 실제로 어느 정도 의미 있는 국가 규모의 감축이 이루어졌는지에 관해서는 아직 합의가 이루어져 있지 않다 (Wilson, 2000).

이 문제는 결국 앞으로 실증적인 연구를 통해 밝혀질 사안으로 남는다. 다만 기존의 문헌에 나와 있는 자료들을 중심으로 다음과 같은 몇 가지 사례들을 검토해 볼 수 있다.

<그림 2-3-10>은 1961년에서 2006년까지 33년간 10개 주요 OECD 회원국들의 국내총생산(GDP) 대비 정부지출의 비중이 변화한 모습을 보여준다. 거의 모든 나라들의 정부지출 비중이 증가해 왔지만, 1980년대 이후부터는 대부분 안정적인 수준을 유지하고 있음을 알 수 있다. 그러나 흥미로운 것은 1990년대에 들어서면서부터는 대부분 정부지출의 비중이 다시 상승세를 보이고 있다는 점이다. 결국 1980년대 이후에는 정부지출 비중이 그 이전과는 달리 증가하지는 않았지만, 그렇다고 감축되었다고 보기도 어려운 모습을 보이고 있다.

정부지출 규모를 기준으로 본 정부규모의 변동은 다음과 같이 국가별로 흥미로운 차이를 보인다.

첫째, 정부의 재정지출 비중 면에서 스웨덴의 경우가 가장 크고, 프랑스, 이탈리아, 독일, 캐나다, 영국이 큰 나라 군에 속한다. 이들은 모두 사회민주주의를 지향하며 복지국가를 경험한 나라들이다. 반면에, 미국, 호주, 일본, 한국은 10개국 평균보다 작은 비중의 정부 규모를 유지하고 있다. 복지서비스를 국가가 제공하느냐 아니면 사회가 제공하느냐에 따라 정부지출 비중에 차이가 발생하고 있다 (Lane, 2005).

그림 2-3-10 주요 OECD 국가들의 정부지출 규모: GDP 대비 비중

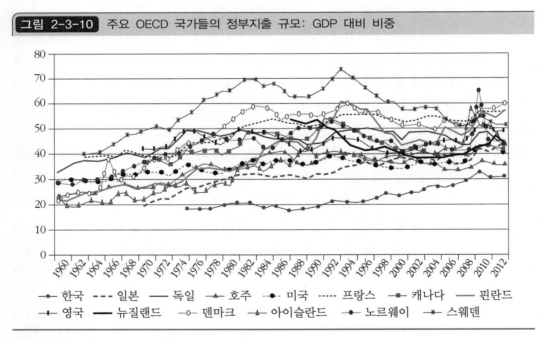

출처: 정용덕, 2003, OECD Economic Outlook Database.

둘째, 10개국 모두 정부지출 비중이 증가하다가, 1980년대 이후부터는 대체로 안정세를 보이는 패턴이 확인된다. 그러나 나라별로 특징적인 차이가 있다. 영국을 제외하면, 사회민주주의를 경험한 나라들의 경우는 1980년대 이후에도 완만하나마 계속해서 국가지출 비중이 증가하고 있다. 역시 사회민주주의를 경험하였지만, 영국의 경우는 1980년대 이후 국가지출 비중이 크게 감소하여 10개국 평균보다 낮은 수준이 되었다. 한편, 국가지출 비중이 매우 낮은 나라에 속하는 호주, 미국, 일본, 한국은 특히 1980년대 이후에 안정세를 보이고 있다. 이 점에서 영국, 호주, 미국은 전형적으로 신자유주의 최소국가의 모습을 보여준다. 신공공관리(New Public Management) 개혁이 본격적으로 시도된 1990년대에 스웨덴이 1993년을 정점으로 정부지출을 대폭 축소하고, 영국도 초반기에 다소 축소되는 경향을 나타낸 것을 제외하면, 대부분의 나라에서 큰 변화는 없다. 특히 세계적 금융위기가 발생한 2008년 이후에는 재정 결핍에도 불구하고 공적 자금의 지출 등으로 인하여 정부지출이 증가하는 경향이 나타나고 있다.

3. 정부규모의 변동 요인

그렇다면 국가 규모의 변동은 어떠한 요인에 의해 초래되는가? [14] 이에 대하여, 크게 '정부중심적 접근방법'과 '사회중심적 접근방법'의 두 가지 접근방법에 따라 재정리해 볼 수 있다 (Swank & Hicks, 1985, Garrett and Rhine, 2006). 전자는 정부 규모의 변화가 정부 자체의 요인에 의해 이루어지는 것으로 보는 시각이다. 반면에 후자는 정부 규모의 변화가 사회 영역에 내재된 요인에 의해 초래되는 것으로 보는 시각이다. 이 두 접근방법을 다시 관련 행위자들의 의도적(혹은 합리적) 행동에서 찾는 경우와 구조적(혹은 상황적) 요인에서 찾는 경우로 세분해 볼 수 있다. 그리고 분석 수준면에서 이들을 개인 수준과 전체 조직 수준으로 각각 구분해 보는 것도 가능하다.

---

[14] 예로써, 카메론(Cameron, 1978)은 공공경제의 규모가 경제적·정치적·재정적·국제적·제도적 측면에 의해 초래되는 것으로 설명하고 있다. 그리고 탈쉬스(Tarschys, 1975)는 국가지출의 규모가 9가지 요인에 의해 변화하는 것으로 본다. 그는 먼저 3가지 설명 수준을 제시한다. 즉 ㉮ 사회-경제적 수준(즉 기술, 경제, 사회, 또는 인구적 구조 변화), ㉯ 이념-인식의 수준(즉 지식, 믿음, 소망의 변화), 그리고 ㉰ 정치-제도적 수준(즉 헌법 개정, 이익집단 또는 정당의 출현, 의회과정, 정치행동 또는 문화의 변화)이 그것이다. 여기에 공공부문 활동의 소비자, 공급자, 재정적 측면의 3가지 요소를 추가한다. 이와 같은 3가지 설명수준과 3가지 측면을 조합하여 모두 9가지의 설명방식이 도출된다 (정용덕, 1998).

1) 정부중심적 접근방법

'정부중심적 접근방법'은 정부규모의 변동을 외부적 요인이 아니라, 정부자체의 내부적 요인에 의해 초래되는 것으로 보는 설명 모형들이다. 정부중심적 접근방법은 '정부 행위자'의 의도와 행태에 초점을 맞춘 설명 방식과, '정부 구조'의 특성에 초점을 맞춘 설명 방식의 두 가지로 다시 한 번 구분된다.

(1) 정부 행위자의 의도성

정부 인사들이 의도적으로 정부 규모를 변동시킨다고 보는 설명 방식이다. 가령, 선출직 또는 임명직 고위공직자들이 자신의 이익을 도모, 관행, 또는 이념적 동기에서 국가정책을 결정하고, 이로 인하여 정부 규모의 변화가 이루어지는 것으로 본다. 구체적으로 다음과 같은 설명들을 예시할 수 있다.

가) 점증주의적 예산운영

점증주의적(혹은 점강주의적) 예산운영은 예산 결정자들이 총체적-합리적 의사결정방식 보다는 단순히 전년도 예산을 기초(base)로 하여 다음해 예산을 결정하는 방식을 취함으로써 결국 소폭의 예산 변화를 초래한다고 보는 설명방식이다. 이 모형은 개인들의 전례 답습적 행위를 중심으로 설명하는 접근법을 택하고 있다.[15]

이러한 설명방식은 전통 다원주의 이론가들에 의해 발전되었다. 이는 예산결정과정이 분권화된 다두제적 정치행정체제하에서 상호 절충적으로 이루어지는 것에 초점을 두는 "과정적 점증주의"와 예산결정의 결과로서의 내용면에서 소폭의 증감이 이루어지는 것에 초점을 두는 "내용적 점증주의"로 구분된다 (Bailey & O'Connor, 1975; 신무섭, 1985; Wildavsky & Caiden, 1997).

본래 점증주의 예산운영 개념은 매년도 예산규모의 결정이 소폭으로 증가 또는 감축한다는 것이다 (Wildavsky, 1975; 신무섭, 1985). 그러나 20세기의 대부분 동안 예산은 증가해왔다. 1980년대 이후 신공공관리론이 도입된 이후에 수사적으로는 정부지출의 감축을 주장했으나 OECD 국가들의 GDP 대비 정부지출 평균을 보면 오히려 다소 증가한 것으로 나타났다 (OECD, 2006). 국내총생산 대비 정부지출의 비중은 OECD 국가 내에서 평균적으로 2% 정도 상승하였으며, 1993년을 정점으로 하여 2005년까지 40% 내외로 하락하였다. 그러나 경기변

---

15 이와 같은 점증(감)주의적 예산운영은 다두제적 정치체계 내에서 협상과 절충을 위주로 하는 관련 공직자들의 의사결정 행위를 전제로 하는 점에서, 다원주의 국가론의 파당적 국가 이미지에 부합된다.

동 등의 조건을 조정하면 정부지출은 거의 변화 없이 유지되고 있는 셈이다 (OECD, 2006).

나) 관료들의 예산극대화 전략

예산극대화 전략은 관료들이 사회후생의 극대화가 아니라, 그들 자신의 개인후생 극대화를 도모하는 방향으로 예산결정에 임하기 때문에, 자연히 소속기관의 예산 극대화를 추구하게 되어 사회적 효율성을 넘는 수준까지 재정팽창을 가져온다고 설명한다 (Niskanen, 1971; Wilensky, 1975; Rose & Peters, 1978).[16]

이러한 설명방식은 공공선택론(public choice theory)에 의해 발전하였다. 이 시각에서 관료들은 합리적 행위자들이며, 자신들의 효용을 위해 예산을 극대화하는 행태를 보인다는 '예산극대화 모형'(budget maximizing model)을 제안하였다. 이는 1970년대 초 이후 신우파 이론가들이나 현실 정치인들이 국가재정지출의 팽창을 설명하는 가장 전형적인 모형이었다.[17] 이 모형은 또한 1980년대초 이후 서구의 주요 국가들이 추진해 온 재정감축 노력에 대한 이른바 '비관론적 접근법(pessimistic approach)'의 근거가 되기도 했다. 영·미의 신보수주의 정권들이 표방한 행·재정 개혁의 시도에도 불구하고, 관료들의 예산극대화 행동이 지속되는 한 소기의 성과를 거두기는 어렵다는 것이다.

다) 정치지도자들이 지향하는 이념

정치지도자들이 지향하는 이념이나 소속 정당의 규범과 전통에 따라 집권정부의 정책지향이 달라지는 것은 물론이다. 영국의 노동당처럼 좌파정당이 집권하는 경우가 보수당 같은 우파정당이 집권하는 경우에 비해 재정팽창이 더 이루어질 것임을 예상하기는 그다지 어렵지 않다 (Cameron, 1978; Castles, 1982).[18] 또한, 1970년대 말 이후 주요 국가에서의 정부 감축 노력은 레이건(Ronald Reagan)이나 대처(Margaret Thatcher) 같은 강력한 영웅적 정치지도력이 있었기에 가능했다고 보는 관점도 있다.

(2) 정부의 구조적 특성

정부 및 국가체제의 구조적 요인에 의해 정부의 규모 변동이 나타나게 된다고 보는 설명방식이다. 가령, 정부의 자율성, 관료기구가 지닌 제도적 특성, 조세체계 등을 들 수 있다.

---

[16] 따라서 이 모형은 전형적인 신자유주의 공공선택론의 모형이며, 파당적 국가 이미지에 부합된다.

[17] 이 모형에 관한 좀더 상세한 내용은 이 책의 제5편 제3장(재정정책과 예산)에 실려 있다.

[18] 이 모형은 정치의 활성화를 통한 사회문제의 해결 가능성을 강조하는 전통적 다원주의 국가론에 바탕을 두고 있다. 또한 정치지도자들과 그들의 정당이 다수 국민의 선호에 다른 정치적 지지를 토대로 정책의 변화를 가져오는 것으로 가정하는 점에서 보호자적 국가의 이미지에 부합한다.

가) 정부의 자율성

정부의 자율성 관점은 정부기구들이 집권화 되어있을수록 그만큼 사회로 부터의 투입가능성이 감소하여 자신의 의지에 따라 정부 규모를 증대시키거나 또는 감축시키기가 용이하다고 설명한다 (Castles, 1982).[19] 이 관점은 국가가 어떤 경우에 그 규모를 증가 또는 감축시키느냐에 관한 어떤 명확한 기준을 제시하지는 않는다. 팽창이든 감축이든 그것은 모두 국가가 그때그때의 필요에 따라 자율적으로 결정한 결과인 것으로 설명할 뿐, 그 필요가 무엇인가에 관한 어떤 일관된 기준이 제시되지는 않는다. 다만, 국가와 국가기구 및 엘리트들은 사회적 복잡성을 축소하고, 그와 같은 복잡성에 의해 초래될지 모르는 사회분열 가능성을 관리하려는 성향이 있음을 강조한다. 국가는 일반 대중의 국가정책에 대한 순응과 충성심을 확보하기 위하여 복지지출을 증가시키거나, 국제사회에서의 위상을 강화시키기 위해 '군산복합체(military-industrial complex)'와 국방행정기구들의 확대를 꾀하기도 한다 (Dunleavy & O'Leary, 1987).

나) 관료기구의 제도적 속성

관료기구의 제도적 속성에 초점을 둔 접근의 대표적인 것으로 '관청형성 모형'(Bureu-shaping model)을 들 수 있다 (Dunleavy, 1989a; 1989b; 정용덕, 1993; 1999). 관청형성 모형은 기본적으로 정부 행위자들의 합리적 선택을 가정한다는 점에서 '공공선택론'과 결을 함께 한다. 그러나 관료들의 합리적 선택행위를 제안하는 제도적 요인까지 함께 고려한다는 점에서 순수한 의미의 소위 '신우파 공공선택론'과는 차이를 지닌다.

실제로 관청형성 모형은 '공공선택론이 지니는 설명방식의 한계를 극복하고자 대두되었다. 가령, 공공선택론은 정부규모의 확장 현상만을 설명하므로, 1980년대 초 이루어진 정부규모의 감축 노력에 대한 설명에는 한계가 있다. 즉, 관료들의 예산극대화모형은 재정팽창을 설명하기 위해서는 타당성이 있지만, 재정감축의 경우는 적합하지 않다. 이에 관청형성 모형은 관료들의 합리적 선택행위를 제한할 수 있는 제도적 요인까지 고려하여, 가령 관료들의 효용은 그들의 직급(rank), 소속기관, 예산 등의 제도적 다양성에 따라 차이가 있음을 강조하고, 이를 모형에 반영한다. 관료들의 효용은 대개 소속기관이 통제하는 전체 예산액 중 단지 일부분에만 관련된다. 정책수준의 고위직 관리들은 예산을 내부최적수준(즉 예산증가에 따라 체감하는 한계효용과 예산증대노력에 따라 체증하는 한계비용이 교차하는 수준)까지만 극대화하려 할 것이다. 또한 고위직 관료들은 금전적 편익보다는 수행하는 업무내용에 관련

---

[19] 이와는 달리, 지방분권화의 수준이 높으면, 그에 따라 주민의 대 정부 접근이 쉬워져서 정부의 재정지출이 증대되기가 쉽다고 보는 설명도 있다 (Pivon & Cloward, 1981).

된 효용에 더 관심을 갖는다 (Dunleavy, 1989a; 1989b). 정책결정에 영향력이 큰 고위직 관료들은 소속기관의 전체 예산을 극대화하는 전략보다는 '관청형성전략'을 통해 승진할 수 있는 직위를 창출함으로써 얻는 효용극대화를 더 선호할 것이다. 소속 관청(bureau)을 직급은 높으면서도 참모적 성격의 기관으로 재구성함으로써 사업집행에 따른 계선적 책임으로부터는 벗어나고, 핵심권력의 주변에서 다른 기관에 대하여 행사하는 영향력을 극대화함으로써 전반적인 지출감축의 압력이 발생하는 상황에서도 생존하는 전략이다. 관청형성전략에 따라 보다 더 핵심행정부의 참모기능이 강화되는 분산된 국가구조 — 즉 소수의 계선 책임이 없는 소규모 정책기능위주의 중앙기관들이 엘리트관료들에 의해 주도되는 국가기구형태 — 의 발전이 이루어지게 된다.[20]

이와 같은 제도적 공공선택론의 견해에 의거하는 경우, 1980년대 초 이래 영미권 나라들이 추진해 온 정부구조조정과 재정감축에 대한 설명에서 이론적 일관성을 유지할 수 있다. 관료들은 계속해서 합리적 행동을 수행하지만, 그들의 행동을 제약하는 구조적 요인, 즉 제도적 특성에 따라 다양한 형태의 재정 운영과 조직 구조의 변화가 이루어지는 것이다.

다) 조세체계

국가의 조세체계에 따라 재정 규모의 증감이 영향을 받는 것으로 보는 설명방법이다. 예로서, 영업세나 부가가치세 등 간접세 비중이 높은 경우는 낮은 경우에 비해 재정규모의 팽창이 더 쉽다 (Cameron, 1978). 간접세의 비중이 높은 경우 납세자들의 '재정 환각(fiscal illusion)'을 유발시킬 가능성이 그만큼 커지기 때문이다.[21]

2) 사회중심적 설명

사회중심적 설명은 국가 규모가 사회영역의 요인에 의한 변화하는 것으로 설명하는 접근방식이다. 한편 사회중심적 설명의 접근법들은 모두 수동적 국가의 이미지에 부합된다. 사

---

[20] 여기서 관료들은 자신들의 개인적 후생의 극대화를 추구하는 점에서 앞에서 지적한 관료들의 예산극대화 모형과 마찬가지로 파당적 국가의 이미지를 지닌다. 그러나 관료들을 모두 계선 관료로 동일시하는 후자와 달리, 전자의 경우 관료들이 계급에 따라 상이한 선호와 유인 체계를 지닌 것을 강조하며, 특히 국가정책결정이 고위직 정책수준 관료들에 의해 좌우되는 점을 강조하는 점에서 엘리트 국가이론에 해당한다. 이 모형에 관한 좀더 상세한 내용은 이 책의 제4편 제3장(개인주의 국가의 행정기구)에 실려있다.

[21] 재정 환각이론은 입법자나 행정관료가 정부의 실제 규모에 대해 유권자를 기만할 수 있다고 가정한다 (Buchanan, 1967). 따라서 유권자에게 보다 불분명한 조세나 징세방법들이 보다 더 많이 정부에 의해 사용될 수 있다. 이러한 재정환각은 조세체계가 복잡할수록, 증세 대신에 부채를 증가시킬수록, '파리 끈끈이 종이 효과(flypaper effect)'가 발생할수록 나타나기 쉽다. 예로써, 중앙정부에서 지방정부로 보조금을 교부하면 지방정부가 그만큼의 조세나 차입금을 줄이지 않기 때문에, 중앙정부에서 교부된 자금이 모두 지방정부에 의하여 포획되어 버리는 현상이 발생하게 된다. 이를 통하여 지방정부는 증세 없이도 재정지출을 증가할 수 있게 되는 것이다 (Hines & Thaler, 1995).

회중심 접근방법도 관련자들의 행위를 중심으로 설명하는 방법과 구조적 요인을 중심으로 설명하는 방법으로 다시 구분해 볼 수 있다.

(1) 사회부문 행위자

가) 이익집단이론

이익집단이론은 조직화된 개인들이 정부에 집단적인 압력을 행사함으로써 그들의 요구를 실현하기 위한 정부규모의 증대를 초래한다는 설명방식을 제안한다 (Olson, 1965; Garrett and Rhine, 2006). 이에 대하여, 전통적인 다원주의 이론가들에 의하면, 제2차 세계대전 이후 대부분의 나라에서 정부부문의 성장이 이루어진 이유는 시민들의 정치참여와 이익집단 정치가 활성화되었기 때문이라고 본다. 유사한 맥락에서, 시장자유주의 국가에서는 정부지출의 확대가 이익집단들의 담합행위(log-rolling)나 주기적인 선거에 따른 이른바 정치적 경기순환(Tufte, 1978; Kaleki, 1943) 등에 의하여 이루어지는 모습이 관측된다.

이러한 설명을 따를 때, 1970년대 후반에 이르러 정부부문의 성장이 정점에 도달하고 이후 감소하게 된 이유에는 경제사정의 악화로 인한 국민들의 여론이 반전된 것이 있다. 이 시기 기존의 조세수준을 넘어서는 재정을 필요로 하는 어떤 형태의 재분배정책에도 반대하는 분위기가 형성되었다는 것이다.

나) 지배계급의 전략

1970년대 이후에 등장한 신마르크스주의 이론가들은 정부의 성장과 감축 현상을 설명하기 위하여, 다음과 같은 설명을 모색하였다.

첫째, 하버마스(Habermas, 1976)는 불평등한 자본주의 체제의 정당성을 유지하기 위하여, 불평등에 대한 불만을 (실제적 또는 의도적으로) 억압할 필요가 있다고 보았다. 이에 정부는 사회복지 서비스 등 자본주의 체제에서 부여하는 물질적인 혜택을 부여함으로써 이러한 불만을 해소하려는 동기를 가지게 되고, 이에 정부규모의 확대가 나타나게 된다고 설명한다. 이러한 설명은 정통파 마르크스주의 이론가들은 복지국가 정책이 단지 자본가들의 이익을 지속시켜 주는 억압국가(coercive state)의 현실을 은폐하기 위한 일종의 겉치장에 지나지 않는 것으로 간주하였던 것과 비교하여, 좀 더 세련된 분석을 통해 현대국가의 성장과 감축 현상을 설명하려고 노력한 것으로 평가할 수 있다.

둘째, 밀리반드(Miliband, 1970)는 정부지출의 증대는 자본시장에 대한 지출과 지원을 요구하는 자본가들의 요구에 의해 유발되고, 정치투쟁에서 권력획득에 성공한 친(親)노동계급 정당에 의해서 주도되기도 한다고 보았다. 그러나 친(親)노동계급 정당이 정권을 갖는다고 해도 노동계급이 자본주의를 전복시킬 수 없다. 친노동계급 정당이나 압력집단들이 정치 권력의 획득을 통해 정부 역할을 확대하려고 하지만, 그것이 너무 지나칠 경우 경제적 위기 — 예로서, 통화위기, 사적 투자 감퇴, 이윤율 저하 등 — 의 형태로 제한을 받기 때문이다.[22]

(2) 사회 구조
가) 사회경제적 변화

경제발전의 수준에 따라 국가재정의 규모가 변한다는 소위 '바그너 법칙'을 비롯하여 이미 오래전부터 형성되어 온 이론체계이다 (Wagner, 1883; Wilensky, 1975). 이에 대한 하나의 반론으로서, 경제성장의 수준보다는 경제성장률이 더 중요하다고 보는 관점도 있으나, 궁극적으로 사회중심적 설명이기는 마찬가지다 (Wildavsky, 1975; Hicks & Swank, 1984). 인구 사회적 변화 — 예로서, 노령인구나 실업자 수의 변화 — 에 따라 국가부조의 필요성이 변화하고, 또한 그 때문에 국가의 지출규모도 변한다는 논리도 또 다른 하나의 사회중심적 설명방식이다. 앞에서 소개한 것처럼, 전통적 다원주의자들은 제2차 세계대전 이후 서구에서의 국가 성장이 민주주의의 진전에 따른 시민들의 투입정치 활동의 강화에서 비롯된 것으로 설명한다. 그러나 그들은 (이와 같은 정치적 요인들에 의해) 일단 국가의 사회적 및 경제적 개입체계가 설정되고 나면, 그 이후는 사회경제적인 환경 변화에 따라 국가 규모가 결정되는 것으로 설명한다. 예를 들면, 인구증가에 따라 교육, 주택, 보건 지출이 확대되고, 교통형태의 변화에 따라 도로건설사업이 결정되는 것으로 본다. 또한 성장산업과 국방사업을 위한 정부지원에 따라 첨단기술 부문에 많은 투자가 이루어진다. 국가개입이 공공수요와 환경변화에 의해 이루어진 예들이다. 마찬가지 방법에 의해 1970년대 말 국가지출의 성장이 정점에 도달하게 된 이유를 설명할 수 있다. 서구 주요국들의 경우, 전체 인구의 감소와 그로 인한 학생 수의 감소 및 교육 지출의 감소가 이루어졌다. 또한 빈민촌에 대한 도시재개발 사업 등 기본욕구 충족을 위한 공공서비스 사업도 완료되었다. 여기에 더하여 석유파동 등 경제적 조건이 악화됨에 따라 국가 개입과 국가 지출이 모두 감축하게 되었다는 설명이다 (Drucker, 1986: 16장).

---

[22] 마르크스주의 이론가들은 이처럼 자본주의 발전에 대한 보다 폭넓은 역사적 이해를 위해 엘리트이론 및 다원주의 이론을 모두 수용하려고 한다. 그러나 이 과정에서 또 다른 문제들이 야기되었다 (Poulantzas, 1969; 1976). 국가에 대한 다원주의적 영향력에 대해 초점을 두는 경우, 맑스주의 이론에 특유한 분석 방법과 충돌할 가능성이 있다. 구조주의적 분석과 다원주의 혹은 엘리트이론의 분석간에 구분이 어려워진다. 또한 자본주의의 제약과 국가 자율성의 경계, 그리고 다원주의적 정책결정과정간의 관계가 모호해지기도 한다.

나) 문화적 변화

한 나라의 재정 규모는 당시에 그 사회 구성원들이 평등이나 국가 역할 등에 관해 공유하는 가치관에 의해 결정되는 것으로 설명하는 방법이 있다 (Wildavsky, 1985). 경쟁적 개인주의(competitive individualism) 문화가 지배적인 시기에는 기회균등을 가장 중요한 가치로여기며, 따라서 국가의 역할은 기회균등이 보장되도록 법과 질서의 유지 및 시장경쟁 체제의 강조에 초점이 주어진다. 이와는 달리, 계층제적 관료주의(hierachical bureaucracy) 문화가지배적인 시기에는 전문성과 분업의 원리에 따른 소위 "제도화된 불평등"이 중시된다. 이경우 계층제의 리더들은 추종자들을 돌보아야 할 의무가 부과된다. 예를 들면, 국가관료제는 재분배 정책을 통해 모든 사회구성원들의 복지를 일정한 수준에서 유지해야 한다. 반면에, 분파주의적 적대 문화(sectarian adversarial culture)가 지배적인 시기에는 결과의 평등을더 선호한다. 분파주의 체제(sectarian regime) 내에서는 순수하게 자발적인 결사체 생활이 강조되고, 강제나 권위가 전혀 없는 생활을 신봉하며, 종족간, 소득계층간, 남녀간, 세대간, 사제간, 공직자와 시민간의 격차를 비롯한 모든 사회적 차별을 감소시키려는 것을 목적으로삼는다. 이와 같은 유형의 문화들이 국가와 시대에 따라 어떻게 지배적으로 구성되는가에의해, 그 나라의 국정운영 방식이나 국가 규모에 영향을 미친다. 전통적으로 계층제 문화가약하고 경쟁적 개인주의가 더 지배적인 미국의 경우가 계층제 문화가 더 지배적인 유럽 국가들에 비해 작은 국가 규모를 유지해 왔다.[23] 그러나 미국이나 유럽에서 분파주의 문화가발흥하는 경우가 있었으며, 그 때마다 더 많은 결과의 평등을 가져오기 위한 국가의 적극적역할이 강조되고는 하였다. 이것은 곧 국가 규모의 확대를 초래하는 주요인으로 작용했다(Wildavsky, 1985).

다) 자본주의 체제의 기능적 필요성

자본주의 국가이론가들에게 제2차 세계대전 이후 서구에서의 복지국가 정책의 발전은자본주의 특유의 발전 단계 중 하나가 시작되었던 것을 의미한다. 국가와 독점자본의 근대화 사업이 훨씬 더 긴밀하게 상호 융합하는 형태를 띠게 된 것이 그것이다. 자본주의에서 국가는 '자본주의 생산양식(Capitalist Mode of Production)'을 유지하는 데 필요한 기능을 수행한다. 자본주의 국가의 역할이 팽창하게 된 데에는 자본주의에 필요한 다음의 두 가지 상호모순적인 국가 기능에 기인한다. 첫째, 국가가 자본주의적 생산양식에 의해 필요한 유효수효를 지속적으로 창출해야 하는 것이다. 둘째, 국가가 착취적이고 불평등한 생산체계를 유

---

[23] 국가의 재정규모와는 달리, 규제의 정도 면에서는 정반대 현상이 나타났다. 즉 미국의 경우, 재정규모는 유럽국가들에 비해 상대적으로 작지만, 정부규제는 유럽국가들에 비해 훨씬 더 많다.

지하고 재생산해 내는 역할을 정당화시키기 위해 피지배계급에게 복지혜택을 제공할 필요성이다. 수요관리 및 정당성의 압력은 국내에서 사회민주주의적 복지국가를 창출하는 계기가 되었다. 예로서, 국방지출은 저소비에 대한 하나의 해결책이었다. 또한 케인즈주의 수요관리와 사회복지주의도 보다 효과적인 소비수요를 창출하기 위한 또 다른 하나의 수단이었다. 이는 또한 노동계급의 허위의식을 창출하고 국가의 정당성에 대한 위협을 해소하는 방편이 되기도 하였다 (O'Connor, 1973).

이 두 가지 상호 모순적인 필요성을 충족시켜주기 위한 역할의 수행 과정에서 국가는 재정적 및 정당성의 위기에 모두 직면하게 된다 (Habermas, 1976). 이 두 가지 국가 기능들은 근본적으로 상호 모순적이며, 따라서 국가의 정당성 위기와 재정적 위기를 모두 초래하여 결국에는 자본주의를 손상시키게 된다. 사회복지를 증진시키는 전략에 의해 창출되는 재정적 부담을 사적 부문에 대한 증세를 통해 해결하려고 하지만, 이는 결국 사적 부문의 비용을 증가시키고 경쟁력을 감소시키는 결과를 가져온다. 사적 부문의 이윤율 유지를 위해 국가가 유효수요를 창출해 내는 데, 그에 따라 국가 지출이 더 확대되고, 이것은 또 조세의 증대를 불러일으킨다. 이와 같은 동반상승효과(sprawl effect)는 노동계급의 고소비 수준에 대한 기대상승에 의해 더 촉진된다. 이 과정은 결국 "국가의 재정적 위기"로 귀착된다 (O'Connor, 1973). 이 경우 국가가 취할 수 있는 유일한 선택 방안은 노동계급에 대한 양여를 감축하거나, 아니면 조세를 더욱 늘리는 것이다. 첫 번째 대안은 국가의 정당성을 훼손시킬 것이고, 두 번째 대안은 자본축적의 돌이킬 수 없는 위기를 초래할 것이다. 그 전형적인 예가 바로 1970년대 후반부터 발생하고 있는 국가 감축의 설명방법에서 나타난다. 전술한 것처럼, 그 동안 기능론적 마르크스주의 이론가들은 국가성장이 자본주의의 기능적 필요성에 의해 초래되었다고 주장해 왔다. 그러나 요즈음에 와서 그들은 국가지출의 감축 역시 사기업들의 이윤을 증가시키는 일에 기능적이라고 설명하고 있다. 그러나 1980년대 이후에 전개되는 공공지출의 감축에 대해서도 마찬가지 방법으로 설명하려고 한다. 이것은 곧 "어떤 일이 발생하건 그것은 모두 자본에 대해 기능적"이라는 식의 일종의 동어반복(tautology)적 설명을 하게 되는 문제점이 있다.[24]

---

24 이와 같은 기능주의적 설명이 지닌 장점은 일반적인 마르크스주의 사고와 일치하는 점이다. 특히 국가의 성장 문제를 보다 넓은 사회적 및 경제적 발전 맥락 위에서 조망하게 해준다. 그러나 다음과 같은 문제점을 내포한다. 첫째, 정부 성장에 관련된 엄밀한 행위자들에 관해 언급이 없다. 복지국가정책을 누가 설계하고, 반대하고, 지지하고, 동의했는가에 관해 상관하지 않는다. 여기서 그들은 모두 자본주의의 논리에 따라 결정된 방식으로만 행동할 뿐이다. 이로 인하여 실질적인 권력환원주의 혹은 단순주의적(power reductionist or simplistic)인 분석으로 이끌어지는 경향이 생긴다. 둘째, 이 접근방법은 비반증적 설명(non-falsifiable explanation)으로서, 그에 합당한 증거를 배열할 수 있는 방법이 없는 문제점이 있다 (Larkey, 1981: 176-201).

제4장 신행정국가

　행정국가는 1970년대 후반부터 강한 비판과 도전에 직면하게 되었다. 이는 행정국가가 '큰 정부'의 비효율, 낭비, 및 관료제의 비대응성을 지니고 있다는 문제의식에서 비롯하였다. 서구에서는 이에 대안적인 관점으로 "기본적으로 작은 정부를 지향하면서도, 국가정책결정은 계속해서 행정부가 주도하지만, 정책집행에 있어서의 관료제 방식은 가급적 탈피하는 방식과 그에 따른 구조적 특성을 지닌 이른바 '신행정국가론'(the neo-administrative state)"이 모색되었다 (정용덕, 2001)[1].

　이때, 신행정국가론은 국정에서 정부가 갖는 기획과 조정의 역할의 중요성을 강조하기 때문에, '작은 정부의 논의'가 자칫 국가규모 감축 뿐 아니라 국가권위의 약화로 이어질 수 있음을 경계한다. 뿐만 아니라, 신행정국가론은 비대하고 비효율적인 정부관료제가 갖는 문제점을 자각하고 있기 때문에, '큰 정부의 논의'가 이러한 정부실패의 가능성을 간과할 수 있음을 아울러 경계한다. 이에, 신행정국가론은 양측의 문제를 극복하는 동시에 양측을 조화하기 위한 대안을 모색하고 있는 것이다.

　주지한 바대로 행정국가는 산업화와 도시화, 대공황과 세계대전과 같은 위기 대응, 복지정책의 확대 등으로 인하여 급격히 팽창되었다. 그러나 국가재정의 과도한 팽창과 비효율성

---

[1] 온라인 행정학 전자사전(https://www.kapa21.or.kr/epadic/print.php?num=477) (검색일: 2020년 11월 18일)

으로 인해 1970년대 후반 이후 행정국가에 대한 기존의 인식에 비판이 제기되기 시작했다 (Caiden, 1981; 1982). 첫째, 행정국가가 반드시 불가피하거나 혹은 반드시 편익을 가져다주는 것이 아니라는 것이다. 심지어 행정국가는 사회문제 해결에 도움이 되기보다는 오히려 그 일부일지도 모른다는 생각이 제기되기도 하였다.[2] 둘째, 정부에 의한 사회 문제 해결, 즉 사회문제의 '정치화(politicization)'가 반드시 해결을 보장하는 것은 아니라는 것이다. 셋째, 행정국가 이념에 잠재해 있는 '강력한 행정부'는 그것에 주어진 권력을 남용함으로써 공공의 법적 혹은 도덕적 책임성을 저해하는 경향이 있다는 것이다.[3] 넷째, 이른바 공공서비스의 '전문직업화(professionalization)'도 행정능력의 향상을 보장하지는 않는다는 것이다 (Mosher, 1984). 즉 행정국가가 사회에서 가장 능력 있는 사람들을 충원하고 유지하는 데 충분한 유인책을 제공하지 못했다는 것이다. 다섯째, 정부의 필요나 명령에 자동적으로 동원되고 순응하는 것이 당연시될 수는 없다는 것이다. 여섯째, 점차 많은 시민들이 그들 자신의 생활을 스스로 결정하고 통제하기를 원하게 되었다는 점이다.

이와 같은 비판에 직면하여 행정국가의 역기능을 시정하기 위하여 다음과 같은 대안들이 모색되었다. 첫째, 정부의 성장을 동결하거나 감축한다. 시장자유주의에 이론적 기반을 둔 신공공관리론에서는 '큰 정부'의 비효율성을 개선하기 위해 정부의 활동 수준 및 기능을 감축하고, 민간화하거나 시장원리를 도입하려고 했다. 둘째, 신다원주의나 민주적 공동체주의의 입장에서는 정부의 권한을 분권화하고 제3섹터나 시민사회와 파트너십을 형성함으로써 공동으로 국정을 관리하는 연결망 거버넌스(networked governance)를 대안으로 제시했다. 셋째, 탈근대주의 시각에서는 기존의 진보의 신화와 합리성에 기반을 둔 국가를 해체하고 재구성함으로써 전문성을 지닌 지식권력과 진정성에 기반을 둔 소통 그리고 틀 짓기(framing) 경쟁을 통해 거대 국가의 문제점을 비판하였다.

이러한 신행정국가로의 국정운영 방식의 전환은 20세기 후반에 세계화와 신자유주의라는 시대적 조류와 결합하여 전 세계적으로 확산되었다. 그러나 행정국가에 비하면, 무엇을 새롭게 할 것인지에 대하여 나라별로 광범위한 차이가 존재한다 (Pollitt & Bouckaert, 2004). 영미권 나라에서는 대체로 신공공관리론에 의거하여 친시장적인 개혁을 추진했다. 반면에 유럽 대륙의 나라들은 행정국가를 현대화(modernizing)하는 개혁을 시도하였다. 그러나 2008년 세계적 금융위기 이후 시장만능의 경제체제에 대하여 비판이 제기되고 시장의 탐욕과 경제적 불균형을 해결하기 위한 국가의 역할에 대하여 새로운 재조명이 이루어지고 있는 중이

---

2 이와 같은 주장은 1981년 초에 레이건 대통령의 취임사에도 담겨 있다.

3 이와 같은 비판에는 특히 닉슨 대통령과 그의 백악관 참모들의 권력남용이 결정적으로 작용하였다 (Ostrom, 1974: 134-144).

다 (Jung, et al, 2010).

제 2 절 신행정국가 대두의 원인

신행정국가의 대두는 20세기 후반에 전 지구적으로 나타난 행정환경의 변화를 배경으로 한다. 이 절에서는 이러한 행정환경의 변화에는 어떠한 것이 있는지 간략하게 살펴본다.

1. 행정환경의 변화를 통한 설명

1) 국가의 과도한 성장과 비효율

첫 번째 변화는 그간의 행정국가화로 인한 관료조직의 팽창과 정부규제의 확대이다. 특히 영국 등 유럽의 여러 나라들은 복지국가 정책을 실시하는 과정에서 비대한 정부조직화로 인하여 국가 재정의 위기에 봉착했다.[4] 이에 1979년 집권한 영국의 대처 수상과 1980년에 집권한 미국의 레이건 대통령은 감세, 민간화, 규제완화, 외부계약 등을 통해 정부의 규모를 줄이려는 노력을 기울였다 (Dryzek & Dunleavy, 2009). 1990년대부터는 기존의 경직된 관료제 중심의 정부조직을 혁신하고, 정보화, 국제화, 민주화에 따른 새로운 사회의 요구에 대한 대응성을 높이기 위하여 '정부를 재창조'(reinventing government)해야 한다는 움직임이 확산되었다 (Gore, 1993).[5]

2) 민주주의의 확산과 재생

두 번째 변화는 20세기말 이후 전지구적 차원에서 진행되고 있는 정치적 민주주의의 증진이다. 이에 군사독재 체제, 국가사회주의 체제, 신권정치 체제 등 많은 종류의 권위주의 체제가 붕괴하고, 자유입헌민주주의로 이미 이행하였거나, 이행단계에 있다. 이러한 변화는 모든 시민에 대한 동등한 참정권, 시민권, 정치적 권리의 보장, 그리고 통치 엘리트의 책임

---

[4] 행정의 비효율성으로 인한 폐해를 극복하기 위해 정치적인 문제를 경제학적으로 접근하는 공공선택(public choice) 이론이 등장하게 된 배경도 1970년대의 정치와 관료제의 문제점을 시장과 유권자의 선택에 의하여 개혁하려는 것으로 볼 수 있다.

[5] 오스본과 개블러(1992)의 '정부 재창조(Reinventing Government)' 아이디어는 클린턴 행정부의 행정개혁으로 채택되었다 (Stillman Ⅱ, 2010).

성 등을 강화하는 방향성을 가진다.

1980년 후반 구 소련(USSR)의 붕괴에 이은 베를린 장벽의 붕괴와 독일 통일, 그리고 동유럽과 동아시아에 민주화가 차례로 이루어졌다. 2000년대에는 부시(George W. Bush) 행정부의 '테러와의 전쟁'을 거치면서 이라크와 아프가니스탄 등 중동지역에서의 민주화도 전개되었다. 최근에는 정통 이슬람 국가인 리비아, 이집트 등에서도 이른바 '오렌지 혁명'으로 불리는 민주화 바람이 확산되었다. 이러한 민주주의의 세계적 확산에 더하여 기존 서구 자유민주주의 나라들의 경우에도 민주주의의 흠결을 치유하고 보다 건강한 민주주의를 재생하려는 노력들이 이루어지고 있다.[6]

최근에 민주주의의 흠결을 치유하기 위한 노력으로 진보주의 진영에서는 참여민주주의(participatory democracy), 시민공화주의(civic republicanism), 숙의민주주의(deliberative democracy) 등이 제시되고 있고, 보수진영에서는 신뢰, 협력, 사회적 자본을 강조하는 공동체주의(communitarianism), 자유시장 경제가 제대로 작동할 수 있는 조건으로서 성실, 이타심과 같은 도덕 감정(moral sentiments)의 복원 등이 제시되고 있다 (Dryzek & Dunleavy, 2009). 특히 미국에서 공동체주의에 입각한 행정개혁론자들은 효율성 중심의 정부개혁 보다는 가족, 직장, 사회에서 공동체적 가치의 복원과 시민의 참여를 강조하고 있다 (Stillman Ⅱ, 2010).

3) 정보기술의 발달과 연결망 사회의 도래

세 번째 변화는 컴퓨터와 통신기술이 결합하여 정보의 수집·가공·처리·축적·전달 능력이 획기적으로 증대되면서, 정보의 가치가 산업사회에서의 물질이나 동력 이상으로 중요해지는 이른바 정보화[7] 사회로 전환되어 가는 현상이 나타났다는 것이다 (정국환·정용덕 외, 1996). 이는 불가피하게 국가와 행정의 변화를 초래하였다 (권기헌, 1997).

정보사회에서 예상되는 정부와 민간의 기능배분은 이원적 요소를 지닌다. 가령, 한편으로 정보통신기술의 발달과 그로 인한 국가 및 사회부문의 정보화로 인하여 정부 기능은 점차 간소화해지고 축소될 것이다. 다른 한편으로는 정보기술의 발달과 그로 인한 국가·사회부문의 정보화는 정보접근 비용, 컴퓨터 범죄, 사생활 침해 등 새로운 공공문제를 불러일으

---

6 민주주의의 흠결의 일반적 현상으로 정치적 무관심, 소수의 엘리트에 의한 정책결정의 지배, 유권자가 아닌 자본에 의한 정책결정에 영향, 지역구와 재선을 목적으로 하는 입법자에 의한 무책임한 입법, 사적 이익을 추구하는 관료제, 유권자와 입법자의 선호의 집약의 불안정성, 사회적 이익의 반영의 배타성, 네트워크 거버넌스의 무책임성, 대안을 제시하지 못하는 정당, 선거제도의 왜곡, 전문학적인 선거운동 자금의 모금, 투표율의 감소, 정당의 당원의 감소, 네가티브식 선거운동, 국가 내에서 소수자의 차별, 국가 내에서 소수 그룹간의 정체성의 갈등, 국가안보를 가정한 기본권의 위축 등이 제시되고 있다 (Dryzek & Dunleavy, 2009: 207-8).

7 영어권 나라에서는 한국에서 사용하는 '정보화(informatization)' 대신에 '정보(통신)기술혁명(information (and communication) technology revolution)' 혹은 '디지털화(digitalization)'라는 용어를 주로 사용한다.

킨다. 분권화와 함께 연결망에 의거한 행정관리의 필요성도 증가한다.[8] 정보화 시대의 거버
넌스는 정부, 기업, 시민사회의 행위자들을 정보 기술로 재통합하고, 행정수요에 기반을 두
고 행정기관들과 고객 간의 관계를 보다 크고 포괄적으로 변화시키며, 모든 행정이 웹사이
트를 통해 이루어지는 등 행정 업무 수행에 근본적 변화를 가져온다 (Dunleavy, Margetts,
Bastow & Tinkler, 2006). 정보화 기술은 신공공관리에 의한 연결망 거버넌스 뿐만 아니라 정
보공개를 통한 신뢰와 협력으로 협력적 문제해결을 가능하게 한다. 결국 정보통신 기술의
발전으로 인하여 국민들이 정책결정과정에 참여할 기회가 늘어날 것으로 예상된다. 정보유
통 속도와 정보처리 속도가 빨라지면서 국민들의 직접 민주주의도 용이해진다.[9]

그러나 특수 이익만을 대변하는 대표성의 문제, 국가정책의 보안 문제, 정보격차 문제 등
해결해야 할 과제도 발생한다. 또한, 정보통신정책이 국가중심으로 추진되면서 국가중심의
의사결정 기제가 그대로 유지 혹은 (정보망의 설치와 데이터베이스(DB) 기술의 발전 등으로 인
해) 오히려 강화될 여지가 있다.

4) 전지구화

네 번째 변화로 국경을 뛰어넘어 사회적, 문화적, 경제적, 가능하다면 정치적 시스템까지
도 하나의 지구적 시스템으로 통합하는 전지구화(globalization) 과정을 들 수 있다 (Dryzek
& Dunleavy, 2009). 전 지구화는 현재에도 계속해서 확산되어 가는 추세에 있다. 그것은 사
회경제적 변화에 따른 기능적 필요성에 의해 추진되며, 동시에 특정 이익과 세력들의 의도
적인 행위를 통해서도 촉진된다. 최근의 전지구화의 확산은 1945년부터 고정환율에 의하여
국제적인 경제통합에 대하여 제동장치 역할을 했던 브레튼 우즈(Bretton Woods)체제가 1971
년에 붕괴되면서 부터이다. 이때부터 미국을 비롯한 시장자유주의 이데올로기를 지닌 국가
의 정책입안자들이 경제적 지구화를 적극적으로 시행하게 되었다. 또한, 정보화와 교통수단
및 생산기술의 발달에 의해 국제교류가 급성장하고 있다.

외국상품이나 서비스 또는 사람에 대한 정치적 장벽이나 차별을 제거하려는 이익이 분명
히 존재하며, 이를 위해 꾸준히 노력하는 세력들의 의도적인 행위에 의해서도 촉진된다.[10]

---

8 정보기술은 공사조직에 이전과는 다른 영향을 미치며, 많은 일반인도 전문가적 역할을 수행할 수 있도록 업무변화
   를 초래하고 조직이 환경에 적응하기 위한 촉진자(enabler)의 역할을 수행하게 한다 (Hammer & Champy, 1993).
9 예를 들면, 사이버(cyber) 공청회를 통해서 '원격 민주주의(tele-democracy)'가 실현될 수 있다. 즉 통신망상에서
   국민들의 여론을 수렴하여 정책에 반영할 수 있게 된다. 유럽연합에서 시행된 시민주도권(citizen's initiative)에 의
   하여 온라인 또는 오프라인으로 일정한 수 이상의 시민들의 요구가 있으면 입법적 조치를 시작할 의무를 부과하거
   나 캐나다 브리티쉬 콜롬비아에서 온라인상의 참여를 통하여 시민의회(citizen's assembly) 구성한 것을 예로서 들
   수 있다.
10 초국적 기업, 선진자본주의 국가, 국제기구 등이 그것이다. 선진자본주의 국가나 국제기구들(예로서, IMF, IBRD

선진자본주의 국가들은 신자유주의적 국정운영방식에 따라 자국의 정부개혁을 추진할 뿐더러, 그 모형을 전지구화라는 국제정치경제질서의 재편에 연계시키면서 전 세계적으로 확산시키고자 한다.[11] 이런 측면에서 지구화는 국제적인 측면에서 제도형성을 의미하며 그 만큼 국가에서 국제기구로 권한이 이전되는 것이다. 이들 국제기구에 의하여 제시되는 조건은 주권과 민주적 통제의 원칙을 무너뜨리고 자본자유화라는 이름으로 국제적인 투기자금에 대한 제한을 가하는 것을 금지하였다. 그러나 이것은 미국과 같은 부유한 사회에서는 시도되지 않았던 극단적 시장자유주의적 조치였다 (Stiglitz, 2006).

이러한 전지구화 경향과 새로운 국가 역할의 개념화, 그리고 그것에 따른 구조조정의 권장을 가져온 동인 가운데에는 이른바 "신고전주의적 반혁명"에서 찾을 수 있다 (Leftwich, 1994). 즉 1970년대 후반 이후 출현한 신우파 혹은 신자유주의 사고가 그것이다. 신자유주의는 경제 원리일 뿐만 아니라, 강력한 규범적·기능적 정치 및 국가이론을 내포하고 있다. 전지구화는 배분적 정의에도 두 가지 종류의 나쁜 영향을 미치게 된다.[12]

전지구화가 진전됨에 따라 개별 국민국가와 행정의 위상에 변화가 있을 수밖에 없다. 여기에는 대체로 두 가지 대립된 견해가 있다 (Farazmand, 1999). 하나는 전 지구화에 따라 국민국가와 행정의 종언이 이루어질 것으로 보는 견해이다 (Ohame, 1995; Stever, 1988). 다른 하나는 전지구화에도 불구하고 국민국가와 행정은 계속해서 중요할 것으로(Caiden, 1994; Heady, 1996; Scholte, 1997) 혹은 전 지구화 시대에 국가 주권은 오히려 더 강해지고 있다고 보는 현실주의 이론가들도 있다 (Krasner, 1993; Skocpol, 1985; Zysman, 1996). 그러나 국가간의 상호교류와 통합의 정도나 범위가 훨씬 심화됨에 따라 국민국가의 역할이나 주권행사의 범위가 대체로 축소될 것으로 보인다. 국가간 교류의 급증이나 사람, 자본, 정보의 엄청나게 빠른 이동은 국민경제, 그리고 궁극적으로는 국민국가의 위상과 역할을 약화시킬 것이기 때문이다.

등) 그리고 연구기관과 민간단체 등은 초국적 기업들의 침투에 의해 그들을 대변하는 역할을 수행한다. 제3세계 등 다른 나라에서 초국적 자본의 이익을 관철할 하위파트너를 양성하고 신자유주의 개혁을 지원하도록 유도하기도 한다 (정영태, 1997).

11 예로서, 현재 국제통화기금(IMF)이나 세계은행(IBRD)과 같은 국제기구들이 구제금융을 지원받는 국가들을 상대로 지배적인 국가주도 발전 패러다임을 타파하고, 최소국가의 감독하에 개방적인 시장자유주의에 의한 개혁프로그램을 이행하도록 한 것을 들 수 있다 (정용덕, 1998).

12 첫째, 선진국과 관련된 것으로서, 자본이 저임금 국가로 이동함에 따라 선진국의 노동시장 및 사회 보장제도의 기반이 취약해지고, 그 결과 선진국 내에서의 사회적 불평등이 확대된 점이다. 둘째, 빈곤한 국가들에 관해서는 그 나라들이 성취하려고 하고 모방하는 서양의 생활 양식은 (자원부족과 환경적인 이유 때문에) 보편화 될 수 없다. 대부분 그 나름의 주택, 수송, 소비 등의 모형을 가지고 있지 않기 때문에 비서구 국가들은 실패한 가운데, 일부 성공적으로 모방하고 있는 몇몇 국가들도 있다. 이는 결국 배분적 불평등을 가져오는 것이다 (Offe, 2000).

5) 탈근대주의 현상

마지막으로 신행정국가의 출현을 촉진하는 환경적 요인으로서 20세기 후반이후부터 확산되기 시작한 탈근대주의 혹은 '포스트모더니즘(post-modernism)'이라는 하나의 새로운 사조를 간과할 수 없다. 이는 18세기 이후 300여 년 간 서구 사회를 지배해 온 근대주의의 문제점을 극복하려는 하나의 대안적 사상이다. 탈근대주의의 사상은 인식가능한 객관적 실제 대신에 특정한 사회 맥락 속에서 필요한 사회적 실체를 스스로 형성하는 구성주의적 시각을 중시한다. 일상의 경험에서 언어 그 자체를 실체로서 인정하며, 세상이 점차 지구화됨과 동시에 분산되는 모순을 지니고 있고, 기존의 근대성에 대한 해체와 동시에 예상할 수 없는 비일관적인 이미지로 재구성되는 것에 주목한다 (Bergquist, 1993). 탈근대주의는 푸코(Foucalt)의 후기구조주의(post-structuralism)와도 맞닿아 있는데 지혜나 상식이라고 일컬어지는 것들에 대하여 자의적이고도 억압적인 힘이 작용하고 있으므로 당연하다고 여겨지는 것들을 계보학적으로 분석함으로써 모순을 밝혀내고자 하였다. 탈근대주의는 "새로운 시대(epoch)"로서의 의미와 "인식론(epistemology)"으로서의 의미로 구분해 볼 수 있다 (Rhodes, 1997: 9장). 첫째, 새로운 시대로서의 의미는 근대사회에서 탈근대사회로의 전환에 따라 새로이 역사적으로 구분되는 시대에의 도달을 의미한다. 이 새로운 시대에 적합한 조직의 원리는 그 이전의 근대주의 시대에 요구되었던 조직의 원리와는 크게 다르다. 근대주의 시대의 조직원리는 "분화(differentiation)와 중앙 조직화 원리(central organizing principle)에 의한 관리"였으나, 후기근대주의의 조직원리는 — 근대주의의 뒤를 잇는 관계로 인하여 — "탈분화(de-differntiation) 혹은 기존의 분업 형태를 해체(disassembling)"하는 것이다. 즉 전통적 베버주의 관료제에서 환경과의 경계를 뚜렷하게 구분하지 않는 조직으로 대체되고 있다.

둘째, 인식론으로서의 탈근대주의는 보다 근본적인 인식의 변화를 의미한다. 탈근대주의는 근대성(modernity)이라는 거대한 사상체계와 합리성, 지혜, 상식과 같은 통합 서술(meta-naratives)에 대하여 회의함으로써 사회적인 관습과 시각의 다양성을 인정한다 (Lyotard, 1984). 근대주의는 자기소외, 착취, 아노미 현상과 방향상실, 그리고 철장 속의 제국주의 노예와 같은 문제점을 초래하였다고 본다 (Lyon, 1994: 29-36). 또한 무지와 비합리성으로부터 인류를 해방시킬 것을 약속하는 "진보의 힘"으로 역사에 진입했지만, 20세기 말 서구의 경우, 세계대전, 나찌즘의 발호, 포로수용소, 인종학살, 세계공황, 히로시마 원폭 투하, 베트남, 캄보디아, 페르시아 연안에서의 전쟁, 빈부격차 등을 유발했다고 주장한다 (Rosenau, 1992: 5; Rohdes, 1997 재인용).

국가행정의 측면에서는 근대주의 시대에 강조되었던 '특수주의(particularism),' '과학주의

(scientism),' '기술주의(technologism),' '기업(enterprise)' 그리고 '해석주의(hermaneuticism)' 대신에, 탈근대주의 시대의 행정에서는 '상상(imagination),' '해체 혹은 탈구성(deconstruction),' '탈영역화(deterritorialization),' '타자성(alterity)'이 강조된다 (Farmer, 1995). 근대주의 시대의 정치와 행정은 '환류적 민주주의(loop model of democracy)' 모형을 바탕으로 한다. 시민들은 자신들의 선호를 대변해 줄 대표자를 선출하여 그들을 통해 정책을 결정하고 행정관료제로 하여금 이것을 집행하게 하며 그 결과를 시민들이 다음 선거에서 평가하는 모형이다. 그러나 이와 같은 대의민주주의는 비현실적이고 비민주적이며 대표성도 없다 (Fox & Miller, 1995: xiv). 탈근대주의 시대에 적합한 행정의 모형은 진정한 담론(authentic discourse)을 통해서 이루어지는 것이어야 한다. 정책의 전 과정에 참여하는 사람들의 생산적 담론을 통해 의사결정이 이루어지는 담론으로서의 행정이 탈근대주의 시대에 적합한 모형이다. 정책과정은 객관적인 진리의 합리적인 분석에 의해서가 아니라 의미를 획득하기 위한 투쟁과정이다. 이러한 의미 획득을 위한 투쟁은 민주적이지도 신뢰할 수 있지도 않다. 진정한 의사소통을 위해서는 정직성, 상황 개념의 고려, 자발적 의지, 실질적인 공헌이 필요하다 (Fox & Miller, 1995). 여기에서 공공부문의 이미지는 관료제에서 "에너지 영역(energy field)"으로 대치된다. 에너지 영역에서 정책은 합리적 분석에 의해서가 아니라 시민들과의 담론을 통한 "의미" 포착을 통해 결정된다. 행정의 핵심적 역할은 에너지 영역에서 이와 같은 담론 혹은 "자유로운 토론"이 가능하도록 환경을 조성하는 일이다. 그 한 예로서 신뢰를 기반으로 다양한 행위자들이 참여하는 가운데 의사소통이 이루어지는 연결망(network)형 조직화를 들 수 있다 (Fox & Miller, 1995: 149; 조만형, 1999: 7).

2. 국가이론을 적용한 설명

지금까지 살펴본 환경적 변화들은 행정국가에서 신행정국가로의 이행을 촉진하는 동력으로 작용하고 있으며, 이에 신행정국가화에 대한 '현실적인 설명'을 제공하고 있다. 다른 한편, 우리가 본서에서 살펴보았던 다양한 국가이론들은 신행정국가화에 대하여 '이론적인 설명'을 아울러 제공해 주고 있는데, 여기에서 이를 검토해 보도록 하겠다.

1) 시장자유주의

시장자유주의에서는 행정국가 시대에 확대된 국가의 역할과 규모를 축소하는 신행정국가로의 이행을 당연시한다. 국가는 사익추구적인 정치인이나 관료들로 인해 발생하는 '지대

추구(rent-seeking)'나 '예산 극대화' 같은 비효율성을 줄이기 위해 국가 활동과 규모를 줄이는 대신에 시장기제가 작동되는 영역을 넓혀야 한다고 본다.[13] 기존의 거대한 행정국가 체제에서 기득권을 가진 정치인, 관료제, 기타 관련 집단이나 조직의 저항을 극복하고 시장중심적 개혁을 시도하기 위해 직접 선출되는 공직자들의 권한을 강화할 것을 주장한다. 그 결과 국가 규모는 축소되지만, 국가의 규제 능력은 오히려 더 강해지는 경향이 있다.[14]

2) (신)다원주의

다원주의에서 자발적인 다양한 집단들이 형성되고 그들간에 견제와 균형을 통해 사회문제들을 점진적으로 해결해 나갈 수 있다는 믿음은 행정국가 시대의 국가 성장과 다국적 기업 같은 대기업의 영향력 증대라는 현실 속에서 설득력을 잃어 갔다. 대기업의 영향력이 증가함에 따라 국가는 기업친화적인 정책을 마련하게 된다. 그렇지 않을 경우, 자본의 이동이나 주가 폭락 같은 시장의 작용에 의해 국익의 손실을 받을 우려가 있기 때문이다. 이러한 시장의 요구를 국가가 수용하지 않을 수 없게 되고 이는 거대한 정부조직을 축소하고 시장 원리를 수용하는 형태로 나타나게 되었다. 다원주의가 기업의 성장에 따른 힘의 불균형의 문제를 해결하는데 국가의 역할이 소극적인데 반하여 신다원주의에서는 집합적 행동의 실패 문제를 해결하는데 있어 국가의 적극적인 역할을 강조한다. 즉, 신다원주의에서는 다양한 행위자들간의 경쟁과 조정이라는 다원주의의 기본 가정은 수용하면서도 현실에 있어 대기업 등에 의한 영향력의 불균형을 인정하여 '다두정(polyarchy)'을 대안으로 제시한다 (Dahl, 1971; Linblom, 1977). 정책결정 과정에 국가 외에 이익집단, 비정부기구(NGO), 기업, 연구소, 자선단체, 전문가집단, 학자 등 다양한 행위자들이 참여하여 영향력을 행사한다.[15] 국가의

---

13 공공선택(public choice) 이론가들은 의회나 관료제의 사익추구적 행태로 인하여 시장보다 비효율적인 결과를 낳는다고 비판한다. 예로써, 투표의 순환 때문에 의회정치는 자의적이고 조작되기 쉬우며 소위 최소승리연합(minimum winning coalition)을 형성함으로써 승리연합 밖에 있는 패배자의 숫자를 최대화하고 지대를 추구하여 시장에 비하여 하위최적의 결과를 가져온다 (Riker, 1986). 의원들은 세금비용에 비하여 국가 전체적으로 편익이 더 큰 지에 대한 고려 없이 자신의 지역구를 위해 예산을 지키려는 경향을 나타내는 '돼지고기통 정치(pork-barrel politics)'가 발생한다 (Fiorina, 1977). 관료제도 사익추구로 인해 예산을 극대화하게 되며(Niskanen, 1971), 그 중에도 자신들이 자유롭게 사용할 수 있는 재량적 예산을 확보하거나 직원들의 편의를 위한 용도로 예산지출을 하는 경향이 있다. 정부의 비효율성을 해결하는 방법으로 시장자유주의들은 감세, 규제완화, 외부계약과 같은 시장기제를 제시하며 나아가 자유시장적 원리를 헌법적 차원에서 규정할 것을 요구한다.

14 영국에서 대처 수상은 시장중심적인 개혁조치를 추진하기 위하여 노조와 같은 단체의 영향을 줄이기 위한 입법을 추진하였다. 기업에 대해서는 우호적이면서도 다른 사회적 단체에 대해서는 배타적으로 개입함으로써 시민사회에서의 정치적 결사의 기초를 파괴하고 적극적으로 배타적인 국가로 변화시켰다는 비판이 있다 (Dryzek & Dunleavy, 2009: 125).

15 신다원주의에서는 자본주의 사회에서 기업과 시장의 강한 영향력이 불가피하다는 것을 인정하면서도 이들 기업의 특권적 지위를 순화하려고 노력한다. 기업이 노조나 정부의 정당한 요구에 순응하도록 하는 협력적 시장경제(cooperative market economy)를 추구하기도 하고, 공익단체가 기업의 핵심 이익을 해치지 않는 범위 내에서 환

정책결정에 다양한 행위자가 참여하게 됨에 따라 시민사회와의 파트너십이 형성되고 정책
결정의 분권화 또는 국가의 공동화 현상이 발생하게 된다. 즉, 국가가 직접 모든 정책을 결
정하고 집행하는 개입 범위는 축소되는 반면에 다양한 행위자들의 참여하에 조정하는 역할
이 강조되는 것이다. 이것은 중앙집권적 권위가 아닌 다양한 행위자가 참여하는 네트워크에
의한 새로운 거버넌스(new governance)를 의미한다.[16]

3) 마르크스주의

마르크스주의는 시장자유주의와 달리 신행정국가로의 이행을 국가와 지배계급간의 거시
적인 관계의 맥락에서 설명한다. 자본주의 국가가 친시장적인 정책을 추진할 수밖에 없는
이유는 '축적의 불가피성(accumulation imperative)' 때문이다 (O'Connor, 1984). 자본주의에서
경제성장을 통해 일자리와 복지정책 등의 추진에 필요한 재정자원이 마련되지 못하면, 정치
인들은 선거에서 유권자에 의해 심판을 받게 된다. 이 때문에 국가지도자들은 기업인들이
이윤추구를 통해 경제성장이 이루어지도록 환경을 조성하는 일에 앞장서게 된다. 국가정책
의 결정자들이 기업의 요구에 따라 국가의 역할과 규모를 줄이고 친시장적인 개혁 조치를
추진하는 이유이다.

신행정국가로의 이행은 국가가 사회의 다양한 요구에 대해 모두 대응할 수 없을 때 나타
나는 소위 '정당성의 위기(legitimation crisis)' 때문이기도 하다. 국가는 자본주의의 불안정성
을 해결하기 위해 연금과 복지 등 사회정책을 시행하지만, 이러한 정책들은 자본주의 체제
에 필수적인 열심히 일할 동기를 약화시키고 생산력을 떨어뜨리게 된다 (Offe, 1984). 이 문
제를 해결하기 위해 국가의 축소와 시장의 확대를 주장하는 시장자유주의자들과는 달리, 마
르크스주의자들은 국가, 기업, 노조 지도자들이 합의를 통해 복지국가의 모순을 해결하는
코포라티즘 방식을 해법으로 제시한다. 그러나 이러한 사회적 합의 방식은 기업에게 우호적
인 경향이 나타날 뿐만 아니라, 의회를 소외시키는 등의 이유로 민주적 정당성에 문제가 있
다는 비판을 받기도 한다.

경, 복지, 분배 등에 대해 기업이 사회적 책임을 다하도록 하는 역할을 수행한다.

[16] 상대적으로 다원주의가 발달한 미국에서는 정부정책의 결정에 다양한 행위자의 영향력이 집적되어 결과로 나타나
며 정치지도자나 국가기구는 단순히 중개자일 뿐이다. 유럽과 호주 등에서는 정부의 기능을 외부에 계약하거나 공
사조직의 행위자들이 함께 수행하는 국가공동화(hollowing out the state)현상이 발생하고 있다 (Rhodes, 1994;
Dryzek & Dunleavy, 2009). 유럽연합에서는 노동조합, 전문가집단, 기업들간의 공식적이고 정규적이며 충분한 협
의와 조정이 이루어지는 사회적 파트너십(social partnership)의 원칙을 강조한다.

4) 엘리트주의

엘리트주의 국가이론에서는 신행정국가로의 이행이 경제엘리트들의 정치에 대한 영향력 강화에 의해 초래되는 것으로 설명한다. 대중매체가 발달하고 선거 경쟁에 막대한 선거자금이 소요됨에 따라 정당들은 거액의 정치후원금을 받지 않을 수 없다 (Dryzek & Dunleavy, 2009).[17] 기업은 시장 효율성에 역기능을 가져오기 시작한 행정국가의 확대에 대해 비판하고, 친시장적인 개혁안으로서 국가 역할의 축소와 법질서 강화를 위한 강력한 국가능력 배양을 제시하게 된다.

5) 탈근대주의

탈근대주의는 근대성을 바탕으로 발전한 기존의 행정 및 행정학에 대한 반명제를 제시한다. 근대주의에서 행정의 패러다임은 산업사회를 바탕으로 한 관료제 중심의 행정이다. 그러나 산업사회에서 정보사회로 이행함에 따라 이와 같은 관료제 행정은 한계가 있다. 정형화된 규칙과 제도에 따른 관료제 조직의 문제해결 능력은 급격한 환경 변화와 복잡성이 증대된 상황에서는 매우 제한적일 수밖에 없다. 개인의 행위를 통제하는 권력체로서 통치성(governmentality)은 물리적인 힘을 행사하지 않더라도 개인과 집단들이 스스로의 행위를 통제하게 만든다 (Foucault, 1982). 국가는 더 이상 권력의 원천이 아니며 통치성(governmentality)이라는 사회와 국가의 과정 속에서 융해되어 버린다. 그에 따라 국가는 분권화되고 연결망에 의한 거버넌스로 변화한다 (Dryzek & Dunleavy, 2009).[18] 탈근대주의 시대에 대안적인 행정은 전문성을 바탕으로 분업화된 조직과 의사결정과정에 의해 업무가 이루어지는 행정이 아니라, 정책결정 과정에서 구성원들간의 담론에 의해 이루어지는 행정이다 (Fox & Miller, 1995; 조만형, 1999: 5). '틀 짓기'와 담론의 경쟁을 통하여 '틀 다시 짓기(reframing)'가 이루어지고 결국 논쟁적 민주주의(agonistic democracy)를 통해 진실에 대하여 보다 성찰하고

---

17 미국에서는 방송광고 등으로 인해 지출되는 천문학적인 정치 자금을 마련하기 위해 정당과 정치인들은 후원회나 정치활동위원회(Political Action Committee)를 설립하고, 기업 로비스트들과의 접촉을 통해 그들에게 유리한 입법 활동을 하게 된다. 경제 엘리트 및 정치엘리트들은 자신들의 지배체제를 유지하기 위해 공통의 기반을 형성한다. 함께 가입한 사회적 클럽이나 모임, 기업가나 그들이 고용한 로비스트들이 쉽게 정치인에게 접근할 수 있는 통로, 정부 고위직과 기업 간부들간의 회전문 인사 등을 통해 사회적 배경을 공유하게 된다 (Domhoff, 1978).

18 연결망을 통해 개인들의 생각과 행위를 지배하는 미시적 권력이 형성될 수 있으며, 행동의 통일성을 유지하고 정부에 의한 형식적 권력의 사용을 대체할 수 있다. 통치성(governmentality)처럼 연결망은 사적 행위자와 공적 행위자가 뒤섞이게 만들며, 공동의 결과에 대해 분산되고 기만적인 책임의 형태로 나타난다. 제도는 '사회적으로 구성되는 것(social construction)'이며, 따라서 생각의 변화에 따라 불안정적이다. 국가의 제도가 점차 거버넌스의 수많은 미시적 과정으로 용해되고 혼합되기 때문에 주권국가는 결국 국경을 넘어서는 권력 네크워크(power network)로 분해될 것이라고 한다.

경우에 따라서는 합의를 모색할 수도 있게 된다.[19]

제 3 절 신행정국가

20세기 말 이후, '행정국가에서 신행정국가로의 이행'으로 요약될 수 있는 현상이 범지구적으로 나타나고 있다. 이 현상은 지금도 계속해서, 그리고 나라에 따라 다양한 모습으로 진행되고 있는 중이다. 그렇다면, '신행정국가'는 어떠한 특성을 가지고 있다고 이해할 수 있는가? 본절에서는 신행정국가의 주요한 특성을 고찰해 본다.

1. 국가역할의 변화

신행정국가의 특징 가운데에는 국가 역할의 감소가 있다. 서구에서 국가는 1970년대 후반까지 시장의 불완전성을 극복하는 일에 더하여 소득재분배와 거시적 경제안정화를 추구하기 위한 적극적인 역할을 수행해왔다. 즉, 이른바 '적극국가(positive state)'의 특성을 유지하였다고 할 수 있다 (Majone, 1997). 국가는 계획가, 재화와 용역의 직접적인 공급자, 최종적인 고용자로서의 역할을 복합적으로 수행하였다. 이른바 '케인즈주의 복지국가(Keynesian welfare state)'의 추진의 원리를 따랐다고 볼 수 있다. 그러나 오늘날에는 이러한 개입주의적인 적극국가에서 '규제국가(regulatory state)'로의 이행이 다음과 같이 나타나고 있다.

1) 적극국가에서 규제국가로

과거 적극국가의 시절에 국가는 소득재분배와 경제안정화를 주요 기능으로 삼고, 이를 주로 국가의 재정정책 수단을 통해 수행하였다. 반면에, 새롭게 대두하고 있는 규제국가는 소극적 의미의 시장실패를 시정하는 일에 치중하면서, 그것을 재정정책보다는 규칙제정

---

19 '틀 짓기(frame)'란 문제 또는 문제의 집합들이 형성되고 해석되며 해결되는 틀을 말한다. 예를 들어 형사정책에서 하나의 프레임은 범죄에서 검거될 가능성과 처벌의 수준을 높임으로서 범죄 발생을 낮추려는 것이 있을 수 있고, 두 번째 프레임으로는 빈곤한 환경 속에서 반사회적 행위들이 발생되기 때문에 부의 재분배와 교육 기회의 제공을 통하여 나쁜 환경을 개선하는 정책이 필요함을 제시할 수도 있고, 세 번째 프레임으로는 범죄 행위를 야기하는 정신병리적 현상에 주목하고 범죄자에게 치료를 하거나 불가능할 경우 사회로부터 완전히 격리하는 대안을 제안할 수 있다 (Dryzek & Dunleavy, 2009: 297-9). 이러한 프레임들은 나름대로의 가치와 철학을 담고 있기 때문에 경쟁 관계에 있으며 사회적 담론(discourse)을 통하여 바람직한 대안이 선택될 수 있다.

(rule-making)과 이자율 같은 금융정책 수단을 통해 수행하려고 한다.[20] 규제국가란 간접적 방식에 국정을 수행하려는 새로운 경향을 함축하는 용어다 (Majone, 1997). 즉 관료국가 시기에 행정관료제가 직접 공공재를 생산하고 전달했던 적극국가(positive state)와는 달리, 국가는 정책집행을 사적 혹은 준정부 부문에 대행시키되 그 결과에 대한 책임을 감독하는 방식을 의미한다 (<표 2-5-1> 참조).[21]

규제국가의 특징은 '정부 없는 거버넌스(governance without government)' 또는 '국가공동화(hollowing-out state)' 형태로 나타난다 (Rhodes, 1997). 시장중심적인 신공공관리(NPM)나 연결망 중심의 거버넌스 모두 국가의 '방향설정(steering)' 기능은 강조하지만(Peters & Pierre, 1998), 단순 집행(rowing) 기능은 외부로 위임하기 때문이다. 정책결정을 통해 방향을 제시하지만, 그 정책의 집행은 준정부조직이나 사적 부문의 행위자에게 계약의 형태로 대행시키기 때문에 '계약국가(contract state)'로 불리기도 한다 (Majone, 1997).

2) 국가 규모의 감축: 수사와 실제

그러나 신행정국가로 이행함으로써 실제로 국가의 기능 및 규모의 감축이 이루어지고 있는지는 아직도 명확하지 않다. 제3장의 제2절 '국가규모의 변동' 편에서 보듯이 1980년대 이후 영국의 국가부문 고용인 비율이 크게 감소한 정도를 제외하고, 다른 OECD 회원국들의 전체 고용인 대비 국가부문 고용인 비율이나 GDP 대비 인건비 지출이 명확하게 감소추세에 있다고는 보기 어렵다. 증감의 변화는 있으나 국가부문 고용에 있어서는 대체적으로 안정적인 추세를 보이고 있다. 1980년대 들어 재정적자 감축 등을 목표로 영미권 국가들을 중심으로 신공공관리론적 개혁이 대대적으로 추진되었으나 그 효과에 대해서는 확신할 수 없다. 아래 그림에서 보듯이 OECD 회원국들에서 GDP 대비 정부부채 비율의 명확한 감소추세를 찾아보기는 어렵다. 미국의 경우 재정적자 문제 해결을 내세웠던 레이건 행정부가 집권한 1980년대에 오히려 정부부채는 계속 늘어났으며, 1990년대 이후 감소하다가 2000년대 후반 들어 다시 증가하는 경향을 보인다. 다른 회원국들의 경우에도 정부부채가 지속적으로 증가 추세에 있는 경우도 있고(일본, 프랑스, 독일), 1990년대 이후 꾸준한 감소세를 보이는 경우도 있다 (뉴질랜드, 캐나다, 스웨덴, 노르웨이 등). 그러나 공통적으로 2000년대 후반 들어 정부부채는 증가추세에 있다. 따라서 여러 자료들을 종합해 볼 때, "역사가들은 아마도 20세

---

[20] 미국의 경우, 프랭클린 루즈벨트 대통령에 의한 '뉴딜'정책이 적극국가의 탄생을 의미했다면, 레이건 대통령에 의한 '작은 정부' 정책은 규제국가로의 전환을 의미한다. 규제국가로의 전환이 진화되기 시작한 것은 1960년대부터이지만, 레이건 정부에 이르러 공식적으로 표명되었다 (Seidman, 1998: 96).

[21] 이 점에서 규제국가는 미국에서 19세기말부터 20세기 초까지 나타났던 협의의 행정국가와 유사성이 있다.

그림 2-4-1 OECD 회원국들의 GDP 대비 정부부채 비율

(단위: %)

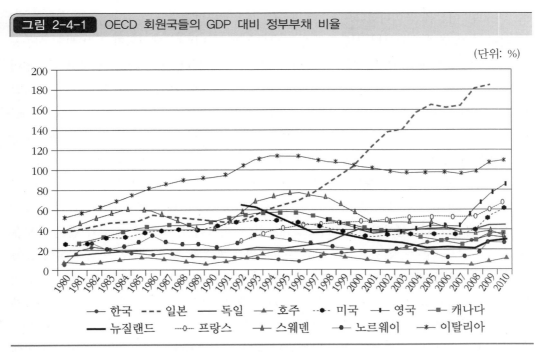

┌───┐
│ ─●─ 한국 ─ ─ ─ 일본 ─── 독일 ─▲─ 호주 ─●─ 미국 ─+─ 영국 ─■─ 캐나다 │
│ ─── 뉴질랜드 ─○─ 프랑스 ─▲─ 스웨덴 ─●─ 노르웨이 ─*─ 이탈리아 │
└───┘

출처: OECD.StatExtracts/연도별 통계 DB에 등록된 자료만을 활용하였음.

기 후반 이후 국가의 감소 움직임은 실제보다는 수사적(修辭的)으로 과장되었다고 결론을 내릴지도 모르는 상태"에 있다 (Wilson, 2000).

이와 같은 맥락에서, 이 문제에 대해 좀 더 구체적으로 다음과 같이 정리하는 것이 바람직하다. 첫째, 국가 전체의 기능 및 규모의 감축 여부는 나라별로 차이가 있으며, 아직도 변화 과정에 있기 때문에, 단정적으로 어떤 결론을 내리기가 어렵다. 다만, 분명한 것은 신자유주의 혹은 신우파의 주창자들이 주장하는 것처럼 실제로 국가의 기능과 규모에 큰 감축이 이루어졌다고 하기는 어려우며, 2000년대에는 오히려 증가하는 경향이 있다. 특히 2019년 시작된 코로나 19 전염병 사태에서는 전시와 같은 위기관리 정부의 방식이 나타나 감염병 관리법에 의한 신체의 자유의 제한, 마스크, 손소독제, 의약품 등 전략물자의 수급, 백신 개발 및 생산, 실업수당, 재난지원금 등 국가가 개인의 삶에 개입하는 범위와 정도가 더욱 강화되었다.

둘째, 국가 역할에 관한 이와 같은 수사 자체는 큰 의미를 지닌다. 과거 행정국가의 시절에 사람들은 국가가 (거의 모든) 사회문제들의 해결자인 것으로 간주했었다. 이와 같은 적극적인 국가관은 1970년대 후반부터 1990년대 후반까지는 효율성을 위해 시장경쟁 원리와 기업경영기술을 행정에 도입하려는 신공공관리 모형에 의해 도전과 비판을 받아 전 세계적으

로 약 30년 이상을 풍미하였다.

셋째, 1990년대 후반부터 신공공관리 모형에 대하여 비판이 제기되기 시작했다. 신공공
관리 모형의 문화적, 윤리적, 정치적 특성이 법치주의에 의한 관료제가 발달하고 국가성이
강한 국가들(예: 프랑스, 독일 등)에는 적합하지 않다는 주장이 제기되었다. 또한 모든 공공문
제에 대한 해결책이 될 수 없다는 인식도 나타났다 (Dunleavy, et al. 2006, Pollitt & Bouckaert,
2011). 시장원리에 따른 국가 역할 및 규모의 축소는 주로 영미권 나라들(예: 영국, 미국, 뉴질
랜드, 호주)에서 적극적으로 나타났다. 반면에, 베버주의 관료제를 근대화하기 위해 시장경쟁
원리에 의한 신공공관리 모형을 보충적으로만 이용하려고 하는 신베버주의적 국가들(예: 독
일, 프랑스, 스칸디나비아 국가 등)에서는 국가 규모에 축소가 그다지 뚜렷하게 나타나지 않았
다. 또한 시장과 효율성이외에 거버넌스, 네트워크, 파트너십, 투명성, 신뢰와 같은 새로운
개혁 아이디어들이 등장하였고 시장자유주의에 의한 개혁과 경쟁관계에 있다. 더욱이 2008
년 미국발 금융위기를 계기로 전 세계적인 경제침체가 나타나면서 최소국가 정책에 대한 재
고가 이루어졌고, 2016년 미국의 트럼프(Trump) 행정부 이후 미국제일주의를 통해 반세계
화적이고 국제적인 자유무역 보다는 산업경쟁력 등 자국의 이익을 강조하게 되었으며, 2019
년 코로나 19 팬데믹 이후에는 경제와 방역의 불가분의 관계에서 더욱 국가의 역할이 확대
되었다.

3) 국가 권위의 지속성

국가의 감축과 관련된 또 다른 중요한 논점은 국가의 권력과 권위에 관한 것이다. 최소
한 수사적인 면에서 정부 감축에 성공하였고, 그에 따라 국가능력의 한계에 대해 사람들의
의식화가 성공하고 있음에도 불구하고, 국가의 권위와 능력은 계속 유지되고 있다. 실제로
국가 감축이 이루어진 몇몇 "희귀한" 나라들조차도 국가 감축은 단지 20세기 초까지 지속되
었던 국가 역할 및 규모로의 복귀, 즉 "과거로의 회귀"를 의미할 뿐, 국가의 권위와 능력 자
체의 감소를 의미하는 것은 아니었다 (Wilson, 2000). 과거로의 회귀 혹은 "국가 경계의 되돌
리기(Returning the state boundary)"에 의해 실제 줄어든 국가 역할은 지난 20세기에 확장되
었던 복지국가 기능들일 뿐, 그 이전부터 국가가 수행해 오던 국가의 보다 전통적인 기능들
은 그대로 지속되거나 오히려 강화되는 측면이 있기 때문이다.

실제로 국가의 개입 범위는 줄이되 국가의 규제 강도는 증가했다 (Fukuyama, 2004). 또
한, 국가의 집행기능을 대부분 민간에 이양하면서도 국가의 정책결정과 관련된 핵심행정부
의 기능은 강화되는 현상이 나타났다. 대통령이나 수상 같은 행정수반에게로의 권한 집중이

이루어지는 현상이 나타난 것이다 (Peters, Rhodes & Wright, 2000). 신우파의 정부개혁 프로
그램에는 국가의 약화가 아닌 강화를 시도하는 내용들이 포함되어 있기도 하다.[22] 공기업 민
영화 정책의 대표적 성공 사례로 꼽히는 영국에서 공기업의 민영화에 병행하여 소비자보호
를 명목으로 규제기관의 확장이 뒤따랐으며, 이 규제기관들을 통해 국가능력의 확대가 이루
어졌다 (Gamble, 1988). 과거 유력한 이익집단들의 도움을 얻어야 비로소 집행이 가능했던
가격 및 소득 통제정책도 민간화를 포함한 그 밖의 신자유주의 경제정책에 의해 국가 자율
성이 더 증가되고 있다. 국가의 책임성 유지를 위해 요구되는 국가의 기능을 수행하기는 하
되, 그 "외면적인 크기(overt size)"는 축소해야 할 필요성에서 소위 "그림자 국가(the shadow
state)"의 확장을 꾀하고 있다는 지적도 있다 (Milward, 1994; Light, 1999).

4) '복지혜택 제공자'에서 '시장 형성자'로의 권력이동

위에서 살펴본 것처럼, 서구에서 국가 역할 가운데 부를 재분배하고 복지정책을 수행하
는 "혜택의 제공자"로서의 역할에 있어서는 실제로 (혹은 최소한 수사적으로) 얼마간의 감축
이 이루어지고 있는 것이 사실이다. 이와 같은 측면에 초점을 두어 시장에 의해 국가가 후퇴
하는 이른바 "국가쇠퇴(shrinking the state)" 현상이 실현하고 있는 것으로 강조하는 시각이
있다 (Sbragia, 2000). 그러나 이와 같은 단순한 묘사는 국가가 수행하는 중요한 역할 가운데
"시장의 형성자(builder of market)"로서의 역할이 있음을 간과했기 때문에 비롯된 것이다. 과
거 복지국가 시기에는 이 역할 부분이 가려져 있었다. 그러나 현재 이 기능의 중요성이 새롭
게 부각되고 있는 것이다.

신제도주의 경제학에 의하면 국가의 중요한 역할은 재산권을 명확하게 설정해 줌으로써
거래비용을 줄이는 것이다 (North, 1990). 실제로 시장은 국가의 공적 권위의 사용에 의해 구
성된다. 만일 공적인 권위에 의해 뒷받침되지 않으면, 시장의 기능은 원활히 이루어지지 않
을 것이다. 구소련에서 러시아로의 이행 과정에서 보듯이 공법, 규제구조, 그리고 효과적인
법의 강제에 기반하지 않는 시장에서의 교환 기제란 작동하기 힘들다. '법의 지배'는 시장경
제에 핵심적이다. 분파간 갈등을 해소하는 잘 정의된 법적 메커니즘은 시장경제의 형성에
필수적이다. 따라서 국가는 시장을 규제할 뿐만 아니라, 다양한 방식으로 이를 형성하기도
한다. 이와 같은 국가 역할의 전환과정에서 관련 행위자들간의 권력 이동이 발생한다. 신우

---

[22] 통화주의 정책은 국가의 한 도구인 중앙은행에 의해 만들어지고 부과되는 것이다 (Johnson, 1998). 일반적으로 신
자유주의 정책은 국가의 가장 핵심적 능력(competence) 가운데 하나인 억압(repression) 기능을 강화시키는 내용
을 담고 있다. 또 다른 전통적인 국가의 역할인 국방과 치안 유지를 위해 신우파 개혁은 영미에서 모두 국방 및
경찰 예산에 큰 증가를 가져왔다. 미국에서 증가된 방위비 지출은 예산적자에 지대한 영향을 미쳤고, 예산적자는
미국 정부에 있어서 만성적인 부분이 되었었다 (Wilson, 2000).

파 정책에 의해 최소한 공적 권력이 복지국가 시대의 그것보다 더 확장될 가능성이 있는 것은 이 때문이다 (Sbragia, 2000).

국가의 시장형성 기능은 사회적 혜택의 공급 및 복지국가 기능에 관계되었던 행위자들과는 다른 행위자들에 의해 수행된다. 복지국가 기능이 다수결 제도(majoritarian institutions)에 관련된 행위자들[23]에 의해 이루어진 것에 반하여, 시장형성 기능은 "비다수결 제도"에 관련된 행위자들[24]에 의해 이루어진다. 최근에 전개되고 있는 국가 역할의 변화에 의해 서로 상이한 유형의 국가 행위자들간 권력 균형이 변하고 있다. 일반 대중의 관심은 전통적 민주주의와 관련된 다수결 제도에 주어지지만, 실제로는 시장의 형성자들이 민주주의적 절차와는 단지 간접적으로만 연계되어 있으면서 국정운영에 핵심적으로 영향을 미치고 있다.

2. 신행정국가로의 전환을 위한 행정개혁

신행정국가로의 전환을 통해 국가의 역할 및 범위, 권위의 측면에서 변화를 초래하고 있으며 행정개혁에서도 변화가 나타나고 있다. 그러나 신자유주의적 행정개혁의 수렴보다는 기존의 제도의 제약이나 문화적 차이로 인하여 다양한 형태의 정부개혁이 추진되고 있다 (Lynn, 2008; Politt & Bouckaert, 2011).[25] 앵글로 색슨 국가들에서는 시장자유주의에 기반을 둔 개혁이 추진되었다. 유럽대륙의 신베버주의 국가에서는 기존의 관료제 행정을 보다 근대화하려는 개혁이 이루어져 왔다. 그리고 동아시아권의 발전국가들은 새로운 환경에 대한 국가의 역할 변화에 상대적으로 소극적으로 대응해 왔으나, 신자유주의와 전지구화의 확산에 늦게 동참하였다 (<표 2-4-1>).

OECD에서는 이를 '정부 현대화(modernizing government)'로 표현하면서 몇 가지 공통된 경향을 제시하고 있다 (OECD, 2005). 첫째, 정부는 작은 역할이 아니라 더 큰 역할을 담당하고 있다. 왜냐하면 정부에 대한 사회의 기대는 점점 증가하고 있고 정부가 접하는 정책문제가 더욱 복잡해지고 있기 때문이다. 둘째, 정부가 개입하는 방식에서 중요한 변화가 발생하였다. 정부가 행정서비스를 직접 제공하는 방식에서 새로운 시장을 창출하고 규제하는 방식으로 변화되었다. 정부가 규제하여야 분야는 환경, 보건, 안전, 기업거버넌스, 소수자 보호,

---

[23] 복지국가 시대에 국가 혜택의 공급과 관련된 분야에서 활약하던 입법부, 지출기관, 수혜자집단, 정당 등이 여기에 해당한다. 이들은 유권자들에게 배분되는 편익으로서의 정책산출 결정에 다수결제도를 통해 막강한 영향을 미쳤다.

[24] 시장의 형성자로서 더 국가 권력의 중심에 있는 (군대나 그 밖의 준독립적인) 연구관련 부처들, 법관, 중앙은행가, 핵심행정부의 재경정책관련 장관들, 그리고 독점금지기관 같은 규제기관들이 여기에 해당한다. 이들은 신행정국가의 대두에 따라 주요 정책 담론을 형성하고, 규칙을 제정하고, 때로 전통적인 (복지국가 정책에 관련된) 행위자들이 원하는 자금에의 접근을 막는다 (Sbragia, 2000).

[25] 신행정국가로 이행에 따라 나타난 행정개혁의 다양한 형태에 대해서는 제4편 제3장을 참고하기 바람.

표 2-4-1	신행정국가로의 행정개혁		
국가행정의 개혁 모형	핵심주장	주요 조정기제	정책수단
신공공관리 (New Public Management)	기업가인 방법으로 국가행정을 보다 효율적이고 소비자 중심적으로 변화시킴	시장경쟁원리, 성과지표, 목표, 경쟁적 계약, 준시장	외부계약, 성과측정, 책임집행기관, 공사 파트너십
신거버넌스 (New Governance)	정책결정과 집행에 보다 광범위한 사회적 행위자를 포함시킴으로써 국가행정을 보다 효과적이고 정당성 있게 변화시킴. 정보화되고 유연하며 포괄적인 자기 조직적 연결망에 의해 운영되며 수직적 통제보다는 수평적 협력 강조	이해당사자간 연결망 및 파트너십 형성	공사 파트너십, 서비스 사용자 위원회, 부차적 외부계약
신베버주의 (Neo-Weberian State)	전통적 국가기구로 보다 전문적이고 효율적이며 시민에 대응성 있게 변화시킴. 기업가적인 관리방법은 보충적으로 활용. 국가는 독자적인 규칙과 문화를 지닌 분명한 행위자로 존재	중립적이고 훈련된 관료제에 의해 권한 행사	성과측정, 투명성, 정보의 자유, 부수적인 외부계약, 책임운영기관, 서비스 사용자 위원회
신발전국가 (Neo-Developme ntal State)	시민사회와 협력하여 국가의 유도적 계획기능 수행. 전문적이고 공직윤리관이 투철한 관료제와 강한 국가능력을 바탕으로 시장에 대해 선택적으로 개입. 기업가적 관리방법의 부가적 활용 및 시민사회 발전의 조직화도 시도	관료제의 기획합리성, 전문성, 책임성, 시장과 협력, 성과목표, 시민사회와의 협력체계 조직화	유도적 계획, 정보통합과 행정지도, 성과측정, 투명성 및 정보공유, 부차적 외부계약, 책임운영기관, 서비스 사용자위원회

출처: Pollitt & Bouckaert, 2011의 수정 및 보완.

대테러 안전, 신용규제, 소비자 보호 등으로 점차 증가하였고 이는 사회의 복잡성을 반영하는 것이다. 이와 동시에 기술발전을 통하여 정부가 정보를 축적할 수 있는 역량은 비약적으로 증가하였다. 셋째, OECD 국가 내에서 정부지출은 그다지 줄어들지 않았다. 재정위기에 대한 대응으로 시장원리에 의한 감축관리가 도입되었지만 OECD 국가에서 공공지출은 그다지 줄어들지 않았다. 넷째, 연금 또는 복지에 대한 사회적 지출의 증가가 예상되기 때문에 앞으로 지출증가의 압력이 존재한다. 다섯째, 시장중심적인 개혁이 정부지출 증가 압력을 줄일 수 있는 있지만 이것이 장기적 재정건전성의 확보를 위한 연금개혁이나 복지지출 축소와 같은 어려운 정치적 선택을 대체하는 것은 아니라는 것이다.

그렇다면 이러한 정부현대화의 개혁으로부터 얻을 수 있는 교훈은 무엇인가? 첫째, 정부가 보다 고객중심적이고 성과지향적으로 변화되었다는 것이다 (Kettl, 2006). 둘째, 개혁의 수사와 실제가 반드시 일치하지는 않는다는 것이다. 제도개혁의 과정에서 의도하지 않은 결과가 나타날 수 있고 기존에 존재하던 공공행정의 가치에 악영향을 미치기도 하였다. 특히 시장자유주의에 기반을 둔 신공공관리론(NPM)의 경우 기존의 행정문화에 조화되지 않는 성과급을 도입함으로써 부작용이 발생하기도 하며 전체 행정조직의 연관성과 거버넌스 구조를 이해하지 않고 개별적인 경쟁을 강조하기도 하였다. 셋째, 정부 현대화는 해당 국가의 맥락에 의존한다는 것이다. 영미 국가에서는 시장중심적인 신공공관리론이 보다 적극적으로 추진된 반면에 유럽대륙 국가에서는 베버주의적인 관료제를 현대화하는데 보다 초점을 두고 시장중심적인 기제는 보충적으로 활용되었다. 넷째, 정부현대화는 행정시스템의 본질과 동학을 전체적으로 이해하여야 하며 보다 광의의 거버넌스와 헌법적 구조 속에서 행정시스템의 개혁이 이루어져야 한다. 다섯째, 개혁에 대한 전체 정부적인 접근이 필요하다. 예를 들자면 성과지향적인 예산과 관리를 성공적으로 실현하기 위해서는 단순히 담당기구의 관리자의 행태 변화만으로는 부족하며 재무부처, 입법부, 국가원수까지도 성과정보를 사용함으로써 모두의 행태가 성과지향적으로 변화되어야 하는 것이다. 여섯째, 정부개혁은 계속적으로 진행되어야 한다. 단순히 일회성의 개혁이 아니라 계속적으로 등장하는 새롭고 복잡한 문제에 대응하여 정부개혁이 전체적이고 체계적으로 진행되어야 한다는 것이다.

3. 결   론

20세기 말 이후 민주화, 전지구화, 정보화, 탈근대화라는 세기적이고 범세계적인 환경 변화에 대응하여 서구에서 신행정국가화 현상이 전개되고 있다. 적극국가에서 규제국가로의 이행, 복지혜택 공급자에서 시장 형성자로의 국가역할 전환, 민주화와 정보통신기술 발달에 의해 지지되는 시민사회와의 협력을 통한 연결망 거버넌스의 확대 등이 포함된다. 그러나 국가 역할 범위의 재설정이 이루어지고 있으나, 이것이 곧 국가 권위의 축소를 가져오는 것은 아니다. 국정운영 방식에서 탈관료주의가 진행되고 있으나, 행정부 주도는 지속되고 있다. 시장중심적인 신공공관리론이 등장한 이후 20여년이 지나는 동안 신자유주의적 지구화의 바람을 타고 정부개혁은 전 세계적으로 파급되었다. 그러나 이를 통하여 각 국가의 정부조직과 행정운영 방식이 수렴되었는지에 대해서는 논란이 있으며, 오히려 해당 국가의 역사적, 문화적, 제도적 특수성에 따라 다른 양상을 나타내기도 한다.

제5장 새로운 제도설계와 한국 발전국가

제1절 국가, 시장, 공동체 간 관계의 재설정

　　새로운 환경변화에 대응하기 위한 제도 설계의 문제는 (정치적 권위를 바탕으로 하는) 국가, (계약적 교환을 바탕으로 하는) 시장, 그리고 (자발적 자기 통제를 바탕으로 하는) 공동체간의 관계설정으로 귀결된다. 이는 현대 국가 제도화의 세 가지 측면, 즉 관료주의, 자본주의, 민주주의를 각각 대표하는 개념이기도 하다. 국가, 시장, 공동체라는 세 가지 조직 구성요소는 각각 연관된 한 가지 특징적인 사회 질서 형태를 창출하면서 그것의 가치를 극대화하려는 경향이 있다. 국가의 경우, 법적 지위의 평등과 의무와 권리의 결합을 극대화한다. 시장의 경우, 선택의 자유를 극대화한다. 공동체의 경우, 헌신과 충성 및 결속을 통한 정체성과 그 보존을 극대화한다.

　　따라서 이와 같은 세 가지 사회조직의 구성요소들을 조합하여 새로운 제도를 설계함에 있어서 다음과 같은 점을 유의할 필요가 있다. 첫째, 국가, 시장, 공동체 중 어느 하나에만 의존하지는 않는다. 지금까지 지배적이던 일원론적 제도 설계 방식은 사회적 질서의 다른 두 가지 구성요소가 창출할 수 있는 장점을 (이론에 있어서는) 무시하고 (실제적인 적용에 있어서는) 파괴하는 경향을 갖기 때문이다. 둘째, 세 가지 요소 상호간의 적대를 막는 혼합형태 속에서, 사회 질서의 세 가지 형태가 모두 필요하다는 것이다. 적절한 제도 설계의 방향은 그들 중 어느 하나를 '너무 적게' 이용하거나, 어느 한 가지에만 극단적으로 의존하는 이른바 "순수한" 원리("pure" doctrine) 접근방법을 피하는 것이다. 셋째, '정부의 최적 규모'에 대한 단 하나의 정확한 해답은 없으며, 시민사회 내의 (비)공식적인 집합적 행위자들 간 또는 그들 내에서 수행되는 민주적이고 충분한 정보를 가진 토론의 결과나 그 과정 속에서 주어질 사안이라는 것이다.

1. 국가 관료주의

1) 과도한 국가 관료주의의 오류

1980년대 이후 서구에서는 시장자유주의에 의한 정부개혁과 연결망 거버넌스에 따른 국가공동화 현상을 경험하고 구소련을 중심으로 한 국가사회주의(state socialism)가 모두 붕괴한 이후, 과도한 국가주의는 더 이상 문제의 대상이 되지 않는 것으로 보인다. 그러나 (공무원 및 예산 규모로 측정되는) '큰 국가'와 (국정관리를 통해 시민사회 내 삶의 기회에 중요한 영향을 미치는) '강한 국가' 간의 차이를 유의할 필요가 있다. 국가가 비대하면서 동시에 비효과적이며, 산출하는 재화가 공익이 아니라 특수 계층의 이익을 위한 경우가 비일비재하다. 그러나 큰 국가는 일반적으로 강한 국가인 척 하면서 시민사회를 위해 실질적으로 봉사하기보다는 시민사회 내 행위자들에 대해 과두제적 지배력을 행사한다. '강한' (혹은 좀 더 문제가 되는 '큰') 국가에 의존하는 데에서 발생하는 병리현상을 교정하기 위해서는 '국가주의적 정의(statist justice)'의 이상인 법적으로 보장되는 기회의 균등이 실현되는지 여부를 면밀히 살펴보아야 한다. 국가 능력의 증진에 의해 시민들의 청구권적 기본권이나 법적 보호, 보건, 교육, 주택, 교통 서비스 등의 효용 증가가 실제로 이루어지는지 아니면, 국가기구의 규모나 그 책임성의 감소가 오히려 이러한 목표에 더 잘 부합하는지의 여부는 더 많은 국가 비용과 공공고용을 주창하는 사람들에 의해 규명되어야 할 과제이다.

2) 과소한 국정관리 능력의 오류

국가가 신자유주의의 맹공이나 심각한 재정위기 등으로 인하여 '소멸하는' 상황도 주의를 기울여야 할 하나의 병리현상이다. 최소한 국가는 시민의 자유, 재산, 생명을 보호하는 일을 담당한다. 단기적으로 국가는 시민들의 수요에 대응하여 직접 또는 간접적으로 행정서비스가 효율적으로 제공되도록 하고 국정운영의 결과에 대하여 주기적으로 선거에 의하여 책임을 묻게 되지만 장기적으로는 시민적 자유와 권리, 공동체의 안전과 번영을 유지함으로써 국민통합과 신뢰를 유지할 의무를 지고 있기 때문이다 (OECD, 2005). 즉, 국가기능의 중장기적 가치는 시장이나 기업에 의하여 대체될 수 없다. 국가가 교육, 직업훈련, 주택, 개인적 및 집단적 노동법 그리고 사회보장을 제공하지 않는 상태에서는 노동의 공급자인 시민들 대부분은 그들 자신의 재산이나 자유를 향유할 수 없다. 금융자산이나 상품 그리고 서비스를 위한 시장도 형성되지 않을 것이며, 특정 분야의 성장을 목표로 한 전략적 산업정책은 말할 것도 없고, 법치주의의 원리 하에서 사법제도를 통해 국가에 의한 법 집행뿐만 아니라, 시민법상의 규칙의 계속적인 생성과 수정도 이루어지지 않을 것이다. 국가에 필수적인 이러한 기능을 수행하기 위해, 국가는 공정하고 효과적인 또는 그렇게 보이는 조세제도를 통해 이러한 기능의 수행에 필수적인 자원을 추출할 수 있어야만 한다. 시장 자유주의자들의 주장과는 달리, 시민들은 국가의 비만증보다는 결핍증에 의해 더 위험에 처한다. 좀 더 심각한 문제는 국가의 과대 규모에 과소 업적이라는 합병증이 발생하는 경우이다.

2. 시장 자본주의

1) 과도한 시장 의존의 오류

가격 신호를 매개로 하여 경쟁적 배분이 이루어지는 시장은 여러 가지 장점을 지닌 독특한 제도적 장치임에 틀림없다. 그러나 논쟁의 여지가 있다. 첫째, 시장은 효율성을 극대화한다고 주장된다. 시장은 시장의 효율성 관점에서 측정한 더 우수한 산출물에 대해서만 보상 (premium)을 한다. 그러나 이러한 시장의 효율성은 순환논리에 불과하며, 시장의 결과물들이 더 큰 효율성을 산출하기 때문에 시장의 결과물들이 다른 결과물들보다 더 바람직하다는 전통적인 주장은 그다지 설득력이 없다. 둘째, 시장은 '깨끗하다'고 주장된다. 그러나 노동을 쉽게 다루기 위해 노동자의 생존권 보장을 위한 규제를 철폐하고 비정규직 고용을 통한 노동유연성을 강화함으로써 고용불안과 양극화를 가져오고 있다. 시장이 가하는 이러한 노동시장으로부터의 배제는 노동자들의 삶에 대한 만족과 자족적 행복감의 저하를 가져오는 원인이 된다. 셋째, 시장은 자기 파괴적인 면이 있다. 일단 시장이 자유방임 상태가 되면, 합리적인 행위자들은 이익 증대를 위해 카르텔이나 독점을 형성함으로써, 다른 참여자들로부터 오는 경쟁의 위협으로부터 벗어나려고 공모하게 될 것이며, 소수자의 합리적 선택의 결과로서 과도한 성과급의 지급, 금리인상을 통한 폭리 추구 등 도덕적 해이 현상이 발생할 수 있다. 넷째, 시장은 눈과 귀가 어둡다고 알려져 있다. 시장이 만들어내는 환경 문제와 같은 현재의 외부불경제에 관해 귀가 어두울 뿐만 아니라, 시장과 관련된 것들에 대한 시장 거래의 장기적 결과에 대해서도 눈이 어두운 것이다. 마지막으로, 시장은 자기 재생산 기제 및 자기 제한적 기제가 모두 부족하다. 시장은 '시장화 할 수 있는' 요소와 '시장화 될 수 없는' 요소를 구분할 수 있는 방법을 가지고 있지 않기 때문에, 만약 시장 능력에 대한 법적 금지나, 공동체의 윤리에 의해 강제되고 형성되는 올바른 기호나 적절한 행동 기준을 통해, 그 구분이 시장의 외부로부터 부여되지 않는다면, 사회생활의 모든 것을 시장화하는 경향이 있다. 시장에 대한 이 모든 특징을 고려할 때, 시장이 사회에 대해 우월한 제도라고 단정하기 힘들다. 시장의 사회에 대한 공헌은 국가나 공동체로부터 부여된 것들에 기반하여 가능해진다.

2) 시장에 대한 지나친 제한의 오류

많은 독소적인 요소가 있기는 하지만, 적절하게 제한되고 규제될 수만 있다면, 시장은 여전히 강한 약과도 같이 없어서는 안 될 제도이다. 첫째, 적절히 관리하고 감독하기만 한다면, 시장 교환은 18세기 정치경제학자들이 칭송했던 것처럼, 일반적으로 평화롭고 비폭력적이다. 이와 같이 이른바 '평화주의 관점'에서의 시장에 대한 옹호는 20세기에 제국주의의 힘과 침략에 의한 시장 유지의 역사적 경험에 의해 의문의 여지가 있지만, 적어도 미시적 차원에서는 적지 않은 타당성을 지닌다. 시장 자유주의의 주창자인 아담 스미스(Adam Smith)에 의하면 시장은 행위자들의 사적 이익 추구뿐만 아니라 공감, 연민 등 도덕 감정(moral sentiments)에 의존한다. 시장에 참여하는 사람들이 타인의 행복을 바라보는 것 이외에 아무런 이익을 얻을 수 없다고 하더라도 도덕적 감정을 지닌 행위자가 사적 이익을 추구하게 되면 자신이 의도하지 않더라도 보이지 않는 손(invisible hand)에 이끌려 가장 효율적인 자원배분을 가져올 수 있다는 것이다 (Smith, 1761: 184-5). 시장에서는 행위자들이 우호적인 결과와 비우호적인 결과 모두에 대해 자기 책임을 강조하는 책임의식을 배워나가도록 하는 환경이 조성된다. 시장은 또한 경쟁을 통하여 새로운 지식을 발견하고 학습(learning)을 지향한다는 덕목도 있다 (Hayek, 1944). 즉 시장 거래에 참여하는 이들에 대해 상벌을 부과함으로써 시장 바깥에 있을 때보다 더 혁신적으로 만드는 것이다. 그러나 이것을 위해서는 긍정적 혹은 부정적인 보상이 적절한 형태의 증감으로 나타나야만 한다는 조건이 따른다.

3. 공동체 민주주의

1) 지나친 공동체주의의 오류

시장과 함께 시민사회를 구성하는 요소는 공동체이다. 그러나 지나친 공동체는 서로의 정체성(identity)을 가지고 반목하고 심지어는 전쟁까지도 불사하게 되어 사회의 통합과 안정에 장애를 초래하게 된다. 이를 해결하기 위하여 현재 강력하게 대두하고 현상 가운데 하나는 '다문화주의(multiculturalism)'이다. '정치적 탈근대주의'로 지칭할 수 있는 이 관점에 의하면, 사람들은 '시민'보다는 '정체성(identity)'이라는 개념에 의해 이해되는 경향이 있다. 여기서는 "차이의 정치(politics of difference)"가 강조된다. 이는 자발적 및 비자발적인 국가간 이주라고 하는 거대한 현상에 대응해서 나타난 것이다. 차이와 정체성의 정치는 북대서양 서안지역에서 신자유주의의 개인주의와 사회주의의 보편주의 전제들을 모두 거부하는 인식에 호응하는 철학이다.[1] 그런데, 자기 선언적(self-declared)인 집단들이 (최근 미국에서의 흑인이나 성소수자의 예를 모방하여) 시민의 지위나 삶의 기회에 대한 지속적 차별을 고려하면서, 문화적 혹은 여타의 특권을 획득하기 위해 정체성의 정치를 이용하는 경향이 있다. 이러한 정체성의 대립을 극복하는 방법으로 첫째, 사회 내에 존재하는 정체성을 나타내는 집단이 자체적인 자율성을 가지고 대표성이 반영될 수 있도록 대연합을 통하여 권력을 구성하여 정체성 집단을 대표하는 엘리트들이 협상하도록 하여 갈등을 해결하는 협의민주주의 모델(con-sociational democracy model)이 있고, 둘째, 사회 내의 균열이 충분히 반영될 수 있도록 비례대표제나 선호투표제와 같은 선거제도의 조정을 통하여 권력을 구성하는 방법이 있으며, 셋째, 사회 내의 분열된 집단끼리 서로 토론과 논쟁을 통하여 합의를 모색하는 의사소통적 접근방법이 있다 (Dunleavy & Dryzek, 2009: 191-8).

2) 공동체를 간과하는 오류

사회적 통합을 이루면서 번영하는 사회를 이루기 위해서는 국가능력이 증가하는 동시에 시민사회도 함께 성장하여야 한다. 민주주의의 갱신을 강조하는 입장에서는 시민공화주의

---

[1] 자기 자신에 대해 알기 위해서는, 자신을 가족의 기원과 묶어주는, 나아가 인종적, 언어적, 종교적 공동체와 그들의 삶의 형태들과 자신을 묶어주는 독특한 뿌리를 발견하고 인식하고 가꾸어 나가야만 한다. 여권주의(feminism)는 성 정체성(gender identity)을 강조하는 또 다른 인식의 지평을 제공하며, 나이, 음식, 건강 상태, 성적 취향에 초점을 맞추는 이른바 "몸의 정치학(politics of the body)"은 신체, 성격, 습관, 선호 등에 대한 차이를 주장한다 (Offe, 2000: 90-1).

(civic republicanism)를 통하여 견제와 균형을 통한 제한정부, 법의 지배, 그리고 무엇보다도 공익정신을 지닌 시민의 참여를 조장하려고 한다 (Dunleavy and Dryzek, 2009: 214-5). 보수 진영에서도 사회를 지탱하는 전통과 도덕성을 복원하려고 하고 공동체에 기반을 둔 자발적 결사체와 같은 사회적 자본(social capital)을 육성하고자 한다. 공동체와 정체성은 그 구성원들의 도덕적 헌신과 역량을 증진시키는 가장 강력한 제조기이다. 가족, 종교 집단, 인종적 국민(ethnic nation) 같은 공동체는 개인에게 공동체에서만 얻을 수 있는 자존심, 신뢰, 사랑, 죄책감, 존경, 헌신 등의 감정들과 의의와 책임감을 불러일으킨다. 그러한 감정들은 문화적 전통과 윤리적 가치들의 재생산에 독특하고도 의미 있는 공헌을 한다. 오직 공동체만이 기회주의에 반하여, 자신의 행동과 사고에 책임질 준비가 되어있는 '강한' 개인을 만들 수 있다. 이를 통해 공동체는 사회질서와 사회통합의 문제 해결에 기여할 수 있으며, 이 때문에 국가 정책에 의해 보호될 만한 가치가 있는 것이다.

제 2 절 한국 발전국가의 특성과 미래

이제 한국의 국가와 행정에 초점을 두어 논의해 볼 차례이다. 한국의 경우도 앞에서 살펴 본 범세계적인 환경변화로부터 예외가 될 수 없다. 또한 서구 나라들이 대응하는 방식으로부터 직간접적인 영향을 받게 된다. 그러나 유의할 사항은 한국의 국가와 행정이 지닌 특성은 서구의 경우와 차이가 있다는 점이다. 지난 한 세기 동안 서구에서는 행정국가가 발전되어 온 반면에, 한국에서는 발전국가가 제도화되어 왔다. 범세계적인 환경 변화에 대응하기 위하여 서구 나라들이 행정국가를 극복하고 이제 신행정국가로의 이행을 시도하고 있다면, 한국은 발전국가를 극복하고 신발전국가로의 이행을 모색해야 하는 처지에 있다.

1. 발전국가의 의의

발전국가는 1980년대 이후 동아시아 국가의 경제발전에서 국가의 역할에 초점을 맞춤으로써 등장한 것으로서 부국강병이라는 국가목표의 우월성, 산업에 대한 국가의 전략적 개입과 지원, 시장원리를 해치지 않는 국가의 개입, 중립적이고 효율적인 관료제의 존재, 관료제와 기업의 협력관계 등의 과정에서 강한 국가능력을 특징으로 한다 (Johnson, 1982; Amsden, 1989; Wade, 1990; Öniş, 1991; 김일영, 2001; 양재진, 2005). 발전국가의 개념에 대하여 서구의 학자들은 "주된 목적이 경제발전에 있고, 사회적 형평이나 복지와 같은 목표의 갈등이 국가에 의하여 회피될 수 있으며, 관료제의 기획합리성에 의하여 목표를 달성하는 국가"(Johnson, 1982; Öniş, 1991), "경쟁적인 국제환경 속에서 국내 및 국제적 시장의 세력들을 길들이고 이를 국민경제의 이익을 위하여 활용하는 전략적 역할을 수행하는 국가(White and Wade, 1988: 1)"로 정의하고 있으나(유현종, 2020: 1) 이를 종합하여 본서에서는 발전국가를 "사유재산과 시장경제를 기본 원칙으로 하면서도 부국강병을 위해 사회의 지배계급의 저항을 극복할 수 있는 국가자율성, 장기적인 관점에서 국가가 전략적으로 개입하는 기획합리성, 그리고 이를 실행할 수 있는 효율적인 관료제 등의 국가능력을 갖춘 국가"로 정의한다.[2] 여기서 부국강병이란 급속한 경제발전의 추진을 통해 선발국가들을 추격하면서 동시에 선발국가들의 정치경제적 팽창으로부터 자국을 보호하기 위한 국가목표로서의 "방어적 근대화(defensive modernization)"를 의미한다. 이와 같은 목표를 추구하기 위하여 국가는 사적 소유와 시장의 기본 원칙을 유지하면서도 전략적으로 경제에 개입을 시도하게 된다. 국가는 효과적으로 정책형성 및 집행을 추진하기 위하여 이른바 '선도기구(pilot agency)'들을 중심으로 하는 유기적으로 통합된 관료제의 역할을 필요로 하며, 관료제와 기업간에 긴밀하면서도 적절하게 격리된 관계를 설정한다.[3]

방어적 근대화를 지향하는 국가가 시장에 전략적으로 개입하기 위해서는 사회에 대해 자율성이 있어야 하며, 또한 국가능력이 수반되어야 한다. 즉 국가가 지배적인 사회집단과의 관계에서 그들의 의사에 반해 목표를 세우고 정책을 입안할 수 있는 자율성의 정도가 높아야 한다. 또한 국가가 기획을 수행하는 데 필요한 잘 정비된 제도를 갖추고 있으며, 목표에 따라 그것을 효과적으로 재설계할 수 있고, 응집력 있는 정책결정구조와 행정적 자원을 구비하고 있어야 한다 (Skocpol, 1985: 9, 15-16). 환언하면, 국가의 자율성과 능력은 발전국가의 필요조건이라고 할 수 있다.

이러한 발전국가의 형태는 후발 내지는 후 후발 산업화에 성공한 국가들의 근대 국민국가 형성에서 찾아 볼 수 있다. 독일이나 명치 일본(明治 日本) 같은 소위 '후발 산업국가들

---

[2] 한국의 발전국가의 기원에 대하여 1930~45년 사이에 일어난 사회경제적 변화에 초점을 두는 외국 학자의 견해도 있으나(Cumings, 1984), 이는 1945년부터 1960년 사이에 발생한 극심한 사회변동, 한국전쟁, 미국의 영향 등의 요인을 간과한 것이며, 오히려 1960년대 경제개발기의 관료들은 1950년대 미국에서 교육을 받거나 식민시대와의 단절을 보여주고 있다는 점에서 발전국가의 식민지 기원론은 타당성이 부족하다 (박명림, 1996; Haggard, Kang and Moon, 1997; 박성진·고경민, 2005).

[3] 국가가 전략산업(target industries)을 정하면, 그것이 발전을 위해 국가는 가능한 모든 자원을 동원하고, 그것을 의도적으로 왜곡 배분하는 경우가 대부분이다. 그런데 이 경우에 국가는 해당산업에 종사하는 기업들에게 무조건적으로 특혜를 주기보다는 그들이 이룩한 경제적 성과에 따라 자원을 배분하는 방식으로 경제성장을 유도한다 (김일영, 2001; Öniş, 1991; Evans, 1995: 3장; Leftwich, 1995; Woo & Cumings, 1999). 한국의 경우, 이 특혜의 수혜자(기업)들을 선정하는 과정에서 정실이 개입된 것은 사실이지만, 중요한 것은 선정과정에서 그들의 경제적 성과는 항상 필요조건이었다는 주장이 있다 (Jones & Sakong, 1980).

(late industrializer)'과 한국을 비롯한 동아시아 신흥공업국가들(NICs) 같은 소위 '후 후발 산업국가(late late industrializer)'들이 여기에 속한다. 발전국가는 발전목표를 추진할 수 있는 국가의 자율성과 능력을 갖추고 있으며, 베버주의 관료제(Weberian bureaucracy)를 구비하고 있는 점에서 큰 차이가 있다.

1980년대 이후 서구학자들에 의한 동아시아 발전국가 연구에 앞서 1960년대에도 미국이 소련과의 이데올로기 경쟁에서 후진국을 지원하기 위한 비교행정 연구가 소위 적실성의 문제에 부딪히게 되었고, 이에 대한 반성으로 발전행정(development administration)이 대두 되었다. 즉, 전근대적인 요인과 근대적 요인이 혼재된 프리즘 사회인 후발개도국에 대한 미국의 원조가 소수의 군부엘리트를 지원한다는 비판과 함께 정치발전이 선행되어야 한다는 주장이 있었지만(Riggs, 1965), 한국은 미국식 정치발전 모델과는 달리 행정 및 관료엘리트의 주도에 의한 행정주도형 경제발전이 추진되었다 (박동서, 1967).[4] 발전국가에서 발전을 "현재보다 질적으로 향상된 상태를 사회의 여러 면에서 이룩하는 것"(박동서, 1997: 190)으로 본다면 한국은 국가형성–국민형성–경제발전–정치참여–분배 및 복지 등의 단계적 발전과정에서 경제발전의 단계를 넘어 민주화를 통한 참여와 배분의 단계에 접어들었으며, 지속가능한 경제적 기반 위에서 민주적인 참여를 통해 복지, 노동, 인권, 문화, 환경 등의 영역에서 사회적 가치의 배분을 효과적으로 달성해야 할 새로운 목표를 지니고 있다 (유현종, 2020: 4-5).

2. 한국 발전국가의 특성

한국은 여러 가지 측면에서 이와 같은 발전국가의 특성에 부합되는 제도적 특성을 지니고 있다. 앞(제2장)에서 살펴보았듯이, 한국은 국가의 양적 규모면에서는 작은 편이지만, 사회영역에 매우 적극적으로 개입해 왔다. 이와 같은 적극적인 정부 개입이 사회복지나 재분배보다는 경제성장과 산업화에 우선순위가 주어졌다. 이와 같은 국가 개입이 비교적 효과적인 방식으로 이루어질 수 있도록 국가는 높은 수준의 능력을 또한 갖추고 있었다. 국가 능력은 적어도 다음과 같은 두 가지 제도적 장치를 토대로 하였다 (정용덕, 1997).[5]

첫째, 국가기구들이 높은 '유기체적 응집성(corporate coherence)'을 갖추고 있는 점이다. 이와 같은 응집성은 베버주의 관료제가 갖는 속성, 즉 잘 발달된 직업관료제에 의한 지속성

---

4 그러나 당시에도 발전국가에서 행정관료가 정치를 압도하는 역할에 대하여 반론도 있었다. 국가발전의 단계에 따라 경제발전이 정치발전을 선행할 수 있다는 견해(박동서, 1967)에 반론을 제기하면서 정치발전과 배분까지 포함한 경제발전을 병행하여야 하며, 관료제의 역할은 변화하는 정치권력을 보좌하면서 정치적 조언과 정책형성의 창안 역할에 머물러야 한다는 입장도 있었다 (이한빈, 1967; 서원우, 1968).
5 이에 관한 좀 더 자세한 논의는 이 책의 제3편 제2장 행정기구론과 제4편(공공관리론)에서 다루게 될 것이다.

과 실적주의에 따른 유능한 인적 자원이 토대가 된다. 이와 같은 서구식 관료제의 속성을 더 강화시키는 요소는 한국의 경우 '학벌(學閥)' 등의 동질성을 바탕으로 한 비공식적 조직의 역할이다. 베버의 견해와는 달리, 이와 같은 비공식적 요인들은 관료제의 응집력을 더욱 강화시키는 방향으로 작용해 왔다.[6]

둘째, 국가와 사회를 연계해주는 중간조직이 잘 발달해 있는 점이다. 한국은 엄청난 규모로 성장해 있는 준(비)정부조직들(qua(n)os)을 극히 효율적인 방식으로 활용하고 있다.[7] 이 준(비)정부조직들은 공식적인 공무원 조직은 아니지만, 국가와 사회의 중간에서 매개(inter-mediate) 역할을 수행하는 넓은 의미의 국가기구의 연장선상에 있다. 이와 같은 긴밀한 중간조직들의 연결망을 통해 한국의 국가 관료제는 보다 쉽게 사회부문에 연계될 수 있으며, 이른바 "연계된 자율성(embedded autonomy)"을 유지해 왔다 (Evans, 1995; 박은홍, 1999; 정용덕, 1997).

국가기구 내부의 유기체적 응집성과 통합성 그리고 사회영역과의 긴밀한 연계성(con-nectedness)은 한국 발전국가가 시민사회에 대해 높은 자율성을 갖게 되는 두 가지 중요한 제도적 장치이다. 베버와 같은 고전적 이론가들은 국가의 자율성이 국가기구들이 내부 응집성에 더하여 그들이 사회로부터 격리(insulate)될 수 있을 때 더욱 강화되는 것으로 보았다. 그러나 한국은 일본의 경우처럼, 국가기구들이 사회로부터 격리되기보다는 오히려 강한 연계성을 가짐으로써 더 강화되는 면이 있다 (Evans, 1995). 국가기구가 여러 가지 공식 또는 비공식적 제도들을 통해 시민사회에 대해 효과적으로 영향력을 행사할 수 있기 때문이다. 그리고 이와 같은 사회와의 연계성이 국가자율성을 강화시키는 데에는 어디까지나 국가기구 내부의 강력한 유기체적 응집성이 전제되어야 한다. 국가기구 내부의 응집성이 있을 경우에 비로소 국가와 사회간의 연계성이 국가가 지향하는 정책방향으로 기능할 수 있기 때문이다.

3. 행정 환경의 변화와 발전국가의 미래

한국은 발전국가형 국정운영 방식을 통해 1948년 건국 이래 산업구조에 큰 변화를 가져올 수 있었다. 극단적인 신고전주의 시장이론가들을 제외하면, 최소한 한국에서 산업화와

---

6 그러나 한국과 일본에서 국가기구들은 내부적 응집성에서 차이가 있다. 한국의 경우, 모든 국가기구들은 핵심행정부를 중심으로 일관된 통합성이 유지된다. 이에는 청와대 비서실과 중앙관리기구들을 포함하여 과대 성장해 있는 핵심행정부기구들이 제도적으로 뒷받침하고 있다 (Jung, 1997; 정용덕, 2002). 반면에 일본의 경우는 국가기구들 하나하나는 강력한 자율성을 갖되, 그들을 하나로 통합하는 구심력은 약하다. 각 성·청(省廳)에 대한 수상과 내각의 통제력은 한국에 비해 상대적으로 매우 낮기 때문이다 (정용덕, 1998; 2002).

7 이에 대해서는 제3편 제2장을 참조할 것.

경제성장에 관한 한 발전주의국가형의 국가 개입이 순기능적이었음에 동의하지 않는 이론가는 드물다 (Dayo, 1987; Amsden, 1989; Haggard, 1990). 그러나 지난 산업화과정에서 순기능적인 역할을 담당했던 한국 발전국가는 또한 적지 않은 문제점도 있었다.

우선, 경제성장과 산업구조의 고도화는 한국에서 국가 역할에 관한 재고를 필요로 하고 있다. 건국 이후 60년을 지내오는 동안 국가건설과 전후 복구 그리고 급속한 산업화를 추구해 오는 과정에서 적극적인 정부 역할과 시장 개입을 거의 당연한 것으로 간주해 왔다. 그러나 1980년대 초 이후 국민경제 규모가 커짐에 따라 '친시장적(pro-market)'인 국가의 필요성이 논의되었고, 1990년대 말 외환위기를 계기로 신자유주의 정책을 도입하려는 노력이 기울여졌다. 대부분의 학자들은 신자유주의적 개혁에도 불구하고 발전국가의 제도적 지속성이 유지되고 있다고 보고 있다 (Jung, 2000; 정용덕, 1998; 김일영, 2001; 양재진, 2005; 강광하외, 2008). 20세기 말 세기적인 환경 변화에 대응하여 개별 나라들이 추진한 개혁은 그 나라에 배태된 국가행정 제도의 영향을 받는다는 가설을 입증해준 셈이다 (OECD, 2005; Painter & Peters, 2010; Pollitt & Bouckaert, 2011). 그러나 민주화와 시민사회의 성장에 따라 발전국가의 권한의 중앙집권성은 쇠퇴하지 않을 수 없다 (Jung, 2014: 43). 발전국가의 변화 방향에 대해서는 발전국가의 장점을 살려서 지속적인 국가발전을 이루어야 한다는 입장(Chang, 1999), 신자유주의적 환경 속에서 국가의 역할을 시장경제를 보완하는 제도형성과 규제에 초점을 두어야 한다는 입장(최병선, 2001; 이연호 외, 2002), 질서자유주의에 의한 규제국가, 사회협의주의에 근거한 경쟁력 조합주의 모형, 국가주도의 발전국가론이 시너지 효과를 낼 수 있는 융합적 발전모델을 제시하는 입장(양재진, 2005: 13-14), 발전을 목표로 하는 정부의 적극적 역할을 중시하면서도 국민 행복 지향의 새로운 발전 목표에 따라 시민사회와 시장의 확산을 반영하는 신발전 거버넌스를 제시하는 입장(이승종, 2020: 26-7) 등이 있다.

발전국가의 또 다른 문제점은 자유민주주의 및 법치주의와의 조화 문제이다. 그동안 한국에서 발전국가의 유지는 국가의 취약한 정당성 문제를 불러일으켜 왔다. 발전행정은 방법의 편파성과 서구적 편견의 개입, 권력집중과 독재의 조장, 행정 간여의 팽창과 관료의 탈선, 인간의 자유의 억압 등 반발전의 부작용을 초래하였고(오석홍, 1988: 84-90; Held, 1989), 미소 냉전 하에서 미국의 원조를 받는 대신에 저개발국을 종속적인 위치에 두기 위한 것이라는 비판이 제기되기도 하였다 (김광웅, 1986). 적어도 1980년대 후반까지 한국의 발전국가는 자유민주주의적 절차에 따른 정부 구성이라는 면에서, 근본적인 취약성이 있었다. 이와 같은 정부구성 절차의 비민주성은 특히 한국에서 관료기구들이 정치행정부에 의해 효과적으로 통제되는 구조적 특성에 의해 더 큰 문제의 소지가 있었다. 그러나 발전국가와 권위주의 체제 사이의 이러한 높은 선택적 친화성에도 불구하고 한국, 일본, 대만의 경우와 같이 발전국가가 민주주의와 결합할 수 있는 가능성이 없는 것은 아니다. 1987년 한국에서 민주주의 이행이 이루어지면서 대통령의 직접 선거와 지방자치제 실시가 차례로 실현되었다. 보편적이고 공정한 선거를 통해 두 차례의 정당간 정권교체가 실현됨으로써 아시아에서는 타이완에 이어 두 번째로 민주주의 공고화를 이루어냈다. 한국은 이른바 '근대화론(Modernization Theory)'의 타당성을 입증하는 전형으로 세계의 주목을 받았다.[8]

그러나, 한국 발전국가가 민주주의 이행과 공고화의 과정을 겪으면서 권위주의적인 유산은 청산되었지만 정치발전이 뒤처진 상황에서 극심한 정치적 대립, 중장기적 발전기획 기능의 부재로 인한 정책 연속성의 저하, 부처이기주의와 칸막이 현상, 무사안일과 책임성의 상실, 공무원의 복지부동과 공직부패의 증가 등의 문제점이 발생하고 있다 (안병영·정무권, 2007; 임도빈, 2007). 민주화를 통하여 민의 참여는 확대되었지만 시장자유주의라는 반국가주의적 개혁에 의하여 기존의 발전국가에서의 순기능으로서 국가능력이 감퇴되고, 다수결에 의해 집권한 정부가 관료제를 권위적으로 활용함으로써 발생하는 행정 내부의 비민주성의 문제를 어떻게 해결할 것인지가 과제가 되고 있다. 다수결 민주주의 하에서도 법치주의에 따라 개인의 자유와 권리를 보호하고 국민 전체를 위하여 봉사하는 관료제의 전문성을 보장하기 위하여 민주주의와 관료제의 관계를 바람직하게 설정하는 것이 필요하다.

한국의 발전국가는 20세기 말 이후 전지구화, 정보화, 탈근대주의라는 범세계적인 환경변화에 대해서도 대응해 왔다. 신자유주의의 확산과 더불어 노동, 자본 이동의 자유화와 개방화를 특징으로 한 전지구화 현상은 한국처럼 작은 나라에 지대한 영향을 미쳐왔다. 그러나 신자유주의 개혁에도 불구하고 국가 규모는 오히려 증가해 왔다. 산업화의 시기의 발전국가는 복지지출을 최대한 억제해 왔으나, 민주화의 진전에 따라 정부서비스에 대한 국민적 욕구가 급속히 증대되었고, 진보적 성격의 정부로의 수평적 정권교체는 복지지출을 확대하는 계기가 되었다. 그러나 한국의 발전국가의 복지체제는 경제발전에 대하여 보완적인 측면에서 복지지출을 최대한 억제해 왔고, 노동계급을 대표하는 정치세력이 성장하지 못했고, 신자유주의의 영향을 받아 경제규모에 비하여 사회복지는 뒤처져 있는 제한되고 작은 복지국가의 제도적 특성을 지니고 있다 (안상훈, 2010; Yang, 2017; 유현종. 2020: 74).[9]

---

8 대개 제2차 세계대전이 끝난 후 독립한 저발전 국가들에 대한 발전모형을 제시한 근대화이론(Modernization thesis)의 주창자들은 '적극적인 정부'를 처방했었다. 먼저 정부 주도의 경제성장이 성공적으로 추진되면, 뒤이어 정치발전이 뒤따를 것으로 가정했다. 그러나 대부분의 저발전 국가들이 경험한 바에 의하면, 행정권의 비대화에 병행하는 정치민주화는 이루어지지 않았다. 1970년대 남미학자들을 중심으로 발전한 '종속이론(Dependence theory)'은 이와 같은 저발전 국가들의 경험을 바탕으로 한 근대화론에 대한 이론적 반격이었다.

9 복지국가의 유형으로는 자유주의(liberalism), 보수주의(conservatism), 사민주의(social democracy)의 세 가지 유형이 제시되고 있다 (Esping-Andersen, 1990). 한국에서 복지국가의 성격에 관한 논쟁으로는 김연명 외(2002), 정무권외(2009) 등을 참고하기 바람.

이제는 국가주도형 발전국가와 시장중심적인 신자유주의를 넘어서 새로운 국가운영 모델을 창출해야 할 시점이라 할 수 있다. 국가와 사회발전의 단계에 따라 우리나라는 국가, 시장, 공동체간의 관계에서 어느 일방이 압도적 위치를 차지하지 않도록 적절한 관계를 설정하면서 지속가능한 경제성장과 함께 복지, 노동, 환경, 통일 등의 새로운 문제를 해결하는 발전목표를 설정할 필요가 있다.[10] 여기서 고려되어야 할 것은 개혁의 주체와 관련하여 국가가 어떤 범위에서 어떤 역할을 수행할 것인지에 관한 것이다. 앞에서 설명한 바와 같이 국정운영 원리로서 국가, 시장, 공동체는 상호 조화를 이루어야 하며, 어느 한 쪽에 치우침이 없이 당시 사회가 처한 상황에 따라 해결되어야 할 문제에 대하여 공동으로 대응하는 사회적 의사결정과 협력시스템의 설계가 필요하다. 이 과정에서 국가능력이 중요한 요소이지만 이것이 시장과 공동체를 압도할 경우 부작용이 발생할 수 있으므로 강한 국가와 강한 사회, 효율적으로 작동하는 시장의 관계 속에서 발전의 목표에 대한 사회적 합의를 이루기 위하여 다양한 사회세력과 소통하며, 정책정보 능력이 향상되는 정책연결망의 구축을 통하여 국가의 거버넌스 역량을 강화할 필요가 있다 (정용덕, 2005).

---

10 국가가 시민사회의 관계에서 일정한 목적을 추구하는지 여부에 따라 시민연합(civil association)과 목적연합(purposive association)으로 나누기도 한다 (Oakeshott, 1975: 203-5; Spicer, 2002: 63-4). 미국은 시민의 자유를 확대하기 위하여 국가가 최소한의 제약만을 허용하는 시민연합임에 비하여 대륙법계 국가와 한국은 국가에 적극적인 공익적 목적 추구를 인정하는 목적연합으로서의 성격이 강하다.

행정구조론

제1장 핵심행정부론

핵심행정부(Core Executive)란 중앙정부의 정책을 조정하고 정부기구 간 갈등을 최종적으로 중재하는 모든 조직과 절차를 의미한다. 구체적으로 행정수반, 내각, 내각 위원회 그리고 이들의 공식적 상대방, 비공식적인 장관급 모임이나 쌍방적 협상 및 부처간 위원회 주위에 있는 제도와 관행들의 복잡한 연결망을 포함하는 정부기구의 핵심적인 심장부이다 (Rhodes & Dunleavy, 1995: 12).[1] 핵심행정부는 신행정국가로의 이행에 따라 과거 '의회정치 모형'이나 '정치행정부(political executive)[2]' 개념에 비해 핵심 의사결정에 참여하는 행위자들의 범위가 더 확장되었다. 또한, 핵심행정부 내 행위자들의 상호작용도 과거 정치행정부에 비해 보다 신축적이고 분화된 것을 전제로 하는 개념이다.[3]

---

[1] 국가의 최고 행정부는 국가의 정체에 따라 다양할 수 있다. 미국처럼 대통령제 국가에서는 대통령을 정점으로 형성된 제도적 대통령부서(institutional presidency), 영국처럼 의원내각제 국가에서는 수상을 중심으로 한 핵심행정부(core executive office), 프랑스와 같은 이원내각제 국가에서는 대통령부(Elysée Palace)와 수상부(Hôtel Matignon)가 각각 외치와 내치를 나누어서 수행하는 양두정치(dyarchy)가 나타나고 있다.

[2] 전에는 행정부를 집행부로, 정치행정부를 정치집행부로 부르는 것이 관행이었다. 그러나 한국에서는 오래전부터 집행부 대신에 행정부라는 용어를 사용해 왔기 때문에 핵심집행부보다는 핵심행정부로 통일해 표현하기로 한다.

[3] 정치행정부와 핵심행정부의 개념 비교

	정치행정부	핵심행정부
인적 범위	행정수반 보좌 역할의 정치적 공직자	고위직 관료 및 제도가 추가됨
규범·경험적 접근	행정수반 및 장관의 결정적 역할과 책임	보다 신축적이고 분화된 상호작용

(Heclo, 1977; Dunleavy, 1987; Dunleavy & Rhodes, 1990; Hill, 1991, Rhodes, 1997: 1장 재구성)

핵심행정부와 관련하여 국가별 특수성과 공통점 모두를 발견할 수 있다. 핵심행정부가 조직화되는 방식, 행정수반(chief executive)의 보좌진과 일반 행정부처와의 책임 관계를 설정하는 방식, 정치와 행정 간의 상대적 가치와 인식의 설정, 행정수반 보좌진의 책임 범위, 그리고 행정수반을 지원하는 제도들이 국가마다 모두 다르고 또한 끊임없이 변화하기 때문에 국가별로 단순 비교는 어려울 수 있다 (Peters, Rhodes & Wright, 2000: 4-6). 하지만 다음과 같은 공통적인 현상도 발견할 수 있다. 첫째, 정부가 분화되고 다원화됨에 따라 핵심행정부로 집권화되는 경향이 나타나고 있다. 둘째, 나라별로 차이가 있지만, 행정수반 보좌진들이 공통된 업무를 맡고 있으며(예산, 조직, 인사 등), 국내외로부터의 변화 압력에도 불구하고, 핵심행정부가 나라별로 수렴되기 보다는 차별성이 부각된다는 것이다. 이어지는 '참고'를 통해 대통령제를 실시하는 대표적인 국가인 미국, 의원내각제를 실시하는 대표적 국가인 영국, 대통령제에 의원내각제적 요소가 가미된 한국의 핵심행정부의 조직 및 운영방식에 있어 공통된 기능을 어떻게 다르게 운영하는지 제시하고자 한다.

핵심행정부의 역할은 19세기 말부터 20세기 말까지 나타난 행정국가에 이어 20세기 말 신행정국가 현상 속에서도 그 중요성과 권한은 유지되고 있다. 국가의 이른바 방향 잡기(steering) 기능은 계속해서 강조되고, 집행기능을 국가의 경계 밖으로 이전함에 따라 핵심행정부의 권한은 오히려 상대적으로 더욱 강력해졌다. 2008년부터는 세계적인 금융위기와 재정위기를 겪게 되면서 국가의 권한은 더욱 강화되었고, 재정적 건전성을 유지하면서 유권자의 요구를 충족시키기 위한 핵심행정부의 능력과 권한의 강화가 이루어지고 있다. 이와 같은 맥락에서 볼 때, 오늘날 국가의 정책결정 및 조정을 이해하는 데 있어서 핵심행정부는 매우 중요한 주제로 다루어질 필요가 있다.

제2절에서는 전통적 제도주의 입장에서 행정수반, 내각, 관료제 가운데 누구에 의해 핵심행정부가 주도되는가를 살펴본다. 전통적 제도주의 관점에서는 핵심행정부의 제도적 측면에 초점을 맞추고 있으며, 이 제도적 장치들이 의사결정에 어떤 의미 있는 차이를 가져올 수 있는지 가정하며 접근한다. 제3절에서는 이 책의 큰 분석틀인 국가이론별로 발전해 온 핵심행정부 의사결정 모형들을 살펴본다. 추가로 행위자 중심의 의도적 행동과 구조적으로 접근하는 상황적 구조로 나누어 접근한다. 제4절에서는 2절과 3절 내용을 바탕으로 한국 핵심행정부의 의사결정에 대해서 보다 구체적으로 살펴본다.

참고

미국의 핵심행정부

〈그림 3-1-1〉미국 정부와 '제도적 대통령' 조직

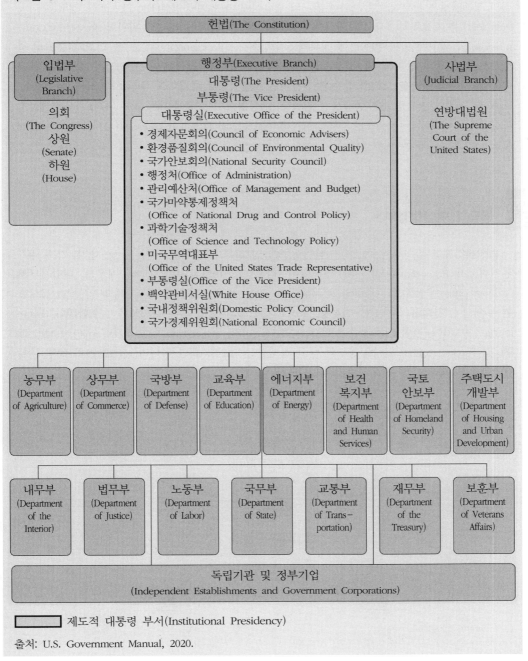

출처: U.S. Government Manual, 2020.

미국의 핵심행정부에는 대통령의 합리적인 의사결정을 지원하는 정책 보좌, 예산, 법제, 인사 등의 참모조직으로서 '제도적 대통령제(institutional presidency)'가 포함된다. 행정국가로의 이행이 이루어짐에 따른 정부 역할 및 규모의 증가와 (대공황이나 전쟁 등) 위기 극복을 위한 대통령의 정책결정을 전문적으로 보좌할 기구의 필요성에 따라 '대통령실(The Executive Office of the President)'을 제도화하면서 시작되었다. 대통령실은 1937년에 '브라운로 위원회(Brownlow Commission)'의 권고에 따라 1939년에 정부재조직법안(The Reorganization Act)을 의회가 승인해 줌으로써 창설되었다. 미국 대통령부서의 제도적 특징은 다원적이고 분산된 정치−행정체제에서 대통령의 정책 판단을 보좌하기 위해 전문적인 자문기구를 통합하여 우산조직(umbrella organization) 형태의 대통령실을 탄생시킨 점이다. 대통령실의 성장에 대응하여 의회도 '의회예산처(Congressional Budget Office),' '의회조사처(Congressional Research Office),' '회계감사처(General Account Office)' 등을 설립하였다.

참고 영국의 핵심행정부

의원내각제를 실시하는 대표적인 나라인 영국의 경우, 핵심행정부에는 수상, 내각, 각종 내각위원회(cabinet committees), 총괄기구들(예: 다우닝가 10번지 수상 관저, 재무성, 내각사무처(cabinet office), 행정관리처(OPS), 법무담당관, 치안 및 정보기구 등)과 그 밖의 약간 덜 공식화된 부처간 위원회들의 긴밀한 연결망, 그리고 장관들의 모임 혹은 회의체들이 포함된다 (Dunleavy, 1991: 101−102; Dunleavy & Rhodes, 1990: 3; Rhodes & Dunleavy, 1995; Smith, 1999). 또한, 각 부(department)도 중앙정부의 핵심 정책결정 단위일 뿐만 아니라, 그 수장(즉 장관)들이 핵심행정부 제도 내의 주요 행위자라는 면에서 포함된다.

〈그림 3-1-2〉 영국의 핵심행정부 기구

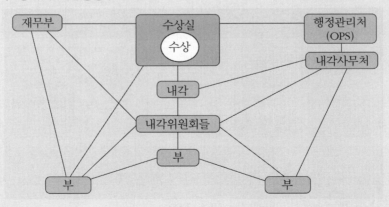

출처: Smith, 1999: 6.

참
고 **한국의 핵심행정부**

　　대통령제에 의원내각제적 요소가 가미된 한국의 핵심행정부는 미국의 제도적 대통령부서와
는 달리 단일한 형태의 조직으로 구성되어 있지 않다. 헌법상 국무총리가 존재하고 모든 행정각
부를 대통령의 명을 받아 국무총리가 통할(統轄)하게 되어 있기 때문이다. 따라서 대통령부서에
해당하는 예산, 인사, 조직, 법제 등의 부서도 국무총리의 감독권 내에 있다. 한국의 대통령부서
가 이처럼 대통령 직속이 아니라 행정부처의 형태로 분산되어 있기 때문에 국정관리 부처의 과
잉현상을 초래할 여지가 있다. 또한, 대통령이 이들을 통제하기 위해 비서실의 확대가 이루어져
왔다.

　　한국의 핵심행정부에는 대통령비서실 외에 국무총리와 국무조정실(정책조정), 기획재정부(기
획 및 예산), 행정안전부(조직), 인사혁신처(인사), 법제처, 감사원, 국가정보원 등을 들 수 있다.

〈그림 3-1-3〉 한국 핵심행정부의 의사결정

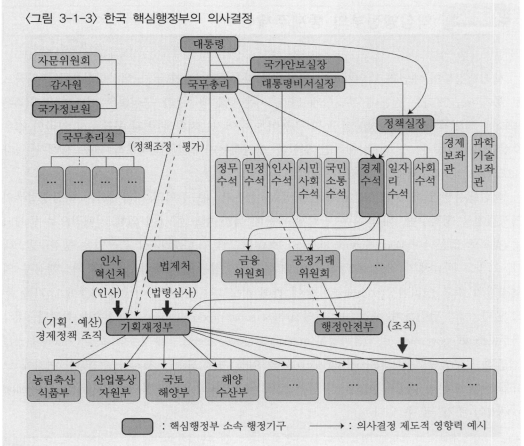

출처: Jung, Lee & Yoo. (2010) 보완함.

특히 대통령과의 인적 유대와 접근 가능성이 크기 때문에 대통령비서실의 권한이 강하고 하향식(top-down)의 정책결정 및 집행이 이루어지고 있다 (유현종·이윤호, 2010). 대통령비서실이 강한 자율성을 지니고 있기 때문에 사실상 '내부내각'의 역할을 수행하고 있다. 이러한 강력하고 권위적인 대통령비서실의 형태는 1960년대 박정희 행정부 이후부터 형성되었는데, 민주화 이후 제왕적 대통령제의 폐해에 대하여 많은 비판이 제기되었음에도 실제 운영은 대통령을 중심으로 한 비서실의 강력한 통제와 지시, 보고체계 아래 이루어진다. 2020년 현재 대통령비서실의 경제수석은 대통령의 뜻을 받들어 기획재정부, 농림축산식품부, 산업통상자원부, 국토교통부, 해양수산부, 공정거래위원회, 금융위원회를 관할하고 있으며 수석들이 해당 부처의 고위공직자들을 조정 및 통제하고 있다.

제 2 절 핵심행정부의 통제주체

핵심행정부의 개념과 범위가 제시되었다면 다음으로 '과연 누가 핵심행정부를 주도적으로 통제하는가?'라는 질문에 부딪히게 된다. 이는 핵심행정부를 구성하는 어떤 행위자(혹은 제도)에 의해 국가정책의 방향설정 및 조정이 이루어지는지와 관련된 문제로서 영국의 경우 수상과 내각 중 누가 더 실제적인 권한을 행사하는지에 관한 대표적 연구 사례가 있다 (Rhodes & Dunleavy, 1995: 13)[4].

핵심행정부의 제도적 측면에 초점을 두는 전통적 제도주의의 시각에서는 핵심행정부의 의사결정을 행정수반, 내각 혹은 관료제 가운데 특히 어느 하나에 의해 지배적으로 통제되는 것으로 접근한다 (Dunleavy & Rhodes, 1990)(<그림 3-1-4>). 각 접근법은 행정수반, 내각, 그리고 관료제의 역할, 행정기구에 대한 핵심행정부의 통제력, 그리고 핵심행정부 의사결정의 주요 병리현상(pathology) 등에 관해 서로 다른 규범적 이상과 가정에 근거를 두고 있다. 이와 관련하여 '행정수반 개인지배(personal predominance),' '행정수반 참모단, 내각정부(cabinet government),' '장관정부(ministerial government),' '부처주의(depart-mentalism),' '집합적 공무원단(collective civil service)' 등의 여섯 가지 모형을 제시할 수 있다. 여기에 모형들 간의 이론적 대립을 해소하기 위한 실용적 대안으로 분할결정 모형(segmented decision model)이 추가 될 수 있다.

---

4 (A) 수상의 권한 중시 입장: ① 각료 임명, ② 내각 의제 통제, ③ 유권자와 미디어 통한 직접적 소통, ④ 국가대표를 근거로 정부정책에 광범위하게 개입가능 (B) 내각 옹호 입장: ① 정당 내 지지기반 가진 각료, ② 헌법상 내각의 집합적 결정, ③ 수상의 전문성/시간적 한계를 근거로 내각 옹호 등 두 가지 입장을 제시함(Rhodes & Dunleavy, 1995: 13).

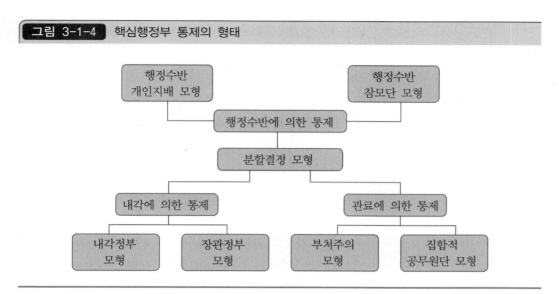

그림 3-1-4 핵심행정부 통제의 형태

출처: Dunleavy, 1990a: 102. 그림 5.1의 수정.

1. 행정수반에 의한 통제

핵심행정부 의사결정이 행정수반에 의해 주도된다고 보는 시각이다. 영국의 '수상정부(Prime Ministerial Government)' 혹은 미국의 '대통령정부(Presidential Government)'라고 지칭되는 이미지와 부합된다 (Lowi & Ginsberg, 1998: 239). 행정수반에 의한 통제의 규범적 이상(ideal)은 행정수반에게 정책결정권을 집중시킴으로써 국가 위기가 발생했을 경우와 같은 시기에 행정부의 강력하고 효과적인 대응을 보장할 수 있다는 것이다. 반대로 핵심행정부 의사결정에 있어서 비효과적인 정책조정, 정책위기에 대한 취약한 대응, 혹은 부처할거주의에 의한 정치적 및 부서별 통제의 침식 가능성 등은 모두 병리적 현상으로 간주한다 (Dunleavy & Rhodes, 1990).

행정수반에 의한 통제는 ① 행정수반의 독단적 권위 행사를 가정하는 개인적 지배 모형과 ② 행정수반 참모 집단(clique)에 의한 어느 정도 집합적 속성을 가정하는 참모단 모형으로 세분화된다.

1) 행정수반 개인지배 모형

행정수반 개인지배(personal predominance) 모형에서는 행정수반을 "선거에 의한 독재자" 또는 "총괄적 정책결정자"로 가정한다. 여기서 내각은 단지 행정수반을 위한 지원팀에 불과하며, 핵심행정부가 모든 국가기구들을 통제하는 정도는 매우 높은 것으로 여긴다.

행정수반은 국가정책결정에서 적어도 다음 세 가지를 근거로 개인적으로 우세한 지배력을 행사한다. 첫째, 행정수반은 자신이 흥미를 갖는 정책에 관련되는 모든 문제에 직접 관여할 수 있다. 둘째, 정부의 중요한 의제를 결정함으로써 나머지 정부정책과는 구분되게 할 수 있다. 셋째, 대부분의 정책문제에 대해 예측가능하고 결정적인 해결책을 제공하는 통치규범이나 분위기에 영향을 미침으로써, 다른 각료들의 선택 여지를 제한하고 그들을 단지 행정수반의 보조자 역할에 머물게 할 수 있다.

신행정국가화가 전개되면서 정책결정권이 행정수반에게 더욱 집중되는 현상이 나타나고 있다 (Peters, Rhodes & Wright, 2000: 7-9). 행정수반의 활동에 대한 대중매체의 관심 집중, 선거경쟁의 압력 증가, 안보나 위기상황의 수시 등장, 복잡한 국내 정책조정의 필요성 증가 등이 요인으로 작용하고 있다. 행정수반 개인지배 모형의 전형적인 예로서 영국에서 대처 수상이 보인 소위 "대통령주의"도 여기에 해당한다 (Dunleavy & Rhodes, 1990). 프랑스 대통령의 강력한 권력도 행정수반 개인지배 모형의 한 예가 된다. 한국의 역대 '제왕적 대통령(Imperial presidency)'들도 여기에 해당한다.

2) 행정수반 참모단 모형

행정수반의 권위와 영향력이 내부 참모단의 집합적 속성에 좌우되는 것으로 보는 시각이다. 어느 행정수반도 혼자 현대 국가의 복잡한 행정을 통제하기는 힘들다. 따라서 핵심행정부 지도력을 행정수반의 개인적 주도나 개입에 의한 것으로 보기는 어렵다. 행정수반의 참모단은 지속적으로 아이디어를 창출하고, 행정수반이 지닌 기본적 가치를 연장하고 적용하며, 광범위한 정부정책을 점검하고, 그의 의도를 다양하고 분절화된 행위 통로를 통하여 주입시키며, 투입된 정책 사안들이 무시되지 않도록 정책집행과정을 처음부터 끝까지 계속 추적하는 일을 수행한다.

행정수반의 현실적 한계를 보완하는 긍정적 역할 이외 행정수반이 참모단에 의존하는 것에 대한 부정적 시각이 다음과 같이 존재한다. 첫째, 행정수반 참모단이 장관들의 보고나 각 부처별 자문 등과 같은 공식적 의사전달 통로를 침식하고, 공식적인 정부조직과 병행되는 중복된 대응관료제(counter-bureaucracy)를 형성한다는 것이다. 이로 인해 기존 공식 관료기구와 충돌이 야기될 수 있다는 것이다. 둘째, 참모단은 대단히 편향적으로 선정된 외부의 사회이익들만이 정책결정 중심에 특권적으로 접근할 수 있기 때문에 사회 전체의 여론과는 차이가 있는 정책결정을 할 수도 있다 (Rhodes & Dunleavy, 1995: 18). 특정한 이념이나 이해관계를 중심으로 한 인물들로만 구성된 경우 위기적 상황에서 편향된 시각만을 고집함으로써 '집단사고(group think)'의 오류를 범할 가능성도 있다 (Janis, 1972). 셋째, 참모단이 외부에서 충원되는 경우에 행정경험이 부족한 상태에서 이상적인 아이디어들을 제안하는 것도 문제로 지적된다. 대개 이들이 제안하는 아이디어들을 실제로 집행함에는 기존의 행정제도나 절차상의 제약이나 관료들의 저항에 부딪히게 된다.

첫 번째와 관련하여 참모들에 대한 권한 집중으로 과도하게 국정에 개입하는 문제가 발생하기도 한다. 한국에서 부처장관들이 대통령을 '독대(獨對)'할 수 있는 기회가 매우 제한적인 것이 한 예다 (김정렴, 1997). 국회의장, 대법원장, 국무총리, 정보기관의 장 등으로 한정되어 있고, 나머지 장관들은 청와대의 관련 수석비서관을 통해 대통령에게 간접적으로 의사를 전달하고 전달받거나, 독대를 하더라도 비서실장이나 수석비서관이 배석하는 것이 보통이다. 이와 달리 미국 백악관의 참모들은 해당 부처와 밀접한 상호작용 속에서 정보교환과 의사결정이 이루어진다. 참모진은 대통령의 의사결정을 도와주는 일에 충실할 뿐, 개별 부처들을 지휘하는 역할은 상대적으로 제한적이다.

2. 내각에 의한 통제

핵심행정부의 의사결정이 내각에 의해 통제될 가능성이 높다고 보는 시각이다. 내각에 의한 통제는 ① 핵심행정부의 통제권한이 집합적 의사 결정기구인 내각에 의해 주도된다는 '내각정부 모형'과 ② 내각은 통일체가 아닌 단순 집합체로 각 부처를 대표하는 장관들이 핵심행정부의 통제 주체가 된다는 '장관정부 모형'으로 세분화된다.

1) 내각정부 모형

내각정부(Cabinet Government) 모형은 의원내각제 정치체제를 상정하는 의사결정유형으로 핵심행정부의 통제권한이 집합적 의사결정기구인 내각을 통하여 이루어지는 것으로 간주한다. 수상이나 수상의 참모단에 의한 통제와 비교했을 때 내각에 의한 통제는 보다 공개적이고 민주적인 국정운영이 가능해진다. 현실적으로 내각정부를 경험적 수준에서 지지하는 학자들은 드물지만, 부처 간 다양한 의견들이 고려되는 집합적(collegial) 의사결정을 옹호하려는 규범적 및 법률적 주장들은 지속되고 있다. 그러나 내각에 의해 핵심행정부의 의사결정이 이루어지는 경우에도 의사결정규칙이 비상식적이고 불완전하거나, 구성원들이 집단사고(group-think)의 오류에 빠지게 되거나, 다양한 이익들이 의사결정의 핵심에 반영되지 못하는 경우에는 의사결정이 비합리적으로 이루어질 수 있다.

　내각정부 모형이 실제로 적용되는 예로서 핀란드의 국무회의(the State Council)를 들 수 있다. 광범위한 의사결정 권한이 부여되며, 평균 2년 임기의 수상은 회의의 의장으로서의 역할에 머물며, 직선 대통령과 연립내각에 속한 서로 다른 정당의 장관들에 의해 영향받는 것이 보통이다 (Hague, Harrop & Breslin, 1998: 208-9). 의원내각제의 오랜 전통을 지닌 영국도 내각정부 모형의 예다. 수상은 내각을 구성하는 각료들 간에 선임자(parimus inter pares)로서의 역할을 지닌다 (Hall, 1983: 55). 내각정부 모형은 한국에서 적실성이 매우 낮다. 그러나 규범적 차원에서 계속 강조되고 있다.

2) 장관정부 모형

　장관정부(Ministerial Government) 모형은 각 부처를 대표하는 장관들이 핵심행정부의 통제주체가 된다고 주장한다. 행정수반의 영향에 의하여 압도되지도 않는 경우 각 부처의 이익을 대변하는 장관들이 영향력을 행사하게 된다 (Jones, 1989). 현대 국가의 내각은 하나의 통일체(unity)로서가 아니라, 개인들의 집단(a group of individuals)으로서 기능을 한다고 본다 (Wass, 1984: 25).

　장관이 소관 부처 사안과 관련한 의사결정에 지배력을 갖게 되는 이유는 헌법과 법률에 따라 장관은 부처에서 가장 우두머리이고 부처의 행위 및 소관 부처의 정치적 실수에 대해서도 거의 무한 책임을 지기 때문이다 (Rose, 1987: 18, 232). 보통 내각이나 행정수반은 각 부처별 사안(법적으로 보장된 부처별 정책결정, 산하 준정부기관 수장 임명 등)을 결정하고자 개입하기가 어렵다. 또한, 정치적인 면에서, 대부분의 장관들은— 자신의 소관 부처의 이해관계가 관련된 경우가 아니라면— 구태여 다른 장관들이 통제하는 정책 사안에 대해 관여할 동기가 없다. 또한 정규적인 내각 개편으로 인한 장관들의 수명 단축은 그들로 하여금 지위보전을 위한 방편으로 강력한 정치적 부처할거주의를 강조하도록 한다.[5]

　장관정부 모형의 규범적 이상은 장관의 직접 책임 및 분화된 정책결정을 강조하는 것이다 (김광웅, 1994). 장관정부 모형에서 행정수반은 장관들로 구성되는 팀의 선정자로서, 팀 전체에 관련된 사안에 대한 조정자로서, 혹은 주요 정책문제 영역에 관해 장관과 더불어 통제권을 분담하는 사람으로서의 역할을 수행한다. 내각은 정보교환 및 합의형성을 위한 토론장(forum), 혹은 불만 있는 장관의 소청위원회(appeal committee)에 해당한다.

---

[5] 영국에서, 대처 정부의 장관들이 소관업무를 공식적 내각기구나 부처 간 위원회로부터 격리시킴으로써, 수상이 정책결정에 개입하려는 노력에 대응한 것이 좋은 예이다 (Burch, 1989). 내각위원회에 공식적으로 상정되던 갈등들이 해당 장관들 간의 상호 절충에 의해 직접 해결되고 있는 것이다 (Jones, 1989: 254-8).

3. 관료제에 의한 통제

핵심행정부가 국가기구들을 통제할 능력은 대단히 제한적이라고 보는 관점이다. 국가정책결정에 있어서 내각이나 장관들은 단지 미미한 역할을 수행할 뿐이다. 관료제에 의한 통제를 제시하는 이 관점의 규범적 이상은 정책결정에 대한 민주적 통제를 확대시키는 것이다. 따라서 의제형성 및 위기상황 이외의 의사결정에서 관료제에 의한 통제가 증대되는 현상 등은 모두 핵심행정부 의사결정에 위협적인 병리현상이다.

경험적인 면에서 볼 때, 행정분권화의 전통이 강한 미국을 제외하면, 이 모형의 적합성은 낮다 (Etzioni-Halevy, 1985: 51). 영국 대처 정권하에서 핵심행정부의 관료제에 대한 통제가 크게 확대된 이후, 이 관점의 적실성이 그만큼 상대적으로 감소되었다 (Dunleavy, 1990a). 한국 또한 관료들의 대(對)핵심행정부 자율성도 낮다 (Jung, 1988; 정용덕, 1995). 이 관점은 ① 부처할거주의에 근거한 부처주의와 ② 다른 일반 부처를 통제하는 기관의 고위 공무원의 영향력을 강조하는 집합적 공무원단 모형으로 세분화 된다.

1) 부처주의

부처주의는 관료들이 정치적 권력을 행사하는 경우로서 부처(할거)주의(Departmentalism)에 근거를 두고 있다. 국가정책의 통제가 중앙 각 부처들의 (특히, 고위직) 관료들에 의해 조정되고 결정된다는 점에서 관료조정 모형(bureaucratic coordination model)이라고도 한다 (Rhodes & Dunleavy, 1995: 24). 부처주의 모형을 확대 해석하면, '하위정부(sub-government)' 나 '사안 연결망(issue network)'에 의한 정책결정과 유사해 진다.[6] 여기서 고위직 행정관료들은 자신의 정책영역에 관련된 국회 상임위원회와 이익집단들과 더불어 적극적으로 '사안 연결망'을 형성하고 유지한다 (Kaufman, 1981a: 71). 이를 통해 자신들의 소관 부처의 정책결정 및 집행에 있어서 제기될 수 있는 논란의 여지를 가능한 한 제거하려고 한다.

부처주의 모형은 선거를 통해 집권한 정부가 기존의 관료제의 저항과 복지부동 때문에 정책을 제대로 실행하기 어려운 현상을 설명하는데 적용되는 경우가 많다. 정권이 교체되고

---

6 '철의 삼각관계(iron triangle)'에 비해 '이슈 연결망(issue network)'은 참여자들이 유동적이고 명확하지 않지만, 단순히 물질적 이익뿐만 아니라 이념과 도덕적 신념에 따라 특정한 이슈에 대하여 영향력을 행사하기 위해 참여하기 때문에 보다 개방적이다. 그러나 특정 사안에 대해 논의하기 위해서는 전문성이 필요하기 때문에 일반 시민들이 개입하기는 어렵다. 따라서 실제로는 이익집단들이 전문성과 지식을 매개로 해당 부처와 의회 상임위원회와 결탁하여 폐쇄적인 '하위정부'를 구성하게 된다 (H. Heclo, 1978).

새롭게 임명된 혁신적인 장관들의 리더십을 방해하기 위해 관료들은 부처 간 위원회를 확대하거나 장관 또는 수상에게 보고되는 정보를 지연·왜곡하기도 하며, 장관을 거치지 않고 직접 수상에게 보고하기도 한다 (Sedemore, 1980). 또한, 관료들은 소속 부서의 예산을 극대화하거나 행정조직을 재구성함으로써 자신들의 기득권을 지키기 위하여 노력하고 이를 위해 상호 연합하기도 한다.[7]

2) 집합적 공무원단 모형

집합적 공무원단 모형은 핵심행정부의 정책결정이 (중앙예산 기관 같은) 다른 일반 부처들을 통제하는 정부기관 내부의 핵심 고위 공무원들에 의해 영향을 받는다는 점을 강조한다 (Keller & Crowther Hunt, 1980). 이 경우는 앞선 부처주의 모형에 비해 훨씬 더 집합적 공무원단(collective civil service)의 속성을 강조하게 된다.

한국의 경우 장관은 아니지만 중앙관리기구의 실장들은 장·차관에 맞먹는 권한을 가진다. 대표적으로 기획재정부의 예산실장, 행정안전부의 정부혁신조직실장 등은 정부의 예산, 조직을 조정하고 통합하면서 실력을 행사할 수 있다. 집합적 공무원 집단은 정책을 자신들의 엘리트 권력 지위에 미치는 영향을 잣대로 판단하는 경향이 있다.

3) 급진적 정책추진과 관료제의 보수성(저항)

국가정책이 관료들에 의해 주도된다고 보는 이상의 2가지 모형들은 전통적으로 좌익 이론가들에 의해 지지되어 왔다. 영국 노동당이 집권했을 때, 노동당의 진보적인 정책노선이 탈(脫)급진화 되는 이유를 관료들의 보수적 성향에서 비롯되었다는 해명이 대표적 예이다 (Sedgemore, 1980).

핵심행정부 의사결정에 대한 관료들의 이와 같은 영향력에 대처하려면 행정수반의 강력한 정책리더십이 필요하다는 주장이 제기된다. 영국에서 논란을 불러일으킨 소위 '수상실 또는 수상부(Prime Minister's Office or Department)'의 신설이 좋은 예이다 (Hoskyns, 1983). 행정 관료들이 선거를 통하여 선출된 정치인들이 제시하는 국정목표와 과제를 충실하게 이행하도록 하기위해 쉽게 동원되는 수단은 고위직의 정치화(politicization)이다. 미국의 닉슨 대

---

7 관료들의 '예산극대화'나 '관청형성' 전략에 대해서는 제3편 제2장(개인주의 국가의 행정기구)을 참고할 것. 미국의 경우에도 예산권과 입법권을 가지고 있는 의회위원회의 상임위원장, 해당 부처의 고위 관료, 관련 이익집단이나 기업들이 '철의 삼각형(iron triangle)'을 형성하고 상호 이익을 도모하면서 하위정부를 형성한다. 관료들은 의회의 명령에 따르는 대가로 최대한 많은 예산을 확보할 수 있게 되며, 특정 이익집단은 자신들이 혜택을 받는 대가로 해당 의원들의 재선을 돕는 구조가 형성되는 것이다 (Stillman Ⅱ, 2010: 411-2).

통령은 대통령이 정치적으로 임명할 수 있는 고위관료의 자리를 늘리고 자신에게 충성하는 사람들로 앉혀 행정부를 장악하려고 했다. 대부분의 국가에서 고위 공무원(Senior Civil Service)을 능력과 자격에 따라 별도로 선발하여 관리하며, 이들에게 명확한 목표를 제시하고, 성과를 평가하여 인사가 이루어지도록 한다. 영국에서는 고위공무원이 필요한 리더십과 기술을 수상실에서 발굴하여 제시하고, 체계적인 교육이 이루어지도록 하고 있다 (OECD, 2001: 179).

4. 분할결정

지금까지 제기된 여러 견해들 간의 이론적 대립을 해소하기 위한 실용적 대안으로서 분할결정 모형(Segmented Decision Model)이 제기된다 (Rhodes & Dunleavy, 1995: 22-3). 행정수반과 내각은 서로 다른 정책영역의 운영에 관계하며, 각 장관들과 관료들도 (내각기구들이 관여하는) 부처 간 관계 이하의 정책운영에 대해 관여한다고 보는 것이다.

1) 분할결정 모형

행정수반의 역할은 국방전략, 대외관계, 주요 경제정책 분야에서 두드러지는 반면, 기타 일반적인 국내정책에 대해서는 내각이나 각 부처 장관들, 그리고 관료들이 주된 역할을 수행한다.[8] 오늘날에 와서 대부분 국내정책 부문에의 행정수반의 관여는 계속 감소되면서도, 그 영향력은 증대하고 있다.

분할결정 모형은 별다른 규범적 이상을 지니고 있지는 않다. 다만 '체계적(systematic)'인 정책분석에 부합되는 면이 있다. 또한, 핵심행정부의 의사결정이 파당적 또는 이데올로기적 형태로 치닫게 되는 경우를 중요한 병리현상으로 간주한다. 분할결정 모형에서 행정수반은 국방, 외교, 경제정책의 중요 문제의 결정자로 인식된다. 내각은 보다 국내적이고 정치적인 사안에 관한 주요 정책결정 토론장인 것으로 여긴다. 국가기구들에 대해 핵심행정부가 통제하는 정도는 경우에 따라 다양할 수 있어 불확정적인 것으로 본다.

분할결정 모형의 각 나라별 적합성 면에서 살펴보면, 영국의 경우 낮은 수준의 적합성을 지닌다. 한국의 경우, 어느 정도의 적실성을 지닌다고 할 수 있다 (정정길, 1994). 대통령 비서실과 국무총리실 간의 역할 분담도 한 예가 된다. 특히 대통령이 국방과 외교, 중요한 국가 현안에 치중하고 국무총리는 통상적인 국내 정책과 국정운영에 주력하도록 책임형 총리

---

8 영국의 경우를 예로 들면, 행정수반은 공공정책에서 '① 시간적 제약, ② 각 부처 장관의 공식 권한'에 제약을 받는다고 한다. 수상이 직접 관여하는 정책영역이란 결국 정부가 당면한 가장 불가피하고 취약한 영역을 의미하는 셈이다. 주로 외교 및 전국적 경제관리 영역이 여기에 해당한다 (Rose, 1984: 49).

제(분권형 대통령제)를 실시하는 경우 일종의 분할된 결정 모형이 더욱 나타날 것이다.

2) 분할결정의 원인

분할결정 모형이 제시하는 국가정책의 비중에 따라 분할적 관여 또는 영향력을 행사하는 형태는 자유민주주의 국가에서 일정 부분 나타나는 공통된 현상으로 자유민주국가가 직면하는 일반적인 압력에서 비롯되는 것으로 볼 수 있다. 분할결정은 다음과 같은 다양한 이유에 의해 나타난다.

(1) 정책유형에 따른 분할결정

정책유형별로 정책결정과정이 다르게 나타난다는 주장(Ripley & Franklin, 1980)은 핵심행정부 의사결정에 관한 분할결정 모형을 뒷받침 해준다. 외교 및 국방정책 ― 특히, 위기정책 (crisis policy)과 전략적인 정책(strategic policy) ― 의 경우 행정수반에 의한 정책결정이 지배적이다. 반면, 국내경제정책 중 분배정책은 하위정부의 정책망에 의해 결정된다. 그리고 재분배정책과 규제정책결정은 행정수반의 영향력이 크게 미친다.

(2) 선택적 개입

로우즈(Rose, 1984)의 핵심행정부 의사결정 유형 가운데 선택적 개입 모형이 분할결정에 해당한다. 선택적 개입이란 행정수반이 사안에 따라 독자적인 의사결정을 수행하는 것을 뜻한다. 국가의 수반으로서 행정수반은 국가주권과 관련된 기본적인 기능을 수행할 궁극적인 책임을 갖는다. 외교, 국방, 법질서 수호, 세출입이 행정수반이 해야 할 최우선적 책임이다. 따라서 이 영역에서는 행정수반이 어떤 사안보다도 더 배타적으로 우선권을 갖는다.[9] 또한, 국민경제의 침체기에도 행정수반이 경제부문에 개입을 강화하려는 시도가 있다. 행정수반이 정책적 우선순위를 분명히 하기 위해 기구와 인력 등을 합리적으로 조정할 필요가 있다 (Rose, 1984: 61). 제도합리화를 통해 행정수반은 그의 정치적 자본(political capital)을 축적하게 된다 (김근세·정용덕, 1996).

---

[9] 예를 들어 미국의 국가안보회의(National Security Council)는 국가안보에 관한 의사결정의 장을 마련한다. 이때, 대통령은 의사결정의 안건을 정하고, 의사결정참모(예를 들어, 안보담당 비서관)와 의사결정자(예를 들어, 국무장관, 국방장관, 합참의장)를 소집해서 이를 도구로 삼아 대통령 자신이 의사결정을 내린다.

5. 결   론

전통적인 제도주의 모형들은 핵심행정부의 제도적 측면에 초점을 두고 있으며, 이 제도적 장치들이 의사결정에 어떤 의미 있는 차이를 가져올 수 있을 것으로 가정하고 있다. 그러나 각각의 제도들과 행위자들이 구체적으로 어떤 관계 속에서, 그리고 어떠한 과정을 통해 의사결정에 영향을 미치는 것인가에 대해서는, 어떤 구체적인 이론적 및 분석적인 기준들을 제시하지 못하는 한계점이 있다. 따라서 제도들의 중요성에 대한 강조에 더하여, 다수 제도 간 및 제도와 행위자 간 역동적이고 관계적인 맥락을 경험적으로 분석할 필요가 있다.

전통적인 제도주의 모형들은 자유민주주의에서는 정책결정이 합리적인 실험이 될 수 있도록 제도적 절차가 존재해야 한다고 본다. 그러나 과연 절차적으로 '합리적'인 의사결정이 실질적으로 '합리적'인 정책산출을 보장하는 것인가의 여부는 아직도 논의가 더 필요한 주제로 남아 있다 (Verba, 1961).

핵심행정부의 통제주체와 관련하여 미디어의 관심, 선거경쟁, 안보나 경제위기 등으로 행정수반에게로 권한이 집중되는 현상이 나타나고 있지만, 행정수반의 시간과 능력의 한계 때문에 행정수반은 보다 중요한 문제에 집중하고 나머지는 장관과 관료들에게 맡기는 분할 결정이 이루어지고 있다. 내각에 의한 통제는 규범적인 의미에서 이상적이지만 현실에서는 그다지 적실성을 발휘하지 못하는 것으로 볼 수 있다. 다원주의에 기반을 둔 전통적 제도주의와 달리 최근에는 정부의 의사결정 권한이 이익집단, 비정부기구, 사적 기업, 연구소 등의 싱크탱크와 같은 시민사회 영역의 행위자에게 확산되어 연결망을 통한 거버넌스가 등장하고 있다. 정부의 업무를 사회에 이양하는 국가공동화(hollowing-out state)와 사회적 파트너십이 강조됨에 따라 사회 내의 다양한 행위자들이 자기규제적으로 상호작용하고 있다 (Pierre & Peters, 2000; Dryzek & Dunleavy, 2009: 141). 이러한 연결망 거버넌스 모델에서는 기존의 다원주의가 강조하던 제한된 범위 내에서 핵심행정부 내의 의사결정은 더 이상 강조되지 않는다. 개방된 네트워크 자체에는 다양한 주체들이 사안에 따라 모이고 흩어지기 때문에, 구성원 모두가 다른 행위자에 대하여 통제 주체가 될 수 있다. 그렇기 때문에 연결망을 통한 문제해결에서는 그 결과에 대해 누가 책임을 질 것인지에 대한 책임성의 문제와 어떻게 하면 공동의 목표를 효과적으로 달성할 수 있는 지에 대한 효과성의 문제가 모두 제기되고 있다.

제3절 핵심행정부의 의사결정

1. 서 론

여기서는 핵심행정부에서 이루어지는 의사결정을 설명하기 위한 이론 모형들에 대해 살펴본다. 핵심행정부 의사결정을 설명하기 위한 이론 모형들은 그 나름의 국가이론 또는 가정이론에 의거하여 일관성 있게 전개 및 발전해 왔다. 동시에 가정이론을 통한 접근은 현실의 핵심행정부의 의사결정을 포괄적으로 설명하는데 한계로 작용할 수 있다. 이 점에서 앨리슨(Allison, 1969; 1971)이 51년 전에 기울인 노력은 핵심행정부 의사결정 연구에 크게 공헌한 것으로 평가할 만하다. 앨리슨은 당시의 주된 정책분석(설명)모형인 '합리적 행위자 모형(Rational actor model)'의 한계를 지적하고 다른 두 가지 대안, 즉 '조직과정 모형(Organizational process model)'과 '정부정치 모형(Government politics model)'을 발굴하여 체계화하였다. 특히 핵심행정부 의사결정을 설명함에 있어서 이 세 가지 모형의 동시 적용 필요성 및 가능성을 정책사례(쿠바 미사일 사건)를 통해 입증하였다.[10] 이를 통해 핵심행정부 의사결정에 대한 우리의 인식 폭을 확대시켜 주었고 여러 이론적 시각들의 균형 있는 적용의 필요성과 가능성을 제시했다.

그러나 오늘날의 이론 발전 수준에서 볼 때, 앨리슨의 모형들은 일정한 한계를 지니고 있다.[11] 무엇보다도 앨리슨의 모형들이 국가의 다원주의적 속성만을 가정하여 이루어진 점에서 한계가 있다. 특히 미국에 비해 비(非)다원주의적인 성격이 강한 한국의 핵심행정부를 분석하는 데 있어서 앨리슨의 모형들은 적지 않은 한계가 있다. 이와 같은 맥락에서, 현대국가의 핵심행정부 의사결정을 설명하는 데 도움이 되는 다양한 이론모형들을 발굴하여 소개할 필요성이 대두된다. 실제로 현대 국가에 관한 경쟁적인 국가이론들 가운데에는 그 나름의 핵심행정부 의사결정 설명에 도움이 되는 다양한 이론모형들이 개발되어 왔다 (표 3-

---

10 앨리슨의 세 모형들은 독창적인 것이기보다는, 이미 현존하는 이론 모형들이었다. '조직과정 모형'은 사이먼(Simon & March, 1958, Cyert & March, 1963) 등의 조직이론 모형과 회사이론 모형의 논리를 받아들였고, 참여자들 간의 타협과 협상에 의하여 의사결정이 이루어지는 것으로 보는 '정부정치 모형'은 린드블룸(Lindblom, 1959)의 '점증주의(Incrementalism)' 이론과 유사하다. 그러나 앨리슨은 이들을 체계적으로 정리하여, 각각의 분석 단위와 명제들을 비교하면서, 보다 쉽게 정책사례에 적용할 수 있도록 발전시켰다. 또한, 이 세 모형들을 하나의 정책사례에 동시에 적용함으로써, 각 모형의 상대적인 장단점을 밝혀냄과 동시에, 그 사례에 대한 포괄적 이해를 위하여 세 가지 모형을 동시에 적용할 필요성을 직접 시범을 통해 보여 주었다.

11 그동안 앨리슨의 의사결정 모형들에 관해서는 여러 비판이 제기되어 왔다. 대표적인 예로는 Bendor & Hammond (1992)를 들 수 있다.

표 3-1-1	핵심행정부 의사결정의 설명모형들			
귀인이론 분석단위 국가이론	의도적 행동		상황적 구조	
	단일의 행동가	복수의 행동가	중범위 구조	거시적 구조
다원주의	합리적 행위자 모형	정부정치 모형	조직과정 모형	행정문화 모형
신우파론/ 시장자유주의	정치적 경기순환 모형	정책기업가 모형 (정치적 비용편익 분석 모형/ 예산극대화관료 모형)	위원회연합 모형	
엘리트주의	자율국가 모형	권력엘리트 모형	관료조정 모형	상징정치 모형
마르크스주의	마르크스주의 정통파 모형	도구주의 모형	권위적 국가주의 모형	
신다원주의		협업적 문제해결 모형	다층적 거버넌스 모형	
탈근대주의		담론 프레임 모형		문화전쟁 모형

출처: Dunleavy, 1987 및 Dryzek and Dunleavy, 2009를 보완함.

1-1).

이번 절에서는 다원주의를 전제로 하는 앨리슨 모형을 먼저 소개한다. 이후, 시장자유주의, 엘리트주의, 마르크스주의, 신다원주의, 탈근대주의 국가이론을 전제로 하는 핵심행정부 의사결정 모형에 대해서 자세히 살펴보고자 한다.

2. 다원주의의 시각

다원주의 국가에서 정부정책의 결정은 다양한 영향력을 행사하는 행위자들 간의 협상과 경쟁의 결과이며, 국가는 단지 조정자의 역할에 머문다. 국가행정 조직은 제한된 합리성으로 인하여 만족할만한 수준에서 의사결정이 이루어지며, 따라서 국가정책은 점증주의적으로 변화한다. 다원주의 시각에서의 핵심행정부 의사결정에 대한 대표적인 설명 이론은 앨리슨 (Allison, 1969; 1971)의 세 모형을 들 수 있다. 이들은 서로 갈등관계라기 보다는 하나의 의사결정과정을 바라는 개념적 렌즈들(conceptual lenses)로서 상호보완적인 관계에 있다 (정용덕, 1995).

1) 합리적 행위자 모형(Model Ⅰ)

다원주의 시각에서 핵심행정부의 의사결정 분석의 기초는 합리적 행위자(Rational Actor)

모형이다. 이 모형에서 국가 혹은 정부는 단일의 행위자(a unified actor)로 간주되며, 그것이 처한 전략적 문제의 상황 하에서 핵심행정부가 어떤 선택을 했는가에 관해 분석하는 것이 핵심이다.

합리적 행위자 모형의 분석 패러다임의 특징은 다음과 같다. 첫째, 기본적인 분석단위는 국가 선택으로서의 정책(policy as national choice)이다. 둘째, 합리적이고, 단일한 의사결정자로서 국가(정부)가 행위자이다. 셋째, 국가(정부)를 단일 행위자로 보기 때문에 국가의 의사결정이란 대안들 중에 정적인 선택으로서의 특징을 나타낸다. 넷째, 합리적 선택으로서의 의사결정과정은 ① 전략적 목표로서 국익을 기준으로 삼고, ② 문제를 해결하기 위해 다양한 대안들을 제시하며, ③ 전략적 목표(국익)와의 관계에서 각 전략의 비용편익분석이 이루어지고, ④ 가장 최적의 대안을 선택하는 순서이다. 따라서 이 모형에서는 복수 의사결정자들 간의 목표 갈등으로 인한 정책결정의 어려움은 제기되지 않는다. 또한, 정부의 완전한 합리성을 가정하기 때문에, 정책결정자의 불완전한 합리성에 의해 제기될 수 있는 합리적 선택의 어려움도 제기되지 않는다.[12] 최초의 수립 정책과 의미있는 차이가 발생해도 상황변화에 따른 합리적 대응으로 설명되기 때문에 수립된 정책의 집행을 담당하는 개인 및 조직과 정적 측면에서 비롯되는 집행실패의 가능성도 분석에는 포함되지 않는다.

위와 같은 특징과 동시에 합리적 행위자 모형에 의한 결론은 기능적 유추로서 이루어질 뿐 실제 정책결정과정의 복잡한 문제에 대해 설명이 부족하다. 우선, 여기서 가정하는 이익 중립 성격의 정부는 단지 하나의 사회로부터의 투입을 사회로 "전달해주는 매체(transmission belt)"에 불과한 것이며, 국가정책을 사회로부터 투입되는 내용에 따라 그대로 산출이 이루어진 결과로 보는 블랙박스 개념과도 같게 설정이 된다 (Ham & Hill, 1993: 1장). 다음으로, 정부의 '합리적' 행위가 정부 내 구성원들 간의 공익에 대한 합의로 본다면 정부가 사회와는 분리되어 독자적으로 나름대로의 공익기준에 의해 문제를 정의하고 대안을 모색하는 존재가 되어야 하지만 이 모형은 이런 부분을 제시하지 못하는 한계점을 지니고 있다.

앨리슨의 합리적 행위자 모형에서는 합리적 의사결정에 필요한 완전 정보(complete information)의 확보 가능성을 가정하고 있어 너무 단순하고 비현실적일 수 있다. (합리적인) 의사결정자에게는 항상 완전한 정보가 주어지는 것이 아니라, 사안에 따라 불확실한 상황에서 결정을 내려야 되는 경우도 있다. 예를 들면, 쿠바미사일 사건에 대처하는 소련의 전략을 미국이 완전하게 파악할 수는 없었을 것이다. 그렇다면, 합리적 행위자 모형에는 (앨리슨이 의거했듯이) 확실성을 가정하는 '결정이론적(decision-theoretic)' 측면 외에, 불확실성하에서의

---

12 "만일 한 정부가 특정의 행위를 수행했다면, 그 정부는 최선의 수단들(a maximizing means)로 이루어진 그 행위를 통하여 달성하고자 하는 목적(ends)을 가지고 있었을 것"으로 간주하는 식의 추론형태를 통해(Allison 1971: 32–35) 합리적 행동가의 의도를 재구성하고 정책 산출로부터 정책결정을 역산하는 접근이 이루어진다.

의사결정을 위한 '게임이론적(game-theoretic)' 측면도 함께 포함되어야 할 것이다 (Bendor & Hammond, 1992: 303, 306-7).

2) 정부정치 모형(Model Ⅲ)

정부정치 모형(Government Politics Model)은 공공정책의 발생과 전개를 설명하기 위하여 여러 의사결정 게임(decision game)에서 복수의 게임 참여자들의 상호작용 및 행동에 관한 상세한 관찰에 초점을 둔다. 여기서 핵심행정부의 의사결정은 각각 다른 이해관계를 지닌 복수의 정부 구성원들에 의해 반복적으로 이루어지는 고도로 복잡한 게임으로 인식된다. 정책의 전 과정을 통해 이들 다수의 개개인이 각자의 개인 및 제도적 역할을 수행하는 방식에 따라, 이들이 지닌 자원과 주장의 동원능력에 따라, 그리고 여타 행위자들과의 연합 및 협상 능력에 따라, 그 결과로서 정책산출이 이루어진다 (Allison, 1971: 145).

정부정치 모형에서 정책결정 패러다임을 살펴보면 첫째, 기본적 분석단위는 정치적 결과로서 정책(policy as political outcome)이다. 여기서 정치적이라는 의미는 정책결정이 상호 다른 입장을 가진 정부 관료들의 협상, 연합, 경쟁의 산물이라는 것이다. 둘째, 직위에 따라 다양한 개인적 행위자들이 존재한다. 셋째, 각각의 행위자들은 자신의 직위에 따라 예상되는 행위를 하지만 개인적인 신념이나 이해관계에 따라 행동하기도 한다. 넷째, 의사결정은 특정한 결과를 얻기 위한 게임이 과정이지만 그 결과는 그 의사결정으로 인하여 행위자가 얻게 될 몫과 권력에 따라 달라지게 된다. 다섯째, 정책결정은 합리적 계산에 의하여 이루어지는 것이 아니라 시간적 제한과 사건들이 논의될 의제를 결정하게 되고 현재 당면하고 있는 문제를 어떻게 처리할 것인지에 대해서만 집중하게 된다. 여섯째, 의사결정의 과정(channel)은 우연이 아닌 의사결정이라는 게임에 참여하는 중요한 행위자를 사전에 결정하고, 게임에 참여할 시점, 각각의 게임으로부터 받게 되는 손익을 배분함으로써 게임을 구조를 미리 정한다. 일곱째, 중요한 선택에 관하여 권력이 공유되고 분리된 판단이 이루어지는 맥락 하에서 정책결정은 행위자 간의 정치적 상호작용이 의사결정의 메카니즘이 된다는 것이다 (Allison, 1969: 708-710).

정부정치 모형은 정책결정과정에서 공개성과 불확정성을 강조한다. 주요 행위자들의 개성과 그들의 판단 및 입장, 그리고 그들이 지닌 결정에 관한 전략과 시기(timing) 등은 모두 상이한 정책 산출을 형성하는 데 있어서 주요한 요인인 것으로 간주된다. 바로 이 점이 정부 정치모형의 설명과정에서 일부 상황적 구조 요소(예: 과정, 소속/직위, 시간적 압박 등)를 포함하고 있음에도 의도적 행동 분류에 포함하는 근거가 된다.

정부정치 모형은 국가중심적(state-centered)인 다원주의 정책결정이론으로 분류할 수 있다. 합리적 행위자 모형의 '블랙박스 접근방법'과는 달리, 정부정치 모형에서는 (후술하는 조직과정모형의 경우와 더불어) 국가기구 내부의 요인들에 의해 투입된 내용과는 다른 모습의 정책 산출이 발생할 수 있음을 강조한다.[13]

정부정치 모형은 기본적으로 개개인의 합리성을 가정하고 있다. 동시에 의사결정자들의 '제한된 주의력(limited attentional capacities)' 등과 같은 제한된 합리성도 일부 가정하고 있다. 이는 곧 점증모형(incremental model)이 핵심 행정부 내에의 의사결정에 적용된 것으로 볼 수 있다. 중요한 정책결과가 간과된 채 이론에 의거하기보다는 새 정책을 기존의 정책에 비교해서 점증적으로 결정하는 등의 문제들이 대표적 예이다 (Allison, 1971: 145-79). 정부정치모형에서 이와 같은 행위자들의 불완전한 합리성을 지나치게 강조하게 되는 경우, 이는 후술할 조직과정모형과의 구분을 모호하게 만드는 요인이 될 수도 있다.

3) 조직과정 모형(Model Ⅱ)

조직과정 모형(Organizational Process Model)은 제한된 합리성과 불확실성 속에서 정책 의사결정에 어려움을 겪게 된다고 본다. 이 경우 최적의 선택보다는 조직들이 통상 당면하는 문제에 반복적으로 대응하는 표준운영절차(standard operating procedure, SOP)나 조직 목표를 통해 단순적응전략(simple adaptive strategies)을 적용하여 만족스러운 수준의 선택을 한다고 본다.

조직과정 모형에서 정부는 다양한 여러 조직들의 느슨한 구성에 이루어진다고 보기 때문에 단일의 합리적 행위자로 보는 '합리적 행위자 모형' 및 다수의 행위자인 개인들을 분석단위로 삼는 '정부정치 모형'과 차이가 있다.[14] 정부조직이 어떤 중심적인 권위에 의해 일사분란하게 지휘되는 존재가 아닌 분산된 속성을 가정하는 점에서, 조직과정 모형도 '다원적' 조직들의 의사결정 논리에 초점을 맞추는 다원주의적 시각에 속하며, 사회로부터 투입과는 다른 정책이 산출될 수 있다.

조직과정 모형에서 정책결정 패러다임은 첫째, 분석단위는 핵심행정부 혹은 국가기구를 구성하는 조직들의 산출(organizational output)인 정책이다. 둘째, 행위자는 단일한 국가 또는

---

13 이 때문에 정부정치 모형이 엘리트주의로 관점으로 오해받기도 하지만(Alford & Friedland, 1985) 정부 부문 어느 곳에서도 우선 순위를 형성하는 권위체가 존재하지 않는다는 가정에서 다원주의로 분류할 수 있다.

14 조직과정 모형은 앨리슨이 모델 Ⅱ로 표현하고 있으나 실제로 그 내용은 Simon, March, Cyert 등의 조직모형 및 회사모형과 유사하다 (정정길, 최종원, 이시원, 정준금, 2006: 550). 다만, Simon 등 시카고학파의 주된 명제는 개인의 인지능력 한계가 조직을 통해 극복될 수 있다 (Simon, 1957)인 데 반해서, 조직과정모형에서는 조직의 도움을 인정하되 조직목표, SOP에 의해 덜 합리적인 정책산출이 나타날 가능성을 포함하고 있다.

정부가 아니라 느슨하게 연결된 조직들의 집합이다. 셋째, 각각의 조직은 준독립적으로 문제를 인지하고 정보를 처리하며 정책결정을 내리게 된다. 넷째, 하나의 조직에 대하여 일차적 책임이 부과되기 때문에 조직적 분파주의(parochialism)가 확대될 수 있다. 조직에 이용가능한 정보를 선택적으로 얻거나 채용방식의 특수성, 근무의 연속성, 조직 내 소집단의 압력, 조직 내 보상의 분산 등으로 이러한 경향은 더욱 강화될 수 있다.

  이러한 전제조건 하에서 핵심행정부의 의사결정은 다음과 같은 형태로 이루어질 것이다. 첫째, 의사결정에 조직목표가 영향을 미치게 된다. 의사결정 과정에서 조직의 목표는 소속 관료들의 불확실성을 감소시키고자 하는 희망, 그리고 문제에 대한 점증적 반응을 기반으로 보수적 성격을 지닌다 (Allison, 1971: 78-95). 따라서 "특정시점(t−1)에서의 행동은 현재(t)의 행동으로부터 단지 약간의 차이만이 있을 것이다."(Allison, 1971: 91)와 같은 단순한 예측을 통해서도 핵심행정부의 의사결정을 설명할 수 있다. 둘째, 의사결정에 표준운영절차(SOP)가 영향을 미치게 된다. 의사결정에서 조직 목표와 표준 운영절차를 통한 문제 해결 지향적 탐색에 초점을 맞추다 보니 개별 행위자의 의도는 과소평가된다. 조직지도자의 결정에 의해 조직형태가 변화될 가능성도 있지만 이 경우에도 조직목표나 표준운영절차(SOP)에 큰 제약을 받게 된다. 종합하면 조직과정 모형을 통해 핵심행정부의 의사결정을 설명하기 위해서는 ① 정부의 조직 구성, ② 조직별 상대적 영향력, ③ 의사 결정(decision points), 대안 설정 및 집행과정에서 위한 조직 내 사업(program)과 표준운영절차(SOP)에 대한 구체적 분석이 요구된다.

사 례

Cuba 미사일 사건의 의사결정

  1. 개 요

  쿠바 미사일 위기(The Cuban missile crisis)는 1962년 10월 소련과 쿠바, 그리고 미국 간에 소련의 쿠바 지역에 미사일 배치를 놓고 13일간 대립한 사건을 말한다. 냉전 이후 미소 간에 가장 극적으로 대립한 사건으로서 핵전쟁의 전까지 몰고 간 위기 사태였다. 쿠바의 공산화에 성공한 카스트로 정권을 몰락시키기 위하여 미국은 피그만(Bay of Pigs)을 침공하였으나 실패하였고, 1962년 7월 소련의 공산당 서기장 흐르시체프(Nikita Khrushchev)는 쿠바의 카스트로(Fidel Castro)와 비밀협정을 체결하고 쿠바에 미사일 기지를 설치하기로 합의했다. 그 후 미사일 기지를 설치하기 위한 준비가 비밀리에 진행되었는데 1962년 10월 14일 쿠바 연안을 정탐하던 미국 U-2기에 의하여 미사일기지가 설치되는 장소의 사진이 찍혔다. 그 이후부터 미국의 입장에서 13일간의 긴박한 위기 상황에서 케네디 대통령과 참모들이 최고위원회(Executive Committee: EXCOM)를 통하여 대응방안에 대한 의사결정이 이루어졌다.

　　최종적인 의사결정으로 미국은 공습(air strike)이 아니라 해상봉쇄(quarantine)를 선택하였다. 해상봉쇄 과정에서 미국의 U-2기가 격추되는 등 일촉즉발의 사태에 다다랐으나 결국 UN 사무총장인 U Thant의 중재 하에 케네디와 흐르시체프가 미국이 쿠바를 침공하지 않는다는 조건으로 소련은 쿠바에 있는 미사일과 공격 무기를 철수하기로 공식적으로 합의했고, 비밀협정으로 터키와 이태리에 배치된 미국의 주피터 미사일과 핵무기도 철수하기로 합의함으로써 사태는 일단락되었다. 미국이 해상봉쇄를 선택하게 된 원인에 대하여 합리적 행위자 모형(Rational Actor Model), 조직과정모형(Organizational Process Model), 정부정치모형(Governmental Politics Model)의 3가지 의사결정 모형에 의하여 각각 설명이 가능하다.[15]

2. 합리적 행위자 모형(Model Ⅰ)

　　합리적 행위자 모형에 의한 미국 정부는 가치 극대화를 위하여 모든 대안에 대하여 검토한 후 가장 국가 이익에 도움이 되는 대안을 선택하게 된다. 합리모형에 의하여 미국이 선택할 수 있는 대안으로는 ① 아무 것도 하지 않는 것, ② 외교적 압력, ③ 카스트로에 비밀 접촉, ④ 전면적인 침공, ⑤ 부분적 공습, ⑥ 봉쇄 등이 제시될 수 있었다. 조직과정모형이나 정부정치모형에 비하여 합리모형에서는 선택할 수 있는 모든 대안들이 검토된다. 미국과 소련이 합리적 행위자로 행동할 경우 상호 국지적 대립이 전면적인 핵전쟁으로 흐르는 것을 피하고자 하였고, 국가안보의 위협 사태에 대하여 무대응하는 것도 국내 정치적으로 용납될 수 없었다. 결국 봉쇄정책이 상대적으로 더 우위를 나타내게 되었다. 첫째, 봉쇄는 적극적인 조치와 소극적인 조치 간의 중간적 형태의 대응조치였으며 미국의 대응의도를 명확하게 제시할 수는 것이었다. 둘째, 그것은 소련에게 마지막 퇴로를 남겨둠으로써 전면적 파국을 막을 수 있었다. 셋째, 해상봉쇄 조치는 미국이 우위를 나타내는 비핵 군사조치를 사용하는 것으로 허용될 수 있었다. 이러한 이유로 해상봉쇄가 미국이 선택할 수 있는 유일한 선택이었다.

3. 조직과정 모형(Model Ⅱ)

　　조직과정 모형에서는 조직이 의사결정에서 중요한 역할을 한다. 케네디 대통령이 문제해결을 위하여 소집한 최고위원회(EXCOM)에도 중앙정보부(CIA)와 국방부(Department of Defence) 간의 주도권 다툼이 있었다. 최고위원회에서 논의과정에서 조직적 관점에서 선택할 수 있는 산출물은 공습(air strike)과 봉쇄(blockade)의 두 가지로 좁혀졌다. 초기에 이 위원회의 의견은 공습을 더 선호하였다. 여기에는 미국 공군의 의견이 반영되었으며 수술적 공습(surgical air strike)이 가능하다고 했다. 그러나 수술적 공습을 위하여 쿠바 미사일 기지의 정보가 부족하고 미사일이 이동 가능하다는 사실이 확인되었다. 그래서 이 대안은 기각되고 봉쇄라는 대안을 선택하게 되는데 해상봉쇄를 담당하게 될 해군에 이미 봉쇄에 관한 매뉴얼이 존재하고 있었다. 결국 봉쇄가 최종적인 안으로 결정되었고 구체적인 실행방법에 대하여 해군은 매뉴얼대로 광범위한 해상봉쇄를 하려고 했지만 영국 대사의 조언을 들은 케네디 대통령과 맥나라마 국방장관이 해군에게 쿠바 인근 해역의 봉쇄로 집행범위를 좁힐 것을 명령했다.

---

[15] Allison(1969)의 '관료정치' 모형은 Allison(1971)의 '정부정치' 모형과 같은 내용이다.

4. 정부정치 모형(Model Ⅲ)

정부정치 모형에서는 관료들을 포함한 다양한 행위자가 협상과 경쟁의 과정을 통하여 의사 결정에 이르게 된다. 최고위원회에는 대통령을 비롯하여 15명의 인물로 구성되었는데, 국방장 관 맥나마라(McNamara), 케네디의 동생인 로버트 케네디(Robert Kennedy) 법무장관, 특별보 좌관인 소렌슨(Sorenson) 등의 온건파가 있었고, CIA의 맥콘(McCone)을 비롯하여 군관계자들 은 공습을 더 선호하는 강경파였다. 회의 초에 공습이 더 선호될 때 케네디 대통령은 두 가지 대안을 제시하였다. 공습을 통하여 쓸어버리든지 또는 미사일이 사용될 수 없도록 다른 조치 를 취하든 지 중에서 하나를 선택하도록 했다. 핵전쟁으로 인한 파멸을 우려한 맥나마라 장관 은 봉쇄를 강력하게 주장하였고, 대통령의 동생인 로버트 케네디 법무장관도 미국이 기습 공 격을 함으로써 일본의 진주만 공격과 같은 비도덕적인 행위를 하는 것에 반대했다. 대통령의 안보보좌관인 소렌슨도 봉쇄의견에 동조함으로써 강력한 연합세력이 형성되었다. 온건파와 강경파 간에 논쟁이 있었으나 소렌슨이 정보가 불확실하기 때문에 공습이 결코 국지적으로 이루어질 수 없다는 보고서를 대통령에게 제출하고 결국 케네디 대통령은 봉쇄를 최종안으로 결정하게 되었다.

5. 결 론

핵심행정부의 의사결정과 관련하여 하나의 사태에 대하여 다양한 관점에 의하여 설명이 가 능하다. 합리적 행위자 모형은 다양한 대안을 탐색하고 비교할 수 있는 장점이 있지만 구체적 으로 어떻게 정책이 결정되는 지를 설명하는데 한계가 있다. 이를 보완하는 것이 바로 조직과 정보형과 정부정치 모형으로 불확실한 상황 하에서 행위자로서 조직과 개인들이 어떻게 대안 을 선택하는 지에 대하여 구체적이고 현실적인 설명을 제시하고 있다.

출처: Allison(1969, 1971) 요약 정리

3. 시장자유주의 시각

시장자유주의 의사결정모형에서는 집단이나 사회 대신에 사적 이익을 추구하는 개인에 초점을 둔다. 시장자유주의 국가이론을 대표하는 공공선택론(Public Choice Theory)에 입각해 서 핵심행정부 의사결정의 설명모형들을 살펴본다.[16] 시장자유주의는 '개인주의 국가(the individualist state)'를 가정하고 있으며 핵심행정부 의사결정모형 가운데 '정치적 경기순환 모 형,' '정책기업가 모형,' '위원회연합 모형' 등을 꼽을 수 있다.

---

[16] '개인주의 국가'의 이론적 기원은 경제적 및 정치적 생활을 근본적으로 이기적인 개인들의 상호작용으로 환원시킨 19세기 공리주의자들(Utilitarians)에게서 찾을 수 있다 (Self, 1985: 48-78).

1) 정치적 경기순환 모형

정치적 경기순환 모형(Political Business Cycle Model)은 핵심행정부를 단일의 통합된 행위자(a single unified actor)인 것으로 가정한다. 여기서 핵심행정부는 그 정점에서 효과적으로 통제되는 것으로 간주된다. 따라서 다원주의 관점의 '합리적 행위자 모형'의 경우와 같이, 하나의 블랙박스 접근방법에 해당하며, 단일 행위자를 전제함으로써 행정수반에 의한 통제 모형에 가깝다고 볼 수 있다.

정치적 경기순환 모형에서 국가정책은 집권정부의 의도적 행위에 의해서 변화한다고 본다. 집권 행정부와 여당은 '집권'과 '재선추구'라는 정치적 목적을 위해 경제정책결정을 수행하는지 여부에 초점을 맞춘다. 공공선택론에서 집권정부의 핵심행정부 지도자를 선거 재선을 위해 정부의 적자재정 및 공공지출의 증대를 초래하는 비합리적인 정책결정의 주체인 것으로 묘사한다 (Brittan, 1975).[17] 유권자들 또한 집권정부가 최근에 자기에게 무엇을 해 주었는가가 다음 선거에서 특히 중요한 평가기준으로 작용한다. 이러한 투표자들의 근시안적(myopic) 행동에 대응하여 집권 정부는 선거에 임박해 가면서 경기호황이 나타나도록 하기 위해 경제정책 수단들을 통해 경제지표(평균소득 향상, 실업 감소, 필요 이상의 사회보장 혜택 제공)들을 조작하려고 한다.

핵심행정부 정책결정 방식에 관한 이와 같은 명제를 입증하기 위해서는 거시수준의 분석이 필요하다. 국가정책의 표면적 다양성 밑에 존재하는 상대적으로 일관성 있는 추세 또는 유형을 밝혀내는 것이다. 즉 정기적으로 실시되는 선거(독립변수)와 각종의 거시경제지표들의 변화(종속변수)간의 관계에 관한 통계분석을 통해 정치적 경기순환의 존재 여부를 검증한다 (Frey, 1978: 114-56; Alt & Chrystal, 1983: 103-48; Tuft, 1978; 안석호, 1988; 김종표·박경산, 1992). 각각의 선거에 의한 경기순환이 시계열적으로 추적된다. 그러나 어떤 한 정책결정의 각 단계별 분석은 이루어지지 않고 있으며 특정 시점에 있어서의 정부 정책결정의 다양성이 정책 산출로 전환되는 기제를 찾아 세부적으로 밝히는 작업이 향후 과제로 남는다.

정치적 경기순환 모형은 한국에서도 이론의 소개와 아울러 실증적인 연구가 이루어져 왔다 (안석호, 1988; 김종표·박경산, 1992; 유금록, 1996; 이은국, 1999). 이런 실증적 연구 결과들은 한국에서 정치적 경기순환 모형의 부분적 타당성을 제시하지만 예상보다 훨씬 적은 통계적 의의만을 보여주는 것도 사실이다. 주된 이유로 ① 과거 다수 선거가 너무 불규칙적으로 이루어져 시계열적 일관성을 보여주기 힘들다는 점, ② 그동안 공식적이고 간접적인 거시경

---

17 다원주의 관점에서도 '집권'과 '재선' 개념은 중요하게 다루어지지만 집권행정부는 선거 경쟁을 통해 대체로 공익에 부합하는 정책결정이 산출되는 것으로 묘사된다.

제 조작보다는 비공식적이고 직접적인 선물이나 현금 증여 등을 통한 불법적 선거행위가 더 지배적이었다는 점이 포함될 수 있다.[18]

2) 정책기업가 모형

정책기업가 모형(Policy Entrepreneur Model)은 핵심행정부의 정책결정을 미시적 수준에서 설명하는 공공선택 모형에 해당한다. 즉, 핵심행정부를 다수의 선거직 및 임명직 공직자들로 구성된 것으로 가정하여 이들 간의 상호작용의 결과 정책산출이 이루어지는 것으로 간주하려는 것이다. 이 점에서 정책기업가 모형은 다원주의의 정부정치모형의 시장자유주의적 변형에 해당한다. 정부정치 모형에 비해 정책기업가 모형에서 특히 강조되는 것은 공직자 개개인의 사익추구적인 '합리적' 행위와 사익추구에서 나타나는 정부정책의 사회적 비합리성, 그리고 이로 인한 사회후생의 손실이다. 경제적 기업가와 마찬가지로 정책기업가들도 자신들의 개인적 권력, 사회적 지위와 명성, 그리고 고위직에서 비롯되는 기타 부대 이익들을 극대화하기 위해서 이익집단이나 정당 같은 집합적 이익조직들에 지도력을 공급하는 것으로 본다 (Frohlick et al., 1971).

시민과 이익집단의 반응을 많이 의식하게 되는 정치인들은 일종의 정치적 비용편익분석 (political cost-benefit analysis)에 의해 정책결정을 수행한다 (Wilson, 1973: 16장; 1986: 14장; 정용덕·정순영·라휘문, 1996). 정치인들은 재선과 지위 향상을 목적으로 공공사업의 확대를 통해 자신들의 대중적 명성을 증대시키려 한다. 의회에서 사익추구적인 행태는 재선을 염두해 둔 정치인이 자신의 지역구에 특혜 예산이 배정되도록 의회 위원회에서 경쟁하는 '지역사업정치(돼지여물통정치, pork-barrel politics)'로 나타난다. 국가예산의 효율성에 대한 고려 없이 도로, 다리, 댐, 공공시설 등의 사회간접자본에 대한 지출을 증가시킴으로써 재정의 낭비를 초래하는 것이다. 실제로 이러한 지역구 예산을 많이 확보한 정치인일수록 재선 확률이 커진다는 연구결과도 있다 (Fiorina, 1977). 결국 지위의 상하를 막론하고 모든 선출직 및 임명직 공직자들은 그들이 수행하는 정책에 대해 시민과 이익집단들로부터 제기될 것으로 인지되는 지지와 반대를 예측하고, 그 결과 자신에게 돌아올 정치적 비용과 편익을 분석하여 정책결정에 임하게 된다.

핵심행정부의 정책결정에 대하여 비용(cost)과 편익(benefit)에 따라 4가지 형태로 나누어

---

[18] 정치적 경기순환의 부정적 경제적 효과를 극소화시키기 위해서는 선거기간과 선거 시점에 관한 정부의 권한, 일당제 혹은 다수연합제 등 정당제의 선택, 의회의 사전 동의 없이 행정부가 재량적으로 정책을 수행할 수 있는 권한, 시민들의 비판의식의 함양, 중앙-지방 정부 간 혹은 국가 간의 책임 할당 등의 문제들을 검토해야 한다 (이은국, 1999: 191).

표 3-1-2	정치적 비용 편익 분석	

편익	비용 분산	비용 집중
편익 분산	다수결 정치 (Majoritarian Politics) 예: 사회보장 정책, 의료보험	기업가 정치 (Entrepreneur Politics) 예: 자동차 안전규제 강화
편익 집중	고객 정치 (Client Politics) 예: 소수 농업인에 대한 지원금	이익집단 정치 (Interest Group Politics) 예: 의사-약사 간 의학 분업

출처: Wilson, 1986; 정용덕·정순영·라휘문, 1996 보완.

볼 수 있다 (Wilson, 1986).[19] 첫째, 핵심 행정부 구성원들에게 인지된 편익은 소수에게 집중되는데 반하여 인지된 비용은 다수에게 분산되는 경우에는 '고객정치(Client Politics)'가 나타나게 된다. 편익이 집중되는 소수들은 적극적으로 행동하게 되고, 비용을 지불하는 다수는 이를 별로 신경 쓰지 않기 때문에 이 경우 핵심행정부는 편익이 집중된 소수의 요구를 수용하지 않을 수 없게 된다. 대표적으로 소수의 농업인에 대하여 보조금을 지원하거나 외국 농산물에 대하여 수입을 제한하는 경우를 들 수 있다. 둘째, 핵심행정부 구성원들에게 인지된 비용이 소수에게 집중되고, 인지된 편익은 다수에게 분산되는 경우에는 '기업가정치(Entrepreneur Politics)' 형태가 난다. 이때 비용을 부담하는 소수가 적극적으로 반대하게 될 것이므로 방치될 가능성이 크다.[20] 대표적으로 기업의 반대를 무릅쓰고 자동차 안전기준을 강화하거나 환경규제를 강화하는 경우를 들 수 있다. 셋째, 핵심행정부 구성원들에게 인지된 비용과 편익이 모두 다수에게 분산되는 경우에는 '다수결정치(Majoritarian Politics)' 형태가 나타난다. 모든 사람이 비용을 내고 편익을 받게 되기 때문에 이익의 확보를 위하여 조직화할 필요성이 적게 되므로 핵심행정부는 하부 관료조직에 위임함으로써 정책결정의 책임을 우회해 나가게 된다. 대표적으로 사회보장이나 의료보험의 경우를 들 수 있다. 넷째, 핵심행정부 구성원들에게 인지된 비용과 편익이 모두 소수에게 집중되는 경우 비용을 부담하거나 편익을 얻게 되는 소수들이 모두 이익집단을 형성할 동기가 크게 되므로 '이익집단정치(Interest Group Politics)' 형태의 의사결정이 나타난다. 이 경우 핵심행정부는 애매한 입장을 취하게

---

19 비용이란 하나의 정책이 실행되는 경우 관련 당사자가 져야할 것으로 여겨지는 금전적 또는 비금전적인 부담을 말하고, 편익이란 정책이 채택되는 경우 관련 당사자가 누릴 것으로 여겨지는 금전적 또는 비금전적 만족을 의미한다.

20 시장자유주의의 핵심행정부에서 말하는 정책기업가모형과 Wilson의 규제정치에서 정책기업가(policy entrepreneur)와는 다소 차이가 있다. 전자는 자신의 사익을 추구하는 행위자라면 후자는 잘 조직화된 소수의 집단에 의하여 반대되는 정책에 대하여 이익을 얻지만 무관심한 다수를 적극적으로 동원할 수 있는 능력을 가진 정치지도자를 말한다.

되고 과반수를 확보하는 집단이 확실하게 형성될 때까지 신중한 행동을 취하게 된다. 대표적으로 의사와 약사집단 간의 의약분업을 놓고 분쟁이 발생하거나 방송사업권을 놓고 지상파와 케이블 TV 사업자 간에 경쟁하는 경우를 들 수 있다.

다원주의의 정부정치모형에서와는 달리, 정책기업가모형에서는 정책에 대한 지지와 반대에 따라 구성원 개개인의 딜레마가 전체로서의 정부 수준의 딜레마로 연계되는 일정한 형국을 발견할 수 있다. ① '이익집단정치'하에서는 딜레마가 심하게 발생하며, 이 경우 결정을 지연함으로써 이익집단들 간의 경쟁에서 강자가 출현하여 자연히 해결되기를 기다리는 식으로 대응한다. ② '다수결정치'와 '고객정치'의 경우는 적어도 정치적 비용편익의 측면에서 공직자들이 (따라서 전체로서의 행정부가) 당면해야 하는 어려움(즉 딜레마)은 상대적으로 적다. ③ 잘 동원된 반대와 약한 수준의 지지를 상정하는 '기업가 정치'의 상황에서 매우 높은 수준의 딜레마에 봉착하게 되는 소수의 정치인들이 있을 수 있는데, 이들이 곧 '정책기업가'들이다. 이들에 의하여 전체로서의 행정부도 딜레마에 직면하게 될 가능성이 있다.

한편 임명직 행정관료들의 경우 그들의 개인적 후생과 보다 관련되는 소속 기관의 예산극대화(budget-maximization)를 추구하는 방향으로 행동한다 (Niskanen, 1971). 행정기관들은 외부의 개입으로부터 자신들의 집단이익을 보호하기 위한 자원(예를 들면, 공적 비밀주의, 공무원의 전문직업가적 자기규제 등)의 방어를 위해서 연대하기도 하지만, 어느 제한된 범위 내에서는 희소자원(특히 전체 예산규모가 설정된 재정부문)과 고위직의 지지(특히 고위직들이 각 기관간의 비중을 결정할 수 있는 사안의 경우)의 확보를 위해 상호 간 경합하기도 한다. 이러한 상황에서 일반 지출기관들은 평소처럼 재정의 증대를 가져오는 예산극대화 전략과는 달리 그것을 포기함으로써 고위직으로부터의 신용이라는 보다 큰 수확을 얻고자 하는 경우도 발생한다.

핵심행정부를 통제하는 주체가 누구인가와 관련해서, 정책기업가모형은 복수의 분산된 조직을 가정하고 있는 점에서 행정수반에 의한 통제와는 거리가 있다. 정치인과 고위 관료들의 합리적 선택행위를 정치적 비용편익분석 설명하는 경우 내각에 의한 통제모형, 그 중에서도 장관정부모형에 더 가깝다. 한편 관료들의 예산극대화모형의 경우는 전형적으로 관료에 의한 통제를 가정하는 경우로 분류할 수 있다.

3) 위원회연합 모형

위원회연합 모형(Committee Coalition Model)은 핵심행정부를 복수의 각종 위원회(내각이나 여타 위원회) 조직으로 구성되었다고 보고, 이들의 의사결정구조에 대한 분석을 통해 정책

산출을 설명하려고 하는 또 하나의 미시적 모형이다 (Riker, 1962; Riker & Ordeshook, 1973; Abrams, 1980). 이들 위원회에서의 의사결정은 그 구성원 개개인의 동기와는 상관없이 정해진 투표규정(voting rules)과 '규모의 원리(size principle)' 등의 상황적 요인에 의해 좌우되는 것으로 간주된다 (Riker & Ordeshook, 1973: 6-7장).[21] 개인적 행위자들의 동기 외에 그들의 선택행위를 제약하는 상황적 요인들을 고려하는 것이 된다. 따라서 이 모형은 다원주의 관점에서의 '조직과정 모형'에 대한 시장자유주의 시각의 대안적 모형인 셈이다 (정용덕, 1995).

위원회의 의사결정에 대한 추론은 다음의 몇 가지 단순화된 가정 위에서 시작한다. (1) '좌파' 대 '우파'(또는 '보수' 대 '진보')라는 단선적 유형에 따른 이데올로기적 구분이 중요하다는 가정, (2) 모든 행위자는 최소 비용에 최대 편익을 추구하는 '합리적' 행동가라는 가정, (3) 정치적 상황은 어떤 한 행위자의 편익이 다른 행위자의 비용 위에서만 증대될 수 있다는 '제로섬 게임(zero-sum game)'의 가정 등이 그것이다. 이러한 조건하에서 예측될 수 있는 위원회 의사결정방식은 '최소승자연합(minimum winning coalitions)'의 형성이다. 즉 위원회 구성원들 중 다수파연합은 최소의 숫자만으로 구성된다. 그래야만 승자들이 (다수파 연합에 포함되지 않은 패자들의 손실 위에서) 승리로부터 얻게 되는 편익의 최대 분배를 확보할 수 있기 때문이다. 결국 핵심행정부 의사결정에서 어떤 연합이 형성될 것인가는 내각 등 각종 위원회 내부에 존재하는 상이한 각 이익(정파)들의 상대적 규모와 이데올로기적 입장, 그리고 다수파연합을 형성하는 데 필요한 지지 획득을 위해 참여자들에게 제공할 보상의 규모 등에 의거하게 되는 것이다 (Abrams, 1980: 235-51).

위원회연합 모형은 본래 처방모형으로 사용되는 게임이론을 서술적 목적을 위해 사용한 경우라고 할 수 있다. 하나의 승자연합이 형성되는 것과, 그 승자연합이 지속 또는 붕괴되는 과정을 모형을 통해 모두 설명할 수 있다. 이 모형이 함축하고 있는 것은 공공정책이 국민의 이익을 고르게 반영하기보다는 단지 (나머지 비참여자들의 손실 위에서) 최소 과반수 연합에 참여한 자들의 이익만을 도모하는 방향으로 이루어진다는 점이다. 핵심행정부를 구성하는 위원회 조직들의 의사결정을 통해 이루어지는 정책 산출들이 공익과는 부합되지 않는다. 따라서 자유민주주의 국가의 정책들이 궁극적으로는 공익에 부합하는 것으로 보는 다원주의와 달리, 여기서는 국가정책에 대한 비관적인 입장을 취한다.

핵심행정부를 통제하는 주체가 누구인가와 관련해서 보면, 위원회연합모형은 내각에 의한 통제를 가정하는 셈이다. 특히 위원회 형태의 조직으로 운영되는 내각의 각종 기구들에 의해 핵심행정부 의사결정이 이루어지는 것으로 보는 것이다.

---

[21] 일관성 있는 선호체계 추구를 위한 전략적 행위를 설명하는 게임이론을 위원회 행동(위원회 구성원인 개인 의도와 상관없는)과 같은 실제 게임 상황에 적용하는 모형이다. 즉 투표규정 등이 의사결정에 있어서의 위원 개개인의 잠재적 영향력을 결정하는 것이다.

4. 엘리트주의의 시각

현대 엘리트 이론은 파레토(Pareto), 모스카(Mosca), 미헬스(Michels) 등의 고전적 엘리트 이론가들, 베버(Weber)와 슘페터(Schumpeter) 등의 민주적 엘리트이론가들, 그리고 번햄 (Burnham), 헌터(Hunter), 밀즈(Mills) 등을 포함하는 급진적 엘리트이론가들 등 다양한 계보 에 의해 발전되어 왔다 (Dunleavy & O'Leary, 1987: 4장). 엘리트주의 시각은 공통적으로 현대 사회가 소수의 지배자와 다수의 피지배자로 분할되어 있다고 보고 있다.

엘리트이론가들은 대체로 국가의 환경적응능력, 지휘능력, 대상에 대한 통제능력 등을 인정하는 경향이 있다. 국가의 조직적, 관료제적, 관리자적 성격을 강조하기 때문이다 (Alford, 1975). 엘리트주의에 입각하여 핵심 행정부의 의사결정을 설명하기 위한 다양한 이론모형 들이 개발되어 왔다. '자율국가 모형(Autonomous State Model),' '권력엘리트 모형(Power Elite Model),' '관료조정 모형(Bureaucratic Coordination Model),' '상징정치 모형(Symbolic Politics Model)'이 대표적인 예가 될 것이다 (정용덕, 1997).

1) 자율국가 모형

자율국가 모형은 국가이론 가운데 국가의 자율성을 극단적으로 강조하는 이른바 '국가주 의(statist)' 관점을 대표하는 모형이다. 국가는 그 외부의 특정 행위자에 의해 통제되는 것이 아니라, 국가 자체의 선호에 따라 자율적으로 행동하는 것으로 보는 것이다. 국가는 사회운 동, 정당, 특권적인 사회집단 등으로부터 모두 격리되어(insulated) 이들의 통제 밖에 있다. 국가는 국가를 구성하는 통치엘리트들의 선호와 사회의 선호가 일치하는 경우는 물론이고, 양자의 선호가 일치하지 않는 경우조차도 자신의 선호에 따라 정책을 수행할 수 있는 것으 로 본다.[22]

자율국가 모형에서 국가는 제도들의 총체로서 마치 하나의 독자적인 정책결정 주체인 것 처럼 행동한다고 본다. 국가가 단일의 행위자(unitary actor)로서 의도적이고 자율적인 정책 수행을 하게 되는 근거로 두 가지가 제시될 수 있다. ① 국가에 속한 공직자들의 행위에서 구하는 경우(Nordlinger, 1981) (a) 정치행정엘리트의 의사 집적을 통한 설명 및 (b) 정치행

---

[22] 국가의 자율성은 세 가지 형태로 구분해 볼 수 있으며(Nordlinger, 1981: 9, 11, 27-38) 자율국가모형은 세 가지에 서 모두 국가 자율성을 확보할 수 있다고 본다. ① 제1형: 국가(the state)와 사회(society) 선호 일치(가장 약한 형 태), ② 제2형: 국가(the state)와 사회(society) 선호 불일치하는 경우 설득(중간 수준 형태) ③ 제3형: 국가(the state)와 사회(society) 선호 대립하는 경우 국가주도결정(가장 강력 형태)

정엘리트가 사회적 압력을 고려하지 않음 등 두 가지로 정리될 수 있으나 각각 의사통일 기제 및 사회압력 무시 상황에 대한 설명력에서 한계를 지닌다. ② 국가의 조직이나 제도 등 구조에서 구하는 경우(Ikenberry, Lake & Mastanduno, 1988) 행위자를 제약하는 제도적 구조(institutional structure)와 제도적 지속성(institutional persistance)을 통해 국가를 단일 주체로 설명하는 관점이 존재하지만 이것만으로 단일 주체에 대한 설명력에 한계가 있다.

지속성을 지닌 제도들의 집합체로서의 국가가 그 자체의 선호를 지닌 단일의 행위자가 되기 위한 필요조건에는 국가기구들을 결집시켜주는 강한 응집력과 집권성(제도적 통일성)이 포함된다. 그렇기 때문에, 자율국가 모형에서의 핵심행정부는 행정수반을 중심으로 일사불란하게 통합된 유기체적 통제형태인 것이 될 것이다. 국가는 또한 사회부문과의 관계에 있어서 그 자율성을 확보하기 위한 어떤 형태의 통제기제를 필요로 한다. 통치연합의 제도적 장치인 정책연결망(policy network)은 국가 정책의 사회 침투를 용이하게 하기 위해서 '코포라티스트(corporatist)' 형태로 구성될 필요가 있다 (Stepan, 1978).

자율국가 모형의 주창자들은 국가가 이른바 "국익(national interest)"을 추구한다고 본 것이다. 그러나 여기서 국가(the state)는 사회와는 구분되는 그 자체의 선호와 목표를 지닌 집합체이기 때문에 이 경우의 국익이란 사실상 "국가이익(the state interest)"을 뜻한다. 국가(the state)의 이익이 시민사회를 포함하는 넓은 의미의 국익 또는 공익과 일치하는 경우는 '제1형 국가자율성'에 국한된다. 자율국가 모형에서 국가(the state)가 국가 자체의 이익 '국가이익' 비용 위에서 '국익 또는 전체의 이익(national interest)'을 추구할 것으로 보기는 어렵다.[23]

2) 권력엘리트 모형

권력엘리트 모형은 현대 국가의 핵심행정부가 복수의 "핵심 권력엘리트들(core power elites)"에 의해 통제되는 것으로 보는 엘리트주의 시각에 속하는 의사결정 모형이다. 핵심엘리트들은 현대 사회 구조상의 전략적 지휘부를 점유하는 사람들로 구성된다. 현대 사회에서 권력의 3각 관계(triangles of powers)를 구성하는 이 핵심 제도적 단위들의 지휘자들은 상호 조정 및 협동관계를 유지하며 그들의 공동 이익을 도모한다.[24]

---

[23] 국가(the state) 자체의 이익과 국가와 사회를 포함하는 넓은 범위의 공익(national interest)을 혼동하는 경우, 다원주의 관점의 '합리적 행동가 모형'의 국가와 동일하다고 오해할 수 있다.

[24] 권력엘리트들은 권력과 부와 명예를 모두 소유하는데, 이는 그들의 개인적인 능력이나 성격에 의해서 얻어지기보다는 제도상의 지위에 의해서 결정된다. 따라서 제도는 이러한 권력, 부, 명예에 접근하기 위한 기반이 될 뿐만 아니라, 이것들을 유지·사용하기 위한 수단이 되기도 하는데, 이것은 또한 누적성(累積性)과 전이성(轉移性)을 지니고 있기도 하다 (Mills, 1956: 3-29).

권력엘리트 모형은 권력엘리트집단의 구성원들의 긴밀한 상호연계망의 중심부가 곧 핵심행정부이며, 그 정점에 행정수반이 위치한다고 본다. 자유민주주의 국가에서 언뜻 보기에 공권력이 여러 사람들에 의해 공유되는 것 같지만, 그 이면의 "진짜" 정책결정권은 핵심 행정부(권력엘리트의 場)에게로 사실상 집권화되어 있다. 미국에서 대통령이 기업엘리트 집단 출신인 경우가 많고, 대통령은 행정수반이자 또한 군의 최고사령관이기도 하다. 핵심 행정부의 고위직에는 직업공무원 외에 대통령의 선거참모출신들도 적지 않게 포함되어 있다.

물론 국회의원이나 중간수준 관료, 압력단체의 장, 지방의 유력 인사 등 이른바 "중간 수준 권력(middle level of power)"엘리트들에 의해 이루어지는 국가정책들도 많이 있다. 그러나 이 중간 수준 권력 엘리트들에 의해서 이루어지는 정책결정들은 대개 그 중요성면에서 부차적인 사안들이다. 국가의 중요한 "역사적 의사결정(history-making decision)"들의 경우는 핵심 권력엘리트들에 의해 독점적으로 주도되는 것이다 (Mills, 1956). 자유민주주의 국가에서 권력엘리트 지배의 주요 특징 가운데 하나는 이와 같은 "선택성(selectiveness)"에서 찾아 볼 수 있다.[25]

핵심행정부를 구성하고 있는 복수의 정치행정엘리트들의 의도적인 행위를 가정하는 점에서 권력엘리트 모형은 다원주의의 '정부정치 모형'과 시장자유주의 시각 공공선택론의 '정책기업가 모형'에 대한 엘리트주의 시각의 대안이다. 이 세 가지 모형들은 모두 핵심행정부가 여러 구성원 또는 기관들로 이루어져 있고, 이들의 다양한 이익에 관련된 행위에 의해 핵심행정부의 정책결정이 이루어지는 것으로 보는 점에서 공통점이 있다. 그러나 '정부정치 모형'이나 '정책기업가 모형'에 비해, '권력엘리트 모형'에서의 행위자들은 보다 통합된 계층제적 조직망의 구성원들이다. '정부정치 모형'의 행위자들은 매우 다원적으로 분산된 핵심행정부 조직 속에서 나름대로의 개성이나 동기, 그리고 (개인, 조직, 또는 국가의) 이익에 의해 행동할 여지를 지니고, '정책기업가 모형'의 구성원들도 역시 분산된 핵심행정부에서 자기 자신의 개인적 이익을 극대화하기 위해 도구적 합리성을 추구하는 조금 더 원자화된 경제인들이다. 이에 비해 '권력엘리트 모형'에서의 핵심행정부 구성원들은 사회부문의 권력엘리트집단들과 견고하게 통합된 연결망 속에서 그들의 공통적인 이익을 추구하는 계층제적으로 통합된 조직인들이다. 핵심행정부의 정치행정엘리트들의 범주에는 행정수반과 그의 참모단, 각 행정기관의 장들, 그리고 요직을 차지한 고위관료들이 포함될 것이다. 그러나 분석에 있어서 복수의 행위자들의 개성이나 그들 간의 갈등은 별로 강조되지 않는다 (Dunleavy, 1990b: 44-45).

---

[25] 권력엘리트 이론가들의 관점에서 보면, 다원주의자들(이를테면, Dahl, 1961 등)이 주장하는 자유민주주의 국가 정책결정의 다원적 혹은 "다두제적(poliarchical)" 성격은 단지 중간수준 엘리트들에 의해 이루어지는 공개되고 덜 중요한 정책 사안들에 국한될 뿐이다 (Mills, 1956: 244; Domhoff & Ballard, 1968).

　　권력엘리트의 범주에 기업엘리트들과 더불어 전문직업가 집단(professional cadres)을 아울러 포함시켜 조금 더 확대하여 적용할 필요성이다. 사회변동에 따라, 엘리트 형성의 기반이 단순히 자본적 재산뿐만 아니라 교육이나 기타 전문적 요인들에 의한 이른바 "폐쇄적 사회집단(social closure)"에 의해서도 비롯되고 있기 때문이다 (Parkin, 1979; Dunleavy & O'Leary, 1987). 실제로 전문직업가들은 집단이익을 갖는 별개의 권력엘리트로서, 또는 권력엘리트 집단들의 일부로서 권력을 행사할 수 있다. 전문직업가, 기업, 그리고 정부관료제 간에 형성되는 복합체적 연계가 형성되는 경우에 그것을 일반 국민들이 통제하기란 매우 어렵다 (Wilding, 1982).[26]

3) 관료조정 모형

　　관료조정 모형에서는 현대 국가의 핵심행정부가 주로 관료기구들(bureaucratic apparatus)에 의해 통제되는 것으로 본다. 핵심행정부의 행정수반, 내각, 또는 장관들은 단지 이차적 역할을 수행한다고 한다. 행정수반은 새로운 정책방향의 제안자 위치보다는, 관료기구들 간의 갈등이 교착상태에 있을 경우 최종중재자(tie-breaker)로서의 역할에 더 관련되어 있다. 대부분의 국가정책들은 대개 중앙청사 내에서의 안건처리 과정(issue processing)에 의해, 그리고 지배적으로 일반 중앙부처들, 다양한 준정부기구들 및 지방정부기구들에 의해 정의되고 결정된다고 본다.

　　관료조정 모형도 (자율국가 모형과 마찬가지로) 정책결정이 국가부문에 의해 주도되는 것으로 가정하는 점에서 "국가중심적 엘리트론(state-centered elite theory)"에 그 뿌리를 두고 있다. 그러나 '자율국가 모형'의 경우는 국가기구들의 통일성을 극도로 강조하여 핵심행정부(보다 넓게는 국가 the state)를 단일의 행동가로 간주하는 반면, '관료조정 모형'의 경우는 국가내부에서의 "관료제 자율성(bureaucratic autonomy)"에 초점을 맞추고 있다. 따라서 '자율국가 모형'의 경우 행정수반으로 대표되는 핵심행정부의 통일된 의사결정을 가정하는 데 반해, '관료조정 모형'의 경우는 행정수반과 내각 및 장관들은 단지 부수적이고 최종 중재적 역할에 국한한다고 보는 반면, 관료기구의 자율적인 역할을 더 강조한다.[27]

　　관료들은 정치엘리트들의 일을 방해(obstruction)하거나 의사에 반하는 자신들의 의사를

---

[26] 실제 예로서, 건설산업분야에 있어서의 건축사들의 전문지식과 기업 간의 긴밀한 연계가 국가의 건설정책 수립과 집행에 엄청난 영향을 미치는 경우를 찾기란 어렵지 않다 (Dunleavy, 1981).

[27] 이 점에서 '관료조정 모형'은 핵심행정부 의사결정에 있어서 중범위 수준의 구조들의 의의를 강조하는 다원주의의 '조직과정 모형'이나 시장자유주의 공공선택 이론의 '위원회연합 모형'에 대한 엘리트이론의 대안인 셈이다. 다만 두 모형에 비해 '관료조정 모형'은 관료기구들의 "집합적(collective)"인 성격을 조금 더 강조한다.

적극적으로 제시함으로써 핵심행정부 의사결정에 영향을 미치기도 한다.**28** 공무원들은 장관 몰래 정보를 은닉하거나, 보고 시점을 교묘하게 선택함으로써, 장관들이 그들 관료들의 결정에 수동적으로 따를 수밖에 없도록 만들기도 한다. 먼저 차관보나 그 이하 수준의 각종 부처 간 위원회를 통해 공무원들의 영향력이 부과되고, 그 다음에는 재무부나 내각사무처와 같은 총괄 기구들에 의해 주도되는 차관급 위원회에서 또한 공무원들의 의견이 반영된다. 이와 같은 과정을 거치면서 정책 사안이 장관이나 내각에 보고되는 단계에 가면 이미 관련 공무원들에 의한 상당한 정도의 타협과 조정이 이루어져 있게 된다. 이처럼 여러 단계를 거치면서 공무원들에 의해 작성된 정책 대안을 장관이 일일이 파악하여 수정할 수 있는 여지란 극히 적다고 한다 (Keller & Crowther-Hunt, 1980: 226).**29**

'기술관료제(technocracy)'에 의해 초래되는 이른바 복지-산업복합체(welfare-industrial complex)와 같은 형태의 이해관계망의 형성은 특히 염려스러운 경우라고 할 것이다 (Kleinberg, 1973; Ascher, 1987; Etziony-Halevy, 1985: 제4장). 이와 같은 현상은 프랑스와 같이 '기술관료제' 성향이 높은 국가에서 더욱 흔하게 나타난다 (Etzioni-Halevy, 1985: 4장 및 10장). 따라서 관료제는 핵심행정부 통제에 궁극적 책임이 있는 정치지도자들이 넘지 않으면 안 되는 하나의 구조적 딜레마를 제공하는 것이다. 복잡한 현대사회에서 핵심행정부의 정책결정자들이 관료제의 도움 없이 그들이 의도하는 정책을 효과적으로 수행하기란 불가능하다. 그러나 한편 관료제는 그 나름의 행동 양식과 이익을 지닌 일종의 유기체적 성격을 지닌다. 관료제는 일종의 "필요악"이요, 민주주의에 있어서 "정치적 딜레마"를 유발하는 존재이다 (Etzioni-Halevy, 1985).

정치와 행정의 관계에서 행정 관료제의 전문가적 자율성은 아마추어적인 정치를 보완하는 역할을 수행할 수 있고, 정치의 극단적 행정 개입을 억제함으로써 다수파에 의한 소수자 탄압을 방지할 수 있는 안전판 역할을 수행할 수 있다.

4) 상징정치 모형

상징정치 모형은 핵심행정부의 정치 지도력에 따라 정부 또는 정권의 "인기"가 크게 좌

---

28 과거 영국의 노동당이 집권 후 그들의 진보적 정책노선이 탈(脫)급진화 되는 이유를 "보수적인 관료집단"의 탓으로 돌리는 경우와, 이와 반대로 1970년대 후반 이후 영미의 신보수주의 정권들이 그들이 내건 급진적인 보수화 정책들의 지연 이유를 역시 "보수적인 관료들"의 탓으로 돌리는 경우가 전형적인 예이다 (Sedgemore, 1980; Benn, 1981; Keller & Crowther-Hunt, 1980).

29 일본의 경우 과감한 중앙행정기구 개편안이 재무부(大藏省)를 포함하는 관료집단의 반발에 직면하여 이루어지지 않고 있다가, 2001년 잃어버린 10년을 경험한 후 행정개혁에 대한 공약을 내걸고 국민의 압도적 지지를 얻어 당선된 고이즈미(小泉) 내각에 와서야 비로소 단행될 수 있었다.

우되는 것으로 보는 엘리트이론의 모형이다. 핵심행정부의 지도자들은 "대중으로부터 강렬한 정서적 반응을 불러일으키는 대단한 잠재적 능력"을 지니며, "국가의 일부 또는 모든 측면(국가가 혜택, 피해, 위협, 위안을 주는 능력)에 대한 하나의 상징"이 된다 (Edelman, 1964: 73-74).

상징정치 모형의 기본 전제는 국민들이 복잡한 정부행정체계가 실제로는 누구에 의해 통제되지 않을지도 모른다는 심리적 우려(psychic anxieties)를 갖고 있기 때문에 "지도력의 신화(leadership myths)"를 믿고 싶어 한다는 것이다.[30] 일반 국민이 합리적이고 이성적 판단을 가지지 못하는 대신 정서적인 반응에 민감하게 반응함을 의미한다. 이런 상황에서 핵심행정부 지도자는 자신이 정책능력과 권위를 갖고 있다는 이미지를 투사함으로써 전폭적인 대중적 지지를 받게 된다.[31] 이것은 어떤 특정인의 의도나 행위의 차원을 넘어서는 거시적인 구조의 문제로 분류할 수 있다.

정부가 제정하는 법률이나 정책들은 그것이 국민들에게 주는 인식과 그 실제 내용에 있어서 큰 괴리가 있다. 법규들은 모든 사람들이 법의 지배를 받는다는 환상을 증진시키기 위해 고안된 하나의 정당화 장치로서 기능한다. 행정기관이나 법관들이 정책결정자들이 의도한 정책을 순수하게 기계적으로 수행한다고 보는 다원주의자들의 주장은 실제의 정책과정과는 크게 다른 것이다 (Edelman, 1964: 4). 법규나 정책의 집행은 조직화된 엘리트집단이 그 집행으로부터 이익을 볼 수 있음을 미리 알 수 있을 경우에만 가능하다 (Edelman, 1964: 41). 자유민주주의 국가에서 법이란 실재(reality)가 아니라, 상징(symbol)이나 의식(rite) 혹은 신화(myth)에 불과할 뿐이다. "법의 준수"는 일반 대중에게만 적용될 뿐 엘리트에게는 해당되지 않는다.

핵심행정부 의사결정을 설명하는 데 있어서 상징정치모형은 일부 핵심적인 명제들의 조작화가 힘들기 때문에 지금껏 활발히 활용되지는 못했다. 능력을 투사하는 사람들이 그렇지 못한 사람들에 비해 더 성공적일 것이라는 주장을 뒷받침하는 조건을 제공하지 못했다. 하지만 이와 같은 문제들은 주로 상징정치의 결과에 관한 것이지, 정치지도자들이 자신의 리더십 이미지를 만들어 내고 유지하는 방법에 관한 것은 아니다. 따라서 상징의 "생산" 활동에 관한 연구는 얼마든지 가능하다 (Dunleavy, 1990).

상징정치는 핵심행정부 지도자들이 딜레마 상황에 처할 때, 그것을 해결하기 위한 편법

---

[30] 상징정치는 상징의 공급자인 핵심행정부 정책결정자들과 소비자인 일반 국민들 간의 상호작용을 통해 이루어진다. 상징에는 언어적 상징(즉 용어, 은유, 표어, 가요, 이야기, 신화, 영웅담, 전설 등), 물리적 상징(즉 휘장, 기, 뱃지, 로고, 제복, 계급, 훈장, 사무실의 구조나 배치 등), 활동적 상징(즉 의식절차, 행사, 자연보호 활동, 단합대회, 봉사 활동 등)이 있다 (이종범, 1994).

[31] 야당 정치인도 '환상'을 유지시킬 필요가 있다. 복잡한 정치체계를 개인화된 방식으로 접근함으로써 불만과 비난을 집권정부인 핵심행정부 지도자로 집결시킬 수 있기 때문이다.

으로 활용할 가능성이 커진다 (이종범, 1994). 정책결정자들이 국민의 요구에 대응하는 정책을 수행해야 하지만, 그 정책으로 인하여 자신들의 이익에 의미 있는 손실이 초래되는 경우에 상징적 행동을 통한 국민들의 심리적 욕구충족을 도모할 가능성이 큰 것이다.[32]

5. 마르크스주의의 시각

국가를 자본주의 기능 수행 기구로 바라보는 마르크스주의 국가이론의 전통에서는 현대 정치학이나 행정학에서 중요하게 다루어 온 행정부나 그것이 수행하는 의사결정 과정에 관련된 사안들을 중시하지 않았다. 그러다 보니 의사결정과 관련된 주제들을 비중있게 다루지도 않았고, 이론적인 발전도 거의 전무하다. 일부이기는 하지만 역사적 유물주의(historical materialism) 전통의 일관성을 지니면서도 핵심행정부의 구조와 의사결정 양식에 관해 나름대로 의미 있는 분석이 마르크스주의 이론가들의 저술에서 발견되고 있다. 여기서는 이 가운데 대표적인 것으로 들 수 있는 '정통파 마르크스주의(Marxist Orthodoxy),' '도구주의(Instrumentalism),' '권위적 국가주의(Authoritarian Statism)' 모형들을 정리하여 소개한다.

1) 마르크스주의 정통파 모형

본래 마르크스주의 정통학파에서는 개인 수준의 정치지도자들의 특성에 의미를 부여하는 접근들에 반박하는 입장을 취해 왔다.[33] 이 점에서 엘리트론의 상징정치 모형과 유사하다. 실제로도 핵심행정부에 관한 어떠한 구체적 분석도 제공한 경우는 거의 없다. 대신에 국가기구 내의 세세한 제도적 장치들을 단순히 생산수단과 관련된 하부구조에서 파생되는 "상부구조적(superstructural)"인 것으로 간주해 왔다.[34]

핵심행정부를 단일의 행위자로 간주하여 그의 의도적 행위의 결과로서 의사결정을 설명하는 정통파 마르크스주의 모형을 통해 핵심행정부의 의사결정에 대한 설명이 가능하다. 여기서는 하나의 통합된 국가 관점(a unitary view of the state)을 강조하면서, 국가정책결정에

---

[32] 상황에 따라 핵심행정부 지도자들이 다르게 대응할 수 있다. ① 완전 정보하의 합리적 의사결정이 가능한 경우, 사전적 합리성을 보장하기 위해 반대자를 "침묵"시키고 정책실패의 책임을 면하기 위해 "상징적 행동"을 할 수 있다. ② 불완전 정보하에서는 정보부족이 해결되거나 다른 선택기회를 모색하기 위해 주로 "지연"전략이 동원된다. ③ 대안이 가져올 결과를 알고 큰 손실이 예측될 때 지연, 문제의 재규정, 상징적 행동을 동시에 적용할 수 있다 (결정하지 않으면서도 무엇인가 하고 있다는 이미지 부각).

[33] 이는 정치지도자와 같은 개개인의 행위자들이 어떤 의미 있는 사회적 결과를 가져올 수는 없다는 마르크스주의의 역사적 유물론의 반영이기도 하다.

[34] 역사적 유물주의에서는 국가기구와 법률 및 기타 개입들은 '상부구조(superstructure)'를 형성하는데, 이 상부구조의 변화는 그것의 경제적 '기초'(the economic 'base')에 의해서 결정된다고 본다 (Dunleavy & O'Leary, 1987).

대한 고도의 의도적 설명방식(dispositional account)을 적용한다. 행위자가 누구이든지 간에 국가는 자본주의의 안정적인 발전에 기여하는 기능적인 국가(functional state)로서 수행하기 때문에 국가는 단일의 합리적 행위자로서 행동한다. 무엇보다도 국가가 수행하여야 할 일차적 기능은 자본의 축적을 통하여 지속가능한 경제성장을 가능하게 하는 축적의 명제(accumulation imperative)라 할 수 있다 (O'Connor, 1984). 여기에 더해 자본주의 경제 체제로 인하여 소외를 당하는 노동자, 빈곤자, 장애인 등의 사회적 약자들에게 국가가 그들의 이익을 위해서도 노력한다는 인식을 심어 주여야 하는 정당성의 명제(legitimation imperative)도 있다. 자본주의 국가가 수행하는 이 두 가지 기능들은 상호 모순적인 속성을 지니고 있기 때문에 두 가지 정책목표들을 동시에 고려해야 하는 핵심행정부는 궁극적으로 딜레마 상황에 처하게 된다.[35] 국가를 단일의 행위자로 간주하는 정통파 마르크스 모형에서 핵심행정부는 적어도 행정수반을 중심으로 일사불란하게 통합될 수 있는 것임을 기본 전제로 하는 셈이다.

2) 도구주의 모형

도구주의 모형은 마르크스주의 국가이론 가운데 가장 잘 알려져 있는 핵심행정부 의사결정의 해석 방식이다 (Gold et al., 1975). 사실 핵심행정부 연구에 적실성을 지닌 응용 마르크스주의 분석 대부분이 도구주의적 입장을 따르고 있다. 도구주의 모형에서의 국가는 지배계급(자본가)에 의하여 직접적으로 통제되는 도구로 간주된다. 자본가 계급(부르주아지, bourgeoisie)은 여타 사회계급에 반하는 이해관계를 갖고 있기 때문에 자본가 계급 및 그들과 직접적으로 연계된 동맹집단들은 산업사회에서 국가를 통제하고 자신들의 이익에 따라 운영한다는 것이다. 도구주의 모형에서 국가(핵심행정부)는 사회에 종속적인 것으로 본다.[36] 좀 더 구체적으로는 자본주의의 경우 자본가 계급(부르주아지)에게 전적으로 종속되는 것으로 간주한다.

도구주의 모형에서 핵심행정부의 정책결정의 목표는 노동자를 억압하고, 불평등에 대한 유권자의 관심을 다른 곳으로 전환시킴으로써 아래로부터의 대중적 압력(popular pressure)을 봉쇄하고 축소시키는 일이다 (Miliband, 1970). 또한 자본가 계급은 단기적인 이윤추구에 몰입하기 때문에 노동력을 과다하게 착취함으로써 자본의 장기적인 안정과 발전을 저해할 수 있다. 이를 방지하기 위하여 국가는 제한된 범위의 복지정책과 불공정 노동규제와 같은

---

[35] 이 두 가지 명제들은 상호 모순관계에 있는데 복지정책을 통하여 국가가 정당성의 명제를 추구하는 경우 일할 동기를 상실하게 하게 되므로 장기적인 자본축적과 성장에 지장을 초래할 수 있다 (Offe, 1984).

[36] 자본에 대한 국가의 도구적 성격을 레닌은 경제성장과 자본의 지배를 강화하기 위하여 자본의 이익들과 경로들이 천 개의 실로 엮여져 있다고 비유적으로 표현하였다 (Dryzek and Dunleavy, 2009: 92).

개입이 허용되는 상대적 자율성이 인정된다.

　　도구주의 모형에서는 국가가 단일의 합리적 행위자로 행동하는 것은 아니기 때문에 핵심
행정부의 의사결정에서도 다양한 행위자가 존재하게 되는 것을 인정할 수 있다. 자본가들
간의 이해관계가 대립될 수 있고 국가 내에서도 다양한 자본의 이익과 연계된 복수의 행위
자가 존재하며 장기적인 관점에서 자본의 이익을 안정적으로 유지하게 하는 의도적인 자율
성도 있기 때문에 다원주의의 '정부정치 모형'이나 시장자유주의의 '정책기업가 모형,' 엘리
트이론의 '권력엘리트 모형'에 대한 대안이라 할 수 있다. 특히, 도구주의 모형은 실제로는
엘리트이론의 밀즈(Mills, 1956)에 의해 발전된 '권력엘리트 모형'과 매우 유사한 점이 존재한
다. 두 모형은 공통적으로 자본가들과 '국가 관료들 및 정치지도자'들이 단일의 응집력 있는
집단으로 뭉치게 되는 이유를 그들의 동일한 사회적 출신성분, 유사한 생활방식과 가치관,
공공정책의 조정된 전략수립이 이루어지는 다수의 연결망 또는 포럼(forum)들이 존재하기
때문이라고 보고 있다 (Miliband, 1970).

　　도구주의 모형을 핵심행정부 의사결정의 설명에 적용하는 경우, 적어도 다음과 같은 두
가지 특징에 초점을 두어야 할 것이다 (Dunleavy, 1990b). 첫째, '핵심행정부 행위자 및 기관
들'과 '기업조합 및 경영자들'과의 밀접하게 융합된 망의 형성이다. 둘째, 경우에 따라서는
이들 기업-정치연결망에 내분이 발생하여 통합된 지배계급의 이익을 표명하기보다는 서로
간에 갈등을 야기하게 되는 상황에 관한 설명이다. 후자의 경우는 핵심행정부 의사결정이
난관에 봉착할 가능성이 있음을 암시해 준다.

3) 권위적 국가주의 모형

　　권위적 국가주의 모형은 폴란차스(Poulantzas, 1978)가 개발한 이론모형이다. 이는 전후
자유 민주주의 하에서 발생한 주요 제도적 변화를 분석하기 위한 마르크스주의 조정자 모형
(Arbiter Model)의 대표적인 개념이다. 그리고 마르크스주의 관점 가운데에서 핵심행정부 의
사결정에 대해 가장 정교한 분석을 시도하는 모형인 것으로 평가된다. 여기서는 조직의 논
리라고 하는 중범위적 구조와 보다 거시적인 구조주의 접근을 모두 고려하는 상황적 설명이
적용된다.

　　권위적 국가주의 모형에 따르면 선진 자본주의에서 '법의 지배'라는 원칙은 '자유 재량적
국가권위'에 의해 대체되고 있다고 본다. 그리고 대부분의 자유민주주의 헌법에 명목상으로
반영되어 있는 '권력분립' 원칙은 사실상 퇴색되고 있다고 본다. 즉 권한 위임에 따라 행정
부가 입법을 주도하고(legislate), (특히 위기 시에) 의회의 통제대신 대통령의 "조치" 또는 "집

행행위권력(executive action power)" 등으로 대체하는 등 행정부가 효과적으로 공권력을 행사하는 경우가 증가하고 있는 것이다.

행정부 내에서도 두 가지 지배적인 정치적 경향 때문에 핵심행정부로 집중화가 이루어진다고 본다. 첫째, 선진 자본민주주의들은 대부분 (1940년대까지만 해도 영국과 같은 경우에 존재했던) 정당들의 순수한 선거 대결이 점차 쇠퇴해 왔다. 그 대신에 지배적인 한 계급분파의 이익과 국가기구를 함께 묶는 긴밀하게 조직화된 "권력 블록(power bloc)"이 발전해 왔다. 드골 정부하의 프랑스나 전후 일본에서는 자본가들의 지지를 받는 집권정부가 몇십 년간 정부를 통제하는 지배적인 정당체계의 형성에 성공하기도 했다. 둘째, 국가조직구조에 있어서 묘한 이원화가 이루어져 왔다. 공식적인 국가기구 장치들과 병행해서, 점차로 "예비적 억압적 기구(a reserve, repressive apparatus)"들의 형성이 다수 이루어져 온 것이다.

권위적 국가주의 모형은 자유민주주의 국가의 핵심행정부가 점차 "수상 혹은 대통령 정부화"되어 가는 현상에 대한 마르크스주의적 설명이다. 이와 같은 현상이 선진 자본민주주의의 사회, 경제, 그리고 국가기구에 깊이 뿌리박힌 구조적 변화의 제도적 투영인 것으로 표현한다. 의회가 더이상 자본에 도움이 되지 않게 되자 국가정책결정권을 의회에서 행정부로 이동한 것처럼 행정부 내에서도 행정수반을 중심으로 하는 핵심행정부로 집권화가 이루어진 것은 그것이 국가의 자본주의적 발전에 더 효과적으로 기능하기 때문인 것으로 설명한다 (Poulantzas, 1978). 즉 국가제도 변화의 장(locus)이 정치체계의 외부에 존재하는 것으로 보는 것이다. 권위적 국가주의 모형은 본래 '드골주의(Gaullism)'와 프랑스 제5공화국을 분석하기 위해 개발된 것이다. 그러나 자유민주주의에서 국가기구들이 점차 집권화되고 있는 현상에 대한 일반적 분석을 제공한다. 즉 "모든 현대의 권력들은 권위적 국가주의에 기능적"이라는 것이다 (Poulantzas, 1978: 239).

권위적 국가주의 모형에서 핵심행정부 국가기구들은 정당의 이념을 뛰어넘어 계급갈등을 조정하는 역할을 수행하지만 중립적이지 못하다 (Dryzek and Dunleavy, 2009). 자본주의 국가체제를 유지하기 위하여 조정자로서의 역할을 수행하는 국가기구들에 초점을 맞춘다는 점에서 다원주의 국가에서 '조직과정 모형,' 시장자유주의 국가에서 '위원회연합모형,' 엘리트주의 국가에서 '관료조정 모형'에 대응하는 마르크스주의 핵심행정부의 의사결정 모형이다.

6. 신다원주의의 시각

1960년대 후반부터 대두되기 시작한 도시빈곤, 환경오염, 소수자의 권리 보호 문제에 대하여 다원주의 국가론으로는 명확한 해결방안을 제시하지 못하게 되었다. 이에 다원주의 입장은 엘리트론과 마르크스주의 등으로부터 '불균등한 현실을 합리화하는 보수적 이데올로기'로 공격을 받았을 뿐만 아니라 시장자유주의로부터도 '이익집단에 의한 정치가 경제적 지대추구를 통하여 공익을 저해한다.'라는 비난을 받게 되었다. 이에 다원주의는 비판의 일부를 수용하여 기업에 영향력이 편중되는 것을 비판하고, 국가가 사회적 소수자를 조직화하는 것을 지원해주고, 쟁점에 따라 옹호연합(issue advocacy coalition)이 형성되도록 하여 사회세력 간의 균형을 이루도록 하는 신다원주의를 형성하였다 (Dryzek and Dunleavy, 2009: 134-5). 따라서 신다원주의에서 핵심행정부는 다양한 사회세력 들과 함께 집합적 의사결정을 중시하며 이는 거버넌스의 형태로 나타난다 (Rhodes, 1997). '다원주의'에서 공식적인 정부기구 내의 행위자들에게 정책결정권이 부여되었다면 '신다원주의' 시각에서는 각각 다른 목표와 이해관계를 지닌 이익집단, 비정부기구, 사기업, 싱크탱크 등 외부의 행위자들과 함께 정책결정을 하는 것으로 본다. 이런 관점의 전환은 ① 사회의 복잡한 문제들을 해결하기 위해 중앙정부의 집행기능 과감한 이양 및 지식과 정보에 바탕을 둔 의사결정에 상대적으로 집중, ② 시민사회의 성장과 국가정책에 대한 적극적 비판과 감시로 인하여 핵심행정부가 독자적으로 결정하는 것이 점점 어려워진 부분이 주요 원인으로 작동하였다.

이처럼 신다원주의 핵심행정부에서는 복잡한 사회문제에 대하여 다양한 행위자가 참여하기 때문에 국가는 더이상 단일의 합리적 행위자로서 행동하기는 어렵다. 그 대신에 복수의 행위자가 참여하여 공동으로 문제를 해결하는 '협업적 문제해결 모형(Collaborative problem solving model)'이 제시될 수 있다. 또한, 상황적 또는 구조적 관점에서는 중앙정부의 차원을 넘어 국제적인 연대와 지방 정부의 활동이 증가하게 되어 국제적 관계-중앙정부-지방 정부 수준을 모두 포괄하는 '다층적 거버넌스(Multi-level governance) 모형'이 제시되기도 한다.[37]

7. 탈근대주의의 시각

탈근대주의자들은 기존의 공식적인 국가기구들을 해체하고 재구성하고자 한다. 이에 따라 사회 내에 존재하는 다양한 지식과 권력을 가진 행위자들이 네트워크를 형성하고 소통함으로써 그들의 생각을 성찰하는 것을 강조한다. 국가기구들은 점차 사회 내의 수많은 거버넌스의 미시적 관행들 속으로 혼합되고 분해되어 가며 결국 국경을 넘어서 활동하는 권력연결망(power network)으로 해체되어 버린다 (Dryzek and Dunleavy, 2009: 제13장). 따라서 탈근대주의에서는 기존의 국가이론에 의한 핵심행정부가 사실상 해체되어 버리며, 다른 형태

---

37 협업적 거버넌스와 다층적 거버넌스의 구체적 내용에 대해서는 제4편 공공관리론 제3장 치리(governance) 참조.

의 의사결정 방식을 모색하게 된다. 탈근대주의 시각에서는 기존의 공식적인 제도들 대신 사회적 공론장에서 각각의 행위자들이 자기들의 생각을 담은 프레임을 제시하고 소통하는 '담론 프레임 모형(discourse frame model)'과 논쟁이 진행됨에 따라 사회 전체적으로는 각각의 주장에 동조하는 사람들이 정체성에 따라 집단을 형성하고 문화적 전쟁을 벌인다는 '문화전쟁 모형(Cultural war model)'을 제시할 수 있다.

1) 담론 프레임 모형(discourse frame model)

탈근대주의 국가에서 의사결정은 사회적으로 소통이 이루어지는 공론장을 통하여 이루어진다. 따라서 정책결정이 이루어지는 공식적 구조나 정책 자체의 분석보다 하나의 문제가 어떠한 틀 혹은 '프레임(frame)'으로 제시되는지를 중시한다. 여기서 프레임이란 문제가 형성, 해석, 해결되는 하나의 틀(scheme)을 의미하는 것으로 가치 판단이나 행동의 모든 목록을 형성하는 것이다.**38** 실제로 정치나 대중매체의 맥락 하에서 프레임은 특정한 해석을 더 부각시키고 다른 측면의 해석은 약화시키는 방식으로 보도의 내용을 제한하는 기능을 수행한다.

프레임 뿐만 아니라 담론 자체의 성격도 중요하다. 담론(discourse)에 대하여 학자마다 견해가 다를 수 있지만 '상황을 이해하는 방식을 제시하는 공유된 개념, 범주, 이념'으로 정의될 수 있으며, 특정한 판단, 가정, 능력, 성향, 의도 등을 포함할 수 있다 (Dryzek and Dunleavy, 2009: 298-9). 하나의 담론에 참여하는 개개인은 담론을 통하여 얻는 정보의 파편들을 담론을 공유하는 사람들에게 의미 있는 줄거리(storyline)로 엮을 수 있다. 또한, 담론에서는 언어뿐만 아니라 행동도 중요하다. 이는 담론이 단순히 말장난이 아니라 지지하거나 반대하는 행동을 통하여 실천되어야 함을 강조하는 것이다. 예를 들어 환경정책에서는 지속가능한 성장, 생태적 한계와 생존, 환경 급진주의와 같은 담론이 있다. 이러한 담론을 통하여 ① 기본 개념 정의, ② 어떤 종류의 지식이 정당성이 있는지, ③ 취지에 단순 찬성자와 적극적 행동가를 구분, ④ 다양한 행위자의 관계(위계질서, 경쟁, 협력 등) 형성 방법을 제시한다 (Milliken, 1999).

프레임이나 담론의 역할은 전통적으로 정책형성 과정에서 '사회문제에 대한 대응'으로 이해되었지만 탈근대주의 '담론 프레임 모형'에서는 핵심행정부가 사회적 공론장에서 논의될

---

38 프레임이란 언론학에서 많이 사용되는 용어이지만 그 기원은 Tversky와 Kahneman의 인지심리학에 바탕을 두고 있다. 의사결정과 관련하여 Tversky와 Kahneman은 잠재적인 이익의 프레임으로 제시된 경우 사람들은 덜 위험적인 대안을 선택하지만 반대로 잠재적인 손실 프레임으로 제시될 경우에는 보다 위험한 대안을 선택하게 된다는 것을 증명한 것이다.

정책의제의 프레임을 어떻게 설정하는지에 더 관심을 기울이게 된다. 예를 들어 미혼모의 빈곤 문제와 관련된 담론 프레임을 ① 청소년의 일탈이라는 원인에 초점을 맞출 경우 미혼모 빈곤 해결 자체엔 도움이 되지 못하지만 ② 미혼모의 힘겨운 현실에 초점을 맞출 경우 빈곤에 대한 정책적 지원이 보다 논의될 수 있다.

　　시간의 지남에 따라 담론 간의 상대적 중요성은 달라질 수 있고 재프레임(reframe)되는 현상이 발생할 수 있다. 경쟁하는 프레임과 담론 간의 균형을 통하여 정책을 결정하는 경우 핵심행정부의 역할은 특정한 방식으로 상황을 정의함으로써 특정한 프레임과 담론이 지배적이 되도록 하는 것이다 (Hajer and Law, 2006: 252). 예를 들어 2001년 9・11 테러에 대하여 부시 대통령(George W. Bush)은 '테러리즘에 대한 전지구적 전쟁'이라는 프레임을 제시하고 아프가니스탄과 이라크를 침공하였다. 이에 대항해 비판적 프레임도 제시되었는데 9・11 테러는 독립적인 형사적 문제이지 전지구적인 보복 전쟁은 아니라는 것이다 (Dryzek and Dunleavy, 2009: 300-1).[39]

　　담론 프레임 모형은 프레임과 담론을 매개로 사회적 공론장에서 복수의 행위자들이 경쟁하기 때문에 다원주의의 '정부정치 모형,' 엘리트주의의 '권력엘리트 모형,' 시장자유주의의 '정책기업가 모형,' 마르크스주의의 '도구주의 모형'에 대응하는 모형이라 할 수 있다. 또한, 기존의 공식적 정부 기구 이외에 사회의 다양한 행위자들이 의사결정 과정에 참여하기 때문에 기존의 핵심행정부는 지배적 담론을 형성하는데 영향을 끼칠 수 있는 행위자에 지나지 않는다. 이 과정에서 언론의 역할이 중요하다. 커뮤니케이션 이론이 인정하는 바와 같이 언론 자체도 프레임을 형성을 할 수 있는데, 이 과정에서 언론기관 자체의 사익추구가 개입되는 경우에는 왜곡이 발생할 수 있다. 따라서 담론 프레임 모형이 제대로 작동하기 위해서는 사회적 공론장에서 사상의 자유가 보장되고 언론기관 간에 정보 산출의 균형을 이룰 수 있거나 공영 언론기관이 중립적이고 객관적으로 각각의 프레임과 담론들을 국민들에게 제공할 수 있어야 한다.

2) 문화전쟁 모형(culture war model)

　　탈근대주의자들은 모든 형태의 억압적 국가기구에 대하여 적극적으로 저항한다. 사회 내에서 전반적으로 가해지는 억압에 대하여 해당 정책 영역마다 국지적인 저항을 하는 것이다. 억압적인 구조를 드러내는 정도에서 만족한다는 점에서 계급투쟁을 통한 거대하고 실증

---

39 동일 정책에 대해 국가별 담론 형태가 달리 나타날 수도 있다. 환경정책과 관련하여 영국의 경우 과학적 근거를 강조하여 환경 및 경제적 가치가 충돌하는 것으로 담론이 설정 되었고, 네덜란드의 경우 사전 예방 정책을 포함한 생태적 근대화를 강조하여 환경 및 경제적 가치가 상호보완하는 것으로 담론이 설정된 예가 있다 (Hajer, 1995).

적 담론을 제시하는 마르크스주의와 차이점이 있다. 탈근대주의 국가의 '문화 전쟁 모형'에
서 기존의 억압적인 사회구조와 문화의 문제들은 사회적 소수자의 정체성과 연계된 담론을
통해 문화전쟁(culture war)의 형태로 나타난다고 본다. 전쟁이라는 과격한 용어를 사용하였
지만 그 과정은 물리적 충돌을 통한 것이 아니라 사회적 공론장에서 논쟁을 통하여 이루어
진다.[40]

사회적 공론장에서 발생하는 논쟁의 배경에는 사회 내에서 다양한 집단 정체성의 문제가
연관되어 있으며, 어느 한 쪽에서 다른 정체성을 지닌 집단을 공격하기 위하여 선거 때 이러
한 쟁점들을 제기하기도 한다. 1980년대 레이건 행정부에서는 종교적인 보수우파가 진보적
인 작가나 예술가의 작품에 대하여 전통적인 문화와 가족적 가치를 파괴하는 저속한 것으로
비판한 적이 있고, 1990년대 이후에는 대통령선거에서 낙태허용 여부, 동성결혼, 페미니즘
등의 문제가 선거쟁점으로 부각되기도 하였다.[41]

문화전쟁에서 나타난 갈등을 해결하기 위하여 논쟁 민주주의(agonistic democracy)의 해
결방식이 제시되고 있다. 논쟁 민주주의는 정체성이 다른 집단 간에 활발하면서도 상호존중
적인 관여를 강조하고, 반대자에 대하여 적대감 대신에 논쟁을 중시한다 (Mouffe, 2000). 하
버마스나 롤스에 의한 자유주의적 민주주의에서 담론을 통한 합의를 중시하는 것과 달리 논
쟁주의(agonism)에서는 서로의 다른 점을 제시할 수 있는 장을 만들어 주는 것을 중시한다.
그러나 논쟁주의가 이론적인 상상력과 달리 실제에서도 제대로 작동할 것인지에 대해서는
회의적이다 (Connolly, 1991; Dryzek and Dunleavy, 2009: 303-4). 왜냐하면 이 이론은 다른 정
체성을 지닌 집단 간의 관계에 대해 묘사하고 있을 뿐 이러한 논쟁이 발생한 경우 국가가
무엇을 해야 하고, 국가 내에서 어떤 것들이 이루어져야 하는 지에 대해 해결책을 제시하지
못하기 때문이다. 이것은 모든 공식적인 권위를 부정하는 탈근대주의 자체가 지닌 속성에
비롯된 것일 수도 있다.

'문화전쟁 모형'에서는 극단적으로 기존 질서를 부정하는 회의주의를 포기하고 보다 절충
적인 입장에서 개인, 집단, 사회가 각각 속한 담론에 대하여 성찰할 수 있는 능력을 강조한
다. 현대 산업사회에서의 근대성은 반근대성에 불과하며, 기술발전에 결부된 경제성장이 반
드시 진보적이고 좋은 것이라는 근대성의 논리에 대하여 비판하고, 경제와 기술발전에 의

---

40 문화전쟁(Kulturkampf)은 19세기 후반 독일 비스마르크(Otto von Bismarck) 수상과 로마 가톨릭교회 간의 종교적
인 충돌을 묘사하기 위해 사용되었다. 이후 이탈리아의 마르크스주의자인 그람시(Antonio Gramsci)가 자본주의 국
가에서 프롤레타리아 혁명이 일어나지 않는 원인으로 대중문화(매체) 영역에서 독점력을 행사하는 자본가 계급의
헤게모니(hegemony)를 제시하며 자본주의 지배문화에 저항하기 위한 문화전쟁을 강조하였다.

41 미국 내 지배적인 문화인 기독교, 백인, 남성 vs. 동성애자, 소수 인종, 여성 간 갈등 묘사 외에도 차별금지입법, 후
천성면역결핍증(HIV-AIDS) 정책, 음란물 규제, 학교 교육과목 설계 등에서도 문화전쟁 형태가 나타난다 (Dryzek
and Dunleavy, 2009: 304).

하여 초래된 위험성에 대하여 저항하는 것을 성찰적 근대성(reflexive modernity)라고 한다 (Beck, 1992). 이런 비판적 능력을 인정한다면 민주적인 개혁으로 이어질 수 있고, 궁극적으로 기존의 국가 질서에 도전할 수 있게 되는 것이다. 결국 논쟁 민주주의를 통한 '문화전쟁 모형'은 탈근대주의 국가에서 해결되어야 할 사회적 과제들을 거시적인 문화와 구조적 관점에서 제시한 기술적 모델이라 할 수 있고, 엘리트 이론의 '상징정치 모형'에 대응하는 개념이라 할 수 있다.

사 례 🗒

미국의 이라크 전쟁 의사결정

1. 개 요

미국이 2003년 3월 이라크 전쟁을 시작하게 되는 의사결정과정은 기존의 다원주의 국가에서의 핵심행정부 의사결정과는 다소 다른 측면을 보여주고 있다. Allison의 모델에 의하면 핵심행정부의 의사결정은 합리적 행위자 모형, 조직과정 모형, 정부정치 모형의 3가지 개념적 렌즈에 의하여 설명될 수 있으나, 미국의 이라크 전쟁은 이들 모형들로는 설명할 수 없는 새로운 요소들이 발견되었기 때문이다. 이라크 전쟁의 기원은 1991년 걸프(Gulf) 전쟁으로 거슬러 올라간다. 당시 사담 후세인(Saddam Hussein)은 쿠웨이트를 침공하였는데 미국의 부시(George H. W. Bush)대통령은 광범위한 국제연합군을 조직하여 이라크를 쿠웨이트에서 몰아냈다. 그러나 사담 후세인의 이라크군을 격멸하기 위하여 이라크 영역 내로 들어가는 것에 대해서는 중동지역의 평화와 확전 방지를 위하여 자제를 하였다. 그러나 이라크에 침공에 대한 소극적 태도에 대하여 네오콘(neocons)이라는 불리는 신보수주의 세력으로부터 비판을 받았다. 그 후 미국과 이라크의 적대적 관계는 잠재해 있다가 2001년 9월 11일 오사마 빈라덴에 의한 뉴욕 세계무역센터 빌딩에 대한 테러 이후 이라크가 테러집단과 연계되어 있으며 대량살상무기(WMD: Weapon of Massive Destruction)를 보유하고 있다는 주장이 제기되었다. 이에 따라 미국의 안전을 위하여 이라크 정권을 변화시키지 않을 수 없고 테러에 대한 전쟁의 일환으로 이라크 전쟁을 감행하게 된 것이다. 전쟁의 결과 사담 후세인 정권을 몰락시키는데 성공하였지만 전쟁의 명분인 테러집단과의 연계와 대량살상무기의 존재에 대해서는 명확한 증거를 발견할 수 없었다 (Washington Post, October 3, 2003). 그렇다면 미국이 명백한 증거가 없음에도 불구하고 대규모 병력으로 이라크 전쟁을 주도하게 된 원인은 무엇인지에 대하여 핵심행정부의 의사결정 측면에서 살펴볼 필요가 있다.

2. 다원주의 시각의 설명 한계

다원주의 국가의 관점에 의하면 미국의 이라크 침공은 합리적 행위자 모형, 조직과정 모형, 정부 정치 모형 등에 의하여 설명될 수 있다. 첫째, 합리적 행위자 모형에 의하면 미국 정부는 이라크가 9·11테러의 배후인 테러집단과 연계되어 있고, 대량살상무기를 보유하고 있음을 확인한다. 이러한 악의 축(axis of evil)을 사전에 제거하는 것이 미국의 안전을 위하여 이익을 극대화하는 것이므로 이라크 침공을 감행하게 된다. 둘째, 조직과정 모형에 의하면 이라크 침공은 핵심행정부 내의 다양한 조직의 프로그램과 표준운영절차에 따라 결정된다. 미국 국방성은 테러 세력인 탈레반을 소탕하기 위하여 2001년 아프가니스탄 전쟁을 수행했으며 그 과정에서 부시 대통령의 지시에 따라 이라크 전쟁의 비밀계획을 준비하고 있었다 (Kessler, 2003). 이후 2002년부터는 미국 행정부가 공식적으로 이라크 정권의 교체를 발표하기 시작했다. 전쟁 수행에 대하여 상원의 동의를 받기 전에 근거자료로 CIA에서는 이라크가 미국의 안전에 중대한 위협이 된다는 국가정보평가(National Intelligence Estimate)를 준비하도록 요구했다. 그러나 초기의 CIA의 정보분석자들은 이라크가 미국의 즉각적인 위협으로 보기 어렵다는 분석을 하였다. CIA의 이러한 경향들은 백악관의 참모진과 국방성으로부터 비판을 받게 되고, 국방성은 장관의 지시에 따라 국방차관의 책임하에 특별기획실이라는 부서를 만들어 이라크에 대한 정보분석 업무를 담당하게 된다. 이라크 전쟁을 지지하는 외부 인사를 위원장으로 영입하여 국방정책위원회(Defense Policy Board)라는 기구를 만들어 이라크 전쟁을 합리화하는 분석을 제시하게 하였다. 이러한 압력에 영향을 받아 CIA도 이라크 전쟁에 동의하지 않을 수 없었다. 셋째, 정부정치 모형에 의하면 핵심행정부 내의 다양한 행위자들의 타협과 협상에 의한 정치에 의하여 의사결정이 이루어진다. 2001년 9월 15일 캠프 데이비드 각료회의에서 국방차관인 올포위즈(Paul Wolfowiz)는 이라크 사담 후세인 정권에 대한 공격을 강력하게 주장하는데 이에 대하여 국무장관인 포웰(Colin Powell)과 CIA 국장인 테닛(George Tenet)은 이라크 공격에 반대했다. 부시 대통령은 처음에는 이라크로의 확전에 반대하는 듯하였으나 그 후 대통령 주변의 네오콘 관료들의 영향을 받아 이라크 전쟁을 결정하게 된다. 대통령 주변의 네오콘들로는 국방장관 럼즈펠드(Donald Rumsfeld), 국방차관 올포위츠, 국방성 내의 국방정책위원장인 펄(Richard Perle), 국방장관보좌관 페이쓰(Douglas Feith), 안보부보좌관 라이스(Condoleezza Rice) 등이 있고, 부통령 딕 체니(Dick Chenny)는 이들의 구심점 역할을 하였으며 사담 후세인에 대한 강한 적대감을 표출하였다 (Stillman, 2010: 196). 부통령 딕 체니는 CIA가 이라크 공격에 회의적인 태도를 보이자 CIA를 직접 방문해서 논의를 하기도 하였다. 그러나 이것은 전문적인 정보기관에 대하여 정치적 영향력을 행사하는 것으로 해석되기도 하였다. 대통령 주변의 참모, 부통령, 국방장관과 그 참모들이 모두 강한 미국을 내세우며 미국적 이념인 자유민주주의와 시장주의를 위하여 물리적 행동도 불사하는 강경론자들로 득세하였기 때문에 9/11 테러 이후 이라크에 대한 공격이 결정되게 되었다. 그러나 다원주의에 의한 의사결정 중 합리적 행위자 이론에 의할 때 적극적인 군사행동은 적어도 정확한 정보에 근거하여 비용 대비 편익이 더 극대화되어야 함에도 불구하고 불충분한 정보에 근거하여 이라크 전쟁을 강행하게 되었다. 정보업무를 담당하는 CIA와 같은 조직이 제대로 역할을 수행하지 못하였으며, 정치적 타협과 협상이 아닌 특정한 이념으로 똘똘 뭉친 네오콘들이 정치적 압력을 행사하면서 의사결정이 이루어졌다는 점에서 기존의 다원주의 국가의 의사결정 방식과는 다른 모습을 나타내었다. 또한, 전쟁을 결정하는 과정에서 대통령이 적극적으로 공론장에서 여론을 몰아갔으며, 이러한 분위기 속에서 의회도 동의하지 않을 수 없는 환경이 되었으므로 다른 형태의 설명이 필요하다.

3. 탈근대주의 담론프레임 모형

이라크의 테러조직과의 연계나 대량살상무기의 존재에 대한 충분한 정보가 없었음에도 이라크 전쟁에 대한 결정이 가능하게 된 것은 대통령이 정부조직 외부의 이라크 전쟁의 필요성에 대하여 지속적으로 강조하고, 9·11 테러 이후 강한 미국을 주장하는 보수강경론자인 네오콘들의 주장이 사회적으로 지지를 얻을 수 있었기 때문이다. 이들은 1997년 '새로운 미국의 세기를 위한 프로젝트'를 준비하며 유일한 수퍼 파워로서 미국의 안전, 번영, 원칙에 친화적인 국제질서를 유지하기 위하여 강한 군사력에 기반한 미국의 역할 수행을 주장한다. 이러한 주장은 대통령 선거 과정에서 부시 대통령의 외교정책에 영향을 미치게 되고, 대통령으로 당선된 이후에는 외교안보 라인으로 네오콘들이 대거 기용되었다. 그 이후 9·11 테러가 발생하자 이들은 더욱 강경한 외교정책으로 나아가게 되었고, 이라크 전쟁을 개시하기에 앞서 2002년 의회의 양원합동 연설에서 이라크, 이란, 북한을 악의 축(axis of evil)이라고 지목하고 선과 악의 대립이라는 프레임으로 테러조직과 대량살상무기로부터 미국의 안전을 지키는 것이 필요하다고 역설했다 (Frum, 2003). 이라크 전쟁에 대한 비밀계획을 진행하면서 그 이후 부시 대통령은 미국 육군사관학교인 웨스트 포인트(West Point) 졸업식 연설에서 기존의 봉쇄정책만으로는 테러조직과 연계된 대량살상무기를 가진 독재자로부터 미국의 안전을 지킬 수 없다고 연설하면서 이라크에 대한 무력개입을 시사하기도 하였다. 이러한 대통령의 연설에 대하여 공론장에서 전 대통령 안보보좌관인 스카우크로프트(Brendt Scowcroft), 베이커 전 국무장관(James Baker), 전 나토 사령관인 클라크(Wesley Clark), 걸프전 당시 미군사령관인 슈워츠코프(Norman Schwartkopf) 등 외교 및 군사전문가들은 이라크에 대한 신중한 접근을 요구하였다. 그들의 주장은 이라크가 9·11 테러조직과 어떤 연계가 있다는 증거가 부족하고, 군사적 침략은 비용이 많이 든다는 것이다. 이들은 주로 1991년 아버지 부시 대통령 때 걸프전을 수행하면서 이라크에 대한 확전을 자제했던 사람들이었다. 그러나 이러한 주장들에 대하여 백악관과 국방성을 장악하고 있던 네오콘들은 선제적 대응론이라는 프레임을 제시하였다. 딕 체니 부통령은 2002년 8월 참전 퇴역군인들에 대한 연설에서 테러조직과 연계하여 대량살상무기를 보유한 독재자는 미국의 안전에 대한 심각한 위협이기 때문에 선제적 타격이 필요하다고 역설하였다. 그리고 국제사회로부터 지지를 얻기 위한 명분으로 부시 대통령은 2002년 9월 12일 UN 총회에서 연설에서 UN 결의를 위반하고 있는 후세인 정권에 대하여 UN 결의에 대한 신뢰 확보와 세계 평화라는 차원에서 행동이 필요하다는 프레임을 제시하였다. 테러조직과의 연계나 대량살상무기 보유 여부에 대하여 증거가 충분하지 않았으나 대통령과 네오콘들이 제기한 프레임에 대하여 여론이 수긍하는 분위기였다. 9·11 테러 직후 TIME/CNN 여론조사에서 응답자의 78%가 사담 후세인이 9·11 테러와 연계되어 있다고 생각하고 있다는 것이 확인되었다. 이러한 여론에 힘입어 부시 대통령과 그 참모들은 최종적 증거를 기다릴 필요없이 대응이 필요하다는 프레임을 제시하게 되었고, 의회에서도 중간 선거를 앞둔 상황하에서 충분한 심의를 거치지 않고 대통령의 이라크에 대한 무력사용을 승인하게 된 것이다. 9·11 테러 이후 테러조직에 대한 미국 국민들의 적대감과 애국심을 자극하여 증거가 충분하지 않음에도 잠재적 위협 세력에 대한 적극적 행동이 필요하다는 여론이 핵심행정부에서 제시된 프레임에 의하여 득세를 하게 된 것이다.

4. 소 결

미국과 영국으로 구성된 다국적군이 이라크를 점령한 후 이라크 조사단이 대량살상무기의
존재에 대하여 조사한 결과 어떤 적극적 프로그램도 발견하지 못했으며, '이라크에 대한 제재
가 풀리면 다시 대량살상무기 관련 사업을 추진한다.'라는 의도가 있었음만을 확인했다. 이것
은 부시 대통령이 내세운 명백한 위협과는 거리가 있는 것이며, 전쟁을 수행하기 위한 명분이
부족했다고 할 수 있다. 기존의 다원주의 핵심행정부의 의사결정에 의하면 충분한 정보 분석
을 통하여 최대한 국가가 최대한 합리적 선택을 한다고 주장하고 있지만 예상치 못한 대규모
테러로 인하여 미국 국민들이 불안해 하는 상황 하에서 핵심행정부가 공론장에서 적극적으로
여론을 형성하기 위한 프레임을 만들고 이에 따라 자신들의 의지를 관철시킬 수 있음을 보여
주는 사례이다.

출처: Pfiffner(2003) 및 Stillman Ⅱ(2010)의 내용을 토대로 핵심행정부 의사결정 모형에 따라 재구
성한 것임.

8. 결   론

지금까지 여러 국가이론별로 발전이 이루어져 온 핵심행정부 의사결정 모형들을 살펴보
았다 <표 3-1-1>. 국가이론에 따른 모형들을 목차 '2.핵심행정부의 통제 주체'에서 검토한
모형들과 서로 비교해 보면 다음과 같다. 첫째, 핵심행정부를 블랙박스로 보아 단일의 행위
자인 것처럼 간주하는 (합리적 행위자, 정치적 경기순환, 자율국가, 그리고 마르크스주의 정통파)
모형들의 경우, 핵심행정부의 통제주체를 묻는 질문 자체가 의미가 없다. 다만 단일의 행위
자로서의 핵심행정부 의사결정은 그 (명목상) 최고 의사결정자인 행정수반에 의해 이루어지
는 형식이 된다. 둘째, 핵심행정부를 복수의 행위자로 간주하는 (정부정치, 정책기업가, 권력엘
리트, 도구주의, 협업적 문제해결, 담론 프레임) 모형들의 경우, '핵심행정부 통제주체가 누구인
가?'에 대한 논의는 매우 의미 있다. 그러나 그 대답은 살펴본 바와 같이 모형별로 다르게 제
시할 수 있다. 특히, 신다원주의의 '협업적 문제해결 모형'에서는 네트워크 거버넌스에서 책
임성의 문제가 부각될 수 있고, 탈근대주의 '담론 프레임 모형'에서는 정부도 사회적 담론과
정에서 하나의 행위자에 불과하다고 가정하기 때문에 담론과정에서 핵심행정부의 정책이
어떻게 결정되는 지에 대하여 설명이 부족한 한계가 있다. 하지만 사회적 담론과정에서도
기존의 정부기구의 역할은 결코 작은 것이며 아니며 중요한 행위자임에는 분명하다. 셋째,
핵심행정부가 중범위 구조적인 요인들에 의해 이루어지는 것으로 보는 모형들의 경우, 다원

주의의 '조직과정 모형'과 엘리트주의의 '관료조정 모형'은 관료제에 의한 통제에 해당하는 반면, 시장자유주의의 '위원회 연합 모형'은 내각정부 모형에 가깝다. 신다원주의의 '다층적인 거버넌스 모형'의 경우에 핵심행정부의 통제주체가 분명하지 않고, 분절화된 모습으로 나타난다. 넷째, 핵심행정부 의사결정이 거시적 구조에 의해 이루어진다고 보는 엘리트주의의 '상징정치 모형'과 거시적 구조와 중범위 구조에 모두 관련되어 이루어지는 것으로 보는 마르크스주의의 '권위적 국가주의 모형'은 행정수반에 의한 통제에 해당한다. 그러나 탈근대주의에 의한 '문화전쟁 모형'은 핵심행정부의 통제주체가 분명하지 않다.

여러 이론 모형들은 시대와 공간(나라별, 정권별)에 따라 그 적실성면에서 차이가 있을 것이다. 그럼에도 불구하고 개별 모형들은 모두 나름대로의 정치·행정적 함의를 지니고 있다. 각각의 모형들을 적용하여 실제 정책사례를 설명해 봄으로써, 현대 국가의 정책결정에 관한 통찰력을 증진시킬 수 있게 된다.

제 4 절 한국 핵심행정부의 의사결정

앞에서 논의한 모형과 내용을 바탕으로 한국 핵심행정부의 범위, 통제 주체, 의사결정에 대하여 살펴본다.

1. 한국 핵심행정부의 범위

한국은 대통령제를 채택하고 있음에도 불구하고 의원내각제의 요소인 국무총리를 두고 있는 독특한 특성을 지니고 있어 핵심행정부의 범위에서도 이러한 헌법적 특수성을 고려해야 한다. 핵심행정부는 행정수반과 이를 보좌하며 최고 의사결정과 조정기능을 담당하는 기구와 절차 등을 의미하므로 우선 행정수반으로서 대통령과 그 보좌기구, 대통령의 의사결정과 국정조정이 이루어지는 기구나 절차 등이 핵심행정부로 볼 수 있다. 여기에는 반드시 공식적인 기구뿐만 아니라 행정수반의 의사결정에 실질적으로 영향을 미칠 수 있는 민간 전문가 등도 포함되며 네트워크의 형태로 나타날 수 있다. 이러한 기준들을 적용하면 우선 공식적 기구로서 대통령, 대통령 비서실, 국무총리와 국무조정실, 기획재정부, 행정안전부, 인사혁신처, 감사원, 법제처 등의 중앙관리기구, 정보업무를 총괄하는 국가정보원 등의 정부기관, 국가의 중요한 안건에 대하여 의사결정이 이루어지는 국무회의, 차관회의, 국가안전보장회의, 경제정책조정회의 등의 회의체 등을 들 수 있고, 기타 대통령이 개인적으로 자문을 구하는 특보나 전문가 등도 개별적인 사안에 대한 의사결정에 참여함으로써 핵심행정부의 일원이 될 수 있을 것이다 (<그림 3-1-3 참조>). 전통적인 제도주의의 관점에서는 핵심행정부의 범위가 공식적인 정부기구와 절차를 중심으로 정의될 수 있으나 탈근대주의적 입장에서 강조하는 통치성(governmentality)이라는 개념을 적용하면 핵심행정부의 외연이 확대되고, 사안에 따라 가변적이게 된다. 즉, 사회적 공론장에서 프레임의 경쟁에 의하여 대안이 결정되는 경우 정부 내의 행위자만이 정책결정을 하는 것이 아니라 사회 내에 존재하는 다양한 전문가와 지식인들의 영향력과 설득력에 의하여 정책결정이 이루어지게 되는 것이다.

2. 한국 핵심행정부의 통제 주체

핵심행정부의 통제 주체는 핵심행정부 내의 행위자들 중에서 실질적으로 누구의 영향력이 크고 누구에 의하여 의사결정이 좌지우지되는지에 대한 문제이다. 우리나라의 경우 건국 이후부터 남북분단과 경제개발 과정을 거치면서 대통령에게 권한이 집중되는 제왕적 대통령제(imperial presidency)의 특징을 나타내어 왔다. 하지만 민주화 이후 제왕적 대통령제의 폐해에 대하여 다양한 비판이 제기되었으며, 2000년대 이후에는 일부 변화되는 모습도 나타나고 있다. 따라서 우리나라의 핵심행정부의 통제 주체는 역사적 상황, 대통령의 특성, 국가와 시민사회의 관계 등을 종합적으로 고려하는 것이 필요하다.

우선 해방이후 국가형성기[42]에서는 정치경제적으로 좌우 이데올로기의 대립, 북한의 안보위협, 대외원조에 의존하는 취약한 경제구조였고, 의회정치가 성숙되지 못하여 국회가 대통령의 권력을 통제하기 어려웠으며, 일제 식민지배를 통하여 과대 성장된 군대, 내무부와 경찰 등의 억압적 국가조직을 활용하여 반대 세력을 탄압하고 모든 권력이 대통령으로 집중되는 체제가 공고화되었다 (유현종·이윤호, 2010). 초대 이승만 대통령은 청년기에 입헌군주제로의 개혁을 주도하면서 7년간의 옥살이를 한 후, 미국에서 한국인 최초로 정치학 박사학위를 받고, 해외에서 수십 년 간 항일 독립운동을 했던 이력을 바탕으로 강력한 카리스마를 지닌 인물이었다. 자연히 억압기구와 핵심행정부 집중의 제도적 뒷받침에 더해, 그가 상징 정치 또한 발휘할 수 있었던 이유다 (Jung, 2014: ch. 3). 한마디로 이승만 행정부 시기의 핵심행정부 통제 주체는 행정수반인 대통령이었다고 할 수 있다.[43]

---

[42] 대한민국 국가형성(the Korean state building)을 1910년 일제 강점기에 수립된 '대한민국임시정부'에서 시작된 것으로 볼 수 있다. 임시정부가 상징적인 의미가 컸던 반면에, 1948년에 수립된 대한민국 정부는 보다 실질적인 국가형성의 의미가 있다 (성시영·정용덕, 2018).

[43] 당시 국무회의는 정기적으로 주 2회 열렸는데 이승만 대통령은 경무대에서 열리는 국무회의만 참석하였다. 그 내

장기집권과 선거부정에 대한 '4·19 학생의거'에 의해 이승만 행정부가 붕괴되고, 의원내각제로의 개헌(제2공화국)이 이루어졌다. 민주당이 집권한 장면 행정부에서는 핵심행정부의 통제 주체가 내각이었다. 헌법상 국무원은 국무총리와 국무위원으로 구성된 국가의 최고 정책결정기관이었다. 내각의 구성원은 같은 정당에서 동지로서 오랫동안 활동한 사람들로 구성되었고, 장면 국무총리의 리더십이 민주적이었다는 점 등으로 인하여 내각회의는 자유롭고 활발하게 토론이 진행되었다 (박동서, 1968: 215). 하지만 이 체제는 오래가지 못하고 5·16 군사정변에 의하여 박정희 행정부가 들어서게 되었다.

박정희 행정부는 기존의 안보에 더해 수출중심의 경제발전 근대화를 국가정책의 최우선 순위에 삼았다. 안보기구로서 중앙정보부(KCIA), 경제기획 및 조정을 위한 중앙관리기구로 경제기획원(EPB)을 각각 신설했다. 이승만 행정부 시기에 의전 중심의 작은 비서실에 비해 대통령비서실을 크게 확대 개편하였다 (Jung, 2014: ch.3). 민관이 함께 참여하는 수출진흥확대회의나 월간경제동향보고회의 등을 개최하면서 국가와 사회의 모든 정보와 에너지를 대통령 중심으로 결집하였다 (강광하·이영훈·최상오, 2008). 또한 압축 경제성장을 달성하는 과정에서 민주주의를 희생시켰으며, 제왕적 대통령제가 더욱 강화되었다. 박정희 행정부 시기에도 핵심행정부의 통제 주체는 행정수반인 대통령이었다. 이승만 행정부 시기에는 의회가 나름대로 견제 장치로서 역할을 수행했던 것이 비해 박정희 행정부 시기(특히 '유신 헌법' 시기)는 보다 행정부 중심과 핵심행정부 집중이 이루어졌다 (Jung, 2014: ch 3). 이와 같은 국정 체제는 이후의 전두환 행정부 시기(제5공화국)에 그대로 유지되었다. 다만, 국정의 운영 면에서 약간의 변화가 있었다. 박정희 행정부 시기에 중화학공업의 육성을 위하여 대통령과 대통령비서실에 권력이 집중된 것을 반성하여, 전두환 행정부에서는 비서실 조직을 축소하고 내각과 장관들에게 권한을 위임하기도 하였다 (박중훈, 1996: 64-5).

1987년 '6월 시민 민주항쟁'을 통해 대통령 직선제로의 개헌(제6공화국)이 이루어지면서 직접 선거에 의한 정부 구성이 지속되고 있다. 민주화 이후의 대통령들은 과거의 권위주의 청산을 중요한 국정과제로 제시하며 비정상적으로 집권화된 대통령의 권력을 축소시키고자 시도하였다. 하지만 정권 후반기로 갈수록 대통령 비서실의 조직과 권한이 다시 비대해지고 측근들의 비리가 반복되었다. 박정희 및 전두환 행정부에서는 국무회의와 차관회의 외에 경제관계장관회의만 존재하였으나, 민주화 이후에는 통일관계장관회의, 사회관계장관회의, 인적자원개발회의, 과학기술관계장관회의 등 다양한 형태의 관계장관회의와 민관이 함께 참여

용은 주로 국민경제에 관한 사항이었고, 정치, 외교, 군사문제는 주로 이승만 대통령 자신이 독단적으로 결정하는 일이 많았다. 그리고 국무위원을 정책결정의 참여자 보다는 단순한 정책의 집행자로 간주하였는데, 국무회의의 정책결정을 보완하기 위한 다른 형태의 관계 장관회의 조차도 개최되지 않았다 (이광희, 2008: 22; 이한빈, 1969: 393).

하는 위원회가 증가하고 있다. 관계장관회의의 확대는 사회가 발전함에 따라 국가가 해결해야 될 정책문제가 복잡하게 됨에 따라 발생한 것으로 볼 수 있다 (이송호, 2003). 이러한 현상은 대통령으로 모든 정보와 권한이 집중되기 보다는 관료제에 의한 조정을 통해 문제가 해결될 수 있는 가능성을 보여준다.

한국에서 대통령과 국무총리가 권한을 분점하는 분할결정 모형이 나타난 경우도 있다.[44] 소위 'DJP 연합'에 의해 당선된 김대중 대통령은 자민련 출신의 김종필 국무총리와 일종의 연립정부를 구성했다. 국무조정실이 장관급으로 격상되고, 전반적인 국정조정, 규제개혁, 심사평가 등의 업무를 담당하게 했다. 노무현 행정부에서도 소위 '책임총리제' 실시를 제시하면서 이해찬 국무총리에게 통상적인 내치와 국정관리 업무를 수행하도록 얼마간 권한을 부여하는 현상이 나타났다. 그럼에도 불구하고, 한국에서는 심지어 민주주의 이행 이후에도 국무총리는 상징성을 바탕으로 '수석 장관'정도의 위상에 머물고 있다고 볼 수 있다.

그보다 한국에서 좀 더 중요한 연구 문제는 대통령(비서실)과 관료제가 민주화 이후에 정책결정 과정에서 얼마나 상대적으로 실질적인 영향력을 발휘하는가 하는 것이다. 물론 공식적이고 상징적인 측면에서는 여전히 대통령이 주도한다. 그러나 대통령과 대통령을 보좌하는 청와대 비서실이 본질적으로는 관료제가 뒷받침하는 전문적인 정책 지식에 의존하는 정도가 결코 적지 않다.

사 례 📜

분할결정: '책임총리제'

한국은 대통령제 국가이면서도 의원내각제의 요소인 국무총리를 두는 특수한 헌법 체제를 지니고 있다. 1948년 헌법 제정 당시의 초안(유진오안)은 의원내각제였으나 이승만 대통령이 대통령중심제를 강력하게 주장하여 이를 절충하여 대통령이 국회의 동의를 얻어 국무총리를 임명하게 한 것이다. 현행 헌법 제86조를 보면 국무총리는 국회의 동의를 얻어 대통령이 임명하고, 국무총리는 대통령을 보좌하며, 행정에 관하여 대통령의 명을 받아 행정각부를 통할하도록 되어 있다 (헌법 제86조 제1항 및 제2항). 국무총리는 국무위원, 행정각부 장관에 대한 임명제청권(제87조 및 제94조), 행정 각부에 대한 통할권 및 감독권(제86조), 대통령 궐위·사고시 권한대행권(제71조), 대통령의 국법상 문서행위에 대한 부서권(제82조), 국무회의 부의장으로서의 자격(제88조 및 제89조), 국회출석 및 발언권(제62조), 총리령 발령권(제95조) 등 많은 권한을 행사할 수 있다. 그러나 대통령이 임명하고 대통령의 명을 받아 행정부를 통할하기 때문에 대통령이 힘을 실어주지 않으면 이러한 권한들이 형식적인 절차로 전락하고 만다. 과거에 대부분의 총리가 대통령의 눈치를 보며 '의전총리'나 행사 때 대통령 대신 연설문을

---

[44] 내각 책임제 헌법(제2공화국)하에서 윤보선 대통령은 상징적인 위치에 있었을 뿐, 국정운영은 장면 총리가 수행했다.

읽는 '대독총리'에 머물렀다. 심지어는 대통령이 정치적 책임을 질 사안이 발생하는 경우 총알받이 역할을 하면서 총리가 대신 사임하기도 하였다.

총리가 상대적으로 권한을 많이 행사한 경우로는 노무현 행정부 시절의 이해찬 국무총리를 들 수 있다. 노무현 대통령은 분권형 대통령제를 언급하며 대통령은 장기적인 국가과제와 혁신과제를 맡고 통상적인 국정운영은 총리를 중심으로 해나가겠다고 하였다. 이에 따라 총리실의 조직과 정원이 대폭 확대되었고, 총리가 장관의 임명에 개입하기도 하며, 용산 미군기지 이전, 행정수도 건설, 방사능폐기물 처리장 건설 등 굵직한 현안들을 총리실 주도로 처리하였다. 즉, 대통령 스스로가 자신의 권한 행사를 자제하고 총리에게 힘을 실어 주는 경우에는 분할결정에 의한 핵심행정부 의사결정이 이루어질 수 있는 것이다. 책임총리제는 대통령에 모든 권한이 집중됨으로써 발생하는 제왕적 대통령제의 폐해를 극복하는 대안으로 제시되는데 제19대 대통령선거에서도 총리에게 장관 임명제청권을 실질적으로 보장하고 대통령은 외교와 국방, 주요 국가 현안을 담당하고 통상적인 내치는 총리에게 맡기는 분권형 대통령제가 주요 정당의 대선공약으로 제시되기도 하였다. 그러나 이러한 책임총리제가 프랑스식의 이원집정부제와는 구별된다. 프랑스의 총리는 국회의 다수당을 차지한 정당에서 선출한 사람이 맡으며 총리에게 헌법상 내치의 권한을 분명하게 부여하고 있다. 대통령과 총리가 서로 다른 정당일 경우에는 동거정부가 형성되는데 대통령의 권한행사는 그 만큼 위축될 수 있다. 대통령이 총리와 충돌하는 경우에 의회를 해산함으로써 국민의 심판을 받는 법적 장치도 갖추어져 있다. 만약, 한국에도 총리의 헌법상 내치 권한을 부여하는 이원집정부제를 도입하고자 하면 헌법 개정이 필요하다.

3. 한국 핵심행정부의 의사결정

앞에서 제시한 국가이론별 의사결정 모형들은 어느 나라의 핵심행정부 의사결정이던 모두 적용하여 설명을 시도하는 것이 가능하다. 각 이론 모형들이 최소한 부분적으로라도 분석 대상 국가의 핵심행정부 의사결정을 설명하는 데 도움을 줄 수 있기 때문이다.[45] 다만, 이론 모형 중에는 적용 국가에 따라 설명력이 달라지는 경우도 있다. 각 나라의 핵심행정부 의사결정도 역사적으로 배태된(embedded) 제도적 특성을 지니고 있기 때문이다. 이와 같은 이유에서 한국의 핵심행정부 의사결정을 가장 잘 설명해줄 수 있는 이론모형에 대해 논의해 볼 필요가 있다.

한국에서 국가건설기와 산업화기의 핵심행정부 의사결정은 엘리트주의 핵심행정부 이론 중에서도 특히 '자율국가 모형'이 보다 적실성(relevance)이 있을 것이다. 제왕적 대통령제 현

---

[45] 대표적 예로 앨리슨은 다원주의 국가이론의 핵심행정부 의사결정 모형인 자신의 세 모형을 미국과 더불어 소련의 핵심행정부에도 적용하여 설명하고 있다 (Allison, 1972).

상은 일제 강점기를 통하여 과대 성장된 국가기구를 활용하여 대통령의 일인 지배체제가 강화되었기 때문에 나타나는 현상이기 때문이다 (최장집, 2002). '자율국가모형'에서 국가(the state)는 강력한 자율성을 특징으로 하며 국가 사회운동, 정당, 특권적인 사회집단으로부터 격리되어 하나의 독자적인 정책결정 주체인 것처럼 행동한다. 국가건설기의 이승만 행정부에서는 민주정부 수립, 반공주의, 전후복구와 같은 과제를 수행하였으며 사회질서를 유지하는 것이 행정의 주된 기능이었다 (박동서, 2001). 이를 위해 일제 강점기의 관료제와 경찰력을 동원하였으며 강한 국가자율성을 이용하여 토지개혁, 군대육성과 같은 과제를 수행할 수 있었다. 핵심행정부의 통제주체로서 대통령에게 권한이 집중되었고, 강력한 억압기구로서 관료제를 활용하였기 때문에 권위주의적인 성격을 나타내었고, '자율국가 모형'이 변질되어 자신의 권력유지를 위하여 국가권력을 활용하는 부작용 나타나게 되었다.

박정희 행정부에서도 강한 국가자율성을 활용하여 경제발전이라는 국가적 목표를 달성하고자 하였다. 박정희 행정부에서는 행정부 우위의 정책결정체계의 핵심역할을 담당하는 부총리급의 경제기획원을 설립하고, 국민경제의 관점에서 중립적이고 합리적으로 경제발전계획을 수립하도록 하고, 다른 행정 부처들을 통제하게 하였다. 관료적 사고에만 몰입하지 않고 민간의 다양한 의견들을 수렴, 부처 간의 정책갈등 조정, 경제발전의 목표를 점검할 수 있는 월간경제동향보고회의(경제기획원 주관)와 수출진흥확대회의(상공부 주관) 등을 활용하였으며 이러한 회의에 대통령이 반드시 참석하였다 (강광하·이영훈·최상호, 2008: 247-57). 또한, 대통령 비서실을 기능별로 제도화하여 대통령의 정책보좌 기능을 강화하였고, 각 부처별로 유능한 공무원들을 청와대로 파견하여 대통령과 개별 부처 간의 업무협조가 이루어지도록 하였다. 이를 통하여 국가는 사회로부터 강한 자율성을 가지면서 국가가 제시한 경제발전이라는 목표를 일사분란하게 의사결정하고 집행할 수 있는 체제가 형성된 것이다.

이처럼 자율국가라는 큰 틀 속에서 당시의 핵심행정부는 여타의 엘리트주의 의사결정 모형들을 활용하여 설명할 수 있는 특성을 지니는 것이었다. 핵심행정부가 군부와 대기업과 더불어 소위 '지배동맹(ruling coalition)'을 형성하여 국가정책을 주도한 측면은 권력엘리트 모형의 설명력을 입증하는 것이다. 앞에서 언급한 경제기획원을 비롯하여 심지어 대통령 비서실조차 관료들이 파견되어 정책을 수립하고 조정한 대목은 관료조정 모형의 적실성을 입증한다. 그리고 당시의 국가 정책은 대부분 밀실에서 비밀리에 결정되고 정치적으로 적절한 시기를 고려하여 갑자기 발표함으로써 극적인 효과를 내고자 한 것 등은 상징정치 모형에 의해 적절하게 설명될 수 있을 것이다.[46]

민주화 이후의 의사결정은 엘리트주의 이론만으로 설명하기에 한계가 있다. 민주적인 선

---

[46] 1972년 8월 3일 0시를 기해 발표된 '8·3 긴급경제조치'가 전형적인 예가 될 것이다 (정용덕, 1983).

거가 주기적으로 실시됨에 따라 핵심행정부가 더 이상 사회와 격리되어 자율적으로 국가목표를 설정 및 제시하는 것이 어려워졌다. 문민정부를 표방했던 김영삼 행정부에서 경제기획원을 해체하고 재정경제원을 설립함으로써 과거 행정부 주도의 정책결정은 쇠퇴하게 되었다. 또한, 민주화와 함께 서구의 다원주의적 정치가 영향을 미치게 되고, 신자유주의적 행정개혁을 통하여 시장자유주의도 정부의 운영에 영향을 미치게 되었다. 따라서 민주화 이후의 핵심행정부는 과거의 엘리트 국가주의의 제도적 지속성이 존재하는 전제하에 다원주의, 시장자유주의적인 요소들이 혼합적으로 영향을 미치게 되는 형태를 띠게 된다. 최근에는 지식정보기술의 발달과 지구화의 영향에 따라 사회적 공론장에서 다양한 전문적인 지식과 의견들이 개진되고 있고, 인터넷과 SNS를 통하여 소통이 활발하게 이루어지고 있다. 이러한 상황 변화는 기존 국가자율성에 기반한 핵심행정부의 일방적인 정책결정은 한계에 부딪히게 된다.

건국 이후 60년이란 짧은 기간에 국가형성, 산업고도화 그리고 민주주의의 이행과 공고화가 진행되면서 그에 연계된 사회적 문제와 갈등을 절충하고 해소하기 위하여 시간적 여유가 부족했고, 사회문제를 해결하기 위한 의사결정구조도 마련되지 못했다 (정용덕, 2011: 3). 전근대와 근대 그리고 탈근대주의의 사조가 거의 동시에 복합적으로 유입되면서 사회적 문제와 갈등을 해결하기 위한 한국 핵심행정부의 의사결정도 보다 복합적으로 이해할 필요가 있다.

민주주의로 이행과 공고화가 진행됨에 따라 핵심행정부 내외부적으로 다원주의적 의사결정이 보다 강화되고 있다. 민주화 이후 과거 권위주의 체제의 청산을 위하여 대통령 중심의 독단적인 의사결정이 아닌 다양한 행위자의 참여에 의한 의사결정이 이루어지고 있다. 대표적으로 경제 분야 이외의 통일, 안보, 사회, 과학기술 분야에서 관계장관회의가 활성화되고, 대통령 직속의 민관이 참여하는 위원회 조직이 창설되며, 여야 간 당정협의가 제도화되는 것이 대표적 예이다. 또한, 핵심행정부 내에서도 정부조직 개편을 두고 정부정치 현상이 발생하고 있다. 대표적으로 전자정부 정책을 둘러싼 과거 행정자치부, 정보통신부 간의 대립을 들 수 있다. 이외에도 통상교섭기능을 외교 전담 부처에 둘 것인지 아니면 산업을 전담하는 부처에 둘 것인지를 놓고 (박근혜 정부 초기) 외교부와 산업통상자원부 간의 갈등이 있었다.

민주화의 진행과 함께 시장자유주의에 의한 핵심행정부 의사결정도 나타나고 있다. 시장자유주의의'정치적 경기순환 모형'과 유사하게 집권정부와 여당은 자신들의 재선을 위하여 선거에서 승리할 수 있는 공약을 전략적으로 제시하고, 그 공약을 이행을 위하여 노력한다. 즉, 선거과정에서 대통령이 공약한 내용들이 중요한 국책사업으로 우선순위가 부여되고 행정부 내의 업무에서 예산이 우선적으로 배정되며 중점적으로 관리되고 있다.**47**

---

47 행정수도 이전 사업이 대표적 예로 선거과정에서 유권자에게 약속되고 언론에서 관심이 집중되어 사회적 이슈가

행정수도 이전 선거공약과 관련하여 핵심행정부의 민감한 반응 사례를 보면 행정수도의 이전사업이 그 발생과 변경, 원안 고수에 이르기까지 모두 유권자의 요구와 여론에 향방에 따라 사업의 범위와 추진 여부가 달라졌음을 확인할 수 있다. 이 문제에 민감한 이유는 대통령이 선거에 제시한 공약은 여론의 관심 대상이 되고 그러한 사업의 변화에 따라 정권의 국정지지도가 변화하고 향후 선거에서 유권자의 선택에 영향을 미칠 수 있기 때문이다. 또한, 1997년 외환위기를 극복하는 과정에서 시장주의적 거버넌스의 방식으로서 보상과 유인체계의 도입, 조직 간의 거래 등이 나타나고 있다. 예를 들어, 경주 방사성 폐기물입지선정과정에서는 산업자원부가 해당 지역에 개별보상과 함께 예산지원을 약속하는 유인책을 제시하였고, 행정부 내에서 조직관리 담당부처와 예산관리 담당 부처 간에 예산과 조직을 상호 거래하는 방식에 의하여 갈등이 해소되는 경우도 있다 (조석준·임도빈, 2010).

최근에는 전지구적으로 정보통신기술의 발달과 함께 사회의 개방화하고 진행되고, 소통이 활성화됨에 따라 사회적 공론장에서 프레임의 경쟁과 숙의(deliberation)와 담론(discourse)에 의하여 사회적 문제가 해결되는 탈근대주의적 현상도 나타나고 있다. 이는 기존의 공식적인 정부기구 이외에 사회 도처에 존재하는 지식과 권력의 네트워크에서 담론을 통하여 문제를 해결하는 통치성(governmentality)의 개념을 적용하는 것이다. 우리나라에는 2000년대 이후 이러한 현상이 나타나고 있다. 대표적으로 방사성 핵폐기물 선정과 관련된 정부, 지역주민, 환경단체간의 대립, 한미 FTA 추진과 관련하여 경제성장론자와 자주권자들 간의 대립, 미국산 소고기 수입과 관련된 광우병 논란과 촛불시위, 4대강 사업추진과 관련한 개발론자와 보호론자 간의 대립 등을 들 수 있다.

참여정부에서 시도된 한미 FTA에 관한 논쟁은 경제적 효율성, 생산성, 국가경쟁력 등 경제적 가치를 중시하는 발전담론과 민족이나 지역사회에 대한 존중과 사회문화적 가치를 중시하는 자주담론 간의 경쟁이었다. 전자는 정부부처를 중심으로 기업계, 보수적인 시민단체 등이 찬성하는 입장이었고, 후자는 한미 FTA 저지 범국민운동본부를 중심으로 민주노동당, 민주노총과 한국노총, 참여연대 등의 진보적 시민단체 등이 주된 행위자였다. FTA의 필요성과 성과, 협상절차 등에서 사회적 공론장에서 서로 논쟁을 벌였으나 이러한 차이점들을 정부 정책과정으로 끌어들이는 절차는 부족했다고 평가된다 (하연섭 외, 2006). 보수와 진보 세

된 사항이기 때문에 관련 사업의 추진과 관련하여 대통령 및 참모들이 중앙의 통제탑(control tower)으로서 방대한 행정기구들을 지휘하게 된다. 신행정수도 건설 사업은 2002년 노무현 민주당 대통령 후보가 선거공약으로 제시한 후 당선되었고, 2004년 '신행정수도특별조치법'공포를 근거로 청와대를 포함한 대부분의 행정기관을 세종시로 이전하고자 하였다. 이때, 법률에 대해 헌법재판소에 위헌법률심판 제청이 이루어졌고 관습헌법을 근거로 위헌 판결을 받아 국무총리를 포함한 경제 및 사회부처 위주로 이전기관 범위가 축소되었다. 이명박 대통령의 경우 대통령 선거에서는 행정중심도시 자체를 찬성하다가 당선 이후 과학교육 중심의 자족도시로 축소·변경하고자 하였으나 충남 대전 지역 지방선거 참패로 행정중심도시 사업 원안 추진을 약속하였다.

력들 간의 사회적 담론을 제대로 해결하지 못하고 정부의 일방적인 주도로 정책을 집행하는 과정에서 발생한 것이 바로 미국산 소고기 수입과 관련된 촛불시위이다.**48** 자발적으로 거리에 나선 시위참가자들에게 정부는 초기 인지 및 대응 시점이 매우 늦었을 뿐만 아니라 전통적인 관리방식에 집착하여 주로 조율되지 않은 '회피'나 '통제'전략을 사용함으로써 결국 파국으로 치닫게 되었다 (임도빈·허준영, 2010).

또한, 4대강 사업 추진에서도 성장과 환경보호라는 프레임이 충돌되었는데, 정부는 생태적 근대화라는 절충적 시각에 기초한 '녹색성장'이라는 메타 프레임을 제시하여 가치 간의 갈등을 해결하고자 하였다. 그러나 4대강 정비사업이라는 대안을 둘러싸고, 찬성(4대강 살리기)과 반대(4대강 죽이기) 프레임 사이의 충돌에 갇히게 됨으로써 다시 정책 선택의 딜레마 상황에 빠지게 되었다 (하민철·윤견수, 2010). 4대강 살리기와 죽이기라는 극단적 대립을 넘어서는 대안을 모색할 수 있는 사회적 담론과 정부 정책과정으로 수용이라는 절차는 마련되지 못한 것이다.

한국 핵심정부 의사결정에 있어 성장위주의 개발독재 시기에는 엘리트주의의 '자율국가 모형'으로 많은 부분 설명이 가능하다. 하지만 민주화 이후에는 다원주의, 시장자유주의, 탈근대주의적 국가이론 모형까지 설명 가능성을 높이고 있다. 이처럼 한국 핵심행정부 의사결정을 설명하는데 있어 큰 틀에서 한국의 역사적으로 배태된(embedded) 제도적 특성을 고려하되 시기별, 정권별, 정책별 핵심행정부의 의사결정을 부분적으로 설명하는데 있어 각 국가이론별 모형들이 큰 의의를 가짐을 알 수 있다.

4. 결   론

한국의 핵심행정부 의사결정은 과거에는 대통령을 중심으로 핵심행정부가 통제되며, 엘리트 국가이론에 의한 설명이 보다 적실성을 가졌다. 그러나 민주화와 신자유주의적인 개혁이 동시에 진행되고 정보통신기술의 발달과 사회의 네트워크화로 탈근대주의적 현상이 함께 나타남에 따라 핵심행정부의 통제주체에서도 변화가 나타나고 있으며 다원주의, 시장자유주의, 탈근대주의 등 다양한 관점에 의한 설명이 필요하게 되었다. 그러나 국가형성기와 산업화 과정을 통하여 강한 국가성을 나타내는 제도적 지속성 때문에서 한국 핵심행정부의 의사결정은 엘리트 국가이론에 의한 설명이 타당할 가능성이 여전히 남아 있으며, 이를 보

---

48 참여정부로부터 한미 FTA 협상을 넘겨받은 이명박 행정부에서는 FTA의 조속한 타결을 위하여 한미정상회담에서 미국산 소고기의 연령 및 부위 제한 등 수입조건을 완화하는데 합의하였고, 이에 대하여 미국산 소고기의 광우병 우려 때문에 국민건강권을 침해할 수 있다는 여론이 형성되기 시작하였다. MBC TV의 PD 수첩에서 인간광우병 보도가 나가자 시민들이 소고기 협상에 대하여 반발하고 촛불시위로 이어지게 된 것이다.

완하는 수단으로서 다원주의, 시장자유주의, 마르크스주의, 탈근대주의적인 설명 방식을 복합적으로 활용하는 것이 바람직할 것이다. 핵심행정부의 의사결정 방식으로 엘리트 행정부에서는 합법성에 기초한 지시적 방식이 사용될 수 있으나 이외에도 시장, 설득, 참여에 의한 대안적 거버넌스가 활용될 수 있다 (정용덕, 2011). '시장에 의한 거버넌스'에서는 보상과 유인체계의 설계 등 거래적 리더십이 강조되며, '설득에 의한 거버넌스'에서는 프레임을 통한 소통과 설득을 강조하는 것으로 탈근대주의적 사고를 반영하는 것이고, '참여에 의한 거버넌스'는 다양한 행위자의 참여와 네트워크 속에서 협력과 합의를 이끌어 내는 것으로서 신다원주의적 사고를 반영하는 것이다. 문제는 다양한 대안적 거버넌스들이 증가함에 따라 기존의 국가와 핵심행정부는 어떤 역할을 할 것인지 여부이다. 이에 대하여 대안적인 거버넌스 체계가 증가함에 따라 국가의 역할과 범위가 축소되고 있다는 사회중심적 시각과 반대로 이 대안들을 적절하게 활용함으로써 국가의 정책능력이 오히려 증대되고 있다는 국가중심적관계적(state-centric relational) 시각 간의 논쟁이 있다 (Bell and Hindmoor, 2009). 결국 한국의 핵심행정부에서도 공공갈등과 사회적 문제를 해결하기 위한 정책결정을 위하여 경성 권력(hard power)과 연성 권력(soft power)을 적절하게 조합하고, 상황에 대한 인식을 지혜롭게 할 수 있는 능력을 개발하여 상황에 맞는 핵심행정부 의사결정 방식을 적절하게 활용할 필요가 있다. 예를 들어 행정부 내의 관료조직 간의 갈등인 경우에는 엘리트주의에 의한 지시적 해결이 적합하고, 사회적 특수이익 세력 간의 대립에 있어서는 다원주의와 시장자유주의에 의한 접근을 채택하며, 사회적 운동차원에서 이념의 대립, 환경이나 안전, 인권보호와 같이 시민들이 관심을 두고 사회적 논란이 벌어질 수 있는 사안에 대해서는 탈근대주의에 의한 담론프레임 모형에 의한 접근방식이 보다 타당할 것이다.

사 례 📑

한국 핵심행정부 의사결정: 'IMF 외환위기'의 정책결정

1. 사례의 개요

1990년대 한국은 '세계화 정책'을 내세우며 OECD에 가입하고 외환시장을 자유화하였다. 투기성 자금과 과잉투자로 인한 도덕적 해이에 대한 제도적 규율이 부족한 상태에서 기업들의 해외투자가 활성화되었지만 과도한 단기 외환 차입에 의존하게 되어 1997년 초에 한보, 삼미, 진로와 같은 대기업이 도산하였고 해외신인도도 하락하고 있었다. 이러한 위기상황에서 정부는 대마불사의 논리에 싸여 정부지원에만 의존하는 대기업에 대한 구조적 개혁 대신에 외환시장 개입, 금융기관 해외차입의 자유화, 외국인 주식투자 확대 등으로 일시적인 방어에 주력하였다. 그 이후 1997년 7~8월 태국, 인도네시아 등지에서 외환위기가 발생하고 한국 정부에서는 한국 경제의 기초가 튼튼하기 때문에 낙관하고 있었다. 그러나 기아자동차의 부도 사태가 발생하고 처리가 지연되었으며 외국계 신용평가 기관인 무디스(Moody's)와 스탠다드 앤 푸어스(Standard & Poors) 등이 우리나라의 신용등급을 하향조정하여 위기가 악화되었다. 1997년 10월에는 홍콩 등의 동남아 증시가 폭락하여 외국 자본들이 급격하게 자금을 회수하게 되고, 그 여파로 국내은행이나 기업들도 외환 차입금에 대한 만기상환 연장이나 연장이 불가능해졌다. 결국 11월 3일부터는 유럽계 은행을 중심으로 한국 금융기관과 기업에 대한 상환연장 비율이 급격히 감소하였고 정부가 외환보유고를 이용하여 방어하고자 하였으나 보유한 외환이 모두 소진되어 국가부도의 위기에 직면하게 된 것이다 (염돈재, 2002). 그러나, 당시 김영삼 대통령은 11월 10일 홍재형 부총리와의 통화 이전까지 외환위기의 심각성조차 모르고 있었다. 정부 내부에서는 초기에 IMF 구제금융 신청에 회의적이었으나 11월 14일 입장을 바꾸어 국제통화기금(IMF)에 구제금융을 신청하기로 결정하고, 11월 21일 IMF에 구제금융을 공식요청하여 우리나라는 IMF 관리체제에 들어가게 되었다. 1997년 초에 위기 징후가 나타났음에도 불구하고 근본적인 대응책을 마련하지 못하고 국가부도의 위기에 이르게 된 과정에서 한국 핵심행정부의 의사결정에 어떤 문제점이 있었는가? 국가부도에 이를 때까지 외환상황의 심각성을 파악하지 못하고 대응조치를 취하지 못한 이유를 국가이론적 측면에서 고찰해본다.

2. 핵심행정부 의사결정의 분석

1) 산업화 시대의 핵심행정부의 의사결정

1960~80년대 고도 산업화 시대의 핵심행정부 의사결정은 자율국가 모형으로 설명될 수 있다. 이 모형에서는 국가가 사회로부터 강한 자율성을 지니고, 독자적인 목표를 제시하며 합리적인 관료제에 의하여 중앙집권적으로 정책을 집행한다. 산업화 시대의 경제정책에 관한 핵심행정부의 특징은 행정부 우위의 정책결정 체계와 행정부 내의 정책수립과 조정을 총괄하는 기구로서 경제기획원의 역할을 들 수 있다. 경제기획원은 기관적 자율성을 지니고, 독립적인 입장에서 국가발전의 목표를 제시하며, 소관부처의 참여에 의하여 세부추진계획을 마련하였다 (강광하 외, 2008). 경제기획원은 부총리급으로 다른 부처에 비하여 위상이 높았고, 월간경제동향보고회의와 같이 대통령이 참석하는 회의를 주관하였으며, 경제개발계획을 수립하고 예산을 배정하는 수단을 지니고 있었다. 외환을 통한 국내외 자금은 재무부를 통하여 통제되었고, 상공부에서는 수출진흥확대회의를 통하여 대통령과 기업, 민간전문가와 관료들이 참여하는 회의를 통하여 수출진흥의 목표에 대한 성과를 점검하고 경제의 일반적 상황에 대하여 정보공유가 이루어졌다. 이러한 체제 하에서는 경제규모가 성장하더라도 대외개방은 신중하게 이루어질 것이며 국내외의 모든 경제상황이 대통령을 정점으로 한 핵심행정부에 모두 보고되고 이러한 정보 하에서 정책결정이 이루어질 가능성이 크다. 기업의 단기차입과 같은 외환거래도 정부가 개입할 것이고, 외환보유액의 변화와 같은 정보도 대통령이 주관하는 회의체에서 보고되고 논의될 수 있었을 것이다. 그러나 개별적인 시장 행위자들의 자율성이 제약받고, 소수의 국가엘리트에 의하여 정책이 결정되어 권위주의적인 요소도 나타나고 있다. 또한 경제성장이외에 시민들의 참여와 복지확대 등 민주적 가치는 외면될 수 있다.

2) 민주화와 신자유주의적 개방 이후의 핵심행정부 의사결정

외환위기의 배경이 되는 1990년대는 민주화와 신자유주의적 시장개방이라는 두 가지 시대적 사조에 의하여 핵심행정부 의사결정이 영향을 받게 되었다. 우선 민주화를 통하여 과거 개발독재 시대의 국가기구들이 권위주의적 잔재로서 개혁의 대상이 되었다. 김영삼 행정부에서는 1994년 행정개혁에서 경제기획원을 해체하고, 재무부와 통합하여 공룡부처인 재정경제원을 설립하였다. 그러면서 시장자유화에 역행하는 과거의 유물로서 경제기획 기능과 대통령이 참여하는 월간경제동향보고회의를 폐지하고 순수한 예산배분 기능에만 충실하도록 했다. 경제성장을 위한 발전국가의 논리 대신에 민주화 이후 국민직선에 의하여 선출된 대통령은 공약의 이행과 국민의 지지도를 얻는데 더 집착하게 된다. 물론 대통령의 임기는 5년 단임제이지만 자신이 소속한 집권 여당이 승리하기 위해서는 재임 중의 치적을 남기는 것이 필요했다. 이는 핵심행정부의 경제정책이 정치적 목적을 위한 의도적 행동으로 이루어질 수 있음을 나타내는 것이며 시장논리가 아닌 정치적 경기 순환 모형이 제시하는 것과 같이 정치적 의도에 따라 정부가 개입할 수 있음을 의미하는 것이다. 예를 들어 김영삼 대통령은 OECD 가입을 실리적 측면에서 인식하는 것이 아니라 선진국에 진입한다는 것으로 인식했고, 기아사태 문제의 해결을 위해서도 재임 중 기업부도를 막으라는 지시를 내렸으며, 재임 중 1인당 국민 소득 1만불을 유지하라는 지시를 하여 외환당국이 인위적이고 경직적인 환율정책을 유지하는 계기가 되었다 (김홍회, 2000). 경제문제에 대하여 관료들에게 위임을 하면서도 자신의 정치적 치적을 위하여 관료들에게 개별적으로 내리는 지시들이 오히려 시장의 자율성을 해치게 되고 문제를 왜곡하는 원인이 되었다. 정치적 경기순환 모형에 의하면 정부가 선거나 정치적 의도로 거시적 경제지표를 조작하더라도 민간이 이에 합리적으로 반응한다면 그러한 정부의 개입이 아무런 효과를 발휘하지 못하게 될 것이므로 시장원리에 따라 작동될 수 있도록 정부의 정치적 의도에 의한 개입은 가급적 줄이는 것이 바람직한 것이다.

민주화와 시장자유주의에 의한 환경변화로 인하여 과거의 개발독재 시대의 자율국가 모형과는 달리 다양한 행위자의 참여와 갈등도 나타나게 되었다. 기관적 자율성, 대통령의 지원, 예산자원을 모두 지닌 경제기획원이 해체 됨에 따라 경제정책의 영역에서도 조직간의 이해관계를 조정할 수 있는 기제가 사라졌다. OECD 가입과 경제자유화를 추진하기 위한 금융개혁 법안에 대해서도 재정경제원과 한국은행이 대립하여 법안의 국회 통과가 늦추어지고 있었고 그러는 사이에 외환위기가 발생했다. 한편, 행정개혁을 통하여 거시적인 조직개편은 이루어졌지만 기존의 자율국가 모형에 의한 정부부처 내에서의 표준운영절차(Standard Operation Procedure)와 조직루틴(organizational routine)은 그대로 유지되었다. 발전국가 시대의 제왕적 대통령제의 권한이 그대로 유지되어 대통령에게 모든 의사결정의 중심이 집중되었으며, 보고체계도 재정경제원 장관으로 일원화되었고 외부전문가에 의한 가외적인 참모기능도 빈약하였다. 조직과정 모형에 의할 때 재무부의 권위주의적인 보고체계 하에서는 실제적인 정보전달이 왜곡될 수 있었다. 외환금융 정책은 상대적으로 전문성이 강하고, 조직에 대한 자긍심이 강하기 때문에 대통령의 지시를 제외한 외부의 정보에 대해서는 무시할 수 있다. 예를 들어 1997년 10월 10일 대통령에게 보고한 금융시장 안정대책에서 IMF, 일본 등과 외자조달 협의라는 건의사항을 부총리가 삭제하거나 한국금융연구원의 국가부도 가능성에 대하여 언급한

보고서에 대해서도 재경원에서 회수를 지시하였다고 한다 (조선일보사, 1999). 민주화와 시장
자유주의를 통한 환경변화는 핵심행정부의 의사결정 방식에서도 보다 다원주의적이고, 시장
원리에 입각한 정책결정의 변화가 이루어져야 했지만 과거 발전국가 시대의 엘리트 국가의
핵심행정부의 정책결정에서 자율성에 기반한 정책수립과 조정, 정보의 공유와 같은 장점은
없애 버리고, 권위주의적 보고와 통제와 같은 단점만이 남게 된 것이다. 이와 함께 핵심행정
부의 구성원들의 정부정치의 행태도 나타난다. 강경식 부총리는 과거 발전국가 시절 경제기
획원 장관을 역임한 경력이 있으며, 구국의 심정으로 경제부총리를 다시 맡게 되었다고 말하
며 경제정책을 담당하는 조직의 수장으로서 자긍심이 강하였다 (김흥회, 2000). 한국 경제의
상황에 대한 과신으로 인하여 실제 경제상황이 심각함에도 불구하고 재정경제원의 조직 위상
을 떨어뜨리는 IMF 구제금융의 조기 요청을 주저하였다. 또한 과거 경제부총리를 역임한 외
부인사로 홍재형 의원도 11월 10일 대통령에게 전화로 국가부도 상태에 와 있으며 긴급자금
차입이 필요하다는 것을 알렸으며 그제야 김 대통령이 사태의 심각성을 깨닫게 되었다고 한
다. 11월 12일에는 대통령비서실의 윤진식 비서관이 외환상황에 대한 대통령에게 보고를 강
경식 부총리에게 주장하였으나 이를 제지당하자 보고체계를 무시하고 대통령에게 IMF 구제금
융이 유일한 대안이라고 직보하기도 하였다 (조선일보사, 1999).

3) 핵심행정부 정책결정 실패와 집단사고

자유화되는 국제경제 환경 속에서 핵심행정부의 합리적 판단을 위하여 정보유통을 다양화
하고 선택할 수 있는 대안을 모두 검토하여 합리적인 의사결정이 이루어져야 하지만 과거의
발전국가 시대의 효율적인 정책결정 및 조정기제는 폐지하면서 대안적인 의사결정 기제를 마
련하지 못하고 정치적 의도에 의하여 제시된 목표에 대하여 집착하고 잘 할 수 있다는 기관의
자긍심에 몰입하여 집단사고(group think)의 오류에 빠진 것으로 볼 수 있다 (김흥회, 2000).
집단사고(Group think)는 조화와 통일성을 바라는 집단에서 부정확하고 잘못된 의사결정을
내리는 심리적 현상을 말한다. 집단의 구성원들이 다른 대안에 대한 비판적 검토나 외부적인
영향 없이 자기들만의 노력으로 갈등을 최소화하고 합의에 이르고자 하기 때문에 하기 때문
에 결국에는 합리적인 의사결정에 이르지 못하게 되는 것이다 (I. Janis, 1982).

3. 소 결

IMF 외환위기의 발생과 관련하여 핵심행정부의 상황판단의 지연과 의사결정의 실패는 발
전국가 시대의 엘리트 위주의 폐쇄적인 의사결정에서 민주화와 시장화를 통하여 체제전환을
모색하는 과정에서 핵심행정부의 구성원들이 환경의 변화에 대하여 제대로 대응을 하지 못하
였기 때문에 발생한 결과라 할 수 있다. 이는 과거의 개발독재 시대의 핵심행정부 의사결정으
로부터 민주화와 자유화라는 시대적 변화를 거치면서 새로운 의사결정 유형을 제대로 창출해
내지 못함으로써 핵심행정부가 경제적 상황을 제대로 인식조차 하지 못하고 비합리적인 정책
결정에 이른 것으로 볼 수 있다. 바람직한 대안으로 엘리트 국가이론의 기관적 자율성에 입각
한 정책목표의 제시와 조정, 정보공유의 장점은 살리면서 다원주의 국가이론에서 다양한 행
위자의 참여와 토론, 정보의 유통, 그리고 시장자유주의에서의 시장원리에 입각한 효율성의
추구 등을 절충하여 경제정책에 대한 핵심행정부의 의사결정 방식을 모색하는 것이 필요하다.

제2장 행정기구론

제 1 절 서 론

1. 행정기구의 의의

1) 개념 정의

행정기구(administrative apparatus)란 국가가 권력을 행사하여 행정기능을 수행하는 데 필요한 여러 형태의 제도와 조직들의 집합을 의미한다. 따라서 행정기구는 국가기구(state apparatus)의 하위 개념이지만, 현대 국가가 점차 행정국가로 변화됨에 따라 국가기구와 행정기구간의 차이도 점차 줄어드는 경향이 나타났다. 또한, 국가행정이 점차 관료제 방식에 의해 운영됨에 따라, 행정기구는 관료기구(bureaucratic apparatus)와 사실상 대동소이해지게 되었다.[1] 그런데 분석적으로는 이론적 접근법에 따라 행정기구의 개념이 여러 가지로 다양하게 정의되고 해석된다. 예로서, 기능론, 행위론, 제도론 등의 접근방법 또는 국가-시민사회 간 관계에 관한 다양한 이론적 시각에 따라 그 의미가 다양하게 정의되고 해석된다.

---

[1] 행정기구는 정부기계 또는 기제(government machine or mechanism), 행정조직(administrative organization), 그리고 실무적으로는 행정기관(administrative agency) 등으로 표현되기도 한다. 특별히 한정하지 않는 한, 여기서는 이 용어들을 상호 구분 없이 사용하기로 한다. 행정기구에 관한 보다 자세한 이론을 위해서는 정용덕(2002)을 참조 바람.

2) 행정기구 연구의 의의

행정기구에 대한 연구는 다음과 같은 이론적 및 정책적 의의를 지닌다. 첫째, 행정기구의 논의를 통해 국가와 행정의 구조적 특성을 중범위 수준(meso-level)에서 해부하게 되는 이론적 의의가 있다. 즉 거시 수준의 국가 혹은 행정의 개념과 이론을 보다 구체화하고 정밀화할 수 있게 된다. 물론 그동안 조직이론 분야에서 중범위 혹은 미시 수준의 분석이 많이 이루어지기는 하였다. 그러나 조직이론에서는 조직현상의 일반이론을 추구함으로써, 국가 행정조직의 특수성을 파악하는 데 일정한 한계를 노정해 왔다. 국가행정기구의 연구를 통해 일반 조직이론을 넘어 공공조직에 보다 국가의 행정조직을 분석하는 데 도움이 되는 적실한 이론을 개발할 필요가 있다.

둘째, 행정기구에 대한 연구를 통해 실제 행정개혁을 추진하는 데 있어서 합리적인 정책대안을 모색하는 데 기여할 수 있다. 행정기구들은 국가의 목적과 정책을 실현하기 위한 수단으로서 형성되는 것이다. 그러나 그것이 일단 제도적으로 형성되면 그 자체가 지닌 구조적 속성에 따라 작동하는 경향이 있다. 본래 국가정책을 위한 수단으로 형성된 행정기구가 국가정책에 유의미한 영향을 미치는 것이 보통이다. 따라서 국가정책을 합목적적으로 수행하기 위해서는 무엇보다도 먼저 행정기구를 개혁하는 일이 필수적이다. 이처럼 중요한 행정기구의 합리적이고 효과적인 개혁을 위해서는 이론에 토대를 둔 경험적 연구의 뒷받침이 필요하다.

2. 연구의 접근방법과 범위

1) 이론적 시각

행정기구의 연구를 위하여 다음과 같은 여러 이론적 접근법이 원용될 수 있다. 첫째, 국가의 성격에 따라 그 하위체계인 행정기구를 분석할 수 있다. 현대 국가 성격에 관한 대표적 이론들인 다원주의, 개인주의, 엘리트주의, 마르크스주의에서 주장하는 행정기구에 대한 이론적 시각들을 적용하는 것이다. 그렇게 함으로써, 행정기구의 조직화를 국가와 시민사회간 관계의 맥락에서 좀 더 거시적이고 총체적으로 이해할 수 있다. 행정기구들이 생성, 성장, 쇠퇴, 해체되는 생명주기의 각 단계별 변화가 국가중심적 요인에 의한 것인가 아니면 사회중심적 요인에 의한 것인가를 분석하는 것이 한 예가 될 것이다 (Hooks, 1990).

둘째, 행정기구의 조직화를 구조와 행위 가운데 어느 한 가지에 초점을 두어 설명할 수 있다. 먼저, 구조주의의 한 유형인 기능론적 접근방법에 의하면, 행정기구란 국가가 어떤 기능적 논리에 따른 특정의 목적(예: 사회통합 혹은 자본축적 등)을 달성하기 위해 형성한 일련의 제도 및 조직들의 집합인 것으로 이해하여, 이 기능적 필요성에 따라 진화 혹은 도출되는 것으로 본다. 또 다른 구조주의에 해당하는 제도론적 접근방법에 의하면, 행정기구란 국가 제도의 일부분으로서, 특유의 '제도적 유산(institutional inheritance)'에 의한 지속성 혹은 관성을 지니고 있으며, 이 때문에 그 자체가 하나의 독립변수로서 작용하는 것으로 보게 된다 (Christensen, 1997). 한편, 행위론적 접근법에서는 행정기구의 변화를 관련 행위자들의 의도적 혹은 합리적 선택의 결과로 간주하여 설명하게 된다. 합리적 선택 및 기타 개인의 의도적 행위에 초점을 두는 대부분의 미시적 조직이론들이 여기에 해당한다.

참고   행정기구에 대한 국가중심 대 사회중심 설명: 미국 농무부의 사례

미국에서 뉴딜(New Deal) 시기에 농무부(Department of Agriculture)의 정책 및 조직 변화를 설명하기 위하여 다음과 같은 국가중심 대 사회중심 접근법이 적용될 수 있다.

접근법 개념적 논제	사회중심 모형		국가중심 모형	
	이론적 시각	미국 농무부 행정기구 및 정책 변화	이론적 시각	미국 농무부 행정기구 및 정책 변화
국가관	국가는 갈등의 무대	농업정책(기구)은 사회 및 국가기관 내부의 이익집단들간 경쟁에 의해 형성	국가는 잠재적으로 자율적임	농업정책(기구)에 관한 논란에서 국가는 스스로의 자원 및 관점에 따라 참여
정책의제의 원천	정책의제는 이익집단에 의해 형성	농업정책(기구)에 관한 논란은 (사회부문의) 농업조직들에 의해 제기되어, 관련 의원들 및 관료들을 통해 국가 내부로 투입	정책의제는 국가 관료제에 의해 형성	농무부(특히 농업정책국) 공직자들은(사회부문의) 농업조직들과는 별개의 정책의제 촉구
국가관료 권력의 원천	국가관료들은 권력을 사회(특히 이익집단)로부터 확보	입법 및 행정부 공직자들의 권력은 궁극적으로 사회부문의 연합된 이익집단으로부터 유래	국가관료들은 국가 공직의 점유자로서 권력을 행사	농무부 공직자들은 국가기관의 입장에서 농업정책(기구)에 관련된 논란 및 선택에 영향력 행사
정치관	정치는 자원의	농업정책(기구)은 사회집단(특히 '미국농업부	정치는 제도와 절차에 관한 규	정책유산 및 국가제도의 논리가 정책선택

	배분을 둘러싼 투쟁임	문총연맹' 및 산하 단체들)에게 공적 자원을 배분	칙을 둘러싼 투쟁을 내포	및 정책대안의 범위를 형성
국가 변화의 동태성	국가 변화는 사회의 세력균형 변동에 의해 형성	'미국농업부문총연맹'이 자신의 이익을 위한 농업정책(기구)을 형성할 능력 점증	국가 변화는 일차적으로 내부적 권력균형에 의해 형성됨	농업분야에 대한 (뉴딜)정책의 영향력 증감은 국가제도 자체의 변화로부터 유래

자료: Hooks, 1990: 31.

2) 주요 논제

이러한 맥락에서 행정기구와 관련된 다음과 같은 연구주제들을 분석할 수 있다.

첫째, 행정기구를 분류하는 문제이다. 어떤 일관된 특성에 따라 행정기구들을 유형화하기 위해서는 행정기구에 관한 이론적 배경에 의거할 필요가 있다. 예를 들면, 기능론적 다원주의에 해당하는 구조기능 모형에서는 행정기구를 하나의 정치체제가 수행하는 기능의 유형에 따라 분류한다 (Almond & Powell, 1996). 반면에 행위론적 다원주의에 해당하는 이익집단자유주의 모형에서는 행정기구들을 이익집단들의 다양한 이합집산을 가져오는 정책유형에 따라 분류하게 된다 (Lowi & Ginsberg, 1998).

둘째, 행정기구의 규모를 측정하는 문제이다. 행정기구의 규모는 그 자원, 즉 행정기구를 구성하는 하부조직의 수, 인력, 예산, 법규 등의 규모를 통해 측정할 수 있다. 이 점에서 계량관청학(bureaumetrics)이 많은 시사를 준다 (Hood & Dunsire, 1981). 여기서 행정기구의 범위에는 가장 협의로 행정부에 속한 행정조직만을 대상으로 하거나, 그 밖에 입법부 및 사법부의 기구들도 포함한 광의의 정부조직으로 하거나, 혹은 가장 광의의 개념으로 준(비)정부조직들(quasi-(non)autonomous government organizations)까지 포함하여 국가 전체의 조직들을 대상으로 할 수도 있다 (Dunleavy, 1989b; 1989c).

셋째, 행정기구의 분석을 통해 여러 가지 이론적 명제들을 검증할 수 있다. 행정기구를 국가기능 수행 혹은 국가권력의 행사가 이루어지는 기제(mechanism)를 의미하는 것으로 정의할 때, 자연히 국가의 기능 혹은 권력과 관련된 명제들이 제기된다. 이와 같은 명제들은 국가와 사회를 보는 다양한 이론적 시각에 따라 다양하게 접근할 수 있다. 예로서, 다원주의 국가론의 경우, 분화와 통합이라는 기능적 필요성 혹은 집단정치과정에 관련된 행정기구의 변화에 관한 명제들이 제기될 수 있다. 개인주의 국가론의 경우, 개인들의 합리적 선택으로서의 행정기구 형성이라는 명제들이 제기될 수 있다. 엘리트주의 국가론의 경우, 국가자율성 혹은 국가능력에 관한 행정기구의 조직론적 토대가 주요 사안이 될 것이다. 그리고 마르크스주의 국가론의 경우, 자본주의 국가기능의 수행과 행정기구 혹은 계급투쟁의 결과로서의 행정기구의 재조직화(reorganization) 등이 주요 사안이 될 것이다.

넷째, 정치 이데올로기에 따른 차이의 문제다. 자유민주주의 국가의 경우와 사회주의 국가의 경우를 구분하여 접근할 필요성이다. 한국, 미국, 일본, 유럽공동체 국가들의 경우가 전자에 해당하는 반면, 북한과 중국은 후자에 해당한다. 이 책에서는 전자와 후자를 구분하여 각각의 국가기구에 관한 이론모형들을 살펴 볼 예정이다.

이 장에서는 행정국가에 관란 이론과 실례를 자유민주주의 국가(제2~6절)와 사회주의 국가(제7절)의 경우로 각각 나누어 서술한다.

제 2 절   자유민주주의 국가의 행정기구: 다원주의 시각

1. 서   론

다원주의 관점에서는 현대 국가의 절차적 민주주의 측면을 강조한다 (Alford & Friedland, 1985). 국가정책과 제도적 구조들이 시민들의 합의를 바탕으로 투입정치 과정에 의해 형성된다는 것에 초점을 맞춘다. 여기서는 다원주의 사회 및 국가의 특성과 다원주의 시각하의 행정기구를 설명한다.

1) 사회 및 국가의 특성

다원주의 이론가들은 사회가 합의, 안정, 통합 및 기능적 관계를 바탕으로 하며 근본적으로 질서를 지향하는 속성을 지닌 것으로 본다. 사회의 모든 구성부분들은 각각 '특수한 기능'을 가짐으로써 전체 사회가 잘 작동될 수 있도록 기능한다. 사회의 각 하위체계들은 인체의 각 기관처럼 서로 조화를 이루어야 한다. 만일 조화가 이루어지지 않을 경우, 그 부분을 재통합하거나 또는 그와 관련이 있는 다른 부분들을 재배열함으로써 사회 전체의 질서와 안정을 유지한다. 이와 같은 구성부분들의 분화와 통합에 의해 점진적인 사회발전이 이루어진다.

또한 사회의 안정은 그 사회에 존재하는 여러 가치들에 대한 실질적인 사회적 합의의 형성과정에 의존하기도 한다. 사회의 구성원들은 공통의 기본적인 가치를 공유하고 있으며, 그들간의 상호작용 및 정치참여를 통해 그들이 속한 공동체의 운영방법에 대해 합의를 형성해 나간다. 따라서 그 사회에 내재하는 가치체계는 구성원들이 상호작용을 통해 내리는 규범적인 판단의 결과이자 그들이 행동양식의 범위를 결정하는 요인이기도 하다. 사회가치와 행위유형에 대한 전반적인 동의는 새로운 성원에 대한 사회화(socialization)와 모든 구성원들에 대한 사회통제라는 두 과정을 통해 세대에 걸쳐 유지된다 (Parsons, 1951: 227). 이와 같은 이유로 인하여 사회적 갈등이나 그로 인한 급진적 변동의 가능성은 존재하지 않는다.

　이러한 속성을 지니는 사회의 일부분으로서 국가는 다음과 같은 특성을 지닌다. 국가의 권력은 집합적 목적 달성을 위해 시민들이 정부에 위임한 것이다. 또한 국가권력은 시민 개개인과 집단이 정부와 공유할 뿐, 정부나 특정의 사회집단에 의해 지배적으로 소유·행사되지 않는다. 다원주의 국가는 사회에 존재하는 다양한 부문의 이익 사이에서 '정직한 중개자'의 형태로 존재한다. 이러한 관점에서 국가는 가능한 경쟁 집단 간 타협을 조정하고, 장기적 관점의 사회발전을 유도하며, 다양한 이해관계를 중재하는 것으로 간주된다.

　따라서 다원주의에서 정부란, 집단들 간에 존재하는 갈등을 중립적으로 중재하는 역할을 하거나 별다른 논쟁 없이 합의된 정책을 모든 사람들을 위해 수행하는 단순한 도구에 불과하다. 공공정책은 사회에 존재하는 하위체계 가운데 하나로서, 기능적 필요성과 모든 구성원들의 이익을 위해 정부가 통합과 안정을 회복하려고 대응한 결과이다.

　한편, 정부 또한 그 구성요소들이 분화되어 감에 따라 그 자체가 하나의 이익집단으로 활동할 가능성이 있다. 사회부문이 다원화되면서 다양한 형태의 집단정치과정이 나타나듯이, 정부부문도 다원화됨에 따라 여러 가지 형태의 이익집단으로 활동하게 되는 것이다.

2) 다원주의의 시각의 행정기구

　다원주의에서는 이처럼 다원화된 사회와 국가의 특성에 따라 행정기구를 형성·변화·소멸의 과정을 거친다고 가정한다. 좀 더 구체적으로 살펴보면, 행정기구는 구조기능론(structural functionalism)과 집단정치론(group politics theory)의 관점에 의해 이해될 수 있다.

　첫째, 기능주의에 의하면, 현대 사회가 점차 복잡해지고 분화되면서, 국가와 사회의 구성단위들의 역할과 제도도 점진적으로 전문화되어 왔다. 국가와 사회의 '분화(differentiation)'는 자유민주주의라는 국가체제 및 산업화라는 사회체제 형태의 근대화를 가져왔다. 국가와 사회는 지속적이고 안정적인 구조의 단위들로 이루어져 있다. 이 구조적 단위들은 각각 나름대로의 '기능'을 지니고 있는 개별 하위체계(subsystem)인 동시에 전체적으로는 잘 통합되어 있기 때문에 사회 전체의 유지와 진화에 공헌한다. 이 때문에 분화된 근대화된 사회에서는 사회의 질서와 안정, 통합이 이루어진다.

이때 행정기구는 전체 사회의 하나의 하위체계인 국가에 필요한 다양한 하위체계들의 집합으로서, 각 부분별로 부여된 기능을 수행한다. 국가의 기능이 분화되면 될수록 그것을 구성하는 하위체계로서의 행정기구들도 분화가 이루어진다. 기능론적 다원주의 관점에서 행정기구 분석에 준거가 될 수 있는 모형에는 구조기능 모형과 '체계분석 모형(Systems Analysis)'이 있다. 이들을 종합하여 각국의 정치체계를 비교 분석하기 위해 개발된 것이 '비교정치체계 모형(Comparative Political System Model)'이다 (Almond & Powell, 1996). 기능론은 행정기구를 사회로부터의 기능적 필요에 대응하여 형성되고 변화하는 것으로 간주한다는 점에서 중립적 국가의 이미지에 부합된다. 여기서는 이 비교정치체계 분석모형을 중심으로 행정기구에 대한 다원주의의 관점을 논의한다.

둘째, 행위론적 다원주의 관점에 의하면, 행정기구는 그것의 상위체계인 국가가 그러하듯이 국가 및 사회를 구성하는 개인 및 집단들 간의 상호작용과 합의 과정에 의해 그 역할과 구조가 결정된다. 이와 같은 집단정치 과정은 어느 특정 집단에 집중된 권력보다는 다양한 개인과 집단에게 고루 분산된 영향력에 의해 이루어진다. 여기에는 사회부문의 집단정치 과정뿐만 아니라 국가부문의 집단정치 과정도 포함된다. 전자의 경우, '이익집단자유주의(Interest Group Liberalism)' 모형에 의해, 후자의 경우는 '관료정치(Bureaucratic Politics)' 모형에 의해 대표된다 (Lowi & Ginsberg, 1998; Allison, 1971). 또한 전자는 수동적 국가의 이미지에, 그리고 후자는 당파적 국가의 이미지에 각각 부합된다. 여기서는 이 두 가지 모형을 '집단정치 모형'으로 통합하여 논의하기로 한다.

2. 이론적 배경: 다원주의 모형과 정책

1) 비교정치체계 모형

(1) 구조기능론

구조기능론에 따르면 모든 유사한 구조가 반드시 유사한 기능을 수행하는 것은 아니다. 각각의 사회구조는 복수의 기능을 수행하며, 하나의 기능은 하나 이상의 구조에 의해 수행된다. 구조기능론적 접근은 비교와 처방의 토대로서 정부의 행정구조를 묘사하는 데 초점을 둔다. 이를 공공행정에 적용할 경우, 다양한 국가의 지방정부와 공무원의 공식적 구조를 묘사함으로써 국가 간 구조의 비교가 가능하다 (Eneanya, 2011: 55).

구조기능론자들에 의하면, 하나의 전체로서의 사회체계는 그 체계의 생존, 진화, 변화에 필수적인 기능적 요건들을 가지고 있다. 즉 '적응(Adaptation),' '목표달성(Goal Attainment),' '통합(Integration),' '잠재적 유형유지(Latent Pattern Maintenance)'의 네 가지가 그것이다. 이 네 가지 요건들로 구성된 이른바 'AGIL 모형'을 도식화하면 <그림 4-2-1>과 같다 (강신택, 1995; Mitchell, 1967; Harmon & Mayer, 1986: 7장).

첫째, 적응기능은 환경에 대한 체계의 순응 및 제어의 문제를 의미한다. 체계는 적응과정을 통해 환경으로부터 필요한 자원을 확보하고, 하위체계 단위에 그것을 분배한다. 하위체계로는 경제가 해당된다. 둘째, 목표달성기능은 체계의 목표를 규정하여 그 목표를 달성하고 만족을 얻을 수 있도록 자원이나 노력을 동원하고 관리하는 데 작용하는 행위들이다. 목표를 추구·유지하는 체계 내의 활동으로서, 하위체계에는 정체(polity)가 해당된다. 셋째, 통합기능은 체계 내의 모든 하위체계들 간의 결속 혹은 구성원 간의 통합을 의미한다. 통제가 확립되고 규범으로부터의 이탈을 저지하며 내적 안정성이 유지되도록 체제의 부분 요소들을 조정하는 것으로서, 하위체계에는 법제도, 교육제도, 복지제도 등이 해당된다. 넷째, 잠재적 유형유지기능은 질서나 규범에 의거해서 어떻게 체제 내의 행위의 연속성을 확보할 것인가의 문제이다. 체계가 균형에 도달하거나 또는 존속하려면 그 사회의 주요한 제 가치와 제 규범이 유지(즉 유형유지)되어야 하기 때문에 사회적인 가치체계를 보전하고 제도화하는 것이며, 하위체계에는 종교단체나 가족 등이 해당된다.

이와 같은 네 가지 기능의 수행은 작은 생물체로부터 거대한 사회조직에 이르기까지 모든 자연적·사회적 유기체의 존립에 필요하다 (Harmon & Mayer, 1986: 7장). 그리고 적응과 목표달성 기능은 체계의 능률성과 관련되는 반면, 통합과 잠재적 유형유지 기능은 안정성에 영향을 미친다.

정체(polity) 혹은 정치체계는 전체 사회체계를 구성하는 하나의 하위체계이다 (Parsons,

그림 3-2-1 정치체계의 하위기능 및 하위체계

A (적응)   G (목표달성)

관리기능 (관료제)	행정기능 (정치행정부)
입법 및 사법 기능 (의회, 법원)	정당정치기능 (정당)

L (유형유지)   I (통합)

출처: 강신택(1995).

1960: 395; 이용필, 1978: 85). 정체는 목표달성 기능을 수행하는 동시에, 그 자체의 기능적 문제들에 직면하게 된다. 정체가 하나의 체계로서 존속하기 위해서 그 구성부분이 해결해야 될 기능들이 존재하는 것이다. 정체 자체의 기능적 문제 및 그를 위한 하위체계들은 행정, 집행적 리더십, 정당 및 정치적 기능, 입법 및 사법적 기능으로 구분할 수 있다 (그림 4-2-1)(강신택, 1995: 13장; Mitchell, 1967: 126).

첫째, 정체의 적응을 위하여 여러 가지 형태의 '관리적(administrative)' 하위기능들이 필요하다. 이 기능은 주로 관료제에 의해 수행된다. 둘째, 정체의 목표달성을 위해 '행정적 리더십(executive leadership)' 하위기능들이 필요하다. 이것은 목표들을 정의하고, 정책을 집행하는 사람들에게 방향을 제시하며, 전체로서의 정체의 방향을 설정한다. 예를 들면, 대통령이 의회를 상대로 어떤 입법을 요구한 경우, 방향 등을 제시하는 것이 여기에 속한다. 이 기능은 행정수반을 비롯하여 정치행정부에 의해 이루어진다. 셋째, 정체의 통합을 위해 '정당정치' 하위기능들이 필요하다. 주로 정당이 그 역할을 수행한다. 넷째, 정체의 유형유지를 위해 '입법 및 사법' 하위기능들이 필요하다. 의회와 법원이 그 역할을 수행한다 (강신택, 1995). 이렇게 볼 때, 국가의 공식적 구조를 구성하고 있는 여러 형태의 전통적 기관들은 정체가 필요로 하는 여러 가지 하위기능들을 수행하기 위해 존재하는 것으로 볼 수 있다. 이 경우 정체 혹은 정치체계는 중립적 국가의 이미지를 나타낸다.

(2) 체계분석 모형

다원주의 이론은 체제 내 통합된 전체의 부분으로 기능할 수 있는 다양한 이해관계(interests)를 모을 수 있기 때문에, 다양한 행위자의 지지를 얻으며 적실성을 가진다 (Ile, 2007: 70).

체계분석 모형은 하나의 사회체계를 생물체에 비유하여 변화하면서도 안정성을 유지하기 위하여 체제 간 혹은 환경과의 상호 작용이 이루어지는 과정을 분석하는 모형이다. 여기서 체계란 '상호관계를 가진 일련의 요소들'을 의미한다 (강신택, 1995). 또한 그것을 구성하는 요소들 간의 상호관계와 더 큰 환경과의 관계라는 관점에서만 올바르게 이해될 수 있는 것으로 간주된다 (Bertalanffy, 1968; Harmon & Mayer, 1986). 체계분석을 위해 다음과 같은 몇 가지 개념을 정리할 필요가 있다.

첫째, 하나의 체계는 그것의 생존과 진화를 위해 자원이나 에너지를 필요로 하여, 이를 환경으로부터 유입하는데, 이 유입과정을 '투입(input)'이라 한다. 둘째, 투입에 의해 환경으로부터 획득한 자원이나 에너지를 체계 내부에서 처리하거나 변형시키는 과정을 '전환(throughputs)'이라 한다. 셋째, 이와 같은 전환과정을 거쳐 '산출(output)'이 이루어지고, 그 '결과(outcomes)'가 발생한다. 마지막으로, 이것은 또 '환류(feedback)' 과정을 거쳐 차후의 투입과정에 영향을 미친다 (Easton, 1965; 1990).

체제분석의 투입, 전환, 산출, 환류 기능은 불가피하게 전 정부에 영향을 미치는 하위체제(정부 일부)의 활동을 추진하게 한다 (Ile, 2007: 62). 행정체제(administrative system)는 행정단위(부처, 국, 기관, 위원회, 청, 실 등)와 상호작용하는 행정과정의 조합이다. 투입과 환류는 전환과정의 활동에 영향을 준다. 산출은 행정업무의 결과물을 반영한다 (Eneanya, 2011: 45-46).

이와 같은 체계분석 모형에 의해 분석가들은 하나의 체계와 다른 체계들 간의 유기적인 관계에 관심을 가질 수 있다. 즉, 정치체계와 그 환경간의 긴밀한 관계에 초점을 맞추게 되는 것이다. 그러나 체계분석 모형은 투입, 전환, 산출, 환류 외에 다른 과정에 의해 정책결정이 이루어질 수 있음을 인식하는 데에는 도움이 되지 못한다. 예를 들어, 체계로의 투입과정이 반드시 외부로부터의 지지나 요구에 의해 이루어지는 것이 아니라, 때로는 무의사결정(non-decision making)과 같이 체제 자체의 선택에 의한 투입, 즉 '내부투입(withinput)'에 의해서도 좌우될 수 있음을 간과하는 것이다. 또한 전환과정을 지적하면서 실제로는 그 과정에 대한 분석을 소홀히 하는 것도 문제이다 (Ham & Hill, 1993: 1장).

더욱이 체계적 접근은 문제의 본질과 그 원인에 대한 합의, 체제 작동원리에 대한 합의, 공공정책 추진방식에 대한 합의 등이 없다는 점이다. 대부분의 상황에서 정책결정자와 정치인은 비합의 정책에 대해 자신의 선호와 직위에 따라 정책을 수립하며, 쟁점 중의 하나를 채택하거나 옹호한다. 따라서 비합의 정책 속성상 이는 바람직한 생산적인 방식이라 할 수 없다 (Chapman, 2010: 237).

(3) 비교정치체계분석 모형과 정책

이상에서 다룬 구조기능론과 체계분석 모형을 종합하여 구성한 것이 비교정치체계 모형이다 (Almond & Powell, 1996; Chilcote, 1981). 이 모형에 의하면, 한 정치체계는 '체계기능(system function),' '과정기능(process function),' '정책기능(policy function)'이라는 세 가지 기능을 수행한다.

이와 같은 정치체계의 세 가지 기능에는 각각 다음과 같은 하위기능들이 있다 (Almond & Powell, 1996; 최명·김용호, 1994). 첫째, 체계기능에는 '정치적 사회화(political socialization),' '정치적 충원(political recruitment),' '정치적 의사소통(political communication)' 등의 하위기능들이 있다. 둘째, 투입에서 산출에 이르는 과정기능에는 '이익표명(interest articulation),' '이익결집(interest aggregation),' '정책결정(policy making),' '정책집행(policy implementation),' '정책판결(policy adjudication)'이라는 다섯 가지 하위기능들이 있다. 셋째, 정책기능에는 '추출

(extraction),' '배분(distribution),' '규제(regulation),' '상징(symbol)'이라는 네 가지 하위기능들이 있다 (<그림 3-2-2>).

이같이 기능론적 다원주의에서의 행정기구 분석 모형을 통해 다음과 같은 이론적 명제들을 검증할 수 있을 것이다. 첫째, 정치체계는 그것의 생존과 발전을 위해 필요한 하위기능에 따라 구조적으로 분화와 통합이 이루어져 있다. 어떤 정치체계이든지 공통의 하위기능들이 있지만 그 기능들을 수행하는 행정기구와 제도들은 다양하게 구조화되어 있다. 따라서 국가별로 그 특성을 비교해 볼 수 있을 것이다. 둘째, 특정 정치체계의 하위기능에 따른 구조적 분화와 통합은 시대에 따라 변화한다. 한 나라의 정치체계가 시대의 흐름에 적응하는 데 필요한 하위기능의 변화에 따라 그에 상응하는 구조적 변화가 발생한다. 그러므로 국가별로 시대적 환경변화와 그에 따른 행정기구 및 제도의 구조적 변화를 비교해 볼 수 있다 (안해균, 1986).

그림 3-2-2 비교정치체계분석 모형

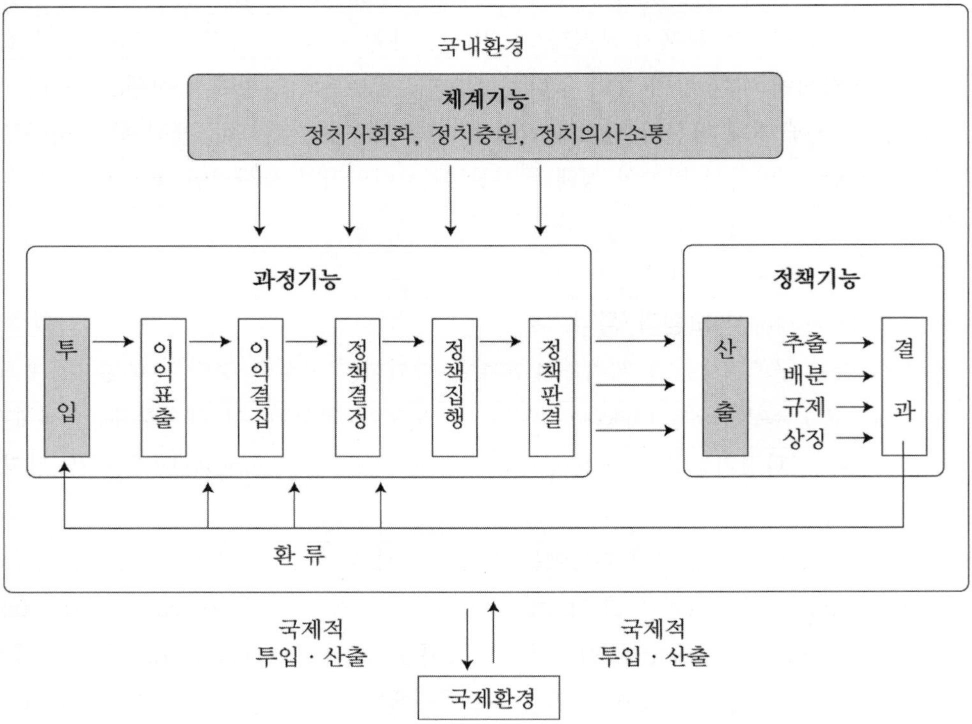

출처: Almond & Powell, 1996: 29.

2) 집단정치과정 모형

다원주의 국가이론은 또한 국가와 사회의 구성원들에 의한 의도적 행동을 중시하는 행위론적 접근방법을 검토할 필요가 있다. 집단정치 모형(Group Politics Model)이 대표적인 예이다. 행위론적 관점에서 보면, 구조기능론이나 체계이론에서 제시하는 정치체계의 구조와 기능은 모두 그 구성원들이 의사결정 과정의 참여와 상호작용을 통해 선택한 결과의 산물이다 (Seidman, 1998; Mitchell, 1958: 411-5).

이처럼 집단정치 모형은 사회부문의 이익집단 정치과정에 초점을 두고 발전한 개념이었다. 그러나 국가부문의 구성원들도 전체 사회를 구성하는 여러 이익집단들 가운데 하나라고 바라보는 시각이 점차 확산되었다 (Dahl, 1961). 그 결과 공공정책이 관료들의 정치에 의해 영향을 받을 수 있음을 강조한 관료정치 모형이 발전하게 되었다 (Allison, 1971). 전자가 사회중심적 접근 혹은 수동적 국가 이미지에 해당하는 다원주의 이론이라면, 후자는 국가중심적 접근 혹은 당파적 국가 이미지에 해당하는 다원주의 이론인 셈이다.

(1) 이익집단자유주의 모형

다원주의 사회의 구성원들은 다양한 형태의 이익집단을 형성하여 공공정책결정 과정에 참여한다. 이익집단은 행정, 의회, 언론매체 영역에 적극적으로 참여하고 상호관계를 유지한다. 또한 집단이 가지고 있는 자원에 따라 영향력의 크기가 다양하며, 접근하는 분야가 서로 교차할 수 있다.

그런데 사회구성원들이 이익집단을 형성하여 정책결정 과정에 참여하는 양식은 정책의 내용적 특성에 의해 좌우된다 (Lowi, 1964: 1972). 첫째, 어떤 정책이 사회 구성원들에게 재화와 용역을 배분하는 것인가, 혹은 그들의 행동을 변화시키는 것인가에 따라 정책과정이 다르게 이루어진다. 둘째, 정책으로부터 기대되는 편익과 비용이 영합적(zero-sum)인 것인가, 아니면 비영합적(non-zero-sum)인 것인가에 따라서도 다르게 이루어진다. 셋째, 정책이 직접적인 조치로 나타나는 것인가, 아니면 조정적인 조치로 나타나는 것인가에 의해서도 다르게 나타난다. 넷째, 정책이 개인적 영향을 미치는 경우인가 사회 전반적인 영향을 미치는 경우인가에 따라서도 사회구성원들에게 다양한 형태의 집단정치를 가져오도록 만든다.

이와 같은 정책의 내용적 특성에 따라 정책과정은 '분배정책(distributive policy),' '규제정책(regulatory policy),' '재분배정책(redistributive policy),' '구성정책(constitutional policy)'이라는 특이한 네 가지 유형으로 구분된다 (Lowi, 1964; 1972; 1979; Stillman, 1987).

첫째, 분배정책은 사회구성원들에게 재화와 용역을 배분하는 경우이다. 이 경우 편익의 배분이 비용의 배분과는 분리되어 이루어지기 때문에, 이익을 표명한 대부분의 사람들은 작으나마 혜택을 받으며, 따라서 당사자들 간에 비영합적인 경합이 이루어진다. 또한 개인이나 기업 등에게 개별적으로 영향을 미치며, 조정적인 조치가 취해지는 경우가 많다.

둘째, 재분배정책도 사회행위자들에게 재화와 용역을 배분하는 경우이다. 그러나 이 경우는 편익의 수혜자와 그 비용의 부담자가 분명하여 당사자간에 영합적 경합이 이루어진다. 또한 사회 전반적으로 영향을 미치는 직접적인 조치가 취해지는 경우가 많다.

셋째, 규제정책은 사회구성원들의 행동을 변화시킨다는 점에서 위의 두 가지 정책유형과 구별된다. 그러나 재분배정책의 경우와 마찬가지로 구성원들 간에 편익의 수혜자와 비용의 부담자가 분명하여 영합적 경합이 나타난다. 또한 이 정책유형은 직접적이고 개인적인 영향을 미치는 경우가 많다.

넷째, 구성정책은 조정적이고 사회 전체에 영향을 미치는 유형이다. 이 유형에는 선거구의 조정, 정부의 새로운 기구나 조직의 설립, 공직자 보수와 군인 퇴직연금에 관한 정책 등이 해당된다 (Lowi, 1972; 정정길, 1999: 72-3). 또한 정치체계에 투입을 조직화하고, 체계의 구조와 운영에 관련된 정책에 해당되며, 정당정치 수준에서 중요한 결정이 이루어진다 (Lowi, 1972; 정정길, 1999: 73).

이와 같은 정책유형에 따라 이익집단들의 형성과 정책과정에서의 행동양식이 다를 뿐만 아니라 각 유형별 정책을 담당하는 행정기구들의 운영도 상이하게 나타난다. 물론 현실적으로 모든 정부기구들이 이 네 가지 정책유형에 따라 정확하게 구분되는 것은 아니다. 많은 기관들이 동시에 다양한 종류의 정책을 수행하기 때문이다 (Stillman, 1987). 그러나 대부분의 행정기구들을 그들의 주 업무에 따라 이 네 가지 정책유형으로 분류될 수 있을 것이다 (Lowi & Ginsberg, 1998).

(2) 관료정치 모형

사회부문의 이익집단들과 마찬가지로 국가부문의 관료집단들도 다양한 이해관계와 경쟁 속에서 자신들의 이익을 추구하는 여러 이익집단 가운데 하나이다. 관료들과 그 조직은 정책결정과 집행과정에서 자신들이 소유한 권력의 자원을 이용하여 전략적으로 자신들의 선호가 반영되도록 영향을 미치려고 한다. 이들은 의회, 정치행정부, 이익집단 등 다른 정치적 행위자들과의 상호작용을 거치면서 전략을 구상·연합하고, 조정과 타협을 통해 자기 조직의 입장을 정당화하고 지지를 얻기 위한 노력을 한다.

관료정치는, 특히 관료들의 이해가 첨예하게 대립되는 행정기구를 개편할 때 결정적으로 나타나는 경향이 있다 (Seidman, 1998; Kester, 1988). 조직개편 과정에서 관료들은 자신들이 소속되어 있는 기관의 권력과 기능을 확장하려고 노력한다. 가령, 박근혜 행정부의 조직개편 과정에서 통상기능을 잃지 않으려는 외교통상부의 주장이 그 예이다. 공익에 대한 자기 나름의 관점을 피력하면서 소관 조직의 목적을 정당화하고 그에 따라 조직의 생존과 확장을 추구한다.

이런 과정을 통해 관료제는 확대되고, 강력한 이익집단이 된다. 공무원은 단순히 수동적인 법집행자가 아니라 법을 만들고 집행할 수 있다. 관료는 자신의 과업이 매우 중요하여 매년 더 많은 예산과 인력이 필요하다고 요구한다. 공무원이 자기 기관이나 국이 폐지되어야 한다고 제안한 경우는 없다. 입법의 상당수는 전문적인 기관에서 발의되며, 입법 위원회에 앞서 많은 자료와 증거(witnesses)가 행정부처와 기관에서 나온다. 가령 일본의 경우 재무와 무역 부처와 관련된 강력한 권한을 가진 관료가 통상적으로 의회에 법안을 제시한다. 이익집단은 사회와 경제뿐만 아니라 정부로부터도 발생한다. 정부와 이익집단은 Hobbes에 의하면 쌍둥이 같은 존재이다. 정부가 커지면, 이익집단도 커진다는 것이다 (Roskin et al., 2008: 181-182).

(3) 집단정치과정 모형과 정책

이처럼 이익집단자유주의 모형에서 강조하는 사회부문의 집단정치 과정과 관료정치 모형에서 강조하는 국가부문의 집단정치 과정은 정책과정에서 상호 긴밀히 연계되어 나타난다. 즉, 실제 정책과정은 사회부문의 이익집단들과 국가부문의 이익집단들(즉 관료조직들) 간의 상호작용과 그로 인한 연대 혹은 갈등관계로 이루어진다. 특정 정책영역에서 사회부문의 이익집단들과 행정관료가 의회의 해당 위원회와 더불어 이른바 '철의 삼각관계(iron-triangle)' 혹은 '하위정부(sub-governments)'를 형성하는 것이 좋은 예가 될 것이다.[2] 이처럼 정책영역에 따라 집단들 간의 관계가 우호적이고 협조적인 경우도 있지만, 상호 갈등관계에 있어 대립 아니면 포획으로 변질되는 경우도 있다.

따라서 집단정치과정 모형에 의한 행정기구의 분석은 사회부문 및 국가부문 집단들의 상호관계와 함께 연계시켜 분석하는 것이 바람직하다. 이와 같은 집단정치 과정에 초점을 두어 행정기구를 분석하면, 다음과 같은 이론적 명제들을 검증할 수 있다. 첫째, 국가정책의 내용에 따라 정책과정과 관련 행정기구들의 특성이 다르게 나타난다. 즉, 분배, 재분배, 규제, 구성 정책이라는 네 가지 유형에 따라 정책과정 및 행정기구들의 특성이 각각 상이하게 나타난다. 둘째, 정책과정에서 관련 행위자들 혹은 집단들의 정치적 참여과정은 분권화되어

---

2 특정 정책영역의 행정기구, 이익집단, 의회의 위원회에 더하여 사법부까지 가세되어 집단정치과정이 이루어지는 경우 이를 '철의 사각관계(iron rectangle)'로 부르기도 한다 (Lowi & Ginsberg, 1998: 288). 일본의 소위 '족(族)의원'이나 미국의 '군산복합체' 개념은 이와 같은 철의 삼각관계나 사각관계와 관련 있다.

있다. 다원주의는 어떤 중심적인 행위자나 집단에게 권력이 집중되어 있지 않다. 셋째, 나라에 따라서, 국가별·시대별·정권별로 정책과정의 분권화 정도가 상이하게 이루어진다.

3. 다원주의 국가기능별 행정기구

여기서는 비교정치체계 모형과 집단정치과정 모형을 종합하여 실제 행정기구 분석에 적용해 보기로 한다. 비교정치체계 모형에 의하면, 하나의 정치체계는 그것이 유지 및 발전하는 데 있어서 체계기능, 과정기능, 정책기능이라는 세 가지 기본적 기능과 각 기능에 대한 다수의 하위기능들을 수행한다. 이와 같은 정치체계의 기본적 기능 및 하위기능들을 수행하는 구조에는 여러 형태의 공적·사적 조직과 제도들이 포함된다.

한편, 집단정치과정 모형의 관점에서 보면, 이 구조적 요소들은 궁극적으로 관련 행위자 혹은 집단들에 의해 구성되어 있으며, 그들 간의 상호작용을 통해 정책결정이 나타나고, 그 결과로서 정책의 산출이 이루어진다. 분석의 편의를 위하여, 각 국가 기능별로 관련된 제도 혹은 기구들을 중심으로 분석하면서, 집단정치과정 모형의 동태적 관점에 입각한 정책유형별 관련 제도 및 기구들의 특성을 함께 분석하기로 한다.

1) 체계기능과 행정기구

정치체계가 수행하는 기능 가운데 체계기능은 한 정치체계가 유지·적응하는 데 필요한 기능이다. 여기에는 구체적으로 정치적 사회화, 정치적 충원, 정치적 의사소통 등의 하위기능들이 포함된다 (Almond & Powell, 1996: 28). 이 세 가지 기능은 공공정책의 형성 및 집행과는 직접적인 관계를 맺고 있지 않으나, 정치체계의 운영에 있어서 필수적인 기능이다.

(1) 정치적 사회화와 행정기구
가) 정치적 사회화
정치사회화란, 개인의 정치적 태도와 행동의 양식이 습득되는 발전적 과정을 의미한다. 그것은 한편으로는 개인이 생활하고 있는 공동체의 경제적, 사회적, 문화적 환경에 의하여 결정되고, 다른 한편으로는 개인의 경험과 성격의 상호작용에 따라 달라진다. 정치사회화는 모든 정치체계 안에서 작용하면서, 일반국민을 상대로 정치적으로 중요한 것에 대한 태도를 발전시키거나, 또는 특정한 정치적·행정적 내지는 사법적 역할을 수행하도록 국민을 훈련시키는 각종의 정치적 구조를 포함한다 (최명·김용호, 1994: 74).

나) 정치적 사회화 관련 행정기구

정치적 사회화는 부모, 학교, 미디어 등 다양한 제도와 기구에 의해 이루어지고, 상이한 배경을 가진 목적−수단에 의해 영향을 받는다 (Schwarzer, 2011). 정치적 사회화에 영향을 주는 것은 크게 보면 1차 집단적 접촉에 의해 간접적으로 정치사회화에 영향을 주는 것과, 학교 등과 같이 특정한 정치사회화 기능을 목적으로 고안된 것으로 나뉜다. 공공부문의 조직을 보면, 정치적 사회화 기능은 로위(Lowi, 1964)의 정책유형 중 구성정책 및 분배정책으로 나뉘며, 이들은 각각 국가유지기관과 고객기관에 해당한다.

정치적 사회화 기능을 수행하는 행정기구들은 대개 구성정책 유형에 해당하는 집단정치 과정을 나타낸다. 부처급 기관으로는 교육부와 문화체육관광부가 대표적이다. 그리고 국가정보원의 일부 기능과 국무총리실의 공보실, 문화체육관광부의 국민소통실도 정치적 사회화 기능을 담당하고 있다. 또한 외청 기관으로는 문화재관리청이 이에 해당한다. 한편, 기타 기관의 경우, 통일부 소속 통일교육원과 북한이탈주민정착지원사무소, 국방부 소속기관인 국방홍보원과 국립서울현충원이 이에 해당한다고 볼 수 있다.

이들은 특정 영역에 대하여 특정 국민을 대상으로 교육을 하는 것이며, 그 목적도 피교육자 개인의 복지를 위한 것이기보다는 체제에 있기 때문에 이익집단이 관여할 여지도 적다. 그러나 교육부 등은 구성정책뿐 아니라 분배정책의 특성도 아울러 지니기 때문에 고객집단과의 접근가능성이 상대적으로 크다. 특히, 교육은 인적 자본의 형태로 개개인에게 체화되는 것이기 때문에 교육정책의 경우는 원하는 교육을 받고자 하는 계층별, 지역별, 전문영역별 이익집단들이 접근할 유인도 많고, 접근가능성도 높다고 할 수 있다.

(2) 정치적 충원과 행정기구
가) 정치적 충원

정치적 충원이란 정치체계의 여러 역할을 채우는 기능을 말한다 (최명 · 김용호, 1994: 129−130). 상이한 정치체계의 정치적 충원기능을 비교하려면 그 기능을 담당하는 정치적 구조와 그 기능수행의 방식을 살펴보아야 한다. 첫째, 정치적 구조에 대해서는 각 정치체계에 있어서 혈연, 지연, 학벌, 인종, 계급 등이 특정한 정치적 역할에 어떠한 작용을 하는지를 고찰하고, 또한 정당, 선거제도, 관리임용시험 혹은 정부구조 내에서의 충원과 승진의 채널과 같은 구체적인 충원의 방법에 어떤 영향을 주는가를 분석하여야 한다. 둘째, 정치적 충원의 방식에 대해서는, 특히 귀속적이고 특수적인 기준과 성취적이며 보편적인 기준이 어떻게 결합되는가를 보아야 한다 (최명 · 김용호, 1994: 131−132).

나) 정치적 충원 관련 행정기구

정치적 충원을 담당하는 중간조직 및 사회부문제도의 대표적인 예는 정당이다. 그러나 정치적 충원은 주로 공식적인 정부기구에 의해 이루어진다. 우리나라 공무원 충원은 종전 총무처가 주관하였고, 참여정부에서는 중앙인사위원회가 주관하였으며, 이명박 행정부에서는 행정안전부 인사실이 맡았고, 현재는 인사혁신처가 담당하고 있다. 그러나 공무원 채용 제도와 정책의 변화로 인해, 채용기관은 다양한 기구로 다원화되었다. 즉, 종전 중앙인사위원회가 사법고시, 행정고시, 외무고시를 관할하였으나 주관기관이 각각 법무부 법조인력정책과(사법고시 2016년 폐지로 로스쿨이 담당), 인사혁신처 및 각 지방자치단체, 국립외교원(2014년 외무고시 폐지)으로 변경되었으며, 각각 해당 분야 공무원을 채용하게 되었다. 그리고 국가기구인 국회사무처, 법원행정처도 해당기관의 필요인력을 선발하는 기능을 담당하고 있다.

정치적 충원기능을 수행하는 기구들은 거의 대부분 집단정치과정 모형상 구성정책 유형에 해당하는 국가유지기관들이다. 구성정책은 정치체제에서 투입을 조직화하고 체제의 구조와 운영에 관한 정책을 주로 맡고 있다.

(3) 정치적 의사소통과 행정기구

가) 정치적 의사소통

정치적 의사소통이란, 정체체계의 한 부분에서 다른 부분으로, 또는 정치체계와 사회체계 사이에서 정치적으로 중요한 정보가 전달되는 정치체계의 동태적 요소를 말한다 (최명·김용호, 1994: 169). 의사소통 기능이 정치체계의 다른 모든 기능의 한 요소인 것으로만 본다면, 이는 근대 정치체계에서 중립적이고 객관적인 의사소통을 위한 직업적 윤리를 발전시킨 분화된 매체(media)를 간과하는 것이 된다 (Almond, 1960). 따라서 의사소통 기능은 정치체계의 이익표출이나 집약, 또는 정치충원과는 별개의 기능으로 파악되어야 한다.[3] 이는 정권 유지 도구, 여론조작이 아니라 국민적 동의를 조성하는 민주주의 실현의 도구라는 점에서 규범을 강조한다. 정책 PR은 정책과정과 관련된 국민과의 커뮤니케이션 활동이다. 정책PR의 규범적 속성으로는 첫째, 정부와 대중 간의 전략적 커뮤니케이션을 통해 정부와 대중 간의 상호 호혜적 관계를 관리하며, 둘째, 단순히 기술 차원의 커뮤니케이션 활동이 아니라 국정 운영 차원의 커뮤니케이션 활동이며, 셋째, 정책 PR은 퍼블리시티(publicity)와 동일어가 아니며, 넷째, 정책PR은 윤리적 커뮤니케이션 활동이다 (신호창 외, 2011: 20-27).

---

3 신호창 외(2011)는 '정책 PR'이라는 개념을 사용한다.

나) 정치적 의사소통 관련 행정기구

정치적 의사소통을 담당하는 기구는 의사소통의 기능에 대한 논란에서 볼 수 있듯이 사실상 모든 사람과 기구가 해당된다고 할 수 있다. 미국의 경우 백악관의 대변인실이 기능을 담당하지만, 대변인실조차 전체 행정부를 대변하는 것이 아니라 미국 대통령을 대신해 대중과 커뮤니케이션을 하는 것뿐이다. 행정부의 15개 부처 내에서조차 단일 정책 PR 부서가 있지 않고, 정부 PR 기능과 활동이 부처의 수많은 하위부서, 국과 실, 또는 프로그램별로 나뉘어 있으며, 심지어 외부조직에 위탁되기도 한다 (임성근 · 김윤권, 2012: 45-46).

우리나라의 경우 정치적 의사소통을 담당하는 행정기구는 상당한 진통을 겪어 왔다[4]. 이명박 행정부 조직개편 시 국정홍보처와 그 소속기관 직제 법령 폐지(2008.2.8)로 인해 문화체육관광부 홍보지원국에서 이 기능을 전담해 왔다. 현재 홍보기능은 문화체육관광부 외에 대통령실의 대변인, 국무총리실의 공보실, 각 부처의 홍보 관련 담당 부서가 맡고 있다. 그러나 국정 홍보기능의 취약으로 인해 홍보기능 관련 조직개편 이슈가 계속 제기되고 있는 상황이다.

정치적 의사소통기능을 수행하는 기구와 제도들은 정치적 충원과 마찬가지로 구성정책 유형에 해당하는 국가유지기관들이 대부분이다. 따라서 이익집단이 관여할 여지는 매우 작다. 비록 의사소통의 과정 자체는 매우 역동적이라고 해도, 그 기능의 성격은 체계의 기본질서 유지로서 집단정치과정의 역동성과는 다소 거리가 있다고 할 수 있다.

2) 과정기능과 행정기구

(1) 과정기능

과정기능은 사회부문으로부터 정치체계로의 투입에서 산출에 이르는 '전환기능(conversion function)'에 해당한다. 여기에는 '이익표출,' '이익결집,' '정책결정,' '정책집행,' '정책판결' 등의 하위기능들이 포함된다. 과정기능에는 이익집단, 정당, 정치행정부, 입법부, 관료제 등의 다양한 정치적 구조들이 작용한다. 이 구조들은 국내외 환경으로부터 투입정치 과정을 통해 요구 및 지지를 형성하고 결합하여, 권위 있는 정책으로 전환(throughput)시키고, 다시 국내외 환경으로 산출(output)해 내는 역할을 수행한다 (최명 · 김용호, 1994). 과정기능의 하위기능별 행정기구 및 정책과정을 다음과 같이 제시할 수 있다.

과정기능에는 공사영역의 다양한 제도와 기구들이 투입에서 산출에 이르기까지 각 단계

---

[4] 공보처 → 공보실 → 공보부(이승만 행정부) → 문화공보부(박정희 행정부) → 공보처(노태우 행정부) → 공보실 → 국정홍보처(김대중 행정부) → 문화체육관광부(이명박 행정부)로 이어지고 있다.

표 3-2-1　과정기능별 행정기구 및 정책과정

기구 과정	공정 기구/제도			소속기관	정책 유형
	부처급	청·외국급	기타		
이익표출	(각 기관의 관료정치적 이익표출)	(각 기관의 관료 정치적 이익표출)		(각 기관의 관료정치적 이익표출)	분배정책(고객기관) 재분배정책(재분배기관) 규제정책(규제기관) 구성정책(국가유지기관)
이익결집	(각 기관의 관료정치적 이익결집)	(각 기관의 관료 정치적 이익결집)		(각기관의 관료정치적 이익결집)	분배정책(고객기관) 재분배정책(재분배기관) 규제정책(규제기관) 구성정책(국가유지기관)
정책결정	각 부처		대통령실, 국무조정실		분배정책(고객기관) 재분배정책(재분배기관) 규제정책(규제기관) 구성정책(국가유지기관)
정책집행	각 부처	각 청 및 외국	각 기관의 특별지방 행정기관	각 부처 소속 기관	분배정책(고객기관) 재분배정책(재분배기관) 규제정책(규제기관) 구성정책(국가유지기관)
정책판결	감사원	국무조정실정책평가, 대통령실(민정수석), 국민권익위원회, 공정거래위원회			분배정책(고객기관) 재분배정책(재분배기관) 규제정책(규제기관) 구성정책(국가유지기관)

별로 주어진 기능을 수행한다. 따라서 각 단계별로 부여된 특정 기능을 수행하는 제도와 기구들을 분석할 필요가 있다. 그러나 현대 행정국가에서 대부분의 제도와 기구들은 정책과정의 거의 모든 단계에서 사실상 일정한 역할을 수행한다. 이 때문에 정책과정의 각 단계별 분석에만 의거할 때는 구체적인 분석이 어렵다. 이 점을 보완하기 위하여, 집단정치과정 모형의 정책유형별 특성에 따라 제도와 기구들의 분석을 병행하는 것이 바람직하다.

(2) 과정기능의 하위기능별 행정기구

과정기능의 하위기능은 이익표출, 이익결집, 정책결정, 정책집행, 정책판결로 구분하고 이와 관련한 각각의 행정기구를 분석한다.

가) 이익표출과 행정기구

다원주의는 상세하고 분열된 이익의 표출을 내포한다. 다원주의 제도는 개인과 조직이 정책결정과 정책집행 과정에 관여할 수 있으며, 그러한 참여가 발생할 수 있는 통로 또한 극대화 되는 경향이 있다 (LaPalombara, 2001). 정치과정은 개인이나 집단이 정치적 요구를 행할 때 시작된다. 그리고 그러한 요구의 행위가 바로 이익의 표출이다. 이익표출은 다양한 구조와 방식에 의하여 수행된다. 그러나 이익표출 자체만으로는 성공적인 정부정책으로서의 전환이 보장되지 않는다. 이익집단은 각기 다른 이익집단과의 경쟁을 피할 수 없고, 또 요구의 성공도 이익표출, 정책형성 및 정책집행의 전과정에 의해 이익집단의 요구가 받아들여지는가가 달려있기 때문이다. 이익표출은 이 과정에 있어서 첫 단계일 따름이다.

이익표출과 관련된 기구들은 실로 다양하다. 현실 정치적 관점에서 보면, 사적 영역의 개인, 기업, 각종 조합뿐만 아니라 공적 영역의 행위자인 관료와 부처들도 각자의 이익을 표출한다. 정치체계의 제도나 기구들도 하나의 이익집단으로서 자신의 이익을 위한 이익표출 행동을 하기 때문이다. 다만, 이들은 공식적인 국가행위자라는 점에서 자신들의 이익을 주장하는 이익집단들과 차이를 보인다.

한국의 이익표출 관련 행정기구로는 국민권익위원회, 국가보훈처, 고용노동부, 여성가족부, 각 부처의 민원담당 부서 등을 열거할 수 있다. 국민권익위원회는 국민의 권익보호 및 권리구제를 위한 정책의 수립 및 시행, 고충민원의 조사와 처리 및 관련 사항 시정권고의 기능을 수행한다. 국가보훈처는 독립유공자 및 국가유공자 등의 권익을 보호한다. 이러한 기구들은 주로 국민 혹은 특정 계층의 이익표출을 제도와 정책으로 전환한다는 특징을 가진다.

나) 이익결집과 행정기구

이익결집 기능은 정치체계의 '통합' 기능에 해당한다. 이는 국민의 요구를 정부의 주요한 정책의 대안으로 전환시키는 기능이다. 이익결집 기능은 주로 사적 조직 및 정당 같은 중간 조직들에 의해 이루어지지만, 행정기구들도 필요에 따라 사적 부문의 이익을 결집하는 경우도 있다. 이는 주로 재분배정책이나 규제정책에 해당하는 경우에 있어서 행정기구가 기업가적 역할을 수행하는 경우라고 볼 수 있다 (Wilson, 1986: 430). 그리고 구성정책의 경우도 국가가 스스로를 유지하기 위해 자신이 이익결집기능을 수행하는 경우라고 볼 수 있다.

이익결집 기능이 반드시 개방적 다원주의 체제에서만 이루어지는 것은 아니다. 예를 들어, 원시부족체제나 사회주의 체제에서도 정치적 수장들은 주위의 요구사항들을 나름대로 결집하여 정책대안을 수립할 것이다. 다만 이는 두 가지 기능, 즉 이익결집 기능과 정책결정 기능이 하나의 구조에 의해 이루어지는 미분화된 상태라고 할 수 있다 (최명·김용호, 1994: 223). 다원주의 체제는 양자의 기능이 분화되어 있고, 이익결집의 기능은 주로 이익표출 기능을 수행하는 기구들이 함께 수행하는 경우가 많다.

이익집단들은 행정기관에 영향력을 발휘하려고 상당한 노력을 기울인다. 이익집단들은 자신들의 활동이나 만남을 통해서 자신의 요구를 들어줄 행정부 정책결정자들과의 관계를 돈독히 하고자 한다. 상당수 행정부 로비는 정부기관을 대상으로 하지만, 백악관을 대상으로 하는 경우도 있다 (Berry & Wilcox, 2009).

한국의 이익결집 관련 행정기구로는 이명박 행정부 시기 대통령 소속 사회통합위원회의 사회통합지원단, 국무총리실의 사회통합정책실 등이 있다. 사회통합지원단은 계층·이념·지역·세대 등 갈등완화를 통해 사회통합을 제고하는 기능을 수행하였다. 그러나 사회통합위원회는 박근혜 행정부 조직개편으로 대통령 직속 국민대통합위원회로 변경되었다.

다) 정책결정과 행정기구

정책결정 기능은 정치체계의 '목표달성' 기능을 위해 정책을 수립하는 기능이다. 정책결정은 정치과정에 있어서 핵심적인 단계라고 할 수 있다. 여기서 정책에 대한 선호와 정치적 자원이 집약되고 결합된다. 이 기능은 의회와 정치행정부(political executive)의 전담기능이다. 정책결정을 담당하는 국가기구로서 정치행정부(political executive), 입법기구, 관료기구, 사법기구를 들 수 있다 (Almond & Powell, 1996). 즉, 전통적 구조인 의회와 정치행정부 외에 현대 행정국가에서 정책결정은 사실상 관료기구들과 (준 입법기능을 수행하는) 독립규제위원회 등에 의해서도 이루어진다. 이렇게 볼 때 정책결정 기능을 담당하는 공적 기구 혹은 제도는 대통령 비서실, 국무총리 국무조정실 등의 정치행정부와 각 부처 관료기구들이 모두 포함된다.

정책결정 기능에 관여하는 정부제도 및 기구들도 정책유형에 따라 다양한 형태의 참여와 의사결정이 이루어진다. 따라서 후술하는 것처럼, 이들을 구체적으로 분석하기 위해서는 네 가지 정책유형별로 구분하여 분석하는 것이 바람직하다. 예를 들어 주로 분배정책을 담당하는 고객기관인 농림축산식품부와 교육부와 같은 경우는 표출된 이익에 따라 정책을 결정하는 형태이다. 공정거래위원회, 특허청 등은 규제정책을 담당하는 규제기관이라고 할 수 있다.

라) 정책집행과 행정기구

정책집행기능은 정치체계의 '적응' 기능에 해당한다. 결정된 정책은 정책목표를 현실세계에서 실현하는 집행기능을 통해 정치체제를 존재·유지시킨다. 삼권분립 아래서 정책집행은 행정부에 의해 수행된다. 정치행정부의 지휘 아래 다양한 형태의 관료기구들이 정책집행기능을 수행한다. 정책집행 기능에 관여하는 행정기구들은 분배정책, 재배분정책, 규제정책, 구성정책 등 정책유형에 따라 다양한 형태의 참여와 의사결정을 한다.

정책집행은 크게 하향적 시각과 상향적 시각으로 구분할 수 있다. 하향적 시각은 행정 규제, 예산, 기획, 평가 요구와 같은 행정적 통제, 공식 조직구조와 권위를 지향한다 (Elmore, 1978: 185-191). 상향적 시각은 정책결정과 집행에 관련되는 정책 하위체제를 구성하는 공식 및 비공식 관계에 초점을 둔다.

정책집행을 맡고 있는 기구는 서로 다양하다. 국가행정조직은 크게 중앙행정기관, 하부조직, 특별지방행정기관, 부속기관으로 구성된다.[5] 일반적으로 部는 대통령 및 국무총리의 관할하에 고유의 국가행정사무를 수행하기 위해 기능별 또는 대상별로 설치한 기관이며, 청은 행정 각부의 소관사무 중 업무의 독자성이 높고 집행적인 사무를 관장하기 위하여 행정 각부 소속으로 설치되는 중앙행정기관이다 (김동욱, 2012: 35). 본래 부의 경우 주로 정책결정기능을 담당하고 청이나 소속 기관은 정책집행기능을 수행하도록 했으나 현실에서 부의 경우에도 집행기능을 상당 부분 맡고 있는 것으로 분석된다.

마) 정책판결과 행정기구

정책판결은 정책과정의 마지막 단계에서 이루어지는 정책에 대한 평가 혹은 행정에 대한 통제 기능을 의미한다. 이를 통해 정치체계는 '잠재적 유형유지' 기능을 수행한다.

국가기구 가운데 공적 기구 및 제도로서 정책판결기능에 관계하는 가장 전형적인 것은 삼권 가운데 법원이다. 한국의 대법원과 헌법재판소는 행정재판 및 헌법재판 등을 통해 정부정책에 대한 감사를 수행한다. 그러나 이러한 법원의 기능은 주로 합법성에 대한 평가이며, 정책의 성과 그 자체에 대한 것은 아니다. 이러한 평가는 국회(국정감사, 국정조사)가 담당하며, 행정기구로서는 감사원, 국무총리실 정책평가, 대통령 비서실 민정수석, 공정거래위원회, 국민권익위원회 등이 이 역할을 분담한다. 이러한 기관들은 단순한 합법성 평가를 넘어서 효과성, 능률성에 대한 평가 및 집행과정 상의 모니터링 등을 수행한다.

정책판결기능에 관여하는 공사 영역의 제도들도 분배정책, 재배분정책, 규제정책, 구성정책 등 정책유형에 따라 다양한 형태의 참여와 의사결정이 이루어진다. 정책에 대한 평가는 정책결정기관에서 내부적으로 수행하지만, 특히, 재분배정책과 규제정책의 경우는 그 성격상 사적 부문의 이해관계를 정부가 강제로 조정한다는 측면 때문에 정책판결 과정이 매우 역동적이다.

---

5 중앙행정기관 아래 실·국 등 하부조직이 있으며, 또한 중앙행정기관에는 특별지방행정기관과 부속기관이 있다. 특별지방행정기관은 특정한 중앙행정기관에 소속되어, 당해 관할구역 내에서 시행되는 소속 중앙행정기관의 권한에 속하는 행정사무를 관장하는 국가행정기관이다. 반면에 부속기관은 행정기관 소관사무의 범위 내에서 설치되는 시험연구, 교육훈련, 문화, 의료, 제도 및 자문기관 등을 목적으로 하는 기관으로 행정권의 직접적인 행사를 임무로 하는 행정기관에 부속하여 그 기관을 지원한다.

(3) 집단정치과정 모형의 정책유형별 분석

앞에서 과정기능의 각 하위기능별 의의와 관련 행정기구를 검토하였다. 그러나 과정기능에 관여하는 행정기구들을 좀 더 세밀하게 분석할 필요가 있다. 여기서는 집단정치과정 모형에서의 정책유형별로 과정기능에 관련된 행정기구들을 보다 정밀하게 살펴 볼 것이다. 실제로 모든 행정기구들을 분배, 재배분, 규제, 구성정책의 네 가지 정책유형에 의해 분석할수 있는 것은 아니다. 또한 어떤 행정기구들은 한 가지 이상의 정책유형에 해당하기도 한다 (Stillman, 1987). 이와 같은 점을 인정하면서, 각 정책유형별 정책과정의 특성과 해당 행정기구들을 검토해 보면 다음과 같다.

가) 분배정책과 고객기관

분배정책은 정치체계가 사회구성원들에게 재화와 용역을 배분하는 경우이다. 이 경우 편익의 배분이 비용의 배분과는 분리되어 이루어지기 때문에, 이익을 표명하는 사람들이 거의모두 부분적으로라도 혜택을 받게 되며, 따라서 당사자들 간에 비영합적인 게임(non zero-sum game)이 이루어진다.[6] 또한 개인 혹은 기업 등에게 개별적으로 영향을 미치며, 조정적인 조치가 취해지는 경우가 많다. 예로서, 관세정책은 개인들의 소비행태를 변화시키지만, 소비자에게 직접적으로 영향을 미치기보다는 원격 조정적 형태로 정책이 수행된다 (Stillman, 1987).[7] 어떤 산업이나 사회의 특수집단에게 교부되는 직접적인 정부보조금도 분배정책의한 형태이다.

분배정책에는 고객기관(client agency)들이 관여한다. 물론 모든 행정기관들은 고객이 있지만, 고객기관들은 특히 법률에 의해 그들이 고객집단들의 이익을 육성 및 증진하도록 규정되어 있는 점에 차이가 있다. 분배정책은 정부의 정치적 리더(의원이나 시장 등)가 예산을활용하여 갈등을 회피하게 해주며, 다양한 이해관계자의 요구를 충족시킨다. 분배정책은 주로 교육, 공동체 서비스, 건강보호, 교통, 주택, 대테러 등을 대상으로 전개된다 (Baskin, 2010: 5-6).

한국의 고객기관에는 다음과 같은 행정기구들이 속해 있다.[8] 농림축산식품부, 해양수산부, 산업통상자원부, 과학기술정보통신부, 교육부, 문화체육관광부 등의 고객기관들은 모두

---

6 사회 및 노동시장 정책분야의 분배정책은 민주적 계급투쟁 선거를 통해 의회영역에서 계급기반 복지 이해관계로 전환되었다. 노동계급을 대표하는 좌파정당은 구성원을 위한 일반적 복지정책을 옹호하는 반면에, 우파정당은 중상층 계급 투표자의 중과세를 피하기 위해 이러한 정책을 제한하려고 한다 (Geering & Häusermann, 2011: 3).

7 로위와 긴스버그(Lowi & Ginsberg, 1998)는 관세와 국세를 모두 구성정책 유형으로 분류한다.

8 미국의 경우, 농업부, 상업노동부(1903년 신설, 1913년에 상업부와 노동부로 분리 독립), 내무부, 주택도시개발부(1966년), 교통부(1966년), 에너지부(1977년), 교육부(1979년), 보건복지부(1979년), 원호청, 국립과학재단(NSF) 등이 해당된다 (Stillman, 1987; Lowi & Ginsberg, 1998).

그 조직들의 이익에 관해 고객집단들로부터 강력한 지원을 받는 경향이 있다. 분배정책관련 행정기구들은 고객집단들에 더하여 의회의 해당 상임위원회와 '철의 삼각관계'를 형성하는 대표적 유형이다.

나) 재분배정책과 재분배기관

재분배정책은 분배정책과 마찬가지로 사회구성원들에게 재화와 용역을 배분한다. 그러나 재분배정책의 경우는 편익의 수혜자와 그 비용의 부담자가 비교적 뚜렷하게 구분되며, 따라서 영합적 게임(zero-sum game)이 이루어진다. 또한 사회 전반적으로 영향을 미치는 직접적인 조치가 취해지는 경우가 많다. 재분배기관들은 공사영역에서 엄청난 이전지출을 관장하며, 이를 통해 국민과 기업들의 소비와 투자방식에 영향을 미친다. 또한 경제자금규모뿐만 아니라 자본가와 여신가, 그리고 소비보다는 투자 혹은 저축을 하려는 사람들에게 영향을 줌으로써 재분배 기능을 수행한다.

재분배정책은 시장결함의 충격을 감소시킴으로써 세대 간 불평등과 불평등의 지속성을 완화시킬 수 있다. 재배분정책에는 주로 현금이전(money transfer)과 교육이전(educational transfer)이 활용된다. 전자는 소비, 교육지출 등을 위한 수혜자를 대상으로 하고, 후자는 인적자원을 증가시키는데 사용된다 (Seshadri & Yuki, 2004: 1421). 또한 Strömberg(2004)는 재분배정책에서 미디어 역할의 중요성을 지적하며, 가난한 자가 상대적으로 알려지지 않는다면 그들에 대한 지원은 더 취약해진다고 한다.

재분배정책에 관여하는 재분배기관에는 크게 두 가지로 나눌 수 있다.[9] 첫째, 재정 및 금융정책기관들이다. 이들은 고객들에게 직접적인 영향보다는 재정 및 금융 정책 수단을 통해 간접적으로 영향을 미친다. 재정정책기관에는 기획재정부가 해당한다. 금융정책기관에는 기획재정부, 금융위원회, 한국은행 등이 해당한다. 둘째, 복지정책기관들이다. 이들은 고객기관과 유사하면서도 차이가 있다. 고객기관은 대상이 권리를 주장하는 누구에게나 개방적인데 반하여, 복지기관은 차별적인 법에 따라 한정적인 대상을 고객으로 삼는다. 고객기관의 경우처럼, 고객들로부터 지지를 받는다. 예를 들어, 국가보훈처의 유지·발전을 위해 보훈서비스의 대상자들로부터 강력한 지지를 얻는 것이 전형적인 예가 될 것이다. 복지정책기관으로는 보건복지부, 고용노동부, 국가보훈처 등이 있다.

---

9 다양한 형태의 재분배적 사회정책은 연령(교육, 연금, 건강) 또는 개인적 경제요구 상태(사회적 보조, 실업보험)에 의해 주로 촉발된다. 물론 구체적인 사회정책의 구조화는 등록기준이나 편익 크기 등 국가마다 상이하다. 그러나 연령, 소득, 교육 차원에 따라 정책선호의 계층화를 가진 대다수 선진산업 민주국가에서 재분배정책의 구조는 상당한 유사성을 가지고 있다 (Busemeyer, 2008: 10).

다) 규제정책과 규제기관

규제정책은 사회구성원들의 행동을 변화시킨다는 점에서 위의 두 가지 정책유형과 구별된다. 그러나 재분배정책의 경우와 마찬가지로, 사회구성원들 간에 편익의 수혜자와 비용의 부담자가 뚜렷하게 나타나게 되며, 따라서 영합적 게임 관계를 형성한다. 또한 이 정책유형은 직접적이고 개인적인 영향을 미치는 경우가 많다.[10]

규제정책의 경우는 배분정책의 경우와는 달리, 대통령과 의회 간에, 그리고 특히 규제기관과 피규제집단 간에 많은 갈등이 유발된다. 따라서 자연히 그 일을 담당하는 규제기관들도 많은 갈등에 직면한다. 대개의 경우, 규제기관들은 피규제집단으로부터 포획될 가능성이 크다.[11]

규제기관에는 정부 부처의 하부기관형과 독립기관형으로 나누어 볼 수 있다. 전자의 경우, 미국의 보건복지부 식품의약청(FDA), 노동부 직업안전보건국(OSHA), 농업부 동식물보건검역국(APHIS) 등을 들 수 있다. 후자의 경우는 미국의 민간항공위원회(CAB)를 비롯한 많은 수의 독립규제위원회들과 연방무역위원회(FTC), 환경보호청(EPA) 등이 있다. 독립규제위원회는 행정권 외에 준입법권 및 준사법권을 소지하는 경우가 많다.

우리나라는 독립규제기관 대신 대부분의 부처가, 그리고 심지어 행정위원회에서도 규제기능을 직접 수행하고 있다. 국토교통부, 농림축산식품부, 보건복지부, 지식경제부, 금융위원회, 환경부, 고용노동부 등 대부분 정책사업 기관이나 감독관리 기관이 규제기능을 주도하고 있다.

라) 구성정책과 국가유지기관

공공행정의 구성적 관점(constitutive view)은 효과적으로 통치하는 정부형태를 형성하기 위한 틀을 잡는다. 구성적 관점은 또한 그 제도적 특성에 유일하게 걸맞은 공공행정을 위해 매우 중요한 대의기능을 지적한다. 따라서 행정국가의 합법성은 더욱 완전하게 보장될 수 있다 (Cook, 1992).

---

10 예로서, 주간통상위원회(ICC)의 조치는 기업가의 불공정한 시장경쟁을 중단시키고, 연방방송위원회(FCC)의 조치는 허위광고를 금지시키며, 이민귀화국(INS)은 개인들의 입출입에 관한 법을 집행한다. 약물규제청(Drug Enforcement Administration: DEA)의 조치는 불법 약물의 사용을 금지시키고, 식품의약청(FDA)은 음식품과 의약품의 안전에 관한 규제조치를 행한다. 예를 들면, 주요 환경 집단은 공기오염에 대한 법적 규제가 필요할 때, 구성원으로부터 기금을 모으고, 화학회사와 타협을 추진한다. 환경부(EPA)는 의회 위원회 청문에 앞서, 언론의 눈치를 보고, 여론에 주목한다. 법적 규제는 집단 간 상대적 권력에 의해 좌우된다.

11 가령 미국에서 항공사가 민간항공위원회(CAB)에 의해 규제될 때, 항공사는 서로 간 경쟁을 통해서 스스로를 보호했고 더 많은 신규 경쟁수송회사의 항공시장 진입을 막을 수 있었다. 심지어 노조도 CAB의 규제보호 내에서 안전을 찾았다. 결과적으로 1978년 항공산업에서 항공사와 노조는 CAB를 제거하여 항공사를 탈규제화하려는 의회의 노력에 강력히 저항하였다.

구성정책은 선거구의 조정, 정부의 새로운 기구나 조직의 설립, 공직자 보수와 군인 퇴직연금에 관한 정책 등을 의미한다 (Lowi, 1972; 정정길, 1999: 72-3). 주로 정치체제에 투입을 조직화하고 체제의 구조와 운영에 관련된 정책이며, 정당이 그 결정에 중요한 영향을 미친다 (Lowi, 1972; 정정길, 1999: 73). 기본적으로 조정적이고 사회전체에 영향을 미치는 정책유형이다.

로위와 긴스버그(Lowi & Ginsberg, 1998)는 국가유지기관을 국가의 세입을 확보하기 위한 세입기관[12]과 국내외적 공공질서기관(public order agencies)으로 구분하고 있다.

한국의 경우 첫째, 국가의 세입을 확보하기 위한 세입기관으로는 기획재정부 및 국세청, 관세청 등이 해당된다. 둘째, 국내외적 공공질서기관들 중에서 먼저, 내부적 국가안전보장기관으로서, 법무부 및 검찰청, 행정안전부의 경찰청, 해양수산부의 해양경찰청, 국가정보원 등이 이에 해당된다. 또한, 외부적 국가안전보장기관에는 외교부, 국방부 및 병무청, 국가정보원, 국가안전보장회의, 민주평화통일자문회의 등이 있다.

이들 국가유지기관들은 구성정책의 특성상 중간조직 및 사적 제도와 역할을 분담하는 일이 드물며, 전적으로 전통적인 국가기능의 영역에 해당된다는 특성을 지닌다. 또한 한국의 경우는 이들 국가유지기관의 비중이 전체 국가기구의 양적 규모에서 차지하는 비중이 매우 큰 것으로 나타났다 (정용덕, 1995).

3) 정책기능과 행정기구

정책기능이란 한 정치체계의 결과로서 산출되는 성과(performance)를 의미하며, 이를 통해 해당 정치체계의 능력을 평가할 수 있다. 한편, 정책기능을 '추출,' '배분,' '규제,' '상징'이라는 네 가지 정책유형별 성과들이 포함되는 것으로 범주화할 수 있다 (Almond & Powell, 1996).

(1) 추출정책과 행정기구
가) 추출정책

정치체계의 추출정책은 국내외 환경으로부터 인적 · 물적 자원을 추출하는 정책을 의미한다 (최명 · 김용호, 1994: 315). 추출정책을 분석할 때에는 정부로 유입되는 자원의 양을 먼저 고려해야 하며, 추출의 지지적 측면을 확인해야 한다. 예를 들면, 체계의 구성원이 얼마

---

[12] 미국 의회가 승인한 최초의 행정기관이 바로 재무부(DoT)였으며, 최초의 의회 상임위원회가 세입세출위원회(the Committee of Ways and Means)였음은 세수확보가 국가유지에 있어서 기본임을 보여주는 예가 된다. 미국의 재무부 관세국(US Customs Service) 및 내국세청(IRS) 등이 여기에 해당된다.

나 자진해서 자원을 제공하느냐 하는 것이다. 또한 추출의 대상이 되는 자원의 비용은 누가 부담하는가, 추출정책의 수행을 위하여 이용되는 수단은 무엇인가 등도 분석되어야 할 문제이다.

현대 국가에서 가장 대표적인 물적 자원의 추출은 조세부과와 국채발행에 의해 이루어진다. 조세는 추출정책에 해당하지만 조세구조에 따라 정부의 재분배정책이 달라질 수 있다. 일반적으로 직접세 비율이 높은 경우 재분배효과가 좀 더 크게 나타난다. 덧붙여 국가는 물적 자원뿐 아니라 인적 자원의 추출도 행한다. 의무복무 규정에 의한 징병 등이 이에 해당된다.

나) 추출정책 관련 행정기구

정치체계가 필요로 하는 물적 자원의 추출을 위해서는 기획재정부, 국세청, 관세청이 설치되어 있다. 그리고 인적 자원의 추출을 위해서는 병무청이 있다. 추출적 성과는 구성정책의 과정적 특성을 지닌다. 구성정책의 담당기관에 재원기관, 국내안전기관, 국외안전기관이 포함된 것과 마찬가지로 추출정책을 주로 담당하는 것으로 분류된 기관들도 국세청 등의 재원기관과 병무청 등의 안전기관이다. 그러나 양자가 반드시 동일한 것은 아니다. 구성정책은 주로 국가기관을 유지하기 위한 기능을 의미하지만, 추출정책은 이뿐 아니라 경제사회정책의 추진 등 국가 활동 전반을 위해 필요한 자원을 사회부문으로부터 흡수한다는 점에서 보다 광범위한 목표를 갖는다. 또한 구성정책은 국가기관을 유지하려는 의도에 초점을 맞춘 반면, 추출정책은 정책의 사실상 성과로서, 의도적인 조세수입뿐 아니라 사회로부터 국가로 자원의 이전을 야기하는 모든 행동의 결과이기도 하다.

(2) 배분정책과 행정기구
가) 배분정책

배분정책은 정부기구들이 재화, 서비스, 명예, 기회 등의 가치를 개인과 집단에게 나누어 주는 일과 관계된다. 여기서는 분배되는 가치의 종류와 양, 분배에 의하여 영향을 받는 생활의 측면과 혜택을 받는 계층, 사람들의 필요와 그 필요의 충족을 목표로 하는 분배 사이의 관계가 주로 분석된다. 배분정책의 성과를 판단하는 지표로서 전체 경제규모에 대한 정부지출의 비중과 정부지출 내에서 국방, 교육·보건·복지, 경제적 서비스 기타 목적의 지출간의 비중을 들고 있다 (Almond & Powell, 1996: 129-130).

나) 배분정책 관련 행정기구

배분정책 기능에는 대부분의 기구들이 관계하고 있다. 기획재정부, 과학기술정보통신부, 농림축산식품부, 산업통상자원부, 중소기업벤처부, 국토교통부, 교육부, 보건복지부, 고용노동부 등 부처급 기관과 농촌진흥청, 산림청 등 청급 기관들이 해당된다.

배분정책은 로위와 긴스버그가 분류한 분배정책 및 재분배정책의 특성을 지닌다.[13] 위에서 배분정책의 의의에 대해 논의할 때 교육·보건·복지의 상당 부분은 로위의 분류에서 재분배기관에 의해 집행되는 것이다. 재분배기관의 대표적인 예로 복지기관을 들 수 있는데, 이것은 또 다른 고객기관인 것으로 생각할 수 있다. 그러나 복지기관과 고객기관 간에는 상당한 차이가 있다. 고객기관에의 접근은 권리를 주장하는 누구에게나 개방되어 있다. 이와 대조적으로 복지기관은 부자와 빈자, 노인과 젊은이, 취업자와 실직자간의 차별을 인정하는 법아래서 운영된다. 즉, 복지기관에의 접근은 법적으로 정의된 항목에 해당되는 개인들에게 한정적이다. 항목의 법적 기준에 벗어나는 사람들은 접근을 시도해도 접근권한을 부여받지 못한다. 로위의 분류가 정책유형에 따른 정치과정의 특징상 차이에 주목한 결과라면, 알몬드와 포웰의 분류는 정치적 산출의 범주에 따른 분류라는 점에서 고객기관과 재분배기관은 국가의 자원을 분배한다는 점에서 공통점을 가지고 있다고 할 수 있다.[14]

(3) 규제정책과 행정기구

가) 규제정책

규제정책은 개인과 집단의 행동에 대한 통제에 관한 것이다. 개인과 집단의 행동을 규제하기 위하여 물리적 강제력을 배타적으로 정당하게 행사하는 것이 정부의 고유한 권능이지만, 정부는 심리적 혹은 물리적 보상을 통해서도 개인과 집단의 행동을 규제한다 (최명·김용호, 1994: 319). 정치체계의 규제적 활동은 지난 세기 동안 크게 팽창하였다. 산업화와 도시집중 현상은 교통, 보건, 그리고 공공질서에 있어서 상호의존성과 이로 인한 문제들을 양산하였다. 그 예로서 독점, 산업안전, 노동력 착취, 그리고 오염의 문제를 들 수 있다. 그리하여 20세기의 정부는 '규제국가'라고 불릴 정도로 다양한 영역에서 규제를 행하고 있다.

---

13 즉, 로위와 긴스버그의 기관분류를 알몬드와 포웰의 정책과정에 대비시켜 볼 때, 고객기관과 재분배기관의 전부가 배분정책 유형에 해당된다. 알몬드와 포웰은 재분배정책 유형을 따로 분류하지 않고 배분정책의 범주에 포함시켜 이해한 것이라고 볼 수 있다.

14 정책과 산출의 개념을 분명히 구분할 필요가 있다. 정책의 개념은 일련의 목적과 수단을 포함하며, 그것은 어떤 정책이 산출의 한 수단 혹은 범주에만 관련되는 경우가 거의 없기 때문이다. 예컨대, 조세는 1차적으로는 추출적이지만 과세의 효율성과 처벌 가능성 등에 따라 조세정책은 적어도 추출, 규제, 상징이라는 세 개의 산출범주가 포함되는 것이다. 알몬드와 포웰도 공공정책이라는 주제하에 추출적(extractive), 배분적(distributive), 규제적(regulative), 그리고 상징적 성과(symbolic performance)의 네 범주를 구분하고 있다 (Almond & Powell, 1996).

나) 규제정책 관련 행정기구

규제적 활동을 담당하는 기구를 살펴볼 때, 독립적인 규제기관이 그다지 존재하지 않는 한국 관료제의 특성상 거의 모든 기구가 이와 관련되어 있다고 할 수 있다. 그러나 보다 특징적으로 규제활동에 집중하는 공적 기구와 제도를 살펴보면 다음과 같다. 우선 한국의 부처급 기관으로서 환경부를 들 수 있다. 환경부는 환경규제에 관한 총괄기관으로서 1982년 청급에서 1992년에는 처, 1997년에는 부로 지속적으로 성장해 온 기관이다. 그리고 감사원의 경우는 내부적 규제를 행하는 기구이다. 청급의 집행기관 중에는 규제에 특화된 특허청이 있으며, 박근혜 행정부는 종전의 식품의약품안전청을 식품의약품안전처로 격상시켰다.

미국의 독립규제기관이 주로 위원회 형식으로 설립되는 것과 마찬가지로, 우리나라의 경우도 위원회 형식의 규제기관이 늘어나는 추세이다. 대표적인 기관들을 보면 공정거래위원회, 금융위원회 등이 있다. 이들은 소규모 예산과 조직에도 불구하고 관련 분야에서 각종 규제를 통해 시민사회를 통제하고 있다.

알몬드와 포웰이 분류한 규제적 성과는 로위와 긴스버그가 분류한 규제정책의 성격을 지닌다. 로위와 긴스버그가 주목하는 규제정치의 과정상의 특징은 의회, 대통령, 그리고 피규제집단 간의 투쟁이다. 규제기관의 정치유형은 의회에 대항하는 대통령을 조정할 능력에서 발생한다. 그러나 이는 규제기관이 규제하는 이익집단과 더욱 직접적인 투쟁을 유발한다. 비록 많은 규제프로그램이 피규제집단의 저항에도 불구하고 집행되지만, 피규제집단은 규제프로그램을 자기에게 유리하게 전환시키는 경향이 있다. 알몬드와 파웰의 입장에서 볼 때, 규제적 성과는 앞서 예시한 조세정책의 경우와 같이 많은 정책에서 동시에 발생하는 것이다. 따라서 이러한 정치투쟁은 반드시 규제기관과의 관계에서만 발생하는 것은 아니고 규제적 성과를 산출하는 기관의 경우 역시 전형적으로 나타난다.

(4) 상징정책과 행정기구

가) 상징정책

정치체계의 산출의 네 번째 범주는 상징적 결과에 관한 것이다. 정치 지도자에 의한 대부분의 의사소통은 역사, 용기, 지혜 그리고 국가의 옛 위엄에 호소하는 형태를 취한다. 또는 평등, 자유, 공동체, 민주주의, 종교적 전통, 미래에 대한 약속 등의 가치와 이데올로기에 호소하기도 한다 (Almond & Powell, 1996: 133).

비교정치체계의 정책기능에 해당하는 하위 정책기능들이 대부분 집단정치 모형에서의 정책유형과 부합되는 데 반하여, 상징정책의 경우만은 그것에 대응하는 정책이 없다. 이는 상징정책이 본래 다원주의 집단정치 모형보다는 엘리트국가론에 기반을 둔 정책 모형임을 감안할 때 이해가 쉽다.

상징정책은 위에서 언급한 다른 정책들의 효과적인 수행을 위하여 이용되기도 한다. 예컨대, 상징적 산출은 시민들로 하여금 세금을 보다 더 잘 납부하게 하기 위하여, 법에 보다 더 잘 순응하게 하기 위하여, 희생·위험·고난을 감수하게 하기 위하여 이용된다. 그리하여 정치 지도자들이 행하는 상징적 호소는 특히 전쟁, 에너지 위기, 기근 등의 상황에서 더욱 중요한 의미를 갖는다. 물론 이뿐 아니라 공공건물, 광장, 학교에서 실시하는 공민교육 등도 국민들이 정부를 신뢰하고 정책에 순응하게 만드는 수단이 된다.

같은 맥락에서 물질정책(material policy)은 국민에게 가시적이고 명백한 편익을 가져오는 반면, 상징정책은 가치를 통해 국민에게 호소한다. 그러나 이들의 관계가 절대적인 것은 아니다. 물질정책도 어떤 가치를 가지고 공동체에게 금전형태로 지원될 수 있고, 상징정책은 금융수단을 통해 프로그램의 가치와 목적을 제공할 수 있다 (Ogenchuk, 2009: 11-18).

나) 상징정책 관련 행정기구

상징정책과 관련된 공적 기구 및 제도를 보면 우선 부처급 기관으로 문화체육관광부, 국가정보원 등을 들 수 있다. 이들은 위에서 말한 교육, 상징물의 건축 및 관리보존, 특정 정보의 유포 등 전형적인 상징적 산출을 행하는 기관들이다. 문화재청(과거 문화재관리국)의 경우도 마찬가지이다. 이러한 상징적 산출은 민주평화통일정책자문회의, 국방부의 국립서울현충원 및 국방홍보원, 행정안전부의 의정관 등에서도 찾아볼 수 있다.

알몬드와 포웰이 분류한 상징적 성과는 로위와 긴스버그의 분류에서는 찾아볼 수 없다. 그러나 그 성격을 놓고 볼 때 이는 국가유지기관으로 분류될 수 있는 가능성이 많으므로 이를 구성정책과 관련지을 수 있다. 특히, 로위와 긴스버그는 국가유지기관으로서 재원기관, 국내안전기관, 해외안전기관을, 국내안전기관 가운데 법무부, 연방수사국(FBI) 등 주로 공권력 행사기구만을 다루었다는 점에서 한계가 있다. 알몬드와 포웰의 분류가 로위와 긴스버그의 정책과정 모형에 시사할 수 있는 바는 바로 공적 기구 및 제도의 상징적 산출이 가져오는 체제의 안정이다. 즉, 이 기구들은 국내안전기관으로서 공권력행사기구와 더불어 국가를 유지하는 기능을 한다고 볼 수 있다.

4. 결 론

이상에서 다원주의의 관점에서 본 현대 국가의 행정기구를 분석해 보았다. 이를 위해서 구조기능주의 모형과 집단정치과정 모형을 함께 적용하여 행정기구를 분석함으로써 정태적 측면과 동태적 측면을 모두 고찰하였다. 정치체계의 특징은 나라별, 시기별로 매우 다양하다. 민주주의 정치체계의 특성과 사회주의 혹은 절대주의 왕정의 그것이 같을 수 없다. 그리고 각 정치체계는 자신에게 요구되는 기능 수행을 위한 특징적 구조들을 가지고 있다. 그러한 구조 가운데 가장 공적이고 공식적인 것이 행정기구와 제도들이다.

정치체계의 생존에 필요한 공통적 기능들을 수행하는 구조적 특성이 나라에 따라 다르다고 할 때, 우리나라와 근대화의 정도가 다른 나라들을 서로 비교하는 것은 흥미로운 일이 될 것이다. 예로서, 한국과 일본 두 나라를 비교하는 경우, 두 정치체계의 기능과 구조가 어떻게 분화 및 통합되어 있는지를 비교할 수 있을 것이다. 그리고 그러한 구조의 차이가 동태적인 정책과정에서는 어떠한 결과적 차이를 가져왔는지를 이러한 연구를 통해 보다 종합적으로 파악할 수 있을 것이다.

글로벌 행정환경이 급변하고 이에 따라 등장하는 다양하고 복잡한 행정수요와 정책문제를 해결하기 위해서, 어느 나라이든 정부기능을 최적으로 재조정하며, 이에 부합하도록 정부조직을 구성하려 한다. 그렇다면 각 시기별로 기능과 구조의 특성은 무엇이며, 어떠한 구조가 이러한 기능들을 담당하였는지를 살펴보는 것은 또 하나의 비교연구로서 의미가 있다. 그리고 이러한 연구를 통해, 왜 어떤 기능이 새로이 요구되었고, 그러한 기능적 요구가 구조에 어떠한 영향을 미쳤으며, 그 결과 구조는 어떠한 변화를 보였는지를 보다 깊이 있게 이해할 수 있을 것이다. 나아가 앞으로의 변화에 대한 예측도 가능할 것이다.

제 3 절 자유민주주의 국가의 행정기구: 개인주의 시각

1. 서 론

개인주의의 관점에서는 현대 국가의 (자유시장 경쟁원리에 따른) 자본주의의 측면을 강조한다. 개인의 후생은 자신의 선호에 따라 자유롭게 선택할 수 있을 때 극대화되며, 그 때 개인 후생의 합으로서의 사회후생(social welfare)도 극대화 될 수 있는 것으로 간주한다. 그리고 시장에서 개인의 자유가 극대화될 수 있는 것으로 본다.

1) 사회 및 국가의 특성

개인주의 국가론의 시각에서 보면, 국가와 사회는 모두 자기 이익을 추구하기 위해 합리적 선택 행위를 하는 사람들의 집합이다 (Self, 1985). 국가-사회간 관계의 맥락에서 국가는 다양한 이미지로 그려질 수 있다. 국가 정책과 그 제도적 구조들이 정치시장의 수요측면 요인들에 의해 결정되는 이른바 수동적 국가의 이미지가 그 하나이다. 예로서, 주기적인 선거나 이익집단들의 담합 행동에 의해 국가 정책결정이나 제도적 구조의 변화가 이루어지는 것으로 설명된다. 이와는 반대로, 국가 정책과 그 기구가 정치시장의 공급측면(supply-side) 요인들에 의해 결정되는 것으로 보는 이른바 파당적 국가의 이미지가 있을 수 있다.[15] 즉 국가 부문의 구성원들이나 제도적 특성 자체에 의해 국가정책결정 및 그 제도적 구조 변화가 이루어지는 것으로 설명하는 경우이다. 또한 최소국가가 사회후생을 극대화한다는 전제하에 작은 정부를 추상적으로 혹은 규범적으로 제안하는 중립적 국가의 이미지가 있다. 이 경우, 국가의 정책결정이나 제도적 구조의 변화는 그것이 국가의 역할 및 양적 규모의 확대 혹은 축소를 가져오는가에 따라 평가된다.

2) 행정기구의 특성

개인주의 국가의 행정기구에 대한 정교한 이론 모형들은 위에서 제시한 국가의 공급측면 접근방법에 의해 주로 개발되었다. 대표적인 예로서, 다운스(Downs, 1967), 니스카넨(Niskanen, 1971), 그리고 던리비(Dunleavy, 1985a; 1986; 1989b; 1989c; 1991)의 관료제 분석 모형들을 들 수 있다 (정용덕, 1993; 1993; 1995; 1997). 이들은 모두 행정기구의 변화가 그 구성원(즉 관료)들의 합리적이고 자익추구적인 행동에 의해 이루어지는 것으로 간주한다. 즉 개인적이고 도구적(instrumental) 합리성을 추구하는 관료들의 행동 양식을 강조하여 행정기구 분석을 시도하며, 이 점에서 기능주의적 접근방법과는 근본적으로 차이가 있다.

이 모형들이 기본적으로는 모두 행위론에 입각해 있으면서도, 모형에 따라서는 제도적 구조의 특성에 주목하여 이를 모형에 반영하는 경우도 있다. 던리비의 '관청형성 모형(Bureau-shaping Model)'이 그것이다. 즉 개인들의 합리적인 선택 행위를 기본 전제로 하면서도 그들의 행동이 어떤 구조적 요인에 의해 제약될 수 있음을 아울러 강조하여, 이를 실제 행정기구 분석에 반영하려는 것이다. 행정기구의 변화를 어떤 거시 사회적 힘이나 기능적 요인에 의한 설명으로 환원시키지 않고, 국가내부의 구성원들의 합리적 선택 행위에 의해

---

15 이에 대한 자세한 논의는 이 책의 제1편 제3장(현대 국가론 개관)을 참고할 것.

이루어지는 것으로 보지만, 여기에 더하여 이 행위자들의 선택 행위를 제한할 수 있는 제도적 구조의 특성을 고려하는 것이다. 후술하는 것처럼, 이와 같은 접근법의 차이로 인하여 관청형성 모형은 니스카넨의 관료의 예산극대화 모형과는 달리 행정기구에 대한 신우파적 이데올로기를 비판하는 결론을 도출하게 된다.

2. 이론적 배경: 합리적 선택으로서의 행정기구 형성

관료들의 합리적 선택 행위를 기본 전제로 하는 행정기구 분석 모형 중 다운스의 관료제의 생애주기모형, 니스카넨이 주장한 '관료제의 예산극대화모형'과 그 변형들, 그리고 던리비의 관청형성모형을 살펴보기로 한다.

1) 관료제의 생애주기 모형

여타의 합리적 선택 모형에서와 마찬가지로, 다운스에게 있어서도 관료들은 합리적으로 효용극대화를 추구하여, 비용에 대한 순편익을 최적화시키려는 사람들이다 (Downs, 1967; Mueller, 1979). 그러나 이들의 동기는 이기적인 것(즉 자신의 권력, 금전적 소득, 명성, 편의, 기득권의 보호)뿐만 아니라 이타적인 것(즉 충성, 사명감, 일에 대한 긍지, 공익에의 봉사욕구)도 동시에 포함한다.

이와 같은 다섯 가지 이기적 동기와 네 가지 이타적 동기들이 각각 어떠한 비중으로 조합이 이루어지느냐에 따라서, 개개의 관료들은 다음과 같은 다섯 가지 개성 유형 가운데 하나를 지니게 된다. ㈎ 자신의 권력, 소득, 명성의 극대화를 추구하며 급진적인 조직개편을 지향하는 출세가(climber)형이다. ㈏ 역시 이기적이지만 조용한 생활과 안정된 미래를 원하여 권력, 소득, 명성 등을 한계적으로만 지향하고 급격한 조직변화에 대해서는 저항적인 현상유지자(conserver)형이다. ㈐ 자신과 동일시되는 사업에 대해서는 신명을 바치고 그것의 확대를 추구하지만 그 외의 사업에 대해서는 무관심한 열성가(zealot)형이다. ㈑ 소관 조직과 고객에의 충성을 자신의 후생과 동일시하며 고객에의 봉사를 위해 기관의 역할, 자원, 영향력의 증대를 열광적으로 추구함으로써 가장 적극적으로 '관료적 제국주의' 성향을 보이는 창도자(advocate)형이다. ㈒ 넓은 의미의 공익을 지향하며, 이의 실현가능성 확보 수준에서의 권한을 추구하는, 전통적 행정학에서의 이타적 공무원상에 가까운, 경세가(statesman)이다.

이처럼 다양한 유형 가운데 특정의 관료의 개성이 어디에 해당하느냐에 따라, 그가 취하는 행동양식은 다르게 형성된다. 그리고 관료들 개개인이 지닌 이와 같은 개성과 그로부터 유래하는 그의 행동양식은 더 나아가 그가 속한 관료조직의 특성까지도 결정짓는다. 첫째, 기존하는 국가조직의 분열에 의해서, 또는 열성가들의 기업가적 활동에 의해서, 또는 정치 지도자의 카리스마나 그의 정부 내 영향력의 제도화 등을 통해서 새로운 하나의 관료기구가 형성된다. 둘째, 새로이 형성된 관료기구는 (그것을 고속승진의 기회로 간주하는) 출세가들과 (그 기관의 새로운 사업들에 대한 사명감을 품는) 열성가들의 관심을 끌어들이게 되어 점차 확장된다. 셋째, 관료기구가 장기적으로 유지됨에 따라, 출세가들의 수는 점차 정상수준으로 감소된다. 더욱이 행정기구가 노령화됨에 따라 그 기구의 팽창주의적 성향은 감소되며, 이미 형성되어 있는 역할의 유지만을 지향하게 된다. 급속한 성장이나 인력규모의 변화 없는 한, 지속되는 기간이 길면 길수록 그 기구는 점차 더 현상유지자들에 의해서 지배되며, 어떠한 형태의 변화에 대해서도 점차 더 저항적이 된다. 개인차원에서 볼 때, 관료들은 모두 시간이 지남에 따라 현상유지자가 되어, 소위 '보수주의 점증의 법칙(law of increasing conservatism)'에 부합되는 현상이 나타난다.

다운스의 다원주의적 관료제 모형은 이처럼 다양한 관료들의 개성유형과 관료기구의 생애주기(life cycle)를 기본적 토대로 하고 있다. 여기서 관료들은 보수성 및 기타 이기적·이타적 동기들에 의해 제한을 받는, 따라서 한정적으로만 극대화를 추구하는 자들이다. 행정기구의 속성도 관료들의 다양한 개성에 따라 다양한 모습으로 발전하는 것이다. 마치 시민들의 투표행동이나 이익집단활동들의 경우와 마찬가지로, 행정기구도 그 구성원(즉 관료)들의 다양한 동기 및 그로부터 유래하는 개성의 다양성에 의해 결정지워지는 것으로 보는 것이다.

2) 관료제의 예산극대화 모형과 그 변형

(1) 관료의 예산극대화 모형

니스카넨의 관료제 모형에서는 관료들을 보다 더 엄격하게 자신들의 개인적 이익만을 극대화하려는 사람들인 것으로 간주한다 (Mueller, 2003: 362-365; Niskanen, 1971). 관리들의 행동에 차이가 있을 수는 있겠지만, 그럼에도 불구하고 공익을 전적으로 추구하는 관료들이란 없다고 가정한다.

신고전주의적 관료들이 국가관료제라는 비영리조직 — 즉 재원이 주기적인 예산승인이나 증여의 형식을 통해 주어지며, 따라서 사기업의 경우와는 달리 이윤의 개념이 적용되지 않는 조직 — 에서 근무하게 되는 경우, 이들이 합리적으로 추구하게 되는 것은 오로지 소속 기구의 규모극대화 뿐이다. 기구의 규모(즉 예산)의 증대를 통해서 관료들은 다양한 형태의 개인후생(예: 더 많은 봉급과 부수적 이익, 승진기회, 부하직원, 영향력, 경쟁력, 명성 등)을 증진시킬 수 있는 것이다. 이처럼 관료들의 '예산극대화 전략(Budget-maximization Strategy)'은 독점적 성격의 정부기관 권력과 예산지급자인 의회의 통제력 분산 등의 요인들과 어우러지면서, 결국 기관산출의 과잉공급을 가져오게 된다 (정용덕, 1988).

특히, 니스카넨은 정부관료들에 대한 통제의 문제와 함께, 그들이 만들어내는 산출량이 본질적으로 비시장적(non-market)이라는 점을 강조한다. 즉 관료들이 생산물의 사용자들에게서 돈을 받아 경비를 조달하는 것이 아니라, 입법부의 예산절차를 통해 경비를 조달하는 제도적 환경을 강조한다. 다시 말해, 관료들이 생산물을 한 단위씩 판매하는 것이 아니라, 전체 생산물을 예산과 교환하는 형식으로 예산을 배정받기 때문에 자신들의 관료적 생산에서 나오는 총편익이 총비용보다 크다는 사실을 입법부에 납득시키기만 하면 자신의 생산활동이 타당하다는 인정을 받을 수 있고 이에 따라 그 총비용에 해당하는 예산을 받게 된다. 이와 같은 제도적 환경에 따라 관료들은 독점력을 확보하게 된다 (Mueller, 2003; 362-365).

아래 <그림 3-2-3>을 통해 기관산출의 과잉공급이 나타나게 되는 이유를 좀 더 자세히 설명해 본다.[16] 그림 (1)은 관료적 생산의 수준에 따른 총편익(TB)과 총비용(TC)의 변화를 보여주고 있다. 그리고 그림 (2)에는 각 생산수준에서의 총편익으로 부터 총비용을 뺀 사회적 잉여(π)를 나타내는 곡선이 그려져 있다. 이 그림을 보면 관료적 생산의 수준이 Q^*일

그림 3-2-3   니스카넨 모형

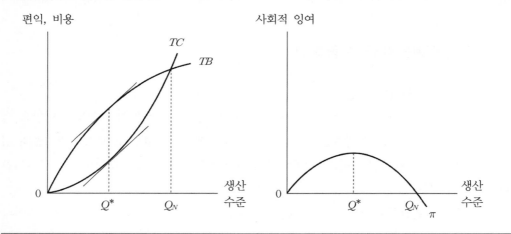

출처: 이준구, 2004.

---

16 <그림 3-2-3>과 그에 대한 설명은 이준구(2004: 146-148)에 의거하고 있다. 이에 대한 수리적 분석은 Hidriks & Myles(2006: 84-87) 또는 Mueller(2003; 362-365) 참조.

때 사회적 잉여가 극대화된다는 의미에서 바로 이 생산수준이 사회적 최적생산수준이 된다.

그런데 니스카넨의 설명에 따르면 예산극대화를 추구하는 관료들은 이 생산수준을 선택하지 않는다고 한다. 앞에서 설명한 예산절차상의 특징으로 인해 총편익이 총비용을 초과하기만 하면 타당성을 인정받을 수 있기 때문에, 가능한 한 높은 생산수준을 선택하고 싶어하는 관료들은 결국 Q_N의 생산수준을 선택하게 된다. 이 수준은 입법부에 의해 타당성을 인정받을 수 있는 최대한의 생산수준이다.

<그림 3-2-3>에서 나타나고 있는 바와 같이 관료가 선택하는 생산수준(Q_N)은 사회적 관점에서 최적인 생산수준(Q^*)을 훨씬 초과하고 있으며 이때 사회적 잉여는 0으로 떨어진다는 점을 확인할 수 있다. 이와 같은 선택은 관료들이 자신의 생산활동에서 나오는 사회적 잉여를 사용해 생산수준을 최대한으로 높인 결과라 할 수 있으며, 자신들의 독점력을 이용해 국민들에게 돌아갈 잉여를 관료적 생산의 확대, 다시 말하면 자신들의 효용 극대화에 사용한 결과이다.

결론적으로 모든 정부기관들은 대부분의 경우 (사기업조직에서라면 가능할) 최적 산출량을 초과하여 과잉 비대화되며 사회적 낭비(즉 사회후생의 감소)를 초래한다. 이 점에 있어서 관료들의 동기나 개성의 다양성으로 인한 어떠한 차이가 발생할 가능성은 인정되지 않는다. 어떤 국가기구의 어느 관료도 동일한 행동 — 즉 기관규모확대 및 기관산출의 과잉공급 — 을 수행한다고 본다 (Dunleavy, 1985a, 1991).

(2) 예산극대화 모형의 변형

니스카넨의 모형에서 나타난 관료들의 행태와 제도적 제약을 변형하여 다양한 관료제 모형들이 제시되었다. 몇 가지 주요 모형들을 소개하면 다음과 같다. 첫째, 잉여자원 극대화 모형(slack-maximizing bureaucrat model)이다. 예를 들면, 미구와 벨렌저(Migue and Belenger, 1974)는 관료들의 효용은 단지 예산의 크기뿐만 아니라, 직책과 관련해 누릴 수 있는 여러 특권들로부터도 발생한다고 주장한다. 그리고 이와 같은 특권들은 예산상의 잉여로부터 발생한다. 이와 같은 예산상의 잉여는 마치 기업 경영자가 재량적으로 사용할 수 있는 재량적 이윤과 같은 것이다. 이와 같은 모형에 따르면 관료들은 공공재의 공급량과 관련이 있는 예산과 자신들이 재량적으로 사용할 수 있는 예산상의 잉여 사이에서 효용극대화를 추구하게 되며, 결과적으로 사회적으로 최적수준을 넘는 공공재의 과잉공급이 이루어진다고 주장한다 (이준구, 2004: 149-151).[17]

---

[17] Wyckoff(1990)는 관료들이 조직의 잉여자원을 극대화하는 선택을 하는 과정에서 사회적으로 최적수준보다 낮은 수준의 공공재가 더 높은 비용으로 생산된다는 모형을 제시하고 있다. 이는 결국 관료들의 공공재 생산이 비효율적임을 의미하는 것이다 (Mueller, 2003: 369-370).

둘째, 위험회피 관료(risk-avoiding bureaucrat) 모형이다. 필츠만(Peltzman, 1973)은 미국의 연방의약청(Federal Drug Administration)이 새로운 의약품에 대한 인증을 과도하게 연기함으로써 더 많은 사람들의 목숨을 구하지 못하고 있다고 주장하였다. 이와 같은 승인 지연의 이유를 그는 연방의약청 관료들의 위험회피 성향에서 찾고 있다. 즉, 연방의약청의 관료들이 승인 지연에 따른 위험보다 안전하지 않은 신약의 판매를 승인할 위험을 더 크게 인지하기 때문이다. 또한 미국의 주택 및 도시개발부(Department of Housing and Urban Development) 공무원들은 정책 실패에 대한 비판을 피하기 위해, 낙후 도시의 개발이라는 정책 프로그램의 목적과는 달리, 실패 위험이 낮은 개발 프로그램을 추진하는 도시에 예산을 배정하기도 하였다 (Gist and Hill, 1981).

3) 관청형성 모형

(1) 관청형성 모형과 예산극대화 모형의 비교

이상과 같은 다운스와 니스카넨의 예산극대화 모형과 그 변형들은 일부 차이가 있음에도 불구하고, 다음과 같은 네 가지 공통된 문제점이 있다 (Dunleavy, 1985a; 1991: 170-71). ㉮ 이들은 모든 국가기관들을 (마치 국방조직의 경우와 같이) 엄격히 계층제적 계선 관료제인 것으로만 간주한다. ㉯ 관료의 효용함수 구성요소를 너무 광범위하고 모호하게 정의함으로써 공공선택론의 기본가정에 일치하지 못하고 있다. 예를 들면, 이기적인 동기 외에 이타적인 동기도 포함시킨다. ㉰ 모든 관료들의 행동을 동질적인 것으로만 가정함으로써 기관의 목표나 전략의 다양성을 분석할 수 있는 방법을 제시하지 못한다. 관료들은 모두 같은 것을 원하며 같은 조건 하에서는 같은 방식으로 행동하는 것으로 간주하거나(Niskanen, 1973), 관료 및 기관들의 다양성을 분석하더라도 신고전주의의 효용극대화 인간모형에 일치하지 않는 동기에 근거하는(Downs, 1967) 문제를 내포하고 있다. ㉱ 단일 관청의 단순한 확대 유추를 통해 복잡한 관청체계의 행동을 분석함으로써, 조직간 관계의 다양성을 간과하고 있다. 니스카넨의 경우 부처체계를 단순히 한 부처와 동일시하고 있으며, 다운스의 경우 조직간 관계를 분석하기는 하지만 계층제 법칙의 강조로 인해 그 중요성이 감소된 채 일반화를 시도하고 있다.[18]

---

[18] 특히, 니스카넨 모형을 검증하기 위한 경험적 연구가 진행되었지만 대다수는 그 주장을 뒷받침하는 결과를 얻지 못하였고, 더욱이 어떤 연구는 예산극대화모형의 주장과 배치되는 결과를 얻었으며, 이에 따라 보다 현실정합적인 새로운 관료행태모형 구성의 필요성이 제기되었다 (김근세·권순정, 2006; Dolan, 2002). 니스카넨의 모형에 대해서는 많은 연구들에서 모형이 입각하고 있는 가정들의 비현실성에 대해 지적되어 왔다. 특히, 현실에서의 입법부가 과연 모형에서 상정하고 있는 만큼 수동적이거나, 심지어는 무능한 존재인가 하는 점이 지적되어 왔다 (이준구, 2004: 149; Gruber, 2011: 271). 이와 같은 맥락에서 Miller와 Moe (1983)는 관료조직은 의회가 정부감시에 실패할

기존하는 관료제모형들이 지닌 도구적 합리성을 추구하는 관료들의 성향은 기본 전제로서 일관되게 적용되어야 한다. 그러나 다음의 명제들을 통해 볼 수 있는 바와 같이, 관료들의 합리적 의사결정에는 몇 가지 구조적 상황이 작용하며, 그로 인해 앞에서의 다운스나 니스카넨의 모형에서와는 다른 모습의 행정기구 발전이 이루어지게 된다 (김근세 · 권순정, 2006; Dunleavy, 1985; 1991).

첫째, 관료제 내에는 집합적 행동(collective action)의 문제가 존재하며, 이것이 국가기관의 전반적인 행동에 중대한 영향을 미친다. 관료기구는 그것의 계층제적 요소에도 불구하고 한 사람의 수장의 지휘 하에 일사불란하게 운영되는 '단일체적 관청'은 아닌 것이다 (Downs, 1967: 133). 따라서 예산극대화전략은 집단행동의 문제로 발전된다. 합리적인 관리들은 기관의 전체예산을 극대화하기 전에, 자신의 예산증대 노력비용과 예산증가로 인한 자신의 편익, 그리고 자신의 영향력의 수준 등을 고려하여 행동한다.

특히 관청형성모형에서는 관료와 관청은 각각 동기유발과 행정수행 방식의 측면에서 다르다고 가정한다. 고위, 중간, 하위 관료에 따라서, 또 그들이 서로 상이한 행정수단을 사용하는 관청에 있으면 관료의 동기유발구조는 다르게 형성된다. 따라서 직급에 따라 다른 형태의 무임승차(free riding) 현상이 발생한다. 아울러, 관료들의 개인후생이 예산증가에 관련되는 정도는 소속기관의 유형에 따라 크게 차이가 있다. 기관들은 그들이 수행하는 역할에 따라 다양한 유형으로 분류될 수 있으며, 이들 기관유형의 차이에 따라 예산증대와 관련된 관리들의 노력비용 및 효용획득 수준은 다양한 형태로 나타난다. 따라서 기관행동방식의 다양성은 — 다운스가 주장하는 것처럼 관리들의 개성차이 때문이 아니라 — 기관유형에 따른 관리들의 예산증대로부터의 순효용의 차이에서 기인하는 것이다. 이러한 주장은 예산극대화모형을 주장함에 있어 관료와 관청의 유형을 구분하지 않는 니스카넨과 근본적 차이를 갖는다.

둘째, 예산극대화모형과 관청형성모형의 또 다른 차이는 관료들의 행동을 촉발하는 동기유발 요소를 파악하는 데 있다. 예산극대화 모형은 관료에게 있어 가장 중요한 동기유발 요소는 예산이라고 파악하는 반면, 관청형성모형은 고위관료는 예산보다는 직무관련 효용을 극대화하기 위하여 행동한다고 주장한다. 니스카넨(1971: 38/1975)이 관료의 동기유발 요소를 예산으로 제한하는 이유는 관료의 효용함수를 구성하고 있는 거의 모든 변수들 — 봉급, 직무관련 부수입, 공공으로부터 받는 명성, 권력, 후원력, 관청의 산출물, 변화와 관리의 용이성 — 이 전체예산 혹은 관료들이 직접 재량권을 행사할 수 있는 예산이 증가하면 함께 증가한다고 보고 있기 때문이다.

때만 증가한다고 지적하고 있다.

그러나 관청형성모형에서는 예산은 집합적 행동(collective actions)에 의하여 증진되는 일종의 공공재이고 또 그로부터 발생하는 편익은 낮은 계층의 관료에게, 비용은 높은 계층의 관료에게 불균형적으로 배분된다고 간주한다. 또한 관료들의 효용은 대개 소속 기관이 통제하는 전체 예산액 중 단지 일부분에만 관련된다. 실제 예산은 여러 유형으로 구분될 수 있으며, 각 예산유형은 관리들의 직급에 따라 상이한 효용을 제공한다. 기존 공공선택모형들의 가정과는 달리, 관료들이 일차적으로 관심을 기울이는 예산은 자신들이 직접 지출하는 운영비 등이며, 민간부문이나 다른 공공부문으로의 이전지출에는 훨씬 적은 관심을 기울인다. 즉 관청예산에는 그 쓰임이 정해져 개인적인 편익을 취하기 어려운 항목이 있어 관청의 통제 하에 있는 오직 일부 예산만이 관료의 효용과 관련되어 있다는 것이다. 또한 정책수준의 고위관료들은 예산을 단지 내부최적 수준까지만 극대화 할 것이다. 즉 예산증가에 따라 체감하는 한계효용과 예산증대노력에 따르는 한계비용이 교차하는 수준에서 예산극대화가 중단된다.

나아가, 고위관리들은 금전적인 편익보다는 수행하는 업무성격에 따른 효용증대에 더 관심을 갖는다. 따라서 예산극대화 전략보다는 '관청형성 전략(bureau-shaping strategy)' — 즉 소속 관청의 형태변화 — 을 통한 효용증대에 노력을 기울인다. 고위관료들의 도구적 합리성은 그들이 소속 기관의 전체예산을 확대하는 (위험하고도 보상이 낮은) 집합적 전략에 의해 성취되지는 않으며, 대신에 소관 부서를 소규모 참모적 기관으로 재구성함으로써, 계선적 책임으로부터 벗어나고, 그렇게 함으로써 그들 정책분야의 전반적인 지출감축이 발생하는 상황에서도 불리한 영향을 덜 받을 수 있게끔 노력한다. 결론적으로 관청형성모형에서는 고위관료가 자신의 효용을 극대화하기 위한 수단으로 예산이라는 동기요인에 천착하기보다는 수행하는 직무와 관련된 효용을 극대화하기 위한 전략을 구사할 것이라는 결론에 도달한다.

셋째, 관청형성모형과 예산극대화모형의 또 다른 차이점은 효용극대화를 추구하는 관료들의 행동에 대한 제약을 둘러싼 가정이다. 예산극대화모형은 정치인에 의한 관료제 통제의 실효성을 제한하는 여러 가지 가정에 기반하고 있다. 니스카넨(1971: 24)은 관청과 정치인은 공공서비스의 공급과 수요에 있어 쌍방독점(bilateral monopoly)의 관계에 있다고 가정한다. 이 가정에 의하면 정치인은 자기 선거민의 공공서비스 수요를 충족시킴에 있어 관청에 의존할 수밖에 없고, 이는 정치인과 관료간의 정보의 불균형과 함께 관료들에 의한 공공서비스의 과잉공급을 야기한다. 다시 말하면, 정치인은 공공서비스 생산 및 비용에 대한 관청 내부의 정확한 정보를 획득하기 힘들기에 예산협상과정에서 관료들이 제안하는 과잉예산안이 통과된다는 것이다. 니스카넨은 정치인이 관료의 예산극대화 행태를 제어하지 못하는 다른 하나의 원인으로 그의 선거에 대한 이해를 지적한다. 정치인의 가장 중요한 개인적 목표는 재선이고 이 재선을 위하여 관료뿐만 아니라 정치인 또한 사회적 균형점을 넘는 과다한 수준의 공공서비스 생산을 선호한다.

반면, 관청형성모형에서는 정치인의 관료통제력에 대하여 자세하게 논의하지 않는다. 그러나 그는 균형예산을 도출하기 위해 직위계층별, 기관유형별로 한계예산증대비용[marginal (budget) advocacy costs]을 추정하고, 이는 일부 다른 요소와 함께 외부제약 — 던리비(Dunleavy)의 표현에 따르면 "환경의 적의성(environmental hostility)" — 에 의하여 영향을 받는다고 주장한다 (Dunleavy, 1985: 316/1991: 198). 여기에서 니스카넨(Niskanen)과 달리 던리비(Dunleavy)는 관료들의 효용극대화 행태가 관청외부의 제약에 의하여 일정한 방식으로 변할 수 있다고 가정하고 있음을 알 수 있다.

넷째, 관청형성 전략이 이루어짐에 따라 보다 분산화된 국가구조의 발전을 가져온다. 즉 예산극대화전략의 경우 예상되는 대규모 계선 관료제의 팽창을 통한 국가성장과는 달리, 관청형성전략의 경우는 고위직 엘리트관리들에 의해 주도되는 계선 책임이 없는 소규모 중앙부들에 의해 주도되는 국가기구형태의 발전이 이루어진다는 것이다.

이처럼 관청형성 모형은 국가 구성원인 관료들의 합리적·의도적인 행동을 강조함으로써, 행정기구의 발전을 어떤 불가피한 기능적 논리에 따른 특정의 목적을 달성하기 위한 일련의 제도로서 간주하는 기능주의 모형들과는 근본적으로 다른 접근을 하고 있다. 즉 국가관료제의 발전을, 단순히 어떤 거시사회적인 힘(macro-social forces)에 의한 것으로 환원시켜 설명하기보다는, 국가관료제 내부의 구성원 및 조직구조, 그리고 운영방법 등에서 찾으려는 것이다 (Dunleavy, 1982). 그러나 앞에서 살펴보았듯이, 관청형성 모형은 단순히 자발적·의도적인 인간을 가정하는 다원주의 및 신우익 공공선택모형들과도 다른 접근방법이다. 도구적 행위자들을 전제로 하되, 이들의 합리적이고 의도적인 선택은 또한 그들을 둘러싸고 있는 중간수준의 구조적 상황에 의해 제한될 수밖에 없다는 점을 아울러 강조하는 것이다. 여기서 강조하는 중간 수준의 구조에는 관료들의 직급(rank), 소속 기관 혹은 관청(agency or bureau), 그리고 그들의 지출 예산 유형과 같은 제도적 요인들이 포함된다. 이와 같은 제도적 요인들에 따라 관료들의 합리적 선택에 차이가 있을 수 있음을 강조하여 이를 관료제 분석모형에 적용하려는 것이다.

(2) 관료의 유인 체계와 관청형성전략

관청형성모형의 핵심주장은 관청의 예산증대는 모든 직위계층에서의 집합적 행동을 수반하는데, 개별 직위계층마다 예산증대로부터 발생하는 편익과 비용이 각각 다르기에 예산극대화 행동이 일어나기 힘들다는 것이다. 편익을 구성하는 한 요소인 예산증대에 대한 결정적 영향력은 고위관료가 가장 크지만 그로부터의 순수편익은 하위관료에서 가장 크고 그 과정에서 발생하는 비용은 대부분 고위관료에게 집중된다 (Dunleavy, 1985: 303-305/1991: 178-180). 또한 예산증대로부터 얻을 수 있는 편익은 전체예산이 아닌 일부 예산유형 — 핵심예산과 관청예산 — 에 한정되어 있는 반면, 예산증대를 위한 비용은 전체사업예산과 결부되어 있다 (Dunleavy, 1985: 308-9; 1991: 192). 이에 따라 고위관료들은 자신들의 개인적 효용에 큰 영향을 미치지 못하고 많은 비용이 소요되는 예산극대화 행동에 소극적일 것이라고 주장한다.

던리비(Dunleavy)의 이러한 주장은 관료들의 금전적 효용 획득 능력을 제한하는 정부인사체계와 그들이 선호하는 직무특성 분석을 통해 고위관료들은 직무와 관련된 내재적 효용(intrinsic utility)을 증대하기 위하여 "관청형성전략"을 구사할 것이라는 전망으로 발전한다. 중앙집권적 급여체계 하에서는 증대된 예산이 봉급인상으로 직결되기 어렵고 각종 인력제한, 중앙감사제도 등 또한 관료들의 금전적 효용 추구에 대한 제약으로 작용한다 (Dunleavy, 1985: 320; 1991: 200-1). 이러한 제약조건 하에서 관료들은 지위, 특권, 후원력, 영향력, 그리고 그들이 수행하는 직무 자체에 대한 흥미와 같은 비금전적 효용(김근세·권순정, 2006)을 보다 강조하게 된다. 그리고 이러한 비금전적 효용은 직무를 "권력중앙에 가깝게 소재하고 보다 동등하고 호의적인 분위기에서 수행되는 참모기능(central, collegial staff functions)"[19]으로 변환시키기 위한 관청형성전략을 통하여 증대할 수 있다 (Dunleavy: 1985: 321-2; 1991: 202-3). Dunleavy가 제시한 "엘리트로 구성된 중앙소재의 소규모 참모조직"에서의 직무특성은 그 자체로써 관료의 효용을 높일 수 있음과 동시에 앞서 언급한 관료들의 금전적, 비금전적 유인의 충족과도 직·간접적으로 관련되어 있다

Dunleavy(1991: 203-5)는 관료들이 추진할 수 있는 관청형성전략의 주요 수단을 5가지로 제시한다. 첫째, 조직 내부구조 재편을 통해 선호직무는 확장하는 반면 비선호직무는 다른 조직형태로 분리한다. 둘째, 관리사무의 축소, 자동화, 민간위탁(contracting out)이나, 정교한 정책분석 체계 구축을 통하여 보다 선호하는 방향으로 직무실제를 전환한다. 셋째, 기관의 성과가 타 공공기관이나 민간계약자 또는 관련 이익집단 등에 많이 의존하는 경우, 이들과의 관계 — 일종의 조합주의적 관계 — 를 제도화함으로써 일상적 관리부담을 줄여 정책

---

19 던리비는 관료가 선호하는 직무특성을 크게 3가지로 제시한다 (Dunleavy, 1985: 321/1991:202). 이들을 간단히 정리하면 다음과 같다. (1) 참모기능: ① 개인적으로 혁신적 일 ② 직무수행에 있어 보다 긴 시관(longer time-horizons); ③ 보다 폭넓은 직무범위 ④ 반복적이 아닌 발전적 일의 리듬 ⑤ 높은 관리재량권 ⑥ 공공에 노출이 잘 되지 않는 직무. (2) 동등한 직무분위기(collegial atmosphere): ① 소규모 직무단위 ② 엘리트로 구성되고 조직구조상 계층단계가 적은 관청의 직무 ③ 협조적 직무유형 ④ 동료간 친절하고 호의적 관계. (3) 중앙소재 직무(central location): ① 정치권력과 긴밀한 관계를 가질 수 있는 직무 ② 수도나 대도시 소재 직무 ③ 사회적 지위가 높은 사람과 친교하기에 좋은 직무.

관련 문제에 종사할 여지를 높인다. 넷째, 타 관청과의 경쟁을 통해 선호직무와 관련된 기능의 관할권을 넓히거나 귀찮고 하찮은 직무를 다른 관청으로 이관한다. 마지막으로, 복잡한 집행업무를 하위수준의 정부기관이나 준정부기관, 민간기업으로 이전하면서 여전히 감독권은 유지하는 반면 선호하는 정책생산에 전념할 여건을 마련한다. 이러한 관청형성전략은 고위관료들 간의 집합적 행동을 요하나 최소한 예산극대화만큼 쉽고 흔히 추진할 수 있으며, 일반예산에 비해 관료들의 효용과 보다 명확하고 중요한 관계를 가지고 있다. 이러한 주장은 앞서 논의된 예산극대화 추구 시 고위관료에게 발생하는 비용과 편익의 불균형과 결부되어, 주어진 예산제약 하에서 고위관료들은 예산증대보다는 직무특성을 자신들이 선호하는 방향으로 전환함으로써 효용을 극대화한다는 주장으로 발전한다.

(3) 예산의 유형

위와 같은 논의를 바탕으로 관청(bureau) 및 예산을 다음과 같이 유형화한다. 먼저 어떤 행정체계에서든 그들의 예산은 핵심예산(core budget), 관청예산(bureau budget), 사업예산(program budget), 그리고 초사업예산(super-programme budget)의 네 가지 서로 다른 의미를 지닌 유형으로 구분하는 것이 가능하다 (<그림 3-2-4>). 각 예산유형들의 개념을 간단히 검토하면 다음과 같다.

그림 3-2-4 핵심, 관청, 사업 및 초사업예산의 구성요소

초사업예산
=다른 기관들 스스로에 의해 확보되지만, 해당 상급수준기관에 의해 통제받는 자금
+

사업예산
=해당기관에 의해 감독되지만, 집행을 위해 다른 정부관청들에게 이전되는 자금
+

관청예산
=주요 자본사업, 부채이자, 고객집단에게 주는 자금, 고객집단에게 가는 서비스에 대한 다양한 물적 비용(핵심예산에 포함안된), 여타의 사기업 도급계약
+

핵심예산
=봉급, 여타 인건비, 기관의 시설 및 운영비, 사무실 비용, 직접 업무수행조직에 의해 쓰이는 물자

출처: Dunleavy, 1989b.

(가) 핵심예산: 이는 해당 행정기관의 자체운영(직접적으로 쓰이는 인원 및 재화)을 위한 운영비용과 여기에 기본적 기능을 위해 직접적으로 필요한 장비나 건물 등에의 자본적 지출을 합한 것을 의미한다. 타 공공부문 기관에게로의 이전, 계약 또는 교부금(grants) 등 형식으로 해당기관의 외부로 나가는 것이 아니라, 자체의 운영에 소비되는 지출로서 봉급 등의 인건비, 기본적 기능에 직접 소비되는 설비와 물적 비용(예: 사무실 설비, 컴퓨터 등), 사무실 비용(예: 대지 및 건물임대비용) 등이 포함된다. 흔히 '운영비(running costs)'라고 지칭되는 지출 외에, 기관 자체의 유지를 위한 일부 자본적 지출(capital spending)도 이 유형에 해당한다.

(나) 관청예산: 이는 핵심예산에 더하여 해당기관이 사적 부문에 직접 지불하는 모든 지출액을 합한 것을 뜻한다. 예를 들면, 사기업과의 계약에 따른 지불, 기타 개인이나 기업에 대한 이전지출, 자본적 부채(capital debts)에 대한 이자의 직접적 지불 등이 모두 여기에 포함된다. 서구 나라들의 경우 대부분의 건설이나 주요 설비 및 장비의 구매가 사기업과의 계약에 의해 수행됨에 따라 이를 위한 정부지출들이 모두 관청예산에 포함된다. 이 예산지출은 그 기관의 자체결정에 의해서 직접적으로 통제되며, 해당 예산이 공공부문 내에 (이를테면, 계약이 체결되거나, 이전지출이 이루어지는 시점까지) 머물러 있는 한, 그것의 집행은 그 기관의 구성원들에게 전적으로 책임이 있게 된다. 이 예산에 관한 결정에 있어서는 어느 여타의 다른 (또는 하부의) 공공부문조직이 관여하지 않는다.

(다) 사업예산: 이는 관청예산에 더하여 해당 기관이 공공부문의 타 기관이 사용하도록 이전하는 지출을 합한 금액을 말한다. 비록 이 전체 예산의 많은 부분이 다른 공공부문의 기관에 의해서 최종적 집행이 이루어지도록 이전되기는 하지만, 해당 기관이 궁극적인 예산지급자인 중앙예산기관이나 의회 그리고 법원 등에 대한 책임을 지는, 그래서 이전을 받는 조직에 대한 어떤 형태의 직접적인 감독을 수행하게 되는 모든 예산이 여기에 포함된다. 따라서 이런 종류의 이전이 조직간에 이루어지는 경우는 이전 받는 조직의 자금지출방법에 관해 해당 기관이 계층제적 통제 혹은 감독을 수행할 수 있는 경우에 한해서만 포함한다.

(라) 초사업예산: 이는 사업예산에 더하여 타 기관의 자체자원이지만, 그럼에도 불구하고 해당기관이 어떤 정책책임을 행사하거나, 기획상의 제한 또는 확대 등의 영향을 행사할 수 있거나, 또는 전체적 또는 부분적인 정치적 신용(political credit)을 요구(따라서 정치적 비난을)할 수 있는 경우의 모든 지출을 합한 것이다.

이처럼 분류되는 예산은 각 유형별로 다른 이론적 의의를 제공한다. 먼저 핵심예산은 기관의 자체 활동비로서, 이에 대한 결정은 전적으로 해당기관에 의해 이루어진다. 관청예산은 (그 예산이 사부문의 기업·개인에게 도달하기 전까지는) 해당기관이 완전한 권위와 통제권을 갖는 공공지출이다. 사업예산은 공공부문의 타 기관으로 전해지는 금액으로서, 해당기관이 제공자 — 즉 중앙예산기관 혹은 의회 — 로부터 받은 전체 예산액을 의미한다. 대부분의 기관들의 경우는 이 사업예산이 마지막이고 초사업예산은 없는 것이 보통이다. 그러나 대개의 중앙국가들이 광역 또는 기타 지방정부로의 정부간 이전을 수행하고 있다. 이 경우에는 이들 하위수준정부 또는 기관들의 자체 예산액의 큰 몫에 대한 통제력을 확보하여 행사하게 되는 최상위계층기관들(top-tier agencies)이 존재하게 되는 셈이다.

(4) 관청의 유형

정부기관들의 예산지출은 위에서의 네 가지 예산유형간의 상대적 규모면에서 체계적인 차이를 보일 것으로 예측된다. 관청형성모형은 예산유형간의 상대적 규모의 차이에 따라 기관유형을 구분한다. 즉 어떤 정부든지 그들이 지니고 있는 공식적으로 통합된 조직들을 다음과 같이 다양한 기관유형으로 재분해하는 것이다. 먼저 기본적 기관으로서 전달기관(Delivery agency), 규제기관(Regulatory agency), 이전기관(Transfer agency), 계약기관(Contracts agency), 통제기관(Control agency)의 다섯 가지 유형을 설정한다. 이 기본적 유형에 속하는 기관들은 중앙국가의 인력 및 운영비의 대부분을 차지하는 대규모 조직들이다. 모든 중앙국가기구들을 분석에 모두 포함시키기 위해서는, 이상의 다섯 가지 기관유형 외에, 조세기관(Taxing agency), 거래기관(Trading agency), 봉사기관(Servicing agency)의 세 가지 기관유형들을 부가적으로 더 설정할 필요가 있다. 이와 같은 관청유형별 행정기구의 구체적인 특성은 다음과 같다.

(가) 전달기관: 전달기관은 베버주의(Weberian) 관료제이론이나 경제분석에서의 전형적인 고전적 계선 관료제에 해당한다. 산출물을 직접 생산하거나, 시민 또는 기업에게 서비스를 직접 전달하며, 자체 고용인력을 사용하여 대부분의 정책집행을 직접 수행한다. 물론 구성원들은 다양한 구조의 여러 하위기관에서 근무하게 되지만, 상위기관의 공직자와 하위기관의 공직자들간에는 명확한 권위 또는 책임구분이 설정되어 있다. 대개 노동집약적 기능을 수행하며, 그와 같은 기능에 따라 대규모 예산을 갖는 경향이 있다. 의회에서 심의되어 부여된 예산의 거의 전액을 대규모 직원의 고용 및 운영비 충당에 사용한다. 즉 대규모 핵심예산을 지출하며, 이것이 관청 및 사업예산의 대부분을 차지함을 의미한다. 하위 공공부문기관과의 긴밀한 관계가 별로 없으며, 따라서 사업예산을 초과하는 초사업예산 증분(increment)

은 없다. 예산유형간의 관계를 보면, 핵심 및 관청예산이 모두 사업예산의 증가에 따라 안정 적으로 증가하며, 핵심예산이 사업예산의 큰 몫을 차지할 것으로 예측된다. 군대, 대도시경 찰, 교도소 등이 전형적인 예이다.

아울러, 전달관련기관에 해당하는 중앙국가기관은 전형적인 전달기관과 더불어 전달기관 과 이전기관의 혼합형, 그리고 전달기관과 통제기관의 혼합형이 있다. 전달-이전기관은 전 달기관이면서 이전기관의 성격을 강하게 띠고 있는 기관유형이다. 그리고 전달-통제기관은 전달기관이면서 통제기관의 성격을 강하게 띠고 있는 기관유형이다.

한국 중앙정부의 경우, 2012년을 기준으로 헌법재판소, 대법원, 대통령경호실, 국방부, 경찰청, 법무부(검찰청 포함), 병무청, 중앙선거관리위원회, 기상청 등이 전형적인 전달기관 의 특성을 보이고 있다. 이들 기관의 경우, 각 연도별로 사업예산 대비 핵심예산의 비율이 98.0%를 상회하는 것으로 분석되어 전형적인 전달기관의 특성을 보이는 것으로 분석된다. 전달-이전기관으로는 고용노동부, 통일부, 외교통상부가 분류된다. 예를 들면, 고용노동부 는 핵심/사업예산 비율이 33% 이상을 유지하면서 관청예산의 증분의 규모가 핵심예산을 증 가할 뿐만 아니라, 그 증가율 역시 큰 것으로 분석되었다. 통일부와 외교통상부 역시 연도별 로 40~70%까지의 핵심/사업예산의 비중을 유지하면서도 관청예산이 규모와 증가율 측면에 서 큰 비중을 차지하고 있는 것으로 나타났다. 전달-통제기관으로는 문화체육관광부, 문화 재청, 산림청 등이 이 유형에 속한다. 이들 기관들은 핵심/사업예산 비율을 연도별로 35~ 60%까지 유지하면서, 지방자치단체이전 등을 통해 사업예산 규모를 상대적으로 크게 유지 하고 있다

(나) 이전기관 및 계약기관: 이전기관과 계약기관은 예산의 상당부분을 사적 부문에 건 네준다는 면에서 공통점이 있다. 그러나 전자는 반대급부 없이 사적 부문으로의 자원을 이 전시키는 기관인 데 반하여, 후자는 시적 부문과의 계약에 의한 쌍무적 급부의 이전을 전제 로 하는 점에서 차이가 있다.

첫째, 이전기관은 사부문의 개인이나 기업에 대한 보조금 혹은 사회보장(entitlement)형태 의 재정지불을 취급하는 자금이동조직이다. 국민국가는 최소 하나의 이전기관은 소유할 것 인 만큼, 보조금지급업무는 집권적 관리와 전산화에 의해 쉽게 체계적인 관리가 가능하다. 지급되는 이전지출 또는 보조금의 규모에 비해 단지 소규모 행정비용만 사용되기 때문에, 핵심예산은 관청예산의 극히 일부분만을 차지한다. 또한 타 공공부문기관에의 자금이전이 거의 없는 관계로 관청예산은 사업예산의 대부분을 차지한다. 예산유형간의 관계를 이론적 으로 예측해 보면, 핵심예산이 사업예산과 더불어 증가하지 않을 것이다. 일단 기본적 행정

기구가 갖추어지면, 관청 및 사업예산의 증가가 기관운영비에 영향을 미치지 않는 것이다. 주로 사적 부문으로의 이전지출업무를 수행하는 복지행정기관들이 이에 해당한다.

한국의 중앙정부의 경우, 생산부문에 대한 이전지출과 복지부문에 대한 이전지출을 행하는 기관이 모두 포함된다. 1997~2012년의 기간에 정부조직개편 등으로 전체 국가기구 상의 변화가 있었으나, 2012년 기준으로 환경부, 보건복지부, 국가보훈처, 지식경제부, 여성가족부, 중소기업청, 과학기술위원회 등이 이전기관에 해당하는 것으로 분류된다.

둘째, 계약기관은 그 주요 업무가 입찰시킬 용역의 명세서나 자본 사업(capital projects) 등을 계획, 개발한 다음에 사기업(혹은 공기업같이 영리적으로 운영되는 공공조직)과 계약을 체결하는 것이다. 이 기관의 구성원들은 연구개발(R&D) 프로젝트를 개발하며, 시설 혹은 용역의 내역을 정리하고, 기업과의 연락 및 계약 그리고 순응 등의 관리를 담당한다. 반면에 프로젝트나 용역의 실제 집행, 공장이나 물자의 정리, 필요한 인력의 대부분의 고용 그리고 물리적 산출물의 생산 등은 모두 계약자가 수행한다. 핵심예산은 관청예산의 단지 완만하게 적은 부분만을 차지하여, 전형적인 핵심/관청예산 비율은 20~30%일 것으로 예측된다. 그러나 이전기관의 경우보다는 많은 부분을 차지한다. 관청예산은 사업예산의 거의 모든 부분을 차지하며, 초사업예산 증분은 없다. 한국의 중앙정부의 경우, 2012년을 기준으로 국토해양부, 농림수산식품부, 농촌진흥청, 조달청, 방위사업청 등의 기관이 계약기관으로 분류된다. 예를 들면, 농림수산식품부는 핵심/사업예산의 비율은 11.0%에서 25.0% 수준이면서, 주로 민간부문에 대한 이전지출이 반영되는 관청예산의 비중이 크다.

(다) 통제기관: 통제기관의 기본 업무는 교부금(grant) 혹은 정부간 이전 형태로 다른 공공부문기관에 자금을 전달한 다음, 이들 타 국가조직들의 자금사용 및 정책집행 방식을 감독하는 일이다. 이 기관의 핵심예산은 이전되는 총지출액에 비해 단지 일부분만을 행정비용으로 사용한다. 관청예산의 경우도 사업예산의 극히 일부분만을 차지할 뿐이다. 흔히 지방정부 또는 하위수준기관들을 감독하기 때문에 사업예산의 수준에 더하여 대규모 초사업예산의 증분을 갖는 것이 가능하다. 즉 초사업예산이 사업예산의 수준에 따라 상당한 증가를 보일 수 있는 전형적인 기관에 해당한다. 일단 기본적인 행정기구가 형성되면, 핵심예산의 규모에는 영향을 미치지 않고도 대규모 사업예산의 증가가 이루어질 수도 있다. 그러나 다른 공공부문기관에게로의 교부금은 관청예산의 범주에는 제외되므로, 관청예산 역시 핵심예산과 유사한 변화를 보인다. 나라에 따라서는 중앙정부의 자금제공이 하위정부의 자체 재원을 포함한 모든 자금원에 대한 통제를 가능하게 할 경우가 있으며, 이 경우 초사업예산은 사업예산의 증가율보다 더 빠른 증가율을 나타내게 된다.

한국 중앙정부의 경우, 2012년을 기준으로 기획재정부, 방송통신위원회, 금융위원회, 교육과학기술부, 행정안전부 등이 통제기관으로 분류된다. 이들 통제기관들은 기관의 기능에 따라 차이가 나타나기는 하나 대체적으로 핵심/사업예산의 비율이 매우 작고 대규모의 사업예산을 유지하고 있다. 예를 들면, 교육과학기술부의 경우 1997~2012년 기간 동안 사업예산이 핵심예산의 10배를 상회하는 등 전형적인 통제기관으로의 관청형성을 보여주고 있다.

(라) 기타 기관: 조세기관, 규제기관, 거래기관, 봉사기관 등 규모는 크지 않은 행정기구들이 있다. 이 가운데 조세기관과 규제기관은 정책집행에 필요한 이른바 순응비용(compliance cost)을 그 대상 집단에게 외부화시킬 수 있기 때문에 오로지 자체 기관운영비 위주의 예산이 필요한 기관이다.

첫째, 조세기관은 정부재정을 확보하는 일을 담당한다. 이 유형의 정부기관들은 규제기관과 유사하게, 행정비용을 납세자, 기업 또는 타 공공기관에게로 외부화시킬 수가 있다. 따라서 노동집약적이고 서류 이동적인 조직이지만, 규제기관과 마찬가지로, 행정비용은 그들이 취급하는 징세 산출액에 비하면 극히 소규모에 불과하다. 다만 규제기관에 비해 훨씬 더 큰 인력 및 핵심예산을 소유한다. 거의 모든 자체예산을 운영비에 씀으로써, 핵심예산이 관청예산과 사업예산의 거의 모든 부분을 차지한다. 한국의 중앙정부의 경우, 국세청과 관세청이 이에 해당한다.

둘째, 규제기관의 주요 업무는 개인, 기업 또는 타 공공부문기관의 행동을 (인허가, 보고서, 성과기준 혹은 기타 유사한 제도들을 통해) 제한하는 일이다. 교통운송허가기관, 민영화된 공익사업에 대한 규제기관 등이 좋은 예이다. 전달기관과 동일한 예산유형간의 관계가 예상되지만, 그보다 훨씬 작은 규모의 예산을 지출한다. 자체활동비용을 대부분 피규제자(또는 기관)에게 외부화시킴으로써 조세 또는 공공지출이라는 측면에서는 상대적으로 실비의 운영비만을 사용한다. 일차적으로 서류이동 및 감찰조직이기 때문에, 핵심예산이 관청 및 사업예산의 큰 몫을 차지한다. 그러나 규제를 위한 2차적 수단으로서 보조금을 사용하는 경우는 관청예산이 핵심예산과 어느 정도의 차이를 나타낼 수도 있다. 순응비용(compliance costs)을 외부화시키기 때문에, 전달기관에 비해 훨씬 작은 인원을 고용하며, 상대적으로 훨씬 적은 사업예산을 사용한다. 초사업예산 증분은 없다. 한국 중앙정부의 경우, 2012년을 기준으로 감사원, 특허청, 식품의약품안전청, 공정거래위원회, 국가인권위원회, 원자력안전위원회, 국민권익위원회 등에 이에 해당한다.

셋째, 거래기관은 경제시장에서 완전한 또는 완전하지는 않더라도 상당한 수준의 영리활동을 직접 수행한다. 여타 공공기관에 서비스를 전달할 경우는 완전한 반대급부 위에서 시행하며, 통상 다른 정책책임 없이 단일 업무만을 수행한다. 따라서 핵심예산이 관청예산의 많은 부분을 차지하며, 관청예산은 사업예산과 거의 일치한다.

한국 중앙정부의 경우, 과거에는 전매청, 철도청, 체신부라는 전통적인 기관들이 거래기관에 포함되었으나, 전매청이 1987년 개편 때 한국담배인삼공사로 전환되었고, 체신부가 정보통신부로 변경되고 2000년 7월부터는 우편 및 우체국금융사무를 우정사업본부에서 담당하고 있다. 아울러, 철도청의 경우, 2005년 한국철도공사로 전환되었다. 이로 인해 2012년에는 거래기관이 존재하지 않게 되었다.

넷째, 봉사기관은 정부의 모든 타 조직에 시설이나 용역을 제공하는 업무를 수행한다. 여타 정부기관에 서비스나 시설 등을 (때로는 반대급부 위에서) 제공하는 점에서는 영업기관과 아주 유사하다. 그러나 민간부문의 고객은 없으며, 그 외에도 그들의 산출물이 일련의 기관들 또는 전체 정부를 위한 집합재로 간주되는 경우는 비매품으로 제공하는 점 등에서 차이가 있다. 이들의 산출물은 비가분적이거나, 집합적인 편익의 제공으로서, 가격화하여 반대급부를 수령하기는 힘든 것들이다. 한국 중앙정부의 경우, 2012년을 기준으로 대통령실, 국무총리실, 민주평화통일자문회의, 법제처, 통계청, 국회 등이 이에 속한다. 봉사기관으로 분류되는 기관들은 매우 작은 사업예산과 60~100% 사이의 핵심예산비율을 나타내고 있다.

3. 결 론

예산극대화 모형 및 관청형성 모형 등 개인주의 국가의 행정기구 이론들을 통해 다음과 같은 이론적 및 정책적 함의를 얻게 된다. 각 모형들의 분석 결과에 바탕을 두고 도출되는 주요 함의들에 대하여 살펴본다.

1) 예산극대화 모형과 그 변형

예산극대화모형과 그 변형 모형과 같은 경제학적 분석에 기반하여 정부의 정책과 관료들의 행태를 분석하는 니스카넨을 비롯한 툴록 등 공공선택론자들은 관료는 민간기업의 경영자와 마찬가지로 공익보다는 자신의 효용을 극대화하고자 하며, 이와 같은 가정을 바탕으로 한 모형은 상당한 예측력을 가지고 있다고 주장한다. 이들은 특히 관료제가 공익에 기여하지 못한다는 점이 관료들이 게으르거나 무능하다는 가정에 기초하고 있지 않다는 점을 강조한다 (Tullok, Seldon and Brady, 2000).

공공선택론자들의 가정을 좀 더 구체적으로 제시하면 다음과 같다 (김일태·정용덕·정기화, 1994). 첫째, 정부의 의사결정을 담당하는 개인들은 공익을 위하기보다는 자신의 효용을 극대화한다는 것이다. 정치가의 경우에는 득표나 수익의 극대화를, 정부의 관료는 예산이나 조직의 여유자원, 자신이 누리는 특권과 같은 자신의 효용극대화를 추구하게 된다는 것이다. 둘째, 정부의 의사결정자들은 시장에서의 경제주체와 마찬가지로 제한된 정보를 가지고 있다. 이와 같은 제한적인 정보는 정부 정책의 불완전성을 가져올 뿐만 아니라, 결정된 정책을 성공적으로 집행할 수 없다는 점을 의미한다. 셋째, 이와 같은 정보의 불완전성은 정부 관료제와 입법부간의 관계의 측면에서, 입법부의 정부관료제에 대한 통제 불가능성을 의미한다. 그로 인해 입법부의 정책을 온전하게 집행하여야 할 관료들이 자신의 이익을 극대화하는 의사결정을 할 때, 입법부는 이를 통제할 수 없다.

이와 같은 가정에 입각한 분석은 니스카넨 모형이 제시하고 있는 바와 같이 결국 정부 공공재가 사회적 최적점을 넘어서는 과잉 생산되고 있으며, 정부 전체적으로는 '크고 비효율적인' 정부로 귀결되고 있음을 주장하는 것이다.[20] 즉 관료제가 생산하는 서비스를 통해 발생하는 사회적 잉여가 관료들의 보수 증가로 고갈될 정도로 관료제가 팽창하게 됨으로써, 대의민주주의 체제가 과잉정부(excessive government)를 회피할 수 없는 태생적인 한계를 가지고 있으며, 이는 다시 관료제 권력의 강화와 시민들의 정부에 대한 통제력 상실로 이어져 민주주의의 위기를 가져올 것이라고 주장한다 (Tullok, Seldon and Brady, 2000).

그렇다면, 그들의 대안은 무엇인가? 니스카넨은 다음과 같은 제안을 하고 있다. 첫째, 관리자 수준의 관료들의 봉급을 예산절감 노력에 상응하게 조정함으로써 이들이 과다한 생산활동을 하지 못하도록 억제할 것을 제의했다. 둘째, 생산과 공급활동은 민간기업에 맡기고 정부는 경비만 대는 방법을 적용할 것을 제의했다. 이는 결국 정부활동의 민영화 또는 민간기업에의 외주 확대로 이어지게 된다. 이와 함께, 예산심의 과정에서 정부사업의 비용과 편익이 연계된 사업 제안서의 제출을 의무화한다던지, 정부의 재정활동에 대한 강력한 법적 통제를 통해 정부의 권력을 제한하는 방안을 제시하고 있다 (Brennan and Buchanan, 1980).

2) 관청형성 모형

(1) 행정기구 변화에 대한 경험적 서술

관청형성 모형의 적용을 통해서 행정기구에 대해 다음과 같이 보다 현실적인 묘사와 설명이 가능해진다. 첫째, 행정기구의 다양성을 확인하고 그것에 관한 구체적인 분석을 할 수

---

20 이와 같은 공공선택론의 분석은 시장실패를 교정하기 위한 정부의 개입이 본래 의도한 정책결과를 산출하지 못하고 오히려 자원배분의 왜곡과 비효율성을 초래하는 '정부실패' 개념의 이론적 기초가 된다 (Gruber, 2011: 270).

있게 된다. 관료제를 베버주의의 엄격한 계층제적 계선기관(hierachical line agency)으로 간주하는 다운스와 니스카넨의 모형에서 볼 수 있듯이, 행정조직의 동질성을 가정하는 경우들이 의외로 많다. 행정조직을 전체로서 묘사되는 하나의 초기관(super-agency)으로 단순화하거나, 총체적 개념으로서의 공무원단(the civil service) 전체에 관한 기술과 정책변화에 초점을 둘 뿐, 국가의 구조적 발전(structural development)에 관한 분화된 인과적 분석이나, 개개 국가조직별 문화나 특이성에 관심을 기울이는 연구는 드물다. 관청형성 모형을 통해 최근 조직이론 연구에서 강조하는 사항, 즉 현대 행정체계들은 고도로 분절화 및 분화되어 있음을 인정하여 그 점을 규명하는 데 유용하다.

둘째, 관청형성 모형을 통해, 기존의 공공선택 모형들의 주장과는 달리, 국가관료제의 성장이 필연적인 현상이 아님을 검증할 수 있다. (개) 먼저 직급과 예산의 서로 다른 의미를 구별하게 됨에 따라, 신우익 공공선택론에서의 관료제의 예산극대화 논리는 그 타당성을 잃게 된다. 신우익론의 경우는 관리들이 그들의 핵심예산을, 그리고 경우에 따라 그 다음으로 관청예산을, 극대화할 것으로 일관되게 예측한다. 물론 하위직 및 중급직 관료들에게 있어 핵심예산의 경우 그 예산의 극대화로부터 편익이 직접적으로 관련된다. 반면, 고위직 관리들의 편익은 관청예산에 좀 더 강하게 연계된다 (Dunleavy, 1985a: 307-9). 관청예산을 증액시킴으로써 그들의 핵심예산이 위협받게 되는 경우를 예방하고자 하는 소위 보험전략(insurance strategy)으로 활용할 것이다. 그러나 합리적인 관리들이라면, 분산된 민간부문이나 다른 공공부문기관에게 단순히 이전될 일부 관청예산 및 사업예산을 증액시킬 동기부여는 없을 것이다. 마찬가지로 초사업예산에 관심을 갖게 될 이유도 별로 없다. 정책결정에 가장 영향력이 있는 고위관료들의 도구적 합리성은 소속기관의 전체예산을 확대하는 (위험하고도 보상이 낮은) 집합적 전략에 의해 성취되지 않으며, 오히려 소속기관을 소규모로 재구성하여 계선 책임으로부터 벗어남으로써, 그들 정책분야의 전반적인 지출감축이 발생하는 상황에서도 불리한 영향을 적게 받고자 행동할 것이다. 고위직 관리들은 이와 같은 관청형성전략에 의해 예산극대화전략의 경우보다 더 안전하게 그들의 계급이익(class interests)을 증진시킬 수 있게 된다 (Smith, 1988: 168).[21]

(나) 관료들의 행동은 소속기관의 특성에 따라서도 다르게 나타날 것이다. 합리적 관리들의 핵심예산 (그리고 어쩌면 관청예산) 극대화 동기는 (가장 대규모 핵심예산과 인력을 소유하는)

---

[21] 따라서 신우파 모형들의 국가성장론과는 달리, 민영화나 분권화와 같은 정부 관료제에 대한 시장주의 개혁이 별다른 관리들의 저항 없이 이루어질 수 있음을 설명·예측할 수 있다. 1980년대 영국에서 대처 행정부의 경험이 입증하듯이, 이러한 변화들은 고위관리자들의 선호에 부합되는 기관재구성에 해당하는 제도적 변화로서, 오히려 이들에 의해 대체적으로 환영되고 적극적으로 추진될 수도 있는 것이다 (Dunleavy, 1986; Ascher, 1987). 또한 대부분의 자유민주주의하에서의 복지국가확대가, 복잡하고 분권화된 하위수준의 중앙정부기관 연결망을 형성하는 식으로의 특징적인 제도적 발전을 이루어 온 경향도 같은 논리에 의해 설명될 수 있다.

전달기관에서 가장 강하게 부여될 것이다. 이러한 동기부여는 역시 핵심예산이 사업예산의
대부분 또는 전부를 차지하는 조세기관과 규제기관 및 기타 소규모 기관들에게서도 나타날
것이다. 반면 계약기관과 이전기관의 경우 관리들은 다음과 같은 경우에 한해서만 관청예산
이 핵심예산을 초과하면서 극대화되게 하려는 노력을 기울일 것이다. 즉 계약 혹은 이전지
출에 관련한 단일 지출결정 규모들이 크고, 해당예산의 배분에 관한 최종결정이 고위직 관
료들에 의해 재량적으로 이루어질 수 있으며, 관리들의 애고주의(愛顧主義)에 대해 반대급부
를 조직할 수 있을 만큼 이전지출의 수혜자가 소수이면서도 대규모 조직인 경우 등이다. 이
렇게 볼 때, 계약기관과 이전기관에서의 관청예산 극대화 동기는 보조금이전이나 계약배분
을 대기업 또는 중간수준의 코포라티스트적 이익집단에게 하는 국가기구의 경우가, 복지지
출 수혜자들과 같이 고도로 분산된 고객들을 상대하는 국가기구의 경우에서보다 훨씬 더 강
하게 부여될 것이 예상된다.

(2) 신공공관리의 관료제 개혁방안

관청형성 모형은 관료제의 변화를 서술하기 위한 묘사설명이론으로써 구성된 것이다. 그
러나 이 모형은 처방적 목적을 위해서도 활용될 수 있다. 신공공관리(New Public Management)
의 관점에서 정부관료제를 개혁하려고 하는 경우에 그러하다 (김근세, 1997; Peters, 1995). 즉
관청형성 모형을 통해 예측할 수 있는 관료들의 관청형성 전략을 역으로 이용함으로써, 신
공공관리 모형에 입각한 행정기구 개혁 방안을 마련하는 것이다 (김근세, 1998; 정용덕·김근
세, 1998).

이를 위하여, 분석하려는 행정기구들이 수행하는 기능을 정책을 결정하는 기능(즉 정책기
능)과 정책을 집행하는 기능(즉 집행기능)으로 구분한다. 또한 이 기구들이 지출하는 예산을
관청형성 모형의 유형에 따라 분류한다. 이처럼 기능과 예산의 비중에 따라 관료기구들을
다음 <표 3-2-2>과 같이 네 가지 유형으로 분류할 수 있다. 이 유형에 따른 개혁방향을
제시하면 다음과 같다.

표 3-2-2 행정기구의 기능과 예산 분석

기능유형 예산유형	정책기능 위주	집행기능 위주
높은 핵심/사업 예산비율	제1유형	제2유형
높은 관청/사업 예산비율	제3유형	제4유형

출처: 정용덕·김근세, 1998.

제1유형에 속하는 기관은 주로 정책기능을 수행하면서 예산의 대부분을 기관 내의 경상 활동비에 지출하는 핵심예산의 비율이 높은 기관이다. 일반적으로는 전달기관, 규제기관, 조세기관의 예가 여기에 속하지만, 여기에서의 분석대상인 정책기획기구들은 소규모 인력과 예산을 사용하는 점에서 차이가 있다.

제2유형에 속하는 기관은 주로 집행기능을 수행하면서 역시 예산의 대부분을 기관내에서 지출하는 핵심예산의 비율이 높은 기관으로, 전달기관의 성격을 지닌다. 바로 이 유형이 영국, 뉴질랜드 등에서 추진한 정부기능감축의 주요 대상이다. 즉 이 유형에 속하는 기관은 책임집행기관, 민간위탁, 민간화의 검토 대상이 된다.

제3유형은 주로 정책기능을 수행하는데, 예산의 대부분을 민간부문에 지출함으로써 관청예산의 비율이 높은 기관으로서 이전기관, 계약기관의 성격을 지닌다.

제4유형에 속하는 기관은 주로 집행기능을 수행하지만, 예산의 대부분을 기관 내 자체사업에 지출하지 않고, 민간부문에 지출하는 유형이다. 이와 같은 유형에 해당하는 기구들은 내부시장화 전략과 민영화의 가능성을 검토할 수 있다.

제 4 절 자유민주주의 국가의 행정기구: 엘리트주의의 시각

1. 서 론

엘리트주의는 현대 국가의 관료주의적 측면을 강조한다. 국가가 과두제적 방식으로 조직되며, 자율성과 정책능력을 확보하는 것에 초점을 맞춘다.

1) 국가와 사회의 특성

엘리트주의는 현대 국가와 사회에서 소수 엘리트들이 다수 대중들을 지배하는 것으로 가정한다. 지배 엘리트들은 여러 방식으로 권력을 점유하여 정책을 주도하고, 피지배 대중들은 엘리트들의 결정에 따른다고 본다. 엘리트 지배의 관점에서 볼 때, 국가-사회 간 관계의 맥락은 다음 세 가지 시각으로 이해될 수 있다. 첫째, 국가 정책과 제도적 구조들이 사회적 요인 즉 대의정치 엘리트와 경제력이나 전문성을 기반으로 한 사회 부문 권력 엘리트에 의해 수동적으로 결정되는 것으로 보는 시각이다. 둘째, 국가와 지배적인 사회 집단들을 대표하는 정상조직들(peak organizations)간의 협의를 통해 국가 정책과 제도들이 결정되는 것으로 보는 코포라티즘(corporatism) 시각이다. 셋째, 사회에 대한 국가의 자율성[22]을 강조하는 자율국가론(autonomous state) 시각이다 (정용덕, 1999).

2) 행정기구의 특성

현대 국가에 대한 관점의 차이에 따라 정부기구 및 중간조직에 대한 이해도 달라진다. 첫째, 국가가 사회적 요인에 의해 수동적으로 통제된다고 보면 그 국가의 일부인 정부 기구도 그렇다고 볼 가능성이 높다. 즉 정부 기구들이 대의제도 하에서 정치 엘리트들에 의해 통제되거나 경제적 혹은 전문가적 권력 엘리트들에 의해 통제되고 있다고 볼 것이다.[23] 둘째, 국가가 사회의 정상조직들과 협상을 통해 국익을 위해 정책을 결정한다고 본다면, 정부 기구는 그런 코포라티즘적 협상체계를 반영하고 있다고 볼 것이다. 예를 들면, 노사정위원회와 같은 삼자협상체계(tripartite system)나 협회 등 정책영역 별 매개 조직들이 발전하고, 전통적인 대의제 기구들은 상대적으로 약화된다고 볼 것이다 (Schmitter & Lehmbruch, 1979; Smith, 1988: 4장). 셋째, 국가가 사회 부문에 대해 자율성을 가지고 있다고 본다면 정부 기구는 국가의 중요한 제도적 구성 요소로서 국가자율성의 조직적 토대를 제공하도록 구조화되어 있다고 볼 것이다.

2. 국가자율성의 결정 요인

국가의 자율성은 ① 국가 자체의 능력, ② 국가-국내 사회 간 관계, ③ 국제체제에서 국가 간 관계(외교력 및 군사력 포함) 세 가지 차원에 의해 결정된다 (Bensel, 1990). 국가능력 (state capability)이란 국가 자체의 내부적 요인에 의해 결정되는 정책 수행 능력을 의미한다 (김일영, 1993).[24] 국가능력을 결정하는 것은 정부 기구이다. 어떤 국가가 강한 국가(strong

---

22 국가가 시민사회의 의사에 반해 어떤 정책을 독자적으로 입안하고 집행할 수 있는 자율성을 의미한다. 좀 더 상세히 살펴보면 국가자율성은 세 가지 형태로 구분할 수 있다 (Nordlinger, 1981: 9; 11; 27-38). 첫째, 사회의 선호가 국가의 선호와 일치하는 경우에 나타나는 가장 약한 형태의 자율성이다. 둘째, 국가의 선호와 사회의 선호가 다르지만, 국가가 사회집단을 설득하여 자신의 선호와 일치하는 방향으로 변경시킬 수 있는 정도의 자율성이다. 셋째, 국가가 선호하는 정책 방향이 사회의 선호와 명백하게 대립적인 상황에서도 국가가 자신의 선호에 따라 행동할 수 있는 가장 강력한 형태의 자율성이다.

23 이덤스(Adams, 1984)는 미국 국방부(Pentagon)의 조직이 군부·대규모 군수산업체들·고위급 정치인들로 구성된 군산복합체(military-industrial complex)에 의해 개편되었다고 보았다.

24 이 개념은 국가-시민사회 관계와는 무관한 개념이다. 국가자율성이 관계적 개념이라면, 국가능력은 비관계적 개념이다 (김일영, 1993).

state)이기 위해서는 그 내부의 구조적 측면이 특이하게 조직화되어야 한다.[25] 이 문제를 논의하기에 앞서 먼저 국가자율성을 결정하는 두 가지 환경적 요인들에 관해 간략히 살펴보기로 한다.

1) 국가 - (국내)사회 간의 관계

국가자율성은 국가와 사회 부문의 상대적인 능력에 따라 좌우된다. 아무리 강한 능력을 지닌 국가라고 해도 사회세력 또한 강하여 강한 사회(strong society)를 형성하고 있다면 국가자율성의 확보가 쉽지 않다. 역으로 국가는 약하더라도 사회 또한 약하다면 국가자율성의 확보가 어렵지만은 않다. 사회 부문의 주요 세력은 기업인, 노동자, 농민, 도시빈민, 지식인 등이다 (김석준, 1992: 163). 국가와 사회 세력들 사이의 관계는 상황에 따라 달라진다. 큰 위기가 없는 상황이라면 국가는 기득권층 혹은 기존의 강한 사회 세력의 이익을 유지시키는 정책을 수행할 가능성이 높다. 반면 위기가 발생한 예외적 상황이라면 국가는 지배 계급의 이익에 반하는 정책을 수행하거나 기존 약자들의 요구들을 수용할 가능성이 높다 (Skocpol, 1979: 30; Block, 1980: 232-34; Skocpol, 1985: 9; Barrow, 1993).

2) 국제체제에서 국가 간 관계

국가는 다른 국가들과 군사적·정치적·경제적 경쟁 관계 놓여 있기 때문에 국가자율성은 세계체계와의 관계에 의해서도 영향을 받는다. 일반적으로 국가가 세계체계에 편입되는 정도가 높으면 높을수록 국내 사회와의 관계에서 자율성을 확보할 기회는 늘어난다. 더 나아가 전쟁이 벌어지면 국가는 부가적 과세·산업 통제·대중 동원 같은 예외적 조치들을 취할 수 있는 호기를 만난다. 반면 국가가 세계체제에 편입되는 정도가 낮으면 낮을수록 국내 사회와의 관계에서 자율성을 확보할 수 있는 기회는 줄어든다. 국내 기득권층의 반발을 무릅쓰면서까지 특정 정책을 추진할 명분이 약하기 때문이다 (Block, 1980; Skocpol, 1979: 31).

3) 국가능력

국가-국내 사회 간 관계, 국가-국제체제 간 관계, 국내·외적 상황 등은 국가자율성의 필요조건이기는 하지만, 충분조건은 되지 못한다. 국가가 자율적이기 위해서는 국가 자체가

---

[25] 국가능력에 따라 국가강도(state strength)가 결정된다. 강한 국가(strong state)란 국가능력이 강한 국가를, 약한 국가란 국가능력이 약한 국가를 각각 의미한다.

일정 수준의 정책 수행 능력은 갖추고 있어야 한다. 그러기 위해서는 첫째, 인적 자원 측면에서 국가 엘리트들이 집합적인 심리적 의지를 가지고 있어야 하고, 둘째 조직 측면에서 일정한 제도적 특징들을 보유하고 있어야 한다. 국가 엘리트들 사이에 집합체적 응집성이 높으면 높을수록 국가능력은 그만큼 강해진다. 국가 엘리트들 사이의 집합체적 응집성은 다음 세 가지 경우에 극대화된다. 첫째, 국가 엘리트들이 직업 관료들의 집합체로 구성되는 경우다. 둘째, 직업 관료들이 당대의 사회경제적 기득권층으로부터 격리되어 있는 경우이다.[26] 셋째, 직업 관료들이 국가 개입의 가능성 및 적합성에 대한 통합된 이데올로기적 목표를 소유하고 있는 경우이다 (Skocpol, 1985: 9-10; Stepan, 1978).

3. 국가능력의 제도적 특성에 대한 이론적 배경

앞에서 논의한 것처럼 국가자율성을 결정하는 요인은 크게 세 가지인데, 그 중 하나가 국가 자체의 능력이다. 국가능력은 크게 국가 엘리트들의 집단적 응집성과 국가의 조직 제도적 특성에 의해 좌우되는데, 여기서는 후자에 대해 집중적으로 논의한다. 먼저 벤젤(1990: 99-125)의 모형을 논의한다. 그는 국가능력 정도를 분석하기 위해서는 국가의 구조적 구성을 분석하고, 아울러 영역별로 국가 정책의 실질적 내용을 분석할 필요가 있다고 제안한다. 스코로넥(1982: 19)도 국가능력에 관한 모형을 제시했는데, 부분적으로 벤젤(Bensel)의 논의와 중복된다. 여기서는 중복되지 않는 절차·지적인재 등을 별도로 살펴본다. 끝으로 국가 기구의 영역별 불균형 발전 문제를 짚어본다.

1) 국가의 구조적 구성

강한 국가의 구조적 구성은 편의상 권위의 집권화와 행정적 능력제고 두 가지로 구분하여 논의한다 (<그림 3-2-5>).

---

26 이는 Trimberger(1978: 4)의 자율적 국가 엘리트(an autonomous state elite) 개념과 일치한다. 그렇지만 동아시아 발전국가들의 경우는 역으로 국가 엘리트들이 사회부문과 높은 관련성을 가지고 있기 때문에 더욱 자율성이 커진 다는 이른바 배태된 자율성의 개념도 있다 (Evans, 1995).

그림 3-2-5 국가 권력의 구조적 차원들

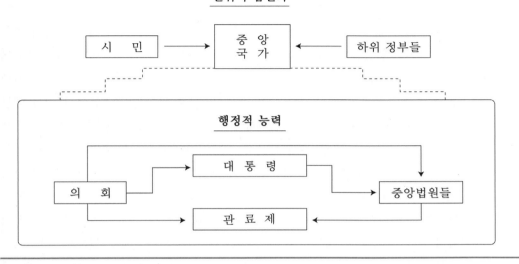

권위의 집권화

출처: Bensel, 1990: 107, Figure 3.1.

표 3-2-3 중앙국가 권위의 결정요인

Ⅰ. **구조적 구성**
(1) 권위의 집권화: 의사결정 권위를 시민 및 하위정부들로부터 중앙국가로 전환하는 수단들
(2) 행정적 능력: 중앙국가 내에서 관료제의 재량과 장기 기획능력을 확대 또는 축소하는 수단들

Ⅱ. **실질적 정책 내용**
(3) 시민권: 국가와의 관계에 있어서 시민의 (재산관련 외의) 모든 권리와 의무에 관한 수단들
(4) 재산 통제: 시민 개개인(혹은 제도)들에 의한 재산의 통제 혹은 사용에 관한 수단들
(5) 고객집단 형성: 중앙국가의 지속 및 생존 능력에 대한 사회 집단들의 종속을 증진하는 수단들
(6) 수취: 사회로부터 중앙국가기구 속으로 물적 자원의 강제적 전환을 가져오는 수단들
(7) 세계체계에의 편입: 중앙국가와 다른 국가들(및 세계 경제)과의 관계에 관련된 수단들

출처: Bensel, 1990: 114, <Table 3.1>의 변형.

(1) 권위의 집권화

권위의 집권화란 의사결정 권위를 시민들·지방 정부·기타 하위수준 정부들로부터 중앙국가로 집중시키는 것을 의미한다. 시민들에 대한 국가의 물리적 통제력을 제고시키는 것, 지방 정부들에 대해 중앙 국가가 각종 평가 제도를 도입하는 것, 지방 정부들이 수행하던 의사 결정을 중앙 정부가 수행하도록 권한을 상향 이전시키는 것 등을 생각해볼 수 있다 (Bensel, 1990).

(2) 행정적 능력 제고

국가능력이 조금이라도 더 강해지기 위해서는 중앙 국가 내부에서 행정 관료제가 입법부·정치행정부·사법부보다 상대적으로 더 강해야 한다. 그 이유는 첫째, 입법부는 중앙 국가의 자율성을 약화시킬 가능성이 매우 높기 때문이다. 입법부는 사회 제 부문들의 이익들이 국가 내부로 침투하는 일차적인 제도적 통로이다. 둘째, 대통령직(presidency)을 핵심으로 하는 정치 행정부(political executive)도 입법부보다는 낮은 수준이지만 선별적으로 사회 세력들의 요구들을 정치체제 내부로 투입시켜 국가자율성을 약화시킬 가능성이 있기 때문이다. 정치 행정부는 선거를 통해 선출되고, 역사에 성공한 정권으로 남는 것을 중시하기 때문에 제 사회세력들의 요구를 모두 무시하기는 매우 어렵다 (Moe, 1989: 279). 셋째, 법원(national court system)은 행정 관료제가 취한 정책적 조치들에 불리한 판결을 내려 국가자율성을 약화시킬 수 있기 때문이다.[27] 최선의 경우 행정 관료제가 취한 조치들에 대해 유리한 판결을 하기도 하지만, 그렇다고 해서 국가자율성을 추가적으로 강화시킬 수 있는 가능성이 높은 것은 아니다. 법원이 어떤 내용에 대해 일관된 판결을 내려서 국가자율성을 제고시킬 수 있는 가능성은 행정 관료제의 국가자율성 제고 가능성보다 낮다 (Bensel, 1990). 중앙 국가를 구성하는 네 부(府) 사이에서 국가자율성 기여도를 순서화하면 행정관료제, 사법부, 정치행정부, 입법부 순이다.

2) 정책의 실질적 내용

권위의 집권화와 행정 관료제의 강화는 국가 구조의 골격에 관한 것으로 국가능력 강화를 위한 최소 요건에 불과하다. 국가능력을 강화시키기 위해서는 국가의 정책수행 능력도 강화시켜야 한다. 이와 관련하여 벤젤(Bensel)은 ① 시민권 통제, ② 재산권 통제, ③ 고객집단 형성, ④ 자원추출 능력, ⑤ 세계체계에의 관여 다섯 가지 정책능력을 제시한다.

(1) 시민권 통제

중앙 국가는 개인들이 한 나라 안에서 '국민' 자격으로 거주하기 위해서 지켜야 할 의무들(납세의무 등)과 그 반대급부로 보장받을 수 있는 권리들(신체적 자유, 거주이전의 자유 등)을 설정해야 한다 (정용덕, 2002: 207). 시민들의 자유를 많이 보장하면 할수록 국가자율성은 낮아질 가능성이 높고, 자유에 대한 국가의 제약이 많아지면 많아질수록 국가자율성은 높아질

---

27 그러나 법원은 입법부나 정치 행정부와 달리 행정 관료제와 유사한 측면도 있다. 직업공직자로 구성되며, 최초의 임명을 제외하고는 정치적 영향으로부터 격리된다. 또한 국가 관료제의 이상형에 해당하는 장기계획·조정·행정계층제 등의 특성도 공유하고 있다.

가능성이 높다.

(2) 재산권 통제

중앙 국가는 시민들의 재산 소유·사용·수익 처분에 대해서도 권리와 의무를 설정하고, 각종 미시적인 제약을 부과할 수 있어야 한다. 국민들의 사유 재산권 범위, 국민들이 타인들로부터 재산권을 침해받았을 경우 구제해 주는 방법 등을 규정하여 국민들의 사유 재산을 보호해주면서도, 공적 필요성이 발생할 경우에는 그것을 규제·제한·유상수용(有償收用)할 수 있는 능력을 보유하고 있어야 한다.

(3) 고객집단 형성

중앙 국가는 공공 정책을 통해 시민들을 국가에 대한 지지가 강한 고객집단으로 만들고 동시에 그들을 중앙 국가에 종속시킬 수 있어야 한다. 예를 들면, 복지 수당을 지급하거나, 연금을 제공하는 것 등이다. 또한 자주 있는 일은 아니지만 화폐 개혁, 환율(제도) 변화, 도량형 제도 개편 등을 통해 간접적으로 새로운 고객집단을 형성시키기도 한다.

(4) 물적 자원 추출

앞에서 언급한 재산권 통제 능력 이외에도 중앙 국가는 자신의 생존과 존립을 위해서 시민 사회로부터 물적 자원을 무상(無償)으로 추출할 수 있는 능력도 보유하고 있어야 한다. 국가가 시민 사회로부터 자원을 추출할 수 있어야 국가 권력의 토대인 행정적 및 억압적 조직들을 형성하고 유지할 수 있게 된다. 국가가 물적 자원을 추출하는 일반적인 방법은 조세 부과와 점진적인 통화팽창 같은 금융체계 조작 등이다. 이것을 위해서는 조세 제도와 조세 행정 기구를 정비해야 한다. 그렇지만 국가에 의한 자원 추출은 일정한 한계 내에서 이루어져야 한다. 너무나 과도하여 민간 경제가 너무 많이 위축된다면 국가의 자율성이 나라 전체의 발전을 가로막기 때문이다.[28]

(5) 세계체계에의 관여

앞에서 일부 논의한 것처럼 중앙 국가는 자율성을 확보하기 위하여 다른 중앙 국가들을 포함하는 세계체계에의 편입을 추진할 수 있어야 한다. 예를 들면, 국제기구에의 가입 및 조약체결 같은 외교관계 구축, 군사적 긴장 관계 조장, 해외 시장에의 접근 조치, 이민정책 등을 통해 국내 주요 세력과의 관계에서 자율성을 확보할 수 있어야 한다.

---

[28] 이런 상태의 국가를 수탈국가(predatory state)라고 한다.

3) 추가적 논의

　앞에서 논의된 벤젤(Bensel)의 모형이 국가자율성을 분석하는 데 매우 유용하지만 충분하지는 않다. 국가능력을 좀 더 충실하게 이해하기 위해서는 추가적인 논의가 필요하다. 스코로넥(Skowronek, 1982: 19)은 강한 국가와 약한 국가를 구분하는 기준으로 ① 국가의 조직적 정향, ② 주어진 조직구도 내에서 제도들을 함께 묶어주는 절차적 반복성, ③ 지적 인재들의 동원가능성 세 가지를 제안하고 이 이상형에 가까울수록 강한 국가이고 거리가 멀수록 약한 국가라고 주장한다.

　국가의 조직적 정향이란 구조적 특성을 의미하는데 다음의 네 가지 측면으로 세분화시켜 논의할 수 있다. 첫째, 나라 안에서 국가로 권위의 집중화가 이루어지는 정도 즉 시민 사회에 대한 국가의 통제력 정도이다. 둘째, 영토 전역에 걸쳐 정부의 제도적 통제가 침투된 정도 즉 중앙-지방 간 관계에서 중앙 집권화 정도이다. 셋째, 국가 내부에서 권위의 집권화가 이루어지는 정도 즉 국가 조직 내에서 행정적 집권화 정도이다. 넷째, 국가 내에서 제도적 과제 및 개인 역할의 전문화가 이루어지는 정도 즉 분업화 정도이다. 이 네 가지 특성이 제도화되는 정도가 높아야 국가능력이 강한 것이다.

　한편, 국가가 강한 능력을 보유하기 위해서는 정부 운영이 응집력 있게 그리고 효과적으로 이루어져야 하고, 그러기 위해서는 제도 내부 및 제도 간에 안정적이고 순환적이며 가치 있는 행동 양식(절차)이 존재해야 한다. 이런 행동양식의 대표적인 예는 관료들의 과제 수행 행위를 지도하기 위해 개발된 작업 규칙들이다 (Skowronek, 1982: 33). 이런 규칙들은 이 규칙들에 대한 직업 관료들의 집합적 일체감과 더불어 국가 엘리트들의 내부 응집력 제고 및 행위의 단일화를 촉진시켜 궁극적으로 국가능력을 제고시킨다.

　또한 국가는 단순히 제도와 절차들의 배열에 그치지 않고 관료들이 정책 목표를 수립하고 집행할 때 요구되는 경험적 기술들을 핵심 구성 요소로 가지고 있는 지적 기업이기도 한다. 따라서 정부가 복잡한 사회 문제들을 해결하고 혁신을 수행하기 위해서는 지적 인재들을 동원할 수 있어야 한다 (Skowronek, 1982: 31). 일차적으로는 유능한 인재들을 국가 관료로 충원할 수 있어야 하고, 그것이 아니라면 정책공동체・정책망・이슈망 같은 제도적 장치들을 정책 결정 과정에 자문역으로 참여시킬 수 있어야 한다.

4) 국가기구들의 불균등한 발전

(1) 선행 논의의 한계

지금까지는 한 나라의 중앙 국가 수준에서 국가자율성 개념을 논의하였다. 즉 한 나라 안의 국가 기구들은 국가능력에서 대동소이하다는 전제 하에 논의가 진행되었다. 그 결과 한 나라의 중앙 국가가 강한 국가인지, 약한 국가인지 등을 논의할 수 있었다. 이런 식의 설명은 한 나라의 중앙 국가에 대한 총체적인 이해를 도와주고, 때로는 여러 나라들 간의 비교도 가능하게 해준다는 면에서 매우 유용하다. 그러나 현실적으로는 한 나라의 여러 국가 기구들이 국가자율성에서 동등하지 않다. 정책영역 별로 차이를 보인다 (Evans, Rueschemeyer & Skocpol, 1985: 351; Skocpol, 1985: 13; Atkinson & Coleman, 1989: 47-67). 예를 들면 약한 국가로 알려진 미국에서도 20세기 초에 전문가였던 농업성 관리들이 중앙 정부의 기제를 이용하여 자율적으로 정책을 수행할 수 있었다 (Skocpol, 1985). 또한, 동일 혹은 유사 유형에 속하는 것처럼 보이는 국가들 사이에도 국가 구조와 능력상의 차이가 발견된다 (Evans, Rueschemeyer & Skocpol, 1985: 355). 그렇기 때문에 앞서 논의된 모형과 이론들은 이런 차이를 설명하는데 한계가 있다. 좀 더 추가적인 논의가 필요하다.

(2) 정책영역 별 국가능력 분석

조직론적 현실주의자들은 정책영역 별로 국가능력을 분석하고자 노력해왔다. 연구 결과를 보면 국가의 정책 자율성은 구체적인 정책영역 별 사안에 따라 다르게 나타났다. 정책영역 별로 국가능력을 이해하기 위해서는 다음 두 가지 접근법을 적용하는 것이 바람직하다. 먼저 앞에서 제시한 국가 강도 비교 분석 모형에 따라 정책영역 별 제도들을 분석하는 것이다. 둘째, 여기에 더하여 좀 더 구체적으로 국가와 시민사회를 연결해 주는 정책영역 별 중간 조직들을 분석하는 것이다 (Wilks & Wright, 1987). 철의 삼각형·하위정부·코포라티즘적 매개조직·정책공동체·정책망·이슈망 등 다양한 용어로 지칭되는 이들 중간 조직들에 관한 경험적 분석을 통해 좀 더 적실하게 국가능력을 분석할 필요성이 있다.

5) 엘리트주의 자율국가론에 대한 이론적 논의의 종합

지금까지 엘리트주의 관점에서 행정기구들을 분석하고 이해하는 데 이용될 수 있는 이론들을 논의하였다. 구체적으로 행정기구들을 분석하기에 앞서 여러 개념과 이론들을 항목 위주로 종합하면 다음과 같다.

첫째, 한 나라와 국제 체제 간의 관계이다. 한 나라가 정치·군사·경제적 측면에서 국제체제에의 편입 정도가 높아지면 높아질수록, 중앙국가가 국내 사회세력들과의 관계에서 누릴 수 있는 자율성이 점점 더 제고될 것이다. 둘째, 중앙 국가와 시민사회의 관계이다. 국가능력을 제고시키고 이를 바탕으로 국가자율성을 제고시키기 위해서는 권위와 권한이 시민 사회보다는 중앙 국가로 집중화되어야 한다. 즉 중앙 국가가 우월적 입장에서 시민 사회를 통제할 수 있어야 한다. 셋째, 중앙 국가와 지방 정부의 관계이다. 중앙 국가의 능력을 제고시키고 이를 바탕으로 국가자율성을 제고시키기 위해서는 중앙 국가가 지방 정부를 통제하고 있어야 한다. 지방 자치가 활성화되어 지방 정부가 많은 권한을 보유하고 있다면 그 권한 중 일부를 중앙 국가로 이관해야 하고, 지방 자치가 활성화되어 있지 않다면 중앙 국가가 지속적으로 지방에 대한 통제력을 유지하고 있어야 한다.

넷째, 중앙 국가 내부에서 행정 관료제로의 집권화이다. 국가능력과 국가자율성이 제고되기 위해서는 입법부보다는 정치행정부로, 정치행정부보다는 사법부로, 사법부보다는 행정 관료제로 권한과 권위가 집중되어야 한다. 행정 관료제가 다른 구성 부분보다 시민사회의 이익 세력들로부터 정치적 압력을 덜 받으면서 국가자율성 제고에 기여할 수 있기 때문이다. 다섯째, 중앙 행정 관료제 내 상위수준 기구로의 집권화이다. 행정 관료제 내부에서도 하위 수준의 기구들보다 상위 수준의 기구들로 집권화 되어야 한다. 또한, 중앙 정부 기구들 사이에서 응집성을 확보하려면 관련 기구들에 공통적으로 적용되는 작업 규칙들과 운영 규칙들이 필요하다. 그래야 상이한 국가 기구에 속하는 여러 국가 엘리트들 사이에서 행위들이 통일될 수 있다. 여섯째, 개별 중앙행정기구 내 집권화이다. 행정 관료제의 개별 기구 내부에서도 일부 부서로 권한이 집중되어야 한다. 그래야 그 부서에 근무하는 엘리트 관료들이 기구 전체를 통제하여 행정 능력을 정책 목표에 집중시킬 수 있다.

일곱째, 지적 인재의 동원과 국가 엘리트들의 집합체적 응집성이다. 한 나라의 최고 지적 인재들이 행정 관료제에 입직하여 근무해야 국가가 자율성을 확보할 수 있다. 나아가 국가 엘리트들은 상호간에 집합체적 응집성을 보유하고 있어야 한다. 또한 국가 엘리트들의 능력이 부족한 영역에서는 민간 전문가들을 국가 정책 과정에 관여시킬 수 있는 제도적 장치도 필요하다. 여덟째, 시민권 정의 및 규제이다. 행정 관료제는 국민 개개인과의 관계에서 누가 국민인지, 국민으로서 누릴 수 있는 권리와 의무가 무엇인지 등을 명확하게 관리할 수 있는 능력을 보유하고 있어야 한다. 아홉째, 재산권 정의 및 규제이다. 행정 관료제는 시민들의 재산 소유·사용·수익 처분과 관련하여 권리와 의무를 설정하고 각종 미시적인 통제력을 행사할 수 있어야 한다.

열 번째, 고객집단 형성이다. 행정 관료제는 국민들에게 연금 같은 소득을 제공하여 그들을 국가의 고객으로 만들고 국가에 종속시킬 수 있어야 한다. 열한 번째, 물적 자원 추출 능력이다. 국가는 사회로부터 자신의 생존과 존립과 필요한 물적 자원을 추출할 수 있는 능력을 보유하고 있어야 한다. 열두 번째, 정책영역 별 국가자율성 차이이다. 국가능력의 차이, 국가와 시민사회를 연결해주는 중간 조직들의 제도화 수준 차이 등으로 인해 정책영역 별로 국가자율성이 차이 날 수밖에 없다. 이상의 12개 항목을 정리하면 다음과 같다.

표 3-2-4 국가자율성 구성 항목

구 분	항 목	핵심 내용
중앙국가와 환경 관계	중앙국가-국제(세계)체제 관계	세계체제로의 편입을 통한 국내 기득권층으로부터의 자율성 확보
	중앙국가-시민사회 관계	시민사회 통제
	중앙국가-지방정부 관계	지방정부 통제
중앙국가 내부의 제도적 구성	중앙국가 내부에서 행정관료제로의 집권화	입법부, 정치행정부, 사법부보다 행정관료제의 우위
	행정관료제 내부에서 상위수준 기구로의 집권화	국가기구들 사이의 응집성
	개별 국가기구 내 집권화	개별 기구 차원의 응집성
	지적 인재의 동원과 국가 엘리트 간 집합적 응집성	우수한 인재의 충원과 일체감 형성
정책영역	시민권 정의 및 규제	기초 사회질서 확보 능력
	재산권 정의 및 규제	경제적 규제 능력
	고객집단 형성	각종 복지제도 공급
	물적 자원 추출 능력	조세 수취 능력
	정책영역 별 차이	국가-사회 매개 중간조직

4. 국가기구에 대한 엘리트주의적 이해

1) 국가 – 국제체제 관계

앞에서 논의한 것처럼 한 나라가 능동적이든 수동적이든 관계없이 국제체제에 편입되는 정도가 높아지면, 국가 엘리트들은 그 기회를 이용해 혹은 그것을 명분으로 삼고 제 사회 세력들의 이익에 반대되는 정책들을 추진할 수 있는 여지가 생긴다. 박정희 정권의 베트남전 참전 결정과 유신체제의 등장은 정치 외교 분야에서 국제체제로의 편입 증가로 국내 엘리트들이 국내에서 국가자율성을 제고할 수 있었던 전형적인 사례이다.

2) 국가와 시민사회 간의 관계

국가가 자율성을 확보하기 위한 핵심 관건은 시민 사회와의 관계에서 국가능력이 민간 주요 세력들의 능력보다 강해야 한다는 것이다. 그래야 국가가 때로는 사회 세력들의 이익에 반하는 정책을 시행할 수 있다. 민간 사회 내부는 세부적으로 다양하게 구분될 수 있지만 여기서는 기업·노동세력·시민단체 세 분야로 나누어 논의한다.

먼저 국가가 기업들을 통제하는 주요 수단들은 세무조사·공정거래 위반행위 조사·돈줄 죄기 등이다. 기업들에 대한 국세청의 세무조사 암시는 엄청난 영향력을 발휘한다. 일정 방침을 따르지 않는다면 세무조사를 하겠다고 엄포를 놓는 것만으로도 기업들을 어느 정도 국가가 원하는 방향으로 통제할 수 있다. 공정정거래위원회가 부당내부거래를 조사한 후 수백억원 이상의 벌금을 부과하면 재벌들은 큰 타격을 입기 때문에 국가는 이 수단을 이용해 재벌들을 통제할 수 있게 된다. 돈줄 죄기는 과거 고도성장 시절에는 기업을 통제하는 효과적인 수단이었지만, 1997년 외환위기 이후 한국 기업들이 현금보유를 크게 늘려 재무구조를 개선했고, 경기불황을 이유로 투자파업까지 벌이고 있기 때문에 현재는 유효성이 낮다.

국가에서 노조 관리(노동세력 통제)의 일선에 있는 기관은 노동부이다. 노동부는 노조의 설립 여부를 통제하고, 노조 지도부를 지속적으로 감시하여 대규모 노동 투쟁을 예방한다. 노조 설립과 관련해 정부는 '불법' 낙인을 동원하여 대형 노조의 설립을 방해한다. 민주노총·전교조·전공노 등 오늘날에는 어느 정도 제도화된 노조들도 설립 과정에서는 몇 년씩 불법 노조로 허가를 받지 못했다. 노조 지도부 감시와 관련해서는 노동부 이외의 억압기구들도 도움을 준다. 경찰·정보기관·검찰 등 강제적 공권력을 보유한 억압 기구들은 조직 내부에 노동 분야를 전담하는 부서를 가지고 있다.[29] 감시의 눈초리를 놓지 않고 있다가 파업의 낌새가 보이면 재빠르게 개입하여 대응하는 것이다.

언론은 시민 사회 내에서 여론을 형성하는 기능을 수행하기 때문에 역대 정권들의 주요 통제 대상이었다. 정권의 정당성이 취약했던 군사 정권 시절에는 말할 것도 없고 민주화 이후에 들어선 정권들도 언론에 대한 통제의 끈은 놓지 않았다. 정권이 인기 위주의 국정운영을 할수록 언론 통제의 강도는 더욱 더 제고되었다. 공보행정 기구[30]는 언론사 인사에의 개

---

29 예를 들어 경찰청의 경우 정보과가 1과부터 4과까지 있는데 이들 중 한 과가 노동문제를 담당하고 있다. 그리고 세부 분야 별로 전문성을 중시하여 낮은 계급일 때(경위, 경감) 정보과에서 노동문제를 담당했던 경찰관들이 승진한 후(경정, 총경) 다시 같은 부서의 계장·과장으로 임명되곤 한다.

30 역대 정권들은 대부분 대통령 비서실에 공보수석을 두었고, 동시에 독립적인 중앙 행정 기구도 유지했다. 군사정권

입·반(反) 정권 성향의 언론인 징계 및 해직·인허가권을 통한 규제·기금을 통해 친 정권 성향의 언론인들에게 혜택 제공 등 채찍과 당근을 병행 사용하면서 언론사들을 정권에 유리한 쪽으로 통제해왔다 (하태수, 2003: 166-167).

시민 단체는 시민 사회 공동체 영역의 대표적 행위자이다. 1990년대 중반 이후 NGO 성격의 단체들이 급격히 증가하였고, 2000년 국회의원 총선거에서 시민단체연합이 낙천낙선 운동을 벌인 것을 계기로 시민 단체들의 위상은 이전에 비해 크게 제고되었다. 그러나 중앙 국가 기구들은 여전히 재정 지원을 통해 시민단체들에 대하여 상당한 영향력을 발휘하고 있다.[31] 2019년 3월 31일 현재 중앙행정기관에 등록된 민간단체는 총 1,675개이다. 가장 많은 민간단체를 등록해준 기관은 행정안전부이고(261개 단체), 그 다음은 보건복지부(196개), 외교부(187개), 환경부(184개), 문화체육관광부(178개), 여성가족부(106개) 순이다.[32]

3) 중앙 국가와 지방 정부의 관계

중앙 국가가 자율성을 확보하기 위해서는 국가능력이 강해야 하고, 그 중 한 요소는 지방 정부들을 상당 수준 통제하고 있어야 한다는 점이다. 한국의 행정 기능은 거의 모두 중앙 정부에 집중되어 있으며, 그 집행 기능까지도 중앙에서 직접 수행한다. 대표적인 수단이 지방국세청, 지방검찰청, 지방경찰청 같은 특별지방행정기관이다. 특별지방행정기관은 중앙 부처가 지방에서 이루어지는 집행 업무를 직접 수행하기 위해 현지에 설치한 지부 조직이다. 과거 군사 정권들은 시간이 흐를수록 특별지방행정기관들을 증가시켰고, 민주화 이후 문민 정권들은 시간이 흐를수록 특별지방행정기관을 감소시키다가, 이명박 정권에서 다시 증가시키기 시작했다. 그러나 박근혜 정권을 지나 문재인 정권으로 넘어오면서 크게 감소하였다.[33] 국가자율성 관점에서 해석하면 군사 정권 시절에는 중앙 국가가 특별지방행정기관

시절에는 공보처, 민주화 이후에는 국정홍보처·방송통신위원회 등 이었는데 이 기구들의 위상은 제2공화국의 경우를 제외하고는 대체로 중앙 각료급 수준이었다 (정용덕, 2002: 219).

31 김대중 정권은 1999년에 민간단체 지원 사업을 실시하였고, 2000년에는 [비영리민간단체지원법]을 제정하였다. 이 법률 제정으로 기존에 중앙 정부에서 지원해왔던 특정 단체에 대한 정액 보조는 없어지고, 법률이 규정한 자격을 갖춘 모든 민간 단체들은 지원금을 신청할 수 있게 되었다.

32 행정안전부 민간협력과, "2019년 1/4분기 비영리민간단체 등록현황."

33 특별지방행정기관의 숫자는 전두환 정권 때 크게 증가했다. 1981년에 3,445개이던 것이 1982년에는 6,759개로 증가하였다 (증가율 96.2%). 더욱 더 주목해야 할 점은 이런 급증이 공안행정기관의 증가에서 비롯되었다는 것이다. 다른 특별지방행정기관들의 숫자는 변화가 없거나 아주 미미한 수준인데 반해, 공안행정기관들의 숫자는 372개에서 3702개로 급증하였다 (증가율 895%). 군사 정권이 종식되고 들어선 김영삼 정권은 380여개 가량 감축시켰고, 이후 들어선 김대중 정권도 540개 정도 감축시켰다 (2002년에 6,539개). 행정수도 이전, 공공기관 지방 이전을 필두로 지방 분권과 전국 균형 발전을 강조했던 노무현 정권은 비교적 크게 축소시켰다. 임기 첫 해에 6,577개로 시작하여 임기 말(2007년)에 4,492개로 축소시켰다. 그러나, 이명박 정권은 다시 5,145개로 증가시켰다 (2011년). 박근혜 탄핵을 거쳐 등장한 문재인 정권은 다시 특별지방행정기관을 크게 감소시켰다. 2017년 8월 31일 현재 2,734

을 통해 지방을 통제하여 중앙 국가의 능력을 점점 더 제고시켰고, 민주화 이후에는 잠시 역행이 있었지만 반대 방향으로 중앙 국가의 능력을 점점 더 약화시켰다고 볼 수 있다.

중앙과 지방 간 인사 교류 제도도 중앙 국가가 지방 정부들을 통제하는 또 다른 수단이다. 지방 행정 업무를 담당하는 중앙 국가 기구인 행정안전부는 자기 부처의 고위공무원단 소속 공무원들을 광역자치단체 부단체장으로 내려 보낸다. 주로 행정부지사·행정부시장으로 내려 보낸다. 이렇게 내려가는 이들의 명목상 기능은 중앙과 지방 사이에서 행정 협력을 원활히 하는 것이지만, 실질적으로는 중앙의 정책을 지방에 효과적으로 침투시키는 역할을 수행한다. 예를 들면 행정안전부에서 국장급으로 수 년 동안 행정제도개선 업무를 수행하던 고위공무원이 광역자치단체 행정부지사로 내려가 그곳에서 자신이 중앙 국가 기구에 근무하던 시절에 도입했던 제도들과 유사한 제도들을 적극적으로 도입시키고 실행하는 것이다.

중앙 국가가 지방 정부들을 통제하는 또 다른 수단은 각종 평가 제도이다. 우리나라에서는 1999년부터 정부 업무 평가의 연장선상에서 16개 광역자치단체에 대한 평가가 시작되었다. 1999년 시범평가를 거쳐 2000년부터 2005년까지 10여개 부처가 50개 시책에 대해 평가를 실시하였다. 2006년 4월 1일 이후에는 새로 제정된 [정부업무평가기본법]에 따라 지방자치단체에 대한 중앙 국가의 평가가 '정부합동평가'와 각 부처들의 '개별평가' 두 가지로 실시되었다. 처음에는 개별평가가 소수였으나 시간이 흐르면서 각 부처들이 합동평가보다는 개별평가를 선호해 2008년에는 20개 부처가 54개 시책을 평가해, 합동평가 29개 시책에 버금가게 되었다. 한편, 중앙 국가는 이런 공식적인 평가 이외에도 국고보조금 지원 사업을 실시하면서 지방자치단체들 상호간에 경쟁을 유도하는 방식을 통해 지방 정부들을 통제하기도 한다. 엘리트 국가론 시각에서 보면 각종 평가나 국고 지원 사업에서의 경쟁 유도나 중앙 국가의 목적은 동일하다. 바로 지방자치단체들이 지속적으로 중앙 국가가 설정한 기준들에 복종하게 만드는 것이다.

4) 행정 관료제로의 집권화

앞에서 논의한 대로 중앙 국가의 능력이 강해지기 위해서는 권위와 권한의 우열 순서가 [행정 관료제 > 사법부 > 정치행정부 > 입법부]인 것이 바람직하다. 먼저, 한국의 행정부-의회의 관계에서는 행정부가 지속적으로 우위를 점하였다. 그 이유는 첫째, 행정 관료제가 입법부나 사법부보다 역사적으로 먼저 성장해 있었기 때문이다 (Jung, 1997). 둘째, 군사정권 시절에는 국회가 통법부(通法府)라고 불릴 정도로 국회에서 통과되는 법률안의 대부분이 행

_____

개 기관으로 축소되었다 (한국행정연구원 DB; 안영훈 외, 2012: 10; 행정안전부 공개자료).

정부 관료들에 의해 입안되었다. 정부 조직 개편을 규정하는 정부조직법 개정도 국회에서 통과되어야 했지만 대부분 행정부 관료들에 의해 입안되었다. 그러나, 문재인 정권 들어서는 행정부에 대한 의회의 실질적 영향력이 커지고 있다. 중앙 부처가 주요 정책을 추진할 때 국회 상임위 국회의원들에게 먼저 설명하고 동의를 얻는 일이 점차 많아지고 있다. 세종시에 근무하는 공무원들의 여의도 국회 출장이 잦은 것이 겉으로 드러나는 증거이다.

행정부는 사법 기관에 대해서 지속적 우위를 점하였다. 그렇게 된 이유는 첫째, 행정부를 사후 감독해야 하는 감사원이 대통령 직속기관으로 되어 있었기 때문이다. 감사원이 국가 엘리트들의 뜻에 거슬러 행정부의 업무 수행을 감독할 가능성은 매우 낮다.[34] 둘째, 사법부의 대법관·헌법재판관을 지낸 사람들이 행정부 2인자인 국무총리 혹은 그 보다 하위인 검찰총장직 제의를 수락하는 것도 행정부 우위를 증명해준다.[35] 특히 헌법재판소는 대통령 탄핵을 심판할 수 있는 권한을 가지고 있는데, 헌법재판관을 지낸 인사가 대통령 밑에서 임명직 공무원을 하는 것에 동의하는 것은 행정부가 현실적으로는 사법부보다 높은 위상을 점하고 있다는 것을 법조인들 스스로 인정하는 것이다.[36] 셋째, 대통령의 사면권 행사는 대통령이 초법적 권한을 가지고 있다는 인상을 주어 사법부의 위상을 약화시켰다.

행정부와 정치행정부의 관계에서는 정치행정부가 행정부의 국가자율성을 침해하는 경향이 강했다. 과거 군사정권들은 공무원들에게 실적주의를 적용하기는 했지만, 지역이라는 변수를 교묘히 결합시켜 직업관료들을 통제하였다. 민주화 이후에도 구체적 기제는 다르지만 정치행정부는 직업관료들을 통제하여 국가자율성을 약화시켰다. 김대중 정권은 과거 지역차별에 대한 보상으로, 노무현 정권 이후에는 정권과 시각을 맞추는 직업관료들을 영전시키는 방식으로 통제했다. 특히 문재인 정권은 코드인사 외에 '적폐청산'이라는 명분으로 전 정권과 시각을 맞추었던 직업관료들에게 불이익을 주기까지 하였다. 그 결과, 직업관료들은 소신이 없고 존재감도 없는 존재로 전락하고 말았다.

5) 중앙 행정 기구들 사이의 응집성

국가능력이 강해지기 위해서는 행정부 소속 여러 기구들 사이에 응집성이 확보되어야 한

---

34 여타 선진 자유민주주의 나라들에서는 감사원이 독립되어 있거나 국회 소속으로 되어 있다.

35 헌법은 국회·대법원·중앙선거관리위원회·헌법재판소를 독립적 헌법기관으로 규정하고 있음. 국가적 행사 때 이 네 기관의 장과 국무총리는 5부 요인으로 예우를 받는다.

36 참고로 미국에서는 240여 년 동안 대법관이나 대법원장이 행정부로 자리를 옮긴 경우가 없다. 오히려 반대로 대통령을 마친 뒤 연방대법원장을 지낸 사례는 있다. 일본에서도 1947년에 최고재판소가 생긴 이래 최고재판소 재판관이 재임 중이나 퇴임 후 행정부 요직으로 이동한 경우는 없다 (중앙일보. 2013.1.29일자 기사). 최고재판소는 정치 중립이 필요한 데 헌법재판관들이 다른 자리로 간다고 하면 누구나 다음 자리를 의식하고 재판을 하게 된다.

다. 국가가 야당·시민사회·기업·노조 등을 상대할 때 행정기구들이 단일 행위자로 작동해야 국가능력이 높은 것이다. 국가 기구들 사이의 응집성을 확보하기 주요 장치들은 다음과 같다. 첫째, 대통령 비서실이다. 과거 군사 독재 정권 시절과 그 이후 내내 행정부 내 정책 결정 권한을 행정 수반인 대통령에게 집중시키기 위해 비서실이 비대화되어 왔다. 대통령 후보 토론에서 패널들이 후보들에게 묻는 단골 질문 하나가 "청와대 비서실 조직을 운영할 할 것인가?"일 정도로 대통령 비서실 조직의 비대화는 우리나라에서 큰 문제였다.

둘째, 행정자원(예산·인사·조직·법령 등)을 관리하는 중앙 총괄 기구들도 대통령 중심의 응집성을 확보하는 기제였다. 기획재정부(예산실), 인사혁신처, 행정안전부(조직실), 법제처 등이다. 과거 권위주의 정권 시절에 대통령은 이런 중앙 총괄 기구들을 지렛대로 사용하여 국민들을 상대하는 일선 부처들을 통제하였다. 외환위기 이후 신공공관리 공공개혁이 도입된 이후에도 중앙 총괄 기구들의 상대적 권력은 약해지지 않았다. 각종 개혁 제도들을 전정부적으로 도입하는 과정에서 다른 부처들을 지도·감독하였고, 심지어 자기들의 조직규모를 늘리기까지 하였다 (Evans, 1995: 51-52; 정용덕, 2002: 227-230; 임도빈, 2007; 하태수, 2010a: 266-267; 임도빈 2010).

셋째, 공직 사회의 복무기강을 관리하는 기구이다. 이 기관들은 공무원들이 정권의 역점 사업에 집중하게 만들어 국가 기구들 사이의 응집성을 확보하는데 일조한다. 이 기능을 수행하는 곳은 국무총리실 공직지원관실·행정안전부 복무담당관 등이다. 감사원과 검찰청도 공무원들의 부패와 관련하여 공무원들의 복무 기강을 통제하는 역할을 수행한다.

6) 개별 국가기구 내 집권화

국가능력이 강해지기 위해서는 각 국가 기구 내부에 존재하는 하위 부서들이나 공무원들이 단일체로 기능하도록 응집되어야 한다. 중앙 행정 기구들 중 조직 규모가 큰 곳은 편제정원이 1,000명도 넘는다. 그런데 대통령이 직접 임명할 수 있는 자리는 장관(청장)·차관을 포함한 정무직 몇 자리 밖에 안 된다. 이 몇 사람들이 적어도 수 백 명의 직업 관료들을 통솔하여 대통령의 역점 사업을 잘 수행해야 한다. 개별 국가 기구 내에서 응집성을 확보하는 첫째 방법은 기구를 민주성 확보에 유리한 위원회형보다 효율성 확보에 유리한 계층제형으로 조직하고, 위원회형 조직이 불가피한 경우에는 계층제 조직 내부에 위치시키는 것이다. 둘째, 기관장의 조직 통제력을 강화시키기 위해 기획관리실 같은 총괄 행정 기구를 설치하여 성과평가, 혁신 같은 타 부서 통제권을 부여하고, 그 부서장을 차기 승진 1순위로 운영하는 것이다. 행정부 전반에 걸쳐 중앙 총괄 기관들이 대통령 중심의 응집성을 확보하는 것처럼, 각 기구 안에서는 이런 총괄 행정 부서가 장관 중심의 응집성을 확보하는 것이다.

7) 지적 인재의 동원과 국가 엘리트 간 집합적 응집성

국가능력을 제고시키기 위해서는 앞에서 언급한 것처럼 나라 안의 최고 인재들을 국가 엘리트로 영입하고, 이들이 공동의 목표를 향하도록 응집시켜야 한다. 이를 위한 첫째 방법은 고시제도이다. 행정고시 · 기술고시 등 각종 고시 제도는 인재들을 국가 부문으로 영입하는 기제이다. 특히 최근에 대졸자의 취업이 어려워지면서 행정고시는 나라의 최고 엘리트를 공직으로 입직시키는 기제가 되고 있다. 둘째 방법은 영입한 엘리트들 사이의 응집성을 확보하기 위한 교육훈련 제도이다. 행정고시 합격생들은 임용 전에 거의 1년에 달하는 연수를 받는다. 개별 부처로 배치되기 전에 1년간 같이 생활하면서 서로를 잘 알 수 있게 해주고, 동기회장을 선발하는 등 일정 정도의 인적 유대를 형성시켜 준다. 그래서 연수 후 각 부처로 헤어진 후에도 동기들 연줄망을 통해 부처 간 업무 협조가 원활하게 이루어지게 만든다.

8) 시민권 정의 및 규제

한국은 국가 운영에 필요한 병역 · 조세 같은 기초 자원을 주민으로부터 구하는 내부 의존형 국가이다. 그렇기 때문에 국가능력 증진을 위해서는 주민에 대한 정보를 파악하는 일이 매우 중요하다 (정용덕, 2002: 213-5).[37] 또한 주민에 대한 정보는 선거 등을 통해 정부를 구성하기 위해서도 필요하다. 유권자 숫자를 정확히 파악하는 것이 선거의 기초이기 때문이다. 한편 갈등적 남북관계에서 간첩을 색출하기 위한 안보 측면에서도 주민에 대한 정보는 필수불가결하다. 주민 파악에 가장 기초적인 자료를 제공해 주는 것은 주민등록 제도이다. 한국은 1962년 6월 20일부터 [주민등록법]을 시행하였다.[38] 한편 1990년대 말 이후 한국인과 외국인의 국제결혼 증가 · 북한 출신 새터민의 입국 증가 · 조선족 중국인들의 국내 불법 체류 증가 · 외국인 노동자들의 합법적 취업 및 불법 체류 증가 등으로 인해 전통적 시민권 개념이 도전받고 있다. 이와 관련하여 국적 업무를 담당하는 법무부, 출입국 업무를 담당하는 법무부 출입국관리소 이외에 다문화가정 출신의 혼혈 한국인들의 군입대 문제를 담당하는 병무청, 이들의 학교 및 사회 부적응 문제를 담당하는 교육과학기술부와 여성가족부 청

---

[37] 조선 후기에 조세부담 때문에 거주지를 이탈하여 산속으로 들어갔던 화전민들의 경우를 생각해볼 필요가 있다. 그런 식으로 국가가 파악하지 못하는 국민들이 많을수록 국가의 능력은 저감되는 것이다.

[38] 일본의 경우에는 국가와 주민 사이에 자원동원 능력이 있는 촌락 등 사회집단이 있어서 국가가 주민파악이 비교적 용이했으나, 한국에서는 그런 매개집단이 없어서 국가가 직접 주민을 파악해야 했고, 제도화 비용도 일본보다 많이 들었다 (大西裕 1999b; 정용덕, 2002: 214에서 재인용).

소년가족정책실 등이 시민권과 관련하여 기존에는 없던 새로운 업무를 담당하고 있다.

9) 재산권 정의 및 규제

자연권 위양을 주장한 홉스는 말한 것도 없고, 자연권 위양이 불가능하다고 주장한 로크조차도 정부 성립의 이유 중 하나로 국민의 재산권 보호를 들었다. 즉 사유재산권은 아무리 천부적 자연권으로 간주된다고 해도 현실적으로 정부가 보호해주지 않으면 실효성이 없다. 현실에서 국가가 시민들의 재산권을 정의하는 방식은 규제(regulation)이다. 규제는 국가가 법령을 통해 개인의 권리를 제약하는 것을 말하는 것이다. 재산권과 관련해서는 정도의 차이일 뿐 규제가 없는 사유 재산이란 사실상 없다. 한국에서 대표적인 재산권 규제는 그린벨트 지정/해제, ○○지구 재개발 허가/취소, ○○지역 재건축 아파트에 ○○평 이하 아파트 ○○○세대 포함 요건 부과/해제, ○○지역 재건축시 ○○미터 고도제한 등이다. 부동산 영역뿐만 아니라 동산 영역에서도 재산권 규제는 수없이 많다. 의결권 없는 주식·의결권 제한 주식·신주인수권부 사채·전환사채 등 정부는 규제(보장) 정도가 다른 재산권들을 끊임없이 만들어내고 있다. 규제 수단은 다른 수단들과 달리 거의 모든 중앙 국가 기구가 사용하고 있다. 규제는 다른 정책수단들에 비해 집행비용이 상대적으로 적게 들기 때문에 국가 기구들이 많이 의존하고 있다 (정용덕, 2002: 212-213). 한편, 행정지도라는 비공식적 규제도 있다. 이것은 국가 기구가 목표 달성을 위해 법적인 근거가 없음에도 불구하고 그 대상인(또는 조직)의 행위에 영향을 미치는 특이한 행정 활동이다 (정용덕, 2002: 212).

10) 고객집단 형성

국가가 자율성을 제고시키기 사용할 수 있는 방법 중의 한 가지는 시민을 고객집단으로 만들어 국가를 지지하게 하는 것이다. 시민을 고객집단으로 만들기 위해 대다수의 국가들이 사용하는 전형적인 방법은 각종 복지제도를 운영하는 것이다. 의료보험이나 연금 같은 사회 보험 제도, 저소득층에 소득을 보전해주는 기초생활보호 제도 등이 대표적인 예다. 의료 보험은 1964년 3월 17일부터 시작되었다. 처음에는 근로자만 대상으로 시작했다가, 1970년에 공무원과 군인을 포함시켰고, 1977년 1월 1일부터 전 국민으로 대상을 확대시켰다. 국민 연금은 1974년 1월 1일부터 시작되었다. 1988년 1월 1일부터 전국민을 대상으로 확대되었다. 생활보호제도는 1962년 1월 1일부터 시작되었다. 초기 보호대상은 연령 65세 이상의 노쇠자, 연령 18세미만의 아동, 임산부, 불구·폐질·상이 기타 정신 또는 신체의 장애로 인하여 근로능력이 없는 자 중 부양의무자가 없는 사람이었다. 1983년 7월 1일부터는 '자활'과 '교육'이 보호범위에 추가되었고, 2000년 10월 1일부터는 급여 범위에 '주거'가 추가되었다. 의료보험·국민연금·기초생활보장 제도를 계획하고 도입한 국가 기구는 보건사회부(현 보건복지부)였다. 그러나 복지 분야에 대한 실질적 재정집행은 지방자치단체 수준에서 많았다. 국가의 수준 별로 지출 유형이 차이 나는 이원국가성이 존재한다 (정용덕, 2002: 246-247).

11) 물적 자원 추출 능력

국가가 존립하기 위해서는 재정 자원이 충분해야 하고, 이것을 충족시키기 위해서는 국가가 충분한 추출 능력을 보유하고 있어야 한다. 추출 능력은 국가능력 중에서도 가장 기본적인 것이고, 나아가 국가자율성의 필수조건이라고 할 수 있다. 조세는 징수 주체에 따라 국세와 지방세로 구분되는데 국세는 국세청과 지방세무서, 관세청이 담당하고, 지방세는 지방자치단체들을 담당하고 있다.

국세청 조직 정원의 변화를 보면 1966년 384명으로 시작해, 1970년 관세청의 분할로 309명으로 축소되었다가, 1977년 부가가치세 도입을 전후로 크게 증가했고[383명(1976년) → 494명(1977년)], 교육세·방위세·증권거래세 등을 신설한 전두환 정권 때 가장 크게 증가했고[515명(1979년) → 1,154명(1987년)], 다시 감소했다가 종합부동산세·에너지세·환경세 등 새로운 세목을 추가한 노무현 정권 때 다소 증가했고[717명(2002년) → 840명(2007년)], 이명박·박근혜 정권에서는 다시 축소되었다[818명(2012년), 823명(2017년)]. 그러나 복지 확대로 세출 수요가 커진 문재인 정권에서는 다시 증가했다[887명(2019년)] (출처: 국세청 해당년도 직제).

관세청의 경우에는 1970년 설립 때 135명으로 출발하여, 1978년 7월 15일에 180명으로 증가했다. 가장 크게 증가한 것은 전두환 정권 때로 1988년 1월 29일에 294명으로 급증하였다. 노태우 정권 때도 조금 늘어나 339명이 되었다. 김영삼 정권과 김대중 정권에서는 각각 324명, 264명으로 축소되었다. 노무현 정권에서는 다시 311명으로 다소 증가하였고, 이명박 정권에서도 326명으로 소폭 증가하였다. 박근혜 정권에서는 356명(2017년), 문재인 정권에서는 350명(2020년)으로 다소 증가하였다 (출처: 관세청 해당년도 직제).

한국 중앙 국가의 조세수취 능력은 매우 강하다고 볼 수 있다. 국세청과 관세청은 2002~2008년 사이에 예산안에 반영된 액수보다 많은 국세를 수취하였다 (<표 3-2-5> 참조).

2010~2011년에도 종합부동산세·부가가치세·관세·법인세·에너지세 등을 중심으로 예상보다 더 많은 국세를 징수하였다. 게다가 2002년 이후 매년 세출불용액까지 발생하여

표 3-2-5	연도별 국세 초과 징수 액수		
연 도	액 수	연 도	액 수
2002	4,415억원	2009	–
2003	5,826억원	2010	72,000억원
2004	−30,676억원	2011	48,000억원
2005	6,569억원	2012	−28,000억원
2006	26,366억원	......	
2007	137,584억원	2018	254,000억원
2008	13,246억원	2019	−13,000억원

출처: 기획재정부 조세정책과 김정은의 홈페이지. http://bluemarbles.tistory.com/1139
　　　디지털세정신문 2011.9.18.일자; 조선일보 2013.2.8.일자; 한겨레뉴스 2019.2.8.일자; MK뉴스 2020.2.10.일자.
　　　기획재정부 국내외정보. http://www.incham.net/ndsys/ndBBS

중앙 국가의 세계잉여금은 상당 수준에 달하였다. 문재인 정권 들어서는 2018년에 25조 4천억이라는 역대 최대의 세수초과를 기록하였지만, 2019년에는 경제상황 악화, 복지 지출 증가 때문에 부동산세·법인세를 인상하고도 세계잉여금이 부(−)가 되는 상황이 초래되었다.

12) 정책영역별 국가자율성 차이

'행정 관료제 내부의 응집성'과 '행정 관료제와 외부환경 사이의 농도 짙은 유대' 두 가지는 상호보완적인 관계에 있고, 두 가지가 모두 구비되어야 국가자율성이 높아질 수 있다(Evans, 1995: 72). 국가 기구 내부의 응집성은 모든 기구들에 걸쳐 비슷하다고 가정한다면, 국가자율성의 차이를 유발하는 원인은 행정 관료제와 외부환경 연계성의 제도화 정도이다. Evans(1995: 82)는 이 연계성의 제도화 정도가 국가 기구 혹은 정책영역 별로 차이를 보인다고 주장하였다. 한국에서도 이런 경향이 존재한다. 우선 중앙 국가 기구들의 설립 허가를 통해 설치된 '비영리 법인'의 숫자에서 큰 차이가 나타난다. 중앙 국가 기구가 관리하는 비영리 법인들이 많다고 해서 자동적으로 연계된 자율성이 높은 것은 아니지만, 중앙 국가 기구가 설립 허가를 내 준다는 측면을 고려하면 국가 기구의 연계된 자율성 제고에 기여할 가능성이 높다고 볼 수 있다.

또한 중앙 국가 기구에 등록하고 지원을 받는 비영리 민간단체 숫자도 기관마다 크게 다르다.[39] 2019년 3월 31일 현재 중앙 국가 기구에 총 1,675개의 비영리 민간단체가 등록되어 있는데, 행정안전부가 261개로 제일 많고, 국가인권위원회·국세청·통계청·법제처·기상

---

39 이 기관들은 [비영리민간단체지원법] 관리 대상임.

표 3-2-6 비영리법인 현황

기관 구분	개수	기준일	기관 구분	개수	기준일
<부>			<처>		
교육부	3,500	2016.06.30.	국가보훈처	179	2018.12.31.
문화체육관광부	1,417	2020.02.27.	법제처	18	2015.11.30.
산업통상자원부	1,078	2020.01.30.	인사혁신처	8	2019.01.15.
보건복지부	743	2018.10.30.			
농림수산식품부	662	2019.01.30.	<청>		
행정안전부	599	2018.08.24.	문화재청	319	2020.03.02.
외교통상부	554	2012.12.31.	산림청	180	2017.04.17.
고용노동부	500	2018.12.30.	농촌진흥청	78	
중소벤처기업부	433	2019.08.22.	소방청	34	2012.12.31.
환경부	430	2019.01.01.	경찰청	3	2012.07.15.
국토교통부	425	2018.07.30.	병무청	2	2011.12.14.
여성가족부	211	2017.12.31.			
국방부	77	2014.12.30.			
기획재정부	7	2016.09.30.			

출처: 각 기관 홈페이지.

표 3-2-7 비영리 민간단체 등록 현황

부	개수	<위원회/처>	개수
행정안전부	261	방송통신위원회	8
보건복지부	196	공정거래위원회	8
외교부	187	금융위원회	7
환경부	184	국가인권위원회	1
문화체육관광부	178	인사혁신처	4
통일부	173	식품의약품안전처	2
여성가족부	106	국가보훈처	15
교육부	52	법제처	1
고용노동부	47	<청>	
농림축산식품부	43	산림청	18
국방부	36	소방청	12
해양수산부	31	경찰청	11
과학기술정보통신부	23	해양경찰청	9

법무부	12	문화재청	8
산업통상자원부	12	농촌진흥청	5
국토해양부	10	특허청	2
기획재정부	7	국세청	1
중소벤처기업부	3	기상청	1
		통계청	1

출처: 행정안전부 민간협력과(2019.3.31. 현재).

청 등이 1개로 가장 적다 (<표 3-2-7> 참조).

5. 결   론

지금까지 엘리트 국가론 시각 중 자율국가 모형에 입각해서 행정기구를 분석하였다. 행정기구들이 높은 자율성을 향유할 수 있는 조건들이 분석의 초점이었다. 자율국가 모형에 의하면 국가자율성은 국가가 세계체제의 다른 국가, 국내 사회의 민간 행위자들의 능력과 비교하여 강한 능력을 가질 때 확보될 수 있다. 그래서 관계적이고 상대적이다. 분석에서 가장 큰 비중을 할애한 부분은 국가능력이었다. 벤젤(Bensel)과 스코르넥(Skowronek)에 의하면 국가능력은 국가 내부의 제도적 구성과 정책능력 두 영역에서 결정된다. 국가 내부 제도적 구성과 관련해서는 중앙 국가 내부에서 ① 입법부·사법부·정치행정부보다는 행정 관료제로의 권한 집중, ② 행정 관료제 내부에서 상위 수준 기구로의 집권화, ③ 개별 국가 기구 내 집권화, ④ 지적 인재의 동원과 국가 엘리트들 간 집합적 응집성 네 가지를 살펴보았고, 정책 능력과 관련해서는 ① 시민권 정의, ② 재산권 규제, ③ 고객집단 형성, ④ 물적 자원 추출 정책, ⑤ 정책영역 별 차이 다섯 가지를 살펴보았다.

분석 결과를 항목 별로 요약하면 다음과 같다. 한국 중앙국가의 행정 관료제는 사법부보다와 입법부에 비해 상대적으로 강하지만, 핵심행정부(정치행정부)에 의해 강력한 통제를 받는다. 행정 관료제 내부에서는 중앙관리기구로 권한이 집중되어 있고, 개별 국가기구 내부에서도 기획·조정 부서를 통해 상층부로 권한이 집중되는 기계관료제 특성이 있다. 직업관료들은 행정고시와 연수 제도를 통해 국내 최고 엘리트들 사이의 응집성을 확보하고 있다. 시민권 정의와 관련해서는 주민등록제도를 통해 시민권을 거의 완벽하게 통제해왔다. 다만, 최근 새터민들과 외국인들의 유입이 많아지면서 얼마간 다문화 사회의 특성를 보이고 있다. 재산권 규제 능력은 그린벨트 정책에서 보듯이 매우 강력한 능력을 유지한다. 고객집단 형성도 비록 복지국가 측면에서 보면 아직 부족한 점이 많지만, 국가의 통제력이란 측면에서 보면 점차 능력을 제고시키고 있다. 물적 자원추출 능력은 세제 잉여금으로 나타나듯이 매우 높다. 중간조직들을 중심으로 살펴본 중앙국가의 정책 능력은 부처 별로 차이가 많다.

전반적으로 보면 한국에서 중앙국가는 '강한' 능력을 보유하고 있는 것으로 판단된다. 강한 국가능력을 바탕으로 국가기구들은 상당 수준의 자율성을 향유하고 있다. 중앙국가 기구들은 세계체제에의 규제를 통해 국내 사회 세력들로부터 자율성을 확보하였으나, 전지구화의 심화에 따라 약화되고 있다. 국내 사회와의 관계에서도 국가기구들은 높은 자율성을 향유하고 있다. 세무조사·부당내부거래 조사 등을 통해 기업들을 통제하고, 억압기구의 활용을 통해 노동자 세력을 통제하며, 방송정책기구를 통해 언론을 통제하고, 각종의 국가 보조금을 통해 시민단체들을 통제한다. 그리고 특별지방행정기관 제도와 중앙-지방 인사교류 제도를 통해 지방정부의 자치권을 상당 수준 제약하고 있다. 다만, 특별지방행정기관은 다소 약화되는 추세다.[40]

이와 같은 분석 결과를 토대로 중앙 국가기구들의 자율성에 대해 총평을 다음과 같이 내려볼 수 있다. 즉, 한국 국가는 강한 국가능력을 바탕으로 하고 세계체제와의 관계 및 국내 사회와의 관계에서 사회부문의 이해관계집단을 효과적으로 통제함으로써 전체적으로 높은 자율성을 향유하고 있는 것으로 진단할 수 있다.

이처럼 한국의 높은 국가자율성에 대한 규범적 측면을 생각해 볼 수 있다. 조직론적 현실주의 이론가들은 국가가 국익을 지향하는 그만큼 높은 자율성은 긍정적으로 평가하고 있다 (Krasner, 1978). 그러나 그 국익이란 것이 전체 나라 혹은 국민의 이익(national interest)이라는 의미인지, 아니면 단순히 국가 엘리트들의 조직체인 국가 부문의 이익(state interest)을 의미하는 것인지를 구별할 수 있어야 한다. 현실주의의 시각에서 보면, 전자의 이익을 추구하는 경우에도 후자의 이익을 희생하는 경우는 드물 것으로 보인다 (정용덕, 1997: 99-103). 전체 인민의 희생을 무릅쓰면서까지 기존에 형성된 국가체제 유지를 위해 개혁개방을 두려워하고 회피하는 북한 국가가 전형적인 예가 될 것이다. 높은 국가자율성은 국가 자체의 이익이 아니라 전체 나라 혹은 국민의 이익(공익)을 위해 발휘될 수 있을 때 그 존재가 정당화될 것임을 유의해야 한다.

---

[40] 이에 대한 자세한 분석은 이 책의 제3편 제3장을 참고 바람.

제 5 절   자유민주주의 국가의 행정기구: 마르크스주의 시각

1. 서   론

마르크스주의 시각에서는 현대 국가의 자본주의적 특성을 강조한다.[41] 국가의 정책과 제도적 구조는 자본주의의 기능적 필요성에 의해, 혹은 자본가와 노동자간의 계급갈등(class conflict)에 의해 결정되는 것으로 간주한다.

국가와 사회 간의 관계의 맥락에서 볼 때, 자본주의 국가는 서로 다른 세 유형의 이미지로 그려질 수 있다. 첫째, 국가를 단순히 (특히 독점) 자본가들의 이익을 위해 활동하는 수동적 존재로 간주하는 도구주의 관점이다. 둘째, 국가는 자본주의 체제의 생존과 발전에 순기능적 활동을 수행하는 보호자로 보는 기능주의의 관점이다. 여기서 자본축적(accumulation)과 정당성(legitimation) 기능이 핵심적 국가기능이다. 셋째, 국가는 계급 간의 갈등이 첨예하게 대립되는 (대개 과도기적인) 시기에 중재자(arbiter)로서 파당적이고 (제한적이지만) 자율적으로 활동하는 것으로 보는 이른바 "보나파르트주의(Bonapartism)" 모형이다 (Dunleavy & O'Leary, 1987: 5장).

자본주의 국가론의 관점에서 행정기구를 이해하는 데에는 적어도 두 가지 접근법이 적용될 수 있다. 행정기구의 변화를 자본가-노동자 계급간 이익 갈등의 산물인 것으로 보거나, 국가가 자본주의의 유지 및 발전을 위해 수행해야 할 기능적 필요성에 따라 구조적으로 결정되는 것으로 보는 것이다.

첫째, 계급갈등의 관점에서 보면, 자본주의 국가의 행정기구는 당시 계급투쟁의 특이한 상황과 자본가 계급의 이익추구에 의해 발전한다. 예를 들면, 미국 노동부(Ministry of Labor)의 조직구조에 관한 결정들은 사회 전체 수준에서의 주요 계급 갈등에 연계되어 발생한 것이다 (DiTomaso, 1980; 1984: 335-55). 노동부 신설 및 조직에 대한 애초의 결정은 국가 권력에의 접근 가능성을 노동과 자본 간에 누가 효과적으로 장악할 것인가에 관한 계급간의 정치적 결정에 의한 것이었다. 또한 그 후에 전개된 조직개편에 관련된 여러 가지 갈등도 분화된 계급들 간의 정치적 제휴(political alignments)상의 균형 변화가 반영된 것이었다. 애초에

---

[41] 자본주의 국가에 관한 분석이지만, 개인주의 국가론에서는 현대 국가의 시장 자본주의적 측면을 긍정적인 관점에서 접근하는 것과 달리, 마르크스주의 국가론에서는 이를 비판적인 관점에서 접근한다. 이 점에서 양자 간에는 근본적인 이념적 차이가 있다.

미국의 중앙 노동행정기구는 "부당한 이윤창출을 중단시킬 수 있는 정부기관"을 19세기말경 최대의 노동자 단체인 이른바 "노동자 기사단(Knights of Labor)"이 요청함에 따라 1913년 신설되었다. 그러나 노동자들이 요구한 것처럼 독립적인 지위의 각료급 행정기관으로서가 아니라, 단지 내무부의 노동통계국(Bureau of Labor Statistics)으로 설치되었다. 기능면에서도 노동자들이 소유권, 통제, 사용자 조직 등에 대한 통계를 원했음에도 불구하고, 노동통계국은 그 때나 그 이후에나 그와 같은 통계를 수집할 수도 없었으며, 단지 노동자들에 대한 통계만을 수집했을 뿐이다. 조직구조면에서도 노동부는 자본의 다양한 요구에 따라 변화해 왔다. 때로는 집권화되고, 때로는 분권화되는 등 여러 가지 조직형태의 변화가 있었는데, 이와 같은 변화는 합리성에 대한 고려보다는, 자본가 계급의 정치적 전략에 따른 것이었다. 지배계급이 그 기관을 통제하고 있는 경우, 기관을 집권화 시켰고, 반대로 노동자들이 그 기관에 대한 통제력을 얻게 되는 경우, 지배계급은 그 기관을 항상 분권화된 조직으로 개편하였다. 즉 국가 내에서 노동자들을 위한 유력한 발판이 될 수 있는 이 잠재적으로 다루기 힘든 기관을 통제하기 위한 자본가 계급의 전략적 조치였다는 것이다. 또한, 규모면에서도, 노동부는 노동자들의 이익을 부분적이나마 대변하고 있다는 이유로 인하여 연방정부 내에서 가장 규모가 작고 나약한 각료급 기구로 남아 있다. 즉 기관의 규모는 국가내부에서의 계급간의 힘의 균형과 상관관계가 있는 것이다 (DiTomaso, 1980).

이와 같이 접근법은 국가관료제의 구조적 결정 요인이 (사회경제적 구조뿐만 아니라) 정치적 요인에 보다 체계적으로 연계되어 있음을 강조하여 이를 모형으로 발전시킨 또 다른 연구에서도 찾아 볼 수 있다 (<그림 3-2-6>)(Wright, 1978: 4장). 즉 정치적 계급투쟁의 형태가 사회·경제적 구조, 정치적·조직적 계급 역량, 그리고 국가의 관료제적 구조와 연결되는 다양한 방식이 있다. 첫째, 정치적 계급 투쟁의 형태들은 기층적인 사회경제적 구조에 의해 구조적으로 제한되고, 조직적 계급역량과 국가기구의 구조에 의해 선택된다. 둘째, 정치적 계급투쟁은 사회경제적 구조, 정치적 역량, 그리고 국가기구의 구조 자체를 변형시킨다. 계급투쟁의 형태는 사회경제적 구조, 정치적 역량, 그리고 국가 구조 사이의 결정관계를 중재한다. 여기서 중요한 것은 국가구조의 본질에 대한 기층적 사회경제적 구조의 영향이 아무리 동일하더라도 그것이 정치적 투쟁의 형태에 의존해 있기 때문에 상이하게 나타난다는 점이다.

둘째, 기능주의에 의하면 자본주의 국가의 행정기구는 자본주의의 유지와 발전을 위하여 국가가 수행할 것으로 요구되는 기능적 필요성에 따라 결정된다. 행정기구란 국가의 기능이 수행되는 메커니즘으로서, 행정기구의 분석은 그보다 앞서 국가기능의 분석을 선행적으로 수행해야 되며, 또 국가기능의 분석은 그에 앞서 국가형태(state form)의 분석을 선행적으로

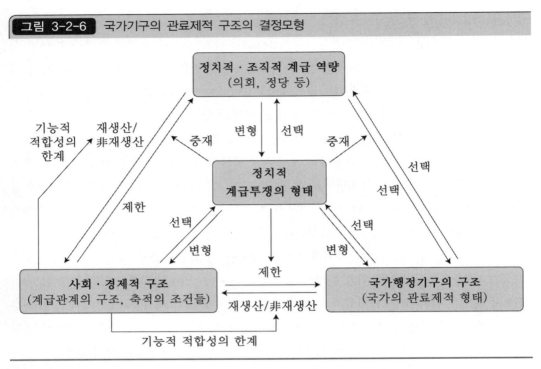

그림 3-2-6 국가기구의 관료제적 구조의 결정모형

출처: Wright, 1978: 223.

수행해야 한다. 이와 같은 접근법에 의한 대표적인 예로서 '자본주의 국가기구 유형화 모형'을 들 수 있다 (Clark & Dear, 1984). 여기서는 이 자본주의 국가기구 유형화 모형을 중심으로 논의를 전개하기로 한다.

2. 이론적 배경

기능론적 마르크스주의 관점에 의하면, 국가기구란 "국가가 수행하는 기능들이 이루어지는 메커니즘"을 의미한다 (Clark & Dear, 1984). 여기서 국가기구의 존재 의의는 그것이 수행하는 '기능'에서 찾아지게 된다. 한편 국가기능은 이것을 필요로 하는 '국가형태' 즉, 사회구성체로부터 진화되는 국가구조로부터 설정되는 것으로 간주한다. 따라서 한 나라의 국가기구 분석은 먼저 그 나라의 국가형태를 이해하고, 그 다음 국가형태에 따른 국가기능들의 특성을 밝힌 다음, 끝으로 국가기구를 규명하는 순서로 이루어지게 된다. 국가형태란 특정의 국가구조(state structure)가 그의 주어진 사회구성체에 의해 구성·진화되는 방법에 관련된 문제를 의미한다. 한편 국가기능이란 국가라는 이름하에 수행되는 활동들 ― 즉 국가가 (자본주의)사회에서 실제로 수행하는 것들— 을 지칭한다. 그리고 국가기구는 바로 이들 기능이 집행되는 기제들을 의미하는 개념이다. 따라서 적절한 분석의 논리는 먼저 형태의 문제에서 시작해서, 기능의 유형들을 도출해 내고, 마지막으로 기구들의 집합을 이끌어내는 순서로 이어지게 된다고 한다 (Clark & Dear, 1984: 36-7).

국가기구를 분석함에 있어서 무엇보다도 먼저 국가형태를 이해해야 하는데, 그 개념이 매우 다양한 의미로 사용되고 있어 혼란이 초래되고 있는 문제가 있다. 이 점을 해소하기 위해서는 국가의 개념을 상이한 추상적 수준에 따라 체계적으로 정리해 볼 필요가 있다. 국가 개념의 난립은 보수주의, 자유주의, 사회민주주의, 마르크스주의 등 다양한 학파들간에 경쟁적으로 서로 다른 개념들을 사용하고 있는 데에서 불가피하게 나타나는 현상이다 (Dyson, 1987). 따라서 각 추상적 수준에서 의미하는 국가 개념과 그에 따른 국가의 형태, 기능, 기구의 의의와 유형, 그리고 그 유형들간의 관계에 관한 의미들을 좀 더 명백하게 새겨 보는 것이 필요하다. 먼저 자본주의 국가 일반에 관한 국가기구 유형화를 추구하고, 이어서 이 국가기구 유형들간의 특징적 차이가 갖는 의의를 검토하는 순서로 논의를 진행하기로 한다.

1) 자본주의 국가기구의 일반형

(1) 국가성

가장 추상적인 의미에서의 국가개념은, 특정의 생산양식과는 무관한 일반이론의 차원에서, '국가 일반(state in general)'을 뜻하는 경우이다 (김일영, 1991; Poulantzas, 1973; 1974). 마르크스주의 이론가들이 역사적 유물론의 이론체계에 따라 국가를 '경제적 토대에 상응하는 상부구조' 혹은 '생산양식을 구성하는 경제, 정치, 이데올로기의 3부문(층위) 가운데 하나'인 것으로 보는 포괄적 개념정의가 여기에 해당된다. 이 경우에 국가는 '여타 부문(층위)의 모순들이 반영, 응축되는 층위'인 것으로서, 이들 간의 응집인자로서의 역할수행'이라는 일반적인 기능을 담당하는 것으로 가정될 뿐(Poulantzas, 1973), 이보다 더 구체적인 국가기능이나 기구에 관한 어떠한 지침이 제시되기는 어렵다. 다만 더 구체적인 국가개념을 논의하기 위한 하나의 이론적 전제로서는 의의가 있다. 궁극적으로는 토대가 상부구조를 규정하지만 그렇다고 국가(즉 상부구조)의 상대적 자율성이 완전히 부인되어서는 안 되며, 생산양식을 독자적인 역사와 시간척도를 지닌 부문(층위)들의 '구조화된 총체'로 파악함으로써 일반이론 수준에서 정치부문(즉 국가)의 위치를 확인하게 해주게 되는 것 등이 그것이다 (김일영, 1991). 또 이처럼 추상성이 높고 일반적인 개념정의 수준에서 '한국'이라는 국가만이 지니는 어떠한 특수성을 논의하기도 어렵다. 여기서는 다만 남북한은 (분단이래 서로 부인해 왔음에도 불구하고) 사실상의 '국가성(de facto stateness)'을 지니고 있는 점을 기본전제로서 받아들일 수 있을 것이다 (Jung, 1991).

(2) 국가의 유형

국가성이 전제되면, 그 다음으로 국가가 처해있는 사회(또는 생산양식)에 따라 (봉건주의국가, 자본주의국가, 사회주의국가 등으로) 그것의 유형(state type)을 구분하는 것이 가능해진다 (이국영, 1989). 이 중에서 '자본주의'국가란 '자본주의적' 생산양식에 대응하는 정치부문이 제도화된 것을 의미한다. 자본주의적 생산양식이 갖는 중요한 특성은 정치부문(즉 국가)과 경제부문은 서로 분리되어 자율적이면서, 한편 후자(즉 경제부문)가 결정적, 지배적인 역할을 수행하는 구조적 배열을 지닌다고 하는 점이다. 자본주의사회에서 계급지배와 그것의 재생산은 (직접적인 물리적 폭력수단에 의해서가 아니라) 생산과정에서 자본가에 의한 노동자 잉여노동의 전유를 통해 진행되는 자본주의적 생산관계의 재생산이란 형태로 이루어진다. 이와 같은 자율적인 재생산이 원활하게 이루어지기 위해서는 생산과정의 외부(즉 유통과정)에서 자유롭고 평등한 교환이 전제되어야 한다. 물리적 강력력은 이와 같은 자유로운 교환질서를 방해할 수 있는 요소인 만큼, 경제영역과 그 내부의 계급들로부터 분리되어 특수한 위치에 집결하게 되는 데 이것이 곧 국가이다. 즉 자본주의국가가 적어도 현상적으로는 어떤 계급과도 연계되지 않으면서 동시에 물리적 강력력을 합법적·독점적으로 사용하는 공적 권위로서 등장하는 근거가 된다 (김일영, 1991; Hirsch, 1976). 한편 폴란차스(Poulantzas, 1973)는 이 문제를 '자본주의적 생산양식에서는 경제외적 강제 대신 교환관계나 시장의 힘이 경제를 지배 또는 매개하기 때문에 경제외적 강제(정치적 강제 또는 그것의 제도적 표현인 국가)는 경제의 외부에 자리할 수밖에 없는 것'으로 설명하기도 한다. 이것은 곧 국가의 '구조적 자율성'이 어디까지나 '상대적(relative)'일 뿐임 ― 즉 국가가 아무리 자율성을 지니고 있다고 하더라도, 그것이 궁극적으로는 자본주의적 속성을 벗어나지는 못한다는 것 ― 을 뜻하는 것이다. 한국 국가를 일단 자본주의국가 유형에 속하는 것으로 보는 데 대해서는 별로 이론의 여지가 없을 것이다.

(3) 자본주의 국가의 기능 및 기구 유형화

자본주의국가라고 하는 국가유형이 확인되면, 여기에서 자본주의 국가가 일반적으로 수행하는 것으로 여겨지는 여러 유형의 국가기능과 기구들을 규정하는 것이 가능해진다. 앞의 '국가 일반' 또는 '국가성'을 의미하는 개념 수준에서 국가는 '여타 부문(층위)의 모순들이 반영·응축되는 층위'이면서 또한 '사회적 응집인자'의 기능을 수행하는 것으로 보았다. 국가 일반수준에서의 이와 같은 국가기능이 자본주의적 생산양식 하에서는 좀 더 구체적으로 규정되는데, 여기서 핵심은 자본주의적 생산양식의 특징인 '경제와 정치의 분리로 인한 양자간의 고립과 통합'이 서로 조화를 이루는 방식에 관한 것이다. 즉 자본주의국가는 경제와는 분리된 위치에 자리 잡고 있으면서도, 한편 자본주의적 사회구성체를 방어·유지·재생산해내는 목적을 아울러 지니는 것이다. 그런데 바로 이처럼 상호 모순적인 국가 목표들이 달성되는 수단 혹은 운영목표(operational objective)로서의 국가기능과 그를 위한 기제(즉 기구)들도, 단일의 형태가 아니라, (이러한 복합적이고 모순적인 관계를 반영하는) 다양한 형태로 구성될 수밖에 없게 되는 것이다 (Clark & Dear, 1984). 이는 응집인자라는 일반적 기능이 자본주의사회에서 각 계급에 대해 차별적으로 '수행' — 즉 지배세력은 조직화하고, 피지배인민대중은 탈조직화시키는 일 — 되는 것을 필요로 하게 됨을 의미한다 (Poulantzas, 1973). 이로 인하여 국가는 사회 내에 존재하는 자본간의 경쟁 및 계급간 대립이 조직적으로 응결되는 장(場)이 되며, 따라서 자본주의국가는 단일의(monolithic) 조직체가 아니라 (이러한 복합적이고 모순적인 관계를 반영하는) 다수의 기구들로 구성되게 된다. 무릇 자본주의국가는 — 그것이 처해 있는 특정의 시간과 공간에서의 사회경제적 여건과는 무관하게 — 다음과 같은 네 가지 기능들을 모두 수행하게 되어 있고, 그에 대응하는 여러 가지 유형의 국가기구 및 하위기구들을 갖추게 된다 (<표 3-2-8>)(Clark & Dear, 1984; 정용덕, 1993).

표 3-2-8 국가기구의 유형

	국가 기능			
	제Ⅰ형 합의	제Ⅱ형 생산	제Ⅲ형 통합	제Ⅳ형 집행
국가의 하위기구	1. 정치 의회민주주의 지방국가 대외관계	1. 공적생산 공공재제조	1. 복지 (1) 보건 (2) 교육 (3) 복지사업	1. 관리 관료제
	2. 법률 성문법규법원체계	2. 공적제공 계약	2. 이데올로기제조 (1) 정보(유포·억제) (2) 통신·매체	2. 규제기관 준정부기관 각종 위원회
	3. 억압 경찰 군대 감옥	3. 국고 재정정책 통화정책		

출처: Clark & Dear, 1984: 50.

가) 합의기능과 기구: 모든 사회구성원·집단들이 기존의 사회계약을 수용하도록 함으로써 사회적 합의(social consensus)를 확보하는 기능으로서, 국가의 운영목표 가운데 가장 우선적인 것이다. 어느 사회를 막론하고 그것의 안정을 위한 기본 조건은 소유권규정·계급관계·활동의 적법성 등에 관해 국가가 정의하는 것에 의존하는 것이며, 이에 대한 합의를 통해 질서·안정·보안의 유지가 가능해진다. 이 관계들이 형성되고 나서야 비로소 어느 정도 지속적인 생산과 교환이 가능해진다 (Clark & Dear, 1984). 또한 히르쉬(Hirsch, 1976: 107-13)가 제시하는 '폭력적 및 이데올로기적 계급억압기능'에서 '폭력적' 부분과 폴란차스(Poulantzas, 1973)가 제시하는 '정치적 기능,' 그리고 불랑케 등(Blanke et al., 1978: 139-4)이 제시하는 교환질서를 보호하기 위해 자본주의국가가 수행하는 '강제·억압기능'(혹은 '질서유지기능') 등도 여기에 부합되는 개념이다. 그리고 히르쉬와 폴란차스가 지적하는 '억압적' 국가기구는 여기에 일치하는 하위기구이다. 합의기능을 수행하는 하위기구에는 의회민주주의, 지방자치, 대외관계를 통해 국가의 정통성을 확보하는 '정치'와, 강제적 수단에 의해 질서와 체제유지를 도모하기 위한 '법,' 경찰·군대·감옥 등의 '억압' 하위기구들이 포함된다.

나) 생산기능과 기구: 이것은 공·사부문에서의 생산증대를 위하여, 사회투자(social investment)를 규제함으로써 생산(production)의 조건을 확보하는 제2의 국가기능이다. 생산조건의 확보를 통하여, 국가는 모든 계급들의 물적 생존과 아울러 그 자체의 지속성도 보장받게 된다. 자본을 위하여 경제성장과 시장교환조정을 위한 하부구조들을 제공하고, 이를 통하여 국가는 이윤창출조건을 부여하며, 그렇게 함으로써 자본 엘리트들의 충성을 확보하게 됨과 동시에 또한 국가 자체의 권력과 정당성도 강화시키게 된다. 생산조건을 확보함으로써 (다음의 '사회통합'기구들에 의해 재분배될) 사회복지의 창출이 가능해진다. 이는 히르쉬(Hirsch, 1976: 107-13)가 '경제적 재생산과정의 외적 조건을 보장하는 기능'으로 제시하는 것, 즉 '축적기능'과 일치한다. 생산기능을 수행하는 하위기구에는 '공적 생산'(즉 공공재의 직접생산), '공적 제공'(공공재의 간접생산), '국고'(재정 및 금융정책 등)가 포함된다.

다) 통합기능과 기구: 제3의 국가기능은 모든 집단(특히 하위계급)의 후생을 보장함으로써 사회통합(social integration)을 확보하는 일이다. 사회통합은 조세·재분배·복지사업 및 기타 여러 정책수단들을 통해 성취될 수 있다. 그러나 앞에서의 사회합의 및 생산의 보장이라는 국가기능들이 전제되지 않고는 자본주의 사회에서의 사회통합을 위한 사업의 수행은 불가능하다. 통합기능을 수행하는 하위기구에는 보건·교육·복지사업을 포함하는 '복지'와 정보나 통신·매체를 포함하는 '이데올로기제조' 하위기구들이 있다. 여기에는 히르쉬가 제

시한 '폭력적 및 이데올로기적 계급억압 기능' 가운데 후자(즉 파워블록 내의 헤게모니분파가 자신의 헤게모니의 관철 또는 이데올로기적 조작을 통해 파워블록 내의 여타 지배계급 분파는 물론이고 그 바깥의 피지배계급으로부터도 동의를 이끌어내는 기능)가 부합되며(Hirsch, 1976: 107-13), 그의 '이데올로기적' 기구 및 '대중통합'기구, 그리고 폴란차스의 '이데올로기적' 기구 등이 여기서의 하위기구에 부합된다.

라) 집행기능과 기구: 앞의 3가지 국가기능들이 국가가 직접 사회에 대하여 수행하는 기능이라면, 집행기능(executive function)은 이 세 가지 기능들이 효과적으로 수행되도록 정책을 조정하고 집행하는 일을 의미한다. 자본가 계급은 정치적으로 동질적인 계급이 아니라 오히려 상호 경쟁적이며 불균등하게 발전하며, 개별자본가들 또한 그들의 분파로서 나타난다. 아울러 자본운동은 개별자본들간의 경쟁을 매개로 하여 관철되기 때문에 그 계급의 구체적이고 공통적인 이해는 그들 구성원 스스로에 의해 직접 표현될 수 없다. 따라서 제 자본분파로 구성된 권력 군(power block)의 결속유지와 그에 기초한 통일된 정치적 행위는 이러한 자본분파들로부터 공식적으로 분리된 제도인 국가가 담당해야 된다. 국가기구들 중에서도 특히 이 기능을 담당하는 데 적합한 것이 집행기구이다. 앞의 3가지 국가기능들이 여러 이론가들(Mandel, 1975; O'Connor, 1973; Offe, 1974)에 의해 흔히 제시되어 온 것에 비해, 집행이라는 제4의 국가기능에 대해서는 피지배계급의 이익을 정책을 통해 공식화·조직화하는 수단'으로서의 기능을 부각시킨 히르쉬의 제안이 처음이며(Hirsch, 1976: 107-13; 김일영, 1991: 45-8), 그 후 클락·디어의 유형화모형에서 좀 더 구체적으로 추가되고 있을 뿐이다(Clark & Dear, 1984). 여기서의 국가기구들은 주로 사회의 제 분파들에 대응 (대개는 대변)하는 역할을 수행하게 됨으로써, 이들을 중립적인 입장에서 조정하는 역할을 수행한다. 여기에는 '관리' 및 '규제기관' 하위기구들이 포함된다.

여기서 '중립적'이라는 표현은 단지 단기적이고 한정적인 의미만을 지닌다는 사실을 유의할 필요가 있다 (엄격한 의미에서 국가운영목표라기보다는 국가능력의 증진활동에 해당하는 집행기능·기구를 제외한 나머지). 세 가지 국가기능·기구들이 서로 조정되는 방식은 자본주의국가에 주어진 목표의 우선순위에 따라 다음과 같이 정해지기 때문이다. 제1차적인 순위가 합의기능에 부여된다. 이것이 확보되지 않고서는 다른 기능들은 모두 한계에 직면하게 되기 때문이다. 다음으로 축적을 위한 생산기능이 강조되는데, 이것이 마련되지 않고서는 통합기능의 수행도 어렵기 때문이다. 이들 3가지 국가기능들이 서로 갈등관계에 놓이게 되면 그에 따라 국가기구들 간에도 갈등이 빚어진다. 이들을 어떻게 일정한 방향으로 (즉 위에서의 우선순위에 따라) 통일시켜 조화를 가져올 수 있는가의 문제를 해결하기 위해 필요한 것이 바로 집행기능기구들이다.

2) 자본주의 국가기구 간의 특징적 차이

자본주의국가유형을 구분하는 수준에서는 자본주의사회에서 계급지배를 확보하기 위해 국가가 수행해야 되는 기능과 기구를 단지 유형화할 뿐, 그것들을 경험적·구체적으로 분석하기에는 아직도 너무 추상적이고 일반적이다. 자본주의국가들은 그들이 각자 처해있는 시간적·공간적 위치에 따라 상이한 성격을 지니게 될 것으로 보이는데, 바로 이와 같은 특성에 따라 그들이 지니게 되는 기능과 기구도 규명할 필요가 있다.

(1) 자유주의 국가와 개입주의 국가

먼저, 잉여가치의 생산방식을 기준으로 자본주의 발전단계를 '경쟁자본주의'와 '독점자본주의'로 나누고, 이에 상응하는 국가형태를 각각 '자유주의국가'(예: 18세기 말에서 19세기 중반, 특히 1850~70년대 초 영국의 '자유경쟁자본주의-자유주의적 방임국가'의 시기)와 '개입주의국가'(예: 19세기 중반의 호황기 이후, 특히 1873~95년의 불황기 및 1930년대 '대공황' 이후)로 구분하는 것이 가능하다 (Poulantzas, 1975).

(2) 중심부 부르주아국가와 주변부 개발도상국가

다음은 자본주의국가들이 처한 자본주의 세계체계 내에서의 위치에 따라 '중심부 부르주아국가'와 '주변부 발전도상국가'로 구분하게 된다 (김일영, 1991; Chirkin, Yudin & Zhidkov, 1979).

이러한 두 가지 기준에 의한 네 가지 국가의 유형적 다양성(typical variety)에 따라 국가기능·기구(즉 합의·생산·통합·집행)들 간의 상대적 비중도 특징적인 차이를 보이게 된다.

먼저, 중심부 부르주아국가의 경우, 자본주의가 '경쟁'으로부터 '독점'단계로 발전해 감에 따라, 국가도 합의기능·기구 외에는 전체적으로 국가기구가 발전되지 않은 '자유주의국가'에서 점차 ─ 합의기능 및 기구 외에도 생산·통합·집행기능 및 기구의 비중이 아울러 커지고 그로 인하여 전체적으로도 국가기구가 확대되는 ─ '개입주의국가'로 변화한다.[42]

이와는 달리, 주변부 발전도상국가의 경우는 자본주의가 '구조적 종속성'(즉 식민지경험을

---

[42] 이러한 경향은 1930년대 대공황을 거치면서 더욱 증대되었고, 케인즈주의 정책에 의해 대부분의 중심부국가에 보편화되었다. 국가기구면에서 보면, 국가활동(기능) 전반이 확대됨에 따라 그것을 담당할 국가기구 또한 전체적으로 비대화된다. 전후 중심부국가들이 재정팽창과 그로 인해 '재정적자위기'를 보편적으로 경험한 것이 좋은 예이다 (Wright, 1979; Poggi, 1978; Mandel, 1975; O'Connor, 1973; Gough, 1979).

통해 자본주의화 과정이 시작되고, 탈식민지 이후에도 외부, 특히 중심부국가들로부터 많은 영향을 받음), '구조적 이질성'(즉 자본주의화 과정이 그 초기 단계부터 외적 규정성에 노출됨으로써 상이한 생산양식이 병존하게 됨), 그리고 그 결과 '내재적 산업화'가 이루어지는 데 필요한 자원들이 결여되어 있는 특징을 지닌다 (Amin, 1976; Senghaas, 1974). 이와 같은 제 요인들로 인해 주변부는 '정상적'인 ─ 즉 중심부와 같이 내재적인 요인에 의해 순차적으로 이루어지는 ─ 자본주의화가 이루어지기 어렵고, 이에 따라 국가도 애초부터 억압기능·기구와 함께 생산 및 집행기능·기구의 비중이 동시에 비정상적으로 크게 성장하는 '주변부형 개입주의 국가'로서의 특성을 띠게 된다. 산업화를 추진할 재원이나 기반이 사회부문에 결여되어 있기 때문에 국가가 처음부터 경제활동에 깊이 개입하여 축적기능을 수행하며, 따라서 중심부에 비해 처음부터 개입주의적 속성을 지니는 것이다.

　게다가 주변부 국가는 비민주적인 속성까지 포함하게 된다. 식민지시절의 과대성장된 억압위주 국가기구의 유산과, 독립 후에도 국가기능·기구의 급속한 비대화는 모두 그것의 담당자(즉 국가관료 혹은 '국가계급')의 불균형적인 성장을 초래하게 된다 (Alavi, 1979). 더욱이 '구조적 이질성'으로 인해 주요 계급관계들이 아직 정착되지 못한 상태에서, 이들 국가기구 담당자들이 (중심부에 비해 비정상적으로) 큰 활동영역을 수행하게 되는 과정에서 비민주성이 증가되는 것이다. 구조적 이질성을 지닌 사회를 통합하기 위한 노력이 (물적 여건의 미비로 인하여) 통합기구보다는 억압과 집행기구의 확대를 통해 달성하게 되는 데에서 비민주적 요소는 더욱 확대된다. 구조적 이질성은 사회내부의 통합을 중요한 과제의 하나로 되게 만들지만, 이 통합을 주도할 헤게모니계급이 (바로 구조적 이질성 때문에) 사회 내에 마련되어 있지 못한 관계로, 국가기구 및 그 담당자들이 이 공백을 메워주면서 사회내부의 접착제 구실을 수행할 수밖에 없게 된다.

　문제는 국가가 통합기능 및 기구보다는 억압 및 집행기능 및 기구에 주로 의존하여 이 역할을 수행하게 되는 데 있다. 자본주의적 교환원리의 미발달로 그를 통한 이데올로기적 통합효과를 얻지 못할 뿐더러, 보다 적극적으로 통합기능을 수행할 물적 여건도 마련되어 있지 못하기 때문이다. 억압 및 집행기능에 의해 주로 사회를 유지 및 통합시켜야 하는 국가가 민주적이 되기는 어려운 노릇이다 (김일영, 1991: 69; 이국영, 1989: 290-93; Elsenhans, 1987; Jacoby, 1985: 65-94; Thomas, 1984). 이 같은 자본주의국가의 유형적 다양성면에서 한국의 국가는 주변부 개입주의국가에 가까운 것으로 보는 데에 무리가 없을 것이다. 한국을 소위 '과대성장국가(over-developed state)'의 하나로 규정하는 관점이 이를 뒷받침해 준다 (최장집, 1989).

(3) 정상국가 대 예외국가

이처럼 경제적 시기에 따라 국가의 유형적 다양성을 구분하는 것과는 달리, 정치부문은 경제부문과는 별개의 시기구분이 필요하다는 전제 위에서 정치적 시기구분을 하고, 그에 따라 좀 더 구체적으로 국가형태를 구분하는 것이 또한 가능하다. 헤게모니적 계급지도의 안정성 여부를 기준으로, 자본주의국가를 '정상국가'(즉 부르조아 헤게모니가 안정적인 국면에서 나타나는 것)와 '예외국가'(즉 위기국면에서 출현하는 것)로 구분하는 것이 그것이다 (Poulantzas, 1974: 311; Jessop, 1982).

먼저, 정상국가(normal state)에 있어서는 '동의의 요소가 입법화된 폭력의 요소를 지배'한다. 반면에, 예외국가(exceptional state)에서는 '증대된 물리적 억압의 사용을 통하여 피지배 계급들에 대해 내놓고 투쟁'을 벌이는 특징을 보인다. 전자의 경우 대의제 민주주의 제도들이 안정된 상태에서 원활하게 운용되는 데 반해, 후자는 (국민투표를 빈번하게 사용하는 외에는) 진정한 대의제 민주주의 원리나 제도들은 유보된다. 또한, 정상국가와는 달리, 예외국가의 경우 억압기구의 확대에 곁들여 ― 강제(coercion)의 증대를 정당화하고 헤게모니위기에 수반되는 이데올로기적 위기를 극복하기 위한 ― 이데올로기기구들이 크게 성장한다. 자본의 지배를 확보해 주기 위해서 강제를 동원하고, 또한 그것을 정당화시키기 위해 이데올로기적 장치에 의존하는 것이다.[43] 예외국가의 좀 더 구체적인 정치체제형태로서 이들이 지니는 공통적인 요소들을 국가기능·기구의 측면에서 검토해 보면, 무엇보다도 먼저 예외국가 및 그것의 구체적 정치체제들도 그것이 자본주의국가의 한 형태로서 궁극적으로 부르주아의 경제적 이익을 위해 기능한다는 점이 강조된다. 따라서 국가를 대표하는 상징적인 인물 (즉 독재자)이 그 자신의 위상을 높이고 정당성을 마련하기 위해 ― 그리고 관련되는 관료의 이익과 결부되어 ― 추진하는 여러 가지 대규모 공공사업이나 개발 및 근대화사업들도 궁극적으로는 (독점)자본의 이익을 위한 것이다. 대개는 사회통합을 위한 국가기구가 발전되어 있지 않음으로써 정당성이 취약할 수밖에 없는데, 이를 만회하기 위하여 더욱 안보논리를 강조하고 이를 유지하기 위한 이데올로기 제조하위기구 및 군대·경찰 등의 억압하위기구를 키우게 된다.

---

43 Poulantzas, 1974; Jessop, 1982. 예외국가는 한편 실질 정치현장수준에서 나타나는 정치적 위기의 구체적 특성과 그에 따른 국가기능·기구들 사이의 구체적인 관계에 따라, '파시즘체제,' '보나파르트체제,' '군사독재체제' 등으로 세분하는 것이 가능하다 (Perez-Diaz, 1978; Draper, 1977; Poulantzas, 1974; 1976; Perlmutter, 1981; Macridis, 1986).

3. 자본주의 국가기구의 유형화

국가기구의 분석은 국가형태-국가기능-국가기구의 이론적 연계에 의해 이루어져야 한다는 자본주의 국가기구론의 논리에 따라, 다양한 개념적 추상수준에서의 국가형태들과 그에 의한 국가기능 및 기구의 여러 유형들 및 그들간의 차이가 지니는 의의 등을 살펴보았다. 이를 위해, ㉮ 하나의 국가로서의 한국 국가가 자본주의 국가유형에 해당된다는 점을 확인하였다. 이와 같은 전제 위에서 자본주의 국가기구의 일반형에 따라 한국의 국가기구들을 유형별로 분석해 보았다. 다음으로 ㉯ 한국 '자본주의국가'는 또한 그것이 처해 있는 시간적 공간적 위치에 따라 주변부 개입주의 국가, 그리고 좀 더 구체적으로는 예외국가 형태에 해당하는 것으로 보았다. 이와 같은 국가형태를 전제로 하여 그에 부합되는 국가기능 및 기구상의 특성들(즉 각 국가기능·기구들이 지니는 비중의 특징적 차이)을 경험적으로 확인해보는 것의 의의가 있다. 이와 같은 개념을 한국에 적용해 본 결과 다음과 같은 유형화가 이루어진다.

1) 한국 국가의 기능별 하위기구[44]

(1) 분석틀

분석틀은 다음과 같다. 첫째, <그림 3-2-7>의 (1) 부분과 같이 각 행정기능을 수행하는 행정기구의 상대적 비중의 변화 추이를 분석한다. 인력, 조직, 예산의 측면에서 1985년부터 2016년까지의 총규모 대비 행정기능별 비율을 분석함으로서 거시적, 총량적 수준에서 행정기능의 변화 및 연속성을 검토하고자 한다. 둘째, <그림 3-2-7>의 (2) 부분과 같이 합의, 생산, 통합, 집행기능의 하위기능별 분석을 실시한다. 각 시기별로 총규모 대비 하위기능별 비율과 그 변화를 예산액을 통해 분석한다.

(2) 분석 대상 및 방법

분석단위는 중앙행정기구이다. 여기서 행정기구는 재정법(1951)과 예산회계법(1961), 국가재정법(2011)의 적용을 받는 독립기관을 포함한 중앙행정기관들이다. 이들은 국회에 대하여 예산안 제출의 의무가 있는 기관이며, 중앙정부의 부·처·청뿐만 아니라 대통령 산하기관, 국무총리 산하기관을 포함한다. 또한 국회, 대법원, 헌법재판소 등 입법부와 사법부 소

---

[44] 이 절의 내용은 엄석진 외(2017)의 내용 중 일부를 요약한 것이다.

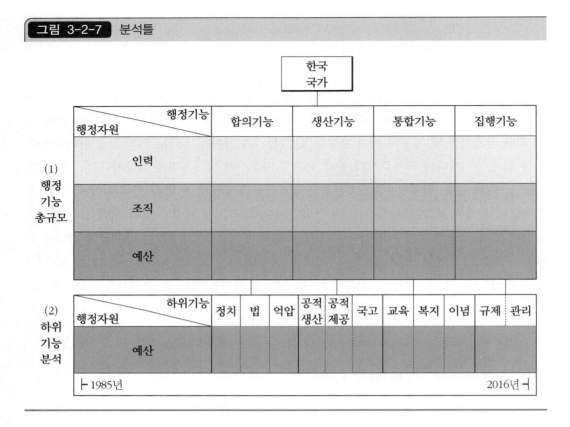

그림 3-2-7 분석틀

속 기관, 그리고 중앙선거관리위원회 등이 포함된다.

행정기능별 행정자원은 다음과 같이 측정하였다. 인력은 입법부, 사법부를 포함하는 중앙행정기관 소속 공무원 및 경찰공무원, 교육공무원 (지방교육청 소속 공무원 포함) 그리고 교원의 수를 측정하였으며, 군인은 제외하였다. 인력의 자료는 「대한민국 통계연감」에서 수집하였다.[45] 조직은 국가기능 수행의 기본단위인 '과(課)' 수준 조직의 수를 측정하였다.[46] 국(局) 수준이 아니라 과 수준의 조직의 수를 측정하는 이유는 과가 조직의 전문화 정도까지 보여주는 행정자원이기 때문이다. 조직의 자료는 정부조직법(연혁법령)과 행정자치부(1998)와 행정안전부(2012)가 발간한 「정부조직변천사」, 행정자치부의 '정부조직관리정부시스템'에서 제공하는 '정부기구도표' 등을 활용하였다. 그리고 예산은 일반회계와 특별회계의 결산

---

[45] 통계연감은 1953년에 최초 발간되었다. 1953년 통계연감의 표제는 '1952년 창간호'이지만 인력 정보는 1953년 3월을 기준으로 하고 있다. 그 이전의 행정기구 인력에 대한 자료는 찾지 못했다. 또한 2007년과 2008년은 통계연감에 동일한 데이터가 들어가 있다.

[46] 2000년, 2003년, 2005년 자료를 구하지 못해 직전 연도 자료를 활용하였다. 담당관은 분석에 포함되며 차관보는 제외한다.

항목 중 '목(目)' 단위의 금액을 측정하였다.[47] 예산의 자료는 국회 '의안정보시스템'에서 제공하는 결산자료에서 수집하였다.[48] 1955년과 2000년의 당시 결산을 예시로 설명하면 아래 <표 3-2-9>와 같다.

표 3-2-9 자본주의 국가기능에 따른 예산회계 구분 (예시: 1999년 결산)

회계		일반회계	특별회계
합의	정치	국회, 민주평화통일자문회의, 중앙선거관리위원회, 통일부, 외교통상부, 행정자치부	재정융자(융자계정-행정자치부), 지방양여금관리
	법	대법원, 헌법재판소, 법무부(일반)	등기
	억압[49]	국가정보원, 법무부(교정), 국방부, 병무청, 경찰청, 해양경찰청	교도작업
생산	공적 생산	건설교통부[50], 해양수산부(수송및통신), 기상청, 철도청, 농촌진흥청, 산림청	재정융자(농진청, 산림청, 철도청, 특허청), 농어촌구조개선, 농어촌특별세관리, 교통시설, 에너지및자원사업, 토지관리및지역균형개발, 자동차교통관리개선, 양곡관리, 철도사업, 통신사업, 특허관리
	공적 제공	국민경제자문회의, 과학기술부, 농림부, 산업자원부, 정보통신부, 건설교통부(과학기술), 해양수산부(농수산개발/과학기술), 중소기업청	재정융자(융자계정-과학기술부, 농림부, 산업자원부, 정보통신부, 건설교통부, 해양수산부, 중소기업청),
	국고	재정경제부, 국세청, 관세청	재정융자(융자계정-재정경제원), 재정융자(차관계정-재정경제원), 국유재산관리
통합	교육	교육부	재정융자(융자계정-교육부), 지방교육양여금관리, 교육환경개선
	복지	보건복지부, 환경부, 노동부, 국가보훈처, 식품의약품안전청, 여성특별위원회	재정융자(융자계정-보건복지부, 환경부, 노동부), 군인연금, 환경개선, 국립의료원, 체신보험
	이념	문화관광부, 국정홍보처, 문화재청	재정융자(융자계정-문화관광부)
집행[51]		대통령실, 대통령경호실, 국가안전보장회의, 감사원, 국무총리실, 기획예산처, 중앙인사위원회, 공정거래위원회, 법제처, 통계청, 예산청	조달

---

[47] 이 연구는 비율을 분석하므로 물가상승률을 고려하지 않은 명목화폐가치 기준을 사용한다.

[48] 결산 자료를 확보하지 못한 1959년, 1960년, 2012년은 확정예산 자료를 활용하였고, 2015년, 2016년의 경우 조사 당시 결산자료가 제공되지 않아 정부제출예산안으로 대체해 활용하였다.

[49] 1960년대에 군인연금 특별회계, 원호사업 특별회계 등이 설치되어 억압기구들을 간접적으로 강화시키는 국가 행위가 발생했지만 이는 통합기능 유형으로 분류된다.

[50] 하위 항목 중 과학기술 항목을 제외한 나머지 부분을 공적생산으로 분류한다.

[51] Clark과 Dear(1984)는 집행기능의 하위기구로 관리기구와 규제기구로 구분하였으나, 집행기구가 소규모여서 구분의 실익이 없어 이 연구에서는 구분하지 않고 분석한다.

(3) 행정기능 분석

가) 인력: 1985년부터 2016년까지 합의, 생산, 통합, 집행기능의 인력 비율 변화 추이는 <그림 3-2-8>과 같다. 인력 측면에서의 통합기능의 비중은 전반적으로 증가추세를 보이는 반면, 생산기능의 비중은 지속적으로 하락하는 추세이다. 합의기능의 경우, 1985년 이후부터 완만하게 증가하는 추세를 보이고 있다. 집행기능은 그 특성상 매우 낮은 비율을 유지하고 있다. 각 행정기능별 세부 내용은 다음과 같다.

첫째, 보건, 복지, 교육, 이념기능으로 구성된 통합기능에 소속된 인력이 가장 큰 비중을 차지하고 있을 뿐만 아니라, 그 증가 추세가 1985년 이후 2016년까지 지속되고 있다. 통합기능의 인력은 1985년 이후에는 50% 이상을 상회하였고, 2005년부터 2010년까지는 60%를 상회하기도 하였다. 이와 같은 통합기능의 인력의 증가는 1950년대의 의무교육 확대정책 이후 교원의 증가와 1997년 IMF 외환위기 이후 복지기능의 확충으로 인한 것이다.

둘째, 합의기능 인력의 비율은 노태우 정부부터 완만한 증가세를 보이고 있다. 1987년 이후 지방자치제의 실시에 따른 지방 공무원 증가 등이 반영된 결과로 보인다. 이와 같은 결과로 합의기능의 인력 비중은 1988년 21.5%, 2010년 25.2%까지 증가하였으며, 2016년에는 28.5%의 비율을 차지하고 있는 것으로 분석되었다.

셋째, 생산기능의 비율은 1985년 이후 감소추세를 보이고 있다. 즉 1987년에는 생산기능의 인력비율(19.6%)이 합의기능(21.5%)보다 낮게 되었고, 2016년에는 생산기능의 인력비율

그림 3-2-8 행정기능별 비율: 인력

(단위: %)

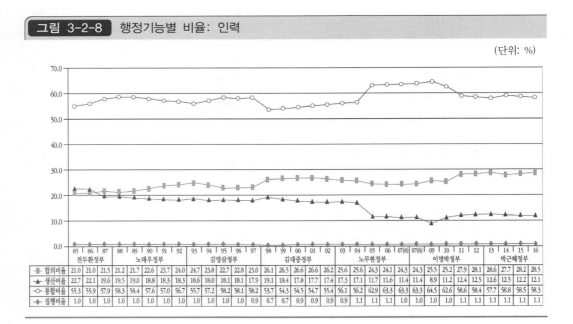

구분	85	86	87	88	89	90	91	92	93	94	95	96	97	98	99	00	01	02	03	04	05	06	07(8)	07(8)	09	10	11	12	13	14	15	16
정부	전두환정부			노태우정부					김영삼정부					김대중정부					노무현정부						이명박정부				박근혜정부			
합의비율	21.0	21.0	21.5	21.2	21.7	22.6	23.7	24.0	24.7	23.8	22.7	22.8	23.0	26.1	26.5	26.6	26.2	26.2	25.6	25.6	24.3	24.1	24.3	24.3	25.5	25.2	27.9	28.1	28.6	27.7	28.2	28.5
생산비율	22.7	22.1	19.6	19.5	19.0	18.8	18.3	18.3	18.6	18.0	18.1	18.1	17.9	19.1	18.4	17.8	17.7	17.4	17.3	17.1	11.7	11.6	11.4	11.4	8.9	11.2	12.4	12.5	12.6	12.5	12.2	12.1
통합비율	55.3	55.9	57.9	58.3	58.4	57.6	57.0	56.7	55.7	57.2	58.2	58.1	58.2	53.7	54.3	54.5	54.7	55.4	56.1	56.2	62.9	63.3	63.3	63.3	64.5	62.6	58.6	58.4	57.7	58.8	58.5	58.3
집행비율	1.0	1.0	1.0	1.0	1.0	1.0	1.0	1.0	1.0	1.0	1.0	1.0	0.9	0.7	0.7	0.9	0.9	0.9	0.9	1.1	1.1	1.1	1.0	1.0	1.0	1.1	1.1	1.0	1.1	1.1	1.1	1.1

이 12.1%로 분석되었다. 넷째, 집행기능 인력의 비율은 전체 인력의 1.4%를 넘지 못하는 매우 낮은 비율을 보이고 있다.

나) 조직: 조직의 측면에서 행정기능 간 비율은 <그림 3-2-9>에 나타나고 있는 바와 같이 생산-합의-통합-집행기능 순으로 나타나고 있다. 이와 같은 구조는 1985년부터 2014년까지 변하지 않고 지속되어 왔다. 그러나 2015년 이후에는 약간의 변화가 나타나는데, 통합기능과 합의기능의 비율이 동일한 수준을 유지하게 된다. 통합기능의 하위기능 중 복지기능의 조직규모가 급격히 증가하였고, 합의기능 중에서는 억압기능의 규모가 소폭 증가하였기 때문이다. 각 행정기능별 세부 내용은 다음과 같다.

첫째, 생산기능의 비율은 1985년부터는 그 비중에 있어서 하락추세를 보여 김영삼 정부 마지막 해인 1997년에는 41.6%까지 떨어졌다. 김대중 정부시기에 약간의 상승 추세가 나타나며, 노무현-이명박-박근혜 정부 시기까지 꾸준한 하락 추세가 나타난다.

둘째, 합의기능의 경우에는 1985년(23.0%) 이후 1998년(30.4%)까지 등락을 거듭하기는 하였지만 전반적인 증가 추세를 보이고 있다. 그러나 1999년(28.6%)부터 2016년(25.0%)까지 완만하지만 지속적인 하락 추세를 보이고 있다.

셋째, 통합기능은 1998년 이후 증가추세가 뚜렷이 나타나고 있다. IMF 외환위기 등에 따른 사회안전망 제도 구축 및 관련 조직의 신설·확대가 영향을 미친 것으로 보인다.

그림 3-2-9   행정기능별 비율: 조직

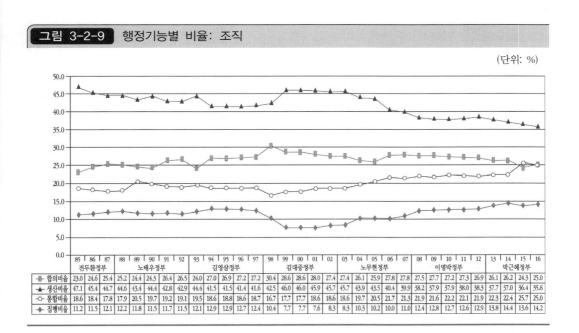

(단위: %)

| | 85 | 86 | 87 | 88 | 89 | 90 | 91 | 92 | 93 | 94 | 95 | 96 | 97 | 98 | 99 | 00 | 01 | 02 | 03 | 04 | 05 | 06 | 07 | 08 | 09 | 10 | 11 | 12 | 13 | 14 | 15 | 16 |
	전두환정부			노태우정부					김영삼정부					김대중정부					노무현정부					이명박정부					박근혜정부			
합의비율	23.0	24.6	25.4	25.2	24.4	24.3	26.4	26.5	24.0	27.0	26.9	27.2	27.2	30.4	28.6	28.6	28.0	27.4	27.7	27.7	25.9	27.8	27.8	27.5	27.7	27.2	27.3	26.9	26.1	26.2	24.3	25.0
생산비율	47.1	45.4	44.7	44.6	43.4	44.4	42.8	42.9	44.4	41.5	41.5	41.4	41.6	42.5	46.0	46.0	45.9	45.7	45.7	43.9	43.5	40.4	39.9	38.2	37.9	37.9	38.0	38.3	37.7	37.0	36.4	35.8
통합비율	18.6	18.4	17.8	17.9	20.5	19.7	19.2	19.1	19.5	18.6	18.8	18.6	18.7	16.7	17.7	17.7	18.6	18.6	18.6	19.7	20.5	21.7	21.3	21.9	21.6	22.2	22.1	21.9	22.3	22.4	25.7	25.0
집행비율	11.2	11.5	12.1	12.2	11.8	11.5	11.7	11.5	12.1	12.9	12.9	12.7	12.4	10.4	7.7	7.7	7.6	8.3	8.3	10.3	10.2	10.0	11.0	12.4	12.8	12.7	12.6	12.9	13.8	14.4	13.6	14.2

　넷째, 집행기능은 1985년 이후 11% 이상의 비율을 유지하다가 김대중 정부 시기인 1998년 10.4%에서 7.7%로 감소하였다가 김대중 정부 마지막 해인 2002년(8.3%)부터 2016년(14.2%)까지 지속적으로 증가 추세를 보이고 있다.

　다) 예산: 행정기능별 예산 비중의 변화 추이는 <그림 3-2-10>에 나타나고 있는 바와 같이 집행기능을 제외한 합의기능, 생산기능, 통합기능의 비율이 30% 대로 수렴하고 있는 양상이다. 1985년의 경우, 생산-합의-통합 기능의 예산 비율이 44.1%-33.5%-20.8%였던 데 반해, 이명박 정부 시기인 2010년에는 31.3%-34.5%-33.3%로 수렴하였고, 박근혜 정부 시기에는 통합기능의 예산이 소폭 증가하고 생산 및 합의기능의 규모는 소폭 감소하는 경향이 나타나고 있다. 2016년에는 생산-합의-통합기능의 예산 비율이 29.7%-33.7%-35.7%로 분석되었다. 각 행정기능별 세부 내용은 다음과 같다.

　첫째, 생산기능 비율은 전두환 정부에 들어와 40%대로 떨어졌으며, 노태우 정부 마지막 해인 1992년에는 32.1%까지 하락하였다. 그러나 김영삼 정부 들어 생산기능의 비중이 지속적으로 증가하였고, IMF 외환위기 직후인 1999년에는 48.8%까지 차지하는 등 김대중 정부 시기에도 44.0% 이상의 비중을 유지하였다. 노무현 정부 시기에는 지속적으로 감소하여 2003년에는 45.8%였던 것이 2008년에는 26.2%까지 감소하다가 이명박 정부 시기인 2009년 이후에는 다시 지속적으로 크게 증가하여 2012년에는 31.0%까지 증가하였다. 이는 세계 금

그림 3-2-10 행정기능별 비율: 예산

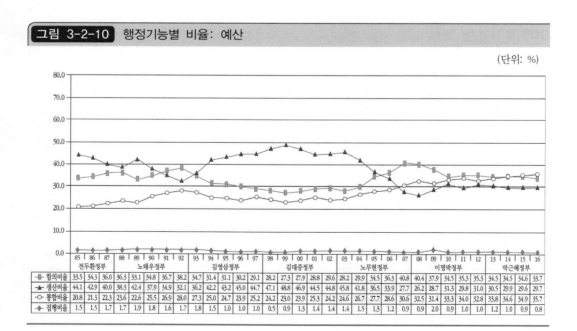

(단위: %)

	85	86	87	88	89	90	91	92	93	94	95	96	97	98	99	00	01	02	03	04	05	06	07	08	09	10	11	12	13	14	15	16
	전두환정부			노태우정부					김영삼정부					김대중정부					노무현정부					이명박정부					박근혜정부			
합의비율	33.5	34.3	36.0	36.3	33.1	34.8	36.7	38.2	34.7	31.4	31.1	30.2	29.1	28.2	27.3	27.9	28.8	29.6	28.2	29.9	34.5	36.3	40.8	40.4	37.9	34.5	35.3	35.3	34.5	34.5	34.6	33.7
생산비율	44.1	42.9	40.0	38.3	42.4	37.9	34.9	32.1	36.2	42.2	43.2	45.0	44.7	47.1	48.8	46.9	44.5	44.8	45.8	41.8	36.5	33.9	27.7	26.2	28.7	31.3	29.8	31.0	30.5	29.9	29.6	29.7
통합비율	20.8	21.3	22.3	23.6	22.6	25.5	26.9	28.0	27.3	25.0	24.7	23.9	25.2	24.2	23.0	23.9	25.3	24.2	24.6	26.7	27.7	28.6	30.6	32.5	31.4	33.3	34.0	32.8	33.8	34.6	34.9	35.7
집행비율	1.5	1.5	1.7	1.7	1.9	1.8	1.6	1.7	1.8	1.5	1.0	1.0	1.0	0.5	0.9	1.3	1.4	1.4	1.4	1.5	1.3	1.2	0.9	0.9	2.0	0.9	1.0	1.0	1.2	1.0	0.9	0.8

융위기 영향으로 인한 경기침체의 회복, 4대강 사업, 국가 연구개발(R&D) 예산의 증가가 반영된 것으로 이해된다. 박근혜 정부 시기의 생산기능의 비율은 약 30% 선을 유지하고 있는 것으로 분석되었다.

둘째, 합의기능와 통합기능의 예산은 지속적으로 증가하는 추세이다. 합의기능의 경우, 전두환-노태우 정부시기에 점차 상승하여 1992년에는 38.2%에 이르고 있다. 그 이후 김영삼-김대중 정부에서 생산기능의 예산비중이 증가하면서, 합의기능의 예산의 비중이 상대적으로 하락하다가, 노무현 정부시기에 상승 추세를 보이고 있다 (2003년 28.2% → 2007년 40.8%). 이명박 정부 이후의 시기에는 하락 추세 유지하여 2016년 33.7%의 비율을 차지하고 있다. 통합기능 예산의 비율은 1987년에는 22.3%, 2011년 34.0%에 이르고 있다. 특히 노무현 정부부터 급격한 증가추세를 유지하고 있는 것으로 나타나고 있으며 2016년에는 35.7%의 비중을 차지하고 있다.

마지막으로 집행기능의 예산은 1985년 이후 큰 변화가 없이 일정 비율이 유지되어 2016년에는 0.8%를 차지하고 있는 것으로 분석되었다.

(4) 하위행정기능 분석

가) 합의기능: 1985년부터 1992년까지의 합의기능의 하위 기능인 정치기능, 법기능, 억압기능의 변화는 <그림 3-2-11>에 나타나고 있는 바와 같다. 전반적으로 억압기능의 감

그림 3-2-11 하위기능별 비율: 합의기능

(단위: %)

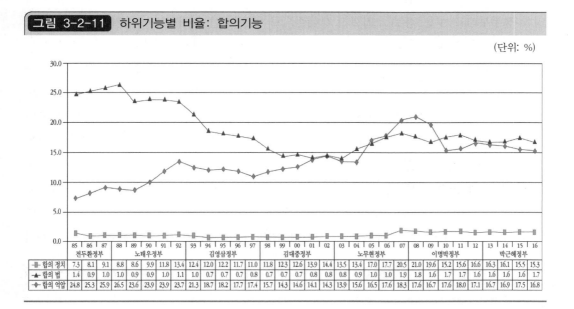

	85	86	87	88	89	90	91	92	93	95	96	97	98	99	00	01	02	03	04	05	06	07	08	09	10	11	12	13	14	15	16
		전두환정부			노태우정부					김영삼정부				김대중정부					노무현정부					이명박정부					박근혜정부		
합의 정치	7.3	8.1	9.1	8.8	8.6	9.9	11.8	13.4	12.4	12.0	12.2	11.7	11.0	11.8	12.3	12.6	13.9	14.4	13.5	13.4	17.0	17.7	20.5	21.0	19.6	15.2	15.6	16.6	16.3	16.1	15.5	15.3
합의 법	1.4	0.9	1.0	1.0	0.9	0.9	1.0	1.1	1.0	0.7	0.7	0.7	0.8	0.7	0.7	0.7	0.8	0.8	0.8	0.9	1.0	1.0	1.9	1.8	1.6	1.7	1.7	1.6	1.6	1.6	1.6	1.7
합의 억압	24.8	25.3	25.9	26.5	23.6	23.9	23.9	23.7	21.3	18.7	18.2	17.7	17.4	15.7	14.3	14.6	14.1	14.3	13.9	15.6	16.5	17.6	18.3	17.6	16.7	17.6	18.0	17.1	16.7	16.9	17.5	16.8

소와 정치기능의 성장으로 특징지을 수 있다. 민주화의 영향으로 1988년을 정점으로 억압기능의 비중이 급격하게 줄어들었다. 1993년 21.3%에서 2003년에는 13.9%까지 하락하였다. 이후 2004년부터 완만한 증가추이를 보이다가, 이명박 정부 시기부터 소폭의 등락을 반복하며 점진적인 증가 추세를 보인다.

　반면, 정치기능의 성장이 빠르게 이루어졌다. 1988년 8.8%를 차지하던 데에서 지방자치제 실시 직후인 1992년 13.4%까지 증가하였다. 노무현 정부가 끝나는 2007년에는 20.5%까지 증가하였다. 이와 같은 정치기능의 성장은 이 시기의 민주화와 세계화의 흐름을 반영한 것이다. 예를 들면, 국회의 입법 활동 예산 증가, 지방자치제의 제도화에 따른 지방재정교부금 증가, 국가균형발전특별회계신설 등이 그것이다. 이외에도 각종 선거가 빈번히 시행됨에 따른 중앙선거관리위원회의 입법 및 선거관리 예산 증가도 중요한 요인 중 하나이며, 세계화에 따른 외교통상부의 국제기능분담금, 개도국 원조 사업, 외교통상행정예산의 증가 등도 정치기능의 규모 증가에 기여하였다. 이와 같은 추세로 인해 2006년부터 2009년 사이에 정치기능의 예산비율이 억압기능의 그것을 상회하기도 하였다. 정치기능은 이명박 정부 들어서 다시 하락하는 추세가 나타나는데, 이는 국가균형발전특별회계가 폐지되고 광역지역발전특별회계가 신설되면서 나타나는 현상이다. 박근혜 정부 시기에는 큰 변화 없이 유지된다.[52]

　나) 생산기능: 생산기능의 변화 추이는 <그림 3-2-12>에 나타난 바와 같다. 첫째, 전두환 정부에서는 감소세를 보이는 공적생산기능은 노태우 정부 시기부터 다시 증가하여 김영삼 정부부터 노무현 정부 초기까지 상대적으로 큰 비중을 차지하면서 증가한 것으로 나타나고 있다. 즉, 1988년에 16.6%를 차지하던 공적생산기능은 김영삼 정부 첫해인 1993년에는 21.3%, 김대중 정부 첫해인 1998년에는 27.0%, 노무현 정부 첫 해인 2003년에는 26.3%를 차지하였다. 김영삼 정부 시기의 경우, 경제성장률 저하에 대응하기 위한 도로 건설 및 철도 사업에 대한 투자가 반영된 결과이다 (강석훈, 2012). 공적생산기능의 예산 비중은 2005년(20.5%)부터 감소 추세로 전환되었다. 이명박 정부 시기에는 국가하천정비 사업과 관련된 건설비 예산이 증가하였다.

　둘째, 기업 등과의 계약을 통해 공공재를 간접 생산하거나 기업을 지원하는 기능이라 할 수 있는 공적제공기능의 비율은 1985년부터 점차 증가하여 1988년에는 11.1%까지 증가하였다가 이후 다시 감소하는 추세를 보이고 있다. 이명박 정부가 출범하는 2008년 4.2%까지 지

---

[52] 법기능의 경우 2006년(1.0%)과 2007년(1.9%) 사이에 급증한 것으로 나타나는데, 이는 2007년부터 예산의 하위항목 구성이 변화한 까닭에 데이터 수집상 한계가 생겼기 때문이다. 2006년까지 억압기능으로 분류되었던 법무부의 교정항목 예산이 2007년부터는 따로 분리되지 않아 불가피하게 법무부의 예산을 전부 통합해 법기능으로 분류하였다. 따라서 2007년부터 법기능은 다소 과다, 억압기능은 다소 과소측정되었을 가능성이 크다.

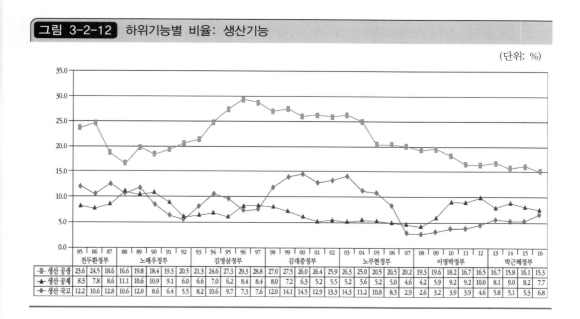

그림 3-2-12 하위기능별 비율: 생산기능

(단위: %)

	85	86	87	88	89	90	91	92	93	94	95	96	97	98	99	00	01	02	03	04	05	06	07	08	09	10	11	12	13	14	15	16
생산 공생	23.6	24.5	18.6	16.6	19.8	18.4	19.3	20.5	21.3	24.6	27.3	29.3	28.8	27.0	27.5	26.0	26.4	25.9	26.3	25.0	20.5	20.5	20.2	19.3	19.6	18.2	16.7	16.5	16.7	15.8	16.1	15.3
생산 공제	8.3	7.8	8.6	11.1	10.6	10.9	9.1	6.0	6.6	7.0	6.2	8.4	8.4	8.0	7.2	6.3	5.2	5.5	5.2	5.6	5.2	5.0	4.6	4.2	5.9	9.2	9.2	10.0	8.1	9.0	8.2	7.7
생산 국고	12.2	10.6	12.8	10.6	12.0	8.6	6.4	5.5	8.2	10.6	9.7	7.3	7.6	12.0	14.1	14.5	12.9	13.3	14.3	11.2	10.8	8.3	2.9	2.6	3.2	3.9	3.9	4.6	5.8	5.1	5.3	6.8

전두환정부 / 노태우정부 / 김영삼정부 / 김대중정부 / 노무현정부 / 이명박정부 / 박근혜정부

속적으로 하락하였다. 그러나 이명박 정부가 출범하는 2009년부터는 증가추세로 반전되어 2009년 5.9%, 2012년 10.0%까지 증가하였다. 이와 같은 증가추세는 수출금융지원 등 무역진흥과 관련된 민간이전 및 지원금 증가, 정부의 연구개발(R&D) 예산 증가, 중소기업지원을 위한 신용보증 관련 기관에 대한 출연금, 재원 증가 등이 주된 원인으로 분석된다. 박근혜정부 들어서 공적제공기능은 큰 변화 없이 점진적인 하락추세를 보이고 있다.

셋째, 국고기능의 경우에는 1985년부터 노태우 정부가 끝나는 1992년까지 지속적으로 하락하였다. 이후 IMF 외환위기에 따른 공적자금의 국고유입으로 인해 김대중 정부 시기에 14.0% 이상의 높은 비율을 차지하고 있다. 국고기능은 노무현 정부가 출범하는 2003년부터 급격하게 감소해 2008년 전체 예산의 2.6%를 차지하고, 이후 점진적으로 증가 추세를 보여 2016년에는 6.8%의 비중을 보이고 있다.

다) 통합기능: 통합기능의 하위기능들인 복지기능, 교육기능, 이념기능들의 변화는 <그림 3-2-13>과 같다. 첫째, 교육 기능은 1985년(14.1%)부터 1987년(14.6%)까지 지속적으로 증가추세를 보이고 있다. 노태우 정부 시기에도 교육기능의 성장은 두드러져 1992년에는 9.5%로 증가하였다. 그러나 그 이후에는 14.5%(2002년)에서 19.5%(2008년) 대에서 완만한 등락을 거듭하고 있는 것으로 분석되었다. 김영삼, 김대중 정부시기에 완만하게 감소하던 교육기능은 노무현 정부시기에 전반적으로 그 상대적 비율이 증가한 것으로 나타나고 있다.

그림 3-2-13 하위기능별 비율: 통합기능

(단위: %)

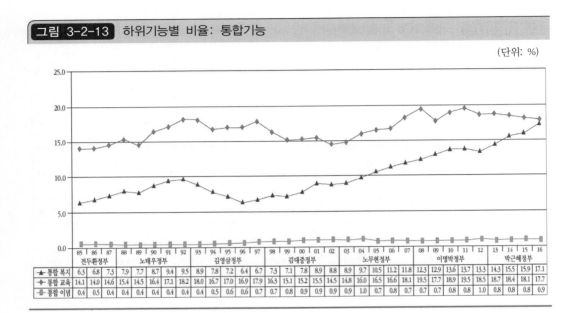

	85	86	87	88	89	90	91	92	93	94	95	96	97	98	99	00	01	02	03	04	05	06	07	08	09	10	11	12	13	14	15	16
	전두환정부			노태우정부					김영삼정부					김대중정부					노무현정부					이명박정부					박근혜정부			
▲ 통합 복지	6.3	6.8	7.3	7.9	7.7	8.7	9.4	9.5	8.9	7.8	7.2	6.4	6.7	7.3	7.1	7.8	8.9	8.8	8.9	9.7	10.5	11.2	11.8	12.3	12.9	13.6	13.7	13.3	14.3	15.5	15.9	17.1
◆ 통합 교육	14.1	14.0	14.6	15.4	14.5	16.4	17.1	18.2	18.0	16.7	17.0	16.9	17.9	16.3	15.1	15.2	15.5	14.5	14.8	16.0	16.5	16.6	18.1	19.5	17.7	18.9	19.5	18.5	18.7	18.4	18.1	17.7
■ 통합 이념	0.4	0.5	0.4	0.4	0.4	0.4	0.4	0.4	0.4	0.5	0.6	0.6	0.7	0.7	0.8	0.9	0.9	0.9	0.9	1.0	0.7	0.8	0.7	0.7	0.7	0.8	0.8	1.0	0.8	0.8	0.8	0.9

이명박 정부 시기까지 완만한 등락을 거듭하다가 박근혜 정부 시기 들어서 완만한 감소추세를 보이고 있다.

둘째, 복지기능의 경우 1985년부터 지속적으로 증가하였다. 전두환 정부 들어 점차 완만한 상승추세를 보여 1987년에는 7.3%, 1992년에는 9.5%의 비중을 차지하는 것으로 분석되었다. 전두환 정부 시기의 복지기능의 증가는 '복지사회의 건설'이라는 전두환 정부의 국정지표가 의미하는 바와 당시 복지부문에 대한 요구를 수용한 결과로 보인다. 1981년 4월 노동청을 노동부로 승격 시켰고 1982년 3월에는 1988년 서울올림픽 준비 등을 위해 체육부를 신설하였다. 이와 같은 복지기능의 증가가 기능적 분화와 함께 예산 증가를 수반했던 것으로 해석된다 (김근세·오수길·정용일, 1998). 특히, 1993년(8.9%)에서 2016년(17.1%)에 이르는 기간에는 약 2배의 증가세를 보이고 있다. 특히 1997년 IMF 외환위기 직후로 실업이 급증하고 이에 대한 정책적 대응의 결과 김대중 정부 이후 박근혜 정부까지 지속적으로 증가하고 있다 (안상훈, 2010: 96). 보수정부인 이명박-박근혜 정부도 감세정책과 기업친화적 정책을 주장했음에도 불구하고, 사회투자 패러다임에 입각한 복지기능의 확장 경로를 되돌려 놓지는 못한 것이다 (임채원·김병섭, 2015).

라) 집행기능: 1985년 이후 2016년까지의 집행기능의 규모의 변화는 <그림 3-2-14>와 같다. 김영삼 정부 들어 정부조직개편을 통해 경제기획원이 해체되면서 전체 예산 대비 집

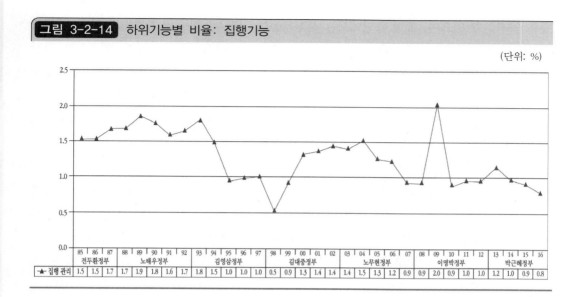

그림 3-2-14 하위기능별 비율: 집행기능

(단위: %)

	85	86	87	88	89	90	91	92	93	94	95	96	97	98	99	00	01	02	03	04	05	06	07	08	09	10	11	12	13	14	15	16
	전두환정부			노태우정부					김영삼정부					김대중정부					노무현정부					이명박정부					박근혜정부			
집행 관리	1.5	1.5	1.7	1.7	1.9	1.8	1.6	1.7	1.8	1.5	1.0	1.0	1.0	0.5	0.9	1.3	1.4	1.4	1.4	1.5	1.3	1.2	0.9	0.9	2.0	0.9	1.0	1.0	1.2	1.0	0.9	0.8

행기능의 예산 비중이 하락하였다. 김대중 정부 들어서는 다시 증가하는 것으로 나타났는데, 기획예산처, 중앙인사위원회의 설치가 반영되었기 때문이다. 이후 완만한 등락을 거듭하며 전반적인 감소 추세를 보이는데 2009년도에만 전년대비 두 배 이상 상승(2008년 0.9%→ 2009년 2.0%)하는 것으로 분석되었다. 이는 규제기능인 금융위원회의 예산 급증이 반영된 결과이다.

(5) 소 결

지금까지의 분석결과를 종합하면 다음과 같다. 첫째, 행정기능의 총규모 측면의 분석 결과는 다음과 같이 요약될 수 있다. 인력, 조직, 예산이라는 모든 행정자원의 측면에서 박정희 정부부터 인력, 조직, 예산상의 증가가 시작되었으며 이 증가 추세는 노태우 정부의 마지막 해인 1992년까지 지속되었다. 김영삼 정부가 출범하는 1993년부터 현재까지는 신공공관리론의 영향과 IMF 외환위기, 세계 금융위기의 영향 등으로 인해 인력과 조직 측면에서 행정기능의 총규모가 시기별로 정체되거나, 완만한 증가 또는 축소가 나타났다. GDP 대비 예산의 비율 측면에서는 1969년 이후 지속적으로 감소하다가 노태우 정부 첫 해인 1988년부터 현재까지 17~18% 수준에서 등락을 거듭하고 있다. 다만 IMF 외환위기와 세계 금융위기 시기에는 상대적으로 다소 높게 나타나는 형태를 보인다.

둘째, 각 시기별로 합의, 생산, 통합, 집행기능간의 상대적 비중은 다음과 같이 정리될 수 있다 (<표 3-2-10> 참조). 1985년부터 2016년까지 인력 측면에서는 통합기능이 가장 큰 비중을 차지하고 있으며, 조직 측면에서는 생산기능이 가장 큰 비중을 차지하고 있다. 예산측면에서는 전두환 정부 시기에는 생산기능이 가장 큰 비중을 차지한 반면, 민주화와 시장화·세계화 시기에는 생산기능, 합의기능, 통합기능이 비슷한 비중으로 수렴하고 있는 상태이다.

셋째, 행정기능의 총규모 및 각 기능별 하위행정기능에 대한 분석결과는 다음과 같다. 하위기능의 변화는 시기적 특성과 정책분야별 맥락적 특성이 강하게 반영되었다고 평가할 수 있다. 다만 1985년부터 2016년까지 전 기간에 걸쳐 일관되게 나타나는 경향은 다음과 같다. 첫째, 합의기능의 하위기능들의 특성은 억압기능의 상대적인 규모 하락과 정치기능의 증가로 요약될 수 있다. 한국 사회에서의 민주주의의 공고화 현상을 반영한 것으로 사회의 기본합의를 구성하는데 있어서 억압기능 대신 정치기능에의 의존도가 증가하고 있는 것이다. 둘째, 생산기능 측면에서는 공적생산기능의 우위성 유지를 들 수 있다. 한국의 경제성장 및 자본축적은 공공재를 직접 생산, 제공하는 공적생산기능에 의존하는 경향이 지속되고 있는 것이다. 셋째, 통합기능 측면에서는 복지기능과 교육기능의 지속적 성장으로 요약될 수 있다. 교육기능은 1985년대부터, 복지기능은 IMF 외환위기를 계기로 크게 증가하고 있음을 확인하였다.

표 3-2-10   정권별 국가기능의 비중

정 부	인 력	조 직	예 산
전두환 정부	통합 (통합＞생산＞합의＞집행)	생산 (생산＞합의＞통합＞집행)	생산 (생산＞합의＞통합＞집행)
노태우 정부	통합 (통합＞합의＞생산＞집행)	생산 (생산＞합의＞통합＞집행)	생산→합의 (생산≧합의＞통합＞집행)
김영삼 정부	통합 (통합＞합의＞생산＞집행)	생산 (생산＞합의＞통합＞집행)	생산 (생산＞합의＞통합＞집행)
김대중 정부	통합 (통합＞합의＞생산＞집행)	생산 (생산＞합의＞통합＞집행)	생산 (생산＞합의＞통합＞집행)
노무현 정부	통합 (통합＞합의＞생산＞집행)	생산 (생산＞합의＞통합＞집행)	생산→합의 (생산≧합의＞통합＞집행)
이명박 정부	통합 (통합＞합의＞생산＞집행)	생산 (생산＞합의＞통합＞집행)	합의 (합의＞통합＞생산＞집행)
박근혜 정부	통합 (통합＞합의＞생산＞집행)	생산 (생산＞합의≧통합＞집행)	합의＝생산＝통합 (합의＝생산＝통합＞집행)

4. 결   론

　자본주의 국가기구론에 따르면, 보수적인 자유주의 모형들은 물론이고, 마르크스주의 모형들도 (국가도출론의 유물론적 국가기구 모형을 제외하고는) 모두 국가기구 분석에 결점이 있다 (Clark & Dear, 1984: 33-35). 이들이 열거하는 '보수적·자유주의'이론에는 국가를 1) 시장실패론에 토대를 두어 '공공재공급자(supplier of public goods)'로서, 2) 케인즈경제학에 입각하여 '규제자·촉진자(regulator and facilitator)'로서, 3) 신다원주의적 성향에서 '사회공학자(social engineer)'로서, 4) 좀 더 광범위한 정치기능을 강조하여 '중재자(arbiter)'로서, 그리고 5) 신우익의 성향에서 '최소주의자(minimalist)'로서 각각 정의하는 관점들을 포함시키고 있다 (Clark & Dear, 1984: 2장). 그래서 기존의 모형들이 지닌 결점을 극복하고, 보다 적실한 국가기구 분석모형을 개발하기 위해서는 다음과 같은 평가기준에 의거할 필요가 있다고 한다. 즉 어느 국가(기구)이론이든지, ㈎ 국가를 사회구성체와 연계시킬 것, ㈏ 명백한 정치적 영역에 관해 설명/분석(account)할 것, ㈐ 국가기능을 식별할 것, ㈑ 국가기구의 구조를 설명할 것, ㈒ 국가의 역사적 진화를 설명할 것, 그리고 ㈓ 분석이 용이할 것 등의 조건을 갖추어야 한다는 것이다 (Clark & Dear, 1984: 33).

　이러한 기준에 따라 기존의 국가기구 분석모형들을 평가해 보면, 보수자유주의 이론들의 경우는 일차적으로 국가기능에 초점을 두고, 검증이 가능한 가설들을 설정하고 있다 (기준 바)는 점에서 장점을 지니는 반면, 국가를 보다 광범위한 사회구성체에 연계시키는 안목(기준 가)을 지니지 못하는 결점을 동시에 지닌다고 한다. 이와 정반대로, 마르크스주의 국가론들은 국가와 자본주의 사회구성체에 관한 고도로 추상적인 설명을 제공하지만(기준 가), 분석적으로 용이하지 못하다고 하는 결함을 동시에 지니고 있다 (기준 바). 마르크스주의 이론 가운데 도구주의 모형 및 투입-산출모형은 예외적으로 분석적 용이성을 제공하지만, 이들은 반면 이론적 기반이 취약하다는 결함을 지니고 있다고 한다.

　또한 자유주의 및 마르크스주의 모형들은 국가기구의 형성과 변화를 기능론적이고, 사회중심적인 관점에서 설명하는 한계를 또한 지니고 있다 (Clark & Dear, 1985: 10-35). 국가기구에 관한 기능론적 접근방법은 특정 행위의 결과를 그 원인인 것으로 간주하는, 매우 공허한 동어반복적(tautological) 설명방법이라고 하는 약점을 지니고 있다 (Elster, 1986). 국가가 하는 일은 모두 장기적으로 자본계급을 위해서 기능한다고 하는, (마르크스주의적) 논리로 쉽게 귀착되게 만드는 것이다. 1945년 이후 서구에서의 복지국가 확대를 자본의 필요성에서 이루어진 것으로 보는 한편, 1970년대 중반 이후의 복지국가 쇠퇴 역시도 자본의 필요에 의해서 이루어지고 있는 것으로 설명하는 식이다.

한편 국가에 관한 사회중심적 설명방법도 국가의 자율적 정치행위 수행가능성을 간과하는 문제를 지닌다. 계급관계가 국가와 국가기구 및 국가목적들을 창조한다고 보는 구조주의 모형의 경우가 대표적인 예이다 (Clark & Dear, 1984: 26-29). 계급관계에 의해 자본주의(자본가와 노동자, 착취자와 피착취자)를 정의할 수 있듯이, 이것에 의해 또한 국가의 구조화를 설명할 수 있다는 것이다. 이와 같은 구조적 결정의 개념에서는, 국가지위가 누구에 의해 장악되느냐의 문제는 장기적인 면에서 아무런 의미도 없게 된다. 심지어 개인들이 국가직위에 임명되기 이전에 이미 국가의 역할은 '자본주의적'일 수밖에 없다는 식이다. 여기서 국가란 단지 사회의 일부분, 즉 사회적으로 결정된 구조적 구성체(structural formation)에 불과한 것이 된다. 여기서는 국가기구 통제방법에 따라 계급간의 부가 재분배되는 정도에 차이가 있을 수 있음이 간과된다. 플란차스의 경우는 이 가능성을 명백하게 부인하고는 있지 않으나, 그 역시도 국가활동에는 구조적 한계가 있으며, 이것이 자본주의적 관계에 연관되어 있기 때문에 그 관계 자체들의 기본구조를 부인하는 것은 불가능하다고 본다. 즉 계급간 힘의 균형이 변화하면, 국가행동 및 그 구성원들도 따라서 변화한다는 것이다. 구조주의자들이 도구주의의 편협한 관점(즉 엘리트의 다원성이나 지배계급의 영향 등을 강조하지만, 엘리트 자신들 역시도 특정 제도나 개성과는 관계없이 보다 광범위한 사회질서의 구성요소일 뿐이라고 하는 논리를 인식하지 못함)을 지적하고 있는 점은 물론 하나의 이론적 공헌임에 틀림없다. 그러나 그들 또한 경험적 사실로서의 국가기구의 변화, 그리고 그것의 사회에서의 기능에 대한 역사적 증거를 고려하지 못하는 단점을 지니고 있다 (Offe & Ronge, 1975). 더 나아가서 구조주의자들은 그들이 자본주의 국가의 역사적 진화를 현대 사회조건에 연계시키는 데 실패하는 정도만큼, 현실로부터의 괴리(즉 추상성의 증대)가 발생하고 있다. 따라서 특정의 국가기능들의 논리적 필요사항들과 그 국가의 실질 행동간의 구분에 실패하는 것이다. 좀 더 문제가 되는 것은 구조주의자들이 강조하는 이른바 국가는 노동과 자본간의 경제적 관계로부터 독립된 존재가 아니라는 주장이다. 너무나도 자주 경제적 관계가 국가이전에 논리적으로 존재하기 때문에 국가는 계급대립의 역할에 종속된다고 가정되는 것이다 (Clark & Dear, 1984: 28).

이처럼 기능주의 모형들의 문제점을 지적하고 이를 극복해야 될 필요성에 대해 강조하는 것은 매우 적절한 견해인 것으로 평가된다. 그러나 대안으로 제시하고 있는 자본주의국가기구 모형도 다음과 같은 한계를 지니고 있어, 그들의 문제의식과 의욕에는 미치지 못하는 것으로 판단된다. 무엇보다도 먼저, 자본주의국가기구 유형화 모형이 기능주의를 극복할 수 있는 것으로 주장하고 있으나, 그 논거가 너무 추상적이어서 실제 국가기구분석에 이것이 반영되기에는 어려움이 많다. 또한 국가기구 분석이 형태-기능-기구라는 이론계층의 연계에 의하여 이루어져야 한다는 점을 강조하면서 이를 유형화모형에서 실현하고자 한다. 그러나 특정의 국가형태가 구체적으로 어떻게 규명될 수 있는가에 대한 구체적인 준거기준을 제시하지 않은 채로 있다. 단지 후기자본주의라는 특정 단계에 관한 예시를 코포라티즘적 영향과 곁들여 소개하고 있을 뿐, 자본주의 국가형태에 관한 다양하고 구체적인 대안적 국가형태들을 제시하지 않은 상태에서, 어느 특정의 국가형태(즉 국가관계의 역사적 성격)를 경험적으로 규명하기란 너무 막연한 일이다.

이와 같은 문제들로 인하여, 유형화모형은 그것이 의도하는 탈기능주의적이고, 국가중심적이며, 형태-기능-기구의 연결계층에 따른 국가기구 분석모형의 형성이라고 하는 목적을 달성한 것으로 보기 어렵다. 다만 이 모형은 자본주의 국가의 기능과 기구에 관한 (현존하는 어떤 다른 기능주의 모형들에 비해서도 정교한) '유형화' 기준으로서 활용될 가치가 있는 것으로 평가된다. 앞에서 한국 중앙국가에 적용해 본 것과 같이, 유형화모형은 특정 국가의 기관들을 그 기능에 따라 세부적으로 분류하는 데 적절히 사용될 수 있을 것이다. 이 때 국가형태와 국가기능 그리고 국가기구를 상호 긴밀히 연계시킬 필요성을 의식하면서, 탈기능론적 접근의 가능성과, 아울러 국가자율성의 증거를 포착하기 위한 진지한 노력은 계속해서 기울여질 필요가 있다.

제6절 자유민주주의 국가의 준(비)정부기구

1. 서 론

국가와 사회의 중간 위치에는 '준정부기구(quasi-governmental organization: quago)' 및 '준비정부기구(quasi-non-governmental organization: quango)'와 같은 중간조직들이 다양한 형태로 제도화되어 있으면서 다양한 방법으로 국가의 기능을 수행하고 있다. 이와 같은 중간조직들은 특히 최근에 이르러 거의 모든 국가에 준(비)정부기구들이 존재한다. 이전에 사회주의 국가였던 헝가리의 경우, 재정적 제약과 공공부문의 비효율성이 민간 비영리조직의 재설립과 제3섹터의 부흥을 가져왔으며, 정부와 민간 비영리부문간에 역사적으로 갈등관계가 유지된 프랑스의 경우도 이제는 그들의 이익을 보완적인 것으로 바라보게 되어, 이른바 "사회적 경제(social economy)"가 정부의 분권화정책을 집행하는 수단적 역할을 수행하고 있다. 일본의 지방정부들은 사회서비스 활동에 법인화된 자발적 근린조직(incorporate voluntary neighborhood associations)이 발전하고 있어 공사 협력의 또 다른 예를 제공하고 있다. 스위스의 경우에는 자조적 체계(self-help schemes)의 장려 및 서비스 전달 단위의 분권화로 비용을 감소시킬 뿐만 아니라 사회서비스의 제공을 향상시켜 왔다. 스페인은 특히 민간 건강보험의 제공에서 공공부문 대신에 비영리섹터를 선호하는 것으로 보인다 (Bauer, 1990). 그리고 이데올로기의 차이를 넘어 소규모 비영리조직들의 장점을 인정하는 모습은 이데올로기적으로 좌·우파의 모든 정체에서 나타나고 있다. 좌파는 비영리가 보여주는 자기결정(self-determination), 기초 민주주의(basic democracy), 상호 부조(mutual aid), 그리고 자기치리(self-governance)를 후기산업사회의 근본적인 요소들로 보고 있다. 반면, 우파는 증가하는 고객 참여와 복지국가의 팽창을 감소시키는 도구로 비영리조직을 간주하고 있다. 이와 같은 실제적인 변화에 따라, 앞서 언급하였듯이 비영리부문에 대한 학문적 관심이 스위스와 같이 자조적 전통을 가진 나라뿐만 아니라 프랑스처럼 자원적 활동을 경원시해온 나라들에서도, 그리고 일본이나 독일처럼 산업과 기술이 발달한 나라뿐만 아니라 스페인같이 급속하게 산업화가 이루어지고 있는 나라에서도 증가하고 있다 (Bauer, 1990).

1) 개념 및 유형

중간조직들은 여러 가지 명칭으로 지칭되고 있다. '공공기관,' '정부산하단체,' '특수법인' 등과 같이 실무적인 용어에서 '제3섹터,' '매개조직(intermediate organizations)' 등 학술적인 용어에 이르기까지 많은 용어들이 사용되고 있으며 그 접근법 또한 다양하다 (배용수, 1995; 임학순, 1994; 박재희, 1996; Greve et al., 1999). 여기에 더하여 준(비)정부기구는 "준자율(비)정부조직(qua(n)gos: quasi-autonomous (non-)governmental organizations)," "비영리조직(NPO)," "비정부기구(NGO)," "매개조직(intermediate organization) 혹은 정상조직(peak organization)," "의사기구(擬似機構, para-apparatus)," "제3자 혹은 제3의 정부(third party government)," "시민단체," "박애조직(philanthropic organization)," "제3영역," "자발적 결사체(voluntary sector)" 등으로 불리기도 한다. 이처럼 다양한 용어들이 사용되고 있는 것만큼이나 각 이론적 시각에 따라 중간조직에 관한 상이한 함의를 내포하고 있다. 이들을 어떤 기준에 의해 체계적으로 정리해 볼 필요가 있다.

우선, 중간조직의 실체를 보는 관점에 따라 유형화 할 수 있다. 예를 들면, 중간조직을 국가와 사회간의 장(locus)이나 영역으로 보는 경우가 있다. 중간조직이 추구하는 목적에 따라 영리조직과 비영리조직으로 구분하는 경우도 있다. 그리고 중간조직을 조직 혹은 제도적 장치로 된 하나의 행위자(actor)로서 국가-공동체-시장간의 관계를 특정의 방식으로 매개

(intermediate)하는 기능을 수행하는 것으로 볼 수 있다. 현실 세계에서 중간조직들은 이와 같은 세 가지 특성을 공유하는 것이 보통이며, 여기서는 분석을 위해 논리적인 구분을 할 뿐이다.

또한, 중간조직은 인간사회의 조직화 방식인 국가와 사회(특히 시장) 가운데 어느 한쪽에 속하지 않고, 그 중간적 위치에 있는 조직들을 의미한다. 따라서 국가 조직 자체나 사기업은 중간조직에 포함되지 않는다 (Anheier & Seibel, 1990: 5). 그러나 대부분의 중간조직들은 국가와 사회로부터 완전히 독립되어 있기보다는, 어느 한쪽에 어느 정도 연계되어 있는 경우가 대부분이다. 따라서 이들을 준정부조직과 준비정부조직으로 구분할 수 있다. 전자는 정부기관은 아니지만 공공부문에 속하며 국가기능을 수행하는 기구들을 의미한다. 후자는 사적부문의 조직이지만, 국가와 긴밀한 관계 위에서 기능을 수행하는 기구들이다. 또한, 중간조직은 국가로부터 얼마나 자율적(autonomous)인가를 기준으로 자율적 조직, 준자율적 조직, 비자율적 조직으로 구분할 수 있다. 그래서 준자율적 정부조직과 준자율적 준비정부조직 등으로 구분할 수 있다.[53]

국가와의 관계에서 [중간조직]이 지닌 자율성을 기준으로 연속선을 그려보면, 정부조직–[준(準)자율적 정부조직–준자율적 비(非)정부조직]–사적 조직의 순서가 될 것이다. 이와 같은 기준은 이론에 기초하기보다는 주로 행정 실무분야에서 발전한 유형화 방법이다. 이것은 공공성의 정도에 따른 구분과도 유사하다 (Greve et al., 1999: 142). 준(비)정부조직에는 <표 3-2-11>과 같이 다양한 형태가 있다. 가장 오른쪽의 '부처단위(departmental unit)'는 순수 정부기관이다. 소위 '계약기관(contract agency)'은 영국의 '책임집행기관(executive agency)'처럼 공무원으로 구성된 정부기관으로 되어 있거나, 뉴질랜드의 '독립사업기관(Crown Entity)'처럼 준정부기관으로 제도화되는 경우도 있다.[54] '공공기관(public unit)'은 공기업과 출연기관 등을 포함하는 준정부기관에 해당하는 기구이다. 중간에 위치한 '자발적 조직/자선단체(voluntary/charity)'는 준비정부기구에 속한다. 그리고 왼쪽에 위치한 '(반)민영화(semi-privatization)' 및 '외부계약(contracting-out)'은 사적 부문의 조직을 공공목적 달성을 위해 활용하는 경우에 해당한다.

---

[53] 이 용어는 정부기관 밖에서 정부업무를 보조하는 조직들을 유형화하기 위해 처음 사용하였다. 여기서 준자율적 (quasi-autonomous)이라는 용어는 정부로부터 어느 정도 떨어져 있음을 의미하며, 비정부적(non-governmental) 이라는 용어는 '선거에 의하지 않은 국가(non-elected state)'의 일부라는 의미를 지닌다. 따라서 준자율적 정부조직은 정부기관은 아니지만 공공부문에 속하면서 국가 기능을 수행하는 조직들을 의미한다. 준자율적 비정부기구는 사적 부문의 조직이지만, 국가와 긴밀한 관계 위에서 기능을 수행하는 기구를 의미한다.

[54] 이 밖에도 책임운영기관의 외국사례는 일본의 獨立行政法人, 캐나다의 '특별사업기관(special operating agencies),' 미국의 '책임성과기관(performance-based organization)' 등이 있다 (김근세, 1998).

| 표 3-2-11 | 준(비)정부기구의 유형 |

		외부계약	민간화 또는 반(半)민간화	자발적 또는 자선 단체들	공공기관	계약기관	행정기관
개념정의		국가와 계약한 사적 조직	전체 또는 일부 민영화된 국가 소유 회사	공공기능을 수행하는 상향적 단계	떨어져 있지만 공공자금을 가짐	준자율적 부서의 일부	직접 정부 통제 받는 계층제 단위
재정		시장기제	자본시장, 증권거래소	기부금, 보조금	국가의 안정적 예산 또는 징수	국가예산	국가예산
장관책임		?	없음	없음	부분적	있음	있음
통제기제		계약	시장규제	협동, 계약	설립규정	기본문서	직접 정치
공적 임무		?	?	있음	있음	있음	있음
공적 영역		없음	없음	있음	있음	있음	있음
국가	영국	집단4 (교도소치안)	영국철도	구호소	규제기관 직업훈련위원회	교도서비스	내무성
	네덜란드	지방자치 단체의 쓰레기 처리	우편서비스	구세군	공립대학, 법적 지원	이민·귀화 서비스	법무성
	덴마크	Falck	코펜하겐공항	덴마크스포츠 협회	국가은행	특허청	Economics
	한국	서울대 청소 및 경비 용역		시민단체, 관변관체	출연기관, 투자 기관, 국책은행	책임운영기관	부, 처, 청
	일본			비영리단체	출연기관, 투자 기관, 국가은행	특수법인	성, 청

출처: Creve et al., 1999; 정용덕, 1999a.

2) 의 의

준(비)정부기구들은 국가와 사회간 관계에 있어 다음과 같이 다양한 의미를 지닌다. 첫째, 중간조직은 국가와 시민사회간의 상대적 발전의 문제와 관련되어 있으면서, 민주주의의 발전에 직결되어 있다. 예를 들면, 일본의 경우 역사적으로 자발적 부문(voluntary sector)의 발전이 비교적 저조한데, 이는 일본에서 국가중심주의적 전통이 오랫동안 지속되면서 민주주의의 발전이 뒤늦은 사실과 상관관계가 있다 (Kawashima, 2000). 이 점에 있어서 한국의 경우도 마찬가지 해석이 가능할 것이다.

둘째, 중간조직은 국정운영의 효율성 및 성과 문제와 관련이 있다. 물론 과거에도 중간조직들은 국가중심적 정책추진과정에서 효율적인 정책집행 도구로 활용되었다. 유럽대륙 국가들이나 한국처럼 발전국가의 전통이 강한 나라들의 경우가 전형적인 예가 된다. 그러나 최근에 이르러 영미권을 중심으로 크게 대두하고 있는 신거버넌스 이론에서도 중간조직들은 효율적인 정책집행 수단으로 강조되고 있다. 전자와 후자간의 차이는 국가중심적 성향의 정도에 있을 뿐, 중간조직을 효율적인 정책집행 도구로 간주하는 점에서는 크게 다를 바 없다.

셋째, 중간조직은 국가와 시장에 대비되는 제3형 형태의 조직화 방식, 즉 '공동체(community)' 개념에 부합된다. 인간사회의 제도 설계를 (정치적 권위를 바탕으로 하는) 국가와 (계약적 교환을 바탕으로 하는) 시장, 그리고 (자발적 자기 통제를 바탕으로 하는) 공동체간의 관계 설정인 것으로 간주하는 경우가 그것이다 (Offe, 1999). 이는 현대 국가 제도화의 세 가지 측면, 즉 관료주의, 자본주의, 민주주의를 각각 대표하는 개념이기도 하다.

3) 접근방법

준(비)정부조직은 국가와 사회의 중간영역에 위치하는 조직들이다. 따라서 이들을 이해함에 있어서 무엇보다도 먼저 국가-사회간 관계의 맥락에서 접근해 볼 필요가 있다. 이처럼 단순히 공간적인 의미에서뿐만 아니라, 이들은 그 자체가 국가와 사회(좀 더 구체적으로는 시장)의 보완 혹은 대안으로 제기되고 있는 점에서도 국가-사회간 맥락의 특성에 연계하여 이해하는 것이 바람직하다. 실제로 전 세계적인 중간조직의 성장과 그 역할에 대한 적극적인 평가는 이른바 1980년대 이후 국가의 위기 문제와 맞물려 있다. 이처럼 국가의 위기에 대한 하나의 보완 혹은 대안으로서 중간조직에 대한 관심이 대두되고 있기는 하지만, 그렇다고 해서 그것이 국가(혹은 시장)를 완전히 대체할 수 있는 것은 아니고, 다만 각 나라별 국가와 시장의 특수성에 따라 그것을 보완하는 정도의 의의를 지니고 있다. 이와 같은 이유에서도 중간조직은 국가의 특성과 불가분의 관계에 있다.

따라서 여기서는 준(비)정부조직을 국가-시민사회 간 관계를 이해하는 이론적 시각에 따라 접근하여 분석해 보기로 한다. 대부분의 이론적 모형들은 준정부조직과 준비정부조직 모두에 적용될 수 있으나, 특히 어느 한 가지 유형에 더 적합한 경우도 있을 수 있다.

2. 자유민주주의 국가의 준(비)정부기구: 다원주의 시각

전통적 다원주의 관점에서는 준(비)정부기구들이 현대 국가 및 사회의 다원주의적 특성에 따라 형성되고 각자의 기능을 수행하는 것으로 가정한다. 반면, 신다원주의 관점에서는 현대 산업사회의 복잡한 문제들이 대두되는 현상을 강조하고, 집단정치 과정에서 나타나는 대의민주주의 제도의 한계를 지적한다. 각각의 관점에서 준(비)정부기구의 특징을 살펴보기로 한다.

1) 전통적 다원주의 시각

전통적 다원주의의 중간조직 이론은 행정기구에서와 마찬가지로 구조기능론과 집단정치론에 의해 대표된다.

(1) 구조기능론적 관점

국가의 기능이 분화될수록 그것을 구성하는 하위체계로서의 행정기구도 분화가 나타난다. 준정부기구나 준비정부기구와 같은 중간조직들은 이와 같은 행정기구들이 사회의 새로운 수요로 인해 요구되는 기능적 필요에 제대로 대응하지 못할 때 이를 보완하기 위하여 형성되고 변화한다. 이와 같은 현상을 설명하기 위하여 '공공재 모형(Public Goods Model),' '정부-시장실패 모형(Government and Market Failure Model),' '자원부문실패 모형(Voluntary Failure Model),' '복지국가 모형(Welfare State Model)' 등이 적용될 수 있다. 이 모형들은 중간조직을 사회가 요구하는 기능적 필요에 대응하기 위하여 형성·변화하는 것으로 본다는 점에서 중립적 (혹은 보호자적) 국가의 이미지에 부합된다.

가) 공공재 모형

중간조직에 대한 기능론적 다원주의의 대표적인 이론 모형은 공공재 모형이다. 이 모형에 의하면, 사회적으로 필요하지만, 비경합적 소비 및 비배제성의 원리가 작용하는 특수한 재화의 경우에는 시장에서 공급되지 않는 이른바 공공재가 존재한다. 이와 같은 공공재의 생산과 공급은 주로 정부의 행정기구들을 통해 이루어지지만, 경우에 따라서는 중간조직이 공공 서비스의 수요공급 격차를 해소시키는 역할을 수행하기도 한다.

준(비)정부기구를 시장에서의 잉여 수요를 충족시키는 공공 혹은 집합 서비스의 사적 공급자로 설명하는 관점도 공공재 모형에 해당한다. 이와 같은 준(비)정부기구들은 다양한 수요가 존재하고, 정부조직의 수요 조건을 전형적인 특징으로 하는 경직적인 관료제 구조보다 신축적인 조직형태를 요구하는 분야에서 큰 역할을 담당할 것으로 간주된다. Salamon (1999)은 정부 운영상의 번거로움과 관성, 관료적 성격으로 인해 비영리 조직을 선호한다고 한다.

나) 정부 – 시장실패 모형

이 모형들은 공공재 모형의 좀 더 구체적 모형으로 볼 수 있다. 먼저, 정부–시장실패 모형 또는 자원부문실패 모형의 경우, 중간조직은 시장과 정부의 실패가 모두 발생할 때 이에 대한 대응으로 발전한다는 것이다. 시장의 실패(즉, 무임승차자의 문제)로 인해 공공재 공급의 필요가 발생하고, 아울러 정부의 실패(즉, 다수결 원리의 실패)로 인하여 시장도 정부도 아닌 제3영역으로서의 중간조직이 필요함을 설명하는 것이다 (Weisbrod, 1977; 강상욱, 2001). 예를 들면, 비정부기구는 시장과 정부가 모두 충분한 양의 특정 재화를 공급하는 일에 실패할 때 이를 보충하기 위해 발전한다 (Salamon, 1995; 김준기, 1999b). 가격에 의해 작동하는 시장과 계층제에 의해 작동하는 정부가 모두 적용되지 않는 경우, 이에 대한 대안으로서 제3유형의 조직 혹은 운영원리가 제기된다는 것이다.

이처럼 중간조직은 시장과 정부가 모두 실패하는 경우에 이에 대한 해결방안으로 형성되는 것이기 때문에 어디까지나 시장과 정부의 활동 영역의 한계영역을 메우는 부차적인 수단에 불과하다. 정부의 활동은 생산되는 재화의 내용과 분배방법이 국민 대다수의 합의에 의하여 결정되는 것에 반해, 중간조직들의 활동은 조직을 구성하고 있는 사회의 일부분이 자신의 필요에 의해 그 내용과 방법이 정해진다. 따라서 준(비)정부조직의 활동영역은 정부와 시장의 그것과는 중복되지 않는 범위 내에서 이루어지며, 그 내용도 소수의 국민이 필요로 하는 재화나 서비스를 공급하는 일에 국한된다.

다) 복지국가 모형

복지국가 이데올로기가 확산되면 국가 역할의 확대가 당연시되고 사회의 다른 부문에서 수행하던 기능들이 국가의 기능으로 이전되는 결과가 나타난다. 새로이 국가 역할에 포함된 기능들을 주로 관료제 조직이 수행하지만, 중간조직들도 그중 일부 기능을 담당하게 된다 (Salamon, 1995). 국가의 적극적인 역할을 옹호하는 복지국가 주창자들은 중간조직의 활용을 통해 보다 전문적이고 효율적인 공공 서비스의 제공을 위한 통합된 행정수단의 확보를 꾀하기 때문이다. 그러나 사회에서 필요로 하는 공공 서비스의 주요 제공자는 궁극적으로 국가이어야 한다고 보기 때문에, 준(비)정부기구의 활발한 활동 가능성과 국가 역할 확대의 양립 가능성을 적극적으로 인정하지는 않는다 (이근주, 1999).

그렇지만 현실적으로 관료제로 대표되는 국가는 한때 향유했던 정치적 리더십을 잃어가고 있다. 대신 사회적 집단은 정책과정에 대한 상당한 통제를 요구하게 되었으며, 관료제의 공식적 권한은 약화되었다. 관료는 점차 방어적인 성격을 띠게 되었고, 어쩔 수 없이 시민사회의 요구를 받아들일 수밖에 없게 되었다. 동시에 국가는 사회적 집단을 정책결정과정에

통합시키게 되었다. 따라서 국가와 사회 간의 관계는 갈등요소뿐만 아니라 협력의 가능성을
내포하게 되었다 (Hirata, 2002: 8).

(2) 집단정치론적 관점

중간조직은 집단정치 과정에 참여하는 주요 행위자이자 그 산물이기도 하다. 이와 같은
의미에서 중간조직은 이익집단 모형(Interest Group Model)과 행정책임 모형(Administrative
Accountability Model)을 통해 이해될 수 있다. 전자는 수동적 국가, 후자는 당파적 국가의 이
미지에 각각 부합된다.

가) 이익집단 모형

집단정치론의 관점에서 볼 때, 중간조직들, 특히 준비정부조직들은 전통적인 이익집단과
크게 다르지 않다. 준정부조직(NGO)을 조직의 제도적 실체성, 국가로부터의 제도적 분리성,
비영리성, 자율성, 그리고 자발성에서 그 정체성을 찾는 경우(Salamon & Anheier, 1998: 1)는
물론이고, 여기에 새로이 사회적 운동성을 추가하는 경우조차도 넓은 의미의 전통적 이익집
단 개념과 크게 다를 것이 없다 (강명구, 2000). 예를 들면, 비영리조직들이 권익옹호기능을
통해 다양한 가치와 이해관계를 표명하고 결집시켜 그것을 정치체계에 투입시킴으로써, 다
원적 민주주의 체제에서 시민참여와 이해관계의 표출을 위한 장(場)으로써 기능한다 (강상욱,
2001).

시민들이 사회집단에 참여하는 이유는 다양하다. 이익이 일치하는 사람들끼리 자신들의
이익을 도모하기 위해서 집단 활동을 하기도 하며, 공동의 이익을 보호하기 위해서, 도덕적
사명감 때문에, 혹은 나름대로의 정체성(identity)을 주장하기 위해서 참여하기도 한다. 이와
같이 추구하는 목표에 따라 이들을 좀 더 구체적으로 협의의 이익집단, 공익집단, 압력집단
등으로 세분화하는 것도 가능하다.

나) 행정책임 모형

정부가 중간조직들을 활용하게 되는 이유에는 관료들이 정책결정과 정책집행을 분리하
려는 전략적인 의도가 담겨 있다. 국가가 개입하기에는 민감하고 논쟁의 소지가 있는 영역에
서 완충장치를 만들거나, (영국 국민의료보험(NHS)의 경우처럼) 자칫 지나치게 팽창할지도 모
르는 행정을 해체하며, 중앙부처의 일상화된 반복적 집행업무로부터의 압력을 줄이고, 전문
가(professional)들이나 이익집단들을 행정과정에 통합하려는 등의 이유 때문이다 (Dunleavy,
1986). 정부는 중간조직이 가지는 세 가지 장점을 인식하고 있다. 첫째, 중간조직은 접근이

어렵거나 정부에 대해 반감을 가지고 있는 고객과 연계될 수 있다. 둘째, 중간조직은 특수한 분야에서 상당한 전문가이다. 셋째, 중간조직은 어려운 이슈에 대해 혁신적인 해결책을 가지고 있다 (National Audit Office, 2006). 우리나라의 정부운영에 있어서도 정치적으로 민감하거나 고도의 전문성이 요구되고 책임이 수반되는 경우, 외부 전문가로부터 자문을 구하고, 형식적·절차적 요건을 채우며, 책임을 전가하기 위한 수단으로 중간조직을 활용하는 경향이 있다. 그러나 이 경우에도 주무 부처의 장관을 경유하여 국회로 이어지는 명확한 정치적 책임의 소재는 유지된다.

2) 신다원주의 시각

신다원주의 이론가들은 현대 산업사회의 복잡한 문제들을 해결하는 데 있어서 기존의 대의민주주의 및 집단정치는 일정한 한계가 있다고 본다. 이익집단들 간의 세력불균형이 고착화되어 이른바 '파행적 다두제(deformed Polyarchy)' 상태가 된다는 것이다 (Dunleavy & O'Leary, 1987: 6장). 따라서 전통적 대의민주주의의 국정운영 방식을 전면적으로 부정하는 것은 아니지만, 그 한계를 인식하고 그에 대한 보완책을 적극적으로 모색하려고 한다. 이와 같은 신다원주의의 관점에서 볼 때, 준(비)정부기구들은 '정부간 모형(Inter-Governmental Model)'과 '정책네트워크 모형(Policy Network Model)'을 통해 설명될 수 있다. 이들은 모두 산업사회에서 대의민주주의의 파행을 보완하려는 보호자적 국가의 이미지를 담고 있다.

(1) 정부간 모형

글로벌 환경변화로 인해 수많은 정책문제와 행정수요가 발생하면서 정부가 단독으로 합리적인 정책결정과 정책집행을 추진하기에는 한계가 있다. 대부분의 정책집행은 본질적으로 정부 간에 이루어지지만, 복잡한 네트워크 조직들이 정책성과를 달성하기 위해 점점 참여·조율·조정되고 있다.

이런 맥락에서 보다 상호적이며 전문적인 의사결정을 돕기 위해 다음과 같은 방식으로 준(비)정부기구들이 활용된다. 첫째, 행정을 '인수분해(factorising)' 함으로써 세분화된 정부조직 및 준(비)정부조직들이 단일 문제에 관련된 여러 상이한 측면들을 다룰 수 있다. 이는 중앙집권적인 정부조직이 국가정책의 기획·결정을 주도하기보다는 기관 간 연계 네트워크 (networks of inter-agency contacts)과 권력의존 관계(power/dependency relations)를 통해 정책기획과 결정이 이루어지도록 한다. 둘째, 매우 기술적인 영역(예를 들면, 원자로의 안전)이나 국가기관으로 하여금 민감하고 전문적인 결정을 요하는 영역(예를 들면, 보건분야)에서 행정을 수행하기에 적합한 '단일이슈전담기관(single-issue agency)'을 형성하는 경우다. 덜 정치화된 정책 이슈는 정치의 전략적인 측면을 고려하기보다는 문제해결 지향적인 실국장이 책임지게 하고, 재정과 복지와 같이 상당히 갈등적인 정책영역의 경우는 매우 재분배적 속성을 띠기 때문에 공개노출과 격론을 줄이기 위해 소규모 정책공동체에 맡기는 것이다 (Bolleyer et al., 2010: 7).

(2) 정책네트워크 모형

현대 산업사회의 복잡한 문제들을 해결하는 데 있어서 기존의 대의제 및 집단정치는 일정한 한계가 있다. 산업사회에서 집단정치는 더 이상 시민들의 이익과 선호를 고르게 반영해 주지 못한다. 대기업의 특권적 지위에서 볼 수 있듯이, 이익집단 간의 세력불균형이 고착화됨에 따라 상쇄권력론의 주장과는 달리 이른바 '대응적 동원(counter-mobilization)'이 이루어지기 힘들기 때문이다. 산업사회에서 파행적인 다두제 형태로 나타나는 투입정치 과정에서의 집단정치 문제를 극복하고, 합리적인 시민참여를 유도하기 위해서는 정책네트워크(policy network)의 개념이 필요하다.

네트워크는 어떠한 공공 영역에도 적용 가능한 개념이다. 정책네트워크는 전통적인 정책과정 접근보다 정책형성 과정에 대한 통찰력을 제공하고, 현대 사회의 정책과정의 복잡한 속성을 이해하는데 사용된다 (Wang, 2010: 104). 정책네트워크[55]는 공공정책 결정과 집행에서 지속적으로 협의될 신념과 이익을 공유하는 정부와 다른 행위자 간 일련의 공식적 제도 및 비공식적 연계라 할 수 있다. 행위자들의 관계는 상호 의존적이고, 이러한 상호작용의 결과 정책이 만들어진다 (Rhodes, 2006). 이러한 네트워크 구조에서 정부, 시장, 시민사회의 협력적 파트너십이 요구되고, 다양한 성격의 중간조직이 정책과정에 관여하는 것이 기능적이다.

3. 자유민주주의 국가의 준(비)정부기구: 개인주의 시각

국가-사회간 관계를 개인들의 이기적이고 합리적인 행동을 전제로 설명하는 공공선택론에서는 다원주의에 비해 좀더 현실적인 중간조직 이론들을 발전시켜 왔다. 준정부조직에 대해서는 공공재 모형 등 순기능적 측면을 강조하는 모형들보다 그것의 역기능적 측면을 강조하여 민간화(privatization)를 제안한다. 그리고 준비정부기구에 관해서는 집단정치보다 더 현

---

[55] 정책네트워크는 정부가 다른 국가와 사회적 행위자 간의 연계 혹은 의존에 초점을 두는 일련의 개념 중 하나이다. 여기에는 사안연결망(Helco, 1978), 철의 삼각관계(Ripley & Franklin, 1981), 정책하위체제 또는 하위정부(Freeman & Stevens, 1987), 정책공동체(Richardson & Jordan, 1979), 인식공동체(epistemic communities)(Haas, 1992) 등이 포함된다. 이들은 연결망의 변이들이며, 정책연결망을 포괄적(generic) 용어로 사용한다 (Rhodes, 2006).

실적인 '집합행동논리(Logic of Collective Action)'의 관점에서 '계약실패(Contract Failure) 모형'
이나 '보조금(Subsidy) 모형' 등을 개발해 왔다 (김준기, 1999). 준정부기구에 대한 '민간화 모
형(Privatization Model)'은 규범적인 '최소국가'의 이미지에 부합된다. 준비정부기구에 대한
집합행동논리 모형, 계약실패 모형, 보조금 모형 등은 모두 정치시장에서의 수요자측면에서
접근하는 '수동적 국가'의 이미지에 부합된다. 그리고 공공재 공급자인 관료들의 합리적 선
택행동을 가정하여 뉴질랜드형 에이전시(agency)에 대한 관청형성 모형이나 미국 연방정부
의 준(비)정부조직 활용에 대한 '대리정부(Government by Proxy) 모형'의 설명은 모두 파당적
국가의 이미지에 부합한다. 이상에서 살펴 본 합리적 선택의 이론 모형들을 좀 더 구체적으
로 살펴보기로 한다.

1) 민간화 모형

공공선택론의 관점에서 보면, 준정부기구의 성장은 두 가지 이유에서 이루어진다. 첫째,
순수한 사적재(예를 들면, 석탄, 철강 등)를 생산 공급하는 기능임에도 정부기능으로 부적절하
게 정치화되어 공공정책결정 과정에 진입한 경우이다. 예로서 대부분의 공기업들은 그것을
효율적으로 운영하면서도 시장의 규율(예를 들면, 기업 인수나 파산 등의 위협)로부터는 절연시
킨다는 모순을 다루는 데에 실패한 시도다. 둘째, 정치적인 이유 등으로 공공재 확보를 위해
사적 부문의 기업이나 자발적 집단들을 활용하는 일에 소극적인 경우다. 심지어 민간 조직
들에 대한 재정 지원을 통해 더 낮은 비용으로 유사한 결과를 가져올 수 있는 경우조차 정
부가 새로운 공공조직의 형성을 통해 사회문제 해결에 개입하면서 준정부조직의 성장이 이
루어지게 되었다고 본다. 이와 같은 이유에서 성장한 공기업 등 준정부조직들은 소위 "주인
없는 기업" 또는 "복대리인 문제(double agency problem)"로 인하여 효율적인 경영 및 감시
감사제도의 실행이 불가능하여 비효율성과 정부자산 운용의 총체적인 부실을 가져온다.

이와 같은 두 가지 바람직하지 않은 원인에 의해 성장이 이루어진 비효율적인 준정부기
구들을 개혁하는 방안은 민간화뿐이다. 준정부기구 가운데 일부는 순수 민간회사로 전환시
켜 주식시장에서 매각한다. 오직 공공기관이 집행을 담당하는 것이 적절한 분야에 한하여
중앙 및 지방의 준정부기구들을 유지한다. 이 경우에도 민간부문의 참여가 증진될 수 있도
록 한다. 공적 기능을 수행하기 위해 민간 부문이나 자발적 단체들의 참여가 가능하도록 광
범위한 외부계약(contracting-out)과 보조금 방식에 의한 사적 서비스로 대체될 수 있도록 한
다. 그렇게 함으로써 준정부기구의 규모를 급진적으로 줄일 수 있다고 본다. 이와 같은 논리
에 따라 실제로 1980년대 이후 여러 나라에서 민간화와 민간위탁을 통한 준정부기구의 구조

조정이 크게 이루어졌다.

2) 집합행동논리 모형

전통적 다원주의에서는 집합적 행동은 공동의 이익(common interest)이 존재하는 경우 자동적으로 형성되는 것으로 간주한다. 그러나 공동의 이익 혹은 재화(common goods)는 공공재의 성격을 가지기 때문에, 집단의 조직화가 자동적으로 발생하지는 않는다. 집단행동은 공동 이익의 존재만으로는 안 되며, 참여 비용에 비해 편익이 더 커야 하는 경제적 선별유인(selective incentive)이 있어야 한다 (Olson, 1971: 5-52). 합리적 행위자로서 개인들은 참여의 비용보다 얻게 될 편익이 더 큰 경우에만 집합적 행동에 참여하고 지지한다. 따라서 집단의 지도자들은 구성원들의 '무임승차(free-riding)' 문제를 극복하는 일이 중요하다.[56]

이처럼 집합행동논리 모형은 집합적 이익을 원하는 조직의 규모와 이기적 동기를 바탕으로 집단행동을 설명한다. 상대적으로 작은 규모의 집단 소속구성원들은 자신들이 비용을 지불하지 않는다면 집단적으로 원하는 재화의 공급이 실패하리라는 점을 잘 인식하고 있기 때문에 재화를 제공하는 데 경쟁력 있는 조직 형성이 가능해진다. 반면에 조직의 규모가 큰 경우 회원들에게 특정 형태의 강제력이나 선택적 이익을 부여하지 않고서는 무임승차의 문제를 해결하기 힘들다. 개인의 기여와 그 결과로 나타나는 편익간의 관계가 멀어지므로 대부분의 개인은 단기적, 개인적 안목에서 이익을 추구하기 때문이다.

중간조직들은 순수한 공공재 주변에서가 아니라, 정부 예산으로부터 분파적인 사적 재화(private goods)를 보장받고자 할 때 쉽게 조직화된다. 여타 소수집단과 연합함으로써 하나의 집단은 승리연합(winning coalition)의 일부가 될 수 있다. 이러한 관점에서 여러 형태의 시민단체들 혹은 이른바 "관변단체들"의 형성과 행동을 설명할 수 있다.

3) 계약실패 모형

계약실패 모형은 거래비용이론에 근거하여 준비정부기구의 역할에 대해 설명한다 (Nelson & Krashinsky, 1973; 김준기, 1999b). 이에 따르면, 준비정부기구는 전통적으로 서비스가 구매되는 상황이나 또는 그 서비스 자체의 성격으로 말미암아, 소비자들이 영리기업이 생산해

---

56 무임승차에 의해 개개인은 다른 사람이 집단행동의 비용을 부담토록 하고 자신에게는 아무 비용도 없이 공공재의 편익만이 돌아오도록 시도하는 행위를 방지하는 일이 그것이다. 집단의 지도자들은 오로지 집단 구성원만이 누릴 수 있는 사적 편익이나 비구성원에 대한 제재 수단을 개발하여 무임승차 문제를 극복하려고 한다. 이것이 실행 불가능한 집단은 침체되거나 발전이 이루어지지 않는다 (Dunleavy, 1986).

내는 서비스의 질과 양을 정확하게 평가하지 못하기 때문에 이를 보완할 필요에서 등장한 것이다. 구매자의 입장에서 볼 때, 보건복지나 교육분야 등의 서비스는 그 질을 평가하기가 복잡하고, 또한 서비스들이 차별화되어 있어 비교가 쉽지 않다 (김준기, 1999b: 231).

따라서 서비스의 질을 평가하기 위한 거래비용이 상대적으로 높으며, 이 때문에 생산자와 소비자 사이에 존재하는 정보의 비대칭성이 존재하게 되어 영리단체들이 소비자들을 이용하려는 유인이 발생한다. 또한, 무임승차의 가능성이 높아 정보의 생산과 공유도 어렵다. 그리고 이 분야의 서비스는 장기간의 계약을 요구하고 제공되는 서비스의 질을 검사하는 데 많은 시간과 비용이 들며, 이 때문에 서비스 제공자에 대한 신뢰성이 필수적으로 요구된다. 그러므로 소비자들은 영리기업이 아니라 비영리성을 띤 준비정부기구들이 제공하는 서비스의 질을 좀 더 신뢰하게 되는데 그 이유는 준비정부기구가 지닌 비영리성의 추구 및 이윤을 구성원들에게 분배하지 않는 특성 때문이다 (김준기, 1999b). 결국 위와 같은 계약실패 현상들이 존재하므로 소비자들은 준비정부기구를 통한 서비스 공급을 더 선호하게 된다 (이근주, 1999).

불확실성하에서 구매결정을 내려야 하는 경우, 소비자들은 결정을 지연시키고 실질적 공급자 이외의 타 조직으로부터 공급자와 서비스에 관한 보다 많은 정보를 찾거나, 아니면 시장에서 신뢰를 축적한 기관들로부터 직접 구매계약을 체결할 수 있다. 이 두 가지 상황 모두에서 준비정부기구들이 중요한 역할을 수행한다. 전자의 경우, 준비정부기구는 특히 소비재 검사대행이나 소비자 권익보호 단체의 활동을 통해 보다 객관적인 정보를 제공할 수 있다. 후자의 상황에 있어서도 비영리적 준비정부기구는 그 정의상 비영리 추구와 잔여소득 분배 금지라는 제약 조건에 종속되어 있고 통상적으로 도덕성은 이들 단체의 사활을 결정하는 중요한 요인이므로 소비자와의 우호적인 관계유지가 서비스 질의 큰 변수로 작용한다.

4) 보조금 모형

정부로부터 주어지는 보조금에 따라 중간조직의 성장이 좌우된다고 보는 관점이다 (Fama & Jensen, 1983). 준비정부기구는 자발적인 자원(voluntary resources)에 의해서만은 운영되기 어렵고, 거의 모든 나라에서 다양한 형태의 보조금은 물론 세제 감면이나 특별 우편요금 적용과 같은 특혜를 통해 자원을 마련하고 있다 (김준기, 1999b). 이와 같은 정부로부터의 지원을 기대하는 다양한 형태의 중간조직들이 발전하게 된다.[57]

---

[57] 여기에는 정부의 각종 특혜를 기대한 "위장된 영리목적(disguised profit distribution)"의 동기를 지닌 단체들의 기업가적 활동도 포함될 수 있다 (Estelle, 1989; 강상욱, 2001).

이와 같이 다양한 형태의 정부보조가 이루어지는 현상에 대해서는 다음과 같은 설명이 가능하다 (Hansmann, 1987). 첫째, 정부 관료제 조직은 절차적 규제와 형식주의로 말미암아 준비정부기구에 비해 일반적으로 총비용이 더 크게 들기 때문에 준비정부기구를 활용하는 것이 비용의 효율성 측면에서 유리하다. 둘째, 준비정부기구는 서로 상이한 다양한 기호를 충족시키기 위해 노력할 것이기 때문에 정부 조직에 비해 기술혁신이나 특히 연구개발(R&D) 분야에 있어서의 개발 노력을 더욱 촉진시킬 수 있다. 셋째, 준비정부기구에 의해 서비스가 제공되는 경우, 정치적인 간섭을 줄일 수 있으며 일정한 서비스의 질을 유지할 수 있다. 그 밖에 정부기구와 중간조직간의 협력을 통해 상호 취약점을 보완할 수 있는 여지가 많다 (김준기, 1999b).

그러나 비영리단체와 정부기구간의 지나친 상호의존으로 인하여 여러 가지 문제가 발생할 수도 있다. 정부기구로부터의 보조금에 부수되는 관여로 인하여 중간조직들의 이른바 "대리인의 자율성(agency autonomy)" 문제가 초래될 우려가 있으며, 관료화 가능성도 있다 (김준기, 1999b: 234). 반면에 중간조직들이 영리적 사업 분야로 진출하는 경우 이는 영리조직들에 대한 구축효과와 아울러 정부로부터의 지원에 대한 정당성에 의문이 제기될 수도 있다 (김준기, 1999b).

5) 관청형성 모형

중간조직의 범위를 책임운영기관(executive agency)에까지 확대하는 경우 이에 대한 설명 모형으로서 관청형성 모형이 적용될 수 있다. 이미 앞에서 소개한 것처럼, 현재 책임운영기관은 영국에서처럼 공무원조직으로 남아 있는 경우도 있지만, 뉴질랜드처럼 비공무원 조직으로 조직개편이 이루어진 경우도 있다 (김근세, 1998). 따라서 최소한 뉴질랜드형의 책임운영기관은 중간조직의 범주에 들어간다고 할 수 있다. 이와 같은 새로운 형태의 중간조직의 형성에 대한 설명 방법으로서 관청형성 모형이 적용될 수 있다.

우선 작은 정부를 추구하려는 환경 하에서 정책결정에 영향력이 큰 고위직 관료들은 소관 정부조직의 전체 예산 규모를 확장하려는 이른바 "예산극대화"를 추구하기보다는 소관 정부조직을 개편하려는 이른바 "관청형성" 전략을 사용한다. 즉 정책집행 위주의 계선 조직을 정책결정 위주의 참모형 조직으로 개편함으로써 정치적 부담이 큰 핵심예산(즉 기관의 운영비)을 줄이려고 한다. 이 과정에서 정책집행 위주의 조직은 정부부처로부터 외부로 이른바 "분봉(hiving-off)"이 이루어지는데, 이것이 곧 책임운영기관(agency)이다 (Dunleavy, 1991; 정용덕, 1993).

6) 대리정부 모형

대리정부(government by proxy)란 중앙정부가 정책집행을 하위정부나 비영리단체 등 '제3자 정부(third sector government)'를 통해 수행하는 방법을 지칭한다. 즉 중앙정부의 재정적 지원을 토대로 정책집행을 민관협력(public-private partnership), 민간위탁(contracting out) 등의 방식을 통해 외부기관에게 재량권과 함께 위임하는 방식이다. 예를 들면, 1990년도에 미국 노동성의 고용 및 훈련 사업에 배정된 예산의 90% 이상이 약 500여 개의 대리주체들에게 이전되었다. 또한 1980년도에 미 연방정부는 국내사무 집행 예산의 약 50%를 지방교부금(grant-in-aid) 형태로 다른 하위정부들과 준정부조직들에게 이전하였다 (Kettl, 1988; 조경호, 2000: 258-259). 이와 같은 형태의 대리정부 활용은 중앙정부로부터의 자치정부와 분권화를 지향하는 것에 더하여, 관료들의 자익추구적 행동에 따른 비효율성을 지양하기 위한 목적에서 시도되고 있다. 그러나 중앙정부의 재규제화(re-regulation)나 중앙집권화를 초래하는 경향이 지적되고 있다 (Kettl, 1988).

7) 거래비용 모형

거래비용 모형(Transaction Cost Approach)은 생산자와 소비자간의 정보 비대칭성의 문제로 인해 영리조직보다는 비영리조직을 선택하게 된다는 계약실패이론(Hansmann, 1987)에 근거한다. 소비자간에 나타나는 거래비용의 문제로 인해 공공서비스를 제공하는 조직유형으로서 준(비)정부조직이 선택된다는 것이다. 거래비용 개념을 통해 공공서비스의 유형과 공공서비스를 제공하는 조직 유형간의 관계를 다음과 같이 설명할 수 있다.

첫째, 순수 공공재적 성격이 강한 외무, 국방, 법무, 조세, 경찰 서비스 유형의 경우, 시장에서 자유로운 계약관계를 통해 거래가 이루어지기 어렵다. 이 서비스의 경우, 제도실패의 가능성(즉 거래비용)을 줄이기 위해서 공권력의 사용이 필요하며, 오로지 세금의 기초 위에서 잘 제공될 수 있다. 따라서 중앙으로부터의 직접적인 고용 및 간접적 통제를 통한 통합된 서비스의 제공이 계약이나 분리되어 있는(arms-length) 관계를 이용한 서비스의 제공에 비해 명백한 거래비용상의 이점이 있으며, 정부조직이 제도적으로 가장 현저한 연계관계를 가진다.

둘째, 자연환경의 물리적 변경, 인프라적 활동, 농림·산림·어업·운송·제조업 촉진 등과 같은 유형의 공공서비스는 순수 공공재적 특성이 명시적 기능에 비해 상당히 감소된다. 그 공익적 성격으로 인해 거래관계가 고착되는 측면이 나타나기는 하지만, 반드시 명시적 기능처럼 한 가지의 거래관계만 성립되지 않을 수도 있다. 이 유형의 서비스를 제공하기 위해서는 어느 정도의 공권력을 가지고, 정부의 조세제도에 의존할 수도 있지만 정부로부터 일정한 거리를 두고 법적으로 독립된 공공조직, 즉 준정부조직과 연계관계를 가지는 것이 거래비용적으로 가장 유리하다.

셋째, 소득보조, 주택보급, 보건, 사회사업, 재택치료, 교육, 여가, 오락시설 등과 같은 시민복지의 향상에 초점을 두는 서비스는 순수 공공재적 성격은 가장 약해지고, 비교적 자유로운 거래관계가 가능해진다. 이 유형의 서비스는 준비정부조직과 같은 민간 또는 독립 조직이 거래비용상의 장점으로 인하여 제도실패 없이 보다 잘 제공할 수 있다. 요약하면, 공공서비스의 기능별 유형에 따라 거래비용의 차이로 인하여 그 서비스를 제공하는 주된 조직의 유형이 달라진다. 각 서비스의 유형별로 모든 조직에 의해 서비스가 제공될 수 있지만, 명시적 기능은 정부조직이, 경제적 기능은 중간조직 중에서 준정부조직이, 그리고 사회적 기능은 중간조직 중에서 준비정부조직이 선택되게 된다.

4. 자유민주주의 국가의 준(비)정부기구: 엘리트주의 시각

현대 국가에 대한 엘리트주의의 상이한 계보에 따라 중간조직에 대한 이해방법도 다르다. 첫째, 국가가 사회 부문의 엘리트들에 의해 수동적으로 통제되는 것으로 보는 수동적 국가 관점에서는 중간조직의 특성들이 의회나 대통령 등 대의제 정치엘리트들 또는 경제적 (혹은 전문가적) 엘리트들에 의해 결정된다고 본다. 둘째, 국가가 사회 부문의 정상조직들 (peak organizations)과 제도화된 협상을 거쳐 정책을 결정한다고 보는 관점에서는 중간조직의 특성들이 코포라티즘적 협상체계를 반영하고 있다고 본다 (Schmitter & Lehmbruch, 1979; Smith, 1988). 셋째, 국가가 사회 부문에 대해 자율성을 갖고 있다고 보는 관점에서는 중간조직들을 국가가 사회 부문에 자율성을 행사할 때 사용하는 최일선 장치라고 본다.

중간조직에 대한 엘리트주의의 세 가지 모형 가운데 여기서는 중립적 국가 이미지에 부합하는 코포라티즘 모형과 파당적 국가 이미지에 부합하는 자율국가 모형을 중심으로 논의해보기로 한다.

1) 코포라티즘 모형

코포라티즘(Corporatism) 모형에서는 국가 정책 결정에 불균등한 영향력을 행사하는 사회집단들의 정상조직에 주목한다 (Jordan, 1981: 95-123; Streeck, 1983: 26-584). 이 정상조직 혹은 매개조직들은 국가와 연결되어 국가의 자율성과 정책 능력을 증진시키는 데 공헌한다.

국가 기관과 이 조직들 간 영구적 내연관계는 정책 결정 시 다른 이익집단들은 단지 이차적인 지위로 격하시키는 유기체적 편향성을 창출한다. 코포라티즘 집단의 지도부는 정부에 대해 그 구성원을 대표함과 동시에 정부를 대신하여 그 구성원을 통제하기도 한다.

주요 정상조직들은 그들의 집단행동에 필수적인 자원들을 통제하고 있다. 이들이 국가정책결정에 행사하는 영향력은 자신들이 보유하고 있는 조직적 권력과 대중들로부터 강한 연대적 충성심을 이끌어낼 수 있는 능력에 근거한다. 특히 노동조합과 기업가 연합은 하나의 계층제적 정점연합으로 조직화되어 있다. 이 생산자 집단들은 정부와의 협상에서 특별한 위치를 차지한다. 집단의 지도부는 중간조직과 같은 제도들을 통해 정부 기능에 통합되기도 한다. 이들은 흔히 그들의 풀뿌리 구성원들에 대한 좀 더 직접적인 책임성으로부터 격리되기도 한다. 코포라티즘적 이익 협상이 결정적으로 작용하는 분야는 거시 경제 정책 분야이다. 다른 이차적인 사안들은 좀 더 개방적이고 자유로운 다원주의적 정치 과정에 의해 이루어진다.

코포라티즘적 중간조직은 그것이 국가와 사회 가운데 어느 쪽으로부터 더 강한 영향력을 받는가에 따라 다시 국가코포라티즘과 사회코포라티즘으로 세분된다. 또한 정책 결정의 범위와 관련해서 거시적 코포라티즘과 중범위 혹은 미시적 코포라티즘으로 구분하기도 한다. 거시적 코포라티즘은 노사정위원회처럼 주요 국가기구와 계급을 대표하는 정점조직들간의 삼자협상체계를 통해 거시 경제 정책을 결정하는 경우를 말한다. 반면 중간적 혹은 미시적 코포라티즘은 각종 협회, 연맹, 위원회 등이 정책영역 별로 사회집단들과 해당 국가기구를 매개하는 경우를 말한다. 산업 정책 분야에서 나라별 특성을 비교하기 위해 제시된 한 분석모형을 소개하면 <그림 3-2-15>와 같다. 국가와 사회집단 간 관계는 직접적이고 쌍무적일 수도 있고, 부문별 동업조합이나 사용자연합 혹은 노동조합 등에 의해 중재될 수도 있다.

이러한 중재는 호의적인 국가정책을 위해 산업의 집단적 압력이라는 형태를 취하는 경우

그림 3-2-15 정책영역별 국가-사회 간 관계의 유형

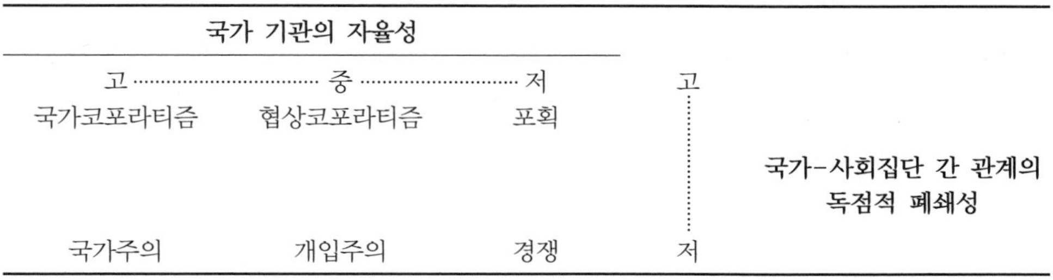

국가 기관의 자율성				
고 ··········	중 ··········	저	고	
국가코포라티즘	협상코포라티즘	포획		국가-사회집단 간 관계의 독점적 폐쇄성
국가주의	개입주의	경쟁	저	

출처: Cawson, Holms & Stevens, 1987: 30쪽 <표 2-1>을 재구성.

도 있고, 해당 부문의 이익조합들이 공공정책 결정에서 특권적 역할을 갖는 대신 산하 기업들의 정책집행 상의 순종을 확보해야 할 의무를 지는 이른바 사익정부라는 형태를 띠는 경우도 있다 (Yeom, 1995). 국가와 사회 간 관계에 있어서 권력의존 관계를 결정하는 요인들은 첫째, 국가기관에 부여된 혹은 국가기관이 가진 권력과 자율성의 정도이고 둘째, 국가와 사회조직 간 관계의 독점적 폐쇄성 정도이다.

2) 자율국가 모형

자율국가 모형에서는 전체 수준에서의 국가 강도를 분석하는 것에 더하여 정책영역 별로 국가의 능력을 분석하려는 노력을 기울여 왔다. 국가의 자율성은 구체적인 정책영역 별 사안에 따라 다르며, 전체 수준에서의 국가능력에 관한 분석을 통해 구체적인 정책 결정 과정을 묘사하고 설명하는 데 한계가 있기 때문이다. 국가 강도를 제대로 이해하기 위해서는 중앙국가의 구조적 구성과 정책영역 별 제도들을 분석하는 것에 더하여, 좀 더 구체적으로 국가와 사회를 연결해주는 정책영역 별 중간조직들을 분석할 필요가 있다 (Wilks & Wright, 1987). 철의 삼각형, 하위정부, 코포라티즘적 매개조직, 정책공동체, 정책연결망, 사안연결망 등 다양한 용어로 지칭되는 이들 중간조직들을 경험적으로 분석하면 국가능력을 좀 더 세부적으로 이해할 수 있다.

자율국가의 예로 한국, 일본, 대만 등 동아시아 발전국가들에 대해 살펴보기로 한다. 이들은 비교적 높은 국가자율성과 정책능력을 유지하고 있는 국가들로 알려져 왔는데 그 원인이 소위 연계된 자율성(embedded autonomy)에 있다고 한다 (Evans, 1995; Jung, 1997; 정용덕, 1999; 박은홍, 1999). 즉 국가와 사회 간 특수한 연결망에 의해 국가의 자율성과 정책능력이 뒷받침된다는 것이다.

발전국가는 중앙국가의 선도기관 혹은 중앙지도기관 등을 통해 국가발전 정책을 통합적으로 추진할 능력을 갖추고 있다. 여기에 더하여 발전국가들은 국가–사회 간 관계에서의 공생적 협력, 연결, 연계성, 연결망을 중시하고 그를 위한 제도적 장치를 갖추고 있다.[58] 이와 같은 제도적 특성을 지닌 발전국가는 전문가 엘리트 통치주의에 입각하여 조직적 응집력을 유도해 낸다는 점에서 베버주의 관료제와 유사하지만, 목표와 정책을 둘러싼 협상과 재협상이 끊임없이 이루어지는 사회와 제도화된 통로, 즉 구체적인 연계를 유지하고 있다는 점에

---

[58] 연계된 자율성 개념은 통치된 상호의존(governed interdependence)(Weiss & Hobson, 1995), 유기적 상호의존 (organic interdependence)(Calder, 1990), 상호합의(reciprocal consent)(Samuels, 1987), 경쟁적 협력(competitive collaboration) 등의 개념에 비견된다. 여기서 연계성이란 폴라니(Polanyi, 1957)에 의해 처음 사용되었고, 그라노베터(Granovetter, 1985)에 의해 본격적으로 부각된 개념이다 (박은홍, 1999: 9).

서 베버주의와 대비된다. 이와 같은 국가-사회 간 연계성을 유지시켜 준 제도적 장치가 바로 중간조직들이다.

한국과 일본의 중앙정부는 급속한 산업화 과정에서 중간조직들을 통해 민간기업과 긴밀한 공생적 관계를 유지할 수 있었다.[59] 그러나 한국이 일본에 비해 국가-사회 간 관계가 좀 더 하향적이다 (Evans, 1995). 대만의 경우는 산업화 과정에서 국영기업 부문이 중심축으로 작용하였으며, 따라서 한국과 일본에 비해 공-민 연결망의 밀도는 낮았다. 그러나 선도기관인 산업개발위원회(IDB) 관료들의 기업 방문에 대한 비중에서 보듯이 일본의 통산성과 비슷하게 전후방 산업연관효과를 고려한 심도 있는 행정지도가 이루어지기도 하였다 (Wade, 1990; 박은홍, 1999: 14). 즉 대만의 공-민 연결망도 산업정책에서 핵심적 역할을 수행하였다 (Evans, 1995).

실제로 한국에서 국가는 사회에 대해 매우 적극적으로 개입해왔다. 또 필요하다면 매우 효과적인 방식으로 개입할 수 있는 국가능력을 갖추고 있다. 이와 같은 적극적인 국가 개입과 정책능력은 적어도 두 가지 제도적 장치를 토대로 하고 있다. 첫째, 국가는 엄청난 규모로 성장해 있는 중간조직을 극히 효율적인 방식으로 활용하고 있다. <표 3-2-12>에서 보

표 3-2-12 한국 중앙국가의 중간조직(2019년)

유 형		분류기준	기관예시	운영방향

공기업
(36개)
	시장형
	(16개)
		• 자산규모 2조원 이상
		• 자체수입이 총수입의 85%
		  이상
			한국가스공사
			한국전력공사
				• 민간기업 수준
				  자율보장
				• 내부견제시스템
				  강화

	준시장형
	(20개)
		• 자산규모 2조원 이상
		• 자체수입이 총수입의 85%
		  미만
			한국토지주택공사
			한국조폐공사
			한국마사회
				• 자율성 확대하되,
				  공공성 감안하여
				  외부감독 강화

준정부기관
(93개)
	기금관리형
	(20개)
		• 국가재정법에 따라
		  기금관리 또는 위탁관리
			신용보증기금
			국민연금공단
				• 기금운용 이해
				  관계자의 참여

	위탁집행형 (79개)	• 정부업무의 위탁집행	한국농어촌공사 KOTRA	• 주무부처 정책과 연계성 확보

연구목적
공공기관
(65개)
		• 연구개발을 목적으로 하는
		  기관
			기초과학연구원
			국방과학연구소
				• 연구기관의
				  특수성 고려

기타공공기관
(145개)
		• 공기업과 준정부기관을
		  제외한 공공기관
			한국산업은행
			출연연구기관
				• 성과관리, 업무
				  효율성 중시

출처: 국회예산정책처, 2019: 3.

[59] 村松岐夫(1994)는 이런 방식으로 국가자율성 및 국가능력 증진에 공헌하는 것을 "최대동원 가설"로 설명한다.

는 바와 같이, 중앙정부는 2019년 현재 93개의 준정부기관, 36개의 공기업, 65개의 연구목적 공공기관, 145개의 기타 공공기관을 보유하고 있다. 이런 기구들은 공식적인 공무원 조직이 아니지만, 정부와 시장의 중간에서 사실상 정부기능을 대행하고 있다. 따라서 국가 기구의 범위에 이 기구들을 포함시키는 것이 좀 더 현실적이다. 이 기구들을 포함하는 국가 기구의 개념으로 보면 한국의 국가는 양적인 규모 면에서 작은 정부라고 보기 어렵다.

둘째, 국가 기구 내부의 유기체적 응집성에 더하여 이처럼 중간조직들을 통한 사회부문과의 긴밀한 연계성은 한국 발전국가가 시민사회에 대해 높은 자율성을 갖게 되는 중요한 제도적 장치로 작용한다 (Evans, 1995). 베버와 같은 고전적 이론가들은 국가의 자율성이 국가기구들의 내부 응집성에 더하여 그들이 사회로부터 격리될 수 있을 때 더욱 강화되는 것으로 보았다. 그러나 한국과 일본의 발전국가들의 이른바 연계된 자율성(embedded autonomy)은 국가기구들이 사회로부터 격리되기보다는 오히려 강한 연계성을 가짐으로써 더 강화되는 면이 있다 (Evans, 1995). 국가기구가 여러 가지 공식 또는 비공식적 제도들을 통해 시민사회에 대해 효과적으로 영향력을 행사할 수 있기 때문이다. 이와 같은 사회와의 연계성이 국가자율성을 강화시키는 데에는 어디까지나 국가기구 내부의 강력한 유기체적 응집성이 전제되어야 한다. 국가기구 내부의 응집성이 있을 경우에 비로소 국가와 사회 간 연계성이 국가가 지향하는 정책방향으로 기능할 수 있기 때문이다.

5. 자유민주주의 국가의 준(비)정부기구: 마르크스주의 시각

자본주의 국가의 중간조직은 적어도 다음과 같은 세 가지 접근법으로 이해될 수 있다. 첫째, 중간조직을 계급 행위자들 간의 갈등 과정에 의해 변화하는 것으로 보는 방법이다. 제 2차 대전 이후 식민지통치로부터 독립한 신생국가들의 공기업 발전과 그 특성이 해방전후에 있었던 계급갈등에 의해 결정된 것으로 설명하는 것이 좋은 예가 될 것이다 (Ahmad, 1982). 이 모형은 마르크스주의의 수동적 국가 이미지에 부합된다.

둘째, 중간조직의 변화를 자본주의의 유지 발전을 위해 국가가 수행하는 기능에 따라 결정되는 것으로 보는 기능주의적 관점이다. 국가의 기능들이 수행되는 메커니즘을 의미하는 중간조직의 분석은 먼저 국가기능을, 그리고 국가기능의 분석은 국가형태(state form)의 분석을 각각 선행해야 한다. 대표적인 예로서 '자본주의국가기구 모형'을 들 수 있다 (Clark & Dear, 1984). 이 모형은 마르크스주의의 중립적 국가 이미지에 부합된다.

셋째, 중간조직에 대한 파당적 중재자 모형으로서, '권위적 국가주의(Authoritarian Statism) 모형'이 있다 (Poulantzas, 1978). 이 모형에 의하면, 현대 자유 부르주아지 정치의 쇠퇴에 따라, 의회가 쇠퇴하고 대신 행정권이 강화됨으로써, 입법-행정-사법간의 3권 분립원리가 와해되는 현상이 나타난다. 정당들의 정치투입 기능도 쇠퇴하며, 정당화 과정은 행정부와 관리에 의해 지배되는 미디어에 의해 대체된다. 국가의 공식적 조직들을 횡단하는 이른바 "병렬조직"들의 발전이 이루어지며, 이를 통해 행정수반에게로 권력집중이 이루어진다. 대통령을 비롯한 정부지도자들은 개인적이고 재량적으로 정부를 직접 통치한다. 그리고 준정부기구들의 확대가 대의정치에 의한 효과적인 통제 수준을 넘어 이루어진다.

이와 같은 마르크스주의 이론의 세 가지 관점 외에 그람씨(Gramsci, 1971)의 저술에 기초하여 큰 발전이 이루어지고 있는 '신사회운동'의 관점을 또한 들 수 있다 (송호근 외, 1997; 강명구, 2000).

1) 이론적 배경

이상에서 살펴본 마르크스주의 이론의 관점 가운데 여기서는 계급정치론의 '정치경제 모형(Political Economy Model)'(Ahmad, 1982), 신사회운동 모형, 그리고 기능론의 '자본주의국가기구 모형(Capitalist State Apparatus Model)'(Clark & Dear, 1984)을 차례로 살펴보기로 한다.

(1) 정치경제 모형

정치경제 모형은 공기업의 발전에 대한 계급정치론의 전형이다 (Ahmad, 1982). 이 모형에 따르면, 공기업에 대한 전통적 경제학의 시각은 전혀 타당성이 없다고는 할 수 없지만 많은 결함이 있다. 공기업에 대한 국가정책 결정에 영향을 미치는 정치, 경제 및 사회적 세력간의 상호작용을 고려하지 못하기 때문이다. 정치경제 모형에서는 개인적 이익과는 독립된 실체를 갖는 집합적 이익을 가정하여, 역사적 맥락에서 사회-정치적 세력들간의 상호작용에 초점을 맞추어 분석한다. 정치와 경제는 서로 떨어진 것이 아니라, 사회세력간의 상호작용을 통해 연결되어 있는 것으로 보기 때문이다. 그래서 경제적, 정치적 및 사회적 하위체계가 구성하는 전체 사회체계를 분석 대상으로 한다. 사회적 하위체제는 경제영역에서 (사회적 지배의 핵심 요소인) 생산 자원에 대한 통제권을 유지하고 획득하기 위해 정치 영역에서 서로 상호 작용하는 이익집단으로 구성되어 있다. 정치적 하위체제는 집단이 일련의 집합적 목표를 달성하고 부과하려고 할 때 나타나는 사회적 하위체제의 반영이다. 그리고 경제적 하위체제는 상품과 서비스의 생산을 통하여 목표를 현실화하는 기능을 가진다. 지배는 생산 자원에 대한 관할권이 바뀔 때만 바뀐다. 정치적 권력은 생산관계에 토대를 둔 사회적 지배의 연장이다. 자본주의 사회에서는 생산 자원은 직접적이든, 간접적이든 자본의 소유자에 의해 통제된다. 정체(polity)는 자본가의 지배를 유지하기 위해 작동한다 (Ahmad, 1982).

가) 공기업의 유형

공기업은 생산자원의 이용, 특히 잉여의 생산 및 분배에 대한 통제를 의미한다. 공기업을 사적 부문과의 관계를 기준으로 다음과 같은 두 가지 극단적인 유형으로 나눌 수 있다. 첫째, 공기업 분야가 사기업 영역을 완전히 대신할 수 있고, (상품, 저축 및 잉여의 동원, 활용, 생산 그리고 분배에 있어) 사적 부문과 의미 있는 상호작용이 이루어지지 않는 경우이다. 예를 들어, 담배의 조달, 생산, 그리고 분배를 위한 국가의 독점사업처럼 사적 부문으로의 잉여의 유출이 거의 없는 경우이다. 둘째, 공기업이 사기업들을 위한 보조적 역할에 머무는 경우이다. 이 경우에 잉여는 전부(혹은 부분적으로) 사적 부문으로 이전된다. 예로서, 사기업에 유리한 가격에 판매되는 중간재를 공기업이 생산하는 경우가 여기에 해당한다. 이러한 상황은 지배집단이 사기업 분야를 정치적으로 도와줄 때 발생한다. 이와 같은 두 가지 극단형의 스펙트럼 사이에 다양한 유형의 공기업이 있을 수 있다 (Ahmad, 1982).

나) 계급정치

자본주의하에서 국가정책이란 자본가 계급을 이롭게 하는 방향으로 자원활용을 촉진시키는 경쟁적인 사회세력들의 노력을 반영하는 것이다. 절대왕정이나 독재국가는 말할 필요도 없고, 심지어 자유민주주의 국가에서도 그러하다. 상이한 계급적 기반에 바탕을 둔 정당들이 존재하며, 이러한 집단들간의 연합이 국가의 정책결정에 영향을 미치기 때문이다. 특히 개발도상국가에서는 근대화와 동원을 위한 다른 제도들이 약하기 때문에 권위는 국가와 정부 내에서 매우 강하게 나타난다. 따라서 지배 계급은 국가 내에서도 지배적이며, 이것은 공기업을 그들의 권력을 공고화하는 데 이용할 수 있도록 만든다 (Ahmad, 1982). 더 나아가, 개발도상국가에서 경쟁적인 사회세력의 국가정책에 대한 영향은 국내적과 동시에 국제적인 것이다. 과거 제국주의의 식민통치를 받은 이 국가들은 그로 인해 공공관료제의 과대 성장이 이루어졌다. 식민지 시절에 국가관료제는 권력에 대한 접근가능성이 높았기 때문에 막대한 영향력을 행사하였으며, 생산자원을 통제할 수 있는 많은 기회도 부여받았다. 이것은 식민통치국가(colonizer)의 이익의 안전을 극대화하는 방향으로 이루어진 것이다.

다) 계급정치와 공기업 발전

이와 같은 피식민지통치를 경험한 국가의 경우, 해방 이후 사회세력들간의 상호작용에 따라 공기업 발전에 다음과 같은 결과가 초래된다 (Ahmad, 1982). 첫째, 식민지 통치가 종식되는 과정에서 권력이 비교적 "평화적으로" 이행되는 기간에 지배적인 민족부르주아지(na-tional bourgeoisie)의 등장이 허용되는 경우이다 (Ahmad, 1982). 이 민족부르주아지 집단이 국제자본과 상호 보조적인 관계를 갖는 매판(買辦)부르주아지(comparator bourgeoisie)인 경우, 공기업의 성장이나 그 밖의 국유화 정책은 이루어지기 어렵다. 다만, 사적 자본의 성장을 지원하고 보조하기 위한 공기업의 확장이 이루어질 수 있을 뿐이다. 이러한 상황에서는 공기업은 대개 사적 부문의 단순한 지원 역할을 담당하는 것이 고작이다. 사적 부문에 대한 손해를 끼치지 않으면서 고위험, 저수익 분야, 첨단기술 분야, 사적 부문에 대한 외부성이 큰 분야 등에서 투자를 맡으며, 허약한 민간 단위를 구출하기 위해, 부분적으로 민간 부문에서 함께 존재한다.

둘째, 식민지 통치로부터 권력의 이양이 부르주아지가 아닌 다른 계급에 의해 주도되는 경우이다. 이 경우, 권력의 이양과정 및 이를 주도하는 계급에 따라 다양한 형태의 공기업의 성장과 역할이 설정된다. 하나의 예로서, 부르주아지가 쁘띠부르주아지(petty bourgeoisie)와 프롤레타리아 계급(proletariat)의 지원하에 해방투쟁 과정을 통해 이루어지는 경우가 있다. 이 경우, 외국 기업에 대한 통제권이 민족부르주아지에게 이전되는 대신에, 계급의 대리인을 통한 경영과 함께 국가 소유권을 통해 간접적인 통제권을 이용하게 되며, 자연히 공기업의 명목적인 확장이 이루어진다 (Ahmad, 1982). 다른 한 가지 예는 프롤레타리아나 쁘띠부르주아지가 오랜 무장 투쟁을 통해 주권을 획득하여 정치권력의 구성에 급격한 변화가 야기되는 경우이다. 만일 이 권력이 도시권력과 제국주의 권력의 연합에 의해 억압되지 않는다면, 공기업의 성장이 크게 이루어지게 된다. 이것은 단지 원조 국가들과 쁘띠부르주아지 그리고 프롤레타리아간의 협력을 통해서만 유지될 수 있다.[60] 또 다른 한 예는 민족 부르주아지가 존재하지 않고 권력 이행이 평화적이며, 민족 부르주아지가 등장할 때까지 해외자본이 지배하는 경우이다. 또한, 권력 이행은 평화적으로 이루어지지만, 부농들과 연합한 쁘띠부르

---

[60] 그러한 예를 북한, 베트남, 알제리에서 볼 수 있다. 일제 강점기 한반도는 봉건국가에서 일본의 도시에 연결된 종속적인 경제가 되었다. 이것은 일본 자본주의에게 길을 열어주었으나 민족주의적 자본주의의 발전을 막았다. 그러나 일본 재정은 수력 발전과 화학 공업을 1차대전 이후 발전시켰다. 그들은 또한 2차대전을 준비하기 위한 중공업을 발전시켰다. 일본은 1906년 법령을 통해 지주 계급을 창출하였고, 이것은 착취 받는 소농을 소외시켰다. 적은 수의 매판 자본가 집단은 행정, 상업, 그리고 산업분야에서 일어났으며, 일본 자본과 협력하며 일하였다. 일본 산업을 위한 일본인의 원자재 수탈은 국내 가내공업의 유지를 힘들게 만들었고, 일본 상품의 한국시장 잠식으로 인해 다른 산업분야에서 이윤이 남지 않게 되었다. 이러한 상황 하에서 민족주의 운동은 성장하였고, 1920년대와 30년대에 비약적으로 무장투쟁화 되었다. 2차 세계대전에서 일본의 패배는, 독립되었지만 분단된 한국을 만들었다. 북한은 토지개혁을 통해 대중적 기반을 마련하기 시작하였다. 이것은 일본인과 한국인 협력자에 의해 소유된 모든 토지의 몰수 및 가구 당 5조 이상 초과된 토지를 포함하였다. 소작지와 종교 집단의 소유 토지도 농민들에게 분배되었다. 사업장 내 작업 환경의 인도주의적 개선을 위한 규정정비 운동도 발표되었다. 대중적 지지기반 확보를 위한 이러한 강화된 노동자-농민 연대는 대부분의 경제 활동을 차지하기 시작하였고, 민족 자본가들은 단지 최하의 생활수준에서만 생존하게 되었다 (Ahmad, 1982).

주아지가 단결하여 국가의 간섭을 촉진하고 부르주아를 저지하며, 프롤레타리아는 사회주의로의 이행을 열광하는 상황이 있을 수 있다. 이 경우, 쁘띠부르주아지가 성장하여 민족 부르주아지가 되면, 연합의 성격은 바뀌고, 공기업은 다시 지원 역할을 담당하게 된다. 그러한 국가는 종종 해외관계의 변화와 자유세계로부터의 해외원조 증가에 의해 두드러진다 (Ahmad, 1982).

발전도상국가의 공기업 발전에 대한 이와 같은 유형화는 공기업이 지배적인 역할을 할때와 단순히 사기업에 대한 지원 역할에 그치는 경우를 구별하는 것이 필수적임을 보여준다. 지원 역할은 민족 부르주아지가 존재하고 정부의 통제하에 있으며, 해외자본이나 국제기구의 지원을 받을 때 나타난다. 이러한 경우, 공기업은 사기업에 대한 지원과 유인을 제공한다 (Ahmad, 1982). 이와 같은 설명 방법은 계급이익의 역사적 전개에 따라 준정부조직의 확장 혹은 축소가 이루어진다는 사실을 보여준다. 이와 같은 정치경제적 접근법은 공공재나 "시장실패" 등의 전통적 경제학의 논리에 의해서는 완전히 밝혀질 수 없는 정치경제적 요인을 부각시키고 있다. 이 모형은 주로 준정부기구의 발전을 설명하는 데 유용하다.

(2) 신사회운동 모형

신사회운동(New Social Movement)은 그람씨(Gramsci, 1971)의 시민사회에 대한 적극적인 해석과 이를 계승하여 발전시킨 신그람씨주의 이론가(neo-Gramscian)들의 주장에 근거하고 있다 (강명구, 2000). 전통적 마르크스주의 이론에서 시민사회란 단지 부르주아적 사회질서를 의미하는 것으로서 논의의 주요 대상이 되지 못했던 반면, 그람씨에게 있어서 국가와 시민사회는 불가분의 관계를 맺는 것으로 이해된다 (강명구, 2000). 국가의 권력은 군대와 경찰같은 억압기구들의 제도적 실체를 통해서도 행사되지만, 이데올로기제조기구(ideology-manufacturing apparatus)들을 통한 시민사회에 대한 헤게모니(hegemony) 유지에 의해서도 행사된다. 신사회운동은 이와 같은 그람씨의 이데올로기적 헤게모니 개념에 주목하여 시민사회의 반(反)헤게모니 운동을 강조하는 것으로 볼 수 있다 (송호근 외, 1997; 강명구, 2000). 즉 프롤레타리아를 역사적 변혁의 주체로 상정하는 계급투쟁적 운동보다는 여성, 평화, 인종, 혹은 동성애 문제 등의 새로운 형태의 조직화된 운동에 주목하는 것이다.

신사회운동 이론가들에게 있어서 "급진적 민주화(radical democratization)"의 대상에는 국가뿐만 아니라 시민사회가 또한 포함된다 (Laclau & Mouffe, 1985; 강명구, 2000). 그들에게 있어서 시민사회는 반드시 국가에 비해 더 도덕적이거나 민주적인 것이 아니며, 따라서 역시 민주화의 대상이어야 한다. 그리고 이와 같이 국가와 시민사회의 민주화를 위해 준비정부기구가 중요한 역할을 할 수 있다고 본다. 한마디로 준비정부기구의 활동을 통한 민주주의의 심화를 추구하는 것이다.

이와 같은 시민사회 및 비정부기구의 역할을 강조함으로써 신사회운동은 결과적으로 공공영역의 확대를 추구하는 경향이 있다. 즉 여성, 가족, 인권문제 등 기존의 공공정책이나 이익집단 논의에서 제외되었던 '사적'인 사안들을 공론화시키는 것이다. 이는 기존하는 공적인 국가 영역이나 사적인 시민사회 영역은 모두 축소되는 반면에, 준(비)정부기구를 통한 새로운 의미의 공적 영역의 확대를 추구하려는 것이다. 더 나아가서 국민국가의 경계를 넘어 여성, 환경, 반핵, 인권 등에 관한 국제적 연대를 지향한다.

신사회운동은 정치경제적 권력을 장악하기 위한 정치적 운동이 아니라, 시민사회를 동원하고 민주화시키기 위한 사회적 운동이다 (강상욱, 2001; 송호근 외, 1997). 후기산업사회에서 노동운동과 계급정치에 근거해서는 해결되거나 이해되기 힘들며, 따라서 새로운 대안과 정체성을 획득하려는 노력들로 이루어진 운동이 곧 신사회운동이다. 즉 구조의 문제보다는 개인들이 스스로의 삶의 결정자로서 능동적으로 자기 정체성을 획득해 나가는 창조자로서의 행위과정이다 (Touraine, 1988; 강상욱, 2001). 또한 체계에 의한 생활세계의 식민화와 이를 극복하기 위한 새로운 항의의 잠재력이 등장하는 가운데 새로이 발생한 사회운동인 것으로 보기도 한다 (Habermas, 1987). 이 모형은 주로 준비정부조직의 발전을 설명하는 데 유용할 것이다.

(3) 자본주의 국가 의사기구 모형

기능론적 자본주의국가기구 모형에 의하면, 국가는 한편으로는 경제와는 엄격하게 분리되면서도, 다른 한편 자본주의적 사회구성체를 방어·유지·재생산해 내야 하는 목적을 지닌다. 이 상호 모순적인 국가목적들이 달성되는 수단 혹은 운영목표로서의 국가기능과 그를 위한 기제(즉 국가기구)들도, 단일의 형태가 아니라, (이러한 복합적이고 모순적인 관계를 반영하는) 다수의 형태로 구성된다. 기본적으로 자본주의국가는—그것이 처해 있는 특정 시점 및 장소에서의 사회경제적 여건과는 무관하게—합의, 생산, 통합, 집행이라는 네 가지 기능을 모두 수행하게 되어 있다. 그리고 그에 각각 대응하는 여러 유형의 국가의 하위기구(sub-apparatus) 및 의사기구(para-apparatus)를 갖추게 된다 (Clark & Dear, 1984; 정용덕, 1993). 여기서 하위기구란 정부조직을, 의사기구(擬似機構)란 준(비)정부조직들을 각각 의미한다. 이들은 '국가의 하위기구들과 동일한 기능을 수행하지만, 어느 정도 운영상의 자율성을 지니면서 국가와 여타 국가기구들과는 별개로 구성된 보조적 기관들의 집합'이다 (Clark & Dear, 1984: 49). 따라서 이 모형은 준정부기구와 준비정부기구 모두에 적용이 가능하다.

국가정책결정의 어려움은 의사결정 자체에 내재한 어려움에 기인하는 것이 아니라, 자본주의하에서 국가기구에 가해지는 모순적인 압력에서 비롯된다. 한편으로는 상업적 이윤율을 높여야 — 즉 축적기능 — 하고, 다른 한편으로는 사회적 안정을 증진해야 — 즉 정당화 기능 — 한다. 국가기구들은 축적을 위한 생산활동에 필수적인 기능들을 대중적 통제로부터도 효과적으로 격리되도록 제도화되어야 한다. 이와 같은 모순적 상황에서 이른바 이원국가(dual state) 구조화가 이루어진다. 이 때, 의사기구는 특히 자본축적을 위한 국가의 생산기능을 비정치적인 방식으로 수행하기 위한 이원국가 체제의 일부를 구성한다. 즉 전략적인 생산(즉 자본축적) 기능을 민주주의적 포획으로부터 격리되도록 의사기구 형태로 구조화하고, 반면 상대적으로 중요성이 작은 사안들은 지방정부와 중앙정부의 정치적 가시영역으로 집중시켜 대중의 참여를 허용하는 체제가 그것이다. 첫째, 전략적인 생산 (혹은 축적) 기능은 민주주의적인 포획으로부터 격리되도록 이른바 의사기구의 형태로 구조화된다. 준(비)정부기구는 기업(그리고 때로는 노조)의 이익을 정책결정에 결합시키는 코포라티즘적 구조를 만들어내는 데 활용될 수 있으며, 전통적인 계선관료제에 비해 좀 더 역동적 특성을 지니게 된다. 둘째, 상대적으로 작은 중요성을 지닌 사안들(예를 들면, 집합적 소비)은 지방정부와 (좀 더 정치적으로 가시적인) 중앙정부 영역에 집중된다. 여기서는 일반 대중들의 다원적인 참여가 허용된다.

2) 자본주의 국가의 의사기구

이와 같은 이원국가의 명제는 한국에서 그 타당성이 경험적으로 입증된다 (<그림 3-2-16> 및 <그림 3-2-17>). 의사기구, 즉 준(비)정부기구들이 대부분 국가의 생산기능 영역에 집중되어 있으며, 그 다음으로 통합기능 영역에 집중적으로 형성되어 있다. 반면, 합의기능과 집행기능 영역에서는 의사기구의 비중이 매우 낮다 (정용덕·최태현, 1999).

(1) 합의기능 의사기구

한국에서 합의기능을 수행하는 의사기구의 규모는 행정기구의 규모에 비해 매우 작다. 이와 같은 현상은 자본주의 국가가 수행하는 합의기능의 특성을 그대로 나타내는 것이다. 즉 사회계약의 유지를 위한 정치적 혹은 물리적인 공권력 행사는 공식적인 행정기구를 통해 직접 수행되는 경향이 있으며, 그만큼 의사기구를 통해 이루어지는 범위가 좁아지는 것이다.[61]

---

[61] 이 점은 민간위탁 등 신공공관리론적 개혁전략이 합의기능 하위기구에 관한 한 제한적일 수밖에 없음을 시사한다.

(2) 생산기능 의사기구

생산기능 의사기구들은 자본가들이 보다 유연하게 자본축적을 하도록 도와주기 위한 일을 수행한다. 예로서, 이윤이 보장되지 않거나 초기 투자규모가 방대하여 개별자본에 의해서는 투자가 이루어지지 않는 영역에서 전체 자본의 축적 조건으로서 필수적인 기능을 국가가 행정기구에 더하여 의사기구들을 통해 수행하는 것이다. 국가가 생산부문에 개입할 때의 예산개념과 자본개념간에는 차이가 있다 (Offe, 1988: ch. 3). 그리고 예산개념과 자본개념의 차이에 의해 다음의 문제가 발생한다. 우선 이윤이 발생하지 않는 자본투자의 손실을 보전하기 위해 이윤개념이 없는 예산을 수단으로 사용함으로써 기업성을 모호하게 만든다. 이는 가치창출이 아니라 가치의 소모이다. 한편 공기업을 국가부문으로 볼 경우 운용규모의 측정상 문제가 발생한다. 공기업은 대차대조표 및 손익계산서를 사용하면서 그 규모가 자산개념으로 파악되기 때문에 국가부문의 규모를 예산이나 GDP 등 유량(flow)과 비교하여 파악할 경우 측정에 있어서 다소의 왜곡을 발생시킨다. 한국에서 생산기능은 인력과 예산 모두에 있어서 행정기구의 규모보다 의사기구의 규모가 훨씬 더 크다. 두 번째로 많은 비중을 차지하는 통합기능 의사기구에 비해서도 4배 정도의 규모를 차지한다. 기관수 면에서도 1997년에 306개로, 이는 1997년의 총 의사기구 수인 552개의 절반이 넘는 수치이다.

(3) 통합기능 의사기구

한국에서 통합기능을 수행하는 복지 의사기구와 이데올로기제조 의사기구간의 비중은 행정기구의 경우에 비해 적은 비중을 차지한다. 기관수 면에서 1997년 기준으로 126개 대 85개로 복지 의사기구가 이데올로기제조 의사기구에 비해 조금 더 많다. 그러나 인력 및 예산 면에서는 전자에 비해 후자가 더 큰 비중을 차지한다.

(4) 집행기능 의사기구

집행기능 의사기구의 경우, 기관수, 인력, 예산 면에서 다른 하위기능 의사기구에 비해 매우 소규모이다. 기관수 면에서 1992년에 7개, 1997년에는 4개로 각각 분석되었으며, 행정자원 면에서도 매우 작다.

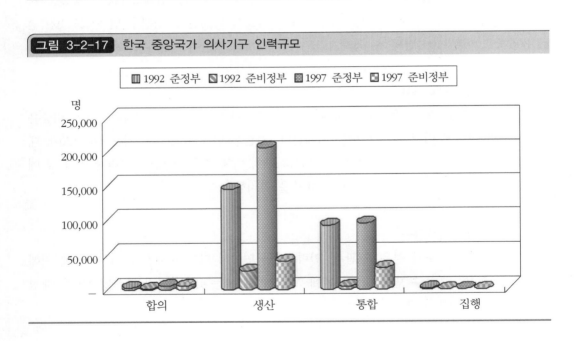

그림 3-2-16 한국 중앙국가 의사기구 예산규모

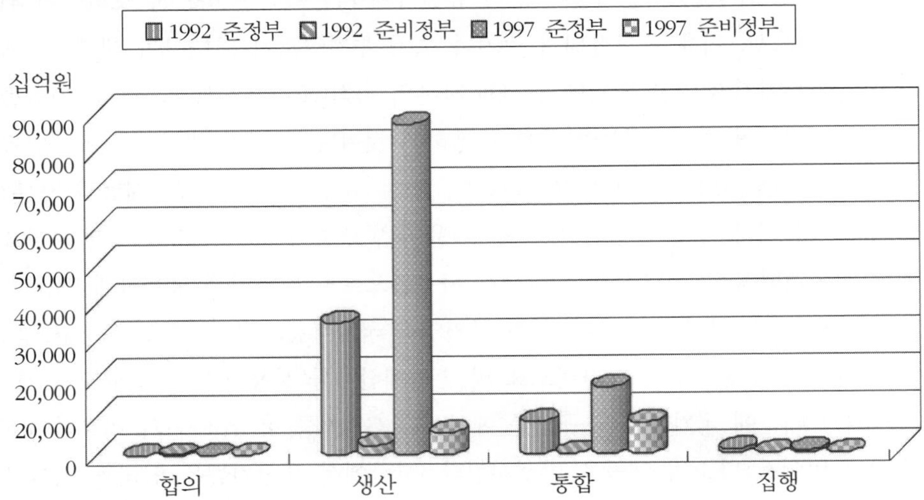

그림 3-2-17 한국 중앙국가 의사기구 인력규모

제 7 절 **사회주의 국가의 행정기구**

1. 이론적 배경

사회주의 국가이론[62]에서는 한 나라의 국가기구를 (1) 먼저 그 나라의 '국가형태'를 이해하고, (2) 그 국가형태에 부합하는 '국가기능'들의 특성을 밝힌 다음, (3) 그 국가기능들을 수행하기 위한 '행정기구'를 규명하는 순서로 접근하여 분석한다 (Clark & Dear, 1984; 이윤호, 2019). 치르킨 등(Chirkin et al., 1987)에 의하면, 사회주의 국가를 특수한 유형의 국가로 특징지우는 다음과 같은 본질적 특성이 있다. 즉, ① 반(反)착취적 국가 속성, ② 인민의 권력, ③ 국가의 창조적 역할, ④ 모든 국가기구의 조직과 활동 배경에 민주적 원칙, ⑤ 사회주의 국가권력의 국제주의적 성격, ⑥ 사회주의 국가의 휴머니즘 성격이 그것이다. 역사적으로 기존에 존재했던 국가들과는 달리, 사회주의 국가는 착취자적 소수가 아닌 다수의 권력 기관을 뜻한다.

사회주의 국가의 발전단계는 ① 프롤레타리아 독재, ② 인민의 사회주의, ③ 무계급 공산주의 사회건설로 진행된다. 각 단계의 주된 기능은 사회주의 국가의 목표인 '국가의 계급적 목적' 진행 정도에 의해 규정되며, 부차적 기능들은 하위 내용에 의존한다. 따라서 각 단계별 사회적 내용과 국가기능에 대해 구체적으로 나누어 살펴볼 필요가 있다 (Chirkin et al.,

발전단계	사회적 내용	국가기능	행정기구
표 3-2-13	사회주의 국가 발전단계와 행정기구[63]		
프롤레타리아 독재	• 혁명 저항세력 잔존 • 프티 부르주아 존재[64] • '타도'와 '지도' 병행 −착취자에 대한 정치적 지배 −프티 부르주아 대한 지도	• 억압기능 −착취계급 억압(물리력 포함) • 경제−조직 기능 −사회주의 건설 도구 • 문화교육기능 −문맹퇴치, 직업&재사회화	<행정환경> • 일당독재: 영도(領導)작업 • 당정군(黨政軍)특수관계 <행정기구> • 운영원리: 민주집중제 −상대적으로 억압기구 강조 −Top-down 의사결정 강조

[62] 마르크스주의 사상의 흐름과 사회주의 국가에 대한 이론적 배경에 대해서는 이 책의 제1편 제3장을 참고 바람. 그리고 사회주의 국가의 관료제에 대한 이론에 대해서는 이 책의 제4편 제1장을 참고 바람.

[63] 마르크스−레닌주의는 '사회주의' 단계를 ① 계급적 갈등이 잔존하면서 프롤레타리아 독재 과정인 '프롤레타리아 민주주의(독재)' ② 계급적 갈등과 착취가 사라졌지만, (공산사회가 지향하는) 사회적 관리보다는 국가적−법률적 관리 형태가 아직 우위인 상태인 '인민 사회주의 민주주의'로 세분화한다 (Chirkin et al., 1987).

인민 사회주의 민주주의	• 계급국가/무(초)계급국가의 중간 • 사회주의 공고화 단계 ‒ 사회주의 생산단계 공고화 ‒ 관계적 착취 요소 폐지 ‒ 노동자계급의 이데올로기 사회수용	• 억압기능 ‒ 물리력<도덕/물질적 유인 • 경제‒조직기능 ‒ 공산주의 건설의 도구 • 문화교육기능 ‒ 규모 증가 ‒ 공교육, 과학, 문화 성장 ‒ 광범위 주민에 가치 전달	<행정환경> • 일당독재: 영도(領導)작업 • 당정군(黨政軍)특수관계 <행정기구> • 운영원리: 민주집중제 ‒ 상대적으로 문화교육기능 기구 강조됨 ‒ Top-down & Bottom-up 의사결정 간의 조화
공산주의	• 공산주의 생산양식 확립 • 전 사회구성원의 이데올로기 수용 • 무계급‒초계급 단계 • 마르크스‒레닌 이념의 정치체제	• 국가 관념 소멸 (단, 현실적·역사적으로 실현되지 않음)	• 행정기구 개념이 아닌 자치적 사회적 관리기구

출처: Chirkin et al. (1987), 6장 내용을 바탕으로 요약 정리함.

1987). 사회주의 국가의 발전단계별 내용을 요약하면 <표 3‒2‒13>과 같다.

　사회주의의 국가기구는 하나의 통합체계로 보기 때문에 통일된 큰 민주적 원리 위에서 건설되고 작동된다. 사회주의 국가기구의 가장 큰 조직 및 운영의 원리는 '민주집중제'이다. 이는 국민주권의 원리에 기초한 대의제 및 권력분립의 원리와는 구분되는 개념으로, 권력의 분립보다는 통일이 강조된다 (최진욱, 2008).[65] 민주집중제는 세부적으로 ① 모든 국가권력기관의 피선출성, 그들의 인민에 대한 책임 ② 상급기관 결정의 하급기관에 대한 의무적 성격 ③ 상급 국가기관에 대한 하급 국가기관의 주기적인 평가와 책임 ④ 공무원들의 광범위한 발의권과 활동, 그리고 엄격한 국가규율과의 결합 원칙을 내포한다 (Chirkin et al., 1987). 고위 국가기관의 집중적 지도와 지방 권력 및 관리기관의 폭넓은 발의권이라는 하향식 및 상향식(Top-down, Bottom-up)의 두 원리의 결합으로 이루어진다.

　사회주의 국가는 프롤레타리아 독재라는 과정을 거치며 노동자 계급으로 구성된 일당독재를 전제로 한다. 따라서 정당은 다원주의 방식의 이익집단이 아닌 앞장서서 이끈다는 영도(領導) 작업이라는 표현의 강력한 행정환경으로 작용한다.[66] 또한, 프롤레타리아 독재 과정에서 군(軍)은 물리력을 독점하는 강력한 기구이며, 이 때문에 '당정군(黨政軍)'이라는 특수한 행정 환경까지 고려하는 접근이 필요하다.

---

64 부르주아와 프롤레타리아 중간 개념으로 부르주아는 아니지만 부르주아적 사고를 하는 부류이다.

65 '민주집중제'의 북한식 표현: "광범한 대중의 의사와 중앙집권적인 통일적 지도를 결합시킨 노동 계급의 혁명조직들의 조직과 활동의 기본원칙이다. 모든 활동에서 개인은 조직에 복종하고 소수는 다수에, 하부는 상부에, 모든 성원과 조직은 중앙에 복종하는 것은 민주주의 중앙집권제의 중요한 요구이다 (최진욱, 2008)".

66 행정부와 당의 관계는 흔히 배에서 노를 젓는 사람과 키를 잡는 사람의 관계로 비유된다 (최진욱, 2008).

사회주의 국가를 분석함에 있어 국가를 다원주의 국가이론 (특히, 중립적 행위자로 보는 시각)[67]이나, 당이 사회 전체의 운영 방향성을 강하게 제시하는 영도 과정이 존재하는 상황에서 각 개인의 이익을 강조하는 개인주의 국가이론도 설명력이 낮다. 사회주의 국가를 프롤레타리아 독재 단계로 설정하는지, 인민사회주의 민주주의 단계로 설정하는지에 따라 엘리트주의 시각의 설명력이 달라질 것이다. 신마르크스주의 입장에서 사회주의 국가를 분석한다면 사회주의 국가 자체를 자본주의 유지기능의 국가로 바라보는 자기모순이 발생하기 때문에 적실성이 매우 낮아질 수밖에 없다. 결국 사회주의 국가의 발전단계에 따른 국가성에 따라 (핵심행정부 의사결정, 행정기구, 관료제 등)에 분석 모형과 설명력이 달라질 것이다.

2. 경험적 연구의 방향

그동안 한국 행정학계에서는 사회주의 국가의 행정기구를 '자본주의 국가기구론' 및 '비교정치체제 모형'을 적용하여 분석해 왔다.[68] 자본주의 국가기구 모형(Clark & Dear, 1984)은 문자 그대로 자본(민주)주의 국가의 자본주의적 특성에 초점을 맞추어 (비판적으로) 국가기구를 분석한다. 우선, 국가 정책을 자본주의의 기능적 필요에 따라 혹은 자본가와 노동자 계급 간의 갈등에 따라 결정되는 것으로 접근한다. 그 국가기구도 자본주의 발전의 기능적 필요에 따라 혹은 계급 갈등에 의해 결정된 국가 정책을 수행하기 위해 다양한 형태로 제도화되는 것으로 간주한다 (정용덕, 2001; 정용덕, 2002: 제4편). 이 모형을 적용하여 사회주의 국가기구를 분석하는 목적은 두 가지로 집약될 수 있다. 첫째, 사회주의 국가기구와 자본주의 국가기구의 차이점을 인정하면서도, 자본주의 국가의 국가기구를 분석한 다른 연구결과와 비교하기 위해 이루어지는 경우다 (정용덕·김근세, 2002; 김윤권, 2004b). 둘째, 과거의 대표적인 사회주의 국가들이 20세기 말 이후 '이행국가'로서 자본주의 요소를 많이 수용하고 있기 때문이다. 즉, 이행의 정도가 큰 나라일수록 자본주의 국가기구 모형의 설명력이 커지는 것이다.

기능론적 다원주의의 비교정치체제 모형(Almond & Powell, 1996) 역시 자본주의 국가의 특성, 그 중에서도 다원주의 국가론를 전제로 개념화된 국가기구 유형화 모형이다. 그러나 이 모형을 (사회주의와 자본주의 국가의 차이는 인정하면서도) 사회주의 국가에 적용하여 국가

---

[67] 앨리슨(Allison, 1969; 1971)은 1962년 소련(USSR)의 쿠바에 대한 미사일 배치 상황에서 소련의 전략적 목표가 주어진 것으로 가정하고, 소련의 관점에서 이러한 행위가 어떻게 합리적이었는지 보여준다. 앨리슨이 소련의 전략을 다원주의 관점에서 분석했듯 다원주의가 사회주의 국가 분석의 모든 경우에 적용되지 않음을 의미하는 것은 아니다.

[68] 북한 행정기구를 자본주의 국가기구 모형을 적용하여 분석한 경우(정용덕·김근세, 2002)와 비교정치체계 모형을 적용한 경우(김근세·정용덕, 2002), 그리고 중국 행정기구를 비교정치체계모형으로 분석한 경우(윤세영, 2004)가 예다.

기구를 분석함으로써 양 체제 간의 차이 혹은 유사성을 비교할 수 있다. 예로써, 비교정치체제 모형에서의 '체계기능,' '과정기능,' '정책기능'이 자본민주주의와 사회주의를 막론하고 모든 국가체제에 각각 얼마나 존재하는가를 비교분석하는 작업이다.

그럼에도 불구하고, 사회주의 국가의 국가기능, 국가기구 및 관료제에 대한 시각은 자본주의 국가와는 다른 특수성과 나라별 역사성이 있다. 따라서 사회주의 국가를 처음부터 대상으로 하여 형성된 국가기구 이론의 개발과 그것을 적용한 경험적 연구가 필요하다.

참고　중국 국무원의 기능과 기구 분류

1. 중국 국무원

중국 국무원은 중앙정부를 의미한다. 1949년 신중국 수립 당시에는 정무원이라 불리다가 1954년 헌법 및 정부조직법이 제정되면서 국무원으로 개칭되어서 오늘에 이르고 있다. 한국 중앙정부의 부(部)에 해당하는 용어를 중국에서는 국무원의 구성부문(組成部門)이라 하며, 구성부문은 부위서행(部委署行)으로 편제되며, 2018년 개편 결과 26개(<그림 1>)로 구성되어 있다. 부위서행에서 부(部; 외교부, 농업농촌부 등)는 비교적 전문적 업무를 관할하며, 위원회(국가발전개혁위원회, 국가민족사무위원회 등)는 비교적 복합적인 업무를 관할하며, 서(署)는 심계서(한국의 감사원)이며, 行은 중국인민은행이다. 여기서 부, 위, 서, 행 모두 동급이다. 국가국(國家局: 한국의 청에 해당)은 부나 위원회에서 관리하며, 직속기구(국가통계국 등)는 전문 업무를 관리하고 독립적인 행정관리기능을 가지는 국무원 직속사무기관이다. 판사기구(辦事機構: 한국의 국무조정실에 해당)는 총리를 협조케 하는 전문적인 업무를 담당하는 기관이고, 판공청(辦公廳: 한국의 국무총리비서실)은 총리와 국무원의 지도부를 도와주고 국무원의 일상적 업무를 처리한다. 사업단위는 1993년부터 각종 사업에 관한 국가재정의 부담을 줄이기 위해 설치된 것이다.

2. 중국 국무원의 기능과 조직(기구) 분류

최근에 중국이 국가기구를 개편(2018년)한 내용 중에서 국무원의 기능과 기구를 자본주의 국가기구 모형(Clark & Dear, 1984)에 따라 분석한다 (당조직, 전국인대 및 전국정협 조직, 군조직, 지방정부조직 등은 이 부분에서는 논외로 한다).

(1) 합의기능과 기구

합의기능은 사회구성원이나 집단들이 기존의 사회계약을 수용하도록 함으로써 사회적 합의를 확보하려는 기능이다. 국가와 사회의 안녕과 질서, 위기관리, 조정 등을 맡는 합의기능을 수행하는 중국 국무원의 부위 기구로는 외교부, 국가민족사무위원회, 국가안전부, 사법부, 국방부, 공안부, 민정부, 응급관리부가 해당된다. 국가국의 기구로는 국가신방국, 국가이민관리국이 해당된다. 국무원 직속기구 중에서 합의기능에 속하는 기구로는 중화인민공화국해관총서, 국가국제발전합작서, 국무원참사실이 해당된다.

〈그림 1〉국무원의 조직도

주: 2018년 국무원 조직개편 기준.

(2) 생산기능과 기구

　　생산기능은 생산 증대를 위하여 사회투자를 규제하고 노동력의 재생산을 위하여 사회소비를 규제함으로써 생산의 조건을 확보하는 기능이다. 생산기능에 해당하는 중국 국무원의 부위 기구에는 과학기술부, 교통운수부, 농업농촌부, 중국인민은행, 공업정보통신부, 재정부, 자연자원부, 주택도농건설부, 수리부, 상무부가 포함된다. 국무원 부위의 국가국에서 생산기능에 해당하는 기구로는 국가에너지국, 국가담배전매국, 국가임업초원국, 중국민용항공국 등이다. 국무원 직속기구 중에서 생산기능에 속하는 기구로는 국가시장감독관리총국, 국가세무총국이 해당된다. 국무원 직속사업단위 중에서 집행기능에 해당되는 기구로는 중국증권감독관리위원회, 중국은행보험감독관리위원회 등이 해당된다.

(3) 통합기능과 기구

통합기능은 국가와 사회의 구성원이 공공성을 추구하는 관계에서 구성원의 복지와 행복을 실현 가능하게 해주는 '복지'와 '이데올로기'기능을 의미한다. 통합기능을 수행하는 중국 국무원의 부위 기구에는 인력자원사회보장부, 문화관광부, 퇴역군인사무부, 교육부, 국가위생건강위원회가 해당된다. 국가국 중에서 통합기능에 속하는 기구로는 국가문물국이 해당된다. 국무원 직속기구 중에서 통합기능에 속하는 기구로는 국가체육총국, 국가라디오TV총국, 국가의료보장국이 해당된다. 국무원 직속사업단위 중에서 통합기능에 해당되는 기구로는 신화통신사, 중국사회과학원, 국무원발전연구중심, 중국과학원, 중국공정원, 중앙라디오TV본부가 해당된다.

(4) 집행기능과 기구

집행기능은 정당성과 합법성을 보유한 권한과 책임을 통해 정부의 기구나 조직이 제대로 작동하도록 지원, 규제, 조정, 통제, 관리하는 역할을 한다. 규제나 관리의 성격을 강하게 지니는 집행기능을 수행하는 중국 국무원의 부위 기구에는 생태환경부, 심계서, 국가발전개혁위원회를 들 수 있다. 국무원 직속기구 중에서 집행기능에 속하는 기구로는 국가통계국, 국가기관사무관리국이 해당된다. 국무원 직속사업단위 중에서 집행기능에 해당되는 기구로는 중국기상국이 해당된다.

3. 중국 국가기구 함의

중국의 국가기구를 분석하면서 유의할 사항 하나는 삼권분립을 토대로 하는 자유민주주의 국가와는 달리 사회주의 국가인 중국의 경우 당이 절대적 권력을 갖는 당국가 체제를 유지하는 점이다. 따라서 중국공산당이 중국의 정부, 입법, 군부, 기업(국유, 민영, 외자 등), 사회조직, 개인 등 모든 중국 사회를 지배하는 위치를 차지하면서 압도적인 권력을 행사하는 점을 염두에 두고 비교 분석할 필요가 있다.

출처: 김윤권 외, 2018: 90-92.

제3장 중앙 – 지방관계

중앙–지방 관계는 현대 국가의 중요한 연구 주제이다. 현대 국가에서 치안·안전·복지·교육 같은 상당히 많은 국가의 기능들이 지방정부 단위에서 수행되기 때문이다.[1] OECD 국가들에서 지방정부의 자율적인 재정지출 권한을 나타내는 세출 분권 수준은 평균적으로 약 31.29%이며(류영아, 2020)[2], 일본과 미국의 지방정부 재정지출 규모는 전체 재정지출 규모의 절반 정도를 차지하는 것으로 알려져 있다.[3] 한국 역시 17개 광역(즉, 시·도) 및 226개 기초(즉 시·군·구) 지방정부와 17개 시도교육청 및 지방교육지원청으로 이뤄진 지방교육자치단체들이 있으며,[4] 2018년 기준 전체 정부 재정의 40.5%와 공무원 인력의 37.2%를 차지하고,

---

[1] 한국은 '지방자치단체'라는 용어를 사용하고 있으나, 좀 더 일반적인 용어는 '지방정부(local government)' 또는 '지방국가(local state)'이다. 지방정부는 다원주의 및 신우파론에서, 그리고 지방국가는 계급정치론이나 이원국가론에서 주로 사용되는 경향이 있다. 이와 같은 용어들은 그 자체가 이론적 및 실제적 차이를 내포하고 있다. 한국에서 지방정부가 아니라 지방자치단체로 표기하는 것은 지방자치를 충분히 인정하지 않고, 단순히 법인격을 갖는 단체로 인정하려는 경향이 반영된 것으로 보인다. 일본의 경우, '공공단체'라는 용어를 사용하고 있으나 지방자치법에서 중앙정부와 공공단체 간의 관계가 대등하다고 규정하고 있기 때문에 한국과는 다르다. 여기에서는 법령이나 원 자료에 지방자치단체로 쓴 것 이외에는 지방정부로 표기하려고 한다.

[2] 그러나 세입분권 수준은 19.72%이며, OECD & KIPF(2016)의 연구 역시 OECD 국가들의 세출분권 수준은 평균적으로 전체 국가세출의 약 33% 수준이나 세입분권 수준은 약 19%임을 밝히고 있다.

[3] 전체 재정지출 중 지방재정이 차지하는 비중은 연방제 국가인 미국의 경우 2015년 기준 58.3%(이현우, 2018), 일본은 2020년 기준 47.2%(행정안전부, 2020)를 차지하고 있는 것으로 나타났다.

[4] 2006년 7월 1일 제주도가 제주특별자치도로 출범하였고 이 과정에서 제주시, 서귀포시, 북제주군, 남제주군의 4개 기초자치단체가 제주시와 서귀포시로 통합되었다. 동시에 제주시와 서귀포시는 지방자치단체가 아니라 행정시이기

| 표 3-3-1 | 한국 지방정부의 재정 및 인력 규모 변화(2009~2019) |

(단위: 억 원, 명, %)

구분	재정				공무원			
	전체	중앙	지방	중앙비율	전체	국가	지방	국가비율
2009	3,498,681	2,049,475	1,449,206	58.6	970,723	632,329	338,394	65.1
2010	3,402,485	2,052,235	1,350,250	60.3	979,580	636,362	343,218	65.0
2011	3,555,672	2,148,604	1,407,068	60.4	981,918	636,165	345,753	64.8
2012	3,749,677	2,237,034	1,512,643	59.7	990,520	639,882	350,638	64.6
2013	3,941,941	2,323,929	1,618,012	59.0	999,137	640,345	358,792	64.1
2014	4,074,782	2,392,256	1,682,526	58.7	1,010,505	647,101	363,404	64.0
2015	4,480,194	2,619,383	1,860,811	58.5	1,021,544	651,299	370,245	63.8
2016	4,847,009	2,816,746	2,030,263	58.1	1,029,471	654,706	374,765	63.6
2017	5,143,485	2,929,006	2,214,479	56.9	1,049,030	664,828	384,202	63.4
2018	5,100,609	3,035,716	2,064,893	59.5	1,074,842	675,271	399,571	62.8
2019	5,262,952	3,314,180	1,948,772	63.0	1,095,962	687,572	408,390	62.7

주: 공무원 수는 각 연도 말 기준
　　재정규모는 2017년까지는 결산액 2018년은 최종예산액, 2019년도는 당초예산액 기준
자료: 공무원통계는 행정안전부, 행정안전통계연보 각 연도. 단, 2019년 통계는 정부조직관리시스템(www.org.
　　　go.kr)의 2019.6.30. 기준
재정통계는 행정안전부, 행정안전통계연보 각 연도.

다양한 "국가위임" 및 "자치단체 고유사무"들을 담당하고 있다 (<표 3-3-1>).[5]

이처럼 양적 면에서의 큰 비중에도 불구하고, 지방정부와 행정을 연구함에 있어 유의해야 할 사항들이 있다. 첫째, 지방정부를 마치 국민국가(nation state)처럼 하나의 독립된 정체(政體)인 것으로 간주하기는 어렵다는 점이다. 그 이유는 거의 모든 나라에서 중앙정부는 지방수준의 정치단위들에 대해 — 국민국가들 간의 관계에서는 찾아보기 힘든 — 직접적이고도 공식적인 권위를 행사하기 때문이다. 이 때문에 지방정부 및 그 행정을 올바르게 이해하기 위해서는 지방정부 내부의 정책결정 뿐만 아니라, 이 지방정부 정책결정에 대한 중앙정부의 영향에 관한 것도 함께 고려할 필요성이 있다.

특히 지방자치의 경험이 오래되지 않은 한국의 경우 더욱 그러하다. 지방정부와 그 행정

때문에 기초자치단체에 포함되지 않는다. 그리고 2012년 7월 1일부로 세종특별자치시가 출범하였다. 세종특별자치시는 광역자치단체와 기초자치단체의 성격을 동시에 가지고 있다. 여기에서는 광역자치단체로만 분류하였고 기초자치단체에서는 제외하여 계산하였다.

5 그러나 실제 재정지출 규모는 지방자치단체가 더 크게 나타나는데, 2020년 기준 중앙정부 : 지방자치단체 : 교육자치 간 재정지출 비중은 40.7 : 45.0 : 14.3이다 (행정안전부, 2020). 이 수치는 매년 큰 변화가 없는데, 이는 중앙정부 재정의 상당 부분이 지방교부세, 국고보조금 등과 같은 이전 재원 형태로 지방자치단체를 통해 집행되기 때문이다.

을 보다 올바로 이해하기 위해서는 지방의 문제를 지방 자체에서만 접근하기보다 중앙-지방간 관계(central-local relationships)의 맥락에서 접근할 필요성이 있다.

한국은 1948년 건국 이후 처음 약 10년 동안 지방자치제를 실시하였으나, 1961년 군사쿠데타로 인하여 중단된 이후 약 30년 동안의 권위주의 정권하에서 지방정부와 자치행정은 없었다. 오랜 정치적 민주화 노력의 결실로 1987년 개정 헌법에 따라 주민의 선거를 통해 1991년에 지방의회를 재구성하고 1995년부터는 자치단체장을 주민이 직접 선출하게 됨으로써 한국에서도 지방자치제의 부활이 이루어졌다. 주목할 것은 이러한 지방자치제의 우여곡절이 지방수준에서 비롯된 것이 아니라, 모두 중앙수준에서의 정치경제적 요인에 의해 발생한 것이라는 사실이다 (Jung, 1987).

뿐만 아니라, 지방자치 실시 이후 지방정부 운영 과정에서 적지 않은 시행착오와 정부간 갈등이 발생하였고, 그로 인해 비효율성과 비민주성이 지적되기도 하였는데(이원일, 1998; 하혜수, 1998),[6] 이와 같은 문제의 저변에는 중앙-지방간 정책결정권한과 기능 배분의 적정성 문제가 자리 잡고 있다. 사실, 중앙-지방간의 권한과 기능의 적정 배분 문제는 지방자치제 실시가 오래된 서구 선진국가들에서도 계속 제기되었던 사안이다 (Fesler, 1976). 한국의 경우, 이 문제에 관한 기준의 설정이나 제도화가 아직 진행 중이기 때문에 문제가 더 크게 나타나고 있는 것이다.

둘째, 중앙-지방관계론은 20세기 후반 신행정국가의 대두와 함께 그 의미에 대한 새로운 시각이 가미되었다는 점이다. 중앙-지방관계는 광의의 "정부 간 관계(IGR: intergovernmental relations)"의 일부이다 (Rhodes, 1997). 정부 간 관계는 모든 유형과 수준의 정부 단위 간 상호작용을 의미하지만, 실제로는 중앙-지방정부 간 관계에 초점이 맞추어져 왔다. 그러나 최근에 이르러 중앙정부와 지방정부의 거버넌스 체계에 큰 변화가 발생하면서, 본래의 의미를 되찾고 있다. 중앙-지방간 관계 자체가 매우 다양하고 신축적인 관계로 변화하고 있을 뿐더러, 전 지구화에 따라 지방정부들이 반드시 중앙의 국민국가를 경유하지 않고도 다른 국민국가들이나 다른 국가의 지방정부 혹은 국제기구들과 다양한 관계를 맺을 수 있게 된 것이다. 여기에 더하여, 한 나라의 지방수준 행정서비스 전달도 과거처럼 중앙-지방정부간의 일

---

6 지방분권과 효율성의 관계에 대해서는 오랜 논쟁이 있었다. 지방분권이 효율성을 향상시킨다는 주장은 Tiebout(1956)와 Olson(1965)의 연구에서 찾아볼 수 있는데, 지방분권은 중앙정부의 공공서비스 독점을 막고, 지역주민의 선호에 따른 서비스 공급을 가능하게 하여 공공자원이 효율적으로 사용될 수 있게 한다. 또 지방분권은 지방정부 운영의 책임성을 높이고, 지방정부의 부패를 방지하는 효과도 있다 (Triesman, 2000). 그러나 지방분권의 효과는 항상 긍정적인 것은 아니며, 어떤 조건에서의 분권이냐에 따라 큰 차이가 있다고 보는 견해도 있다. 대표적으로 Oates(2008)는 남미 국가들의 경우 분권에 따른 책임성을 담보할 수 있는 기제가 작동하지 않아 재정 전반에 비효율성이 발생하는 것으로 보았다. Treisman(1999)도 어떤 나라들에서는 지방분권이 국가 전체의 재정과 경제개혁에 부정적인 영향을 미칠 수 있음을 밝혔다.

정한 통로를 거치지 않은 채 다양한 형태로 이루어지게 되었다. 이와 같은 새로운 변화에 따라 중앙-지방간 관계는 넓은 의미의 정부 간 관계의 한 부분으로서 새로운 의미로 해석되고 있다 (Rhodes, 1997).[7]

이처럼 지속적으로 변화하는 지방자치와 행정의 문제와 이에 영향을 미치는 중앙-지방 간 관계의 특성을 보다 총체적으로 이해하기 위해서는 거시적인 접근이 필요하다. 즉 중앙-지방의 문제를 국가-시민사회간 관계의 맥락에서 접근할 필요성이 있다. 중앙-지방관계 및 지방행정의 문제를 국가와 시민사회 간 관계의 맥락에서 접근하기 위해 여기서는 다원주의(전통적 다원주의 및 신다원주의), 신우파론, 계급정치론 및 엘리트론의 관점을 적용하기로 한다 (Dunleavy, 1980: 1장; 1982; 1984; Cox et al., 1985; Stoker, 1991: 230-57; 이종수, 1993; 하규봉, 1992). 이들 국가이론으로부터 중앙-지방간 관계와 지방행정을 이해하는 데 적실한 많은 준거기준들을 발견할 수 있을 것이다. 물론 각각의 이론적 시각들은 나름대로의 장점과 단점을 지니고 있으며, 따라서 이들을 변증법적으로 종합해야 될 필요성이 있다. 특히 한국의 경우를 설명하는 데 있어서 각 이론들은 나름대로의 장단점을 지니고 있다. 지방자치의 의의와 지방분권의 결정요인을 국가-시민사회 간 관계에 관한 이론 시각별로 논의해 보면 다음과 같다.

제 2 절 다원주의의 시각

다원주의는 자율적이고 중립적으로 행동하는 정부를 가정한다. 정부는 사회부문의 여러 이익들 간 경쟁을 공정하게 판단하고 대응할 능력을 지니고 있는 것으로 본다. 정부가 시민의 요구에 대해 긴밀하게 대응할 수 있는 것은 각종의 대의제도들(예: 선거경쟁, 이익집단과정 등)과 공익추구를 전제로 한 공직자들의 충원 및 사회화 등의 제 장치들이 뒷받침하고 있기 때문이다. 따라서 정부와 행정에 있어서 중요한 것은 투입정치 과정이다. 투입정치 과정을 강조하기 때문에 정책결정의 내용이나 결과에 관해서는 알 수 없다는 '불가지론(agnostic)'의 입장을 취한다.[8]

---

7 Pollitt & Bouckaert(2004)에 따르면 지방분권은 1980년대와 1990년대에 걸쳐 영미권 국가들이나 유럽대륙 국가들의 행정개혁에서 보편적으로 관찰되는 현상이다. 특히 1970년대 말부터 영미권을 중심으로 확산된 NPM 개혁의 중요한 내용 중 하나가 지방정부로의 권한 이양이었는데, 여기에는 중앙정부의 비효율과 재정적자 문제를 해결하고자 하는 의도가 있었다. 이로 인해 중앙정부에 대한 지방정부의 위상과 역할이 크게 높아진 점에 주목할 필요가 있다.

8 물론 정책결정이 모든 시민들에게 공정한 혜택을 부여한다고 보장할 수는 없다. 그러나 정책결정 과정에 일차적인 관심이 주어지며, 그 결과로서 정책의 혜택이 시민들 간에 어떻게 배분되는가의 문제는 별 관심이 없는 것이다.

다원주의 이론가들은 투입정치 과정에 대해 그들이 편중된 입장을 취하는 것처럼, 중앙-지방정부 간 관계에 관해서도 편중된 입장을 취한다. 시민과 대의제 정부와의 관계에 주로 관심을 두는 반면, 국가 내부의 정부 수준 간 관계에 관해서는 큰 관심을 두지 않는 것이다. 정부수준 간 관계는 합리적이고 기술적인 접근법에 의해 해결할 수 있는 비(非)정치적인 문제인 것으로 보기 때문이다. 중앙-지방 관계가 중요한 문제로 제기되는 경우는 그것이 민주주의의 정통성과 대의제 정부의 투입정치 기제와 관련하여 어떤 근본적인 문제를 유발하는 경우에 국한된다. 다원주의 접근법에 의하면, 중앙-지방간의 기능배분도 역사적으로 오랜 시일 진화과정을 거치면서 점진적으로 제도화 되어 온 것이다. 이와 같은 기능 배분의 바탕에는 행정적 합리성의 증진이라는 원리가 작용해 왔다고 본다.

1. 지방자치의 의의

1) 전통적 다원주의의 관점

전통적 다원주의에서는 지방분권화 혹은 자치정부의 의의와 정당성을 다음의 두 가지 근거에서 찾는다 (Dunleavy, 1982; Jones & Stewart, 1983). 그 하나는 존 스튜아트 밀(Mill, 1910)의 견해로서, 지방자치제의 존재가 시민들에게 정부에의 참여 및 정치훈련의 기회를 넓혀 주게 되어 그만큼 민주주의를 증진시키게 된다는 것이다. 다른 하나는 소위 '차별적 선호집중(differential preference intensities)' 개념으로서, 소수집단의 지역적 선호가 지방정부 수준에서 반영될 수 있어야 한다는 것이다.[9] 중앙-지방관계 및 지방행정의 실제 운영에 있어서 제기되는 문제들은 이 두 가지 기준에 의해 다음과 같이 분석, 평가, 처방된다.

첫째, 만일 지방정부 수준에서 주민들의 정치참여도가 전국 수준에서의 정치참여도보다 낮다고 한다면, 이것은 하나의 문제로 인식된다. 지방정부에 대한 낮은 정치적 참여도는 밀(Mill)의 지방자치 정부의 정당성에 배치되기 때문이다. 그러나 영국처럼 지방자치의 역사가 오래된 나라에서조차도 지방정부에 대한 정치적 참여도가 매우 낮은 것이 현실이다.[10] 우리도 예외가 아니어서, 중앙정부에 비해 지방정부에 대한 주민들의 정치적 관심은 상대적으로

---

9 정당한 지역 수준의 이익들(예로서, 중앙 수준에서의 다수결 원칙에 의한 사회통제 또는 정책방향 설정에 의해서는 대응되지 않는 이해관계들)이 지방 수준의 정부단위에서는 반영될 수 있을 것으로 보기 때문이다 (Dahl & Tufte, 1974). 이것은 지방에 거주하는 주민들의 특수한 행정서비스에 대한 선호가 지방정부에 의해 가능한 한 상세하게 파악되고 충족될 수 있는 가능성을 강조하는 것이다.

10 1980년대부터 1990년대까지 잉글랜드 지역의 지방선거 투표율은 평균 40%대였으며, 2000년대는 30%대에 머물고 있다. 반면 2010년 잉글랜드 총선 투표율은 65.5%였다 (Wilson & Game, 2011: 252). 통상 영국의 지방선거 투표율은 35~40% 정도이며(연합뉴스, 2018.04.04.), 이에 반해 2019년 영국 총선의 투표율은 67.3%였다 (BBC News. 2019.12.13.).

낮다 (<표 3-3-2>).

표 3-3-2 한국의 각종 선거에서의 투표율

(단위: %)

시대별	대통령	국회의원	지방선거
1980년대	1987. 12. 16 제13대 대통령선거 (89.2)	1988. 4. 26 제13대 총선 (75.8)	
1990년대	1992. 12. 18 제14대 대통령선거 (81.9)	1992. 3. 24 제14대 총선 (71.9)	1991. 3. 26 기초의회(55.0) 1991. 6. 20 광역의회(58.9) 1995. 6. 27 민선1기 단체장 (68.4)
	1997. 12. 18 제15대 대통령선거 (80.7)	1996. 4. 11 제15대 총선 (63.9)	1998. 6. 4 민선2기 통합선거 (52.6)
2000년대	2002. 12. 19 제16대 대통령선거 (70.8)	2000. 4. 13 제16대 총선 (57.2)	2002. 6. 13 민선3기 통합선거 (48.9)
		2004. 4. 15 제17대 총선 (60.6)	
	2007. 12. 19 제17대 대통령선거 (62.9)	2008. 4. 9 제18대 총선 (46.1)	2006. 5. 31 민선4기 통합선거 (51.6)
2010년대	2012. 12. 19 제18대 대통령선거 (75.8)	2012. 4. 11 제19대 총선 (54.2)	2010. 6. 2 민선5기 통합선거 (54.5)
			2014. 6. 4 민선6기 통합선거 (56.8)
	2017. 5. 9 제19대 대통령선거 (77.2)	2016. 4. 13 제20대 총선 (58.0)	2018. 6. 13 민선7기 통합선거 (60.2)
2020년대		2020. 4. 15 제21대 총선 (66.2%)	

자료: 중앙선거관리위원회, 선거통계시스템(http://info.nec.go.kr/main/main_load.xhtml)

둘째, 각각 별개로 선출되어 구성되는 중앙 및 지방 정치체들 간에 갈등이 발생하는 경우, 민주주의 정당성에 문제를 야기한다. 이른바 '선거에 의한 명령계통(electoral chains of command)'이 복수로 형성되는 것을 의미한다. 이는 서로 다른 부류의 시민과 대표자들에 연계되어 중앙과 지방 간에 서로 다른, 심지어 상충된 정책결정이 이루어질 가능성이 있음을 뜻한다. 특히 정당 배경이나 정치적 노선이 다른 공직자들이 중앙과 지방의 정부를 구성하는 경우에 문제가 발생한다. 이와 같은 상황은 실제로 한국에서 1991년 이후 지방의회를 재구성하면서 나타났다. 국회, 광역의회, 그리고 기초의회 간 감사 권한을 둘러싼 첨예한 대립과[11] 1991년 청주시 의회가 제정한 "행정정보공개조례"를 둘러싼 논란들이 대표적이다.[12]

셋째, 다원주의에 따르면, (중앙에서와 마찬가지로) 지방에서도 이익집단들에게는 상당한 수준의 경쟁성이 보장되며, 모든 개인 또는 집단들에게 공정한 경기운영규칙과 정부결정에의 동등한 접근가능성이 보장되도록 되어 있다 (Dearlove, 1979). 또한 지방정부의 정책결정은 주민들이 의원들을 선출하고, 의원들은 행정관료들에게 할 일을 지시하는, 소위 '선거에 의한 명령계통'에 따라 이루어지게 된다. 이처럼 정책결정은 주민들의 지방정부에의 광범위한 참여를 통해 이루어지게 되어 있다. 그러나 지방정부에서의 선거기제 및 참된 대중참여는 — 오랜 전통의 지방자치를 유지하고 있는 영국과 같은 나라에서조차도 — 늘 일정한 한계가 있는 것으로 지적되고 있다 (Gyford, 1984; Jones & Stewart, 1983). 더욱이 우리의 경우 지방의회와 지방행정기관 간 (신기현·신환철, 1992), 그리고 지방자치단체와 지방교육자치단체 간에 전개되고 있는 역할 갈등은[13] 선거에 의한 명령계통의 의의를 무색하게 만드는 상황에 있다. 이와 같은 명령계통상의 이원화로 인하여 지방의회가 지방행정부의 정책결정을

---

[11] 동아일보, 1993. 9. 25, 26; 조선일보, 1993, 9. 25; 한겨레신문, 1993. 9 26.

[12] 1991년 7월 24일 청주시 의회는 "청주시 행정정보공개조례"를 제정하였다. 당시 내무부(현 행정안전부)는 정보공개에 관한 법적 근거가 없다는 이유로 청주시 의회에 재의결을 요구하였고, 청주시 의회가 다시 재의결 하자 청주시는 청주시 의회를 상대로 행정정보공개조례안 재의결무효확인 청구소송을 제기하였다. 1992년 6월 23일에 대법원은 청주시의 청구에 대해 원고 패소판결을 내렸다. 대법원은 청주시의회의 행정정보공개조례가 "주민의 알권리 실현을 근본 내용으로 하며 이로 인한 개인의 권리 침해 가능성은 배제하고 있어 반드시 상위법의 위임을 필요로 하지 않는다"고 판시하였다. [행정정보 공개조례(안) 재의결 취소 등(대법원 1992.6.23. 선고, 92추 17, 판결), 국가법령정보센터. http://www.law.go.kr/precInfoP.do?precSeq=159311].
형식상으로는 청주시와 청주시의회 간 다툼이지만, 1995년 이전까지는 관선 시장이 임명되었기 때문에 이 소송은 사실상 당시 내무부(중앙정부)와 청주시의회 간 다툼이었다. 청주시의회의 행정정보공개조례는 1996년 '공공기관의 정보공개에 관한 법(정보공개법)' 제정에 결정적인 영향을 준 것으로, 우리나라 지방자치의 기념비적 성과로 볼 수 있다.

[13] 이기우(2014)는 우리나라 교육자치의 문제점으로 지방자치단체에 두 개의 집행기관이 존재함으로써 정상적인 조직 원리와 상충되는 문제, 일반행정과 교육행정을 분리함으로 인해 발생하는 업무의 중복과 비효율, 지방교육 예산 대부분을 중앙정부와 시·도로부터의 이전 재원에 의존하는 점 등을 지적하고 있고, 이 문제를 해결하기 위해 두 개의 집행기관을 하나로 통합할 필요가 있다고 보았다. 실제로 보수단체장과 진보교육감 사이에 혁신학교와 무상급식 등 정책을 놓고 충돌이 발생하기도 하였고(연합뉴스. 2014.6.8. "보수단체장과 진보교육감 … 곳곳서 '불편한 동거'"), 심지어 야당 단체장과 진보교육감 간에도 무상급식 예산 분담을 두고 갈등을 빚기도 하였다 (한국경제. 2015.10.9. "야당 단체장-진보교육감도 '무상급식 충돌'").

통제하고 감시할 수 있는 범위란 매우 제한적이다. 간단한 예로서, 지방의회에서 거짓 증언을 한 공무원에 대한 구속력조차 확보하지 못한 상태에 있는 것이다.[14]

　이처럼 지방정부의 여러 현실적 한계에도 불구하고, 다원주의 이론가들은 지방정부 정책이 어떤 계급적 성향을 소지할 가능성은 인정하지 않는다. 지방정부의 정책결정이 다양한 집단들의 영향에 의해 이루어지는 만큼, 결코 특정 경제적 세력 혹은 계급을 위해 정책이 수행될 가능성은 없을 것으로 보는 것이다 (Cox et al., 1985). 지방의회는 다양한 정당 소속 의원들 간에 정책경쟁이 이루어지는 것으로 보며, 특히 여러 위원회를 중심으로 운영되는 의회정치의 분산성으로 인해 특정 이익에 편중된 정책결정이 이루어질 가능성은 거의 없다고 본다. 지방 관료들의 경우도 부처할거주의에 의해 행동하는 성향이 있기 때문에 특정 집단의 이익을 도모하는 정책을 일관되게 수행하기란 어렵다. 대개 중앙정부는 지방정부의 입법을 통제할 헌법상 권한을 지니고 있고, 중앙정부의 각 기능별 부서들도 지방정부의 해당 부서들에 대해 영향력을 행사할 수 있는 권한을 갖고 있다. 그 외에도 각종 주민참여 통로에 의해 일반 대중들이 정책결정에 영향을 미치는 것도 가능하다. 이처럼 다원주의 시각에서는 다양한 집단들에 의해 지방정부가 영향을 받는 이상, 결코 특정 계급의 목적에 의해 지방정부의 정책결정이 좌우되지는 않을 것으로 본다.

2) 신다원주의의 관점

　신다원주의는 산업사회 또는 후기 산업사회에서는 전통적인 다원주의 관점에 한계가 있다고 보고, 그것을 보완하려는 일군의 이론체계를 의미한다. 신다원주의 이론가들에 의하면, 종래의 대의제 정치는 국가기능이 크게 확대되어 온 현대 국가에서는 그 적실성에 한계가 있다고 본다. 물론 정당, 의회, 이익집단 등에 의한 투입정치가 얼마간 기능하고 있다는 것은 인정하지만, 점차 그 역할 범위가 감소되고 있다는 것이다. 그 대신에 국가기획의 중요성과 전문지식기술의 발전과 활용이 더 강조되고, 이 과정에서 대의제 정치가 더 위축될 가능성이 없지 않다. 이런 관점에서 전통적 다원주의와는 달리 신다원주의는 사회집단 가운데 불균등한 세력관계가 발전할 가능성과 그에 따라 (중앙 및 지방) 정책결정이 편향성을 띠게 될 가능성을 모두 인정하는 입장을 취한다 (Lindblom, 1977; Galbraith, 1969; McConnel, 1966). 따라서 이 문제를 해결하기 위해서는 다음과 같은 두 가지 전제 조건이 확립되어야 한다 (Dunleavy, 1982).

---

14 구미 선진국의 예에서 보듯이 지방자치단체장을 반드시 주민들이 직접 선출해야만 하는 것은 아니다. 그러나 중앙정부에 의해 직접 임명되는 제도에서는 지방의회의 역할이라고 하는 것의 민주성은 매우 낮게 평가할 수밖에 없었다.

첫째, 전문적 지식기술을 갖춘 이른바 '전문직업가'로서의 공직자들의 역할이 강조되는 만큼 이들의 전문직업가적 윤리도 확보되어야 한다. 공직자들의 전문적 지식기술과 전문직업가적 윤리성의 확보를 통해 공익을 수호하고, 시민에 대한 국가권력 남용을 방지하도록 한다.

둘째, 증대되는 국가 역할에 따른 거대한 관료조직을 행정구조의 분산화를 통해 분권화 시킨다. 관료조직으로 정책결정권이 집중될 가능성이 있기 때문에, 행정조직 및 관련 집단들의 복잡하고 다양한 정책연결망을 통해 그 영향력을 분산시킬 필요성이 있는 것이다. 이와 같은 전문직업주의와 분권화를 토대로 국가권력이 합리적으로 행사될 수 있게 된다. (후기)산업사회에서 대의제 정치기제가 위축되는 현상에도 불구하고, 이 두 가지 요소가 적절하게 작동되는 경우, 일반 시민들의 선호는 효과적으로 충족될 수 있다고 본다.

이와 같은 맥락에서 중앙-지방간 관계도 전문직업주의와 분권화라고 하는 두 가지 요소와 결부시켜 논의할 필요가 있다. 분권화는 국가 기능이 여러 다양한 행정기구로 분산되는 것을 의미한다. 공간적 분권화는 지역의 행정기구들과 하위조직들의 규모와 자율성 확대를 가져온다. 그런데 중앙 개입과 지방 자율성 간의 이분법적 대립이 강조되는 경우, 공간적 분권화의 의미가 축소될 우려가 있다. 따라서 이와 같은 이분법적 논리보다는 국가-사회간, 중앙정부기구들간, 중앙-지방간, 그리고 지방정부와 준(비)정부기구간의 기능 및 권한 배분을 전문직업가적 견지에서 논의할 필요가 있다.

2. 지방분권의 결정요인

다원주의 이론가들은 정부수준 간에 집(분)권화가 사회·문화적 요인과 행정적 합리성을 추구하기 위한 노력에 의해 결정되는 것으로 보고 있다. 이와 같은 결정요인들은 한국에서 지속되어 온 중앙집권에 대해서도 설명력이 있다 (정용덕, 1988: 140-44).

1) 전통적 사회·문화 유산

전통적으로 한국은 중앙정부에 의한 강력한 집권적 통치체제를 유지해 왔다. 조선조 500년 동안에 "국가가 여러 구성체로 형성되어 정치적 분권화를 강화시킬 수 있는 지역적 정치체"가 존재하지 않았다 (Wright, 1975). 더욱이 유교문화가 지배적인 사회에서 다원주의적인 이데올로기나 정치문화도 상대적으로 발전이 더디게 이루어졌다.[15] 이처럼 지방정부에 대한

---

[15] 1970년 중반에 한국을 잘 아는 한 서양학자는 한국에서 "백성은 아무런 의심 없이 현존하는 정치지도자를 따라야

서구의 다원주의적 사고가 충분히 발전할 역사적 배경도 없이, 1948년 건국과 더불어 지방 자치 개념이 도입되기 시작하였다. 각 지방에 적합한 고유의 자치적 제도화가 이루어지지 않은 상태에서 중앙의 강력한 집권화 의도에 의해 지방자치제는 쉽게 무시되고는 했다. 이러한 전통적·문화적 요인들에 의한 집권화 경향은 한국 사회의 높은 동질성에 의해 더 강화되었다. 일반적으로 분권화는 인종적 또는 종교적 분파의 원심력에 대한 반응으로서 촉발되는 경향이 있다. 그러나 한국사회는 인종이나 언어에 있어서 매우 동질적인 속성을 지니고 있다.

그러나 이와 같은 한국에서 집권화를 가져오는 전통적이고 사회·문화적인 요인들을 너무 강조하는 것은 타당하지 않다.[16] 1960~70년대 경제개발기를 거치면서 농촌인구는 도시 지역으로 대거 이동하였고, 전통적인 문화도 약화되었다. 1960년에 인구의 60% 이상이 농민이던 것이 1970년에는 50%로 감소하였고, 1980년에는 35%에도 미치지 않게 되었다. 특히 1990년대 중반부터는 우루과이 라운드, 농업 FTA 등이 실시되면서 농가인구의 비중은 더욱 줄어, 2000년에는 전체 인구의 8.6% 수준으로 떨어졌다. 이에 더해 한-미, 한-칠레간 자유무역 협정이 지속되는 과정에서 농가인구 비중은 계속 줄어, 2019년 기준 총 인구의 4.3%로 축소되었다 (<표 3-3-3>).

그리고 1980년대 후반부터 민주화가 진전됨에 따라 지역 주민들의 지방 행정에 대한 참여 열기가 크게 증대되었고, 교육 기회의 확대로 인하여 지역에서도 정치 참여에 대한 인식도 크게 높아졌다. 따라서 아직도 지방의 창의력이 미흡하다면 그것은 지역 주민들의 능력 부족 때문이 아니라 자치 기회의 결여와 중앙의 의도적 억제책 때문인 것으로 보아야 한다. 한국 사회는 민족적 동질성이 강하지만, 인구구조의 변화와 정치적 민주화 그리고 산업화에 따른 빈부격차 등으로 인해 갈등도 증가하고 있음에 유의할 필요가 있다.

표 3-3-3	한국 농가인구의 비중					
구분	1970	1980	1990	2000	2010	2019
농가인구비율	44.7	28.4	15.5	8.6	6.2	4.3

자료: e-나라지표(http://www.index.go.kr/potal/main/EachDtlPageDetail.do?idx_cd=2745)

하며 지도력에 관련된 지식은 몰라도 된다"는 유교적 전통을 받아들이고 있으며, 지방적 창의력(local initiative)은 대부분의 한국인들에게 생소한 개념이라고 본다고 했다 (Wright, 1975).

[16] 우리나라는 1948년 제헌헌법에 지방자치를 규정하였고, 1949년 지방자치법이 제정되었다. 최초의 지방선거는 1952년 4월 25일 실시된 시·읍·면 의원선거였다. 우리나라의 지방자치적 전통을 고려초기 지방민에 의한 지방행정감찰관 추천제도, 조선시대의 향약제도, 거기서 발달한 유향소 제도 등에서 찾는 견해도 있다 (김병찬·정정길, 1995: v-vi). 다만 역사적으로 나타나는 이런 제도들은 오늘날 통용되는 민주적 지방자치제도와는 큰 차이가 있음을 인식할 필요가 있다.

2) 경제적·행정적 합리성

한국의 중앙집권화 경향을 경제적 효율성과 행정적 합리성의 기준에 의해 설명하는 것도 가능하다. 첫째, 한국의 지리적 영토가 협소하다는 것이 집권화를 가져온 인과적 요인인 것으로 볼 수 있다. 이른바 "규모의 경제" 원리에 의하면, 국가의 영토가 넓을수록 분권화의 가능성이 크다. 1945년부터 한반도의 절반이 북한의 지배하에 들어가고, 남한은 약 99,000 ㎢의 작은 영토로 남았다. 이는 영국 영토의 반이 채 안 되며, 일본과 이탈리아 영토의 1/3 에도 미치지 못하는 규모다.

또 다른 하나의 "합리적"인 설명 요인은 지방에서의 인적 및 물적 자원의 결핍이다. 한국 에서 지방정부들의 취약한 재정자립도는 지방분권의 가장 큰 장애 요인인 것으로 강조되어 왔었다. <표 3-3-4>에서 보듯이, 일반적으로 농촌지역을 대표하는 군(郡)의 재정자립도는 2019년에도 평균 18.3% 수준으로 전체 재정의 80% 이상을 중앙정부 및 광역정부에 의존하 고 있으며, 이러한 현상은 그간 거의 개선되지 않았다. 한국경제는 주로 수출상품에 국가재 정을 의존하고 있기 때문에, 지역별로 개발할 만한 대안적 조세기반이 별로 없었다.[17] 지방 정부의 상대적인 인적 자원 부족도 하나의 요인으로 제시되어 왔다.

이러한 인적·재정적 자원의 부족에서 야기되는 문제들은 한국의 지방정부 뿐만 아니라, 선진국에서도 마찬가지로 나타나는 현상이다. 그러나 경제적·행정적 합리성에 기초하여 집 권화를 강조하는 경향은 다른 나라에서보다 한국에서 더욱 강조되어 왔다. 국가안보와 경제

표 3-3-4 한국 지방정부의 재정자립도

(단위: %)

구 분	2001	2002	2003	2004	2005	2006	2007	2008	2009	2010	2011	2012	2013	2014	2015	2016	2017	2018	2019
특별시	94.9	94.7	95.1	94.5	95.0	93.3	88.7	85.7	90.4	83.4	88.8	88.7	87.7	82.6	82.7	83.0	83.3	82.5	80.1
광역시	70.3	66.0	70.2	68.8	67.5	66.4	62.2	60.5	57.9	56.3	53.8	55.0	52.7	52.6	52.4	55.3	55.6	53.9	50.7
도	35.6	34.6	39.4	41.3	36.6	36.1	34.9	34.8	33.3	31.6	33.0	34.8	34.1	33.2	33.8	35.9	38.3	39.0	36.9
시	43.4	40.2	38.0	38.8	40.6	39.4	39.5	40.7	40.7	40.0	38.0	37.1	36.8	36.5	35.8	37.4	39.2	37.9	36.8
군	18.1	17.4	16.3	16.6	16.5	16.1	16.6	17.2	17.8	18.0	17.1	16.4	16.1	16.6	17.0	18.0	18.8	18.5	18.3
자치구	45.0	45.1	42.3	42.6	44.3	40.5	37.5	37.1	37.3	35.4	36.6	36.0	33.9	31.1	29.2	29.7	30.8	30.3	29.8

자료: 지방재정 365(http://lofin.mois.go.kr/).

---

[17] 지방자치단체의 중앙의존성이 큰 이유 중에 하나는 조세체계가 중앙정부 중심으로 설계되어 있기 때문이라고 볼 수도 있다. 국세는 경제성장에 대한 탄력성과 신장성이 좋은 소득과세와 소비과세 중심으로 되어 있고 지방자치단 체는 재산과세 중심으로 되어 있기 때문이다. 최근 지방소득세와 지방소비세가 도입되어 지방세의 체질이 다소 개 선되기는 하였으나 여전히 부족한 것이 현실이다. 2014년 국세와 지방세의 비중은 76.9: 23.1에서 2020년 76.2: 23.8로 변화하기는 하였으나 크게 개선된 수준은 아니다.

성장의 효과적 달성을 위해서는 정책결정을 집권화 할 필요가 있었으며, 특히 자본과 기술 및 숙련된 인적 자원 등과 같이 극도로 희소한 자원의 개발을 전국적 차원에서 조정할 필요가 있었다는 논리다. 이처럼 경제와 국방에 대한 중앙정부의 개입이 크면 클수록 한국의 분권화는 더욱 약화되었다.

그러나 이러한 집권화의 "합리적" 근거들을 너무 강조하는 것은 타당하지 않다. 효율성과 합리성의 기준에 대해서는 서로 다른 해석이 가능하기 때문이다. 물론 권력의 지역적 위임은 국가의 면적에 대한 대응인 것이고, 면적이 협소한 국가일수록 집권에 유리한 것은 사실이다. 그러나 스위스의 사례처럼 국토의 면적이 좁음에도 불구하고 높은 수준의 지방자치를 실현하는 데서도 알 수 있듯이 국가의 면적이 절대적인 것은 아니다. 그리고 한국은 영토적으로는 작은 국가이지만, 인구규모는 유럽의 지방자치 선진국들의 기준에 비추어 결코 작지 않다 (<표 3-3-5>).

현재 관내에 농촌지역이 많은 지방자치단체들의 재정적 취약성이 분권화에 장애 요인으로 작용하고 있는 것은 틀림없다. 그러나 한국에서 지방정부들의 전반적인 재정자립도는 대부분 선진국의 경우와 비슷하다 (정용덕, 1988: 132). 또한 많은 연구결과에 따르면, 지방교부세 및 국고보조금 정책을 어떻게 구성하느냐에 따라 재정적 취약성 문제를 극복할 수 있다고 한다. 그러므로 재정적 취약성과 그에 따른 중앙에의 의존성 문제는 한국의 지역정부간

표 3-3-5	지방정부의 평균규모		
구 분	기초정부 수	기초정부 평균인구: 명	기초정부 평균면적: km²
프랑스	36,658(2015)	1,743	15
스위스	2,324(2015)	2,762	15
스페인	8,109	4,998	62
독일	11,014(2019년)	5,452	24
미국	35,879(2015)	6,623	240
이탈리아	8,104	7,040	37
핀란드	416	12,620	713
스웨덴	290	31,240	1,417
덴마크	98	56,127	433
일본	1,741(2019년)	67,313	210
영국	391(2015)	128,061	560
한국	226(2019년)	229,319	444

자료: 안성호. 2009. 지방자치체제 개편과 자치단위의 규모 재인용. 행정안전부. (2019). 「지방자치단체 행정구역 및 인구현황」. OECD. (2015). Sub-national governments in OECD countries: Key data.

의 재정적 차이의 조정문제로 귀착된다 (오연천, 1996).

지방이 중앙에 비해 상대적으로 인적 자원이 부족한 것은 모든 나라에 공통적인 문제다. 그러나 한국의 지방자치단체들은 민간부문으로부터 능력 있는 인력을 흡수할 수 있는 이점도 있다. 한국에서 공무원은 전통적으로 존경받는 직업으로 간주되어 왔고, 정부의 관료들은 아직까지도 민간부문에 비해 상당한 직업적 명성을 유지하고 있다. 따라서 현행의 폐쇄적인 충원제도를 개방하고 지방의 공무원들에게 고위직으로의 승진기회를 제공한다면, 지방정부의 인적 자원 확보문제는 쉽게 해결될 수 있을 것이다. 지방재정 자립도의 취약성과 인적 자원의 부족은 한국 집권화의 설명변인(또는 원인)으로서가 아니라, 묘사 변인(또는 결과)으로서 파악되어야 한다.

끝으로, 국가안보와 경제성장은 계속해서 중요하지만, 이를 위해 집권화가 분권화보다 더 효율적이라는 주장은 타당하지 않다. 한국에서 첫 번째 지방의회 선거가 한국전쟁의 와중인 1952년에 치러질 수 있었던 사실을 상기할 필요가 있다. 국민경제 규모가 크게 늘어난 지금 경제적 효율성은 오히려 분권화에 의해 더욱 촉진될 수 있을 것이다. 또한 국가방위와 경제성장에 덧붙여, 한국은 정치적 민주화와 개인자유의 신장도 계속해서 추구해야 할 목표로 남아 있다. 지방자치 및 분권화가 흔히 민주적 지도력과 민주시민정신의 훈련장으로 고려된다고 할 때, 한국에서는 오히려 더 많은 분권화와 지방자치를 실시할 "합리적" 요인을 갖고 있음에 틀림없다.[18]

제 3 절 시장자유주의 시각

공공선택론과 오스트리아 경제학파에 의해 대표되는 시장자유주의자들은 개인의 자유를 크게 강조한다. 같은 자유주의 계열에 속하면서도 다원주의와는 달리, 이들은 국가기획이나 기타 정부개입에 의한 인위적인 평등 추구에 비판적이며, 국가 활동은 다만 "시장실패"에 대한 보완 차원에서만 의미가 있는 것으로 본다. 국가 활동은 비효율을 초래하고, 개인들의 자유를 구속하는 결과를 가져온다. 개인들에게 최대의 선택범위와 자유를 제공하는 것만이

[18] Jones & Stewart, 1985: 5–8; Jones, 1987: 24; O'Leary, 1987a: 369–89; 1987b: 193–217. 전통적 사회·문화적 유산과 행정적·경제적 필요성 등에 근거한 한국 집권화 경향의 이상과 같은 설명들은 정부수준간 관계에 있어서 제기되는 한국의 중요한 정치경제적 특성들을 간과하고 있다. 한국과 같은 후발 자본주의 국가에 있어서는 집(분)권화의 요구란 단지 몇몇 집단들의 정치적·경제적 이익을 보호하고 증진하기 위한 그들의 권력을 반영할 뿐인 것이다. 이것이 바로 한국에 있어 집권화 경향을 보다 현실적으로 설명하기 위해 우리들의 관심을 경제적·관료적 및 정치적 이익의 분석 쪽으로 돌릴 필요가 있는 이유인 것이다.

사회와 개인 모두의 번영을 보장하는 길이며, 이런 관점에서 지방분권의 필요성을 인정한다.

지방분권은 개인의 자율성을 증진시켜주고, 권력을 분산시킴으로써 국가로의 권력집중을 방지하여 궁극적으로는 독재방지에 기여한다고 본다. 시장자유주의의 관점에서 볼 때, 진입 (entry) 가능성의 극대화와 외부성(externality)의 극소화를 위해 가능한 한 모든 정치적 영역은 없는 것이 바람직하다. 즉 아무런 구속 없는 전 지구화가 선호되며, 그 외의 모든 장벽들은 '불연속성(discontinuities)'을 가져오는 것으로 본다. 국민국가는 국가연합으로, 그 다음은 연방국가로, 그리고 궁극적으로는 하나의 세계국가로 형성되어, 장벽 없는 하나의 세계시장을 관장하는 것이 가장 효율적인 정부형태인 것으로 본다.

1. 지방정부의 의의

신우파론은 국민국가 간의 관계에 있어서는 하나의 세계국가를 지향하는 반면, 한 국민국가 내에서는 지방분권화를 지향한다. 지방분권화는 개인들에게 가장 효율적인 방식으로 최대의 선택범위를 제공하기 때문에 개인의 자율성을 증진시키며, 국가로 집중될 권력으로부터 개인의 자유를 방어해 줄 수 있다고 본다. 이와 같은 전제하에 정부 구조에 있어 강력한 분권화를 지향하는 것이다.[19] 이들이 분권화된 정부체계를 주창하는 근거는 지방정부를 시장에 비유하는 다음과 같은 이유 때문이다.

먼저 시민(즉 행정서비스의 소비자)들이 정부(즉 행정서비스의 공급자)를 통제하는 방법에는 '탈출(exit),' '목소리(voice),' '충성(loyalty)'의 세 가지가 있다고 본다 (Hirschman, 1970a: 313-4). 충성이란 정부가 계층제적인 방법으로 기획·집행하는 것에 대해 시민들은 그대로 순응하는 것을 의미한다. 이는 권위주의자 혹은 관료주의자들이 제시하는 방식이다. 목소리를 통한 방법이란 시민들이 공공기관에 직·간접적으로 참여하여 요구사항을 전달하는 방법 (예: 지방선거, 지방이익집단, 시민저항운동 등)이며, 이는 다원주의자들에 의해 신봉되어 왔다. 반면에 신우파 공공선택이론가들은 탈출을 통해 정부를 통제하는 방식의 우월성을 강조한다. 마치 시장경제학자들이 경제시장에서 소비자들이 탈출(즉 다른 종류의 상품을 구입)을 통해 기업의 활동을 통제하는 것과 같은 방식을 공공부문에 대해서도 적용하려는 것이다. 만일 주민들이 자유로운 이동을 통하여 지방정부를 선택할 가능성이 있다면, 이는 지방정부의

---

19 '기능적 분권화' — 예를 들면, Olson의 '재정적 등가론(fiscal equivalence theory)' — 또는 '시장의 기능적 등가 (functional equivalence of the market)'로서 분권화된 정부를 선호하는 것이 좋은 예다 (Olson, 1965; Hayek, 1960; Lees, 1961). 티부(Tiebout, 1956: 416-24)는 이 개념을 직접 시장에 비유되는 하나의 명제로 발전시켰다. 그 외 공공선택론자들은 티부를 계승하여 분권화된 지방정부와 그 밖에 대도시 안에 소규모 지방정부 단위들을 유지시킴으로써 긍정적 편익을 광범위하게 얻을 수 있다고 주장하면서 이를 경험적으로 입증하려고 노력해 왔다 (Ostrom, Tiebout & Watten, 1961; Mckey, 1985).

서비스 제공과 조세부과를 모두 통제하는 것이 가능해진다. 소위 '발에 의한 투표(vote with feet)' — 즉, 공공서비스와 조세에 대한 선호에 따라 시민들이 다른 지역으로 이전함 — 를 통해 각 지방정부들이 효율적이고 민주적인 정부제도로 개선될 수 있게 된다.

이처럼 합리적 인간관과 엄격한 방법론적 개체주의 입장을 취하고 있는 신우파론의 입장에서는 중앙-지방정부간의 기능배분문제도 개인후생을 극대화하고자 하는 시민과 공직자 개개인들의 합리적 선택행동에서 비롯되는 것으로 본다. 개개의 시민들은 (중앙 또는 지방)정부에 지불하는 비용(예: 세금)에 비해 부여받는 편익(예: 행정서비스)의 비율이 극대화되는 방식을 추구하는 '합리적' 행동가들이다. (중앙 또는 지방) 정부당국도 해당 관할지역 내에서의 세입원을 극대화하려는 기업가적 (즉 합리적) 관리자들에 의해 운영된다. 신우파론 관점의 학자들은 이러한 가정 위에서 이 합리적 행동가들이 중앙-지방간의 권한과 기능배분에 관해 어떻게 동의할 것인가를 연역적으로 추론하는데, 지방정부의 활동을 재분배정책, 배당정책, 개발정책의 세 가지 유형으로 구분하면, 다음과 같은 특유의 중앙-지방간 기능배분 양식이 도출된다 [<표 3-3-6>(Peterson, 1979; 1981)].[20]

재분배정책(redistributive policy)은 특정 집단의 주민으로부터 다른 특정집단의 주민에게 편익을 이전시키는 정책사업들을 의미하는데, 복지, 사회보장, 사회보험, 공공의료혜택, 공공주택 등이 여기에 해당한다. 이러한 정책사업으로부터 주민들에게 제공되는 편익은 그들의 조세 부담과는 역의 비율로 결정되며, 비납세자들(non-taxpayers)에 대한 공적 부조에서 볼 수 있듯이, 정책사업의 수혜자와 그 비용의 부담자가 서로 일치하지 않게 된다. 따라서 이와 같은 사업들은 시일이 지남에 따라 점차 중앙정부에서 담당할 수밖에 없는데, 재분배 사업들은 지방정부 간 빈익빈 부익부의 결과를 초래하여 서비스의 비효율 가능성이 높기 때

표 3-3-6 신우파론의 중앙-지방간 기능배분: "도시한계모형"

정책유형	정부수준	특성	예
재분배정책	중앙정부	한 집단에서 다른 집단에게 편익 이전	복지, 사회보장, 공공의료혜택, 공공주택
개발 정책	지방 혹은 중앙정부	지역경제성장 촉진	관광개발, 교통·통신개발, 경제하부구조개발
배당 정책	지방정부	모든 주민에게 편익제공, 일반재정에서 비용충당	집사활동, 치안, 소방, 쓰레기 수거, 공공매립지 제공

출처: Peterson, 1981.

[20] 이와 같은 정책유형화는 재정학자 머스그레이브(Musgrave & Musgrave, 1984)의 국가재정 목표 — 즉, 배당(allocation), 재분배(redistribution), 안정화(stabilization)기능 — 나 정치학자 로위(Lowi, 1964)의 정책유형 — 즉 분배(distributive), 재분배(redistributive), 규제정책(regulatory policies) — 방식과 유사하다.

문이다.[21]

개발정책(developmental policy)은 지역 공동체에 대한 서비스 수요는 감소시키면서 세원 확보에는 도움을 가져오는 산업이나, 고소득 주민들을 유치하기 위한 산업 등 대부분 지역 경제 성장을 촉진시키기 위한 정책사업들을 의미한다. 관광개발, 교통통신개발, 경제하부구조 개발 등의 사업이 좋은 예가 된다. 이 정책사업들은 재분배서비스와는 반대로, 정책의 수혜자가 그 비용을 부담하게 된다. 그러나 수혜자와 부담자 간의 완전한 일치를 모색하기는 어렵기 때문에, 지방정부가 계획하는 사업의 편익이 해당 지역 내로 얼마나 '내부화(intern-alize)'될 수 있는지 여부에 따라 중앙–지방간에 상이한 기능배분이 이루어진다. 예를 들면, 특정 지역에만 혜택이 돌아가게 되는 지방 하부구조(예: 고속도로 건설), 공익사업(utility services), 또는 관광사업 등은 해당 지방정부에서 관리하게 된다. 반면에 광역으로 그 편익이 분산될 가능성이 있는 재정·금융정책이나 대부분의 지역경제 활성화 사업들은 중앙정부가 단독으로 관리하거나 중앙과 (몇몇 해당) 지방자치단체의 공동사업 형식으로 운영하게 된다.

배당정책(allocational policy)은 지역 전체를 위한 시설(예: 지역전체에 효과가 있는 환경보호 시설)을 제공하는 경우처럼 모든 주민에게 광범위하게 편익을 제공하는 반면, 그 비용은 특정인(또는 집단)이 아닌 일반 재정수입으로 충당하는 사업들로, 마치 가정의 가사업무와 같은 지방정부의 '공공 서비스(housekeeping service)'들이 전형적인 예가 된다. 즉 치안, 소방, 쓰레기 수거, 공공매립지 제공 등의 서비스들이 그것이다. 이 사업들은 주민 전체에게 발생할지 모르는 재난, 화재, 인명 및 재산피해, 전염병 등을 방지시켜 주지만, 그것이 주민들에게 배분되는 가치는 서로 다르다. 그래서 재분배서비스와 개발서비스의 중간적인 성격을 지닌다. 즉 조세부담은 주민들에게 균등하지 않게 부여되는 반면 배분되는 행정서비스의 가치는 주민들에 따라 다르게 평가되기 때문이다.[22] 이런 유형의 사업들은 주로 지방정부에서 담당하는데, 그 이유는 지방정부 간의 경쟁이 사업의 효율성을 증대시켜 줄 수 있고, 주민들의 선호와 여건에 따른 사업의 지역별 재배치 가능성은 사회후생을 극대화 ─ 중앙정부에서 하는 경우에 비해 더 효과적으로 ─ 하는 데 공헌하기 때문이다.

---

21 신우파 공공선택론의 정부수준간 기능배분에서 특히 주목을 요하는 정책적 함의는 지방정부수준에서는 재분배정책 문제가 의미 있게 해결될 수 없다고 하는 점이다. 이처럼 지방정부에서의 재분배문제에 대한 간과에 대해서는 다른 이론적 시각에서도 지적되는 사항이다. 그러나 그 원인에 대한 설명방법이 매우 다르다고 하는 점에 주목을 요한다. 예를 들면, 재분배문제에 대한 간과가 권력엘리트들에 의한 명시적·묵시적 장애로부터 비롯되는 것으로 보는가 하면(Hunter, 1953; Bachrach & Baratz, 1962), 이익집단들, 특히 기업집단들의 보수적인 이해관계가 지방정부 수준의 적은 공동체 내에서는 특히 영향력이 크기 때문에 비롯되는 것으로 보는 것이다 (McConnell, 1966). 반면에 여기서는 이와 같은 재분배문제의 도외시가 오히려 활발하게 활동하는 다양한 지방정치집단들의 선호체계에 의해 이루게 된다는 점을 규명해 주고 있는 것이다 (Peterson, 1979: 310–11).

22 바꾸어 발하면, 주민 각자의 한계 편익/비용 비(marginal benefit/cost ratio)에 대한 평균치는 1.0보다 작게 된다.

2. 분권화의 결정요인

이와 같이 분권화된 지방정부에서의 발에 의한 투표가 가능해지기 위해서는 몇 가지 전제조건이 충족되어야 한다. 중앙정부(혹은 연방정부)보다는 지방정부에서 시장에서와 같은 효율적인 공공재 생산이 더 유리하다는 신우파 공공선택이론가들의 주장에는 다음과 같은 가정이 전제되고 있다 (정정목, 1992: 875-8; Tiebout, 1956). 즉 지방정부에서 시민(공공재의 소비자이자 유권자)들은 ㈎ 그들의 선호체계에 가장 적합한 지역으로 이동하는 것이 가능하며, ㈏ 지방정부들의 세입·세출형태에 관한 완전한 정보를 가지고 있고, ㈐ 이주할 충분한 수의 지방정부가 존재하며, ㈑ (고용기회에 따른 제약문제와는 관계없이) 배당수입에 의존하여 생활하고, ㈒ 공급되는 공공재는 외부비용·효과가 존재하지 않으며, ㈓ 일단 공공재 생산의 종류와 양이 결정되면, 적정 지역규모(인구)가 형성되고, ㈔ 지방정부들은 이 적정 지역규모를 유지하려고 노력한다는 가정들이다. 이것들은 모두 완전경쟁시장에서와 같은 전제조건들이다.

그러나 시장에서조차 충족되기 힘든 이 조건들이 정치영역에서 갖추어지기를 기대하기는 매우 어려운 노릇이다 (정정목, 1992). 이를테면, 대단히 많은, 그리고 작은 규모의 지방정부들이 있어야 한다는 조건이 그렇다. 이 조건이 충족되어야만 주민들은 타지방으로의 이전을 통해 공공재를 과잉 공급하여 비효율을 초래하는 지방관료들을 견제하는 것이 가능해진다. 그리고 단일 지방정부 내에서의 주민 동질성도 증가될 수 있다.[23] 이와 같은 기준에서 보면, 9만 개가 넘는 지방정부들이[24] 약 3억 2천 인구에 봉사하는 미국의 경우는 매우 바람직한 형태인 것으로 판단된다. 반면에 전후 서유럽국가들(특히 영국·덴마크의 경우)이 (미국과 같이 지나친 분산화가 오히려 비효율적이라고 보고) 대규모 지방정부로 재조직화를 추구해 온 것은 시민들의 이주기회를 축소함으로써, 지방정부에 대한 시민통제가능성을 그만큼 감소시킨 것으로 평가 된다 (Dunleavy & O'Leary, 1987). 신우파 시각에서는 지방정부의 대규모화 방안들(예: 대도시 광역 지방정부화나 소규모 지방자치단체들의 합병 등)이 실제로는 후생을 감소

---

[23] 이와 같은 관점에서 접근하는 경우, 성남시로부터 분당구(區)를 분리하여 독립 시로 설치하는 주장이 정당화될 수 있다 (이승수, 1997). 그간 우리나라에서 추진해 온 시·군 통합이 지방정부 내에서 동질성을 줄이고, 통합된 지역주민들 간에 아직도 갈등이 존재하는 사례가 있다는 지적도 있다.

[24]

연도	1982	1987	1992	1997	2002	2007	2012	2017
자치단체수	81,831	83,237	85,006	87,504	87,576	89,527	90,107	90,126

주: 자치단체 수 : Federal, state, and local government units
자료: United States Census Bureau. 2017 Census of Governments-Organization (https://www.census.gov/data/tables/2017/econ/gus/2017-governments.html).

시키는 '개악'인 것으로 평가하게 되는 것이다 (Peterson, 1979).[25] 또한 연방제가 단방제 국가
형태보다 더 우수한 것으로 평가되기도 하는데, 이는 공공지출 통제를 가능한 한 작은 지방
정부 단위로 분권화시키고, 다수의 정부계층과 정부수준을 존속시키는 것이 가능해지며, 여
러 정부수준들 간의 정책경쟁을 극대화시킬 수 있기 때문이다 (Dunleavy & O'Leary, 1987).
그리고 ㈎ 행정수요의 증가에 따라 행정서비스가 팽창할수록, ㈏ 시간가치의 증가로 인해
정부 서비스의 생산비 가운데 시간과 거리에 의한 비용이 높아질수록, ㈐ 정부서비스의 총
생산비에서 차지하는 자본비용의 비중이 낮아질수록 분권화가 더 합리적인 것이 되며, 경제
가 성장하고 기술수준이 증대됨에 따라 이들 분권화의 촉진 요인들은 더욱 강화될 것으로
예측한다 (정정목, 1992; Kohen & Deutch, 1969).

공공선택론의 관점에서 볼 때, 한국의 시·군 자치단체 행정구역은 다음과 같은 문제점
을 지니고 있다 (정정목, 1992). 첫째, '불완전한 주민이동성(pseudo consumer mobility)'의 문
제이다. 주민(즉 공공재의 소비자)들이 스스로의 선호체계에 부합되는 지방정부를 선택할 수
있는 의지와 능력이 있다고 하는 '주민의 이동성'은 티부의 전제조건 가운데에서도 핵심적인
것에 해당한다. 본래부터 한국에서는 이농(離農) 현상으로 인하여 소비자 이동성은 매우 제
한적이었다. 도시지역이 농·어촌지역에 비해 경제·문화적으로 좋은 조건을 갖추고 있기
때문에 거의 일방적 방향(즉 농촌에서 도시지역)으로의 이동성이 존재해 온 것이다.

이와 같은 불완전한 주민이동성은 시가 군에 영역적으로 포함되어 있는 지역의 경우 더
욱 크게 나타나게 된다.[26] 시로의 전입이 어려운 경우 군민들은 거주지를 이전하지 않은 채
도시지역의 여러 가지 혜택을 무임승차하는 것이 가능하기 때문이다. 이것은 곧 지방공공재
의 효율적인 생산에 왜곡을 초래하는 것이 된다. 우선 적정규모의 공공재 생산을 위해서는
규모의 경제(즉 생산품목이나 양이 적정한 인구규모를 전제로 효율적으로 결정되는 것)와 생산의
효율성(즉 규모의 경제를 전제로 하여 분권화된 정부체제가 운영된 성과)이 전제가 된다. 규모의
경제가 확보되기 위해서는 지방공공재의 순수성과 자치단체 규모의 적정성이 선결되어야
한다. 그러나 오늘날 교통·통신수단의 발달과 산업구조의 지역적 상호의존성을 고려할 때
외부성이 없는 순수한 지방공공재를 상정하기는 매우 어려운 일이다. 더욱이 불완전한 주민
이동성과 시·군 영역의 중복으로 인하여 지방공공재의 외부성은 더욱 강화되게 된다. 지방

---

25 한국은 과거 3단계에 걸쳐 지방행정체제를 개편하였다. 제1단계는 1995년 1월 1일자로 33개 도농복합형태시를 만
든 것이고 제2단계는 '94. 8-'94. 12에 광역시(부산, 대구, 인천)의 시역확장과 과대자치구(서울 3, 부산 3, 인천 2,
광주 1)의 분구, 자치단체간의 경계조정 및 추가 시·군통합을 추진한 것이며, 제3단계('95. 3-'95. 5)는 추가 시·
군통합과 시·군 및 자치구간의 경계조정을 의미한다.
26 과거 청주시와 청원군의 사례가 대표적인데, 청원군은 청주시를 도넛 모양으로 둘러싸고 있었다. 청주시를 중심으
로 동일한 생활권이 두 개의 지방정부로 분리되어 있었기 때문에 주민들의 불편이 컸고, 행정도 비효율적이었다.
1994년부터 2014년까지 총 4번의 통합시도 끝에 2014년 청주시와 청원군은 통합청주시로 통합되었다.

공공재에 대한 동일한 선호를 가진 소비자들이 여러 지방정부에 분포되어 있거나, 반대로 이질적인 선호체계를 지닌 소비자들이 하나의 지방정부에 소속되는 경우 공공재생산의 효율성은 확보되기 힘들다. 공동묘지의 개발이나 시내버스노선의 결정은 좋은 예이다 (정정목, 1992).

지방정부의 효율성을 위해서는 또한 세입·세출의 정확한 예측이 필요하며, 그를 위해서는 세입원이 명확하고 세출효과(즉 지방정부에 의해 생산되는 공공재의 혜택)가 고정될 수 있어야 한다. 세출효과가 고정되기 위해서는 그 혜택이 주민들에게 가능한 한 독점적으로 향유될 수 있어야 한다. 그러나 우리의 경우는, 불완전한 주민이동성과 특히 시·군 지역의 중첩으로 인하여, 고정된 세출효과를 확보하기가 어렵다. 신우익 공공선택론의 관점에서는 분권화된 지방정부 체제가 장기적으로 유사한 선호체계를 지닌 주민들끼리 지방자치단체를 구성하게 함으로써, 그만큼 지방정부의 의사결정비용을 감소시킬 수 있는 장점을 지닌 것으로 가정되어 왔다. 그러나 도시화 및 교통·통신수단의 발전, 그리고 지역 간 경제적 의존(즉 개방경제체제화) 현상 등은 모두 지방정부라고 하는 정치적 영역의 의미를 사실상 축소시키는 요인으로 작용해 왔다. 더욱이 우리의 경우 사실상의 동일한 경제·문화적 생활권이라고 할 수 있는 시·군 지역이 정치적으로는 분리되어 있음으로 인하여 오히려 불필요한 의사결정비용(예: 별개의 자치단체 간 수평적 협상 및 조정비용 등)만 증폭시키는 결과를 초래하고 있는 것이다 (정정목, 1992).[27]

제 4 절 마르크스주의의 시각

전통적인 계급이론(class theory)에서는 국가를 중립적이기보다는 자본가 계급에 편향적인 것으로 본다. 자본주의하에서 국가는 지속적으로 자본의 축적을 촉진해야 될 기능적 필요성이 있기 때문이다. 국가는 전체 사회의 경제적 번영을 위해서는 물론이고, 그 자체의 세입을 유지하기 위해서도 자본가들의 축적에 의존하지 않을 수 없다. 자본축적이란 자본가들에 의한 노동계급으로부터의 미보상 노동착취를 의미하며, 자연히 국가정책도 계급성을 지니게 된다.

---

[27] 이러한 문제의식 하에 중앙정부는 2008년에 지방행정체제개편추진위원회를 설치하는 등 지방행정체제 개편을 추진하였다. 그 결과 마산·창원·진해시를 통합하여 2010년 통합창원시를 만들었고, 2014년에 청주시와 청원군을 통합하여 통합청주시를 만들었다. 그밖에 전주시와 완주군, 목포시와 무안군, 신안군, 안양·군포·의왕시, 수원·화성·오산시의 통합 논의가 있었다.

그러나 계급이론가들 가운데에서도 구조주의의 입장에 서 있는 이론가들은 국가가 필연적으로 자본가들의 축적을 위해 행동한다는 도구주의적 견해에 반대한다. 국가가 정당성 유지와 자본의 장기적 발전을 위해 때로는 자본가들의 단기적 이익에 반하는 정책을 수행할 가능성이 있다고 본다. 그리고 국가 개입도 폭력적·억압적 방식에 의하기보다는, 사회불안정을 해소하고 사회갈등을 희석시키며 정치적 투쟁을 자본의 장기적 이익에 융합시키기 위한 방식으로 수행한다. 이 과정에서 국가는 사회 전체의 이익을 추구하는 권력조직체이며, 권력에의 균등한 접근기회를 허용하고, 정당한 요구에 대응하는 등 정치적 중립의 모양새를 유지하려고 한다. 만일 공공정책이 전적으로 한 지배계급의 이익으로만 편향된다면, 자본주의 사회의 전반적 동의나 정치적 안정을 확보하는 것이 어렵게 되기 때문이다.

1. 지방국가의 의의

이처럼 서로 다른 두 가지 계급이론의 관점에 따라 중앙-지방정부 간 관계 및 지방정부의 의의에 관해 다음과 같은 두 가지의 다른 입장이 제시된다.

1) 도구주의의 견해

도구주의는 국가기구를 단지 전체로서(즉 자본의 이익을 위해 전체로서 행동하는 것으로서)만 인식한다. 따라서 지방정부 제도들을 별도로 연구할 의의를 인정하지 않는다. 지방정부의 정책과정이 국가정책에 어떤 차이를 가져올 가능성이 없기 때문이다. 이와 같은 도구주의 이론의 대표적인 지방정부 모형이 도구주의와 제도적 측면의 통합을 시도하는 이른바 '지방국가(the local state)' 개념이다 (Cockburn, 1977).

지방국가의 개념에서는 자본주의 국가의 통일성(unity)을 강조함으로써, 도구주의 명제에 일관성을 유지한다. 지방국가란 그것이 국가와 분리된 어떤 다른 것을 의미하는 것이 아니며, 지역 수준에서 국가를 대표하는 것도 아니다. 그것은 다만 전체(즉, 국가)의 일부라는 뜻에서 부착된 명칭에 불과하다. 국가는 기본적으로 통일성을 보유하며, 국가의 모든 부분들은 근본적으로 하나로서 작용하는 것이다 (Cockburn, 1977: 16-17).[28] 국가의 근본적인 역할

---

[28] 사회주의 정치체제인 중국에서 이런 모습은 전형적으로 나타난다. 중국의 중앙-지방 관계(거버넌스)는 리일분수(理一分殊) 모형으로 설명된다. 리(理)는 오직 하나이지만, 그것이 구현될 때는 각기 다른 모습으로 나타난다. 중앙과 지방의 관계에서 오직 하나로서 궁극(Great Ultimate)의 리(理)에 해당하는 것은, 당중앙(党中央)의 총서기(總書記)이다. 중국의 지방정부는 총서기를 정점으로, 각 조직단위의 서기(書記)직을 주축으로 연결하여, 상하관계의 철저한 계급적 수직관계를 통한 고도로 체계화된 명령구조를 갖는다. 중국의 모든 조직과 조직 사이의 공적인 연결고리를 통해서 하나의 과학적 이론체계로서 중국사회가 작동하는 핵심이 바로 리일분수 모형의 리(理)와 같은 서기

은 전통적 마르크스주의자들의 견해와 마찬가지로 자본축적의 여건을 지속적으로 재생산하는 것이다. 그리고 지방정부도 결국은 자본주의적 생산양식과 관련하여 자본주의 내에서 갖는 기능적 역할을 수행한다. 자본주의 국가의 역할이 계급적 구조를 기반으로 하는 사회에서 자본축적을 위해 지속적으로 여건을 확보해주는 것인 이상, 지방국가는 이러한 거대한 총체의 일부분일 수밖에 없다 (Chochrane & Anderson, 1989). 여기서 지방국가라고 부를 때, 그것이 중앙국가와 다르다거나 혹은 하나의 독립된 국가라는 의미가 아니다. 그것이 의미하는 바는 전체의 일부분일 뿐이라는 것이다 (Cockburn, 1977: 46-7). 즉 지방정부는 전체 사회구조 내에서 행하는 기능인 것으로 설명되어야 하고, 지방정부 내에서의 정책결정도 지역사회 내에서 작동하는 사회관계와 이익중개라는 측면에서 분석되어야 한다는 것이다 (이종수, 1993).[29]

2) 구조주의의 견해

전통적으로 마르크스주의 이론에서는 국가의 역할이 주로 생산의 문제(즉 이윤과 자본축적)에 관련되는 것으로 다루었다. 그러나 국가에 의한 자본주의 체제의 유지가 '집합적 소비(collective consumption)' 부문에 대한 개입 — 즉 주택, 교육 등을 개인에게 제공 — 을 통해서도 이루어진다는 새로운 시각이 발전되었다 (Castells, 1977). 현대 자본주의 사회에서 생산과 소비의 문제를 분석적으로 구분하려는 구조주의의 시도가 이루어진 것이다.

2. 지방분권화의 결정요인

마르크스주의 이론은 지방분권화에 대해 두 가지 상반된 입장을 제시한다. 하나는 지방정부는 노동계급운동을 '지방적'인 것 혹은 지역공동체 이익의 수준의 것이 되도록 공간적·이념적 분산을 유도하기 위한 수단이며(Dear & Scott, 1984), 또한 억압적·비밀적·집권적인 정책결정 형태를 통하여 점차 지방정치권력을 지역자본가에게 제공하기 위한 수단이라는 견해이다. 다른 하나는, 반대로, 지방정부체계를 노동계급이나 일반 대중이 자본에 대항하는

(書記)의 작용이다. 당중앙의 총서기는 오직 '하나'(理一)지만, 각급의 지방정부와 당조직에는 '서기'(書記)가 '없는 곳이 없다'(分殊). 중앙과 지방정부의 각각에 포진해 있는 그 서기들을 중심축으로 하여 종적·횡적 관계의 상호작용을 통해서 중국의 국정운영은 작동한다 (김윤권외, 2019: 277-284). 이러한 모습은 북한 역시 크게 다르지 않을 것으로 예상된다.

29 이 점에서 자본의 이익 내에서 운영되는 단일의 행동가로서의 도구주의적 국가 개념과 일치한다. 그러나 다른 한편 지방국가론은 단일의 지방정부 내에서의 정책결정에 관해서도 설명하려고 시도한다. 이를 위해 다원주의적 관점과 일치하는 분석방법을 동원하게 된다.

데 있어 필요한 잠재적 원천인 것으로 파악하여, 지방정부에서의 코포라티즘적 관리나 기타 집권화 경향들, 그리고 중앙정부로의 지방권력의 이전 경향 등은 모두 지방에서의 민중적 투쟁으로부터 독점자본을 보호하기 위한 조치들인 것으로 인식하는 견해이다.

이와 같은 두 가지 상반된 견해는 진보세력들이 처한 정치적 입지에 따라 그때그때 편리하게 채택되어 강조되는 경향이 있었다.[30] 전통적으로 좌파정치세력이 중앙국가를 중시해 왔던 것에 반하여, 이들이 지방정부의 중요성을 강조하게 된 데에는 중앙무대가 신우파 보수정권에 의해 장악된 이상 지방을 하나의 교두보로 삼아 재기를 준비할 일종의 '오아시스'로 삼을 수밖에 없었기 때문(이종수, 1993)이라는 것이다.

1) 도구주의의 설명방식

도구주의에 의하면, 분권화 또는 집권화를 가져오는 국가조직의 재구성은 단지 전국수준 자본가들의 의지를 반영하는 것이다. 지방분권화란 외견상의 겉치레에 불과할 뿐이며, 만일 그것이 실제 이루어지는 경우는 피지배계급의 혁명이나 개혁의식의 축적을 분산시키기 위한 하나의 전략에 불과하다.

지방국가가 과거에는 지방 자본가들의 공동관심사를 관리하기 위한 집행위원회의 역할을 수행했다. 그러나 현대에 들어서면서 전국 수준의 자본이 조직화 되었기 때문에 지방국가의 필요성은 점차 감소되어 왔다. 단지 중앙국가 수준에서의 자본이익을 위한 전략의 축소판에 불과해진 것이다.

그나마 과도한 지방분권화로 인해 지방국가의 정책에 대한 중앙의 통제권이 손상될 위험이 있는 경우, 언제나 재집권화를 추구한다. 예로서, 급진 좌파정당에 의해 지방국가가 장악되는 경우에 지방국가에 대한 중앙국가의 정책통제권이 다시 강화되고, 집권화로의 재조직화가 추구된다. 중앙-지방간에 갈등이 발생하는 경우는 항상 중앙국가에 유리하도록 결정

---

30 예를 들면, 영국의 노동당이 집권하는 경우는 후자(즉 중앙집권화)의 입장을 강조하고, 노동당이 선거에서 패배하는 경우(예: 1979년 이후 현재까지)에는 전자(즉 지방분권화)의 의의를 강조하는 경향이 나타나는 것이다. 소위 '신(新)도시좌파(New Urban Left)'의 지방분권화 주장이 그것이다. '신도시좌익'은 도시지역에 특별한 중요성을 부여하는 좌익론자들의 견해를 지칭하기 위해 만들어진 용어이다 (이종수 1993; Gyford, 1983; 1985). 1960년대 후반 기성세대에 의해 지배되던 지방의회가 새로운 젊은 세대에 의해 교체된 것(Laffin & Young, 1985), 그리고 좌파 내에서 전통적인 노동당식 정책노선에 대안적 방식을 제시해 온 점에서 '신'좌익이라는 지칭을 얻었다. 또한 대도시지역의 젊은 지식인과 공장노동자들, 인종적·성적 소수집단들에 의해 지지되었다는 점에서 '도시'라는 지칭이 첨가되었다 (이종수, 1993). 신도시좌파의 등장에는 1960년대 말 영국지방의회 선거에서 보수당이 전통적으로 우세하던 노동당의 의석을 장악함으로써, 노동당에 세대교체의 계기가 이루어진 사실, 기존 노동당의 급진적 정책노선(즉 국가를 통한 평등의 실현을 추구하고자 함으로써 자유의 문제가 상대적으로 경시됨)이 1970년대에 들어서면서 국가중심적·의타적·집권적·관료적이라는 자아반성에 직면하게 된 점, 중앙정부에서 보수당에 패배함으로써 지방정부를 재기의 발판으로 삼을 수밖에 없게 된 점 등이 배경으로 작용했다 (이종수, 1993).

이 이루어진다. 그리고 중앙-지방간 갈등 없는 경우에도 지방국가들은 해당 지역에 존재하는 지방 자본가들을 위해 봉사할 뿐이다.

2) 구조주의의 설명방식

구조주의의 견해에 따를 때, 두 가지 설명이 가능하다. 첫째, 자본주의의 발전에 따라 도시화가 진전되면 그로부터 많은 도시문제들이 발생하고, 이 때문에 지방정부의 기능이 필요해지는 것으로 설명하는 관점이 있다. 이와 같은 문제로부터 발생하는 도시 수준에서의 사회적 갈등은 대개 집합적 소비 과정에 직접 연계되는데, 이는 또한 지방수준의 문제로 귀착된다. 자연히 지방수준의 국가는 집합적 소비를 제공함으로써 자본주의 체제를 지원하는 역할을 한다. 집합적 소비를 제공하는 과정에서 국가는 (생산의 문제에 기인한 자본가와 노동자간의 분열 외에) 새로운 형태의 분열 — 즉 집합소비의 수준 및 형태와 관련된 새로운 유형의 분열 — 을 초래한다.

자본주의적 생산양식에 따라 집합소비 과정이 두 가지 방식으로 영향을 받는다. 먼저, 자본주의적 생산양식에 의해 집합소비의 문제가 창출된다. 또한, 자본주의적 생산양식에 의해 도시의 정책결정자들의 선택범위가 제한된다. 이 두 가지 요인으로 인하여, 지방정부의 제도 및 기구들은 생산과 관련된 자본가들의 이익으로부터 단지 '상대적인' 자율성('relative' autonomy)을 갖게 된다. 결국 국가는 — 그것이 지방수준이든, 중앙수준이든, 아니면 두 가지 모두이든 — 자본축적을 위한 생산과정으로부터 단지 상대적 자율성(즉 제한된 독립성)만을 갖게 될 뿐이다. 이것은 국가가 당면하는 문제나 반응하는 방식이 모두 생산과정에 의해 결정됨을 의미한다.

이렇듯 집합적 소비와 관련된 도시 공공 서비스의 제공이라는 (지방)국가의 역할은 자본주의적 축적에 의해 초래되는 문제들을 해결하는 일에 관련되지만,[31] 도시공공 서비스 제공의 수준에 관한 선택의 범위는 자본주의적 생산에 (조세와 기업이윤의 증감 등의 면에서) 공헌하는 정도에 따라 결정되는 것이다 (O'Connor, 1973).

둘째, 중앙집권 혹은 지방분권을 계급투쟁의 역사적 산물인 것으로 설명하는 방법이다. 만일 피지배계급이 중앙이든 지방이든 국가조직을 포획하는 일이 발생한다면, 이 경우 자본의 장기적 이익을 안정적으로 도모하기 위한 방향으로 조직개편이 이루어진다. 영국에서 볼 수 있었던 것처럼, 지방정부의 대규모 개편이 이루어진 것은 노동계급이 노동운동이나 선거

---

[31] 이와 같은 관점에 서 있는 학자들(예: Castells, 1976; 1977; 1978; Smith, 1985)은 주택, 교육, 사회복지 등에서 나타나는 사회적 재생산의 기능에 대한 분석에 주력하고 있다 (이종수, 1993).

를 통해 지방정부를 장악할 가능성을 축소시키기 위한 것이었다 (Dearlove, 1979).[32] 미국의 연방제는 당시 상인계급의 장기적 이익을 도모하기 위해 국민통합(national integration)을 촉진시키기 위한 하나의 장치로서 창안된 것이다 (Beard, 1935).

이처럼 지방분권화의 목적은 계급투쟁을 분산시키려는 의도가 그 배경을 이룬다. 지나친 중앙집권화는 반대세력(피지배계급)에 의한 권력 장악에도 유리할 수 있기 때문이다. 또한 반대세력이 집권하는 경우 급진적인 정책변화의 폭을 제한하기 위한 장치로서 지방분권화가 추진되기도 한다. 지방분권화는 또한 중앙국가의 복지정책 부담을 감축시키는 데에도 유리하며, 자본가들의 단기적 이익 추구를 견제하는 데에도 유리할 수 있다 (Castels, 1985: 120).

3) 한국의 중앙 - 지방 관계에 대한 계급정치론적 설명

한국에서 극도로 중앙집권화가 지속되어 온 이유를 자본주의적 생산양식과 관련지어 설명해 보는 것이 가능하다. 서구 선진국과 달리 발전도상에 있는 후발 자본주의국가들의 경우는 새롭게 부상하는 자본들이 오히려 국가권력의 분산 및 분권화에 대해 반대 입장을 취하게 되는 것이 보통이다 (Jung, 1987). 왜냐하면 경제이익들은 그들의 성장이 주로 지방이 아닌 전국적인(즉 중앙정부지원의) 정치권력에 의존하고 있기 때문이다. 중앙국가는 대규모 개발계획을 통해 재화와 용역을 공급하는 많은 기업들과 계약관계를 수립하는 등, 국가수준의 사업들은 여러 가지 다양한 유형의 보상을 기업측에 제공하게 된다. 다시 말하면 중앙국가가 관여한 대규모 하부구조(infrastructure) 개발계획에 재화와 용역을 제공하는 일에 민간기업들이 계약체결을 통해 참여할 수 있는 것이다. 또 기업들이 그들의 상업 및 산업활동의 기반이 되는 여러 중요한 재화에 대해 접근할 수 있는 통로를 중앙국가가 통제하고 있다. 중앙국가는 가끔 외국 투자가들과의 결탁을 통해 자본을 제공함으로써 자본기업의 발전에 결정적인 역할을 하기도 한다. 신용대출, 공공사업, 정부기관과 외국관련기업간의 합작, 토지에 대한 공유화와 통제 등은 중앙국가가 이윤개발과 제조업 등을 포함하는 다양한 경제활동을 촉진시키는 방법들이다 (Smith, 1985: 195).

산업개발을 위한 국가와 동일시되는 정부의 이러한 중요성은 한국에서의 중앙집권화 경

---

[32] 지방정부 개편의 절정은 대처정부 시절 런던 해체였다. 런던 해체작업은 1979년 대처의 보수당정권이 집권하면서부터 시작되어, 1981년 런던 지방선거에서 노동당이 승리하자 본격화되었다. 1983년 5월 총선에서 보수당 압승으로 「런던도 등 7개 대도시폐지법안」이 착수되었고, 1985년 7월 대처 총리는 이 법안을 통과시키면서 런던 해체작업에 들어갔다. 1986년 런던도 본청(광역정부)은 사라졌고, 런던시, 웨스터민스터시 등 2개 시와 31개 구청을 각각 중앙정부와 직접 거래하는 완전한 자치단체로 분가시키는 결단을 내렸다. 이와 함께 맨체스터 등 잉글랜드 지역 6군데의 광역지방정부도 함께 없애버리는 혁명적인 조치를 감행하였다. 이러한 개편으로 영국정부는 한해 약 1억 파운드의 예산과 6천 5백여 명의 인원을 감축하게 되었다 (중앙일보, 1995.3.27.).

향에 중요한 암시를 준다. '규제된 자본주의(regulated capitalism)'로 알려져 있는 한국의 경제 체제에서는 국가가 기반산업과 다른 중요부문에 대해 직접적으로 관여하거나, 간접적으로 지침을 하달하기도 해 왔다. 특히 1960년대 초반부터 경제에 있어 국가의 역할은 장기적인 경제개발계획(주로 지시적인), 공기업, 재정 및 금융정책, 특정 산업을 우대하는 경제규제 등의 방법을 통해 상당한 영향력을 행사하였다 (Jung, 1986). 대부분의 정부활동은 경제발전이라는 명칭하에 수행되었으며, 많은 학자들은 1960년대~1980년대의 한국의 급격한 경제성장이 주로 규제된 혹은 '지도된 자본주의(guided capitalism)'를 대표하는 공공부문에 의해 조종되었다는 사실에 동의한다. 그런 가운데 국가는 대기업들이 규모의 경제를 갖추고 국제시장에서의 경쟁력을 강화하기 위해 독점가격을 형성하는 것을 허락하였으나, 인플레이션의 방지와 대기업의 국제적 경쟁력을 확보하기 위해 근로자의 임금과 농산물의 가격은 억제하였다. 덧붙여서, 조세정책은 제조업자와 수출기업보다는 임금근로자와 개별소비자에게 불리한 쪽으로 시행되었다. 대부를 포함해서 금융정책은 가계보다는 기업에, 임금근로자보다는 이자수입자들에게, 그리고 내수지향적 산업보다는 수출지향적 산업에, 중소기업보다는 대기업에 유리하도록 시행되었다. 이러는 동안에 부패와 정실주의가 팽배하였고, 많은 한국인들이 믿고 있듯이 정부와 재벌간에는 정치적인 결탁이 존재해 왔다. 이러한 정치적 결탁은 재벌의 손아귀에 소득과 부가 집중화되는 것뿐만 아니라 중앙국가의 정치와 행정권력이 집중화되는 결과도 초래한 것이다. 이처럼 한국에서의 중앙집권화 현상은 국가와 그로부터 이익을 얻으면서 부상하는 자본과의 연계에 의해 비롯된 산물인 것으로 해석하는 것도 가능하다 (Jung, 1987).

제 5 절 엘리트주의의 시각

엘리트 이론은 다원주의에 대한 또 다른 비판적 대안으로 발전되었다. 이 이론의 기본 가정은 어떤 사회든 응집력 있는 지배엘리트가 존재하며, 그들의 권력이 광범위한 문제들에 관여되어 있어서, 정책결정에 결정적인 역할을 수행한다는 것이다. 정책결정은 선거직 공직자들에게 국한되기보다, 정부제도의 범위를 넘어 다양한 기제들에 의해서도 영향을 받는다고 본다.[33]

---

[33] 예를 들면, 교차되는 조직연계, 비공식영향집단, 친분관계 및 사회화망, 그리고 국가기구나 그 외 제도 내의 엘리트 구성원 들간에 긴밀하고 지속적으로 존재하는 가치 및 사회적 속성 등이 그것이다.

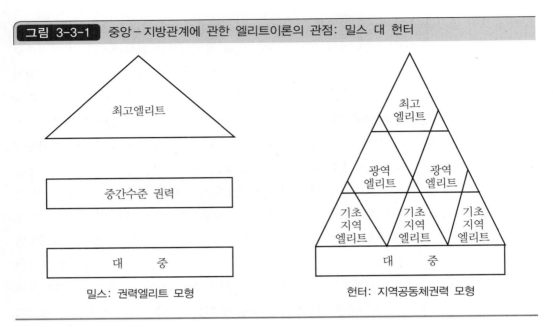

그림 3-3-1 중앙 – 지방관계에 관한 엘리트이론의 관점: 밀스 대 헌터

밀스: 권력엘리트 모형   헌터: 지역공동체권력 모형

출처: Dunleavy, 1982.

국가기구들이 비엘리트들로부터 격리되어 있으며, 이 때문에 비엘리트들이 국가기구에 정치적 투입을 하기란 극히 힘들다. 반면에 국가 엘리트들은 다른 엘리트집단의 영향에 선택적으로 대응할 수 있으며, 그들 간의 지배연합을 통해 국가자원의 배분 및 통제 범위를 확대하려고 한다. 또한 국가정책의 범위와 방향을 결정하는 데 있어서 사회경제 엘리트들(특히 대규모 전문가 혹은 기업 집단들의 엘리트들)의 역할은 지배적이다. 각종 집단들은 그 본래의 목표와는 관계없이 내부적으로 과두제적 지배가 이루어지며, 이 제도적 권력을 장악하고 있는 사람들 간, 집단 간 이익수렴 현상이 발생한다. 조직화된 노동자와 기업들이 국가정책을 결정하고 집행하는 데에 코포라티즘적 방식으로 연합되며, 이 과정에서 국익에 대한 관료적 합리성이 국제 경제 여건에 따라서 우선시된다. 중앙정부와 지방정부 간의 관계에 관한 엘리트주의의 관점은 '권력엘리트론'과 '지역공동체권력론'의 두 가지 유형으로 대표된다 (<그림 3-3-1>). 정부 수준 간 엘리트들의 권력배분에 관한 이 두 가지 견해들은 특정 사회에 따라 그 적실성이 다를 것이다.

1. 권력엘리트 모형과 지역공동체권력 모형

밀스(Mills, 1956)의 권력엘리트론(Power Elite Theory)에 의하면 지방정부란 근본적으로 변방(periphery)으로서의 의의를 넘어서지 못한다. 지방정부는 전기 (혹은 초기) 산업사회의 잉여적 유산으로서, 현대 국가에서 중앙정부의 기획과 정책의 영향력이 커지면서 지방정부의 적실성과 중요성은 다소 감소했다.

역사적인 변화를 가져오는 국가정책들은 중앙정부 수준의 주요 제도들의 최고 정점집단들(예: 중앙 핵심행정부의 엘리트, 군대의 최고지휘자, 그리고 대기업의 주인이나 최고경영자들)의 수중에서 이루어진다. 일부 대의제적 기제나 지방정부 수준에서의 투입정치기능이 없는 것은 아니다. 그러나 이들 다원적인 기제들은 중간수준의 권력과 중간수준에서 근본적이지 않은 의사결정에만 국한되어 작용할 뿐이다. 이 수준에서의 정책결정은 중앙의 권력엘리트들의 지배력을 위장하고 주의를 전환시켜주는 기능을 수행한다. 중앙의 권력엘리트들은 지방에 있는 중간수준 권력에 기능적으로 의존하지 않으며, 비(非)엘리트들에 대한 규제나 개입에도 직접 관계하지 않는다.

권력엘리트론과 대비되는 견해 가운데 하나는 지역공동체권력론(Community Power Theory)이다 (Hunter, 1953; Domhoff, 1967). 이 관점에 따르면 중앙의 권력엘리트들은 지방 수준까지 지배하며, 이 때문에 어떠한 상황에서도 다원적인 정책결정은 이루어지지 않는다.

시민들이 가장 접근하기 쉬운 지방정부 수준에서조차도 권력은 경제 및 사회 엘리트들의 수중에 집중된다. 이들의 비공식적 영향망에 의해 민주적 절차는 간과되며, 정책결정은 지역공동체 내에서 가장 강력한 집단의 이익을 위해 이루어지게 된다. 지역엘리트들은 전국 수준의 권력엘리트들을 지원하는 응집력 있는 하부구조 속에 기능적으로 결합되어 있다. 전국 수준 엘리트들의 지배구조는 그들의 지역에 대한 통제력 유지 정도에도 크게 의존한다. 지역엘리트들은 전국 수준 엘리트들의 입지를 유지시켜주기 위해서 그들 산하에 있는 사회·정치를 통제하며, 정치적 충원이나 정부 수준 간 인사교류 등을 통해 전국 수준 엘리트들의 범위설정에도 봉사한다.

이와 같은 엘리트 지배구조 속에서 지방정부의 정책결정은 흔히 '무의사결정(non-decision making)'의 형태를 수반한다 (Bachrach & Baratz, 1962; 1963; 1970). 다원주의자들의 가정과는 달리, 사회문제 가운데 단지 엘리트들이 허용한 사안들만이 정책의제로서 정책결정 과정에 진입되는 것이다. 자연히 정책의제들은 단지 권력엘리트들의 권력유지에 나쁜 영향을 미치지 않는 범위의 것에 한정될 수밖에 없다. 소위 '편견의 동원(mobilization of bias)'을 통하여 권력엘리트들에게 안전한 문제에만 의사결정을 국한시키고, 그들의 이익이나 가치에 대해 잠재적 혹은 명시적으로 도전하는 사안들은 억제되는 것이다 (Bachrach & Baratz, 1970).

2. 중앙 – 지방 간의 기능배분: 이원국가론

엘리트론에서 정부수준간 기능배분을 설명하는 대표적인 모형은 '이원국가론(Dual state thesis)'이다 (Saunders, 1981; 1984; Cawson, 1978; Dearlove & Saunders, 1984; Dearlove, 1984). 이 이론체계는 국가기능에 관한 신마르크스주의 관점을 일부 수용하면서, 정부수준 간 상이한 의사결정 방식에 관한 신베버주의의 입장을 근간으로 하고 있다 (Dunlaevy, 1984; Low, 1991). 이원국가론은 다음과 같은 세 단계로 구성된다 (Dunleavy, 1984: 66–69). 즉, ⅰ) 국가 재정지출의 유형화, ⅱ) 국가개입 및 의사결정의 양식, ⅲ) 정부수준 간 기능배분이 그것이다.

1) 국가재정지출의 유형화

먼저 기능주의 마르크스주의 이론에 따라 국가지출을 다음의 세 가지 유형으로 구분한다 (O'Connor, 1973; 정용덕, 1988). 첫째, '사회비용(social expenses)'은 경제활동에 필요하나, 직접적으로 이윤촉진에 기여하지는 않는 기능을 위한 국가지출이다. 이를테면 경찰·군대, 그리고 정당화 기능 등이 여기에 해당한다. 둘째, '사회투자(social investment)'는 직접적으로 자본을 위해 생산수단을 제공하는 기능을 위한 지출이다. 예를 들면, 교육훈련 등을 통한 인적 자원의 제공과 도로·항만·발전소와 같은 사회간접시설(SOC) 등 물적 자원의 제공을 위한 국가기능이 그것이다. 셋째, '사회소비(social consumption)'는 노동비용을 감축시키기 위한 기능에 필요한 지출이다. 식품구입권·공적부조 등의 집합적 소비와 연금 등의 사회보험 등이 여기에 해당한다.

2) 국가개입 및 의사결정의 양식

정부 내 의사결정 전략들을 조합하여 국가 행위에 활용하는 방식에 관한 것이다. 먼저, 시장체제에서 국가가 지니는 근본적인 문제점에 의해 다음과 같은 두 가지의 국가행위가 유형화된다 (Offe, 1975). 첫째, '배당적(allocative)' 국가행위다. 이는 국가가 이미 '재산권'을 소유하고 있는 자원을 사용하여, 권위적이고 자율적인 방식으로 행동하는 유형을 의미한다. 둘째, '생산적(productive)' 국가행위다. 이는 국가가 광범위한 사회적 장치들의 변화를 가져오려고 하는 것이며, 이 일을 성공적으로 이끌기 위해서 외부 이해관계자들의 협조를 끌어내려고 노력하는 유형이다. 선진 산업국가들의 경우를 보면, 19세기에는 국가가 주로 배당적인 역할을 수행하였으나, 점차 복잡한 생산적 국가행위도 포함하게 되었다.

국가행위를 수행하기 위한 의사결정 방식에는 단지 세 가지가 있을 뿐이며, 그 어느 것도 완벽한 것은 없다 (Offe, 1975). 첫째, 관료기구를 설치하여 활용하는 전략이다. 이는 새로운 문제해결방안을 마련하거나 국가외부의 집단들을 협조를 끌어내는 데 매우 부적합하다. 둘째, 코포라티즘적 전략이다. 이 방법은 관료제적 방식의 문제, 특히 외부 사회집단들의 협조를 이끌어내는 데 있어서의 문제점을 제거하는 데 도움이 되는 반면, 핵심적 이익들(특히 자본을 대표하는 조직들과 때로는 노동운동)과 협상에 필요한 권위 있는 국가행위를 약화시키는 문제가 있다. 이 전략은 또한 협조과정에 포함된 — 그리고 정통성 확보에 잠재적으로 역행하는 — 코포라티즘적 이익들(the incorporated) 외의 다른 집단들을 배제시키는 문제가 있다. 셋째, 다원주의적 결정과정이다. 이는 시민들의 참여폭을 넓히고, 기능적인 산출로서가 아니라 합의추구를 통해서 정책문제를 해결하려는 장점을 지닌다. 그러나 정책형성이 비지배적인 사회계급에 의해 통제되고 자본의 이익에 불리한 방향으로 연계될 — 엘리트 기득권자들의 입장에서 볼 때 — '위험성'을 내포하고 있다.

의사결정 방식들이 지닌 이와 같은 문제들을 해결하기 위해서는 국가지출유형에 따라 국가개입의 결정방식을 조합할 필요가 있다. 첫째, (사회투자를 포함한) '배당적' 국가개입을 위해서는 관료제적 전략을 사용하는 것이다. 이와 같은 경우는 국가가 외부 집단들의 협조를 얻어야만 될 필요가 없는 반면에, 그 기능상 엄격하고 중앙집권적인 통제를 유지할 필요성이 주어져 있기 때문이다.

둘째, (사회투자를 포함한) '생산적' 국가개입은 코포라티즘적인 방법으로 운영한다. 이 경우에 극히 선택된 범위의 외부이익만을 포함시키는 것을 위장하기 위하여 기획을 강조하고, 국가와 '정상 연합(peak association)'간에 폐쇄적이고 계층제적인 협상과정이 이루어지도록 노력한다.

셋째, 사회소비지출(그리고 사회비용 가운데 정당성 확보를 위한·지출)을 통한 '배당적' 혹은 '생산적' 국가개입의 경우는 기본적으로 다원적인 의사결정과정에 의한다. 이것은 대의제 정부라고 하는 전통적 이데올로기를 유지시켜주고, 국가의 중립성 및 (앞의 개입방법들로부터) 배제된 기타 이익들의 참여가능성 제공이라는 국가상을 유지시켜주는 역할을 한다. 이와 같은 국가지출은 기업운영에 직접적으로 필요한 생산수단이기보다는 노동력의 재생산에 관한 것이기 때문에, 다원적 의사결정의 '변덕스러움(vagaries)'에 맡겨두어도 별로 위험성이 없다. 심지어 이 부문의 정책결정이 비지배계급이나 좌파정당에 의해 장악되는 경우조차도, 자본주의국가의 기본운영을 위협할 행동의 범위는 제한되어 있는 것이다. 만일 이와 같은 위험이 개개의 사안별로 제기되는 경우는 언제든지 다원적 정책결정을 걷어치우고 그 대신에 선별적으로 관료제적 혹은 코포라티즘적인 과정으로 대체해 나갈 수도 있다.

3) 정부수준간 기능배분

중앙정부와 광역 및 기초지방정부들 간에 이들 기능들을 다음과 같이 배열함으로써 문제의 복잡성을 해소한다. 첫째, 사회비용은 중앙정부에서 관료제적 방식에 의하여 이루어지도록 한다. 그렇게 함으로써 체제 유지에 가장 중요한 기능이 외부로부터 위협받을 가능성을 최소화한다. 둘째, 사회투자는 중앙정부 가운데 시민들의 통제로부터 격리된 조직이나 준정부기관(quasi-governmental agencies)에서 담당하도록 위치시킨다.[34] 이와 같이 함으로써 자본의 기본적 이익이 보장되도록 한다. 셋째, 사회소비는 지방정부에서 담당하도록 한다. 지방정부의 헌법상의 낮은 지위와 중앙정부에의 재정적 의존 등을 통하여 그곳에서 운영되는 다원적 의사결정의 범위는 엄격하게 제한시킬 수 있다.

이와 같은 정부수준 간 기능배분을 통하여 국가제도의 이원화(dualism)가 이루어진다 (<표 3-3-7>). 물론 이원국가적 장치는 계속적인 관리를 요하는 그 자체의 긴장을 내포하지 않는 것은 아니다. 특히 코포라티즘적 방식의 '기획'과 지방선거를 통한 '책임성' 간의 긴장, 현대 국가들에게서 일반적으로 전개되고 있는 '집권화 성향'과 선진 자본주의에서 정치권력의 분권화를 유지하려는 (아직도 지속적이고 강력하게 남아있는) 압력 간의 긴장 등이 그것이다 (Sharpe, 1980).[35]

---

[34] 영국의 경우는 광역지방정부가 가장 폐쇄적이고 코포라티즘적인 정부수준에 해당한다고 하며, 따라서 역시 사회투자지출운영을 담당할 적정 정부수준이 된다고 한다 (Saunders & Cawson, 1983).

[35] 제도상의 이원화로 인하여 다음과 같은 두 가지 결과가 초래된다. 첫째, 정부수준 간에 사회투자와 사회소비에 대한 책임을 명백하게 분리함으로써 사회적 및 정치적 동원형태 상의 이원화를 형성하고 유지하는 데 도움을 받게 된다. 먼저 코포라티즘적인 중앙정부의 정치는 자본과 노동 간의 "계급에 기초한 투쟁"에 의해 지배되며, 이 때 기업연합회 및 노동운동의 이익들은 모두 각자의 피라미드형 구조를 통해 표명된다. 이들 주요 이익집단들은 ― 그들이 일단 전국수준의 결정과정에 관계하게 되면 ― 지방정부 수준의 사안이나 사회소비의 정치에는 거의 관여하지 않는다. 서구의 거의 모든 나라의 노조들이 경제 및 산업정책분야 외에 지방수준의 문제에는 별로 관여하지 않고 있는 것이 좋은 예이다. 다음으로 '소비'에 관한 문제들에 관련된 정치는 계급적 갈등은 아닌 것으로서, 사안별로 상이한 사회이익들이 관여하게 되고 따라서 전형적으로 다원적인 정치과정을 유지하게 된다 (Saunders, 1984). 둘째, 사회투자와 사회소비기능 간의 제도적 분리를 통하여 국가기구들이 긴장 관계에 있는 상호 배타적인 이데올로기적 문제들을 내포하게 된다. '생산'의 문제에 관련된 지배적인 이데올로기는 '시장자유주의(market liberalism)'로서, 시장 우선주의 및 부의 창조에 있어서 사유재산권 및 이윤의 절대적인 역할을 강조하며, 경제관리의 중요성을 우선적으로 고려할 필요성을 강조한다. 반면에 사회소비 기능을 지방정부 수준으로 분리해 줌으로써, 여기에 해당하는 국가기구들이 전체 국가(기구)의 정당화를 확보해주는 역할을 수행하게 된다. 이 경우는 평등한 시민권과 사회적 필요 및 제도들(예: 개인의 자아발전 및 기회라든가 가족부양 등)에 대한 관심에 관련되는 이데올로기가 강조된다. 이원국가 모델을 실제로 영국에 적용한 결과, 1975년에 지방정부에서 사회소비의 비중은 67%인 데 반해, 사회투자의 비중은 8%에 불과하며, 사회비용 및 비배당적 지출이 그 나머지를 차지함으로써 이원국가의 명제를 입증한 연구보고가 있다 (Dunleavy, 1984). 정용덕·문진국·최태현(2001)의 연구를 통해 한국에서도 유사한 결과가 도출된 바 있다. 연구결과에 따르면 한국에서 중앙정부의 경우 2008-2009-2010년 사이에 사회소비는 30.0-30.2-30.7%를 지출하여 가장 낮은 비중을 차지했고, 사회투자는 34.8-35.7-33.6%, 사회비용은 35.0-34.0-35.5%를 차

표 3-3-7	국가제도의 이원국가론적 배열		
국가기능	**함의**	**생산**	**정당성**
국가지출의사	사회비용	사회투자	사회소비
결정방식	관료제	코포라티즘	다원주의
정부수준	중앙(정치적)	중앙(비정치적)	지 방

출처: Saunders, 1981: 32; 1984: 30.

3. 한국의 지방권력

한국에서의 지방수준 권력의 배분을 다음과 같이 요약할 수 있을 것이다. 첫째, 중앙-지방간의 권력배분은 권력엘리트론보다는 지역공동체론에 의해 좀 더 적실하게 설명될 수 있을 것으로 보인다. 특히 지방자치제가 실시되지 않았던 1961년부터 1991년까지 30년간은 그러하다. 지방의회가 구성되지 않았으며, 지방자치단체장도 중앙에서 임명되어 파견되었다. 그 밖에 지방정부가 수행하는 기능의 중앙정부에 대한 상대적 비중 면에서나 재정의존도면에서도 중앙집권적 성격이 강했다.

이 시기에 정치행정 엘리트의 충원에서, 한국의 지방수준은 중앙에 완전히 종속된 상태에 있었다. 모든 고위직 지방공직자들은 사실상 중앙으로부터 직접 임명되었다. 서울특별시장은 형식상 국무총리 추천을 받아 대통령이 직접 임명하였고, 도지사와 직할시장은 내무부장관의 형식적 추천을 받아 대통령이, 그리고 시장과 군수들은 도지사의 형식적인 추천을 받아 대통령이 임명하였다. 결국 대통령은 지방의 모든 기관장의 임명권을 갖고 있었다. 또한 지방의 거의 모든 고위직 공무원들이 국가공무원으로 충원되었다. 지방공무원은 주로 하위직의 일상적이고 단순 반복적인 사무 및 기능직에 봉사하였을 뿐이다 (정용덕, 1988: 138).

이 기간에 중앙집권은 의사전달 및 감독방법에 있어서도 마찬가지였다. 모든 의사전달은 그것이 자문적인 성격의 것이든, 위임적인 성격의 것이든 상향적이기보다는 하향적인 형태를 띠었다. 현장 관서의 공무원들은 본부에 알리기 위해 정보를 수집하기는 하지만, 정책결

지하였다. 사회소비의 비중이 낮은 가운데 사회투자의 비중이 높아지면 사회비용이 낮아지고 사회비용이 높아지면 사회투자의 비중이 낮아지는 형태를 보이고 있었다. 지방자치단체를 보면, 먼저 광역자치단체의 경우, 사회소비는 44.3-44.3-44.9%로 광역자치단체의 가장 주요한 지출항목으로 나타났다. 대신 사회투자는 30.6-33.5-30.1%로 크게 변화되지 않았으며, 사회비용은 20.1-16.8-19.0%로 매우 낮은 비중을 차지하였다. 기초자치단체의 경우, 사회소비는 40.7-42.1-44.3%로 매우 큰 상승폭을 나타냈다. 사회투자는 34.4-36.2-32.0%로 증가와 감소를 거듭하고 있으며, 사회비용은 8.9-8.4-8.7%로 큰 변화를 보이지 않고 있다. 전체적으로 보아 기초자치단체는 사회소비의 비중이 늘어나면서 다른 기능의 비중은 감소해온 것으로 나타났다. 이와 같은 이원국가론의 명제들을 통하여 지방정부가 지닌 근본적인 한계를 알 수 있다. 특히 국가 내부에서의 정부수준 간 기능배분에 내포되어 있는 사회계급 및 집단들간의 이익갈등을 설명할 수 있다. 기업의 이익에 특히 민감한 정책영역은 지방정치 제도로부터 격리되는 이유가 밝혀진다.

정 과정에는 참여하지 못하였다. 승진심사, 보고 및 감사 등을 포함하는 다양한 감독방법이 중앙관서와 감사원 등에 의해 적용되었다. 이러한 의사전달과 감독의 공식적 통로 외에도 더 중요한 중앙과 지방 간 비공식 통로가 존재하였다. 그것은 전국적인 국가경찰과 민간 및 군 보안기관의 정보망이었다 (정용덕, 1988: 139).

이처럼 한국의 정부구조가 극도로 집권화된 배경에는 권력엘리트의 이익이 관련되어 있었다. 중앙정부 기관과 관련 공무원들의 분권화에 대한 거부 노력은 상당한 수준에 있었다. 그러나 우리나라에서의 중앙집권화 현상을 강화시켜 온 요인은 — 이와 같은 관료정치의 수준을 넘어 — 대통령을 둘러싼 핵심 권력엘리트들의 이해관계와도 관련되어 있었다 (정용덕, 1988: 148-9). 이들의 반(反)분권화 성향은 갖가지 형태의 무의사결정을 통해 실현되었다. 중앙정부가 분권화 문제에 관한 논의를 억제하고 그 문제가 정치과정에 의제(agenda)로서 진입되지 못하도록 노력을 기울인 증거를 찾기란 그리 힘든 일이 아니다.[36]

이처럼 극도로 중앙집권적인 중앙-지방간 관계는 1991년 이후 지방자치제의 실시를 계기로 적지 않은 변화를 겪었다. 지방분권과 균형발전 정책은 역대 정부를 거치면서 계속 확대되었고, 문재인 정부 들어서는 개정 헌법에 분권 국가를 명시하고, 광역단체장들이 참여하는 제2국무회의를 두어 중앙과 지방의 권력을 동등한 수준으로 맞추려는 움직임도 있다. 지방정부의 위상이 그만큼 높아진 것이다. 그러나 적어도 비교론적 관점에서는 예산과 기능에 있어 한국의 중앙정부는 지방정부보다 훨씬 큰 권한을 행사하고 있다.[37]

중앙-지방 간 권력의 불균형 못지않게 지방 안에서의 권력 불균형에도 주목할 필요가 있다. 연구에 따르면 지역공동체 내에서 지방정부의 정책결정에 가장 많은 영향을 미치는 핵심 엘리트는 지방자치단체장이었다 (박종민 외, 1999; 주동식, 1999). 지방자치단체장은 마치 중앙정부에서의 대통령과 같이 의회나 관료제에 대해 절대적인 우위의 권력을 행사하고 있으며, 이에 반해 최근 활성화되고 있는 환경, 반핵, 소비자, 여성 문제 등에 관련된 일부 시민단체들을 제외하면 대부분의 주민들은 조직화되지 못한 채 지방정부 정책결정에 거의 영향력을 행사하지 못하는 것으로 알려져 있다.

---

36 예를 들면, 1980년대 초 한 행정학 교수가 지방자치단체의 예산사정과 집행부에 대한 사업을 감독하기 위한 지방의회의 설치 필요성을 내무부가 재정을 지원하는 모 지방행정관련 잡지에 게재하였다. 그러나 내무부 당국에 그 사실이 알려진 즉시 그 잡지는 배부가 금지되었고, 일부 이미 배부된 것은 모두 회수되었다. 또한 내무부로부터 재정지원을 받거나, 후원을 받은 몇몇 연구소는 주로 지방자치 및 분권화의 역기능적 측면을 강조하거나 지방자치의 재정적 또는 그 밖의 전제 조건들을 강조하는 다양한 세미나와 공개강연을 후원하였고, 그 결과를 대중매체를 통해 널리 보도되도록 지원하였다 (Jung, 1987).

37 단적으로 조세수입 구조만 보면 이런 사실을 바로 확인할 수 있다. 「2020년 지방자치단체 통합재정개요(상)」에 따르면 2019년 최종예산기준 총 조세는 380.3조원인데, 이 중에 국세가 294.8조로 전체 조세의 77.5%, 지방세는 85.5조로 전체 조세의 22.5%를 차지하고 있다. 이에 따라 지방정부의 재정자립도는 전국 평균 51.4%에 그치고 있고, 2019년 기준 중앙정부에서 지방정부로 교부된 지방교부세 규모는 43조 751억 원이었다. 중앙정부의 지원이 없으면 지방정부를 유지하기 어려운 것이다.

이처럼 지방정부 내에서 권력의 불균형을 설명하는 이론적 틀로 후견주의(Clientelism)가 있다. 후견주의 이론은 사적 교환관계, 즉 집단 간 관계보다 개인 간 관계에 초점을 둔다 (박종민, 2002: 65). 후견주의는 개인 간의 관계를 중심으로 정치현상을 설명하는 시각으로, 공식적 제도와 규칙의 틀을 중심으로 설명되는 근대화된 사회 보다는 전통적 문화의 영향이 강하고 시민들의 참여가 활발하지 않은 사회의 정치를 설명하는데 매우 유용하게 사용되어 왔다 (최창수·강문희, 2013: 170). 후견주의는 사회경제적 지위가 높은 사람이 후견인(patron)이 되어 지위가 낮은 피후견인(client)에게 보호(protection)나 혜택(benefit)을 제공하고, 그 보답으로 피후견인은 후견인에게 사적 서비스와 일반적 지지, 보조를 제공하는 방식으로 일종의 도구적 관계를 맺는 것을 의미한다 (Scott, 1972). 이 관계의 핵심은 후견인과 피후견인 간 교환(exchange)과 불평등(inequality)이다 (Clapham, 1982). 이 후견관계는 후견인–피후견인 간 관계를 넘어 후견–피후견 군집(patron–client cluster)을 만들고, 이것이 확대되어 후견–피후견 피라미드(patron–client pyramid)를 만든다 (Scott, 1972).

후견주의에 주목해야 하는 이유는 후견–피후견 시스템 안에서는 공공자원이 제도적 과정과 원칙을 통해 배분되지 않고 사적인 후견관계에 따라 배분되어 민주주의 체제 운영에 부정적인 영향을 미치기 때문이다 (Roniger, 1994: 10). 이런 특징으로 인해 후견주의는 우리나라 지방자치의 부정적 측면을 설명하는데 자주 적용되었다. 우리나라 지방정부 권력은 시장에 의해 장악된 것으로 분석되는데, 시장과 시의원, 행정관료, 기업인 및 지역유지들 간에 후견–피후견 관계가 구축되어 있고, 이러한 후견관계를 작동시키기 위해 시장은 유력한 중앙정치가와 후견–피후견 관계를 맺고 있다 (박종민, 2002). 그 결과 자발적 단체가 국가와 시민사회를 매개하지 못하는 틈을 사적 관계에 의한 수직적 후견주의가 매워왔던 것이다. 따라서 박종민(2002)은 "개인들이 정치과정에 자발적 집단의 구성원으로 행동하는 것이 아니라 개별적으로 자신의 이익을 스스로 챙기려는 상황에서 우리의 지방정치를 이해하는 데 도움을 주는 분석범주나 개념은 엘리트론, 다원론 혹은 조합론보다 오히려 개인 간의 사적 관계와 개인의 자기대변 활동에 주목하는 정치적 후견주의 이론에서 발견할 수 있을지 모른다"고 보았다 (박종민, 2002: 65).

제 **4** 편

공공관리론

제1장 관료제

제1절 서 론

1. 관료제의 개념

이집트, 중국, 인도, 로마 등 고대문명 국가에서는 관료제가 국가를 관리하는 중요하는 수단이었다. 중국에서는 베버의 관료제 모형이 나타나기 2천여 년 전에 이미 계층제, 공식통계 및 문서주의 등의 관료제를 발전시켰으며, "관료제가 중국 문명의 힘을 유지하는데 다른 어떤 것보다 크게 공헌한 것"으로 오늘날 평가되고 있다 (Gladden, 1972: 227; Hague et al., 1998). 서구 유럽에서는 로마제국의 붕괴 이후 분열된 봉건사회로 남아 있다가 13세기 도시와 대학이 설립되고 무역이 발달하면서 국왕이 지방감독관을 파견하고, 세금을 징수하면서 군주의 가산적 관료제가 나타나게 되었고, 18세기 후반부터 명령통일, 기능중심의 부처, 형식적 문서주의에 기초한 근대적 관료제가 형성되었다 (Raadschelders, 2000: 109-21). 이처럼 실제적 의미에서 관료제는 인류의 역사 발전과정에서 형성된 제도인 것으로 볼 수 있다. 그리고 나라별로 시대별로 관료제가 나타나는 현상이 다를 수 있으며, 국가이론의 관점에 따라 다양한 관료제의 유형이 제시될 수 있다.

관료제에 대한 학문적 논의는 근대 시대에 시작되었다. 마르크스(Karl Marx)는 지배계급의 이익에 봉사하는 수단으로, 모스카(Gaetano Mosca)는 조직화된 소수가 조직화되지 않은 다수를 지배하기 위한 수단으로, 미헬스(Robert Michels)는 소수의 지배를 '과두제의 철칙 (iron law of oligarchy)'으로 각각 묘사했다 (Etzioni-Halevy, 1983). 그 후 인류 문명사의 발전 과정을 분석한 베버(Max Weber)는 소위 관료제의 '이념형(ideal type)'을 제시하였다. 그는 고대와 중세의 신비스러운 것으로부터 벗어나 자본주의와 교육 확대, 프로테스탄트 직업윤 리의 영향을 받은 근대적 합리성의 결과로서 국가·기업·노조 등 거대 조직에서 관료제화 가 이루어지고 있는 것으로 인식했다. 20세기 초 서구에서 자본주의적 근대화의 결과로 전 통적 가치의 쇠퇴, 거대한 관료조직 성장, 노동계급의 사회주의적 저항과 혁명이 발생한다 고 분석했다. 이 상황에서 민주적으로 선출된 '직업인'으로서 책임성과 열성을 갖춘 정치인 이 중립적이고 합리적인 관료제를 통제함으로써 군주의 억압과 거리의 민중 저항이 아닌, 안정적인 대의민주주의 정치행정체제가 바람직하다고 제시했다 (Dryzek & Dunleavy, 2009: 62-3).[1]

그러나 베버의 관료제는 말 그대로 이념형으로서 관료제가 가장 완벽한 형태로 구현되기 위해 필요한 요소들을 제시한 이론적 구성물이며, 현실에서 모든 국가의 조직이 이념형과 동일한 특징을 나타내는 것은 아니다 (Etzioni-Halevy, 1983: 29; 박동서, 1997: 312; Rosenbloom et al., 2009: 141). 현실에서는 이념형으로서 관료제에 대한 다양한 수정이론과 병리현상에 대하여 비판이 제기되는 이유다. 그럼에도 불구하고, 베버의 관료제 이론이 쓸모없거나 폐 기된 것은 아니고, 이론적으로 더욱 보완되고 있는 것으로 볼 수 있다.

1) 관료제의 다양한 의미

관료제(bureaucracy)의 개념은 다양하게 정의되고 있다. 이를 가치중립적으로 조직의 구 조로 이해하는 구조적 관점과 국가를 구성하는 (권력) 집단으로 이해하는 정치적 관점으로 나누어 볼 수 있다.[2] 첫째, 구조적 관점은 관료제를 "많은 사람들의 업무를 체계적으로 조정 함으로써 대규모의 행정적 업무를 달성하기 위하여 고안된 조직의 형태"(Blau & Meyer, 1987: 3) 또는 "인간 조직의 일반적이고 형식적인 구조적 요소"(Stillman II, 2010: 50)를 의미 한다. 즉, "많은 분량의 업무를 법령에 따라 비정의적(非情誼的)으로 처리하기 위해 구성된 대규모의 분업체계"(박동서, 1997: 311)를 뜻한다.[3] 둘째, 정치적 관점에서는 관료제를 정책과

---

1 이 점에서 베버는 민주적 엘리트주의 이론가로 분류된다. 더 나아가 그는 비례대표제에 의한 의회 중심의 민주주의 가 관료제를 통제하기에는 불안정하고 취약하다고 보았고, 국민에 의해 직접 선출되는 대통령에 의한 보완이 필요 하다고 보았다 (Ringer, 2004: 220).
2 관료제의 어원은 왕실 재무관의 책상 또는 사무실을 의미하는 프랑스어 'bureau'와 통치를 의미하는 그리스어 'kratia'가 결합된 것으로(Merriam-Webster Dictionary) 책상에 있는 기록과 규칙에 따라 통치하는 것을 의미한다 (Johnson, 2014: 109).

정을 주도하는 권력집단으로 보고 그 역할과 기능에 초점을 둔다. 관료제를 "일반 시민의 자유를 위협할 수 있는 권력을 지닌 공직자의 손에 의하여 통제되는 하나의 체계"(Laski)로 정의하는 것이 한 예다.[4] 통상적으로 비효율적이거나 무사안일을 추구하며 불필요한 절차 (red tape)와 규정에만 집착함으로써 발생하는 대규모 조직의 병리 현상을 '관료적(bureau-cratic)'이라는 비판적 의미로 사용되기도 한다.

2) 베버의 관료제 이념형

국가의 조직이든 일반적인 조직화 방식이든 관료제의 분석은 독일의 사회학자 막스 베버에 의해 가장 체계적으로 개념화되었다. 사회 변화에 대한 역사적 분석에 기초하여, 개인이 지배자에게 복종하는 권위(authority)의 원천으로 전통적(traditional), 카리즈마적(charismatic), 법적-합리적(legal-rational) 권위를 제시하고, 근대 관료제는 법적-합리적 권위를 바탕으로 하는 조직인 것으로 본다. 그가 제시한 이념형으로서의 관료제의 특징은 다음과 같다. 즉, "① 공직자의 활동을 배분하고 명령을 실행하는 물리적 및 강제적 수단을 포함한 명확한 규칙(firmrules)에 따라 공적 의무가 확립되고, ② 상급자가 하급자를 감독하는 계층제(hier-archy)와 권위의 수준(levels of authority)의 원칙이 존재하며, ③ 업무는 원본 또는 초안의 형태로 보존되는 문서(written documents)에 기초하여 이루어지고, ④ 공직의 전문적 관리는 완전하고 전문적인 훈련(training)을 바탕으로 하며, ⑤ 업무에 대한 전념과 완전한 업무 능력(complete working capacity)을 요구하고, ⑥ 공직의 관리는 안정적이고 포괄적이며 학습할 수 있는 법률, 행정 및 관리 등의 지식을 요구하는 규칙에 따라 이루어진다"는 것이다 (Gerth & Mills, 1946).

이러한 특징을 전제로 관료제의 직위(position)는 다음과 같은 결과로 나타나게 된다. 즉, "① 공직자는 훈련과 특별한 시험을 통하여 선발되고, 장기적으로 근무하며, 비개인적인 기능적 목적에 봉사하는 직업(occupation)이 되고, ② 관료의 사회적 지위가 존중되고 보호되며, ③ 순수한 형태의 관료는 상위의 권위에 의하여 임명되고, ④ 공직은 평생 정년으로 유지되며, ⑤ 공직자에 대하여 봉급과 연금 등 정규적인 보상이 지급되고, ⑥ 공직자는 계급에 따른 승진의 형태로 계층제적 질서 내에서 경력이 확보된다는 것이다"(Gerth & Mills, 1946).

베버는 관료제가 장점뿐만 아니라 단점도 있다고 보았다. 관료제는 고도의 기술적 합리성을 내포하고 있으므로 다른 형태의 조직보다 정확성, 속도, 명확성, 지식, 계속성, 재량,

---

3 박동서(1997: 317-19)에 의하면, 관료제는 가산적, 근대적(Weber), 수정적, 발전적 관료제로 구분할 수 있는데, 한국의 경우는 가산적 관료제는 점차 줄어들고 근대적 관료제를 기반으로 수정적, 발전적 관료제가 확대되고 있다.

4 Laski, H. J. in Encyclopedia of Social Sciences.

일치성, 엄격한 복종, 마찰과 물적 및 인적 비용의 감소 등에서 효과적이다. 관료제적 기구와 다른 형태의 조직을 비교한다면 마치 기계와 비기계적 생산양식을 비교하는 것과 같다. 한마디로 베버에게 이상적인 관료제는 하나의 훌륭한 "행정 기계(administrative machinery)"였다 (Hague et al., 1998).

그러나 베버가 보기에 관료제는 기계와 같은 탈사인성으로 인해 영원히 지속되는 성질이 있으며, 주인을 위해 봉사하는 효율적인 도구일 뿐이다. 더욱이 민주주의와 반드시 양립하는 것도 아니다. 정부뿐만 아니라 사적 회사 등 거대한 관료조직을 통하여 제공되는 서비스가 생활에 필수불가결한 것이 되었고, 정치권력이 바뀌더라도 관료제라는 탈사인적 도구를 활용하여 사회문제를 해결하고 권력자를 위해 봉사할 수 있도록 할 수 있기 때문이다 (Gerth & Mills, 1946). 관료제가 어떤 결과를 창출할 것인지는 관료제를 이용하는 권력자들이 어떠한 지시를 내리는지에 달려 있다. 일반적인 상황에서 정치적 주인은 전문가인 관료제에 비해 아마추어(dilettente)에 불과하다. '직업으로서의' 정치인이 중립적인 관료제를 통제하는 현대 사회가 직면하고 있는 민주주의와 관료제 간의 조화라는 과제가 있다.

참고 베버의 권위의 유형과 지배

베버는 인류의 문명을 원시적이고 미신적인 것으로부터 합리적이고 복잡한 것으로 발전하는 과정으로 보았다. 이러한 역사적 발전 과정에서 개인이 지배자에게 복종하는 권위(authority)의 유형을 전통적(traditional), 카리스마적(charismatic), 법적-합리적(legal-rational) 권위로 분류하고 각각의 권위에 따라 도출되는 지배유형을 제시하였다.

1. **전통적 권위(traditional authority)**: 전통적 권위는 전통적인 것을 신성한 것으로 인식하고 전통이 규정하는 범위 안에서 지배자가 행사하는 권위를 말한다. 이는 원시사회부터 존재하던 지배방식으로 세습적인 지도자에게 권위가 부여되고 사람들이 복종하며 지도자도 과거의 선례와 전통에 구속되는 것을 말한다. 그러나 과거의 선례는 윤리적 상식이나 정의감일 뿐 형식적 원칙과 같이 일관성이 있는 것은 아니다.

2. **카리스마적 권위(charismatic authority)**: 카리스마적 권위는 지도자의 개인적 자질과 매력에 기초하여 개인들이 복종하는 것이다. 카리스마(charisma)는 신성한 원천으로 간주되는 초자연적, 초인적, 예외적인 능력과 자질을 가진 사람의 인격을 의미한다. 카리스마적 지도자는 전쟁 영웅, 정당 및 종교의 지도자로 자신의 영웅적인 행위로 사람들의 지지를 받지만 합리적 지배와 달리 감정적이고, 혁명적인 변화와 관련이 있다.

3. **법적-합리적 권위(legal-rational authority)**: 법적-합리적 권위는 개인과는 구별되어 존재

하는 형식적이고 추상적인 법적 질서로부터 도출된다. 사람들은 개인적인 지도자가 아닌 정당성이 있는 비개인적인 법규에 복종하며, 이러한 점에서 전통적 및 카리즈마적 권위와 구별된다. 베버는 법적-합리적 권위가 현대 문명사회의 기초이며, 관료제는 법적-합리적 권위가 제도적으로 표출된 형식으로 보았다.

출처: Weber, 1947; Blau & Meyer, 1987: 62-71; Stillman Ⅱ, 2010: 51.

2. 현대 관료제의 역사적 전개

근대적 관료제를 크게 발전시킨 것은 서구 유럽이었다. 중세 유럽에서 '공직자(clerical servant)'는 왕실의 직원으로서 가부장적인 전제 군주의 개인적 고용인이었다. 근대에 들어와 정기적인 봉급, 연금, 공개 채용 등의 제도를 통하여 왕실 행정이 탈사인화되어 관료제적인 공직 제도로 전환되었다 (Hague et al., 1998: 220). 서구 사회의 근대화 과정에서 나타난 화폐 경제와 자본주의 경제의 발달, 대중 교육의 확대, 국민 국가 내의 대규모적인 행정과 함께 종교개혁의 결과로 프로테스탄트들의 소명 의식에 입각한 윤리가 관료제에 기대되는 직업적 행동 규율을 제공하였다 (Blau & Meyer, 1987: 28-33). 베버는 이러한 서구 사회의 역사적 변화과정을 기초로 법적-합리적 지배의 이상형으로 관료제를 제시한 것이다.

그러나 이상형으로서 관료제가 구현되는 방식은 국가별로 다양하며, 훈련된 전문가에 의한 행정에 대하여 강한 수요가 있는 유럽에서는 관료제가 안정적인 사회적 지위와 우대를 받지만, 정치가 우위에 있고 국가행정의 확대가 개인의 자유를 침해할 것으로 우려하는 미국과 같은 국가에서는 관료제는 수단적 위치에 머무른다. 즉, 유럽의 관료제는 역사적 과정을 통하여 군주에 대하여 봉사하다가 민주주의의 발전에 따라 국민의 대표인 의회에 봉사하는 집단으로 유기적으로 발전하였지만 미국에서는 정당 간 '승자에 대한 전리품(spoils)'을 의미하는 엽관제가 19세기 말까지 유지되었으나, 1883년 '펜들턴법(Pendleton Act)'에 따라 실적에 기반을 둔 관료제가 발전하였다 (Hague et al., 1998: 220). 이후 1887년 윌슨(Woodrow Wilson)은 행정의 연구(Study of Administration)를 발표하면서 정치-행정 이원론에 입각하여 유럽식 국가 관료제가 아닌 경영과 유사한 수단으로서의 효율적 관료제의 필요성을 제기하였고, 뉴욕 등 지방자치단체의 진보주의적 혁신운동을 통하여 확산된 것이다. 베버는 직접적으로 선출된 대통령과 주지사 등 단일한 지도자에 의하여 관료제의 관리자가 임명되고 통제되는 체제를 대의민주주의 체제의 보완장치로 보았다.

1920~30년대 대공황과 두 차례의 세계대전 등의 위기적 상황은 사회에 대한 정부의 간

섭을 확대시켰고, 확대된 정부는 위기가 지난 이후에도 그다지 축소되지 못하였다 (Higgs, 2012: 73). 제2차 세계대전 이후 유럽의 복지국가에서는 완전고용 하에 경제성장을 바탕으로 국민에게 복지서비스를 전달하기 위한 도구로서의 관료제를 크게 성장시켰다. 미국에서도 관료제가 단순한 집행적 수단이 아니라 민주적 통제하에서 적극적으로 정책결정을 담당하고, 다양한 사회문제를 해결해야 한다는 행정국가(administrative state)가 나타나게 되었다 (Waldo, 1948). 관료제가 단순히 정치인의 정책결정을 집행하는 수단이 아니라 국민들의 생활에 중요한 문제에 대하여 적극적인 정책결정을 할 수 있다는 정치−행정 일원론이 제시되었고, 이를 위한 정책분석과 합리적 의사결정의 정책과학이 발달하였다.

1950~60년대는 완전고용 하에 정부개입에 의한 수정자본주의적 경제정책과 복지정책을 적극적으로 추진하기 위한 큰 정부의 시기로서 정부조직과 규모가 비약적으로 성장하였다. 그러나 서구에서 1970년대 이후 오일쇼크와 스태그플레이션으로 인하여 경기침체와 실업이 지속되고 고령화로 인한 복지지출로 국가재정이 심각하게 악화되자 레이건이나 대처와 같은 신우파 정치인들은 격렬하게 큰 정부를 비판하고 시장의 자유와 경쟁을 통하여 국가와 관료제의 역할 감소를 주장하였다. 1980~2000년대는 영미국가를 중심으로 시장과 작은 정부를 지향하고 관료제 내에 경쟁과 성과주의를 도입하는 시기였고, 세계화를 통하여 신자유주의적 공공관리가 다른 국가로 전파되었다 (Pollitt & Bouckaert, 2011). 국가별로 신공공관리론(NPM)에 의한 관료제의 개혁은 방식과 성과에 있어 차이가 있지만 관료제에 대하여 목표를 제시하고 성과를 평가하기 위하여 정치의 권한이 강화되기 시작했고 관료제의 수직적 정점으로 권한이 집중되었다. 그러나 규제완화를 통한 자유화, 시장만능의 금융자본주의의 도덕적 해이 등으로 2008년 세계적 금융위기가 발생하게 되자 다시 정부의 권한이 강화되기 시작했다. 실업과 금융위기를 해결하기 위한 정부의 권한이 강화되더라도 기존의 큰 정부로 복귀하는 것이 아니라 재정적 제약이라는 영원한 궁핍(permanent austerity) 속에서 관료제의 효율성을 높이는 동시에 민주적 대응성을 강화하려는 노력이 지속되고 있다.

3. 베버의 관료제에 관한 이론적 논쟁

베버의 관료제 이론은 발표된 이후 학계에서 주목과 비판을 함께 받으며 다양한 논쟁을 불러일으켰다. 국가 이론적으로 베버는 전문가로서의 관료와 선출된 엘리트로서 정치인을 중심으로 분석하므로 엘리트 이론에 기반을 두고 있다. 그러나 후술하는 바와 같이 다양한 국가이론에 따라 관료제가 구현되는 방식은 다양하며, 시장자유주의, 마르크스주의, 탈근대주의, 환경주의에서는 법적−합리적 관료제의 순기능에 대하여 의문을 제기하고 있다.

베버의 관료제에 대한 비판으로 가장 먼저 나타난 것은 미국의 사회학자들을 중심으로 제기된 베버의 이념형 관료제의 비현실성에 대한 지적이다. 실제로 군대, 경찰, 행정기관, 공장 등의 조직을 분석한 결과 베버의 합리적 관료제처럼 반드시 형식적 조직 구조에 따라 작동하는 것이 아니라 자생적인 비공식적인 조직들이 존재하며 조직의 의사결정에 영향을 미치는 관료제의 다른 측면이 있다는 것이다 (Page, 1946: 89-91; Blau & Meyer, 1987: 44-52). 관료조직의 실제 현상은 기술적 능력이 없는 관리자가 많고, 자의적이고 이상한 규칙, 형식적 기구 이외의 비공식적 조직, 역할 혼란과 갈등, 합리적 및 법적 근거가 아닌 하급자에 대한 비인간적 대우 등이 나타난다는 것이다 (Bennis, 1965: 12).

둘째, 행태주의의 입장에서는 제한된 정보와 지식 때문에 완전하게 합리적으로 의사결정을 할 수 없고 '제한된 합리성(bounded rationality)'에 따라 적절한 수준에서 의사결정을 하는 것이 더 보편적이라는 것이다 (Simon, 1976).

셋째, 관료제가 반드시 효율적으로 업무를 수행하는 것이 아니라 관료제의 부정적인 병리현상이 존재한다.[5] 예를 들어 조직의 목표를 달성하기보다는 목표 달성을 위하여 필요한 수단인 규정에 더 집착하게 되는 것과 같이 수단적 가치가 최종적인 가치가 되는 목표의 대체(displacement of goals) 현상이 발생할 수 있고(Merton, 1940), 관료의 훈련된 능력이 오히려 변화하는 상황에서는 비유연성으로 인하여 제대로 적응하지 못하는 결과를 초래할 수 있다는 훈련된 무능(trained incapacity)을 지적하는 것이다 (Burke, 1935).

넷째, 베버의 관료제는 조직과 환경과의 관계를 고려하고 있지 못하다는 비판이 제기되었다. 예를 들어 조직이 생존을 위하여 독점체제를 구축하거나 자신들에게 유리한 규제를 확보하거나 환경으로부터 유능한 엘리트를 흡수(co-opt)함으로써 환경 자체를 변화시키는 조직의 적응적 흡수 모델이 있고(Selznick, 1949), 불확실한 환경에 맞추어 조직이 적응(adaptation)해야 하는데, 환경이 불확실할수록 안정적인 계층제 대신에 내부조직이 분화되고 조정이 필요한 구조로 변화한다는 상황적응 이론(contingency theory)이 제시되었고(Lawrence and Lorsh, 1967), 조직들이 환경에 대하여 더 많은 권력을 행사할 수 있는 자원을 획득하기 위하여 경쟁한다는 자원의존이론(resource dependence theory)이 제시되었다 (Thompson, 1967).

다섯째, 행정국가와 발전국가 관점에서도 베버의 관료제에 대한 비판이 제기되었다. 미국에서는 1960년대 인권과 빈곤, 복지 등 사회적 문제를 해결하기 위하여 베버의 계층제적 관료제의 경직성을 극복하고 민주적 참여와 권한의 위임, 상향식 의사결정 등 행정공무원에

---

5 관료제의 병리현상으로는 서면주의(red tape) · 형식주의, 수단의 목표화, 무사안일주의, 귀속주의에 입각한 자생집단, 할거주의, 상관의 권위에 의존, 전문화로 인한 무능, 변화에 대한 저항 등이 제시되고 있다 (박동서, 1997: 322-325).

게 재량과 책임을 부여해야 한다는 신행정론이 제기되었다 (Frederickson, 1971). 이와 비슷한 맥락에서 복지국가의 확대에 따라 교육, 보건, 복지, 경찰 등 그들의 재량에 따라 분배, 재분배, 사회통제 등의 중요한 집행 기능을 수행하는 일선 관료제(street-level bureaucracy)의 역할을 강조한다 (Lipsky, 1980). 한편, 개발도상국에서는 관료제에 대하여 정치적 기능을 부가하여 대규모적인 국가기획을 통하여 사회발전을 선도해야 한다는 발전 관료제가 제시되었다. 이러한 발전 관료제는 단순히 베버의 합리적-법적 관료제를 넘어 목표 달성을 위한 조직구조의 신축적 변화, 계층제를 대신하는 수평적 조직과 참여, 전문 직업에 대한 충성과 자율성을 특징으로 한다 (박동서, 1997: 316-7).

여섯째, 시장 자유주의적 관점에서는 베버의 수직적 계층제에 의한 관료제의 비효율성에 대하여 비판하고 시장경쟁 기제를 이용하여 고객중심의 성과주의를 추구하게 된다. 신공공관리론에서는 규칙과 계층적 지시에 의존하는 베버의 관료제는 책임을 회피하는데 급급하고 적극적인 의미에서 성과를 극대화하는데 실패한다고 보며, 최상위의 관리자는 현장에서의 정보와 전문성이 부족하기 때문에 실제 업무 담당자에게 재량을 부여하고 문제를 해결해야 한다고 주장한다 (Rosenbloom et al., 2009: 145).

일곱째, 국가가 직접적으로 서비스를 제공하는 집권적인 관료제에 반대하면서 정부 조직 내부뿐만 아니라 시민사회의 다양한 행위자가 참여 하에 공동의 목표 하에 문제를 해결하고 공공서비스를 효과적으로 전달하기 위한 치리 이론이 제시되었다 (Lynn et al., 2000). 치리에는 참여와 분권화뿐만 아니라 신공공관리론의 시장화와 효율성까지 포함하는 입장이 있는 반면(Kettl, 2000), 수평적 분권화, 주권의 쇠퇴, 기관 간의 관계를 강조하며 다양한 행위자가 참여하여 네트워크를 형성함으로써 행정의 재배치와 결합을 강조하는 입장도 있다 (Frederickson & Smith, 2003: 221-4).

여덟째, 탈근대주의 또는 환경주의, 여성주의 등 비판적 국가이론의 관점에서는 기존의 관료제가 인권과 소수자, 환경, 여성 등의 현대 사회의 새로운 문제들을 해결하는데 한계가 있다고 보고 베버의 수직적 관료제를 대체하는 기제로서 정부성(governmentality), 환경적 무정부주의, 환경에 관한 민주적 담론, 여성주의적 관점에서 행정체계를 제시하고 있다 (Dryzek & Dunleavy, 2009).

아홉째, 막스 베버의 관료제에 대한 다양한 비판들을 수용하여 관료제를 변화시키려는 시도들이 유럽 대륙의 국가를 중심으로 나타나고 있다 (Pollitt and Bouckaert, 2011). 신베버주의(Neo-Weberian) 관료제에서는 합법성에 기초한 관료제를 기초로 하여 신공공관리론에 의한 성과주의와 기업가적 관리방법을 보충적으로 활용하고, 투명성과 정보공개를 기초로 정책과정에 시민참여를 확대하며, 의회의 정치적 통제와 성과감시 하에 중립적이고 훈련된 관료제를 통하여 민주적 대응성을 높이려는 국가 현대화를 시도하고 있다.

베버의 이념형 관료제는 이론적 합리성과 정교성이 있지만, 현실적인 측면에서 다양한 비판이 제기되었고, 현대 사회의 변화하는 환경에 따라 이를 보완하거나 대체하려는 다양한 시도들이 나타났다. 그럼에도 불구하고 정부 운영의 형식적 기초는 합리성에 근거한 베버의 관료제라는 형식적 구조 속에서 이루어지고 있고, 오히려 이러한 다양한 비판을 통하여 이론적 검증을 하였고, 그 결과 막스 베버의 관료제가 더욱 보완하고 생존할 수 있는 가능성을 높이고 있는 것이다.

제 2 절 자유민주주의 국가의 관료제

현대 관료제는 그 상위체계인 국가를 이해하는 시각에 따라 다양하게 접근할 수 있다. 이를 크게 자유민주주의 국가와 사회주의 국가로 나누어 살펴볼 수 있다. 자유민주주의는 개인의 자유를 보장하기 위해 국가권력의 행사를 제한하는 '자유주의(liberalism)'와 주권재민의 원리에 따라 국가의 통치가 이루어진다는 '민주주의(democracy)'를 결합한 정치체제를 말한다.

자유민주주의 국가의 관료제를 에치오니-할레비(Etzioni-Halevy, 1983)는 고전이론, 다원주의, 기술관료(technocracy), 코포라티즘(corporatism), 마르크스주의로 유형화한다. 스미스(Smith, 1988)는 다원주의, 조합주의, 자본주의, 공산주의, 탈식민국가로 나누어 관료제를 분석한다. 드라이젝과 던리비(Dryzek & Dunleavy, 2009)는 고전적 국가이론(즉, 다원주의, 엘리트론, 마르크스주의, 시장자유주의), 비판이론(즉, 민주적 비판, 여성주의, 환경주의, 신보수주의), 초국가이론(즉, 탈근대주의, 전지구화 이론)으로 구분한다. 이처럼 서구 근대화 과정에서 다양한 국가이론의 계보에 따라 관료제 이론이 발전하였다 (<표 4-1-1>). 그리고 현대에 와서는 기존 이론으로 해결할 수 없는 환경, 인권, 복지 등의 새로운 문제에 대응하기 위해 국가이론 자체에 대한 비판과 대안 제시가 이루어지고, 그에 따른 새로운 관료제 이론이 발전하고 있는 것이다.

표 4-1-1	자유민주주의 국가의 관료제에 대한 이론들		
국가이론	에치오니-할레비	스미스	드라이젝 · 던리비
다원주의	과부하된 정부	중립적 심판자, 고객정치	점증주의
시장자유주의			공공선택이론(관료의 예산극대화)
엘리트론	고전이론(베버, 미헬스, 모스카), 기술관료제, 코포라티즘	코포라티즘	고전이론(과두제 철칙), 민주엘리트론(베버, 슘페터) 급진이론(권력엘리트론)
마르크스주의	도구주의(마르크스, 밀리반트, 플란차스, 오페), 국가기구와 관료제로 권력집중	지배계급의 도구, 권력의 도구	도구주의, 계급갈등의 중재자, 기능주의
탈근대주의			통치성, 연결망
환경주의			환경권위주의, 녹색민주주의, 환경무정부주의
여성주의			여성주의적 비판

출처: Etzioni-Halevy, 1983; Smith, 1988; Dryzek & Dunleavy, 2009.

1. 다원주의 시각

다원주의는 절대적인 하나의 가치 대신에 정치 사회 내에 다양한 가치들이 자유롭게 경쟁하면서 공존하는 것을 인정하는 정치사상이다. 다원주의는 개인의 권리를 보장하기 위하여 권력분립과 제한된 정부를 강조하는 밀(John Stuart Mill)이나 몽테스키외(Montesquieu) 등의 자유주의에 기초를 두고 있으며, 집회 및 결사, 표현의 자유가 보장되는 상황 하에서 이익집단이나 비영리단체 등이 자유롭게 경쟁하면서 영향력을 행사한 결과로서 자원이 배분되는 것을 다원주의적 정치과정으로 본다 (Dryzek & Dunleavy, 2009: 35-38). 이러한 상황에서는 어떤 집단도 절대적인 영향력을 행사할 수 없기 때문에 사회적으로 권위가 분산되어 있어 다두정(polyarchy)이라고 하고(Dahl, 1967), 정부는 사회 내에서 집단 간의 경쟁의 결과로 나타난 영향력을 수용하는 최소한의 역할에 머무른다 (Etzioni-Halevy, 1983: 42). 다원주의는 국가에 비하여 시민사회가 우위에 있고, 국가권력이 분산되고 제한된 미국에서 발달된 이론이다.

다원주의에서는 결사의 자유가 가장 중요하고 개인들이 조직화하여 자원을 획득하기 위하여 경쟁을 하는데 국가나 정치시스템은 이러한 경쟁 속에서 중립적인 심판으로 간주된다 (Smith, 1988: 41-42). 다원주의 국가에서 관료제는 다양한 집단으로부터 지원을 받는데 다양한 행정기구와 연관된 단체들이 연합하고 의회에 압력을 행사함으로써 조직에 대한 정치적 지지를 획득하게 되는 것이다. 따라서 행정부 내부의 계층제에 의한 지시 이외에 입법권을 지닌 의회, 그리고 의회에 영향력을 행사할 수 있는 이익집단이나 시민들의 요구도 고려하고 대응해야 한다 (Rouke, 1965; Etzioni-Halevy, 1983: 43). 여기서 관료제는 단일한 계층제가 아니라 분산된 기관들의 집합이며, 부분적으로 독립되어 있을 뿐만 아니라 스스로의 생존을 위하여 경쟁하고 협상하는 관계에 있게 된다. 이것을 관료제가 생존을 위하여 정치적 주인을 찾는 권력 투쟁의 장으로 보기도 한다 (Long, 1949). 미국의 다원주의 하에서 관료제의 정책과정은 분산되어 있는 정부조직 하에서 다양한 이익집단들의 경쟁과 협상에 의하여 이루어지기 때문에 진흙탕을 헤쳐나가는(muddling through) 것처럼 점진주의적 특성을 나타내게 된다 (Dryzek & Dunleavy, 2009: 50-1). 그러나 사회가 복잡해짐에 따라 시민들의 수요가 증가하게 되고, 정부가 이러한 요구에 모두 대응하기에는 과부하가 걸리게 된다 (Etzioni-Halevy, 1983: 45-6). 시민사회가 우위에 있고 다양한 요구가 증가함에 따라 정부가 결정해야 할 정책도 늘어나지만 감당할 수 있는 능력을 초과하기 때문에 더욱 취약해지게 되는 것이다.

다원주의하에서 관료제는 이론적으로는 중립적인 도구이지만 실제로는 이익집단들이 의회에 영향력을 행사하도록 조정할 수 있을 뿐만 아니라 전문적인 지식과 정보를 보유하고 있기 때문에 정책결정에 영향을 미칠 수 있고, 재량권을 행사함으로써 정책수단의 선택에도 영향을 미칠 수 있다 (Smith, 1988: 43-6). 그렇기 때문에 정치적 통제가 중요한 문제로 부각되며 대의민주주의 하에서 관료제는 정치적 대표자에 대한 책임성과 대응성이 문제되는 것이다. 그러나 미국의 의회를 제외하고 대부분의 자유민주주의 국가들의 의회들은 의회의 구성, 기능과 절차의 다양성, 정보에 대한 제한 때문에 관료제에 대하여 입법과 예산과정에서 실질적으로 주도권을 행사하는데 한계가 있다.

한편, 중립적인 심판자로서 관료제는 사회 내에서 집단 간의 경쟁의 결과를 수동적으로 받아들이지만 실제로는 사회적으로 영향력이 있는 기업이나 상위 계층의 이익을 더 반영하게 될 수 있다 (Lindblom, 1977). 예를 들어 대기업이나 다국적기업이 독점적 지위를 활용하여 부당한 이익을 추구하거나 관료들이 자신의 고객인 기업들과 연합하여 군산복합체를 형성하는 경우 사회 전체적인 공익에 심각한 영향을 미칠 수 있다. 사회 내에서 기업 이익이 과도하게 반영되는 문제를 해결하기 위하여 환경, 의료, 교육, 소비자의 권리 등의 정책 영역에서 사회운동과 이슈 옹호연합(advocacy coalition)을 형성하고 관료제는 사회 내에 기업뿐만 아니라 사회 내에의 다양한 집단들로 구성된 네트워크 거버넌스를 통하여 문제를 해결할 수 있다 (Dryzek and Dunleavy, 2009: 140-149). 이것은 기존의 수동적인 다원주의에서 이해관계의 조정과 협업적 문제해결을 위하여 정부의 역할을 강조하는 신다원주의(neo-pluralism)로의 전환을 의미하는 것이다.

2. 시장자유주의 시각

시장자유주의(Market Liberalism)는 도덕적이고 자유로운 개인들이 시장을 통하여 경제활동을 하면 가장 효율적으로 자원을 배분할 수 있다는 경제이론이다. 시장자유주의는 아담 스미스(Adam Smith)의 자유주의에 뿌리를 두고 있으면서도 다원주의와 달리 개인들의 조직화가 아니라 개인적 자유와 경쟁을 강조하며, 개인들의 이기적인 경제활동이 의도하지 않더라도 시장이라는 보이지 않는 손(invisible hand)을 통하여 집합적 효용을 극대화할 있다고 본다 (Dryzek & Dunleavy, 2009: 100-101). 시장자유주의는 19세기 서구사회를 풍미하였으며, 20세기에 와서 대공황이 발생하자 케인즈(John Maynard Keynes)에 의한 혼합경제 이론에 의하여 공격을 받았지만 하이에크(Friedrich A. von Hayek), 프리드만(Milton Friedman)과 같은 보수주의 경제학자들에 의하여 신자유주의 경제학으로 발전하게 되었다. 시장자유주의는 정부에 의한 공급 대신에 서비스의 수요자로서 시민들의 선택을 강조하는 공공선택론으로 이어지고, 1980년대 이후 영미에서 시도된 신자유주의적 개혁 프로그램의 이념적 기초가 되었으며, 정부의 규모와 개입을 축소하고 시장원리에 의하여 정부조직을 개혁하려는 신공공관리론으로 나타나게 되었다.

시장자유주의에서 국가는 사적 재산권의 정의와 보호, 국방과 치안, 독점에 대한 규제, 무능력자에 대한 최소한의 보호, 기초적인 사회간접자본의 제공 등을 제외하고 개인들의 자유로운 경제활동에 간섭하지 않아야 한다 (Friedman & Friedman, 1979). 또한 집단, 엘리트, 계급 등의 사회적 존재를 인정하지 않고 이기적인 개인에 초점을 맞춘다. 이러한 가정 하에 관료제는 공익 보다는 사적인 이익을 추구하는 합리적인 개인들로 구성되기 때문에 자신과 관료조직의 이익을 위한 지대추구(rent seeking)를 하게 되는데 이를 해결하기 위하여 규제완화와 민영화를 통하여 시장에 의한 공공서비스의 제공을 강조한다. 즉, 공공선택론에 있어서 관료제가 사업에 대한 정보를 독점하고 있고 정치인들은 관료제의 요구에 대하여 제대로 감시를 할 수 없기 때문에 관료제는 예산을 극대화(budget maximization)하는 전략을 추구하게 되며 예산 사업의 집행 과정에서 재량을 행사함으로써 편익을 취하기 위하여 시장에서 합리적으로 결정되는 공공재의 공급보다 더 많은 예산을 지출하게 된다 (Niskanen, 1971). 예산극대화 뿐만 아니라 관료제는 자신들이 승진할 수 있는 자리에 더 관심이 있기 때문에 조직을 가급적 늘리고 이를 통하여 승진의 기회를 더 많이 획득하기 위한 관청형성전략 (bureau shaping strategy)을 구사하기도 한다 (Dunleavy, 1991). 따라서 이처럼 비효율적이고 사적인 이익을 추구하는 관료제는 감축의 대상이며 시장에 의해 대체되어야 할 대상이다.

한편, 신공공관리론의 정부 관료제는 효율성에 기반한 민간 기업의 경영원리를 적극적으로 도입한다는 점에서 공사일원론(정치-행정 이원론)에 입각하고 있다. 신자유주의적 정부개혁인 신공공관리론에서(NPM)에서도 정부조직이 민간기업과 본질에 있어서 차이가 없다는 것을 전제로 하며, 정부가 반드시 해야 할 핵심적인 정책기능 이외에는 책임운영기관(executive agency)로 하여 계약에 의한 경쟁의 원리를 도입하였다. 그리고 책임자에게 기업가적인 재량을 인정하는 대신에 다수의 고객들이 원하는 성과 창출을 했는지 여부로 책임을 묻고 있다 (Denhardt and Denhardt, 2000). 정부 관료제에도 민간 시장의 원리를 적용하기 위하여 현대 경영의 원리와 공공선택 이론을 공공 영역에도 도입하게 되는데 역할에 따라 적합한 통제와 평가하기 위하여 거대한 공공조직을 분리(disaggregation)하고, 공공서비스의 공급자와 수요자를 분리하여 공급자 간에 경쟁(competition)을 유도하며, 금전적 가치에 의한 보상을 통하여 관리자와 직원들에게 동기부여(incentivization)를 한다 (Dunleavy, Margetts, Bastow & Tinkler, 2006).

시장자유주의에 의한 관료제는 민간 기업의 조직 원리에 따라 계층제적 통제를 완화할 수 있고 공급기관의 경쟁과 소비자의 선택을 보장한다는 장점에도 불구하고 시장과 같은 경쟁이 이루어지려면 충분한 정보가 제공되어야 하는데 그렇지 않을 경우 서비스의 품질에 문제가 발생할 수 있고, 각각 독립된 기관의 최고관리자에게 책임이 집중되는 계층제적 구조는 여전히 유지되고 있으며, 공공기관은 금전적 가치만으로 공공성과 공직 봉사정신을 함양할 수 없고, 기관이 독립적으로 운영되므로 여러 기관들이 관련된 복잡한 문제 해결에는 한계가 있을 수 있다.

3. 엘리트주의 시각

엘리트이론가들은 어떤 정치체제든지 소수의 조직화된 엘리트가 조직화되지 않은 다수의 시민을 지배한다고 본다. 여기서 엘리트는 지배계급(ruling class)으로서 전문성, 부와 재산권의 소유, 사회적 지위, 지식, 경제적 및 정치적 수완으로 경제적, 정치적, 사회적 권력을 통제하는 집단을 말한다 (Dryzek & Dunleavy, 2009: 57-64). 이 이론은 19세기 후반 독립 국가를 이룬 이탈리아의 모스카(Gaetano Mosca), 파레토(Vilfredo Pareto) 등에 의하여 주장되었고 이후 독일에서 미헬스(Robert Michels)가 사회민주당 내부에서도 과두지배의 철칙이 존재함을 입증하였으며, 베버(Max Weber)는 관료제의 사회 지배를 통제하기 위하여 민주적으로 선출된 정치인에 의한 통제를 강조하였다. 이러한 민주적 엘리트 이론은 1920~30년대 미국으로 건너가 슘페터(Joseph Schumpeter)의 엘리트 경쟁 민주주의의 기초가 되었고, 1950년대 밀즈(C. Wright Mills)의 공동체 권력 연구와 군산복합체의 권력 엘리트(power elite) 이론으로 이어지게 된다. 엘리트 이론의 기본 가정은 어느 사회이든 조직화된 소수가 조직화되지 다수를 지배한다는 것이며, 이를 비판함으로써 다원주의와 사회주의의 권력의 이면을 드러내는 것이다.

엘리트 이론에서 관료제 모델을 보면 첫째, 미헬스는 정치적으로 엘리트로서 지배계급이 자신들의 지배를 유지하고, 중산계급이 자신들의 생계와 지위 보장을 확보하는 수단으로서 관료제가 현대 사회에서 필요하지만, 시민들의 자유를 억압하고 부패의 원천이 된다고 본다 (Etzioni-Halevy, 1983: 18-19). 실제로 민주주의 원칙에 기반한 유럽의 사회민주주의 정당과 노동조합도 소수에게 권력이 집중되는 방식으로 운영되는데 이를 '과두제의 철칙(Iron Law of Oligarchy)'으로 불렀다 (Michels, 1915). 겉으로는 민주주의의 원칙을 내세우면서도 내부적으로 상층부에 권력이 집중되고 계층제에 따라 하향식으로 통제되는 사민주의 정당의 과두제적 통치 방식을 관료제와 유사하다고 본 것이다.

둘째, 베버는 기본적으로는 관료제의 합리성과 필요성을 강조하였다. 관료제는 현대 산업사회에서 가장 효율적인 조직이고 모든 사회체제는 점진적으로 합리화를 지향하기 때문에 정치적 이념과 상관없이 관료제는 더욱 거대해지고 강력해진다고 보는 것이다. 그러면서도 관료제의 전문성과 비밀주의 때문에 민주주의를 위협할 가능성이 있음을 또한 우려한다. 그가 보기에 민주주의와 관료제는 상호 역설적인 관계에 있다. 민주주의가 발전하면서 왕이나 귀족에 의한 통치를 대체하면서 관료제의 발전이 이루어졌다. 그러나 관료제가 하나의 권력 집단이 되는 것을 방지하기 위해 그 임기나 지위를 제한하고 활동을 감시하게 되면서 상호 갈등 관계가 나타난다 (Gerth & Mills, 1946). 베버(Weber, 1994: 125)는 관료제에 대한 대의 민주주의의 통제 기제에 의해 질서 있고 책임성 있는 정치 리더십이 전제군주라는 위로부터의 압력과 선동정치라는 아래부터의 압력을 모두 약화시킬 수 있다고 보았다.[6] 정치 리더십에 의한 민주적 통제가 필요하다는 베버의 생각은 경쟁 선거를 통해 민주적으로 선출된 정치 엘리트가 국민의 선호에 대응한다는 슘페터(Schumpeter, 1943)의 민주적 엘리트 이론으로 발전되었다. 정치 엘리트에 의한 민주적 통제는 미국의 정치-행정 이원론에서도 찾아 볼 수 있다. 윌슨(Woodrow Wilson)과 굿노우(Goodnow)는 헌법적 문제와 중요한 정책결정을 담당하는 정치와 이를 집행하는 수단으로서의 행정을 분리하여 행정의 효율성을 확보히는 방안을 지지했다.[7]

---

6 베버는 서구의 산업화 단계에서 관료제와 민주주의 간에 상호보완적 순기능이 이루어졌음을 강조하는 대표적인 이론가 가운데 하나다 (Etzioni-Halevy, 1983).

셋째, 밀즈는 보다 급진적으로 다원주의 이론의 비현실성을 비판하였다. 제2차 세계대전 이후 미국의 최상층의 엘리트들은 대중뿐만 아니라 중간 계층의 엘리트로부터도 분리되어 독자적인 재량권을 가지고 자신들의 이익을 위하여 중요한 결정을 하는 권력 엘리트(power elites)가 되었고, 의회에 보고 없이 비밀리에 소수의 거물정치인과 부유한 기업가와 군인들이 연합하여 군산복합체(military-industrial complex)를 형성하였다고 주장한다 (Mills, 1956).

엘리트 이론으로부터 직접 파생한 것은 아니지만 엘리트 이론에 부합하는 관료제 이론으로 기술관료제(technocracy) 모형, 코포라티즘(Corporatism) 모형 등이 있다. 기술관료제 모형은 정치인, 기업가, 일반 행정가가 아닌, 전문성을 갖춘 기술관료(technocrats)가 조직 내에서 의사결정에 중요한 영향을 미치며, 조직의 의사결정이 기업가나 소유자를 대신하여 관리자로 변화될 것을 주장한다 (Burnham, 1942).[8] 기존의 엘리트 이론에서는 엘리트 집단이 소수이지만 경제적, 사회적, 정치적 분야의 다양한 배경을 지니고 있음에 비하여, 기술관료제 모형에서는 행정부나 기업체 내의 전문적인 기술관료의 영향력을 강조하는 점에서 구별된다. 현대 사회가 발전함에 따라 복잡한 문제들이 증가하고, 이에 따라 늘어난 정부개입과 문제 해결을 합리적으로 수행하려면 지식정보와 전문성이 중요해진다. 자연히 기술관료들의 권한이 증가하게 된다. 그러나 기술관료제는 민주적 선출이 아닌 관료제 자체의 논리에 의해 임용되기 때문에 정당성의 문제가 발생한다. 정보의 비밀성을 통해 조직 이익을 추구할 수 있는 등 민주주의에 위협이 될 수도 있다 (Etzioni-Halevy, 1983: 60-61). 다원주의는 이러한 문제를 해결하기 위해 관료조직을 분절화하고 조직의 생존을 위해 이익집단의 요구에 대응하도록 관료제 조직을 설계한다. 그러나 기술관료제에서는 가장 합리적 의사결정을 하기 위해 정치적 요구로부터 가급적 거리를 두고 관료제 자체의 통합과 조정을 모색하려고 한다.

코포라티즘은 고위 국가 관료와 제한된 수의 기업 및 노조, 기타 시민단체의 대표로 구성된 회의체를 통하여 공공정책을 결정하는 제도적 장치를 말한다 (Etzioni-Halevy, 1983: 63). 공적 및 사적 행위 간의 구별이 모호해지고, 공적 목표를 위해 사적 조직도 공공정책의 구조로 통합되며, 의회 권력을 대체하여 행정부의 권력이 강화되는 경향이 나타난다. 경제 및 사회적 기획 권한이 정부, 기업, 노동계의 이익을 대변하는 사람들로 구성된 삼자협의체(Tripartite system)에 이전되어 투자, 임금과 같은 민간 행위자의 행위를 규율하게 되며, 기능

---

7 베버는 관료제의 권한을 견제하기 위해 민주적으로 선출된 정치인에 의한 통제가 필요하다는 점을 강조했다. 반면, 미국에서의 정치-행정 이원론은 정치 권력으로부터 행정을 분리함으로써 정책의 합리적 집행을 도모하려는 목적에서 관료제를 제도화하려고 했다.

8 기술관료제는 스미스(William H. Smith)가 국민의 지배를 효과적으로 실현하기 위해 과학자나 전문가를 활용하는 정치체제를 묘사하기 위해 처음 사용했다. 1930년대에 미국에서는 스코트(Howard Scott)가 기술관료제 운동을 전개하면서 '기술적 의사결정에 의한 정부(government by technical decision making)'라는 뜻으로 사용하기 시작했다 (https://en.wikipedia.org/wiki/Technocracy; Jones, 1995: 214).

적 대표성에 의하여 지리적 대표성을 대체한다는 구조적 특징을 지닌다 (Smith, 1988: 54-58). 전문기술이던 기능적 대표성이던 간에 권력을 가진 소수 집단에 의해 국가와 사회의 중요 과제들에 대한 의사결정이 이루어지는 점에서 기술관료제와 마찬가지로 코포라티즘도 엘리트 이론의 분파로 볼 수 있다. 국가가 사회 영역의 이익집단 요구에 대응한다는 측면에서 다원주의와 공통점이 있으나, 다원주의에서는 이익집단들이 경쟁관계에 있는 반면, 코포라티즘에서는 국가가 우위에 있고, 일부 선택된 사회집단들이 서열화되고 조정된다는 점에서 차이가 있다. 코포라티즘은 서구의 경우, 중세 이래의 길드(guilds) 조직에 근거를 두고 있으며, 자유주의의 심화에 따라 쇠퇴했으나, 제1차 세계대전 이후 파시즘의 발흥과 더불어 다시 주목을 받았다. 국가가 권위주의적인 정치 권력을 바탕으로 기능적 대표집단들을 선별·억압·조정하는 '국가조합주의(state corporatism)'와 집단들이 국가와 대등한 위치에서 자율성을 지니고 활동하는 '사회조합주의'를 구분하기도 한다 (Schmitter, 1979). 코포라티즘은 상호 합의에 기초를 두고 있으므로 형식적 법규에 의거하여 지시하는 관료제를 대체할 수 있다는 주장이 있다 (Winkler, 1977). 그러나 여기에 참여하는 고위 관료가 사회집단의 대표와 일상적인 업무를 통해 상호작용을 하는 과정에서 정치인보다 더 영향력을 행사할 수 있다는 주장도 있다 (Diamant, 1981).

이처럼 엘리트 이론은 다른 국가이론들에 비해 풍부하게 관료제의 이론적 기초를 제공해 주고 있다. 그러나 관료제가 어떻게 민주적 가치에 충실하게 운영될 것인지에 대한 구체적인 해답은 제시하지 못하고 있다. 이것은 어쩌면 민주주의와 관료제 간의 갈등 관계를 지양하고 상호 보완관계로 나아가기 위해 인류 사회가 끊임없이 해결해야 할 과제인 것으로 볼 수 있다.

4. 마르크스주의 시각

마르크스주의(Marxism)는 변증법적 유물론에 따라 사회의 생산양식의 변화를 계급투쟁의 관점에서 분석하고 자본주의 사회에서 자본가 계급에 대하여 노동자, 농민 등 프롤레타리아 계급들이 단결하여 사회주의 혁명을 완수함으로써 자본주의를 끝내고 모든 사람이 평등한 공산 사회를 구현한다는 정치사상이다. 마르크스는 엥겔스(Friedrich Engels)와 함께 저술한 공산당 선언에서 "현대 국가의 집행부는 전체 부르주아 계급의 공통 업무를 관리하기 위한 위원회에 불과하다"고 하였다. 이러한 마르크스의 관료제 모델은 ① 지배계급의 이익에 봉사한다는 도구적 관료제 이론, ② 지배계급의 위에서 규제하고 조정하는 자율성을 지닌다는 권력의 도구 이론, ③ 자본주의 국가의 중요한 기능을 수행한다는 기능적 국가(functional state) 이론으로 나누어 볼 수 있다 (Smith, 1988: 64; Dryzek & Dunleavy, 2009: 92-8).

첫째, 도구적 관료제 이론은 국가를 지배계급의 이익을 위하여 봉사하는 수단으로 보며, 관료제는 도구로서의 국가를 형성하는 제도로 본다 (Etzioni-Halevy, 1983: 74-5). 마르크스는 지배(rule)하는 계급과 국가를 통치(governing)하는 관료제를 구분하였는데, 지배계급이 직접 통치에 관여하지 않더라도 관료제 내부의 고위직은 지배계급에 속한 사람들이 차지할 가능성이 크고, 자본가 계급은 강력한 이익집단으로서 압력을 행사할 수 있으며, 국가는 자본주의 생산체제 내에서 활동하므로 구조적으로 제약을 받을 수밖에 없기 때문에 지배계급인 자본가의 이익을 위하여 봉사하게 된다 (Miliband, 1973). 자본주의 사회에서 국가기구는 때로는 지배계급을 규제할 수 있는데 이는 지배 계급의 장기적 헤게모니(hegemony)를 유지하기 위한 것이다. 또한 지배계급의 도구로서 관료제는 적대적 계급으로 구성된 사회에서 불평등을 강제하는 수단이며, 국가와 사회 간의 갈등을 줄이는 역할을 수행한다 (Smith, 1988: 65-67). 그 결과 국가와 시민사회의 관계뿐만 아니라 관료제 내부에서도 소외(alienation) 현상이 발생하게 되며 시민들과는 멀어져서 억압적이게 되며 비밀성과 특권성으로 인하여 소외현상은 더욱 심화된다. 따라서 계급이 없는 사회가 실현되면 관료제는 사라져야 할 존재로 본다. 마르크스는 공산 사회에서는 국가가 국민을 억압하는 것이 아닌 행정적인 업무만을 수행하며 계급투쟁이 사라지므로 당연히 국가도 사라지게 될 것으로 보았지만 어떻게 국가 관료제가 사라질 것인지에 대하여 연구를 남기지는 못했다.

둘째, 권력의 자율적인 도구로서의 관료제 모델은 사회적 계급간의 중재자적 역할을 수행하는 것이다 (Smith, 1988:67; Dryzek and Dunleavy, 2009: 93). 대표적으로 1848년 프랑스에서 2월 혁명과 루이 보나파르트 나폴레옹(Louis Bonaparte Napoleon)의 쿠데타에 의하여 성립된 제2 제정의 권위주의 정부를 들 수 있다 (Smith, 1988: 67). 마르크스는 「루이 보나파르트의 브뤼메르의 18일(The Eighteenth Brumaire of Louis Bonaparte)」 저서를 통하여 이 당시의 프랑스 관료제는 선거권의 확대에 따라 성장하는 노동계급을 억압하고 지배계급으로서 부르주아의 경제적 이익을 보호하는 대신에 의회민주주의라는 정치적 권력을 약화시키고 행정부의 권한을 강화함으로써 모든 계급에 대하여 우위를 점하는 자율성을 획득했다고 묘사하고 있다 (Marx, 1869; 1969). 마르크스주의에서 중재자로서 관료제 모델은 국가의 특성에 따라 다양한 형태로 나타날 수 있지만 근본적으로 친자본적이며 중립적이지 않은 방식으로 사회적 갈등을 관리하고 있다고 본다. 사회에 대한 국가의 개입이 증가함에 따라 의회의 권력은 더욱 관료제로 이전되었으며, 권력은 더욱 정부와 관료제의 상층부로 집중되었고, 국가주의가 국가주의를 낳으며 관료제는 지배적인 국가기구가 되었다고 본다 (Etzioni-Halevy, 1983: 79-80; Poulantzas, 1978).

셋째, 기능적 국가 모델은 국가가 자본주의 경제체제의 유지를 위하여 필요한 기능을 수행하는 것으로 본다. 이러한 상황에서 누가 국가기구를 운영하는지는 중요하지 않으며 모든 것은 자본주의 경제체제와의 관계에서 국가의 구조적 지위를 통하여 결정된다 (Poulantzas, 1969). 자본주의 경제 체제 하에서 국가가 수행해야 하는 기능은 두 가지로 나눌 수 있는데, 하나는 자본이 수익을 축적할 수 있는 조건을 창출하는 축적(accumulation)의 기능이며, 다른 하나는 사회적 통합을 달성하기 위하여 국가가 사회적 지출을 하는 정당성(legitimation)의 기능이다 (O'Connor, 1973). 자본주의 체제의 장기적 지속성을 위하여 국가는 사회적으로 소외된 계급에게도 국가의 존재의 정당성을 인식시켜야 하며 복지국가를 통하여 자본주의 사회의 경제적 위기의 충격을 완화할 수 있는 물질적 자원을 제공하거나 자본주의의 우월성을 인식시키는 이데올로기 전략이 필요하다 (Offe, 1984). 그러나 국가의 정당성을 추구하는 전략으로서 노동자에 대한 복지와 재정적 지원은 근로의지를 약화시킴으로써 자본주의 생산체제의 축적의 기능을 약화시키고 국가에 의한 재정지출의 확대는 재정적 위기를 가져올 수 있기 때문에 자본주의사회의 정당성의 위기를 초래하게 된다 (Harbermas, 1976).

마르크스의 관료제 이론을 평가하자면 자본주의 국가에서 관료제의 구조적이고 권력 투쟁적 측면을 부각시킨 장점은 있으나 지나치게 이론적 독단(dogma)에 빠진 단점이 있다 (Etzioni-Halevy, 1983: 82-83). 관료제의 구성이 지배계급과 겹칠 수는 있더라도 관료제 상층부가 모두 자본가계급의 이익만을 위하여 봉사하는 것은 아니며, 친 노동적 정책을 수행하더라도 이를 자본가의 장기적 이익을 위하여 봉사하는 것으로 간주하는 것은 경험적으로 검증되어야 할 가설일 뿐이다. 또한 공산주의 혁명에 성공한 소련이나 동구권 국가에서 자유민주주의 사회보다 더 중앙집권적인 관료제가 실시되어 개인의 인권과 자유를 억압한 역사적 사실을 통하여 볼 때 관료제는 공산주의를 통하여 사라지지 않았을 뿐만 아니라 실제로는 관료제 스스로가 지배계급이 되고 민주주의를 파괴하는 결과를 초래하고 말았다.

5. 탈근대주의 시각

탈근대주의(Post-modernism)에서는 국가, 계급, 발전, 이성 등 당연한 것으로 인정되어 온 근대사회의 거대담론을 해체하고 상대화하며 세계를 해석하는 다양한 방식을 제시한다 (Dryzek & Dunleavy, 2009: 290-1). 탈근대주의의 한 분파인 후기구조주의(post structuralism)는 자유민주주의나 마르크스주의에서 제시하는 진보와 이성이라는 관념의 이면에 자의적이고 억압적인 권력 구조가 존재한다고 본다 (Foucault, 1972). 행정에 대해서는 근대성이라는 상식에 대해 의문을 제기하며, 거대담론을 해체하고 재구성한다. 여기에서 중요한 것은 상상력이다 (Farmer, 1995).

탈근대주의의 시각에서 보면, 관료제도 근대사회가 만들어 낸 개념일 뿐, 모든 사회에 보편적으로 타당한 진리는 아니다. 계몽주의가 도래함에 따라 근대국가가 제시되었고, 그 이후에 관료제가 등장하여 합쳐졌다 (Gladden, 1972). 탈근대주의에서는 근대국가의 주권 및 경계를 신화에 불과하다고 비판하고 해체를 시도한다. 국가가 해체됨에 따라 권력의 연결로서 피라미드형으로 조직화된 계층제도 필요 없게 된다 (Guéhenno, 1995: 19). 근대국가의 행정이 계층제 관료조직으로서 통제와 명령을 중심으로 하는 것이라면, 탈근대주의의 행정은 다양한 연결점을 지닌 권력 분산적 연결망으로 바뀌며, 권력은 접촉과 의사소통 그리고 영향력에 의해 결정된다 (Guéhenno, 1995: 61-62; Frederickson & Smith, 2003: 154).

관료제를 대체하는 새로운 기제로서 통치성(governmentality) 개념이 제시된다 (Dryzek & Dunleavy, 2009: 297). 통치성이란 정부, 이성(rationality), 정신(mentality)의 합성어로서 행동의 규율을 의미한다. 반드시 국가나 정부뿐만 아니라 정치적으로 여겨지는 정당, 선거, 정책 토론의 영역에서 담론의 형태로 진행되는 것을 포함한다. 형식적인 법률과 강제에 의해 개인의 행동을 규율하는 것이 아니라 행동 규범으로서 개인이 감시하고 스스로 규제하게 된다. 또한, 팀웍(teamwork)과 권력 행사 대신에 사전적인 미세조정을 우선시하고, 사회적, 종교적, 문화적 차이의 관리를 강조한다. 관계와 결사를 통해 의미를 발견하게 되므로 연결망이 중요해진다 (Frederickson & Smith, 2003: 155).

탈근대주의에서는 관료제 대신에 시민사회에서의 담론과 '틀 짓기(framing)' 간의 경쟁을 통해 공공정책이 형성되는 것, 그리고 담론에의 참여 과정을 통한 숙의민주주의 가능성에 주목한다. 정부 관료제를 대체하는 지식권력의 연결망 내에서는 기존의 권력자 대신 '연계된 기술자,' 행정가, 국가 및 시민사회 전문가 등이 참여한다. 이들이 틀 짓기에 대한 비판과 재비판을 통해 논쟁(agonism)을 벌이며, 그 결과를 통해 사회 여론의 형성 및 다양한 경로를 통한 국가 내부의 공공정책 결정에 반영된다.

탈근대주의는 근대사회의 거대담론을 비판적으로 이해하는 데 도움이 된다. 그러나 현실적으로는 사회 내에서 지식권력을 통해 이루어지는 연결망 참여가 폐쇄적일 가능성이 있으며, 소수 언술에 뛰어난 사람이 사회 담론을 독점함으로써 다수 대중의 판단에 영향을 미칠 우려가 있다. 더 나아가 사회 내에서 공적 토론만으로 사회문제를 해결하기 위한 공공정책이 형성되기는 어려우며, 이를 실행하고 집행하는 조직이 필요한데, 이러한 문제에 대한 구체적인 설명이 제시되지 않은 채로 있다.

6. 환경주의 시각

환경주의(Environmentalism)는 현대국가가 복잡한 환경문제를 해결하는데 취약한 구조를 지니고 있다고 비판한다. 물, 공기, 자원 등의 환경문제는 생태계로서 연관되어 있는 복잡한 문제인데 기존의 베버적인 관료제는 이러한 문제를 해결하는데 한계가 있다고 본다. 왜냐하면 베버의 합리적 관료제는 문제를 분해하고 각각의 부분에 적합한 해결방안을 계층제적 구조 하에서 분업에 의하여 해결하는데 복잡한 환경문제에 대하여 이러한 분업체제는 조정의 실패(failure of coordination)의 문제를 유발하기 때문이다. 예를 들어 환경문제를 물, 공기, 토양, 생물자원 등으로 각각 나누어 별도의 규제체제를 두는 관료제 하에서는 더 좋은 결과에서 수렴이 일어나는 것이 아니라 각각의 분야별로 문제가 돌아가면서 발생하게 되고 전체적으로 좋은 결과는 나타나지 않을 수 있다 (Dryzek and Dunleavy, 2009: 260; Dryzek, 1987). 조정 실패의 문제를 해결하는 방안으로 신다원주의적 관점에서 거버넌스 네트워크를 활용하거나 시장자유주의의 관점에서 정부 계층제의 수직적 통제 하에 개별 분야별로 계약과 경쟁체제를 활용하고 있으나 기존의 합리적 관료제를 대체하기는 어렵다.

또한 환경주의에서는 국경을 초월하여 발생하는 환경문제에 대응하기 위하여 자유민주주의 국가의 관료제에 대한 대안으로 지구적인 조직을 통하여 권위적인 통제를 강화하도록 주장한다 (Ophuls, 1977). 이러한 환경적 권위주의(environmental authoritarianism)는 기존의 자유민주주의나 국가주권의 원칙과 충돌할 수도 있다. 그러나 UN, EU 등의 국제기구나 오존층 보존에 관한 몬트리올 협약, 교토의정서, 파리협약 등 국제적 조약에 의하여 주권국가의 환경보존의 책임을 강화하는 노력을 기울이고 있다. 한편 환경 무정부주의는 환경문제가 근대국가의 관료제의 경제개발 정책으로 발생하였으므로 모든 형태의 국가나 관료제 조직의 폐기를 주장하기도 한다. 녹색민주주의를 강조하는 입장에서는 환경문제의 공론장에서 정보공개와 시민의 참여에 의한 담론과 평가를 통하여 환경문제를 해결하고자 한다. 그러나 이러한 시민사회의 담론이 기존의 관료조직을 대체한다고 보기는 어려우며 외부에서 압력의 의미를 지닐 수 있을 뿐이다.

환경주의는 환경문제의 초국가성과 전체적인 관리라는 특수성 때문에 기존의 분할된 국가체제로는 한계가 있다고 지적하고 있는 점은 타당하다. 현재로서는 범지구적 또는 지역적 환경문제의 해결을 위해서 근대성의 인식 체계에서는 주권 국가 간의 합의를 통해 환경문제를 해결해야 하고, 탈근대적인 관점에서는 주권 국가에 영향력을 행사할 수 있는 초국가적인 환경보호 네트워크가 확대됨으로써 개별 국가에 압력을 행사할 수 있을 것이다. 환경보호를 위한 세계 정부의 구상은 다른 경제적, 정치적, 사회적 문제를 제외하고 오직 환경을 위하여 국가가 주권을 포기할 것인지에 대하여 의문이 제기된다. 환경주의에서도 국가 관료제를 대체할 수 있는 수단을 발견하지 못한 상황이기 때문에 기존의 관료조직에 더하여 성찰적 근대성(reflexive modernity)을 구현하는 하위 정치의 장을 마련하는 것이 필요하다 (Beck, 1992).

7. 여성주의 시각

여성주의(Feminism)는 기존의 사회가 남성 중심적으로 되어 있다고 보고 정치, 경제, 사회, 문화의 모든 분야에서 양성 평등을 실현하고자 하는 사회운동이자 사상체계이다.[9] 여성주의는 18세기 후반에 자유주의의 영향을 받아 울스턴크래프트(Mary Wollstonecraft)가 남성과 여성의 평등을 주장하였으나 당시 남성 우위의 사회에서 호응을 받지 못하였다. 그러나 20세기 초의 여성 참정권 운동, 1960년대 인권에 관한 사회운동, 최근에는 사회적으로 구성된 성차별 해소 운동 등으로 발전해 왔다 (Dryzek and Dunleavy, 2009: 228-230). 여성주의의 기본 가정은 현대 사회가 가부장적이고 남성 중심적으로 구성되고 운영되기 때문에 이를 개혁해야 한다는 것이다.

여성주의는 기존의 당연한 것으로 받아들여지는 제도와 문화를 비판하고 텍스트의 해석과 상상에 의하여 재구성한다는 점에서 탈근대주의와 비슷하다 (Frederickson and Smith, 2003). 여성주의에서는 텍스트 분석을 통하여 기존의 제도 중에 남성 중심적인 요소를 찾아내고 비판한다. 예를 들어 가부장제(patriarchy)는 강력한 지도자가 위에 있고, 낮은 지위에서는 복종적인 태도가 요구되는 계층제로 보며, 관료제는 조직 내외에서 개인을 객관화하고 돌봄의 관계를 억압하는 기제로 비판한다. 그 결과 관료제는 통제, 지배, 복종, 비인간화를 초래하게 된다고 본다 (Dunleavy & Dryzek, 2009: 237-238). 권력의 행사가 관료적 행태의 중심이 되는 권위적 계층제보다 행정적 과정이 중요하며(Follet, 1918), 계층제는 보다 남성적인 것이고 관료적 작용에 대한 과정적 접근으로서 서비스나 지원의 관점은 여성주의적인 것이다 (Stivers, 2002). 행정에서 남성 중심적인 논리가 책임을 지고, 의사결정자가 되며, 권위를 행사하고, 효율성을 극대화하며, 목표 지향적인 것이라면 여성주의적 논리는 집단 의사결정, 컨센서스, 팀웍, 숙의, 담론을 중시하는 민주적 행정을 지향하기 때문에 여성이 보다 공직에서 고위직으로 진출할 수 있도록 제도적 보완이 필요하다는 주장이다.

---

9 https://en.wikipedia.org/wiki/Feminism, Lengermann, Patricia; Niebrugge, Gillian (2010). "Feminism". In Ritzer, G.; Ryan, J.M. (eds.). The Concise Encyclopedia of Sociology. John Wiley & Sons. p. 223.

여성주의가 기존의 남성중심의 공공조직에서 양성의 평등을 주장하고 보다 수평적이고 민주적인 의사소통을 강조한 점은 수긍할 수 있는 측면이 있다. 그러나 남성이 모두 수직적 관계와 권력을 지향한다는 것은 이론적 도그마이며, 양성의 이미지를 고정시켜 남성은 권위주의적이며, 여성은 보다 민주적인 리더십으로 이분화하는 것은 여성주의가 비판하는 정형화된 성역할을 다르게 고착시키는 것일 수 있다.

제3절 사회주의 국가의 관료제

1. 의   의

사회주의 국가의 관료제를 이해하기 위해서는 마르크스 사상의 계보를 큰 틀에서 이해할 필요가 있다. 1960년대에 등장한 신마르크스주의(Neo-marxism)는 서구 자본주의 국가를 마르크스주의의 시각에서 비판적으로 접근하여 분석하는 이론들을 발전시켜 왔다. 이 책에서 소개되는 대부분의 마르크스주의 시각의 이론들이 여기에 해당한다. 그런데 이 이론들은 (자본주의 국가가 아닌) 사회주의 국가와 행정의 분석에는 한계가 있다. 실제 사회주의 국가와 행정을 운영하는 원리의 바탕이 되는 '마르크스-레닌주의'에 근거한 이론들을 발굴할 필요가 있는 이유다.[10]

마르크스 중심의 초기 마르크스주의는 국가란 자본가(부르주아)들이 자신의 재산과 이익을 지키기 위해 필연적으로 채택하는 조직의 형태로 보았다. 관료제는 부르주아 지배계급의 공통적인 사무를 관리하기 위한 중요한 도구라고 표현한 도구주의 명제가 그것이다.[11] 이처럼 마르크스는 관료 또는 관료주의를 계급 갈등과 연계시키면서 지배계층에 공헌하는 부정적인 개념으로 보았다. 그러나 프롤레타리아 혁명 이후의 관료제에 대해서는 마르크스가 명확하게 제시한 부분은 없다. 다만, 지배계급의 이익에 공헌했던 국가의 성격이 공산주의(사회)에서 최종적으로 소멸하듯이, 관료제 또한 강제적이고 착취적인 특성을 잃고 점차 사회로 흡수될 것이라는 방향성에 관해서는 명확하다. 여기서 사회에 흡수된다는 의미는 행정기능이 사라지기보다는 모든 시민이 행정의 대상이 되는 동시에 민주적 방법에 의해 행정가가

---

10 마르크스주의 사상의 흐름과 사회주의 국가에 대한 이론적 배경에 관해서는 이 책의 제1편 제3장, 사회주의 국가의 행정기구에 대해서는 제3편 제2장 제6절을 각각 참고 바람.

11 절대왕정, 프랑스혁명, 나폴레옹 1세 시기 모두 관료제는 부르주아의 계급지배를 위한 수단이었다고 마르크스는 주장한다 (Etzioni-Halevy, 1985).

된다는 의미로 해석할 수 있다 (Etzioni-Halevy, 1985).**12** 이처럼 마르크스를 포함한 초기 마르크스주의자들은 프롤레타리아 혁명 이후 청사진 제시보다는 자본주의 사회의 활동을 분석하는데 보다 집중했다. 이 때문에 사회주의 국가 이후의 관료제에 대한 마르크스주의 이론을 구성하기란 쉽지 않다 (Smith, 1988: 6장).

초기 마르크스주의의 '관료 및 군사 조직의 해체' 원칙을 수용한 레닌은 '주권 민주주의'를 통하여 관료주의가 폐지될 것으로 믿었다.**13** 그는 프롤레타리아 대표들에 의해 경찰, 군대, 그리고 '관료주의'가 해체되고, 은행·공장·학원·조합 등의 등록 및 회계 업무를 프롤레타리아 당원들이 인수하는 (그래서 사회에 흡수하는) 방향을 제시하였다. 레닌은 관료제란 불필요한 과잉업무와 조직으로 간주하고, '사회주의-공산주의(사회)' 단계에서의 행정이란 글을 읽고 쓸 수 있는 사람이면 누구나 할 수 있을 정도로 단순화될 것으로 보았다.**14** 따라서 기존 관료들의 공식적인 특별 권한, 특별 수당, 높은 보수는 폐지되어야 하며, 관료들의 임금도 노동자 수준으로 지급되어야 함을 제시한다 (Smith, 1988: 6장).**15**

레닌은 이처럼 '대중과 분리되어 대중 위에 있는 관료 특권 계층'의 재등장을 막는 것이 큰 목표였다. 하지만 볼셰비키 혁명(1917년) 이후 바랐던 행정의 성격 변화가 나타나지 않고 오히려 정부, 경제, 당 영역에서 비효율이 발생되는 것을 발견했다. 초기 레닌은 기존 부르주아 계층에 기생했던 관료주의의 뿌리와 '빈곤, 문화부족, 도로부족, 문맹, 산업 간 교류 부재' 등 새로운 국가의 후진성을 비효율의 원인으로 주장하였다. 하지만 그는 곧 국가행정을 누구나 할 수 있는 단순 업무로 제시한 부분이 잘못되었음을 인정하게 된다. 사회주의 지도부가 정부 영역이 매우 복잡하다는 것을 직접 경험함으로써 초기에 단순하게 접근했던 유토피아적 비전이 현실과 다름을 스스로 인정하게 된 것이다 (Smith, 1988: 6장).

레닌은 결국 관료의 전문성에 바탕을 둔 특권과 미국·유럽의 행정 전문가로부터 배울 점이 있음을 인정할 수밖에 없었다. 특히, 산업과 금융의 국유화 등 전문적으로 해결해야 할 문제들이 지속적으로 확장되어 나타났기 때문에, 제정 러시아에서 일했던 많은 전문가와 관리들을 소비에트연방에 다시 고용할 수밖에 없었다 (Smith, 1988: 6장).**16**

---

12 1871년 파리 코뮌(the Paris Commune)의 지도자들이 정부 형태에 있어 입법 기능과 집행 기능을 강력하게 유지시키는 것을 관찰한 마르크스는 이를 사회주의가 아닌 단순 봉기일 뿐이라고 평가하였다. 파리 코뮌에 대한 마르크스의 이런 평가가 초기 레닌의 관료제 구상에 영향을 미쳤다 (Smith, 1988).

13 이번 절에서 '레닌은~'과 같이 직접 인용된 부분은 '마르크스-레닌주의'와 동일한 개념으로 이해해도 무방함.

14 이는 공무원의 소멸이라기보다는 지배계급을 위해 (때로는 관료조직 자체의 이익을 위해) 일하는 관료조직(관료주의)의 소멸인 것으로 이해할 수 있다.

15 초기에 레닌은 '모든 공무원은 선출되며 혹시 제 역할을 하지 못하면 소환당할 수 있다'는 운영원리를 제시한다. 이런 접근은 노동자와 농민의 이익을 하나로 묶는 민주적 조치로 보고, 자본주의에서 사회주의로 전환되는 가교역할로 보았다 (Smith, 1988).

16 사회주의 국가 내에서도 '대중 위의 전문가 관료(엘리트주의) 대 선거에 의한 대중의 관료제 통제(평등주의)' 간의 논란이 지속되었다. 중국의 '문화혁명' 이전의 엘리트주의와 문화혁명 시기의 평등주의 간의 갈등이 대표적인 사례

요약하면, 사회주의 국가의 관료주의에 대한 접근은 우선 마르크스의 유토피아적 접근이 출발점이었다. '사회주의–공산주의(사회)' 단계를 거치며 지배층의 이익을 위해 활동해 왔던 관료제(관료주의)는 그 기능이 사회로 흡수되며 소멸하는 것이다. 볼셰비키 혁명 이후 초기 레닌은 '특권층인 관료주의 해체'라는 마르크스 사상을 실현하기 위해 행정업무를 단순화하여 누구나 선거를 통해 공무원이 될 수 있는 방향성을 제시한다. 그러나 비효율성의 누적, 금융 및 산업 국유화 등 전문적이고 복잡한 문제들의 직접 경험을 통해 제정 러시아 시기 관료들을 재고용하는 등 관료층의 전문성과 독립성을 인정할 수밖에 없었다.

2. 사회주의 국가의 관료제: 이론적 접근

사회주의 국가의 관료제에 대해서는 국가 조직의 운영원리인 '민주집중제'와 '당정(黨政)' 관계에 대한 이해가 필요하다. 사회주의 국가의 관료체제는 마치 하나의 거대 기업과 유사한 운영 방식이라고 보는 견해도 있다. 보다 세부적으로는 중요한 이익을 위해 다수의 조직이 경쟁하는 제도적 다원주의로도 볼 수 있다. 그리고 '민주집중제' 조직화 원리에 의해 하위 조직들은 모두 관료제적 요소가 강한 특성이 있다 (Smith, 1988: 7장).[17]

사회주의 국가의 관료제 연구에서 자유민주주의 국가의 행정과 구별되는 네 가지 주요 특징(행정 환경)이 있다. 첫째, 집권적이고 관료제적인 정당의 정치적 우위이다. 둘째, 복수 정당 간의 경쟁이 없이 공산당이 영구적으로 집권함으로써 정부의 책임성이 약화 되는 문제가 따른다. 셋째, 통제 목적을 위해 정당과 국가 관료제의 긴밀한 연계가 형성된다. 넷째, 생산·분배·교환 등 대부분의 사회관계에서 사회주의 원칙이 적용된다 (Smith, 1988: 7장). 주요 특징에 당정 관계가 빠지지 않고 제시되고 있는 것에서 짐작할 수 있듯이, 삼권분립을 전제로 하는 서구 국가의 관료제 연구와는 다르게 정당을 중요한 변수로 고려하는 접근이 필요하다. 사회주의 국가에서는 서구와 같은 권력의 '분리'보다는 '통일'이 강조되기 때문이다 (최진욱, 2008).

예로써, 중국 공무원[18]을 '당군(黨群)계통'과 '정부계통'으로 구분하여 업무 내용, 직위 위상, 조직구조의 특징을 비교하면 다음과 같다 (<표 4-1-2>)

이다 (Smith, 1988: 7장).

17 '민주집중제'는 세부적으로 '① 모든 국가권력기관의 피선출성 및 그들의 인민에 대한 책임, ② 상급기관 결정의 하급기관에 대한 의무적 성격, ③ 상급 국가기관에 의한 하급 국가기관의 주기적 평가와 책임, ④ 공무원들의 광범위한 발의권과 활동, 그리고 엄격한 국가규율과의 결합' 원칙을 포함한다 (Chirkin et al., 1987).

18 사회주의 국가에서 '관료'는 여전히 부정적 이미지가 남아 있어 행정 현장에서는 '공무원' 용어를 활용한다. 이에 공무원이란 용어를 이 절에서 부분적으로 활용한다.

표 4-1-2	당군계통과 정부계통 공무원의 구별[19]	
	당군(黨群) 계통	정부(政府) 계통
업무 내용	– 상대적으로 영도적·방향적이고, 실무가 아닌 업무를 맡음	– 주로 관리적·사무적이고, 구체적인 업무를 책임짐
직위 위상	– '관원'을 관리하는 '관원'임	– 관원임
조직 구조	– 당위는 종종 한 부위 혹은 한 단위의 인사임명과 해임을 관리함(예: 병원의 영도간부는 조직부·선전부에서 임명·해임함) – 반면, 일반 기술간부는 인사국에서, 그리고 업무는 위생국에서 각각 관리함 – 학교도 각각 조직부, 선전부, 인사국, 교육국이 관리함 – 당군계통은 각급 당위 및 사군(社群) 업무 부서를 지칭하는데, 각급 당의 계통은 기율위원회, 조직부, 선전부, 정법위(政法委) 등을 포함 – 각급 군의 계통은 공청단, 부녀연합회, 공회 등을 포함 – 이외에 '채용이 예정된 학생(選調生)'은 성(省)위원회 조직부 관할로, 당군계통에서 심사함	– 정부 조직의 부서를 지칭함 – 예: 성(省) 정부 판공청, 시현 정부 판공청, 재정국, 국토국, 문화와 방송국, 체육국, 발전개혁위원회, 경제위원회, 무역국, 교육국, 인사노동국 등

사회주의 국가 내에서도 관료제에 대한 민주적 통제가 큰 쟁점이 되고 있다. 하지만 당(黨) 기구를 정치적 통제 수단으로 활용함으로써 사회주의 국가 내 관료제의 문제점을 다음과 같은 이유에서 좀 더 악화시키기도 한다.[20] 첫째, 정당 관료와 행정 관료 간의 구별이 명확하지 않게 되었다. 당정 간의 겸임이 많고, 중국의 특정 부처 인사과는 실질적으로 정당관료들로 구성되기도 한다. 둘째, 정당은 행정기구와 대응되는 일종의 그림자 내각(shadow cabinet)을 형성한다. 정당은 행정의 다양한 구조에 침투하고 조종하는 거대한 권력 구조를 형성한다. 셋째, 서구의 관료들과는 달리 정치적 헌신을 요구받으며, 비당원이 있는 경우에도 당원들에 의해 독점된다. 행정기구의 전문성이 높은 관료들이 당이 결정한 정책에 대해 반대하는 것은 배신행위로 여겨지기 때문에 비효율이 발생할 수밖에 없다. 이처럼 당 관료 조직의 행정기구 침투는 비효율성과 거대한 권력화를 초래한다. 반대로 전문성을 가진 행정

19 公務員考試報名中黨群系統和政府系統的區別 (https://zhidao.baidu.com/question/2265776448288289548.html, 검색일, 2019.6.7.; 김윤권, 2020: 10에서 재인용).

20 소련의 스탈린 통치 시기는 정당이 관료들에게 장악당한, '정당의 관료화' 시기로 선출된 대표에 의한 민주적 통제가 대폭 축소되는 현상을 경험했다 (Smith, 1988: 7장).

기구 관료들을 당 관료들이 실질적으로 통제하기에 어려운 점도 동시에 존재한다 (Smith, 1988: 7장).

이처럼 사회주의 국가의 관료제 연구는 조직과 인사에서 권력분립보다는 통일을 강조하는 '민주집중제,' 당과 행정부의 긴밀한 연결성(당정 공무원의 개념 분리), 시기별 민주적 통제 흐름 변화 등을 감안할 필요가 있다. 이는 곧 서구 자유민주주의 혹은 제3세계 국가들의 행정 환경 및 분석 틀과는 구분되는 것이며, 사회주의 국가 연구를 다른 방식으로 접근할 필요성을 입증한다.

3. 경험적 연구의 방향

사회주의 국가의 관료제 연구는 단기적으로는 특정 사회주의 국가에 대한 심층 분석이 선행되어야 할 것이고, 장기적으로는 서구 자유민주주의 국가의 관료제와의 비교연구를 통해 보편성과 특수성을 파악하는 쪽으로 나아야 할 것이다. 앞에서 소개한 것처럼, 초기 마르크스는 관료제가 국가와 마찬가지로 그 기능이 사회에 흡수되어 소멸될 개념인 것으로 제시하였다. 이를 수용한 레닌은 초기 누구나 관료 임무를 수행할 만큼 민주적이며 단순한 업무를 통해 전문성과 특권을 지니는 독립된 관료조직의 소멸을 목표로 삼았다. 그러나 대규모 국영화와 중앙집권적 기획에 요구되는 전문성을 부정할 수 없어 현실적으로 분리·독립된 조직인 관료제를 인정할 수밖에 없게 되었다.[21]

당의 성격이 선출직 대표를 통한 민주적 통제에서 점차 당 소속 관료들이 우위를 갖는 과정을 거치면서 '당의 관료화'가 진행되었다. 이와 같은 당 관료조직은 정부의 행정기구에 침투하면서 거대 권력화를 초래하게 되었다. 사회주의 국가의 관료제는 '민주집중제'와 '당정관계'와 같은 행정환경의 특수성을 바탕으로 하는 반면, 이런 일련의 과정 속에서 여러 기관이 권력이나 자원 획득을 위한 다원주의적 경쟁, 관료들의 개인 또는 단체 이익을 위한 관료정치 등 자유민주주의 국가와 유사한 행정 현상이 발견되는 경우도 있다. 이런 주제들에 대한 경험적 비교 연구가 필요할 것이다.

---

21 레닌은 최종 단계인 공산주의(사회)에 가서는 관료제가 소멸할 것으로 생각하면서, 프롤레타리아 혁명 단계에서의 '필요에 의한 활용'이라고 스스로 합리화시키기도 하였다 (Smith, 1988: 6장).

참고 **중국의 관료제**

정치적 관점 및 관리적 관점에서 사회주의 중국의 관료제를 접근해보면 다음과 같다.

1. 정치적 관점

정책 과정을 주도하는 관료집단의 역할과 기능에 초점을 둔다. 주어진 정책목표를 효과적으로 달성하기 위한 관료들의 집단적 또는 개인적 행태는 다른 집단 또는 개인과의 권력관계 속에서 분석된다. 중국을 사례로 정치적 관점에서 관료 및 공무원 의미, 관료의 역할과 기능, 관료의 권력관계인 당국가체제(party-state system)에 대해 분석하면 다음과 같다.

1) 관료제, (국가)간부, 공무원의 의미

베버가 말하는 '관료(官僚)'는 중립적인 용어로서 직급이 엄격하고, 인격화되지 않으며, 연속성과 전문성을 갖춘 행정조직체계에서의 개인을 말한다. 그러나 중국에서의 관료는 부정적인 이미지를 띠며, 보통 조직위에서 군림하고, 실제 상황과 동떨어져 있으며, 군중과 멀리하고, 관리직에서 자신의 이익을 취하려는 관료주의를 의미한다. 관료(주의)는 착취계급의 사상과 전통사회의 관공서 기풍을 띠고, 사회주의 간부가 갖추어야 할 도덕과 품행에 어긋나는 행태를 보인다는 인식으로 자리 잡고 있다.[22]

사회주의 중국에서 공무원이란 용어의 사용은 시대적 맥락을 갖는다. 개혁개방 이전에는 주로 '(국가)간부'라는 용어가 광범위하게 사용되었다. 수직적으로는 국가주석부터 일선 단위의 사무원까지를, 수평적으로는 당원, 단체, 대중조직, 기술사, 연구원, 교사, 문화·위생·교육 분야의 직원까지를 지칭하였다. 당정기관, 인민단체, 사업단위, 국유기업 등의 체제 내에서 일정한 공직을 맡은 사람들을 모두 간부라 칭했다.[23] 사회주의 중국에서 공무원이란 용어가 사용되기 시작한 것은 1980년대부터이다.[24] 개혁개방 이래 중국은 행정체제개혁을 추진하였고, 공무원제도를 수립하기 시작하면서 국가인사부와 국가행정학원을 설치하였다. 이는 1980년대 말부터 일시 진행되었던 당정분리 개혁의 산물이라 할 수 있다.

2005년 국가공무원법이 제정되고 2006년에 시행되었다. 이는 중국 사회주의 건국 이후 최초로 국가법의 차원에서 공무원에 대한 인사관리가 비롯된 획기적인 것이었다. 인치(人治)가 아닌 법치행정을 구현할 계기가 된 국가공무원법은 의법치국(依法治國)을 관철하고, 법치국가를 수립할 중요한 토대가 된 것이다.[25] 국가공무원법은 공무원의 범위와 법률지위, 권리와 의무, 직무관

---

22 중국에서도 혁명간부와 대비되는 '기술관료'란 용어가 사용되고 있다. 전문기술과 문제해결을 통해 경제성장과 개혁을 중시하는 정치엘리트들이다. 1) 정책결정을 하는 '관(官)'에 해당되는 시당위 서기, 시장과 2) 계획 수립, 정책결정, 업무수행을 담당하는 '료(僚)'에 해당되는 사부나 비서와 같은 부하 공무원이 기술관료에 해당된다 (김윤권, 2010: 313).

23 중국 사회주의 초기에는 간부 중 계급배경, 분배와 평등을 중시한 '혁명간부'가 주도하였으며, 개혁개방시기 이후 '간부'란 용어를 일반적으로 사용하고 있다.

24 중국에서 '공무원' 용어는 1920년대부터 행정학 저서를 통해 외국 공무원제도가 소개되면서 중화민국 시대에도 이미 존재했다. 그러나 개혁개방 이전까지는 (국가)간부라는 용어가 폭넓게 사용되었다.

25 2014년 중국공산당 중앙위원회 전체회의에서 법치를 의미하는 '의법치국'이 처음으로 단독의제로 토론되었다. 또

계, 채용, 평가, 임명, 승진, 동기부여, 처벌, 교육, 인사교류, 보수와 복지, 퇴직 등의 내용을 담고 있다. 이를 통해 공무원의 역량을 중시하고, 상하 교류 및 진입과 퇴출이 가능하게 되며, 공무원의 합법적인 권익보장이 가능하고, 공무원을 법에 따라 관리·감독을 할 수 있게 된다. 또한, 공무원의 직책을 명확히 하고, 인민을 위해 봉사할 것을 명확히 규정하고 있다.[26]

2) 공무원 직무: 영도 직무와 비영도 직무

공공무원은 크게 영도직 공무원과 비영도직 공무원(일반 공무원이라 할 수 있음)으로 다음과 같은 기준에 따라 구분된다.[27] 이들을 구분하는 기준은 첫째, 양자가 맡는 직책이 다르다. 각급 영도직 공무원은 정책결정을 책임지는 반면, 비영도직 공무원은 책임을 집행하거나 혹은 특정 항목의 구체적인 행정업무를 책임진다. 둘째, 양자의 임기가 다르다. 영도직 공무원은 엄격한 임기제가 적용되지만, 비영도직 공무원들은 상임제가 적용된다. 셋째, 양자에게 적용되는 관리 법규가 다르다. 영도직 공무원은 헌법과 관련 당정조직법, 지방 각급 인민대표대회와 지방 각급 인민정부의 구성법에 근거하여 관리된다. 그러나 비영도직 공무원은 주로 국가공무원의 법령에 근거하여 관리된다. 넷째, 양자의 관리기관이 다르다. 영도직 공무원은 각급 당위원회의 조직부서에서 평가와 감독을 책임지고, 각급 당위원회에서 법적인 절차에 따라 각급 인민대표대회에 각급 정부의 구성원 후보자를 추천한다. 그러나 비영도직 공무원은 각급 당정기관의 수장과 조직인사 부서에서 책임지고 관리한다.

3) 권력관계: 당국가체제

사회주의 국가기구의 조직과 주된 활동의 원칙들은 마르크스-레닌주의에 기초한 당의 지도에 의해 보장된다 (Chirkin, 1987: 212; 김윤권, 2008: 419). 사회주의 국가기구에 대한 당지도력은 사회주의 사상과 원칙에서 모든 국정운영의 행위자들을 구속하고 제약하여 영향을 미친다. 사회주의 국가의 이러한 정치시스템을 서구학자들은 당국가체제(Party-State System)[28]로 부른다. 당국가체제 아래 공산당은 독점적 지위를 부여받고 국가의 정책결정 및 집행을 지배하며 모든 영역에 당의 결정을 관철할 수 있다.

중국공산당도 장기간의 혁명투쟁을 통해 제도화된 것으로, 혁명투쟁 과정과 중화인민공화국 과정에서 시종일관 중국의 모든 영역에 막대한 영향을 미치고 있다.[29] 구체적으로 중국공산당은

한, 중국에서의 '법치'는 자유민주주의 국가의 '법의 지배'와는 거리가 있으며, 실질적으로는 '법에 의한 지배(rule by law)'에 가깝다.

[26] 중국에서 국가재정지출 및 공직자 정원관리 범위에 속하는 당 기구, 인민대표회의, 정치협상회의, 민주당파(중국민주당), 법원 및 감찰원의 직원도 모두 공무원에 포함된다.

[27] 단, 다음과 같은 예외상황이 존재할 수 있다. a) 일반 공무원이 능력을 인정받아 고위직 정책결정 계선조직을 맡는 경우 영도 직무 공무원으로 분류 b) 당정기관 구성원이 계선조직이 아닌 참모직을 맡는 경우(마치 4급 서기관이 과장이 아닌 담당관을 맡을 수 있듯) 비영도 직무 공무원으로 분류

[28] 중국의 정치체계는 구조나 기능 면에서 공산당이 최고의 권력기관으로 군림하는 체계이다. 모든 정치권력의 원천이며 다른 모든 정치적 조직들은 정당화시키고 통제하는 배타적인 권한을 보유한다. 중국 사회를 위해 정치·경제·사회적 목표를 배타적으로 결정하는 공산당의 우월적 지배는 비당적 기구들 안에서 엘리트들의 이중적 역할 체계를 통해 유지된다. 펄머터와 레온그랜드(Perlmutter & LeoGrande, 1982: 778-779)는 이러한 공산주의 정치체계를 '정당국가(party-state)'로 분류한다.

[29] 1949년 이래로 레닌주의적 당-국가지배체제의 발전을 위해 노력을 해왔으며 이러한 당국가체제의 확립은 마오쩌

국가기구에 상응하는 당기구(상설 및 비상설) 및 책임자를 두고 각급 당위가 당정군(黨政軍) 기타 6대 기구의 책임자를 포괄하고 있으며 당이 직접 모든 정권을 장악하고 관리하고 통제한다.**30**

결국, 당국가체제는 국가가 당에 종속되는 관계, 정치권력이 당에 집중되는 구조로 표출된다. 당이 행정부를 직접 영도한다는 '이당영정(以黨領政),' 당과 정부가 분리되지 않는다는 '당정불분(黨政不分)' 원칙에 의해 정부는 당의 주종관계에 편입되고 소극적·수동적 지위가 되는 결과를 초래한다. 이러한 당정국가체제도 시대에 따라 절대적인 것에서 상대적인 위상으로 변화됨에 따라 필연적으로 정부에 대한 행위제약의 영향력 감소로 이어지고 있다. 그러나 여전히 당국가체제는 중국 정치제도의 기본 골간으로서 국무원은 당정국가체제의 제약을 받지 않을 수 없는 종속적 위치에 머물고 있다.

2. 관리적 관점

관료제의 내부적 구조와 관리방식에 초점을 둔다. 관료제 내부의 구조, 시스템, 그리고 과정 등을 관리하는 기법은 전통적으로 조직이론의 한 분야이다. 중국 관료제를 관리적 관점에서 이해하기 위해 관료제 구조, 체계, 정책과정에 초점을 두어 접근한다.

1) 관료제 구조

현행 중국 헌법 구조상 정부의 정책결정과 집행구조는 수평(결정-집행)과 수직구조(중앙-지방)가 유기적으로 결합하여 형성한 네트워크 구조이다. 중앙의 경우 정책결정기관으로서 전국인민대표대회는 최고국가권력기관이고, 전국인대상무위원회는 그 상설기관이다. 국무원, 즉 중앙인민정부는, 최고국가권력기관의 집행기관으로, 최고국가행정기관이다. 헌법상 정책결정기관과 집행기관의 관계는 지방 성(省), 시(市), 현(縣), 향(鄕) 단위까지 이어진다. 수직으로 보면 중앙까지 포함하여 성, 시, 현, 향으로 다섯 계층이 된다.

2) 관료제 체계

직위분류제를 기본으로 하면서 직급과 직무등급을 연계시켜 구분한다. 중국의 「국가공무원법」**31**에 따르며, 중국 공무원의 직무는 크게 영도(領導) 직무와 비영도 직무로 구분된다.

첫째, 영도 직무는 각급 행정기관에서 조직, 관리, 정책결정, 지휘 등의 역할을 하며, 향과급 부직에서 국가급 정직까지 10개 등급으로 나뉜다. 이는 다시 각급 기관의 영도 직무(국무원 총

둥이 대약진운동과 문혁을 일으키는데 가능한 권력기반을 제공하였다. 덩샤오핑 개혁의 광범위한 영향에도 불구하고 덩샤오핑의 4대 주요원리에서 확인된 바와 같이 궁극적으로는 레닌주의적 당-국가체제에 변동이 없다고 할 것이다 (고성빈, 2000: 180).

30 당정군 기타 6대 기구는 군사, 정법, 행정, 선전, 통전(統戰), 군단(群團) 계통이다.

31 공무원의 행정직급은 2006년 1월 1일 중화인민공화국 제35호 주석령으로 반포한 「국가공무원법」에 규정되었다. 2019년에 개정된 「국가공무원법」 제16조 및 제17조에 규정되어 있다. 즉, 제16조 공무원 직무는 영도 직무와 비영도 직무로 나눌 수 있다. 영도 직무 단계는 국가급 정직/부직, 성부급 정직/부직, 청국급 정직/부직, 현처급 정직/부직, 향과급 정직/부직으로 나눌 수 있다. 비영도 직무 단계는 청국급 이하에 설치된다. 제17조 관리류의 영도 직무를 통합하여 헌법, 관련 법률, 직무 단계와 기구 규격에 따라 설정하고 확정한다. 관리류 이외의 기타 유형별 공무원의 직무 서열을 통합하여 본 법에 따라 국가에서 별도로 규정한다.

리, 부총리, 성장, 부성장, 시장, 부시장, 州장, 부주장, 현장, 부현장, 향장, 부향장 등)과 각급 기관의 각 부위(部委: 한국의 부처)의 영도 직무(국무원의 부장·사(司)장·처장, 성정부의 청장·처장, 시정부의 국장·과장, 현정부의 과장 등)로 구분된다.

둘째, 비영도 직무란, 각급 기관에서 독립적으로 특정 분야의 사무를 책임지지만, 영도 직무와 달리 상대적으로 조직, 관리, 정책결정, 지휘 기능을 갖지 못한다. 국가공무원법 제정으로 비영도 직무에는 1급~2급 순시원, 1급~4급 조연원, 1급~4급 주임과원, 1급~2급 과원으로 분류된다. 이처럼 중국 공무원은 27급별을 12개 직무등급에 맞춘 것이다. 하나의 직무등급에는 여러 개의 직급이 있을 수 있고, 직무등급이 높을수록 상응하는 직급이 적고, 직무등급이 낮을수록 상응하는 직급이 많다. 공무원의 직급은 직무, 경력과 학력, 승진과 업무성과와 연결된다.

3) 정책과정에서의 관료제

정책과정에서 실제로 결정하는 것은 기본적으로 정부의 정책결정 주체가 담당한다. 수직적으로 정부 정책결정 주체는 중앙과 지방에서의 정책결정 공동체로 나눈다. 정책결정체계 중 주체의 권위 유형과 계층에서 보면, 중앙의 권위 계층은 대체로 세 가지 등급으로 나눌 수 있다. 물론, 지방에서도 동일하게 적용된다.

첫째, 최고 계층은 중앙정치국(총서기 혹은 상무위원회가 정책 핵심), 혹은 전국인민대표대회 상무위원회를 핵심으로 하는 정책공동체이다. 일부 중대 개혁의제는 전국인민대표대회의 관련 전문위원회가 이끄는 것을 필요로 한다. 경제사회 개혁의 중대 정책결정 혹은 배치는 일반적으로 중앙경제업무회의 혹은 중앙정치국회의에서 논의하고 정책결정을 한다. 둘째, 2선 계층은 국무원총리 혹은 국무원부총리를 핵심으로 하거나 혹은 정치국 상무위원이 이끄는 다수 부위(部委: 한국의 부처) 협조와 합작의 정책결정 공동체이다. 셋째, 상대적으로 낮은 계층에 있는 것은 국무원의 각 부위 등을 핵심으로 하는 부위 정책공동체로, 각 부위는 권한 내에서 정책결정을 할 수 있다. 정책결정체계에서 행정급별이 높다고 관원이 정책자원을 동원하는 능력이 더 강한 것은 아니다. 오히려, 정책결정 동원 능력이 가장 강한 것은 정부관료제 구조에서 사국급(司局級) 관원이다.[32]

사회전환 시기와 복잡성 시대의 정책 환경을 고려하여, 일부 정책결정의 도출은 여러 부위의 협동을 요구하며, 이는 곧 국무원이 다수 부위 간 영도소조를 설립할 것을 요구한다. 특별히 복잡하고 중요한 문제는, 심지어 중앙정치국 혹은 전국인대의 논의와 정책결정도 필요로 한다.

출처: 김윤권, 2008: 419-20; 2018; 2019: 314-8, 330-1; 김윤권 외, 2019: 330-1.

---

32 이를 "사장이 국론을 기획하고, 처장이 국론을 다스린다 (司長策國論, 處長治國論)"라고 한다 (魯敏 主編, 2019: 313). 국무원 내부는 '부-사(司)-처' 중 사급은 한국의 실국장급에, 처급은 한국의 과장급에 해당한다.

| 제 4 절 | 정책결정과 관료제 권력 |

1. 정책결정 과정에서의 관료제

　　정책결정 과정에서 관료제가 행사하는 권력에 대해서는 민주주의와 관료제 관계에서 근본적인 문제 가운데 하나다. 베버의 이념형에서도 이 논제에 대해 깊이 논의한다. 역설적이게도 이 논란은 베버의 모호성에 의해 더욱 증대되는 경향이 있다 (정용덕, 1996). 일단 베버는 관료제가 그의 정치적 주인이 마음대로 사용할 수 있는 단순히 "정교한 도구(precision instrument)"에 불과한 것으로 본다. 그가 누구이든지, "일단 그 주인 자리를 차지하고 나면, 관료제는 그 주인을 위해 — 심지어 그에게 옳지 않은 것으로 보이는 일까지도 포함하여 — 가장 효율적인 방법에 의해 성실히 그 일을 수행하는 데에서 그의 명예를 부여받는다" (Weber, 1968: 990; Gerth & Mills, 1958: 95). 그러나 다른 한편 베버에게 있어서 관료제는 그 나름대로의 정치력을 발휘할 수 있는 능동적인 존재이기도 하다. 즉 "훈련된 직업 관리는 비전문가인 상급자보다 결국에 가서는 더 자신의 마음대로 할 가능성이 높으며," "관료제에 대항하여, [정치적] 지배자는 힘없는 채로 남아 있다"는 것이다 (Weber, 1947; Weber, 1968: 993). 직무를 수행하는 과정에서 획득한 많은 정보는 (이러한 정보를 가지지 못한 정치적 상급자에 대하여) 관료제의 권력의 근원이 된다. 관료제는 그의 전문성을 무기로 하여, 장기적으로는 국가의 주인 자리까지도 차지할 수 있는 존재로 인식되기도 하는 것이다.

　　베버가 제기한 민주주의와 관료제의 관계는 정치와 행정 간의 관계와 관련된 문제로서 다양한 이론적 논쟁의 대상이 돼왔다 (Wilson, 1887; Etzioni-Halevy, 1983; Svara, 2001; Frederickson & Smith, 2003: 15-66; Overeem, 2012; 유현종, 2018). 그 관계가 나라별로 제도적 및 역사적 맥락에 따라 다르게 나타나지만, 크게는 정치 행정 간의 이분론(politics-administration dichotomy)과 일원(혼합)론(politics-administration heterodoxy)으로 나눌 수 있다. 전자는 정치를 우위에 두고 근본적인 입법과 정책결정을 담당하고, 관료제는 이를 실행하는 수단으로 보는 시각이다. 이는 미국에서 19세기 말에 유럽의 관료제를 수용하되 국가 권위적인 요소는 제거하고 자유를 중시하는 미국적 관점에서 효율적인 관료제를 구축하기 위한 시도와 관련이 있다. 이 시각은 선출직이든 정치적 임용직이든 간에 정치인에게 권한이 집중되고 충분한 정보 하에 전문성에 입각하여 관료들을 임명함으로써 효율적인 관리가 가능하다고 본다. 베버는 이러한 미국식 관료제를 카이사르(Caesar) 방식의 일인 지배적 관료제로 보았

다 (Gerth & Mills, 1946).[33]

정치행정 혼합론에서도 다양한 입장이 나뉠 수 있다. 민주적으로 선출된 지도자의 통제 하에 수직적이고 권위적인 계층제를 유지하는 것이 효율적이라는 명분이 있다고 하더라도, 관료제 내부적으로는 민주주의의 원칙에 충돌할 수 있기 때문에 민주적 행정이론이 필요하다는 비판이 있다 (Waldo, 1952), 정치와 행정이 분리된 것이 아니라 혼합되어 있으며, 임무, 정책, 행정, 관리 등의 업무영역에 따라 상호 기능적 장점을 존중하고, 문제해결을 위하여 상호보완적 역할을 모색하는 이론도 제기되었다 (Svara, 2001).

민주주의와 관료제의 관계는 상보 혹은 상충 관계에 있을 수 있으면서도, 역사적 및 사회적 맥락에 따라 다양한 형태로 나타날 수 있다. 예로써, 서구 유럽의 복지국가나 동아시아 발전국가 시대의 관료제는 민주적으로 선출된 정치에 대하여 종속되면서도 나름대로 정책 영역에서 자율성을 지니고 사회발전을 위한 국가 개입에 기여해 왔다. 민주주의와 관료제 간의 관계에 대한 베버의 모호성은 불가피한 측면이 있는 이유다. 공동체의 안전과 지속을 위하여 두 가지 국가기능이 당시의 사회적 맥락에 따라 해결해야 할 문제의 성질과 정치와 행정이 보유한 정보 등에 따라 각자의 장점을 발휘할 수 있도록 상호보완적인 관계를 유지하는 것이 필요하다.

2. 한국 관료제의 정책자율성

관료제에 대한 베버의 상반된 입장을 한국에 적용해 볼 수 있다 (정용덕, 1996). 한국의 관료제는 발전국가의 시기에는 권위주의 정치체제 하에서 강한 국가능력의 기반이 되었다. 행정부가 경제사회발전 계획을 수립하고, 사회에 전략적으로 개입하고 중화학 공업 등 산업 육성과 건강보험, 국민연금 등 복지제도의 기본 틀을 설계하는 등 강력한 정책 자율성을 행사할 수 있었다. 그러나 민주화 이후로는 주기적으로 선거에 의하여 교체되는 정치 권력에 비해 정책적 자율성은 점차 줄어드는 반면, 도구로서의 성격이 강하다. 한국 관료제는 선출직 정치인에 의해 구성되는 정치행정부에 의해 효과적으로 통제된다. 이러한 통제는 한국국가의 제도적 특성 혹은 관료기구의 구조적 특성에 의해 매우 효율적으로 뒷받침되고 있다.[34]

한국의 정치(인)와 관료(제)의 관계는 다른 자유민주주의 국가와 다소 차이가 있다. 자유민주주의 국가에서 선출직 정치인 또는 정치지도자는 크게 둘로 나누어진다. 하나는 입법부

---

[33] 20세기 말 신공공관리에서 처방한 '주인-대리인' 모형에서 집행 업무를 분리 독립시켜 자율성을 부여하는 책임운 영기관하고 성과계약에 따라 사후적 통제를 하는 방안도 정치-행정 이분론의 관리방식이다.

[34] 이에 대해서는 이 책의 제3편 제2장(행정기구론)을 참고할 것.

를 구성하는 의원이고, 다른 하나는 정치행정부를 구성하는 행정수반과 정무관(장·차관)이다. 영국이나 일본 등 의원내각제 국가에서는 의회 다수파가 정치행정부를 구성한다. 따라서 의회 다수파의 정책 기조를 반영한 정치행정부가 관료제를 직접 통제한다. 반면에 미국과 같은 대통령제 국가에서는 의회와 정치행정부가 별도로 구성되며, 집권 여당과 의회 다수당이 서로 다른 '여소야대(與小野大)' 정국도 발생한다. 이처럼 소위 '분리된 정부(divided government)' 체제하에서는 관료(제)는 의회와 정치행정부라는 '분리된' 두 정치적 상관의 통제를 받게 된다 (Weaver & Rockman, 1993).

한국의 경우는 미국과 같이 대통령제를 택하고 있지만, 의회-행정부 관계가 미국처럼 상호 독립되어 있다고 보기 어렵다. 1988년에 구성된 13대 국회 초기의 잠시와 1998년 초에 집권한 김대중 정부 외에는 대통령이 속한 여당이 국회의 다수당이었다. 그리고 한국의 국회의원들은 당론에 따라 일사불란하게 행동하였기 때문에, 의회 다수당과 정치행정부간의 마찰은 거의 없었다. 오히려 정치행정부를 장악한 정치엘리트가 국회를 지배해왔다. 이러한 맥락에서 볼 때, 한국의 관료제를 주도적으로 통제하는 "선출직 정치인"이란 곧 대통령과 정치행정부 구성원을 의미한다.

한국에서 행정수반의 관료제 통제 문제는 보다 근본적으로는 정치민주화와 관련된다 (정용덕, 1996). 관료제가 섬기는 정치적 주인의 정당성의 문제이다. 만일 관료들의 정치적 주인인 대통령이 민주적 절차에 의해 정당한 방식으로 국민에 의해 선출되었다면, 관료제에 대한 대통령의 지휘와 통제는 바람직한 것이다. 선진 자유민주주의 국가에서 정권교체시 선출직 정치인들이 관료제에 대한 임명전략이나 기타 정치화 방법을 통해 관료제에 침투하고 장악하려는 시도가 정당화되는 근거가 바로 이 점에 있다. 이는 베버가 관료제의 합리성과 정치적 민주성 사이의 조화방법으로 제시한 "민주적 엘리트론"이나 윌슨(Woodrow Wilson, 1887)의 정치-행정 이원론의 구현 방법이기도 하다.

그러나 정당성의 기반이 취약한 행정수반의 경우는 사정이 다르다. 비민주적인 절차에 의해 구성된 권위주의 정권의 관료제 통제력을 민주적 정당성이 있는 정부하에서 관료제에 대한 통제와 비교할 수 없다. 또한 민주적으로 선출된 형식적 정당성을 갖춘 정부라 하더라도 헌법적 기본질서나 인권의 본질적 내용을 침해한다면 관료제는 이러한 정치적 주인의 명령에 어떻게 대응해야 하는가의 문제가 있다. 이와 관련해서 독일 나치 정권의 군수성의 사례를 참고할 수 있을 것이다. 나치독일의 군수성은 당시 슈페어(Albert Speer) 장관의 천재적 지도력에 의해 이상적인 행정관리기법을 적용했던 매우 우수한 행정기관이었다. 그러나 이 국가기구가 최선을 다해 합리적으로 수행한 업무는 단지 광적인 히틀러의 침략전쟁 수행을 뒷받침하는 것일 뿐이었다 (Singer & Wooten, 1976). 그러면 슈페어의 군수성 관료들은 그들의 정치적 주인인 히틀러 총통의 침략전쟁 수행을 성실하게 집행한 것에서 명예를 찾는 것인가? 정책 정향의 책임은 정치인에게 귀속되며, 관료들의 행위는 정치인의 지시와 명령에 따라 ― 비록 그들에게 옳은 것이 아닐지라도 ― 이루어지는 것이기 때문에 정당성을 부여받을 것인가 (Gerth & Mills, 1958: 115-28)? 그래서 나치 독일의 관료들이 집행한 침략전쟁과 대량학살에 대해 면죄부가 주어질 것인가?

1960년대 후반기에 미국에서 전개된 신행정학(New Public Administration) 학풍은 이 문제에 대해 (미국 행정학으로서는) 처음으로 문제를 제기했다 (Marini, 1971; Waldo, 1971). 신진학자들에 의해 전개된 이 학풍은 행정학 교육과 이론이 왜 미국의 젊은이들이 베트남에서 전쟁을 수행해야 하는가에 관한 논의 없이, 단지 어떠한 무기가 가장 값싸게 가장 많은 베트콩을 살상할 수 있는가를 찾기 위한 행정관리기법(예를 들면 계획예산제도: PPBS)의 개발에 몰두하는 것에 깊은 회의를 나타냈다. 이는 관료들이 단지 주어진 정책목표를 가장 효율적인 방법으로 달성하는 것에서 그 명예를 얻게 된다는 베버의 명제에 문제의식을 갖는 것을 의미한다.

한국에서 국회의 관료제 통제력은 매우 취약한 반면, 행정수반인 대통령과 정치행정부의 통제력은 매우 효과적이었다. 군 출신 정치인에 의한 권위주의 정부 시기의 정치행정부는 대개의 자유민주주의 국가에서 발생하는 정치인들의 관료제 통제의 어려움이 거의 없었다. 그래서 당시의 한국 행정학자들에게는 정무관들에 의한 관료제 통제의 문제가 별로 중요하지 않은 주제였다. 행정학자들이 이 문제에 관심을 가지기 시작한 것은 1993년 김영삼 정부가 출범한 이후이다. 이른바 "문민정부"의 정치행정부가 관료집단을 얼마나 통제할 수 있을 것인가? 더욱이 김영삼 대통령의 소속 정파는 집권 여당 내에서도 다수파가 아니었다. 그리고 그의 개인적 성격에 관해 그동안 여론에 의해 형성된 이미지는 매우 나약한 것이었다. 그러나 김영삼 정치행정부는 취임 직후부터 신속하고 효과적으로 관료제를 통제하기 시작했다. 전통적인 '임명전략(appointment strategy),' 즉 중요한 행정기구의 요직에 자기 정파에 충실한 인사를 임명하는 전략을 통해 비교적 빠른 속도로 관료제를 장악해 나갔다. 한국에서 가장 강력한 권력 집단이던 군부의 요직에 대한 과감한 인사를 단행하였고, 국가안전기획부의 인사조치 및 행정개혁을 실시하였다. 관료제에 대한 정치행정부의 통제력은 김대중 정부에서도 마찬가지로 입증되었다.

행정수반에 의한 효과적인 관료제 통제는 정책결정의 합리성이라는 측면에서 장단점을 모두 지닌다 (정용덕, 1996). 정책집행의 효율성 극대화라는 장점과 정책아이디어의 획일화를 초래하는 단점이 그것이다. 정책결정과정에서 관료정치의 여지를 최대한 감소시키고, 집행과정에서의 왜곡 가능성을 최대한 줄이는 장점이 있다. 그러나 한편으로 정책결정에 필요한 다양한 정보의 투입을 저해하고, 정책의 오류를 수정할 수 있는 기제가 미흡하여 정책실패의 가능성이 높아진다는 단점도 있다. 한국에서 '발전국가' 이래 형성된 대통령에게로의 권력 집중 현상은 권력의 주체가 바뀌더라도 그 지시에 충실하게 봉사하는 도구로서의 관료제를 만들었다. 이로 인해 전문성을 바탕으로 정치권력이 아닌, 국민들에게 봉사하고 정치 권력의 비합리적인 정책 판단에 대해서는 전문가로서 조언할 수 있는 합리성에 기초한 관료제의 역할을 훼손하는 측면이 있다. 기획, 예산, 인사, 조직 등에 대한 정치행정부의 통제가 강화됨으로써, 고위직 공무원들의 정치화 현상이 늘어나게 되었고, 소신 없는 무책임성이 증가했으며, 전문성에 의거하여 국민의 필요에 즉각적으로 대응하는 관료제가 되기 위한 내부의 민주화는 이루어지지 않았다 (임도빈, 2007).

　한국은 오랫동안 권위주의 정치를 경험했다. 권위주의 시대에 정치인들의 관료제 통제는 매우 효과적인 것이었다. 한국 관료들은 정당성이 취약한 정치적 주인의 충실하고 정교한 도구로서 행동했다. 따라서 당시에 한국 관료제가 지닌 문제는 행정관리 기술의 수준이 아니라, 관료제의 정치적 주인인 정치인들의 취약한 정당성에서 찾았다. 그러나 민주화 이후에는 주기적인 정치 권력의 변동 과정에서 관료제의 본질인 전문성에 기초한 소신과 합리성이 쇠퇴하게 되었다. 정치 민주화에도 불구하고 대통령에게 집중된 권력 구조 하에서 관료제는 수직적 지배체제를 더 강화하고 권력의 지시에만 복종하는 기회주의적 행태를 양산하게 되었다. 더 나아가 정책의 합리성 여부보다 정치적 주인의 정책 정향에 편승하는 경향이 늘고 있다. 국민 전체의 이익보다는 관료들 개인이나 소속 조직의 이익을 보존하는 문제에 더 관심을 기울이는 경향도 있다. 한국 국가의 정책결정 과정에서 관료제의 자율성 문제는 정치행정부의 정당성 문제와 더불어 상황의존(contingency)적으로 검토되어야 할 사항으로 남아 있다.

사례 📖

"공무원의 영혼"

　2010년 2월 17일 국회 기획재정위원회 회의장.

　"(고용장려 세액공제가 효과가 없다고) 재정부가 연말엔 제일 세게 반대했거든요. 몇 주 만에 입장이 급선회한 내막이 뭡니까?"(이혜훈 한나라당 의원)

　"그래서 공무원은 '혼'이 없다고 그러지 않습니까."(윤증현 기획재정부 장관)

　지난주 과천 관가에선 이 말이 화제였다. 윤 장관의 평소 소신과는 좀 다른 발언이었다. 지난해 10월 중앙부처 실국장 워크숍에선 "30여 년간 공직생활을 하면서 가장 모욕적인 질문은 '공무원이 혼이 있느냐는 것'"이라며 "그런 얘기를 들으면 울분을 느꼈다"고 말했다. 지난해 2월 장관에 취임한 뒤 "재정부 공무원은 자본주의와 시장경제를 지키는 보루인 만큼 '영혼'을 가져도 좋다"고도 했다.

장관이 말을 바꿨다고 비판할 수도 있겠으나, 이번 건(件)만은 그렇게 볼 필요가 없을 것 같다. 윤 장관의 답변이 나오자 질의한 의원도, 답한 장관도, 지켜보던 공무원들도 모두 파안 대소했다. 농담 같기도 하고 반어법을 구사한 것도 같다. 공무원은 정말 영혼이 없을까.

정용덕 서울대 교수(행정학)에 따르면 독일 사회학자 막스 베버가 말한 관료제에는 모호한 구석이 있다고 한다. 관료제는 정치적 주인이 마음대로 사용할 수 있는 '정교한 도구'에 불과하 다는 해석(영혼이 없다)과 함께, 관료 나름대로 정치력을 발휘할 수 있는 능동적인 존재(영혼 이 있다)라는 풀이도 가능하기 때문이다. 실제로 관료집단을 제대로 장악하지 못하고 휘둘리 다가 장관을 그만 둔 이들이 어디 한둘인가. 다만 한국은 대통령으로 대표되는 선출직 정치인 에 의해 관료가 매우 효과적으로 통제를 받는다는 점에서 '영혼이 없다' 쪽에 가깝다고 한다.

그래도 "관료가 원래 그런 것 아니냐"고 하는 공무원들의 심드렁한 반응은 좀 의외였다. 장 관이 정권 창출 과정에 기여하지 않아 '지분'이 없다는 말도 나온다. 그래서 청와대와 정치권 에 '말빨'이 잘 안 먹힌다는 거다. 일부 간부는 청와대의 '너무 꼼꼼하고 자상한' 교통정리에 무력감을 토로하기도 한다.

"장관은 살얼음판 위를 걷는 사람이다. 발밑이 꺼질까 무서워서 조심조심 가다 보면 아무 한 일 없이 세월이 흘러간다. 뭔가 하려고 너무 서두르다 보면 발밑이 꺼져 얼음물에 빠져 죽 는 수가 있다. 적당한 속도로 요령 있게 얼음판을 건너 목적지로 가야 한다. 그것도 혼자서 몰 래 하는 게 아니라 수많은 기자와 공무원과 국민들이 지켜보는 가운데 묘기를 펼쳐야 한다."

출처: 중앙일보 2010년 2월 24일

인적자원관리

제 2 장

제 1 절 서 론

한 국가의 인사행정은 인적자원관리 면에서 제도화된 그 국가의 특성을 반영한다. 즉 국가의 다원주의적, 엘리트주의적, 시장자유주의적 측면에 대한 상대적 강조가 인적자원관리에 제도적으로 반영된 것이다.

첫째, 국가가 특히 다원주의에 우선순위를 두어 인적자원관리를 도모하려 한다면, 그 국가의 인사행정은 최대한 다양한 사회구성원들이 공직에 진출하도록 제도화가 이루어질 것이다. 인사제도 면에서 이른바 '엽관제(spoils system)'나 '대표관료제(representative bureaucracy)' 등이 여기에 해당한다.

둘째, 국가가 엘리트주의 강화를 통해 국가의 정책능력을 증진시키려 한다면, 이른바 '실적제(merit system)'와 '직업공무원제(career civil service system)'를 강조하는 제도화가 이루어질 것이다.

셋째, 국가가 시장자유주의를 지향한다면 그 국가는 공무원제도를 탈정치화 및 탈관료제하려고 할 것이다. 이른바 공무원의 '개방형 임용제(open career system)'나 '성과급제(pay-for-performance system)' 등의 도입이 여기에 해당한다.

이와 같은 여러 가지 형태의 공무원제도들은 특정 국가의 (인적자원관리 면에서의) 제도적 특성을 반영하는 것이다. 시대적인 필요에 따라 국가는 제도적 변화를 시도하기도 한다. 그러나 오랜 시일을 거치면서 제도화가 이루어진 인사행정 체계 혹은 공무원제도는 그 제도 자체의 지속성에 의해 쉽게 변화가 이루어지지 않는 경향이 있다. 이 장에서는 인적자원관리에 있어서 중요한 개념인 엽관제, 대표관료제, 실적제, 직업공무원제, 개방형임용제, 성과급제 등에 대해 좀 더 자세히 검토해 보기로 한다.

제2절 다원주의 시각

다원주의는 다양성을 강조하고 어떠한 형태의 일원주의에 대해서도 반대하는 입장을 가진다. 엽관제와 대표관료제는 특정 집단이 정부관료제를 독점하는 것을 막고, 인적 구성을 다양화하려는 의도를 함축하고 있다. 이 제도들은 주로 미국의 역사적 특성에서 고안된 제도들이다. 고위직 행정 관료에 대한 정당의 임명제도(Heclo, 1977)나 대표관료제 등은 모두 미국에서 오랫동안 발전되어 온 강력한 다원주의 문화에 바탕을 두고 있는 것이다.[1] 이와는 달리, 서구에서는 보통선거제 채택 이전에 이미 행정관료제 구조가 잘 형성되어 있었기 때문에(Tilly, 1975), 행정관료들 스스로가 자신들을 통합된 공익의 공평한 보호자(dispassionate guardian)로 내세우는 경향이 있다.

엽관제나 대표관료제는 시민에 의한 관료제 통제라는 의미에서의 인적자원관리의 민주성 증진에 기여하는 반면, 실적주의의 확립을 저해함으로써 결과적으로 국가관료제의 자율성과 정책능력의 발전에 장애요인으로 작용한다. 마찬가지로 경쟁시장 원리에 의한 공직인사의 발전도 이루어지기 어렵다.

1. 엽 관 제

1) 의 의

엽관제(獵官制, spoils system)란 공직 임용의 기준을 실적이 아닌 정치적 신념에 두는 제도를 말한다. 즉, 관직을 전리품(spoils)으로 여겨 선거에서 승리한 정당이 공직후보자가 선거 승리에 기여한 정도나 정당에 충성한 정도에 따라 관직을 나눠주는 관행을 엽관제라고

---

1 미국에서 이와 같은 인사제도는 시민에 대한 민주주의적 '대표성(representativeness)'의 원리에 의해 지지되었다(Kaufman, 1956).

한다. 엽관제의 기원은 미국의 초대 대통령인 조지 워싱턴(George Washington) 때로 볼 수 있으나 본격적으로 도입·확대된 시기는 제7대 앤드루 잭슨(Andrew Jackson) 대통령부터이다. 건국 이래 연방정부의 관직은 동부 상류층들에 의해 채워졌으며 심지어 자손들에게 세습되는 경우도 있었다. 이러한 관행에 대해 남부와 서부의 농민들, 그리고 이민자들의 불만이 커져가고 있는 상황에서 이들의 지지를 받아 당선된 잭슨 대통령은 엽관제를 통해 상류층의 관직 사유화를 개혁하고자 하였다. 엽관제는 복수 정당제와 긴밀한 관계가 있으며, 정권이 바뀔 때마다 공무원들도 따라서 바뀌는 이른바 '교체임용의 원칙(doctrine of rotation)'을 전제로 한다. 공직은 선거에서 승리한 정당이 일방적·임의적으로 처분할 수 있는 전리품으로 특정한 정당을 위한 정치적 봉사에 대한 보상으로 관련자들에게 분배되는 것으로서, 이들은 공무원으로서 관직에 머무르는 동안 정당적 유대와 충성심을 유지할 것으로 기대된다 (오석홍, 2000a; 유민봉, 2000).

2) 장단점

미국과 같은 자유민주주의 국가에서 선거직 행정수반으로 하여금 집권과 더불어 정치적으로 공무원을 임명할 수 있는 여지를 크게 보장하는 엽관제는 그 나름대로 결코 작지 않은 명분을 지니고 있는 제도이다. 한마디로 민선 행정수반이 유권자들에게 약속한 정책을 효과적으로 수행하도록 하기 위해서는 그와 이념을 같이 하는 사람들을 행정 요직에 임명할 필요성이 있다는 것이다. 이것은 행정에 대한 정치적 통제를 가장 극대화하려는 조치인 것이며, 유권자에 대한 대응성을 극대화하려는 제도적 장치로서 의의를 지니는 것이다. 이와 같은 정치적 명분에 근거하여, 엽관제는 미국의 건국 이후, 특히 19세기초 잭슨 대통령의 집권 이후 오늘날까지 중앙 및 지방의 인사행정에 있어서 하나의 중심적인 제도적 장치로서 유지되어 왔다.

그러나 엽관제는 다음과 같은 문제점을 지닌 것으로 비판을 받아 왔다. 첫째, 정권이 바뀔 때마다 대폭적인 인력의 교체가 발생하기 때문에, 재직하고 있던 사람들의 행정경험이 사장되고, 행정의 계속성과 전문성이 보장되지 못하는 문제점이 있다. 둘째, 공무원의 인사관리가 능력이나 업무성적이 아니라, 당에 대한 충성심이나 권력자와의 친분 관계에 의해 이루어지므로 유능한 공무원의 충원이 불가능하고 부패의 가능성이 높아질 가능성이 있다. 셋째, 정권을 획득한 권력자는 자신의 소속 정당을 추종하는 사람들을 임용하기 위해 불필요한 관직을 많이 증설할 우려가 있다. 넷째, 정치적 배경을 안고 공직에 임용된 공무원들은 업무수행에 충실하지 않고 개인적인 이익추구에 몰두하고 매관매직하거나 뇌물을 수수하여 공직기강이 문란해질 우려가 있다. 다섯째, 특정 정당의 특정 이익에 연계된 사람들만이 공직에 등용될 수 있기 때문에 형평성에 역행한다는 점이다 (Tompkins, 1995; Loverd & Pavlak, 1995; 박천오 외, 2000). 한마디로 엽관제는 관료제의 중립적 능력 측면이나 공직 임용에 있어서의 형평성에 모두 적합하지 않다는 것으로 요약할 수 있다.

3) 한국의 엽관제

미국의 경우, 공직을 정치적으로 임명하던 엽관제 전통이 19세기 후반에 이르러 당파성 중심의 문란한 운영이 이루어졌다. 여기에 더하여 행정의 전문성에 대한 당시의 시대적 필요성 등의 이유로 인하여 엽관제에 의한 공직 임명의 범위를 축소하기 위한 행정개혁이 이루어지기도 하였다. 그러나 20세기 후반에 들어오면서부터는 다시금 또 정치적 임명의 여지를 넓히기 위한 조치들이 취해지고 있는 것도 사실이다 (Pfiffner, 1987; Dye, 1993: 693-5). 물론 정치적인 임명의 범위가 다시금 증가하는 현상에 대한 비판의 소리가 없지 않지만, 적어도 미국의 인사행정에 있어서 엽관제적 명분과 전통, 그리고 운영은 아직도 건재하고 있다고 할 것이다.[2]

한국의 경우, 적어도 공식적으로는 엽관제가 인사행정의 지배원리인 적이 없다. 그럼에도 불구하고, 엽관제가 완전히 배제되고 있다고 할 수는 없다. 법률적으로도 정무직, 별정직 및 단순 노무종사자 등에 대해서는 엽관제적 임용이 공식적으로 허용되고 있다. 특히 문제가 되는 것은 비공식적이고 음성적으로 이루어지고 있는 정실주의적 인사 관행이다. 물론 의회주의와 대통령제 등을 기본으로 하는 하나의 자유민주주의 국가로서 국정에 유권자의 뜻을 효과적으로 반영하기 위하여, 인사행정의 신축성이 필요하고 일정한 범위의 엽관제적 인사행정을 허용하는 것이 불가피할 것이다. 민주화와 지방분권화 등으로 인하여 엽관제적 공무원 임용의 범위를 더 확대하려는 정치적 압력이 높아질 수 있다.

그러나 한국에서 엽관제를 인사행정에 도입할 필요성은 매우 적다. 무엇보다도 정서적으로 맞지 않는다. '정치성'을 '비합리성'으로 인식하는 정치문화가 지배적인 사회에서 공직의 정치적 임명은 곧 비합리적 인사인 것으로 간주되는 경향이 있다.[3] 또한 우리의 행정관료들

---

2 미국의 인사행정 발전은 크게 세 단계로 구분해 볼 수 있다. 제1기는 건국(1788년)에서 '펜들턴법(Pendleton Act)'이 제정(1883년)되기까지의 이른바 정치국가 시대로서, 엽관제 인사행정을 지배하였다. 제2기는 펜들턴법 제정 이후부터 '공무원제도개혁법(Civil Service Reform Act)'이 제정(1978년)될 때까지의 행정국가 시대로서, 이 시기에는 주로 실적주의가 인사행정을 지배하였다. 제3기는 공무원제도개혁법 제정 이후의 시기로서, 대통령의 정치적 임용권한을 강화함으로써 정치적 임용자의 수가 급증하였으며, 준사법기능을 제외한 종전의 인사위원회(Civil Service Commission) 기능을 대통령 직속의 인사관리처(Office of Personnel Management)로 이관하여 고위 공무원들의 일반행정가(generalist)적 관리 능력을 향상시키기 위해 고위공무원단(Senior Executive Service)을 설치하려던 시기이다. 이처럼 미국의 경우는 엽관제와 실적제 요소가 상존하는 인적자원관리가 발전해 왔다 (Pfiffner, 1987).

은 그들의 정치적 상관들에 대한 순응의 정도가 상당히 높다. 따라서 굳이 엽관제를 도입하지 않더라도 행정수반에 의한 행정 관료들에 대한 통제 가능성은 매우 높다. 중앙정부의 경우, 대통령은 말할 나위도 없고, 장관이나 기타 기관장들의 소관 부서 관료들에 대한 통제력은, 적어도 비교론적으로 볼 때 대단히 높은 수준에 있다 (정용덕, 1996). 지방자치단체장 역시 4년의 임기 동안 공무원들을 통제할 수 있는 여지는 대단히 크다고 하겠다.

중앙정부와 지방자치단체에서는, 행정수반이 외부로부터 공무원을 충원할 수 있는 여지는 극히 제한되어 있는 반면에, 적어도 그들의 관할 하에 있는 기존의 행정관료들을 배치하는 인사의 범위는 굉장히 넓다. 이와 같은 인사관리 수단을 통해서 중앙과 지방의 행정수반들은 효과적으로 그들의 부하 공무원들을 통제할 수 있다. 이는 전문직 공무원들을 중심으로 하는 직위분류제가 아니라, 일반직 공무원들을 중심으로 하는 계급제적 공무원제도가 발전해 있는 우리의 인사제도에 의해 더욱 가능해진다. 이와 같은 이유로 인하여 한국에서 정치에 의한 행정의 통제를 위해 엽관제적 요소를 제도화할 필요성은 매우 적다고 할 것이다.

2. 대표관료제

1) 의 의

대표관료제는 한 나라의 모든 사회집단들이 그 나라의 인구 전체에서 차지하는 수적 비율에 따라 공직에 임용되어야 한다는 원리가 적용되는 관료제를 의미한다. 민족, 인종, 지역, 성별, 계층, 직업 등의 기준에서 국민 전체의 인적 구성을 반영하도록 공무원을 충원하는 인사제도가 그것이다 (Krislov, 1974). 서구에서 대표관료제는 국가의 특성과 관련하여 두 가지 의미를 지닌다.

첫째, 엽관제는 정치국가 시대에 적용된 대의제 민주주의를 통한 관료제 통제방법이다. 반면에 대표관료제는 행정국가 시대에 정책과정에 보다 직접 시민의 대표성을 반영함으로써 민주성과 형평성을 제고하려는 의도가 있다.

둘째, 19세기 이후 제도화가 이루어진 실적제만으로는 행정국가 하에서 형평성과 대표성을 제대로 반영하기 어렵다. 대표관료제는 이러한 인식에 의거하여 공직임용의 사회적 형평성과 공무원의 국민에 대한 대응성을 모두 제고시키려는 의도가 반영되어 있다.

대표관료제는 국가와 관료제에 대한 다원주의적 시각을 반영하는 것이다. 국가의 세 가

---

3 이처럼 정치적인 것에 대한 일종의 국민적 편견은 그동안 한국의 현실 정치가 국민들에게 합리성을 보여주지 못한 결과의 소산일 것이다 (정용덕, "엽관제 제도화는 안된다," 세계일보, 2019.10.7.).

지 이미지와 관련하여 다원주의 이론가들은 서로 다른 의미의 관료제 개념을 함축하고 있다. 즉 수동적 국가의 이미지에 입각한 '소극적 대표관료제(passive representative bureaucracy),' 중립적 혹은 보호자적 국가의 이미지에 입각한 '입헌관료제(constitutional bureaucracy),' 그리고 파당적(派黨的) 국가의 이미지에 입각한 '적극적 대표관료제(active representative bureaucracy)'의 개념이 그것이다 (Mosher, 1968; Dunleavy & O'Leary, 1987).

소극적 대표관료제란 단순히 공무원들이 사회의 다양한 인구학적 집단들을 균등하게 반영하도록 구성된다는 것을 의미한다. 이 경우에, 국가 관료제가 인적 구성 면에서 그 봉사 대상인 사회집단들의 인적 구성의 특성을 반영하도록 한다는 의미를 지닐 뿐, 그로 인하여 임용된 공직자들의 정책성향에 대해서까지 어떤 함의를 내포하고 있지는 않다. 소극적 대표관료제 개념은 공직자들을 단지 수동적인 존재로 인식하는 데에 바탕을 두고 있다. 즉 공직자들은 현재 사회집단 간의 지배적인 세력 균형을 확인하는 행동을 수행한다는 것이며, 이 점에서 베버의 관료제 개념을 수용한다. 관료들은 의회를 통해 표출되는 민주적 압력에 복종하며, 정치와 행정은 구분이 가능하다는 것이다.

그러나 중립적 혹은 '보호자적 국가(guardian state)'의 이미지에 입각해 있는 다원주의 이론가들에게 있어서 국가 및 관료제의 수동적인 이미지는 규범적으로 적합하지 않다. 공무원들은 공익의 수호자로서, 정책결정 과정에서 정치적으로 고려되지 못하고 조직화되지 못한 사람 혹은 집단의 이익을 보호하고, 민주적 게임의 규칙 적용을 적극적으로 추진함으로써 사회 이익들 간의 조화와 균형을 모색하는 자이어야 하기 때문이다. 따라서 정부의 선출직 정치지도자들에게 전적으로 복종하고 충성만 해서는 안 되는 경우도 있을 수 있다. 전문직 업인(professional)으로서 공무원들은 신분이 보장된(tenured) 비당파적인 사람들이어야 하며, 입헌주의와 민주주의의 수호자로서 역할을 해야 한다 (Dyson, 1980). 이들은 실적주의에 의해 충원되지만, 헌법, 공익 및 국익 등에 입각하여 교육된 이른바 입헌관료제를 구성한다.

반면에 적극적 대표관료제는 공무원들이 업무수행에 있어서 자신과 출신 배경을 같이 하는 사람들의 입장과 이익을 적극적으로 옹호할 것이라는 가정에 입각해 있다. 그리하여 사회집단들의 인적 구성을 고려하여 구성된 관료들이 각기 자신의 출신 사회집단의 이익을 위해 행동할 것을 예상한다. 소극적 대표관료제 및 입헌관료제의 관점에 대해 냉소적인 적극적 대표관료제는 국가를 일종의 '중개인(broker)'으로 간주하는 파당적 국가 이미지에 입각해 있다. 이 관점에서 보면, 행정관료란 단순히 부여된 업무를 수동적으로 수행하는 자들이 아니라, 그 스스로가 이해관계를 지닌 정치적인 행위자들이다. 그렇기 때문에 계층, 종교, 인종 등 자신이 속한 사회의 집단적 성분에 따른 가치관 혹은 성향(predisposition)이 그들의 정책업무에 영향을 미칠 수 있을 것으로 보고, 이것에 적극적으로 대응하기 위해서 다양한

사회집단들을 비례적으로 대표하는 장치를 주창한다 (Lijphart, 1984).[4]

2) 장단점

대표관료제는 ㈎ 국가 관료제의 대표성을 강화시킴으로써 민주적 가치인 대표성을 고양시키며, ㈏ 시민의 통제를 관료제에 내재화시킬 수 있고, ㈐ 모든 사회집단들의 실질적인 기회균등을 적극적으로 보장하며, ㈑ 실적주의가 초래할 수 있는 차별적인 효과를 시정하는 데 도움이 될 수 있다는 장점이 있다 (오석홍, 2000a; 박천오 외, 2000).

그러나 대표관료제는 ㈎ "소극적" 대표에서 "적극적인" 대표로 전환된다는 보장이 불확실하며, ㈏ 그렇다고 하더라도 정책결정에서 자신의 출신 집단의 이익을 옹호하는 적극적 대표는 바람직하지 않을 수 있으며, ㈐ 능력과 자격을 부차적인 임용 기준으로 삼기 때문에 행정의 전문성과 생산성을 저하시키고, ㈑ 비례 대표성을 강제적으로 확보하는 임용할당제와 같은 방법은 실적제에 반하며, ㈒ 소수민족이나 여성을 우대한다고 하지만, 다른 한편 실적제 하에서 임용될 수 있는 사람을 희생시키는 이른바 역차별(reverse discrimination)의 문제를 가져올 수 있으며, ㈓ 공무원의 구성에 있어서 인구비례의 정태적 균형을 유지하는 것이 기술적으로 쉽지 않다는 등의 문제가 있다 (오석홍, 2000a; 박천오 외, 2000).

결국 이와 같은 대표관료제의 장단점은 민주성과 관료적 합리성이라는 가치가 상충하는 것으로 요약할 수 있다.

3) 한국의 대표관료제

미국의 경우, 18세기 후반부터 약 한 세기 동안 인사행정을 지배하던 엽관제가 19세기 후반부터 실적제에 의해 대체되기 시작하였다. 그러나 실적주의의 강화는, 엽관제와는 별개로, 그동안 차별대우를 받아 왔다고 주장하는 소수인종 및 여성계 등으로부터 공직인사에 있어서의 형평성 문제와 관련하여 강한 비판이 제기되었다. 그 결과 '시민권법(Civil Rights

---

4 이와 마찬가지로 파당적 국가의 이미지에 입각해 있으면서도, 행정관료들의 사회적 출신배경이 그들의 정책결정 행위에 영향을 미친다는 점에 반론을 제기하는 이론가들도 많이 있다. 관료들이란 현재 자신의 직위에 부여된 역할과 그와 관련된 이익에 따라 행동한다는 소위 '마일스의 법칙(Miles' Law)'이 더 적실성이 있는 것으로 보기 때문이다. 따라서 대표관료제 등의 인사제도를 적용하여 행정을 정치화(politicization)시키려는 시도들에 대해 냉소적이다. 반면에 사회주의자 및 사회민주주의자들은 이러한 주장에 회의적이며, 공무원들에 대한 정치적 임명을 증가시킴으로써 국가기구에 대한 정치적 통제를 강화시키려는 경향이 있다 (Aberbach et al., 1981). 이와 같은 경향은 1980년대 초 이후 집권한 서구의 우파 정치인들에 의해서도 모방되는 경향이 있었다 (Nathan, 1983). 이와 관련하여, 한국에서 박정희 및 전두환 정권의 행정엘리트들의 행위동기가 자신들의 '정치적 신념'보다는 자신들이 처한 '정치적 이익'에 기반하여 이루어졌다는 연구결과가 흥미롭다 (주재현, 1998).

Act)'의 제정(1964년)과 전문직 및 행정직 임용시험의 철폐에 대한 사법부 판결 등이 이어지게 되어, 임용상의 차별을 시정하기 위한 '적극적 우대(Affirmative Action)' 제도가 적용되기 시작하였다. 그러나 미국 사회에서 1970년대 후반 이후 신자유주의 대두에 따라 적극적 우대 제도의 '역차별'성에 대한 시비가 끊이지 않았다.[5]

한국의 경우 공직에 있어서의 대표성의 문제가 심각하게 논의되고 있는 미국을 비롯한 많은 다른 나라들과 달리 민족·인종·언어·문화 등의 동질성이 매우 높아 이를 기준으로 대표관료제를 적용하는 것이 한계가 있다. 다만 한국적 현실을 배경으로 다음과 같은 몇 가지 논란이 있을 수 있다.

첫째, 공무원 인사행정에서 출신지역별 불균형의 문제가 있다. 이는 한국에서 가장 예민하고 해결이 어려운 사안으로 남아 있는 문제다. 그럼에도 불구하고, 한국의 정당들이 지향하는 이념이나 정강보다는 지역적 지지기반에 따라 집권 여부가 좌우되는 상황이 지속되는 한 이 문제를 해결하기란 어려울 것이다. 또한 이와 같은 상황에서 공직인사에서의 지역적 불균등 문제는 대표관료제와 관련된 사안이 아니라 엽관제와 관련된 사안으로서의 성격을 띠게 된다.

둘째, 성별에 의한 공무원의 대표성 문제이다. 여성의 경우, 특히 직급이 높을수록 그 구성비율이 급격히 낮아지는 문제점이 있다. 1990년대 후반부터는 여성의 공직 진출을 촉진하고 여성에 대한 차별을 시정하려는 적극적인 노력이 전개되고 있다. 1996년에는 여성채용목표제가 도입되었고, 2001년에 여성부가 신설되었으며, 2003년에는 여성채용목표제를 대체하는 양성평등채용목표제가 도입된 것이 그 예이다. 이러한 노력의 결과, 2018년 국가직 공무원 가운데 여성의 비율이 50.6%를 차지할 정도로 증가했지만, 2019년 말 기준으로 고위공무원 중에 여성이 7.9%를 차지하는 데 그쳐 여전히 저조하다. 이에 따라 정부는 여성관리자 임용확대 계획을 지속적으로 시행 중에 있다.

대표관료제적 요소가 우리나라에 적용된 다른 예로는 장애인의 공직 진출을 확대하기 위한 장애인 의무 고용제, 우수 과학기술 인력을 공직에 유치하기 위한 「4급이상 기술직·이공계 임용확대 계획」(2004~2008), 그리고 지방인재의 공직 입문을 확대하기 위한 지방인재 채용목표제와 지역인재 추천채용제도 등이 있다. 지방인재 채용목표제는 2007년에 5급 국가공무원 공채시험에 도입하여 7급 시험까지 확대되었다. 이 제도는 서울을 제외한 지방 소재 학교 출신 합격자가 일정비율에 미달할 경우 선발 예정 인원 외에 추가로 선발하는 제도이다. 지방인재 추천채용제도는 고졸 출신의 공직 진출 확대 등을 위해 학교 추천을 통해 인재

---

[5] 이는 실적제 실시로 인한 효율성 추구가 소수집단 등에 대한 형평성 문제와 충돌한 경우로 볼 수 있다 (Naff & Crum, 2000). 한편, 양자간의 조화가 가능하다는 주장에 대해서는 Kranz(1974)를 참조할 것.

를 선발하여 일정 기간 수습근무 후에 임용하는 인턴제 방식의 채용제도이다.

정부는 이러한 대표관료제적 요소가 담긴 제도들을 포괄한 '제1차 균형인사 기본계획'을 2018년에 수립하고 2022년까지 이를 시행 중이다.

제 3 절 엘리트주의

소수의 유능한 엘리트가 대중을 지배하는 것이 현실적으로 불가피하거나 바람직하다는 엘리트주의자들의 주장은 인사행정 제도 면에서 실적제와 직업공무원제의 강화로 나타난다. 실적주의 인사제도의 발전은 엽관제가 초래한 공직의 부패 문제를 방지하기 위한 대안 이상의 의의를 지닌다. 즉 공직인사에서의 실적제 적용을 통해 근대 국가의 관료제 확립이 비로소 가능해짐을 의미하는 것이다. 실적제와 직업공무원제의 확립을 통해 정치적 영향으로부터 일정한 거리를 둔, 그 자체의 논리에 따라 작동되는 관료제의 확립이 비로소 가능해지는 것이다. 근대 관료제의 확립은 결과적으로 국가의 권위와 정책능력의 증진 그리고 사회에 대한 국가의 자율성 증진에 기여하게 된다 (Evans & Rauch, 1999).[6] 공직인사에서의 이와 같은 관료주의의 발전은 그 대신에 시민에 의한 관료제 통제라는 의미에서의 민주성과는 상충관계에 있을 수 있다. 또한 공직의 특수성을 엄격히 강조하게 되어 그만큼 시장경쟁 원리의 적용은 제한되는 결과를 가져온다.

1. 실 적 제

1) 의 의

실적제는 '정실주의(patronage)'나 엽관주의에 대한 반(反)명제로서 실적주의에 바탕을 둔 인사행정제도를 의미한다. 실적주의란 공무원의 충원이 당파성이나 정실, 혈연, 지연이 아니라, 능력, 자격, 성적 등을 기준으로 이루어지는 것을 의미한다. 즉 인사행정이 실적[7]을 기준

---

[6] 미국의 경우, 이와 같은 관료제 확립은 소위 '중립적 능력(neutral competence)'의 추구라는 행정원리를 통해 추진되었다. 여기에 더하여 행정수반의 '행정적 지도력(executive leadership)'이라는 행정원리가 추가되었다 (Kaufman, 1956).

[7] 실적의 의미는 개인이나 조직이 이루어 놓은 어떤 결과나 업적일 것이다. 하지만 인사행정에서의 '실적'은 이보다 훨씬 다의적인 의미를 담고 있으며 인사활동 전반을 지배하는 기본적인 시각 내지 철학을 담고 있는 개념으로 이해되고 있다. 일반적으로 실적은 능력, 자격, 기술, 지식, 업적, 성과 등을 포함하는 개념이며 이를 측정하는 지표로

으로 하여 인적자원의 효율적인 활용, 공무원과 정부조직 간 목적의 조화, 공무원들의 만족스러운 직업생활보장 및 발전을 도모하며, 인사행정에 부여된 사회적 임무를 다하기 위하여 광범하고 적극적인 기능을 수행하여야 한다는 것이다.

각국의 인사제도에 실적제가 도입된 배경은 다양하다. 독일에서는 근대 국가 형성 과정에서 공무원의 능력과 자격이 강조되었다. 18세기 근대 국가 형성기에 있던 프로이센(Prussia) 제국은 효율적이고 규율 잡힌 관료제를 필요로 하였으며, 이러한 관료제를 구축하기 위한 임용제도의 확립이 필요하였다. 18세기 초부터 운영되던 사법관에 대한 임용시험은 18세기 중반 이후부터 행정관리 분야로 확대되었으며, 이때부터 '완전한 자격이 없는 자, 자기의 능력증명을 제공하지 못하는 자는 누구를 불문하고 관직이 수탁(受托)되지 않는다'는 원칙이 성립되었다 (윤세창, 1959: 111). 이와 달리 영국에서는 산업혁명 이후 시민계급이 의회의 지배세력으로 등장하면서 종래에 의회를 장악했던 지주 및 귀족계급과 관료제와의 연결고리를 차단할 필요성에서 실적주의가 필요했다. 영국의 실적주의는 1853년에 발표된 노스코트와 트레벨리언 보고서(Northcote–Trevelyan Report)의 건의 내용을 토대로 하여 1855년에 제정된 추밀원령(樞密院令)을 통해 인사위원회(Civil Service Commission)를 설립하고 시험 제도를 도입한 데 이어, 1870년의 추밀원령에 의해 제도적인 기초가 확립되었다 (박동서, 2001; 하태권, 2002).

이러한 실적주의는 1880년대 중반 미국의 정부개혁 운동에도 영향을 미쳤다. 당시 미국은 엽관주의의 병폐가 심각하였으며, 급기야 제20대 제임스 가필드(James A. Garfield) 대통령이 엽관인사에 불만을 품은 같은 공화당원에게 1881년 암살당하는 사건이 발생하였다. 이에 엽관주의 인사제도의 개혁이 급물살을 타게 되었고, 1883년 펜들턴법(Pendleton Act)이 제정되기에 이르렀다. 펜들턴법은 엽관주의의 병폐를 극복하고자 공직을 정치적으로 중립화하여 정치적 충성심이나 개인적 정실이 공직임명에 개입되는 것을 금지하였다. 또한 정치적인 이유로 현직자의 신분상에 불이익을 주거나 선거운동에 참여하도록 강요하지 못하게 하였으며 공무원은 경쟁시험제도를 통해 선발하도록 하였다 (유민봉·박성민, 2013: 69). 이 밖에 실적주의의 적용을 받는 분류직(classified service)의 범위를 규정한 직위분류법(Classification Act, 1923)과 공직에 대한 정당의 지배와 공무원의 정치활동을 금지한 해치법(Hatch Act, 1939)의 제정도 미국의 실적주의를 확대 발전시키는데 크게 공헌하였다 (하태권, 2002).

실적제는 다음과 같은 실천 원리를 포함한다 (Tompkins, 1995; Loverd & Pavlak, 1995; 박천오 외, 2000). 첫째, 공개 경쟁의 원리이다. 즉 공직을 위한 경합은 누구에게나 개방되어야

서 직무수행능력, 생산성, 경력 및 훈련, 근무경력, 교육수준, 전공분야 등이 제시되고 있다 (유민봉·박성민, 2013: 67).

한다는 것으로서, ㈎ 채용할 자리에 관한 정보가 널리 공포되어야 하며, ㈏ 관심 있는 사람들은 정치, 종교적 믿음, 인종, 성별 등에 관계없이 누구에게나 그 자리에 지원할 수 있는 기회가 주어져야 하고, ㈐ 지원자 누구에게나 자질과 적임성에 관한 타당성 있는 기준이 공정하게 적용되어야 함을 의미한다. 둘째, 개인적 자질 및 능력에 기초한 선발의 원리이다. 즉 공무원의 선발이 정당에 대한 봉사나 정실과 무관하게 각 후보자가 지닌 지식·기술·능력에 대한 평가를 근거로 이루어져야 한다는 것이다. 셋째, 정치적 중립성의 원리이다. 즉 공무원은 특정 정당의 이익에 봉사하거나 선거정치에 연루되지 않고 공정하고 객관적인 태도로서 공익에 봉사하여야 한다는 것이다. 넷째, 자의적인 제재로부터의 보호 원리이다. 즉 공무원이 상급자 혹은 상위계층의 결정에 의해 해고 등 불리한 제재를 당하였을 시에 적법절차의 권리를 보장받을 수 있다는 것이다.

2) 장단점

실적제는 공직 취임에의 기회균등, 공무원의 자질 향상, 업무의 능률 증진, 행정의 계속성 및 전문성의 확보 등의 장점이 있다 (박천오 외, 2000). 그러나 다음과 같은 비판도 제기된다.

첫째, 초기의 실적주의는 반엽관주의에 지나치게 집착함으로써 인사행정을 소극적, 경직적, 비능률적으로 만들었다. 둘째, 공직에의 임용을 위한 자격요건과 시험 내용은 대부분 직무수행 능력과의 직접적인 연계성이 부족할 뿐만 아니라 그 사회의 기득권 계층의 가치관이나 이해관계를 반영하는 경향이 있다. 따라서 그것들은 소수민족이나 여성 등 소외집단의 구성원들이 정부, 특히 고급 공무원집단에 진입하는 것을 어렵게 한다. 셋째, 실적에 의한 임명과 강력한 신분 보장으로 인하여 실적주의는 국민에 의하여 직접 선출된 정치지도자들이 직접민주주의로부터 괴리되어 있는 직업공무원에 대한 통제력을 유지하는 데 커다란 장애요소로 작용한다. 넷째, 공무원의 정치적 중립에 대한 요구도 국민이나 정치지도자의 요구에 공무원이 무감각하도록 만드는 요인이 되고 있다. 오늘날 정부의 정책결정 과정에서 주도적인 역할을 담당하는 공무원, 특히 고급공무원들에게 정치적 중립을 요구하는 것은 참여적 민주주의의 원리에도 어긋날 뿐만 아니라, 그들을 '정치적 좀비(political zombies)'로 만들어 정부 관료제를 국민의 요구에 둔감한 폐쇄집단으로 만들 우려가 크다 (하태권, 2002).

3) 한국의 실적제

실적주의는 직업공무원제와 마찬가지로 19세기 후반에서 20세기 후반까지 대부분의 국가들이 인사제도의 근간으로 삼아 왔다 (West & Durant, 2000). 한국의 경우도 국가공무원법 제2조에서 공무원을 '경력직'과 '특수경력직'으로 나누어, 이 가운데 경력직 공무원을 "실적과 자격에 의하여 임용되고 그 신분이 보장되며 평생토록 공무원으로 근무할 것으로 예정되는 공무원"으로 정의하고 있다. 이는 실적주의와 직업공무원제가 공무원제의 기본원리임을 규정하고 있는 것이다.

이처럼 한국에서 인사행정을 지배하는 기본원리가 실적주의를 근간으로 하고 있으며, 엽관제적 인적자원관리의 법률적 허용 범위가 크게 확대된 적은 없다. 그러나 인사행정의 실제에 있어서는 실적제 원리의 구현이 미흡한 채 형식주의가 나타나는 경우가 많다. 과거 한국의 인사행정을 지배하던 정실인사가 외면적으로는 점차 감소되어 온 것 같지만, 이른바 "지역연고주의"로 대표되는 정실주의의 관행은 크게 개선되지 못하고 있다. 이와 같은 한국적 정실인사는 정당정치적 특성에 한정된 것을 넘어서는 것이며, 미국의 엽관제와는 또 다른 특성을 지니는 것이다.

참고 **"실적주의와 공무원 특채문제"**

최근에는 반엽관주의로 인한 인사행정의 소극성과 경직성을 해결하기 위하여, 신규채용이나 분류구조의 형성 또는 보수 책정 등 그동안 중앙인사기관에 집중되어 있던 인사권한을 각 행정기관에 위임하고, 인사에 대한 규정과 규칙을 단순화하는 등 인사에 관한 재량권을 각 행정기관과 인사권자에게 부여하는 대신, 업무성과에 대한 책임을 엄격히 묻는 방향으로 인사제도의 개혁이 이루어지고 있다. 또한 외부 임용과 계약제 임용을 적극적으로 확대하고 보수체계에 성과급 제도를 도입하는 등 공무원의 인사관리에 경쟁의 원리를 도입하여, 공무원에 대한 신분보장을 약화시키는 대신 행정의 전문성과 경쟁력을 높이는 방향으로 개혁이 추진되고 있다 (하태권, 2002). 아래의 기사는 이러한 상황을 반영하고 있다.

〈신규 5급 공무원 절반, 민간 전문가 특채〉

2015년까지 5급 신규 공무원의 절반이 필기시험을 치르지 않는 민간전문가로 채워진다. 권위적이라는 지적을 받아온 '행정고시'라는 명칭도 사라진다. 행정안전부는 12일 다양한 분야에서 전문성을 쌓은 사람이 고위공무원에 진출할 수 있도록 1961년부터 50년간 지속해온 공무원 채용방식을 개선하는 '공무원 채용제도 선진화 방안'을 마련했다고 밝혔다. 선진화 방안에 따르면 내년부터 서류전형과 면접만으로 외부 전문가를 5급 공무원으로 선발하는 '5급 전문가 채용시험'을 도입한다. 우선 5급 선발 정원의 30%를 뽑고, 선발 비율을 단계적으로 확대해 2015년부터 5급 신규 공무원의 절반을 기존의 필기시험으로, 나머지 절반은 외부 전문가로 선발한다. 민간 전문가는 각종 자격증이나 전문분야에서 경력을 쌓은 사람이면 누구나 지원할 수 있다. 외부전 문가로 선발된 인원은 필기시험 선발자와 동일한 일반직으로 근무한다. '행정고시'라는 명칭도 내년부터 7, 9급과 마찬가지로 '5급 공채 시험'으로 바뀐다. 필기시험 내용은 큰 차이가 없지만 다양한 면접기법이 도입되고, 면접관 풀(Pool)도 확대되는 등 면접의 중요성이 높아진다. 면접 탈락자는 이듬해 1, 2차 시험을 면제해 주는 방안이 검토되고 있다. 7급 공무원 채용도 단계적 으로 축소되고 대신 지역인재추천채용이 확대된다. 대학의 추천과 1년 간의 수습 근무를 통해 7 급 공무원을 선발하는 지역인재추천채용 인원이 지난해 50명, 올해 60명에서 2012년에는 100명 으로 늘어난다. 9급 공무원 공채 방식은 당분간 현 체제를 유지한다. 행안부는 공청회 등을 통 해 각계 의견을 수렴한 뒤 올해 연말까지 관련 법령 개정 작업을 완료할 예정이다. (한국일보, 2010. 8. 12.)

정부도 기업처럼 비용을 들여 인력을 고용하며, 따라서 조직에 적합한 사람을 선발하는 것은 당연한 일이다. 정부와 기업은 분명 다르지만 적어도 고용을 하는 입장에서는 정부나 기업이나 마찬가지로 볼 수 있다. 세상은 급변하고 있으며, 이에 따라 정부의 업무도 과거와는 비교할 수 없을 정도로 다양한 분야에서 전문적 지식을 필요로 하고 있다. 따라서 정부의 공무원도 과거와 는 다른, 그리고 필기시험만으로는 측정할 수 없는 전문성과 능력이 요구된다. 이미 민간 기업 에서는 과거의 필기시험을 통한 채용방식을 버리고 다양한 형태의 채용방식을 도입하여 적합한 인력 선발에 힘쓰고 있다. 우리와 유사하게 공직의 계급제적 전통을 갖고 있던 일본이나 독일도 이러한 변화에 발맞추고 있다. 일본은 인재공급원의 다양화를 추구하고 있으며, 정책과제토의시 험 등과 같은 새로운 형태의 채용시험을 도입하였다. 독일도 각 부처의 실정에 맞게 모집기준을 다양화 하거나, 시험 방식을 달리 적용하는 등의 노력을 기울이고 있다 (한국행정연구원, 2012). 한국에서도 많은 전문가들이 필기시험 중심의 공무원 채용제도의 문제점을 지적해 왔고, 그에 따라 그간 일부 시행되던 공무원 특채 제도를 확대하여 채용제도 선진화 방안이 마련된 것이다. (중략)

공무원 채용 선진화 방안이 나오자마자 여러 비판과 우려의 목소리가 있었다. 대체적인 내용 은 필기시험을 폐지하게 되면, 학연과 혈연 등의 요소가 개입함으로써 현대판 '음서제'가 되어 선발과정에서 공정성이 떨어질 것이며, 이로 인해 사회경제적으로 불리한 위치에 있는 사람들의 공직 진출을 가로막을 수 있다는 것이었다. (중략)

정부가 발표한 '공무원 채용제도 선진화 방안'이 백지화 된 것은 때마침 터진 외교부 장관 자 녀의 공직 특채 비리 의혹으로 인한 영향이 컸다. 공교롭게도 이 사건은 공무원 채용이라는 과 정에 특채를 인정하는 경우 인맥, 학맥 등에 의해 영향을 받게 될 임의적인 의사결정 가능성을 완전히 배제할 수 없을 것이라는 일반인들의 우려를 확인시켜주고 말았다.

출처: 엄석진·윤영근, 2012: 37-41.

2. 직업공무원제

1) 의 의

직업공무원제(career civil service system)는 전통적 내지 고전적 정부관료제에 적합한 인사제도로서 정부관료제에 종사하는 것이 공무원들의 생애에 걸친 직업이 될 수 있도록 조직·운영되는 인사제도를 말한다. 직업공무원의 요체는 젊은 사람들이 그들의 첫 직업으로 공직을 선택하여 그것을 명예로운 직업으로 알고 거기에 일생을 바치게 하는 데 있다. 일반적으로 직업공무원제는 대개 계급제, 폐쇄형 및 일반 능력주의적 임용체제를 바탕으로 하는 제도로서 직위분류제, 개방형 및 전문가주의적 임용체제를 바탕으로 하는 인사제도와는 대조되는 제도이다 (오석홍, 2000a).

직업공무원제 역시 국가에 따라 상이하게 제도화 되었다. 독일은 공무원제도의 근간이 이미 18세기 이전에 형성되었는데, 그 주요 특징은 연방공무원법에 의한 신분규정이었다. 이후 독일의 공무원제도는 바이마르 공화국(1919~1933) 시기를 거쳐 오면서 종신고용, 연금제도, 징계제도 등 직업공무원제도의 여러 요소를 도입했으며, 이를 통해 더욱 발전하였다 (한국행정연구원, 2012: 39). 그러나 영국은 유럽 대륙 국가들과는 달리 절대군주제가 확립된 16세기 이후에도 강력하게 조직화된 대규모의 관료조직은 양성되지 않았다. 영국에서는 19세기 중엽까지 국왕이나 귀족들이 관직을 미끼로 자신의 정치세력을 확대하는 이른바 정실주의에 의하여 관료를 임명하였다. 따라서 영국에서의 직업공무원제도는 오랜 군주제적 전통에도 불구하고 실적주의가 확립되기 시작한 19세기 중엽 이후부터 발달하기 시작한 것으로 볼 수 있다 (하태권, 2002).

미국은 유럽 대륙과 같은 관료제적 전통을 경험하지 않았을 뿐만 아니라, 전통적으로 직업공무원제도를 민주주의에 대한 위협으로 인식하여 왔다. 즉, 관직의 장기 점유는 관료주의화를 촉진하며, 따라서 행정의 민주화를 저해할 가능성이 큰 것으로 지적되어 왔다. 이에 따라 미국에서는 엽관주의를 민주주의의 실천적 원리로서 인식하고, 공직자의 임기를 대통령의 임기와 일치시키는 4년 임기법(Four Years' Law)을 실시하였다. 실적주의와 정치적 중립의 원칙이 확립된 이후에도 미국의 공무원제도는 모든 직급에 외부 임용을 허용하는 개방형 공무원제도(open system)를 채택하고 있다. 미국에서도 근래에는 고급 공무원을 중심으로 직업공무원제적인 성격을 강화하려는 노력이 꾸준히 지속되고 있으나, 미국의 공무원제도는 아직까지도 직업공무원제적인 성격이 약한 편이라 할 수 있다 (하태권, 2002).

행정을 비(非)직업공무원 내지 정치인들에게 맡기기 않고 직업공무원에게 맡기는 것은 다음과 같은 목적에 기인한다 (유민봉, 2000). 첫째, 공직의 안정성을 유지하기 위한 것이다. 정권이 교체되더라도 행정이 안정적으로 이루어지기 위해서는 직업공무원제가 필요하기 때문이다. 이는 특히 의원내각제를 채택하고 있는 나라들에서 더 발달해 있는 사실에 의해서도 입증된다. 둘째, 역사적으로 공직의 윤리성 확보가 중요한 목적이었다. 소수의 권력에 대한 충성이 아니라 전체 국민에 대한 봉사자로서 정치적 중립성을 지키고 윤리성을 확보하려는 것이었다. 셋째, 공직의 우수성을 추구하려는 목적이다. 국가는 국민 전체에게 영향을 미치므로 공무원이 수행하는 업무의 영향범위가 더 넓고 무거운 책임이 수반되기 때문에 유능한 인재를 젊어서 공직에 유인하여 직업공무원제를 정립하려는 것이다 (유민봉·박성민, 2013: 81-82).

직업공무원제가 확립되기 위해서는 공직에 대한 높은 사회적 평가, 신분보장, 젊고 유능한 인재 확보, 보수와 연금제도를 통한 동기부여 등이 필수적이다. 먼저 공직에 대한 사회적 평가가 높다는 것은 많은 사람들이 공직을 국가발전에 공헌하고 공공에 봉사하는 가치 있는 일이라고 느끼는 것을 말한다. 둘째, 신분보장은 정치의 부당한 압력으로부터 공무원의 권익이 보장되어야 하는 방어적 의미와, 공직을 일생의 본업으로 하여 일할 수 있도록 신분을 보장해 주는 적극적 의미를 동시에 포함하고 있다. 적극적 의미의 신분보장은 형식적으로는 종신형 고용이며 더 나아가 실질적으로 근무조건을 보장해 주는 것이다. 셋째, 젊고 유능한 인재를 채용하기 위해서는 장기적인 계획에 따라 적극적인 모집에 나서야 하고 이들의 꾸준한 능력발전을 위해 노력하여야 한다. 구체적으로 우수한 인재를 적극적으로 모집하고 선발방식을 다양화해 나가는 것, 인적자원계획에 따라 장기적인 수요와 공급의 균형을 맞추어 나갈 수 있도록 하는 것, 새로운 직무가 부여될 때마다 이에 적합한 내부 교육훈련을 통해 능력발전의 기회를 제공하는 것 등이 필요하다. 넷째, 적정한 보수 및 연금제도 같은 동기부여제도도 직업공무원제 확립을 위해 중요하다. 공무원의 장기근속을 위해서는 민간기업의 보수와 적절한 균형을 맞추어야 하고, 예측 가능한 보수의 인상과 연금제도도 필요하다 (유민봉·박성민, 2013: 83-85).

2) 장단점

직업공무원제는 ㈎ 공무원집단의 일체감과 공직에 대한 봉사정신을 강화하는 데 유리한 제도이며, ㈏ 공무원들은 개인적인 불이익을 무릅쓰고라도 공직의 요청에 부응하는 행동을 하도록 요구하는 제도이므로 엄격한 근무규율이 쉽게 수용될 수 있으며, ㈐ 직업공무원제

하에서 공직 전체는 하나의 전문직업분야로 인식되고, 그러한 인식에 입각한 직업의식은 공무원들의 단결심과 충성심을 강화하고 사기를 높일 수 있고, ㈃ 공무원은 정부에서만 필요한 인력으로 육성되었기 때문에 정부와 공무원 사이에 의존적인 관계 또는 온정적인 관계가 강화되는 장점이 있다 (오석홍, 2000a).

그러나 직업공무원제는 ㈎ 공무원집단이 환경적 요청에 민감하지 못하고 특권집단화할 염려가 있으며, ㈏ 학력과 연령에 관한 요건을 엄격히 규정하여 모집대상의 범위를 제한하는 것은 공직 취임의 기회를 균등하게 해야 한다는 민주주의적 요청에 어긋나며, ㈐ 공직의 중간계층에 외부의 이질적인 요소가 흡수되기 어렵기 때문에 공직이 침체되며, ㈑ 일반가주의(generalist)에 치중하는 폐쇄적 인력운영은 정부활동의 분야별 전문화와 행정기술의 발전에 지장을 줄 수 있으며, ㈒ 승진 지망의 과열현상이 빚어지고 승진 적체라는 문제를 야기하기도 한다 (오석홍, 2000a).

요약하면, 직업공무원제는 관료주의의 강화에 필수적인 반면에, 민주성과 상황적응성 혹은 신축성 면에서는 부적절한 제도라고 할 수 있다.

3) 한국의 직업공무원제

한국의 직업공무원제는 1949년 국가공무원법이 제정되고, 고등고시령과 보통고시령이 제정·공포됨에 따라 임용상의 기회균등의 원칙이 확립되었다. 이후 제3공화국 시절 공포된 공무원법(1963.4)에 따라 임용에 관한 제도가 정비되고 현행 제도의 기초가 잡히게 되었다 (한국행정연구원, 2012: 13-4). 2000년대 이후 개방형임용제도나 민간경력자 채용제도 같은 전문가주의적 임용체제의 요소들을 도입하여 직업공무원제의 성격을 수정하려고 하고 있으나, 아직 한국은 공무원의 98% 이상이 국가공무원법의 직업공무원제 규정을 적용받는 점에서 적어도 법률적으로는 직업공무원제에 기초하고 있다고 볼 수 있다.

그러나 직업공무원제의 확립이 제대로 이루어졌다고 보기 어려운 측면도 지적되고 있다. 선거에서 공무원의 정치적 중립성의 확보가 미진했던 점, 부패 및 무능력 등으로 인한 공직에 대한 국민의 불신, 우수 인재를 적극적으로 확보하는 측면이 부족한 점, 형식적인 종신고용형 신분보장 등의 문제가 그것이다 (유민봉·박성민, 2013: 91-92).

참고   한국 직업공무원제의 태동

박정희가 국가 근대화를 하는 데 있어서 견인차는 공무원 집단이었다. 5·16 혁명 이후 군정 3년간 한국 사회의 선진집단이던 장교들은 낙후된 공무원 조직을 개혁하고 현대적 조직운영기법을 가르쳐 주었다. 1963년 12월의 민정이양 뒤 장교단은 정치에서 손을 떼고 군 출신 엘리트 집단이 민간인 신분으로서 국가를 이끌고 갔다.

군에 의해 주도된 공무원 조직의 재편성 작업, 그 중심인물은 이석제 총무처 장관이었다. 그는 혁명주체세력의 핵심으로서 군정시절 최고회의 법사위원장-내각사무처장을 지내며 법령정비-제3공화국 헌법제정-공무원 숙청작업 등을 지휘했다. 민정이양 이후엔 총무처 장관-감사원장으로 13년간 봉직하면서 한국의 행정을 세계에서 가장 능률적이고 생산적인 조직으로 탈바꿈시켰다….

박정희는 독서를 통해 일본이 명치유신 이후 근대화에 성공한 원인과 그들의 탄탄한 국가 공무원제도에 지대한 관심을 갖고 있었다…. "공무원은 신분이 안정되어야 열성적으로 일하는 집단이오. 공무원들이 자진해서 뛰어야 최고 지도자의 뜻이 하부까지 전달되고 제대로 수행되는 것이오. 국가 근대화의 선봉으로서의 공무원 제도를 확립해야 되는데…. 국가의 3대 지주가 있다는데 그 하나는 군이 국방을 튼튼히 해 주어야 하고, 둘째는 공직자가 본분을 다하는 것이고, 셋째는 재벌들이 국가 경제의 버팀목이 되어야 하는 것일 거요. 이 장관이 우선 공무원을 알아서 해줘야겠소. 이 장관이 나서서 정권이 바뀌어도 신분 변동이 없이 헌신적으로 일할 수 있는 직업공무원 제도의 근간을 정비해 주시오."

이석제 장관은 '직업공무원제도'란 말에 귀가 번쩍 뜨였다고 한다. 5·16 이후 법사위원장으로서 전체 공무원의 18%를 숙정한 뒤 공무원 처우개선을 추진했던 경험을 가진 이 장관은 박 대통령에게 이런 말을 했다. "각하, 아무리 제도가 좋고, 기계가 좋다 해도 일은 사람이 하는 것 아닙니까…."

1964년 봄, 이석제 장관은 약 1개월 동안 미국, 프랑스, 독일, 이탈리아, 대만, 필리핀을 방문하고 각국의 공무원 제도를 살폈다. 이 장관은 미 행정부 인사위원회 위원장의 지원을 받아 12개 부서의 국장들을 하루에 한 명씩 인터뷰하며 2주일을 보냈다…. "귀국해 보니 우리나라의 공무원제도가 이렇게 후진됐나 싶은 생각이 절로 났습니다. 공무원 정원제도도 없어 장관이 마음대로 늘렸다 줄였다를 할 수 있었고 시험을 치르면 청탁으로 당락이 결정되곤 했습니다."

출처: 조갑제, "내 무덤에 침을 뱉어라!" 조선일보, 1999. 12. 7: 550회.

국정 운영에서 박정희 대통령이 이루어 놓은 업적은 그가 '한국형 행정국가'를 제도화시킨 점이다. 유럽에서 17세기부터, 미국에서는 19세기 말에 뿌리 내리기 시작한 근대적인 관료제 국가 행정은 대한민국이 정부 수립과 더불어 추구했던 이상형이었다. 그러나 자유당 집권시기에는 근대적 관료제의 기본요건 가운데 하나인 정기적인 공무원 봉급도 지급하기 어려운 상황이었다. 실적제를 근간으로 하는 직업공무원제가 본격적으로 제도화되기 시작한 것은 박 대통령의 집권

2기인 1960년대 말부터였다. 행정고시의 확대를 통해 젊고 유능한 인재들을 다수 등용시키고, 주기적인 국내외 교육훈련을 통해 그들의 관리능력을 증진시켰다. 과천 중앙공무원교육원 뜰에 지금도 세워져 있는 '내 일생 조국과 민족을 위해'라는 그의 휘호가 암시하듯이, 공무원들에게 국가발전의 '역군'이라는 공통의 가치관을 심어 주었다. (이하 생략)

출처: 정용덕, "박대통령이 극복해야 할 박대통령의 유산," 헤럴드경제, 2013.5.27.

제4절   시장자유주의

한 나라에서 국가의 시장자유주의적 측면이 강조되는 경우, 인적자원관리 면에서 가능한 한 탈(脫)관료제화와 탈정치화가 촉진된다. 예로서, 공무원 인사에서 공사(公私) 영역 간의 구분을 가능한 없애려고 하며, 이를 위한 제도적 장치로서 이른바 '개방형' 경쟁에 의한 임용방식이 확대된다. 공무원 인사에서 신축성 및 유동성을 증진시키기 위하여 직업공무원제 개념을 약화시키는 대신 임시제적 성격의 계약제를 도입한다. 그리고 좀 더 경쟁시장 원리에 따른 공무원 보상체계를 위하여 계급제적 요소를 약화시키고, 그 대신에 성과급 제도를 강화하려 한다. 그러나 실적제적 요소는 오히려 강조된다. 즉 세부적인 업무에 보다 적합한 능력을 갖춘 사람을 임명하려고 하며, 이를 위하여 직위분류제에 의한 공직 분류방식을 좀 더 활용한다.

이와 같은 경쟁시장에서의 사기업 경영과 유사한 인적자원관리 방식을 적용함으로써, 행정관료제의 탈관료제화가 시도된다. 이로 인하여 국가와 관료제의 공적 권위, 지속성, 자율성의 감소가 초래될 가능성이 있다. 국가와 관료제의 민주성에 대한 변화도 초래할 수 있다. 관료 및 관료제에 대한 통제도 공직수행에 있어서의 경쟁 원리에 의한 방식이 선호됨으로써 전통적인 대의제 민주주의는 상대적으로 위축된다.

본래 인사행정에 있어서 엽관주의에 대한 하나의 대안으로 발전한 실적제는 인사행정의 운영을 문자 그대로 '실적(merit)'에 따라 수행한다는 것이었다. 이 경우, 기회균등 원칙에 입각하여 공개적 절차와 실적 기준에 따른 충원, 근무업적에 따른 보상 및 보직부여, 정치적 중립과 신분보장 등이 강조된다. 따라서, 직업공무원제가 엽관제에서 실적제로 발전해 나아가기 위한 하나의 필요조건인 것처럼 인식되었다. 그러나 실제에 있어서 직업공무원제의 지나친 강조가 진정한 의미의 실적제 발전을 가로막는 측면도 있었다. 직업공무원제가 '전문직업가주의(professionalism),' 공무원 노조 결성 및 '단체협상(collective bargaining),' '대표관료제,' '적극적 우대 조치(affirmative action)' 등과 함께 오늘날 실적제의 발달을 가로막는 중요한 위협요인으로 흔히 간주되기에 이른 것이다 (Kranz, 1974; Mosher, 1982). 특히 직업공무원제를 공무원의 신분보장의 의미와 동일시하는 경우에 진정한 의미의 실적제 운영에 장애요인으로 작용하게 된다. 현직 공무원들이 외부에 있는 그들의 잠재적 경쟁자들을 배제하는 장치로 이용될 여지가 있기 때문이다. 또한 내부 공무원들 간에도 모호한 기준인 실적보다는 단순히 연공서열에 따른 인사관리를 운영할 가능성이 커진다. 이처럼 직업공무원제를 곧 공무원의 신분보장과 동일시하는 경향이 커지면 커질수록, 이는 실적주의의 실현에 장애 요인으로 작용할 가능성도 그만큼 커지는 것이다 (Mosher, 1982).[8] 이와 같은 맥락에서 개방형 임용제와 성과급 제도에 대해 정리해 본다.

1. 개방형 임용제

1) 의 의

개방형 임용제는 공직의 모든 계급이나 직위를 막론하고 신규채용이 허용되는 제도로서, 공직을 민간에게 개방하는 제도이다. 즉 정부 기관의 어떤 직위를 담당하게 될 사람을 임용함에 있어, 그 기관에 소속되어 있는 내부 직원에 국한하여 고려 대상으로 삼지 않고, 정부 내 다른 기관 소속 공무원과 정부 밖에 있는 민간인들에게까지 해당 직위를 개방하여 적격자를 선발하는 제도이다 (오석홍, 2000a; 박천오 외, 2000). 특히, 한국에서 개방형 임용제의 필요성이 증대되는 요인으로 폐쇄적인 직업공무원제도에 대한 반성, 환경적응력의 제고, 전문성의 확보, 유연성의 증진 등을 지적하고 있다 (서원석, 2000). 개방형 임용제도와 관련하여 논의되는 대표적인 제도가 개방형 직위제도라고 할 수 있다.

2) 장단점

개방형 임용제의 장점에는 ㈎ 조직 내외의 광범위한 인재들을 대상으로 가장 적합한 인재들을 충원하기가 용이하며, ㈏ 공직사회의 탈관료제화에 공헌할 수 있고, ㈐ 외부로부터 일정비율을 채용함으로써 기존조직에 새로운 정보와 지식 및 가치관을 유입하여 새로운 조

---

[8] 공무원의 신분보장과 직업공무원제의 실현은 상호 필요조건이기는 하되, 충분조건이거나 더욱이 동일한 성격의 것은 아니다. 그러나 언제부터인가 우리의 경우 이 두 개념이, 적어도 현실적으로는, 동일시되는 경향이 있어 온 것 같다.

직무화를 형성시킬 수 있으며, ㈃ 대상 직위에 따라 가장 적합한 인재를 활용할 수 있으므로 교육훈련 등 인력개발에 소요되는 시간과 비용을 절감시킬 수 있으며, ㈐ 민간과의 선의의 경쟁을 통해 공무원의 업무처리 능력의 제고와 자기 개발을 촉진시킬 수 있으며, ㈑ 민간 부문과의 상호 인적 교류를 촉진시켜 행정서비스 질의 개선과 공직의 경쟁력을 제고할 수 있다는 점 등이 포함된다 (이상윤, 2000).

그러나 이 제도는 ㈎ 충원 시 정치적 영향이나 압력이 작용할 수 있으며, ㈏ 개방형 직위에 임명된 외부인사들이 조직에서 리더십을 제대로 발휘하기 힘들 수 있으며, ㈐ 승진의 기회가 상대적으로 적어 공무원이 평생 근무하려는 의욕이 적을 수 있고, ㈑ 직위나 직무가 없어지면 그 직위나 직무를 맡아 수행하던 공무원도 퇴직하게 되어 신분보장이 어렵고, ㈒ 고위직 또는 핵심 직위의 빈번한 이동, 즉 순환보직은 오히려 조직의 전문성을 상실하고 조직에 대한 충성심을 저하시킬 수 있다는 점 등의 단점도 있다 (이상윤, 2000).

3) 한국의 개방형 인사제도

미국의 경우, 경쟁시장 원리에 의한 공무원 인사제도는 20세기 말에 이르러 급진적으로 적용되기 시작하였다. 가장 극적인 계기는 연방 인사관리에 있어서의 구조적 변화이다. 즉 공직 인사의 신축성을 부여하기 위하여 '공무원개혁법(Civil Service Reform Act)'의 제정(1978년)에 의해 "단일 인사체계(a single personnel system)"에서 "분산화된 인사체계(fragmented personnel system)"로 전환한 것이 그것이다. 이로 인하여 연방 행정기관들은 각자 나름의 계획과 원칙에 따라 인적자원관리를 수행할 수 있게 되었다 (Ban, 1999).

한국의 경우, 1996년부터 개방형 전문직위제도를 도입해 운영하였다. 그러나 직위지정 권한이 소속장관에게 부여되어 있어 국장급 이상 고위직 중 개방형 전문직위 지정이 저조하

표 4-2-1	개방형 공무원 임용 현황												
연도	2007	2008	2009	2010	2011	2012	2013	2014	2015	2016	2017	2018	2019
직위지정수	220	188	182	198	246	311	421	430	443	442	444	445	458
충원 수	196	136	149	157	194	235	227	288	300	341	334	366	390
내부임용	86	64	82	86	108	147	145	193	172	138	123	146	163
외부임용	110	72	67	71	86	88	82	95	128	203	211	220	227
외부임용률 (%)	56.1	52.9	45.0	45.2	44.3	37.4	36.1	33.0	42.7	59.5	63.2	60.1	58.2

자료: 통계청 (2020). e-나라지표. 공무원 개방형 직위 임용추이 http://www.index.go.kr/

고, 직무수행요건이 엄격하여 적격자 충원에도 어려움이 많았다. 이러한 문제를 해결하고 외부전문가 채용 확대를 통한 공직의 효율적인 경쟁시스템 도입을 위해 1999년에 개방형 직위제도가 도입되었다. 개방형 직위제도는 "중앙부처 고위공무원단과 과장급 직위 중 특히 전문성이 요구되거나 효율적인 정책수립을 위하여 필요하다고 판단되는 직위를 개방하여 공직 내·외부를 불문하고 공개경쟁을 거쳐 최적의 인재를 선발하여 임용하는 제도"를 말한다 (인사혁신처, 2018, 개방형직위 제도 안내자료). 개방형 직위 수는 지속적으로 증가해 오고 있는데, 국가공무원의 경우 1999년 제도 도입 당시 129개에 불과하였으나, 2019년에는 458개로 증가하였다. 외부임용률은 2007년에 56.1%였고, 이후 하락하는 추세를 보여 2014년에 33.0%까지 떨어졌으나, 이후 다시 높아져서 2019년에는 58.2%를 기록했다 (통계청, 2020). 개방형 직위제를 통해 우수한 민간의 인재를 더 많이 유치하기 이해서는 폐쇄적인 공직문화, 민간에 비해 낮은 보수, 짧은 계약기간으로 인한 신분 불안 등의 문제가 해결되어야 할 것이다.

2. 성과급 제도

1) 의 의

성과급 제도는 직무수행의 실적을 보수결정의 기준으로 삼는 제도를 의미한다. 즉 측정 가능한 직무수행 실적 또는 직무수행 결과에 보수를 직접적으로 연결하여 직원의 직무수행 성과와 보수 사이에 직접적인 관계가 설정되도록 하려는 것이다. 기본적 보수에 더하여 성과급을 추가하여 지급함으로써 공무원의 동기부여 및 생산성 향상을 높이기 위한 수단으로 활용하려는 것이다. 성과급 제도의 취지를 살릴 수 있으려면, 인적자원관리자에게 보수 관리에 대한 높은 융통성 및 재량성이 주어져야 하고, 명확한 성과지향적 목표가 설정되어야 한다. 또한, 직무수행 실적이 측정될 수 있는 직무에 한하여 적용해야만 효과성이 있다. 그리고 직무수행 노력과 직무수행 성과 간의 인과관계가 확인될 수 있어야 한다. 성과급은 개인차원, 집단차원, 조직차원에서 적용이 가능한데, 대체로 개인차원의 성과급이 논의된다 (오석홍, 2000b; 유민봉, 2000).

2) 장단점

성과급 제도의 장점에는 처우의 형평성 구현과 동기유발 효과를 들 수 있다. 즉 ㉮ 맡은 직무의 실천을 대상으로 하는 보수이며, 조직에 대한 공헌의 가능성보다는 실제적 공헌 내지 실현된 공헌을 기준으로 하기 때문에 보수 지급의 형평성을 실질화하는 효과적인 도구이며 배분적 정의의 실현가능성을 높여주며, (나) 보수를 직무수행 실적에 결부시켜 공무원의 동기를 유발하고 생산성 향상에 기여한다 (오석홍, 2000b).

그러나 성과급 제도는 (가) 성과 측정, 즉 생산성 측정이 매우 어려우며, (나) 근무와 성과의 질적 측면이 무시되기 쉬우며, (다) 직위분류제가 엄격하게 실시되지 않는 상황에서 업무성과는 타인과의 협동적 작업이라는 점에서 개별적 성과급은 공정한 보상기준이 될 수 없으며, (라) 오히려 동기유발 효과를 저해할 수 있고, (마) 지나친 경쟁이 소외 내지는 직장 내의 위화감을 조성할 수 있으며, (바) 고정된 보수예산과 재정적 경직성과 같은 재정적 제약은 보수체계의 융통성을 지향하는 성과급제의 원활한 운용을 어렵게 하며, (사) 조직의 불확실성이 높아질 수 있고, (아) 계서제적 지위체제와의 갈등이 일어날 수 있으며, (자) 측정되고 보수를 받을 수 있는 업무에만 치중하는 목표왜곡의 문제 등이 있을 수 있다 (오석홍, 2000b; 유민봉, 2000).

3) 한국의 성과급 제도

1999년부터 연봉제 및 성과급 제도를 도입하고 있는데, 고위공무원 및 5급 이상 공무원에게 지급하는 성과연봉제와 6급 이하 공무원에게 지급하는 성과상여금제도 등이 그것이다. 고위공무원 및 5급 이상 공무원에게 적용되는 성과연봉제는 전년도 성과평가에 따른 성과연봉과 당해연도 기본연봉을 합산하는 누적방식을 취한다 (<표 4-2-2> 참고). 합산한 총연봉이 연봉상한액을 초과할 경우 당해연도 성과연봉은 전액 지급되나 다음 연도의 기본연봉 산입에는 상한액까지만 허용된다. 성과상여금제도는 6급 이하 공무원에 대하여 업무실적에 따라 기준호봉 봉급액에 따른 상여금을 지급하는 제도이다. 성과상여금 지급방법[9] 중 개인별

표 4-2-2 성과연봉 구조

1차년도 (연봉)	2차년도 (연봉)	3차년도 (연봉)
기본연봉 (α)	기본연봉 (α) 성과연봉 (β)	기본연봉 ($\alpha+\beta$) 일부 성과연봉 (γ)

자료: 인사혁신처. 성과보수제도. http://mpm.go.kr/

---

9 성과상여금 지급방식은 소속장관이 기관 특성 등을 고려하여 다음 중 하나를 자율적으로 선택할 수 있다: 1) 개인별로 차등, 2) 부서별로 차등, 3) 개인별 차등 지급방법과 부서별 차등 지급방법을 병용, 4) 부서별로 차등하여 지급한 후 부서 내에서 다시 개인별로 차등하여 지급하는 방법.

표 4-2-3	성과상여금 지급 기준			
평가등급	S	A	B.	C
인원비율	상위 20%	20% 초과 60% 이내	60% 초과 90% 이내	하위 10%
지급률	172.5% 이상	125%	85%	0%

자료: 인사혁신처. 성과보수제도. http://mpm.go.kr

차등지급을 택할 경우 최고등급인 S등급은 상위 20%가 해당되며 기준호봉봉급액의 172.5% 이상을 성과상여금으로 지급한다 (<표 4-2-3>).

제3장 치 리

행정개혁은 국가행정의 태동과 더불어 존재해 왔다 (Waldo, 1980). 지난 20세기 만 해도 세계의 모든 나라들이 행정개혁을 추진해 왔다. 제1세계 나라들은 복지국가의 건설을 위해, 제2세계 나라들은 사회주의 국가의 건설을 위해, 그리고 제3세계의 신생국들은 국민형성과 뒤늦은 경제성장을 서두르기 위해 각각 행정개혁을 추진하였다. 그러나 1970년대 말 영국에서 시작된 이후 최근 수십 년 동안 거의 모든 OECD 국가들이 추진하고 있는 행정개혁은 주로 국가와 시장, 그리고 시민사회 간의 관계 변화를 공적 제도의 영역에서 반영하는 데에 초점이 있다.

이와 같은 현상은 한국에서도 마찬가지로 발생하고 있다. 한국에서 지난 수십 년간 제도화되어 온 이른바 발전국가(developmental state)에 대한 근본적인 재검토와 아울러 앞으로의 정부개혁 방향에 대해 진지한 논의가 이루어지고 있는 중이다. 이와 같은 논의는 서구에서 시작된 행정개혁의 물결에 의해 영향을 받는 것에 더하여, 1987년 이후 민주화, 1997년 및 2008년 경제위기 극복, 국민소득의 극적 증가와 양극화, 그리고 사회의 문화적 변화 등을 반영하는 것이다.

특히 한국은 외환위기에 직면했던 1997년 말 이후, 김대중 정부가 2000년부터 추진한 '공공부문 4대 개혁'을 통해 경제사회적으로는 신자유주의적 개혁, 행정적으로는 신공공관리적 행정개혁의 제도화를 경험하고 있다. 노동시장에서는 헌법에 의해 보장된 직업공무원제 하의 공무원을 제외하고는 더이상 평생직장의 개념이 성립할 수 있는 제도적 기반이 상실되었다. 공공기관들의 사업 추진에서는 공공성만큼이나 수익성이나 효율성이 강조되고, 합법성에 더하여 구체적인 성과에 대한 대대적인 평가, 이른바 공공기관 경영평가 제도가 강화되었다. 정부 차원에서는 기관장의 독립성과 성과에 초점을 두는 책임운영기관이 등장하고, 공무원의 성과가 강조되며, 개방형 임용이 확대되는 등 신공공관리적 행정개혁이 확대되어 왔다.

동시에 다른 한편에서는 이미 2000년대 초반부터 행정의 공공성에 대한 목소리가 커지고, 대의민주주의를 넘어서는 보다 많은 민주주의에 대한 요청이 증가하였다. 이러한 민주주의의 요청은 특히 참여민주주의 및 숙의민주주의의 이름으로 등장하였다. 참여 및 숙의민주주의는 의회를 통한 대의민주주의에 대한 대안으로 제시되는 상황에 있다 보니, 이러한 새로운 민주주의의 제도화는 주로 다양한 민-관 합동위원회, 공론조사, 주민참여예산제 등 행정개혁을 수반하는 방식으로 이루어져왔다. 신자유주의적 개혁은 한국의 독특한 발전국가적 성격을 약화시킬 것으로 여겨졌지만, 신자유주의적 개혁으로 인한 빈부격차의 확대, 사회의 양극화 등 전에 경험하지 못한 심각한 사회 문제들이 대두됨에 따라 공공성이 강조되었다. 그리고 공공성을 달성하기 위한 국가의 역할 역시 강조되고 강화되어왔다.

이러한 행정개혁의 특징을 설명하기 위한 하나의 큰 개념으로서 그동안 '거버넌스(governance)'가 활용되어왔다. 거버넌스는 단순히 행정활동 수행의 주체를 지칭했던 '정부(government)'를 넘어 행정활동이 수행되는 다변화된 방식 및 과정에 좀더 초점을 두는 개념이다. 지난 수 십 년간 워낙 다양한 이론적 근거와 방식의 행정개혁이 추진되다 보니, 이를 하나로 아우르는 거버넌스 개념을 정의하기가 어려웠다. 그럼에도 불구하고 거버넌스라는 개념은 행정학에서 매우 중요한 개념으로 자리매김하였다. 이에 따라 이 장에서는 거버넌스에 대해 논의한다. 특히 개념의 정의, 여러 이론 모형들, 문화와 거버넌스, 국가-사회관계와 거버넌스 능력에 초점을 둔다.

자세한 논의 이전에 한 가지 먼저 정리할 것은 거버넌스라는 개념의 번역 문제이다. 현재까지 대부분의 학자들은 거버넌스를 우리말로 번역하기보다는 'governance'를 그대로 옮긴 '거버넌스'라는 표기를 활용하고 있다. 이는 거버넌스라는 개념이 워낙 복잡한 현실을 지칭하다보니 그러한 현실을 명확히 반영하는 우리말을 찾기 어렵기 때문이다. 또한 거버넌스가 분권적 혹은 민주적 행정을 함축하는 반면, 한국에서는 국가-시민사회 관계에 대한 개념들이 주로 '다스림'을 개념 요소로 하는 것들이다 보니, 우리말에 거버넌스의 독특한 의미를 살릴만한 단어가 마땅치 않은 현실적 문제도 있었다.

그럼에도 불구하고 이 책에서는 거버넌스를 '치리(治理)'로 번역하기로 한다. 치리라는 개념이 모두 '다스린다'는 의미를 담고 있는 치(治)와 리(理)로 구성되어 있음에도 불구하고, 교회와 같은 종교집단에서는 전통적으로 치리라는 용어를 신앙공동체의 전반적인 질서 및 행정수요의 관리를 지칭하는 개념으로 사용해왔다. 때로는 '협치(協治)'라는 용어가 사용되기도 하나 이는 'collaborative governance'의 번역어로서 사용하는 것이 바람직하다. 치리라는 번역이 결코 완벽한 것은 아니지만, 한국의 행정학계가 이제는 거버넌스를 어떻게 번역할 것인지에 대한 논의를 해야 할 시점에 이르렀다는 인식에 따라 우선 '치리'라는 번역을 제시해본다.

제2절 치리의 새로운 개념들

1. 다양한 논의들

정부라는 용어는 ㈎ "거버닝(governing) 활동 및 과정" 또는 치리의 의미도 있지만, 또한 ㈏ "명령된 규칙의 조건," ㈐ "통치자(governors)의 의무를 책임지고 있는 사람들," ㈑ "특정의 사회가 통치되는 방식, 방법, 또는 체계" 등의 의미도 지니고 있다 (Finer, 1970: 3–4). 또한 정부라는 의미는 보통 국가의 형식적인 제도와 강제력에 대한 그들의 합법적인 독점을 포함하는 것이다. 정부는 일정한 질서를 유지하고 집단 행동을 용이하게 하기 위해 공식적이고 제도적인 과정을 사용한다 (Stoker, 1998a). 반면에, 치리라는 용어가 갖는 의미는 이와 같은 전통적 의미의 정부와 동의어가 아닌, ㈎ 하나의 "'새로운' 치리과정" ㈏ "규칙 지시 조건의 '변화,'" 또는 ㈐ "사회에 대한 '새로운' 관리방식"을 강조함으로써, 전통적인 정부가 갖는 의미에 변화를 가져오려는 개념이다 (Frederickson, 1997). 또한 정부의 개념보다는 좀 더 넓은 개념이며, 정부부문의 제도들보다는 과정이나 결과를 의미한다 (Peters & Pierre, 2000).

최근에 신행정국가의 대두와 더불어 사용되고 있는 치리의 개념은 이와 같은 일반적 의미에서가 아니라 그 내용에 있어서 특수한 의미를 담고 있다. 그런 점에서 이를 특히 '새로운 혹은 신(新)거버넌스(New Governance)'로 지칭하기도 한다. 그러나 이 특화된 의미의 용어조차도 그 개념이 다양하게 정의되고 있다. 1980년 초 이후 영미권을 중심으로 하는 서구 나라들 사이에서 유행해 온 '새로운' 혹은 '신' 치리라는 용어는 적어도 다음과 같은 다섯 가지 다른 의미를 지니고 있다 (Rhodes, 1996; 1997).

1) 최소 국가

현재는 서로 다른 개념임이 분명하지만 치리에 대한 이론적 논의가 등장하기 시작한 1990년대 영미권 학계에서는 치리를 "최소 국가(the minimal state)"를 나타내는 것으로 정의하기도 하였다. 공공개입의 범위와 형태를 재정의하고, 공공서비스 공급에 있어서 시장과 준(準)시장을 활용하려는 것이다 (Rhodes, 1997). 이러한 치리 개념은 행정에서 국가를 그 중심에서 주변부로 옮기는 점에 초점을 둔 것이다. 즉 정부보다는 시장을, 정부 내에서도 경쟁과 같은 시장 기제를 활용하면 정부의 효율성을 향상시킬 수 있다고 보는 관점에 착안한 것이다. 이에 따라 전통적인 '국가'는 기본적인 시장질서를 유지하고 사회질서를 관리하는 영역으로 축소되고, 대부분의 공적 재화와 서비스를 시장에 의해 생산하는 체제인 최소 국가와 치리를 동일시한 것이다 (Bjoerk & Johansson, 2000: 3-4).

2) 기업 거버넌스

사실 거버넌스라는 개념은 경영학에서 기업의 지배구조(corporate governance)를 의미하기 위해 사용되었다 (Rhodes, 1997). 이 말은 본래 기업조직이 지휘 통제되는 체계를 의미하는 것인데, 이 경우 거버넌스의 역할은 회사의 사업 운영(running the business)이 아니라, 기업의 전반적인 방향제시, 최고관리 활동(the executive actions of management)의 통제, 기업의 범위를 넘어서는 이해관계자들에 대한 책임성과 규제에 관한 정당한 기대를 만족시키는 일 등에 관한 것이다. 일반적인 의미로, 기업적 거버넌스는 회사의 최고 관리자들이 주주 및 기타 관심 있는 사람들의 이익을 보장하기 위하여 책임성, 감독, 평가, 통제 등의 역할을 수행하는 것을 의미한다 (Starkey, 1995).

3) 신공공관리

치리 개념이 자주 사용되기 시작한 시점에서 주된 행정학적 논의가 신공공관리였기 때문에, 치리는 "신공공관리(new public management: NPM)"를 의미하는 것으로도 사용되었다 (Rhodes, 1996). 신공공관리에서는 소위 "방향 잡기(steering)" 기능을 분석의 중심으로 삼는데, 정책결정(즉 방향 잡기)과 서비스전달(즉 노젓기(rowing))을 구분하여, 일종의 "부도난 노젓기 수단"인 관료제 대신에 "기업가적 정부"를 대안으로 제시한다 (Osborne & Gaebler, 1992). 즉 경쟁, 시장, 고객, 결과에 관심을 가지며, "작은 정부" 혹은 "적은 노젓기(less rowing),"

그러나 "더 많은 치리" 혹은 "더 많은 방향 잡기(more steering)"를 목적으로 한다.

신공공관리(NPM)와 치리에 대한 학문적 논의는 거의 같은 시기에 나온 것이다. 두 관점은 모두 이유는 다르지만 공공부문과 사적 부문을 양분하지 않는다. 치리는 공공부문과 사적 부문의 행위자들이 함께 일한다고 보고, 신공공관리는 정부와 관료제가 사적 부문의 아이디어들을 사용함으로써 효율성을 향상시켜야 한다고 본다. 또한 두 관점 모두 투입보다는 산출에 대한 통제를 강조하는 점에서 유사하다.

그럼에도 불구하고 양자는 서로 다른 것이다 (Bjoerk & Johansson, 2000: 3-4). 신공공관리는 공공조직 내부에 관심이 있고, 결과에 초점이 있다. 게다가 공공부문은 모든 결함의 원천이라는 이데올로기적 배경을 지니고 있다. 이와 대조적으로 치리는 조직 내부 뿐 아니라 정부조직과 사회부문 간 상호작용의 다양한 형태에 관심을 갖고, 특히 '과정'에 초점을 두며, 여러 다양한 이데올로기적 접근을 허용하는 개념이다. 이 점에서 "신공공관리가 하나의 조직이론이라면, 치리는 국가와 사회 간 어떤 형태의 교환에 관한 정치이론"이라고 할 수 있다 (Peters & Pierre, 1998: 232).

4) '좋은' 치리

치리 개념이 보편화된 데에는 세계은행(World Bank)이 제시한 '좋은' 치리('good' govern-ance)가 한몫을 담당했다. 여기서 치리란 "나라 일(a nation's affairs)"을 관리하기 위해 정치권력을 행사하는 것이다. 이 관점은 개발도상국가의 치리 체계를 논의할 때 주로 사용된다. 세계은행이 대출정책의 집행과정에서 대출을 받는 제3세계 국가들에게 민주주의나 신공공관리와 같은 행정개혁을 주문하는 것이 예가 된다 (Leftwich, 1994: 363-86). '좋은' 치리가 되기 위해서는 효율적인 공무원단, 독립적인 사법체계 및 계약 집행을 위한 법률 구조, 책임성 있는 공공기금 관리, 대의제적 입법부에 책임을 지는 독립적 공공감사기구, 모든 수준의 정부에서 법과 인권의 존중, 다원주의적인 제도적 구조와 출판의 자유 등이 전제되어야 한다고 본다. 사실 좋은 치리란 신공공관리와 자유민주주의를 결합한 의미인 것으로 볼 수 있다 (Rhodes, 1996).

5) 자기조직적 체계

1990년대부터 당시 유행하던 사회적 네트워크를 활용한 공공서비스 전달 혹은 다양한 이해당사자들 간 협력과 협상 등 행위자들 간 자발적인 연결에 주목하여 치리를 자기조직적

체계로 관념화하는 경우가 있었다. 이에는 "사회적 인공지능 체계(socio-cybernetic systems)" 혹은 "자기조직적 연결망(self-organizing networks)" 혹은 "자기조직적인 조직간 연결망(self-organizing interorganizational networks)"으로 치리를 정의하는 경우가 있다 (Rhodes, 1997). 여기서 치리는 사회정치 체계에서 모든 행위자들의 상호작용의 공통적인 결과로서 출현 혹은 '창발'하는 하나의 유형(pattern) 혹은 구조를 의미한다. 이와 같은 창발적 구조는 어떤 특정의 행위자 혹은 행위자 집단의 행위의 결과로 환원될 수 없다. 예로써, 공공정책의 성과를 중앙정부가 수행한 행위로 환원시킬 수 없다는 것이다. 중앙정부가 법을 입안하기는 하지만, 실제 공공정책의 성과는 중앙정부, 지방정부, 공공기관, 비정부조직, 사적 부문의 복잡한 상호작용의 결과이다. 한마디로 우리는 "중앙 없는 사회(centerless society)"에서 살고 있다는 것이다 (Rhodes, 1997).

이러한 치리 관념은 최근 복잡계 과학(complexity science)의 중심 개념 중 하나인 '창발(emergence)'을 사회부문에 적용한 것이다. 이 관점에 따르면 하나의 복잡한 체계는 단순한 행위자들의 지역적 상호작용의 결과가 거시적 수준에서 가시화·유형화된 것이지만, 그 체계의 특성을 행위자들의 행위로 환원하여 설명할 수는 없다고 본다 (Holland, 1995). 이처럼 치리도 거시 수준의 규칙을 강제하는 특정 중심 행위자가 있는 것이 아니라 "유일한 주권 당국(a single sovereign authority)"이 없는 분산된 체계라는 것이다. 여기서 정부는 "공식적 권위에 의해 뒷받침되는 활동"을 의미하는 반면, 치리는 "공유된 목표에 의해 뒷받침되는 활동"으로서 정부조직뿐만 아니라 "비공식 및 비정부적인 기구들"도 포함하는 좀더 포괄적인 의미이다 (Rosenau, 1992). 공식적 권위가 없어도 효과적으로 기능하는 규칙적인 기제가 있는 활동영역에서는 정부 없는 치리도 가능하다. 따라서 자기조직적 체계로서 치리는 민주주의의 강화와도 연결되어 있다 (Dryzek & Dunleavy, 2009).

2. 국가 이론과 치리 개념

이 장에서 살펴본 다양한 치리 개념들은 국가(the state)에 대한 특정의 이론적 시각과 논리적 친화성을 지니고 있다. 각각의 치리 개념도 완전히 통일적인 것은 아니고 그 안에 모호함과 논란이 존재하지만, 그 핵심적 개념 요소들과 국가론을 연결해서 이해하는 것은 의미 있는 작업이다.

첫째, 치리를 최소 국가 혹은 '기업적 거버넌스'의 의미로 이해하는 것은 개인주의 혹은 시장자유주의적 국가이론과 맞닿아 있다 (Dryzek & Dunleavy, 2009). 이런 관점에서 치리의 역할은 공공부문의 개입을 줄이고 시장에서 시민의 자발적인 선택의 가능성을 극대화하는 것이 가장 바람직하다. 이는 또한 1980년대 이후 정치적 보수주의적 반동의 한 흐름과 이어져 있다 (Dryzek & Dunleavy, 2009).

둘째, 치리를 신공공관리의 의미로 이해하는 경우 반드시 특정한 국가 이론과 친화성이 있다고 보기 어려울 수도 있다. 신공공관리론은 정치과정보다는 조직 관리에 중점을 둔 이론이기 때문이다. 그러나 정책의 집행이나 수단도 국가 이론에 따라 상이한 접근이 가능하다. 첫째, 공공부문에 시장원리를 도입하는 시각에는 개인주의 혹은 시장자유주의 국가 이론과 상통하는 부분이 있다. 둘째, 정책의 결정(steering)은 국가의 역할로 남겨놓고 정책의 집행(rowing)은 공공-민간 간에 연결망적 협력을 통해 수행한다는 점에서는 다원주의나 일부 엘리트주의 국가 이론과 연결될 수 있는 여지가 있다.

셋째, 치리를 '좋은 치리'로 이해할 경우, 이는 자유민주주의적 정치 및 자유시장과 투명하고 책임성 있는 정부를 지지한다는 점에서 다원주의 및 시장자유주의 이론의 맥락에서 이해될 수 있다. 결국 좋은 치리는 사회의 다원화를 촉진하고 개개인의 자유를 증진시키는 치리이다 (Sen, 1999).

넷째, 치리를 사회적 인공지능 체계 혹은 자기조직화 연결망으로 이해하는 경우, 이는 자유민주주의에서 좀 더 진정한 민주주의의 실현을 강조하는 시각, 특히 참여민주주의 국가 이론과 연관이 있다 (Dryzek & Dunleavy, 2009: 9장). 치리에 대한 이 두 가지 시각이 시민들의 자율성을 강조하는 면에서 시장을 강조하는 치리 개념과 유사한 듯하지만, 이 시각에서는 시장보다는 자율적인 시민들의 정치적 연대가 강조된다. 따라서 기존의 다원주의 및 신다원주의, 환경주의, 탈근대주의 등에서 사회적 인공지능 체계 및 자기조직화 연결망 치리가 주로 논의된다.

마지막으로, 신(新)치리 개념들이 엘리트주의 국가이론이나 마르크스주의 국가이론이 주장하는 권력의 인적, 사회체제적 불균형에 크게 관심을 기울이지 않는 부분이 있음은 한계로 지적할 수 있다 (Dahl & Soss, 2014). 신치리 개념들이 사회의 조직화 원리로서 시장과 연결망을 강조하는 가운데 권력이 보다 명확하게 행사되는 계층제적 측면(즉 전통적 치리)을 상대적으로 무시하고 있는 면에서 엘리트주의나 마르크스주의 국가이론을 적용하여 신치리를 비판적으로 이해하려는 노력도 필요하다고 하겠다.

3. 치리 논의의 최근 경향

치리 개념이 행정학 분야에 등장하여 빈번하게 사용되기 시작한 지 30여 년이 지난 지금, 치리에 대한 논의는 다음의 세 가지 경향을 보이고 있다. 첫째, 신공공관리 개혁이 한창이었던 1980년대를 지나 1990년대 이후에는 신공공관리 개혁에 대한 반성과 신공공관리의 종언과 같은 견해들이 등장하였다 (Dunleavy et al., 2006). 이에 따라 치리 개념도 신공공관리적 요소들에 초점을 맞추던 1990년대의 경향을 넘어 국가–사회부문 간의 정책 결정과 집행에서의 협력을 더 강조하는 방향으로 초점이 맞추어지고 있다 (Dryzek & Dunleavy, 2009; Osborne, 2010).

둘째, 단순히 치리의 개념 정의를 넘어서 치리하기(governing), 치리의 치리 혹은 상위치리(meta-governance), 치리 역량(governing capacity, governability)에 대한 논의가 활발해지고 있다. 1980년부터 전개되어 온 신공공관리적 행정개혁에 대한 경험이 축적되면서, 학자들과 실무자들은 실제로 국가 기능이 축소되고 약화된 것이 아니라 단지 전통적 관료제의 형태와는 다른 형태로 국가 기능이 수행될 따름이라는 인식을 가지게 되었다. 이에 따르면 국가는 전통적 관료제형 국가 기능의 수행 능력을 여전히 보유함과 아울러 국가–시민사회 협력을 통해 오히려 전반적인 국가 기능 수행 능력을 강화해 온 것으로 볼 수 있다 (Bell & Hindmoor, 2009). 이렇게 복잡해진 치리 체계의 관리를 설명하기 위해 치리의 치리 혹은 '메타거버넌스'(Bell & Hindmoor, 2009; Peters, 2010) 개념이 등장했다.

셋째, 치리가 행정학의 새로운 패러다임으로 정립될 것인지에 대한 논의가 이어지고 있다. 오스본(Osborne, 2006)은 전통적 행정, 신공공관리, 그리고 "신공공치리"의 세 가지 행정학 패러다임이 등장하였다고 본다 (<표 4-3-1>). 그리고 신공공관리 패러다임을 "신공공치리"로 넘어가는 일종의 중간적 패러다임이라고 보고, 새로운 행정 패러다임으로서 신공공치리의 가능성을 모색하고 있다.

표 4-3-1 전통 행정, 신공공관리, 신공공치리의 요소들

패러다임	이론적 뿌리	국가의 본질	초점	강조점	비공공부문 조직과의 관계	치리 기제	가치 근거
전통적 행정	정치학, 정책학	통일적	정책체계	정책 집행	정책체계의 잠재적 요소	계층제	공공 윤리
신공공 관리	공공선택론, 관리이론	분절적	조직 내 관리	서비스 투입 및 산출	경쟁 시장에서 독립적 계약자	시장 및 (신)고전적 계약	경쟁과 시장의 효능
신공공 치리	조직사회학, 연결망이론	다원적 및 다원주의적	조직간 치리	서비스 과정 및 효과	선호된 공급자 및 지속적 관계에 의한 상호의존적 대리인	신뢰 및 관계적 계약	신코포라티스트

출처: Osborne, 2010: 10.

4. 치리의 종합적 개념 정의

치리에 대한 최근의 대표적인 몇 가지 정의를 살펴보면 다음과 같다. 먼저, 드라이젝과 던리비(Dryzek & Dunleavy, 2009: 140)는 한때 치리는 정부와 동의어였으나 최근에는 "중앙 집권적 권위에 의해 통제되지 않고 집합재를 생산하는 활동"으로 사용되고 있다고 본다. 이들은 정부의 의사결정권이 내부적으로는 다양한 목표들에 의해 상호 견제/조정되고, 외부적으로는 보다 광범위한 이익집단, 비정부조직, 사기업, 연구단체, 전문가집단 등에 의해 공유되는 현상에 주목한다.

쿠이만(Kooiman, 2010: 73)은 치리의 상호작용적 측면을 강조하면서 치리를 "사회적 문제들을 해결하고 사회적 기회들을 창출하기 위한 상호작용의 총체로서, 이러한 상호작용을 규율하기 위한 원리들의 형성과 적용, 그리고 상호작용을 가능케 하고 또 통제하는 제도들의 관리"라고 정의한다.

이상과 같은 치리의 개념 정의는 주로 영미권 국가의 역사와 문화 및 최근의 변화에 보다 적합하다. 다시 말해 공공 의사결정 및 서비스 공급에 있어 사회 부문의 역할이 크게 부각되는 것이다. 하지만 한국의 경우 '발전국가'라는 그 역사적 제도화 과정의 특성상 치리의 정의에 있어서 국가 부문의 중요성을 여전히 간과할 수 없다.

이 점에서 치리에서도 여전히 국가의 중심적 역할을 강조하는 벨과 힌드무어(Bell & Hindmoor, 2009: 2)의 개념 정의가 더 설득력이 있다. 이들은 치리를 "국정을 위해 정부에 의해 사용되는 도구, 전략 및 관계"라고 정의한다. 이 정의에 따르면 특정한 치리 기제는 다름 아닌 국가에 의해 선택되는 것이라는 점에서 여전히 국가가 치리의 중심에 있다고 본다.

이러한 관점에서 이 책에서는 치리를 "공공정책 결정 및 집행에서 여전히 '국가'가 중심에 있되 시장 및 시민사회와의 협력이 이루어지는 과정의 총체"로 정의한다. 첫째, 치리는 단순히 행정조직의 관리가 아니라 국가-시민사회간 관계가 중요하게 부각되는 공공정책의 결정 및 집행에 대한 것이다. 둘째, 치리는 국가, 시장, 시민사회라는 다양한 행위자들을 명시적으로 고려한다. 다만 국가 외의 행위자들을 명시적으로 고려한다고 해서 정책의 주도권이 시장이나 시민사회에 이전되었다고 보지는 않는다. 대신 국가가 여전히 중심적 행위자라고 본다(Choi, 2014). 셋째, 치리를 통해 나타나는 행위자 간 상호작용의 특징은 협력적 과정이라는 점이다. 특정 행위자의 권력적 지배가 아니라 다양한 행위자들이 협력함으로써 공공재가 생산되는 과정이라는 점을 강조하는 데에 위의 정의의 의미가 있다. 마지막으로 치리 개념은 이러한 모든 개념요소들을 아우르는 것이다. 따라서 치리에 대한 연구는 그 범위가 정책 결정 및 집행, 행위자 및 그들의 특성, 관계, 과정 등을 모두 포함한다.

제3절 치리의 이론 모형들

1. 행정개혁을 위한 치리 모형들

치리의 이론적 모형에는 대부분의 나라들이 최근 행정개혁을 추진하면서 문제의 출발점으로 삼고 있는 기존의 모형(즉 "전통적 정부 모형")과 그에 대한 대안으로 제시되고 있는 적어도 네 가지 서로 다른 치리 모형들이 있다. 이 모형들을 몇 가지 동일한 기준에 의해 비교해 봄으로써 각각의 특징과 장단점을 파악해 보면 <표 4-3-2> 및 따라오는 내용과 같다 (Peters, 1996: 1장).

표 4-3-2	행정개혁을 위한 치리 모형들 및 주요 특성				
정부 모형/ 비교 기준	전통적 정부 모형	시장적 정부 모형	참여적 정부 모형	신축적 정부 모형	탈 내부규제 정부 모형
문제의 진단기준	전근대적 권위	독점	계층제	영속성	내부적 규제
구조의 개혁방안	계층제	분권화	평면조직	임시 혹은 가상조직	(제안 없음)
관리의 개혁방안	직업공무원제, 절차적 통제	성과급, 민간기법	총품질관리, 팀제	임시직 관리	관리적 재량확대
정책결정의 개혁방안	정치 행정의 구분	내부시장, 시장적 유인	협의, 협상	실험	기업가적 정부
공익의 기준	안정성, 평등	저비용	참여 협의	저비용, 조정	창의성, 활동주의

출처: Peters, 1996의 <표 1>을 보완한 것.

1) 전통적 정부 모형

(1) 베버 관료제

전통적 정부 모형은 베버 관료제 이념형을 통해 이해할 수 있다. 그 이유는 지난 20세기에 거의 모든 국가에서 베버주의 관료제 이념형을 치리의 이상형으로 간주하고 그것을 제도화하려고 노력했기 때문이다 (Jacoby, 1973). 물론 나라에 따라 제도화된 관료제는 베버주의 관료제 이상형과는 여러 가지 다른 모습을 띠고 있다 (Evans & Rauch, 1999: 748-65). 그럼에도 불구하고 베버 관료제는 하나의 이념형으로서 전통적 정부 모형의 근간을 제공하였다.

전통적 치리모형에서는 치리의 문제를 권위의 근대성 여부에서 진단한다. 즉 전근대적 권위인 전통이나 카리스마에 의거하여 운영되는 경우 이는 바람직하지 않으며, 법적 합리적 권위에 근거한 근대적 관료제 방식으로 운영되어야 한다는 것이다.

관료제 조직의 구조는 계서제를 기본으로 한다. 조직구성원들은 하나의 위계질서 속에 서열화되며, 그들의 행동은 비인격적인 규칙에 의해 인도된다. 조직 구성원들은 권위의 범위와 의무의 영역이 엄격히 정의된다. 관료의 충원과 배치는 귀속적인 기준보다는 전문성에 따라 행해진다. 전문성을 바탕으로 실적에 따라 인사되며, 흠이 없는 한 정년까지 그 신분이 보장된다. 행정관리는 사전에 정해진 세밀한 절차에 따라 이루어진다.

가치판단을 요하는 정책의 결정은 대의민주주의 정치 메커니즘에 의해 이루어진다. 정치적으로 결정된 정책은 행정관료제에 의해 가장 효율적인 방법으로 집행된다. 치리에서 중시되어야 할 공익의 기준은 안정성이다. 행정관료제는 외부 환경의 변화에도 불구하고 국정의 안정과 지속성을 도모해야 한다. 법 앞에 모든 사람들은 평등하며, 공직자들은 이와 같은 이념이 실현되도록 그들의 업무를 수행해야 한다고 본다.

(2) 전통적 정부 모형에 대한 문제제기

새로운 치리에 대한 논의와 실천이 등장한 데는 이러한 전통적 정부 모형의 정당성과 효과성이 감소한 역사적 배경이 있다. 특히 1970년대 후반 이후부터 관료제는 사회 문제의 해결 수단이 아니라 문제 자체인 것으로 비판받기에 이르렀다. 새로운 치리 개념을 주창하는 이론가 혹은 실무자들은 아래와 같이 전통적 정부 모형의 문제점을 지적하였다 (Peters, 1996: 1장).

첫째, 전통적 정부 모형이 정치행정 이원론적 관점에서 공무원들의 정치적 중립을 전제하고 있지만 실제로는 정부의 공직자들이 상당한 정도로 정책적 역할을 담당하고 있다. 심지어 일선관료들(street-level bureaucrats)이 수행하는 역할에서 볼 수 있듯이, 관료제는 정책집행 과정에서 체계적으로 정책기능을 수행한다. 또한 정책형성단계에서도 조언자로서 영향을 미친다. 특히 한국과 같은 발전국가의 관료들은 정책결정 과정에서 의회에 비해 우월한 주도권을 누려 왔다. 전통적 정부 모형은 이러한 관료제적 현실을 외면한 모형으로 비판받는 것이다. 동시에 비판자들은 오히려 관료들의 전문성을 인정하고 그들에게 재량을 부여할 경우 정부조직의 효과성과 다양한 고객들에 대한 반응성이 개선될 것이라고 주장하였다.

둘째, 사회의 복잡성 증가와 민주화의 진전으로 정부는 더 이상 법적 및 강제적 방법으로 그것이 추진하려는 정책 의지를 강요하기 힘들게 되었고, 대신에 시장 기제를 활용하거나, 정치적인 협상과 중재에 의한 방법을 수용해야 하는 상황이 되었다는 것이다.

셋째, 직업공무원제에 기반한 공무원의 신분보장이 비판받았다. 직업공무원제는 공적 고용계약의 영속성과 안정성을 보장하여 공무원들이 중립적인 공익의 담지자로서 성실히 복무할 것을 기대하는 제도였으나, 비판자들은 이 제도가 공공조직의 경직성, 비반응성, 비효율성을 유발했다는 것이다. 최근 공무원제도는 엽관제적 직위의 확대, 유연근무제의 확산, 개방형 계약직 임용 등 제도적 변화로 그 영속성과 안정성이 지속적으로 감소하고 있다.

2) 시장적 정부 모형

(1) 정부의 역할과 내부관리

전통적 치리모형에 대한 가장 대표적인 대안으로 적용되어 온 것이 시장모형이다. 특히 1970년대 이후의 행정개혁의 이론과 실천을 주도한 것은 이 시장모형의 아이디어들이었다. 이 모형은 사적 부문의 시장지향적 메커니즘이 공공부문의 전통적 행정모형보다 본질적으로 우월하다는 가정에 입각해 있다. 이 모형에서 볼 때, 전통적 관료제는 여러 가지 문제점을 지니고 있다. 즉 ㉮ 관료제 내 개인들에게 최대의 능률을 올릴 수 있는 충분한 인센티브를 제공하지 못하고, ㉯ 관료들은 개인적 권력과 소득을 증대시키는 수단으로 기관의 예산규모를 극대화하며, ㉰ 관료와 관료조직들은 산업에 부담을 주고, 사회전체에 대해서도 '내부효과(internalities)'를 초래하는 정책에 열중한다는 것 등이다 (Wolfe, 1977). 이 문제들을 해결하는 데 있어서 시장모형이 효과적이라는 주장이다.

시장모형에서 중요하게 여기는 치리의 가치들은 첫째, 정부가 효율적으로 공공서비스를 제공해야 한다는 것, 둘째, 정부가 시장의 신호에 반응적이어야 한다는 것, 셋째, 시민들은 납세자일 뿐 아니라 소비자이며 이들의 선택권이 확대되어야 한다는 것이다.

시장모형에서는 경쟁의 우월성, 거래, 유인 체계 등을 기본적 신념으로 삼고 있다. 이 모형의 지지자들은 시장의 효율성을 신봉하고, 경쟁에 노출되지 않는 관료적 독점이 치리 실패의 주요 요인이라고 본다. 시장과 같이 관료 및 기관 간 경쟁을 유도함으로써 공공지출을 통제할 수 있다고 주장한다. 구조적 변화는 영국, 뉴질랜드, 네덜란드와 같이 분권화에 의해 대규모 조직을 소규모로 분할하거나, 정부하위기관으로의 기능이양을 통해 달성할 것을 주장한다. 영국의 '다음 단계(The Next Steps)' 정책이 대표적인 예이다. 또 분권화를 통해 지방정부에 보다 많은 권한을 이양할 것을 주장한다. 관료제 내부적으로는 실적주의 원리에 따라 성과에 따른 차별적 보상, 즉 성과급제도를 제안한다.

시장 모형 지지자들이 이러한 주장을 하는 또 다른 배경에는 사적 부문의 조직화 및 동기유발 메커니즘을 공공부문에도 그대로 적용할 수 있다고 가정하는 일반관리론(generic management) 혹은 신공공관리론이 있다. 어느 조직이든 관리는 동일하다는 것이다. 비효율적이고 특권적인 공공관리의 하부 구조를 개혁하기 위해서는, 공무원들로부터 특권을 박탈(deprivilege)하고 전통적인 내부 노동시장을 외부 경쟁체제로 개방해야 한다. 또한 소비자 주권주의(consumerism)를 도입함으로써 진정으로 공익을 달성할 수 있는 공공부문을 창출할 수 있다. 관리주의적 사고는 주인-대리인이론 및 거래비용접근법의 적용에 근거하기도 하고, 전략적 기획, 목표관리(MBO), 총품질관리(TQM) 등의 기법과도 관련이 있다. 관리주의로의 이념적 전환은 기존 정치-행정 이원론을 부활시키는 것이다.

(2) 시장적 정부 모형에 대한 비판

시장모형에 대한 비판은 보다 자율적 조직으로의 분권화가 조정과 통제의 어려움을 초래한다는 데 있다. 특히 수많은 작은 규모의 조직들이 동일 고객에게 서비스를 공급하기 위해 협력해야 하므로 거래비용이 발생한다. 통합 조정된 형태로 서비스가 제공되지 않고 고객들이 행정기관을 옮겨다닐 경우 거래비용은 정부 자체보다는 고객에게 발생한다. 여러 독립 조직으로 의사결정권을 분배하는 것은 조정의 필요성을 증가시키고, 오히려 정책 간의 일관성을 방해하고 조직들 간에 예산과 정책의 과잉 경쟁을 초래할 수 있다.

시장모형은 정부 프로그램의 수혜자(그리고 일반대중 모두)를 소비자 혹은 고객으로 간주한다. 따라서 시민들은 단지 소비자에 불과하게 되며, 이 때문에 국가에 대한 법적 지위 및 권력의 궁극적 소유자로서의 역할은 축소된다. 그러나 정부는 공공서비스를 '사고 파는 것' 이상의 관심을 가져야만 한다.

마지막으로 시장모형의 문제는 단순한 활동적 수준이 아닌, 산출 및 영향 수준에서의 성과를 측정하기 어렵다는 데 있다. 또한 성과중심적 관리와 보상기법은 자율적 권한 부여를 강조하는 참여적 사고와 상충되고 있다. 성과측정을 조직목표에 대한 파편화된 개인들의 공헌도를 판단하기 위해 사용한다면, 참여와 팀 구성은 달성되기 어려울 것이다.

3) 참여적 정부 모형

이념적으로 참여적 정부 모형은 전통적 정부 모형을 비판하지만 시장모형과 거의 반대 입장이다. 시장모형이 정부 독점을 가장 중요한 저해요인으로 지적하는 반면, 참여모형은 관료제의 계층제적이고 하향적인 관리체계가 구성원들이 자신들의 일에 참여하는 것을 방해한다고 본다. 이에 따라 시장보다는 정부에 신호를 보낼 수 있는 보다 정치적이고 민주적이며 집합적인 기제를 더 선호한다. 적극적인 대중들의 참여 없이는 정부가 활동을 정당화하기 어려운 시대임을 강조한다. 또한, 참여모형은 정부 내에서 기업가적인 성격을 가지는 고위 관리층보다는 하급관료와 고객에 초점을 둔다. 또 정책의 직접적 수혜자뿐만 아니라 일반대중의 참여도 확대될 수 있도록 구조화되어야 한다고 주장한다.

(1) 민주주의에 대한 강조

공동체주의(communitarianism)를 주창하는 이들에 의하면, 공식적 구조 내에서의 개인적 이익과 권력보다는, 정책이 공동체에 미치는 영향과 서비스 생산에 공동체가 좀더 직접 참여하도록 하는 방법을 우선적으로 생각해야 한다. 자연히 공공부문의 조직이 아닌 비영리조직(NPO) 혹은 '제3영역'의 성장을 중시한다. 시장모형의 소비자주의와 마찬가지로, 참여모형의 시민에 대한 권한부여 개념도 대규모 제도들을 제거하는 것이 해결책이라고 본다. 보다 근본적인 요구 사항은 공동체의 삶에서 개인의 참여부분을 높이는 것이 인간 소외와 관료제, 그리고 궁극적으로 부패에서 사회를 재건하는 유일한 길이라고 본다. 개인은 물질적 유인보다는 연대와 참여의 유인에 의하여 조직과 정치활동에 동기부여되기 때문이다.

특히 2000년대 이후로 등장한 '담론 민주주의(discursive democracy)'나 '연합 민주주의(associative democracy)' 등은 관료들의 정보 부족 때문에 중요한 정책결정에 국민들의 참여가 없으면 정책실패가 유발될 수 있다고 주장한다. 대의민주주의 제도만으로는 국민들의 선호를 정책으로 전환하는데 불충분하다는 것이며, 직접민주주의에 근접할수록 복잡한 현대사회에서 치리가 더 잘 작동될 수 있다고 본다.

(2) 내부 관리에 대한 사고

참여모형에서 가장 큰 관심은 정부 활동에서 계층제와 기술관료주의의 영향을 최소화하는 것이다. 피고용인들이 조직 의사결정에 참여하는 것부터 계층제 조직을 집합적 의사결정 조직으로 대체하는 것까지 전방위적 참여를 강조한다. 특히 참여와 권한 부여를 강조하는 사람들은 공공조직에서 하위직 관료들이 조직의 효율적인 기능수행에 핵심적인 역할을 한다고 보고, 일선 관료제의 순기능적인 역할을 인식할 필요가 있다고 주장한다. 국민들이 실제로 접촉하는 것은 대부분 일선 관료들이며, 이를 통해 정부에 대한 느낌을 발전시키는 경우가 많기 때문이다. 또한 참여모형에서는 공공조직을 평면 조직으로 개편하여 최상위층과 최하위층 간의 단계를 줄이려 한다. 하위계층으로 의사결정 권한을 이양하여 중간단계를 줄이는 것은 참여의 조장 뿐 아니라 예산 절약 방안의 하나이기도 하다. 사적 부문의 '탈 계층화' 내지 '규모 감축(downsizing)'이 강조된다. 한편, 조직 내부에서의 정치도 조직 간의 정치만큼 중요하므로, 불협화음을 극복하고 효율적으로 더불어 일할 수 있도록 해야 한다고 주장한다.

(3) 참여적 정부 모형에 대한 비판

시장모형과 마찬가지로, 참여모형에서는 상대적으로 엄격한 계층제보다는 분권화된 의사결정을 선호한다. 그러나 행정적 자유재량은 적절한 책임수준과 균형을 맞추어야 한다. 정부가 국민의 참여를 많이 유도하면 고객과 함께 하는 인기 있는 정부가 될 수는 있다. 그러나 대화(dialogical) 민주주의에서 협의와 대화가 조직 구성원들에게 더 많은 행복을 가져다줄 수 있지만, 그만큼 정책결정 조직이 방만해질 가능성이 있다. 참여는 상당한 장점이 있기는 하지만, 합의에 기반한 집단적 의사결정구조는 신속성과 효율이 중요할 때는 약점이 될 수도 있다. 또한 신속하고 결단력 있는 정부 활동을 원하는 국민들에게 거래비용이 따르는 참여적 의사결정이란 '관료주의적 번문욕례(red tape)'의 또 다른 형태인 것으로 간주될 수도 있다. 또한 기술적으로 전문적이고 어려운 결정에서 참여는 효과적이지 않을 수도 있다. 참여모형에서 정부는 의사결정의 적시성과 참여 간의 조화를 기해야 하는 과제가 남아 있다.

4) 신축적 정부 모형

신축적 정부 모형에서는 정부의 활동비용이 작을수록 사회에 이익이 된다고 본다. 초과비용 문제에 대한 원인 설명 및 문제 해결 방법에 대한 논리가 다르기는 하지만, 이와 같은 공익관은 시장적 정부 모형과 유사하다. 이에 더하여, 보다 덜 경직적인 정부가 국민을 더 잘 살게 해 준다고 가정한다. 신축적 정부 모형에서 강조하는 신축성이란 새로운 변화에 관행적으로 단순하게 반응하기보다는 오히려 환경의 변화에 적응하여 적합한 정책을 만들려는 정부와 그 기관의 능력을 의미한다.

이 모형의 지지자들은 공공조직의 안정성과 영속성이 가장 큰 문제라고 본다. 관료들은 정책을 효과적으로 수행하는 일보다는 그들 조직의 직무와 예산 규모를 유지하는 일에 더 많은 관심을 가진다. 또 구성원들이 변화를 원하는 경우에도, 조직은 기존의 정책을 제도화하는 경향이 있기 때문에 정책의 변화가 어렵다. 이 때문에 공공관료제 조직은 고객들의 이익을 추구하는 것이 아니라, 공공서비스의 생산자인 스스로의 이익을 추구하기 위하여 정책을 보호한다고 비판받는다. 따라서 기존의 치리 체계에 대한 변화 시도 그 자체가 가장 쉽고도 효과적인 개혁 방법일 수 있다는 것이다.

신축적 정부 모형은 전통적인 조직구조(즉 부처, 기관, 국, 과 등)의 신축적이고도 지속적인 개폐를 통해 정부 구조의 변화를 추구한다. 빈번한 조직 폐지를 통해 영속적 조직이 가질 수 있는 경직화 현상을 미연에 방지하려는 것이다. 여기서는 신축성 그 자체를 편익으로 보는 경향마저 있다. 공공부문의 규모를 축소하려는 압박 하에서 정부는 비부처조직(non-ministerial organization) 및 비정부조직(NGO)을 널리 사용하고 있다. 아울러 신축적인 인적자원관리는 위기 시에 혹은 공공서비스에 대한 급속한 수요 증가가 있는 경우에 정부가 보다 빠르고 효과적으로 반응하도록 해준다.

다만 공공조직의 신축성은 자칫 피고용인의 몰입을 감소시키고, 공공서비스의 가치와 윤리의식을 침해할 잠재적 위협을 가져올 우려도 있다. 특히 임시직 및 시간제 근무는 직무에 대한 피고용인들의 몰입과 성과에 대한 동기유발을 감소시킬 가능성이 있다. 임시고용제도는 성실성, 법적 책임성, 도의적 책임성과 같은 공공서비스의 가치를 약화시킬 수 있다. 이는 결국 공공지출 규모를 감소시키는 대가로 많은 전통적 가치들이 희생될 수도 있음을 의미한다.

나아가 영속적인 행정구조가 더 바람직하다는 주장도 있다. 예컨대, 조직의 신축적인 개편은 대개 사회적 약자들 혹은 불이익을 받는 사람들의 이익을 대변해주는 공공조직들이 폐지될 가능성을 높여준다는 것이다. 또 신축성의 확대로 인하여 고객들에게 불확실성을 초래할 가능성이 있으며 그로 인하여 역기능이 초래될 수도 있다. 또한 단기적 관점에서 프로그램의 성과를 평가하게 되면 그것이 종결될 때까지 성과가 나타나지 않는 이른바 '회임 기간' 혹은 '동면 효과'를 지닌 프로그램의 경우 잘못된 평가와 그로 인한 잘못된 조직의 폐쇄를 가져오는 수가 있다.

마지막으로 효율성도 중요하지만 시민들의 기본권 보호도 민주주의 정부의 중요한 가치인데, 신축성과 기본적 시민권의 보호는 잘 조화되지 않는 경우도 있다. 지나친 영속성(즉 비 신축성)을 치료하려다가 과도한 임시성(신축성)이 창출될 위험도 있다. 따라서 조직의 폐지와 조직의 영속 간에 적절한 균형을 발견하는 것이 현실적인 답안이다.

5) 탈내부규제 모형

탈내부규제 모형은 기본적으로 치리가 기반하는 제도의 특성보다는 공무원 개개인의 계몽된 역할을 강조하는 모형이다. 탈내부규제 모형은 다음과 같은 가정에 입각해 있다. 첫째, 많은 내부규제들을 제거할 경우 정부는 보다 효율적으로 기능할 수 있다. 공공부문에 내재해 있는 잠재력을 통해 더 나은 수준의 정부활동이 가능하다는 것이다. 둘째, 시장모형과도 같이, 내부 통제의 제거를 통해 관리자들의 관리 능력을 향상시킬 수 있다. 셋째, 참여모형의 경우처럼, 공공 활동의 효과성의 측면에서 볼 때, 재량이 규칙이나 규제보다 더 나은 결과를 가져온다고 본다.

무엇보다도 중앙-지방간 관계에서의 규제 완화가 강조된다. 실제로 미국에서 1990년대 이후 이른바 '정부 재창조(Reinventing Government)' 개혁 노력에 의해 주정부와 지방정부에 대한 내부규제가 크게 완화되었다 (Osborne & Gaebler, 1992). 캐나다와 스칸디나비아 나라들의 경우도 지방정부들이 점차 더 많은 자치권을 허용받도록 개혁이 이루어졌다. 특히 2000년대 이후에는 유럽연합(EU), 프랑스, 일본, 그리고 한국 등에서 의미있는 중앙-지방 간 권력 재배분 노력이 이루어져오고 있다.

전통적 계층제 구조를 비판하는 대부분의 치리 모형들과는 달리, 탈내부규제 모형은 전통적 계층제 구조에 좀더 친화적이다. 탈내부규제 모형에서는 관리에 대해 상반된 두 방향을 제시한다. 첫째, 전통적인 관리 구조와 관리 형태는 수용 가능한 것이며 바람직한 것일 수도 있다고 본다. 또한 여기서 관리자의 리더십은 시장모형에서 요구되는 기업가뿐만 아니라 참여모형에서 제시되는 민주주의적 지도자의 자격도 갖추어야 한다. 둘째, 참여모형에서의 주장처럼, 정부의 창조적 힘이 발휘되기 위해서는 고위직 관리자와 그 외에 모든 계층의 관리자들이 참여해야만 한다고 본다. 이는 조직 구성원의 참여에 많은 비중을 두지 않는 신축적 정부 모형과 상반된다.

이처럼 탈내부규제 모형에 의한 개혁은 수준 높은 공무원 정신을 바탕으로 해야만 성공할 수 있다. 사실 탈내부규제 모형은 핵심행정부 주도로 서구에서 1980년대 이후에 있었던 정부활동의 축소 및 여타 정부활동에 대한 강력한 통제 노력과는 상반된 개념이라고 할 수 있다. 이 시기에 정책결정자들은 공공관료제에 대한 혐오감과 불신감을 가지고 있었으며, 정책결정 과정에서 관료제의 권력을 축소시키려고 했었다. 반면 탈내부규제 모형은 공무원에게 신뢰를 보낸다. 공무원들이 국민을 위해 최선의 봉사를 하려는 헌신적이고도 유능한 사람들로 구성되어 있다는 가정 위에서, 상급자(혹은 기관)의 통제가 없어도 공무원 체제는 기능을 잘 수행할 수 있다고 본다. 탈내부규제 모형에서는 공공부문이 적극적이고 개입주의적일 때 공익이 더 잘 달성될 수 있으며, 현대 사회에서 집합적 행동은 문제이기보다는 해결책인 것으로 간주한다. 사회의 주요 문제는 집합적인 방식으로 해결될 수 있으며, 이를 위하여 관료제가 신속하고도 능률적인 행동을 통해 공헌할 것을 요구한다.

다만 탈내부규제는 지나친 재량의 부여로 인해 각 조직이 고립된 상태에서 업무를 수행하고 각자의 협소한 목표만 추구하게 됨으로써 전체의 공동선을 희생하는 경향이 나타날 수 있다. 또한 책임성을 확보하는 데 어려움이 생길 가능성이 높다. 근본적으로는 공무원들에게 상당한 공직윤리를 요구하는 모형이지만 현실의 공무원들이 그러한 수준의 윤리를 갖추고 있다고 보기는 어렵다.

2. 종합적 비교

1) 치리의 문제점 및 그 해결방안

전통적인 치리모형에 대한 대안으로 제시되는 새로운 치리모형들은 각각 중요하다고 보는 치리 상의 취약점을 지적하면서, 그에 대한 나름대로의 해결책을 각각 제시하고 있다(<표 4-3-3>)(Peters, 1996).

표 4-3-3	모형별로 강조하는 치리상의 문제 및 그 해결방안				
정부 모형 비교기준	전통적 정부 모형	시장적 정부 모형	참여적 정부 모형	신축적 정부 모형	탈내부규제 모형
조정 능력 증진 방안	상의하달식 명령통일	보이지 않는 손	하의상달	조직개편	관리자의 자기 이익
오류발견 및 수정 방법	절차적 통제	시장적 신호	정치적 신호	오류의 제도화 방지	보다 많은 오류수용
공무원제 개혁방안	실적제	시장기제로 대체	계층제 축소	임시 고용제도 활용	내부규제 철폐
책임성 확보 방안	대의정치	시장에 의존	소비자 불만에 의존	(제안 없음)	사후적 통제에 의존

출처: Peters, 1996: <표 2>를 수정한 것.

(1) 조   정

전통적 치리 모형에서는 공무원의 윤리 및 하향식 명령체계 등을 통해 조정문제를 해결했지만, 현재는 다른 가치들을 추구하는 가운데 조정능력이 떨어지고 있다. 사회가 점점 더 복잡해지고 상호의존성이 증대됨에 따라 정부의 조정능력이 더 필요해지고 있는 상황 하에서, 통합적이고 통일적인 정책을 제시할 능력이 증대될 수 있을지는 의문이다. 이에 따라 각각의 대안적 모형들은 치리에 있어서 조정 및 통일성을 기하는 문제에 관해 나름대로의 해결방안을 제시하고 있다. 즉 시장, 계층제, 연결망(network) 가운데 어느 하나를 더 강조하는 방식이 그것이다.

첫째, 시장모형에서는 조정문제를 독립된 관리문제로 보지 않는다. 시장 자체가 하나의 조정장치라고 보기 때문이다. 둘째, 참여모형에서는 조정이 하향식이 아닌 상향식으로 도출되는 것으로 인식하는 경향이 있다. 조정은 서비스를 제공하는 조직이나 관료제 간 상호관계의 문제이기보다는, 특정 서비스에 관련된 고객들을 중심으로 접근해야 하는 사안인 것으로 간주한다. 셋째, 신축모형에서는 조정 및 통일성 문제를 해결하기 위해 단기적 조직 통합방법, 즉 가상조직의 창설 내지 임시작업단(task force)의 신설을 제시한다. 넷째, 탈내부규제모형은 어떤 규칙이 조정을 필요로 한다면 그 규칙은 문제가 있는 것이고, 관리자에게 의존하는 것이 낫다고 본다.

(2) 오류의 발견 및 수정

대안적 치리모형들은 대부분 "위험 감수(risk-taking)"의 필요성과 중요성을 강조하고 있다. 이는 기존 정치문화 및 관료적 전통과는 상충되는 것이다.

첫째, 시장모형에서는 시장이 지닌 장점에서 해결책을 찾으려고 한다. 그러나 공공부문의 조직들에서는 신고전파 경제이론이 가정하는 것처럼 정보의 흐름이 원활하지 않다. 대부분의 공공조직들에서는 각 서비스분야에서 여전히 독점적으로 기능하고 있다. 또한 공공조직이 활동하는 기능영역에서의 시장은 고도로 작위적이기 때문에, 구매자와 공급자 간의 복잡한 상호작용을 통해 생성된 정보를 정확하게 제공해주는 경우란 거의 없다. 따라서 시장의 소비자중심주의는 한계가 있을 수밖에 없다.

둘째, 참여모형은 시민의 정치행정과정에의 자발적 참여를 전제한다. 그러나 참여를 통해 가장 많은 것을 획득할 수 있는 바로 그 사람들, 이를테면 사회적으로 소외된 사람들이 실제로는 정책과정에 가장 참여할 가능성이 낮은 사람이라는 문제점에 직면하게 된다.

셋째, 신축모형은 오류수정수단을 융통성에서 찾는다. 비영속성의 중요성만 인식하면 연속적 오류수정 및 사업개선의 기회는 당연히 수반된다고 본다. 다만 공공부문의 개혁이 과연 오류 수정의 과정인지 단순한 시행착오인지는 사전에 알 수 없다는 문제가 있다. 또한 지난 경험을 돌아볼 때, 공공부문은 오히려 지나치게 잦은 개혁을 시도하는 경우도 많았다 (Choi & Seon, 2020).

넷째, 탈내부규제 모형은 공공부문 내 비생산적인 수많은 규제를 단순히 제거하기만 해도 자연히 오류개선에 진전을 이룬다고 본다. 즉 사전통제가 일부 철폐되면 의사결정자들의 기능범위가 훨씬 더 넓어질 것이라고 가정한다. 그러나 이러한 관리주의적 접근은 행정의 합법성에 심대한 도전으로 작용한다 (Christensen et al., 2011).

(3) 공무원제도

치리에 있어서 가장 중요한 것 중 하나는 공무원제도의 개혁이다. 전통 모형의 옹호자들은 관료제를 안정성, 신뢰성, 예측성의 근원으로 보고, 조직의 영구화를 정부책임성 확보의 최선의 방법으로 본다. 그러나 대안 모형들의 주창자들은 관료제의 바로 그와 같은 영속성을 문제의 근원으로 인식한다. 인사관리의 문제를 해결하기 위한 다음과 같은 대안들이 모색되어 왔다.

첫째, 시장모형은 공무원을 사무실 및 공금을 자신의 개인목적을 위해 사용하면서 자기 영역확장을 추구하는 개인들의 집단으로 본다. 따라서 공직을 해체하고 전통적인 인사제도인 포괄적 인사관리관행을 철폐할 필요가 있다고 믿는다.

둘째, 참여모형은 전통적 공무원제도를 계급과 등급의 계층구조로, 참여모형을 조직 내 평등 제고를 위한 시도로 본다. 물론 공무원 충원에서 외부지원자에게는 폐쇄적인 경향을 보인다.

셋째, 신축모형은 공무원이 좋은 치리의 장애요인이라고 본다. 종신고용의 인사체제는 임시고용 및 시간제 고용제의 활용을 통한 유연한 제도를 창출하는데 방해요소이다.

넷째, 탈내부규제 모형은 인사관리의 법과 규제의 철폐라는 점에서 시장모형과 비슷하다. 다만 탈내부규제 모형에서 철폐의 주목적은 공무원이 창의성과 열정을 발휘할 수 있는 여유를 주어 정부를 효과적으로 운영하는 데 있다.

(4) 책임성 확보

행정책임성의 확보는 상위치리의 한 요소로서(Peters, 2010), 국가기구 내 치리 체계가 전통적 관료제적 치리로부터 멀어질수록 어려운 과제가 된다.

첫째, 시장모형에서는 시장이 모든 자원을 효율적으로 배분하고 시민들의 선호가 시장에서 충족될 수 있는 한, 책임성은 관심 대상이 아니다.

둘째, 참여모형에서 책임성은 상향적 참여를 통해 해결할 수 있다고 본다. 비록 전통적 치리에 비해 관료적 책임성은 약화될 수 있지만, 하부로부터의 불만이나 선호의 투입을 통해 오히려 행정의 반응성을 높이고 상층부에 대한 하부의 참여를 통한 견제가 행정의 책임성을 높일 수 있다고 본다.

셋째, 신축모형에서 행정의 책임성에 대한 논의는 부족하다. 조직의 신축성은 본질적으로 사후적 책임성을 위한 것이 아니며, 끊임없는 적응을 위한 것이다. 따라서 조직이 신축적으로 적응하는 가운데 성과를 산출할 수 있다면 책임성은 문제가 되지 않는다.

넷째, 탈내부규제 모형은 신축모형과는 달리 사후적 통제에 의존한다. 즉 한편으로는 '과정'에 있어서 탈내부규제를 통해 전통적인 관료적 책임성의 확보가 약해지는 대신, '성과'에 초점을 두고 책임성의 문제를 해결하려 한다.

2) 대안 선정에 있어서의 고려 사항

정부 개혁을 성공적으로 추진하기 위해서는 특정 시점에서 개혁할 필요성이 있는 문제 (개혁의 목표)와 특정의 치리모형(개혁의 수단)이 지닌 장점 간에 명확한 인과관계가 확인되어야 한다. 좀더 근본적으로 치리는 그 나라에 역사적으로 발전해 온 제도적 및 문화적 구조에 의해서도 영향을 받는다. 한 나라에 적실한 치리모형을 선정하고 다양한 모형 간의 조합을 기하기 위해서는 이와 같은 요인들을 고루 반영하고 고려하지 않으면 안 된다.

(1) 문제와 해결방안 간의 세심한 연계

앞에서 살펴 본 치리모형들은 개혁의 대상이 된 전통적 모형을 포함해서 모든 모형들이 정도의 차이는 있지만 어느 정도 행정 개혁을 위해 적실성을 지니고 있다. 따라서 각각의 개혁안들이 언제, 어디서, 그리고 어떻게 최대의 효용을 발휘할 수 있을 것인지가 관건이다. 서로 경쟁관계에 있는 각 모형들이 제시하는 문제점 및 개혁방법 간의 관계를 좀더 밀접히 연계시키기 위해서는 많은 분석과 노력을 기울여야 한다. 예를 들면, 시장모형에서 강조하는 서비스의 시장화는 서비스에 대한 권리 개념 때문에 제약을 받을 수 있다. 또 효율성이 그렇게 중요하지 않은 분야에서는 부적당한 것으로 간주될 수 있다. 참여모형에서 강조하는 참여적 서비스 공급을 필요로 하는 영역이 있을 것이지만, 문제의 절박성에도 불구하고 모든 해결책을 거부하는 경우(예를 들면, NIMBY 현상)도 있기 때문에 참여가 반드시 긍정적 측면만 있는 것은 아니다. 신축모형에서 강조하는 특정 대상별 조직화 방안도 오히려 훨씬 더 많은 조정활동을 필요로 하는 경우도 발생한다. 탈내부규제 모형에서 주장하는 내부규제가 적을수록 정부가 더 잘 기능하게 될 것이라는 논리도 책임성 구현 및 민주적 통제를 동시에 고려할 필요성이 있다.

(2) 맥락의 중요성

서로 다른 치리모형들을 행정의 실제에 적용하는 데는 경제위기나 노령인구의 증가와 같은 인구학적 변화 등 한 나라에서 시대적으로 필요로 하는 상황적 여건에 대한 세심한 고려가 필요하다. 서로 유사한 나라들간에도 불구하고, 그리고 세계적인 추세나 이데올로기적 유행에도 불구하고, 각 나라별 특수성에 따라 개혁의 실제적인 추진이 다르게 이루어지는 것은 맥락의 중요성 때문이다. 또한 특정 국가에서 추진되는 개혁이 그 국가가 놓여 있는 제도적 맥락과 분리되어 이루어지는 경우 문제가 발생한다. 예로써, 영미권 국가들이 현재 확산되고 있는 개혁의 중심에 있는 이유를 이해할 필요가 있다. 영미권 국가들이 자유기업 및 시장옹호의 온상지가 된 반면, 유럽은 보수정당이 집권했을 때조차도 훨씬 더 제한적인 혼합경제 복지국가 형태를 취했다. 미국과 캐나다는 민간경영전문가들이나 기타 개혁사상의 영향을 훨씬 많이 받을 수 있었다. 미국의 경우, 헌법이나 정부 이론에 있어서 공무원들에게 부과된 뚜렷한 역할이 없으며, 이 때문에 사적 부문의 관리기법을 공공부문에 적용하는 일 자체가 결코 급진적인 것이 아니었다. 그러나 이러한 전통이 부재하는 국가들의 경우는 외국의 모형을 일방적으로 도입하기보다는 해당 국가의 역사적 및 제도적 맥락에 맞는 치리모형을 점진적으로 도입하고 학습을 거쳐 확산할 필요가 있다 (Ady & Choi, 2019).

제 4 절 문화와 치리

1. 서   론

한 나라가 앞으로 지향해야 할 치리의 개혁 방향을 논의하자면, 그 나라가 지금까지 발전해 온 발자취를 돌아보지 않을 수 없다. 특히 제도들의 집합체라고 할 '국가의 운영방법 (the art of the state)'은 더욱더 그러하다. 각각의 나라들은 오랜 세월을 거치면서 고유의 문화 혹은 삶의 양식을 형성하게 된다. 이와 같은 문화적 토양에 따라 그에 적합한 치리 방식이 또한 제도화된다. 사람들은 그들이 인지하는 시대적 필요성에 의해 기존의 제도들을 의도적으로 변화시키려 하고 합리적 선택과 전략을 통한 개혁을 추진하기도 한다. 그러나 제도 변화를 추구하는 사람들의 의도나 합리성의 기준이 그들이 소속된 공동체에 내재해 있는 문화나 제도 자체에 의해 영향을 받는 점을 또한 간과할 수 없다. 기존하는 치리 제도의 특성을 이해하고 그 개혁을 모색함에 있어서 그 공동체에 내재해 있는 문화적 특성에 주목하는 이유는 바로 이 때문이다. 결국 제도 변화는 행위자들의 정치적 선택과 제도 자체의 문화적 친화성에 의해 추진되고 제약받는 양자 간의 상호작용 과정의 산물인 것이다. 이와 같은 배경에서 이 장에서는 다양한 문화의 유형과 그에 적합하도록 제도화된 치리 방식의 유형을 살펴보기로 한다. 이어서 문화 유형들의 장점과 단점들을 종합적으로 비교한다.

2. 문화 유형별 치리 방식

1) 문화의 유형

문화란 한 공동체에 속한 관련 행위자들의 사고·행동·생활 방식에 공통적으로 영향을 미치는 주관적 구조를 의미한다 (Jreisat, 1997; Schedler & Proeller, 2007). 문화 연구에서는 문화를 "가치, 신념, 규범, 합리화, 상징, 이념 등 정신적 산물"로 보는 협의의 개념과, 어느 특정 공동체의 "사회관계와 정신적 산물을 포함한 총체적 생활양식(way of life)"으로 넓게 정의하는 방식이 있다. 어느 쪽이든 문화란 기본적으로 사회구성원들간의 사회관계와 그들이 공유하고 있는 신념 혹은 가치의 상호작용을 통해 형성된다. 사회구성원들이 가치를 제도적으로 구현하게 되는 이유는 일단 그들이 상호작용을 통해 사회적, 정치적, 그리고 경제적 기능을 포함한 다양한 사회기능들을 필수적으로 수행해야 하기 때문이다. 이에 따라 문화는 자연히 치리에 영향을 미치거나 제약을 가하는 신념·태도·가치·제도 및 방법의 결합체로써 작용한다.

신문화이론(Douglas 1978; Wildavsky et al., 1990; 김종완, 1999)에서는 사회구성원들 간의 사회관계가 구체적으로 '집단(group)'과 '규칙(rule 혹은 grid)'이라는 두 가지 특성에 의해 결정되는 것으로 본다. 집단은 어떤 공동체(혹은 조직)에 속한 구성원들이 외부 사람들과 자신들 사이에 경계를 지어 스스로를 구분하고 그 내부 구성원들의 행동을 통제함으로써 공동체로서의 정체성을 확립하는 정도를 나타내는 개념이다. 규칙은 공동체 구성원들 간에 상호 권리와 의무를 정립함으로써 특정의 역할관계를 갖도록 하는 규칙 혹은 처방의 수와 강도를 의미한다. 사회관계에 대한 이 두 가지 개념을 통해 위계주의, 개인주의, 평등주의, 운명주의의 네 가지 문화유형이 도출된다 (<표 4-3-4>).

각 나라의 치리 방식은 그 나라에 고유한 문화에 적합하도록 제도화되는 경향이 있다. 위계주의 문화의 관료제, 개인주의 문화의 시장 경쟁, 평등주의 문화의 공동체적 상호성, 운명주의 문화의 의도된 무작위성 등이 그것이다. 운명주의의 예외적인 경우를 제외하면, 이들 각각의 문화 유형과 그에 부합되는 치리 방식은 현대 국가의 제도적 발전의 특성에 다음과 같이 관련되어 있는 것으로 볼 수 있다. 즉 위계주의 문화가 지배적인 국가의 경우는 관료주의 측면의 제도화가, 개인주의 문화가 지배적인 경우는 자본주의 측면의 제도화가, 평등주의 문화가 지배적인 경우는 공동체 중심의 참여민주주의가 각각 지배적으로 발전해 있을 것임을 짐작할 수 있다.

표 4-3-4	문화 유형에 따른 공공관리조직의 네 가지 유형	

		집단성	
		낮음	높음
규칙성	높음	**운명주의 방식** 낮은 협동 및 규칙 구속적 조직 (예: 경직된 관례에 의해 운영되는 원자화된 사회)	**위계주의 방식** 응집적이고 규칙 구속적 조직 (예: 전형적인 군대 조직)
	낮음	**개인주의 방식** 협상과 교섭을 강조하는 원자화된 개인들에 의해 구성된 조직 (예: 시카고 학파의 '시장에 의한 정부')	**평등주의 방식** 모든 의사결정과정에 고도의 참여를 강조하 는 조직 (예: 관료제에 대한 대안으로서 '암녹색' 교의)

출처: Douglas, 1982; Thompson, Ellis & Wildavsky, 1990; Hood, 1998: 9.

2) 위계주의 문화와 관료제

(1) 개 념

위계주의 혹은 '계층적 집합주의(hierarchical collectivism)' 문화를 구성하는 사회관계는 집단성과 규칙성이 모두 강한 경우이다. 이 때문에 그 집단의 구성원과 외부 사람들 간에는 명확한 구분이 있으며, 구성원들 사이에서도 명확한 역할 분담이 정해져 있다. 위계주의 문화를 한마디로 표현한다면 "지휘(steering)"라 할 수 있을 것이다. 치리에 대한 위계주의적 접근방법에서 높은 집단성(high group)은 개인들이 제도적 구조의 지시에 따른다는 것, 그리고 필요하다면 전체의 필요를 위해 개인의 이익을 희생하는 것을 의미한다. 위계주의적 조직은 그들의 구성원을 강력하게 통제하며, 위계주의자들은 집단성을 우선하고 개인은 부차적인 존재라고 믿는다.

높은 규칙성(high grid)은 사람들이 자의적인 방식으로 행동할 수 없음을 의미한다. 대신에, 광범위하게 받아들여지는 일반적인 기본규칙이 있다. 집단성이 역시 강한 평등주의자와는 달리, 위계주의자들은 행위에 대한 질서 있는 규칙과 권위구조가 혼란을 피하는데 필요하다는 믿음을 가지고 있으며, 내재적인 자기조정과정은 거의 신뢰하지 않는다. 또한 평등주의자와는 달리, 위계주의자들은 직급이나 보수의 차이를 당연시하며, 사회와 조직은 적절한 권위에 의해 통제되어야 한다고 믿는 경향이 있다. 어떤 사람은 리더이고 나머지는 추종자인 것이다. 흥미롭게도 위계주의자는 규칙을 선호하다보니 높은 권위에 있는 자에게 독단적인 권력을 주는 것에는 반대하기도 한다 (법도를 중시한 조선의 왕과 신하의 관계를 생각할 수 있다). 규칙은 모든 거래가 백지상태에서 협상될 필요를 막기 위해 존재한다. 규칙은 또한 일이 잘못되었을 경우, 누구의 책임인가를 밝히는 데 판단기초를 제공한다 (Hood, 1998).

위계주의 문화와 관료제적 조직은 전체 사회 수준에서, 그리고 교회나 군대나 국가관료제 등과 같이 개별 제도들에서 보는 것처럼 역사적으로 가장 전형적인 인간 조직의 구성 방식이었다. 가장 일반적인 것은 '기계관료제(machine bureaucracy),' '기계적(mechanistic) 조직,' 그리고 '베버주의 관료제' 등이다. 그러나 넓은 의미의 위계주의 접근방법 내에는 법조인이나 의사와 같은 '전통적 전문직업적 조직(traditional professional organization),' 영국식 '장인적 공공서비스 조직(craft public-service organization)' 등도 포함된다 (Hood, 1998: 75).

(2) 제도화

공공관리에 관한 잘 발달된 위계주의적 사고에는 중국의 경우 1천년 이상을 거슬러 올라가는 유교적(Confucian) 공공관리, 근대 초 유럽의 관방학의 전통 등이 포함된다. 그 다음에 19세기 후반 미국에서 발전한 윌슨주의 행정학과 영국의 페이비언 사회주의(Fabian Socialism)를 들 수 있다 (Hood, 1998). 위계주의는 한국에서 역사적으로 가장 오랜 기간 그리고 가장 많은 영향을 끼친 치리 모형이기도 하다 (정용덕, 2000).

한국 근·현대사에 있어서 가장 먼저 그리고 가장 오랜 기간 영향을 끼쳐 온 지적 제도적 전통은 단연 유교적 통치 모형이다. 유교적 통치는 이미 2,000여 년 전 중국 한나라에서 제도화가 시작되어 1911년 청 왕조가 망할 때까지 지속되었다 (Hood, 1998; 김종완, 1999: 7장). 유교적 위계주의는 인간의 도덕적 능력의 차이를 전제하고(김인규, 2012; 이석규, 1996), 이를 통해 사상적으로는 노심자(勞心者)와 노력자(勞力者), 사회적으로는 지배층과 피지배층을 구분하는 사회체계를 구성한다 (김훈식, 1989).

이와는 달리, 구한말 개혁운동가들이 시도한 것은 현대 서구식 국가제도의 도입이었다. 1876년의 '강화도 조약'의 체결을 계기로 이른바 '개국(開國)'이 시작되면서 당시 서구식 개혁을 주창한 엘리트들은 두 집단으로 나뉜다. 하나는 근대 자연법 사상에 입각하여 입헌군주국가론을 주창한 '개화파' 및 '독립협회' 구성원들이었다. 다른 하나는 독일의 근대국가사상 가운데 하나인 국가유기체설을 수용하여 독자적 근대국가론을 전개한 '자강·독립' 사상가들이었다 (우남숙, 1999). '자강·독립' 사상운동가들은 입헌군주제를 주창한 개화파와는 달리 국가유기체설에 기초한 근대국가론을 전개하고, 국민들에게 국가의식을 고취시키고자 하였다. 그들은 신민(臣民)에서 국민화, 그리고 유교의 규범주의적 도덕국가 이념에서 근대적 국가 이념으로 이행해 나갈 것을 주창하였다.

비록 실패로 돌아가기는 했으나, 구한말의 개혁운동은 서구의 국가제도를 규범적 혹은 모방적으로 동형화함으로써 근대국가를 형성하려고 한 자주적 노력이었다. 반면에 '보호통치'(1905년)와 한일합방(1910년)으로 시작된 이후 해방(1945년)이 되기까지 40년 동안 우리민족은 주권 없이 일제 식민 통치의 대상으로서 강압적 제도화만이 가능했다. 일제는 메이지유신 이후 구축한 독특한 국가관료제의 특성을 조선총독부 관료제에 강압적으로 동형화하고자 하였음은 물론, 한 걸음 더 나아가 식민지 통치를 위해 더욱 권위주의적이고 군국주의적인 통치모형을 적용하였다 (김운태, 1998). 이로써 한국은 조선조 유교적 통치모형에 더하여, 유럽 절대주의 국가들의 관방학적 전통과 일제의 군국주의 통치체제가 혼합된 국가운영모형에 강압적으로 동형화되기에 이르렀다. 이는 중상주의적 국가개입 전통과 그를 위한 계층제적 관료제의 형성, 그리고 전쟁수행과 식민지 통치를 위한 억압기구의 과대성장으로 특징지어지는 것이었다. 1945년 일본의 패망과 더불어 해방이 이루어졌으나, 미군정이 독일과 일본에서 구 파시스트 및 군국주의 체제를 해체하기 위하여 민주화를 적극 추진하려고 했던 것과는 달리, 새로이 대두된 냉전체제의 최전방이 된 한국의 효율적 통치를 위해서는 구체제의 민주적 개혁이라는 과정 없이 구 조선총독부 국가기구와 관료제를 거의 그대로 복원, 유지, 활용하였다.

이와 같은 시대적 상황으로 인하여 한국을 민주적인 통치체제로 전환시키는 데에는 실패하였으나, 3년간의 미군정과 이어서 등장한 12년간의 이승만 정권 하에서 미국식 근대행정의 개념과 제도들이 소개된 것은 사실이다 (정용덕, 1996). 당시에 소개된 미국식 근대 행정은 18세기 말 미국 진보주의(Progressivism) 개혁 운동가들에 의해 발전한 것이었다. 이른바 '윌슨주의 파라다임(Wilsonian paradigm)'으로 지칭되는 이 치리 모형은 사회문제 해결에 있어서 행정의 적극적 역할을 강조하고, 정치와 행정을 구분하여 행정의 정치적 중립성을 기하고자 하였으며, 실적제에 바탕을 둔 직업공무원제 확립을 요체로 하는 것이었다.

1960년대 초 이후 박정희 대통령은 18년이라는 그의 오랜 재임기간을 통하여, 그리고 그의 주도적인 집권적 통치 방식을 통하여 한국 행정에 지대한 영향을 미쳤다. 박정희 정부 하에서 형성된 한국 발전국가의 본질은 "공동체적 자본주의(communitarian capitalism)"로서, 전체 공동체에 대한 유기체적 관점과 국민주력기업의 육성, 시장기능의 선택적 사용, 수출대체산업화의 추구를 대표적인 속성으로 하는, "민족적 이익을 극대화하려는 실용주의적 부국강병책"으로 특징지을 수 있다 (백종국, 1999). 이와 같은 박정희 대통령의 발전 전략은 독일에서 시작하여 일본을 거쳐 도입된 리스트(F. List)의 민족공동체 유기체 사상에 입각한 것이라는 설이 지배적이다. 일본 메이지유신의 산업정책은 독일의 산업화 모형을 본받은 것인데 (Morishima, 1982; 정정길, 1990: 53), 박정희 대통령이 다시 메이지유신의 산업정책을 자신의 모형으로 삼았다는 것이다 (백종국, 1999).

이 시대에 제도화된 치리는 행정능률성의 극대화를 추구하며, 대통령의 정책결정 능력을

극대화하는 것이었다. 외견상 서구식 근대 관료제를 추구하는 듯했지만, 실제로는 관료제의
정치적 중립성을 제도화하기보다는 정치화된 관료제를 추구하는 것이었다 (박종민, 1998).
그럼에도 불구하고, 이 무렵에 미국의 근대 행정관리 이론과 기법이 한국에 도입되었다. 국
내외 교육기관을 통해 군대조직 관리자들과 행정관리자들이 미국식 행정관리기법을 접할
기회가 많아졌기 때문이다 (이한빈, 1996). 이러한 위계주의 관료제의 기본틀은 적어도 1997
년 외환위기 이전까지는 큰 변화 없이 이어져왔다.

3) 개인주의 문화와 시장

(1) 개 념

개인주의 혹은 '경쟁적 개인주의(competitive individualism)' 문화를 구성하는 사회관계는
집단성과 규칙성이 모두 약한 경우이다. 이 때문에 집단의 구성원들은 스스로 자유로운 선
택을 할 수 있는 여지가 많으며, 개인 자유를 가장 중요시한다. 자유방임적 자본주의 사회,
네트워크, 개인 기업가들이 전형적인 예가 된다. 개인주의 사회에서는 원자화된 개인들 간
의 경쟁과 타협을 강조하는 행정관리가 이루어진다. 개인주의 관점은 다음과 같은 네 가지
기본 명제에 입각해 있다. 첫째, 치리를 국가 관점이 아닌 상향식 관점에서 접근하고, 치리
역시 여러 가지 형태의 조직관리 혹은 "집합적 행동"들 가운데 하나인 것으로 간주한다. 둘
째, 통치자와 피통치자 간의 "비영합적 관계(positive sum game)"를 부정하여, 제도 및 유인
체계가 잘 마련되지 않는 이상, 전자는 후자의 손실 위에서 그들 자신의 이익을 추구하는 것
으로 간주한다. 셋째, 경쟁 시장이 계층제적 관료제보다 더 나은 성과를 가져온다고 믿으며,
공공서비스 제공에 있어서 집합주의, 국가주의, 집권화를 불신한다. 넷째, 인간들은(단지 그
릇된 제도하에서만 부패하는 것이 아니라) 지위를 막론하고 근본적으로 합리적 계산적 기회주
의적 자기이익 추구자들이라고 본다. 이 가운데 첫 번째와 두 번째 전제는 위계주의와 차이
가 있는 것인 반면, 세 번째와 네 번째 전제는 평등주의와 차이가 있다.

개인주의적 공공관리에서 강조되는 주제들은 다음과 같다. 첫째, 보상과 유인체계이다.
즉 물질적 유인체계가 공공관리 설계의 중심적인 요인이 되며, 공직자의 개인별 성과에 따
른 지급제도(즉 성과급)가 바람직하다고 본다. 둘째, 대규모 조직보다는 작은 조직을 선호한
다. 셋째, 공공서비스의 경쟁적 제공이다. 즉 공공서비스 제공에 있어서 계층제보다는 경쟁
제도를 통하고자 하며, 조직설계에 있어서 조정과 기획보다는 경합과 경쟁을 선호한다.

실제 치리 상 경쟁은 순수 조직과 순수 시장 사이에 준시장(조직적 구조 내에서 제한된 경
쟁)과 준조직(시장구조가 규제 같은 것으로 인해 조직을 닮아가는 것) 등 다양한 방식으로 존재

한다 (Walsh, 1995: 46). 또한 고위직의 계약직화나 개방형 임용제, 성과급, 그리고 공공조직 간 경쟁(경찰과 검찰 등) 등 서로 다른 수준의 주체들 간 경쟁을 유도한다.

(2) 제도화

개인주의 문화에 입각한 시장 모형은 지난 1970년대 이후 계속해서 새로운 치리에서 가장 영향력 있는 사상이었다 (Self, 1993). 한국에서 개인주의에 입각한 치리 모형을 본격적으로 도입하려는 실질적인 움직임은 극히 최근에 나타나고 있는 현상이다. 1990년대 중반 "세계화," 즉 전지구화(globalization)를 내세운 김영삼 정부와, 1997년 말에 시작된 외환위기를 배경으로 출범한 김대중 정부가 추진한 일련의 행정개혁이 그것이다. 외환위기에 이은 경제적 위기를 배경으로 집권한 김대중 정부는 국제통화기금(IMF)에 의해 신자유주의 치리 방식에 동형화될 것을 "강압적"으로 요구받았다. 이런 와중에 시장화(즉, 경쟁도입)를 지향하는 이른바 '신공공관리(New Public Management)' 모형에 입각한 행정개혁이 시도되었다. 개방형 계약제 공무원제도의 도입, 행정기구의 책임집행기관화(agencification)나 외부계약제(contracting out) 등을 통한 정책집행업무의 시장화, 공기업의 자율경영 촉진 등이 그것이다. 이는 이른바 '참여정부'를 표방한 노무현 정부 및 시장친화적인 이명박 정부에서도 이어졌다. 이와 같은 정치적 선택의 근저에는 무엇보다도 국제적 환경의 변화가 작용하고 있다. 국제경제시장에서의 치열한 경쟁과 전지구화 과정 속에서 한국의 정책결정자들이 처음에는 강압적 동형화에 의해, 후에는 다소 자발적으로 영미권 나라들이 추진하는 신자유주의적 치리 개혁을 추구하기에 이른 것이다.

그러나 실제로 이 제도들의 도입이 진정한 의미의 계약제나 정치적 중립성을 기하는 방향으로 제도화되었는지는 의문이다. 김대중 정권의 강력한 지지 기반 가운데 하나인 참여민주주의 개혁론자들의 "민주화" 개념과 국제통화기금을 비롯한 신자유주의 개혁론자들의 "시장화" 개념 사이에서 빚어지는 딜레마와 혼선이 그것이다. 문화 측면에서 보자면 이러한 혼선은 평등주의와 개인주의 간의 갈등인 것으로 이해할 수 있을 것이다. 이러한 혼선은 평등주의과 개인주의를 동시에 추구했던 노무현 정부 들어서도 해소되지 않았고, 신자유주의적 정책을 추진했던 이명박 정부를 지나면서 증폭되었다. 이에 따라 한국 사회는 박근혜 정부와 문재인 정부에서 보듯이 정권의 이데올로기에 관계없이 정책 목표에 '복지,' '삶의 질' 및 '공공성'이 포함되는 상황까지 와 있다.

4) 평등주의 문화와 공동체적 조직

(1) 개 념

평등주의 혹은 '분파적 평등주의(sectarian egalitarianism)' 문화를 구성하는 사회관계는 강한 집단성과 약한 규칙성의 특성을 지닌다. 이 때문에 공동체 구성원들은 배타적으로 강한 집단성을 지니지만, 그들 간의 역할관계는 느슨하다. 전통적 대학과 같은 소수 엘리트 공동체, 소규모 평등주의 정치조직, 평등주의적 분파주의자 등이 전형적 예가 된다.

평등주의 문화가 지배하는 사회에서는 구성원들이 외부세계와 잘 구분되어 통제되고 단결하며, 그들 내부의 운영규칙이나 절차는 모든 구성원들의 참여에 의해 사안별로 끊임없이 논의를 통해 의사결정이 이루어진다. 치리에 대한 평등주의의 문제의식은 많은 급료와 권력을 소지한 행정관리자들에 의해 다른 모든 사람들이 관리되는 전형적인 전통적 "관리" 방식은 공공서비스업무의 바람직한 해결책이 아니라 오히려 문제라는 것이다. 평등주의는 시장과 계층제 모두에 대해 반기를 든다. 그리고 (전통적인 대규모 국가 구조보다는) 급진적으로 분권화된 자기관리적 조직(self-governing units)의 형태로서의 공동체주의(communitarianism) 및 참여 조직(participative organization)을 대안으로 제시한다.

평등주의적 치리 모형의 몇 가지 유형들을 보면 다음과 같다. 첫째, '지속가능한 인적발전(Sustainable Human Development)' 접근법이다. 가난한 국가들에 대한 원조사업에 있어서 참여와 상향식 의사결정을 통해 가난한 공동체들에게 "권한을 부여(empowerment)"할 것을 주창하며, 1980년대 세계은행(World Bank)의 "강한 시장(hard market)" 접근법에 대한 대응으로서 1990년대 국제연합(UNDP) 등의 국제개발기구들이 제시한 것이다. 둘째, '공동체주의(communitarianism)'를 들 수 있다 (Etzioni, 1983: 249). 선진국의 국내 정책결정에서도 1980년대 개인주의에 대한 대안으로 제시된 것으로써, 상호주의(mutuality), 참여, 공동체의 기능을 "앗아가는(usurping)" 정부에 대한 적대감 등을 나타내고 있다. 이와 같은 공동체주의 사상은 '암 녹색(dark green)' 운동이나 여권운동가들에 비해 덜 급진적이다. 셋째, 현대 참여관리이론들이다. 이른바 "일선 참모(front-line staff)," "작업공간 공유(hot desking)," "팀 작업(team-working)" 등으로써 약한 평등주의 모형에 해당한다. 반면에 기업의 전통적인 명령계통 대신에 "씨족적(clan)"인 조직구조의 주창(Ouch, W. 1980)은 좀 더 급진적인 경우가 된다.

평등주의적 치리의 장점으로는 다양한 상호감독(mutual surveillance) 체계에 의해 강력한 부패통제 장치가 될 수 있다는 점이다. 첫째, 상호성은 직장이나 작업집단 내에서 임시적인 상호 영향력에 의해 공공서비스의 질을 향상시킬 수 있다. 예를 들면, 두 명의 경찰관이 함께 순찰하는 것이 그것이다. 둘째, 조직 내에서 집단적인 과정을 통한 공식적인 상호 책임의 과정을 통해서도 가능하다. 각종 회의가 그것이다. 셋째, 보다 넓은 정책 공동체에서 그러한 과정을 통해 공공서비스의 질을 향상시킬 수 있다. 지역공동체 경찰 포럼 같은 것을 예로써 들 수 있다 (Hood, 1998).

평등주의 치리의 취약점은 취약한 리더십과 참여적 의사결정으로 인하여 집합재를 위해 개인들의 희생을 얻어내기가 계층제의 경우보다 더 어렵다는 점이다. 또한 일탈 행위자 또는 이단자(heretics) 등을 제외시키기 어려운 관계로 내부 분쟁과 분열에 취약하다 (김종완, 1999). 동질적인 핵심 집단 외에 다양한 문화의 구성원들을 포함시키게 되는 경우, 기회주의적인 무임승차자(freerider)들이 대두할 우려도 있다 (Olson, 1965).

(2) 제도화

세계적으로 평등주의 모형은 1980년대의 개인주의 치리 모형에 대한 반발로서 1990년대 이후 대두되고 있다. 한국인들에게 평등주의는 개인주의와 더불어 그다지 친숙한 문화는 아니다. 조선시대에 공동체주의 전통으로 향약, 두레, 계 등을 들고 있으나, 이는 주로 농업 중심 사회에서 사적 부문의 집단이나 마을 수준에서 발전된 제도인 것으로 보인다. 치리 차원에서 평등주의가 대두되고 있는 것은 극히 최근의 일이다. 1987년에 있었던 '6월 시민항쟁'이 제5공화국 권위주의 정권을 개혁하는 데 크게 기여한 이후 한국에는 많은 수의 시민단체들이 성장하기 시작하였다. 특히 경제적 민주화, 환경보호, 성평등, 민권 보호 등의 분야에 비정부기구들(NGO)이 크게 늘어나고 있다. 그러나 2000년대 이후 보수주의나 신우파의 가치를 표방하는 시민단체들의 활동도 활발해지면서 시민운동 주체의 다원화가 이루어지고 있다.

이처럼 공동체주의 혹은 평등주의를 지향하는 사회집단들의 활동은 한국 사회에 적지 않은 영향을 미치고 있다. 비정부기구들의 공공감시활동은 위계주의에 젖어 있는 한국의 공사 조직들에 투명성과 참여를 강조함으로써 조직 민주화에 기여하고 있는 측면이 있다. 또한 급속한 산업화 과정에서 빚어진 불공정한 자본축적 방식과 정치적 및 경제적 권력 남용을 견제하는 데에도 일정한 역할을 하고 있다. 더 나아가 신자유주의 국정개혁에 의해 초래된 '시장실패'와 같은 문제들을 보완할 여지도 있다. 그러나 한국의 시민단체들은 여전히 그 구성원의 폭과 조직의 자원 면에서 매우 제한적이다. 그들이 지향하는 가치를 국가정책에 반영하는 기제도 대체로 '국가' 관료제에 의존적이다.

5) 운명주의 문화와 의도된 무작위성

(1) 개 념

운명주의 혹은 '무력한 운명주의(powerless fatalism)' 문화를 구성하는 사회관계는 집단성은 약한 반면 규칙성은 강한 특성을 지닌다. 이 때문에 구성원들의 역할 관계는 엄격히 정해져 있지만, 그 공동체가 구성원들에게 갖는 구속력은 약하다. 운명주의 문화가 지배하는 사회에서 구성원들은 외적인 힘에 의해 정해진 규칙에 엄격히 따르되, 내부 구성원들간의 협조는 미미하게 나타난다. 식민지 사회, 대규모 농장의 노예들, 무력한 운명주의자들이 전형적인 예가 된다.

운명주의는 인간의 길흉화복이 인간 능력 밖의 힘에 의해 지배되고 결정된다는 믿음에 근거한다 (백완기, 1982: 21-36). 이와 같은 믿음은 곧 의사결정에 있어서의 불확실성 혹은 예측불가능성의 강조로 연결된다. 따라서 어떤 인위적이고 의도적인 단순한 해결책의 처방도 자칫 문제를 더 악화시키거나 기껏해야 상징적 정당성 확보의 의미가 있을 뿐이라고 본다. 이와 같은 상황 하에서 구성원들은 무작위성(randomness)과 기회주의(chance)적인 방식으로 행동하는 경향이 나타난다. 이를 위하여 배심원 선정의 "추첨제(lottery)"와 같이 의사결정과정에 '의도적인 무작위성(contrived randomness)'을 도입하는 예는 주변에서 쉽게 발견할 수 있다. 그렇게 함으로써 모든 사람이 운에 따른 결정을 쉽게 승복할 수 있게 된다. 또한 조직 관리의 효율성을 도모하기 위해서 불확실성을 활용하는 경우도 많다. 조직 의사결정과정의 인과관계의 불확실성 및 고도의 예측불가능성을 제기하는 "쓰레기통 모형(garbage can model)"은 운명주의에 부합하는 의사결정이론이라고 할 수 있다 (Cohen, March & Olsen, 1972). 또한 무작위적인 내부 감사나 끊임없는 공직 인사를 통해 항상 긴장감을 야기하는 것이 한 예이다. 운명주의적 치리에서는 예측을 최소화하고 사후 임기응변적으로 대응하는 것이 상책이다 (Hood, 1998).

(2) 제도화

운명주의는 위계주의와 더불어 한국 사회에 오랜 역사를 통해 지배적 생활양식으로 자리잡은 문화이다 (백완기, 1982). 운명주의는 공동체 구성원들의 자유가 제한받을 때 더욱 강화되는 법이다. 한국의 오랜 중앙집권적 왕조정치와 신분제도 하에서 일반 백성들이 운명주의 가치관에 깊이 젖을 수밖에 없었음은 충분히 이해가 가고도 남는다. 그러나 현대사에 있어서도 한국인들의 운명주의를 강화시키는 계기는 계속되었다.

19세기 말 국가 운명이 제국주의 열강에 의해 좌우되고, 곧이어 나라를 잃고 일제의 식민통치 하에 놓이게 되면서 한국인들의 운명주의 가치관은 더욱 강화되었다. 일제는 의도적으로 한국인들 스스로 자신들의 합리성과 능력을 과소평가하도록 만드는 우민화 정책을 폈다 (김운태, 1998). 또한 갖가지 민족 분열(divide and rule) 정책을 통해 한국인들의 자발적인 공동체적 협력 가능성을 극소화하려고 하였다. 식민통치로부터의 해방은 남북의 분단과 전쟁에 의해 대체되면서 또 한 차례 한민족에게 크나큰 좌절을 안겨주었다. 자유당 정권의 비민주성과 공직자들의 부정부패도 이른바 "운명주의적 증후군(fatalist syndrome)"이 팽배하도록 만드는 요인이 되었다.

박정희 정권 하에서 한국인들은 운명주의와 관련하여 이중적인 경험을 한다. 이 시대에 이룩한 급속한 산업화는 민족적 자신감을 불러일으키는 계기가 되었다. 당시 추진된 지역개발사업으로서의 새마을운동이 "자조"와 "자립"을 강조하며, "우리도 잘 살 수 있다"는 자신감을 심어주려고 한 것이 좋은 예가 될 것이다. 그러나 정치의 민주화에 있어서는 운명주의를 더욱 강화한 면이 있다. 한국 사회는 4·19혁명에 의해 민중에 의한 민주화가 결실을 맺을 겨를도 없이 발발한 1961년의 5·16 군사쿠데타와 1973년의 유신정권의 등장, 1980년 이른바 '신(新) 군부 세력'에 의한 5공 정권 등 30년 가까운 권위주의 통치시대를 겪었다. 이와 같은 민주주의 정치에 대한 좌절감은 1980년대 후반 시민에 의한 '6월 항쟁'을 계기로 시작된 민주화와 1990년대 지방자치의 회복, 그리고 1998년, 2008년, 2017년 세 번의 평화적 정권교체 등을 거치면서 민주주의의 공고화가 이루어지면서 크게 개선되고 있다. 민주주의 이행과 더불어 1988년의 세계올림픽경기대회 개최, 1996년의 OECD 가입, 2002년의 월드컵축구대회 개최, 2000년대 말 정보통신산업이나 자동차산업 분야에서의 국제적 위상의 도약도 한민족의 국제적 자신감을 키워준 계기가 되었다.

그러나 아직도 우리에게는 운명주의 증후군이 적지 않게 잔존하고 있다. 정부와 공직자들에 대한 불신과 냉소주의, 공공정책 결정과정이나 그 밖의 집합적 행동에의 참여와 협동의 결여가 그것이다. 게다가 현대사의 급속한 사회변동을 겪는 와중에 한국인들은 자신의 미래에 대한 스스로의 예측 및 결정 가능성에 점점 더 자신감이 줄어들고 있다. 갈등이 심한 정책의 결정일수록 우리는 협상이나 절충을 통한 해결이나 합리적 의사결정 방식에 의해 선택하기보다는, 추첨에 의한 무작위적 결정에 의존하는 경우가 많다. 민주주의적이거나 합리적인 의사결정이 아닌 이와 같은 무작위적 추첨에 의한 의사결정이 우리사회에서는 적어도 공동체 구성원으로부터 정당성을 획득하는 데 편리한 의사결정 기제로 활용되고 있는 것이다.

3. 종합적 비교 및 절충방법

지금까지 네 가지 문화 유형과 그에 부합되는 치리 방식을 살펴보았다. 이들을 종합적으로 비교하기 위하여 각 모형별 치리 문제의 진단 및 처방, 치리 통제방법, 그리고 각 모형별 취약점에 관해 살펴본다.

1) 치리 문제의 진단 및 처방

먼저, 문화 유형에 따라 치리에 대한 서로 다른 문제의 진단 방법 및 처방이 제시될 수 있다 (<표 4-3-5>)(Hood, 1998).

첫째, 위계주의 문화와 그에 따른 관료제형 치리에서는 치리 상의 문제 해결은 보다 많은 조정, 절차, 계획 및 예측, 보다 명확한 권위의 배분, 그리고 전문가 및 관리자에 의한 좀더 세부적인 통제 등을 통해 가능할 것으로 본다. 관리자가 사전에 마련되어 있는 절차에 따라 최선을 다 하지 않는 경우에 문제가 발생하며, 규칙과 권위 구조를 보다 상세하고 정밀하게 작성함으로써 재발을 방지할 수 있다고 본다.

둘째, 개인주의 문화와 그에 따른 시장형 치리에서는 공공관리의 실패는 너무 많은 집합주의와 조직화 때문이지, 결코 그것들이 부족하기 때문에 발생하는 것이 아니라고 본다. 사회와 조직의 운영에 있어서 가격 메커니즘, 공정거래, '내부 시장,' 혹은 기타 유인 구조에

표 4-3-5	문화 유형별 치리 실패에 대한 대응
운명주의적 대응	**위계주의적 대응**
강조점: 비 예측성, 의도하지 않은 효과 진단: '운명의 변덕,' '혼돈이론'적 해석 처방: 최소한의 기대, 사후 임시방편적 대응 표어: '탄력성'	강조점: 전문성, 예측, 관리 진단: 절차에의 비순응, 전문가적 기술 결여 처방: 높은 전문성, 상세한 절차, 강력한 '통제' 표어: '지휘'
개인주의적 대응	**평등주의적 대응**
강조점: 이기적, 합리적 선택 행위자로서의 개인 진단: 지나친 집합주의로 인한 유인체계 및 가격 신호 장치 결여 처방: 시장 기제, 경쟁, 연합, 선택을 돕는 정보 　　　(예: 등급 체계) 표어: '계몽된 자기 이익'	강조점: 집단과 권력구조 진단: 고위직 지도자들의 권력남용, 체제의 부패 처방: 참여, 공동체주의, 내부고발 표어: '공동체 참여'

출처: Hood, 1998: 26.

의하지 않고, 계획, 권위 혹은 규칙 등에 의거하는 것은 바람직하지 않다. 공공관리가 제대로 작동하도록 만드는 유일한 방법은 개인의 야심과 사익에 따라 일하도록 하는 것이다. 이를 위하여 조직 내부 및 조직 간 관계에 있어서 개인들의 경쟁 및 시장(혹은 가능한 한 시장과 유사한) 메커니즘을 사용하도록 하여야 한다.

셋째, 평등주의 문화와 그에 따른 공동체형 치리에서는 권위와 전문성의 강조는 문제의 해법이 아니라 오히려 문제의 원인인 것으로 본다. 대신 하위직 공무원들이 상위직 공무원들의 권위와 전문가적 이기주의에 도전할 수 있도록 좀더 '민주주의'와 '권한 부여'를 실현하고, 공동의 관심사에 관한 '내부고발(whistle-blowing)' 등을 활성화함으로써 치리 상의 문제들을 해결할 수 있다.

넷째, 운명주의 문화와 그에 따른 무작위적 관리에서는 치리 상의 문제 혹은 실패를 특이한 일회성 사건으로 간주한다. 비극적이기는 하겠으나, 대부분의 재난들은 사후에나 진정한 인식이 가능할 뿐, 의도적으로 고안된 매우 정교한 체제에 의해서조차도 사전적인 예측이란 힘들다. 치리 상의 문제들은 대개 복잡한 요인으로부터 유발되기 때문에, 개인이나 체제에 비난을 돌리는 것은 독단에 불과하다. 어떤 특정의 단순한 신념에 의거한 만병통치약 같은 처방안들은 일부 사태를 호전시키는 만큼 다른 측면에서의 문제를 유발함으로써 사태를 더 악화시키게 된다.

결론적으로, 이와 같이 치리 상의 문제 혹은 실패에 대한 네 가지 문화 유형별 접근방법에 대한 논의를 통해, 공공관리 상의 '문제' 혹은 실패가 언제나 객관적으로 식별이 가능하거나 일반적으로 인식될 수 있는 것이 아님을 알 수 있다. 무엇이 악이고 무엇이 선인가는 사람들 사이에 무작위적으로 나타나는 것이 아니라, 형성된 세계관에 따르는 것이다. 또한, 모두가 재난 혹은 실패로 인식하는 사건이라 할지라도, 사태를 호전시키고 재발을 방지하기 위해 제시되는 처방안은 세계관에 따라 달라질 것이다 (Hood, 1998: 27).

2) 치리의 주된 통제 방법

각 문화 유형별로 치리의 주된 통제 방법으로 <표 4-3-6>과 같이 서로 다른 처방을 제시하고 있다 (Hood, 1998: 3장).

우선 위계주의는 '두목주의'에 기반한 감독 및 지휘에 의한 통제를 선호한다. 반면 개인주의는 개인의 '선택주의'에 기반한 경쟁 기제에 의한 통제를 신뢰한다. 평등주의는 '집합주의'에 기반하여 공동체 내 동료 간 압력을 통해 통제가 가능할 것으로 믿는다. 마지막으로 운명주의는 '기회주의'에 기반한 불확실성과 예측불가능성을 의도적으로 적용하는 방식으로

표 4-3-6	공공관리에서 네 가지 통제 유형	
의도된 무작위성		**감 독**
− 방법: 조합 및 과정 예측을 불가능하게 함 　• 내부: '도박기계'같은 조직 　　(예: 전통적 '조세관료제') 　• 외부: 반무작위적 국가제도(예: 미국 배심원제) − 예: 다국적 기업에서의 무작위적 인사배치 − 관련된 교의: '기회주의(chancism)'		− 방법: 권위에 의한 감독 및 지휘 　• 내부: 권위의 사다리 조직(예: 군대 명령체계) 　• 외부: '전담' 외부감사(예: 중국 황실감찰관) − 예: 회계검사 및 직무감찰 체계 − 관련된 교의: '두목주의(Bossism)'
경 쟁		**상호성**
− 방법: 단위별 내부경쟁 촉진 　• 내부: 경쟁의 장으로서의 조직 　　(예: 기소/방어, 구매자/판매자 같은 역할 대응) 　• 외부: 경쟁적인 공공서비스 규정 　　(예: 유럽연합의 경쟁적인 규제개혁) − 예: '리그(league)' 경기 대진표 − 관련된 교의: '선택주의'		− 개인들을 동료집단으로부터의 압력에 노출시킴 　• 내부: 평등한 조직(예: 순찰 팀 짝 지우기) 　• 외부: 협동생산 혹은 공동체조직(예: 민방위대) − 예: 경찰의 2인조 순찰 팀, 민방위대 − 관련된 교의: '집합주의'

출처: Hood, 1998: 50.

통제가 가능하다고 본다. 전체적으로 네 가지 문화 유형에서는 통제의 방법도 다르지만 통제의 필요성에 대한 인식 역시 정도의 차이가 있다.

3) 각 모형의 내재적 취약성 및 절충방안

각각의 문화 유형별 치리모형들은 각각 특유의 장점을 지니고 있지만, 다른 한편 <표 4-3-7>에서 보는 것처럼 각각의 내재적 약점과 치리의 실패 가능성을 지니고 있다.

표 4-3-7	각 모형의 내재적 약점	
조직의 지향성	**내재적 약점**	**치리 상의 취약성이 노출된 경우**
위계주의	높은 동원화 가능성과 결합된, 권위와 전문성에 대한 잘못된 신뢰	야심차게 계획된 대형사업의 실패
평등주의	교착 상태를 벗어나는데 필요한 상위 권위의 수용 거부	풀리지 않은 반목으로 인한 실패 혹은 공생으로 퇴행하는 평등한 권한
개인주의	집합적 이익보다 개인 이익 우선	협동의 결여 혹은 개인의 부패로 인한 실패
운명주의	사전적 계획 혹은(극단적 상황 하에서 필요한) 과감한 조치 거부	과도한 타성과 수동성으로 인한 실패

출처: Hood, 1998: 28.

우선 위계주의는 권위에 의존하여 관료제를 쉽게 확장하고 통제할 수 있다 보니, 견제되지 않는 권력 행사로 인한 대형 실패의 가능성을 안고 있다. 통치자의 결정이 잘못되었을 경우에도 위계주의적 치리는 그 잘못된 결정을 대규모로 신속하게 집행함으로써 실패 역시 대형화되는 것이다. 개인주의는 개인의 이익을 우선함으로써 공공성 상실과 부패라는 치리의 실패를 낳을 가능성이 높다. 평등주의는 합의에 기반한 의사결정을 선호하다 보니 의사결정이 교착상태에 빠질 가능성이 높다. 또한 동료 압력이 반드시 부패를 방지한다기보다 집단적 부패를 야기할 가능성도 있다. 마지막으로 운명주의는 적극적 사전 조치가 필요한 상황에서조차 무작위 혹은 부작위적 대응으로 인한 치리의 실패를 낳을 가능성이 높다.

이러한 치리 상의 약점들로 인해 대부분의 국가들은 오로지 한 가지 문화적 가치에만 기반하여 치리하지는 않는다. 요는 서로 다른 조정과 통제 방식을 통해 어떻게 이러한 약점들을 보완할 것인가 하는 점이다. 이에 대해서는 이 편의 제4장(공공리더십) 제3절(상보적 리더십)에서 보다 자세히 다룬다.

제 5 절 국가-사회 간 관계에서의 치리

1. 국가의 상위치리 기능

'국가'는 여전히 치리의 주요 요소로 남아 있을 뿐만 아니라, 적어도 기존의 치리 체계를 개혁하는 데 있어서 결정적인 행위자로서 영향을 미치고 있다. 적어도 '국가'가 치리에 있어서 매우 중요한 자원들을 통제하기 때문에서라도 그러하다. 연결망 시각에서 접근하는 경우조차도 가장 효과적인 치리 형태는 연결망과 국가의 혼합을 요구할 것이다. 예를 들어, 연결망에 의한 치리에서도 국가는 연결망들이 기능하도록 법적인 틀을 확립할 필요가 있다.

어떤 치리를 제도화하든 치리란 다음과 같은 네 가지 '상위치리'와 관련하여 국가의 역할을 필요로 한다 (Peters, 2010; Peters & Pierre, 2000). 첫째, 특정 사회에서 공동의 우선순위와 목표를 명확하게 설정하는 일이다. 특히 치리가 이러한 우선 순위와 목적에 대한 합의가 나타날 수 있도록 하는 기제나 과정을 의미한다면, 그것은 국가처럼 정당성을 지닌 것으로 인식되는 제도에 의해 매개되어야 한다. 둘째, 사회적 목표들을 명확히 설정하는 일뿐만 아니라, 이 목표들의 일관성과 통합성이 유지되도록 응집력 있게 조정하는 일이 필요하다. 셋째, 지휘 혹은 조정(steering)하는 능력이다. 목표가 설정된 뒤에는 이러한 목표들을 달성하도록 사회를 이끌어 가는 방법을 찾을 필요가 있다. 치리 양식이 달라짐에 따라 다수의 사적 부문 행위자들이 동원되는 수단의 변화가 이루어지고 있다. 하지만 이러한 수단들에 대한 조정 능력 자체는 국가가 보유하고 있다 (Bell & Hindmoore, 2009). 넷째, 치리 담당자들로부터 그들의 행위에 대한 책임성(accountability)을 확보하는 수단이 또한 치리의 필요조건이 된다. 현대 정부가 책임성의 확보에 있어서 문제를 지니고 있기는 하지만, 그래도 책임성의 의의에 대한 관념이 정부의 경우보다 더 뿌리깊이 내재되어 있는 사회 제도는 없다고 하겠다.

중요한 사실은 이 모든 과제들을 포함하는 치리에 있어서 국가가 계속해서 중요한 역할을 수행한다는 점이다. "정부 없는 치리"가 논의되고 있음에도 불구하고, 정부는 치리에 있어서 여전히 중요한 지위를 계속 보유해야만 하는 것이다. 그러한 지위는 배타적인(exclusive) 것이라기보다는 중심적인(central) 것이다. "정부 없는 치리"는 치리의 중요한 과제 가운데 하나인 일관성과 통합성을 감소시킬 뿐만 아니라, 민주주의적인 측면을 감소시킬 우려도 있다. 비록 다른 형태의 지배구조에 대한 다양한 열망이 있음에도 불구하고, 민주주의 사회에서 정부를 대신할 만한 과정이나 제도는 아직 나타나지 않고 있다. 적어도 우리가 살고 있는 시대에서 "정부 없는 민주주의"는 본질적으로 상상할 수 없는 것이다.

2. 국가 - 사회 간 관계의 특성과 치리

1) 개 관

치리에 대한 이론은 단순히 정부 내의 관리에만 국한하는 것이 아니라 국가와 사회 간 관계의 특성을 고려한다. 왜냐하면 치리가 사회의 적극적 협력에 의해 이루어지는 것으로 보기 때문이다. 따라서 한 나라(country)가 어느 수준의 치리를 할 수 있느냐는 국가(state)와 시민사회 간 관계의 특성에 따라 결정된다.

국가와 사회 간의 상호작용에 대해 적어도 다음과 같은 다섯 가지 모형을 제시해 볼 수 있다. 즉 치리에 있어서 국가와 사회의 상대적 역할에 따라 '국가주의(etatiste),' '자유민주주의(liberal democracy),' '국가중심(state-centric),' '네덜란드 학파(Dutch School),' 그리고 '정부 없는 치리(government without governance)' 모형이 그것이다 (Peters & Pierre, 2000). 이들 각 모형별로 치리에서 국가와 사회가 개입하고 역할을 수행하는 수준과 방법이 다르며, 또한 관련 행위자, 과정, 정치적 역동성의 특성과 그러한 과정의 결과들이 모두 다르다.

여기서는 이 다섯 가지 유형을 통해 치리에 대한 국가 개입의 다양한 내재적 특성을 비교해 보기로 한다 (Peters & Pierre, 2000; 2005). 이 모형들은 각각 현대 국가이론들 가운데

| 표 4-3-8 | 국가－사회 간 관계의 특성에 의한 치리 모형 | | | | | |

모형의 특성 ＼ 치리 모형	주요 행위자: － 국가 － 사회	과정: － 목표선정 － 의사결정 － 자원동원 － 도구 및 집행 － 환류	성과: － 일관성 － 포괄성 － 적응성 － 책임성	치리 역량: － 국가 권위 － 정보 능력	예: － 나라 － (학자)	국가이론 (모형)
국가주의 치리	(단일 행위자) 국가	－ 국가 독점 － 기술관료적 방식 － 기업가적 개입 － 강압·직접적 － 유용성 무시	－ 국가 내부 할거 － 사회참여 배제 － 적응능력 한계 － 책임성 내부화	국가권위(＋＋＋＋) x 정보능력(＋) ＝ 치리 역량 최하(＋＋＋＋＋)	프랑스, 스페인, 동아시아NICs (Evans)	엘리트론 (자율국가 모형)
자유 민주주의 치리	국가조직들 및 이익집단들	－ 관료정치 발생 － 국가·사회공생관계 － (단일의 행위자) 수익자부담원리 － 덜 강압적 수단 － 편향적·불완전	－ 일관성과 동의의 맞교환 － 카르텔적 참여 허용 － 가장 낮은 적응력 － 책임소재 혼동	국가권위(＋＋＋＋) x 정보능력(＋＋) ＝ 치리 역량 중간 (＋＋＋＋＋＋＋)	영국, 캐나다	다원주의 (중립적 및 파당적 국가 모형)
국가중심 치리	국가조직들 및 사회 정상조직들	－ 주도적 위치 － 코포라티즘형태에 따라 형성정도 다름 － 수익자부담 혹은 외부집단에 전가 － 타협적·포획적 － 비교적 원활	－ 높은 일관성 － 선택적·간접적 － 배분형태 변화에 난점 － 영향력과 책임성 분리경향	국가권위(＋＋＋) x 정보능력(＋＋＋) ＝ 치리 역량 최상 (＋＋＋＋＋＋＋＋＋)	스칸디나비아, 독일, 일본 (Schmitter; Olsen; Kristensen & Johanssen)	엘리트론 (자유 코포라티즘 혹은 코포라티즘 다원주의)
네덜란드 학파 치리	사회적 연결망 (국가의 원거리 조정)	－ 국가가 기본적 책임 － 비공식화·추인 － 강력한 공동 동원능력 － 자기규제적·협동적 장치 － 전반적 원활	－ 개별적으로 높고, 전체로 낮음 － 높은 포괄성 － 조직적 융통성에 의한 적응성 － 제도화된 책임성 확보수단 구비	국가권위(＋＋) x 정보능력(＋＋＋＋) ＝ 치리 역량 중간(＋＋＋＋＋＋＋)	소규모 유럽 민주주의 국가들 (Kooiman; Kickert)	신다원주의 (연결망 모형)
'정부 없는' 치리	자기조직화 연결망	－ 연결망참여자들의 공통이익 반영 － 합의적 의사결정 － 국가는 '물주 (cash cow)' － 효율성의 양면성 － 정확·상세한 환류 가정	－ 개별적으로 높고, 전체로 낮음 － 연결망에 제한적 접근 － 연결망에 의해 적응성 손상 － 정치적 책임성 혼란	국가권위(＋) x 정보능력(＋＋＋＋＋) ＝ 치리 역량 최하 (＋＋＋＋＋)	영국의 '분산화된 정체'(Rhodes)	신다원주의 (연결망 모형, 탈근대주의 모형)

출처: Pierre & Peters(2005)를 토대로 작성한 것.

특정의 시각을 각각 반영하고 있다. 국가주의 모형은 엘리트주의 국가이론(특히, 자율국가 모형), 자유민주주의 모형은 다원주의 국가이론(특히, 중립적 및 파당적 국가 모형), 국가중심 모형은 엘리트주의 국가이론(특히, 자유코포라티즘 혹은 코포라티즘적 다원주의 모형), 그리고 네덜란드 치리 학파 모형과 '정부 없는' 치리 모형은 신다원주의 국가이론에 각각 부합된다 (<표 4-3-8>).

2) 치리 역량

여기서는 각 모형들의 상대적인 치리 역량(governance capacity)을 중심으로 모형들을 비교해 보기로 한다. 치리 역량의 개념을 이해하기 위해서는 국가 능력 및 그와 관련된 개념들을 먼저 이해할 필요가 있다 (정용덕, 2006).

먼저, 국가 역량 혹은 능력(state capacity or capability)은 국가와 그 환경(즉 사회) 간의 상대적인 힘을 나타내는 개념인 국가 자율성과 연계하여 논의할 필요가 있다. 국가 자율성은 국가 부문의 사회로부터의 독립성을 의미한다. 국가가 자율성을 갖기 위한 필요조건인 국가 자체의 힘을 국가 역량 혹은 능력이라고 지칭하며, 그 정도를 국가 강도로 나타내기도 한다. 한편, 국가 부문과 사회 부문을 모두 합한 나라(country) 전체의 역량을 의미하는 경우는 국민 역량(national capacity)으로 지칭한다. 이와 관련하여 국부(national wealth), 국력(state power), 국가경쟁력(national competitiveness), 정부경쟁력(government competitiveness) 등의 개념도 사용된다. 그리고 치리 역량(governance capacity)은 보다 관계적인 개념이다. 과거 '행정국가' 시대처럼 치리가 '국가'와 관료제에 의해 배타적으로 지배되는 경우와는 달리, '국가'와 시장과 시민사회가 더불어 공공문제를 정의하고 해결방안을 모색하고 실천에 옮기는 새로운 치리에서 '국가' 역량은 치리 역량의 한 구성요소이다. 나아가 치리 역량은 국민 역량의 필수 요소이다.

그런데 위에서 소개한 국가-사회 간 관계에서의 치리의 다섯 가지 모형을 소개한 피에르와 피터스(Pierre & Peters, 2005)는 다음의 두 가지 변수에 초점을 두어 치리 역량을 비교하고 있다. 첫째, 국가 권위라는 변수이다. 즉 사회에 구속력 있는 결정을 내리고 집행할 수 있는 국가의 능력을 의미한다. 이 변수와 관련해서, 국가주의 모형이 가장 높은 수준에 있고, 나머지 모형들은 연속선을 따라 점차 낮은 수준에 위치한다. 둘째, 국가의 정보 수집 및 처리 능력이라는 변수이다. 즉 국가가 넓은 범위의 정보에 개방되어 있으며 사회와 긴밀한 접촉을 통해 정보를 개방적이고 정확하게 이용하는 능력을 의미한다. 이는 효과적인 치리를 위해 필요한 정보 및 지식을 많이 소유하는 사회적 행위자들과 국가가 긴밀한 의사전달 관계에 있어야 하며, 국가는 그러한 정보를 위해서 공식적으로나 비공식적으로 권력을 교환할 의도가 있어야 함을 함축한다. 정보의 다양한 원천에 치리 과정이 다양하게 개방되어야만 대안들을 평가하고 개별적인 원천으로부터 오는 정보의 정확성을 검증할 수 있다. 각 나라의 치리 역량을 구성하는 이 두 변수들은 앞에서 검토한 다섯 가지 치리 모형에서 상호 반비례적인 상관관계를 갖는 것으로 보인다 (<표 4-3-8>).

먼저, 국가주의 모형은 첫 번째 변수인 국가의 권위 면에서는 매우 강한 반면에, 사회와의 낮은 연계성으로 인하여 정보능력 면에서는 매우 취약하다. 이러한 특성으로 인하여 국가주의 모형은 강력하지만 환경 변화에는 둔감한 치리를 형성하게 된다. 이 치리 모형에 의해서 대형 실패가 발생할 가능성이 있다. 국가의 강력한 권위가 활용되면서도 의사결정의 기초가 되는 정보가 제한적이고 편향되어 있어 소망스럽거나 의도되는 결과를 가져오지 못하기 때문이다. 반대로, '정부 없는 치리 모형'은 정보는 풍부하나 효과적인 의사결정을 위한 정당성이 약한 단점이 있다. 특히 사회에 널리 적용되는 정책결정의 경우 더 그러하다.

이처럼 두 가지 변수(즉 국가의 권위와 정보 능력)에 의한 치리 역량의 평가 기준에 따르면, 연속선상의 양 극단에 위치한 두 극단적 치리 모형들의 치리 역량은 연속선상의 중간에 위치하는 모형들의 치리 역량에 비해 취약하다고 할 수 있다. 그 중에서도 이론적으로는 사회의 풍부한 지적 정보 원천과 함께 비교적 높은 수준의 권위를 바탕으로 한 의사결정 능력이 결합된 '국가중심 모형'이 치리 역량 면에서 가장 우수하다고 할 수 있다.[1] 그렇다면, 이는 유럽대륙 및 (부분적으로는) 스칸디나비아 나라들의 치리가 지닌 특징인 코포라티즘적이고 국가 중심적인 접근방법이 가장 효과적인 치리 방식이라고 주장하는 셈이 된다.

실제로 치리 역량에 대한 경험적 연구결과에 따르면, 사회 이익들에 대해 좀더 개방적이고 보다 많은 역할을 허용하는 국가들에 비해 국가주의적 성향이 상대적으로 높은 국가들(예로써, 프랑스와 스페인)이 치리에 있어서 성공할 가능성이 낮은 것으로 평가되고 있다 (Bovens, Hart & Peters, 2001). 마찬가지로, 자유민주주의 모형의 국가들(예로써, 영국)은 코포라티즘적 혹은 '코포라티즘적 다원주의(corporate pluralist)' 국가들(예로써, 스웨덴, 네덜란드, 독일 등)에 비해 치리 역량이 상대적으로 낮은 것으로 평가되고 있다.

이와 같은 경험적 연구 결과에도 불구하고, 아직도 치리 역량의 평가 방법을 좀더 개발하고, 각 나라에서 실제로 이루어지는 치리의 역량에 대한 경험적인 비교 연구가 필요하다. 그렇게 함으로써 국가와 사회간 관계의 맥락에서 치리 방식들의 다양성과 각각의 치리 역량

---

1 두 가지 변수에 의해 측정된 모형별 치리 역량에 대한 이와 같은 결론은 두 가지 변수간의 상호작용이 곱셈의 (multiplicative) 관계이고, 양자간의 비중이 비교적 비슷하다는 가정에 의한 것이다. 만약에 그들의 상호작용이 덧셈의(additive) 관계라면, 치리의 순(net) 역량은 두 변수간의 배분에 따라 모형간에 대체로 비슷한 점수가 나올 것이다 (Peters & Pierre, 2000).

을 이해하고 평가할 수 있는 이론을 발전시킬 수 있을 것이다.

3. 한국의 치리 역량

1) 국제 경쟁력

한국은 20세기 중반에 이르러서야 자유민주주의 국가로 출발했다. 그러나 65년이라는 짧은 기간에 빠른 속도로 발전하여 국민경제의 규모, 군사력, 정보화 면에서는 세계 최상위권 국가군에 속하게 되었다. 반면 민주주의 정치, 삶의 질, 공정성 면에서는 두 번째 상위권 국가군에 속하는 것으로 요약할 수 있다.

한국의 국제 경쟁력에 대해서는, 최근 몇 년간의 국제 경쟁력 평가 보고서에 의하면 한국의 순위는 심한 기복을 나타내고 있다. 1990년대 초까지만 해도 한국은 빠른 산업화를 추진하면서 비교적 높은 국제 경쟁력을 인정받았으나, 최근에는 아시아 국가들 사이에서조차 국제 경쟁력 평가에서 낮은 점수를 받는 일이 발생하고 있다. 나아가 한국의 낮은 국제 경쟁력의 요인으로 '국가' 부문의 비효율성이 중요한 부분을 차지한다는 점을 주목할 만하다. 이러한 결과에 대해서는 최근의 국제 경쟁력 평가 지표가 신자유주의적 가치를 기본 전제로 정부의 친시장적 정책과 신공공관리적 개혁에 높은 점수를 주는 것이 하나의 설명이 될 수 있다. 국제 경쟁력 평가 지표의 이러한 한계를 고려한다 해도 한국에 대한 낮은 평가는 여전히 한국의 치리 역량에 대한 하나의 경고라고 볼 수 있다.

2) 민주화와 치리 역량

한국의 공공부문은 끊임없이 확대되고 있다. 이처럼 공공부문의 확대가 이루어지고 있는 근본 원인은 우리 사회의 민주화에서 찾을 수 있다. 수요 측면에서는 민주주의의 진전에 따라 그동안 소외되었던 계층의 행정서비스 욕구와 서비스의 질에 대한 기대수준이 모두 폭발적으로 분출하고 있다. 2000년대 들어 한국에서 공정성과 삶의 질이 중요한 이슈로 떠오르고 있는 것이 이를 반영한다. 또한 공급 측면에서도 선거경쟁이 훨씬 더 중요해진 정치 환경이 펼쳐지면서 유권자들의 욕구와 기대 수준에 여야를 막론하고 정책결정자들이 보다 긴밀하게 순응하지 않을 수 없는 상황이 되었다. 이를 반영하듯 김대중 정부 초기에 외환위기 상황에서 국제적 압력과 경제 위기 타개를 위해 일시적으로 정부 규모가 감소하였으나, 그 이후로는 정부 성장의 수요가 더 폭발적으로 증가해 왔다.

한국의 치리 제도화는 앞에서 살펴본 것처럼 국가주의적 치리가 제도화되어 온 가운데 최근에 들어 자유민주주의적 치리로 이행하고 있는 양상이다. 그러나 아직 '국가' 및 사회 부문에서의 다원화가 충분하게 이루어지지 않은 상태이며, 강한 '국가'와 강한 사회로의 이행이 동시에 이루어져 왔다. 따라서 후기산업화 및 후기 민주주의 시대에 수많은 공공갈등이 유발되고 있으나 이를 해결하기 위한 상호조정 기제(mutual adjustment)는 아직 마련되어 있지 않다. 이 때문에 엄청난 의사결정비용을 지불하고 있는 중이다 (정용덕, 2011). "강한 '국가,' 강한 사회"의 시대에 더 이상 '국가주의적' 치리 모형은 적합하지 않으며, 다원화가 충분히 이루어지 않은 상태에서는 '국가중심적' 치리 모형의 적실성이 높아 보인다.

앞서 공공문제를 해결하는 능력, 즉 치리 역량을 뒷받침하는 두 요인으로 '국가' 권위와 정보 능력이 상호 균형을 이루었을 때 치리 역량이 증가하는 것으로 가정하였다. 이와 관련해서 한 가지 중요한 논제는 '국가'가 수행하는 기능 및 양적 규모와 '국가' 권위 간의 관계에 관한 것이다. 대체로 '국가' 기능 및 양적 규모와 '국가' 권위 혹은 '국가' 능력과는 상관관계가 높지 않다는 의견이 지배적이다. 작은 정부를 유지하면서도 엄격한 법 집행을 통해 강력한 국가 권위를 유지할 수 있기 때문이다. 실제로 한국과 일본은 서구의 복지국가들에 비해 훨씬 작은 정부를 유지해 왔지만, '국가' 권위 면에서는 더 강력한 '국가' 강도를 유지해왔다. 그러나 사회부문에 대한 '국가' 정책결정의 개방성과 연계성을 바탕으로 하는 정책 정보 능력 면에서는 많은 취약점이 있다. 이 또한 '국가주의'를 약화시켜 나가면서 정책정보 능력이 높은 여타의 치리 모형으로의 전환이 필요함을 의미한다.

특히 2020년 COVID-19 바이러스의 국제적 전파로 인한 팬데믹 상황에 대응하는 다양한 국가들의 치리 역량이 행정학의 주된 이슈로 부상하였다. 이러한 팬데믹 상황에 대한 대응은 국가의 역량에만 의존할 수 없고 시민사회의 역량 및 협력이 매우 중요하다는 점에서 국가-사회 간 관계와 역량의 문제가 보다 중요하게 부각되는 시점이다.

제4장 공공리더십

서 론

　제3장에서 치리의 개념 정의에서 시작하여 국가기구 내부에서의 치리, 배태되어 있는 문화와의 상호관계, 그리고 국가−사회 간 관계에서의 치리에 대해 차례로 살펴보았다. 이 장에서는 설계된 치리 체계를 누가 어떻게 작동시킬 것이냐의 문제, 즉 리더십(leadership)에 대해 논의한다. 구조적 문제에 더하여 리더십의 문제 또한 치리에서 중요하다. 동일한 치리 체계도 그것을 누가 어떻게 운영하느냐에 따라 전혀 다른 결과를 낼 수 있기 때문이다. 특히 전통적으로 법(혹은 제도)보다는 군자(君子) 혹은 사람에 의한 치리에 좀 더 익숙한 문화적 바탕이 있는 한국을 비롯한 동아시아 나라들의 경우에 리더십은 좀 더 핵심적인 사안이 아닐 수 없다.

제 2 절 리더십 이론

1. 리더의 정의

1) 리더와 리더십

리더(leader)란 "한 집단을 위해 목표들을 정하거나 명확히 하고, 그 목표들을 성취하기 위해 집단 구성원들의 에너지를 끌어 모으는 사람"이다 (Keohane, 2010: 23). 리더의 좀 더 협력적이고 민주적인 역할을 강조하여, 집단이 공유된 목표들을 창출하고 성취하는 것을 "돕는 사람"으로 정의하는 것도 가능하다 (Nye, 2008: 18). 어느 경우든 리더가 특정 집단에서 구성원들의 공동의 목표 설정 및 그 목표 달성을 위해 자원을 동원하고 추진하는 과정에서 핵심적인 역할을 한다는 점에서는 공통적이다. 다만 리더와 리더십은 다르다. 전자가 특정 상황, 특정 집단에서 구성원들을 이끄는 사람이라면, 후자는 그것이 사람이든 조직이든 어떤 집단을 이끄는 작용 자체이다.

19세기까지만 해도 리더십에 대한 연구는 알렉산더나 나폴레옹 같은 영웅에 초점을 두는 위인론이 지배적이었다. 20세기로 넘어오면서 리더들의 성격이나 재능, 그리고 행동에 초점을 두는 특성론으로 발전이 이루어졌다. 그러나 이러한 특성론의 접근방법은 다양한 리더의 성격, 재능, 행동 가운데 어떤 것이 어느 상황에서 더 효과적일지에 대해 일관된 이론을 제시할 수 없었다 (OECD, 2001). 자연히 20세기 후반으로 넘어오면서, 상황론적 접근방법이 유행하게 되었다. 여건에 따라 더 성공적이고 덜 성공적인 리더십이 있을 것이라는 전제 하에 리더가 처한 여건 혹은 상황과 그에 부합하는 리더십의 유형을 탐구하는 연구가 진행되었다.

그러나 20세기 말에서 21세기로 넘어 오면서 리더보다는 추종자(follower)의 역할이 강조되기 시작했다. 처음에는 리더가 추종자들의 순응을 어떻게 얻느냐에 초점을 두었다. 이에 따라 뒤에서 자세히 살펴볼 변혁적 리더십과 거래적 리더십을 구분하는 경향이 나타났다 (Burns, 1978). 최근에는 추종자들이 리더의 성공에 결정적인 영향을 미친다거나, 더 나아가 리더와 추종자를 지위가 아닌 관계의 관점에서 접근하는 논의도 발전하고 있다 (Chaleff, 2009).

이와 같은 경향이 등장하게 된 중요한 이유로서 20세기 후반 이후 대부분의 나라에서 민주화와 정보화가 진전되면서 (지식정보를 포함한) 권력의 균등화가 이루어지게 된 점을 들 수 있다. 이로 인해 조직이나 공동체에서 전통적인 권력이나 권위에 의거하는 리더십은 점차 그 효과성이 감소하고 있는 것이다. 이러한 흐름에서 오늘날은 리더가 아니라 리더와 추종자 그리고 그들이 처해 있는 맥락(context)을 함께 아우르는 리더십의 개념이 보다 중심에 자리 잡게 되었다 (Nye, 2008: 21).

2) 리더와 관리자

치리에서 리더와 관리자는 구분할 필요가 있다 (정용덕, 2013: 7). 관리자(manager)는 단순히 과정을 관리하고 안정을 추구하는(혹은 그럴 것으로 기대되는) 사람인 반면에, 리더는 때로는 위험 부담을 떠안으면서까지 변화를 추구하는(혹은 그러할 것으로 기대되는) 사람이다 (OECD, 2001). 이렇게 볼 때, 하나의 조직이나 공동체에서 관리자와 리더의 구분은 공식적 직위나 직책 등에 의해 구분되는 것이 아니라, 어떤 직책을 맡은 사람의 질적 성향과 역할에서 구분할 수 있는 것으로 이해할 수 있다. 물론 조직이나 공동체의 발전을 위해 관리자들은 적극적으로 리더십을 갖추고 그것을 발휘할 필요가 있다. 반대로 훌륭한 리더가 되려면 권력 작용에 가까운 관리 능력을 필수적으로 갖추어야 하는 것이다 (Nye, 2008: 78-9). 따라서 리더십이 관리 능력보다 좀더 넓은 개념인 셈이다 (Nye, 2008: 78).

조직에는 이 두 가지 유형이 모두 필요하지만, 리더의 역할이 보다 더 중요하다고 한다 (OECD, 2001). 다만 이는 조직이 처한 맥락에 따라 달라진다. 조직이 안정적 환경에 속해 있다면 변화를 추구하는 리더의 역할보다는 일상적 작동을 보장하는 다수 관리자들의 역할이 중요하다. 그러나 오늘날과 같이 조직 환경이 급변하는 상황에서는 조직의 방향을 잡고 변화를 끌어내는 리더의 역할이 상대적으로 부각된다.

2. 리더의 능력

1) 리더십의 요건

성공적인 리더십의 요건으로 여러 가지를 들 수 있다 (Keohane, 2010: 3장). 첫째, 리더는 정확하고 적절한 판단을 내릴 수 있어야 한다. 집단 목표를 명확하게 설정하고, 구성원들의 에너지를 결집하는 통찰력 등이 그것이다. 리더에게는 경험, 직관, 지능 등이 결합하여 시의성 있게 결정하는 특별한 정신력이 필요하다. 이는 유전적 요인, 경험, 합리성, 그리고 "총체적인 무엇인가"가 더 필요한 능력이다. 둘째, 리더는 핵심적인 기술도 보유하고 있어야 한다. 정보의 수집 및 사용, 수사(rhetoric) 및 의사소통, 상징의 사용, 의사결정 능력, 그리고 타협할 줄도 아는 능력 등이다. 셋째, 리더에게는 열정과 균형, 동정과 냉정, 용기와 온건함, 그리고 비전이 필요하다.

이러한 요건들은 오늘날 치리와 리더십을 논의하는데 필요한 개념들이다. 그러나 이 요건들만으로는 리더의 성공을 담보할 수 없다. 또한 어떤 특정의 리더십을 명확하게 제시하는 것도 아니다. 예를 들어, 정확하고 적절한 판단이란 리더가 처한 맥락과 추종자들의 필요 및 능력과 연계 없이는 생각할 수 없다. 특별히 공공리더십은 복잡한 치리 맥락과 추종자(조직내부의 구성원 및 시민)들의 필요에 민감하게 반응하는 가운데 그들을 공공 목표의 설정과 달성으로 이끌 필요가 있다. 따라서 상황적합적(contingency)이고 맥락적인(contextual) 접근방법에 따라 리더십의 성격, 자원, 그리고 한계에 대한 논의가 이루어져야 한다.

2) 권력의 자원

리더십을 발휘하기 위해서는 다양한 유형의 권력이 필요하다. 나이(Nye)는 국제관계에서 리더십을 행사하는 경우에 필요한 권력 자원으로서 '경성권력'과 '연성권력' 그리고 양자를 상황에 따라 적절하게 혼합하여 적용하는 이른바 '똑똑한 권력(smart power)'의 개념을 제시했다 (<표 4-4-1>).

우선 경성권력은 위협 혹은 유인 제공의 형태로 행사된다. 이는 리더 뿐 아니라 관리자들도 행사할 수 있는 권력으로서, 제도가 제공하는 권력이라 할 수 있다. 주로 구성원들의 인사 및 계약과 관련된 권력이다. 이에 반해 연성권력은 리더 개인의 매력이나 협력의 형태로 행사되는 권력이다. 연성권력은 제도화되는 데는 한계가 있으며, 개인의 카리스마나 설득력, 솔선 등에 의해 창출되는 권력이다.

똑똑한 권력이란 경성권력과 연성권력을 적절하게 갖추고 상황에 맞추어 활용하는 것을

표 4-4-1	연성권력과 경성권력		
권력의 유형	행태	원천	예
연성권력	매력, 협동	타고난 자질	카리스마
		소통	설득, 수사, 본보기
경성권력	위협, 유인	위협, 협박	채용, 해고, 강등
		보수, 보상	승진, 보상

출처: Nye, 2008: 40.

의미한다. 경성권력에만 의존하는 리더는 구성원들의 동의와 내면적 지지를 얻는 데 실패할 것이고, 연성권력에만 의존하는 리더는 제도적 자원의 활용에 실패하여 그 영향력을 제한하는 셈이다. 또한 경성권력은 조직이 안정적일 때 잘 작동할 수 있으나, 조직 구성원들의 합의가 필요한 조직혁신과 같은 과업에서는 의존하기 어려운 권력이다. 반면 연성권력은 조직혁신에 유리한 권력이나 그 안정성에 한계가 있다. 따라서 성공적인 리더는 경성권력과 연성권력의 균형잡힌 확보 및 행사를 통해 나타난다.

3. 동양적 리더십 이론

대부분의 현대 리더십 이론들은 서구의 문화 및 제도를 바탕으로 이루어진 것들이다. 물론 오늘날의 조직들이 서구의 문화 및 제도적 바탕 위에 작동하는 것은 사실이다. 그러나 문화적 측면을 고려할 때 주로 조직의 비공식적 측면에 있어서 동서양의 리더십 관념에 의미있는 차이가 있을 수 있다. 이 점에서 동양에서 강조해온 리더와 리더십에 대한 이해가 필요하다. 여기서는 주로 동북아의 유교 문화권의 리더십 관념을 살펴보고자 한다.

1) 왕도와 패도

동양, 특히 유가(儒家)적 전통에서는 리더에 대한 논의는 곧 군주에 대한 논의였다 (박병련, 2009). 유가에서는 군주의 리더십을 왕도(王道)와 패도(覇道)의 두 가지로 구분하여 전자를 숭앙하고 후자를 배척하였다 (박병련, 2009). 왕도란 덕을 베풂으로써 사람들을 감화시켜 복종하게 하는 리더십이고, 패도란 권력으로 사람들을 복종하게 하는 리더십을 의미한다. 이러한 구분은 서양의 리더십 논의와도 유사하다. 즉 왕도의 리더십은 나이(Nye)가 말하는 '연성권력'을 주로 사용하는 리더십에 해당하고, 패도의 리더십은 '경성권력'을 주로 사용하는 리더십에 해당한다고 볼 수 있다. 그러나 연성권력과 경성권력의 개념은 주로 수단에 초점을 맞춘 반면, 왕도와 패도의 구분은 리더가 추구하는 목적이 유가적 관점에서 옳은 것인가 아닌가에도 초점을 두는 점에서 다르다.

유가적 전통에서 리더는 소위 '군자' 혹은 '성인'으로 표현되는 이상적 인간상을 의미한다 (배병삼, 2007). 유가에서 리더가 갖추어야 할 덕성의 수준을 오늘날 서양의 리더십 이론에서는 그다지 요구하지 않는다. 서양의 리더십 개념에서는 리더와 추종자 간 거리가 그리 멀지 않으며, 특히 민주적 리더십은 일반 시민들도 리더의 경험을 갖출 것을 요구하기도 한다 (Keohane, 2010). 그리고 리더에게 기대되는 것은 인성보다는 조직적 성과이다. 이러한 차이는 다시 '인(仁)의 지배'에 의존하느냐 '법의 지배'에 의존하느냐 하는 전통의 차이에 기인한다고 볼 수 있다.

2) 동양적 리더십의 네 가지 유형

리더십 발현 형식에 따라 동양에서는 네 가지 리더십 유형을 주목해 왔다 (박병련, 2009). '독단전제(獨斷專制)형,' '위임(委任)형,' '수의(隨意)형,' '솔선(率先)형'이 그것이다. 독단전제형은 추종자들을 고려하지 않고 리더의 독자적인 가치와 판단에 따라 이끄는 유형이다. 이는 리더의 능력이 부하들보다 뛰어날 때, 혹은 제도적으로 권력이 집중되어 있을 때 발현되기 쉬운 리더십이다. 그러나 이러한 리더십은 리더 개인의 능력이 장점이자 한계로 작용하기에 불안정하고 제한적인 리더십이다.

위임형은 능력 있는 부하들에게 재량권을 주어 일하게 하고 자신은 자원을 동원하는 데에 초점을 둔다. 인사를 중시하고 군주와 신하 간의 균형을 강조하는 동양적 리더십 관념에서 위임형 리더십은 선호될만한 리더십이다. 이는 부하들의 능력이 충분하고, 리더는 전문적 분야의 능력보다는 통솔력이나 상징성이 뛰어날 때 발현될 만하다. 그러나 리더와 부하 간의 균형은 깨지기 쉬운 매우 미묘한 것이며, 권한과 책임의 배분 문제 등에서 취약성을 지닌다.

수의형은 리더 본인의 능력이 상당히 뛰어나면서 주변의 인재들로부터의 투입을 통해 결정을 내리는 유형이다. 오늘날 참여 및 숙의민주주의적 리더십과도 상통한다는 점에서 시사점이 있는 리더십이다. 그러나 조직의 당파성이 강하거나 신속한 의사결정이 필요한 상황에서는 교착 상태에 빠질 가능성이 높은 리더십이다. 또한 리더에게 상당한 윤리를 요구하는 리더십이기도 하다.

마지막으로 솔선형은 위기 상황에서 자신이 앞장서서 뛰어들어 문제를 해결하려는 유형이다. 문제에 비해 조직이 보유한 자원이나 역량이 부족할 때, 리더가 개인의 모든 자원을 조직을 위해 소비하는 리더십인 셈이다. 동양적 관점에서는 이상적인 리더십이다. 다만 서구적 리더십 관점에서 보면 솔선형 리더십의 지속가능성과 소통에 있어서 문제가 제기될 여지가 있다.

3) 동양적 리더십의 핵심 가치

박병련(2009)에 의하면, 동양적 리더십의 핵심 가치는 '때를 아는 것'과 '마음으로 복종시키는 것'이다. 첫째, 때를 알고 공무를 행한다는 것 혹은 '시무(時務)'는 시대의 특징과 요구를 안다는 것을 의미하고, 언제 행동할지를 안다는 것을 의미한다. 이 부분은 서양의 리더십 이론에서 강조하는 맥락지성(contextual intelligence) 개념과 얼마간 공통점이 있다 (Nye, 2008). 둘째, 마음으로 복종할 수 있는 리더를 숭상하는 동양의 문화에서는 리더의 헌신과 솔선수범을 극도로 중요시한다. 리더의 헌신과 솔선수범은 '공직으로부터 사익을 추구하지 않는 청렴,' '인재를 알아보는 관도,' '자기 성찰 및 널리 들음,' 그리고 '공평무사'를 통해 나타나거나 입증될 수 있다 (박병련, 2009). 이러한 동양적 리더십의 핵심 가치들은 한국의 바람직한 공직자들의 기준을 설정할 때 중요하게 고려되어야 할 사항들이다.

4) 동양적 리더십 논의의 한계

위에서 간략히 살펴본 동양의 리더십 이론은 유가적 전통에 치우친 면이 있다. 유가에서는 패도로 간주하는 법가(法家)적 전통은 서양의 법치주의적 리더십과 유사한 리더십을 강조함과 아울러 매우 실용적인 리더십을 또한 강조한다 (이원택, 2007). 하지만 법가의 리더십은 기본적으로 제왕의 권력 강화와 통치를 위한 리더십이라는 한계 때문에 민주주의 사회에 적용하는 데는 세심한 재해석이 필요하다.

노자로 대표되는 도가(道家)의 리더십은 동양철학자들간에도 의견이 분분하다. 단순화하면, '방임'의 리더십이라 할 수 있을 것이다 (강신주, 2007). 백성의 삶에 인위적인 제약이나 규칙을 강요하기보다는 그들 스스로 자연스럽게 살아가도록 하고, 리더십의 존재는 인식하되 그 행사는 인식하지 못하도록 하는 것이 최선의 리더십이라고 보는 것이다. 하지만 이러한 방임의 리더십은 '은밀히 행사되는 제왕의 통치'를 정당화하는 부분이 있다는 한계가 지적된다 (강신주, 2007).

요컨대 동양적 리더십이라고 할 때 그 관념 속에는 다양한 학파의 리더십 이해가 담겨 있음을 인식할 필요가 있다. 이들 간에는 때로 상충하는 부분들도 있으며, 각 학파가 이상형으로 제시하는 리더십은 그것이 적용될 수 있는 맥락에 따라 성패가 다르게 나타날 수 있다. 이 점을 감안하면 어느 한 가지 이론의 배타적 적용은 바람직하지 않다고 할 수 있다.

제 3 절 상보적 리더십

1. 문화, 치리와 리더십

앞서 문화 유형과 치리를 연결시킨 논의처럼, 리더십 역시 문화적 배경 및 특정한 치리와 친화성을 지닐 수 있다 (최태현·정용덕, 2018). 우선 위계주의 문화에서는 주로 경성권력에 근거한 지시적 리더십이 보다 선호될 것이다. 집단의 구성원들은 예측가능한 규칙들을 권위적으로 작동시키는 리더에게 문화적으로 익숙하다. 지시적 리더십은 강력한 리더-추종자 관계 위에서 권위적으로 일을 추진한다. 반면 개인주의 문화에서는 개인에게 그가 행한 공헌에 상응하는 보상을 부여함으로써 구성원을 이끄는 거래적 리더십이 보다 잘 작동할 것이다. 거래적 리더십은 보상과 유인이라는 경성권력에 의존하여 당사자 간 계약이라는 형태로 작동한다. 평등주의 문화에서는 경성권력에 기반한 리더십보다는 설득이나 카리스마와 같은 연성권력에 기반한 참여적·변혁적 리더십이 보다 수용성이 높을 것이다. 평등주의적 치리는 구성원들의 참여와 분권을 강조하는 만큼, 집단성이 강하다 해도 지시적 리더십은 잘 작동하지 않는다. 리더는 소통과 섬김, 영감의 리더여야 한다. 마지막으로 운명주의 문화에서는 사전적으로 무언가 일을 벌이기보다는 사후적 조정에 머무르는 소극적 리더십을 선호할 것이다.

2. 리더십 유형들 간 상보성

오늘날 복잡한 조직 환경에 맞추어 조직 구조 역시 복잡해짐에 따라 어떤 조직도 단일의 리더십에 의해 작동하기 어려운 상황에 놓여 있다. 비록 문화적 배경에 따라 해당 조직 혹은 사회가 선호하는 주된 리더십 유형이 있다고 하더라도, 실제에 있어서는 이들을 보완해주는 보완적 리더십이 필요한 것이다. 여기서는 지시적 리더십, 거래적 리더십, 참여적 리더십, 소극적 리더십이 각각 서로 어떤 상보성을 가지는지를 검토한다. <표 4-4-2>는 논의를 요약한 것이다.[1]

---

1 이 부분은 최태현·정용덕(2018)의 논문에 크게 의존하였다.

표 4-4-2	리더십 유형들 간의 이론적 상보관계			
주 종	지시적	거래적	참여적	소극적
지시적	권력 자원 부족 재난적 실패 가능성	보상적 경성권력 제공 개인주의에 대한 반감 불확실성 문제 자원 확보 문제	연성권력 자원 제공 획일적 의사결정 통제 국가 수준 적용 어려움 문화적 모순적 관계	획일적 의사결정 통제 지시적 리더십 실패의 정당화
거래적	시장 실패 상황에서 보완 자유주의에 따른 문 화적 반감	내재적 동기부여 취약 혁신 어려움	연성권력 자원 제공 혁신적 에너지 제공 시장과 공동체 간 문화/ 지향의 근본적 대립 관계	문화적 친화성 (자유방임) 불확실성 대응기제 제공 동종교배의 한계
참여적	결정의 교착 상태 타개 예외적 경우만 적용 가능 문화적 정당성 부족	근본적 상충관계	상징정치 가능성 의사결정 교착	상징정치 폐해 통제 과도한 집단주의 여과 불확실성 대응기제 제공 문화적 거리 큼
소극적	대체	대체	대체	적극적 리더십 제공 어려움

주: 표의 행은 중심적 리더십, 열은 보완적 리더십을 각각 의미함. 표의 대각선은 각 리더십 유형의 한계를 의미함.
출처: 최태현·정용덕, 2018: 36.

1) 지시적 리더십과 상보성

지시적 리더십의 약점은 경성권력에 기반하다보니 제도적 자원이 필요하고, 위협과 같은 수단들이 활용될 수 있는 문화나 환경이 전제되어야 한다는 점이다. 또한 위계주의 문화에서 치리가 대형 실패의 가능성을 안고 있다는 점도 한계이다. 따라서 이러한 문제를 보완할 수 있는 리더십이 모색되어야 한다.

우선 거래적 리더십이 이를 보완할 수 있을 것이다. 구성원들이 보다 개인주의적 문화에 익숙할 경우 보상적 경성권력을 통해 순응을 이끌 수 있다. 또한 직업공무원제 하에서 신분 보장이 된 경력직 공무원들에 대해 최근 성과중심적 인사관리 흐름에서 보듯이 보상에 근거한 거래적 리더십을 부분적으로 적용함으로써 구성원들의 동기부여를 강화할 수 있다. 다만 위계주의와 개인주의 문화의 충돌이라는 한계를 어떻게 해결할 것인가의 문제가 있다. 특히 최근 이른바 밀레니얼 세대의 가치가 기존의 위계주의적 조직에 균열을 가져오고 있다는 인식이 확산되는 것은 이러한 예이다. 또한 조직이 불확실성에 직면할수록 거래적 리더십은 지시적 리더십을 보완하는 데에 한계가 있다.

둘째, 참여적·변혁적 리더십을 통한 보완이다. 참여적 리더십은 지시적 리더십의 위계적 통제에 반발하는 보다 자율적인 구성원들에게 설득력있는 대안을 제시해줄 수 있다. 예를 들어, 국가 전체 수준의 개발계획은 위계주의 치리와 지시적 리더십 간 연계를 통해 수립하고 집행하되, 지역 수준에서는 참여적·변혁적 리더십을 통해 그것을 구체화하는 방안을 들 수 있다. 이러한 상보성은 지시적 리더십의 한계인 대형 실패에 대한 예방책의 기능도 할 수 있다. 다만 참여적 리더십은 지역적인 치리 수준에 적용되기에 보다 적합하고, 위계주의와 평등주의 문화가 충돌할 가능성이 높다는 한계가 있다.

마지막으로, 소극적 리더십은 '합리적 기획'의 타당성에 대한 의심, 그리고 "무작위" 혹은 "부작위" 등이 지시적 리더십과 결합할 때 역설적으로 지시적 리더십의 무분별한 남용을 제어함으로써 대형의 정책실패를 방지하는 역할을 할 수 있다. 다만 지시적 리더는 자신의 정책 실패를 운명의 탓으로 돌리는 방식으로 소극적 리더십을 악용할 가능성도 있다.

2) 거래적 리더십과 상보성

거래적 리더십은 구성원들의 내재적 동기부여에 취약하고, 획기적인 변화를 이끌어내기 어렵다는 한계가 있다. 그러나 개인주의 문화가 확대될수록 거래적 리더십의 장점이 부각된다는 점에서 거래적 리더십이 주가 될 때 다른 리더십이 어떻게 이를 보완할 수 있을지 살펴보는 것은 의미가 있다.

첫째, 거래적 리더십은 유인체계에 기반하기 때문에 자원이 부족할 경우나 예측가능성이 떨어질 경우 작동하기 어렵다. 이런 때에는 법적 규제를 통한 위협이라는 제도적 자원에 의거한 지시적 리더십이 보완적으로 활용될 수 있다. 그러나 이는 제한적으로만 활용될 수 있을 것이다. 개인의 자유로운 선택을 제한하는 지시적 리더십은 문화적 가치의 수준에서 개인주의와 충돌할 수 있기 때문이다.

둘째, 참여적·변혁적 리더십이 동원할 수 있는 연성권력과 개혁적 능력에 의해 거래적 리더십의 물적 자원 부족 문제가 완화될 수 있다. 다만 역사적으로 볼 때 변혁적 리더십은 거래적 리더십을 극복하는 과정에서 제시되었다는 점과, 권력의 원천이 다르다는 점, 집단성에 대한 강조의 수준이 다르기에 문화적 갈등이 발생할 수 있다는 점 등에서 상보성이 높은 관계는 아니라고 볼 수 있다.

셋째, 소극적 리더십은 자유방임(laissez-faire)과 창발성이라는 이념에서 거래적 리더십과 어울리는 부분이 있다. 또한 불확실성에 취약한 거래적 리더십을 위해 불확실성 자체를 치리의 수단으로 활용하는 소극적 리더십은 거래적 리더십에 대한 부분적 보완이 될 수 있다. 다만 소극적 리더십과 거래적 리더십의 결합은 마치 동종교배의 유전적 취약성과 같이 변화에 적극적으로 대응하지 못하는 한계를 악화시킬 수 있다.

3) 참여적 · 변혁적 리더십과 상보성

참여적 · 변혁적 리더십은 평등주의에 기반한 치리가 직면하는 상징정치의 가능성 및 의사결정의 교착 등의 한계를 공유한다. 이에 대한 다음과 같은 리더십 간 상보성을 생각해볼 수 있다.

첫째, 지시적 리더십이 정책 결정 및 집행의 교착 상태를 타개하기 위해 보완적으로 사용될 수 있다. 전체적으로는 참여적 의사결정 기제를 작동시키되, 비본질적인 부분이나 최종적 결정의 단계에서 지시적 리더십을 보완적으로 발현하는 것이다. 다만 이런 식의 보완은 결정의 교착 상태로 인한 비용이 매우 심각하여 공동체 구성원들 간에 결정 자체의 필요성에 대한 동의가 형성되어 있는 예외적인 조건 하에서만 수용 가능할 것이다.

둘째, 거래적 리더십은 참여적 · 변혁적 리더십과 문화적으로 상충하는데다 참여적 · 변혁적 리더십이 주된 리더십인 상황에서 부분적으로 거래적 리더십이 적용되는 것은 제도적 특성에 따른 한계가 있다. 즉 시장 기제에 기반하는 거래적 리더십은 보편성을 담지한 반면, 관계에 의존한 참여적 · 변혁적 리더십은 치리의 관점에서 보자면 특수성이 강조되는 리더십이다. 따라서 거래적 리더십이 주가 되어 참여적 · 변혁적 리더십이 이를 보완하는 경우와는 달리, 참여적 · 변혁적 리더십이 주가 되고 거래적 리더십이 보완적으로 작용하는 경우는 현실에서 작동하기 쉽지 않을 것이다. 그러나 변혁적 열정이 식은 공동체의 경우 유인과 보상에 의한 리더십은 하나의 불가피한 보완책이 될 수는 있을 것이다.

셋째, 소극적 리더십은 참여적 · 변혁적 리더십의 열정을 통제함으로써 참여적 · 변혁적 리더십이 지닌 과도한 집단주의나 상징정치의 문제점을 완화할 수 있다. 양자의 리더십이 문화적으로는 양 극단에 위치함에도 불구하고 (Hood, 1998: 9), 소극적 리더십은 집단주의에 대한 경고와 "운명"에 대한 환기를 통해 치리의 균형을 잡아줄 수 있다. 다만 참여적 · 변혁적 리더가 스스로 소극적 리더십을 발현하는 것이 아닌 이상, 자신의 조력자로서 소극적 리더를 수용할 것인지는 하나의 한계라고 할 수 있다.

4) 소극적 리더십과 상보성

소극적 리더십은 수동적이고 사후적인 리더십이라는 특성상 현대 사회와 조직에서 주된 리더십이 되기는 어렵다. 소극적 리더십은 주된 리더십의 위치에 있기보다는 앞서 논의한 세 가지 리더십의 보완적 리더십으로서 의미가 더 크다고 할 수 있다.

제 4 절   적극행정 리더십

최근 한국에서 적극행정 개념이 대두되고 있다. 특히 공무원이 공익을 실현하기 위해 급박한 상황에서 절차적 위반을 한 경우 이를 면책하는 제도를 중심으로 적극행정이 논의되고 있다. 그러나 적극행정은 보다 폭넓게 이해될 필요가 있다. 한국 발전국가에서 공무원들은 경제성장의 "역군"으로 "밤을 새워" 일하는 이미지를 구축하여 왔다. 나아가 이러한 발전국가적 정부는 시민사회를 이끄는 제도적 리더십을 발휘해 온 것으로 의인화되어 이해되는 것도 일반적이다.

이에 따라 이 절에서는 적극행정 리더십을 살펴본다. 우선 적극행정을 어떻게 이해해야 하는지를 살펴보고, 이어서 적극행정을 구현하기 위한 리더십을 어떻게 보아야 할지를 논의한다.[2]

1. 적극행정을 이해하는 관점

2010년대에 적극행정은 발전국가적 맥락에서의 관료의 역할보다는 주로 인허가 등 규제행정 영역에서 면책에 초점을 두는 감사행정의 시각에서 제도화되어 왔다 (김윤권 외, 2011). 따라서 적극행정을 크게 통제 중심 관점과 공익실현 중심 관점이라는 두 가지 큰 범주의 시각으로 나누어 볼 수 있다 (<표 4-4-3>).

우선 통제 중심 관점은 보다 실무적인 관점으로서 적극행정 면책제도와 같은 현실 제도에 반영된 관점이다. 여기서 적극행정이란 기본적으로 공무원이 공익을 달성하기 위해 일반적인 상황과는 달리 불가피하게 예외적으로 "법규"를 위반하는 행동을 하는 것을 의미한다. 관료가 법규를 위반했기 때문에 그에 대한 책임을 지는 것이 당연한데 그 법규의 위반이 본인의 사익을 위한 것이 아니라 공익을 위한 것이었고, 고의나 중대한 과실이 없음이 인정될 수만 있다면, "적극적으로" 대응했음을 근거로 면책한다는 것이다. 어떤 경우에 이러한 정당성이 인정되는지는 다양한 면책 요건 논의로 구체화 되고 있다. 특히, 공익성, 사익부존재성, 시의성, 비례성 혹은 보충성 등이 핵심 요건으로 꼽힌다 (김수종, 2017; 김윤권 외, 2011). 다만

---

2 이에 대한 자세한 내용은 최태현 · 정용덕(2020)을 참고.

표 4-4-3	적극행정을 이해하기 위한 두 관점	
통제(control) 중심 관점	**공익실현(creation) 중심 관점**	
'면책' 요건 중심의 논의로서 적극행정이 본질적으로 법규위반행위임을 함축 관료의 '복지부동' 혹은 '무사안일' 등 관료 행태에 대한 통제에 초점 관료제 내부에 초점 시민사회와의 관계는 부차적 문제 면책사유로서 '공익성'을 요구하는 문제 2008년 감사원 훈령의 정의	관료 혹은 관료제의 존재 의의 내지 목적으로서의 공익실현 부각 법치행정상 합법성과 합목적성에 대한 논란 부각 국가(관료제)와 시민사회의 관계에 대한 논란 부각 대의민주주의 체제에서 공무원의 역할 범위에 대한 논란 부각 2019년 대통령령의 정의	

출처: 최태현·정용덕, 2020: 4.

이러한 요건들은 정부의 시책에 따라 완화되기도 하지만, 법적 판단에 있어서 불확실성이 높아 실제 실무자의 입장에서는 쉽게 의지하기 어렵다. 보다 근본적으로 통제 중심 관점은 관료제 내부에 초점을 두어 관료 행태에 대한 법적 판단을 중심으로 접근함으로써 적극행정의 논의 범위를 지나치게 좁히는 문제가 있다.

공익실현 중심 관점은 감사행정의 관점을 넘어, 적극행정을 "관료 혹은 관료제가 공익을 실현하기 위해 적극적으로 정책을 수행하여 결과를 빚어내는 것"으로 보는 시각이다. 이 관념은 단순히 감사적 관점을 넘어 행정(부)의 존재 의의를 구현하는 것을 강조한다. 이에 따라 적극행정은 민원인과 담당자의 문제가 아니라 시민사회와 국가의 문제이며, 따라서 관료제의 범위를 넘어서서 이해된다. 이 관점에서 관료가 적극행정을 하는가의 문제는 어떤 정책이든 관료가 법에 구현된 시민사회의 정책적 요구, 즉 "공익"을 얼마나 적극적으로 달성하고자 노력하고 있는가의 문제이다. 그러다 보니 공익실현 중심 관점은 행정학의 전통적인 정치-행정 일원론 및 이원론의 문제와 직접적으로 맞닿아 있다.

요컨대 적극행정은 행정 실무에서는 주로 면책제도를 중심으로 이해되지만, 행정학 전반의 관점에서 보면 행정의 공익실현 기능을 중심으로 이해될 필요가 있다. 적극행정은 단순히 개별 인허가나 규제 적용의 문제가 아니라 행정이 국가 전체의 공적 목적 달성 과정에서 어떤 역할을 해야 할 것이냐의 문제를 포함하는 관념이다.

2. 적극행정 리더십

1) 제도적 리더십

공익실현 중심 관점에서 접근하는 경우, 비로소 적극행정 리더십이라는 논의가 가능해진다. 통제 중심 관점에서는 개별 사안에 있어서 관료의 결정과 행동에 대한 개별적 통제에 초점이 있기 때문에 리더십을 논할 여지가 적다. 반면, 공익실현 중심 관점에서는 한국의 발전국가에서 관료제의 역할과 결합시켜 적극행정 리더십을 논할 가치가 있다. 다만 한국이 발전국가에서 벗어나 새로운 제도적 변화를 모색하고 있는 상황에서 오늘날 적극행정 리더십은 어떤 의미인가에 대한 논의가 필요하다.

한국 행정국가에서 관료는 정책집행에서 주도적 역할을 담당해왔다. 한국 발전국가의 특징이 바로 정치에 의존하기보다는 부국강병을 추구하는 정권과, 응집력과 능력을 구비한 관료제의 결합이다. 여기서 시민들은 수동적 존재에 머물렀다. 관료들은 국가 건설과 경제 성장의 선도자로서 시민사회를 이끈다는 이른바 "행정 리더십"의 주체로 자신들의 정체성을 삼았다.

그러나 오늘날 국가는 정책의 주체보다는 조장자(facilitator)로 관념화되기 시작하였다 (최태현·정용덕, 2018). 특히, 협력적 치리에서 국가는 시민사회에서의 협의 과정을 지원하고, 구체적인 의사결정을 좌우하지 않는 일종의 "협력의 플랫폼" 역할을 맡는 것으로 기대된다 (Ansell & Gash, 2018). 이러한 플랫폼 위에서 공익을 향한 적절한 과정이 설계되고, 실체적 공익이 합의되는 것이다. 이 과정에서 국가는 물적 자원과 법적 제도를 마련하여 제공함으로써 시민들 간의 자발적인 협의 과정을 관리하는 역할, 그리고 시민들의 협의 결과를 법적 구속력을 가지고 집행하는 역할을 담당한다 (Choi, 2014).

이 경우, 공익실현적 적극행정의 관점에서 적극행정 리더십은 내용보다는 절차에 초점을 두게 된다. 관료는 공익의 실체에 대한 판단을 가급적 시민사회의 의사 형성에 맡기고, 공익의 정의를 향하는 과정, 즉 관련된 시민들 간의 협의 과정의 관리에 있어서 다양한 재량을 발휘하는 것으로 적극행정 리더십이 구현될 수 있다는 것이다. 관료는 주어진 법의 취지를 적극적으로 시민들에게 알리고, 해석하고, 협의해 나가는 과정을 관리해나감에 있어서 재량을 행사함으로써 리더십을 발휘하는 것이다. 나아가 이 과정에서 실체적 공익 판단에 있어서도 영향을 미칠 수 있다. 궁극적으로 이렇게 합의된 정치적 의사결정을 집행하는 것은 여전히 관료의 적극행정 리더십에 의존할 수밖에 없다.

2) 적극행정 실천을 위한 리더십

위에서 논의한 제도로서의 행정의 적극행정 리더십에 더하여, 통제 중심 관점에서든 공익실현 중심 관점에서든 관료들이 적극행정을 실천하도록 이끄는 리더십에 대해서도 고려해야 한다. 앞서 말했듯이 적극행정 면책제도의 존재에도 불구하고 개별 관료 입장에서는 규정에만 근거하여 감사와 징벌의 대상이 될 처분을 하기는 어렵다. 적극행정 관념에 대한 공무원들의 불평대로, 적극행정은 관료 개개인의 문제가 아니라 조직의 분위기의 문제인 것이다. 이는 결국 리더에 의한 예측가능하고 명확한 공식적/비공식적 지지가 필요함을 의미한다. 리더는 조직 구성원들에게 적극행정 실천의 의지를 강력하게 천명하고, 그 절차의 명확성을 확보하며, 결과의 예측가능성을 제고해나가는 역할을 수행해야 하는 핵심적 위치에 있다. 그럼으로써 단기적으로는 불비한 제도를 보완하여 제도의 취지를 달성하고, 장기적으로는 리더의 기능 자체를 제도화시켜 그 성과의 안정성을 개선시켜나가는 것이 필요하다 하겠다.

제 5 절   공공윤리와 리더십

공공리더십에서 윤리적 문제를 빼 놓을 수 없다. 윤리적 리더십이란 반드시 선험적인 도덕적 가치를 추구하는 리더십만을 의미하는 것은 아니다. 아래에서 보듯이, 윤리적 리더십이란 리더로서 처한 의사결정 상황의 복잡한 맥락을 이해하고, 도그마가 아니라 다양한 가치와 수단의 효과성과 도덕성에 대한 평가에 기반하여 적극적으로 공익을 추구해가는 리더십을 의미한다. 그 어떤 치리나 공공리더십 유형도 국정운영에서 유일한 최선의 방식이 될 수는 없다. 처해 있는 상황과 목적에 따라 적절한 방법을 선정하고 때로는 종합하여 적용하는 이른바 '식시(識時)' 혹은 맥락지성의 발휘가 필요하다 (박병련, 2009; Nye, 2008). 공공문제 해결에서 경성권력과 연성권력을 적절하게 조합하여 구성원의 협력을 이끌어내는 똑똑한 권력(smart power)이나 시대를 읽고 좌표를 설정하는 식시 혹은 시무(時務)의 능력은 그 공공문제가 지니는 역사적 특성과 비교론적 보편성을 동시에 감안하는 지혜와 통찰력에서 나온다. 이 경우에 공공리더들은 그 공공갈등의 상황적 맥락과 문화적 배경을 이해하고, 그에 적합한 리더십 유형을 선택하여 적용하는 맥락지성이 필요하다.

1. 행정의 성격, 리더십과 맥락지성

1) 행정의 실용적 특성과 리더십

행정은 실용적이고 실천적인 인간의 집합 행동이다. 행정학 역시 전문직업가적이고 실용적인 특성이 있다. 현대 행정학의 대가들이 모두 이와 같은 행정이론과 철학을 발전시켜 왔다 (정용덕, 2009). 우선 왈도(Waldo, 1971; 1980)는 행정을 수행함에 있어서 행정가는 상충하는 다양한 가치들에 직면하게 된다는 점을 강조하였다. 집권 대 분권, 많은 참여 대 적은 참여, 정치 대 행정, 효율 대 그 외의 가치, 합리성 대 감성, 안정 대 변화, 기대의 확대 대 기대의 축소, 자유 대 평등, 공동체주의 대 개인주의, 공 대 사, 관료주의 대 민주주의 등을 들 수 있다. 이 상충하는 가치들 가운데 어느 것이 더 우선해야 한다는 정답은 없으며, 행정이 직면하는 상황에 따라 적절하게 판단하여 정책을 수행하는 것이 바람직하다고 보았다.

행정학의 과학화에 크게 기여한 사이몬(Simon, 1945)은 인간들이 지닌 능력의 한계로 인해 완전한 합리성에 입각하여 의사결정을 하는 것은 어렵다고 보았다. 그가 주장한 바는 행정관리자들이 그저 '만족할만한(satisficing)' 수준에서 의사결정을 한다는 것이었다. 행정을 수행함에 있어 어떤 과학적 원리를 독단적으로 적용하거나 합리적 기획에 의거하기보다는 점증적으로 절충 과정을 거치면서 만족할만한 수준에서 의사결정을 하는 것이 차선이지만 현실적으로 최선의 방법이라는 것이다.

비교행정학의 대가인 릭스(Riggs, 1964)는 나라마다 정치, 경제, 사회, 문화 등에 차이가 있기 때문에 어느 한 가지 최선의 행정체제가 있을 수 없다고 보았다. 그 대신 각 나라별로 처한 구조적 상황과 발전 단계를 감안하여 행정을 설계하고 운영하는 것이 최선의 방법이라고 보았다.

이처럼 왈도, 사이몬, 릭스는 공통적으로 행정에서 유일의 최적 해답은 없다는 것을 강조하였다. 행정은 여러 가지 환경적 배경과 구조적 맥락을 고려하여 차선의 방법을 찾는 것이 오히려 최선이라고 봄으로써, 미국의 행정학 이론이 보다 실용적인 것이 되도록 하는데 결정적으로 기여했다.

행정의 실용성 개념으로부터 앞에서 검토한 치리와 그에 상응하는 리더십 유형을 어떻게 이해할 것인가에 대해 함의를 얻을 수 있다. 예로서, 전통적 치리와 지시적 리더십을 완전히 거부하고 거래적 리더십 혹은 변혁적 리더십만이 한국 행정에 적실하다고 주장하는 것은 바람직하지 않다. 이는 복잡하고 상충하는 가치들 가운데 일부(예를 들어 참여 혹은 보상)만을 배타적으로 중시하는 것이며, 일부에만 적용될 수 있는 주장을 과도하게 일반화하는 것이기 때문이다. 또한 실제로 리더들이 하나의 공공문제를 해결하려고 할 때 반드시 하나의 리더십 유형에만 의존하지는 않는다 (Keohane, 2010). 공공 리더는 상황에 따라 유연하게 여러 가지 유형의 상보적 리더십을 적절히 융합하여 사용할 줄 아는 '실용적' 능력이 필요하다.

2) 리더십과 맥락지성

유연하고 실용적인 리더십의 요건으로 '맥락지성(contextual intelligence)'을 들 수 있다. 맥락지성이란 복잡한 상황 가운데서 큰 흐름들을 짚는 능력과 적응 능력을 의미한다 (Nye, 2008: 88). 맥락지성을 보유한 리더들은 하나의 사안에 관련된 다양한 가치들 간의 긴장을 이해하고 무엇이 바람직하고 무엇이 실행가능한 것인지에 대한 감각을 가지고 있다. 또한, 맥락지성에 의해 리더들은 그들이 처한 상황과 추종자들의 필요에 맞게 자신들의 리더십 유형을 조정할 수 있게 된다 (Nye, 2008: 88). 맥락지성은 다음의 다섯 가지 차원이 중요하다.

첫째, 리더들은 문화에 대한 이해가 있어야 한다 (Nye, 2008: 92). 그것이 조직 문화이든 사회 전반적인 문화이든, 변화를 가져오려는 리더는 자신이 기존의 문화에 친화적인 리더십을 발휘해야 한다. 어떤 공공문제를 해결하기 위해 지시적 리더십을 사용할 것이냐 변혁적 리더십을 사용할 것이냐의 판단은 공공조직의 내부 문화와 사회의 문화가 어떤 가치를 중시하느냐에 따라 이루어져야 하는 것이다. 때로는 기존의 문화를 변화시킬 필요도 있다.

둘째, 리더들은 권력 자원의 분포에 대해 예민하게 인식해야 한다. 자신에게 어떤 권력 자원이 동원 가능하며, 추종자들은 어떤 권력 자원을 가지고 있는지 파악해야 한다는 것이다. 권력은 상대적인 개념이기 때문에 리더는 자신과 추종자들간의 상호의존관계를 이해하고 있어야 한다 (Nye, 2008: 98). 리더가 자신과 추종자들간의 관계를 정확히 이해할 때, 경성권력을 사용할지 연성권력을 사용할지에 대해 보다 정확한 의사결정이 가능하다.

셋째, 리더들은 추종자들이 필요로 하는 것이 무엇이고, 그들이 왜 변화에 저항하는지, 어떤 부분을 충족시켰을 때 추종자들이 변화를 수용하고 기꺼이 따를 것인지에 대해 파악해야 한다 (Nye, 2008: 100). 이러한 이해의 바탕 위에 지시적 리더십이 유효할지, 거래적 리더십이나 관계적 리더십이 유효할지 올바르게 판단할 수 있다.

넷째, 리더는 자신이 처한 상황이 일상적인 상황인지 위기상황인지 알아야 한다. 위기 혹은 신속한 의사결정이 필요한 상황에서 리더들은 매우 제한된 대안들을 가지고 있다. 하지만 실제 위기의 발생은 오히려 리더의 권한을 증대시킬 수도 있다 (Nye, 2008: 103). 문제는 위기와 관련 없는 모든 문제에 있어서 이를 위기상황으로 틀짓기하고 경성권력에 의존하는 리더십을 적용하려 할 때이다 (Nye, 2008: 102). 전지구화의 흐름으로 경제위기와 안보위기가 지속되는 상황에서 리더들이 사안의 경중을 가려 적절한 리더십을 적용하는 맥락지성이 더욱 필요할 것이다.

다섯째, 리더들은 정보의 흐름에 민감해야 한다. 리더들은 자신들이 충분히 다양한 경로로부터 정보를 입수하고 있는지, 자신들이 추종자들에게 제시하는 정보가 추종자들에 의해 올바로 해석되고 있는지에 대해 이해할 수 있어야 한다 (Nye, 2008: 106).

3) 맥락지성과 윤리역량

쿠퍼(Cooper, 2013: 223)는 공직자의 윤리적 의사결정에 필요한 정신적 자세를 다음과 같이 세 가지로 제시하였다. ㈎ 모든 사람과 모든 공공정책의 도덕적 모호성에 대한 인정, ㈏ 공공서비스에서 도덕적 우선순위에 영향을 미치는 맥락적인 힘의 인정, ㈐ 과정의 역설적 상황에 대한 인식이 그것이다. 이러한 공직자의 윤리역량은 보다 복잡하고 역동적인 업무를 담당하는 리더들에게는 더욱 긴요한 것이다. 윤리적 딜레마에 처한 리더들이 의사결정을 내리고자 할 때 빠지기 쉬운 심리적 함정은 사안을 단순화하는 것이다. 그러나 그러한 단순화 자체가 비윤리적 행동일 가능성이 있다는 것을 쿠퍼는 지적한다. 대신 특정 사안의 복잡성 자체를 인정하고 그 안에서 최선의 균형잡힌 해결책을 강구할 필요가 있다는 것이다.

요컨대 나이가 제시한 맥락지성은 곧 윤리역량으로 옮겨질 수 있다. 모든 리더들이 쿠퍼가 제시한 공공정책의 도덕적 모호성을 인정하고, 다양한(정치적) 맥락의 힘을 인정하고, 동기와 결과가 뒤섞이는 역설적 상황을 인정할만큼 지적·윤리적으로 성숙하지는 않다. 리더로서 맥락지성의 배양은 효과적인 리더십의 발휘 뿐 아니라 윤리적 리더십의 발휘 역시 의미하는 것이다.

2. 윤리적 리더십

행정가의 업무가 부여된 일을 실정법에 따라 단순히 수행하는 것이라고 가정한다면, 관리 능력만으로도 충분할 것이다. 그러나 이른바 '정치－행정 이원론'이라는 현대 행정의 일반원칙에도 불구하고, 행정가에게는 공익 실현을 위해 좀 더 적극적으로 활동하리라는 다소 모순된 기대가 있다. 어떤 사안이 공익에 부합하는지 여부를 가려내고, 그 일을 효과적으로 추진하기 위해 다양한 자원을 동원하고 수평적 및 수직적인 지지와 협력을 일구어내는 적극 행정 리더십을 발휘할 것이라는 기대가 그것이다. 여기에 더하여 고위급 행정관리자들은 관리 능력뿐만 아니라 그 일의 목적과 방법 그리고 결과 면에서 옳은 것인가에 대해서도 판단할 수 있는 윤리성 또한 갖추기를 기대하는 경향이 늘고 있다. 이와 같은 맥락에서 여기서는 행정을 수행함에 있어서 요구되는 정책 능력과 윤리성에 대해 논의해 본다.[3]

1) 진취적 행정가

할몬(Harmon, 1969)은 공공정책의 결정과정에서 공익의 추구를 기준 설정의 기본으로 삼아 그것의 실현에 적합한 행정가 모형을 제시한다. 그는 공익이 "일원적(unitary)이기보다 개별적이며, 처방적이기보다 서술적이고, 실질적이기보다 절차적이며, 정태적이기보다는 동태적인 개념"이며, 아울러 "민주주의 정치체계 내에서 개인들과 집단들 간에 지속적으로 변화하는 정치활동의 산물"이라고 보았다 (Harmon, 1969: 485). 이와 같은 개념의 공익을 추진하기 위해 행정가들이 취해야 할 가치기준은 정책결정과정에서의 '정책 대응성(Policy responsiveness)'과 '정책 옹호성(Policy advocacy)'의 두 가지로 요약할 수 있다. 정책 대응성이란 투표나 상호절충 등의 민주적 절차에서 공공의 수요가 정당하게 정책에 반영될 수 있도록 행정가가 책임 있는 행동을 하는 것을 의미한다. 정책 옹호성이란 정책의 채택과 효과적인 추진을 위한 행정가의 적극적 활동을 의미한다. 할몬은 이들 두 가지 가치 기준을 각각 1에서 9까지의 척도로 서열화하여, 행정가들을 '생존형,' '합리형,' '처방형,' '반응형,' '진취형'의 다섯 가지로 유형화하였다 (정용덕, 2013).

이 중 진취적 행정가(Proactive administrator)는 정책과정에서 대응성과 옹호성을 모두 극대화하는 이상적 유형이다. 진취적 행정가는 대상 집단들의 정책과정에의 접근성을 장려하고 그들의 이익표출 과정에서의 장애물을 제거하기 위해 노력하며, 그가 책임지고 있는 사람들과의 소통과 상호작용을 통해 정책을 결정한다. 그가 지지하는 정책과 그의 대상 집단이 지지하는 정책이 충돌하는 경우에도 지속적인 노력을 통해 소위 "창조적 종합(creative synthesis)"을 이루어내려고 한다. 그가 처한 환경과 협상을 통해 정책 옹호성을 증진하기 위해 책임 있는 자유 선택을 수행한다. 진취적 행정가는 그의 정치적 상관에 의해 지시된 정책들만 수동적으로 수용하고 집행하기보다는 그와 그가 책임지는 고객과의 호혜적인 영향을 주고받는다. '국가 이성'을 실현하는 행정가들의 '정치적 통합 기능'을 존중하는 독일의 전통적인 행정 이상형(Seibel, 2010)이나 민주적 정치제도의 바탕 위에서 행정가들의 발전지향성을 아울러 강조하는 경우의 발전행정론도 이 유형에 포함될 수 있을 것이다.

할몬의 진취적 행정가는 그 자신을 포함한 신행정학파 이론가들이 이상형으로 제시하는

---

3 이 부분에 대한 자세한 내용은 정용덕(2013)을 참고 바람.

행정가 모형이다 (Clayton, 1980: 76). 정책과정에서 진취적 행정가들이 수행하는 이처럼 적극적인 역할은 고전적 정치-행정 이원론의 시각을 넘어서는 것이며, 이 때문에 정치 이념적 논란이 제기될 수 있다. 정책과정에서 진취적 공직자의 '진취적인' 행동이 과연 공익에 부합하는지 여부와 그것을 어떻게 보장할 수 있는가의 문제다. 전술한 것처럼, 할몬은 공익의 내용을 어떤 뛰어난 능력을 지닌 사람이 직관주의적으로 직접 알아낼 수 있다는 시각에 반대하면서, 대신에 현실 민주주의 정치 체계 내에서 절차적으로 구성되는 것으로 본다. 그가 제시하는 진취적인 행정가가 공익의 내용을 스스로 설정하여 정책결정에 적용하려는 것이 아니라, 시민들이 공론장에서 민주주의적인 숙의 과정을 통해 공익의 기준에 도달하는 것을 적극적으로 돕고, 그 결과를 정책에 적극적으로 반영하는 옹호자로서의 역할을 수행할 것을 주창하는 점에서 그의 진취적 행정가에게 정당성이 부여될 수 있을 것이다.

2) '좋은' 리더십

나이는 앞서 논의한 권력 개념과 아울러 "좋은" 혹은 "나쁜" 리더십의 구분을 제시하였다 (Nye: 2008: 109-45). 그는 '좋은 리더십(good leadership)'은 중요하지만, 그 의미가 모호하다고 지적한다. 예를 들어 히틀러같은 리더가 인류에게는 악명높다고 해도, 당시 독일인들은 그를 좋은 리더라고 보고 지지했던 것 아닌가 하는 의문이 그것이다. 리더십 이론가들이 흔히 정의하는 것처럼, 리더란 어떤 집단을 위해 긍정적인 변화를 가져다주는 사람이다. 그렇다면 '좋은' 리더란 '효과적'이면서 동시에 '윤리적'이어야 한다. 왜냐하면 비윤리적 리더가 장기적으로 그 집단에 긍정적인 변화를 가져다주는 것은 아니기 때문이다. 나이에 따르자면 이 두 가치기준은 변화의 전 과정, 즉 목적과 수단과 결과라는 세 차원에 모두 적용될 수 있어야 한다 (<표 4-4-4>).

첫째, 목적 차원에서의 효과성과 윤리성이다. 목적의 효과성 여부는 해당 집단 혹은 조직에게 리더가 현실성과 위험성 간의 균형 잡힌 비전(vision)을 제시하는지 여부에 의해 판단

표 4-4-4 "좋은" 리더십		
"좋은"리더십	**효과적(Effective)**	**윤리적(Ethical)**
목표	현실에 대한 인식과 비전 사이의 균형감각	의도와 목표의 가치
수단	수단의 효율성	수단의 질
결과	집단의 목표 달성	집단 내 및 외부 집단 모두에게 좋은 결과

출처: Nye, 2008: 112.

된다. 목적의 윤리성 여부는 변화의 목적과 비전이 도덕적인지 여부에 의해 가려진다.

둘째, 수단 차원에서도 효과성과 윤리성이 모두 적용된다. 수단의 효과성은 목적 달성에 효율적인지 아닌지 여부가 중요하다. 수단의 윤리성은 수단의 품질에 관한 것이다.

셋째, 결과 차원에서의 효과성은 해당 집단의 목적 달성도에 따라 판단할 수 있다. 반면에 윤리적인 결과는 해당 집단의 구성원뿐만 아니라 외부 사람들에게도 좋은 결과를 가져다 주었는가 여부에 의해 판단해야 한다 (Nye, 2008: 111-4).

이처럼 리더가 추구하는 변화의 세 차원(목표, 수단, 결과) 모두에 걸쳐 적용되는 효과성의 개념은 흔히 '추진력'이라고 표현하는 가치에 비유될 수 있을 것이다. 역시 세 차원 모두에 걸쳐 적용되어야 할 윤리성은 리더 자신의 '양심'과 '공동의 도덕률(common moral rules)' 그리고 '전문직업가 표준(professional standards)'을 통해 알 수 있다. 아울러 가치들 간의 충돌이 발생함으로써 리더로 하여금 때로는 '더러운 손(dirty hands)'의 주인공이 되게 만드는 경우도 있음을 지적한다.

3) '덕성'의 행정가

쿠퍼와 그의 동료들(Cooper, 1987; Cooper & Wright, 1992; Cooper & Bryer, 2007)은 '귀감이 되는 행정가(Exemplary public administrator)'가 갖추어야 할 윤리적 기준을 모색한다. 행정가들의 특성과 리더십을 평가하기 위한 분석틀을 제시하기 위해 특히 공동체주의 철학자 맥킨타이어(MacIntyre, 1984)의 '덕성(virtue)' 개념을 원용한다. 여기서 덕성이란 "제도들의 '외적 선(external good of institutions)'[으로부터] 실천의 '내적 선'(internal goods of practice)"을 보호하는 기능을 의미한다 (Cooper, 1992: 1-7).

내적 선은 조직의 궁극적 목표로서, 공공조직의 경우는 개인의 존엄성, 다수의 자율성, 정치적 자유와 평등의 향상 등이다. 외적 선은 조직의 내적 선을 달성하기 위해 지원되며 소유의 경쟁 대상이 되는 명성, 부, 권력, 제한된 자원 등을 지칭한다. 이는 하나 혹은 소수의 사람에 의해 통제될 수 있다. 반면 내적 선은 특정의 실천에 의해서만 달성된다. 조직(혹은 제도)은 그 본질상 실천이 외적 선에 편향되도록 만드는 성향이 있다. 실천을 위해서는 조직의 외적 선(실질적 선 혹은 재화)으로부터의 지원이 필수적인데, 이 과정에서 실천이 조직화되는 궁극적 목적인 내적 선보다는 외적 선이 우선시될 우려가 있다.

바로 이 때문에 실천하는 사람들이 덕성을 갖추고 이를 발휘할 필요가 있다는 것이다. 맥킨타이어는 조직의 궁극적 목표(내적 선)가 조직의 수단(외적 선)에 의해 대체되는 상황을 방지하기 위한 조직인(공직자)들의 윤리적 활동을 덕성으로 간주한다 (MacIntyre, 1984: 191-

4). 할트(Hart, 1992)는 여기서 한걸음 더 나아가 행정에서 덕성이 구체적으로 구현되는 상황을 이해하기 위한 분석틀을 구성한다. 그는 덕성의 귀감이 되는 도덕적 행위의 일반 유형을 다음과 같이 제시한다. 첫째, '도덕적 사건 혹은 일화(moral event or episodes)'로서, 이는 상대적으로 간단하거나 일회적인 경험이지만, 조직인의 용기 있는 극적 행위와 불굴의 정신이 발현되는 경우다. 둘째, '도덕적 과정(moral process)'은 긴 기간에 걸쳐 지속되는 일상적이고도 평범한 하루하루의 업무수행 과정에서 덕성이 발현되는 경우다. 가장 깊은 형태의 덕성은 어떤 도덕적 사건에 직면하여 극도의 순간에만 나타나는 것이 아니라, 일상생활에서 늘 발현되어야 한다는 가정에 의거한다.

3. 종합: 훌륭한 공공리더의 기준

이상에서 훌륭한 공공리더가 갖추어야 할 자질에 대하여 세 가지 서로 다른 이론적 시도들을 살펴보았다. 이상의 내용을 종합하여 분석 기준을 마련해 보면 다음과 같다 (<표 4-4-5>).

첫째, 공직자가 추구해야 할 가치기준에 옹호성(혹은 효과성), 대응성, 그리고 덕성을 포함시킨다. 옹호성 혹은 효과성은 정책이나 업무를 수행함에 있어서 그 일을 효율적이고 효

표 4-4-5 훌륭한 공공리더의 기준

범주	기준	의 미
추구해야 할 가치	옹호성/효과성	정책(혹은 업무)를 효율적이고 효과적으로 달성하려는 적극성 및 추진 능력
	대응성	대상 시민(혹은 고객)의 정책투입을 적극적으로 지원하고 그들의 욕구(혹은 선호)를 적극적으로 반영하는 노력
	덕성	'내적 선'을 '외적 선'보다 우위에 두려는 지속적인 노력
가치의 적용 대상	목표	추진하는 정책(혹은 업무)의 목표
	수단	목표의 달성을 위해 사용하는 수단
	결과	추진하는 정책(혹은 업무)의 결과
가치 발현의 양상	과정	일상 업무수행 과정에서 가치를 실현하는 경우로서, 특정 기간 동안에 발휘되는 의도적인 행위(도덕적 과제)와 평생을 통해 지속되는 행위(도덕적 업무)로 구분 가능
	사건	일회적이지만 용기 있는 극적 행위와 불굴의 정신을 발휘하여 가치를 실현하는 경우로서, 개인적 위험이 따르는 사건('도덕적 위기') 혹은 위협의 정도가 높은 사건('도덕적 대면')으로 구분 가능

출처: 정용덕, 2013: 14.

과적으로 달성하는 능력과 적극성을 의미한다. 대응성은 정책 혹은 업무를 수행함에 있어서 대상 시민(혹은 고객)의 정책 투입을 적극적으로 지원하고 그들의 욕구 혹은 선호를 적극적으로 반영하는 것을 의미한다. 그리고 덕성은 정책 혹은 업무를 수행함에 있어서 그 정책 본연의 목적(즉, 내적 선)을 일관되게 우위에 두려고 노력하는 것을 의미한다. 둘째, 이상의 세 가지 가치가 정책(혹은 업무)의 목표, 수단, 결과에 모두 발휘되는 것이 바람직하다. 셋째, 이상의 세 가지 가치는 정책(혹은 업무)의 수행 과정에서 사건 혹은 과정의 형태로 구현된다.

한국을 비롯한 동아시아에서는 '법에 의한 통치(rule of law)'보다는 덕망 있는 리더에 의한 통치를 보다 이상화하고 제도화해 왔다 (박병련, 2009). 현대 한국은 근대화 과정에서 서구적 법치주의를 제도화하고 정치적 민주주의를 도입하면서 과거 왕조시대의 치리 및 리더십과는 다른 치리와 리더십을 추구해 왔다. 하지만 '발전국가'로서 한국이 처한 시대적 상황은 민주적이면서도 주도적인, 법치주의적이면서도 덕성있는, 참여적이면서도 솔선적인, 상반되는 시대적 요구에 적절하게 부응할 수 있는 맥락지성을 보유한 "진취적이고 덕성을 갖춘 좋은 리더"를 필요로 하고 있다고 할 수 있다.

제 5 편

공공정책론

제1장 공공정책의 의의와 유형

서 론

일반적으로 정책(policy)이란 개인이나 집단 혹은 조직이 추구하려는 당위적 가치로서의 목표와 그것을 실제로 달성하기 위한 수단 간의 결합을 뜻한다.[1] 공공정책(public policy)은 특히 공공의 문제를 해결하기 위해 국가가 계획하고 실행하는 경우를 의미한다. 이 점에서 공공정책을 국가가 본연의 기능을 수행하기 위해 (경제 혹은 시민) 사회에 개입하는 것으로 정의할 수 있다.

행정국가 시대에 공공문제 해결은 주로 국가가 담당해 왔다. 그리고 공공문제의 범위도 점점 더 광의로 설정하는 경향이 있었다. 그러나 1980년을 전후하여 시작된 신행정국가로의 이행과 더불어 해결해야 할 공공문제 범위의 (주로 '최소국가' 지향의) 재설정 노력이 기울여졌다. 또한, 재설정된 역할도 국가가 전담하기보다는 시장(즉 경제시장)과 공동체(즉 시민사회)와 함께 협력하면서 해결해나가려는 경향이 커졌다. 그렇기는 해도, 공공문제 해결에서 국가는 궁극적인 책임자이자 핵심 주체로서 여전히 중심에 남아 있다. 더욱이 20세기 초반인 2008년의 '미국발 금융위기'나 2020년의 '코비드-19(COVID-19)' 등의 상황에 접하면서

---

[1] 이와 같은 일반론적 개념정의는 정책을 "가치를 배분하는 결정과 행동의 결합"(Easton, 1953), "목적가치와 (일련의 행동경로로서의) 실행을 투사한 계획"(Lasswell & Kaplan, 1970), "특정 상황 속에서 목표와 선택과 그 목표를 달성하기 위한 수단에 관한 일련의 상호 관련된 결정들"(Jenkins, 1978), "목표와 그것의 실현을 위한 행동으로 구성된 것"(Wildavsky & Pressman, 1979), "문제시되는 어떤 현실의 경향(환경의 부분)을 개선하기 위한 정책지향의 실천적 표현"(허범, 1984) 등으로 표현하는 예에서 찾아볼 수 있다.

세계의 나라들은 국가의 역할 범위에 대한 (주로 '국가능력' 증진을 지향하는) 또 다른 재조정의 필요성에 직면하고 있다.

공공정책은 적어도 세 가지 수준의 분석이 필요하다. (1) 조직 내부 의사결정에 관한 미시 수준 분석, (2) 정책과정에 관한 중범위 수준 분석, 그리고 (3) 국가 역할에 대한 검토를 포함하여 정치경제체계 전반에 대한 거시 수준 분석이 그것이다. 전통적으로 공공정책 연구자들은 이 세 수준 가운데 한두 가지에 초점을 두면서 분석수준 상호 간의 연계성에 대해서는 고려하지 않는 경우가 대부분이었다. 예를 들면, '체계분석(system analysis)' 모형은 복잡한 공공정책 현상을 단순화시켜 이해할 수 있도록 한 점에서 큰 공헌을 하였다 (Easton, 1965). 그러나 소위 "내부투입(withinputs)"의 가능성을 간과하고(Ham & Hill, 1992: 1장), 체계 내부에서의 '전환과정(throughput)'에 대한 분석도 미흡한 단점이 있다. 그 후에 '관료정치'(Allison, 1972) 모형은 정치체계와 그 환경인 다른 체계들과의 관계의 맥락에서 조직 내부(즉, black box)의 의사결정과정을 분석하는 데 도움을 주는 장점이 있었다. 그러나 공공정책은 정치 환경뿐만 아니라 공공정책에 영향을 미치는 좀 더 거시적인 경제사회 맥락도 포함해서 분석할 필요성이 있다는 점에서 미흡한 점이 있다.[2] 결국 공공정책은 국가 그리고 국가-사회 관계에 대한 맥락을 이해할 필요성이 있는 것이다 (George & Wilding, 1985). 공공정책을 공공문제 해결을 위한 국가개입(state intervention)으로 이해하고 분석하는 접근방법이 의의를 지니는 이유다.

제 2 절 공공정책의 필요성

국가개입으로서의 공공정책의 필요성에 대해서는 이론적 혹은 이데올로기적 시각에 따라 다양하게 논의될 수 있다.[3] 여기서는 국가개입의 규범적 필요성에 초점을 두어 논의하기로 한다. 국가이론별로 공공정책의 당위성을 어떻게 규정하는가에 관한 것이다. 국가개입으로서의 공공정책에 대한 국가이론 간의 정당화 혹은 범위 설정의 차이는 공공문제의 발생 원인을 설명하는 방식에서 비롯된다. 그리고 공공문제의 발생 원인에 대한 각 국가이론별 설명방법의 차이는 근본적으로 사회와 국가의 특성에 대한 이해방법의 차이에서 비롯되고

---

2 이에 대한 자세한 내용은 이 책의 제3편 제1장 핵심행정부론을 참고할 것.

3 이에 관한 서술적(descriptive)인 이론모형들에 대해서는 이 책의 제2편 제2장(국가 개입수준에 따른 국가형태의 유형)에서 살펴보았다.

있다 (George & Wilding, 1985).

1. 다원주의 시각

다원주의 및 (다음에 살펴보게 될) 개인주의 이론가들은 공공문제의 발생 원인을 그에 관련된 개인의 속성에서 찾는다. 예를 들면, 사회문제를 개인들의 일탈이나 해체(disorganization) 혹은 유전적 부적절성(hereditary inadequacy) 등에서 찾는 경우다. 이런 문제들은 사회적 자원 배분에 있어서의 불평등과는 별 관계가 없는 것으로 간주한다. 따라서 그와 같은 사회문제의 해결은 당사자 개인이나 가족 혹은 이웃에 의한 조치 등에서 찾는 것이 옳다. 자연히 기존의 불평등한 경제사회적 상황을 변화시키려는 시도는 고려의 대상이 아니다.

다원주의 이론가들은 공공문제 해결을 위한 국가개입에 대해 "소극적 집합주의(reluctant collectivism)"의 견지를 취한다.[4] 국가개입이 어느 정도는 불가피하다고 인정하면서도, 자유에 대한 잠재적 위협이 된다고 보기 때문에 적당한 수준에서 제한돼야 한다는 것이다. 소극적 집합주의자는 경제사회체계가 전혀 간섭을 받지 않을 때 가장 잘 작동한다는 자율성의 원리에 대해서는 반대한다. 사회구성원들이 이성적 사고와 계획에 의해 사회문제를 스스로 해결할 수 있고, 경제적·사회적 운명을 통제할 수 있다고 믿기 때문이다. 자유방임적 자본주의의 해악을 제거하기 위한 국가 역할에 대해서도 어느 정도 인정한다. 그러나 창조의 원천이며 자유의 보루로서 사적 부문의 우월성에 대해 더 신뢰한다. 또 자유시장은 일단 정착이 되면 스스로 통제가 가능하다고 본다. 그러므로 국가개입이 일정 범위 내에서 불가피하다는 것일 뿐, 바람직하다는 것은 아니다. 국가정책은 공공이익과 결부되는 경우에만 정당성을 지닌다.

2. 개인주의 시각

공공문제 원인에 대한 다원주의적 설명방법의 극단적인 경우다. 개인주의 이론가들은 공공문제 해결을 위한 국가개입에 대해 "반집합주의(anti-collectivism)"의 입장을 취한다.[5] 토지와 생산수단의 국가관리를 주장하는 집합주의에 대해서는 말할 나위도 없으며, 모든 형태의 국가개입 자체를 반대한다.

---

[4] 대표적인 소극적 집합주의자로서 케인즈(Keynes), 갈브레이드(Galbraith), 베버리지(Beveridge) 등을 꼽을 수 있다 (George & Wilding, 1985).

[5] 대표적인 반집합주의자로서 하이에크(Hayek)과 프리드만(Friedman)을 들 수 있다 (George & Wilding, 1985).

개인주의자들이 보기에 국가개입은 모든 사회집단의 요구나 욕구를 충족시켜 줄 수 없으며, 오히려 불만과 분열을 유발하기 쉽다. 국가개입은 대개 자원 낭비와 서비스 질 저하 등 비효율성을 초래한다. 국가가 생산수단이나 서비스 제공을 독점하게 되면, 개인 또는 사회조직들 간에 경쟁과 창의성을 말살함으로써, 전제주의 체제로 연결될 우려가 있다. 경제적 자유 없이는 정치적 자유도 존재할 수 없다.

이들에게 있어서 자유경쟁시장을 통한 가격 및 이윤 기제야말로 가장 효율적인 자원배분 및 경제성장의 수단이다. 따라서 집합주의자들이 선호하는 국가계획은 무용지물이다. 국가계획은 대상으로 삼는 경제사회체제의 양적 및 질적 복잡성 때문에 계획수립과 운용에 필요한 지식과 정보는 매우 불충분하며, 바람직한 방향과 목표에 관한 국민들의 합의형성도 기대하기 어렵다. 국가기획 체제는 대부분 거대하고 융통성이 없기 때문에 시행착오에 따른 손실은 파급효과가 클 뿐만 아니라 그것을 깨닫고 시정하는 데는 엄청난 노력과 시간이 소요된다.

3. 엘리트주의 시각

엘리트 이론가들은 사회문제의 원인을 개인이 아닌 사회 전반이 특성에서 찾는다. 개인의 부적절함이 아니라 사회적 혹은 경제적 상황에서 문제의 원인을 찾는 것이다. 인간은 일차적으로 사회적 존재로서 대체로 사회경제적 환경에 의해 영향받는 존재로 보기 때문이다. 자연히 사회구조의 문제에 초점을 두며, 그에 따라 사회문제가 자본주의 체제 내에서도 의미 있는 수준으로 해결될 수 있거나, 해결될 수 없는 것으로 구분하여 대처한다.

이와 같은 원인을 바탕으로 발생하는 공공문제를 해결하려면 국가개입이 필요하다고 본다. 공공문제는 대개 사회에서 집단 간의 갈등으로 나타나는데, 그 갈등을 해결하려면 지배적인 엘리트집단이 피지배집단에게 타협을 통해 일정한 양보를 통해 지배집단 간의 지위 수정이 이루어져야 한다. 이것은 일종의 "휴전(truce)" 상태로서, 본질적으로 불안정하며, 항상 재협상의 여지가 있는 상황이다. 예를 들면, 복지국가 정책은 사회의 모든 집단에게 일정한 혜택을 배분하려는 시도이지만, 그 혜택이 모든 집단들에게 평등한 것은 아니기 때문이다.

사회후생을 증진하려면 국가개입을 통한 시장의 수정·보완이 바람직하다. 자유시장 제도는 사회적 공익보다는 개인의 권리를 우선하고 있기 때문이다. 특히 시장제도에 의한 분배의 공평성을 시정하면서 경제성장을 실현하기 위한 국가의 노력을 강조할 필요가 있다. 공공의 목적을 달성하는 데 시장제도는 실패하기 십상이며, 따라서 사유 및 국유 기업을 공익에 부합되도록 규제하는 것이 공공복지의 보호자로서 국가의 책임이다. 국가계획은 곧

"노예의 길"로 인도할 것이라고 주장하는 개인주의자들의 생각에 반대하고, 진정한 의미의 자유를 위한 국가 계획이 가능하다고 믿는다 (Tawney, 1953: 97). 국가계획의 추진에서는 폭넓은 선택의 여지를 국민에게 부여함으로써 개인의 자유를 확대하고 조세와 가격 기제를 통해 불평등을 해소해 나간다면 인간적 권익과 사회정의를 신장시키는데 도움이 된다고 믿는다.

4. 마르크스주의 시각

마르크스주의 이론가들은 '사회문제'라는 용어 자체에 문제가 있는 것으로 본다. 불평등, 억압, 소외와 같은 구조적 쟁점들을 가리고 그것을 탈선이나 부적절성 등 개인적인 쟁점으로 전환시키려는 의도가 담겨 있는 것으로 보기 때문이다. 이른바 사회문제라는 것은 산업화, 도시화, 집단 간의 갈등 등으로부터 발생하는 것이 아니라, 자본주의생산양식(CMP: capitalist mode of production)과 그에 따른 자본주의적 사회관계로부터 발생한다. 예를 들면, 자본주의 체제에서 개인의 빈곤 문제는 생산수단의 사적 소유에서 초래되는 불가피한 산물이다. 모든 개인의 행위는 경제구조에 의해 영향받으며 그것에 의해 결정되기 때문에, 범죄 문제도 자본주의생산양식의 시각에서 설명이 가능하다. 자본주의 체제에 대한 반란이나 반항이 아니라, 그에 대한 적응의 한 형태인 것이다.

공공정책은 자본주의 체제에서 주요 계급 간 갈등의 결과인 것으로 설명할 수 있다. 국가는 노동자 계급으로부터 그들의 이익을 반영한 공공정책을 추진하라는 압력을 받는다. 그러나 국가의 공공정책은 자본가 계급의 반대를 고려하여 형성될 수밖에 없다. 따라서 도입된 공공정책은 노동자 계급의 투쟁의 결과이기는 하지만, 그것이 반드시 자본가 계급보다 노동자 계급에 더 이익이 된다는 보장은 없다. 더 나아가서, 공공정책은 자본주의 체제의 기능적 필요성을 충족시키기 위해 수행될 수도 있다. 어느 경우든 공공정책의 궁극적인 수혜자는 자본가 계급이다. 이처럼 자본주의하에서 공공정책은 공공문제를 근본적으로 해결할 수 없다. 예를 들면, 사회복지정책이 노동자 계급과 빈민들에게 혜택을 줄 수도 있지만, 궁극적인 빈곤의 퇴치는 불가능하다. 빈곤 문제는 가난한 사람들이 사회의 주어진 가치나 규범으로부터 이탈하거나 사회적 해체 혹은 사회 내에서의 어떤 역기능의 산물이기 때문이다. 범죄 문제의 경우도 그것이 자본주의하에서 하나의 생존 수단으로 발생하는 경향이 있기 때문에, 공공정책에 의해 궁극적으로 해결하기란 어렵다.

마르크스주의 이론가들은 경제적 평등과 계급갈등을 해결하기 위해서는 국가가 정치사회 면에서는 물론 경제적인 면에서도 강력하고 능동적인 역할을 담당해야 한다고 본다. 생산수단의 국유화가 그것이다. 근로자들의 노동에 의해 창출되는 이윤의 대부분이 소수 대주주에게 분배되는 것은 비도덕적이다. 경제 권력의 집중은 새로운 계급갈등을 일으키고, 민주주의를 위협한다. 생산수단의 국유화를 통해 최소한 합리적이고 인도적인 산업민주주의를 창조할 수 있는 기반이 형성될 수 있다 (Miliband, 1969: 269). 국가의 중앙계획은 효율성 및 민주성과 양립할 수 있다. "한마디로, 계획민주주의의 특징은 사회구성원이 동의한 목적이나 가치체계에 시장을 종속시키는 것"을 의미한다 (Laski, 1943). 국가계획이 국민의 자유를 말살한다고 보는 개인주의 이론가들과는 달리, 마르크스주의 이론가들은 국가계획이 국민의 자유를 고양시키며, 사회의 공익을 위해서 가장 잘 기여할 수 있을 것으로 본다.[6]

제 3 절 공공정책의 유형

공공정책을 다양한 방법에 의해 유형화할 수 있다. 가장 흔하게는 정부에서 실제로 운영되는 제도적 분류방식이 있다. 외교, 안보, 경제, 금융통화, 산업, 농업, 통상, 교육, 보건, 복지, 문화, 교통 등이 예다. 이 방법은 실질 정책(substantive policy) 분야와 직접 연계하여 논의할 수 있는 장점에도 불구하고, 이론적으로 논의하기에는 한계가 있다. 국가개입으로서의 공공정책은 국가이론에 따라 다음과 같이 다양하게 분류할 수 있다.

1. 다원주의 시각

다원주의 국가이론의 대표적인 공공정책 유형화로 두 가지를 들 수 있다.[7] (1) 구조기능론에 입각하여 추출정책, 배분정책, 규제정책, 상징정책으로 구분하는 알몬드와 포웰(Almond & Powell, 1996)의 공공정책 유형화 방식이다. 이 정책유형은 정치체계(즉 국가 혹은 정부)가 사회적 필요에 대응하여 각각 수행하는 기능들을 뜻한다. (2) 집단정치론에 입각하여 공공정책을 분배정책, 재분배정책, 규제정책, 구성정책으로 구분한 로위(Lowi, 1964; 1970; Lowi & Ginsberg, 1998)의 유형화 방법이다. 이 정책유형은 정책의 특성에 따른 이익집단의 상이한 이합집산과 그로 인해 특이하게 전개되는 정책과정에 초점을 두어 유형화한 것이다.

---

6 이와 같은 생각은 라스키(Laski), 스트라키(Strachey), 밀리반드(Miliband) 등에 의해 대변된다.
7 이에 대한 좀 더 자세한 논의는 이 책의 제3편 제2장(행정기구론)을 참조할 것.

2. 개인주의 시각

개인주의 시각에서의 공공정책 유형화 방법으로는 윌슨(J. Wilson, 1986)의 '정치적 비용편익분석' 모형이 포함된다. 공공정책을 이익집단정치, 다수결정치, 고객정치, 기업가정치 유형으로 구분하는 방법이다. 이는 정치시장에서 공공정책의 네 가지 내용적 특성에 따라 특이하게 전개되는 (이익집단, 유권자, 정치인, 관료 등) 이해관계자의 합리적 선택의 결과로서 정책결정 과정도 네 유형으로 특이하게 전개된다는 가정에 의한 것이다.[8]

3. 엘리트주의 시각

엘리트주의 국가이론에서의 공공정책 유형화에는 '자원수취(resource extraction),' '관리(administration),' '강제적 통제(coercive control)' 등 국가의 일반적인 정치 과제로 제시하는 스카치폴(Skocpol, 1979)의 방식이 포함될 수 있다. 자율국가라면 '시민권,' '재산통제,' '고객집단형성,' '수취,' '세계체제와의 관계'에 대해 개입함으로써 국가능력을 증진시키려고 한다는 벤젤(Bensell, 1990)의 견지도 있다.[9]

4. 마르크스주의 시각

마르크스주의 국가이론에서의 대표적인 공공정책 유형화는 '사회질서유지,' '자본축적,' '정당성제조' 등으로 분류하는 '자본주의 국가기능' 모형이다 (O'Connoer, 1973; Gough, 1979; Clark & Dear, 1985). 자본주의 발전의 기능적 필요에 따라 국가는 이 세 기능을 수행하게 되어 있으며, 그 기능을 수행하기 위한 각각의 공공정책이 필요하다는 것이다.[10]

---

8 이에 대한 자세한 내용은 이 책의 제3편 제1장(핵심행정부)과 제5편 제4장(규제정책)을 참고할 것.
9 이에 대해 자세한 내용은 이 책의 제3편 제2장(행정기구론)을 참고할 것.
10 이에 대한 자세한 내용은 이 책의 제3편 제2장(행정기구론)을 참조할 것.

제2장 공공정책의 과정 및 수단

정책과정의 단계

공공정책의 과정은 몇 가지 단계를 거치면서 전개된다. 여러 방식으로 구분할 수 있으나, 크게 정책을 (1) 형성하는 단계, (2) 집행하는 단계, (3) 평가하는 단계로 나누어 볼 수 있다. 각각의 단계를 구체적으로 재분류하면 다음과 같다 (Anderson, 1984; Ham & Hill, 1993).

첫째, 정책형성(policy making) 단계는 정책의제설정(policy agenda setting), 정책수립(policy formulation), 정책정당화(policy legitimation) 단계로 세분할 수 있다. ㈎ 정책의제설정이란 여러 사회문제 가운데에서 특히 국가가 개입하여 해결하기 위해 공공정책문제로 채택하는 과정 또는 행위를 뜻한다. 즉, 사회문제가 공공문제로 전환되는 단계인 것이다. 의제설정을 주도하는 개인 혹은 집단이 국가의 외부에 있는가 아니면 내부에 있는가에 따라 '외부주도형'과 '내부주도형'으로 유형화할 수 있다. 그러나 국가는 필요에 따라 외부인을 동원하여 정책의제를 설정하는 경우인 소위 '동원형'도 있을 수 있다. ㈏ 정책수립이란 정책의제설정 단계에서 인지된 공공문제를 해결하기 위해 정책대안을 마련하고 선정하는 단계로서 정책대안형성으로 표현하기도 한다. ㈐ 정책정당화는 정책수립 단계에서 선정된 정책안을 행정부나 의회에서 공공정책으로서 공식화하여 정당성을 부여하는 단계다.

둘째, 정당성이 부여된 공공정책을 실제로 구현하는 일은 정책집행(policy implementation) 단계에서 이루어진다. 구체적으로 보면, 이 단계에서 ㈎ 정책집행을 위한 실행계획의 수립,

㈐ 그에 따른 인적·물적·제도적 자원의 동원 및 조직화, ㈐ 형성평가(formative evalu-ation) 및 환류(feedback)가 이루어진다. 정책집행 과정에서 본래의 정책목표에 부합되도록 혹은 정책 환경의 변화 등에 적절히 대응하도록 수시로 평가하여 환류시키는 일이다. 필요한 경우 사업목표, 투자순위, 사업계획 등에 대한 재조정이 이루어질 수 있다.

셋째, 정책평가(policy evaluation)는 정책집행이 이루어진 후에 그 과정에서 얻어진 정책효과를 원래 의도했던 목표와 대비하여 검토하는 단계다 (Dunn, 1994). 구체적으로는 ㈎ 정책산출이나 결과의 탐색(monitoring), ㈏ 총괄평가(summative evaluation), 그리고 ㈐ 환류로 구성된다. 총괄평가는 단지 정책집행 결과에 대한 평가라는 차원을 넘어 그 정책의 형성 자체에 대한 평가를 포함하여 전반에 대한 평가가 이루어질 필요가 있다. 평가 내용에 따라 정책의 종결이 이루어지거나 정책을 확대 혹은 축소하여 재실시하는 방안을 제시하는 환류가 이루어질 수 있다.

이와 같은 공공정책 과정의 단계 구분은 현실 정치과정 및 제도하에서 정책이 전개되는 것을 전제로 이루어진 것이다. 만일, '총체적·합리적 의사결정(synoptic or comprehensive rational decision-making)'이 이루어지는 것을 전제하는 경우, 공공정책의 (분석)과정은 (1) 정책문제의 발견 및 정책목표의 설정, (2) 정책대안의 탐색, (3) 각 대안이 초래할 결과의 예측 및 최적 대안의 선정, (4) 정책의 집행, (5) 정책결과의 탐색 및 평가로 세분할 수 있다 (Dunn, 1994).

제 2 절 권력의 차원과 국가기획

현실적으로 공공정책은 단일의 의사결정이기보다 다양한 사람과 집단과 조직이 참여하는 일련의 의사결정들이 얽혀 전개되는 복잡한 과정이다. 이 복잡한 의사결정들이 전개되는 과정은 궁극적으로 국가 및 사회의 다양한 구성원 간의 권력이 작용하는 과정이기도 하다. 공공정책 과정에서 작용하는 권력의 세 차원과 기획(planning)의 특성을 이해하는 것이 이 절의 목적이다.

1. 권력의 세 차원

현대 국가의 공공정책 과정에서 작용하는 권력은 다음과 같이 서로 다른 세 차원(dimension)으로 구분하여 이해할 수 있다 (Lukes, 1974; Ham & Hill, 1993).

첫째, 제1차원의 권력이다. 가장 직접적이고 가시적으로 의사결정에 영향을 미치는 권력이다. 재산, 지위, 지식, 기술 등 가시적인 자원이 권력의 근거 혹은 토대(power base)이며, 이들 간에 대체도 가능하다. 국민에 대한 국가의 공권력 행사, 사회적 강자의 사회적 약자에 대한 권력 행사 등이 예다. 여기서 권력이란 "만일 A의 영향력이 없었더라면 B가 하지 않았을 어떤 행동을 A의 영향력 때문에 하게 되는 경우, A는 B에 대하여 권력을 가졌다"라고 한다 (Ham & Hill, 1993). 이는 더얼(Dahl, 1957)을 비롯한 다원주의 이론가들이 전제하는 권력 관념이다. 다원주의 이론가들은 누가 공동체 의사결정 과정을 주도하는가에 초점을 두고, 구체적이고 관찰 가능한 참여자들의 행태에 관해 연구한다. 자연히 제1차원의 권력은 실제로 발생하는 '의사결정(decision making)'에 대한 것이며, '행태적 권력'이라고도 한다.

둘째, 제2차원의 권력이다. 의사결정 과정에서 누군가의 조작(manipulation)을 통해 교묘하게 행사되는 권력이다. 여기서 권력이란 "A가 자기에게 비교적 무해한 사안만이 공개적으로 고려되도록 정치과정의 범위를 한정시킬 수 있게끔 사회적 및 정치적 가치와 제도적 관행을 만들어 내거나 강화하기 위해 그의 에너지를 바칠 때 행사되는" 것을 의미한다 (Ham & Hill, 1993). 정책과정에서 권력을 가진 사람은 편견(bias)의 동원, 즉 자신에게 안전한 사안에 대해서만 논의와 의사결정이 이루어지도록 범위를 한정하려고 한다. 사회구성원의 잠재적 갈등을 억제하고, 그것이 정책과정에 진입하는 것을 방지함으로써 이른바 '무의사결정(non-decision making)'이 이루어지도록 한다.[1] 사회에 지배적인 가치, 신화, 정치 제도와 절차 등을 조작함으로써, 권력자에게 안전한 사안에 관해서만 의사결정이 한정되도록 하는 것이다.[2] 엘리트주의 국가론에 부합되는 이 시각에서 권력 엘리트들은 자신들의 기득권에 안전한 사안에 대해서만 의사결정이 이루어지도록 범위를 한정시킬 뿐만 아니라, 더 적극적으로는 그들에게 유리한 게임의 규칙을 만들어 낼 수 있도록 하는 권력이다. 관념(idea), 규칙,

---

1 '의제설정 권력'이라고도 하는 이 권력 개념은 소수자의 의견을 사회적 강자가 아예 제도적으로 원천적으로 막아서 소수자의 의견이 수면 위로 뜨지 못하게 막는 권력이다. 바크래크와 배래츠(Bachrach and Baratz, 1962)은 권력을 두 얼굴을 가진 '이중적 권력'으로 묘사한다.

2 무(無)의사결정의 상황은 지배적인 가치, 수용할 수 있는 게임의 규칙, 집단 간 권력관계의 존재, 힘의 수단 등 가운데 어느 하나 또는 여럿이 어떤 조합을 이루어 불평의 씨가 의사결정이 이루어지는 사안으로 발전하는 것을 효과적으로 차단할 수 있을 때 존재한다. 다음과 같은 몇 가지 형태를 예를 들 수 있다 (Ham & Hill, 1984). 첫째, 사회로부터의 요구사항이 정책결정과정에 진입하는 것을 막기 위한 무력의 사용이다. 미국 남부지역에서 민권운동가들에 대한 백인비밀단체(KKK)의 협박을 예로 들 수 있다. 둘째, 사회문제가 공공정책 사안으로 대두되는 것을 막기 위한 방법의 사용이다. 문제를 제기하는 주도적인 인물을 회유하여 포섭(co-optation)하는 경우가 예다. 셋째, 달갑지 않은 도전이나 요구를 회피하기 위하여 기존의 규칙이나 절차에 따를 것을 강조하는 경우다. 넷째, 반대로 도전이나 문제 제기를 봉쇄하기 위해 기존의 규칙이나 절차를 재편성하는 경우다. 다섯째, 예상된 반응(anticipated reactions)도 있다. 행위자 A가 행위자 B의 불쾌한 반응을 예상하여 스스로 행동을 억제하는 경우, 그 예상된 반응은 권력적 요소로 작용한 것이 된다.

양식, 매체 혹은 방법들이 어떤 문제에 대해서는 더 주목을 받도록 만드는 반면, 다른 어떤 문제에 대해서는 그렇지 못하게 방해하는 경우가 예다. 제2차원의 권력은 겉으로는 나타나지 않으면서도 좀 더 근본적으로 의사결정에 영향을 미치는 수준의 권력이다.

셋째, 제3차원의 권력이다. 사람들의 선호를 형성함으로써 공공연한 갈등 또는 암암리에 존재할 수 있는 갈등 자체가 발생하지 않도록 하는, 좀 더 근본적인 수준의 권력이다. 여기서 권력은 "감지된 필요(felt needs)"의 형성 등과 같이 교묘하게 행사된다 (Ham & Hill, 1993). 이 감지된 필요는 사회, 정치, 경제 구조에 깊숙이 뿌리박고 있다. 사회구성원은 자신의 '마음을 빼앗긴' 상태에서 공공정책의 불공정함 등에 대한 불만 자체를 갖기 어려운 상태가 된다. 제3차원의 권력은 국가에 대한 비판이론의 시각에서 강조하는 권력 개념이다. 공공정책 과정에서 경쟁적으로 나타나는 이른바 '틀 짓기(framing)' 시도도 하나의 예가 될 수 있다.

2. 국가와 기획

공공정책 과정에서 작용하는 권력에 대한 이해를 돕기 위해 여기서는 기획(planning) 과정에 대한 다양한 이론 시각들을 살펴보기로 한다. 국가(national) 혹은 지역(regional) 수준의 기획이 지니는 특성은 궁극적으로 국가(the state)와 그 환경(즉, 사회)간 관계의 맥락에서 결정된다 (Low, 1991: 1~3장; 김신복, 1999). 자유민주주의 체제에서 국가와 사회 간의 관계에 관한 다양한 국가이론별로 기획과정의 특성을 정리하면 다음과 같다.

1) 다원주의 국가의 기획과정: '집단정치'에 의한 기획과정

다원주의 이론가들에 의하면, 공공정책 과정에서 다양한 집단들의 활동이 미치는 영향이 중요하다. 기획가(혹은 집단)도 예외가 아니어서, 정치과정에서 경쟁하는 많은 집단 가운데 하나일 뿐이다. 다른 집단들과 마찬가지로 그들 자신의 이해관계를 가지며, 기획과정에 참여하여 그것을 추구하려고 한다. 하나의 기획가(집단)은 다른 기획가(집단)나 이해관계자들과 상호작용을 통해 영향을 받으며 협상과 타협을 한다. 기획가(집단)는 고객이 여럿이며, 공적 책임을 져야 할 권위체계도 명확하지 않고, 성과의 평가기준도 복합적이다. 기획가들은 정치적 상호작용으로부터 초연한 존재가 아니라 그 과정의 일원일 뿐이다. 기획가들은 제안자, 주창자, 중재자, 타협가, 활동가로서의 정치적인 역할을 수행한다. 국가 내부에서도 국가기구들 간에 경쟁과 관료정치가 존재하며, 이것에 의해 국가 내부의 기획과정이 좌우된다. 전문기획가란 다양한 국가기구에 속해 있으면서 그 기구의 시각을 대변하는 대리인

(agent)에 불과하다 (Low, 1991: 5장).

　　다원주의 이론에서 국가는 사회로부터의 선호를 반영하는 풍향계에 불과하다. 국가는 단순히 중립적인 심판자 혹은 중재자로서 사회에 존재하는 여러 집단 간의 경쟁에서 지켜야 할 게임의 규칙을 세우고 적용하는 역할을 수행한다. 물론 국가가 좀 더 적극적으로 사회 부문의 세력 불균형을 시정하기 위한 행동을 수행해야 할 필요성이 있다. 그러나 이와 같은 역할이 행정가 혹은 기획가들에 의해 이루어지기를 기대하기는 어렵다. 왜냐하면, 전술한 것처럼 그들 역시 다양한 행정기구의 일원이거나 여러 사회집단의 구성원 가운데 하나이기 때문이다. 공익의 실현은 다양한 집단정치과정을 통한 점증주의적 의사결정을 통해 균형과 진화가 이루어짐으로써 비로소 가능해진다.

　　기획가들에게는 다음과 같은 역할을 수행할 것이 기대된다 (Low, 1991: 5장). 첫째, 다양한 이익집단들의 이익과 선호를 반영하는 주창자로서의 역할이다. 둘째, 이와 같은 주창자로서의 역할을 수행하는 과정에서 이해관계가 상충되거나 여러 가지 대안들이 대두되는 경우, 협상가로서의 역할이 기대된다. 셋째, 기획가가 주창자 혹은 협상가로서 활동하는 경우 이는 정책결정체제나 기준 등 이른바 게임의 규칙이 확립되어 있을 때이다. 그러나 이와 같은 제도적 장치들이나 게임의 규칙이 마련되어 있지 않으며 불분명한 경우, 기획가는 스스로 활동가로서 역할 할 것이 기대된다. 즉 이익관계를 반영하고 조정하는 데 그치지 않고, 그것을 실현하도록 앞장서는 이른바 변화 매개자로서 활동하는 것이다. 이러한 역할은 여러 가지 제도나 절차가 마련되어 있는 중앙정부보다 상대적으로 체제가 정치되어 있지 않은 하위정부수준에서의 도시계획 혹은 지역계획에서 더 필요한 역할이다. 넷째, 이익집단들간의 경쟁과 갈등을 조정하기 위한 중재자로서의 역할이 또한 기대된다. 각기 다른 이익집단들의 이익을 반영하면서 타협하는 역할에 비해 이것은 중립적인 입장에서 이해관계를 조절하며, 만족할 만한 합의점에 도달하도록 하는 역할이다.

　　이와 같은 기획의 역할은 다원주의 국가이론에서 강조되는 행정가의 역할과 유사하다. 이것은 행정현상을 정치행정일원론에 입각하여 이해하면서 그와 같은 환경 속에서 행정가가 취해야 할 행동에 대한 처방이라고 할 것이다.

2) 개인주의 국가의 기획과정

　　신자유주의의 관점에서는 국가의 기획을 비판적인 시각에서 접근한다. 그 대표적인 이론가로서 하이에크(Hayek)를 들 수 있다. 국가기관은 획일성을 조장하여 전체주의를 가져올 우려가 있으며, 실제적으로도 효과적이거나 생산적으로 운영되기 힘들다고 본다. 그에게 있어서 국가기획은 국민의 자유를 제약하여 노예화하는 수단이 된다. 따라서 개인의 자유를 최대한 보장해주는 시장기제에 의존할 것을 주장하였다. 이것은 결국 "최소국가"의 지향으로 이어진다 (Low, 1991: 7장).

그러나 미래를 체계적으로 고찰하고 여러 대안 가운데 최선책을 선택하여 적용하는 기획 활동의 필요성을 전면적으로 부정하는 것은 아니다. 다만 이와 같은 기획활동에 의해 개개 인들의 창의성이 위축되는 것은 곤란하다는 것이다. 이를 위해서는 중앙 집중적인 기획이 아니라, 개인들의 자유로운 의지가 반영될 수 있는 기획이어야 한다. 이것은 곧 정부 내에서 도 시장에서와 같은 경쟁기제가 도입되어야 함을 의미한다.

3) 엘리트주의 국가의 기획과정: 관료제의 합리성과 코포라티즘

엘리트주의 국가이론에서 발전한 기획이론은 크게 두 가지로 구분할 수 있다. (1) 국가 관료제의 합리성을 강조하는 민주적 엘리트론의 시각과 (2) 국가의 중립성을 강조하는 코포 라티즘(corporatism)에 각각 토대를 둔 기획이론이 그것이다 (Low, 1991: 4장 및 6장).

(1) 관료제의 합리적 기획과정

인간의 합리적 행동 가능성을 강조한 베버(Max Weber)에 의하면, 현대 사회는 이른바 "형식적 합리성(formal rationality)"이 지배하는 사회이며, 이와 같은 합리성이 구현되도록 하 는 대표적인 제도적 장치가 바로 시장과 관료제다. 시장기제는 합리적인 계산에 입각한 경 제행위를 바탕으로 하고 있으며, 이윤동기에 기반한 경제 주체들의 자유로운 행동을 통해 의사결정이 이루어진다. 그러나 이윤동기에 의해서만은 가장 합리적인 자원 배분과 활용을 보장받을 수 없다. 사회 전체 차원에서 기능적 합리성과 효율성을 높이기 위한 인위적인 노 력이 필요한 이유다. 계층제로 구조화된 관료조직의 전문성 축적을 통해 가능해진다 (Low, 1991: 4장).

여기서 기획가(planner)의 역할은 정치행정이원론에서의 행정가 역할과 유사하다. 즉 대 의제 방식에 의한 정치과정을 통해 정책결정이 이루어지도록 하고, 그 정책의 집행은 전문 성을 바탕으로 하는 관료제에 의해 이루어지도록 하는 것이다. 따라서 베버가 제시한 민주 적 엘리트주의 시각에도 부합된다.

(2) 코포라티즘에 의한 기획

코포라티즘은 국가와 사회 간의 의사결정 구조를 연계해 주는 이익매개(interest intermediation) 기제로서, 국가의 보호하에 작용하는 제한적인 다원주의로 이해 된다. 사회에 내재하는 여러 계급 간의 조화와 부문 간의 유기적 통합이 사회의 본질인 것으로 보는 유기체 국가이론에서 이론적 토대를 찾아볼 수 있다. 국가는 이해관계의 조정에 있어서 중립적인 주체에 해당하며, 이를 위한 게임의 규칙도 존재하는 것으로 간주한다. 이러한 국가관념에서 접근할 때, 기획은 다음과 같은 의의를 지닌다. 첫째, 국가의 지도자들은 효과적인 기획 활동과 집행이 이루어지도록 하기 위한 합의형성에 역점을 둔다. 기획과정에서 주요 관련 집단들의 대표들 혹은 정상조직들(peak organizations)과 더불어 이해관계를 조정하고 합의를 형성하는 일이 중요하다. 둘째, 기획은 사회 전체의 세력들 간의 갈등을 감소시킨다는 정치적 필요에도 부응한다. 코포라티즘의 정책결정 기제는 국가의 기획 활동을 수용하고 효과적으로 추진하는 데 긍정적인 여건을 제공하는 것으로 인식된다.

코포라티즘의 시각에서는 시민사회의 핵심 이익과 국가의 핵심 이익을 양자 간의 매개조직(정상조직)을 통해 상호 조정하는 것을 강조한다. 이 방식은 미국보다는 서유럽 국가들에게서 흔히 찾아볼 수 있는 전통이다.

4) 자본주의 국가의 기획과정: 신마르크주의와 비판이론

이상에서 살펴 본 기획이론들은 정도의 차이는 있으나 기획을 전면적으로 부정하지는 않는다. 반면에 여기서 소개되는 기획이론들은 현대 자유민주주의 국가와 그것이 수행하는 기획에 대해 근본적으로 부정적인 시각을 제시한다. 이처럼 부정적인 국가관 및 기획관은 신마르크스주의(Neo-marxist) 이론가들과 프랑크푸르트(Frankfurt) 학파의 비판이론에서 찾아볼 수 있다.

(1) 신마르크주의의 관점

마르크스주의 이론가들에 의하면, 정치권력은 생산의 사회적 관계에 따른 구조적 특성에 의해 결정된다. 국가란 자본축적 혹은 계급투쟁의 산물이다. 자본주의 국가에서 기획가는 국가의 대리인으로서 "보수적"인 역할을 수행하는 사람들이다. 예를 들면, 도시계획가의 역할은 기존의 국가권력 구조하에서 도시의 안정적 발전을 촉진하는 데 있을 뿐, 사회구조의 근본적인 개혁과는 거리가 멀다. 기획은 하류계층이나 근로계층의 이익을 옹호하기 어려우며, 기획가들도 그런 방향으로 영향력을 행사하는 데 소극적이다. 이는 기획이 이루어지는 권력 구조가 기득권과 부를 가진 계층 위주로 형성되어 있기 때문이다 (Low, 1991: 8장).

이처럼 자본주의 국가의 역할과 기획에 대해 비판적이지만, 그에 대한 마르크스주의 이론가들의 현실적인 대안 제시는 매우 취약하다. 일반적으로 중앙집권적인 기획의 필요성에 대해 공감하면서, 종합적인 계획의 추진을 통해 경제혁명과 사회개혁을 추진해야 된다고 본다. 기획이 사회계층 간에 착취를 막고 사회정의에 부합되는 방향으로 추진되기 위해서는 다음과 같이 기획가의 신념과 역할을 재정립하는 일이 중요하다고 주장한다. 첫째, 기획가의 역할 및 사회구성원들의 행동을 제약하는 사회제도나 규칙을 개혁하기 위해 노력해야 한다. 소외된 노동자 계급의 권익을 확보하는 데 앞장서며, 그들의 사고 및 가치체계를 공유해야 한다. 둘째, 기획가로서 주어진 재량권을 최대한 발휘하여 노동자 계급 및 동조세력과 함께 사회정의의 실현을 위해 적극적인 행동을 전개해야 한다. 그러나 자본주의 체제하에서는 이러한 기획가의 개혁적 역할을 기대하기란 어렵다. 자본주의 체제가 부여하는 도구적 및 구조적 제약 때문이다. 물론 기획가들이 투철한 의식과 사명감을 갖고 진보적인 개혁세력으로서 자신에게 주어진 권한과 영향력을 최대한 발휘하여 사회구조의 개혁에 앞장서는 일이 중요하다. 또한 기획체제도 경쟁논리에 의해 이익집단이나 기득권 계층의 주장이 우선하는 것이 아니고, 전문적 분석과 합리적 결정을 통해 이루어지는 사회주의적 기획방식에 의존하는 것이어야 한다. 그러나 이와 같은 기획가의 역할이나 기획체제가 가능하기 위해서는 경제체제의 변화가 있어야 한다. 즉, 자본주의생산양식에서 사회주의생산양식(SMP)으로의 체제 전환이 선행돼야 한다는 주장이다.

(2) 비판이론의 관점

프랑크푸르트 학파에 속하는 비판이론가들은 초기에는 마르크스주의와 같은 뿌리 위에서 그것을 비판적으로 재구성하는 데 관심이 있었다. 그러나 점차 대부분 역사적 유물론의 테두리를 벗어나 유토피아적인 방향으로 선회하였다. 가장 큰 차이점은 현실 타파를 위해 혁명적인 방법을 지향하지 않는 점이다 (Low, 1991: 9장).

이들 가운데 기획이론에 가장 많은 공헌을 한 하버마스(Habermas)는 마르크스가 상징적 상호작용의 중요성을 인식하지 못했다고 비판하면서, 사회체제 분석에서 프로이드 심리학과 언어학 이론을 도입하려고 했다. 그는 이상적인 담론 상황을 제시했다. 즉, 발언이 명료하게 전달되고 내용이 진실하며 발언자가 성실하고 발언 행위가 상황에 적합할 경우에 이상적인 담론이 실현되는 것으로 보았다. 그는 합리적인 대화를 통해 이해를 증진할 수 있는 소통(communication)이야 말로 완벽한 정부체계에 필요조건이라고 보았다. 그는 이른바 '정당성의 위기(legitimation crisis)'를 지적하면서 사회개혁의 필요성을 시사하였으나, 어떤 특정의 정치적 조치를 제안하지는 않았다.[3]

---

3 이 점에서 하버마스의 비판적 사고가 행동주의적인 사회개혁이나 마르크스주의적인 혁명의 차원을 초월한 것으로

그 후 비판이론 계열의 이론가들에 의해 기존의 기획이론과는 다른 접근방법이 모색돼 왔다. 이들은 기존의 자유자본주의적 기획이론들은 현재의 주어진 기획체제 속에서 도구적·기술적 형태의 합리성을 공식화시킴으로써 기획과정이 근본적으로 민주화되는 것을 억압하고 있다고 본다. 즉 실증적 연구와 이론을 강조함으로써 현실에서 이루어지고 있는 기획방식을 은연중에 정당화하고 이른바 "부분적 사회공학(piecemeal social engineering)"을 통해 현상유지를 지향하고 있다는 주장이다. 또한 기존의 기획이론들이 계급 간의 갈등문제를 중심과제로 다루려고 하지 않고 있다고 비판한다. 많은 기획이론들이 기획과정에서의 민주적 통제와 광범한 참여를 강조하고는 있지만, 실제로 작용하는 사회적·정치적 권력 관계의 개혁 문제를 소홀히 함으로써 피상적으로 끝나고 있다는 주장이다. 따라서 결국 기존의 정치경제사회체제들을 유지하고 정당화하는 데 기여하게 된다고 본다.

이들이 자유자본주의적 기획방식을 개혁하기 위해 제시하는 처방안은 다음과 같다. 첫째, 기획은 대상집단을 계속적인 정치경제 사회적인 억압으로부터 해방(emancipation)시키는 일에 관심의 초점을 두어야 한다. 특히 인간해방이 성취를 저해하는 권력 관계를 노출시키도록 한다. 둘째, 개인적 및 사회적 차원에서의 기만과 의사전달의 단절이 중요한 저해요인이 된다고 보고, 기획 활동이 이와 같은 왜곡된 의사전달을 바로잡을 수 있도록 사회의식을 계도하는 데 역점을 두어야 한다. 셋째, 이를 위해 기획의 대상 집단, 특히 소외되고 비조직화된 집단에게 충분한 정보를 제공하고 원활한 의사전달 통로를 마련해야 한다. 넷째, 의사전달의 왜곡구조를 시정하기 위해 기획가들은 그에 대한 대응전략을 개발하고 그것을 능동적으로 이용할 수 있는 역량을 배양해야 한다.

제 3 절   공공정책의 수단

1. 의   의

국가는 적절한 수단, 즉 "연장통(tool-kit)"이 구비 되어 있을 때 비로소 의도하는 정책을 효과적으로 집행할 수 있다 (Hood, 1983). 국가가 어떤 정책수단(policy instrument)을 선택하여 적용하는가에 따라 정책 자체의 내용적 특성과 성패가 달라질 수도 있다.[4]

볼 수 있다. 그러나 사회에 대한 비판이 곧 사회개혁으로 연결될 수 있는지는 의문이다.

[4] 이 때문에 정책집행은 정책수단에 초점을 두어 연구해야 할 필요성이 있다는 주장도 있다 (Salamon, 1981). 국가가

정책수단(혹은 도구)이란 문자 그대로 정책 목표를 달성하기 위해 국가가 선택하는 수단이다. 여기에는 미시적 기술(technologies), 기법(techniques) 또는 방법(methods)이 포함된다(엄태호 외, 2010; 전영한·이경희, 2010).[5] 이어지는 장(제3장 및 제4장)에서는 정책수단 가운데 특히 중요한 물적 자원을 활용하는 예산정책과 제도적 자원을 활용하는 규제정책에 대해 자세히 논의할 예정이다. 그에 앞서, 여기서는 다양한 정책수단의 유형에 대해 간단히 살펴보기로 한다.

2. 유 형

1) 탐색도구와 실행도구

국가가 사회와의 관계에서 사용하는 정책의 수단 혹은 도구는 두 유형으로 구분할 수 있다. 탐색도구(detector)와 실행도구(effector)가 그것이다 (<그림 5-2-1>). 탐색도구는 국가가

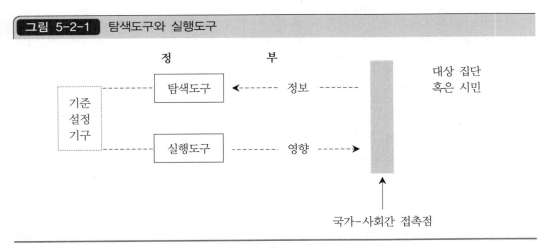

그림 5-2-1 탐색도구와 실행도구

출처: Hood, 1983: 3.

활용할 수 있는 정책수단에는 다양한 형태가 있다. 정책의 선택기준에 따라, 직접적 대 간접적 차원, 자동적 대 조작적 차원, 현금(in cash) 대 현물(in kind), 가시적 대 비가시적, 설계기준 대 설계기준의 통제 등으로 정책수단들을 유형화 한다 (Salamon, 1989). 행태적 가정에 따라, 권한도구, 유인도구, 능력도구, 상징도구, 학습도구 등으로 구분하기도 한다 (Schneider & Ingraham, 1990). 정책 수단의 차원으로서, (가) 직접적 영향 대 간접적 영향을 가져오는 수단, (나) 가시적 수단 대 비가시적 수단, (다) 자본집약적 수단 대 노동집약적 수단, (라) 자동적 수단 대 관리된 수단, (마) 보편적 수단 대 상황변동적 수단, (바) 정보 대 강제, (사) 강압 대 능력부여 수단 등으로 구분하기도 한다 (Peters, 2000: 35-47).

5 정책수단(policy instruments) 외에 정책도구(policy tools)나 행정수단(administrative tool) 등의 개념도 사용된다 (Salamon, 2002; Hood & Margetts, 2007). 이 책에서는 구분 없이 사용하기로 한다.

사회부문의 대상 시민 혹은 집단으로부터 정보를 수집하기 위하여 사용하는 도구들이다. 실행도구는 국가가 사회에 대해 영향을 미치려고 할 때 사용하는 도구들이다.

2) 행정자원 및 정책도구의 기본 유형들

이와 같은 국가의 탐색도구와 실행도구는 이른바 '나토(NATO)'로 요약되는 네 가지 행정자원에 기초하여 작동된다. 즉, '정보마디(nodality),' '재정(treasure),' '권위(authority),' '조직(organization)'이 그것이다 (Hood, 1983).[6] 첫째, 정보마디 혹은 정보자원은 정보와 사회 연결망의 중앙에 있는 정보경로들의 교차점(node)을 의미한다. 국가는 정보경로에 있어서 마디 혹은 교착점인 셈이다. 마치 모든 길이 통하던 로마(Rome)처럼, 국가는 정보경로의 중심에 위치한다. 둘째, 재정자원은 화폐 또는 대체 가능한 자산을 의미한다. 재정은 국가능력의 기본적 요건 가운데 하나이며, 대부분의 국가는 상당한 재정자원을 동원하고 소유하면서 필요에 따라 지출한다. 셋째, 권위자원은 법적 혹은 공식적인 권력의 소유를 의미한다. 즉 공식적으로 요구하고, 금지하고, 보증하고, 판결하는 권력이다. 권위는 전통적으로 국가의 속성을 정의하는 전형적인 요소로 간주돼 왔다. 넷째, 조직자원은 어떤 전문성을 지닌 사람들(군인, 노동자, 관료 등)과 토지, 건물, 도구 등의 장비도 소유하고 있다. 대개 조직자원은 다른 세 가지 기본적 자원과 결합 된다.

이 네 가지 기본적인 자원들은 각각 국가에게 특이한 자격을 부여하고, 특이한 방법으로 지출될 수 있으며, 특이한 한계를 부여하기도 한다. 예를 들면, 정보마디는 국가에게 정보거래 능력을 부여하며, 정보 분배의 전략적 위치 및 정보 확보 능력을 부여하지만, 신뢰성(credibility)에 따른 한계도 있다. 둘째, 재정은 국가에게 화폐에 의한 교환능력을 부여하지만, 대체성(fungibility)의 한계에 의해 제한된다. 셋째, 권위는 국가에게 공식적 권위를 나타내는 상징들을 사용하여 법적 혹은 공식적 의미에서 '결정'을 내릴 수 있는 능력을 부여하지만, 법적 지위(legal standing)라는 한계가 있다. 넷째, 조직은 국가에게 스스로의 물리적 힘을 사용하여 직접 행동할 수 있는 능력을 부여하지만, 그 대신에 역량 면에서의 한계가 있다.

---

6 1980년대에 정책집행 연구자들인 발다크(Bardach, 1980)와 맥도널과 엘모(McDonnell and Elmore, 1987)는 각각 강제집행(enforcement), 유도(inducement), 혜택제공(benefaction)의 세 정책수단 유형과 명령(mandates), 유도(inducements), 역량형성(capacity-building), 체제변화(system-changing)의 네 유형을 제시하였다. 샐라몬(Salamon, 2002)은 어떤 정책 문제를 해결하기 위해 가장 필요한 정책도구가 무엇인가라는 기본적인 연구 질문에 답하기 위해 정부의 직접생산, 민영화, 민간위탁, 보조금, 양여, 바우처. 금융지원, 정부보험, 프랜차이즈, 대출 및 대출 보증 등 다양한 도구를 제시한다. 이 책의 제6편에서 살펴본 것처럼, 국가는 전통적인 계층제 조직에 의한 하향식 사회개입 외에, 설득, 시장지향적 계약, 시민참여, 연대 등의 새로운 거버넌스 방법을 개발하여 사용하고 있다고 한다 (Bell & Hindmoore, 2009). 베둥(Vedung)은 강제성의 정도에 따라 정책수단의 종류를 채찍(sticks), 당근(carrots), 설교(sermons) 수단으로 비유한다.

3. 정책도구의 선택 및 조합

이와 같은 기본적 자원의 동원 능력 효과성 그리고 제약을 감안하여 정책수단은 상호 대체적으로 선택되어 적용된다. 그밖에도 정치적 압력이나 과거 경험, 시대적 요구 등을 고려하여 정책수단을 선택하고 조합하게 된다. 1970년대 말 이후 신자유주의 이데올로기의 확산으로 최소국가 개혁이 시도되던 시대조차도, 정책수단을 적절히 선택해서 조합하면, 굳이 기존의 국가기능을 축소하지 않아도 된다는 주장이 있었던 것이 예다 (Hood, 1983).

어떤 정책수단을 조합하여 실행하는지에 따라 정책목표의 달성 및 그 효과에 차이가 발생한다. 정책수단의 조합은 수직, 수평, 순차적 조합으로 구분할 수 있다 (Bemelamans-Videc & Vedung, 1998). (1) 수직적 조합은 정책에 대한 정보가 최종정책대상자에게 도달하기까지 여러 층의 행위자나 정책대상자를 거쳐 전달된다. 예를 들면, 허위광고에 대하여 정부는 해당 회사에게 규제하여 허위광고를 하지 못하게 하는 한편 소비자에게 언론 등의 매체를 통하여 허위광고의 내용을 밝히기도 한다. (2) 수평적 조합은 정책목표 대상에게 동시에 여러 가지 도구를 제공하는 것이다. 예를 들면, 불황을 극복하기 위해 정부가 국공채 발행을 하면서 동시에 차관을 빌릴 수도 있는 것이다. (3) 순차적 조합은 다양한 정책도구를 특정 시간 순서에 따라 제공하는 것이다. 예를 들면, 공고부문의 민영화를 위해 처음에는 공기업화하고 그 다음에는 민간투자를 도모하여 민법상 처리 상태에 놓이게 하며 마지막에는 매각하는 방식을 사용하는 것이다.

정책이 한 가지 목적이 아니라 복수 목적을 달성하기 위해 고안되는 경우도 많다. 정책의 복수 목적의 일관성 정도와 정책수단 조합의 일관성 정도에 따라 통합(integration), 표류(drift), 전환(conversion) 그리고 중첩(laying)으로 구분하는 호렛과 레이너(Howlett and Rayner, 2007)가 한 예다 (<표 5-2-1>). 정책목표의 일관성과 정책도구 조합의 일관성을 동시에 유지하는 통합(integration)이 가장 이상적인 정책수단의 조합이다. 그러나 실제로는 일관성이 결여된 채 정책 조합이 이루어지는 경우가 많다. 첩중(layering)은 기본 정책목표나 정책목표

표 5-2-1 정책목표와 정책도구와의 부합성 관계

	정책도구 조합의 일관성	정책도구 조합의 비일관성
정책목표의 일관성	통합(Integration)	표류(Drift)
정책목표 비일관성	전환(Conversion)	첩중(Laytering)

자료: Howlett & Rayner, 2007: 77.

를 포기하지 않은 상태에서 무작정 새로운 정책목표와 정책도구를 추가하는 경우로서 정책
혼란의 가장 큰 요인이 된다. 표류(drift)는 정책목표를 수정하지 않으면서 새로운 정책도구
를 선택할 경우다. 전환(conversion)은 특정한 정책도구를 새로운 정책목표를 달성하기 위해
적극 활용하는 경우에 해당한다.

제**3**장　재정정책과 예산

제 1 절　서　론

　국가는 그 자체의 유지를 위하여 재정적 자원을 필요로 한다. 더 나아가서, 국가는 재정적 자원의 동원과 배분을 통해 사회에 영향을 미친다. 재정적 자원의 동원 및 배분에 관한 문제를 행정학에서는 전통적으로 '재무행정(Public Financial Administration)' 혹은 '공공재정과 예산(Public Finance and Budgeting)' 분야로 전문화하여 연구해 왔다.

　국가의 재정자원 동원 및 배분 양식(樣式)은 바로 그 국가가 지닌 특성에 의해 규정된다. 따라서 이에 대한 분석은 국가에 대한 이해를 바탕으로 할 필요가 있다. 본 장에서는 현대국가의 성격에 관한 다원주의, 시장자유주의 및 마르크스주의 관점에 따라 현대 국가의 재정자원 동원 및 배분의 결정양식을 정리해 보기로 한다.[1] 그리고 간략하게 여성주의와 민주적 비판 및 갱신운동의 관점에서 재정자원 동원 및 배분의 결정양식도 살펴보기로 한다.

---

1 이 장은 정용덕(1988)의 내용에 주로 의존하였다.

제 2 절   다원주의 국가의 재정자원 동원 및 배분

1. 재정자원 동원 및 배분의 결정양식

다원주의 관점에 의하면 권력은 사회에 고르게 분산되어 있다. 자유민주주의에서 정부에 대한 궁극적 통제는 시민들에 달려 있고, 공개적인 정치적 대의 절차가 가능하다. 다양한 요구가 정당 또는 다양한 이익집단에게 제시되고, 이들은 다시 그 요구들을 집합시켜서 지도자들과 공직자들에게 대의한다. 이와 같은 상황에서 공공정책은 전반적으로 사회후생의 증진을 지향하는 경향이 있다.

그러면 좀 더 구체적으로 국가의 물적 자원 동원 및 배분의 결정은 어떻게 이루어지는가? 또 그러한 결정양식은 바람직하며, 만일 문제가 있다면 어떻게 개선되어야 할 것인가? 이와 같은 질문들에 대해, 정통다원주의는 자유민주주의에서의 물적 자원 동원 및 배분의 결정은 그들이 가정하고 있는 다원주의적 절차로 이루어지고 있고, 다원주의적 절차는 최선의 방법은 아닐지라도 인간들이 할 수 있는 가장 문제가 적은 결정양식이라는 관점이다. 반면, 신다원주의는 정통다원주의자들이 묘사하고 있는 바와 같은 정책결정이 실제로는 이루어지고 있지 않고, 또 그렇다고 해도 그것이 최선의 방법이 아니므로 좀 더 합리적인 방법을 모색해야 한다는 전제하에 개선방안을 제시한다.

2. 정통다원주의의 예산이론

재정자원의 동원과 배분에 관한 결정은 일반 정치 또는 정책결정과정의 한 하위체계이다. 따라서 자유민주주의에서의 물적 자원 동원 및 배분에 관한 결정은, 그 상위체제인 일반적인 정치과정(또는 정책결정과정)이 그러하듯이, 다원주의적인 양식에 의해 이루어진다. 그리고 정통다원주의의 관점에서 이러한 결정방식은 바람직하다. 자유민주주의에서는 모든 이익집단이 사회 내에서 자유롭게 성립될 수 있으며, 그들의 이익과 가치들을 표현해 주고 그들을 위해 지지해 줄 정치체계에 대한 접근이 가능하며, 전반적인 정책결정은 요구와 반응 간의 동태적 균형이 이루어짐으로써, 좀 더 정의롭고, 인간적이며, 평등한 사회로의 점차적인 진화가 이루어질 수 있을 것이다. 이와 같은 사회, 즉 다원주의적 민주주의는 인간이 지금까지 고안해 낸 가장 바람직한 사회로서, 이것은 누가 특별히 고안해 낸 제도라기보다는 오랜 기간을 두고 자유민주주의의 발전과정과 더불어 진화되어 온 역사적 산물이다 (Alford, 1975). 즉, 오랜 과정을 거쳐 점진적으로 그 절차면의 개선이 법과 제도면에 반영되어 현재와 같은 상태에 이른 것이다. 특히 물적 자원 동원 및 배분의 결정과정은 소위 예산제도로서 발전되어 왔고, 오늘날 대부분의 나라에서는 이것을 '예산회계법' 또는 '국가재정법'의 형태로 성문화시켜 온 것이다. 정통다원주의자들은 이처럼 물적 자원 동원 및 배분의 내용보다는 그 결정과정에 초점을 두고 있으며, 특히 제도적인 측면에 관심을 기울이고 있다. 그래서 만일 현재의 예산결정과정에 문제가 있다면, 과거에 그래왔던 것처럼, 제도적인 면의 개선을 통해 점진적으로 그 절차가 개선되어 나갈 수 있다고 보는 것이다. 이와 같은 시각의 정통다원주의 예산결정과정의 특성을 구체적으로 살펴보면 다음과 같다.

1) 분권화된 예산과정

재정자원의 동원과 배분에 관한 결정이 다원주의적 절차에 의해 이루어지도록 하기 위해서는 무엇보다도 결정권한이 분산될 필요가 있다. 이를 위해서 자유민주주의의 예산과정은 여러 단계별로 나누어졌으며, 각 단계별로 그 책임 및 권한의 배분이 각각 다르도록 제도화되어 왔다 (박영희, 1988: 3편; Lee & Johnson, 1983).

그 결과 예산과정은 행정부의 예산편성, 입법부의 예산심의, 행정부의 예산집행, 행정부, 입법부, 감사기관의 결산 및 회계감사의 4단계로 이루어진다. 이러한 과정이나 단계는 일정한 주기를 가지고 반복되는 특성이 있다. 이렇게 예산과정의 단계들이 시간적 차원에서 반복되는 일정한 주기를 예산주기(budget cycle)라고 부른다. 우리나라의 경우 예산주기는 통상 3년이다 (윤영진, 2014; 하연섭, 2018).

표 5-3-1   예산주기

구 분	2018년	2019년	2020년	2021년	2022년
2019년도 예산	편성/심의	집행	결산/감사		
2020년도 예산		편성/심의	집행	결산/감사	
2021년도 예산			편성/심의	집행	결산/감사

출처: 윤영진, 2014.

(1) 예산편성

예산편성은 예산안을 준비하는 단계로서 대부분의 국가에서 행정부에 그 책임 및 권한을 부여하는 행정부제출예산제도(executive budget system)를 채택하고 있다. 행정부에서 예산을 편성(budget preparation)하는 과정은 예산을 실제로 집행하는 각 행정기관, 예산을 총괄하고 사정하는 중앙예산기관 및 최종적으로 행정부 예산안을 대표하고 책임지는 행정수반 간에 다양한 역할 분담이 이루어져 있다. 이들 간에는 그 역할에 따라 거의 보편적인 행태가 나타나는데, 행정기관은 가능하면 많은 예산을 확보하고자 하는 소비자 또는 지출자(consumer 또는 spender)로서의 행태가 나타나고, 중앙예산기관은 각 행정기관에서 요구한 예산액을 가급적 삭감하고자 하는 삭감자 또는 절약자(cutter 또는 saver)로서의 행태가 나타나며, 행정수반은 예산의 총규모에 관심을 두고 균형을 유지하고자 하는 수문장(gatekeeper)으로서의 행태가 나타난다 (Wildavsky, 1984; 1986; Mitchell, 1971).

한국의 예산편성과정을 살펴보면 다음과 같다. 먼저 각 중앙관서의 장은 중앙예산기관에 중기사업계획서를 제출한다. 중앙예산기관은 국무회의의 심의를 거쳐 대통령의 승인을 얻은 후 다음연도의 예산안편성지침을 작성하여 각 중앙관서의 장에게 통보한다. 예산안편성지침을 토대로 각 중앙관서는 예산요구서를 작성하여 중앙예산기관에게 제출한다. 중앙예산기관은 이를 조정하는 사정(review) 작업을 거친 다음, 국무회의의 심의와 대통령의 승인을 얻는다 (윤영진, 2014; 하연섭, 2018).

참고 **'코로나19'에 돈 달라고 아우성 … 재량지출 10% 혹독한 다이어트**

재정 당국이 고민에 빠졌다. 올해 코로나19 때문에 침체될 경기를 살리려면 내년에도 막대한 돈을 풀어야 하는데, 정작 돈 들어올 구멍은 막히고 있다. 역성장이 예상되는 각 기업들의 법인세가 덜 걷히고 소득세 역시 줄어드는 게 불가피한 전망이기 때문이다. 이 때문에 정부는 내년 예산을 짜면서 강도 높은 지출 구조조정을 준비하고 있다. 그동안 관행적으로 낭비하다시피 배정하던 각 부처 재량지출을 10% 이상 줄여 확보한 재원으로 경제의 역동성을 살리는 데 투입하겠다는 것. 이른바 '군살 빼고 새살 나기' 전략이다.

24일 기획재정부의 '2021년도 예산안 편성지침'에 따르면 코로나19로 인한 올해 경제성장 하방리스크가 커져 내년 세수가 줄어들 전망이다. 반면 코로나19 이후 경제활력 제고를 위한 지출소요는 늘어난다. 이에 정부는 과감한 지출 구조조정에 나선다. 각 부처에서 필수적인 법정경비·인건비 등을 제외한 재량지출의 10%를 의무적으로 구조조정한 뒤 내년 예산을 요구하도록 한다. 각 부처의 자발적 구조조정 이행이 미흡할 경우 기재부가 강제로 지출을 줄인다. 또 지출 구조조정 실적에 따라 내년 예산을 짤 때 인센티브나 페널티를 부여할 방침이다. 안도걸 기재부 예산총괄국장은 "지출 구조조정이 원활하지 않은 부처는 기본경비를 삭감하는 방안이 가능하다"고 말했다. 이렇게 구조조정한 예산은 부처별 중점 투자분야의 신규·정책사업으로 전환한다.

자발적 구조조정이 잘 이뤄진 부처의 경우 요구하는 신사업 예산을 우선 고려한다.

관행적·연례적으로 지원하던 보조금, 출연금 등도 지원 필요성, 규모의 적정성 등을 원점에서 재검토한다. 3년 이상 관행적으로 지원된 모든 보조금 사업이 대상이다. 사업목적이 끝나거나 성과가 부진한 사업은 폐지하고 유사·중복사업은 통합한다. 모든 정부 출연사업을 대상으로 법적 근거, 보조사업과의 차별성을 검토해 존속 여부를 판단한다. 출자금은 출자사업별 실적·성과·회수재원 이력 관리를 강화한다. 정책금융기관은 예산을 요구할 때 집행실적, 목표달성도를 분석한 평가서, 미집행금 활용방안을 포함해야 한다. 모태펀드 출자사업은 5개년 투자회수금 흐름 추정 및 재투자 계획서를 첨부해 예산을 요구해야 한다.

또 여러 부처의 유기적 협력이 필요한 사업군을 지정해 관련 부처가 공동으로 사업기획, 예산요구·집행하는 협업 예산편성 방식을 도입한다.

각종 기금의 건전성도 높인다. 사회보험성 기금은 가입률을 높이고 급여 누수 방지, 사업 구조조정, 운영비 절감으로 기금 적자를 최소화한다, 사업성 기금은 유사·중복기금을 통·폐합하고 설치목적에 따라 기금간 재원을 공유한다. 여유가 많은 기금은 이를 통해 일반회계사업을 추진하도록 이관한다. 금융성·계정성 기금은 대위변제 축소, 구상채권 회수 확대로 운용배수를 안정적으로 관리한다.

안일환 기재부 예산실장은 "재정은 나라 경제의 최후의 보루"라며 "이미 과거 여러번의 경제위기 상황에서 빛났던 재정의 역할을 경험한 바 있는만큼 당면한 코로나19로 인한 경제 파급영향을 최소화하는 데 우선적인 노력을 해나갈 계획"이라고 말했다. 아울러 "내년에는 경제의 역동성 회복에 대한 요구가 어느 때보다 높을 것으로 예상되는 상황"이라며 "재정의 적극적인 역할과 재정건전성 기반 마련이라는 두 마리 토끼를 잡겠다"고 강조했다.

출처: 머니투데이, 2020년 3월 24일

(2) 예산심의

행정부 예산안은 의회에서 심의가 이루어지는데, 이는 국민의 대표기관으로서의 의회가 정부의 사업계획 및 재정정책에 대한 심의 및 결정을 한다는 의미가 있다. 그런데 의회가 행정부가 제출한 예산안에 대해서 어느 정도의 수정을 행사하는지는 정부형태, 정당체제, 의회내 위원회제도의 특징 등에 따라 국가마다 차이가 있다 (하연섭, 2018).

한국의 예산심의 과정은 다음과 같다. 우선 예산심의 과정의 첫 단계로서 대통령의 시정연설이 있다. 대통령의 시정연설이 끝나면 예산안은 각 부처를 담당하는 상임위원회로 넘겨져 예비심사가 이루어진다. 상임위원회의 예비심사 이후 예산결산특별위원회의 종합심사가 시작된다. 예산결산특별위원회의 종합심사가 끝나면, 예산안 처리를 위한 본회의가 개최되는데 본회의에서 예산결산특별위원회의 안에 대해 질의 및 토론이 이루어지고 예산안을 의결함으로써 예산이 확정된다 (윤영진, 2014; 하연섭, 2018).

되풀이 되는 예산안 졸속심사 … 9월에 제출해도 국감과 대정부질문에 밀려 11월에 심사

지난해 국회 예산결산특별위원회가 470조원에 달하는 '슈퍼 예산'을 심의하는 쓴 시간은 정확히 2일 17시간 36분에 불과했다. 여야 간사 선임과 소위 구성 등을 제외한 실제 심의 시간이다. 1분당 1194억원의 예산을 '훑어' 본 것이다.

국회 예산 심사는 해마다 졸속 처리 논란에 휩싸이고 있다. 정부가 예산안을 국회에 제출하는 9월 초부터 예산안 통과의 법적 시한인 12월 2일까지의 정기국회는 대부분 허송세월이다. 2013년 국가재정법 개정으로 심의 기간이 60일에서 90일로 늘었지만 실제 심사 기간은 평균 15일에 그쳤다. 법 개정전과 별반 차이가 없었다.

작년도 마찬가지였다. 국회는 예산안이 9월 3일 제출되고 시간을 허비하다 법정시한을 30일도 남겨 두지 않은 시점에 심의를 시작했다. 11월 6일 열린 행정안전위원회의 예산심의 소위원회가 예비심사를 위한 첫 회의였다. 국정감사와 대정부질문 등이 있어 예산안 심의를 할 수 없었다는 점을 감안해도 심의 기간이 길어야 한 달 정도에 불과한 것이다. 그나마 소위 구성을 둘러싼 여야간 입씨름 등으로 시간을 보내다가 막판에 '벼락치기' 심사에 돌입했다.

추가경정예산안 심의도 마찬가지다. 지난 4월 정부가 제출한 7조원 규모의 추경안은 정부 제출 99일 만인 지난 8월 2일 가까스로 국회 문턱을 넘었다. 이 기간 동안 예산결산특별위원회 예산안조정소위는 단 세 차례 열렸다. 공식 회의 시간은 다 합쳐봐야 만 하루(23시간 30분)가 채 안됐다. 예결위 관계자는 "시간에 쫓겨 수백억원 짜리 사업 심사를 한 두 마디로 끝내는 일이 부지기수였다"고 말했다.

전문가들은 예산안 졸속심사의 원인으로 국정 감사와 예산 심사를 동시에 진행하는 정기국회 시스템을 지적하고 있다. 국회 한 관계자는 "국감과 예산 심사를 한 번에 하는 건 물리적으로 불가능하다"며 "정부 예산안 제출과 동시에 국회 논의를 할 수 있는 별도의 심의 장치가 있어야 한다"고 지적했다.

출처: 한국경제, 2019년 10월 21일

(3) 예산집행

의회에서 의결된 예산은 행정기관에 의해 집행(budget execution)되는데, 예산집행은 예산에 담겨진 계획과 사업을 얼마나 잘 구현하느냐 하는 것이 가장 중요한 관심사가 된다. 예산집행과정에서는 의회에서 설정한 재정적 한계를 엄수시키기 위한 통제제도를 운영하는데, 통제제도에는 예산배정 및 재배정제도, 주기적 보고서 제출 등이 있다. 한편 예산집행기간 동안 발생하는 새로운 환경 변화에 신축성 있게 대응하도록 예산집행상의 융통성을 부여하는 방안인 이용과 전용제도, 예비비제도, 이체와 이월제도 등이 마련되어 있다 (강신택, 2000).

한국의 예산집행과정은 다음과 같다. 예산집행의 첫 번째 단계는 각 중앙관서의 장이 예산배정요구서를 기획재정부장관에게 제출하는 것으로 시작된다. 다음으로 예산의 배정이 수행된다. 이는 중앙예산기관이 행정부처가 사용할 수 있는 예산의 한도를 정해 주는 작업이다. 예산의 배정이 이루어지면, 각 행정기관 내부에서 예산의 재배정이 이루어진다. 예산의 재배정은 각 행정부처의 장이 각 사업부서에게 지출을 할 수 있는 권한을 부여하는 것을 의미한다. 예산의 배정과 재배정이 이루어지고 나면 비로소 각 사업부서에서 예산의 집행이 이루어진다 (윤영진, 2014; 하연섭, 2018).

(4) 결산 및 회계감사

마지막으로 당해 회계연도가 끝나면 예산집행에 관한 사후평가를 하기 위한 절차로서 결산 및 회계감사(audit)가 시행된다. 회계감사를 담당하는 기관은 그 기능상 행정부에서 독립된 위치에 있는 것이 원칙이며, 회계감사의 결과에 관한 확인은 입법부를 통해 심사되는 것이 일반적이다.

한국에서의 결산과정은 다음과 같다. 결산과정은 수입과 지출의 출납사무를 완결하는 것으로부터 시작된다. 중앙관서의 장은 출납사무가 완결된 후 중앙관서결산보고서를 작성하여 기획재정부에 제출한다. 기획재정부 장관은 중앙관서결산보고서를 통합하여 국가결산보고서를 작성한 후 국무회의의 심의를 거쳐 대통령의 승인을 받는다. 이는 감사원에 제출되고 감사원은 이 보고서를 감사한 후 기획재정부 장관에게 송부한다. 정부는 감사원의 감사를 거친 보고서를 국회에 제출하고, 국회에서는 상임위원회 예비심사, 예산결산특별위원회 종합심사, 본회의 심의 및 의결을 거친 후 정부로 이송한다 (윤영진, 2014; 하연섭, 2018).

2) 점증적 의사결정

의사결정의 유형이라는 측면에서 보면, 자유민주주의에서의 국가예산은 점증적(incremental)인 특성을 띠고 있다. 점증성의 개념은 크게 과정적 측면과 결과의 측면으로 구분된다. 먼저 과정 측면에서의 점증성이란 흔히 총체성(synoptic)에 대칭되는 개념으로서, 의사결정의 정치·행정적 과정이 여러 관련자들의 타협과 협상에 의해 상호조정 과정을 거치면서 이루어지는 것을 뜻한다. 반면에, 결과 측면에서의 점증성이란 매년의 예산결정의 결과를 볼 때 그 증감의 폭이 비교적 작은 경우로써 예산내용면에서의 변화가 적은 경우를 뜻한다.

자유민주주의에서의 예산운영이 다원적인 의사결정과정에 의해 이루어진다고 간주하는 정통다원주의자들의 견해는 과정적 의미의 점증성에 부합되는 것이다. 예산결정의 결과 측면에서도 자유민주주의에서의 예산은 그 변화가 소폭에 그침으로써 점증적인 성격을 나타내고 있다. 이처럼 예산결정이 소폭적인 증감에 의해서만 변화가 일어나는 이유는, 엄청난

양의 기존 정부사업들의 기준예산(base budget)을 일일이 다 분석하기가 현실적으로 어렵기 때문이다. 따라서 예산결정자들은 그들의 관심을 주로 국가활동의 한계적 증가(marginal additions)를 통제하는 일에 쏟으면서 그 해의 재정 형편에 따라 소속기관의 예산을 한계적으로 증감시키게 된다. 그 결과 내년도 예산결정에 있어서 최선의 지침은 항상 작년도 예산이 기준이 되는 것이다.

이와 같은 점증적 예산결정은 영국과 미국같이 서로 다른 예산체계를 지니고 있는 나라들 사이에서도 마찬가지로 나타나고 있으며, 특히 1955년 이래의 프랑스에서는 전형적인 경우로 발전하고 있다고 한다 (Wildavsky, 1984; Heclo & Wildavsky, 1981; Wildavsky & Caiden, 1997).

자유민주주의에서의 예산운영이 점증적인 의사결정방식에 의해 이루어지고 있다는 서술적 주장에 더하여, 정통다원주의 이론가들은 이와 같은 결정방식이 바람직하다는 규범적인 평가도 내리고 있다. 이들의 이러한 주장은 대개 점증적 의사결정에 대응하는 개념으로서 총체적인 합리적 의사결정(comprehensive rational decision-making)을 염두에 두고 제기된다 (Lindblom, 1959; 1965; Braybrooke & Lindblom, 1963). 즉, 해결해야 할 사회문제는 항상 복잡하고, 추구하고자 하는 가치(또는 목표)도 모호하기 때문에 설정하기가 어려우며, 대안의 탐색·비교·예측도 인간의 능력상 한계가 있기 때문에, 차라리 문제들을 분산시켜 여러 사람들(또는 기관)이 나누어 다루게 함으로써 그 복잡성이 훨씬 줄어들 수가 있고, 따라서 그것이 오히려 합리적이라는 주장이다. 특히 예산결정은 사람들간의 이해가 복잡하게 얽혀 있는 문제이므로, 문제를 집중시켜 확대하지 말고 분산에 의해 나누어 개개인끼리의 상호조절(mutual adjustment)에 의해 결정함으로써 그만큼 갈등의 규모가 작아진다는 것이다 (Wildavsky, 1986).

3) 품목별 예산작성 기법

예산운영에 있어 의사결정방식과 관련해 반드시 논의될 필요가 있는 것 가운데 하나가 예산작성기법에 관한 것이다. 예산결정자들이 의사결정을 하기 위해서는 정보가 필요한데, 예산에 관련된 무수한 내용 가운데에서 특히 어느 사항을 추출하여 정리하느냐에 따라 예산결정자가 의거하게 될 정보의 성격이 좌우되기 때문이다 (Lee & Johnson, 1983: 15-18, 65-79). 전통적으로 다원주의적 예산제도의 발달과 더불어 사용되어 온 예산작성기법으로는 품목별 예산(line-item budget)을 들 수 있다. 이 방법은 정부가 예산지출을 통하여 구입하게 될 물품이나 서비스를 인건비, 물건비 등의 몇 가지 품목으로 나누어 정리하고, 그에 소요될 예산액을 명시해 놓는 비교적 간단한 예산작성 기법을 말한다. 이 방법은 어느 특정인에 의해 고안되어 의도적으로 실시되었다기보다는 예산제도의 발전과 더불어 자연스럽게 개발되어 거의 모든 국가와 단체들에 의해 공통적으로 사용되어 오고 있는 기법이다.

이와 같이 가장 오래되고 또 가장 보편적으로 사용되고 있는 품목별 예산은, 그것이 지니고 있는 문제에 대한 지적과 아울러 그 동안 많은 개혁이 시도되었음에도 불구하고, 아직도 가장 기본적인 예산작성 기법으로서의 위치를 점하고 있다. 그 이유에 대한 정통다원주의자들의 견해는 간단하다. 즉, 자유민주주의에서의 예산결정과정이 그 상위체계인 일반정치과정의 속성에 따라 다원주의적인 방식에 의해 이루어지고 있듯이, 예산작성 기법도 그 상위체계인 다원주의적 예산결정과정의 성격에 의해 구속되어 그것에 가장 적합한 정보산출방식인 품목별 예산이 가장 무난하게 사용되고 있다는 논리이다. 정통다원주의자들은 비판자들이 주장하고 있는 것처럼 품목별 예산은 예산에 관한 정보 중 정부로의 투입에 관한 것만을 제공하는 등 여러 한계가 있다는 것을 인정한다. 그러나 이 방법은 근본적으로 여러 사람들의 참여가 가능하도록 분권화된 다원주의적 예산결정의 속성에 적합하고 시민들의 통제가 용이한 예산정보를 제시해주고 있다는 점에서, 이 방법이 가장 합리적이지는 않더라도 가장 문제가 적은 방법이기 때문에 적합하다는 주장이다 (Wildavsky, 1978; 1984).

3. 신다원주의의 예산개혁론

재정자원 동원 및 배분의 결정양식에 관한 신다원주의의 관점은 정통다원주의자들이 가정하고 있는 정책결정에 대한 비판에서부터 시작된다. 신다원주의자들은 현대사회에서 야기되는 여러 문제들의 복잡성은 전통적인 정부의 역할이나 정책결정과정에 의해서만은 해결되기 어렵다고 생각한다. 따라서 다원주의적 정책결정과정에 의한 국가목표 설정의 국가적 합의 도출의 가치를 근본적으로 인정하면서도 정통다원주의의 문제해결능력의 한계를 인정하고 있다. 따라서 신다원주의 이론가들은 정통다원주의 가운데 시대에 뒤떨어진 요소들을 보완함으로써 자유민주주의 체제는 보완될 수 있고, 이것이 가장 바람직하다고 주장한다.

신다원주의 이론가들이 제안하는 보완방법의 핵심은 인간이 활용할 수 있는 최대한의 지적 능력을 동원하여 문제해결에 보다 적극적이고 합리적으로 대응하자는 것이다. 인간의 지적 능력에 대해 낙관적인 가정에 입각해서, 이들은 문제해결을 위한 지성 및 지성인의 역할을 강조하며, "지적으로 인도되는 사회"를 지향하는 것이다 (Lindblom, 1977: 247-260, 313-329). 이와 같은 견해는 정책결정과정에 대한 다음과 같은 제안으로 구체화되어 나타난다. 첫째, 보다 적극적으로 사회문제를 발견하고, 그것을 해결하기 위한 가능한 모든 대안들을 탐색하며, 각각의 대안이 가져올 결과를 예측·비교하여, 그 중에서 최선의 대안을 선택하는 총체적·합리적 의사결정을 강조한다. 둘째, 복잡한 현대사회의 문제들을 해결하기 위해서 현대과학을 통해 개발된 여러 가지 지적 도구들(intellectual toolkits)을 활용하여야 한다. 셋째, 지적 전문가들의 역할이 중요하고 이들에 의한 객관적이고 합리적인 의사결정이 이루어지는 것을 돕기 위한 정책결정과정의 재구성이 필요하다.

이와 같은 주장을 구체적으로 예산결정과 관련시켜보면, 먼저 전통적인 예산운영과정에서는 행정부나 의회의 편성·심의과정이 너무 분산되어 있어서 너무 지엽적인 문제들(또는 세부적이고 부분적인 문제들)만을 다루는 경향이 있으므로, 보다 전체적 입장에서 자원배분의 테두리를 결정할 필요가 있다는 것이다. 또, 정부사업 및 이를 뒷받침하는 예산에 대한 결정이 합리적으로 이루어지지 않고 있는데, 이를테면, 정부사업의 목적과 수단간의 인과관계에 관한 고려가 이루어지지 않을 뿐더러, 각 대안에 대한 사회적 가치와 비용에 대한 고려가 없었다는 것이다. 또 종래의 예산제도는 예산의 통제기능에만 치중해 있고 기획기능은 취급되지 않고 있다는 것이다. 이와 같은 문제의식에서 이들은 총체적이고 합리적인 예산운영방식을 제안하고 있다. 이에는 성과예산(Performance Budgeting: PB), 계획예산(Planning-Programming Budgeting: PPB), 목표에 의한 관리(Management by Objectives: MBO), 영기준예산(Zero-Base Budgeting: ZBB) 등이 포함될 수 있고, 이들의 핵심 개념은 모두 비슷하다 (Wildavsky, 1984; Novick, 1969; Lyden & Miller, 1978). 즉, 예산결정에 있어 다음과 같이 체제분석(system analysis)과 한계(효용)분석(marginal analysis)의 개념을 응용하자는 것이다.

첫째, 예산결정은 앞에서 언급한 바와 같은 총체적·합리적 의사결정 과정에 의해서 한다. 즉, 문제를 발견하여 목표를 설정하고, 그 해결방법으로 가능한 모든 대안들을 탐색하여, 각 대안들이 가져올 결과를 예측하고, 그 중에서 최선의 방안을 선택한다.

둘째, 사회체계이론을 원용하여, 모든 정부의 기능을 체계적으로 분류하여 종합적으로 검토한다. 전통적 예산결정방법이 정부의 기능을 분산시킨 뒤 각각의 담당 조직에 의해 세부적으로 결정되어 상향식으로 점차 전체 예산이 편성되는 것임에 반하여, 신다원주의 예산결정방법은 정부의 기능들을 전체적인 것부터 결정한 다음 세부적인 것들을 결정해 나간다.

셋째, 전통적 예산운영이 주로 투입에 관한 정보를 위주로 이루어지는 데 반하여, 산출(outputs)에 관한 정보도 확보하여 예산운영에 고려한다. 즉, 품목별 예산의 경우 정부가 예산지출에 의해 구입하는 물품 및 서비스에 관한 정보만이 취급되는데, 보다 중요한 것은 정부지출에 의해 이루어지는 사업의 산출(outputs) 및 그 결과(outcomes)로 초래되는 사회에의 영향(impacts)에 관한 정보이다 (Lee & Johnson, 1983: 65-80).

넷째, 의사결정자는 그에게 가능한 대안(가능성 곡선으로 표시)과 그의 선호(무차별 곡선으로 표시)간의 한계분석(marginal analysis)을 통해 최적선택(optimum choice)을 한다 (Stockey & Zeckhauser, 1978: 22-46).

이상과 같은 지침에 따라 예산은 다음과 같은 방법에 의해서 결정되는 것이 바람직하다.

1) 공공부문 대 사부문간의 최적자원배분

전체 국민자원(total national resources)을 공공부문과 사부문간에 적절히 배분하는 일이 첫 번째 과제이다. 경제학자들이 흔히 사회균형(social balance)이라고도 칭하는 이 문제를 위해서는 다음과 같은 한계효용의 개념을 원용한다. 즉, 공공재의 생산을 위해 지출하는 최종적 1원을 통해 얻는 만족(즉, 효용)과 사적재(private goods)의 생산을 위해 지출되는 최종적 1원으로부터 얻는 만족(즉, 효용)이 일치하는 지출수준에서 최대의 효용을 얻을 수 있다는 것이다.

참고

공공부문 대 사적부문간 최적 자원배분

총 국민자원을 공공부문과 사적부문간에 배분하기 위한 최적 방안을 <그림 5-3-1>처럼 도식화할 수 있다. 여기에 시민이 정부지출을 통해 얻게 되는 효용뿐만 아니라, 정부에 세금을 냄으로써 얻게 되는 비효용(disutility)까지도 고려해 보면 <그림 5-3-2>처럼 표시할 수 있다.

〈그림 5-3-1〉 공공부문 대 사부문간의 최적 자원배분

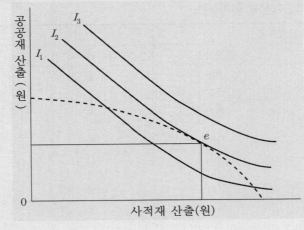

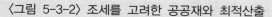

〈그림 5-3-2〉 조세를 고려한 공공재와 최적산출

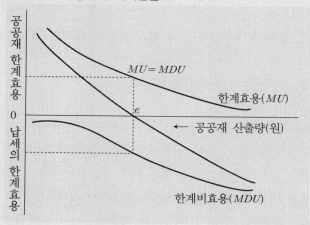

출처: Mitchell, 1971: 299-304; 정용덕, 1988: 270, 〈그림 7-2 및 7-3〉.

참고 정부사업간의 최적 자원배분

총 12억 원의 예산 중 고속도로와 댐(dam) 건설에 각각 얼마씩의 예산배분을 할 것인가에 관한 결정을 한다고 할 때, 〈표 5-3-2〉와 같은 가상적 한계효용을 계산했다고 하면, 결국 사업간의 최적배분은 각각의 한계효용이 같아지는 고속도로 건설 5억 원과 댐(dam) 건설 7억 원이될 것이다.

〈표 5-3-2〉 공공재와 가상적 한계효용

고속도로		댐	
자원배분(억 원)	한계효용	자원배분(억 원)	한계효용
1	80	1	60
2	72	2	58
3	64	3	56
4	56	4	54
5	48	5	52
6	40	6	50
7	24	7	48
8	8	8	40

출처: Mitchell, 1971: 306-8.

2) 특정의 정부기능 수행을 위한 최적 대안의 선택

각각의 정부사업별 예산배분이 이루어지고 나면, 다음은 정부사업을 달성하기 위한 대안을 선택해야 한다. 이때에는 각각의 대안이 가져올 결과를 여러 가지 기준별로 예측한 다음 그것의 편익과 비용을 분석하여 비교한다.

참고 정부사업의 최적 대안 선정

도시재개발사업의 경우를 예로 들면, 다음 <표 5-3-3> 및 <표 5-3-4>와 같은 비용편익 조사표들을 작성할 필요가 있을 것이다. 각 대안의 비용·편익을 추계하여 비교할 때는 순현재가 (net present value), 편익비용비(benefit/cost ratio) 및 내부수익률(internal rate of return) 등의 접근방법들이 사용된다 (Mitchell, 1971: 308-313; Stockey & Zeckhauser, 1978: 134-176; Gramlich, 1981: 88-115; 김동건, 1997).

〈표 5-3-3〉 비용·편익분석을 위한 예비조사표

예상되는 결과	대 안		
	기존의 방법	B	C
공공건물의 수 상용건물의 수 주민용 아파트 수 철거되는 가구수 새로 고용될 인원수 주차장 시설			

〈표 5-3-4〉 비용·편익의 추계 조사표

물적자원의 사용방법	기대되는 편익		기대되는 편익수혜자		기대되는 비용		기대되는 비용부담자		정치적 실현가능성	
	단기	장기	단기	장기	단기	장기	단기	장기	정치가	유권자
기존의 방법										
B										
C										

출처: Mitchell, 1971: 306-308.

3) 재정경제학에서의 예산결정기준

신다원주의 예산의 결정방법은 논리적으로는 가능한 물적 자원의 동원과 배분의 결정기준들을 제시해주고 있지만, 실제 의사결정에 적용하는 데에는 많은 한계에 직면하게 된다. 그 이유는 사업예산방식의 모형이 이른바 합리적이고 종합적인 의사결정을 하고자 하는 정책결정자가 의거할 과정모형이지, 그것 자체가 예산이라고 하는 사회적 가치의 배분에 관한 실질적 기준을 제공해주는 모형은 아니라는 사실에서 비롯된다.

먼저, 공공부문과 사부문간의 최적자원배분을 위한 한계효용분석모형은 그것이 논리적으로는 그럴 듯하지만, 실제적으로는 사회적 무차별곡선을 도출할 아무런 이론적 근거가 없다. 따라서 이 사회적 무차별곡선(즉, 사회후생함수)을 찾아내기 위해서는 다시 다원적 정치과정을 통해 사회구성원들의 합의를 도출하든가 아니면 독재자의 일방적 결정에 일임하는 방법에 맡길 수밖에 없다는 딜레마에 빠지게 된다.

다음, 정부사업간의 자원배분 문제에 있어서 각 사업들의 한계효용을 계산하여 그것이 일치하는 수준에서 최적예산결정을 확보할 수 있다는 기준도 역시 논리적으로는 가능하지만 실제 적용에는 한계가 있다. 서로 다른 목적과 기능을 갖는 각 사업들(예: 교육사업과 국방사업)간의 효용을 동일 척도에 의해 계산할 수 있는 방법을 찾기란 현실적으로 거의 불가능하기 때문이다.

다만, 하나의 정부사업을 달성하기 위한 최적대안을 선택하고자 하는 경우 비용·편익분석의 사용 가능성이 가장 많다고 할 수 있으나 역시 현실적으로 여러 문제가 따른다. 금전적 가치로 환산할 수 없는 경우에는 비용편익분석 대신 비용효과분석을 사용할 수는 있지만, 역시 정부기능을 계량화하기 힘들다는 문제는 극복하기 어렵다. 더 심각한 문제는 이 기법들이 효율성의 확보만을 고려하고 형평성의 문제는 고려할 수 없다는 면에서, 궁극적으로 자원배분의 기준으로 사용할 경우 사회 내의 기존 자원배분의 위상을 왜곡시키는 결과를 초래하게 된다는 점에 있다.

총체적·합리적 예산결정방법이 실제적용에 있어서 이와 같은 한계에 부딪치게 됨에 따라 신다원주의 이론가들이 택하게 될 대안은 두 가지가 있다. 하나는 궁극적인 자원배분의 가치기준의 결정은 정치과정에 맡김으로써 다시금 정통다원주의로 복귀하는 방법이고, 또 다른 하나는 예산결정자가 사용할 수 있는 합리적 기준을 계속해서 탐구하는 방법이다. 신다원주의 이론가들이 택하고 있는 방법은 두 번째 것일 수밖에 없으나, 아직도 공감을 얻을 수 있는 정책분석의 기준이나 모형이 개발되고 있지 않다.

결국 현재의 시점에서 이들 신다원주의 이론가들이 의거하고 있는 기준으로서는 재정경제학자들이 개발해온 개념들이 주종을 이루고 있다. 오랜 기간 동안 정부의 수입과 지출에 관한 경험적 분석을 시도해 온 전통적 재정경제학자들은 정부의 기능(정부지출의 근거)을 소위 시장실패의 개념에서 찾고 있다. 순수한 시장경제는 그것이 원리대로 작동된다고 할 때, 개인의 자유를 최대한 보장해 줄 수 있을 뿐더러, 가장 효율적인 자원의 생산과 배분을 통해 최적의 사회후생을 가져올 수 있는 것으로 기대되지만, 자유경쟁시장의 '보이지 않는 손'에 의한 최적상태는 다음과 같은 몇 가지 사항에 의해서 제한을 받을 수밖에 없다고 한다. 첫째, 외부효과나 공공재가 존재하기 때문에 사회에서 필요한 양보다 적게 생산되거나(즉, 외부경제 및 공공재), 많이 생산되는(즉, 외부불경제) 경우가 발생한다. 둘째, 어떤 경제활동의 경우는 수익증가(increasing returns) 현상이 나타남으로써 독점이 형성되고 그로 인한 비효율이 발생하게 된다. 셋째, 현실세계에서는 여러 가지 이유로 인하여 시장의 가격이나 이자율 등이 적절한 신호장치로서의 역할을 하지 못한다. 또 현실시장에서는 거래비용이 존재할 뿐더러, 불균형 상태에서의 사회적 손실도 발생한다. 넷째, 시장에서 이루어지는 자원배분은 배분적 정의면에서 바람직하지 못한 경우가 발생한다.

이상과 같은 문제들 때문에 순수한 시장만으로는 자원배분의 최적화를 가져올 수가 없는 시장의 실패가 발생하고, 이를 보완하기 위한 집합적 행위인 정부의 활동이 필요하다는 것이다. 이와 같은 근거에서 정부의 사업을 선정하고, 사업에 소요되는 물적 자원을 배분하고자 하는 것이 전통적 재정경제학의 입장이지만 각각의 기준들을 실제 적용함에 있어서는 많은 문제들이 내재하고 있다.

제3절 시장자유주의 국가의 재정자원 동원 및 배분

1. 재정자원 동원 및 배분의 결정양식

국가의 재정적 자원을 동원하고 배분하는 일에 관한 시장자유주의 이론가들의 견해는 개인의 자유를 강조한다는 점에서 근본적으로 자유주의에 속하며 다원주의의 범주에 속하기도 하지만, 정통다원주의 및 신다원주의자들의 예산이론과는 여러 가지 면에서 차이가 있다. 시장자유주의 이론가들에 의하면 다원주의 체제는 불안정한 것으로서 다원주의적 정치과정의 여러 가지 속성 때문에 정부의 과도한 성장이 초래되고 이로 인하여 경제적 성과 및 민주주의적 자유 자체가 위협받게 된다고 주장한다. 특히 정통다원주의자들이 가정하고 있는 다양한 참여자에 의한 정부의 통제가 가능한 다원주의적 예산운영과정은 비현실적인 것으로 간주한다. 한편 시장자유주의는 경제를 중시한다는 점에서 마르크스주의와 연관되지만 양자간의 이데올로기 스펙트럼은 가장 대립적이다. 시장자유주의가 개인에 초점을 맞추어 재정자원의 동원을 설명하였다면 마르크스주의는 거시적 구조에 초점을 맞추어 재정자원의 동원을 설명한다는 점에서 차이가 있다.

　시장자유주의 공공선택이론가들의 예산정책에 관한 견해를 수동적 국가(즉, 수요측면), 파당적 국가(즉, 공급측면), 그리고 보호자적 국가(즉, 신관리주의 국가) 이미지로 구분하여 살펴보면 다음과 같다.

2. 재정자원 동원 및 배분의 수요측면

1) 이익집단의 '투표교환' 행위

　다원주의 예산운영은 시민과 이익집단의 자유롭고 균형 있는 참여에 기반을 두고 있다. 시장자유주의 이론가들도 이익집단의 중요성을 간과하는 것은 아니지만, 정책결정에 대한 영향은 공익의 실현과는 거리가 먼 것으로 간주한다. 그 이유는 이익집단들 간에 서로 협력함으로써 각각 자신들이 원하는 정책(또는 입법안)을 통과시키고자 하는 이른바 '투표교환(vote-trading)' 또는 '협동의안통과(logrolling)' 행위가 공개적으로는 나타나지 않으나 실질적으로는 항상 존재하기 때문이다 (Tullock, 1976; Mitchell, 1971: 123).

　예를 들면, 자신들이 원하는 영농 보조금의 통과에 협조해 주는 대가로 농부들은 국방비 증액을 원하는 이익집단들에게 협조할 것이며, 동물실험에 반대하는 동물애호가들은 그들을 지지해 주는 대가로 핵무기 철폐운동을 벌이는 평화주의자들에게 기꺼이 협조할 것이다. 이처럼 단일의제로서 제안된다면 통과되기 어려운 특정 이익집단의 요구가 여러 집단 간의 협상 결과 복수의제로서 성공적으로 통과시키는 전략적 집단행동은 사회후생을 감소시키게 된다.

2) 국회의원들의 담합 정치

　이익집단들의 투표교환행위에 부응하여 나타나는 정치가들의 행태가 곧 '나누어 먹기식 정치 혹은 담합정치(pork barrel politics)'이다 (Ferejohn, 1974; Stockman, 1975). 국회의원들에게 가장 중요한 일은 지역구에서의 지지기반을 유지하는 일이고, 따라서 그들은 지역구 주민을 위한 정부사업을 유치해야 하는 압력을 받고 있다. 결과적으로, 다원주의자들이 가정하는 것처럼 의회에서의 예산심의가 공익을 추구하기 위한 행정부의 견제 및 통제기능을 하기보다는, 다른 지역구 출신 의원들과 협력하여 서로 자신들의 지역구에 유리한 사업을 유치하기 위한 예산 확보에 몰두하게 된다.

이와 같은 나누어 먹기식 정치에 의한 예산심의는 특히 분배정책(distributive policy) 분야에서 가장 빈번하게 나타난다. 분배정책은 정부가 국민들이 필요로 하는 재화나 용역(서비스) 등을 어느 집단이나 계층에 얼마만큼을 어떤 방법으로 분배하는 것이 바람직한가를 내용으로 하는 정책이다. 즉, 댐, 도로, 교량 건설이나 농지개발 등과 같이 그 편익이 특정 지역구민에게 집중되는 반면, 그 비용은 분산되어 다수 부담자들의 관심을 불러일으키지 못하는 사업들은 쉽게 통과된다.[2] 의원들의 예산심의에 영향을 미치는 것은 이와 같은 지역구민들의 지지확보뿐만이 아니라, 좀 더 소수의 특정 이익집단들이 있을 수 있다. 정부사업을 대행하는 기업들로서, 예를 들면 복지사업의 일환으로 식품구입권을 배분하기 위한 예산은 식품제조회사들의 편익과 직접 관련이 있고, 국방예산은 군수산업체의 이익과 밀접한 관련이 있을 것이다. 이들과 국회의원들과는 여러 가지 이해관계가 생기게 되고 관료들의 이익에 부합됨으로써, 소위 철의 삼각형(iron-triangle)이라 불리는 강력한 협조체제가 형성되어, 대통령을 포함하여 어느 누구도 통제할 수 없는 세력으로 발전한다 (Jordan, 1981: 95-123).

 참고 **'나누어 먹기식' 예산 운영**

사례 1. 앞에선 싸우고 뒤에선 챙긴 의원들

여야 주요 정치인들이 물리적 충돌 속에 여당 단독으로 통과된 예산안의 계수조정 단계에서 지역구 예산을 대폭 늘린 것으로 드러났다.

"국회를 난장판으로 만들면서도 뒤에서 챙길 것은 다 챙긴다"는 비판론이 쏟아지고 있다. 특히 정권 실세로 통하는 한나라당 이○○ 의원의 지역구 사업과 관련된 이른바 '형님 예산' 확보 관행도 되풀이 됐다.

8일 국회를 통과한 내년도 예산안에 따르면 이○○ 의원은 지역구인 포항 지역 예산을 최소 1,405억원 증액시켜 가장 큰 성과를 거둔 것으로 나타났다. 구체적 내역을 살펴보면 포항-삼척 철도 건설 700억원, 울산-포항 복선전철 520억원, 오천-포항시계 국도 건설 사업비 20억원 등은 정부안에 없던 예산이 신설된 경우이다.

울산-포항 고속도로 건설 예산의 경우 당초 정부안은 900억원이었으나 100억원이 추가됐다.

---

2 Wilson(1973: 327-346)은 정책유형에 따라 정치가들의 정치적 비용편익분석이 달라짐을 주장한다.

울릉도 일주국지도 건설 예산은 정부안 20억원에서 50억원이 더 늘었고, 낙동정맥 트레일 조성사업 예산은 정부안 11억원에서 5억원이 증액됐다. 또 정부가 요청하지도 않은 과메기 산업화 가공단지 사업에 10억원이 새로 배정됐다.

경남 마산 출신인 이○○ 예결특위 위원장은 진주-마산 고속도로 건설 100억, 마산자유무역지역 확대 조성 65억원, 창원지법 마산지청 개청 40억원 등 무려 16개 사업에서 548억원의 지역구 예산을 챙겼다. 직권상정 결정으로 여당의 예산안 단독 통과 길을 터준 박○○ 국회의장의 지역 예산도 8개 사업에서 202억원 증가했다. 양산서 파출소 신설 19억원, 부산 도시철도1호선 양산선 건설 29억원, 덕천-양산 광역도로 건설 99억원 등은 당초 정부 예산안에 없던 내용이다.

충북 제천·단양 출신인 한나라당 소속 송○○ 국회 국토해양위원장은 충주-제천 고속도로 건설 등을 위해 120억원을 증가시켰다. 부산에 지역구를 둔 김○○ 한나라당 원내대표는 용호만 매립지 예산 17억원을 늘렸다.

민주당에서는 박○○ 원내대표와 예결위 간사를 맡은 서○○ 의원이 수완을 보여줬다. 박 원내대표는 목포 수산식품지원센터 40억원, 목포신항 25억원 등 65억원의 지역구 사업 예산을 챙겼다. 서 의원은 순천만 에코촌 조성 12억원, 순천우회고속도로 10억원 등 22억원을 확보했다. 자유선진당에서는 이○○ 대표와 김○○ 예결위 계수조정소위 위원이 각각 33억, 53억원의 지역구 예산을 늘렸다.

출처: 한국일보, 2010년 12월 10일 6면

사례 2 예산 부풀리기, 정부보다 국회가 더 문제다

여야 의원들의 내년 총선을 겨냥한 선심성 예산 늘리기 경쟁이 치열하다. 정부 예산안에서 불요불급한 지출을 솎아내기는커녕 오히려 예산을 부풀리는 데 앞장서고 있다. 증액된 예산은 표심 잡기에 도움이 되는 지역구 민원성 사업이 대부분이다. 의원들이 나랏돈을 이용해 매표행위를 하는 것이라는 비판도 나온다.

국회 17개 상임위 중 11개 상임위가 예비심사에서 예산을 정부원안보다 늘렸다. 증가액을 모두 합치면 10조 5950억원이나 된다. 증액된 예산은 전국 하수관로 정비사업(4704억원), 누리과정(6174억원) 등 사회간접자본(SOC)과 현금성 복지사업이 대부분이다. 반면 예비심사에서 정부원안보다 예산을 삭감한 곳은 기획재정위원회 한 곳뿐이다. 나머지 5개 상임위 예비심사가 모두 마무리되면 증액 규모는 더 늘어날 것으로 예상된다.

보건복지위원회는 한발 더 나갔다. 정부는 이미 복지예산을 전년 대비 10조원 늘려 편성했다. 그럼에도 불구하고 의원들은 예비심사에서 무려 15조원의 추가 증액을 요구했다. 그 내역을 보면 기초생활수급자 부양의무자기준 폐지와 서울시 기초연금 국비지원 확대, 대한노인회 지원 확대 등 현금성 복지와 굵직한 민원성 사업들이 포함돼 있다.

예산안 심의와 삭감에서 주도적 역할을 해야 할 야당의 행태는 더욱 볼썽사납다. 자유한국당 등 야권은 당초 내년도 예산안이 국회에 제출되자 정부가 정책실패를 세금으로 메우려 한다고 주장했다. 총선용이나 선심성 예산을 선별해 가차 없이 삭감하겠다는 입장을 내놓기도 했다. 그러나 선심성 예산 늘리기 경쟁에는 여야의 구분이 없었다. 앞에서는 감액을 외치면서 뒤로는 지역구 민원예산을 챙기는 이율배반적 행태를 보였다.

이 바람에 국회 예산심의 무용론까지 나오고 있다. 내년 예산안은 513조 5000억원에 이르는 초대형 예산이다. 헌법이 국회에 예산심의권을 주고 있는 것은 납세자를 대신해 불필요한 예산을 삭감하라는 것이다. 결코 증액하라는 취지가 아니다. 철저한 심사를 통해 불요불급한 예산을 걸러내야 할 국회가 되레 예산을 더 늘리고 있으니 기가 막힌 일이다. 국회의 예산심의 기능을 개선할 수 있는 방안이 필요하다.

이와 별도로 정부의 씀씀이에 대한 통제를 근원적으로 강화하는 문제가 시급하다. 홍남기 경제부총리 겸 기획재정부 장관은 "내년에 장기재정전망을 토대로 재정준칙을 마련할 생각"이라고 말했다. 내년까지 기다리지 말고 연내에라도 재정준칙을 서둘러 마련해주기 바란다.

출처: 파이낸셜뉴스, 2019년 11월 20일

3) 집권정부와 선거경제주기

정부업적에 대한 유권자들의 평가는 자기이익 중심적이며 단기적인 안목에서 이루어지는 것이 보통이다. 즉, 정부가 나를 위하여 최근에 어떻게 해 주었느냐 하는 것이 최고의 판단기준이 된다. 합리적 행동가들인 집권자들은 유권자들의 이러한 행태를 이용하고자 할 것이다. 즉, 다음 선거에서도 정권을 유지하는 것이 지상의 목표인 정치가들은 선거 때가 임박해짐에 따라 유권자들에게 만족을 줄 수 있는 정책을 실시하게 된다. 특히 유권자들에게 가장 민감한 정책 분야들 예를 들면, 실질 평균소득의 증대, 실업률의 감소, 세금의 삭감 등에 중점을 두어 순수 경제적인 면에서는 비현실적인 경제정책들을 단기적으로 실시한다. 물론 선거 후에는 이들 선심용 정책 가운데 일부를 부득이 반전시키지 않을 수 없으나, 다음 선거가 임박하면 또다시 이와 같은 정책조작이 되풀이됨으로써, 결국 '선거경제주기(electoral-economic cycle)' 또는 '정치적 경기순환(political business cycle)' 현상이 발생한다 (Tufte, 1978; Alt & Chrystal, 1983; 이은국, 1999). 이와 같은 정부의 활동 및 재정지출은 나라의 경제적·재정적 현실을 유권자들에게 위장시켜서, 그들로 하여금 그릇된 정보 속에서 정부의 성과를 평가하며 선거에 임하게 유도하는 잘못된 결과를 초래하는 것이다.

참고 **정치적 경기순환 모형**

정치적 경기순환이론들은 크게 다음과 같은 세 가지 가정에 기초에 있다. 우선 정책결정자가 GDP 또는 실업률과 인플레이션 중 어느 경제정책 목표에 더 많은 가중치를 부여하는가에 관한 문제, 둘째 인플레이션과 경제활동간의 관계로서 이용가능한 Phillips 곡선에 대한 문제, 셋째 투표자들이 미래의 인플레이션을 예상할 때 어떠한 기대(expectation)를 사용하는가에 대한 문제이다. 이 세 가지 가정 중 어떠한 것을 채택하느냐에 따라 정치적 순환이론은 기회주의적 모형, 정파적 모형, 합리적 정파적 모형, 합리적 기회주의적 모형 등으로 구분된다.

1) 기회주의적 모형(Opportunistic model): Nordhaus가 제시한 모형으로서 서로 다른 정당 간에 추구하고자 하는 정책목표에는 차이가 없고 모든 정당들은 선거에서 승리하는 것을 목표로 한다. 현직 대통령 또는 집권당은 선거에서 승리하기 위해 선거 전에 다양한 정책수단 등을 이용하여 경기를 부양하고, 선거 후에는 확장정책으로 인한 물가상승 압력을 둔화시키기 위해 긴축정책을 펼친다. 이런 정책 때문에 주기적으로 선거 전 또는 선거 때의 확장정책으로 GDP가 상승 또는 실업률이 감소하고, 선거 후에는 긴축정책으로 인해 GDP가 하락하거나 실업률이 상승한다. 선거 전의 확장정책이 GDP 또는 실업률에 영향을 미칠 수 있는 것은 투표자들이 적응적 기대를 통해 인플레이션을 예상하기 때문이다.

2) 정파적 모형(Partisan model): Hibbs가 제시한 모형으로서 기회주의적 모형과는 달리 정당들은 각 정당의 이념을 경제정책에 충실히 반영하지만 투표자들은 마찬가지로 적응적 기대를 이용하여 인플레이션을 예상한다고 가정한다. 이 모형에서는 선거 때의 경제상황이 자기 정당에도 불리함에도 불구하고 경제정책의 목표를 정당들의 지지세력을 위해 운용한다고 본다. 좌파정당은 빈민층, 근로자, 하위중산층이 지지계층이므로 집권할 경우 물가보다 고용창출에 관심을 기울이는 반면 우파정당은 부유층, 금융자산가층 등 상위중산층 이상의 계층이 지지기반이므로 우파정권에서는 고용보다는 물가문제가 중요하다는 것이다. 예를 들어 미국의 경우 공화당 또는 민주당이 집권함에 따라 서로 다른 경제정책을 실시하는데, 민주당이 집권할 경우 경제성장률이 높고 실업률은 낮으며 물가는 높아지는 반면 공화당이 집권할 때는 반대로 경제성장률과 물가가 모두 낮아진다는 것이다.

3) 합리적 정파적 모형(Rational Partisan model): Alesina가 제시한 모형으로서 정파적 모형에 투표자의 합리적 기대 가정을 도입하였다. 정파적 모형과 같이 각 정당은 정강이념에 충실하여 우파는 물가안정에, 좌파는 고용문제를 중시한다고 본다. 이 모형에서 현직 대통령의 재직기간을 집권 전반기 및 후반기의 두 기간으로 나누는데, 선거기간 중 유권자들은 어떤 선거결과가 나올지 예상하지 못한다. 선거 전에 근로자들은 2년 단기의 임금계약을 체결한다. 선거결과를 예상할 수 없기 때문에 투표자들은 합리적 기대를 통해 좌파와 우파의 평균 물가상승률로 인플레이션을 예상하게 된다. 우파가 집권할 경우 예상 인플레이션이 실제 인플레이션보다 높아 우파 집권의 전반기에는 경기가 하락하는 반면 좌파가 집권할 경우 반대로 예상 인플레이션이 실제 인플레이션보다 낮아 좌파 집권 전반기에는 경기가 상승한다는 것이다. 그러나 집권 후반기에는 이미 집권당의 경제정책이 투표자에게 알려져 있고 근로자들이 임금계약시 이를 반영하기 때문에 좌파와 우파에 관계없이 경제성장률 및 물가상승률이 비슷하게 나타난다고 본다.

4) 합리적 기회주의적 모형(Rational Partisan model): Rogoff는 기회주의적 모형에 합리적 투표자 가정을 도입하여 이른바 정치적 예산순환이론(political budget cycle)을 제시하였다. 이 모형에서는 투표자들이 현직 대통령의 능력에 대해 불완전한 정보를 가지고 있기 때문에 집권당이 선거 전에 재정지출을 이용하여 경기를 부양할 경우 투표자들은 집권당이 능력이 있다고 생각하여 집권당에 투표를 한다고 보고 있다. 이에 대한 다양한 실증연구가 진행되었는데, 예를 들어 민주주의 발전 정도가 예산순환이론에 어떠한 영향을 미치는가, 경제발전 정도에 따라 예산순환이 양상이 상이한가 즉 개발도상국과 선진국간에 예산순환에 차이가 존재하는가 등 합리적 기회주의적 모형에 대한 다양한 연구들이 이루어졌다.

출처: 문광민. 2010. "정치적 경기순환". 한국행정학회 온라인행정학전자사전.

3. 재정자원 동원 및 배분의 공급측면

1) 공공조직의 특성

경제시장에서 운영되는 사기업과는 달리 정부조직들은 예산지출의 효율성을 극대화하는 것이 아니라, 예산지출액 자체의 극대화를 꾀하는 경향이 있다. 그 이유는 무엇보다도 정부조직이 산출해내는 공공재의 특성에서 비롯된다. 즉, 정부조직이 의도하는 최종 산출물들(예: 교육 향상, 공공보건 향상 등)은 대개 그 개념 정의가 어렵고, 그것을 측정하기란 거의 불가능에 가깝다. 따라서 대개는 그와 같은 최종 산물들을 직접 측정하기보다는 중간 산출물들(예: 교사나 교실 수의 증가, 전염병 예방주사접종 수 등)로 정부조직활동의 성과를 대신 나타내는 것이 보통이다.

또한, 정부조직활동의 산물들은 그 양의 측정뿐만 아니라 질을 평가하는 데도 어려움이 있다. 시장에서의 산물들이라면 소비자들의 행태에 따라 자동적으로 평가가 이루어지는 데 반해, 정부에서의 산물들은 고객인 시민들로부터의 반응이나 평가가 적시에 환류(feedback)되어 전달될 수 있는 제도적 장치가 이루어지기 힘들다. 물론 여론의 형성이나 청문회 개최, 또는 투고함 설치 등을 통한 환류 장치가 있을 수는 있으나, 그 효과는 극히 미미한 편이다. 더욱이 대부분의 정부조직활동은 단일의 부처에서 경쟁상대 없이 독점적으로 취급되게 마련이며, 따라서 산출물의 질을 서로 비교할 기회가 없게 된다. 특히, 시장경제부문에서의 손익계산서상의 하한선과 같은 성과측정기준도 적용되기 힘들다.

이와 같은 공공조직과 그 산출물의 특성 때문에 공공조직은 그 내용의 업무수행을 위한 지침을 세우는 데 있어 사조직과는 다른 기준들에 의거할 수밖에 없게 된다. 즉, 사조직의 내부기준들은 시장경쟁에서의 시험에 합격할 수 있고, 소비자행태를 예측하여 그것에 대응하며, 회사가 추구하는 궁극의 목표인 이윤극대화를 위해 손익하한선을 통과할 수 있도록 외부기준과의 연계하에 설정되어야만 한다. 그러나 정부조직은 공공재의 특성으로 인하여 공적 목표인 공익의 실현과는 밀접한 관련이 없는 조직 나름의 내부목표를 설정한다. 이 내부목표의 설정과정에서 대개는 조직 내의 사적비용이나 조직 구성원들의 개인후생에 관한 고려가 포함되고, 결과적으로 이는 사회후생에 그만큼 손실을 가져오는 것이다 (Wolf, 1988).

2) 관료의 예산극대화 행동

전통적으로 다원주의 이론가들은 정부 관료가 근본적으로 보수적인 성향이 있어 자기 자신들의 사생활을 중시한다고 보았다. 따라서 구태여 소속 정부 기관의 예산을 증대시키고 활동을 늘림으로써 불안정하고 피곤한 생활을 하고자 하지는 않을 것으로 생각하였고 정부 관료의 예산극대화 가능성을 무시해 왔다. 그러나 정부산출물의 특성은 합리적 행동가로서의 관료들이 소속 정부조직의 예산을 극대화하고자 하는 동기를 부여하고 있는 경향이 있다. 그들의 예산액이 증가한 만큼, 더 많은 일자리가 생기며, 승진의 가능성이 커지고, 그들 조직의 산출물에 대한 수요를 강화하며, 조직 운영을 그만큼 쉽게 할 수 있고, 그들의 권위를 높이고 충성심을 확보하기가 쉬워진다. 한마디로, 예산을 가급적 많이 확보하여 많이 지출하는 관료가 유능한 관료로서 평가될 수밖에 없는 것이 공공조직의 특성인 것이다.

이와 같은 이유에서 관료들은 가능한 한 소속기관의 예산을 극대화하려고 한다. 심지어 그들이 공급하는 공공재의 편익이 그 공공재의 생산비용에 미치지 못하게 되는 수준에서도 계속 확대하는 것이다 (Niskanen, 1971).[3]

참고 관료의 예산극대화 행동

만일 정부조직이 완전경쟁시장하에서 그 최적산출량을 결정한다면, 그들 산출물의 한계비용이 한계편익과 일치하는 점(즉, E점)에서 생산을 중단할 것이다. 따라서 이 경우에 소비자 잉여(consumer's surplus)로 불리우는 부분(즉, α의 빗금 친 영역)만큼의 순편익을 사회에 부여할 것이다.

그러나 정부관료들의 예산극대화 행위는 한계편익이 한계비용에 미치지 못하는 수준에서도 계속 생산량을 증가시킴으로써, 그 과다공급(over-supply)으로 인한 낭비(즉, β의 빗금 친 부

---

3 이에 대한 반론을 위해서는 Self(1985: 67-8)를 참고할 것.

분)를 초래하게 된다. 이 경우, 정부기관이 사회후생을 극대화시키기 위해 행동했을 경우의 산출량(즉, E)보다 2배가 되는 양(즉, F)을 생산하여 공급하는 것이 보통이다.

결과적으로 이와 같은 과다생산에서 초래되는 낭비로 인하여 최적 생산의 경우라면 가능했을 사회적 순편익을 완전히 상쇄시켜버리게 된다 (Niskanen, 1971).

〈그림 5-3-3〉 관료의 예산 극대화행동

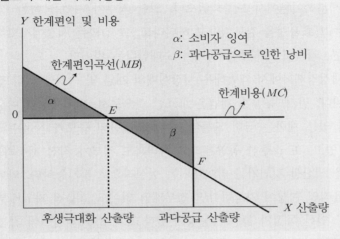

출처: Dunleavy & O'Leary, 1987: 118; 정용덕, 1988: 282, 〈그림 7-4〉.

4. 재정자원 동원 및 배분의 신관리주의 측면

현실의 예산운영은 사회후생의 극대화와는 거리가 먼 상태에서 이루어지고 있다. 왜곡된 투입과정을 거쳐 반영되는 국민의 비현실적인 요구들을 정치가들은 단기적이고 자익중심적(self-interested)인 안목에서 정책조작을 통해 예산결정에 임하며, 관료들의 예산극대화 행위는 예산의 과다지출을 초래한다. 경기 부양이 있을 경우는 예산지출수준이 높아지며, 일단 증대된 지출수준은 거부집단들의 존재 때문에 다시 삭감되기 어렵다. 예산과정에서의 관심은 주로 새로운 예산지출안에만 집중되고, 계속사업에 대한 기준예산(base budget)은 거의 분석되지 않는 채로 방관되는 것이 보통이다. 이렇듯 증대되는 정부지출수준과 세입간의 격차는 주로 재정적자로 보충함으로써, 다음 세대의 납세자들에게 부채를 이전시킬 뿐만 아니라, 과도한 통화 증가 및 그로 인한 물가 상승을 부채질한다.

정통다원주의의 예산이론의 비현실성에 관한 이와 같은 시장자유주의 이론가들의 비판은 신다원주의 이론가들의 입장과 유사한 면이 많다. 그러나 신자유주의 이론가들은 신다원주의 이론가들의 예산개혁방안에 대해서는 대단히 비판적인데, 그 이유는 다음과 같이 크게 두 가지로 나누어 볼 수 있다. 첫째는 신다원주의 이론가들이 제안하는 이른바 총체적·합리적 예산결정방법에 관한 비판이다. 그들이 제시하는 예산제도는 궁극적으로 자원배분이라는 사회적 가치의 배분을 위한 실질적 기준을 포함하고 있지 못하며, 있다고 하더라도 비용편익분석의 경우와 같이 왜곡된 분배를 초래할 뿐이다. 비용편익분석의 기본원리는 시장경제에 기초한 경제분석이론에서 도출되었으나, 일단 정부가 사업을 하는 경우는 아무리 이 방법을 적용하여 그 효율성을 검토했다고 하더라도, 그 결과는 시장에서의 자율적 자원배분의 경우와는 다른, 왜곡된 자원배분 상태를 초래한다는 것이다.

둘째는 정통재정경제학에서 개발해온 시장실패의 개념 및 그것에 의한 정부 기능의 결정방법이 문제가 된다. 먼저, 공공재 개념은 모호한 것으로서, 비배제성과 비경합성이 모두 엄격하게 내재되어 있는 재화는 극히 드물며, 수혜자 집단의 규모가 작을수록 무임승차자 문제는 해결될 수 있고, 또 순수한 공공재라고 하더라도 정부가 직접 제공하고자 할 때 과연 어느 정도의 양을 생산할 것인가를 알아내기는 현실적으로 불가능하다. 외부효과도 그 이해당사자 간에 자율적인 협상이 가능하다면 정부개입 없이도 효율적 자원배분이 이루어질 수 있다. 수익증가로 인한 독점의 출현 가능성이 있다고 해도, 가격차별이 가능한 경우나 대용품이 존재하는 경우가 많으므로 그다지 큰 문제가 되지 않을뿐더러, 또 시장에서 어떠한 이유에서건 일단 최적 배분이 이루어지지 않는 경우는 정부개입 때문에 독점기업을 규제한다고 해서 사회후생이 증대된다는 보장이 없다. 마지막으로, 소득분배면의 불공정 문제도 분배정의 기준이 뚜렷하지 않기 때문에 정부가 이를 바로잡을 어떠한 조치를 하기 어렵다는 것 등이다.

이처럼 다원주의적 예산과정이 공익의 추구와는 거리가 멀어 재정자원 동원 및 배분의 최적화가 이루어지기 어려우며, 또 신다원주의 이론가들의 예산결정의 합리화 방안이 실용적·이념적 문제가 있다고 보아, 시장자유주의 공공선택이론가들은 한마디로 시장경쟁 원리에 입각한 예산개혁을 제시한다. 우선, 사부문과 공공부문간에 경쟁을 유도하여 사적부문에 비해 비효율적인 정부사업은 모두 민영화하려고 한다. 사업의 성격상 민영화가 어려운 경우에는 외부계약제(contracting-out) 방법을 사용할 수도 있다. 경쟁원리의 적용은 정부부문간에도 가능하다. 즉, 연방제를 통한 분권화와 지방자치단체의 소규모화로 각 정부수준간 및 각 지방정부간 경쟁이 가능하도록 한다는 것이다. 이러한 제도개선은 시민들이 '발에 의한 투표(voting with their feet)' 또는 '퇴장(exit)' 대안을 활용할 수 있게 함으로써 정부에 대한 민주적 통제 가능성을 그만큼 높여줄뿐더러, 시장에서와 같은 효율적 자원배분에 좀 더 접근할 수 있다는 것이다 (Tiebout, 1956: 416-24; Hirschman, 1970). 이와 같은 방향에서 이른바 신관리주의(New Managerialism)의 예산운영 방식을 제안한다 (Osborne & Gaebler, 1992; Gore, 1993; 배득종, 1996: 16장).

이와 같은 구체적인 제도개선방안 외에 근본적으로 바람직한 헌법을 창안해 내고자 하는 규범적 노력이 있다. 한 사회의 정의로운 헌법은 단지 일련의 기본적 권리를 규정하고, 개개 인들이 자유롭게 이 권리들을 행사할 수 있는 사회장치를 구성함으로써 이상적인 미래의 최 소국가를 형성할 수 있다거나, 또는 합리적 행동가들이 백지상태에서 헌법을 형성하는 것으 로 가상할 때, 그들은 개인의 자유가 보호받고, 개인의 재산소유권이 보장되는 민주주의적 사회질서를 채택하게 될 것이라는 논의들이 그것이다 (Nozick, 1974; Buchanan & Tullock, 1962). 이처럼 추상적이고 규범적인 후생극대화 최소국가(welfare-maximizing minimal state) 논의와는 달리, 조세상한과 지출한계 등을 설정함으로써 공공지출의 효율성을 높이기 위한 일종의 재정헌법(fiscal constitution)을 설정하자는 주장은 비교적 실현가능성이 있는 대안이 라고 할 수 있다 (Brennan & Buchanan, 1980). 이와 같은 다양한 방법을 통해 궁극적으로 재 정 규모의 감축을 추구한다.[4]

 신관리주의 예산개혁안

1. '정부재창조(Reinventing Government)'의 제안

1) 사명지향적 예산(mission-oriented budget): 전통적인 정부예산은 미리 정해진 품목 이외 의 항목에 지출해서는 안 된다. 또한, 당해 회계연도에 배정된 예산은 다 쓰지 않으면 불필요한 예산으로 보아 다음 회계연도의 예산에서 삭감한다. 그러나 품목별로 돈을 맞춰서 지출하는 것 이 능사가 아니고 사업목적을 잘 달성하는 것이 더 중요한 사명이다. 그리고 예산을 절약해서 돈을 남기면 오히려 다음 예산에 더 많은 지원을 해줘야 절약이 달성된다고 보았다.

2) 결과지향적 예산(budget for results): 예산을 전년도 기준에 따라 편성하는 것이 아니라, 성과에 초점을 맞추어 예산을 배정한다. 그런데 이 방식에 있어서 성과의 측정이 대단히 중요하 다. 성과의 측정방식은 다양하므로 조직원들이 상식적으로 동의할 수 있는 방식으로 미리 정하 는 것이 좋다. 이처럼 미리 정하여진 성과를 초과달성하면 다음해에 더 많은 예산을 받는다. 반 대로 미달하면 예산을 삭감한다.

3) 고객주도적 예산(customer-driven government): 현재까지 정부부문에 있어서 고객은 국민 이 아닌 경우가 많았다. 이제는 예산자원을 고객들의 손에 넘겨주고, 이들 스스로 공공서비스의 제공자를 선택하게 해야 한다. 공공기관은 고객 유치 실적에 따라 예산을 배정받게 된다. 각 공 공기관은 총체적 품질관리(Total Quality Management) 기법을 동원하여 고객이 어떤 서비스를

---

[4] 이와 같은 이론적 토대 위에서 등장한 미국 레이건(Ronald Reagan) 정권의 초대 예산관리실(OMB) 실장인 스토크 먼(Stockman)은 유례 없는 과감한 예산감축을 시도하였다.

가장 원하는가를 파악하여 그것을 잘 공급하는 체제로 재편한다. 고객인 시민이 외면하면 그만큼 예산은 줄어든다. 따라서 이런 예산제도에서는 고객의 참여가 중요한 요건이 되며, 분권화와 지역사회 중심의 예산이 필요하게 된다.

4) 혁신예산(innovation budget): 기업가는 혁신을 위한 자본을 외부자금으로 조달한다. 그러나 정부부문에서는 의회에서 별도의 자금을 승인받는 방법으로만 혁신자본을 마련할 수 있다. 이것은 보통 매우 어려운 일에 속한다. 그러나 혁신지향적 예산제도를 채택하면, 절약해서 남긴 돈으로 혁신기금을 형성할 수 있고, 이것을 종자돈(seed money)으로 삼아 좀더 적극적인 행정에 착수할 수 있다.

5) 다년도예산(long-term budget): 보통 정부는 정책결정이 미치는 단기적 영향에 대한 정보만 고려하여 의사결정을 한다. 의회도 마찬가지이다. 대의원 중에 차기선거 이후의 상황을 고려하면서 의정활동을 하는 경우는 전무하다고 한다. 장기간의 시간에 걸친 전략적 계획(strategic planning)은 정치와 반의어이다. 의회는 미리 앞서 행동하지 않고, 시민들의 동태에 따라 반응하는 존재이기 때문이다.

6) 부서를 초월한 예산편성(cross-departmental budgeting): 정부는 간혹 한 부처의 예산 또는 한 항목의 예산을 삭감시킨다. 그러나 동시에 다른 부서나 품목의 예산을 증액시키기도 한다. 즉 한 기관의 의사결정이 다른 기관의 활동에 심각하게 영향을 미친다. 그럼에도 불구하고 이들을 총괄적으로 조정해 주는 제도적 장치가 없다. 이런 상황에서는 각 기관들이 예산을 절감하고자 하는 동기가 없다. 이런 문제를 해결하기 위해 '해당 부처의 의사결정의 결과 다른 부처의 지출수준에는 어떤 영향을 미치는가, 그리고 다른 정부들(즉, 산하 지방정부 및 교육청)에 미치는 영향은 무엇인가'를 반드시 밝혀야 한다. 1950년대의 성과주의 예산제도 이후 특정 사업의 단가(unit cost)가 중요시되었다. 그러나 이제 단가보다 더 중요한 것은 정부의 총운영비용(total operating cost)의 절감이다.

7) 기업형(발생주의) 회계: 정부는 현금주의 회계를 사용하여 왔다. 현금주의 회계는 현금자원의 흐름에 초점을 두고 현금의 유입과 유출 여부에 따라 수입과 지출을 인식하는 방식으로 현금 단위로 투입위주의 예산운영이 이루어지는 시기에 적합한 기법이었다. 그런데 최근 성과가 강조되면서 효율적 자원배분을 가능케 하는 예산의 운영이 부각되었고 많은 국가들이 기업에서 사용하고 있는 발생주의 회계로 전환하였다. 발생주의 회계는 경제적 거래가 발생하는 시점에 기록하는 방식으로 수익과 비용 대응의 원칙에 있어서 대응과 그 기간의 성과를 보다 합리적으로 나타낼 수 있다.

2. '국가성과평가서(NPR)'의 제안

1) 목표를 명확히 하고, 결과물에 대한 책임성을 강화하라.
2) 재무행정 기반구조(financial management infrastructure)를 강화하라.
3) 관리자(국실장 및 과장)들이 결과물을 성취할 수 있도록 권한을 부여(empowering)하라.
4) 민간기업의 성공관행을 받아들여라.
5) 예산절차가 더 효과적이 되도록 개선하라.

출처: Gore, 1993; Osborne & Gaebler, 1992; 배득종, 1996: 16장.

참고

2011회계연도 국가결산보고서 등 국회 제출: 국가재무제표 국회 최초 제출

정부는 감사원의 결산검사를 거친 2011회계연도 국가결산보고서 등을 국가재정법 등 관련 법령에 따라 5월 31일에 국회에 제출하였다. 국회에 제출한 국가결산보고서에는 기존 세입세출결산외에 국가재무제표가 처음 포함되었다. 재무제표 작성결과 자산은 총 1,523조원, 부채는 총 774조원, 자산에서 부채를 차감한 순자산 규모는 총 749조원으로 나타났다.

〈표 5-3-5〉 국가의 자산, 부채 및 순자산 규모

(단위: 조 원)

자 산	1,523.2	부 채	773.6
		유 동 부 채	82.1
		장 기 차 입 부 채	294.8
유 동 자 산	263.5	장 기 충 당 부 채	374.8
투 자 자 산	483.0	기 타 비 유 동 부 채	21.9
일 반 유 형 자 산	492.9	순 자 산	749.6
사 회 기 반 시 설	274.5		
무 형 자 산	1.0	기 본 순 자 산	442.8
기 타 비 유 동 자 산	8.3	적 립 금 및 잉 여 금	336.5
		순 자 산 조 정	(29.7)

발생주의에 따른 재무제표를 작성함에 따라 첫째 국가 전체 자산·부채의 종합적·체계적인 관리가 가능하게 되었고, 둘째 국유재산으로 관리·보고 되지 않던 사회기반시설, 건설중인 자산 등을 인식하여 자산 유실을 방지하고, 자산 현황을 체계적으로 측정·관리하게 되었으며, 셋째 연금충당부채 등 향후 재정지출 가능성이 있는 잠재부채를 인식함으로써 재정위험 관리를 위한 재정 선진화 기반이 마련되었다.

참고: 재무정보 산출을 통해 본 최고가 기록 보유 자산 및 자산이 많은 부처

1. 국가가 보유하고 있는 물품 중 가장 비싼 장비는?

2011회계연도 결산결과 물품 중 장부가액 기준(취득금액−감가상각비)으로 가장 비싼 것은 기상청이 보유하고 있는 기상용 슈퍼컴퓨터 3호기 '해온'과 '해담'이다. 취득금액은 424억원으로 취득 후 감가상각비를 차감한 기말 금액은 350억원이다.

2. 국유재산으로 관리되는 교량 중 가장 비싼 교량은?

국가재무제표에 반영된 교량 중 가장 비싼 교량은 '인천대교'로 확인된다. 2011년 말 기준 인천대교 가액은 1조 2,440억원이다.

3. 국가가 인식하고 있는 무형자산 중 가장 재산가액이 높은 것은?

국유재산관리운용보고서 중 취득가액 기준으로 가장 재산가액이 높은 것은 기획재정부가 보유한 dBrain시스템이다. 2011년 말 기준 dBrain시스템 가액은 353억원이다.

4. 자산이 가장 많은 부처와 부채가 가장 많은 부처는?

자산이 가장 많은 부처는 국토해양부(542조 7,437억원)이고 부채가 가장 많은 부처는 기획재정부(359조 8,714억원)이다.

출처: 기획재정부 '2011회계연도 국가결산보고서 등 국회 제출' 2012년 5월 31일 보도자료 정리

제 4 절 마르크스주의 국가의 재정자원 동원 및 배분

1. 재정자원 동원 및 배분의 결정양식

자본민주주의에서 국가의 물적 자원 동원 및 배분이 어떻게 이루어지는가에 관한 마르크스주의 이론가들의 견해는 국가와 정책결정에 관한 그들의 기본적인 가정에 의해 그대로 뒷받침된다. 한마디로 말해서, 국가는 자본의 이익을 도모하는 방향으로 재정자원을 동원하고 배분한다는 것이다.[5] 이러한 관점에서 국가의 재정자원 동원 및 배분에 관한 다른 관점에서의 이론들은 모두 적실성이 약하다.

먼저, 예산결정이 모든 이익 당사자들의 통제가 용이하도록 다양하게 분권화된 과정을 거치면서, 협상과 타협을 통한 상호조절이 점증적으로 이루어지고, 그 결과 공익에 관한 국민적 합의를 통해 자원의 동원과 배분이 이루어진다는 다원주의적 시각에 대해 비판적이다. 다원적 결정과정의 배후에 놓여 있는 현실은 지배계급이 저변으로부터의 도전에 대해 어떻게 대처하느냐에 관한 내부적 의견 불일치를 반영하는 현상일 뿐이다. 예를 들면, 미국의 대공황기에 있었던 정치·행정엘리트들 간에 심한 의견 불일치가 마치 그 사회 내에 다원주의적 속성이나 다양성이 존재했다는 점을 보여주는 것으로 간주되기도 하지만, 이러한 의견의 불일치는 지배계층 내부에서 이미 합의된 목표(즉, 국민 중 극히 소수만이 누리고 있는 특권과 권위의 바탕이 되는 기존 부의 분배상태와 사유재산체계를 유지시키고자 하는 것)에 이르는 수단을 결정하는 데에 대한 갈등에 불과했다는 것이다 (Domhoff, 1970). 다원주의적으로 제도화된 예산운영 과정은 이와 같이 이미 합의된 목표의 테두리 내에서 국가지출을 정당화시켜주거나, 단지 한계적 수정만을 하는 제한적인 기능을 하고 있을 뿐이라는 것이다.

---

5 이는 마르크스·엥겔스의 이른바 '도구주의 명제(instrumentalist thesis)'에서 잘 나타나는데, 국가란 지배계급의 성원들이 그들의 공동이익을 내세우는 형태이며, 근대 국가의 행정부란 부르주아지(bourgeoisie)의 공동관심사를 관리하기 위한 위원회에 불과하다는 것이다 (Jessop, 1982: 12-16).

마르크스주의의 관점에서는 신다원주의 이론가들이 주장해온 이른바 합리적 자원배분 방안들에 대해서도 비판적이다. 중요한 이유 가운데 하나는 이들 예산개혁 노력의 배후에 놓여 있는 이념적 배경 때문이다. 즉, 산업화, 도시화 및 인구증가 등으로 인해 민중세력의 정치적 저변이 확대됨에 따라, 자원동원 및 배분의 문제를 종전처럼 정치적 절차에 의해 해결하는 것은 기득권자들에게 커다란 도전이 되었다. 따라서 실제적으로는 정치적인 문제(political problem)들인 재정자원의 동원 및 배분 결정을 의사결정의 합리화란 명분으로, '탈정치화(depoliticization)'시키고자 했다는 것이다 (Cha, 1985; Karl, 1976: 489-503). 소위 합리적 예산결정 방식의 도입 노력이 과연 지배세력이 자신들의 기득권을 유지하기 위해 계획적으로 시도한 것인지는 확인하기 어렵다. 그러나 적어도 '결과'면에서는 이들의 주장이 현실로 나타날 가능성이 충분히 있다. 즉, 총체적·합리적 예산결정 방식의 도입은 전문적 또는 과학적 엘리트들에게 예산결정권을 집중시킴으로써 시민들의 예산통제를 그만큼 어렵게 만들 것이기 때문이다 (Habermas, 1971).

마르크스주의의 관점에서 볼 때, 재정자원의 동원 및 배분에 있어서 국가가 당면하는 문제는 예산의 결정과정이나 예산운영기법상의 어려움에서 비롯되는 것이 아니라, 자본주의에서 국가에 부여되는 모순적인 압력 때문에 초래된다. 즉, 마르크스주의 국가는 자본축적과 계급갈등이라는 두 가지 상반된 조건에 처해 있는 것이다. 이와 같은 처지에서 국가는 일면 자본가들의 이윤을 촉진하기 위한 '축적 기능'을 수행하는 한편 사회안정을 도모하기 위한 '정당화 기능'을 동시에 수행해야 하는 어려움에 봉착하게 된다. 이와 같은 모순적인 상황에서 재정자원의 동원과 배분에 관한 결정은 다음과 같은 양식으로 이루어지게 된다 (O'Conner, 1973).

2. 국가부문 대 사부문간의 재정자원 배분

마르크스주의 관점에서 국민경제활동은 크게 경쟁부문(competitive sector), 독점부문(monopoly sector) 및 국가부문(state sector)의 세 가지 영역으로 구분한다. 이를 분설하면 다음과 같다.

첫째, 경쟁부문은 계절적이고 불안정한 지역시장을 위해 생산하는 무수한 소기업들로 구성된다. 이들 소기업에는 비교적 저임금을 받으며 노조에도 가입하지 않는 근로자들이 고용되며, 근로자 1인당 자본투자는 거의 없고, 따라서 생산성과 이윤도 낮다. 기업간의 경쟁은 아주 높으며, 관련 산업분야에는 지나치게 많은 기업이 몰려 있으므로 기업 실패율도 높다. 이 부문에서의 임금·가격·이윤 등은 주로 시장력에 의해 결정되며, 특히 가격은 주로 생산성에 따라 결정된다. 기술혁신을 통하여 일단의 자본가들이 덤으로 이윤을 얻는 경우도 있지만, 장기적으로는 다른 자본가들이 그 기술을 채택하여 협소한 시장을 같이 잠식하기 때문에 큰 이득을 기대할 수 없다.

둘째, 독점부문은 비교적 안정된 국내 및 국제시장을 위해 생산하는 자동차·강철·고무·석유 등과 같은 산업분야에서의 비교적 소수의 대기업으로 구성된다. 이들 대기업에는 비교적 높은 임금을 받으며 대부분 노조에 가입한 근로자들이 고용되며, 근로자 일인당 자본투자도 높다. 이들 대기업은 안정되어 있으며, 생산성과 이윤도 높은 편이다.

셋째는 국가부문으로서, 여기서는 보건, 복지, 교육, 우편 등과 같이 서비스를 직접 생산하기도 하지만, 군사기구, 고속도로, 공공건물 등을 사기업에게 도급을 하는 형식으로 간접 생산하기도 한다. 이 국가부문의 수입원은 주로 민간소득과 이윤에서 나오는 조세이기 때문에, 국가는 그 지출에 자금을 공급하는 사적 투자에 크게 의존하게 된다.[6]

그림 5-3-4   국민경제 활동의 유형

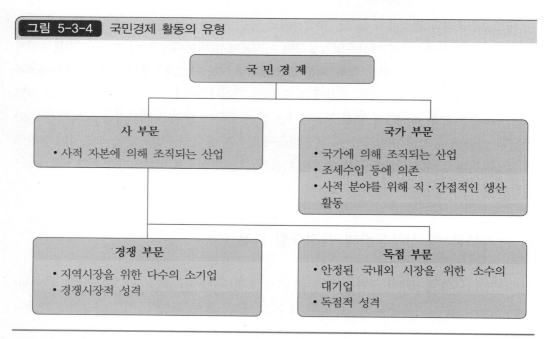

출처: O'Connor, 1973.

---

[6] 1970년대 초 미국의 경우, 전체 노동력은 이들 세 부문으로 고르게 3등분되어 있었다고 한다 (O'Connor, 1973: 13-39).

3. 국가기능들 간의 재정자원배분

다음으로 국가부문 내에서의 기능간 자원배분 방식을 살펴본다. 국가는 그 유일한 수입원으로서의 사적부문에 크게 의존하고 사적경제 역시 국가의 활동을 크게 필요로 한다. 즉, 자본주의 생산양식은 질서 유지, 자본축적 촉진, 그리고 정당성 제조라는 세 가지 국가기능을 필요로 하며, 그에 따라 국가의 재정자원 동원 및 배분 양식이 결정된다.

자본주의 생산양식의 기능적 필요(functional requirement) 때문에 요구되는 첫 번째 국가기능은 사회질서의 유지이다. 국가는 기본적인 사회질서의 유지는 물론, 자본주의 성장에 따라 국내외에 확대되는 사회갈등을 규제해야 한다. 이를 위해서 국내에서 여러 가지 복지국가형 지출과 국외에서의 군사개입 비용 등이 필요하며, 이것은 '사회비용(social expenses)' 정책을 통해 결정한다.

사회질서를 도모하기 위한 사회비용은 물론 자본주의의 유지에 필수적이기는 하지만, 직접적으로 경제성장이나 이윤축적을 목적으로 하는 국가 기능은 아니다. 이에 반하여, 좀 더 직접적으로 자본의 이윤증대를 돕기 위한 국가의 자원배분이 있는데, 이것이 소위 '사회자본(social capital)'이다. 이 사회자본은 먼저 국가가 자본축적(capital accumulation) 기능을 수행하기 위해서 지출하는 '사회투자(social investment)'와 정당화(legitimation) 기능을 수행하기 위해 지출하는 '사회소비(social consumption)'로 나누어진다.

첫째, 사회투자 지출은 자본을 위한 생산수단을 제공하기 위한 것이다. 예를 들면, 상품이 분배되는 것을 돕기 위해 도로망을 건설하는 일에 국가가 지출함으로써 직접적으로 이윤증대를 돕는 것이다. 이 외에도 공항을 비롯한 여러 공공시설, 인력훈련, 교육 등의 인적·물적 자본이, 사경제를 위해 필요하지만, 사경제가 생산하지는 않는다는 부분적인 이유에서 정부에 의해 직접 생산되거나 정부재정에 의해 막대한 보조금을 받는다. 물론 대중이나 소비자들도 그와 같은 시설을 이용할 수 있지만, 대체로 기업에 직접적인 혜택을 주는 이러한 정부지출이 아주 쉽사리 국고로부터 이루어지는 것이다.

둘째, 사회소비 지출은 국가가 정당화 또는 사회응집 기능을 수행하는 데 필요한 것이다. 즉, 정부가 노동비용을 사회화시킴으로써 기업의 부담을 그만큼 감소시켜주는 기능이다. 저임금 근로자나 실직자들의 생활 수준을 증대시켜 주기 위한 복지예산을 편성함으로써 국가는 이들로부터 지지를 얻어내고 정당성을 확보하고자 한다. 다양한 경제부문간의 성장 및 쇠퇴에 따라 근로자들의 생계유지가 위태롭게 되는데, 이에 대해 정부는 식품구입권(food stamp)에서 사회보장 및 사회보험에 이르기까지 여러 가지 복지사업을 한다.

표 5-3-6	국가지출의 유형		

| 지출유형 | 사회비용 | 사회자본 | |
		사회투자	사회소비
기능	－사회질서유지 • 경제활동에 필요 • 이윤촉진에 간접 관련	－자본축적 • 자본 위한 생산수단 제공	－정당성(legitimacy) 제조 • 노동비용 감소 위한 수단
종류	－강제적 공권력 기관 • 경찰, 군대 등	－인적자본 • 교육, 훈련 －물적자본 • 도로, 원자력발전소	－집합 소비 • 식품구입권 등
담당조직	－중앙정부기구	－중앙정부기구 －정치적 통제 약한 　준정부기구(예: 공기업)	－지방정부 －일부 정치적 준정부기구
의사결정 방식	－엄격한 관료주의	－조합주의적, 미래지향적, 　외부이익의 통합적	－다원주의적

출처: O'Connor, 1973.

4. 국가기능의 담당조직 및 자원배분 결정방식

마르크스주의 국가의 기능 및 지출은 각각의 특성에 따라 서로 다른 국가조직과 절차에 의해 운영된다. 이를 결정하는 가장 중요한 기준은 축적기능이 정당화기능보다 더 우선시되어야 한다는 원칙이다.

첫째, 가장 중요시되는 자본축적 기능을 위한 사회투자는 독점적으로 중앙정부나 정치적으로 통제되지 않는 준정부기관(quasi-governmental agencies)에 의해 운영되게 한다. 이 부문에서의 의사결정방식은 코포라티즘적이고 미래지향적인 것이 특징이며, 정책목표를 달성하는 데 있어서 외부이익들의 견해도 관심을 두어 통합하고자 한다.

둘째, 사회안정기능에 아주 중요한 사회비용 역시 중앙정부가 독점한다. 그러나 이 부문의 지출은 사회투자의 경우와는 달리 외부이익들과의 협동을 시도함이 없이 엄격히 관료적인 방식에 의해 관리된다.

셋째, 사회소비지출은 주로 지방정부들과 일부 정치적 성향의 중앙행정기구들이 책임지도록 위임된다. 이 부문에서의 정책결정은 의도적으로 다원주의적 성격을 띠게끔 되어 있어, 그를 통해 정치적 에너지를 연소시켜 버리고자 한다. 또 논쟁과 대중으로부터의 영향 가능성을 보장해 주며, 국가정책의 사회적 중립성을 입증하는 듯 '필요중심의 이념(a needs-oriented ideology)'을 유지하고자 한다. 그러나 실제 면에서는 지방정부는 자본이익에 적대적인 정책을 채택하지는 못하도록 중앙에 의해 엄격히 통제되거나 자원에 대한 중앙정부의 사전개입에 의해 그 범위가 규제되기도 한다. 그럼에도 불구하고, 중앙과 지방간에는 갈등이 발생하는 경우가 있는데, 이것은 곧 마르크스주의 국가에서는 필연적인 축적과 정당화간의 구조적 긴장 관계를 나타내고 있다.

이상에서 검토한 국가와 사부문간의 구분, 국가기능 및 지출유형, 그리고 그것의 결정방식 등에 관한 마르크스주의 모형은 일차적으로 서술적 이론이다. 자본민주주의에서 국가는 어떠한 기능을 하고 있으며, 그에 따라 어떠한 재정자원의 동원 및 배분 결정이 이루어지는가를 서술하는 것이다. 이와 같은 서술이 우리에게 주는 메시지는 대단히 비판적이다. 자본민주주의에서의 재정자원의 동원과 배분은 궁극적으로 사적자본의 축적을 위한 것이되, 다만 계급갈등을 완화하기 위한 이차적 기능(즉, 정당성 제조)을 부가할 뿐이다. 더욱이, 이와 같은 자본축적과 정당화 기능간의 모순은 점차 확대되어 나가면서 결국 '국가의 재정적 위기(fiscal crisis of the state)'로 이어진다는 것이다 (O'conner, 1973).[7]

참고 여성주의: 성인지예산

1. 의 미

성인지예산이란 예산이 여성과 남성에게 미치는 영향을 분석하여 국가재원이 보다 성 평등한 방식으로 사용될 수 있도록 예산의 배분구조와 규칙을 변화시키고자 하는 재원배분과정이다. 이는 여성지원이나 양성평등을 위한 개별 사업단위의 예산에 국한된 개념이 아니며, 재정운용 전반에 걸친 제도이다. 성인지예산은 정책과 재정운용에 있어서 성평등에 대한 인식 제고, 성평등에 대한 정부의 책임성 강화, 성평등과 여성의 지위향상을 위해서 예산과 정책을 연계하는 것을 목적으로 한다 (국회예산정책처, 2020; 권순진 외, 2019; 박은순, 2019).

2. 연 혁

선진국의 저개발국가에 대한 개발원조 프로그램의 일환으로 시작된 성인지예산 활동은 1995년 북경 세계여성대회에서 성주류화(Gender Mainstreaming) 개념을 공식적으로 채택하였다. 이후 다양한 국가로 확산되었다 (국회예산정책처, 2019; 박은순, 2019).

우리나라에서는 시민사회가 성인지 예산제도의 필요성을 제기하여 공론화되었으며 2002년부터 여성국회의원들이 국회 내에서 성인지예산을 적극적으로 의제화하였다. 그 결과 2006년 제정된 「국가재정법」에 규정되면서, 2009년에 최초로 「2010년도 성인지 예산서」가 국회에 제출되

---

[7] 이 모형은 공공지출의 발생사후에야 비로소 그것의 기능별 분류가 가능할 뿐, 사전 또는 진행 중에 평가를 위해 적용할 수는 없다는 한계가 있다.

였다. 「2010년도 성인지 예산서」는 예산(일반회계와 특별회계) 사업만을 대상으로 작성되었으며, 두 번째 성인지 예산서인 「2011년도 성인지 예산서」부터 기금사업도 포함되었다. 그리고 2011년 5월 31일에 최초로 「2010년도 성인지 결산서」가 국회에 제출되었다. 지방정부의 경우 2011년 3월 「지방재정법」 제36조의2(성인지 예산서의 작성·제출), 제53조의2(성인지 결산서의 작성·제출)의 개정으로 2013년부터는 모든 지방자치단체에 도입되었다.

중장정부의 성인지 예·결산 작성지침을 통한 개편사항을 살펴보면, 2011년부터는 성평등 목표와 관련되는 성과목표 설정 및 실적치를 작성하도록 하고, 2012년에는 성인지 결산서 작성 시 해당 사업과 관련된 성평등 현황 및 추진실적, 향후 개선사항 등을 작성하도록 하여 성인지적 성과관리를 강화하였다. 2015년에는 성인지 대상사업 선정 시 기존 기획재정부와 여성가족부가 결정하여 각 기관별로 하향식으로 통보하는 방식에서 기획재정부·여성가족부가 성인지 대상사업 선정기준만을 제시하고 각 부처가 자율적으로 사업을 선정하는 방식으로 개편하였다. 2018년에는 성인지 대상사업 선정기준의 합리성을 제고하고 성인지예산제도의 성과관리를 강화하기 위해, 대상사업 선정기준을 직접목적사업과 간접목적사업으로 개편하였다. 2020년도 성인지예산안에는 관계부처·상설협의체의 논의를 통해 선정된 성평등 추진 중점사업이 포함되었다 (국회예산정책처, 2020).

3. 법적 근거

우리나라의 성인지 예산제도는 「국가재정법」, 「국가회계법」 및 「지방재정법」, 「지방재정법」에 명시적인 법적 근거를 두고 있다. 「국가재정법」 제16조(예산의 원칙), 제26조(성인지 예산서의 작성), 제57조(성인지 결산서의 작성), 제68조의2(성인지 기금운용계획서의 작성), 제73조의2(성인지 기금결산서의 작성), 「국가회계법」 15조의2(결산보고서의 부속서류) 및 「지방재정법」 제4조(지방재정제도의 연구·개발 등), 제36조의2(성인지 예산서의 작성·제출), 제44조의2(예산안의 첨부서류), 제60조(지방재정 운용상황의 공시 등), 「지방회계법」 제17조(결산서의 첨부서류), 제18조(성인지결산서의 작성·제출) 등에서는 재정운용에 있어서 예산이 여성과 남성에 미치는 영향 평가, 재정의 성인지적 운용 및 분석에 대한 연구, 성인지 예산서 및 성인지 결산서의 작성 및 제출 등이 명시되어 있다.

4. 운영체계

기획재정부는 여성가족부와 협의하여 성인지 예·결산서 작성기준을 마련하여 부처에게 성인지 예·결산서 작성지침과 양식을 배포한다. 성인지 예산서 작성에 있어, 기획재정부와 여성가족부는 대상사업 선정기준은 제시하되 대상사업의 선정은 성평등 목표 달성에 대한 기여 여부를 감안하여 각 부처가 발굴·작성하도록 하고 있다. 한국양성평등교육진흥원과 한국여성정책연구원 성인지 예산센터는 성인지 예·결산서 작성교육과 컨설팅을 수행한다. 부처는 대상사업을 선정 및 확정하여 성인지 예산서를 작성한다. 기획재정부는 각 부처의 성인지 예산서를 취합하고 대상사업을 협의·조정한 뒤, 국회에 예산안의 첨부서류로 성인지 예산서를 제출한다. 성인지 결산서는 각 부처가 해당 회계연도의 성인지 대상사업에 대해 성평등 목표 추진결과를 감안하여 성인지 결산서를 작성하고, 이를 기획재정부가 취합·검토한다. 이에 대하여 감사원이 성인지결산 검사를 수행한 후 기획재정부는 국회에 결산보고서의 부속서류로 성인지 결산서를 제출한다. 성인지 예·결산제도 운영과정에서 각 부처 및 관련기관의 역할과 기능을 정리하면 다음 표와 같다 (권순진 외, 2019: 국회예산정책처, 2020).

〈표 5-3-7〉 성인지 예·결산제도 관련 기관의 역할 및 기능

기 관	역할 및 기능
기획재정부	성인지 예·결산서 작성지침 작성·배포 대상사업 선정기준 마련 성인지 예·결산서 취합·검토 성인지 예·결산서 국회 제출
여성가족부	대상사업 선정기준 마련 성인지 예·결산서 작성교육 지원 총괄
부처	대상사업 선정 및 확정 성인지 예·결산서 작성
감사원	성인지 결산 검사
국회	성인지 예·결산서 심의
한국여성정책연구원 (성인지예산센터)	성인지 예·결산서 작성지원
한국양성평등교육진흥원	부처 사업담당자 교육

출처: 권순진 외, 2019; 국회예산정책처, 2020.

성인지 예산서는 부처의 성평등 목표, 성인지예산 사업총괄표, 사업설명자료로 구성되는데, 사업설명자료는 사업명, 예산안, 사업유형, 사업목적, 정책대상, 사업내용, 성평등 목표, 성평등 기대 효과, 성별 수혜 분석, 성과목표 등을 포함한다.
성인지 결산서는 부처별로 성평등 목표, 성평등 목표 추진 결과, 성인지 결산 사업 총괄표로 구성되는데, 사업 총괄표는 사업명, 사업유형, 사업목적, 정책대상, 성평등 목표, 집행실적, 성평등 효과분석, 3개년도 성과목표 달성 현황, 자체평가 등을 포함한다.

참고 민주적 비판 및 갱신 운동: 참여예산

1. 의 미

참여예산제도는 정부의 예산과정에 국민의 직접적인 참여를 보장하여 국민의 의견을 구하고 사회에 필요한 사업을 수행하는 제도이다. 이는 실질적 주권자인 국민의 참여요구 증대에 부응하기 위하여 국민이 예산과정에 직접 참여하는 제도를 마련할 필요성에 의하여 시행되고 있다. 따라서 참여예산제도는 행정부 및 입법부 주도의 예산운영 방식의 한계를 극복하고 직접참여를 바탕으로 예산운영의 투명성, 공정성, 책임성을 높여 재정민주주의를 구현하는데 의의가 있다 (윤성일·임동완, 2019; 정우열, 2014).

2. 연 혁

참여예산제도는 브라질의 포르투 알레그레(Porto Alegre)시에서 도입한 이래로 전 세계로 확산되고 있다 (안성민·최윤주, 2009; 임성일, 2011). 우리나라에서도 2003년 광주광역시 북구에서 주민참여예산제도를 처음으로 도입한 이래로 2005년 개정 「지방재정법」에서는 주민참여예산제도에 대한 법적근거를 임의사항으로 마련하였고, 안전행정부가 2006년 '주민참여예산제 표준조례안'과 2010년 '주민참여예산제 조례모델(안)'을 작성하여 지방자치단체에 권고하였다. 그리고 2011년 「지방재정법」을 개정하여 주민참여예산제도를 의무사항으로 함으로써 주민의 재정시대가 열렸다. 그리고 2014년 개정 「지방재정법」에서는 지방자치단체장은 예산편성 과정에 참여한 주민의 의견을 수렴하고, 수렴된 의견서를 지방의회에 제출하는 예산안에 의무적으로 첨부하도록 하였다. 그리고 2018년 「지방재정법」 개정에서는 주민참여예산위원회 등 주민참여예산기구를 둘 수 있도록 하고, 예산편성 등을 포함한 예산과정 전반에서 주민참여예산제도를 운영할 수 있게 됨으로써 주민참여예산제도의 내실화를 기하고 있다 (윤성일, 2018; 윤성일·임동완, 2019).

국민참여예산제도는 문재인 정부가 들어서고 국가 수준에서의 일반국민이 예산과정에 직접적으로 참여할 수 있는 제도로 처음 고안되었다. 국민참여예산제도는 2017년 시범사업을 거쳐 2018년부터 본격적으로 시행되고 있다 (박지훈, 2018; 심혜인, 2019).

3. 법적 근거

주민참여예산제도는 「지방재정법」과 동법 시행령에 근거를 두고 있고 실질적인 운영 근거는 개별 지방자치단체의 조례이다. 한편 국민참여예산제도는 「국가재정법」과 동법 시행령에 근거를 두고 있고 실질적인 운영근거는 「국민참여예산제도 운영지침」이다. 그런데 「지방재정법」 제39조에는 주민참여예산제도, 주민참여예산기구, 주민참여예산제도에 대한 평가 등이 명시되어 있으나 「국가재정법」에서는 이와 같은 규정이 없고 시행령 제7조의2에 국민참여를 통하여 수렴된 의견을 예산편성 시 반영할 수 있으며 참여단을 구성할 수 있음을 명시하고 있다.

4. 운영체계

주민참여예산제도는 지방자치단체마다 운영절차가 차이가 있다. 우리나라에서 최초로 주민참여예산제도를 도입한 광주광역시 북구의 경우 다음과 같은 운영체계를 따르고 있다.

〈그림 5-3-5〉 광주광역시 북구 주민참여예산제도 운영체계

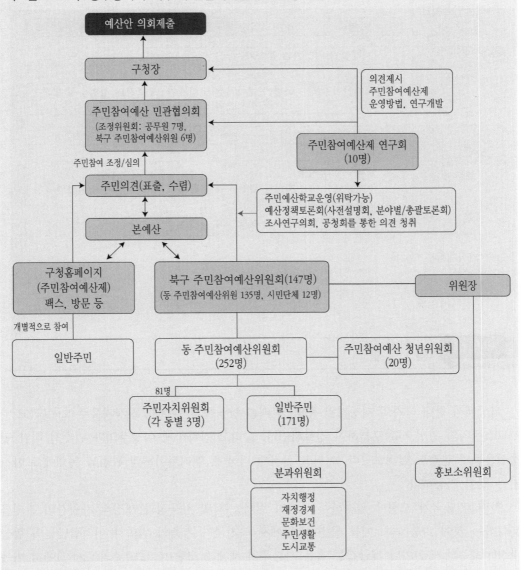

출처: 광주광역시 북구 주민참여예산, https://bukgu.gwangju.kr/menu.es?mid＝a90201040000

한편, 국민참여예산제도는 국민이 사업을 제안하는 제안형과 정부가 주제를 선정하는 토론형으로 구분되어 운영되며 다음과 같은 운영체계를 따르고 있다.

〈그림 5-3-6〉 국민참여예산 운영체계

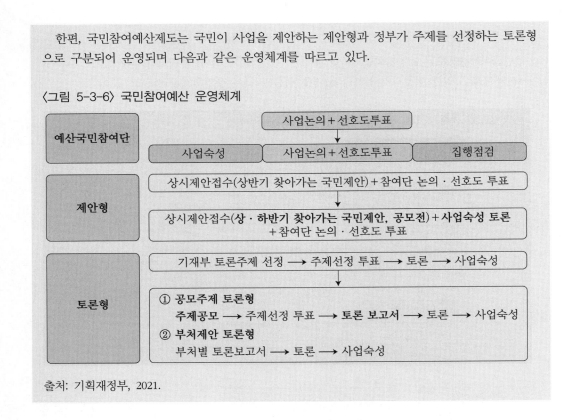

출처: 기획재정부, 2021.

제 5 절 결 론

이상에서 현대 국가의 재정자원 동원 및 배분 양식을 다원주의, 시장자유주의, 그리고 마르크스주의의 관점으로 구분하여 검토하였다. 그리고 간략하게 여성주의와 민주적 비판 및 갱신운동의 관점도 살펴보았다. 이러한 관점에 더하여, 엘리트이론의 관점을 논의에 포함시키는 것이 가능하다.

첫째, 자율국가 모형에 입각하여 국가의 정책능력 및 자율성과 재정적 자원간의 관계를 분석하는 것이 가능하다. 예를 들면, 서구에서 복지국가 지출의 변화가 이익집단들의 협상 과정(다원주의 시각)이나 계급갈등 혹은 자본주의 체제의 모순(마르크스주의의 시각)에서 비롯된 것이 아니라, 그 자체의 이익을 지닌 국가의 정치엘리트들이 종종 시민들의 선호에 반하면서까지 희소 자원의 합리적 배분결정에 의해 이루어졌다는 주장이 있다 (Wilensky, 1975).

또한, 국가는 재정자원의 동원 및 배분 결정을 통하여 그 스스로의 정책능력과 자율성 증진을 도모할 수도 있다 (Skocpol, 1985: 3–43; 이준원, 1996; 정용덕, 1999).

둘째, 상징정치 모형에 의하여 권력엘리트들이 예산운영 과정에서 수행하는 이른바 '언어의 수사적 조작' 가능성을 분석할 필요성이 있다. 예로서, 개인소득세 감축(Woodside, 1982)이나, 균형예산의 유지(Savage, 1988) 등에 관한 상징정치, 대통령이나 수상의 예산국회 시정연설에서 만연하는 수사(Michell, 1971), 관료들의 역할(role)에 부여된 상징이 국가지출 규모에 미치는 영향(Anton, 1967) 등을 들 수 있다.

셋째, 권력엘리트 모형에 의해 방위예산 결정에서 군산복합체(military–industrial complex) 구조가 미치는 영향을 분석하는 것도 의의가 있을 것이다 (Alford & Friedland, 1985: 314).

이처럼 다양한 이론적 시각을 익히는 데 있어서 적어도 다음과 같은 점을 유의할 필요가 있다. 첫째, 국가의 재정자원 동원 및 배분이라는 동일 문제에 대해 이론적 관점에 따라 여러 가지 서로 다른 이해가 가능하다는 사실이다. 대부분의 행정학 주제들이 그러하듯이, 이 주제도 전통적으로 다원주의의 관점에서 주로 연구하였다. 특히 한국에 소개되고 적용된 이론들이 대부분 여기에 포함된다. 다원주의의 시각은 한국의 재정정책이나 예산과정을 평가하고 앞으로 지향해야 할 규범적 모형으로서는 훌륭한 것이지만, 그것만으로 한국의 현실을 묘사하고 설명하는 데에는 많은 한계가 있다. 심지어 한국보다 다원주의적 요소를 더 많이 지닌 유럽과 미국에서도 다원주의 외에 다양한 관점에서 그들의 재정정책과 예산과정을 분석하려는 노력이 증대하고 있는 점을 참고할 필요가 있다.

그럼에도 불구하고, 여기에 소개된 세세한 이론들은 거의 서구 자본민주주의 국가들을 대상으로 개발된 것이라는 점을 또한 유의해야 할 것이다. 따라서 다른 이론들과 마찬가지로, 여기서 소개된 이론모형들을 통해 많은 시사를 받을 수는 있으나, 한국의 현실에 대한 적용은 더욱 많은 경험적 검증을 거친 후에야 비로소 가능하다는 점을 간과해서는 안 된다.

표 5-3-8   국가이론별 모형과 재정개혁

국가 이론	정통다원주의	신다원주의	시장자유주의	여성주의	민주적 비판 및 갱신운동
예산 제도	품목별 예산	성과주의예산 기획예산 목표관리제 영기준예산	재정성과관리 (프로그램 예산) 발생주의 회계	성인지예산	참여예산

제4장 규제정책

규제정책(regulatory policy)이란 국가가 법규정을 통해 사회 구성원들의 의사결정 및 행동에 영향을 미치는 국가개입의 한 방식이다. 규제정책에 의거하여 개입하는 경우, 국가는 규제 기준을 설정하고 법 제도를 제정하며 그 집행 여부를 탐지(monitor)하고 통제하지만, 그것의 집행은 규제대상인 사회 구성원들의 자체적인 순응에 의해 이루어진다. 이 점에서 국가가 재정 자원의 동원·배분을 통해 직접 집행하는 예산정책과는 차이가 있다.

규제정책의 개념은 다양하게 정의되고 있다 (정용덕, 1984). 먼저, 광의의 개념정의 방식으로, 정부규제를 "정부가 하는 일"로 보는 견해가 있다. 미국 상원의 정부활동위원회나 의회예산실(Congressional Budget Office) 등의 개념정의가 이에 해당한다. 이와 같은 광의의 개념은 일반적인 공공정책과 정부규제를 구태여 구분하지 않고 정부의 모든 활동 또는 시장에의 개입과 동일시하는 것이다.

다음은, 협의의 개념정의 방식으로, 정부규제를 정부활동 중에서도 어떤 특정 유형의 것으로 규정하는 경우이다. 대체로 다음의 세 가지로 세분할 수 있다.

첫째, 정부규제를 "특정 대상 집단에 대한 정부의 활동"으로 정의하는 방식이다. 이는 정부규제를 "규제되는 실체(entity to be regulated)"에 초점을 맞추어 정의하는 입장이며, 규제되는 대상으로부터 규제에 관한 근거를 찾아보고자 하는 것이다. 사회의 어떤 부문(또는 대상)은 여러 가지 이유로 특히 중요하거나 특이하기 때문에 그들의 구조나 행태는 공익을 위해서 정부로부터 어떤 영향(즉 규제)을 받아야 한다는 논리에서 접근하는 개념정의이다. 경제규제는 경제적인 목적을 달성하기 위해 주로 가격결정, 경쟁조건, 시장진입 및 퇴출 등과 같은 시장에 관한 결정에 정부가 직접 개입하는 행위를 말한다.[1] 사회규제는 보건 및 안전, 직장인들의 작업환경, 소비자 보호, 환경문제, 사회적 통합과 같은 공공의 이익을 보호하기 위해 정부가 개입하는 것을 말한다. 행정규제는 정부 업무 수행과 관련된 서류 작업과 행정절차 등에 관한 규제를 의미한다. 이 개념정의는 누구(또는 무엇)를 규제하느냐 하는 질문에 관심을 집중시킴으로써 정부규제 연구를 위한 구체적인 접근을 가능하게 해주는 반면, 그 이외의 측면들 — 이를테면 누가, 어떻게 규제하느냐 등 — 에 관한 논의에는 등한시할 우려가 있다.

둘째, 정부규제를 "규제기관(regulatory agency)이 하는 활동"으로 정의하는 방식이다. 정부조직 가운데 특히 '규제기관'이라고 알려져 있는 기관들이 하는 일은 그것의 행동유형이나 대상집단의 유형과 관계없이 정부규제라고 보는 것이다.[2] 정부규제를 '규제자(regulator)' 또는 규제기관이 하는 활동으로 정의함으로써, 논의의 초점을 "누가 규제하느냐(who regulates)"에 집중시킬 수 있다. 따라서 규제자 또는 기관의 조직구조, 과정 및 참여자에 관해 좀 더 구체적으로 접근할 수 있는 장점이 있다. 그러나 다른 한편 그 이외에 관한 사항(이를테면, 규제대상 등)에 대해서는 등한시하게 될 여지도 있다. 또한, 실제로는 규제행위에 해당하지 않은 정부 활동임에도 불구하고, 일단 규제기관이라는 "딱지(label)"를 붙임으로써, 그 기관이 하는 모든 일을 정부규제로 간주하거나, 반대로 실제로 규제기능을 수행함에도 불구하고 담당기관이 흔히 규제기관으로 인식되고 있지 않기 때문에 정부규제의 범주에서 제외시킬 우려도 있다.

셋째, 정부규제를 "규제기능을 수행하는 것"을 의미하는 것으로 정의하는 방법이다. 정부규제에 있어서 중요한 것은 실제 정부가 의도하는 규제기능에 있다고 하는 논리다 (Bernstein, 1961: 329-46). 이는 정부가 의도하는 규제기능이 무엇이냐에 초점을 둠으로써, 정부활동이 가져오는 효과(즉, 규제의 결과)에 대해 좀 더 초점을 두어 분석할 수 있다. 이와 같이 기능을 중심으로 하는 정부규제의 개념은 정부활동(또는 공공정책)의 내용을 강조하여 고려할 수 있는 장점이 있다. 반면에 누가 누구를 규제하는가에 관한 논의에 대해서는 소홀히 하는 단점도 있다.

마지막으로는 법률적 개념정의 방법이다. 행정규제기본법 제2조 제1항 제1호에서는 "행

---

1 이른바 '공익사업들(public utilities)'이 전형적인 예다.
2 한국의 경우, 노동위원회, 금융감독위원회, 환경부, 공정거래위원회, 방송통신위원회 등을 들 수 있다.

정규제란 국가 또는 지방자치단체가 특정한 행정목적을 실현하기 위하여 국민의 권리를 제한하거나 의무를 부과하는 것으로서 법령 등 또는 조례·규칙에 규정되는 사항을 말한다"고 규정하고 있다. 이 방법은 정부에 의한 침익적 또는 부담적 행위에 대해서는 반드시 법률에 근거하여야 한다는 원칙을 적용함으로써 국민의 권리를 최대한 보호할 수 있다는 장점이 있다. 반면에 법적 개념은 시대적 상황에 따라 정책결정자 또는 입법자의 결단에 의해 언제든지 변화될 수 있다는 단점도 있다.

이처럼 정부규제에 대한 광의, 협의 또는 법적인 개념정의 방법들은 각각 장단점이 있다. 정부규제의 어느 한 측면만을 강조하여 정의하게 되면, 문제의 인지나 개선방안의 제시 등에 있어서도 역시 한 측면만 강조할 수 있다. 따라서 정부규제의 개념정의는 위에서 소개한 제 유형들을 고르게 고려하는 것이 바람직하다 (정용덕, 1984). 최근의 정부규제의 개념은 다소 확대되고 있으며 정부가 부과하는 각종 조건을 모두 정부규제에 포함하고 있는 추세이다.[3] 한편, 규제정책에 대한 이와 같은 일반적인 개념정의 외에, 앞으로 검토하게 될 다양한 이론적 시각에 따라 좀 더 구체적이고 이론에 연계된 개념정의가 가능하다.

규제정책은 국가가 그 기능 수행을 위해 사회에 개입하기 위한 여러 가지 정책수단 가운데 하나이다. 따라서 규제정책의 연구자들은 국가-사회간 관계의 성격에 관한 나름대로의 가정에 의거하게 된다. 여기서는 다원주의, 시장자유주의, 그리고 자본주의 국가론의 시각으로 구분하여 규제정책 이론을 정리해 보기로 한다. 아울러 각 시각별 규제정책 모형들을 국가에 관한 수동적, 중립적, 파당적 이미지별로 구분하여 정리해 본다.

제 2 절   다원주의의 시각

국가이론의 발전이 별로 이루어지지 않은 것으로 알려져 있는 일반적 인식과는 달리, 다원주의 이론가들도 명시적이든 묵시적이든 국가(그것을 무엇으로 지칭하든 간에)에 관한 나름대로의 가정에 따라 규제정책을 연구한다 (Dunleavy & O'Leary, 1987). 그래서 규제정책에 관한 다원주의 이론들이 국가에 관한 수동적, 보호자적, 그리고 파당적 이미지 가운데 어느 것을 전제로 하고 있는가를 구분하는 것이 가능하다. 또한, 일반적인 인식과는 달리, 다원주의 이론들은 기능론적 설명과 행위론적 설명을 모두 적용하고 있으며, 국가정책의 공익추구 가

---

3 예컨대, OECD(1997)에서는 규제의 개념을 정부가 기업이나 시민에게 제시하는 다양한 정책적 도구라고 정의하고, EU(2012)에서는 규제를 공공정책을 집행하기 위해 공공 기관에 의해 행해지는 법률 등 행위를 제약하는 것으로 정의한다.

능성뿐만 아니라 사익추구 가능성도 인정하는 이론들이 발전되어 있다. 국가에 관한 이처럼 다양한 다원주의 시각들은 정부규제 이론에도 그대로 반영되고 있다 (정용덕, 1991).

1. 수동적 국가의 규제정책

수동적 국가의 이미지에 따르는 경우, 국가의 규제정책은 사회로부터의 투입에 의해 결정되는 것으로 간주한다. 좀더 구체적으로는 두 가지 접근법으로 구분할 수 있다. 첫째, 행위론에 의한 접근법으로서, 여기에는 이익집단들간의 권력상쇄가 이루어지는 것으로 보는 전통적 다원주의의 집단정치론과 이익집단들에 의해 규제기관이 포획(capture)되는 것으로 보는 신다원주의의 이익집단자유주의가 있다. 둘째, 구조론에 의한 접근법으로서, 여기에는 사회경제적 변화에 따라 규제정책의 필요가 결정되는 것으로 보는 기능론적 견해와 사회구성원들의 가치관의 변화에 따라 규제정책의 변화가 이루어지는 것으로 보는 문화론적 견해가 있다.

1) 이익집단자유주의와 규제기관 포획

국가가 하나의 실체로서 존재하는 것을 인정하지 않으며, 공식적 정치영역의 밖으로부터 통제되는 수동적 기제에 불과한 것으로 가정하는 다원주의 이론들이 있다. 정치권력은 궁극적으로 시민사회의 구성원들에게 부여되어 있고, 이들 중 지배적인 집단이 요구하는 것을 국가는 단순히 전달하는 역할을 수행할 뿐인 것으로 인식된다. 사회로부터 투입되는 영향력에 따라 작동되는 수동적인 행위자로서의 국가는 따라서 어떠한 행동의 자율성도 가지지 못한다. 국가정책이 외부로부터의 일방 통행적 과정을 거쳐 형성되기 때문에 국가능력의 개발은 취약하게 개발되어 있고, 국가구성원들이 자신의 사익을 추구하기 위해 파당적 행동을 할 가능성도 극히 희박하다. 따라서, 정책결정과정에서 나타나는 문제들도 국가 내부의 정책담당자들에게서 비롯된다기보다는 국가에 영향력을 행사하는 사회집단들로부터 야기된다.

(1) 정책유형과 규제정책

다원적 사회에서 시민들은 각종 선거에서의 투표, 정당정치에의 영향력 행사, 그리고 여러 이익집단 참여 등 다양한 방법을 통해 정치적 영향력을 행사한다. 이 중 정책과정에서 특히 결정적인 요소는, 개인이나 사회전체가 아니라, 집단이다 (Bentley, 1908: 208-219; Fainsod, 1940: 297-298). 즉, 시민들은 자신의 이해관계에 따라 상이한 집단을 형성하고, 상이한 정책

문제에 경쟁하며 승리한다.

　이익집단자유주의 시각에서 정책을 유형화하려는 시도는 로위(Lowi)에 의해서 제기되었다. 로위(Lowi)는 정치가 정책에 영향을 미친다는 관념틀을 흔들면서, 정책의 특성(또는 유형)에 따라 이익집단의 활동이 달라진다고 주장하였다. 즉, 이익집단 활동은 정책특성에 의해 영향을 받는다. 정책사안이 각 이익집단에 주는 의미 및 정도에 따라 그 정책결정과정도 특이하게 전개된다. 그래서 "정책이 정치를 결정"하는 것이다 (Lowi, 1970). 공공정책의 내용이 ㉮ 사회집단에게 재화와 용역을 배분하는 것이냐, 아니면 그들의 행동을 변화시키는 것이냐에 따라, 그리고 ㉯ 기대되는 편익·비용의 배분이 영합적이냐, 아니면 비영합적(non-zero-sum)이냐에 따라, 적어도 다음과 같은 세 가지 특징적인 정책결정과정이 도출된다 (Lowi, 1964).

　첫째, 분배정책(distributive policy)은 사회행위자들에게 재화와 용역을 배분하는 경우이다. 이 때 편익의 배분결정은 비용의 분담문제와는 분리되어 이루어지는 관계로 이익을 표명하는 모든 사람들이 거의 부분적으로라도 혜택을 받게 되며, 그런 면에서 비영합적 경합을 나타낸다. 예컨대, 주택자금의 대출, 수출산업에 대한 재정재원, 도로·공항·항만의 건설 등이 있다.

　둘째, 재분배정책(redistributive policy)도 사회행위자들에게 재화와 용역을 배분한다. 그러나 이 경우는 편익의 수혜자와 마찬가지로 뚜렷한 비용분담자가 발생되며, 그런 의미에서 영합적 의사결정의 특징을 갖는다. 예컨대, 누진세 제도, 기초생활수급자 보호정책, 실업수당 등이 포함된다.

　셋째, 규제정책(regulatory policy)은 앞에서 검토한 분배정책과 재분배정책처럼 재정자원의 동원배분을 통해 이루어지기보다는 주로 법규정의 제정 및 집행을 통해 이루어지는 점에서 차이가 있다. 그렇게 함으로써 사회 구성원들의 행동을 변화시키려고 한다. 예컨대, 환경오염에 대한 규제, 독과점 규제, 방송통신 규제, 공공요금 규제 등이 있다. 그러나 재분배정책의 경우와 마찬가지로 규제를 통해 사회 구성원간의 뚜렷한 편익 수혜자와 비용 부담자를 필요로 하며, 따라서 영합적 경쟁관계를 보여준다. 이러한 공공정책의 유형화에 있어 중심적인 요소는 사회행위자들이다. 분배정책의 경우는 개인과 기업이, 규제정책의 경우는 좀 더 포괄적인 집단이, 그리고 재분배정책의 경우는 사회계층이나 정점연합수준의 집단들이 관계되겠으나, 어느 경우든 정책결정의 핵심적 주체는 사회구성원인 것으로 간주된다.[4]

---

[4] 이 점이 전통적 다원주의이든 신다원주의이든 모두 사회중심이론의 범주인 것으로 분류되는 전형적 이유가 된다 (Nordlinger, 1981: 42-53).

(2) 권력 상쇄와 규제기관 생명주기

이처럼 이익집단자유주의 시각에 의해 유형화되는(Lowi, 1979) 규제정책의 보다 구체적인 결정양식은 '상쇄 권력(countervailing powers)'과 '규제기관 포획(capture)'이라는 두 개념에 의해 요약된다. 먼저, 갤브레이스(Galbraith)가 주장한 상쇄권력론에 대해 살펴보자. 다두제의 민주성을 가정해 온 전통적 다원주의 이론가들은 정책결정이 대다수 사회구성원의 고른 이익을 반영한다는 점을 의심하지 않는다. 모든 집단들이 동등한 영향력을 갖고 있는 것은 아니더라도, 그 중 가장 취약한 개인이나 집단도 정책과정상의 어디에서인가는 자신(들)의 이익이 반영되게끔 하는 것이 가능하다는 것이다.[5]

다음으로 번스타인(Bernstein)에 의해 제기된 규제기관의 생명주기 이론을 살펴보자. 그는 다두제적 정책결정의 민주성(그러므로, 공익성)을 가정하는 낙관과는 달리 비관적인 견해를 제시한다. 규제기관이 사회 내 특정 이익집단에 의해 포획됨으로써 궁극적으로 사익을 위해 봉사한다는 것이다. 규제기관은 시대적 소명과 환경 변화에 따라 생성기, 유년기, 성숙기, 노년기를 거치게 된다. 처음 규제기관의 설립은 정부규제를 원하는 다수의 분산된 집단(예: 소비자)과 규제받기를 거부하는 소수의 강력한 집단(예: 생산자)간의 격렬한 경쟁과정에서 전자의 승리로 가능해진다. 그러나 일단 규제기관이 설립되면 규제를 지지하는 일반 시민(예를 들면, 소비자)과 그들을 대변해서 규제입법을 추진한 행정부 및 의회의 정치인들의 관심은 감소되는 반면, 규제를 거부하는 피규제집단(예를 들면, 생산자)의 관심은 집요하게 지속된다. 점차 규제기관은 그것이 규제하기로 되어 있는 피규제집단에 의해 포획되어 은연 중 그들의 이익을 대변하는 역할을 수행한다 (Bernstein, 1955; 1961). 이처럼 규제기관이 시간이 지남에 따라 공공의 이익을 보호하기 보다는 피규제 이익집단에 의해 포획된다는 점을 강조한 이론이 포획이론(capture theory)이다 (Stigler, 1971; Peltzman, 1976). 따라서 규제기관 활동의 독립성(그러므로, 정책결정의 중립성)에 대한 환상에서 벗어나, 대통령을 위시한 정치적 책임자들이 규제기관의 통제를 강화해야 하며(Bernstein, 1955: 92-163), 규제기관의 자유재량을 축소하기 위해 구체적이고 명백한 규제법령을 입법화해야 한다고 제안한다 (Lowi, 1979).

그러나 규제기관 생명주기론에 대한 반론이 많은 실증적 연구에 의해 제기된다. 먼저 규제기관 생명주기론은 규제기관의 설립자체는 공익을 지휘해서 이루어지는 것으로 간주하고 있으나, 아예 처음부터 규제입법(그러므로, 규제기관 설립) 자체가 특정사회이익(피규제산업)의 보호를 위해서 이루어졌다는 주장이 있다. 미국의 주간통상위원회(ICC), 연방무역위원회(FTC), 민간항공위원회(CAB), 연방통신위원회(FCC) 등은 모두, 생명주기론의 명제처럼 집행

---

[5] 물론 이 때 권력이 동등하게 배분되어 있다는 것은 아니다. 다만 권력원이 개인과 집단에게, 불균등하지만, 광범위하게 분산되어 있어서, 어느 누구도 영향력을 전혀 소유하지 못하는 사람도 없을 뿐더러 권력이 집중된 지배적인 집단도 존재하지 않는다는 것이다 (Dahl, 1961).

과정에서 피규제산업의 이익을 대변하는 것은 물론이고, 애초의 정책수립 자체도 표면상의
명분과는 달리 근본이유가 피규제산업의 보호에 있었다는 것이다 (Jaffe, 1954; 1956; Kolko,
1965; Stigler, 1971). 이와는 정반대로, 입법단계는 물론이고 집행단계에서도 고객에 의한 규
제기관의 포획현상은 발생하지 않는다는 주장도 있다. 처음 규제정책의 수립을 가능하게 한
사회집단들의 관심은 일단 집행단계에 들어가면서 점차 감소되는 것이 불가피하지만, 그럼
에도 불구하고 규제기관의 포획을 방지할 만한 시민단체의 형성과 지속적인 감시활동이 가
능하며, 이러한 가능성은 특히 최근 소비자보호단체, 환경보호운동, 공익법률집단 등의 증가
현상에 의해 더욱 강화되고 있다는 견해이다 (Leone, 1972; Sabatier, 1975: 317-324).

이처럼 규제기관의 사익에 의한 포획가능성 및 상쇄권력에 다른 공익추구 가능성에 대한
엇갈린 논란이 지속되고 있다. 산업사회에서의 복잡한 사회문제의 발생은 정부규제의 필요
성을 더욱 증대시키고 있다. 문제는 정부규제 자체에 있지 않고, 규제정책 결정과정에서의
사회집단간 영향력의 불균형에 있다. 이러한 불균형의 문제는 투입정치과정의 다원주의를
통해 개선될 수 있다고 한다 (Elkin, 1986).[6]

2) 경제·사회 환경과 산업문화

수동적 국가를 가정하는 정부규제이론들이 사회구성원들이 정부에 대해 요구하는 사항
및 강도를 결정짓는 원인 변수로서 제시하는 것에는 사회경제적 여건의 변화와 산업문화의
차이가 포함된다.

(1) 경제·사회적 환경변화

먼저, 사회경제적 환경의 변화로 인해 그 사회 내 구성원들의 인구학적 또는 사회구조적
변화가 초래되는 경우, 그로 인해 정부에 대한 요구 내용 및 정도에 변화가 발생할 것이다.
도시화 및 산업화의 정도가 증대됨으로써 그와 관련된 인구(즉, 도시인구 및 산업노동자)가 증
가하고, 아울러 그들에게 새로운 필요(즉, 직업안전, 보건, 공해방지 등)의 창출이 이루어졌다.
우리나라가 경험하였던 1998년 IMF 외환위기의 상황을 예로 들어보자. 국민의 정부는 최초
로 수평적 정권교체를 이루고 정부의 역할을 강조하는 진보적 성향의 국정운영을 기대하였
다. 그러나 경제적 위기 상황이라는 사회경제적 환경으로 인하여, 국민의 정부에서는 IMF

---

6 대기업출현에 의한 투입정치의 왜곡을 우려하는 신다원주의자에게 있어 이러한 문제의 근원은 자본주의 체제의 계
  급갈등이나 엘리트지배에 있지 않고, 다만 강력하게 조직된 경제적 이익집단의 대두에서 비롯된다. 따라서 이들 문
  제는 투입정치의 정상화(즉, 참여민주주의의 활성화)를 통해 해결될 수 있는 것이다 (McConnell, 1966; Dahl, 1982;
  1985).

경제위기 극복이 국정의 핵심이었고 급기야 "모든 정부규제를 전면적으로 재검토하여 총량적으로 절반으로 줄이게 된 것이다. 이와 같은 사회경제적 환경의 변화관련 인구의 증가 및 새로운 필요(needs)의 발생는 결과적으로 이들의 정부사업에 대한 '요구(demand)'의 내용과 강도, 그리고 투입정치 과정에서의 영향력 행사의 성격을 모두 변화시키게 된다 (Rose, 1984a: 31-40). 이러한 "요구의 민주화" 또는 "권리의 혁명(revolution of entitlements)"의 배경에는 근대화와 더불어 가능해진 민주주의의 폭발적 확대 — 즉, 구시대의 권위주의적 잔재의 소멸과 더불어, 보통선거권의 확대를 통한 모든 시민들이 정치과정에의 참여기회 증대 — 가 뒷받침하고 있음은 물론이다 (Bell, 1975; Leone, 1977).

(2) 문화적 쇠퇴와 정부과부하

다원적 사회 내 각 집단들의 정치활동 범위를 설정해 주는 또 다른 원인변수로서 문화를 들 수 있다. 시민들의 민주주의 의식과 정치제도 및 절차에 관한 정통성의 판단기준으로 작용하는 것이 정치문화라면, 그 하위문화로서의 산업문화(industrial culture)는 "경제사회에 대한 국가개입의 정통성에 관한 믿음과 기대를 표현하는 사회 내부에 존재하는 가치와 규범"을 의미한다 (Dyson, 1985; Wilks, 1987). 산업문화는 나라별로 차이가 있다. 독일·프랑스·일본의 경우처럼 갈등과 불안정의 정치사를 경험한 나라들과, 상대적으로 점진적이며 평화로운 방법에 의해 정치발전을 이룩한 영국과 미국의 경우와는 서로 다른 특징적 산업문화가 이루어져 있다. 한 나라에서도 시대에 따라 산업문화가 변화할 수 있고, 이것이 규제정책결정에 영향을 미친다. 19C에서 20C로의 전환기에 미국에서 개발된 많은 정부규제들은 전통적 부르주아지 정치경제를 보다 현대적인 혼합기업 질서로 전환시키기 위한 경제정책의 일환이었다. 이때의 지배적인 가치체계는 개인을 존중하는 자유주의 전통의 지속적인 강조였다. 반면, 20C 후반기에 증가해온 이른바 '신규제들(new regulations)'은 시민의 보건, 안전, 깨끗한 환경에서부터 보다 공개적인 정치과정에 이르기까지 거의 모든 시민생활의 질을 증진시키는 것을 목표로 하고 있는데, 여기에는 반자유주의적·반자본주의적인 가치체계가 배경을 이루고 있다고 한다 (Weaver, 1978).

다만, 문화개념을 통한 정책결정 설명의 지나친 강조는 자칫 문화결정론의 위험에 빠질 염려가 있으며(Wilks, 1987), 그만큼 통제가능변수의 발굴도 저해하게 될 위험이 있다 (이종범, 1986).[7]

---

7 사회현상에 대한 문화적 설명은 분석단위 면에서 방법론적 전체주의 시각이며, 문화 자체의 형성을 결정하는 보다 근원적인 구조적 요인에 대해 둔감한 접근법이라는 비판이 있다 (Staniland, 1985; Zysman, 1983).

2. 보호자적 국가의 규제정책

국가의 자율적인 행동가능성을 가정하는 이론들이 있다. 정책결정에 있어서의 국가역할을 종속변수가 아니라 독립변수로서 가정하는 이론들이다. 이 이론들은 그것이 의거하는 분석단위에 따라 크게 두 가지 다른 입장으로 구분된다. 국가를 단일의 행동가로서 보는 시각과 국가를 다수의 개인과 하부조직으로 구성된 것으로, 따라서 이들 구성요소들의 다양한 행동결과가 곧 국가정책인 것으로 보는 시각이 그것이다. 전자의 경우, 국가가 사회문제의 해결을 위해 보호자적 동기에서 행동하는 것으로 간주한다. 후자의 경우, 다수 국가 구성요소들간의 사익 추구적인 행동으로 말미암아 국가정책도 파당적 성격을 지니게 되는 것으로 간주한다. 먼저 보호자적 국가의 규제정책을 살펴본 다음, 이어서 파당적 국가의 규제정책을 살펴보기로 한다.

보호자적 국가란 하나의 자율적인 제도적 세력으로서, 사회 이익들간의 경쟁과 그들로부터의 압력을 재조정하고, 국가 나름의 정책기준에 따라 합리적 정책을 수행하는 것으로 간주된다. 이익집단자유주의이론들은 이익집단들이 형성되고 기능해야 되는 "제도적 장치의 지배적인 상황"(예: 기술, 경제조직, 이념, 법 및 기타 제도적 요소들)을 무시하고 있을 뿐더러, 국가기구로서의 규제기관 자체가 수행하는 중요한 역할과 영향력의 의미를 간과하고 있다 (Fainsod, 1940: 298-299). 규제기관이 사회이익들로부터 압력을 받고 그에 대해 대응할 수밖에 없는 것은 불가피하지만, 규제기관은 스스로 환경에 대해 적극적 변화를 추진할 자율적 힘도 소유하고 있다. 시카고시에서의 한 공해규제기관(NAPCA) 활동에 관한 사례연구에서 보듯, 규제기관은 피규제집단의 강력한 압력에도 불구하고 부여된 목표를 성공적으로 달성하기 위해 다양한 자원(예: 전문기술능력, 법률상의 지위 등)을 동원하며, 필요한 경우 사회 내부에 잠재적 지지집단의 형성까지도 능동적으로 유도할 능력을 가질 수 있다 (Sabatier, 1975: 310-317).

1) 공익과 규제기관의 적극성

이와 같은 '규제기관의 적극주의(agency activism)'로부터 정책의 중립성이 확보된다. 포획이론에 의해 설명될 수 없는 많은 규제정책들이 비로소 규명될 수 있다.[8] 규제기관이 공익실

---

[8] 여기에서의 국가정책의 중립성은 사회세력간의 경쟁과정에서 어느 특정이익의 편을 들지 않는다는 수동적 국가의 소극적 의미가 아니고, 공익을 위해서는 적극적 행동을 수행한다는 개입주의적 개념을 의미한다. 미국에서의 1930년대 뉴딜정책이나, 시카고시에서의 공해규제, 그리고 항공규제 등은 모두 적극적인 정부개입 사례들이다 (Truman,

현을 위해 정책수행을 하게 되는 근거는 다음과 같은 정치 및 기능적 근거에서 찾아진다. 첫째, 집권정부의 정치지도자들의 장·단기적 정치적 목적이다. 공직자들은 자익추구적 동기 (예: 집권 및 재집권)에서 사회안정과 경제성장을 통해 정권의 정통성을 유지하고자 한다.[9] 둘째, 보다 국가중심적인 이유로서 공직자들의 사회화를 들 수 있다. 현대 민주주의국가의 공직자들은 공익의 윤리규범에 의해 사회화된 전문직업관료(professional technocrats)로서, 이들에 의한 정책수행은 과거 자익추구적 비전문관료들의 그것과 구별된다. 더욱이 정부구조의 분권화와 조정기관들의 역할은 정부 내부의 행정 다원화를 통해 상호견제와 균형을 가능하게 함으로써, 규제기관의 포획이나 공직자들의 사익추구 가능성을 감소시킨다 (Self, 1976; Stoner, 1978). 끝으로, 현대산업사회에서 발생하는 복잡하고 난해한 문제들은 대규모 정부조직에 의한 전문적 해결방식에의 의존을 증가시키게 되며, 정치행정체제는 전체 사회체계의 위기극복을 위해 요구되는 사항을 해결하기 위해 기능적으로 행동하게 된다. 이와 같은 맥락에서, 국회의원들은 시간과 자원, 그리고 전문성의 부족으로 인하여 복잡한 사회문제에 대한 입법결정권을 상당부분 행정기관에 위임한다 (Shipan, 2004: 467).

2) 시장실패와 규제정책의 합리화

규제기관 및 공직자들이 이처럼 공익실현을 위해 "창의적 역할"을 수행할 수 있고, 사회이익 중 "더 공적이고 일반적인 이익들을 식별할 능력이 있으며, 이를 바탕으로 사회집단으로부터의 압력을 재조정하여 정책 수행을 할 능력이 있다"고 간주하는 경우(Fainsord, 1940: 309-323), 구체적으로 적용될 수 있는 정책기준에 관해 살펴보면 다음과 같다. 규제정책 결정에 있어 의거할 다양한 공익기준 가운데 가장 대표적인 것은 후생경제학에서 발전된 시장실패이론이다 (Mitnick, 1980: 22-27; 최병선, 1992: 3장). 완전경쟁적인 시장기구는 개인의 자유와 효율적 자원배분을 통해 사회후생을 극대화시킬 수 있지만, 몇 가지 기본전제가 충족되지 못함으로써 결국 정부개입에 의한 해결을 필요로 한다는 논리가 그것이다. 즉, 규모의 경제, 외부효과, 공공재, 정보 및 이전비용 등의 존재로 인해 경제적 효율성의 확보라는 시장기능에 실패한다.[10]

1951; Sabatier, 1975; Breyer, 1982: 9; 388).

[9] 조직되지 않은 다수 유권자들의 잠재력이 선거시에 평소 강력한 이익집단에 무력한 정부에 대항해서 표명될 수 있기 때문에, 공직자들은 적극적으로 공익을 추구하는 규제정책을 수행한다는 논리는 사회중심적 설명과도 부합된다. 다만, 여기서는 정부가 정통성 확보를 위해 능동적이고 사전적인 행동을 수행하는 점이 더 강조된다. 그러나 선거가 집권정부로 하여금 공익을 추구하게 한다는 견해는 너무 막연한 설명방식일 뿐이며(Posner, 1974), 반대로 단기적이고 사회후생에 역행하는 정책을 수행할 가능성도 간과하고 있다는(Alt & Chrystal, 1983) 비판도 있다.

[10] 공공재의 존재를 정부규제의 근거로 제시하는 입장에 대해서는 Phillips(1975: 4-5) 참조. 보다 세부적인 정부규제에 초점을 둔 근거로서 독점력의 통제, 임대(rent)의 통제, 도덕적 재난의 통제, 합리화, 불균등한 협상력의 시정,

이와 같은 시장실패 또는 바람직하지 못한 점을 시정하기 위해 정부는 (부득이) 시장과정에 개입하게 되는데, 이 때 사용하는 개입방식은 그 정도에 따라 다음과 같이 유형화될 수 있다 (Weimer & Vining, 2005: 10장). 즉, ㈎ 시장 활동을 자유롭게 하고, 진흥시키며, 자극하는 방법, ㈏ 유인체계를 변화시키기 위해 세금이나 보조금을 활용하는 방법, ㈐ 민·형사적 법률, 또는 정보의 공개 방법, ㈑ 비시장적 메커니즘을 통하여 재화를 공급하는 방법 (예를 들면, 규제완화정책 실시 이전의 서유럽에서의 대부분 공익사업) ㈒ 보험 또는 공적부조 제도를 활용하는 방법 즉, ㈎ 방치하는 경우(즉, 개입을 않거나, 기존규제의 완화), ㈏ 시장경쟁을 촉진시키기 위한 사전 예방적 방법(예를 들면, 상품의 질에 관한 정보의 생산 및 공개, 그리고 반독점법의 제정 및 시행), ㈐ 사전예방이 힘든 경우(예를 들면, 수익증가 산업에 대한 직·간접적 규제), ㈑ 규제세, 보조금 등 유인에 의한 간접규제, ㈒ 가격 및 질에 대한 직접적인 행태규제, ㈓ 재화의 직접 생산 및 공급 등이 그것이다.

정부규제가 동기 면에서 순수하고(즉, 공익을 지향하고), 주어진 상황에서는 최선의 합리적인 방법을 모색하여 이루어지는 것이라고 해도, 그것의 실패가능성이 없는 것은 아니다. 보호자적 국가를 가정하는 규제이론들도 1960년 이후 서구산업국가에서 개발된 정부규제들이 대체로 비효율적이고 비효과적이었다는 점에 대해 동의한다 (Breyer, 1982; Clark et al., 1980). 그러나, 정책실패의 가장 근본적 이유는 사회경제 문제의 복잡성은 증대되어 가는 데 반해 정책기술의 개발이 미흡했기 때문인 것으로 간주된다. 따라서, 정책기술의 개발이 이루어져야 하고 각종 규제정책의 비용효과에 대한 엄밀한 분석·평가가 이루어져야 한다. 또한, 정책집행과정에서의 제약으로 인한 정책실패 가능성도 사전에 분석하여 정책실시 여부를 결정해야 한다 (Wolf, 1979). 인사행정면에서도 정책지식·기술을 습득하고 공익윤리에 사회화된 유능한 공무원들을 확보함으로써 일탈행위(예: 부정, 부패)를 방지할 수 있다 (Berry, 1982: 436; Breyer, 1982: 17장; Clark et al., 1980). 이처럼 규제정책의 실패는 기술적인 문제에서 비롯되는 것으로 인식되며, 따라서 새로운 지식·기술의 개발과 유능한 전문행정가의 확보를 통해 해결될 수 있는 것으로 간주된다.

보호자적 국가에 입각한 규제정책이론은 이것이 보다 실질적(substantive)인 정책기준을 제시해 준다는 점에 장점이 있다. 합리적 행동가로서의 정부, 또는 모든 "이성적"인 사람들이 공익을 위해 사회문제 해결을 추구하자면 어떻게 해야 할 것인가에 대한 방법을 모색하는 것이며, 내용중심의 규제정책 분석·평가지침을 구체적으로 제시하려고 한다 (Breyer, 1981; Peltzman, 1981; Phillips & Zecher; 1981).

그럼에도 불구하고, 보호자적 국가의 규제이론들은 다음과 같은 이론적 취약점을 지니고

희소성의 문제해결, 온정주의 등을 드는 경우도 있다 (Breyes, 1979).

있다. 첫째, 이 이론들은 기능주의적 설명방식에 의존하고 있다. 무엇보다도 정부의 자율적, 공익지향적인 정책수행 가능성에 대한 설명 방식이 그렇다. 전술한 것처럼 공직자들의 정치적 동기, 공직윤리에의 사회화, 그리고 조직상의 분산화 및 다원화 등을 통한 설명노력이 있기는 하지만, 이들 요인들은 다만 전제로서만 제시될 뿐, 규제정책결정과정에서 구체적으로 어떻게 작용되는가에 대한 이론적 규명이 결여되어 있다. 시장실패론의 경우, 시장 내에서의 수요공급에 관한 미시경제론의 설명 방식과는 달리, 시장실패와 정부규제간의 수용공급 기제에 관한 행태적 설명의 뒷받침이 없고 다만 기능적 유추만이 있을 뿐이다 (Posner, 1974: 340-341).

이와 같은 취약점 때문에 보호자적 국가를 가정하는 규제이론들은 기능주의적이고, '몰정치적인 결정주의(apolitical decisionism)'이며, 규범적인 이론인 것으로 분류된다 (Breyer, 1982: 9; Jaskow & Noll, 1981: 1-65; Elkin, 1986). 실제 정책분석에 있어서도 한계가 있다. 현재로서는 가장 세련된 이론에 해당하는 시장실패론의 경우도 특정 사회후생개념(즉, 파레토 최적)에 의거한 이론인 이상 여타 공익기준들과의 논란은 계속되며, 그나마 그것이 목표로 하는 경제적 효율성의 극대화조차 달성할 수 있는 대안이 있느냐의 여부도 계속 문제점으로 남는다 (Alt & Chrystal, 1983; Mitnick, 1980; 정용덕, 1984).

3. 파당적 국가의 규제정책

이상에서 검토한 모든 정부규제이론들의 공통된 특징 가운데 하나는 모두 국가를 단일의 행동가로 간주하고 있다는 점이다. 국가를 사회에 대해 수동적인 것으로 가정하든 아니면 자율적 행동가능성을 가정하든 간에 모두 국가(또는 규제기관)를 하나의 검은 상자(black box)로서 간주하고 있다. 반면에 파당적 국가의 경우처럼 국가의 자율적 행동가능성을 인정하면서도, 국가를 단일의 행동가로서가 아니라 다수의 개인 및 하부조직으로 구성된 복합체인 것으로 간주하는 규제이론들도 있다. 이 경우 국가행동(즉, 규제정책의 산출)은 국가의 합리적 행위에 의한 것이 아니라, 다수의 국가 구성요소들간의 전략적 상호작용의 결과 이루어지는 것으로 이해된다. 이들 국가 구성요소들은 각각의 목표와 자원을 소유하고 있으며, 각자의 목표달성을 위해 전략을 수립하고 연합을 형성하며, 협상과 타협을 시도한다. 자연히 규제정책은 이들간의 단기적 타협의 산물로서 발생하는 것으로서, 파당적 성격을 띤다.

1) 규제기관의 조직과정 및 관료이익

대부분의 정책문제는 매우 복잡하기 때문에 소수의 정책결정자(예로서, 대통령 또는 규제기관의 장)에 의해서만은 해결될 수 없다. 정책문제들은 여러 개의 세부적 사안들로 분리되어 각각 하부담당조직들에 분할 위임하게 된다. 각각의 하부조직들은 이처럼 그들 조직에 부여된 임무(즉, 분업화된 정책사안의 목표)를 달성하는 것이 일차적 과제가 되고, 따라서 궁극적인 전체 정책목표와 동일시하게 되는 경향이 생긴다. 분할된 업무를 담당하는 이들 하부조직들은 그들 내부에서의 업무수행에 있어 행동의 지침이 되는 구체적인 기준들을 필요로 한다. 이 기준들은 모호하기 그지없는 정책의 전체 목표는 물론이고, 자체조직에 부여된 분업화된 목표보다도 훨씬 구체적인, 중간수준 목표에서 구해지는 것이 보통이다. 여기에 더하여 정책정보의 부족과 불확실성은 조직의 정책결정을 관례와 주먹구구 및 보수적 점증주의에 의한 의사결정방식에 의존하게 만들기도 한다. 결국 각 하부조직들이 수행하는 의사결정의 내용 및 그로부터 결과되는 목표달성은 궁극적으로 정부(또는 규제기관)가 수행하도록 되어 있는 정책의 전체 목표와 괴리가 발생하게 된다 (Wolf, Jr., 1979).

이처럼 분업 및 분산화 때문에 부득이하게 초래되는 조직과정의 경직과 목표수행상의 왜곡현상 외에 조직구성원들의 이해관계 때문에도 또한 정책결정이 영향받는다. 조직구성원들은 그가 소속하는 조직에 의해 부여받는 역할과 아울러, 개인이익의 추구(예: 지위, 보수 및 영향력 증대)라는 면에서 복잡한 동기부여가 이루어진다. 이들 관료(규제조직 구성원들)의 정책주장의 근저에는 그가 소속된 조직 및 개인의 이익증진이 바탕을 이룬다. 결국 규제관료들이 제시하는 정책제안은 단일의 합리적 행동가로서의 정부가 수행할 것으로 기대되는 정책내용과는 차이가 있을 수 있다.

조직과정의 경직성과 그 구성원의 개인이익 추구에서 비롯되는 정책결정의 왜곡현상은, 정부 내에서 볼 때는 최고정책결정자(대통령 또는 규제기관의 장)의 정책목표와 괴리가 발생하게 됨을 의미한다. 한편, 조직과정 및 관료정치 현상은 환경과의 관계에 있어서도 특이한 정책결정방식을 보인다. 사회세력들의 압력이 약한 경우는 물론 관료나 조직이익의 일방통행적 반영이 이루어진다. 반면, 사회세력 중 강력한 압력이 존재하는 경우는 관료 및 조직이익은 이들과 협상·연합 및 타협을 시도한다 (Owen & Braeutigam, 1978: 12-13). 의약품개발의 예를 들면, 규제기관(예를 들면, 미국 식품의약청(FDA))의 약품전문가, 약품산업, 다수의 소비자 등이 모두 관련 이익들이며, 결국 이들간의 협상, 타협의 산물로서 의약품규제 및 개발정책이 이루어진다. 이런 면에서 규제기관은 여러 이익집단 중 하나에 불과하다. 하나의 이익집단으로서의 규제기관은 변화하는 환경에 맞추어 적응해 나간다. 전형적인 예를 미국의 철도운송규제기관인 주간통상위원회(ICC)의 설립, 발전, 그리고 쇠퇴과정에서 찾아볼 수 있다. 규제기관은 자신의 존립과 번영을 위해 끊임없이 자체목표의 변화를 시도하고 사회세력과의 연합을 형성해 나간다 (Huntington, 1952). 이처럼 규제기관의 사회이익들과의 타협·협상은 불가피한 반면, 규제기관은 상대적 우위를 유지한다. 사회집단간의 경쟁을 심판하고 조정할 지위상의 유리 및 희소한 정책정보의 조작 및 활용을 통해 규제기관은 자신의 자율적 영향력 행사 및 그 과정에서 자신의 개인적 선호를 반영할 수 있다.

정부에서는 규제기관이라고 할 수 있는 중앙행정부처의 관료들이 자신의 권한이라고 할 수 있는 정부규제를 계속해서 생산하고 확대하며 강화시키려는 본성을 제도적으로 인식하면서 규제완화 또는 규제개혁을 추진하고 있다. 예컨대, 중앙부처에서 새로운 규제를 만들기 위해서는 반드시 "규제개혁위원회"의 심사를 거치도록 하고, 대통령 직속의 자문기구를 설치하여 이미 만들어져서 시행되고 있는 규제를 다시 심사하여 완화하고 있다. 같은 맥락에서 OECD에서는 관료의 규제개혁에 대한 저항을 극복하기 위한 가장 강력한 수단은 "대통령의 정치적 지지와 관심"이라고 언급하고 있다 (OECD, 1997).

2) 관료정치와 규제정책

이른바 관료정치로 인한 규제정책결정의 왜곡은 거의 모든 국가에서 발견되는 보편적 현상이다. 분산된 관료제의 오랜 전통을 유지해 온 미국은 전형적인 예이거니와, 그 외의 서구국가에서도 통설적인 강성, 약성국가의 구분을 막론하고 유사한 현상이 발견된다 (Wilks & Wright, 1987). 심지어 국익을 위해 가장 합리적인 정책결정을 수행하는 것으로 알려진 일본 통산성의 경우도 자체 조직의 이익을 위해서는 타부처와의 갈등과 경쟁을 불사하며, 이 때 정책의 경제적 합리성 문제는 다만 2차적 문제가 될 뿐이라고 한다 (염재호, 1990). 한국의 경우도 1980년대 초 실시된 일련의 경제자유화조치(최병선, 1989)와 및 공정거래법제정 및 집행과정(Choi, 1989)에서 나타나듯 관료정치적 정책결정 양식이 존재하기는 마찬가지이다.

관료정치의 보편성에도 불구하고, 각 나라별, 정권별 그리고 정책부문별로 차이가 발견된다. 관료정치의 전통을 가장 오래 유지해온 미국의 경우도 잭슨(Jackson) 및 레이건(Reagan) 행정부에서와 같이 최고집행부의 강력한 정치적 통제와 인사조치 등을 통해 관료의 자유재량 범위가 극히 감소된 경험을 갖고 있다. 영국의 경우 정보통신행정 분야에서는 심한 관료정치 현상이 발생하는 반면, 의약품규제행정 분야의 경우는 거의 찾아보기 어렵다 (Macmillan & Turner, 1987). 나라별로도 차이가 있어서, 미국과 달리 의원내각제와 직업공무원제의 오랜 전통을 유지해온 서구국가들에 있어서 관료정치현상은 상대적으로 적다 (Etzioni-Halevy,

1985). 이들 구미국가들과는 정치행정관계에 있어 상당한 차이가 있는 우리나라의 경우 관료정치가 차지하는 의미와 비중은 다르게 평가되어야 한다 (Jung, 1988). 우리의 경우 관료의 재량적 행동으로 인한 문제도 크지만, 정권 엘리트에 의해 초래되는 관료의 정치화 문제가 더욱 심각하다.

한국의 연도별 규제등록건수의 증감추이를 살펴보면, 정부규제가 관료정치이론에 의해 설명될 수 있는지 알 수 있다.[11] 또한, 관료의 저항을 극복하기 위해서는 "대통령의 정치적 지지와 관심"이 얼마나 중요한 것인지 쉽게 발견할 수 있다. 1998년 국민의 정부 초기에는 김대중 전 대통령의 강력한 정치적 지지와 더불어 "규제건수를 50%로 감축하라는 지시로 '규제개혁위원회'에서는 강력한 규제개혁의 동력을 갖고 규제기관의 저항을 극복할 수 있었다. 1998년 10,717건에 달하던 규제등록건수는 1999년에는 7,512건으로, 2000년에는 7,042건으로 감소하였다. 그러나 2001년 국민의 정부 후반기로 갈수록 규제등록건수는 오히려 증가하면서 2002년에는 7,433건으로 늘어났다. 이를 관료정치이론으로 설명하자면, 중앙행정기관은 관료이익의 측면에서 규제를 점점 증가시키려는 본성이 있는데, 대통령의 정치적 영향력이 강력할 때에는 쉽게 저항하지 못하다가 대통령의 정치적 영향력이 줄어들게 되면 서서히 규제를 늘리는 기회를 활용하게 된다. 이러한 현상은 이후 정부에서도 비슷한 모습을 보이고 있다.

여하튼 관료정치적 정책결정은 공익보다는 사익을 추구하고, 정부행동의 중립성보다는 파당성을 띠게 됨을 의미한다. 물론 관료정치에 의한 정책결정이 공익과 일치하는 경우도 있으나, 이것은 해당되는 정책사안이 관료이익과 공익에 모두 일치되는 경우에만 가능하다. 관료정치의 정도가 심하면 심할수록 규제정책결정은 보수적 점증성을 띠게 되고 불확실성을 내포한다. 이와 같은 관료정치의 폐해를 통제하기 위해 필요한 것은 정부 내 하부조직 및 그 구성원들의 개인이익과 정부 전체의 궁극적 목표가 일치되도록 끊임없이 재조직을 시도하는 일이다. 이 때 핵심적인 사항은 규제기관이 임명직 관료보다는 시민에 직접 책임이 있는 선출직 공무원에 의해 통제되도록 하는 것이다.

관료정치 모형을 중심으로 하는 규제정책이론들은 다원주의이론 가운데 유일하게 국가기구 자체(즉, 검은 상자)의 내부를 분석함으로써 그만큼 다원주의의 기본논리에 충실하고 있는 셈이다. 다원주의에서 강조하는 "다원성"은 사회부문뿐 아니라, 국가부문에도 똑같이 적용되어야만 일관성이 있게 된다. 분석단위를 단일의 행동가로서의 국가에 두지 않고, 국가기구 내에 존재하는 다수의 개인과 하부조직에서 구함으로써, 국가행동이 자율성을 가지면

---

11 정부의 규제정보포털(https://www.better.go.kr/)에 게재된 1998년부터 2019년까지의 규제개혁백서 참조. 2013년 이후 달라진 통계입력방식에도 불구하고 규제등록건수는 줄어들지 않았다.

서도 동시에 그 동기와 결과면에서는 사익(즉, 국가구성원들의 개인후생)의 추구에 귀결된다는 점을 밝혀주고 있다. 국가(또는 규제기관)는 여러 이익집단 중 하나이며, 그 중 가장 강력한 집단으로 인식된다. 이러한 관료정치 현상은 강성국가와 약성국가의 구분을 떠나 모든 국가에서 나타나고 있음이 실증적으로 규명되고 있다.

관료정치 모형의 이와 같은 이론적 공헌은 한편 그것이 강조하는 미시분석에서 비롯되는 한계를 아울러 지니고 있다. 정책결정과정의 한 단면만을 미시적으로 분석하는 경우 관료정치는 거의 보편적인 현상으로 나타난다. 그러나, 그것이 전체 정책결정과정에서 차지하는 의미와 비중은 보다 거시적 정치·행정체계의 맥락에 의해 다르게 평가될 수 있다. 미국과 같이 분산화된 정치행정체계에서도 궁극적인 정책결정의 핵심은 역시 대통령에게 주어져 있다는 견해는 적어도 한국과 같이 핵심 권력엘리트에게로의 권력독점 및 집권화의 정도가 심한 경우에는 훨씬 더 적실성이 있다 (Jung, 1988). 이런 맥락에서 보면 관료정치의 해소방안으로 제안되고 있는 견해들도 그 실효성의 재고가 요구된다. 선출직 공무원에 의한 규제기관 통제강화를 통해 국민선호의 반영도를 높이고자 하는 것이 개선방안의 중심적 논리이지만, 이것이 가능하기 위해서는 정치직이 국민선호를 고르게 반영할 수 있다는 보장을 전제로 한다.

4. 결 론

다원주의 규제정책이론에는 국가-사회간 관계에 관한 다양한 가정들을 전제하고 있다. 정부규제를 사회로부터의 요구에 정부가 단순히 대응한 결과로서 간주하는가 하면, 정부의 자율적 행동결과로 보기도 한다. 기능적 설명방식 외에 의도적 정치적 설명방식에 의거하는 규제이론들도 고르게 발전되어 있다. 정부규제를 사회구성원의 균형된 장기적 이익을 반영하는 것으로 인식하는가 하면, 사회의 특정세력이나 심지어 국가기구 내 특정이익의 증진을 위해 이용되는 것으로 분석하기도 한다. 다원주의 규제이론의 이와 같은 다양성에서 불구하고, 이들 간에 두드러지는 공통점 가운데 하나는 정부규제의 개혁가능성에 대한 낙관에서 찾아진다. 정부규제의(최소한 동기면에서의) 순수함을 가정하는 이론들은 물론이거니와, 그것의 사익추구가능성을 지적하는 이론들조차도 정부규제의 개혁가능성에 결코 비관하지 않는다. 더욱 중요한 사항은 개혁의 중심적 축을 다원적 정치과정의 재활성화에서 구하고 있다는 점이다. 다원적 정치의 재활성화를 통한 규제개혁 가능성에의 이와 같은 낙관은 곧 이들 다양한 다원주의 규제이론들을 함께 묶어주는 공통분모가 되는 동시에, 이들을 국가-사회 관계에 관한 보다 급진적인 타 관점들로부터 구분시켜주는 분수령이 되기도 하는 것이다.

제3절 시장자유주의의 시각

국가에 관한 시장자유주의 공공선택론의 관점에서는 규제정책관련 행위자들을 모두 자신의 개인적 이익을 위해 합리적 선택을 하는 사람으로 간주한다. 이와 같은 전제에 입각해 있는 규제정책의 이론모형들을 수동적 국가(즉, 수요측면) 모형, 중립적 국가(즉, 후생극대화 최소국가) 모형, 그리고 파당적 국가(즉, 공급측면) 모형으로 구분하여 정리해 본다. 이에 앞서, 이들의 기본적 가정부터 간단히 살펴보기로 한다.

앞에서 다원주의 이론 가운데 시장실패 논리에 바탕을 둔 규제이론들은 국가가 공익의 증진을 위해 규제정책을 수행하는 것으로 가정한다. 그러나 공공선택이론가들이 보기에 이는 매우 비현실적인 가정이다. 왜냐하면, 규제의 수요자와 공급자는 모두 자신들의 사적 이익을 추구하는 합리적 선택행위자들이기 때문이다. 그래서 '규제의 공익이론(public interest theory of regulation)' 대신에 '사익이론(private interest theory)'을 발전시키고자 한다. 물론 다원주의 이론가들도 (시장실패 모형과 권력상쇄 모형을 제외하면) 대개 규제정책의 공익지향성보다는 사익지향성을 인정한다. 그러나 공공선택에 기반을 둔 신우파 모형들은 규제정책 관련자들의 사익추구를 위한 합리적 선택행동 가능성을 보다 철저하게 강조하는 점에서 다원주의 시각과 차이가 있다. 예로서, 다원주의 이론가들의 소위 '포획론(capture theory)'에서는 시간이 지남에 따라 정부기관들이 정부활동의 대상집단들(즉 피규제기관들)에 의해 지배되는 현상이 발생하는 것으로 보았다 (Bernstein, 1955; Huntington, 1966). 그러나 공공선택이론가들이 보기에 이와 같은 설명방식은 "규제정책이 본래는 공익을 추구하려는 선의의 목적에서 이루어진 것"으로 보는 점에서 문제가 있다. 규제정책과 규제기관은 피규제자(혹은 집단) 이외에 다른 집단에 의해서도 포획될 가능성이 있으며, 따라서 포획이라는 개념 대신에 규제정책의 "수요와 공급"이라는 좀더 "가치중립적"인 개념으로 대체해야 한다고 주장한다 (Stigler, 1971: 3–20; Peltzman, 1976: 211–40).

좀 더 구체적으로, 공공선택이론가들은 다음과 같은 세 관점에 입각하여 규제정책 분석모형을 개발한다. 첫째, 규제정책은 국가의 강제력(coercive power)을 사용하여 특정의 개인이나 집단에게 편익을 부여하는 것이다. 따라서 그 권력의 사용은 그것의 배분이 정치시장에서의 수요공급 법칙에 의해 운영되는 하나의 상품으로 간주되어야 한다. 둘째, 수요공급 곡선을 작성하는 데 있어서 '기업연합이론(theory of cartel)'으로부터 도움을 받을 수 있다고 본다. 마치 카르텔 현상과도 같이 규제정책에 의한 국가개입은 경쟁시보다 높은 가격률과 잠재적인 경쟁자로부터 보호 등을 보장해 주는 공유된 행동지침을 설정함으로써 특정의 이익집단(예: 기업)들을 보호해 주는 결과가 나타난다. 셋째, 이 경우 중요한 것은 카르텔 형성을 가능하게 하는 정치적 영향력의 경로를 규명하는 일이다 (Posner, 1974). 일반적으로는 소수의 그러나 첨예한 이해관련자들이 카르텔 형성에 좀더 유리하다. 그러나 다수의 사람들도 자신들의 이익을 보호하기 위해 정책과정에 참여하는 것이 가능하다. 다만 이 경우 무임승차자 문제가 발생하는 문제를 고려해야 한다. 결국 합리적 행동가들의 '집합행동 논리(logic of collective action)'가 적용되는 것이다 (Olson, 1971).

1. 규제정책의 수요측면

먼저, 국가의 규제정책의 생성이나 변화가 이 사회부문에 있는 고객들의 사익추구를 위한 합리적 선택의 결과로서 비롯되는 것으로 설명하는 것이 가능하다. 여기서 고객이란 규제의 직접적인 대상자 혹은 간접적인 수혜자 등 사회부문 행위자들을 의미한다. 예로서, 고객들은 경제규제로부터 ㈎ 보조금(subsidy)의 지급, ㈏ 동종 사업영역에서의 신규 진입(entry) 제한, ㈐ 동종 사업에 대체적인 사업 억제 혹은 보완적 사업에 대한 지원, ㈑ 시장 경쟁가격보다 높은 가격 유지를 위한 가격책정(price-fixing) 등을 얻어낼 수 있다 (Stigler, 1971; 1975; 최병선, 1992: 106).

한편, 규제정책의 공급자인 정책결정자, 규제기관 혹은 규제관료들도 역시 자신의 개인적 이익을 추구하는 합리적 행위자들이다 (Stigler, 1971). 따라서, 규제정책의 공급자들은 규제정책의 고객으로부터 주어지는 반대급부를 감안하여 규제정책의 공급을 결정하게 된다. 공급자들에게 부여되는 반대급부의 예로서 정치인들의 경우 선거경쟁에서의 득표, 정치 헌금, 공무원들의 경우 퇴직 후 직장제공 또는 규제강화를 통한 규제기관의 예산 또는 조직의 확대 등을 들 수 있다 (Peltzman, 1976; 최병선, 1992: 105-11).

이처럼 규제정책이 생성과 변화가 일차적으로는 사회부문의 행위자들의 자익추구를 위한 합리적 행동에 의해 비롯되고, 그것이 공공부문 행위자들의 자익추구적인 합리적 행위로 연계되기 때문에 발생한다는 논리를 적용하여 비교적 포괄적인 하나의 규제정책 유형화 모형이 제시된다. 즉, 윌슨(James Q. Wilson)에 의해 정리된 '정치적 비용편익 분석' 모형이 그것이다.[12]

---

[12] 이 모형에 의하면, 규제정책 결정에 관련된 모든 사람들은 한결같이 자익(self-interest)을 추구하기 위하여 합리적인 행동을 하는 사람이다. 시민·집단은 물론 정부내부의 정책결정자들도 자익추구적이고 합리적인 행동가들이어서, 특정 정책에 관련되는 전자(즉 시민·집단들)의 자익추구적 행동을 예측하고, 그에 따라 귀결될 자신들(즉 정책결정자들)의 정치적 이해득실(즉 정치적 비용편익)을 계산하여 의사결정에 임한다 (Wilson, 1980; 정용덕·정순

월슨의 '정치적 비용편익 분석' 모형의 기본적 가정을 살펴보자. 첫째, 합리적인 시민들이라면 가급적 적은 비용으로 많은 편익을 제공하는 정부의 입법안을 선호할 것이다. 특정 입법에 의해 자신들의 순편익이 증가하는 경우도 중요시하지만, 특히 자신의 순편익이 감소되는 경우에 관해서는 더욱 민감하게 반응할 것으로 보인다 (Wilson, 1980; 정용덕, 1984). 또한, 개개의 시민·집단들은 입법화로 인하여 초래될 비용·편익이 (그를 포함한 모든 시민·집단들 사이에) 어떻게 분산 또는 집중되는 것으로 인지하는가에 의해서도 다르게 반응할 것이다. 비용·편익이 대규모의 이질적인 집단에게 널리 확산되는 경우보다는, 상대적으로 소규모의 동질적인 집단에게 집중적으로 귀착되는 경우 사람들은 더욱 민감하게 반응할 것으로 본다 (Wilson, 1980: 135-168). 이 가정은 올슨(Olson, 1977: 141-148)의 소위 '집합적 행동의 논리'에 부합되는 것이다. 시민·이익집단들은 이처럼 제안된 정책의 입법으로부터 자신에게 돌아올 것으로 인지되는 비용·편익의 양과 그것의 분산·집중도에 따라 각각 상이한 정치적 연합을 형성하고, 상이한 수준의 정치참여를 하는 것으로 예측할 수 있다.

둘째, 특정의 정책 사안이 가져올 비용·편익에 따라 시민 혹은 이익집단들의 정치연합과 정치참여형태가 특이하게 전개되리라는 예측은 또한 정부 공직자들의 정책결정방식에 직접적인 영향을 미치게 된다. 공직자들은 정책사안에 따라 각각 특이하게 나타날 시민 혹은 집단들의 행동유형을 자신들의 정치적 이해득실과 연계하여 계산하는 것이며, 또한 이에 따라 특이한 방식으로 정책결정에 임하게 되는 것이다. 특히 선거직 공직자들인 의원들의 경우는 주기적으로 치루어지는 선거를 의식하지 않을 수 없고, 따라서 시민 혹은 이익집단들의 행동유형에 대해 누구보다도 더 민감하게 반응할 수밖에 없다. 시민들에게 적고도 즉각적이지 않은 비용을 부담시키되, 가급적이면 많은 편익을 제공할 정책에 대해서는 그것을 입법화시키려는 강한 동기를 가지게 된다. 반면에 시간적으로 즉각적인 비용을 많이 부담시키면서도, 단지 적은 (그리고 즉각적으로 나타나지는 않는) 편익을 가져다 줄 정책은 가급적 채택하지 않으려고 노력할 것이다.

결국, 정책사안에 대한 인지된 정책비용과 인지된 정책편익에 따라 시민 혹은 이익집단, 그리고 정책결정자의 행동은 달라지고, 규제정책 결정도 다르게 전개된다. 즉, ㈎ 다수결정치(즉 비용과 편익이 모두 분산되는 경우), ㈏ 이익집단정치(즉 편익과 비용이 모두 집중되는 경우), ㈐ 고객정치(즉 집중된 편익과 분산된 비용의 경우), 그리고 ㈑ 기업가정치(즉 분산된 편익과 집중된 비용의 경우)의 네 가지 유형으로 규제정책을 구분하는 것이 가능하다 (<표 5-4-1>).

영·라휘문, 1994).

표 5-4-1 정책사안에 따른 정치적 영향과 공직자들의 대응

<table>
<tr><th colspan="2" rowspan="2"></th><th colspan="2">인지된 정책비용</th></tr>
<tr><th>분 산</th><th>집 중</th></tr>
<tr><td rowspan="4">인지된
정책편익</td><td rowspan="2">분
산</td><td>다수결정치</td><td>기업가정치</td></tr>
<tr><td>-정치적 위험과 논란의 여지 적음
-따라서, 정치가들은 기술적·관료적 요인에 의해 정책결정이 이루어지도록 허용
-입법사례: 의료보험법</td><td>-잘 동원된 반대와 약한 수준의 지지
-따라서, 정치가들은 정책문제를 무시
-입법사례: 수질환경보전법</td></tr>
<tr><td rowspan="2">집
중</td><td>고객정치</td><td>이익집단정치</td></tr>
<tr><td>-잘 동원된 지지에 비해 약한 반대
-따라서, 정치가들은 정책의 지지자들에게 신속하게 편익부여
-입법사례: 전기통신사업법</td><td>-잘 동원된 지지와 반대
-따라서, 정치가들은 확실한 다수집단이 형성될 때까지 조심스럽게 해동
-입법사례: 최저임금법</td></tr>
</table>

출처: Wilson, 1986; 정용덕·정순영·라휘문, 1994.

1) 다수결정치: 분산된 편익과 분산된 비용의 경우

공공정책의 비용이 다수 국민들에게 널리 분산되어 부과되고 또한 그 편익이 다수의 국민들에게 고루 부여되는 (또는 적어도 그러한 것으로 인지되는) 경우, 그와 같은 정책의 결정과정은 다수결정치(Majoritarian Politics)의 특징을 보인다. 예를 들면 거의 모든 사람들이 그 혜택을 받고 또 그 부담을 지는 사회보장제도나 국방행정, 암과 심장병 치료를 위한 정부지원 연구 등이 좋은 예이다 (Wilson, 1986: 8장 및 17장). 이러한 정치상황 하에서는 다수 국민들의 여론을 반영하는 법률안이 통과되기도 하며, 이러한 법률은 특정 집단(예를 들면, 기업집단)에 적대적인 내용을 강요하지도 않고, 또 일부 특정 산업들에 대해 특혜를 주는 식으로 이루어지지도 않는다. 집단정치 이론가들의 견해와는 달리, 모든 공공정책들이 집단들간의 경쟁적인 대결을 통해 이루어지는 것만은 아니다. 후술하게 될 이익집단정치의 상황 하에서처럼 정책결정이 서로 경쟁적인 이익집단들 간의 밀고 당김에 의해 좌우되기보다는, 다수 시민·집단들의 지지를 획득하리라는 희망에서 대다수 유권자 또는 그들의 대표자 집단에게 호소하는 방식에 의해 이루어지는 것이다.[13] 이와 같은 다수결정치에 의한 결정의 경우는

---

13 이익집단의 역할이 그다지 중요하지 않은 이유는 무임승차(free rider)의 문제 때문이다. 시민들은 만일 그들이 어느 특정 이익집단에 구성원이 되든 안 되든 그 집단이 지지하는 정책이 모든 사람들에게 혜택을 주게 된다면, 이러한 이익집단에 가입하여 활동하려는 동기는 별로 주어지지 않게 되는 것이다 (Olson, 1971). 거의 모든 사람들이 그 혜택을 받고 또 그 부담(예를 들면, 사회보장제, 방위세 및 병역의무)을 지는 사회보장제도나 국방행정, 암과 심장병 치료를 위한 정부지원 연구 등이 좋은 예다 (Wilson, 1986: 8장 및 17장).

일단 입법화가 이루어지고 나면 — 이 정책이 사람들에게 약속했던 혜택을 실현에 옮겨주고, 그 비용을 부담할 만한 가치가 있다는 확신을 계속 줄 수 있는 한 — 더 이상의 논쟁이 없이도 정책사업은 계속되고, 더러는 신속하게 사업규모가 확대되는 것이 보통이다.

　다수결 정치에 의한 다양한 규제정책 사례로서, 한국의 경우, 1963년에 제정 · 공포된 후 1980년대 말까지 모두 11번의 개정법률안이 제안되었고, 이 중 3번의 수정가결, 4번의 원안가결, 그리고 4번의 폐기가 있기까지의 의료보험법을 들 수 있다. 어느 특정 이익집단에게 비용과 편익이 집중됨이 없이, 당시의 국민 대다수의 기대수준에 따라 법률제정 및 개정의 진전이 이루어진 것이다 (정용덕 · 정순영 · 라휘문, 1994). 다른 예로는 청소년 대상 성범죄자 신상정보공개제도가 있다.[14] 성범죄자의 신상정보 공개에 대해 범죄자의 인격권 침해이기 때문에 반대한다거나 국민의 알 권리 차원에서 공개를 더욱 강화해야 한다는 등의 논란이 있다. 이러한 상황에서는 어느 누구도 특별히 큰 이익이나 큰 손해가 없기 때문에 강력하게 요구하거나 반대하는 집단이 없다.

2) 이익집단정치: 집중된 편익과 집중된 비용의 경우

　제안된 법률 가운데에는 다소 상대적으로 작고 일체화된 집단에게 편익을 주는 반면, 또 다른 작고 일체화된 집단에게는 비용을 부과하는 것들이 있다.[15] 이 경우에 이익집단정치(Interest Group Politics)가 발생한다. 이 유형의 정책 사안들은 비용과 편익이 집중되는 조직화된 이익집단들간에 경합하는 경향이 있다. 이러한 정책들의 결정과정에서 비용을 부담하게 될 집단은 비용부담을 하지 않기 위해 반대활동을 전개할 것이고, 반면에 편익을 집중적으로 제공받는 집단은 자신들에게 편익을 제공하는 정책결정을 옹호하는 활동을 할 것이다.[16] 이익집단정치유형에서 의원들 또는 기타 정책결정자들은 어느 한쪽이 상대적인 우위를 점유할 때까지 정책을 결정하지 않은 채 유보시켜 놓았다가, 상대적으로 어느 한쪽이 우

---

14 2000년에 법을 제정하면서 성범죄자의 신상정보를 청소년보호위원회 인터넷 홈페이지에서 공개하였으나, 상세한 신상정보는 공개되지 않았다. 이후 2010년에 법을 개정하면서 여성가족부 인터넷 홈페이지에서 성범죄자의 상세한 신상정보(사진 · 신체특징 · 주소 등)를 공개하게 되었다.

15 예를 들면, 자전거 부속품을 수입할 때 높은 수입관세(즉 세금)를 부과하는 것은 자전거 체인을 생산하는 미국회사에게 혜택을 주지만 자전거를 생산하여 만드는 데 값싼 수입체인의 사용을 원하는 회사에게는 손해를 입힌다. 동일하게 연방방송위원회(Federal Communication Commission)가 유선 TV 회사에게 뉴욕에서 벌어진 농구경기를 LA에 방송하게끔 허용할 것을 결정하면 유선회사에 이익을 주고 정규방송사에는 손해를 끼쳐 LA 시청자의 일부를 빼앗아간다 (Wilson, 1986).

16 이들 정책으로부터 영향을 받는 관련단체들은 대개 작은 규모이며, 동원되기에 충분한 동기를 지닐 것이다. 위의 예에서 모든 자전거 회사들과 TV 방송사들은 새로운 정책시행으로 큰 위험을 느끼므로 각자 열심히 그들의 이익대변을 위하여 조직화하는 데 노력한다. 또한 이러한 유형의 많은 이슈들은 금전적 비용과 혜택뿐만 아니라 무형(비금전적)인 것도 포함된다.

위를 점할 때, 비로소 그에 따라 정책을 결정하는 경향이 있다 (Wilson, 1986).

미국의 경우, 이익집단 정치에 의한 규제정책 결정 사례로서 노동관계입법인 '와그너법' (Wagner Act, 1935년)을 비롯하여, '태프트 · 하틀리법'(Taft Hartley Act, 1947년), '랜드럼 · 그리핀법'(Landrum-Griffin Act, 1959년), '직업보건안전법'(Occupational Health and Safty Act, 1970년) 등을 들고 있다 (Wilson, 1974; 1980; 1986).[17] 한국의 경우, '직업안전 및 고용촉진에 관한 법률'(1988년), '최저임금법'(1986년), '노동쟁의조정법'(1951년), '노사협의회법'(1980년) 등을 들 수 있다. 최저임금법의 경우, 노사간의 잘 동원된 응집력 있는 이익표명 활동이 있었으며, 입법은 그때그때 이들 양자간 힘의 균형에 따라 정책방향을 수정한 결과로 이루어진 것이다 (정용덕 · 정순영 · 라휘문, 1994). 또한, 2012년 국회가 택시를 대중교통에 포함하는 내용의 일명 '택시법'을 상정하면서, 대중교통에 대한 정부의 각종 지원을 둘러싸고 택시업계와 버스업계가 격돌하였던 사례도 이익집단정치의 사례로 들 수 있다. 즉, 택시를 대중교통으로 인정하게 되면 택시업계에는 집중된 편익을 받게 되지만, 버스업계에 지원되는 지원액이 그 만큼 감소하게 되어 버스업계는 자연스럽게 집중된 비용부담자가 된다. 만약 정부에서 버스업계에 지원되는 지원금을 감소시키지 않는 방향으로 정책을 결정한다면, 집중된 비용부담자는 발생하지 아니하므로 다음에서 다루게 될 '고객정치'의 정책 사안으로 발전할 수도 있다.

3) 고객정치: 집중된 편익과 분산된 비용의 경우

어느 정도 일체화된 소규모 집단이 혜택을 받게 되는 반면, 많은 사람들이 그 비용을 분담하게 되는 입법이 이루어지는 경우가 있다. 이와 같은 경우는 입법으로부터의 편익이 집중되기 때문에 편익수혜집단은 그것을 얻기 위해 조직적으로 활동하려는 강한 동기를 가지게 된다. 반면 단지 작은 영향만을 받게 되는 많은 수의 비용 부담자들은 그 비용부담을 거의 의식하지 못하거나, 무관심하게 된다. 이러한 상황이 고객정치(Client Politics) 또는 단골

---

17 1986년에 제정된 '최저임금법'은 그것의 제안이유와 법조문의 분석을 통하여 알 수 있었던 것처럼 비용이 사용자측에 집중되고 편익은 저임금 근로자측에 집중된다. 이 점은 당시 비용집중집단을 대표하는 경총 및 중소기업협동조합, 그리고 편익집중집단의 대표격인 노총과 전노협 등이 법안의 제정 및 집행과정에서 보여준 나름대로의 이익표명활동들에 의해서도 잘 뒷받침된다. 이와 같은 이익집단정치유형의 '최저임금법'이 1980년대 중반에 한국의회에서 제정될 수 있었던 것은, 그 이전과는 달리 한국의 노동자집단의 강력한 이익표명이 있었고, 이것이 정치인들에게 적지 않은 동기부여가 되었다는 점이다. 그 밖에도 세계노동기구의 압력과 세계시장에의 수출장애요인으로 대두함에 따른 기업측의 전략—즉 입법에 대한 양보—도 하나의 요인이 되었다. 이 법률의 제정을 가능하게 한 이와 같은 양 이익집단간의 이해대립과 역학관계는 그것의 집행과정의 성격을 계속해서 지배하고 있다. 이 점은 그 후 1987년에 야당인 민주당과 1990년 정부에 의해, 이 법이 좀더 중립적이고 합리적으로 집행되도록 하기 위한 법개정안이 각각 제출되었으나, 모두 폐기되고만 사실에 의해서도 다시 한번 입증되고 있다 (정용덕 · 정순영 · 라휘문, 1994).

정치(Clientele Politics)를 유발한다. 여기에서의 정부의 고객이란 곧 정책편익의 수혜자들이다. 따라서 정치가들은 이들 고객, 즉 강력한 이익집단들의 요구에 즉각적으로 반응하게 된다.

미국의 경우, 특정 직업에 관한 규제입법들, 특정산업에 대한 보조 또는 규제법안들, 민간항공, 해상운송에 해당하는 법안들을 들 수 있다 (Wilson, 1974; 1980; 1986). 한국의 경우, 특정 직업에 관한 법안으로는 변호사법(1949) 등이, 특정산업에 대한 보조 또는 규제법안들로는 양곡관리법(1949), 농산물유통 및 가격안정법(1976), 항공운송사업진흥법(1972) 등이, 그리고 남녀고용평등법(1987), 수입규제로는 식량(밀, 옥수수, 벼, 쌀), 식용유, 술, 채광감광재료, 화학무기 제조 가능 화학품, 화학무기 제조 원료, 화학무기 제조부품 등에 수입허가제도 등이 해당한다. 또한, 최근에도 외국항공기의 국내유상운송을 금지하는 항공법(1997), 정신과전문의의 진단에 의하지 아니한 입원을 금지하는 정신보건법(2008), 의료기사 등 무면허자의 업무를 금지하는 의료기사 등에 관한 법률(2003) 등이 있다.

4) 기업가정치: 분산된 편익과 집중된 비용의 경우

사회의 전체 또는 대다수 구성원들이 다른 일부 사람들에게 상당한 비용을 부담시키는 대가로 정책편익을 얻게 되는 경우에 나타나는 정책결정과정상의 특징이 기업가정치(Entrepreneurial Politics)이다.[18] 이러한 유형의 정책들은 대개는 채택되기가 힘들다. 비용을 부담해야 될 것으로 인지하는 소수의 일체감 있는 집단이 그 정책의 입법을 저지하는 데 엄청난 노력을 기울이기 때문이다. 기존하는 특혜의 상실 또는 어떤 새로운 비용의 부담을 꺼려하는 집단은 대개 한정된 소수인 것이 보통이며, 열심히 반대운동을 전개하기에 충분한 동기를 지닌다. 반면에 수혜자가 될 대규모 집단은 그 혜택을 거의 의식하지 못하거나, 그 혜택이 너무 분산되어 주어지는 만큼 그것의 입법을 위해 투쟁할 만한 동기를 지니지 못하는 것이 보통이다. 그럼에도 불구하고 분산된 편익과 집중된 비용을 수반하는 정책들이 (흔하지는 않지만 더러) 채택되는 주요 요인은 덜 조직화되고 무관심한 대중들을 대신하여 일하는 사람들이 있을 수 있다는 사실에서 찾아진다. 정부내부 또는 외부에 있는 소위 '정책기업가(policy entrepreneur)'들이 잘 표명되지 못한 채로 있는 다수의 분산된 이익들을 끌어 모아서 입법을 추진하는 데 성공하는 경우가 그것이다. 이들이 대중의 이익이나 소망을 정확히 대

---

[18] 예를 들면, 자동차에 의한 환경오염 반대 혹은 자동차안전에 대한 요구는 자동차 생산자의 비용(최소한 처음에는) 위에서 모든 시민들의 건강과 안전을 개선하기 위한 법안을 제안하게 만든다. 일부 국회의원들은 적자재정을 줄이거나 식료품값을 낮추도록 농업보조금의 지급을 삭감하거나 없애고 싶어할지도 모른다. 또 어떤 의원들은 시장가격보다 더 많은 수준에서 건설사업이 이루어지도록 한 정부사업들을 폐지하고 싶어할지도 모른다 (Wilson, 1986).

변하는가의 여부는 의문이지만, 적어도 어떤 정책사안을 여론이 납득하도록 극화시키는 (dramatize) 능력을 가지고 있는 것만은 틀림없다.[19] 한편, 대다수 시민이나 입법가들이 어떤 특정 소수집단이 받고 있는 혜택 때문에 그들을 포함한 많은 사람들이 턱 없이 높은 수준의 비용을 부담하고 있다는 인식이 들게 되는 경우 갑자기 불만을 갖게 되는 수가 있다. 이 경우 또는 그러한 비용을 부과하는 새로운 정책의 급작스런 필요성이 분명히 제기되는 경우, 정책기업가의 지도력 없이도 기업가정치는 발생할 수 있다.[20]

미국의 경우, '자동차공기오염방지법'(1965), '국내운송 및 자동차안전법'(1966), '공기청정법'(1970), '어린이보호 및 장난감안전법'(1969), '위생양계법'(1968), '유독물질통제법'(1976), '완전식품 및 의약법 수정'(1962) 등을 포함하는 소비자보호 및 환경보호법들을 들 수 있다 (Wilson, 1974; 1980; 1986). 한국의 경우, '식품위생법'(1986), '공중위생법'(1986), '모자보건법'(1973), '가정의례에 관한 법률'(1980), '환경정책기본법'(1990), '자연환경보전법'(1991), '수질환경보전법'(1991), '대기환경보전법'(1990) 등도 유사한 입법사례인 것으로 보인다. 수질환경보전법은 이익집단들의 강력하고 가시적인 반대활동이 있었음에도, 당시의 사회적 사건들에 의해 동기 부여된 정부 내 정책기업가들의 추진력에 의하여 성공적으로 입법이 이루어질 수 있었다.[21] 최근 예를 보면, 입법화에 성공한 사례로는 심야시간대 청소년에 대한 인터넷 게임 제공시간을 제한하는 청소년보호법(2011)이 있고, 입법화에 실패한 사례로는 영리를 목적으로 하는 의료법인의 설립을 금지하는 의료법을 개정하여 의료산업 선진화를 목적으로 영리의료법인의 도입이 무산된 경우가 있다.

---

19 정책기업가란 "구체적인 어떤 정책변화를 추구하기 위해서 시간과 정열과 금전을 기꺼이 투자할 의향이 있는 사람"을 뜻한다 (Denhardt, 1991: 63). 이들은 이슈를 극화시키거나, 여론에 활력을 불어넣고, 의회지원을 활성화시키는 등의 역할을 한다. 이들은 정부 내에 있을 수도 있으며(국회의원이나 솔직한 관료), 사회부문의 개인자격으로 활동할 수도 있다 (예를 들면, 미국의 소비자보호운동가인 Ralph Nader). 그들이 품고 있는 정책은 옳은 것도 그른 것도 있다. 일테면 기업규제에 성공한다고 꼭 대중에게 이익을 주는 것만은 아니며, 똑같은 이유로 새로운 규제로 과도한 부담을 하게 됐다고 기업이 아우성쳐도 그 기업이 실제로 비용을 부담하는 것을 의미하지는 않는다 (Wilson, 1986).

20 예를 들면, 시민들은 휘발유가격이 1갤런 당 단지 50센트가 될 때 오일산업에 혜택을 줄 정부사업계획에 걱정하지 않지만 2불로 그 가격이 오르면 정부가 가격증가로 아무런 이익이 없다 하더라도 대단히 우려한다. 똑같은 이유로 입법가들은 대다수 사람들이 특별히 심한 공해자극이 있으므로 눈이 충혈 되고 콧물이 흐르게 될 때까지는 대기 중 공해 영향에 대하여 그다지 걱정하지 않는다. 기업가정치는 언론의 역할 증대, 의회의 분권화, 많은 시민들의 태도 변화 등에 의해 보다 일반화되는 경향이 있다. 이와 같은 이유로 인하여 미국의 경우 정책기업가들은 최근 수십 년에 걸쳐 더욱 괄목할 만한 성장을 보였다 (Wilson, 1986).

21 흥미로운 것은 환경규제입법을 통하여 비용을 집중적으로 부담하게 될 비용집중집단들(즉 사업자들)의 반대활동이 널리 확산되지는 못하였다는 사실이다. 이는 극적인 사건(팔당호골재채취사건, 페놀오염사건 등)의 발생으로 국민들의 여론이 상당한 수준에 있었기 때문인 것으로 분석된다. 이러한 극적인 사건들은 국민이 환경문제에 대하여 관심을 가질 수 있도록 하는데 결정적인 계기를 제공한 것이며, 이러한 사건을 적절한 시기에 언론에서 호응하여, 문제제기를 함으로써 국민들의 환경보호에 대한 응집된 여론을 형성할 수 있었던 것으로 보인다. 특히 환경관련단체들은 직·간접적으로 정부나 의원들에게 영향력을 행사함으로써 정책결정에 이바지하였다. 결국 분산된 편익과 집중된 비용의 기업가정치는 이와같이 환경규제입법과정에서 발견할 수 있는 것이다 (정용덕·정순영·라휘문, 1994).

2. 규제정책의 공급측면

앞에서 살펴본 규제정책의 수요측면(demand-side) 이론들은 규제정책이 생성되고 변화하는 원천을 사회부문에서 찾고자 하였다. 즉 사회부문 행위자들로부터의 요구에 따라 규제기관 혹은 규제정책담당자들이 대응한 결과로 보는 것이다. 물론 이 경우에도 규제기관 혹은 규제정책담당자들의 정책결정을 통해 규제정책이 수행되는 것이지만, 어디까지나 그 원천은 사회부문에서 시작된다. 반면에, 규제정책의 공급측면(supply-side) 이론은 규제정책의 생성과 변화를 본래부터 규제정책의 공급 주체(즉, 규제기관 혹은 규제정책담당자들)의 자익추구적 행동에 의해 이루어지는 것으로 설명하려고 한다. 즉 규제기관이나 공직자들이 사회부문 행위자들에 의해 포획되고, 또한 포획되는 것이 자신들의 효용에도 도움이 되기 때문에 규제를 공급한다는 논리를 넘어, 그들의 효용극대화를 위해 좀더 적극적으로 규제정책을 수행하는 것으로 접근하는 것이다.

규제기관 혹은 규제정책담당자들이 자기이익을 추구하기 위한 합리적 선택의 결과로서 규제정책의 공급이 (때로는 과다한 수준으로) 이루어진다는 명제는 앞의 제3장(예산정책)에서 검토한 관료들의 '예산극대화 행동'에서 충분히 유추할 수 있다 (Niskanen, 1971). 규제관료들도 그들이 속한 규제기관의 조직, 인력, 예산 등의 확대를 통해 자신들의 개인적 후생을 극대화하려고 하며, 이를 위하여 규제정책의 공급 확대를 꾀한다. 물론 규제정책은 그 집행 비용이 대개 피규제자(혹은 집단)에게 이전되기 때문에 (예산극대화 모형에서 주장하는 것처럼) 규제기관의 예산확대 자체보다는 기능의 확대와 그를 통한 조직 및 인력의 확대가 더 중요한 동기유인으로 작용한다.[22]

이와 같은 관료의 '규제극대화 행동' 모형은 특히 한국에서의 정부규제 과다 공급(over supply) 경향을 설명하는 데 좀더 적실성이 있다. 미국에 비해 한국의 경우는 규제기관이 이익집단에 의해 포획되는 경우보다 규제기관 자체의 자율적인 과다 공급 가능성이 더 많기 때문이다.

3. 최소국가의 탈규제 정책

이상에서 살펴본 것처럼, 신우파 공공선택 이론가들에게 있어서 규제정책이란 그 수요측

---

[22] 한국의 공직자들은 보수보다는 승진 열망이 더욱 강하다 (김난도, 1999). 따라서 예산자체의 확대보다는 기능 및 조직 확대를 통한 승진 혹은 신분의 안정을 더욱 희망할 것이다.

면에 있어서든 공급측면에 있어서든 모두 바람직하지 못한 이유에서 발생하고 변화한다. 규제기관은 투입정치과정에서 이익집단들에 의해 포획되어 그 본래의 목적과는 달리 공익보다는 사익을 위해 규제정책을 수행한다. 시장실패를 시정하기 위해 (사심 없이) 규제정책을 수행하는 경우에도, 복잡한 정책문제를 해결하기 위한 합리적 대안을 찾아내기란 힘들다. 게다가 규제기관과 규제관료들도 그들 자체의 사적이익 추구를 위해 규제의 과다공급을 가져오는 경향이 있다. 물론 규제정책에 관련되는 개개인의 입장에서 보면 모두 스스로의 개인적 이익을 추구하기 위해 합리적인 선택을 하는 것이겠지만, 그와 같은 개인들의 합리적 선택 행위가 공동체 전체에 가져다주는 결과는 비합리적인 것이다.[23] 한마디로, '규제실패(regulatory failure)'가 초래되기 십상인 것이다 (Meier, 1985).

이와 같은 근거에서, 신우파 공공선택이론가들은 '규제완화 혹은 탈규제(deregulation)'를 통해 정부규제를 극소화할 것을 규범적으로 제안한다. 이는 예산정책(제3장)에서 정부의 예산운영이 비효율적이기 때문에 예산규모의 극소화를 통해 최소국가를 지향할 것을 주창하는 것과 동일한 제안이다.

제 4 절 자본주의 국가론의 관점

규제정책에 대한 또 다른 사익이론으로서 마르크스주의 계열의 이론을 들 수 있다. 자본주의 국가에서 모든 제도들을 실제로 통제하는 것은 자본가들이며, 이러한 제도 가운데 하나가 곧 정부규제라는 것이다 (Posner, 1974: 341; Mclean & Foster, 1992). 예를 들면, 미국에서 1887년에 구성된 주간통상위원회(ICC)는 당시 몇몇 철도회사들이 경쟁회사의 출현에 따른 손실을 막기 위해 정치력을 동원하여 입법화시킨 것이고, "로빈슨-패트만법(Robinson-Patman Act)"이나 관세정책, 석유산업에 대한 규제정책 등도 기업자본가들이 정부 개입을 통해 예상되는 경제적 위험부담을 방지하려는 의도에서 추진된 것으로 본다. 이와는 반대로 "최저임금제"의 경우는 노동조합들이 기업에 대항하여 그들의 이익을 보호하기 위한 정부규제를 입법화 한 경우이다. 이와 같이 규제정책을 사익이론의 관점에서 계급정치의 산물로 접근하는 대표적인 모형으로서 '정치적 자본주의(Political Capitalism)' 모형을 들 수 있다. 이는 수동적 국가를 가정하여 규제정책결정의 계급정치를 분석한 도구주의 시각의 규제정책

---

[23] 개인들의 합리적 선택 행위의 결과가 공동체 전체에 대해서는 비합리적인 결과를 초래하는 점에 대해서는 이명석 (1999) 및 최재송(1999) 등을 참고할 것.

이론이다.

1. 정치적 자본주의 모형

도구주의 이론에 의하면 국가의 규제정책은 정치에 의한 경제 개입이 아니라, 반대로 정치에 대한 경제의 통제를 의미한다. 즉 자본가들 혹은 기업들이 자신들의 경제적 이익을 위하여 국가로 하여금 규제정책을 수행하도록 만든다는 것이다. 이와 같은 관점은 다음과 같은 정치적 자본주의 모형에 의해 잘 제시되고 있다 (Kolko, 1963).

1) 개　념

정치적 자본주의란 경제내부의 주요 이익들이 자발적 혹은 비정치적인 방법으로는 해결할 수 없는 내재적인 경제 문제를 국가 권력을 이용하여 해결하는 것을 의미한다. 이처럼 정치적 방법을 통해 경제적 목적을 달성함으로써 그 결과 경제는 합리화된(rationalized) 상태에 이르게 된다. 흔히 이러한 경제적 목적들은 자동적인 경제 메커니즘에 의해 달성된다고 생각되던 것들이다 (Kolko, 1965: 239).

2) 주요 요소

자본가들이 정치적인 방법(political outlet)을 이용하는 목적은 경제의 안정성, 예측가능성, 안전성(security)(즉, 합리화)을 획득하기 위한 것이다 (Kolko, 1963: 3). 첫째, 안정성이란 경제에서 자기 파괴적인(internecine) 경쟁과 급격한 경기변동을 제거하는 것을 의미한다. 둘째, 예측가능성이란 정치적으로 안정되고 안전한 수단을 기반으로 하여, 계산 가능한 예측으로 미래의 경제 활동을 계획하는 능력을 의미한다. 셋째, 안전성은 공식적인 민주정치체제 내에서 정치적 공격으로부터 기업을 보호하는 것을 의미한다. 넷째, 합리화란 예측 가능하고 안전한 환경하에서, 기업이 장기적으로 합리적인(reasonable) 이윤을 산출할 수 있도록 기능 할 수 있게 하는 경제 조직이나 정치적 및 사회적인 영역을 의미한다.

2. 규제정책의 발전

독점자본과 국가간의 증대되는 상호의존성을 분석해보면, 신다원주의 혹은 엘리트이론가들의 주장(예를 들면, Galbraith, 1969)과는 달리, 독점기업 조직들은 혁신과 기술적 복잡성 및 대규모 자본투자의 조직적 및 시장적 필요조건 때문에 자연히 출현하는 것이 아니다. 규모 면에서 최대이지만 기술혁신에 있어서 가장 낮은 수준에 있는 기업들이 소규모기업들에 의해 제기된 기술적 도전에 대한 반응의 결과로 나타난 것이 독점이다. 독점은 자본이 점차 집약·집중화되는 경쟁적 과정에서 나타나는 것도 아니다. 그와는 반대로, 독점은 종종 기술적으로 낙후되고 자본이 과도하게 투자되었으며 시장 점유분을 점차 상실하고 있는 과점적 거대기업에 의한 정치적 산물인 것이다.

예를 들면, 19세기 말에서 20세기 초까지 미국에서 있었던 "진보주의 개혁"으로 지칭되는 독과점에 대한 경제규제는 국가에 대한 이해방법에 따라 다양한 해석이 가능하다. 다원주의 시각에서 볼 때 이는 산업자본주의의 탐욕적 권력을 제어하려는 20세기 초의 대중적 요구에 대한 반응의 산물이다. 국가는 "공익"의 차원에서 자본주의의 과잉 발전을 규제하기 위해 개입한 것이다. 그러나 마르크스주의 관점에서 보면, 그와 같은 경제규제정책은 일반 대중들의 여론에 의해서가 아니라, 오히려 자본가 계급 가운데 정치적으로 성숙되고 "자유주의적"인 일부 세력들에 의해 이루어진 것이다. 즉 그들의 기득권과 이윤의 감소를 방지하고 오히려 증대를 꾀하기 위한 정책을 유도하기 위해 정치적으로 호소하는 방법을 택한 것이다 (Kolko, 1963). 당시의 산업규제는 기존의 산업구조를 합리화하기 위한 기업자본가들의 전략이었던 것이다. 경제규제를 통한 국가개입이 강력한 산업독점의 해체가 아니라, 그것의 유지를 위해 이용된 것이다.

미국에서 산업독점은 19세기와 20세기 초에는 예외적인 현상이었다. 1897~1901년 사이에 대규모적이었지만 단명했던 기업병합 운동은 산업경쟁의 증가를 통제하려는 기업 자본가들의 욕구에 따라 전개된 것이다. 그러나 이와 같은 산업집중이나 병합운동은 증대되는 경쟁을 방지할 수는 없었으며, 다수의 신생 기업들이 미국철강(U.S. Steel), 에이티 앤 티(AT&T), 제이피 모건(J. P. Morgan and Company) 등 기존의 거대 기업에 위협적인 존재로 대두되었다 (Kolko, 1963: 25-26). 기술변화, 변화하는 시장과 자원, 이윤창출로 인한 내적 재정형성, 재정통제의 지역적 탈집중화, 그리고 낮은 생산비수준에 따른 규모경제 등의 요소들은 대규모기업이 시장점유율과 주식가격 등의 인하를 촉진시키는 경쟁을 유도했다. 이와 같은 상황에서 대기업 자본가들은 소위 "상호간 손해를 초래할 뿐인 경쟁을 배제하고, 예측 가능한 기대치를 창출하며, '정치적 공격'을 완화시키기 위해" 연방정부의 규제정책에 관심을 돌린 것이다 (Kolko 1963: 3). 이것은 국가-경제권력간의 새로운 융합, 즉 "정치적 자본주의"로 지칭될 수 있다. 일단 국가가 자본주의를 규제하기 시작함에 따라 "경제의 독자적인 발전 법칙"은 더 이상 존재할 수 없게 되었으며, 이것은 경제이론이 이제 국가이론을 필요로 한 것을 의미 한다 (Kolko, 1963).

결국 국가의 경제규제 정책은 외견상 공익에 봉사하는 것 같지만, 실제로는 기업의 이익에 기여하였다. 예를 들면, 1906년의 육류검사법(Meat Inspection Act)은 육류식품산업 분야에서 생산의 질을 규정하는 것이었다. 이 규제법은 경쟁을 완화하고 보다 위생적으로 규제적인 유럽시장에 접근하려는 욕구 때문에 업계로부터 강력한 지지를 받았다 (Kolko, 1963: 95). 또한, 산림보호에 있어서 연방정부의 역할은 목재자원이 "무차별적인 남벌로 인하여 영원히 고갈되는" 것을 방지하려는 기업들의 지원하에 이루어진 규제정책이다 (Kolko, 1963: 110–11). 흔히 은행체계의 합리화의 한 형태로 인식되고 있는 1913년의 연방준비은행법(Federal Reserve Act)도 내부적으로 창출된 이윤으로 확장을 위해 재정지원이 가능해진 주(州) 은행 및 기업들에 의해 지속적 경쟁에 직면한 대규모 전국단위 은행들에 의해 입안되고 지지된 것이었다. 따라서, 다원주의 이론의 가설과는 반대로, "대기업이 연방정부의 경제규제를 위한 투쟁을 유도"한 것이다 (Kolko, 1963: 58). 대규모기업들이 연방정부의 경제규제를 선호한 이유는 이들이 국민경제에 통일적인 정치적 규제를 가하기를 원했기 때문이다. 또한, 연방정부와는 대조적으로, 주정부 및 지방정부는 자본주의 경제에서보다 민주주의 형태의 국가개입을 위한 대중주의적(populist)이고 사회주의적 성향의 정치적 요구에 취약했기 때문이다. 가장 강력한 정치적 응집력을 가졌던 대기업 자본가들은 역시 기업에 대한 정부규제를 원했던 민주주의 세력(즉, 사회주의자와 노동자 등 포함)의 주장을 수용한 셈이다. 문제는 이들 급진적 성향의 민주주의 세력의 지도자들이 "연방정부의 기업에 대한 규제와 기업을 위한 연방정부의 규제간의 차이를 인식할 수 없었던 점"에 있었다 (Kolko, 1963: 258). 이렇게 해서, 결과적으로 자본주의 국가의 규제정책은 자본가 계급뿐만 아니라 노동자 계급의 협력에 의해 창출된 것이다.

사 례

'개혁주의' 시대 미국의 규제정책

미국에서 소위 "개혁주의 시대"(1900~1916년)는 경제에 대한 정치적 규제의 시대라는 일반적인 이해와는 달리, 정치를 기업가가 통제하는 시대였다. 시장에 대한 정치적 간섭은 기득권을 가진 기업인들의 필요에 의해 이루어졌고, 특정 기업인들의 요구에 의한 정부의 화답이었다. 정부 규제는 피규제 산업의 주요 기업인들에 의해 계획, 통제되고 그 간섭의 한계가 정의되었으며, 그들이 희망하고 받아들일 수 있는 목표로 이끌어졌다.

당시 기업가들은 정부를 '필요악'으로 생각하기보다는 미국 사회의 중요 부분이라는 데 공감하고 있었고, 몇몇 기업가들은 연방 정부의 규제 형태와 내용을 정의하는 데 참여하였다. 나아가 Morgan과 같은 몇몇 대기업들은 적법하지 않은 기업들에 대한 제재를 위해 연방

정부를 이용하려 했을 뿐만 아니라, 연방정부 규제를 이용하여 주(state) 경계를 넘는 사업의 경제적 안정을 도모하려 하였다. 주정부의 무질서한 경제 규제에 대한 반대로서 연방 정부 규제를 요구한 것이다.

기업가들이 연방정부의 정치적 시장 간섭을 요구한 이유는 다음 두 가지를 지적할 수 있다. 첫째, 연방정부는 항상 철도 건설 등 다양하고 결정적인 방법으로 경제에 관여해 왔기 때문에, 자유 방임 상태라는 것은 존재하지 않았다. 둘째, 일반적인 인식과는 달리 당시 경쟁은 점점 더 치열해졌고, 많은 주요 기업가나 금융가들에게는 견디기 힘든 것이었다. 그들은 경쟁의 심화를 통제하는 방법으로 합병을 계속적으로 추진하였다. 그러나 결국에는 합병이라는 방법도 그 한계가 있음을 깨닫게 되었다. 그들은 장기적인 이윤의 확보를 위해서는 산업 합리화가 필요하며, 합리화는 오직 연방 정부만이 할 수 있다고 생각하였다.

정치 지도자 즉 대통령도 기업인들의 이러한 요구에 호응할 만큼 보수주의적이었다. 그들이 갖고 있던 사유 재산권에 관한 기본적인 관념, 정치인의 역할의 궁극적인 한계에 대한 믿음 등도 위와 같은 결과에 일조하였다. 대통령의 역할을 강조하는 기존의 연구 결과와는 달리 의회의 역할 또한 매우 결정적인 것이었다. 대통령은 이념적인 사람이기보다는 행동가였으며, 결코 대기업인들을 견제하고 약화시키려 하지 않았다. 대통령에 의해 임명된 주요 행정부 공직자들도 연방 정부의 경제적 지위를 강화하려는 목적으로 연방 정부의 권한을 이용하지 않았다. 그들은 결코 기업가들을 자극하지 않았고, 오히려 대통령과 기업인들을 잇는 연결통로로서 역할을 하였다. 당시의 대통령들(루즈벨트, 태프트, 윌슨)도 자신들의 정치적 목표와 대기업인들의 목표가 근본적으로 상충되는 것이라고 생각하지 않았으며, 오히려 자신들의 개혁에 대한 기업인들의 지원에 대해 감사했다.

연방정부의 경제 규제의 주요 형태는 첫째, 연방정부와 기업가들간에 비공식적인 합의와 긴장 완화(detente)이며, 둘째, 직접적인 규제와 위원회의 창설이다.

당시 대기업인과 중소기업인이 모두 활발했던 노동운동에 대해서는 매우 적대적이었다. 이 시기에 시도된 최소한의 사회복지 개혁에 대한 그들의 반대와 무관심은 개혁주의 시대의 미국 자본주의의 보수성을 반증하는 것이다. 이 시대의 정치인들은 농민들과 노동자들에 대해 noblesse oblige와 보수적 입장 모두를 공유하였지만, 기업인들의 가치와 우월성 또한 잘 알고 있었다. 당시 미국사회는 계급적, 계층적 갈등이 심각한 상태였고, 기업인들과 정치인들은 계급적 가치를 공유하고 있었다. 이들은 사회적 특권층(establishment)을 형성하면서, 상호간에 혈연, 학연 등 다양한 형태로 사적, 공적인 관계를 긴밀하게 형성하고 있었으며 이러한 관계를 통해 연방 정부 규제가 설계되고 실시되었다.

결론적으로 미국의 1900년부터 1916년까지의 시기는 공익의 내용 규정과 연방 정부의 경제적 역할에 대해 정치적 분파와 주요 기업가들간에 합의가 이루어진 시대였다. 이 시기의 연방 정부 규제들은 자본주의 사회에 필수적인 사회·경제 관계를 보전하려는 보수주의적인 것이었다. 사회적 소요로 인한 자산 박탈에 대한 자본가들의 우려, 정치적 붕괴의 가능성, 농민 운동, 노동 운동, 인민주의 운동 등, 다양한 잠재적 위협과 민주주의적인 불만에 대한 대응이었다.

출처: Kolko, 1963.

사례 📜

미국의 철도산업규제(1877~1916)

1870년대부터 19세기 말까지 미국의 철도산업의 역사는 경제적 문제를 해결하기 위해 자율적인 활동과 정치적 수단의 활용이라는 두 가지 방법의 순환 속에서 이루어져 왔다. 일반적인 시각과는 반대로, 철도 화물수송 요금(freight rates)은 전체적으로 이 기간 내내 하락했다. 비록 철도 산업의 통합(consolidation)이 빠르게 이루어지기는 했지만, 이러한 현상은 장기적인 요금의 하락이나 근본적인 철도 산업 내의 경쟁에 영향을 미치지는 못했다. 안정성(stability)을 확보하고 요금과 경쟁을 통제하기 위해, 철도 산업의 경영자들(executives)은 자주 요금의 합의와 구간 할당과 같은 자율적이고 협동적인 노력을 기울였다. 이러한 노력이 실패할 경우, 그들은 어쩔 수 없이 점점 더 위태롭고 혼란스러워지는 산업을 합리화하기 위해 정치적 해결책을 모색하였다. 그들은 그들이 자율적으로 체결한 협약을 거부하는 철도업자들을 그들의 통제하에 두게 하는 정부 규제를 주장했다.

철도 산업 내의 과다 경쟁: 철도산업은 J. P. Morgan 사에 의해 주도된 1890년대의 인수/합병 운동에도 불구하고 여전히 경쟁적인 상태가 지속되고 있었다. 요금은 합병에 의해 전혀 영향을 받지 않고 계속 하락하였다. 1870년 ton/mile당 1.88센트 하던 화물 수송 수입(freight revenue per ton mile)은 1880년에는 1.22센트, 1890년에는 0.94센트, 1900년에는 0.73센트로, 지속적으로 하락하였다. 그 이유는 거대 철도 시스템이 모두 연계되어 있던 당시, 작지만 성공적으로 경영되는 회사들이 많이 있었고 또 새로운 진입자들이 1907년부터 계속 늘어났기 때문이다. (가격)담합(pool) 노력 ─ 비록 불법이지만 ─ 이 실패한 것은 법 때문이 아니라, 주요 지역의 10여 개 중심적인 철도 회사들이 지속적으로 조화롭고 협력적으로 활동하지 못하였기 때문이다. 철도 자본가들은 계속적으로 화물수송 요금을 자율적으로 규제하기 위한 담합(pool)을 시도하였다. 그러나 많은 철도 회사들이 이 조정기구에 의해 통제되는 것을 거부하거나 담합으로부터 이탈하였고 그 결과 일부 철도 자본가들은 그들이 조정기구에 강제적으로 가입하게 하기 위한 정부 규제가 필요함을 주장하게 된다.

사회적 불안: 철도 자본가들이 연방정부의 철도 산업 규제를 지지하게 된 또 다른 사건은 1877년 대파업(Great Strike of 1877)이다. 1877년 대파업을 통해 철도 자본가들은 노동자들로부터가 아닌, 주(state)와 농민조합 운동(Granger movement)으로부터의 철도회사에 대한 공격의 위험성을 알게 되었다. 주정치를 좌우하고 있는 노동자와 농민들의 적대의식은 국가적인 차원에서가 아닌, 지역적인 차원에서의 철도 시스템을 파괴하려는 위협의 가능성으로 나타났다. 철도 산업에 대한 연방정부의 규제는 주요 철도 산업 지도자들에게는 그들 자신의 내부적인 경제문제들을 해결할 수 있는 수단일 뿐만 아니라, 지역 민주주의(local democracy)의 공격으로부터 피할 수 있는 안전한 방패로 인식되었다. 이러한 관점에서 그들은 특별히 1900년 이후 극단적인 국가주의자(extreme nationalist)의 입장을 견지하였다. 철도 자본가들은 만약 일반 대중들을 그들의 이익에 합치하는 방향으로 이끌 수 있다면, 미래에 있을지도 모를 더 심각한 공격을 피할 수 있을 것이라고 생각했다.

주간통상위원회(ICC: Interstate Commerce Commission): 1887년부터 1916년까지의 연방 정

부의 철도산업 규제는 철도 자본가들을 실망시키지 않았다. ICC는 설립 당시부터 철도 산업에 의존적이었다. 그리고 철도 산업은 재빨리 그들의 목적을 달성하는 수단으로서 이 위원회를 이용하기 시작하였다. 1903년까지 존재했던 법의 단점(shortcomings)를 고려한다면, 이러한 상호간의 의존은 자연스러운 것이고 불가피한 것이었다. 현행법의 불완전성을 극복하고, 경쟁으로 인한 내부적인 문제를 자율적인 수단을 통해 해결하려는 철도산업의 노력은 ICC를 최대한 이용함으로써 이루어졌다. 몇 년 후 ICC는 국민들을 대신하여 규제해야 할 자신의 역할은 도외시 한 채 철도산업의 필요에 공헌하는 지경에 이르게 되었다.

대통령: 이 기간 동안의 대통령이었던 루즈벨트, 태프트, 윌슨 어느 누구도 규제를 통해 철도 자본가들의 핵심적인 이익을 침해하려 하지 않았다. 루즈벨트와 윌슨은 그들이 철도 자본가의 핵심적인 이익에 영향을 미치는 법안이나 정책을 고려할 때는, 여러 차례 철도 자본가(railroad man)에게 자문을 구하였다. 대부분의 경우, 철도 자본가는 제안된 법안의 한계나 심지어는 세부사항까지 정할 수 있었다.

위와 같은 1887년부터 1916년까지의 연방정부 철도 규제는 정치적 방법을 이용한 경제의 민주화 노력이 아니라 안정성과 철도 산업에 대한 통제권을 확보하여 치명적인 경쟁 없이 번영을 누리려는 철도 자본가들의 운동의 결과이다. 사실상 핵심적인 사회적 우선 순위와 자본주의 경제의 가치를 유지하면서 경제적 문제의 해결을 위해 정치적 방법을 이용하려는 노력이었다. 결론적으로 당시의 철도에 대한 연방정부의 규제는 철도를 위한 정치적 자본주의를 형성하려는 시도였으며, 철도 자본가들은 그러한 이유로 연방정부 규제를 지원하였다. 결국 그들은 연방정부의 철도 규제 뒤에 숨은 결정적인 요인이었다.

출처: Kolko, 1965.

제 5 절 결 론

이상에서 현대 국가에 대한 다원주의, 시장자유주의, 그리고 자본주의의 시각에서 발전이 이루어진 규제정책이론을 정리해 보았다 (<표 5-4-2>). 여기서의 논의에는 포함되지 않았으나, 이 밖에도 엘리트이론의 시각에서 개발된 다음의 규제정책이론도 포함시킬 수 있다.

첫째, 규제정책의 상징정치(symbolic politics) 모형이다. 규제란 기득권을 가진 엘리트보다는 일반대중에게나 엄격하게 적용된다. 독점기업들이 정부규제를 준수하기보다는 위반하는 것이 태반인 미국의 독점금지법(the antitrust laws)이 좋은 예다 (Edelman, 1964). 규제기관들의 소위 "규제의 수사적 이용(rhetorical uses of regulation)" 현상도 심각하다. 정책형성 및 입법화 과정에서 일단 "규제기관"이라는 "명패가 붙으면(sticking the label)" 그 기관은 다양한 "규제" 활동을 수행하는 것으로 인식되지만, 그 규제의 효과적인 집행여부는 항상 의문이다. 그래서 "규제법령에 제시된 그리고 입법화 단계에서 선전된 것과는 달리 실질적인 편익이 정치적으로 조직화되지 못한 집단(unorganized political group)에게 배분되는 경우란 드물다. 그럼에도 불구하고 비엘리트 집단들이 그들의 이익이 반영되지 못한 것을 인식하면서도 그것을 항변하는 경향은 거의 나타나지 않는다"(Edelman, 1964: 23-5). 예로서, 미국에서 1916년에 입법화된 적선법(the Shipping Act)은 그것이 화물의 적선인(shipper)들을 위한 규제임을 약속한 수사에도 불구하고, 수송선(carrier)의 이익을 효과적으로 지원하는 비규제자(non-regulator)로 활동한 연방항만위원회(Federal Maritime Commission)을 설립하는 것으로 귀결되었다 (Mansfield, 1980).

둘째, 자율국가 시각에서 보면, 규제정책은 곧 국가능력(state capacity)의 필요조건이다. 국가는 실제 정책영역에서 사회에 대한 다양한 형태의 규제제도를 통해 정책능력을 증진시키고 그를 통해 '강한 국가(strong state)로서 사회에 대한 자율성을 확보하게 된다. 여기에는 ㈎ 시민권(즉, 국가와의 관계에서 시민의 재산권을 제외한 모든 권리와 의무에 관한 규제수단), ㈏ 재산통제(즉, 시민 개개인 혹은 제도들의 재산에 대한 통제 혹은 사용권에 대한 규제수단), ㈐ 고객집단 형성(즉, 중앙국가의 지속 및 생존능력에 대한 사회집단들의 종속을 증진하는 규제수단), ㈑ 세계체제에의 관여(즉, 중앙국가와 다른 국가들과의 관계에 관련된 규제수단들) 등이 포함된다 (Bensel, 1990; 정용덕, 1999: 78-81).[24]

표 5-4-2	규제정책에 대한 국가이론별 이론모형		
국가이론 국가상	수동적 국가	중립적 국가	파당적 국가
다원주의	규제기관 포획이론, 기능주의 모형, 산업문화론	시장실패이론	관료정치 모형
시장자유주의	정치적 비용편익분석 모형	탈규제 모형	규제극대화 관료행동 모형
엘리트주의	상징정치 모형	−	자율국가의 규제수단
마르크스주의	정치적 자본주의 모형	−	−

---

[24] 이에 대한 좀 더 자세한 내용을 위해서는 이 책의 제3편 제2장(행정기구론)을 참고할 것.

참고문헌

[국문문헌]

강광하·이영훈·최상오. 2008. 한국 고도성장기의 정책결정체계: 경제기획원과 정책추진기구. 한국개발연구원.

강근복 외. 1999. 『지식정보사회와 전자정부』. 서울: 나남.

강명구. 1995. "지방화와 정보화: 재구조화의 정치적 의미," 한국정치학회보, 29(1): 73-94.

_____. 2000. "정부와 NGO 관계," 한국행정학회 세미나 (정부와 NGO) 발표논문, 서울, 9월 8일.

강 민 외. 1991. 『국가와 공공정책』. 서울: 법문사.

강상욱. 2001. "우리나라의 NGO성장에 관한 연구," 서울대 행정학 박사학위논문.

강신주. 2007. "노장사상과 리더십, 통치에 대한 노자의 정치경제학적 통찰: 도(盜)와 도(道) 사이에서"『오늘의 동양사상』. 17: 99-112.

강신택. 1971. "한국행정학사서설," 한국정치학보, 4: 135-162.

_____. 1981, 1995. 『사회과학 연구의 논리』. 개정판. 서울: 박영사.

_____. 1982. "정치학연구의 보편성과 특수성," 김운태 외, 『한국정치행정의 체계』. 서울: 박영사: 3-23.

_____. 1987. "행정학 연구방법의 변천과정과 앞으로의 방향," 한국행정학보, 21(1): 3-32.

_____. 1989. "서울대학교 행정대학원 30년의 성장과 1990년대를 향한 전망," 행정논총, 27(1): 1-40.

_____. 1993, 2000. 『재무행정론』. 전정판. 서울: 박영사.

_____. 1999. "국가재편성기의 행정이론," 서울행정학회 하계학술대회 발표논문, 광주, 8월 16-18일.

_____. 2000. 『재무행정론』. 전정판. 서울: 박영사.

강인재·이달곤 외. 1998. 『한국행정론』. 서울: 대영문화사.

강형기 편역. 1987. 『행정학의 이론과 역사』. 서울: 대왕사.

경영진단조정위원회. 1999. 경영진단조정위원회 건의안. 기획예산위원회, 3월 11일.

고성빈. 2000. 중국식 사회주의 이념의 생성과 전개에 관한 고찰. 경남대학교 극동문제연구소. 『한국과 국제정치』, 16(2): 265-299.

곽효문. 1998. "관방학과 실학의 행정사적 비교," 한국행정연구, 7(2): 89-109.

구자용. 1995. 『행정통제의 이해』. 서울: 전예원.

국무총리실. 2012. 『2012정부업무평가백서』.

국회예산정책처. 2019. 『2019 대한민국 공공기관』.

권기성·최진석. 1997. "가상조직에 대한 정체성 고찰," 한국행정학보, 31(4): 155-68.

권기헌. 1997. 『정보사회의 논리』. 서울: 나남.

권성욱. 2001. "공공서비스유형과 조직유형간 관계에 관한 연구," 서울대 행정학 석사학위논문.

권순진 외. 2019. 『2020년도 성인지 예산서분석』. 서울: 국회예산정책처.

규제개혁위원회, (1999-2020), 1998년도(내지 2019년도) 규제개혁백서, 서울: 케이에스센세이션 등.

기획재정부. 2011. 조세개요.

_____. 2019. 조세개요.

_____. 2021. 『국민참여예산운영보고서』.

_____. 각년도. 예산개요 참고자료.

길인성. 1994. "신제도학파 경제사의 성장과 한계," 사회비평, 11: 65-91.

김 원. 1981. 『도시행정론』. 서울: 박영사.

김 인. 2006. "지방정부의 공공서비스 전달에 있어서 거버넌스 구조가 성과에 미치는 영향: 서비스 유형별 비교분석," 한국행정학보 40(4).

김공열. 1995. 『북한관료제론』. 서울: 대영문화사.

김관보. 1999. "거래비용 접근법," 정용덕 외, 『합리적 선택과 신제도주의』. 서울: 대영문화사: 3장.

김광억. 1986. "한국인의 정치적 행위의 특징," 한국문화인류학, 15: 43-57.

_____. 1994. "문화공동체와 지방정치," 한국문화인류학, 25: 116-82.

_____. 1998. "현대사회에서 문화의 정치: 인류학적 논의," 김광억 외, 『문화의 다학문적 접근』. 서울: 서울대학교 출판부: 183-205.

김광웅. 1976. 『사회과학연구방법론』. 서울: 박영사.

_____. 1979. "사회과학 연구방법의 토착화에 관한 소고: 정치학·국제정치학·행정학분야," 행정논총, 17(2): 146-70.

_____. 1983. 『행정과학서설』. 서울: 박영사.

_____. 1986. 『관료와 발전』. 서울: 평민사.

_____. 1987. "국가관료의 정책이해," 한국정치학회 편, 『현대 한국정치와 국가』. 서울: 법문사: 291-320.

_____. 1991. 『한국의 관료제 연구』. 서울: 대영문화사.

_____. 1994. "장관론: 역할·자질·능력," 서울대학교 행정대학원, 제46회 국가정책 세미나 발표논문.

_____. 1997. 『방법론 강의』. 서울: 박영사.

_____. 2000. "협력체제(partnership)와 효과적인 국정운영," 한국행정학회 기획세미나(정부와 NGO) 발표논문, 서울, 9월 8일.

김규정. 1976. 『비교행정론』. 서울: 법문사.

_____. 1998. 『행정학원론』. 신판보정판. 서울: 법문사.

김근세. 1996. Wallace Sayre법칙의 종말?: 영국 신관리주의의 본질과 한계. 『한국행정연구』 96년 여름호(5권2호).

_____. 1997. "책임집행기관의 연구: 영국의 사례를 중심으로," 한국행정학회 동계학술대회 발표논문, 12월 3일.

_____. 1998. "책임집행기관에 관한 연구: 영국의 사례를 중심으로," 한국정책학회보, 7(2): 139-62.

_____. 2000. "Christopher Hood의 신공공관리론," 오석홍 편, 『행정학의 주요이론』. 서울: 법문사: 678-91.

김근세·권순정. 1997. "작은 정부?: 김영삼정부의 정부규모에 관한 실증적 분석," 한국행정학보, 31(3): 275-93.

김근세·정용덕. 1996. "현대 국가의 핵심 행정부: 비교적 관점," 입법조사, 239: 1-26.

_____. 2002. "북한 국가관료제의 특성: 북한행정기구의 변화와 지속성," 한국정책학회보, 11(2).

김기봉. 1994. "통신서비스사업의 정부규제에 관한 연구," 한국외국어대학교 행정학 석사학위논문.

김기언. 1993. "한국 재정지출의 변화요인에 관한 분석적 연구," 한국행정학보, 26(4): 1183-98.

김난도. 1997. "가상조직의 등장과 조직연구에의 이론적 실천적 함의," 한국행정학보, 31(1): 197-212.

_____. 1999. "관료의 승진 열망," 정용덕 외, 『합리적 선택과 신제도주의』. 서울: 대영문화사: 8장.

김대성. 2008. "신공공서비스 이론이 함축한 행정관료의 역할에 대한 비판," 2008 한국정부학회 학술발표논문. 303-317.

김도영. 1982. 『한국의 의료보험』. 서울: 삼영사.

김동건. 1997. 『비용편익분석』. 서울: 박영사.

_____. 2000. 『현대 재정학』. 제4판. 서울: 박영사.

김동욱. 2012. 『정부 기능과 조직』. 서울: 법문사.

김만기 편. 1998. 『2000년대에 대비한 정부조직의 혁신』. 서울: 대영문화사.

김명수. 1987, 2000. 공공정책평가론. 서울: 박영사.

김미경·라휘문·정용덕. 1998. "한국 공정거래정책의 제도화 과정," 규제연구, 7(1): 155-84.

김미나. 2004. "공무원 특별채용제도의 경로의존적 변화," 한국행정논집, 16(1): 81-106.

김번웅. 1994. "행정개혁의 뉴비전: 개방과 경쟁의 패러다임," 노정현 편, 『행정개혁의 이론과 실제』. 서울: 나남.

_____. 1999. "21세기를 대비한 행정서비스의 과제와 전망," 한국행정연구, 8(2): 5-23.

_____. 2000. "뉴 거버넌스 시대의 정부신뢰와 e-행정," 동국대학교 사회과학연구원 정책문제연구부 학술세미나 (뉴 거버넌스 시대의 국가혁신) 발표논문.

김번웅·오영석. 1997. 『환경행정론』. 서울: 대영문화사.

김병국. 1994. 『분단과 혁명의 동학: 한국과 멕시코의 정치경제』. 서울: 문학과 지성.

김병섭. 1996. "기업가적 정부혁신의 길," 한국정책학회보, 5(2): 11-30.

_____. 1996. "행정조직의 레드테이프: 민간조직과의 비교," 한국행정학보, 30(3): 1-17.

김병섭·박광국·조경호. 2000. 『조직의 이해와 관리』. 서울: 대영문화사.

김병완. 1993. "한국 행정부 내의 관료정치: 환경정책에 관한 개발부처와 보전부처의 관계 분석," 한국행정학보, 27(1): 171-194.

김병찬·정정길 공편. 1995. 『50년대 지방자치』. 서울: 서울대학교 출판부.

김보현·김용래. 1982. 『지방행정의 이론과 실제』. 서울: 법문사.

김삼룡. 1993. "현대 정치와 행정의 체계론적 이해," 고려대 행정문제연구소, #93-01.

김석준. 1988. "전환기 한국행정의 새로운 패러다임 모색: 국가론을 통한 연구문제의 제기," 한국행정학보, 22(2): 431-59.

_____. 1992. "국가론 연구의 경향변천과 국가능력 개념의 전개," 강 민 외 편, 『국가와 공공정책』. 서울; 법문사: 제1장.

_____. 1992. 『한국산업화 국가론』. 서울: 나남.

_____. 2000. "한국 국가재창조와 뉴 거버넌스: 새로운 패러다임 모색," 한국행정학보, 34(2): 1-21.

김석태. 2000. "과시적 분권과 기술적 집권-90년대의 지방분권화," 행정논총, 38(1): 111-134.

김성수. 1998. "독일의 행정개혁과 관료제," 한국행정학보, 32(4): 81-97.

김성주. 2011. "울산동구의 '주민참여예산이란 이것이다!'," 『e-Newsletter』. 28호: 13-14.

김성택. 1999. "기아사태 대응에 관한 정부정책결정과정 연구," 서울대 행정학 석사학위논문.

김수종. 2017. '적극행정 면책제도'에 관한 논리적 고찰. 29: 151-168.

김순은. 1999. "Q방법론의 이론적 배경과 비판적 고찰," 한국정책분석평가학회 하계학술대회 발표논문.

김시윤·김정렬·김성훈. 2000. 『정부와 기업』. 서울: 대영문화사.

김신복. 1982, 1991, 1999. 『발전기획론』. 수정증보판. 서울: 박영사.

_____. 1992. "자유자본주의 사회의 기획에 대한 이념적 찬반이론 고찰," 행정논총, 30(2): 98-116.

김연명 편. 2002. 한국복지국가 성격논쟁 Ⅰ. 인간과 복지.

김연호. 1990. "한국 중앙정부의 반복적 예산운영," 성균관대 행정학 석사학위논문.

김영래 외. 1997. 『이익집단정치와 이익갈등』. 서울: 한울아카데미.

김영모. 1982. 『국민의료계보험화의 합리적 방안』. 서울: 한국복지정책연구소.

김영민. 1992. "한국 최초의 현대 행정학자 정인흥의 행정사상: 선생의 국가와 관료제 이론을 중심으로," 한국행정학보, 26(3): 991-1015.

김영수. 1999. "경제기획조정기구의 확산," 정용덕 외. 『신제도주의 연구』. 서울: 대영문화사: 9장.

김영평. 1994. "행정의 경쟁력, 맥락, 그리고 새로운 패러다임," 노화준·송희준 편, 『세계화와 국가경쟁력: 21세기의 국가경영전략』. 서울: 나남.

김영훈. 1971. "대학행정학과 교과과정 개편연구," 한국행정학보, 9: 102-8.

김용학. 1996. 『사회구조와 행위』. 서울: 사회비평사.

김우식. 1992. "한국정부조직의 팽창요인에 관한 연구," 인하대 행정학 박사학위논문.

김운태. 1964. "후진국행정 비교연구에 관한 고찰," 행정논총, 2(1): 1-54.

_____. 1970, 1984. 『조선왕조행정사: 근세 및 근대편』. 전정신판. 서울: 일조각.

_____. 1976. "한국에 있어서 행정학의 발달과 서울대학교 행정대학원의 발자취," 행정논총, 14(2): 1-18.

_____. 1985. 『행정학원론』. 서울: 박영사.

_____. 1998. 『일본제국주의의 한국통치』. 서울: 박영사.

김윤권 외. 2019. 중국의 국정운영에 관한 연구: 중앙과 지방정부 관계를 중심으로. 대외경제정책연구원.

김윤권. 2004a. "중국 국무원(國務院)의 변화와 그 요인에 관한 연구: 역사적 신제도주의 시각의 적용을 중심으로," 서울대학교 박사학위논문.

_____. 2004b. "중국의 국가성과 중앙행정부(국무원)의 제도적 특성," 행정논총, 42(4).

_____. 2008. 중국 중앙정부 행위의 제도적 제약: 역사적 제도주의 시각을 중심으로. 한국행정학보, 42(1): 407-434.

_____. 2010. 중국 기술관료(Technocrat)의 형성과 변화. 한국행정학보, 44(3): 309-334.

_____. 2018. "공무원제도," 『차이나핸드북』. 김영사.

_____. 2020. 외국의 공무원 채용제도와 시사점: 중국. 『정책&지식』포럼.

김윤권·윤영근·이국봉·李聖春·이준호·지규원. 2019. 『중국의 국정운영에 관한 연구: 중앙과 지방정부의 관계를 중심으로』. 경제인문사회연구회 중국종합연구 협동연구총서. 12-68-05.

김윤권·이재호·박경돈·신원부·지규원. 2012. 『농림수산식품행정의 효율적 추진을 위한 조직진단 및 조직효율화 방안 연구』. 농림수산식품부.

김윤권·이재호·윤수재·심호. 2011. 적극행정 면책제도의 분석 및 활성화 방안. 「한국행정논집」 23(3): 829-853.

김윤환. 1983. 『경제정책론』. 서울: 박영사.

김응락. 1992. "정인흥 교수의 학문활동과 한국행정학에 미친 영향," 한국행정학보, 26(3): 1015-27.

김인규. 2012. 철학: 조선후기 실학파의 "民"에 대한 인식과 정치권력론의 새로운 지평: 민본주의(民本主義)에서 민권주의(民權主義)로의 새로운 패러다임의 전환. 온지논총, 31: 287-314.

김일영. 1991. "이승만 통치기 정치체계의 성격에 관한 연구," 성균관대 정치학 박사학위 논문.

_____. 1993. "한국 국가성격 논의에 관한 방법론적 재고," 경제와 사회, 17: 195-250.

김재관. 1992. "한국의료보험에 관한 정책논쟁분석," 성균관대 행정학 박사학위논문.

김재훈. 1996. 『지방화시대의 정부간 협력체제 구축방안』. KIPA 연구보고 #95-08.

김정렬. 2000. "정부의 미래와 거버넌스: 신공공관리와 정책네트워크," 한국행정학보, 34(1): 21-39.

김종성. 1999. "행정제도의 지속성에 관한 연구," 서울대 행정학 박사학위논문.

_____. 2000. "특별지방행정기관과 지방자치단체간의 기능재배분," 행정논총, 38(2): 273-300.

_____. 2000. 미군정 행정조직의 경로의존성. 한국사회와 행정연구 11(1): 277-291.

김종순. 1991. "한국의회의 입법 및 예산심의 보좌기능의 강화방안에 관한 연구," 한국행정학보, 25(3): 1001-16.

김종술. 1999. "포스트모더니즘을 통해서 본 행정학의 이해," 정부학연구, 5(1): 253-66.

김종완. 1999a. "신문화이론," 정용덕 외. 『신제도주의 연구』. 서울: 대영문화사: 138-92.

_____. 1999b. "의회중심에서 대통령중심으로의 미국정치제도의 변천," 세종연구소, #99-04.

_____. 1999c. "정치문화의 갈등," 정용덕 외, 『신제도주의 연구』. 서울: 대영문화사: 7장.

김종표. 1984. 『현대지방행정론』. 서울: 일신사.

김종표・박경산. 1992. "제14대 대통령선거에 나타난 경제적 투표," 한국정치학회 하계학술대회 발표논문.

김준기. 1999a. "공기업의 민영화 정책," 정용덕 외, 『합리적 선택과 신제도주의』. 서울: 대영문화사: 9장.

_____. 1999b. "비영리단체의 생성과 행태," 정용덕 외, 『합리적 선택과 신제도주의』. 서울: 대영문화사: 10장.

김준기・조일홍・송하중. 1999. "정부업무의 외부위탁에 관한 연구," 한국행정학보, 33(4): 371-92.

김준한. 1989. "한국 제13대 국회 투표권력에 관한 연구," 한국정치학보, 23(1): 81-104.

_____. 1999. "정책평가 개념의 재정립," 한국행정학보, 33(4): 225-41.

김진홍. 1996. "정부규제에 있어서의 이해집단의 상호작용에 관한 연구," 서울대 행정학 석사학위논문.

김충남. 1998. 성공한 대통령 실패한 대통령. 둥지.

김태룡. 1999. "한국과 미국의 행정개혁에 대한 비교," 한국행정학보, 33(1): 1-18.

김태성・성경륭. 2000. 『복지국가론』. 서울: 나남.

김태은 외. 2011. 『2012년도 성인지 예산서분석』. 서울: 국회예산정책처.

김판석. 1994. "세계화시대의 정부부문 경쟁력 제고: 도전과 기회," 한국행정학보, 28(4): 1525-48.

김필두 외. 2011년 법령상 사무총조사 타당성 검토 및 서비스 제공방안. 한국지방행정연구원.

김해동. 1962; 1991. 조사방법론강의, 삼중당.

_____. 1991. 『조사방법론: 이론과 기법』. 서울: 법문사.

김현구. 1992. "행정고등고시 과목의 개편방향: 정책이슈의 분석," 한국행정학보, 26(2): 731-57.

김혜란. 1983. "부가가치세제 도입 정책결정에 관한 연구," 성균관대 행정학 석사학위논문.

_____. 1994. "지방정부 재분배정책의 구조적 한계에 관한 연구," 성균관대 행정학 박사학위논문.

김호진. 1990. 『한국정치체제론』. 서울: 박영사.

김홍기. 1988. 『관료제론』. 서울: 백산출판사.

김홍우. 1996. "현상학과 정치학과 한국정치," 서울대 행정대학원 교수세미나 발표논문.

_____. 1999. 『현상학과 정치철학』. 서울: 문학과지성사.

김흥회. 2000. IMF 외환위기에 이르는 과정에서의 정부고위정책관료의 의사결정과정연구: Janis의 집단사고(groupthink)를 분석의 틀로. 한국행정학보 제34권제4호: 41-58.

김훈식. 1989. 15세기 민본이데올로기와 그 변화. 역사와현실, 1: 183-205.

나종일. 1979. 『영국근대사연구』. 서울: 서울대학교출판부.

남궁근. 1998. 『비교정책연구』. 서울: 법문사.

_____. 1998. 『행정조사방법론』. 제2판. 서울: 법문사.

노기성. 1992. "지방자치제 실시에 따른 재정규모의 변동과 정부기능배분," 송대희・노기성 편, 『지방자치제 실시에 따른 중앙-지방재정기능의 재정립』. 서울: 한국개발연구원: 17-48.

노영기. 2006. 박정희 시대의 군대와 군사문화. 네이버 지식iN.

노융희. 1975. 『지방자치론』. 서울: 한국방송통신대학교.

노정현. 1966. "조선왕조에 있어서 행정적 재조직에 관한 연구," 연세논총.

_____. 1980. 『한국근대화론: 문제와 전망』. 서울: 박영사.

_____. 2000. "IMF체제 이후를 대비하는 국정관리(Governance) 방향," 한국행정연구, 9(2): 5-23.

노정현・박우서・박경원 공편. 1992. 『지방자치시대의 도시행정』. 서울: 나남.

노화준. 1981. 한국에 있어서 행정과학 지식의 전이에 관한 연구. 1981.

_____. 1983, 1989, 1991. 『정책평가론』. 서울: 법문사.

_____. 1996. 『정책학원론』. 서울: 박영사.

동아일보사. 1994. 『신한국의 파워엘리트』. 서울: 동아일보사.

류승민. 1992. "우리나라 기업집단의 소유・경영구조와 정책대응," 한국개발연구, 14(1): 3-36.

_____. 1993. "공정거래정책의 발전과제," 한국개발연구원・공정거래위원회 정책협의회 발표논문.

_____. 1997. 『경쟁정책과 기업정책의 이슈와 과제』. 서울: 한국개발연구원.

류영아. 2020. OECD 지방재정관련 주요 통계와 시사점. 국회입법조사처. 국제통계 동향과 분석, 제7호: 11-18.

리그스. 1966. 『신생국행정론』. (박동서·서원우·김규정·한영환 공역).

문광민. 2010. "정치적 경기순환," 한국행정학회 온라인행정학사전.

문명재. 2008. "정책도구연구의 학문적 좌표와 이론적 연계성: 새로운 분야 아니면 새로운 시각?," 정부학연구, 14(4): 321-346.

문진국. 2000. "우리나라 중앙-지방간 행정기능의 배분에 관한 연구," 서울대 행정학 석사학위논문.

문태현. 1993. "한국에 있어서 정부와 기업간의 관계," 한국행정학보, 27(2): 471-92.

_____. 1999. 『글로벌화와 공공정책』. 서울: 대명출판사.

민 진. 1996. "북한의 행정체계에 관한 연구," 정책논총, 4: 87-103.

_____. 1999. "중앙행정기구의 분화에 관한 연구," 한국행정학회 조직학연구회 편, 『정부조직구조 연구』. 서울: 대영문화사: 2장.

박동서 등 6인. 1972. 『발전행정론』. 서울: 법문사.

박동서. 1961. 한국관료제의 역사적 전개.

_____. 1962. "비교행정의 방법론," 행정논총, 1(1): 1-35.

_____. 1967. "한국행정이론 서설," 행정논총, 5(1): 43-62.

_____. 1967. "한국행정이론 서설," 행정논총, 5(2): 9-26.

_____. 1968. 사적 배경. 한국행정문제연구소(편), 「한국행정의 역사적 분석」.

_____. 1978. "행정학 연구의 현황과 평가," 한국정치학회보, 12: 13-72.

_____. 1979. "서울대 행정대학원 교육내용," 행정논총, 17(2): 12-34.

_____. 1981, 1983, 1997, 2001. 『한국행정론』. 서울: 법문사.

_____. 1981. "관권과 민권," 월간조선, 4월호.

_____. 1985, 1990. 『인사행정론』. 제3전정판. 서울: 법문사.

_____. 1988. "한국행정연구의 사적 변천," 행정논총, 26(2): 220-49.

_____. 1994. 『한국행정의 연구』. 서울: 법문사.

_____. 1997. 한국행정론(제4 전정판). 법문사.

_____. 1998. "한국행정의 연구와 개혁-궤도수정," 한국행정학보, 32(1): 1-10.

_____. 2001. 『인사행정론』. 서울: 법문사.

박동서·김광웅. 1988. 『의회와 행정부』. 서울: 법문사.

박동서·김광웅·김신복. 1986. 『비교행정론』. 제2개정판. 서울: 박영사.

박명림. 1996. "제2공화국 정치균열의 구조와 변화," 백영철 편, 제2공화국과 한국민주주의. 서울: 나남.

박문옥·김운태·김영훈·박연호. 1967. 한국행정학의 반성과 진로. 한국행정학회

박문옥·김운태·김영훈·박연호·동홍욱·황인정. 1969. "한국행정학의 반성과 진로," 한국행정학보, 3: 9-187.

박병련. 2009. "동양역사에서의 리더십," 홍재환·함종석(편). 국가경쟁력과 리더십. 법문사. 14-52.

박상섭. 1985. 『자본주의 국가론』. 서울: 한울.

박성진·고경민. 2005. "한국발전국가의 기원," 사회과학연구, 13(1).

박성현. 1985. "월남파병의 정책결정과정 분석," 성균관대 행정학 석사학위논문.

박영희. 1988. 『재무행정론』. 제2판. 서울: 다산출판사.

박완신. 1983. "북한행정체제 분석," 한국행정학보, 17: 256-72.

박우순. 1996. 『현대조직론』. 서울: 법문사.

박은홍. 1999. "발전국가론 재검토," 국제정치논총, 39(3): 117-34.

박응격. 1995. "Lorenz von Stein의 학문적 생애와 행정사상," 한국행정학보, 29(4): 1401-12.

박재희. 1996. 『정부기능 효율화를 위한 제3섹터 활용방안』. 한국행정연구원. KIPA 연구보고 #96-13.

박정택. 2000. "정책기조에 관한 탐색적 연구," 행정논총, 38(2): 1-34.

박종민 외. 1999. "한국 지방정치의 특징," 한국행정학보, 33(2): 123-39.

박종민. 1998. "민주주의, 시장경제 및 보수주의의 정부개혁," 행정과 정책, 4(1): 33-66.

_____. 2002. "한국의 지방정치: 이론적 시각," 박종민·이종원(편). 『한국 지방민주주의의 위기』. 서울: 나남출판: 57-82.

_____. 2006. 한국 행정이론을 위한 비판적 성찰. 한국행정학회(편). 한국 행정학 오십년: 1956-2006. 한국행정학회.

박종민·김병완. 1991. "한국 국가관료의 신념," 한국행정학회 연례학술발표회 발표논문.

박중훈. 1996. "대통령비서실의 조직과 기능," 한국행정연구원.

박지훈. 2018. 국민이 예산사업을 제안하고 논의: 함께 만들고 함께 누리는 국민참여예산제도 운영. 『지방자치 이슈와 포럼』, 19: 32-36.

박천오 외. 1996. 『비교행정론』. 서울: 법문사.

_____. 2000. 『인사행정의 이해』. 서울: 법문사.

박천오. 1998. "고객지향적 행정과 한국관료제의 대응성," 한국정치학회보, 32(3): 231-53.

_____. 2009. 『정부관료제』. 파주: 법문사.

박호숙. 1996. 『지방자치단체의 갈등관리』. 서울: 다산출판사.

배득종. 1996. 『신재무행정론』. 서울: 박영사.

배무기. 1984. 『노동경제학』. 서울: 경문사.

배병룡. 1999. "조직환경론에서의 신제도주의," 정용덕 외. 신제도주의 연구. 서울: 대영문화사: 7장.

배병삼. 2007. "유교의 리더십: 통하였느뇨?." 『오늘의 동양사상』. 17: 85-98.

배용수. 1995. 『제3섹터의 이해』. 서울: 자치경영협회 자치경영시리즈 #95-1.

_____. 2000. "신관리주의의 한국적 적실성," 한국행정학보, 34(2): 23-38.

배한동. 1987. 『유로코뮤니즘연구』. 서울: 형설출판사.

백완기. 1978. "한국행정학의 학문성 정립문제: 과학주의의 입장에서," 한국정치학회보, 12: 73-92.

_____. 1982. 『한국의 행정문화』. 서울: 고려대학교 출판부.

_____. 1985. "한국의 행정과 행정학," 한국행정학보, 19(2): 3-4.

_____. 1987. "한국적 행정이론의 성립가능성 모색," 한국정치학회보, 21(2): 153-74.

_____. 1989. "남·북한 행정체계의 비교," 북한법률논총, 7: 219-57.

_____. 1998. 『행정학』. 제4전정판. 서울: 박영사.

백종국. 1999. "동아시아 위기론에 대한 비판적 고찰," 한국정치학회보, 32(3): 95-116.

서울대 행정대학원. 1996. 『서울대-동경대 공동워크숍 논문집』. 5월.

_____. 1997. 『민선지방자치 2년의 평가와 과제』. 서울: 서울대 행정대학원.

_____. 1999. 『행정학교육의 변화와 발전방향』. 서울: 서울대 행정대학원.

서원석. 2000. 『공무원의 계약임용에 관한 연구』. 한국행정연구원 연구보고 #99-07.

서원우. 1967. "발전국가에 있어서의 관료제의 역할," 행정논총 5권 2호: 2055-2081.

_____. 1988. "국가기능과 자치단체기능의 재배분문제," 행정개혁위원회 토론회 (정부의 역할과 기능 재정립) 발표 논문, 서울, 8월 11일.

서중건 역, J. V. 스탈린 저. 1990. 『스탈린 선집』. 전진출판사.

서희경. 2012. 『대한민국 헌법의 탄생: 한국헌정사, 만민공동회에서 제헌까지』. 창비.

성경륭. 2000. "공산권의 관료제 및 인사제도 연구," 한국행정학회 동계학술대회 발표논문.

성시영·정용덕. 2018. "대한민국 임시정부의 국가능력과 사회학습," 한국행정사학지, 43: 61-100.

손재식. 1981. 『현대지방행정론』. 서울: 박영사.

손호철. 1992. "국가자율성·능력·강도·경도," 강민 외, 『국가와 공공정책』. 서울: 법문사: 제4장.

_____. 1995. 『해방 50년의 한국정치』. 서울: 새길.

송호근. 1997. "신사회운동의 사회학: 개념·의의·쟁점," 한국사회과학, 19(2): 7-27.

송희준. 1999. "국가와 시민사회의 관계: 이론적 개관과 실천적 전망," 한국행정연구, 8(1): 5-28.

신　율. 1995. "Lorenz von Stein의 사상에 관한 연구," 한국행정학보, 29(4): 1257-73.

신기현·신환철. 1992. "지방의회의 역할갈등에 관한 연구," 한국정치학회 연례학술대회 발표논문, 12월 2-3일.

신무섭. 1985. "한국행정부의 예산결정과정에 있어서 점증주의 행태에 관한 연구," 서울대학교 행정학 박사학위논문.

_____. 1986. "예산결정모형으로서의 점증주의에 관한 연구경향과 평가," 한국행정학보, 20(1): 67-80.

_____. 1993. 『재무행정론』. 개정판. 서울: 대영문화사.

_____. 1994. "입법부의 예산개혁에 대한 평가와 전망," 한국행정학보, 28(3): 825-42.

신호창·이두원·조성은. 2011. 『정책PR』. 서울: 커뮤니케이션북스.

신희영. 1992. "독과점규제정책의 형성메카니즘에 관한 연구," 서울대 행정학 박사학위논문.

심혜인. 2019. 국민참여예산제도와 2019년 운영 방향. 『나라재정』, 27: 4-11.

안문석. 1987. "우리나라에서의 정부규제 강화 요인," 경제법령정비민간협의회 연구자료.

_____. 1994. 『환경행정론』. 서울: 법문사.

안병만. 1985. 『한국정부론』. 서울: 다산출판사.

안병영. 1979. "한국의 행정현상과 행정학연구의 주체성," 한국정치학회보, 13: 73-90.

_____. 1980. 한국행정학의 '탈정치'적 접근과 문화적 편향성," 사회과학, 18: 141-66.

_____. 1982. "행정이론의 토착화와 '정부용역학'의 극복," 월간조선, 7월: 314-42.

_____. 1998. "장관의 정책결정," 한국정치학회 동계학술대회 발표논문.

_____. 2000. "21세기 국가역할의 변화와 국정관리," 계간사상, 봄호: 7-32.

_____. 2000. "국민기초생활보장법의 제정과정에 관한 연구," 행정논총, 38(1): 1-50.

안병영·정무권. 2007. 민주주의, 평등, 그리고 행정. 한국행정학보, 41(3): 1-40.

안상훈. 2010. 현대 한국복지국가의 제도적 전환. 서울대학교출판문화원.

안석호. 1988. "한국에서의 선거경제주기," 성균관대학교 행정학 석사학위논문.

안성헌 역, 자끄 엘륄 저. 2013. 『마르크스 사상: 과연 실천은 순수한가?』. 대전: 대장간.

안성호. 2009. 지방자치체제 개편과 자치단위의 규모. 한국지방자치학회 세미나 바람직한 자치행정체제개편을 위한 합동세미나 논문집. 79-117.

안전행정부. 2013. 안전행정통계연보.

안해균. 1986. 『한국행정체제론』. 서울: 서울대학교 출판부.

_____. 1987. 『현대행정학』. 개정판. 서울: 다산출판사.

양재진. 2005. 발전이후 발전주의론. 한국행정학보, 39(1): 1-18.

양종수. 1989. "수세폐지의 정책과정에 관한 연구," 성균관대 행정학 석사학위논문.

엄기종. 1996. "환경행정기구의 변화에 관한 연구," 서울대 행정학 석사학위논문.

엄석진 외. 2017. 한국의 국가발전과 행정, 1948-2016: 국가기구론의 시각에서. 「한국사회와 행정연구」, 28(3): 1-52.

엄석진·윤영근. 2012. "정부의 공정성에 대한 두 개의 시선," 경제·인문사회연구회, 「우리 사회는 공정한가」. 서울: 한국경제신문사: 9-47.

염돈재. 2002. "정책결정과 정보왜곡의 발생원인," 서울대 박사학위 논문.

염재호. 1990. "일본정부와 기업의 연계관계," 일본평론, 2.

_____. 1990. "첨단기술개발정책결정에 있어서 경제적 동기와 정치적 결과," 한국행정학보, 24(1): 629-54.

염재호·박국흠. 1992. "정책의 비일관성과 딜레마," 한국행정학보, 25(4): 23-44.

오석홍. 1974, 1993, 2000a. 『인사행정론』. 제4전정판. 서울: 박영사.

_____. 1980, 1990, 1993. 『조직이론』. 전정판. 서울: 박영사.

_____. 1996. 『한국의 행정』. 서울: 경세원.

_____. 1998. 『행정학』. 서울: 나남.

오성호. 1997. "공무원 능력발전 진흥방안," 한국행정학회 하계학술대회 발표논문.

오재일. 1994. "일본의 행정개혁", 한국행정연구, 3(1): 64-89.

외교통상부. 2009. 영국 개황.

우남숙. 1999. "한국 근대사에서의 국가유기체설 수용에 관한 연구," 한국정치학회 연례학술대회 발표논문
　　　　(21세기 한국정치학의 도전과 선택).

우홍준. 1996. "유수원의 경세론에 관한 연구," 한국행정학회 동계대회 발표논문.

유금록. 1996. "정치적 조세순환의 스펙트럼분석: 한국, 미국 및 일본의 비교연구," 한국행정학보, 30(2).

유　훈. 1963, 1984, 1993. 『재무행정론』. 제4정판. 서울: 법문사.

_____. 1982. 『행정학원론』. 제4정판. 서울: 법문사.

_____. 1983. 『공기업론』. 서울: 법문사.

_____. 1992. "정책수단에 관한 연구," 행정논총, 30(2): 135-60.

_____. 1998. "정책네트워의 유형과 변동," 행정논총, 36(1): 87-99.

유민봉. 1994. "정책분석틀로서의 논변모형," 한국행정학보, 28(4): 1175-90.

_____. 2000. 『한국인사행정론』. 서울: 문영사.

유민봉·박성민. 2013. 「한국인사행정론」. 서울: 박영사.

유인왕. 1982. "의료보험의 문제점과 개선방안," 사회복지, 여름호.

유재원 외. 1995. "환경규제권의 분권화와 효과," 한국행정학보, 29(1): 3-21.

유재원. 1999. "단체장 민선이후 자치단체의 정책변화," 한국정책학회보, 8(3): 79-98.

유재원·소순창. 2005. "정부인가? 거버넌스인가? 계층제인가? 네트워크인가?" 한국행정학보 39(1).

유현종. 2011. "한국 행정의 국가이론적 재검토," 한국행정학보 제45권제3호.

_____. 2018. 정치-행정 관계의 이론적 곤경과 해결방안. 한국행정학보, 52(4): 331-354.

유현종·이윤호. 2010. "제도적 대통령 부서의 발전에 관한 역사적 분석," 한국행정학보. 44(2): 111-136.

유홍림. 1999. "현대 자유주의 사상 연구," 한국사회과학, 21(4): 161-99.

유홍림·윤상오. 2005. 전자정부추진과정에서의 부처간 갈등. 한국행정학회 동계학술대회 발표논문.

윤견수. 1991. "상징체계를 통해 본 조직의 변화과정," 고려대 행정학 박사학위논문.

윤성식. 1994. 『공기업론』. 서울: 박영사.

윤성일·임동완. 2019. "참여예산제도의 비교 및 협력적 재설계,"『한국사회와 행정연구』, 30(3): 59-77.

윤세창. 1959. "각국의 인사행정제도 비교: 독일의 인사제도," 지방행정, 8(74): 108-116.

윤세영. 2004. "중국 국가행정기구의 변화와 지속성," 서울대 석사논문.

윤영근. 2010. "신맑스주의와 행정학," 한국행정학회 하계학술대회.

윤영진. 1998, 2010. 『새재무행정론』. 서울: 대영문화사.

_____. 2014. 『새재무행정학』. 서울: 대영문화사.

윤재풍. 1986. "한국행정학회의 창립: 그 배경과 의의," 한국행정학보, 20(2): 283-92.

_____. 1987. "한국의 행정학 교육: 대학행정학과 학사과정을 중심으로," 한국행정학보, 21(1): 55-99.

윤혜미. 1984. "의료보험일원화의 정책논의 과정에 관한 연구," 서울대 사회학 석사학위논문.

이경기. 1990. "국민의료보험법의 형성과정과 성격에 관한 연구," 중앙대 사회복지학 석사학위논문.

이계만. 1992. 『북한국가기관론』. 서울: 대영문화사.

이광희. 2008. 정책결정과 조정. 한국행정연구원(편). 한국행정 60년, 1948-2008, 2. 국정관리. 법문사.

이국영. 1989. "관료적 권위주의 이론의 논쟁에 대한 재평가(I)," 한국정치학회보, 23(2): 273-95.

이규억. 1994. 『기업집단정책과 공정거래제도의 발전방향』. 서울: 한국개발연구원.

이근주. 1999. 『정부와 NGO간의 파트너십에 관한 연구』. 한국행정연구원 연구보고 #99-04.

이기우. 2014. 교육감의 위상과 선임방식의 개선방안. 지방자치 FOCUS, 제71호(2014. 3). 한국지방행정연구원.

이대희 외. 2001. 『한국의 행정사』. 서울: 대영문화사.

이도형. 2000. 『지방자치의 하부구조』. 서울: 한울.

이명석. 1999. "공유재 문제," 정용덕 외, 『합리적 선택과 신제도주의』. 서울: 대영문화사: 6장.

_____. 2000. "거버넌스의 개념정의," 한국행정학회 하계학술대회 발표논문.

_____. 2002. "거버넌스의 개념화: 사회적 조정으로서의 거버넌스," 한국행정학보 36(4).

이문수. 2008. 분석수준, 영역 그리고 설명 논리를 통해 본 Max Weber 관료제론에 대한 새로운 이해. 한국행정논집 제20권 제3호. 839-863.

이문영. 1968. "우리나라에서의 적용을 위한 행정개혁 후의 이론 모색," 고려대. 법률행정논집.

이병렬. 1993. 중국의 정치·행정 조직체계에 관한 연구. 전주대학교 사회과학연구원. 『정책과학논총』, 제9집.

이상용. 2012. 지방 분권 및 사무 재배분에 따른 재원배분 방향. 지방재정공제회. 지방재정 30-43.

이상윤. 2000. 『공무원 인사제도론』. 서울: 대왕사.

이상호. 1995. "한국정부의 해외건설정책 추진과정에 관한 연구," 서울대 행정학 박사학위논문.

이석규. 1996. 조선초기 관인층의 민에 대한 인식: 민본사상과 관련하여. 역사학보, 151: 35-70.

이성덕. 1992. "지방자치의 통념에 대한 반론," 한국행정학보, 26(4): 1437-60.

이성우. 1998. "정부기능의 민간위탁 확대방안," 한국정책학회보, 7(3): 31-51.

이성환. 1990. "한국의 최저임금제도에 관한 연구," 숭실대학교 행정학 석사학위논문.

이송호. 2003. "국민의 정부 분야별 관계장관회의에 대한 분석과 평가," 한국행정학보, 37(3): 1-22.

이승수. 1997. "정책논변모형을 통한 자치구역 개편문제의 접근: 성남·분당 사례를 중심으로," 서울대학교 행정학 석사학위논문.

이승종. 1993. 『민주정치와 시민참여』. 서울: 삼영.

_____. 2000. "국내외 행정환경의 변화와 대응과제," 한국행정학회 추계학술대회 발표논문, 10월 14일.

이양수. 1986. "역대임원과 회원," 한국행정학보, 20(2): 317-28.

이연호. 1999. "김대중 정부의 경제개혁과 신자유주의적 국가등장의 한계," 한국정치학회보, 33(4): 287-308.

이연호·임유진·정석규. 2002. 한국에서 규제국가의 등장과 정부-기업관계. 한국정치학회보, 36(3): 199-222.

이용필. 1978. 『정치체계론』. 서울: 대왕사.

이우선. 1983. "의료보험제도해설," 월간 의보공론.

이윤호. 2019. "한국 중앙부처 재조직화의 정합성에 관한 연구: 정권별 과(課) 단위 변화를 중심으로," 서울대학교 박사학위논문.

이원일. 1998. "광역·기초자치단체간의 갈등에 관한 연구," 한국행정학보, 32(2): 201-17.

이원택. 2007. "법가사상과 리더십: 한비자의 경우." 『오늘의 동양사상』. 17: 113-131.

이원희. 1998. 『예산과정의 규범과 현실』. 경기: 안성산업대학교 출판부.

이은국. 1992. "정치유인경기순환주기이론의 스펙트럼 분석: 미국의 사례," 한국행정학회 동계학술대회 발표논문.

_____. 1999. "정치적 경기순환주기가설의 스펙트럼분석: 한국의 사례," 한국행정학보, 33(3).

이의영. 1995. "미국 공정거래정책의 변화과정 연구," 서울대 지역연구소 학술발표대회 발표논문.

이재우. 1997. 『경쟁과 담합』. 한국경제연구원.

이재희. 2001. "한국 의료보험정책 변화의 과정에 대한 연구," 고려대 행정학 박사학위논문.

이종범. 1977. "행정학의 토착화에 관한 논거," 한국행정학보, 11: 198-223.

_____. 1979. "한국행정학 연구의 방향과 과제: 문화적 차이의 개념을 중심으로," 한국정치학회보, 13: 67-77.

_____. 1986.『국민과 정부관료제』. 서울: 고려대학교 출판부.

_____. 1994. "김영삼대통령의 리더쉽 특성과 국정관리유형," 한국행정학보, 28(4): 1127-40.

_____. 1994. "딜레마와 상징적 행동," 이종범 외,『딜레마이론』. 서울: 나남: 213-36.

_____. 2005. "한국 행정학 연구의 한국화: 이론의 세계화," 한국행정학회.「kapa@포럼」. 112: 11-14.

이종범・안문석・염재호・박통희 외. 1994.『딜레마 이론: 조직과 정책의 새로운 이해』. 서울: 나남.

이종범・정용덕・김준한. 1990. "행정학과 교육프로그램 개발에 관한 연구," 한국행정학보, 24(1): 367-426.

이종수. 1993. "지방정부와 국가이론," 한국행정학회 하계학술대회 발표논문, 광주, 6월.

_____. 1998. "분권화의 패턴," 한국정치학회보, 32(2): 169-90.

_____. 1999. "정부조직 개편과 행정개혁," 한국정책학회 연례학술대회 발표논문, 12월.

이종수・윤영진 외. 1993.『새행정학』. 서울: 대영문화사.

이종필. 1999. "한국 농림해양수산행정기구의 변화와 원인," 서울대 행정학 석사학위논문.

이준원. 1996. "한국 예산편성과정의 역동성에 관한 연구," 서울대 행정학 박사학위논문.

이창균. 2010. 정부간 재정관계 속에서 자치단체의 재정자율성 강화방안. 한국지방재정학회. 한국지방재정 논집. 15(2): 109-134.

이창원・강제상・김정훈・김태일・박희봉. 1997. "우리나라 정부개혁의 기본방향과 과제," 한국행정학회 하계학술대회 발표논문.

이하영・신형균. 1994.『행정이론: 인간행위의 합리적 해석』. 서울: 선학사.

이한구. 1980. "사회과학에 있어서의 방법론적 개체론과 전체론," 한국사회과학연구소 편,『사회과학의 철학』. 서울: 민음사.

이한빈. 1967. "POSDCORB의 재음미," 한국행정학보, 1: 103-14.

_____. 1968. "최고관리," 한국행정문제연구소(편), 한국행정의 역사적 분석.

_____. 1968.『사회변동과 행정』. 서울: 박영사.

_____. 1996.『일하며, 생각하며: 이한빈 회고록』. 서울: 조선일보사.

이현우. 2018. 미국의 정부형태별 역할분담과 지방재정구조 분석 시사점. 경기연구원 정책연구과제.

이호철. 1994. "국가건설과 국가지배력," 한국정치학회보, 29(1): 265-84.

_____. 1996. "행위자와 구조, 그리고 제도: 제도주의의 분석수준," 사회비평, 14: 63-85.

이홍구. 1987. "서울대학교 정치학 40년: 그 흐름과 학풍," 박재윤 편,『서울대학교 학문연구 40년(I)』. 서울: 서울대학교출판부: 241-61.

이홍영 저, 강경성 역. 1997.『중국의 정치 엘리트: 혁명간부 세대로부터 기술관료 세 대로』. 나남출판.

이환범・최준호. 2000.『신 행정서비스론』. 안동: 영남사.

임도빈. 1997.『지방조직론』. 서울: 박영사.

_____. 2000. "신공공관리론과 베버 관료제 이론의 비교," 행정논총, 38(1): 51-72.

_____. 2007. 관료제, 민주주의, 그리고 시장주의: 정부개혁의 반성과 과제. 한국행정학보, 41(3): 41-65.

_____. 2010. 관료제 개혁에 적용한 신공공관리론, 무엇이 문제인가.『한국사회와 행정연구』21(1): 1-27.

임도빈・허준영. 2010. "사회갈등의 확산메커니즘에 관한 연구," 행정논총. 48(4): 55-80.

임성근・김윤권 편저. 2012.『주요국의 국정소통 방법』. 서울: 커뮤니케이션북스.

임은주. 1999. "한국 문화 및 공보행정기구 변화에 관한 연구," 서울대 행정학 석사학위논문.

임을기. 2001. "의료보험정책의 변동에 관한 연구," 서울대 행정학 석사학위논문.

임학순. 1994. "준정부조직의 성장과 기능에 관한 연구," 서울대 행정학 박사학위논문.

_____. 1999. "준정부조직의 성장 원인에 관한 이론적 논의," 한국행정학회 조직학연구회 편,『정부조직구조연구』. 서울: 대영문화사: 15장.

임혁백. 1993. "민주화 시대의 국가-시민사회 관계의 틀 모색," 최장집・임현진 공편,『시민사회의 도전: 한국 민주화와 국가, 자본, 노동』. 서울: 나남: 제3장.

장지호. 1965. 『인사행정론』. 서울: 진명문화사.

_____. 1975. 『지방행정론』. 서울: 진명문화사.

장하준. 2010. 『그들이 말하지 않는 23가지』. 부키.

전국지속가능발전협의회. 2012. 광역의제 현황분석

전신욱. 1989. "한국산업화과정에서의 노동통제와 노동저항," 고려대 행정학 박사학위논문.

전영평. 2000. "Laurence J. O'Toole의 행정국가와 권력분립," 오석홍・송하중・박정수 외. 『행정학의 주요이론』. 2판. 서울: 법문사.

전영한. 2007. "정책도구의 다양성," 정부학연구, 13(4): 259-295.

전영한・이경희. 2010. "정책수단연구: 기원, 전개, 그리고 미래," 행정논총, 48(2): 91-118.

전용주. 2005. "미국 이익집단정치연구의 현황과 쟁점," 세계지역연구논총, 25(3).

전주상. 2008. "예산과정상의 주민참여제도에 관한 연구," 한국정당학회보, 7(2): 189-216.

電通總研(제진수 역). 1999. 『NPO-지속가능한 사회를 위한 시민경영학』. 서울: 삼인.

정국환・정용덕 외. 1996. 『미래 정보사회의 공공행정모형』. 한국전산원 NCAVII-RER-9679.

정무권 편. 2009. 「한국복지국가 성격논쟁 II」. 인간과 복지.

정성호. 2000. "Herbert Kaufman의 행정가치간의 갈등," 오석홍・송하중・박정수 편. 『행정학의 주요이론』. 서울: 법문사.

_____. 2001. "한국행정학의 근대성: 담론분석." 정부학 연구. 7(2): 41-65.

정세욱. 1984. 『지방행정학』. 서울: 법문사.

정승건. 2000. "발전주의와 신자유주의를 넘어서," 한국행정학보, 34(2): 39-59.

정약용. 1997. 『목민심서』. 서울: 홍신문화사.(노태준 역)

정영태. 1997. "세계화와 국민국가의 역할," 한국정치학회 연례학술발표회 논문집, 12월 4일.

정용남. 1998. "사법개혁과정에서의 정책네트워크 연구," 서울대 행정학 박사학위논문.

정용덕 외. 1999a. 『신제도주의연구』. 서울: 대영문화사.

_____. 1999b. 『합리적 선택과 신제도주의』. 서울: 대영문화사.

_____. 2002. 『거버넌스 제도의 합리적 선택』. 서울: 대영문화사.

_____. 2012. 『공공갈등과 정책조정 리더십』. 파주: 법문사.

정용덕. 1982. "한국에서의 배분적 정의와 공공정책," 한국정치학회보, 16: 289-309.

_____. 1983. "우리나라 정부규제의 평가: '8・3 긴급경제조치'의 경우를 중심으로," 한국행정학보, 17: 89-117.

_____. 1984. "자유시장경제와 정부규제: 연구문제의 선정," 한국행정학보, 18(2): 597-619.

_____. 1986. "행정학 연구에 있어서의 기본가정, 연구목적 및 분석단위에 관한 고찰," 사회과학, 26: 139-61.

_____. 1988. "물적자원의 동원과 배분," 성균관대학교 사회과학연구소 편, 『행정학개론』. 서울: 대영문화사: 7장.

_____. 1988. "한국 중앙집권화의 정치경제학," 『현상과 인식』, 12(1): 128-153.

_____. 1991. "다원주의와 정부규제," 이문영 외, 『작은 정부를 위한 관료제』. 서울: 법문사: 40-61.

_____. 1993. "'자본주의국가론'에 의한 한국 중앙국가기구의 유형별 분석," 한국행정학보, 27(3): 677-704.

_____. 1993. "자본주의국가의 기능과 기구: 클락・디어의 유형화모형에 대한 비판적 고찰," 안해균 교수 정년기념 논문집 『한국관료제와 정책과정』. 서울: 다산출판사: 145-84.

_____. 1993. "한국 중앙국가의 구조적 조직," 한국정치학회보, 27(1): 7-35.

_____. 1993. "합리적 선택으로서의 국가기구 형성," 사회과학, 32(2): 21-57.

_____. 1994. "중앙정부와 지방정부간 기능 및 정책결정권한의 적정배분에 관한 연구," 성곡논총, 25: 1379-427.

_____. 1995. "다원주의 국가의 핵심행정부," 행정논총, 33(2): 59-97.

_____. 1995. "한국 중앙국가의 관청형성에 관한 연구," 행정논총, 33(1): 37-77.

_____. 1995. "한국의 정부조직 개편," 한국정책학보, 4(1): 58-84.

_____. 1996. "개인주의 국가의 핵심행정부 의사결정," 행정논총, 34(2): 79-99.

_____. 1996. "한국 행정학 발전의 동인," 한국행정학보, 30(4): 1-17.

_____. 1996. "한국의 관료집단과 국가정책결정," 정신문화연구, 19(1): 73-88.

_____. 1996. 미국 행정(학)의 무(無)국가성이 한국 행정(학) 발전에 미친 영향.『행정논총』34(1): 33-50.

_____. 1997. "엘리트 국가의 핵심행정부 의사결정," 행정논총, 35(1): 97-128.

_____. 1998. "국가기구의 제도적 특성과 행정개혁," 한국정치학회 특별학술대회 발표논문, 2월.

_____. 1998. "국가재정 규모의 변화와 그 원인," 강신택 교수 정년기념 논문집『한국의 재정과 재무행정』. 서울: 박영사: 1장.

_____. 1998. "정부와 시장간의 관계: 행정학적 관점," 공공정책연구, 5: 31-57.

_____. 1998. "한국적 국정관리와 국가경쟁력," 한국행정연구원·행정자치부 공동주관 국제학술회의 (건국 50년 회고와 전망) 발표논문, 서울, 8월 11일 (김정길·김영평 편,『지구촌 시대의 한국: 회고 50년, 전망 50년』. 서울: 나남: 7장).

_____. 1999. "관청형성 모형," 정용덕 외,『합리적 선택과 신제도주의』. 서울: 대영문화사: 5장.

_____. 1999. "국가자율성의 조직론적 토대," 정용덕 외,『신제도주의 연구』. 서울: 대영문화사: 3장.

_____. 2000. "21세기 한국의 국정관리 모형," 한국사회과학연구협의회 학술대회 (21세기 한국사회의 설계) 발표논문, 2000년 2월 26일, 연세대학교 알렌관.

_____. 2001.『현대 국가의 행정학』. 서울: 법문사.

_____. 2002.『한일 국가기구 비교연구』. 서울: 대영문화사.

_____. 2003. "미국의 국가이념과 행정개혁," 행정논총. 41(3). 2003: 1-22.

_____. 2006. "거버넌스와 국가역량," 국정관리연구. 1(1): 9-35.

_____. 2006. "행정개혁," 한국행정학회 편.『한국행정학 50년, 1956-2006』. 서울: 한국행정학회. 379-402.

_____. 2009. "'소용돌이' 한국정치와 국가경쟁력," 행정포커스. 12: 1.

_____. 2009. "기획특집 편집인 서문: 행정(학)에서의 이념과 실용," 한국행정학보, 43(1): 1-16.

_____. 2009. "한국의 시대적 상황과 주요국 연구의 의의," 이민호 외 공편.『행정이념과 실용행정』. 파주: 법문사: 223-48.

_____. 2011. "공공갈등과 정책조정 리더십의 이론적 배경," 공공갈등과 정책조정 리더십. 법문사: 1-34.

_____. 2011. "한국 행정학에서 무엇을 어떻게 연구할 것인가," 박종민·윤견수·김현준 편. 한국행정학의 방향. 파주: 박영사: 2장(79-108).

_____. 2013. "바람직한 공무원의 기준," 임도빈 외. 공직사회의 낭중지추를 찾아서. 법문사: 제2장.

_____. 2013. 훌륭한 공직자의 기준. 임도빈 외 저. 공직사회의 낭중지추를 찾아서. 파주: 법문사. 11-41.

정용덕·김근세. 1996.『일본 행정개혁에 있어 정치집행부 강화 시도와 제도적 제약』. 한국의회발전연구회 연구논문 보고서.

_____. 1998. "한국 중앙재정기구의 개혁방향," 한국행정학보, 32(1): 81-96.

_____. 2002. "북한 사회주의 국가의 기능과 기구: 클락-디어모형의 적용을 중심으로,"『한국행정연구』. 11(3).

정용덕·김근세·권영주·라휘문·무라마츠·오니시. 1998. "일본중앙정부의 행·재정개혁에 관한 경험적 연구: '관청형성모형'을 중심으로," 한국정책학회보, 7(3): 53-86.

정용덕·문진국·최태현. 2001. 한일 중앙지방관계의 이원국가성에 관한 실증적 분석.『행정논총』, 39(2): 47-68.

정용덕・정순영・라휘문. 1996. "한국 의회에서의 정책유형별 입법과정에 관한 연구," 의정연구, 1(1): 197－
224.

정용덕・최태현. 1999. "중앙국가의 관청형성: 1982-1997", 정용덕 외,『합리적 선택과 신제도주의』. 서울:
대영문화사: 7장.

정인흥. 1955.『행정학』. 서울: 제일문화사.

＿＿＿. 1971. "행정국가론," 성균관대 논문집, 2: 257-75.

＿＿＿. 1975. "행정국가,"『정치학대사전』. 서울: 박영사: 1740-1.

정정길 외. 1987.『정책평가』. 서울: 전광출판사.

＿＿＿. 2006.『정책학원론』. 서울: 대명출판사.

정정길. 1975. "Allison 모형에 대한 비판적 고찰," 경북대 논문집, 20.

＿＿＿. 1979. "한국에서의 정책연구," 한국정치학회보, 13: 137-152.

＿＿＿. 1988.『정책결정론』. 서울: 대명출판사.

＿＿＿. 1992. "대통령의 정책관리스타일," 한국행정학회 춘계학술 대회 발표논문.

＿＿＿. 1994.『대통령의 경제리더십』. 서울: 한국경제신문사.

＿＿＿. 1997.『정책학원론』. 개정판. 서울: 대명출판사.

＿＿＿. 2000. "새로운 시대의 행정관리," 한국행정연구, 9(2): 54-82.

＿＿＿. 2000.『행정학의 새로운 이해』. 서울: 대명출판사.

정정목. 1992. "시・군의 자치단체화와 '티이보우 모형'," 한국행정학보, 26(3): 875-88.

＿＿＿. 1996.『지방자치원론』. 서울: 법문사.

정종철. 1997. "한국 교육행정기구 변천의 특징과 영향요인," 서울대 행정학 석사학위논문.

정준금. 1993. "환경보호를 위한 의회의 역할," 의정연구, 62.

＿＿＿. 1994. "환경문제로 인한 갈등," 성곡논총, 25.

정진경. 2002. "정부 지원 NGO의 조직특성과 자원획득에 관한 연구," 한국행정학보 36(2): 231-247.

정진영. 1992. "경제와 선거," 한국정치학회 하계학술대회 발표논문, 7월.

정충식. 1999.『멀티미디어시대의 행정: 정보기술을 활용한 행정개혁론』. 서울: 나남.

정회성・이송호. 1995. 환경기초시설 설치・운영업무의 정부간 분담방향. 한국환경기술개발원.

조경호. 2000. "Donald Kettl의 대리정부이론," 오석홍 편,『행정학의 주요이론』. 서울: 법문사: 258-59.

조만형. 1999. "포스트모더니즘 관점에서의 행정학," 서울행정학회 하계학술대회 발표논문.

조석준. 1965. 행정의 분권화: 한국군사정부의 사례연구.

＿＿＿. 1967. "결정작성에 있어서의 갈등이론과 한국행정," 행정논총, 5(2): 113-32.

＿＿＿. 1967. "미군정 및 제1공화국의 중앙부처기구의 변천에 관한 연구," 행정논총, 5(1): 121-62.

＿＿＿. 1977, 1993.『조직론』. 제3전정판. 서울: 법문사.

＿＿＿. 1980, 1992.『한국행정학』. 제2전정판. 서울: 박영사.

＿＿＿. 1989. "우리나라 행정학의 방향," 행정논총, 27(2): 316-20.

＿＿＿. 1994.『한국행정조직론』. 서울: 법문사.

＿＿＿. 1994. "정부조직의 합리화방안,"『조직과 행정』. 서울: 서울대학교 행정대학원: 16장.

조석준・임도빈. 2010.『한국행정조직론』. 서울: 법문사.

조선일. 1999. "중앙정부 경영진단 과정에 관한 비판적 고찰," 한국행정학보, 33(1): 19-33.

조성렬. 1994.『정치대국 일본: 일본의 정계개편과 21세기 국가전략』. 서울: 나라사랑.

조영문. 1984. "한국의 복지정책형성," 성균관대학교 행정학 석사학위논문.

조창현. 1993.『지방자치론』. 서울: 박영사.

조흥식・염태산・김희정・정의진・조상욱. 2011.『2010년 정부의 비영리민간단체 지원백서』. 한국NPO공
동회의.

주동식. 1999. "지역엘리트의 지방정부에 대한 영향력 분석," 서울대 행정학 석사학위논문.

주재현. 1998. "권위주의 체제하 한국 국가엘리트의 정책추진 동기와 학습효과에 관한 연구," 한국정책학회보, 7(2): 289–310.

중앙선거관리위원회. 각년도. 국회의원선거 투표율 분석

_____. 각년도. 대통령선거 투표율 분석

_____. 각년도. 전국동시지방선거 투표율 분석

차동세 외. 1995. 『한국경제반세기: 역사적 평가와 21세기 비전』. 서울: 한국개발연구원.

채원호. 1997. "전후 일본관료제의 형성과 그 특징: 정관관계 및 정부기업관계를 중심으로," 서울대 행정학 박사학위논문.

채준호. 2010. 영국의 공무원 임금결정 방식 연구. 한국노동연구원.

총무처. 1986. 『정부기능분석 결과보고』.

총무처 직무분석기획단. 1997. 『신정부혁신론』. 서울: 동명사.

최경렬. 1990. "공공선택론의 예산결정이론에 관한 연구," 성균관대 행정학 석사학위논문.

최명·김용호. 1994. 『비교정치학서설』. 전정판. 서울: 법문사.

최병선. 1989. "정치경제체제의 전환과 국가능력," 한국정치학회보, 23(2): 27–49.

_____. 1992. 『정부규제론』. 서울: 법문사.

_____. 1994. "Hayek의 자유주의 사상과 정치경제학 이론," 행정논총, 32(1): 167–94.

최봉기. 1987. "한국정부의 정책의제형성에 관한 연구," 중앙대 행정학 박사학위논문.

최성모 편. 1998. 『정보사회와 정보화정책』. 서울: 나남.

최은봉. 1992. "일본 공공정책 결정구조와 과정 연구," 행정과 정책, 1(1): 7–40.

최인호 외 역. K. 마르크스 & F. 엥겔스 저. 1997. 『칼 막스 프리드리히 엥겔스 저작선집』. 서울: 박종철출판사.

최장집. 1989. 『한국 현대정치의 구조와 변화』. 서울: 까치.

_____. 2002. 민주화 이후의 민주주의: 한국 민주주의의 보수적 기원과 위기. 후마니타스.

최재송. 1999. "공유재로서의 도시주거공동체," 정용덕 외, 『합리적 선택과 신제도주의』. 서울: 대영문화사: 11장.

최종원. 1995. "합리성과 정책연구," 한국정책학회보, 4(2): 131–160.

_____. 1999. "불확실성 하에서의 정부의 규제정책결정의 한계," 한국행정학보, 33(4): 259–78.

최진욱. 2008. 『현대북한행정론』. 명인문화사.

최창수·강문호. 2013. 지방정치의 후견주의 구조와 지방정부 통합. 『한국행정학보』, 47(4): 167–187.

최창집. 2001. 『이해행정학』. 부산: 부산대학교 출판부.

최창현. 1995. 『조직사회학』. 서울: 학지사.

최창호. 1980. 『지역사회개발행정론』. 서울: 삼영사.

_____. 1995. 『지방자치학』. 서울: 삼영사.

최태현. 1999. "한국 국가기구의 변화에 관한 경험적 연구," 서울대 행정학 석사학위논문.

최태현·정용덕. 2018. 거버넌스와 리더십의 실천적 상보관계: 행정환경 변화의 맥락에서. 『한국사회와 행정연구』 29(1): 23–51.

_____. 2020. 적극행정의 철학적, 윤리적 토대의 검토: 가능성, 한계, 그리고 맥락. 『한국행정연구』 29(1): 1–30.

최한기. 1982. 『인정』. 서울: 민족문화추진회.

통계청. 각 년도. 인구이동통계연보(주민등록에 의한 집계)

하규봉. 1992. "지방자치의 정치경제이론," 한국정치학회 연례학술대회 발표논문, 12월 2–3일.

하동현, 주재복, 최흥석. 2011. 일본 지방자치단체의 조직관리제도 분석 및 시사점. 지방행정연구 25(1): 277–314.

하민철·윤견수. 2010. 메타프레임으로서의 녹색성장 정책. 한국정치학회보, 19(1): 101–26.

하연섭, 주재현, 강민아, 나태준, 장지호. 2006. 사회의사결정구조의 개선. 한국행정학회 동계학술대회 발표 논문.

하연섭. 2010. 『정부예산과 재무행정』. 서울: 다산출판사.

_____. 2018. 『정부예산과 재무행정』. 서울: 다산출판사.

하태권. 1995. "지방공무원의 임용실태와 개선방안," 한국행정연구, 4(4): 5-29.

_____. 2002. "실적주의(Merit System), 실적제/직업공무원제도," 한국행정학회. 「온라인행정학전자사전」.

하태수. 2003. "역대정권의 언론정책이 언론사 지배구조에 미친 영향," 사회과학논총 6: 151-175.

_____. 2010a. "박정희 정권 출범 시기의 정부조직법 개정 분석: 발전국가 형성의 역사적 정치경제 배경을 중심으로," 한국사회와 행정연구 21(1): 229-273.

하혜수. 1998. "지방자치단체간 분쟁조정모형과 적용에 관한연구," 경기연구, 3: 3-22.

한국사회과학협의회·중앙선데이. 2012. 한국사회 대논쟁. 서울: 메디치 미디어: 108-29.

한국정치학회 편. 2008. 『정치학 이해의 길잡이: 정치과정』. 서울: 법문사.

한국행정연구원. 2012. 한중일독 공무원 채용 및 승진제도 비교 연구. 한국행정연구원.

한국행정학회. 1991. 『한국행정학회(1956-1991)』. 서울: 한국행정학회.

한국행정학회(편). 2006. 『한국 행정학 오십년: 1956-2006』. 한국행정학회.

한영환. 2000. 『발전행정론』. 서울: 아세아문화사.

한원택. 1985. 『도시 및 지방행정론』. 서울: 박영사.

함성득. 1996. "예산심의 과정에서 국회의 전문성 확보를 위한 조직구성에 대한 연구," 행정과 정책, 2: 195-227.

_____. 1999. 『대통령학』. 서울: 나남.

행정개혁위원회. 1989. 『행정개혁에 관한 건의』. 서울.

행정안전부. 2011. 특별지방행정기관 기구정원통계

_____. 2020. 2020년도 지방자치단체 통합재정 개요(상).

_____. 각년도. 각 자치단체별 정원조례 및 시행규칙

_____. 각년도. 분야별 직급별 전체공무원정원현황

_____. 각년도. 자치단체 예산 개요

_____. 각년도. 지방재정연감

허 범. 1976. "정책의 본질," 유 훈 외, 『정책학개론』. 서울: 법문사: 2-70.

_____. 1984. "정책학의 정책문제지향성," 성균관대 사회과학연구소 편, 『한국공공정책론』. 서울: 대왕사.

허철행. 2009. "공공서비스 전달체계의 기초적 논의," 한국지방정부학회 학술발표논문집. 3: 5-22.

헤 디. 1968. 『비교행정론』. 서울: 법문사. (서원우 역)

홍준형. 1997. 『행정법총론』. 3판. 서울: 한울아카데미.

_____. 1999. "신공공관리론의 공법적 문제," 행정논총, 37(1): 93-110.

황성돈. 1997. "신인사행정의 기본원칙과 방향," 한국행정학회 하계학술대회 발표논문.

황윤원. 1996. 『재무행정론』. 서울: 법문사.

황인정. 1970. 『행정과 경제개발』. 서울: 서울대학교 출판부.

황인학. 1997. 『경제력 집중 한국적 인식의 문제점』. 서울: 한국경제연구원.

황정현. 1986. "최저임금제의 도입방향," 국책연구, 9: 278-83.

[영문문헌]

6, P. et al. 2002. *Towards Holistic Governance: The New Reform Agenda*. Bastingstoke: Palgrave.

Aberbach, J. & Rockman, B. 1988. "Mandates or Mandarins?: Control and Discretion in the Modern Administrative State," *Public Administration Review*. 48(2): 606-612.

_____. 1984. "The Administrative State in Industrialized Democracies," National Public Radio Module on Bureaucracies, Global Understanding Project.

Aberbach, J., Putnam, R. & Rockman, B. 1981. *Bureaucrats and Politicians in Western Democracies.* Cambridge, MA: Harvard University Press.

Abrams, R. 1980. *Foundations of Political Analysis.* NY: Columbia Univ. Press.

Adams, G. 1984. "The Department of Defense and the Military-Industrial Establishment," in F. Fisher & C. Shirianni (eds.), *Critical Studies in Organization and Bureaucracy.* Philadelphia: Temple Univ. Press: 320-34.

Ady, Jeffrey C. & Taehyon Choi. 2019. Modeling the Role of Culture in Policy Transfer: A Dynamic Policy Transfer Model. *Korean Journal of Policy Studies* 34(2): 127-150.

Ahmad, M. 1982. "The Political Economy of Public Enterprise," in L. Jones (ed.), *Public Enterprise in Less-developed Countries.* Cambridge: Cambridge Univ. Press: 49-64.

Alavi, H. 1979. "The State in Post-Colonial Societies: Pakistan and Bangladesh," in H. Goubourne (ed.), *Politics and State in the Third World.* London: Macmillan.

Albrow, M. 1970. *Bureaucracy.* London: Macmillan.

Alesina, A. 1987. "Macroeconomic policy in a two-party system as a repeated game," *Quarterly Journal of Economics* 102, 651-8.

Alesina, A., Roubini, N. and Cohen, G. 1997. *Political Cycles and the Macroeconomy.* Cambridge, MA: MIT Press.

Alford, R. & Friedland, R. 1985. *Powers of Theory: Capitalism, the State, and Democracy, Cambridge:* Cambridge Univ. Press.

Alford, R. 1975. "Paradigms of Relations between State and Society," in L. Lindberg et al. (eds.), Stress and Contradiction in Modern Capitalism: Public Policy and the Theory of the State. Lexington, MA: Lexington Books.

_____. 1975. Health Care Politics. Chicago: Univ. of Chicago Press.

Allison, G. & M. Halperin, 1972. "Bureaucratic Politics: a Paradigm and Some Implications," in R. Tanter & R. Ullman. eds. *Theory and Policy in International Relations.* Princeton: Princeton University Press.

Allison, G. 1969. "Conceptual Models and the Cuban Missile Crisis," *American Political Science Review,* 63(3): 689-718.

_____. 1971. *The Essence of Decision: Explaining the Cuban missile crisis.* Boston: Little, Brown.

_____. 1984. "Public and Private Management" in R. Stillman, Ⅱ. (ed.), *Public Administration: Concepts and Cases.* Boston: Houghton Mifflin: 453-67.

Almond, G. & Powell, Jr., G. 1996. *Comparative Politics Today.* 6th ed. Boston: Little Brown.

Almond, G. & S. Verba, 1963. *The Civic Culture.* Princeton: Princeton Univ. Press.

Almond, G. 1960. "Introduction," in G. Almond & J. Coleman (eds.), *The Politics of the Developing Areasn:* Princeton Univ. Press: 3-64.

_____. 1988. "The Return to the State," *American Political Science Review,* 82(3): 853-74.

Alt, J. & K. Chrystal, 1983. *Political Economics.* Sussex: Wheatsheaf Books.

Althusser, L. 1969. *For Marx.* Harmondsworth: Penguin.

_____. 1971. *Lenin and Philosophy and Other Essays.* London: New Left Books.

Altvater, E. 1978. "Some Problems of State Interventionism," in J. Holloway & S. Picciotto (eds.), *State and Capital: A Marxist Debate.* London: Edward Arnold: 40-2.

Amin, S. 1976. *Unequal Development: An Essay on the Social Formation of Peripheral Capitalism.* Sussex:

Harvester Press.

Amsden, A. 1989. *Asia's Next Giant: South Korea and Late Industrialization*. NY: Oxford Univ. Press.

Anderson, J. 1984. *Public Policy-Making*. 3rd. ed. NY: Holt, Reinhart & Winston.

Anheier, H. & Seibel, W. eds. 1990. *The Third Sector*. NY: Walter de Gruyter.

Anheier, H. K. & Salamon, L. M. 1998. *The Nonprofit Sector in the Developing World*. London: Manchester University Press.

Anheir, H. 1990. "Institutional Choice and Organizational Behavior in the Third Sector," in H. Anheir & W. Seibel (eds.), *The Third Sector*. NY: Walter de Gruyter: 47-52.

Ansell, C. & A. Gash, 2008. Collaborative Governance in Theory and Practice. *Journal of Public Administration Research and Theory*, 18(4): 543-71.

_____. 2018. Collaborative platforms as a governance strategy. *Journal of Public Administration Research and Theory*, 28(1): 16-32.

Anton, T. 1967. "Roles and Symbols in the Determination of State Expenditure," *Mid-West Journal of Political Science*, 11(Feb.): 27-43.

_____. 1980. *Administered Politics: Elite Political Culture in Sweden*. The Hague: Martinus Nijhoff.

Appleby, P. 1949. *Policy and Administration*. Birmingham: Univ. of Alabama Press.

_____. 1955. *Morality and Administration in Democratic Government*. Baton Rouge: Louisiana State Univ. Press.

Arendt, Hannah. 1951. The Origins of Totalitarianism. New York: Harcourt, Brace, Jovanovich.

Argyris, C. 1973. "Organizational Man: Rational and Self-actualizing," *Public Administration Review*, 33: 354-7.

_____. 1973. "Some Limits of Rational Man Organization Theory," *Public Administration Review*, 33: 253-67.

Arrow, K. 1963. *Social Choice and Individual Values*. NY: John Wiley & Sons.

Ascher, K. 1987. *The Politics of Privatization*. NY: St. Martin's Press.

Atkinson, M. & Coleman, W. 1989. "Strong States and Weak States," *British Journal of Political Science*, 19(1): 47-67.

Aucoin, P. 1990. "Administrative Reform in Public Management," *Governance*, 3(2): 115-37.

Bachrach, P. & M. Baratz. 1962. "Two Faces of Power," *American Political Science Review*, 56: 947-52.

_____. 1963. "Decisions and Nondecisions: An Analytical Framework," *American Political Science Review*, 57.

_____. 1970. *Power and Poverty*. NY: Oxford Univ. Press.

Badelt, C. 1990. "Institutional Choice and the Nonprofit Sector," in H. Anheir & W. Seibel (eds.), *The Third Sector*. NY: Walter de Gruyter: 53-63.

Baerwald, H. 1986. *Party Politics in Japan*. London: Allen & Unwin.

Bailey, J. & R. O'Connor, 1975. "Operationalizing Incrementalism," *Public Administration Review*, 35(1): 60-6.

Bailey, S. 1968. "Objectives of the Theory of Public Administration," in J. Charlesworth (ed.), *Theory and Practice of Public Administration: Scope, Objectives and Methods*. Philadelphia: American Academy of Political Science: 128-39.

Bailey, T. 1968. *Democrats vs. Republicans: The Continuing Clash*. New York: Meredith Press.

Ban, C. 1999. "The Status of Public Personnel Reform in the United States," Paper Presented at the International Conference of the Korean Association for Public Administration, October, Seoul.

Banfield, E. & M. Meyerson, 1955. *Politics, Planning and the Public Interest*. NY: Free Press.

Banfield, E. 1958. *The Moral Basis of a Backward Society*. Glencoe, IL: Free Press.

Baran, P & P. Sweezey, 1966. *Monopoly Capitalism*. Harmondsworth: Penguin.

Barke, R. 1982. "Economic Regulation and the Body Politic," in A. Stone & E. Harpham (eds.), *The Political Economy of Public Policy*. Beverly Hills: Sage: 163-85.

Barker, A. 1982. "Governmental Bodies and Networks of Mutual Accountability," in A. Barker (ed.), *Quangos in Britain*. London: Macmillan.

Barker, R. 1984. "The Fabian State," in B. Pimlott (ed.), *Fabian Essays in Socialist Thought*. London: Heinemann: 27-38.

Barnard, Chester I. 1938. The Functions of the Executive (Cambridge: Harvard University Press.

Barro, R. J. 1991. Economic Growth in a Cross Section of Countries. *The Quarterly Journal of Economics*, 106(2): 407-444.

Barrow, C. 1992. "Corporate Liberalism, Finance Hegemony, and Central State Intervention in the Reconstruction of American Higher Education," *Studies in American Political Development*, 6: 240-64.

_____. 1993. *Critical Theories of the State: Marxist, Neo-Marxist, Post-Marxist*. Madison, WI: Univ. of Wisconsin Press.

Baskin, M. 2010. CDFs American Style: Distribution Policy and Member Items in New York Sate. 2nd Workshop on Parliamentary Development.

Bass. 1990. *Transformational Leadership Development*. Palo Alto, CA: Consulting Psychologists Press.

Bauer, R. 1990. "Nonprofit Organizations in International Perspective," in H. Anheier & W. Seibel (eds.), *The Third Sector*. NY: Walter de Gruyter: 271-5.

Beard, C. 1935. *An Economic Interpretation of the Constitution of the United States*. NY: Macmillan.

Beck, U. 1992. *Risk Society: Toward a New Modernity*. London: Sage.

Behn, R. 1995. "The Big Questions of Public Management," *Public Administration Reivew*, 55(4): 313-25.

Bell, D. 1975. "The Revolution of Rising Entitlements," *Fortune* (April): 98-103.

Bell, S. & A. Hindmoor. 2009. *Rethinking Governance: The centrality of the state in modern society*. Cambridge University Press.

Bemelmans-Videc, M., R. Ris and E. Vedung. eds. 1998. *Carrot, Stick and Sermons: Policy instruments and their evaluation*. New Brunswick: NJ.

Bendor, J. & T. Hammond, 1992. "Rethingking Allison's Models," *American Political Science Review*, 86(2): 301-22.

Bendor, J., S. Taylor, & R. Van Gaalen, 1987. "Stacking the Deck," *American Political Science Review*, 81: 873-96.

Benn, T. 1981. *Arguments for Democracy*. Harmondworth: Penguin.

Benner, T., Reinicke, W. H. & Witte, J. M. 2004. Multisectoral Networks in Global Governance: Towards a Pluralistic System of Accountability. *Governance and Opposition*. 2004.

Bennis, W. 1965. Beyond Bureaucracy. Transaction 2(July/August): 31-35.

Bensel, R. 1990. *Yankee Leviathan: The Origins of Central State Authority in America, 1859-1877*. Cambridge: Cambridge University Press.

Bentham, J. 1931. *The Theory of Legislation*. London: Routledge & Kegan Paul.

_____. 1789. An Introduction to the Principles of Morals and Legislation. J. H. Burns and H. L. A. Hart (London and New York: Methuen University Paperback edition, 1982).

Bentley, A. 1908. *The Process of Government*. Cambridge: Harvard Univ. Press.

Benveniste, G. 1972. *The Politics of Expertise.* Berkeley: Glendessary Press.

Benze, Jr., J. 1987. *Presidential Power and Management Techniques.* NY: Greenwood.

Berk, G. 1981. "Approaches to the History of Regulation," in T. McCrow (ed.), *Regulation in Perspective.* Cambridge: Harvard Univ. Press: 187-204.

Bernstein, M. 1955. *Regulating Business by Independent Commission.* Princeton: Princeton Univ. Press.

_____. 1961. "The Regulatory Process," *Law and Contemporary Problems,* 26: 329-346.

Berry, J. M. & Wilcox, C. 2009. *The Interest Group Society.* Pearson Education Inc.

Berry, W. 1982. "Theories of Regulatory Impact," *Policy Studies Review,* 1(3): 436-41.

Bertalanffy, L. 1968. *General Systems Theory.* NY: George Braziller.

Betsill, Michele; Harriet Bulkeley 2006. "Cities and the Multi-level Governance of Global Climate Change." Global Governance 12: 141-159.

Bevir, M. & Rhodes, R. 1998. "Public Administration without Foundations," *Administrative Theory & Praxis,* 20(1): 3-13.

Bjoerk, P. & H. Johansson, 2000. "Towards a Governance Theory: A State-centric Approach," Paper Presented at the IPSA World Congress, Quebec, August 1-6: 1-11.

Blais, A. & Dion, S. 1990. "Are Bureaucrats Budget Maximizers?," *Polity,* 22(4): 655-74.

Blanke, B. et al. 1978. "On the Current Maxist Discussions on the Analysis of Form and Function of the Bourgeois State," in J. Holloway & S. Piccioto (eds.), *State and Capital.* London: Edward Amold.

Blau, Peter M. & Marshall W. Meyer. 1987. Bureaucracy in Modern Society(Third Edition). McGraw-Hill, Inc.

Block, F. 1980. "Beyond Relative Autonomy," *Socialist Register,* 14: 227-42.

Bogdanor, Vernon. 2005. *Joined-Up Government.* Oxford University Press.

Bolleyer, N., McEwen, N. & Swenden, W. 2010. The Dynamics of Intergovernmental Relations in the UK. Paper prepared for the PSA Annual Conference, April 1st, Edinburgh.

Bonefeld, W. 1993. *The Recomposition of the British State during the 1980s.* Aldershot: Dartmouth.

Bose, N., Haque, E. M. & Osborn, D. R. 2007. Public Expenditure And Economic Growth. *The Manchester School,* 75(5): 533-556.

Boston, J. 1991. "Reorganizing the Machinery of Government," in J. Boston et al., *Reshaping the State: New Zealand's Bureaucratic Revolution.* Auckland: Oxford Univ. Press.

Boston, J. et al. 1996. *Public Management.* Auckland: Oxford Univ. Press.

Bovens, M., Hart, A. & Peters, B. 2001. *Success and Failure in Government.* Cheltenham: Edward Elgar.

Bovens, M. A., T'Hart, P., &Peters, B. G. (Eds.). 2002. *Success and failure in public governance: A comparative analysis.* Edward Elgar Publishing.

Bowornwathana, B. 1997. "Transfering Bureaucracies for the 21st Century," *Public Administration Quarterly,* 21(3): 294-309.

Bozeman, B. 1979. *Public Management and Policy Analysis.* NY: St. Martin's Press.

_____. 1984. "Dimentions of 'Publicness'," in B. Bozeman & J. Strousman (eds.), *New Directions in Public Administration.* Monteray, CA: Brooks/Cole Publishing.: 46-62.

Bradbury, B. 1996. "Public Administration," in I. McLean (ed.), *The Oxford Dictitonary of Politics.* Oxford: Oxford Univ. Press: 411.

Braybrooke, D. & Lindblom, C. 1963. *A Strategy of Decision.* London: Colier MacMillan.

Brennan, G. & Buchanan, J. 1980. *The Power to Tax.* Cambridge: Cambridge Univ. Press.

Breyer, S. 1982. *Regulation and Its Reform.* Cambridge: Harvard Univ. Press.

Brittan, S. 1975. "The Economic Contradictions of Democracy," *British Journal of Political Science,* 5:

129–59.

Brown, T. 1997. "Turning Mission Statements into Action," *Harvard Management Update*: 4–6.

Brownstein, R. & Kirschten, D. 1986. "Cabinet Power," *National Journal*, 18: 1582–9.

Buchanan, J. & Tullock, G. 1962. *The Calculus of Consent*. Ann Arbor: Univ. of Michigan Press.

Buchanan, J. 1967. *Public Finance in Democratic Processes*. Chapel Hill, NC: University of North Carolina Press.

Burch, M. 1983. "Mrs. Thacher's Approach to Leadership in Government: 1979–1983," *Parliamentary Affairs*, 36: 399–416.

Burke, K. 1935. Permanence and Change. New York: New Republic.

Burnham, J. 1942. The Managerial Revolution. London: Putnam.

Burnham, P. 1994. "The Organizational View of the State," *Politics*, 14(1): 1–7.

Burns, J. M. 1978. *Leadership*. NY: Harper & Row, Publishers.

Burrell, G. & Morgan, G. 1979. *Sociological Paradigms and Organizational Analysis*. London: Heinemann (윤재풍 역. 1990. 『사회과학과 조직이론』. 서울: 박영사).

Busemeyer, M. R., Goerres, A. & Weschle, S. 2008. Demands for Redistributive Policies in an Era of Demographic Aging: The Rival Pressures from Age and Class in 15 OECD Countries.

Cacciato, G. 1996. "Subsidies, Competition Law and Politics," Center for West European Studies, Univ. of Pittsburgh, Policy Paper #2, June.

Caiden, G. & N. Caiden, 2000. "Toward More Democratic Governance," *Korean Journal of Policy Studies*, 15(1): 1–24.

Caiden, G. & Y. Jung, 1981. "The Political Economy of Korean Development," *Journal of International and Public Affairs*, 2(2): 173–83.

Caiden, G. 1981. "The Challenge to the Administrative State," *Policy Studies Journal*, 19(8): 1142–51.

_____. 1982. *Public Administration*. 2nd ed. Pacific Palisades, CA: Palisades Publishers.

_____. 1984. In Search of an Apolitical Science of American Public Administration, in J. Robin and J. Bowman, eds. *Politics and Administration*. NY: Marcel Dekker, Inc.: Ch. 3.

_____. 1994. "Globalizing and the Changing Logic of Collective Action," in J. Garcia-Zamor & R. Khator (eds.), *Public Administration in the Global Village*. Westport, CT: Praeger: 45–99.

_____. 1997. "The Difference between Neutral and Mindless," *PA Times*, ASPA: 1–18.

Caiden, G. et al. 1983. *American Public Administration*. NY: Garland Publishing.

Caiden, N. & Wildavsky, A. 1974. *Planning and Budgeting in Poor Countries*. NY: Wiley.

Calder, K. 1990. "Public Corporations and Privatization in Modern Japan," in E. Suleiman & J. Waterbury (ed.), *The Political Economy of Public Sector Reform and Privatization*. Boulder: Westview: 163–83.

Calvert, R. & Weingast, B. 1980. "Congress, the Bureaucracy and Regulatory Reform," Paper Presented at the APPAM Conference, Boston: 23–5.

Camanor, W. & Mitchell, B. 1972. "The Costs of Planning," *Journal of Law and Economics*, 15(1): 177–206.

Cameron, D. 1978. "The Expansion of the Public Economy," *American Political Science Review*, 72: 1243–61.

Campbell, C. & Peters, B. eds. 1988. *Organizing Governance and Governing Organization*. Pittsburgh: Univ. of Pittsburgh Press.

Campbell, C. & Szablowski, G. 1979. *The Superbureaucrats: Structure and Behavior in Central Agencies*. Toronto: MacMillan.

Campbell, C. 1983. *Government under Stress*. Toronto: Univ. of Toronto Press.

_____. 1986. *Managing the Presidency*. Pittsburgh: Univ. of Pittsburgh Press.

_____. 1988. "The Search for Coordination and Control," in Campbell, C. & Peters, B. (eds.), *Organizing Governance and Governing Organization*. Pittsburgh: Univ. of Pittsburgh Press: 55-75.

Campbell, J. 1989. "Bureaucratic Primacy," *Governance*, 2(1): 5-22.

Carnoy, M. 1984. *The State and Political Theory*. Princeton: Princeton Univ. Press.

Carter, D. 1964. *Power in Washington*. NY: Random House.

Castells, M. 1977. *The Urban Question: a Marxist Approach*. London: Edward Arnold.

Castles, F. 1982. "The Impact of Parties on Public Expenditure," in F. Castels (ed.), *The Impact of Parties*. Beverly Hills: Sage.

_____. 1985. *The Working Class and Welfare: Reflections on the Political Development of the Welfare State in Australia and New Zealand, 1890-1980*. Wellington: Allen & Unwin.

Caudle, S. 1994. *Reengineering for Results*. Washington, D. C.: NAPA.

Cawson, A. & Saunders, P. 1983. "Corporatism, Competitive Politics and Class Struggle," in R. King (ed.), *Capital and Politics*. London: Routledge & Kegan Paul.

Cawson, A., Holms, P. & Stevens, A. 1987. "The Interaction between Firms and the State in France," in S. Wilks & M. Wright (ed.), *Comparative Government-Industry Relations*. Oxford: Clarendon: Ch. 2.

Cha, M. 1981. Is Indigeneous Korean Public Administration Possible?: A Look at American Public Administration. Paper presented at the KPSA-AKPSNA 4th joint conference in Seoul.

_____. 1985. "A Sequel to Indigenization of Public Administration: Implication to Research and Education," Paper Presented at the KPSA-AKPSNA 6th Joint Conference in Seoul.

_____. 1987. "The State and Executive Dominance," Paper Presented at the KPSA-AKPSNA 7th Joint Conference in Seoul.

_____. 1987. "The State and Executive Dominance," 한미정치학자 합동학술대회 논문집. 7. 1-12.

Chaleff, Ira. 2009. *The Courageous Follower: Standing Up to & for Our Leaders*. 3rd ed. San Francisco, CA: Berrett-Koehler Publishers, Inc.

Chandler, R. & Plano, J. 1982. *The Public Administration Dictionary*. NY: John Wiley & Sons.

Chang, H. 1999. "The Economic Theory of the Developmental state," in Meredith Woo-Cumings. *The Developmental State*, Ithica: Cornell University Press.

_____. 2011. "Institutions and Economic Development," *Journal of Institutional Economics*, 7(4): 473-498.

Chapman, B. 1970. *Police State*. London: Pall Mall.

Chapman, J. 2010. "Lessons from a Pluralist Approach to a Wicked Policy Issue," *Integral Review*, 6(1).

Charlesworth, J. ed. 1968. *Theory and Practice of Public Administration*. Philadelphia: The America Academy of Political and Social Science.

Chilcote, R. 1981. *Theories of Comparative Politics: The Search for a Paradigm*. Boulder, CO: Westview Press.

Chirkin, V. et al. 1987. Fundamentals of the Socialist Theory of the State and Law. Progress Publishers Moscow.

Chirkin, V., Yudin, Y. & Zhidkov, O. 1979. *Fundamentals of the Socialist Theory of the State and Law*. Moscow: Progress Publishers.

Cho, S. 1966. "Administrative Decentralization," *Korean Journal of Public Administration*, 4(1): 21-39.

Choi, J. 1989. "Policy-Making and Policy Implementation," Unpublished Ph. D. Dissertation, Univ. of

Michigan.

_____. 1993. "Policy-Making Process in Korea," in Kim. K. & Jung, Y. (ed.), *Korean Public Administration and Policy in Transition. vol.2. Substantive Public Polices*. Seoul: KAPA & Jangwon Publishing Co.

Choi, T. 2014. Revisiting the relevance of collaborative governance to Korean publicadministration. Korean Journal of Policy Studies, 29(2): 21-41.

Choi, T., & Seon, S. W. 2020. Target Groups on the Mainline: A Theoretical Framework of Policy Layering and Learning Disparity. *Administration & Society*, 0095399720949853.

Christensen, J. 1997. "Interpreting Administrative Change," *Governance*, 10(2): 143-74.

Christensen, T. P. Loegreid, & L. Wise, 2000. "Active Administrative Policy, Presumptions and Practice," Paper Presented at the IPSA World Congress, Quebec, August 1-6.

Christensen, T. et al. 2000. "Active Administrative policy: Presumptions and Practice, The Case of Norway, Sweden, and the USA," Paper Presented at the IPSA World Congress, August 1-6, Quebec.

Chung, C. 1985. "Policy-Making in the Executive Branch," in B. Kim & C. Lee (eds.), *Administrative Dynamics and Development*. Seoul: Kyobo.

Cicero, M. T. 2017. On Duties. Jay M. Shafritz and Albert C. Hyde. (ed.) Classics of Public Administration(8th edition). CENGAGE Learning(Cicero de Officiis, Translated by Andrew P. Peabody. Boston: Little Brown and Company 1887).

Clark, G. & M. Dear, 1984. *State Apparatus*. Boston: Allen & Unwin.

Clark, J. & J. Newman, 1997. *The Managerial State*. Thousand Oaks, CA: Sage.

Clark, T. et al. eds. 1980. *Reforming Regulation*. Washington, D. C.: AEI.

Clayton, R. 1980. "Technology and Values: Implications for Administrative Practice," in C. Bellone. ed. *Organization Theory and the New Public Administration*. Boston: Allyn & Bacon.

Clegg, S. 1990. *Modern Organizations*. London: Sage.

Cleveland, H. 1972. *The Future Executive*. NY: Harper Collins.

Cochran, T. and W, Miller. 1961. *The Age of Enterprise*. NY: Harper, Row.: 52-86.

Cockburn, C. 1977. *The Local State*. London: Pluto Press.

Cogliance, C. 2005. "Expanding Regulatory Pluralism," Paper Series, Belfer Center for Science and International Affairs.

_____. 2005. Expanding Regulatory Pluralism: The Role for Information Technology in Rulemaking. Paper Series, Belfer Center for Science and International Affairs.

Cohen, M., J. March and J. Olsen. 1972. "A Garbage Can Model of Organizational Choice," *ASQ*, XVII(1): 1-25.

Coleman, J. 1980. "The Structure of Society and the Nature of Social Research," *Knowledge*, 1: 333-50.

_____. 1986. "Social Theory, Social Research, and a Theory of Action," *American Journal of Sociology*, 91: 1309-35.

Collins, R. 1981. "On the Microfoundations of Macrosociology," *American Journal of Sociology*, 86: 984-1014.

Connolly, W. E. 1991. Identity/Difference. Ithica, NY: Cornell University Press.

Considine, M. & Lewis, J. 1999. "Governance at Ground Level," *Public Administration Review*, 59(6): 467-80.

Cook, B. 1989. "Controversy," *American Political Science Review*, 83: 965-70.

Cook, B. J. 1992. The representative function of bureaucracy: Public administration in constitutive perspective. *Administration & Society,* 23: 403–429.

Cooke, P., Christensen, T. & Schienstock, G. 1997. "Regional Economic Policy and a Europe of the Regions," in R. Rhodes, et al eds., *Developments in West European Politics*. NY: St. Martin's Press.

Cooper, T. & N. Wright. eds. 1992. *Exemplary Public Administrators*. San Francisco: Jossey–Bass Publishers.

Cooper, T. 1987. "Hierarcy, Virtue, and the Practice of Public Administration." *Public Administration Review*. 47(4): 320–328.

_____. 1992. "Prologue: On Virtue," in T. Cooper and N. D. Wright. eds. *Exemplary Public Administrators: Character and Leadership in Government*. San Francisco: Jossey–Bass Publisher: 1–8.

Cooper, T. & T. Bryer. 2007. "William Robertson: Exemplar of Politics and Public Management Rightly Understood," *Public Administration Review*. 67: 816–23.

Cooper, T. L. 2012. *The responsible administrator: An approach to ethics for the administrative role*. John Wiley & Sons.

Coser, L. 1956. *The function of Social Conflict*. London: Routledge & Kegan Paul.

Cox, A., Furlong, P. & Pageet, E. 1985. *Power in Capitalist Societies*. Brighton, Sussex: Wheatsheaf Books.

Crewe, I. 1974. *British Political Sociology Yearbook. Vol. 1*. London: Croom Helm.

Cronin, T. 1980. *The State of the Presidency*. 2nd ed. Boston: Litttle Brown.

Crossman, R. 1972a. *Inside View*. London: Jonathan Cape.

_____. 1972b. *The Myths of Cabinet Government*. Cambridge: Harvard Univ. Press.

Crouch, C. 1979. "The State, Capital and Liberal Democracy," in C. Crouch (ed.), *State and Economy in Contemporary Capitalism*. London: Croom Helm: 13–54.

Crozier, M., S. Huntington, & J. Watanuki, 1975. *The Crisis of Democracy*. NY: New York Univ. Press.

Cummings, B. 1984. "The Legacy of Japanese Colonialism in Korea," Ramon H. Myers and Mark R, Peattie eds. *The Japanese Colonial Empire*, 1885–1945. Princeton: Princeton University Press.

Curtis, M. 1978. *Comparative Government and Politics*. 2nd ed. NY: Harper & Row.

Cyert, R. M. & March, J. G. 1963. *A Behavioral theory of the firm*. Englewood Cliffs: Prentice–Hall.

Daft, R. L. 2016. Organization Theory and Design(Twelfth Edition). Boston: Cengage Learning.

Dahl, R. & E. Tufte, 1974. *Size and Democracy*. Oxford: Oxford Univ. Press.

Dahl, R. 1956. A Preface to Democratic Theory. Chicago: University of Chicago Press.

_____. 1957. "The Concept of Power." *Behavioral Science*. 2: 201–205.

_____. 1961. *Who Governs?* New Haven: Yale Univ. Press.

_____. 1982. *Dilemmas of Pluralist Democracy*. New Haven: Yale Univ. Press.

_____. 1985. *A Preface to Economic Democracy*. London: Polity Press.

Dahl, R. A. 1967. Pluralist Democracy in the United States. Chicago: Rand McNally.

Dahl, A., & Soss, J. 2014. Neoliberalism for the common good? Public value governance and the downsizing of democracy. *Public Administration Review*, 74(4), 496–504.

Dar, A. & S. Amirkhalkhali, 2002. Government Size, Factor Accumulation, and Economic Growth. *Journal Of Policy Modeling*, 24(7): 679–692.

Dearlove, J. 1973. *The Politics of Policy in Local Government*. Cambridge: Cambridge Univ. Press.

_____. 1979. *The Reorganization of British Local Government*. Cambridge: Cambridge Univ. Press.

DeCenzo, D. & Robbins, S. 1988. *Personnel/Human Resource Management*. Englewood Cliffs, NJ: Prentice–Hall.

DeMuth, C. 1980. "What Regulation Is?" Paper Presented at the APPAM Conference held in Boston, MA, Oct.

Denhardt, J. & R. Denhardt. 2001, 2011. *The New Public Service*. 3rd. ed. NY: M.E. Sharpe.

_____. 2011. *The New Public Service: Serving, Not Steering*. 3rd. ed. NY: M.E. Sharpe.

Denhardt, R. & Denhardt, J. 2000. The New Public Service. *Public Administration Review*. 60(6): 549–559.

Denhardt, R. 1991. *Public Administration*. CA: Brooks/Cole Publishing Company.

Denhart, R. 1981. "Toward a Critical Theory of Public Administration," *Public Administration Review*, 41(6): 628–35.

Dewey, J. 1917. The Principle of Nationality. In John Dewey, The Middle Works. Carbondale, IL: Southern Illinois University Press, vol.10, pp.285–91.

_____. 1922. *Human Nature and Conduct*. NY: Henry Holt.

Deyo, F. ed. 1987. *The Political Economy of the New Asian Industrialism*. Ithaca, NY: Cornell Univ. Press.

Diamant, A. 1981. Bureaucracy and public policy in neo-corporatist settings. Comparative Politics, 14(1).

DiTomaso, N. 1980. "Class Politics and Public Bureaucracy," in M. Zeitlin (ed.), *Classes, Class Conflict and the State*. Cambridge, MA: Winthrop: 135–52.

_____. 1984. "Class and Politics in the Organization of Public Administration," in F. Fisher & C. Shirianni (eds.), *Critical Studies in Organization and Bureaucracy*. Philadelphia: Temple Univ. Press: 335–55.

Djilas, M. 1957. The New Class. London: Unwin Books.

Doern, G. & S. Wilks, 1996. *Comparative Competition Policy*. Oxford: Clarendon Press.

Domhoff, G. & Ballard, H. (eds.) 1968. *C. Wright Mills and the Power Elite*. Boston: Beacon.

Domhoff, G. 1967. *Who Rules America?*. Englewood Cliffs, NJ: Princeton Univ. Press.

_____. 1970. *The Higher Circles*. NY: Random House.

_____. 1978. *The Powers that Be*. NY: Random House.

Douglas, J. 1987. "Political Theories of Nonprofit Organization," in W. Powell (ed.), *The Nonprofit Sector: A Research Handbook*. New Haven: Yale Univ. Press: 45–53.

Douglas, M. 1978. "Cultural Bias," Royal Anthropological Institute Occasional Paper. No. 35. London; Reprinted in *The Active Voice*. London: Routledge: 183–256.

Dowdall, H. 1923. "The Word, State," *Law Quarterly Review*, 39.

Dowding, K. 1995. "Models or Metaphor?," *Political Studies*, 43(1): 136–58.

Downs, A. 1960. "Why the Government Budget is Too Small in a Democracy," *World Politics*, 12: 541–63.

_____. 1967. *Inside Bureaucracy*. Boston: Little Brown.

Draper, H. 1977. *Karl Marx's Theory of the Revolution, vol. 1. State and Bureaucracy*. NY: Monthly Review Press.

Drucker, H., P. Dunleavy, A. Gamble, & G. Peele, eds. 1986. *Developments in British Politics (2)*. London: Macmillan.

Druckman, J. N. 2001. "The Implications of Framing Effects for Citizen Competence." *Political Behavior*. 23(3): 225–256.

Dryzek, J. S. & P. Dunleavy. 2009. *Theories of the Democratic State*. NY: Palgrave Macmillan.

Dryzek, J. S. 1987. Rational Ecology: Environment and Political Economy. New York: Basil Blackwell.

Dubnick, M. 1979. "Making Regulations Regulate," Paper Presented at the annual meeting of ASPA, Baltimore, Maryland.

_____. 1981. "Agencies, Functions and Actions," Paper Presented at the 6th annual Hendricks Symposium (The Impact of Regulatory Policy: Theory and Substance), Univ. of Nebraska-Lincoln, April 30-May 1.

Duffy, T. & D. Jonnassen, eds. 1992. *Constructivism and the Technology of Instruction*. Hillsdale, NJ: Lawrence Erlbaum Associates.

Dunleavy, P. & C. Hood, 1994. "From Old Public Administration to New Public Management," *Public Money and Management*, 14(3): 9-16.

Dunleavy, P. & O'Leary, B. 1987. Theories of the State: The Politics of Liberal Democracy. London: Macmillan.

Dunleavy, P. & R. Rhodes, 1990. "Core Executive Studies in Britain," *Public Administration*, 68(1): 29-60.

Dunleavy, P. 1980. *Urban Political Analysis*. London: Macmillan.

_____. 1981. *The Politics of Mass Housing in Britain*. Oxford: Oxford Univ. Press.

_____. 1982. "Is There a Radical Approach to Public Administration," *Public Administration*. 60: 215-233.

_____. 1982. "Socio-Political Theories," in G. Jones (ed.), *New Approaches to the Study of Central-Local Government Relations*. London: Gower.

_____. 1984. "The Limits to Local Government," in M. Boddy & C. Fudge (eds.), *Local Socialism?* London: Macmillan: 49-81.

_____. 1985a. "Bureaucrats, Budgets and the Growth of the State: Reconstructing an Instrumental Model," *British Journal of Political Science*, 15(3): 299-328.

_____. 1985b. "Is There a Radical Public Administration?" *Public Administration*, 62: 345-52.

_____. 1986a. "Topics in British Politics," in H. Drucker et al. (ed.), *Developments in British Politics* (2). London: Macmillan: 329-72.

_____. 1986b. "Theories of the State in British Politics," in H. Drucker et al. (ed.), *Developments in British Politics (2)*. London: Macmillan: 373-90.

_____. 1986c. "Explaining the Privatization Boom," *Public Administration*, 64(2): 13-34.

_____. 1986d. "The Growth of Sectoral Cleavages and the Stabilization of State Expenditures," *Environment and Planning*. D, 4: 129-44.

_____. 1987. "Analysing the Heart of the Machine: The Core Executive and Theories of the State," Paper Presented at the PSA of United Kingdom.

_____. 1989a. "The United Kingdom: Paradox of an Unground Statism," in F. Castles (ed.), *The Comparative History of Public Policy*. Cambridge: Polity Press. Ch. 7.

_____. 1989b. "The Architecture of the British Central State: Part I, Framework for Analysis," *Public Administration*, 67(3), 249-75.

_____. 1989c. "The Architecture of the British Central State: Part II, Empirical Findings," *Public Administration*, 67(4): 391-417.

_____. 1990a. "Government at the Centre," in P. Dunleavy et al. (eds.), *Developments in British Politics 3*. London: Macmillan: 96-125.

_____. 1990b. "Reinterpreting the Westland Affairs: Theories of the State and Core Executive Decision Making," *Public Administration*, 68(1): 29-60.

_____. 1991. *Democracy, Bureaucracy & Public Choice: Economic Explanations in Political Science*, NY: Harvester Wheatsheaf.

_____. 1991. Democracy, Bureaucracy and Public Choice. Harlow: Prentice Hall.

_____. 1996. "Understanding the Modern Public Sector: What Can Go Wrong under New Public Management Arrangements," Paper Presented at the Japanese Political Science Association Conference, 6 October.

Dunleavy, P. et al. 2006. "New Public Administration is Dead: Long Live Digital Era Governance," *Journal of Public Administration Research and Theory*, 16: 467-94.

Dunleavy, P., A. Gamble, & G. Peele, eds., 1990. *Developments in British Politics 3*. London: Macmillan.

Dunleavy, P., D. King, & H. Margetts, 1996. "Leviathan Bound: Bureaucracy and Budgets in the American Federal State," Unpublished book manuscript.

Dunleavy, P., Margetts, H., Bastow, S., & Tinkler, J. 2006. New public management is dead-long live digital-era governance. *Journal of public administration research and theory*, 16(3), 467-494.

Dunn, W. 1994. *Public Policy Analysis*. 2nd ed. Englwood Clifs, NJ: Prentice-Hall (나기산 외 역, 1994. 『정책분석론』. 서울: 법문사).

Dunsire, A. & Hood, C. 1987. "Testing Theories: the Contribution of Bureaumetrics," in J. Lane (ed.) *Bureaucracy and Public Choice*. London: Sage: 95-145.

Dunsire, A. 1973. *Administration: The Word and the Science*. London: Martin Robertson.

Durant, R. 2000. "Wither the Neo-administrative State?," *Journal of Public Administration Research and Theory*, 10(1): 79-109.

Dye, R. & Zeiger, L. 1975. *The Irony of Democracy*. 3rd ed. North Scituate, MA: Duxbury Press.

Dye, T. 1993. "The Friends of Bill and Hillary," *Political Studies*, 41: 693-5.

Dyson, K. 1980. *The State Tradition in Western Europe*. NY: Oxford Univ. Press.

_____. 1985. "The Cultural, Ideological and Structural Context," in K. Dyson & S. Wilks eds., *Industrial Crisis: A Comparative Sutdy of the State and Industry*. Oxford: Basil Blackwell.

_____. 1987. "State," in V. Bogdanor (ed.), *The Blackwell Encyclopaedia of Political Institutions*. London: Blackwell Reference: 590-3.

Easton, D. 1965. *A Framework for Political Analysis*. Englewood Cliffs, NJ: Prentice-Hall.

_____. 1965. *A Systems Analysis of Political Life*. NY: Wiley.

_____. 1990. *The Analysis of Political Structure*. NY: Routledge (이용필 역. 1991. 『정치구조의 분석』. 서울: 인간사랑).

Edelman, M. 1964. *The Symbolic Uses of Politics*. Urbana: Univ. of Illinois Press.

Eilstein, H. 1995. "The Virus of Fatalism," in K. Gavrogulu, et al eds., *Science, Mind and Art*. Dordrecht: Kluwer: 71-88.

Elder, C. & Cobb, R. 1983. *The Political Uses of Symbols*. NY: Longman.

Elkin, S. 1986. "Regulation and Regime," *Journal of Public Policy*, 6(1): 49-72.

Elliott, J. 1983. "The 1981 Administrative Reform in Japan," *Asian Survey*, 23(6): 765-79.

Elliott, R. 1998. "Human Resource Management," in J. Shafritz (ed.), *International Encyclopeida of Public Policy and Administration*. Boulder: Westview Press: 1079-80.

Elmore, R. E. 1978. Organization Models of Social Program Implementation. *Public Policy*, 26(2): 185-228.

Elsenhans, H. 1987. "Dependence, Underdevelopment and the Third World State," *Law and State*, 36: 65-94.

Elster, J. 1983. *Explaining Technical Change*. Cambridge: Cambridge Univ. Press.

_____. 1985. *Making Sense of Marx*. Cambridge: Cambridge Univ. Press.

_____. 1986. "Further Thought on Marxism," in J. Roemer (ed.), *Analytical Marxism*. Cambridge: Cambridge Univ. Press.

Elton, G. 1953. *The Tudor Revolution in Government.* Cambridge: Cambridge Univ. Press.

_____. 1953. *The Tudor Revolution in Government: Administrative Changes in the Reign of Henry VIII.* London.

Emerson, Kirk, Tina Nabatchi, and Stephen Balogh. 2012. An Integrative Framework for Collaborative Governance. *Journal of Public Administration Research and Theory,* 22(1): 1-29.

Esping-Andersen. 1990. *The Three Worlds of Welfare Capitalism.* Cambridge: Polity Press.

Etzioni, A. 1968. *The Active Society.* NY: The Free Press.

_____. 1993. *The Spirit of Community.* NY: Crown Publishers.

Etzioni-Halevy, E. 1983. *Bureaucracy and Democracy.* London: Routledge & Kegan Paul.

_____. 1985. *Bureaucracy and Democracy.* 2nd ed. London: Routledge & Kegan Paul (윤재풍 역. 1990. 『관료제와 민주주의』. 서울: 대영문화사).

EU. 2012. What Are EU Regulations?, EU homepage (http://ec.europa.eu/community_law/introduction/what_regulation_en.htm)

Eulau, H. 1977. "The Interventionist Synthesis," *American Journal of Political Science,* 21: 419-23.

Evans, P. & Rauch, J. 1999. "Bureaucracy and Growth," *American Sociological Review,* 64: 748-65.

Evans, P. 1979. *Dependent Development.* Princeton: Princeton Univ. Press.

_____. 1992. "The State as Problem and Solution," in S. Haggard & R. Kaufman (eds.), *The Politics of Economic Adjustment.* Princeton, NJ: princeton Univ. Press.

_____. 1995. *Embedded Autonomy.* Princeton, NJ: Princeton University Press.

Evans, P., Rueschemeyer, D. & Skocpol, T. 1985. "On the Road toward a More Adequate Understanding of the State," in P. Evans, D. Rueschemeyer & T. Skocpol eds., *Bringing the State Back In.* Cambridge: Cambridge Univ. Press.

Evans, P. & J. Rauch, 1999. "Bureaucracy and Growth: A Cross-National Analysis of the Effects of 'Weberian' State Structures on Economic Growth," *ASR.* 64: 748-65.

Fainsod, M. 1940. "Some Reflections of the Nature on the Regulatory Process," in C. Friedrich & E. Mason eds., *Public Policy.* Cambridge: Harvard Univ. Press: 297-323.

Fama, E. & Jensen, M. 1983. "Agency Problems and Residual Claims," *Journal of Law and Economics,* 26: 327-350.

Farazmand, A. 1999. "Globalization and Public Administration," *Public Administration Review,* 59(6): 509-522.

Farmer, D. 1995. The Language of Public Administration. Tuscaloosa, AL: Univ. of Alabama Press (강신택 역. 1999. 『행정학의 언어』. 서울: 박영사).

_____. 2010. *Public Administration in Perspective: Theory and Practice through Multiple Lenses.* Armonk, New York: M.E. Sharpe.

Farmer, David John. 1995. The Language of Public Administration: Bureaucracy, Modernity, and Postmodernity. Tuscaloosa, Ala: University of Alabama Press.

Feistein, S. & Feinstein, N. 1984. "The Political Economy of American Bureaucracy," in F. Fisher & C. Shirianni (eds.), *Critical Studies in Organization and Bureaucracy.* Philadelphia: Temple Univ. Press: 309-34.

Ferejohn, J. 1974. *Pork Barrel Politics.* Stanford: Stanford Univ. Press.

Ferris, J. & Tang, S. 1993. "The New Institutionalism and Public Administration," *Journal of Public Administration Research and Theory,* 3(1): 4-10.

Fesler, J. 1976. "The Basic Theoretical Question," in R. Golembiewski et al. eds., *Public Administration: Readings in Institutions, Processes, Behavior.* 3rd ed. Chicago: Rand McNally: 227-49.

Finer, S. 1970. *Comparative Government*. London: AllenLane, The Penguin Press.

_____. 1980. "Princes, Parliaments, and the Public Service," *Parliamentary Affairs*, 33: 353–72.

Fiorina, Morris P. 1977. *Congress*. New Haven, CT: Yale University Press.

Follet, M. P. 1918. The New State. London: Longmans, Green.

Foucault, M. 1972. The Archeology of Knowledge. London: Tavistock.

_____. 1982. The Subject and Power. In Michel Foucault, *Beyonf Structuralism and Hermeneutics*. Chicago: University of Chicago Press.

Fowley, D. 1978. "State Expenditure from a Marxist Perspectives," *Journal of Public Economics*, 9: 221–38.

Fox, C. & Miller, H. 1995. *Postmodern Public Administration: Toward Discourse*. London: Sage.

Frankel, B. 1978. *Marxian Theories of the State*. Melbourne: Arena Publications Association.

Frankel, C. 1962. *The Democratic Prospect*. NY: Harper.

Frederickson, G. 1980. *New Public Administration*. Alabama: Univ. of Alabama Press.

_____. 1997. *The Spirit of Public Administration*, San Francisco: Jossey–Bass.

_____. 2001. "Herbert Simon and Dwight Waldo," Paper Presented to the Faculty Seminar, Seoul National University, March 29, Seoul.

Frederickson, H. 1997. The Spirit of Public Administration. San Francisco: Jossey–Bass Publishers.

Frederickson, H. George and Kevin B. Smith. 2003. The Public Administration Theory Primer. Boulder CO.: Westview Press.

Frederickson, H. George. 1971. Toward a New Public Administration. in Frank Marini(ed.), Toward a New Public Administration. Scranton: Chandler.

Freedman, L. 1980. *Britain and Nuclear Weapons*. London: Macmillan.

Freeman, J. 1955. *The Political Process*. Garden City, NY: Doubleday.

_____. 1965. *The Policy Press*. NY: Doubleday.

Frey, B. 1978. *Modern Political Economy*. Urbana, IL: Univ. of Illinois Press.

Fried, R. 1976. *Performance in American Bureaucracy*. Boston: Little, Brown.

Friedman, Milton & Rose Friedman. 1979. Free to Choose. New York: Harcourt, Brace, Jovanovich.

Friedman, W. & Garner, J. (eds.) 1970. *Government Enterprise*. London: Stevens.

Friedrich, C. 1978. "Public Policy and the Nature of Administrative Responsibility," in F. Rourke (ed.), *Bureaucratic Power in National Politics*. 3rd ed. Boston: Little, Brown: 399–409.

Friedson, E. 1970. *Professional Dominance*. NY: Atherton.

Frohlick, N., Oppenheimer, J. & Young, O. 1971. *Political Leadership and Collective Goods*. Princeton, NJ: Princeton Univ. Press.

Frum, David. 2003. *The Right Man*. New York: Random House.

Fukuyama, Francis. 2004. *State-building*. Cornell University Press: Ithica, New York.

Galbraith, J. 1952. *American Capitalism*. Boston: Houghton Mifflin.

_____. 1969. *The New Industrial State*. Harmonsworth: Penguin.

Gamble, A. 1988. *The Free Economy and the Strong Sate*. London: Macmillan.

Garrett, T. and R. Rhine. 2006. "On the Size and Growth of Government," *Federal Reserve Bank of St. Louis Review*, Jan./Feb., 88(1): 13–30.

Garvey, G. 1993. *Facing the Bureaucracy*. San Francisco: Jossey–Bass.

Gast, J. 2004. A Review of "Comparative Political Systems," by Gabrial A. Almond, *The Journal of Politics*. Princeton University.

Gaus, J. 1947. *Reflections of Public Administration*. Birmingham: Univ. of Alabama Press.

Geering, D. & Häusermann, S. 2011. Policy congruence and distributive politics: matching voter pre-
ferences and party positions on labor market policy. Paper prepared for presentation at the
Annual Conference of the American Political Science Association, September 1–4th, Seatle, USA.

George, V. & P. Wilding, 1976, 1985. *Ideology and Social Welfare*. 2nd ed. London: Routledge & Kegan
Paul.

Gergen, J. 1992. "Organization Theory in the Postmodern Era," in M. Reed & M. Hughes eds., *Re-
thinking Organizations*. London: Sage.

Gerschenkron, A. 1962. *Economic Backwardness in Historical Perspective*. Cambridge: Harvard Univ.
Press.

Gerth, H. & Mills, C. eds. 1946, 1958. *From Max Weber*. NY: Oxford Univ. Press.

Gerth, H. H. and C. Wright Mills. (eds.), 1946. Bureaucracy excerpt from Max Weber: Essays in
Sociology. New York: Oxford University Press.(Max Weber. Wirtschaft und Gesellschaft, part III,
chap.6, pp.650–78.)

Gerth, H. H. and C. Wright Mills. 1958. From Max Weber: Essays in Sociology. New York: Oxford
University Press.

Giddens, A. 1984. *The Constitution of Society*. Berkeley: Univ. of California Press.

_____. 1990. *The Consequences of Modernity*. Stanford, CA: Stanford Univ. Press.

Gilpin, R. 1975. *U.S. Power and the Multinational Corporation*. NY: Basin Books.

Gladden, E. 1972. *A History of Public Administration*. Vol 1. 2. London: Frank Cass.

Gold D., Lo, C. & Wright, E. 1975. "Recent Developments in Marxist Theories of the Capitalist State,"
Monthly Review, 27(5): 29–43; (6): 31–51.

Golembiewski, R. 1977. *Public Administration as a Developing Discipline: Part 1. Perspectives on Past
and present*. NY: Marcel Dekker.

Goodin, R. & Klingeman, H. 1996. *A New Handbook of Political Science*. Oxford: Oxford Univ. Press.

Goodin, R. 1982. "Rational Politicians and Rational Bureaucrats in Washington and Whitehall," *Public
Administration*, 60(1): 23–41.

_____. 1988. *Reasons for Welfare*. Princeton: Princeton Univ. Press.

Gore, A. 1993. *From Red Tape to Results: Creating a Government That Works Better and Cost Less*.
National Performance Review.

Gormley, W. 1989. *Taming the Bureaucracy*. Princeton: Princeton Univ. Press.

Gough, I. 1979. *The Political Economy of the Welfare State*. London: Macmillan.

Gouldner, A. 1970. *The Coming Crisis of Western Sociology*. NY: Basic Books.

Gow, I. 1989. "Government–Industry Relations," *Japan Forum*, 1(2): 173–90.

Gramlich, E. 1981. *Benefit–Cost Analysis of Government Programs*. NJ: Prentice–Hall.

Gramsci, A. 1971. *Selections from the Prison Notes*. London: Lawrence & Wishart.

Granovetter, M. 1985. "Economic Action and Social Structure," *American Journal of Sociology*, 91(3):
481–510.

Grant, W. et al. 1987. "Government–Industry Relations in the Chemical Industry," in S. Wilks & M.
Wright (eds.), *Comparative Government–Industry Relations*. Oxford: Clarendon: Ch. 3.

Gray, A. & Jenkins, W. 1985. *Administrative Politics in British Govenment*. Sussex: Wheatsheaf Books.

Greenberg, E. 1979. *Understanding Modern Government*. NY: Wiley.

Greenwood, E. 1957. "Attributes of a Profession," *Social Work*, 2.

Greenwood, J. & Wilson, D. 1983. *Public Administration in Britain*. London: George Allen & Unwin.

Greer, P. 1994. *Transforming Central Government*. Buckingham: Open Univ. Press.

Greve, C., M. Flinders, & S. Thiel, 1999. "Quangos," *Governance*, 12(2): 129-46.

Griffith, E. 1939. *The Impasse of Democracy*. NY: Harrison-Hilton Books.

Guéhenno, Jean-Marie. 1995. The End of the Nation-State. Minneapolis: University of Minnesota Press.

Habermas, J. 1971. *Toward a Rational Society*. London: Heinemann.

_____. 1976. *Legitimation Crisis*. London: Heinemann.

_____. 1987. *The Theory of Communicative Action 2*. Boston: Beacon Press.

Haggard, S. 1990. *Pathways from the Periphery: The Politics of Growth in the Newly Industrializing Countries*. Ithaca, NY: Cornell Univ. Press.

Haggard, S. D. Kang and Jung-in Moon. 1997. "Japanese Colonialism and Korean Development," *World Development*, 25(6): 867-881.

Hague, R., M. Harrop, & S. Breslin, 1998. *Political Science*. NY: Worth Publishers.

Hah, C. & R. Lindquist, 1975. "The 1952 Steel Seizure Revisited," *Administrative Science Quarterly*, 20: 587-605.

Haines, J. 1977. *The Politics of Power*. London: Jonathan Cape.

Hajer, M. & D. Law. 2006. "Ordering Through Discourse." In M. Moran, M. Rein & R. Goodin, eds, The *Oxford Handbook of Public Policy*. Oxford: Oxford University Press.

Hajer, M. 1995. *The Politics of Environmental Discourse*. Oxford: Oxford University Press.

Hall, P. & J. Ikeberry, 1989. *The State*. Minneapolis: Univ. of Minnesota Press.

Hall, P. & R. Taylor, 1996. "Political Science and the Three New Institutionalism," *Political Studies*, 44: 936-57.

Hall, P. 1983. "Policy Innovation and the Structure of the State," *ANNALS, AAPSS*, 466: 43-59.

Hall, S. & M. Jacques, eds. 1983. *The Politics of Thatcherism*. London: Lawrence & Wishart.

Halland, A. & R. Zeckhauser, 1979. "Distributional Objectives Should Affect Taxes but not Program Choice or Design," *Scandinavian Journal of Economics*, 81: 264-84.

Halperin, M. 1974. *Bureaucratic Politics and Foreign Policy*. Washington, D. C.: Brookings Institution.

Ham, C. & Hill, M. 1984, 1993. *The Policy Process in the Modern Capitalist State*. NY: Harvester Wheatsheaf (강성진 역. 1991. 『현대 자본주의 국가의 정책과정』. 서울: 대영문화사).

Hamilton, A., J. Madison, and J. Jay. 1961. *The Federalist Papers*. NY: The New American Library, 1961.

Hamilton, N. 1982. *The Limit of State Autonomy*. Princeton: Princeton Univ. Press.

Hammer, M. & J. Champy, 1993, 1994. *Reengineering the Corporation*. NY: Harper Business.

Hansmann, H. 1987. "Economic Theories of Nonprofit Organizations," in W. Powell (ed.), *The Nonprofit Sector*. New Haven: Yale Univ. Press.

Harbermas, J. 1976. *Legitimation Crisis*. London: Heinemann.

Hardin, R. 1982. *Collective Action*. Baltimore: Johns Hopkins Univ. Press.

Hardy, C. & Clegg, S. R. 1996. "Some Dare to Call it Power" in S. R. Clegg, C. Hardy & W. R. Nord (eds). *Handbook of Organization Studies*. London: Sage, 622-641.

Harmon, M. & R. Mayer, 1986. *Organization Theory for Public Administration*. Boston: Little & Brown (김성기 역. 1992. 『고급 행정이론』. 서울: 형설출판사; 최창현 역. 1992. 『행정조직이론』. 서울: 대영문화사).

Harmon, M. 1969. "Administrative Policy Formulation and the Public Interest." *Public Administration Review*. 29: 483-491.

_____. 1976. "Administrative Policy Formulation and the Public Interest," in J. Uveges, Jr. (ed.), *The Dimensions of Public Administration*, Boston: Holbrook Press.

_____. 1981. *Action Theory for Public Administration*. NY: Longman.

Harrison, Jr. D. 1981. "Regulation and Distribution," in A. Ferguson ed., *Attacking Regulatory Problems: An Agenda for Research in the 1980s.* Cambridge: Ballinger: 185-208.

Hart, D. 1992. "The Moral Exemplar in an Organizational Society," in T. Cooper and N. D. Wright. eds. 1992. Exemplary Public Administrators: Character and Leadership in Government. San Francisco: Jossey-Bass Publisher: 9-29.

Hayao, K. 1993. *The Japanese Prime Minister and Public Policy.* Pittsburgh: Univ. of Pittsburgh Press.

Hayek, F. 1944. *The Road to Serfdom.* London: Routledge & Kegan Paul.

Hayek, Friedrich A. von. 1944. The Road to Serfdom. Chicago: University of Chicago Press.

Hayward, A. 1997. *Politics.* London: Macmillan.

Hayward, J. 1986. *The State and the Market Economy.* NY: New York Univ. Press.

Heady, F. 1966, 1996. Public administration 5th ed. NY: M. Dekker (서원우 역. 1968. 『비교행정론』. 서울: 법문사).

Heclo, H. & A. Widavsky, 1981. *The Private Government of Public Money.* 2nd ed. London: Macmillan.

Heclo, H. 1974. *Modern Social Politics in Britain and Sweden.* New Haven, Conn.: Yale University Press.

_____. 1977. *A Government of Strangers.* Washington, D. C.: Brookings Institution.

_____. 1978. "Issue Networks and the executive establishment," in A. King (ed.), *The New American Political System.* Washington, D. C.: American Enterprise Institute.

_____. 1981. "Introduction: The Presidential Illusion," in H. Heclo and L. Salamon, eds. *The Illusion of Presidential Government:* 1-17.

_____. 1981. "The Changing Presidential Office," in A. Meltsner, ed. *Politics and the Oval Office.* San Francisco CA: Institute of Contemporary Studies: 161-84.

_____. 1981a. "Introduction," in H. Heclo & L. Salamon (eds.), *The Illusion of Presidential Government.* Boulder: Westview: 1-17.

_____. 1981b. "The Changing Presidential Office," in A. Meltsner (ed.), *Politics and the Oval Office.* San Francisco, CA: Institute of Contemporary Studies: 161-84.

Hegel, G. W. F. 1821. Grundlinien der Philosophie des Rechts. Berlin: Nicolaische Buchhandlung.

Heilbroner, R. 1975. *The Making of Economic Society.* 5th ed. Englewood, NJ: Prentice-Hall.

Held, D. 1987. *Models of Democarcy.* Cambridge: Polity Press.

_____. 1989. Political Theory and the Modern State. Stanford, California: Stanford University Press.

_____. 1991. "Democracy, the Nation State and the Global System," *Economy and Society,* 20: 138-72.

Held, V. 1970. *The Public Interest and Individual Interest.* NY: Basic Books.

Hempel, C. 1959. "The Logic of Functional Analysis," in M. Brodbeck (ed.), *Readings in the Philosophy of the Social Sciences.* NY: Macmillan: 179-210.

_____. 1965. *Aspects of Scientific Explanation.* NY: The Free Press.

Henry, N. 1986. *Public Administration and Public Affairs.* Englewood Cliffs, NJ: Prentice-Hall.

Hesse, J. ed. 1982. *Politikwissenschaft und Verwaltungswissenschaft.* Opladen: Westdeutscher Verlag.

Heydebrand, W. 1981. "Marxist Structuralism," in P. Blau & R. Merton eds., *Continuities in Structural Inquiry.* London: Sage: 81-119.

Heywood, A. 2000. *Key Concepts in Politics.* London: Macmillan.

_____. 2004. *Political Theory: An Introduction.* New York: Palgrave Macmillan.

Hicks, A. & Swank, D. 1984. "On the Political Economy of Welfare Expansion," *Comparative Political Studies,* 17.

Higley, J., K. Brofoss, & K. Groholt, 1975. "Top Civil Servants and the National Budget in Norway," in

M. Dogan ed. *The Mandarins of Western Europe.* NY: John Wiley: 252–74.

Hill, L. 1991. "Who governs the American Administrative State?: A Bureaucratic–centered Image of Governance," *Journal of Public Administration Research and Theory,* 1(3): 261–94.

Hill, M. 2009. *The Public Policy Process.* Prentice Hall.

Hines, J. & R. Thaler 1995. "Anomalies," *Journal of Economic Perspectives,* 9(4): 217–226.

Hirata, K. 2002. Whither the Developmental State? The Growing Role of NGOs in Japanese Aid Policy Making. *Journal of Comparative Policy Analysis,* 4(3).

Hirsch, J. 1976. "Bermerkungen zum theoretischen Ansatz einer Analyse des buergerlichen staates," *Gesellschaft,* 8/9.

_____. 1978. "State Apparatus and Social Reproduction," in J. Holloway & S. Picciotto eds., *State and Capital.* London: Edward Arnold.

Hirschman, A. 1970a. *Exit, Voice and Loyalty.* Cambridge: Harvard Univ. Press.

_____. 1970b. "A Search for Paradigms as a Hindranance to Understanding," *World Politics,* 22(3).

Hirst, P. & Thompson, G. 1995. "Globalization and the Future of the Nation State," *Economy and Society,* 24: 408–42.

Hirst, P. ed. 1989. *The Pluralist Theory of the State.* London: Routledge & Kegan Paul.

Hitt, W. 1969. "Two Models of Man," in R. Greenbaum & H. Tiker eds., *The Challenge of Psychology.* NJ: Prentice–Hall: 23–31.

Hobbes, T. 1958. *Lebiathan.* Indianapolis: Bobbs–Merrill Co.

_____. 1968. Leviathan. Harmonsworth: Penguin.

Holland, John H. 1995. Hidden Order: How Adaptation Builds Complexity. Reading, MA: Addison WesleyPublishing Company.

Holloway, J. & Picciotto, S. (eds.) 1978. *State and Capital.* London: Edward Arnold.

Homans, G. 1964. "Contemporary Theory in Sociology," in R. Frans ed., *Handbook of Modern Sociology.* NY: Harcourt Brace Jananovich.

Hood, C. & A. Dunsire, 1981. *Bureaumetrics.* Farnborough: Gower.

Hood, C. & B. G. Peters. 2004. "The Middle Aging of New Public Management," *Journal of Public Administration Research and Theory.* 14(3): 267–282.

Hood, C. & G. Schuppert. 1988. *Delivering Public Services in Western Europe.* London: Sage.

_____. 1990. "Para–Government Organization in the Provision of Public Service," in H. Anheier & W. Seibel eds., *The Third Sector.* NY: Walter de Gruyter: 93–106.

Hood, C. 1983. *The Tools of Government.* London: Macmillan.

_____. 1986. *The Tools of Government.* Chatham, NJ: Chatham House.

_____. 1991. "A Public Management for All Seasons?" *Public Administration,* 69(1): 3–19.

_____. 1994. "Exploring Variations in 1980s Public Management Reform," Working paper.

_____. 1994. *Explaining Economic Policy Reversals.* Buckingham: Open Univ. Press.

_____. 1995. "The New Public Management in the 1980s," *Accounting, Organizations and Society,* 20 (2/3).

_____. 1998. *The Art of The State: Culture, Rhetoric and Public Management.* Oxford: Clarendon Press.

_____. 2000. "Where the State of the Art Meets the Art of the State," *International Review of Public Administration,* 5(1): 1–12.

Hood, Christopher. 2005. "The Idea of Joined–up government," in Vernon Bogdanor eds. *Joined–Up Government.* Oxford University Press: 19–42.

Hooghe, L., & G. Marks. 2001. *Multi–level Governance and European Integration.* Lanham, MD:

Rowman & Littlefield.

Hooks, G. 1990. "From an Autonomous to a Captured State Agency," *American Sociological Review*, 55(1): 29–43.

Horvath, A. & A. Szakolczai, 1992. *The Dissolution of Communist Power*. London: Routledge.

Hoskyns, J. 1983. "Whitehall and Westminster: An Outsider's View," Parliamentary affairs. 36(2): 137–147.

Howlett & Rayner. 2007. *Design Principles for Policy Mixes*. New Governance Arrangement.

Howlett, M. & J. Rayner. 2007. *Design Principles for Policy Mixes*. New Governance Arrangement.

Hsieh, P. 1925. *The Government of China(1644–1911)*. Baltimore: Johns Hopkins Univ. Press.

Hunter, F. 1953. *Community Power Structure*. Chapel Hill: Univ. of North Carolina Press.

Huntington, S. 1952. "The Marasmus of the ICC," *Yale Law Journal*, 61: 467–509.

_____. 1966. "The Marasmus of the ICC," in P. Woll (ed.), *Public Administration and Policy: Selected Essays*. NY: Harper & Row.

_____. 1968. *Political Order in Changing Societies*. New Haven, CT: Yale Univ. Press.

Hyde, A. 1995. "Total Quality Management," in S. Hays & R. Kearney, eds. *Public Personnel Management: Problems and Prospects*, Englewood Cliffs, NJ: Prentice–Hall: 306–318.

Hyneman, C. 1950. *Bureaucracy in a Democracy*. NY: Harper.

Ikenberry, G., D. Lake, & M. Mastanduno, eds. 1988. *The State and American Foreign Economic Policy*. Ithaca: Cornell Univ. Press.

Ile, I. U. 2007. A Public Administration Approach to Managing Intergovernmental Relations System in the Governance of the State: A Case Review of Nigeria and South Africa. PhD dissertation.

Inkeles, A. 1964. *What is Sociology?* Englewood Cliffs, NJ: Prentice–Hall.

Institute of Administrative Reform. 1986, 1988. *The Administrative Management and Reform in Japan*. Tokyo: The Institute of Administrative Management Reform.

Ishiyama, J. T. & Breuning, M. 2011. *21st Century Political Science: A Reference Handbook Volume 1*. Sage.

Issak, A. 1981. *Scope and Methods of Political Science*. 3rd ed. Homewood, IL: Dorsey Press.

Ito, D. 1988. "Policy Implications of Administrative Reform," in J. Stockwin et al., *Dynamic and Immobilist Politics in Japan*. London: St. Martin's Press: 77–105.

Iyengar, S. 1991. *Is Anyone Responsible?* Chicago: University of Chicago Press.

Jackson, P. 1982. *The Political Economy of Bureaucracy*. Deddington, Oxford: Phillip Allan.

Jacoby, H. 1973. *The Bureaucratization of the World*. Berkeley, CA: University of California Press.

_____. 1985. "The Bureaucratization of the Third World," *Law and State*. 31: 65–94.

Jaffe, L. 1954. "The Effective Limits of Administrative Process," *Harvard Law Review*, 67: 1105–35.

_____. 1956. "The Independent Agency—A New Scapegoat," *Yale Law Journal*, 65: 1068–76.

James, E. 1987. "The Nonprofit Sector in Comparative Perspective," in W. Powell (ed.), *The Nonprofit Sector*. New Haven: Yale Univ. Press.

James, E. ed. 1989. *The Nonprofit Sector in International Perspective*. NY: Oxford Univ. Press.

James, W. 1890. *The Principles of Psychology*. NY: Henry Holt.

Janis, I. 1972. *Victims of Grouptihik*. Boston: Houghton Mifflin.

_____. 1982. Groupthink. 2nd ed., Boston: Houghton Miffin.

Jessop, B. 1982. *The Capitalist State: Marxist Theories and Methods*. Oxford: Martin Bobertson.

_____. 1990. *State Theory*. Cambridge: Polity Press.

_____. 1992. "From the Keynesian Welfare State to the Schumpeterian Workfare State," Univ. of

Lancaster, Regionalism Group Working Paper #45.

_____. 2000. "Governance Failure," in G. Stoker (ed.), *The New Politics of British Local Governance*. London: Macmillan.

Jessop, R. 1977. "Recent Theories of the Capitalist State," *Cambridge Journal of Economics*, 1: 353-73.

_____. 1980. "The Transformation of the State in Postwar Britain," in R. Scase ed., *The State in Western Europe*. London: Croom Helm.

John, D. et al. 1994. "What Will New Governance Mean for the Federal Government?" *Public Administration Review*, 54(2): 170-5.

Johnson, C. 1982. *MITI and the Japanese Miracle*. Stanford: Stanford University Press.

Johnson, P. 1998. *The Government of Money*. Ithaca, NY: Cornell Univ. Press.

Johnson, T. 1972. *Professions and Power*. London: Macmillan.

Johnson, William C. 2014. Public Administration: Partnerships in Public Service(Fifth Edition). Long Grove, Illinois: Waveland Press, INC.

Jones, B. 1983. *Governing Urban America*. Boston: Little, Brown.

_____. 1995. Sleepers, Wake! Technology and the Future of Work, Oxford University Press.

Jones, G. & J. Stewart, 1983, 1985. *The Case for Local Government*. London: Allen & Unwin.

Jones, G. 1980. *New Approaches to the Study of Central-Local Government Relations*. London: Gower.

_____. 1985. "Recent Trends in Central-Local Relationships in England and Wales," in A. Norton ed., *Local Government in Braitain and Germany*. London: Institute of Local Government Studies, Univ. of Birmingham.

_____. 1989. "A Revolution in Whitehall?" *WEP*, 12(3): 238-61.

Jones, L. & Mason, E. 1982. *Public Enterprise in Less Developed Countries*. Cambridge: Cambridge Univ. Press.

Jones, L. & Sakong, I. 1980. *Government, Business, and Entrepreneurship in Economic Development: The Korean Case*. Cambridge, Cambridge: Harvard Univ. Press.

Jordan, A. & Maloney, W. 1997. "Accounting for Subgovernments," *Administration and Society*, 29(5): 557-583.

Jordan, A. 1981. "Iron Triangles, Woolly Corporatism and Elastic Networks: Images of the Policy Process," *Journal of Public Policy*, 1(1): 95-123.

Jreisat, J. E. 1997. Politics without process: Administering development in the Arabworld. Boulder, CO: Lynne Rienner.

Jun, J. 1982. "Korea Public Administration," *International Review of Administrative Science*, 48(4): 413-20.

_____. 1982. Korea Public Administration: Education and Research. *IRAS*. XSIX(4): 413-420.

_____. 1986. *Public Administration: Design and Problem Solving*. NY: McMillan (윤재풍·정용덕 역. 1987. 『행정학: 구성과 문제해결』. 서울: 박영사).

Jung, Y. & G. Seigel, 1983. "Testing Perceptions of Distributive Justice," *Journal of Northeast Asian Studies*, 2(2): 45-66.

Jung, Y. & K. Kim, 1997. "The State Institutions and Policy Capabilities: A Comparative Analysis of the Administrative Reforms in Japan and Korea," Paper Presented at the XVIIth World Congress of IPSA, Seoul, August 17-21; 2001. *Korean Social Science Journal*, 28(1): 63-87.

Jung, Y. & S. Sung. 2012. "Declining People's Government Trust in Korea," Paper Presented at the 6th Sino-US Public Administration International Symposium ("Rebuilding Trust after the Global Financial Crisis"), June 5-6. Renmin University, Beijing.

Jung, Y. 1987. "The Territorial Dimension of the Developing Capitalist State: Measuring and Explaining Centralization in Korea," *International Review of Administrative Sciences*, 53: 517–44.

_____. 1988. "Korean Government–Industry Relations at the Crossroad," Paper Presented at the Economic and Social Research Council Conference (Government–Industry Relations in Britain, Japan, Korea and the USA), March, Brasenose College, Oxford University.

_____. 1991. "The Political and Administrative Preconditions of the Reunification of Korea," Paper Presented at Ostasatishes Seminar (Der Standort Koreas in Zeitalter der Perestroika), Freie Universität Berlin, 26th June; 1993. in K. Kim & Y. Jung (eds.), *Korean Public Administration and Policy in Transition: Vol. 1. Governmental Institutions and Policy Process*. Seoul: Korean Association for Public Administration & Jangwon Publishing Co.: 357–77.

_____. 1996. "Intergovernmental Relations for Sustainable Developments of Korea," *Korean Journal of Policy Studies*, 11: 13–29.

_____. 1996. "Reforming Administrative Apparatus in Korea: The Case of the 'Civilian Government'," Paper Presented at the International Conference of the Korean Association of Policy Studies (Policy Reforms in Britain, Japan, Korea, and the USA), Seoul, February 27–8.

_____. 1997. "Administrative Reorganization: The Case of Kim Young–Sam Regime," in Y. Cho & G. Frederickson (eds.), *The White House and the Blue House: Government Reform in the United States and Korea*. Lenham, MD: Univ. Press of America: 89–110.

_____. 1999. "Globalization, Domestic Political Economy, and the Institutional Persistence of the Developmental State in Korea," Paper Presented at the IPSA World Conference (Globalization and its Impact on the Governance), University of Wisconsin, Madison, April 22–4.

_____. 2000. "The Recent Economic Crisis and Political Economic Development in Korea," Paper Presented at the IPSA, World Congress (World Capitalism, Governance and Community: Toward a Corporate Millenium?), Quebec, Canada, August 1–6.

_____. 2005. "Stateness in Transition: The Korean Case in a Comparative Perspective," in *Zeitschrift fuer Staats–und Europawissenschaften*, 3(3) 2005: 410–433.

_____. 2014. *The Korean state, public administration, and development: past, present, and future challenges*. Seoul, Republic of Korea: SNUPress.

Jung, Y. et al. 2010. "Symposium on Public Administration and Governance in a Time of Global Economic Turbulence: Searching for New Paradigms," *Korean Journa of Policy Studies*. 24(3): 1–2.

Jung, Y., D. Mazmanian & S. Tang. eds. 2009. *Collaborative Governance in the United States and Korea*. Seoul: SNU Press.

Jung, Y., Kim, K., Kwon, Y. Rha, H., Muramatsu, M. & Onishi, Y. 1999. "Structural Changes of the Central State Apparatus in Japan and Korea," Paper Presented at the International Political Science Association Conference (Structure and Organization of Government: The Quest for Governance: Reforms, Renovations, and Retrenchments in Government for the 21st Century), Tokyo, November 17–19.

Jung, Y., Y. Lee & H. Yoo. 2010. "The Executive Leadership in South Korea, 1948–2010: From Charismatic to Institutional Presidency," Paper Presented at the Working Group VII ("Leadership, Governance and Public Policy") of the Annual Conference of the International Association of Schools and Institutes of Administration (IASIA) at Bali, Indonesia, July 12–17.

Kahler, M. 1990, "Orthodoxy and its Alternatives," in J. Nelson (ed.), *Economic Crisis and Policy Choice: The Politics of Adjustment in the Third World*. Princeton: Princeton Univ. Press: 33–61.

Kaldor, M. 1982. *The Baroque Arsenal*. London: Deutch.

Kaleki, M. 1943. "Political Aspects of Full Employment," *Political Quarterly*, 14: 302-31.

Kang, S. 1970. "A Prologue to a Survey of the Study of Public Administration in Korea," *Korean Public Administration Review*, 8(1): 199-211.

Kaplan, A. 1964. *The Conduct of Inquiry*. San Francisco: Chandler.

Karl, B. 1976. "Public Administration and American History: A Century of Professionalism," *Public Administration Review*, 36(5): 489-503.

Kataoka, H. 1987. "Official Government and Unofficial Government," *Waseda Political Studies*, 19: 13-26.

Katz, D. & R. Kahn, 1978. *The Social Psychology of Organization*. 2nd ed. NY: John Wiley & Sons.

Katzenstein, P. 1985. *Small States in the World Market*. Ithaca: Cornell Univ. Press.

Katzenstein, P. ed. 1978. *Between Power and Plenty*. Madison: Univ. of Wisconsin Press.

Kaufman, H. 1956. "Emerging Conflicts in the Doctrines of Public Administration," *American Political Science Review*, 50(4): 1057-73.

Kaufman, H. 1981a. *The Administrative Behavior of Federal Bureau Chiefs*. Washington, D. C.: Brookings.

_____. 1981b. "Fear of Bureaucracy," *Public Administration Review*, 41: 1-9.

Kavanagh, D., et al. 2006. *British Politics*. 5th Edition. Oxford: Oxford University Press.

Kavanagh, D., Richards, D., Geddes, A. & Smith, M. 2006. *British Politics*. Fifth Edition. Oxford: Oxford University Press.

Kawashima, N. 2000. "The Emerging Voluntary Sector in Japan: Issues and Prospects," LSE International Working Paper #7.

Keat, R. & J. Urry, 1975. *Social Theory as Science*. London: Routledge & Kegan Paul.

Keins, P. & V. Schneider, 1991. "Policy Networks and Policy Analysis," in B. Marin & R. Mayntz (eds.), *Policy Networks*. CO: Westview Press.

Keller, P. & L. Crowther-Hunt, 1980. *The Civil Servants: An Inquiry into Britain's Ruling Class*. London: Macmillan.

Kemeny, J. 1960. "A Philosopher Looks at Political Science," *Journal of Conflict Resolution*, 4: 291-301.

Keohane, Nannerl O. 2010. *Thinking about Leadership*. Princeton, NJ: Princeton University Press.

Kerbo, H. 1991. *Social Stratification and Inequality*. 2nd ed. NY: McGraw-Hill.

Kernell, S. 1991. "The Primacy of Politics in Economic Policy," in S. Kernell (ed.), *Parallel Politics: Economic Policymaking in Japan and the United States*. Washington, D. C.: Brookings Institution: 325-78.

Kessler, Glenn. 2003. U.S. Decision on Iraq Has Puzzling Past. Washington Post, January 12.

Kester, J. 1988. "The 1986 Defence Reorganization," in D. Kozak & J. Keagle (eds.), *Bureaucratic Politics and National Security*. London: Lynn Rinner: 378-89.

Kettl, D. 1988. *Government by Proxy*. Washington, D. C.: Congressional Quarterly Press.

_____. 2000. "Public Administration at the Millenium," *Journal of Public Administration Research and Theory*, 10(1): 7-34.

_____. 2000. The Global Public Management Revolution: A Report on the Transformation of Governance. Washington, D.C.: Brookings Institution.

Kettl, Donald F. 2006. "Modernising Government." *International Review of Administrative Sciences*, 72(3): 313-317.

Kickert, W. & Koppenjan, J. 1997. "Public Management and Network management," in W. Kickert et al.

(eds.), *Managing Complex Networks: Strategies for the Public Sector*. Thousand Oaks, CA: Sage.

Kickert, W. & R. Stillman, II. eds. 1999. *The Modern State and its Study: New Administrative Sciences in a Changing Europe and United States*. Northamton, MA: Edward Elgar.

Kickert, W. 1977. "Public Governance in the Netherlands," *Public Administration*, 75.

Kickert, W. et al. eds. 1997. *Managing Complex Networks*. Thousand Oaks, CA: Sage.

Kikeri, S., J. Nellis, & M. Shirley, 1992. *Privatization*. Washington, D. C.: The World Bank.

Kim, B. & Kim, P. 1997. *Korean Public Administration*. Seoul: Hollym.

Kim, K. & Y. Jung, eds. 1993. *Korean Public Administration and Policy in Transition, Vol. 1 Governmental Institutions and Policy Process*, Seoul: Korean Association for Public Administration and Jangwon Publishing.

Kim, K. & Y. Jung, eds. 1993. *Korean Public Administration and Policy in Transition, Vol. 2 Substantive Public Policies*, Seoul: Korean Association for Public Administration and Jangwon Publishing.

Kim, K. S. 1995. "Reshaping Government Bureaucracy," Unpublished Ph. D. Dissertation, Syracuse University.

Kim, K. W. 1993. "Ideology and Politics of the Ruling Elite, Both Civilian and Military," in K. Kim & Y. Jung (eds.), *Korean Public Administration and Policy in Transition*. Seoul: KAPA & Jangwon: 45–68.

Kim, S. 1995. "Budgetary Process and Bureaucratic Control," *International Review of Administrative Science*, 61(2): 279–94.

Kim, Y. 1996. Ministerial Expansion of Modern Nation States. Unpublished Ph.D. Dissertation. Dept. of Sociology. Stanford University.

King, R. 1986. *The State in Modern Society*. London: MacMillan.

Kingdon, J. 1984. *Agendas, Alternatives and Pulbic Policies*. Boston: Little, Brown.

Kingsley, J. 1944. *Representative Bureaucracy*. Yellow Springs, OH: Antioch Press.

Kirkhart, L. 1971. "Toward a Theory of Public Administration," in F. Marini. (ed.), *Toward a New Public Administration*. NY: Chandler Publishing Co.: 127–163.

Kirwan, Kent Aiken. 1977. "The Crisis of Identity of Public Administration: Woodrow Wilson." *Polity*, 9(3): 321–343.

Kissinger, H. 1979. *The White House Years*. Sydney: Hodder & Stoughton.

Kleinberg, B. 1973. *American Society in the Postindustrial Age*. Columbus, OH: Merill.

Klingner, D. 1995. "Strategic Human Resource Management," in J. Rabin, et al., *Handbook of Public Personnel Administration*. NY: Marcel Dekker: 633–659.

Kochen, M. & K. Deutsch, 1969. "Toward a Rational Theory of Decentralization Policy in West Germany," in F. Scherer & M. Perlman (eds.), *Entrepreneurship, Technological Innovation and Economic Growth*. Ann Arbor: The Univ. of Michigan Press.

Kohli, A. "Where Do High Growth Political Economies Come From?" *World Development*, 22(9): 1269–93.

Kolakouski, L. 1965. *Railroads and Regulation, 1877–1916*. Princeton: Princeton Univ. Press.

_____. 1972. *Positivist Philosophy* (trans. by N. Guterman) Middlesex: Penguin Books.

Kolko, G. 1963. *The Triumph of Conservatism*. NY: The Free Press.

Kooiman, J. 2010. Governance and governability. In Osborne, S. P. 2010. *The new public governance?* (pp. 72–86). Routledge.

Kooiman, J. ed. 1994. *Modern Governance*. Thousand Oaks, CA: Sage.

Korpi, W. 1980. "Social Policy and Distributional Conflict in the Capitalist Democracies," *Western Euro-*

pean Politics, 3: 296-16.

Kotter, J. & P. Lawrence, 1974. *Mayors in Action*. NY: John Wiley.

Kranz, H. 1974. "Are Merit and Equity Compatible?" *Public Administration Review*, 34(5): 434-40.

Krasner, S. 1972. "Are Bureaucracies Important? (or Allison in Wonderland)," *Foreign Policy*, 7: 159-79.

_____. 1978. *Defending the National Interest*. Princeton: Princeton Univ. Press.

_____. 1984. "Approaches to the State," *Comparative Politics*, 16(2): 223-46.

_____. 1993. "Economic Interdependence and Interdependet Statehood," in R. Jackson & A. James (eds.), *States in A Changing World*. Oxford: Clarendon.

Krauss, E. 1995. "Japan: Divided Bureaucracy in a Unified Regime," in J. Pierre (ed.), *Bureaucracy in the Modern State*. Aldershot: Edward Elgar: 118-39.

Krislov, S. 1974. *Representive Bureaucracy*. Englewood Cliffs, NJ: Prentice Hall.

Kristol, I. 1987. *Two Cheers for Capitalism*. NY: Basic Books.

Kuhn, T. 1996. *The Structure of Scientific Revolution*. 3rd Edition. The University of Chicago Press.

Laclau, E. & C. Mouffe, 1985. *Hegemony and Socialist Strategy*. London: Verso.

Lambright, W. 1971. "The Minnowbrook Perspective and the Future of Public Affairs," in R. Marini ed., *Toward a New Public Administration*. NY: Chandler Publishing.

Lane, J. E. 2000. *New Public Management*. London: Routledge.

Lane, J. E. & Wallis, J. 2009. Non-profit organizations in public policy implementation. *Journal of public administration and policy research*, 1(7): 141-149.

LaPalombara, J. 2001. "Power and Politics in Organizations: Public and Private Sector Comparisons" in *Handbook of Organizational Learning & Knowledge*, M. Dierkes et al. pp: 557-578.

Larkey, P. et al. 1981. "Theorizing about the Growth of Government," *Journal of Public Policy*, 1(2): 176-201.

Laski, H. 1943. *Reflection on the Revolution of Our Time*. London: Allen & Unwin.

Lasswell, H. & A. Kaplan, 1950. *Power and Society*. New Haven: Yale Univ. Press.

Lasswell, H. 1960. *Psychopathology and Politics*. NY: Viking Press.

Lawrence, Paul L. & Jay W. Lorsch. 1967. Organization and Environment. Boston: Graduate School of Business Administration. Harvard University.

Lee, C. 1988. The State of Education for Public Administration in Korea: A Search for Qualitative Improvement. Paper Presented at the EROPA Conference on the State of Education for Public Administration, Manila, The Philippines, Nov. 1987.

_____. 1991. "A Critical Evaluation of Education for Public Administration in Korea," in G. Caiden & B. Kim (eds.), *A Dragon's Progress: Development Administration in Korea*. West Hartford, CO: Kumarian Press: 224-38.

Lee, H. & S. Kang, 1982. "Development of the Study of Public Administration in Korea," in B. Kim & W. Rho (eds.), 1982. *Korean Public Bureaucracy*. Seoul: Kyobo Publishing, Inc.: 18-45.

Lee, J. 1993. "The Politics of Urban Renewal," in K. Kim & Y. Jung eds, *Korean Public Administration and Policy in Transition: vol 2. Substantive Public Policies*. Seoul: Korean Association of Public Administration & Jangwon.

Lee, Jr. R. & R. Johnson, 1983. *Public Budgeting Systems*. 3rd. ed. Baltimore: Univ. Park Press.

Lee, M. 1994. "Policy Change and Political Leadership in Japan," Uunpublished Ph. D. Dissertation, Ohio State University.

Leftwich, A. 1994. "Governance, the State and the Politics of Development," *Development and Change*, 25: 363-86.

Leftwich, A. 1995. "Bringing Politics Back In," *The Journal of Development Studies*, 31(3): 400-27.

Lehman, E. 1988. "The Theory of the State and the State of the Theory," *American Sociological Review*, 53(6): 824-38.

Leibenstein, H. 1979. "A Branch of Economics is Missing," *Journal of Economic Literature*, 17: 477-502.

Lembcke, J. 1988. *Capitalist Development and Class Capacities*. Westport, CT: Greenwood Press.

Lengermann, Patricia; Niebrugge, Gillian 2010. "Feminism". In Ritzer, G.; Ryan, J. M. (eds.). The Concise Encyclopedia of Sociology. John Wiley & Sons.

Lentner, H. 1984. "The Concept of the State," *Comaprative Politics*, 16(3): 367-77.

Leone, R. 1972. "Public Interest Advocacy and the Regulatory Process," *The Annals of the American Academy of Political and Social Science*, 400(March): 46-58.

_____. 1977. "The Real Costs of Regulation," *Harvard Business Review*, 55(6): 57-66.

Levitan, S., G. Mangum, & R. Marshall, 1982. *Human Resources and Labor Markets: Employment and Training in the American Economy*. NY: Harper & Row.

Leys, W. & C. Perry, 1959. *Philosophy and the Public Interest*. A Document for a Symposium of WDAPA.

Lieven, Al. 2004. *America Right or Wrong: Anatomy of American Nationalism*. Oxford University Press.

Lijphart, A. 1984. *Democracies*. New Haven: Yale Univ. Press.

Lindblom, C. 1959. "The Science of Muddling Through," *Public Administration Review*, 19(2): 79-88.

_____. 1965. *The Intelligence of Democracy*. NY: Free Press.

_____. 1977. *Politics and Market*. NY: Basic Books.

Lippman, W. 1955. *The Public Philosophy*. Boston: Little, Brown.

Lipsky, Michael. 1980. Street-Level Bureaucracy: Dilemmas of the Individual in Public Services. Russell Sage Foundation.

Local Government Association. 2008. Local Government Workforce Overview, London: Local Government Association.

Locke, J. 1688-90. Two Treaties of Government. Cambridge: Cambridge University Press, 1988, Peter Laslett ed.

Long, Norton. 1949. Power and Administration. Public Administration Review, 9: 257-264.

Lord, Carnes. 1987. Aristotle. Leo Strauss and Joseph(ed.). 1987. History of Political Philosophy(3th edition). The University of Chicago Press: Chicago and London.

Loveman, B. 1976. "The Comparative Administration Group, Development Administration, and Anti-development," *Public Administration Review*, 36(6): 616-20.

Loverd, R. & Pavlak, T. 1995. "Analyzing the Historical Development of American Civil Service," in J. Rabin (ed.), *Handbook of Public Personnel Administration*. NY: Marcel Dekker: 1-19.

Low, N. 1991. *Planning, Politics and the State: Political Foundations of Planning Thought*. London: Unwin Hyman.

Lowi, T. & B. Ginsberg, 1998. *American Government*. NY: W. W. Norton.

Lowi, T. 1964. "American Business, Public Policy, Case Studies and Political Theory," *World Politics*, 16(6): 677-715.

_____. 1972. "Four Systems of Policy, Politics and Choice," *Public Administration Review*, 32: 283-310.

_____. 1978. "Public Policy and Bureaucracy in the United States and France," in D. Ashford ed., *Comparing Public Policies*. Beverly Hills: Sage: 177-95.

_____. 1979. *The End of Liberalism: The Second Republic of the United States*. 2nd ed. NY: W. W. Norton.

Lukes, S. 1974. *Power: A Radical View*. London: Macmillan.

_____. 2007. "Power and the Battle for Hearts and Minds," in F. Berenskoetter & M. Williams. eds. *Power in World Politics*. Routledge: 83-97.

Lyden, F. & E. Miller, 1978. *Public Budgeting*. 3rd ed. Chicago: Rand McNally College.

Lynn, 2008. "What is a Neo-Weberian State?" NISPAcee *Journal of Public Administration and Policy. Special Issue: A distinctive European model? The Neo-Weberian State*, 1(2): 17-30.

Lynn, L. 1996. *Public Management as Art, Science, and Profession*. Chatham, NJ: Chatham House.

Lynn, L., C. Heinrich, & C. Hill, 2000. "Studying Governance and Public Management," *Journal of Public Administration Research and Theory*, 10(2): 233-61.

Lynn, Laurence Jr., Carolyn Heinrich, Carolyn Hill. 2001. Improving Governance: A New Logic for Empirical Research. Washington D.C.: Georgetown University Press.

Lyon, D. 1994. *Postmodernity*. Buckingham: Open Univ. Press.

Mackie, T. & B. Hogwood, 1984. "Decision Arenas in Executive Decision-making," *British Journal of Political Science*, 14: 285-312.

_____. 1984. "Decision Arenas in Executive Decision-making: Cabinet Committees in Comparative Perspective. *British Journal of Political Science*. 14: 285-312.

Macmillan, K. & I. Turner, 1987. "The Cost-Containment Issue," in S. Wilks & M. Wright eds., *Comparative Government-Industry Relations*. Oxford: Clarendon: Ch. 6.

Macridis, R. 1986. *Modern Political Regimes: Patterns and Institutions*. Boston: Little, Brown.

Madrick, J. 1995. *The End of Affluence*. NY: Random House.

Mahon, R. 1980. "Regulatory Agencies," in J. Grayson (ed.), *Class, State, Ideology and Change*. Toronto: Holt, Reinhart & Winston.

Maier, H. 1980. *Die altere deutsche Staats-und Verwaltungslehre*. Munich: C. H. Beck'sche Verlagsbuch-handling.

Mainzer, L 1994. "Public Administration In Search of A Theory," *Administration and Society*, 26: 359-94.

Majone, G. 1997. "From Positive to the Regulatory State," *Journal of Public Policy*, 17(2): 139-67.

Mandel, E. 1975. *Late Capitalism*. London: New Left Books.

Manheim, K. 1936. *Ideology and Utopia: an Introduction to the Sociology of Knowledge*. NY: A Harvest Book.

Manicas, P. 1987. *A History and Philosophy of the Social Sciences*. Oxford: Basil Blackwell.

Mansfield, E. 1980. "Federal Maritime Commission," in J. Wilson (ed.), *The Politics of Regulation*. NY: Basic Books: 42-7.

March, J. & Olson, J. 1976. *Ambiguity and Choice in Organizations*. Bergen, Norway: Universitetsforlaget.

_____. 1984. "The New Institutionalism," *American Political Science Review*, 78(3): 734-49.

_____. 1989. *Rediscovering Institutions*. NY: The Free Press.

_____. 1995. *Democratic Governance*. NY: Free Press.

March, J. G. & Simon, H. A. 1958. *Organizations*. New York: Wiley.

Marcus, A. 1982. "Whatever Happened to the New 'Class'?" in A. Stone & E. Harpham eds., *The Political Economy of Public Policy*. Beverly Hills: Sage.

Marini, F. 1971. *Toward a New Public Administration*. NY: Chandler Publishing.

_____. 1998. "Public Administration," in J. Shafritz (ed.), *International Encyclopedia of Public Policy and Administration*. Boulder, CO: Westview Press.

Markus, M. D. Robey. 1988. "Information Technology and Organizational Change: Causal Structure in Theory and Research," *Management Science*. 34(5): 583–598.

Marres, N. 2006. Net–Work Is Format Work: Issue Networks and the Sites of Civil Society Politics. In *Reforming Politics: Networked Communications and Global Civil Society*, Jodi Dean, John Asherson, Geer Lovink (eds). Routledge.

Marsh, D. & Rhodes, R. eds. 1992. *Policy Networks in British Government*. Oxford: Clarendon.

Martin, S. 1983. *Managing Without Managers*. Beverly Hills: Sage.

Marx, F. 1957. *The Administrative State*. Chicago: Univ. of Chicago Press (안해균 역. 1964. 『행정국가와 관료제』. 서울: 박영사).

Marx, K. 1852. *The Eighteenth Brumaire of Louis Bonaparte*. in K. Marx & F. Engels. Selected Works. Vol. 1. Moscow: Progress Publishers.

_____. 1869. The Eighteenth Brumaire of Louis Bonaparte, second edition, in Karl Marx and Friedrich Engels, Selected Works, vol.I. London: Lawrence and Wishart, 1951.

_____. 1969. The Civil War in France, in Marx K. and Engels, F., Selected Works (in 3 volumes), Moscow, Progress Publishers, vol.2.

_____. 1977. *Capital: A Critique of Political Economy*, Vol 1–3. NY: Vintage Books.

Marx, K. & Engels. F. 1848. Manifesto of the Communist Party.

Marx, Karl. 1963[1852]. The Eighteenth Brumaire of Louis Bonaparte. New York: International Publishers.

Maslow, A. 1970. *Motivation and Personality*. 2nd ed. NY: Harper & Row.

Mayntz, R. & F. Scharpf, 1975. *Policy-making in the German Federal Bureaucracy*. Amsterdam: Elsevier.

McCabe, B & J. Vinzant, 1999. "Governance Lessons," *Administrative and Society*. 31(3): 361–377.

McConnell, G. 1966. *Private Power and American Democracy*. NY: Alfret Knopf.

McCool, D. 1990. "Subgovernment as Determinants of Political Viability," *Political Science Quarterly*, 105(2): 269–93.

McFarland, A. 1987. "Interest Groups and Theories of Power in America," *British Journal of Political Science*, 17: 129–47.

McGregor, E. 1988. "The Public Sector Human Resources Puzzle," *Public Administration Review*, 48(6): 941–50.

McIntyre, A. 1984/1997. *After Virture*. 2nd ed. University of Notre Dame Press.

Meade, E. 1951. *American Military Government in Korea*. NY: Columbia Univ. Press.

Meier, K. 1979. *Politics and the Bureaucracy*. North Scituate, MA: Duxbery Press.

_____. 1985. *Regulation Politics, Bureaucracy and Economics*. NY: St. Martin's Press.

Mennel, S. 1974. *Sociological Theory*. NY: Praeger.

Merelman, R. 1966. "Learning and Legitimacy," *American Political Science Review*, 61: 548–61.

Merkle, J. 1980. *Management and Ideology*. Berkeley: Univ. of California Press.

Merton, R. 1968. *Social Theory and Social Structure*. NY: Free Press.

Merton, Robert K. 1940. Bureaucratic Structure and Personality. Social Forces, 18(4): 560–568.

Meyer, J. & Rowan, B. 1977. "Institutionalized Organizations," *American Journal of Sociology*, 83: 340–63.

_____. 1983. "The Structure of Educational Organizations," in J. Meyer & W. Scott eds., Organizational Environments. Beverly Hills, CA: Sage: 71–97.

Michels, Robert. 1915. Political Parties(tr. E. and C. Paul). London, Jarrold and Sons.

Miewald, R. 1984. "The Origins of Wilson's Thought," in J. Rabin & J. Bowman eds., *Politics and*

Administration. NY: Marcel Dekker: 17-30.

Miles, R. 1978. "The Origin and Meaning of Miles' Law," *Public Administration Review*, 38: 399-403.

Miliband, R. 1970. *The State in Capitalist Society.* London: Weidenfeld & Nicolson.

_____. 1973. The State in the Capitalist Society. London: Quartet Books.

_____. 1977. *Marxism and Politics.* Oxford: Oxford Univ. Press.

_____. 1982. *Capitalist Democracy in Britain.* Oxford: Oxford Univ. Press.

_____. 1983. *Class Power and State Power.* London: Verso.

Mill, J. 1991. *Considerations on Representative Government.* Buffalo, NY: Prometheus Books.

Mill, John Stuart. 1859. On Liberty. in Utilitarianism, Liberty, and Representative Government. New York: Dutton, 1951.

Milliken, J. 1999. The Study of Discourse in International Relations. *European Journal of International Relations,* 5: 225-54.

Mills, C. 1956, *The Power Elite.* NY: Oxford Univ. Press.

Mills, C. Wright. 1956. The Power Elite. New York: Oxford University Press.

Minogue, M. et al. 1998. "Introduction," in M. Minogue, et al. eds., *Beyond the New Public Management.* Cheltenham: Edward Elgar.

Mintzberg, H. 1979. *The Structuring of Organizations.* Englewood Cliffs, NJ: Prentice-Hall.

_____. 1983. *Structure in Fives.* Englewood Cliffs, NJ: Prentice-Hall.

Mitchell, W. 1958. "The Polity and Society," *Midwest Journal of Political Science,* 11(4).

_____. 1967. *Sociological Analysis and Politics.* Englewood, NJ: Prentice-Hall.

_____. 1971. Public Choice in America: An Introduction to American Government. Chicago: Markham.

Mitnick, B. 1980. *The Political Economy of Regulation.* NY: Columbia Univ. Press.

Moe, T. 1985. "The Politicized Presidency," in J. Chubb & P. Peterson eds., *The New Direction in American Politics.* Washington D. C.: The Brookings Institution.

_____. 1989. "The Politics of Bureaucratic Structure," In Chubb and Peterson (eds). *Can the Government Govern?,* Washington: The Brookings Institution.

Moen, E. 1994. "Information Technology Standards," *Government Information Quarterly,* 11(4): 357-71.

Montesquieu, Charles Baron de. 1748. The Spirit of the Laws.
https://archive.org/details/spiritoflaws01montuoft/page/x/mode/2up

Morgan, G. 1980. "Paradigms, Metaphors and Puzzle Solving in Organization Theory," *ASQ.* 25. 605-22.

_____. 1990. *Images of Organization.* Thousands Oaks, CA: Sage (오세철 · 박상언 공역, 1994. 『조직사회학』. 서울: 현상과 인식).

Morrow, W. 1980. *Public Administration.* NY: Random House.

Mosca, Gaetano. 1939. The Ruling Class. New York: McGraw Hill. (Ed. Arthur Livingston. Trans Hannah D. Kahn.).

Mosher, F. 1968, 1982. *Democracy and the Public Service.* 2nd ed. Oxford: Oxford Univ. Press.

_____. 1984. "Key Decion Makers in Public Administration: The Concept of the Professional State," in R. Stillman, *Public Administration.* 3rd ed. Boston: Houghton Mifflin, Co.

Mouffe, C. 2000. The Democratic Paradox. London: Verso.

Mueller, D. 1979. *Public Choice.* Cambridge: Cambridge Univ. Press (배득종 역. 1992. 『공공선택론』. 서울: 나남).

Mulgan, G. 2001. Systems thinking and the practice of government. *Systemist,* 23: 23-29.

Muramatsu, M. & E. Krause, 1993. "Japan's Administrative Reform," Paper Presented at the KIPA Workshop on Government Reform (A Comparative Perspective on Korea, China, Japan, and

Vietnam), Seoul, September 17-18.

Muramatsu, M. 1983. "Administrative Reform in a Pluralist Political System," *Japan Echo*, 10(3): 30-9.

_____. 1987. "In search of National Identity," *Journal of Japanese Studies*, 13: 307-42.

_____. 1993. "Patterned Pluralism under Challenge," in G. Allinson & Y. Sone (eds.), *Political Dynamics in Contemporary Japan*. Ithaca: Cornell Univ. Press: 50-71.

_____. 1997. "Administrative Reform in Japan: 1996-97," Paper Prepared for the Symposium on Administrative Reform, Tokyo, October 16.

Murray, M. 1975. "Comparing Public and Private Management," *Public Administration Review*, 35: 364-71.

Musgrave, R. & P. Musgrave, 1984. *Public Finance in Theory and Pracdtice*. NY: McGraw-Hill.

Muto, H. 2000. "Thinking New Government Sector," The NIRA-NAPA 2000 Joint Tokyo Conference.

Nabatchi, T. 2011. Exploring the Public Values Universe: Understanding Values in Public Administration. Paper prepared for the Public Management Research Conference.

Nachmias, D. 1979. *Public Policy Evaluation: Approaches and Methods*. NY: St. Martin's Press.

Nadel, M. 1971. *The Politics of Consumer Protection*. Indianapolis: Bbbs Merill.

Naff, K. & J. Crum, 2000. "The President and Representative Bureaucracy," *Public Administration Review*, 60(2): 98-110.

Nakamura, A. 1990. "The Transformation of the Japanese Policy-Making Process," *Governance*, 3(2): 219-233.

Nakano, M. 1996. "Japanese Policy Making in Comparative Context," Paper Presented at Workshop on Japanese Policy Making, The Korean Political Science Association, Seoul, June 18-19.

Nathan, R. 1983. *The Administrative Presidency*. NY: John Wiley.

_____. 1986. "Institutional Change under Reagan," in J. Palmer (ed.), *Perspectives on the Reagan Years*. Washington D. C.: The Brookings Institution.

National Audit Office. 2006. The Third Sector And Public Policy Options for Committee Scrutiny.

National Research Council. 1996. *The Unpredictable Certainty: Information Infrastructure through 2000*. Washington D. C.: National Academy Press.

Nazari, K., Emami, M., Rostami, H., Gilaninia, S. & Mousavian, S. J. 2012. The Role and Position of Policy Making Compiling Networks in Policy Making System. *Interdisciplinary Journal of Contemporary Research in Business*, 3(9).

Nelson, R. & M. Krashinsky, 1973. "Two Major Issues of Public Policy: Public Policy and Organization of Supply," in R. Nelson & C. Young (eds.), *Public Subsidy for Day Care of Young Children*. Lexington, MA: D. C. Health.

Nelson, T., Clawson, R. & Oxley, Z. 1997. "Media framing of a civil liberties conflict and its effect on tolerance." *American Political Science Review*. 91(3): 567-583.

Nisbet, R & R. Merton, 1966. *Contemporary Social Problems*. NY: Harcourt Brace & World.

Niskanen, W. 1971. *Bureaucracy and Representative Government*. Chicago: Aldine-Artherton.

_____. 1973. *Bureaucracy: Servant or Master*. London: Institute of Economic Affairs.

Noll, R. 1971. *Reforming Regulation*. Washington D. C.: Brookings.

Nordhaus, W. 1975. "The Political Business Cycle," *Review of Economic Studies*, 42: 169-90.

Nordlinger, E. 1981. *On the Autonomy of the Democratic State*. Cambridge, MA: Harvard Univ. Press.

Novick, D. 1969. *Program Budgeting*, 2nd ed. NY: Holt, Rinegart & Winston.

Nozick, R. 1974. *Anarchy, State and Utopia*. NY: Basic Books.

Nye, J. 2008. *The Powers to Lead*. NY: Oxford Univ. Press.

Nye, J. et al. eds. 1997. *Why People Don't Trust Government*. Cambridge: Harvard University Press.

O'Connor, J. 1973. *The Fiscal Crisis of the State*. NY: St. Martins.

_____. 1984. *Accumulation crisis*. New York: B. Blackwell.

O'Leary, B. 1985. "Is There a Radical Public Administration?" *Public Administration*, 63: 345-52.

_____. 1987. "British Farce, French Drama and Tales of Two Cities: Reorganizations of Paris and London Government 1957-8," *Public Administration*, 65: 193-217.

_____. 1987. "The Odyssey of Jon Elster," *Government and Opposition*, 22(4): 480-98.

_____. 1987. "Why Was the GLC Abolished?" *International Journal of Urban and Regional Research*, 11(2): 369-89.

O'Neill, J. 1973. *Modes of Individualism and Collectivism*. London: Heinemann.

O'Toole, L. 1987. "Doctrines and Development: Separation of Powers, the Politics-Administration Dichotomy and the Rise of the Administrative State," *PAR*. 47(1): 17-25.

Oakeshott, M. 1975. *On Human Conduct*. Oxford, UK:Clarendon Press.

Oates, W. E. 2008. On the Evolution of Fiscal Federalism: Theory and Institutions. National Tax Journal, 61(2): 313-334.

OECD & KIPF. 2016. "Fiscal federalism 2016: Making decentralization work," Edited by Hansjörg Blöchliger and Junghun Kim. (http://dx.doi.org/10.1787/9789264254053-en)

OECD. 1997. OECD Report on Regulatory Reform, Paris.

_____. 2001. *Public Sector Leadership for the 21st Century*. MONO2200204139.

_____. 2005. Modernising Government: The Way Forward.

Offe, C. & W. von Ronge, 1975. "Theories on the State," *New German Critique*, 6: 137-47.

Offe, C. 1975. "The Theory of the Capitalist State and the Problem of Policy Formation," in L. Lindberg, et al. (eds.), *Stress and Contradiction in Modern Capitalism: Public Policy and the Theory of the State*. Lexington, MA: Heath (한상진 · 서규환 · 박영도 역, 1988. 『국가이론과 위기분석』. 서울: 전예원).

_____. 1984. *Contradictions of the Welfare State*. (Keane, J. ed.) Cambridge: MIT Press.

_____. 1985. *Disorganized Capitalism*. Cambridge: Polity Press.

_____. 2000. "Civil Society and Social Order," *European Journal of Sociology*, 41(1): 71-94.

Ogenchuk, M. 2009. "Symbolic Policy and Alcohol Abuse Prevention in Youth," *Canadian Journal of Educational Administration and Policy*, 94.

Ohmae, K. 1990. *The Borderless World*. London: Harper-Collins.

Okun, A. 1975. *Equality and Efficiency*. Washington, D. C.: The Brookings (정용덕 역. 1984. 『평등과 효율』. 서울: 성균관대학교 출판부).

Olsen, J. 1987. "Popular Sovereignty and the Search for Appropriate Institutions," *Journal of Public Policy*, 7: 341-70.

_____. 1987. *Organized Democracy*. Oslo: Universitetsforlaget.

Olson, M. 1965, 1971, 1977. *The Logic of Collective Action: Public Goods and the Theory of Groups*. 2nd. ed. Cambridge, MA: Harvard Univ. Press.

Olson, Mancur Jr. 1965. The Logic of Collective Action: Public Goods and the Theory of Groups. Cambridge: Harvard University Press.

Onis, Z. 1991. "The Logic of the Developmental State," *Comparative Politics*, 24(1).

Ophuls, W. 1977. Ecology and the Politics of Scarcity. San Francisco: W.H. Freeman.

Orlikowski, W. 1992. "The Duality of Technology," *Organization Science*, 3(3): 399-427.

_____. 1995. "Organizational Change and Groupware Technology," Working Paper #186, The Centers for Coordination Science, MIT Sloan School: Cambridge, MA.

Orren, K. & S. Skowronek, eds. 1986. "Editors' Preface," *Studies in American Political Development*. Vol. 1. New Haven: Yale Univ. Press.

Osborne, D. & Gaebler, T. 1992. *Reinventing Government: How the Entrepreneurial Spirit is Transforming the Public Sector*. Reading, MA: Addison-Wesley.

Osborne, S. 2006. "The New Public Governance?" *Public Management Review* 8(3): 377-387.

_____. 2010. *The New Public Governance?* NY: Routledge.

_____. 2010. Introduction The (New) Public Governance: a suitable case for treatment?. In *The new public governance?* (pp. 17-32). Routledge.

Ostrom, V. & E. Ostrom, 1972. "Legal and Political Conditions for Water Resource Development," *Land Economics*, 48(1): 1-12.

Ostrom, V. 1971. "Public Choice," *Public Administration Review*, 31: 203-16.

_____. 1974. *The Intellectual Crisis in American Public Administration*. Tuscaloosa: Univ. of Alabama Press.

_____. 1987. *The Political Theory of a Compound Republic: Designing the American Experiment*. 2nd ed. Lincoln: Univ. of Nebraska Press.

Ouchi, W. 1980. "Markets, Bureaucracies and Clans," *Administrative Science Quarterly*, 25: 129-41.

Overeem, Patrick. 2012. The Politics-Administration Dichotomy: Toward a constitutional Perspective. CRC Press.

Owen, B. & Braeutigam, R. 1978. *The Regulation Game: Strategic Use of the Administrative Process*. Cambridge: Ballinger.

Page, Charles H. 1946. Bureaucracy's Other Face. Social Forces, 25: 88-94.

Page, E. 1985. *Political Authority and Bureaucratic Power*. Knoxville: Univ. of Tennessee Press.

Painter, M. and Peters, G. B. eds. 2010. *Tradiion and Public Administration*. Basingstoke, Palgrave/Macmillan.

Palais, J. 1975. *Politics and Policy in Traditional Korea*. Cambridge: Harvard Univ. Press.

Pareto, V. 1935[1916]. The Mind and Society. Harcourt Brace and Company. (First published 1916).

Parkin, F. 1979. *Marxism and Class Theory*. London: Tavistock.

Parry, G. & Parry, J. 1976. *The Rise of the Medical Profession*. London: Croom Helm.

Parsons, T. 1951. *Towards a General Theory of Action*. Cambridge: Harvard Univ. Press.

_____. 1957. "The Distribution of Power in American Society," *World Politics*, 10(1).

_____. 1960. *Structure and Process in Modern Societies*. Glencoe: Free Press.

_____. 1969. *Sociological Theory and Modern Society*. NY: Free Press.

Pateman, C. 1979. The Problem of Political Obligation. Chichester: John Wiley.

Patton, C. 1975. "Budgeting under Crisis," *Administrative Science Quarterly*, 20.

Patton, M. 1978. *Utilization-focused Evaluation*. Beverly Hills: Sage.

Paudel, N. R. 2009. A Critical Account of Policy Implementation Theories: Status and Reconsideration. *Nepalese Journal of Public Policy and Governance*, 25(2).

PCAR. 1984. *The Fifth Report on Administrative Reform*. Tokyo: The Institute of Administrative Management.

Peacock, A & J. Wiseman, 1968. *The Growth of Public Expenditure in the United Kingdom*. Princeton: Princeton Univ. Press.

Peltzman, S. 1976. "Toward a More General Theory of Regulation," *Journal of Law and Economics*, 5(2): 335-358.

_____. 1976. "Toward a More General Theory of Regulation," *Journal of Law and Economics*, 19(2): 211–40.

_____. 1981. "Current Developments in the Economics of Regulation," in G. Fromm ed., *Studies in Public Regulation*. Cambridge: MIT Press: 371–84.

Pempel, T. 1982. *Policy and Politics in Japan*. Philadelphia: Temple Univ. Press.

_____. 1989. "Japan's Creative Conservatism," in F. Castles (ed.), *The Comparative History of Public Policy*. Cambridge: Polity Press.

Perez–Diaz, V. 1978. *State, Bureaucracy and Civil Society*. London: Macmillan.

Perkins, D. 1977. "Evaluating Social Interventions," *Evaluation Quarterly*, 1(4).

Perlmutter, A. & LeoGrande, W. M. 1982. The Party in Uniform: Toward a Theory of Civil–Military Relations in Communist Political Systems. American Political Science Review, 76(4): 778–789.

Perlmutter, A. 1981. *Modern Authoritarianism*. New Haven: Yale Univ. Press.

Perrow, C. 1979. *Complex Organization*. 2nd ed. Dallas: Scott, Foresman.

Peters, B. 1988. *Comparing Public Bureaucracies*. Tuscaloosa: Univ. of Alabama Press.

_____. 1996, 2001. *The Future of Governing: Four Emerging Models*. Lawrence, Kansas Univ. Press (고숙희 외 공역. 1998. 『미래의 국정관리』. 서울: 법문사, 1998).

_____. 2000. "Policy Instruments and Public Management," *Journal of Public Administration Research and Theory*, 10(1): 35–48.

Peters, B. G. & J. Pierre. 1998. "Governing without Government: Rethinking Public Administration," *Journal of Public Administration Research and Theory* 8: 223–42.

_____. 2010. "Economic Crisis, Public Administration, and Governance," *The Korean Journal of Policy Studies*, 25(1): 59–71.

Peters, G. & J. Pierre. 2000. "Is there a Governance Theory?," Paper Presented at the IPSA World Congress, Quebec, August 1–6: 1–31.

Peters, B. G. & V. Wright, 1996. "Public Policy and Administation," in E. Goodin & H. Klingeman (eds.), *A New Handbook of Political Science*. Oxford: Oxford Univ. Press: 27장.

Peters, B. G. 1984. *The Politics of Bureaucracy*. 2nd ed. London: Longman.

_____. 2010. Meta–Governance and Public Management. in S. Osborne. ed. *The New Public Governance?* NY: Routledge: 36–51.

Peters, B. G., R. Rhodes & V. Wright. 2000. *Administering the Summit: Administration of the Core Executive in Developed Countries*. London: Macmillan.

Peterson, P. 1979. "A Unitary Model of Local Taxation and Expenditure Policies in the United States," *British Journal of Political Science*, 9: 287–314.

_____. 1981. *City Limits*. Chicago: The Univ. of Chicago Press.

_____. 1999. "Gray Dawn," *Foreign Affairs*, 78(1): 42–55.

Pfeffer, J. & G. Salancik. 1974. "Organizational Decision Making as a Political Process," *Administrative Science Quarterly*, 19: 135–51.

_____. 1978. *The External Control of Organization*. NY: Haper & Low.

Pfeffer, J. 1982. *Organization and Organization Theory*. Boston: Pitman.

Pfiffner, J. 1987. "Political Appointees and Career Executives," *Public Administration Review*, 47(1): 57–65.

_____. 2003. "President George W. Bush and His War Cabinet," Paper presented at the Conference (The Presidency, Congress, and the War on Terrorism), University of Florida, February 7, 2003.

Phillips, S. & J. Zecher, 1981. *The SEC and the Public Interest*. Cambridge: MIT Press.

Piaget, J. 1971. *Structuralism*. London: Routledge & Kegan Paul (김태수 편역.『구조주의의 이론』. 서울: 도서출판 인간사랑).

Pierre, J. & B. G. Peters, 2000. *Governance, Politics and the State*. NY: St. Martin's Press (정용덕 외 역. 2003. 거버넌스, 정치, 그리고 국가. 서울: 법문사).

_____. 2005. *Governing Complex Societies*. NY: Palgrave Macmillan.

Pivon, F. & R. Cloward, 1982. *The New Class War*. NY: Pantheon.

Plumlee, J. & K. Meier, 1978. "Capture and Rigidity in Regulatory Administration," in J. May & A. Wildavsky (eds.), *The Policy Cycle*. Beverly Hills: Sage.

Poggi, G. 1978. *The Development of the Modern State*. London: Hutchinson.

_____. 1990. *The State*. Stanford: Stanford Univ. Press.

Polanyi, K. 1957. *The Great Transformation*. Boston: Beacon Press.

Pollitt, C. & G. Bouckaert. 2000, 2011. *Public Management Reform*. 3rd ed., Oxford: Oxford University Press.

_____. 2004. Public Management Reform: A Comparative Analysis(2nd). N.Y.: Oxford Press.

Pollitt, C. 1993. *Managerialism and the Public Services*. 2nd ed. Oxford: Blackwell.

Posner, R. 1971. "Taxation by Regulation," *The Bell Journal of Economics and Management Science*, 2(1): 22-50.

_____. 1974. "Theories of Economic Regulation," *The Bell Journal of Economics and Management Science*, 5(2): 335-58.

Poulantzas, N. 1969. "The Problem of the Capitalist State," *New Left Review*, 58: 67-78.

_____. 1973. "On Social Classes," *New Left Review*, 78.

_____. 1973. *Political Power and Social Classes*. London: New Left Books.

_____. 1974. *Facism and Dictatorship*. London: New Left Books.

_____. 1976. "The Capitalist State: Reply to Miliband and Laclau," *New Left Review*, 95: 63-83.

_____. 1978. *State, Power, Socialism* (translated by P. Camiller). London: New Left Books.

President's Committee on Administrative Management. 1937. *Report with Special Studies*. Washington, D. C.: Governmental Printing Office.

Prewitt, K. & Stone, A. 1973. *The Ruling Elites*. NY: Harper and Row.

Przeworski, A. & J. Sprague, 1986. *Paper Stones*. Chicago: Univ. of Chicago Press.

Putnam, R. 1973. "The Political Attitudes of Senior Civil Servants in Western Europe," *British Journal of Political Science*, 3 (July): 257-90.

_____. 1993. *Making Democracy Work*. Princeton, NJ: Princeton Univ. Press (안청시 외 역. 2000.『사회적 자본과 민주주의』. 서울: 박영사).

Raadschelder, Jos C. N. 2000. Handbook of Administrative History. New Brunswick and London: Transaction Publishers.

Radack, M. 1994. "The Federal Government and Information Technology Standards," *Government Information Quarterly*, 11(4): 373-85.

Rainey, H. 1983. "Public Agencies and Private Firms," *Administration and Society*, 15: 207-42.

_____. 1997. *Understanding and Managing Public Organizations*. 2nd ed. San Francisco: Jossey-Bass.

Ram, R. 1986. "Government Size and Economic Growth," *American Economic Review*, 76(1): 191-203.

Ramos, A. 1972. "Modes of Man and Administrative Theory," *Public Administration Review*, 32: 241-6.

Ramseyer, J. & F. Rosenbluth, 1993. *Japan's Political Marketplace*. Cambridge, MA: Harvard Univ. Press.

Rasler, K. & Thompson, W. 1989. *War and State Making*. Boston: Unwin Hyman.

Rawls, J. 1971. *A Theory of Justice*. Cambridge: Harvard Univ. Press.

Redford, E. 1969. *Democracy in the Administrative State.* NY: Oxford Univ. Press.

Rhodes, R. & D. Marsh, eds. 1992. *Policy Networks in British Government.* Oxford: Clarendon Press.

Rhodes, R. & P. Dunleavy, 1995. *Prime Minister, Cabinet and Core Executive.* London: St. Martin's Press.

Rhodes, R. 1981. *Control and Power in Central-Local Relations.* Farnborough: Gower.

_____. 1986. "'Power-dependence' Theories of Central-Local Relations," in M. Goldsmith (ed.), *New Research in Central-Local Relations.* Aldershot: Gower.

_____. 1990. "Policy Networks," *Journal of Theoretical Politics,* 2: 293-317.

_____. 1996. "The New Governance: Governing without Government," *Political Studies.* XLIV: 652-67.

_____. 1997. *Understanding Governance.* Buckingham: Open University Press.

_____. 2006. "Policy Network Analysis." In M. Moran, M. Rein & R. Goodin (Eds). *The Oxford Handbook of Public Policy.* Oxford: Oxford University Press.

Rhodes, R. A. W. 2006. "Policy Network Analysis." In M. Moran, M. Rein and R. E. Goodin (Eds). *The Oxford Handbook of Public Policy.* Oxford: Oxford University Press.

Rhodes, R., P. Weller, & H. Bakvis, 1997. *Managing the Hollow Crown: Countervailing Tendencies in Core Executives.* NY: St. Martin's.

Richardson, J. & A. Jordan, 1979. *Governing under Pressure.* Oxford: Martin Robertson.

Riggs, F. 1964. *Administration in Developing Countries.* Boston: Houghton Mifflin (박동서·서원우·김규정·한영환 공역. 1966. 『신생국행정론』. 서울: 대한교과서주).

Riggs, F. W. 1964. *Administration in developing countries: The theory of prismatic society.* Houghton Mifflin.

Riggs, F. 2000. "Past, President and Future in Korean Public Administration," Paper Presented to the Seoul Association for Public Administration, May 20.

Riker, W. & P. Ordeshock, 1973. *Introduction to Positive Political Theory.* Englewood Cliffs: Prentice Hall.

Riker, W. 1962. *The Theory of Political Coalitions.* New Heaven: Yale Univ. Press.

_____. 1986. *The Art of Political Manipulation.* New Haven CT: Yale University Press.

Rindfleisch, A. & J. Heide, 1999. "Transaction Cost Analysis," *Journal of Marketing,* 61(4): 30-55.

Ringer, F. 2004. Max Weber: An Intellectual Biography. Chicago, IL: University of Chicago Press.

Ripley, R. & G. Franklin, 1980. *Congress, The Bureaucracy, and Public Policy,* 2nd. Homewood, IL: Dorsey Press.

_____. 1986. *Policy Implementation and Bureaucracy.* Chicago: Dorsey Press.

Ripley, R. ed. 1966. *Public Policies and Their Politics.* NY: Norton.

Ro, J. 1993. *Public Administration and the Korean Transformation.* West Hartford, CT: Kumarian Press.

Robert B. Denhardt and Janet V. Denhardt. 2000. The New Public Service: Serving Rather Than Steering. Public Administration Review, 60(6): 549-559.

Robert, E. 1998. "Human Resource Management," in J. Shafritz ed., *International Encyclopeida of Public Policy and Administration.* Boulder: Westview Press: 1079-80.

Robey, D. 1986. *Designing Organizations.* 2nd ed. Homewood, IL: Irwin.

Robinson, W. 1950. "Ecological Correlation and the Behavior of Individuals," *American Sociological Review,* 15: 351-7.

Rockman, B. 1984. "Executive-Legislative Relations and Legislative Oversight," *Legislative Studies Quarterly,* 9: 406-14.

_____. 1992. "Bureacracy, Power, Policy, and the State," in L. Hill (ed.), *The State of the Public*

Bureaucracy. Amonk, NY: M. E. Sharpe: 141-70.

Roemer, J. ed. 1986. *Analytical Marxism*. Cambridge: Cambridge Univ. Press.

Rokkan, S. 1966. "Norway: Numerical Democracy and Corporate Pluralism," in R. Dahl (ed.), *Political Oppositions in Western Democracies*. New Haven: Yale Univ. Press.

Roniger, Luis. 1994. The Comparative Study of Clientelism and the Changing Nature of Civil Society in the Contemporary World. In Luis Roniger & Ayse Gunes-Ayata (Eds.). Democracy, Clientelism, and Civil Society. Boulder, CO: Boulder London. 1-18.

Rose, R. 1976. "On the Priorities of Government," *European Journal of Political Science*, 4: 247-89.

_____. 1984a. *Understanding Big Government*. London: Sage.

_____. 1984b. *The Capacity of the President*. Glasgow: Univ. of Strathclyde.

_____. 1987. *Ministers and Ministries*. Oxford: Clarendon.

_____. 1988. *The Post Modern Presidency*. Chatham, NJ: Chatham House.

Rosenau, J. & E-O. Czempiel, eds. 1992. *Governance without Government*. Cambridge: Cambridge Univ. Press.

Rosenau, J. 1992. "Governance, Order, and Change in World Politics," in J. Rosenau & E-O Czempiel. eds., *Governance without Government*. Cambridge: Cambridge Univ. Press.

Rosenau, P. 1992. *Post-modernism and the Social Sciences*. Princeton; Princeton Univ. Press.

Rosenbloom, D. "The Politics-administration Dichotomy in U.S. Historical Context." *Public Administration Review* 68(1): 57-0.

Rosenbloom, D. 1989, 1993. *Public Administration*. 3rd ed. NY: MacGraw-Hill.

Rosenbloom, D., R. Kravchuk & R. Clerkin. 2009. *Public Administration*. McGraw-Hill.

Rosenbloom, David H, Robert Kravchuk, and Richard Clerkin. 2009. Public Administration: Understanding Management, Politics, and Law in the Public Sector(Seventh Edition). New York: McGraw Hill.

Rosenbloom, David H. 2008. The Politics-administration Dichotomy in U.S. Historical Context. Public Administration Review 68(1): 57-0.

Roskin, M. et al. 2008. *Political Science*, 10th edition. Pearson Education.

Roskin, M. G., Cord, R. L., Medeiros, J. A. & Jones, W. S. 2008. *Political Science: An Introduction*, 10th edition. Pearson Education.

Rossi, P. & H. Freeman, 1982. *Evaluation*. 2nd ed. Beverly Hills: Sage.

Rossiter, C., ed. 1961. *The Federalist Papers*. NY: The New American Library.

Rouke, F. E. (ed.) 1965. Bureaucracy and public opinion. in Rouke F.E. (Ed.) Bureaucratic Power in National Politics. pp.187-99.

Rourke, F. 1992. "American Exceptionalism: Government without Bureaucracy," in L. Hill, ed. *The State of Public Bureaucracy*. New York: M. E. Sharp, Inc.

Russet, B. 1970. *What Price Vigilance?* New Heaven: Yale Univ. Press.

Sabatier, P. 1975. "Social Movements and Regulatiory Agencies," *Policy Sciences*, 6: 301-42.

Sager, Fritz, Christian Rosser, Céline Mavrot and Pascal Y. Hurni. 2018. A Transatlantic History of Public Administration: Analyzing the USA, Germany and France. Cheltenham(UK), Northhampton(MA, USA). Edward Elgar Publishing.

Salamon, L. & H. Anheier, 1998. The Third Route. in W. Powell & E. Clemens eds., *Private Action and the Public Good*. New Haven: Yale Univ. Press.

Salamon, L. 1995a. *The Emerging Nonprofit Sector*. Baltimore: Johns Hopkins Nonprofit Sector Series.

_____. 1995b. *Partners in Public Service*. Baltimore: Johns Hopkins Univ. Press.

Salamon, L. ed. 1989. *Beyond Privatization*. Washington, D. C.: Urban Institute Press.

_____. 2002. *The Tools of Government: A Guide to the New Governance*. Oxford University Press.

Samuels, R. 1987. *The Business of the Japanese State*. Ithaca, NY: Cornell Univ. Press.

Sassen, S. 1999. "Global financial Centers," *Foreign Affairs*, 78(1): 75-87.

Saunders, P. & A. Cawson, 1983. "Corporatism, Competitive Politics and Class Struggle," in R. King ed., *Capital and Politics*. London: Routledge & Kegan Paul.

Saunders, P. 1981. *Soicial Theory and the Urban Question*. London: Hutchinson.

_____. 1984. "Rethinking Local Politics," in M. Boddy & C. Fudge eds., *Local Socialism?* London: MacMillan: 22-48.

Savage, J. 1988. *Balanced Budgets & American Politics*. Ithaca, NY: Cornell Univ. Press.

Sbragia, A. 2000. "Governance, the State, and the Market," *Governance*, 13(2): 243-50.

Scase, R. ed. 1980. *The State in Western Europe*. London: Croom Helm.

Schattschneider, E. 1960. *The Semi-sovereign People*. NY: Holt, Rinehart & Winston.

Schedler, K., & Proeller, I. 2007. Public management as a cultural phenomenon: Revitalizing societal culture in international public management research. International Public Management Review, 8(1): 186-194.

Schelling, T. 1978. *Micromotives and Macromotives*. NY: W. W. Norton.

Schick, A. 1970. "The Cybernetic State" *TRANS-action*, 7: 15-26.

_____. 1977. "Beyond Analysis," *Public Administration Review*, 37(3): 258-63.

_____. 1981. "The Coordination Option," in P. Szanton ed., *Federal Reorganization*, Chatham, NJ: Chatham House.

_____. 1983. "Incremental Budgeting in a Decremental Age," *Policy Science*, 16: 1-25.

Schmitter, P. & G. Lehmbruch, eds. 1979. *Trends Toward Corporatist Intermediation*. London: Sage.

Schmitter, P. 1974. "Still the Century of Corporatism?" *Review of Politics*, 36: 85-131.

_____. 1985. "Neo-Corporatism and the State," in W. Grant ed., *The Political Economy of Corporatism*. London: Macmillan.

Schneider, A. & Ingram, H. 1990. "Behavioral Assumptions of Policy Tools," *Journal of Politics*, 52: 510-29.

Scholte, J. 1997. "Global Capitalism and the State," *International Affairs*, 73(3): 427-52.

Schroeter, E. 2000. "Culture's Consequences?," Paper Presented at the IPSA World Congress, August 1-6, Quebec; in H. Wollmann & E. Schroeter (eds.), *Comparing Public Sector Reform in Britain and Germany. Key Traditions and Trends of Modernization*. Aldershot: Ashgate.

Schubert, G. 1957. "The Public Interest in Administrative Decision-Making," *American Political Science Review*, 51: 346-68.

_____. 1960. *The Public Interest*. Glencoe, IL: Free Press.

_____. 1972. "Is There a Public Interest Theory?" in F. Gibson & G. Cornog ed., *Public Administration*. Chicago: Rand Mc. Nally College Publishing.

Schultze, C. 1977. *The Public Uses of Private Interest*. Washington, D. C.: Brookings Institution (정용덕 역. 『사익의 공공활용』. 서울: 성균관대학교 출판부).

Schumpeter, J. 1943. *Capitalism, Socialism, and Democracy*. New York: Harper.

Schwarzer, S. 2011. "Political Socialization as the Driving Factor for Political Engagement and Political Participation." Paper prepared for the ELECDEM workshop in Advanced Techniques for Political Communication Research: Content Analysis, March 20-24. 2011. Amsterdam.

Scokpol, T. 1985. "Bringing the State Back In," in P. Evans et al. eds., *Bringing the State Back In*.

Cambridge: Cambridge Univ. Press: 3-43.

Scott, James C. 1972. Patron-Client Politics and Political Change in Southeast Asia. American Political Science Review, 66(1): 91-113.

Sedgemore, B. 1980, 1998. *The Secret Constitution*. London: Hodder & Stoughton.

Seibel, W. 2010. "Beyond Bureaucracy," *Public Administration Review*. 70(4): 547-556.

_____. 2010. "Beyond Bureaucracy: Public Administration as Political Integrator and Non-Weberian Thought in Germany," *Public Administration Review*. 70(5): 719-30.

Seidman, H. 1980. *Politics, Position and Power*. 5th ed. NY: Oxford Univ. Press.

Self, P. 1976. *Administrative Theories and Politics*. London: Allen & Unwin.

_____. 1985. *Political Theories of Modern Government: Its Role and Reform*. London: George Allen & Unwin.

_____. 1993. *Government by the Market*. London: Macmillan.

Selzneck, Philip. 1949. TVA and the Grassroots. Berkeley, Calif.: University of California Press.

Selznick, Philip. 1948. Foundations of the Theory of Organization. American Sociological Review, 13(1): 25-35.

Sen, A. 1999. *Development as Freedom*. Oxford Paperbacks.

Senghaas, D. 1974. *Peripheral Kapitalismus*. Frankfrut: Suhrkamp Verlag.

Seshadri, A. & K. Yuki, 2004. "Equity and efficiency effects of redistributive policies," *Journal of Monetary Economics*, 51.

Shafritz, J. & E. Russell, 2000. *Introducing Public Administration*. 2nd ed. NY: Longman.

Shalev, M. 1983. "The Social Democratic Model and Beyond," *Comparative Social Research*, 6: 315-51.

Shalv, M. & Korpi, W. 1980. "Working Class Mobilization and American Exeptionalism," *Economic and Industrial Democracy*, 1: 31-61.

Sharp, Rhonda & Ray Broomhill. 2002. "Budgeting for Equality: The Australian Experience," *Feminist Economics*, 8(1): 25-47.

Sharpe, L. 1980. *Decentralist Trends in Western Democracies*. London: Sage.

_____. 1984. "Functional Allocations in the Welfare State," *Local Government Studies*, 10: 27-45.

Shelling, T. 1978. *Micromotives and Macrobehavior*. NY: W. W. Norton.

Shils, E. 1961/1965. The Calling of Sociology. in T. Parsons, E. Shils, K. Naegele, and J. Pitts. eds. *Theories of Society*. NY: Free Press: 1405-48.

_____. 1970. "Tradition, Ecology and Institution in the History of Sociology. *Daedalus*." 99: 760-825.

Shipan, C. 2004. "Regulatory Regimes, Agency Actions, and the Conditional Nature of Congressional Influence," *American Political Science Review*. 98(3): 467-480.

Shively, W. 1999. *Comparative Governance*. NY: McGraw-Hill.

Shumpei, K. 1984. "Japan Faces Its Future," *Journal of Japanese Studies*, 10(1): 143-65.

Simon, H. 1945, 1957, 1976. *Administrative Behavior*. 3rd. ed. NY: The Free Press.

_____. 1946. "The Proverbs of Administration." *Public Administration Review*. 6(4): 53-67.

_____. 1973. "Organizational Man," *Public Administration Review*, 33: 346-53.

Simon, H. A. 1976. Administrative Behavior(Third Edition). New York: Free Press.

Singer, E. and L. Wooton. 1976. "The Triumph and Failure of Albert Speer's Administrative Genius: Implication for Current Management Theory and Practice," *Journal od Applied Behavioral Science*. 12(1) (Jan./Mar.): 79-103.

Singer, J. 1961. "The Level of Analysis Problem in International Relations," in K. Knorr & S. Verba eds., *The International System*. Princeton: Princeton Univ. Press: 77-92.

Skinner, Q. 1978. *The Foundations of Modern Political Thought*. Vol. 2. Cambridge: Cambridge Univ. Press.

Skocpol, T. & K. Finegold, 1982. "State Capacity and Economic Intervention in the Early New Deal," *Policy Science Quarterly*, 97(2): 255–78.

Skocpol, T. 1979. *States and Social Revolutions*. Cambridge: Cambridge Univ. Press.

_____. 1980. "Political Response to Capitalist Crisis," *Politics and Society*, 10.

_____. 1985. "Bringing the State Back In: Strategies of Analysis in Current Research," in P. Evans et al. (eds.), *Bringing the State Back In*. Cambridge: Cambridge Univ. Press: 3–43.

_____. 1992. *Protecting Soldiers and Mothers*. Cambridge, MA: Belknap Press of Harvard Univ. Press.

Skowronek, S. 1982. *Building a New American State: The Expansion of National Administrative Capacities, 1877–1920*. Cambridge: Cambridge University. Press.

Smith, Adam. 1791[1776]. An Inquiry into the Nature and Causes of the Wealth of Nations. Harmonsworth: Penguin, 1970.

_____. 2009[1759]. Theory of Moral Sentiments. Ryan Patrick Hanley (ed.). Penguin.

Smith, B. 1985. *Decentralization*. London: George Allen & Unwin.

_____. 1988. *Bureaucracy and Political Power*. Sussex: Wheatsheaf.

Smith, B. C. 1988. *Bureaucracy and Political Power*. NY: St. Martin's Press.

Smith, H. 1988. *The Power Game*. NY: Random House.

Smith, M. 1999. *The Core Executive in Britain*. London: Macmillan.

Smith, M., D. Marsh, & D. Richard, 1993. "Central Government Departments and the Policy Process," *Public Administration*, 71: 567–94.

Sorauf, F. 1957. "The Public Interest Reconsidered," *The Journal of Politics*, 19.

Spicer, M. 2002. The War on Terrorism and the Administration of the American State. *Public Administration Review*, 62: 63–8.

Stajano, A. 1998. "A Study of Technology Transfer in North America," Internal Document, European Commission.

Staniland, M. 1985. *What is Political Economy?*. New Haven: Yale Univ. Press (정규섭 역. 1987. 『정치경제학』. 서울: 나남).

Starkey, K. 1995. "Opening up Cooperative Governance," *Human Relations*, 48(8): 837–973.

Steiner, P. 1977. "The Public Sector and the Public Interest," in R. Haveman & J. Margolis eds., *Public Expenditure and Policy Analysis*. 2nd ed. Chicago: Rand McNally College Publishing.

Stepan, A. 1978. *The State and Society*. Princeton: Princeton Univ. Press.

Stever, J. 1988. *The End of Public Administration*. NY: Transnational Publications.

Stigler, G. 1971. "The Theory of Economic Regulation," *Bell Journal of Economic and management Science*, 2(1): 3–21.

_____. 1975. *The Citizen and the State: Essays on Regulation*. Chicago: Univ. Chicago Press (조우현 역, 1987. 『시민과 국가』. 서울: 한국경제신문사).

Stillman II, R. 1987. *The American Bureaucracy*. Chicago, IL: Nelson Hall.

_____. 1990. "The Peculiar Statelessness Origins of American Public Administration and the Consequences for Government Today," *Public Administration Review*, 50: 156–67.

_____. 1990. *A Preface to Public Administration Theory*. St. Martin's Press.

_____. 1991. *Preface to Public Administration*. NY: St. Martin's Press.

_____. 1995. "The Refounding Movement in American Public Administration: From 'Rabid' Anti-statism to 'Mere' Anti-statism in the 1990s." *Administrative Theory and Paraxis*. 17(1).

_____. 1999. "Public Administration in the United States," in Kickert, W. and R. Stillman, Ⅱ. eds. *The Modern State and its Study: New Administrative Sciences in a Changing Europe and United States*. Northamton, MA: Edward Elgar.

_____. 2010. "The Decision to Go to War with Iraq," in *Public Administration*. Wadsworth.

Stillman, Ⅱ, R. ed. 1984, 2010. *Public Administration*. Boston: Houghton Mifflin Co.

Stinchcombe, A. 1959. "Bureaucratic and Craft Administration of Production," *Administrative Science Quarterly*, 4: 168-87.

Stivers, Camilla. 2002. Gender Images in Public Administrator: Legitimacy and the Administrative State. Thousand Oaks, Calif.: Sage Publications.

Stockey, E. & R. Zechhauser, 1978. *A Primer for Policy Analysis*. NY: W. W. Norton.

Stockman, D. 1975. "The Social Pork Barrel," *Public Interest*, 39(Spring).

Stockwin, J. et al. 1988. *Dynamic and Immobilist Politics in Japan*. London: St. Martin's Press.

Stoker, G. 1989. "Creating a Local Government for a Post-Fordist Society," in J. Stewart & G. Stoker eds., *The Future of Local Government*. London: Macmillan.

_____. 1991. *The Politics of Local Government*, 2nd. ed. London: Macmillan.

_____. 1998a. "Governance as Theory: Five Propositions," *International Social Science Journal*, 50(155): 17-28.

_____. 1998b. "Theory and Urban Politics," *International Political Science Review*, 19.

Stone, D. 1997. *Policy Paradox*. NY: W. W. Norton.

Stoner, F. 1978. "Federal Auditors as Regulators," in J. May & A. Wildavsky eds., *The Policy Cycle*. Beverly Hills: Sage: 199-214.

Streeck, W. & P. Schmitter, 1985. *Private Interest Government: Beyond Market and State*. London: Sage.

Streeck, W. 1983. "Between Pluralism and Corporatism," *Journal of Public Policy*, 3(3): 265-84.

Strömberg, D. 2004. "Radio's Impact on Public Spending," *Quarterly Journal of Economics*, 119: 189-221.

Suleiman, E. 1974. *Politics, Power and Bureaucracy in France*. Princeton: Princeton Univ. Press.

Sundquist, J. 1980. "The Crisis of Competence in Our National Government," *Political Science Quqrterly*, 95: 183-208.

Svara, J. H. (2001). The Myth of the Dichotomy: Complementary of Politics and Administration in the Past and Future of Public Administration. Public Administration Review, 61(2): 176-83.

Swan, W. 1983. "Theoretical Debates Applicable to Budgeting," in J. Rabin & T. Lynch eds., *Handbook on Public Budgeting and Financial Management*. NY: Marcel Dekker.

Swank, D. & A. Hicks, 1985. "The Determinants and Redistributive Impacts of State Welfare Spending in the Advanced Capitalist Democracies, 1960-80," in N. Vig & S. Schier eds., *Political Economy in Western Democracies*. NY: Holmes & Meier: 115-39.

Tarschys, D. 1975. "The Growth of Public Expenditures," *Scandinavian Political Studies*, 10: 9-31.

Tawney, R. 1953. *The Attack and Other Papers*. London: Allen & Unwin.

Terry, L. 1998. "Administrative Leadership, Neo-Managerialism and the Public Management Movement," *Public Administration Review*. 58(3): 194-200.

Therborn, G. 1978. *What Does the Ruling Class Do When It Rules?* London: New Left Books.

_____. 1980. *The Ideology of Power and Power of Ideology*. London: Verso.

Thomas, C. 1984. *The Rise of the Authoritarian State in Peripheral Societies*. NY: Monthly Review Press.

Thompson, G., J. Frances, R. Levacic, & J. Mitchell, eds. 1991. *Markets, Hierarchies and Networks*. London: Sage.

Thompson, James D. 1967. Organizations in Action. New York: McGraw-Hill.

Thompson, M. 1996. "Late Industrialisers, Late Democratisers," *Third World Quarterly*, 17(4): 625-47.

Tiebou, C. M. 1956. "A Pure Theory of Local Expenditures," *Journal of Political Economy*, 64(5): 416-424.

Tilly, C. ed. 1975. *The Formation of National States in Western Europe*. Princeton: Princeton Univ. Press.

Tilly. C. 1981. *From Mobilization to Revolution*. NY: Addison-Wesley.

_____. 1985. "War Making and State making as Organized Crime," in P. Evans et al. eds., *Bringing the State Back In*. NY: Cambridge Univ. Press: 169-91.

Tocqueville, A. de. 1954, 1966. *Democracy in America*. NY: Harper & Low; Vintage Books.

_____. 2000[1835]. Democracy in America: The Complete and Unabridged Volumes Ⅰ and Ⅱ (Bantam Classics). trans. by Henry Reeve.

Toffler, A. 1980. *The Third Wave*. NY: Morrow.

Tompkins, J. 1995. *Human Resource Management in Government: Hitting the Ground Running*. NY: Harper Collins College Publishers.

Treisman, D. 1999. Political Decentralization and Economic Reform: A Game-Theoretic Analysis. American Journal of Political Science, 43(2): 488-517.

_____. 2000. The Causes of Corruption: A Cross-National Study. Journal of Public Economics, 76(3): 399-457.

Tricker, R. 1994. "The Road's Role in Strategy Formation," *Futures*, 26.

Trimberger, Ellen Kay. 1978. *Revolution from Above: Military Bureaucrats and Development in Japan, Turkey, Egypt and Peru*. New Brunswick, N.J.: Transaction Book.

Tsuji, K. 1984. *Public Administration in Japan*. Tokyo: Univ. of Tokyo Press.

Tufte, E. 1978. *Political Control of Economy*. Princeton: Princeton Univ. Press (김도훈 역. 1987. 『경제의 정치적 통제』. 서울: 대영문화사).

Tullock, G. 1976. *The Vote Motive*. London: Institute of Economic Affairs.

Tversky, A. & D. Kahneman, 1981. "The Framing of Decisions and the Psychology of Choice," *Science* 211 (4481): 453-458.

_____. 1987. "Rational choice and the framing of decisions," In R. Hogarth & M. Reder eds., *Rational Choice*. Chicago: University of Chicago Press. pp. 67-94.

U.S. Department of Commerce. 2012. 2012 Census of Governments.

U.S. Government Printing Office. 1977. Personnel Management Project, Final Staff Report and Appendices to Final Staff Report. Washington D.C.

Van den Berghe, P. 1963. "Dialectic and Functionalism: Towards a Theoretical Synthesis," *American Sociological Review*, 28(5).

Van Dyke, V. 1960. *Political Science*. Stanford: Stanford Univ. Press.

Van Ripe, P. 1983. "The American Administrative State: Wilson and the Founders-an Unorthodox View," *Public Administration Review*. 43 (Nov./Dec.): 477-490.

_____. 1983. "The American Administrative State: Wilson and the Founders-An Unorthodox View," *PAR*. 42. 304-20.

Van Riper, Paul P. 1984. The Politics-administration Dichotomy: Concept or Reality? In Politics and Administration: Woodrow Wilson and American Public Administration, edited by Jack Rabin and James S. Bowman, 203-8. New York: Marcel Dekker.

Van Wart, M. 2008. *Leadership in Public Organizations*. London: M. E. Sharpe.

Ventriss, C. 1989. "Toward a Public Philosophy of Public Administration: the Civic Perspective of the

Public," *PAR.* 49(2): 173-9.

Verba, S. 1961. "Assumptions of Rationality and Non-Rationality in Models of the International System," World politics. 14(1): 93-117.

Vogel, D. 1986. *National Styles of Regulation.* Ithaca: Cornell Univ. Press.

_____. 1987. "Government-Industry Relations in the US," in S. Wilks & M. Wright eds., *Comparative Government-Industry Relations.* Oxford: Clarendon.

Wade, R. 1990. *Governing the Market.* Princeton: Princeton Univ. Press.

Wagner, A. 1883. "The Nature of the Fiscal Economy," in R. Musgrave & A. Peacock eds., 1958. *Classics in the Study of Public Finance.* London: Macmillan.

Wagner, P., C. Weiss, B. Wittrock, and H. Wollmann. eds. 1991. *Social Sciences and Modern States.* Cambridge: Cambridge Univ. Press.

Waldo, D. 1948. *The Administrative State: A Study of the Political Theory of American Public Administration.* NY: Ronald Press.

_____. 1952. Development of Theory of Democratic Administration. American Political Science Review, 46: 81-103.

_____. 1968. "Scope and the Theory of Public Administration," in J. Charlesworth ed., *Theory and Practice of Public Administration.* Philadelphia: The America Academy of Political and Social Science: 1-27.

_____. 1971. "Some Thoughts on Alternatives, Dilemmas, and Paradoxes in a Time of Turbulence," in *Public Administration in a Time of Turbulence.* Scranton: Chandler Publishing Co.: Ch. 14.

_____. 1978. "Organization Theory," *Public Administration Review,* 38(6).

_____. 1980. *The Enterprise of Public Administration.* Novato, Calif.: Chandler & Sharp Publishers, Inc.

Waldo, D. ed. 1971. *Public Administration in a Time of Turbulence.* NY: Chandler Publishing.

Walker, J. 1977. "Setting the Agenda in the U.S. Senate," *British Journal of Political Science,* 7: 423-45.

Wallerstein, M. 1989. "Union Organization in Advanced Industrial Democracies," *American Political Science Review,* 77(2): 390-406.

Walsh, K. 1995. *Public services and market mechanisms: competition, contracting and the new public management.* Macmillan International Higher Education.

Wamsley, G. et al. 1992. "A Legitimate Role for Bureaucracy in Democratic Governance," in L. Hill, ed. *The State of Public Bureaucracy.* New York: M. E. Sharp, Inc.

Wang, G. 2010. "A Theoretical Debate and Strategy to Link Structure and Agency in Policy Process Studies," *Journal of Politics and Law,* 3(2).

Warriner, C. "Levels in the Study of Social Structure," in P. Blau & R. Merton eds., *Continuities in Structural Inquiry.* London: Sage: 179-90.

Wass, D. 1984. *Government and the Governed.* London: Routledge & Kegan Paul.

Wass, S. 1983. "The Public Service in Modern Society," *Public Administration,* 61(1): 7-20.

Weaver, P. 1978. "Regulation, Social Policy, and Class Conflict," *The Public Interest,* 50: 45-63.

Weaver, R. & B. Rockman, eds. 1993. *Do Institutions Matter?* Washington, D. C.: The Brookings Institution.

Weber, M. 1947. The Theory of Social and Economic Organizations, trans. A.M. Henderson and Talcott Parsons. New York: Oxford University Press.

_____. 1978[1921]. Economy and Society. 2 vols. Berkeley: University of California Press.

_____. 1994. Political Writings, Peter Lassman and Ronald Speirs eds. Cambridge: Cambridge University Press.

Weick, K. 1979. *The Social Psychology of Organizing*. 2nd ed. Reading: Addison-Wesley (배병룡·김동환 공역. 1990. 『조직화이론』. 서울: 율곡).

Weimer, D., and A. Vining, 2005. *Policy Analysis: Concepts and Practice*. Uppeer Saddle River, NJ: Pearson Prentice Hall.

Weingast, B. & Moran, M. 1983. "Bureaucratic Discretion or Congressional Control?" *Journal of Political Economy*, 91: 765-800.

Weingast, B. 1984. "The Congressional-Bureaucratic System," *Public Choice*, 44: 147-91.

Weir, M. & Skocpol, T. 1983. "State Structures and Social Keynesianism," *International Journal of Sociology*, 26: 4-29.

_____. 1985. "State Structures and the Possibilities for 'Keynesian Responses' to the Great Depression in Sweden, Britain and the United States," in P. Evance, D. Rueeschemeyer & T. Skocpol eds., *Bringing the State Back In*. Chicago: Univ. of Chicago Press: 107-63.

Weir, M., A. Orloff, & T. Skocpol, eds. 1988. *The Politics of Social Policy in the United States*. Princeton: Princeton Univ. Press.

Weisbord, B. ed. 1977. *The Voluntary Nonprofit Sector*. Lexington, MA: D. C. Heath.

Weiss, L. & J. Hobson, 1995. *State and Economic Development: Comparative Historical Analysis*. Cambridge: Polity Press.

Weiss, L. 1998. *The Myth of the Powerless State*. Cambridge: Cambridge Univ. Press.

West, W. & R. Durant, 2000. "Merit, Management and Newtral Competence," *Public Administration Review*, 60(2): 111-22.

Westergaard, J. & H. Resler, 1975. *Class in a Capitalist Society*. London: Heinemann.

White, Jr., O. 1976. "The Concept of Administrative Praxis," in J. Uveges, Jr. ed., *The Dimensions of Public Administration*. Boston: Holbrook Press.

Wildavsky, A. & N. Caiden, 1997. *The New Politics of Budgetary Process*. 3rd. ed. NY: Longman.

Wildavsky, A. 1975. *Budgeting*. Boston: Little, Brown.

_____. 1978. "A Budget for All Seasons?: When the Traditional Budget Lasts," Public Administration Review, 38(6): 501-9.

_____. 1979. *Speaking Truth to Power*. Boston: Little, Brown.

_____. 1982. "The Three Cultures," *The Public Interest*, 69: 45-58.

_____. 1984. *The Politics of the Budgetary Process*. 4th ed. Boston: Little, Brown.

_____. 1985. "The Logic of Public Sector Growth," in J. Lane ed., *State and Market: Politics of the Public and the Private*. London: Sage Publications: 231-70.

_____. 1986. *Budgeting: A Comparative Theory of Budgetary Processes*. 2nd ed. Boston: Little, Brown.

Wildavsky, A., M. Thompson, & R., Ellis, 1990. *Cultural Theory*. Boulder: Westerview Press.

Wilding, P. 1982. *Professional Power and Social Welfare*. London: Routledge & Kegan Paul.

Wilensky, H. 1975. *The Welfare State and Equality: Structural and Ideological Roots of Public Expenditures*. Berkeley, CA: Univ. of California Press.

Wilks, S. & M. Wright, 1987. *Comparative Government-Industry Relations*. Oxford: Clendon.

Wilks, S. 1987. "Administrative Culture and Policy Making in the Dept of Environment," *Public Policy and Administration*, 2(1): 25-41.

_____. 1988. "Concepts of Industrial Culture and National-level Comparisons of State Intervention," Working Paper #4, Institute of Public Administration, Univ. of Liverpool.

_____. 2010. Cutback Management in the United Kingdom. *The Korean Journal of Policy Studies*, 25(1): 85-108.

Williamson, O. 1975. *Markets and Hierarchies*. NY: Free Press.

_____. 1985. *The Economic Institution of Capitalism*. NY: The Free Press.

Wills, G. 1999. *A Necessary Evil: a History of American Distrust in Government*. New York: Simon and Schuster.

Wilson, D. & Game, C. 2011. Local Government in the United Kingdom(5th). N.Y.: Palgrave.

Wilson, F. L. 1996. *Concepts and Issues in Comparative Politics*. Upper Saddle River, N.J.: Prentice Hall.

Wilson, G. 2000. "In a State?" *Governance*, 13(2): 235-42.

Wilson, J. 1973. *Political Organizations*. NY: Basic Books.

_____. 1974. "The Politics of Regulation," in J. Mikie ed., *Social Responsibility and the Business Predicament*. Washington, D. C.: Brookings Institution: 135-68.

_____. 1976. "The Rise of the Bureaucratic State," in N. Glazer & I. Kristol ed., *The American Commonwealth-1976*. NY: Basic Books: 77-103.

_____. 1986. *American Government*. Lexington, MA: D. C. Heath.

_____. 1989. *Bureaucracy*. NY: Basic Books.

Wilson, J. ed. 1980. *The Politics of Regulation*. NY: Basic Books.

Wilson, W. 1887. "The Study of Administration," *Political Science Quarterly*, 2(2): 197-222.

Winkler, J. T. 1977. The corporatist economy: theory and administration. in R. Scase (ed.) Industrial Society: Class, Cleavage and Control. London: George Allen and Unwin.

Wise, C. 1993. "Public Administration is Constitutional and Legislative," *Public Administration Review*. 53(3) (May/June): 257-261.

Wolf, Jr. C. 1979. "A Theory of Nonmarket Failure," *Journal of Law and Economics*, 22(1): 107-39.

_____. 1988. *Markets or Governments. Cambridge*. The MIT Press (전상경 역. 1991. 『시장과 정부』. 서울: 교문사).

Wolfe, A. 1977. *The Limits of Legitimacy*. New York: Free Press.

Wolfe, J. 1991. "State Power and Ideology in Britain," *Political Studies*, 34: 237-52.

Wolfram, S. 2002. *A New Kind of Science. Champaign*. IL: Wolfram Media Inc.

Wolin, S. 1960. *Politics and Vision*. Boston: Brown, Little.

Wollmann, H., et al. 1987. "Social Science and the Modern State: Knowledge, Institutions and Societal Transformations." Wissenschaftzentrum Berlin fuer Sozialforschung Working Paper # P-87-3.

Woo-Cumings, M. (ed.) 1999. *The Developmental State*. Ithaca: Cornell Univ. Press.

Wood, B. 1989. "Controversy," *American Potitical Science Review*, 83: 970-8.

Woodside, K. 1982. "The Symbolic Politics of Corporate Income Taxation: Canada and Britain, 1945-1980," in A. Stone & E. Harpham (eds.), *The Political Economy of Public Policy*. Beverly Hills, CA: Sage: 189-209.

Wright, D. 1988. *Understanding Intergovernmental Relations*. 3rd ed. North Scituate, MA: Duxbury Press.

Wright, E. 1975. *Korean Politics in Transition*. Seattle: Univ. of Washington Press.

_____. 1979. *Class, Crisis and the State*. London: New Left Books.

Wright, M. 1988. "Policy community, Policy Network and Comparative Industrial Policies," *Political Studies*, 6: 593-612.

Wright, V. 1974. "Politics and Administration under the French Fifth Republic," *Political Studies*. 22 (March): 44-65.

Yates, D. 1982. *Bureaucratic Democracy*. Cambridge: Harvard Univ. Press.

Yeom, J. 1995. "Private Interest Government and Public Policy," Report of Special Research Project on the New International System. 쓰쿠바대학 연차 연구보고서 Ⅲ.

You, M. 1986. "Ethics in Public Service," Unpublished MPA Thesis, Univ. of Texas, Austin.

Young, O. 1994. *International Governance, Protecting the Environment in a Stateless Society*. Ithaca, NY: Cornell Univ. Press.

Zolberg, A. 1980. "Strategic Interactions and the Formations of Modern States," *International Social Science Journal*, 32: 687-716.

_____. 1981. "Origins of the Modern World System," *World Politics*, 33: 253-81.

Zysman, J. 1983. *Governments, Markets and Growth*. Oxford: Martin Robertson.

_____. 1996. "The Myth of a 'Global' Economy," *New Political Economy*, 1: 157-84.

[일문문헌]

大西裕. 1994. "比較行政學(開發途上國)," 西尾勝・村松岐夫 編, 『講座行政學(1): 行政の發展』. 東京: 有斐閣.

魯敏 主編. 2019. 『當代中國政府槪論』. 天津: 天津人民出版社.

毛桂榮. 1994. "行政管理と總合調整," 行政管理研究, 68: 19-31.

毛島孝. 1982. "行政學と行政法學," 吉富重雄 他 編, 1982. 『行政の理論』. 東京: 東京大學 出版會: 1章 (최영출 역. 1991. 『행정이론』. 서울: 대영문화사).

武藤博巳. 1988. "內閣と總合調整," 片岡寬光・隆夫 編, 『現代行政』. 東京: 法學書院: 124-44.

西尾 勝. 1982. "組織理論と行政理論," 吉富重雄 他 編, 『行政の理論』. 東京: 東京大學 出版會 (최영출 역. 1991. 『행정이론』. 서울: 대영문화사).

西尾 勝. 1993. 『行政學』. 東京: 有斐閣 (강재호 역. 1997. 『일본의 행정과 행정학』. 부산: 부산대학교 출판부).

徐頌陶・徐理明. 1996. 『走向卓越-中國公共行政』. 中國人事出版社.

人事院. 1995. 『公務員の白書』.

日本行政改革會議. 1997. 『日本行政改革會議 最終報告書』.

趙德餘. 2010. 『政策制定的邏輯: 經驗與解釋』. 上海人民出版社.

足立幸男. 1991. 『政策と價値: 現代の政治哲學』. 東京: ミネルバ書房 (김항규 역. 1992. 『정책과 가치: 현대의 정치철학』. 서울: 대영문화사).

佐佐木晴夫 (안인학 역). 1992. "정・경의 조화와 균형을 위한 개혁," 한국행정연구, 1(1): 38-47.

朱旭峰. 2008. "'司長策國論': 中國政策決策過程的科層結構與政策專家參與," 『公共管理評論』, 第1期: 42-62.

中邨章・竹下讓. 1987. 『日本の政策過程: 自民・野・官僚』. 東京: 梓出版社 (이시원・김찬동 역. 1995. 『일본의 정책과정: 자민당・야당・관료』. 서울: 대영출판사).

村松岐夫. 1994. 『日本の行政: 活動型官僚制の變貌』. 東京: 中公新書.

總務廳 編. 1981. 『總務廳年次報告書』.

總務廳. 1996. 『日本の統計』.

片岡寬光. 1992. 『行政の構造』. 東京: 早稻田大學 出版社.

行政改革委員會. 1988. 『日本行政改革: 第一次 臨時行政調查會 答申』.

行政管理廳 編. 1985. 『行政管理の現狀』.

[웹자료]

연합뉴스. 2018.05.04. "영국 150개 지역서 지방선거…저조한 투표율이 변수".
    <https://www.yna.co.kr/view/AKR20180503197400085>

중앙일보. 1995.03.27. "<지방자치시대>35.끝. 영국 런던" <https://news.joins.com/article/3037467>

BBC News. 2019.12.13. "UK general election 2019: Who won and what happens now?"

<https://www.bbc.com/news/world-europe-50746464>

US Government Manual 2020 <https://www.govinfo.gov/app/collection/GOVMAN/>

股所級. Retrieved from
https://baike.baidu.com/item/%E8%82%A1%E6%89%80%E7%BA%A7/20633635?fr=aladdin
(검색일, 2019.11.11).

公務員考試報名中黨群系統和政府系統的區別? Retrieved from
https://zhidao.baidu.com/question/2265776448288289548.html (검색일, 2019.6.7).

公務員級別. Retrieved from
https://baike.baidu.com/item/%E4%B8%AD%E5%8D%8E%E4%BA%BA%E6%B0%91%E5%85%B1%E5
%92%8C%E5%9B%BD%E5%85%AC%E5%8A%A1%E5%91%98%E7%BA%A7%E5%88%AB/6041164?from
title=%E5%85%AC%E5%8A%A1%E5%91%98%E7%BA%A7%E5%88%AB&fromid=5751884
(검색일, 2019.12.12). (김윤권 외, 2019: 363-4에서 재인용)

行政級別. Retrieved from https://zhidao.baidu.com/question/322979014.html (검색일, 2019.6.25)

<http://dl.nanet.go.kr/index.do>

<http://info.nec.go.kr/>

<http://lofin.mopas.go.kr/lofin_search/Search.jsp>

<http://org.mopas.go.kr/org/external/OutStaticMgr.do?method=getOutStaticList&openstatus=2&s_file_gro
up=1&s_sub_group=03>

<http://org.mopas.go.kr/org/external/OutStaticMgr.do?method=getOutStaticList&openstatus=2&s_file_gro
up=2&s_sub_group=05>

<http://www.census.gov/govs/cog2012/>

<http://www.index.go.kr/egams/stts/jsp/potal/stts/PO_STTS_IdxMain.jsp?idx_cd=1042&bbs=INDX_001>

<http://www.korea.go.kr/ptl/search/catsrvc/viewbar.do?srvcId=SERV00000000000000014043>

<http://www.la21.or.kr/sb_new/sb_bul.asp?act=read&bbs=info1&no=2082>

<http://www2.korea.kr/expdoc/viewDocument.req?id=30235>

찾아보기

[저자 소개]

강 욱: 경찰대 행정학과 교수
권향원: 아주대 행정학과 교수
김근세: 성균관대 국정대학원 교수
김윤권: 한국행정연구원 수석연구위원
김종성: 충남대 행정학부 교수
라휘문: 성결대 행정학과 교수
박영호: 연변대 행정관리학과 교수, 명예총장
성시영: 한국일보 기자
손희준: 청주대 행정학과 교수
엄석진: 서울대 행정대학원 교수
오성수: 한양대 행정학과 교수
유영철: 명지전문대 행정학과 교수
유현종: 보건복지부 과장
윤영근: 한국행정연구원 선임연구원
이수봉: 북경사범대 정부관리학원 교수
이윤호: 서울대 행정학 박사
이진수: 서울대 행정대학원 교수
임동완: 단국대 행정학과 교수
정용덕: 서울대 행정대학원 명예교수, 금강대 총장
최천근: 한성대 행정학과 교수
최태현: 서울대 행정대학원 교수
하태수: 경기대 행정학과 교수

현대 국가의 행정학 [제3판]

2001년 5월 26일 초판인쇄
2014년 8월 20일 제2판 발행
2021년 8월 15일 제3판 1쇄 발행

저 자 정용덕 외 21인
발행인 배 효 선
발행처 도서출판 法 文 社

주 소 10881 경기도 파주시 회동길 37-29
등 록 1957년 12월 12일 제 2-76호 (倫)
전화 031-955-6500~6, 팩스 031-955-6500
e-mail(영업) : bms @ bobmunsa. co. kr
       (편집) : edit66 @ bobmunsa. co. kr
홈페이지 http : //www. bobmunsa. co. kr
조 판 광 진 사

정가 34,000 원   ISBN 978-89-18-91214-1

불법복사는 지적재산을 훔치는 범죄행위입니다.

이 책의 무단전재 또는 복제행위는 저작권법 제136조 제1항에 의거,
5년 이하의 징역 또는 5,000만원 이하의 벌금에 처하게 됩니다.

저자와의 협의하에 인지를 생략합니다.